NEUER KONZERTFÜHRER

ALFRED BAUMGARTNER

NEUER KONZERT FÜHRER

Orchesterwerke · Kammermusik
Vokalwerke

Von der Gregorianik
bis zur Avantgarde

PRISMA VERLAG

Bildnachweis: Ariola-Eurodisc/Stark 379; Bildarchiv der Österreichischen Nationalbibliothek 123, 191, 229, 399, 502, 575, 655; CBS 232, 312, 338, 443, 532, 553, 643 – Barda 653; EMI ELECTROLA 11, 137, 260, 266, 296, 362, 417, 472, 560, 562, Altaffer 251, Aug 378, Hennch 329, Kövesdi 61, Lauterwasser 345, Neuvecelle 210, Sander 653; RCA 319, 405, Erato 21, 84; TELDEC 193, 231, 341, 453, 457, 637, Jehle 127, Wolfson 113; Telefunken 197; Votava/Wien 249.

Das Bild auf dem Schutzumschlag zeigt ein Neujahrskonzert mit W. Boskovsky nach einem Foto von Elfriede Hanak.

Copyright © 1978 by Wiener Verlag · Gesamtherstellung Wiener Verlag
ISBN 3 570 00985 8

VORWORT

Die Musik als Ausdrucksform der Gefühls- und Gedankenwelt des Menschen durch Klang und Rhythmus ist so alt wie die Menschheit selbst. Sie muß den menschlichen Urbedürfnissen zugerechnet werden. Ihre Ausübung, allein und zum eigenen Vergnügen, oder von Musikergruppen vor einem großen Publikum, in welchem Rahmen und zu welchem Zweck immer, kann als Konzert im weitesten Sinn verstanden werden. Daher werden in diesem Konzertführer alle Musikformen mit Ausnahme der rein theatralischen wie Oper, Operette, Musical herangezogen, wenn auch das Wort „Konzert" selbst „Wettstreit" bedeutet und nur für das Mit- und Gegeneinanderspielen mehrerer Solisten oder Ensembles verwendet wurde. Das Ballett ist, wenngleich es der Bühnenmusik zuzureihen wäre, aufgenommen, weil es viel öfter im Konzertsaal ohne Tanz erklingt als in Bühnenhäusern.
Es werden somit hier neben jeglicher Art sinfonischer Musik zuzüglich der Ballettmusik alle Formen des Instrumentalkonzertes, einschließlich der Solokonzerte, und sämtliche Vokalmusik, begleitet oder unbegleitet, vom Lied bis zum Oratorium, von der Gregorianik als Auftakt zur abendländischen Musikentwicklung an bis zu deren letzten Ergebnissen in unserer Gegenwart besprochen.
Die einzelnen Gestalten der Musikgeschichte werden, nach Geburtsdaten geordnet, nacheinander im Rahmen ihrer Zeitumstände und ihrer Umwelt vorgestellt und ihre Beziehungen hiezu aufgezeigt. Ihre Biographie beschränkt sich auf die Daten, die für ihre künstlerische Entwicklung und ihr Wirken ausschlaggebend waren; was jenseits ihres Daseins als Künstler lag, ist weggelassen.
Unvermeidbar war daher, daß aus diesem umfassenden „Führer" eine Art Musikgeschichte wurde. Jede Darstellung vergangener Tatbestände in ihrem zeitlichen Ablauf ist in irgendeiner Form Geschichte. Dennoch wurde der Betrachtung der einzelnen Persönlichkeiten überall vor der Gesamtbehandlung musikgeschichtlicher Gruppen und Epochen der Vorzug eingeräumt und, wo immer es möglich war, Leistung und Wirken des einzelnen Komponisten aus seiner eigenen Wesensart und der daraus fließenden Beziehung zu seiner Zeit und seiner Umwelt deutlich gemacht.
Daß sich daraus auch die Zuordnung zu bestimmten Stilgruppen und Arbeitstechniken ergab, ist selbstverständlich, weil Zeitgenossen und Vorläufer der einzelnen Meister nicht übergangen werden durften. Aber diese Klassifizierung wurde weder zum Ausgangspunkt noch zum Ziel der Darstellungen gewählt.

Denn Absicht und Zweck dieses Konzertführers in seiner Gesamtheit ist allein, den Musikinteressierten die Wege zum Verständnis der einzelnen Komponisten und ihrer Werke zu bahnen und darüber hinaus bei einem möglichst weiten Kreis das Interesse zu wecken, jene Wege ebenfalls zu beschreiten.
Daneben soll gleichzeitig den großen Meistern der Musik ein Denkmal der Dankbarkeit für ihre Leistung in den Herzen aller Musikliebenden gesetzt werden.

GREGORIANIK

Die Neufassung und Vereinheitlichung des christlichen Kirchengesanges wird lange Zeit Papst Gregor I. (um 540–604, Papst seit 590) zugeschrieben. Die mittelalterliche Darstellung, wonach ihm eine himmlische Taube die Choräle seiner Kirche in das Ohr singt, kann sich höchstens auf die textliche Ordnung der liturgischen Gesänge beziehen. Musikalische Ehre kommt dem großen Kirchenfürsten ebensowenig zu wie der heiligen Cäcilia, die zur Schutzpatronin der Musik geworden ist, weil sie zu ihrer Hochzeit, die von den Eltern gegen ihren Willen angesetzt ist, eine Orgel spielt. Aber da einmal die Bezeichnung „Gregorianischer Choral" oder „Gregorianische Musik" für den lateinischen, einstimmigen, unbegleiteten, arhythmischen liturgischen oder halbliturgischen Gesang eingebürgert ist, muß es dabei bleiben.

Schon im 3. Jahrhundert geht die christliche Liturgie von den hebräischen und griechischen Texten zur lateinischen Prosa über. Und ein Jahrhundert später ist in Rom bereits ein großer Teil der Melodik ausgebildet, die teils auf syrische, byzantinische oder synagogale Vorbilder zurückzuführen ist.

Eine gesonderte Ausprägung erhält dieser Gesang in Mailand, wie wir aus den „Bekenntnissen" des Kirchenvaters Aurelius Augustinus (354–430) und seiner Schrift „De Musica" (387) erfahren. Der heilige Ambrosius (um 340–397) gilt als Begründer dieses sogenannten „Ambrosianischen" Gesanges, zu dem er angeblich 14 Hymnen beigetragen hat. Vier davon sind durch Augustinus verbürgt.

Der „römische" Gesang betrifft in erster Linie die offiziellen Teile der Messe, Ordinarium genannt (ursprünglich ohne Benedictus), dann die je nach dem Festtag verschieden textierten Zusätze, die mit Proprium bezeichnet werden (Graduale, Offertorium usw.), schließlich Hymnen und Psalmen zu anderen Gottesdiensten (Vesper, Matutin usw.). Die einfachste Gesangsform ist der Accentus, der Lesevortrag, der nur eine psalmodierend-rezitative gehobene Deklamation darstellt. Musikalischer ist der Concentus, der syllabisch (mit je einem Ton für jede Silbe), gruppiert (mit mehreren Tönen auf einer Silbe) oder melismatisch (mit ausgebildeter Melodik) sein kann. Während der Accentus solistisch auftritt, bieten sich die ersten zwei Concentus-Stile antiphonisch (als Wechselgesang zweier Chorgruppen), der letzte responsorial (als Wechsel von Solisten mit einem Chor) dar. Die Melodik hebt das Ende von Sätzen oder Satzteilen und wichtige Wörter heraus.

Die Melodien sind diatonisch im Rahmen von acht modifiziert von den Griechen übernommenen Tonarten (Kirchentonarten). Sie steigen zumeist am Beginn an (Intonation), bleiben als Reperkussions- oder Psalmton bis zur Mitte des Satzes in gleicher Höhe, sinken dann etwas ab (Mediatio), kommen zur gleichen Höhe zurück und fallen am Ende (Finalis) ab. Diese einfache Psalmodie erfährt jedoch bald starke Veränderungen durch Verzierungen und Einbeziehung uns unbekannter Volkslieder, wird zur Hymnenmelodik mit oft weitgespannten Tonfolgen auf einer Silbe, nimmt Tropen (Ausschmückungen mit gleichzeitigen Texteinschiebungen) auf und bildet die Sequenz aus, die als Grundlage der mittelalterlichen Vokal- und Instrumentalmusik betrachtet wird. Notker Balbulus (840–912) ist zwar nicht der Erfinder der Sequenz, gilt aber als einer ihrer größten Meister, Adam de St. Victor (gestorben um 1177) ist sein bedeutender Nachahmer. Der bedeutendste Sequenzendichter ist Hermannus Contractus (1013–1054).

Die frühesten Notierungen des Gregorianischen Chorals stammen aus dem 8. und 9. Jahrhundert. Sie bestehen aus waagrechten oder schrägen Strichen, Punkten und Häkchen, werden Neumen genannt und zeigen nur das Steigen oder Fallen der Melodie ohne Ausmaß der Intervalle und ohne rhythmische Hinweise an. Erst um das Jahr 1000 werden Notenlinien gezogen, um die Tonhöhen festzulegen. Der Benediktinermönch Guido von Arezzo in Pomposa bei Ferrara (um 990–1050), der sich lat. Guido Aretinus nennt, ordnet die (vierlinige) Notenschrift endgültig und bezeichnet die Töne der Skala mit Silben (ut, re, mi usw.). Der Rhythmus der Gregorianischen Gesänge ist ein reiner Wortrhythmus und hat keine musikalische Bedeutung. Einen Takt in unserem Sinn gibt es nicht. Es werden daher die späteren Versuche, die Gesänge mit der Orgel zu begleiten, sehr schwierig.

Die Gregorianik ist nicht Musik in unserem Sinn. Es handelt sich dabei, trotz aller Verzierungen und Melismen, um ein klingendes Sprechen. Sie ist auch nicht dynamisch fortschreitend, sondern statisch, und verbindet sich mit dem Raum, in dem gesungen wird, so eng, daß dessen Architektur mit den Klängen zum Gesamterlebnis wird; Wort, Ton und Raum, Sänger und Steine werden zur Einheit.

Um 850 hat sich der Gregorianische Kirchengesang in der ganzen abendländischen Christenheit, die Kaiser Karl der Große und sein „Bildungsminister" Alkuin (um 735–804) politisch und geistig geeinigt haben, durchgesetzt. Lediglich Mailand, Lugano und Teile der heutigen Schweiz halten lange Zeit am primitiveren Ambrosianischen Gesang fest.

Die Entwicklung bleibt aber nicht stehen. Die Einschübe (Tropen) werden häufiger und reicher an Ausdruckskraft. Tuotilo (gestorben 915) baut den Tropus üppig aus. Der Sequenz folgen zwei weltliche Formen, der vokale Lai und die instrumentale Estampie.

Die alte Form bleibt jedoch neben der sich immer mehr entfaltenden profanen und sakralen Musik erhalten. 1577 beauftragt Papst Gregor XIII. (1502–1585) Giovanni Palestrina und Zoilo mit einer Reform

Gregorianik

des Chorals; die Bemühungen kommen aber nicht weit. Erst die Palestrina-Schüler Felice Anerio (1560–1614) und Francesco Suriano (gestorben 1621 in Rom) bringen mit anderen 1614 eine Neuausgabe der Gregorianischen Gesänge unter dem Titel „Editio Medicaea" heraus, die, mit etlichen Reformen im 17. Jahrhundert, bis in das 19. Jahrhundert gültig bleibt. In der Mitte des 19. Jahrhunderts beginnen die Benediktiner in Solesmes unter der Führung ihres Abtes Prosper Guéranger (1805–1875) eine umfassende kritische Ausgabe, die heute vollendet ist. 1873 bringt Franz Xaver Haberl (1840–1910) die Regensburger Ausgabe als offizielle Fassung heraus, die mit päpstlichem Erlaß von 1904 von Pius X. (1835–1914) durch die Editio Vaticana ersetzt wird. Die letzte Ausgabe bringt die ursprüngliche Form ohne die Zusätze und „Verbesserungen" des 2. Jahrtausends. Die alten Gregorianischen Gesänge erklingen heute in den Kirchen wie damals, und niemand kann sich ihrem fremdartigen Reiz entziehen.

Literatur

P. Wagner: Einführung in die Gregorianischen Melodien, 3 Bände. 1962
F. Tack: Der Gregorianische Choral. 1960

Tips für Plattenfreunde

○ Gründonnerstag De Missa solemni, Benediktinerabtei Saint-Pierre, Solesmes (2 Stereo-LP/Telefunken 648 028 DX). Ein interessantes Beispiel der Reformarbeit jenes Klosters
○ Tertia Missa in Nativitate D. N. Jesu Christi, Benediktinerabtei Beuron (Stereo-LP/Deutsche Grammophon 198 036). – Prima Missa in Nativitate D. N. Jesu Christi (Stereo-LP/Deutsche Grammophon 198 153). Beide im alten Stil
○ Anthologie des Gregorianischen Chorals, Capella antiqua, München (4 Stereo-LP/BASF LA 219 852). Diese Kassette gibt einen guten Überblick über alle Stilarten
○ Veni Sancte Spiritus, Chor der Wiener Hofburgkapelle (Stereo-LP/ FSM STV 34 070). Diese Aufnahme zeigt einen bereits entwickelten Choralstil

ADAM DE LA HALLE (um 1237–um 1287)

Zeit und Umwelt

Die Hochblüte des Troubadour- und Trouvèregesanges ist bereits vorbei. Im 11. und 12. Jahrhundert sind es noch ritterliche Sänger adeliger Abstammung gewesen, unter denen es sogar Könige gab, die Liebes- und Kriegslieder dichteten, in Musik setzten und sangen; die ritterlichen Sänger zogen von Hof zu Hof, von Burg zu Burg, erwiesen den Damen eine von den Orientalen während der Kreuzzüge erlernte Galanterie und erhielten dafür ein Tuch, eine Blume oder einen Becher Wein. Dagegen lassen sich im 13. Jahrhundert die fahrenden Ritter in der Regel von Gauklern, Verseschmieden und Musikanten begleiten. Diese Berufsmusiker (Menestrels) sind bei einem Ritter oder an einem Hof fest engagiert, sie müssen immer Neues bieten, um ihren Herrn und dessen Gäste zufriedenzustellen. Das gibt der Weiterentwicklung der Musik starken Auftrieb. Aus der auf der Sequenz fußenden Einstimmigkeit wird viel rascher als im sakralen Bereich eine Mehrstimmigkeit. Instrumente wie das Portativ, die Fidel, Längsflöten, Schalmeien und Trommeln, Sackpfeifen und Psalterien werden aufgeboten, um den Liedern mehr Ausdruck zu verleihen. Es kommt sogar zu berufsständigen Zusammenschlüssen dieser Musiker, wie die Nicolaibrüderschaft in Wien. Und die Höfe können die Musik auch honorieren, weil die Kreuzzüge verfeinerte Lebensart und Luxusbedürfnis nach Europa brachten, daneben aber auch viele Verdienstmöglichkeiten.

Leben

Adam de la Halle wird in Arras um 1237 geboren. Sein Zuname „le bossu" (der Bucklige) weist darauf hin, daß er verkrüppelt ist. Im Jahr 1283 folgt er dem Grafen Robert von Artois als Menestrel nach Neapel an den Hof Karls von Anjou, des Königs von Sizilien, und erlangt bei den Zeitgenossen durch seine Rondeaux und Motetten, besonders aber durch sein Liederspiel „Le Jeu de Robin et de Marion", große Berühmtheit. Er stirbt um 1287 in Neapel.

Werke

Erhalten geblieben ist und heute wieder aufgeführt wird das Singspiel: „Le Jeu de Robin et de Marion", geschaffen in den achtziger Jahren des 13. Jahrhunderts in Neapel. Robin und Marion gehören neben Tristan und Isolde zu den ersten Liebespaaren der mittelalterlichen europäischen Literatur. Sie singen in einstimmigen Weisen abwechselnd die Geschichte ihrer Liebe. Die Begleitung besteht aus einer Blockflöte und Schlagzeug. Das Singspiel wird 1949 von Darius Milhaud für den heutigen Gebrauch eingerichtet. Dreistimmige Rondeaux (Tanzlieder), bei denen die Mittelstimme die Melodie trägt.

Tips für Plattenfreunde

○ Le Jeu de Robin et de Marion, Lieder, Cambridge Consort (Stereo-LP/FSM STV 34 439). Diese Platte ist die einzige Aufnahme

GUILLAUME DE MACHAUT (um 1300–1377)

Zeit und Umwelt

Anstelle der Notre-Dame steht in Paris im hohen Mittelalter die Kathedrale Beatae Mariae Virginis, eine Stätte hochentwickelter Musikpflege. Sehr bald wird dort der einstimmige Gesang um das Organum (Quartenbegleitung) bereichert. Magister Leoninus (gestorben Ende des 12. Jahrhunderts) schreibt 95 zweistimmige Messen über Responsorienmelodien, sein etwas jüngerer Nachfolger Perotinus Magnus (lebt um 1200) komponiert bereits dreistimmige und vierstimmige Motetten und Kondukte. Sind diese Kompositionen auch sehr weit vom einstimmigen Choral entfernt, so bleiben sie doch als „Ars antiqua" dem Alten

Studio der frühen Musik. In allen größeren Städten haben sich Ensembles gebildet, die mit originalen oder nachgebauten Instrumenten die Schätze der Musik des Mittelalters heben.

besonders durch die Abhängigkeit des Rhythmus von der Textzeile verhaftet, während das profane Lied bereits Tanzrhythmen kennt. Die alten Texte und die Mahnungen aus Rom, dem Gregorianischen Choral treu zu bleiben, wirken hemmend, doch das Erstarken des städtischen Bürgertums mit dem gleichzeitigen Niedergang des Rittertums öffnet die Tore der Kathedralen für neue Musikformen und Texte. Bildende Kunst und Dichtung haben inzwischen einen großen Schritt nach vorne getan. Durch die Schöpfungen eines Giotto, eines Dante, Petrarca und Boccaccio entsteht ein neues Weltgefühl. Die Gotik macht der Renaissance Platz. Eigentümlicherweise ist es ein Kleriker, der sich zum Wortführer der neuen Bewegung aufwirft, nämlich Petrarcas Freund Philippe de Vitry (1291–1361), seit 1351 Bischof von Méaux, selbst Dichter und Musiker, Erfinder des isorhythmischen Schemas (rhythmische Wiederholung veränderlicher Tonschritte). Machaut tritt in seine Fußstapfen. Diese „Ars nova" ist auch ein Ausfluß der Auflösung des scholastischen Weltbildes durch die Mystik. Die Zwiesprache mit dem Himmel wird durch meditatives Schauen und gnostisches Erkennen vertraulicher. Man betet nicht mehr nur neben den in dunkle Höhen aufragenden gotischen Säulen, man tut etwas, um Gottes Zorn zu versöhnen, der die Pest gesandt hat. Geißler ziehen von Ort zu Ort und schlagen ihre Körper in ekstatischem Opferdrang blutig. Dazu singen sie ihre Bußlieder, nicht psalmodierend lateinisch zur höheren Ehre Gottes, sondern in der Volkssprache deutlich um Erlösung von der Seuche bittend. Diese drängende Dynamik teilt sich auch der sakralen Musik mit, die in den von allen verfügbaren Instrumenten begleiteten Ruf des Volkes nach oben, „Exaudi nos!" (Erhöre uns!), einstimmt.

Leben

Guillaume de Machaut (auch: Machault oder G. de Mascandio) wird um 1300 in Machaut geboren. Er ist Kleriker, Dichter, Musiker und Sekretär bei Johann von Luxemburg, dem König von Böhmen, dann in der Normandie und schließlich bei Karl V. von Frankreich, für den er auch diplomatische Aufträge erledigt. Er stirbt 1377 als Kanonikus in Reims.

Werke

23 Motetten, 40 Balladen, 20 Rondeaux, 32 Virelais, 18 Leis und die erste vollständige vierstimmige Vertonung der Ordinariumteile der Messe (1365). Teile der Messe werden bisher immer noch gregorianisch gesungen, nur eine dreistimmige Vertonung des Ordinariums ist 1320 von einem unbekannten Meister verfaßt worden (Messe von Tournai). Es ist schwer, die mehrstimmige Kirchenmusik durchzusetzen. Papst Johannes XXII. (um 1245–1334) wendet sich scharf gegen die neue Musik und will für die Kirche nur Oktave, Quinte und Quart als Intervalle zulassen.

Machauts Hauptwerke sind profan. Bei seinen sentimentalen, strophischen und gereimten Liebesliedern (Virelais) liegt die Melodie in der Oberstimme. Der Tenor verliert seine bisherige Rolle als Melodieträger, er wird zur Mittelstimme zwischen Kontratenor und der Oberstimme (Cantilena). Auch das Prinzip der schon anderweitig verwendeten Melodien (Cantus firmus) wird zugunsten frei erfundener aufgegeben, die sich kontrapunktisch mit- und gegeneinander bewegen.

Tips für Plattenfreunde

○ Messe Nostre Dame für 4 Stimmen, Deller-Consort, London (Stereo-LP/BASF EA 293 777; auf der zweiten Seite Musik von Perotinus)
○ Virelais, Motetten, Balladen, Studio der Frühen Musik, München (2 Stereo-LP/EMI 1C 063 = 30 106 und 30 109)

FRANCESCO LANDINI (um 1335–1397)

Zeit und Umwelt

In Italien bricht das Trecento, das Jahrhundert der Frührenaissance, in einer Welt voll Katastrophen an. Der hundertjährige Krieg zwischen Frankreich und England nimmt seinen Anfang, der Schwarze Tod eilt durch Europa, die Päpste werden vom französischen König gezwungen, von Rom nach Avignon zu übersiedeln, das Königreich Neapel bricht zusammen, die lombardischen Städte erleben ihren Niedergang, auch das reiche Venedig verliert an Bedeutung. Einzig Mailand unter den Sforza und Florenz unter den Medici bilden ein Bollwerk gegen den allgemeinen wirtschaftlichen und kulturellen Rückgang. Dort wird auch die Botschaft eines Dante Alighieri, eines Francesco Petrarca und eines Giovanni Boccaccio am begierigsten und nachhaltigsten aufgenommen. Der Humanismus ergreift alle Geister; Gelehrte, Künstler jeder Art, Staatsmänner und Staatsdiener setzen ihre Kräfte in den Dienst der Wiedererweckung der Antike. Nicht mehr das Jenseits, sondern das in vielen Fällen allerdings sehr fragwürdige Diesseits, nicht mehr die Bewohner des Himmels, sondern der Mensch wird zum Mittelpunkt des Geschehens. Die französische Ballade der Ars nova wird zur italienischen Ballatta. Daneben entsteht eigenständig das Madrigal, dessen bedeutendste Meister Iacopo da Bologna (Mitte des 14. Jahrhunderts) und Giovanni da Cascia (geboren um 1270 in Cascia) sind. Auch für Jagdlieder entsteht eine neue Form, die Caccia als zweistimmiger Kanon. Der Schritt zum mehrstimmigen Kanon, für den man allenthalben auch schon die Bezeichnung „Fuga" verwendet, ist nicht mehr weit.

Francesco Landini (um 1335–1397) / Oswald v. Wolkenstein (1377–1445)

Leben

Francesco Landini, auch Landino, wird um 1335 in Fiesole geboren, erkrankt im Kindesalter und erblindet. Er erlernt das Lauten-, Gitarren- und Flötenspiel, wendet sich sodann der Orgel zu und wird als Magister Franciscus Caecus (der Blinde) Organist an der Lorenzo-Kirche in Florenz. Wegen seines vorzüglichen Spieles und seiner kompositorischen Tätigkeit krönte ihn der König von Zypern, Peter I., 1364 in Venedig mit dem Dichterlorbeer. Der bedeutende Meister der Ars nova stirbt am 2. September 1397 und wird in seiner Kirche beigesetzt.

Werke

Landini hinterläßt eigentümlicherweise kein eigentliches Orgelwerk, dafür aber rund 200 Madrigale, Balladen und Kanzonen.

Tips für Plattenfreunde

○ Landini (Stereo-LP/EMI 1C 063 = 30 113). Diese Aufnahme des Studios der Frühen Musik, München, gibt einen guten Einblick in die Kompositionstechnik des Renaissancemeisters

OSWALD VON WOLKENSTEIN (1377–1445)

Zeit und Umwelt

Nach dem Vorbild der Trouvères und Troubadours dichten, singen und spielen im deutschen Sprachraum, noch teilweise der Gotik verhaftet, bedeutende Vertreter des mittelhochdeutschen Schrifttums, wie Neithart von Reuental (Ende des 12. Jahrhunderts–um 1240), Heinrich Frauenlob (um 1250–1318), Wolfram von Eschenbach (um 1170–um 1220), Walther von der Vogelweide (um 1170–um 1230) und viele andere. Die Themen ihrer Lieder sind zumeist die Minne, zuweilen auch die Politik. Der sprachliche Ausdruck steht in den meisten Fällen über dem musikalischen, die Minnesänger sind in erster Linie Dichter. Die Mehrstimmigkeit setzt sich nur langsam durch, Instrumente werden nicht so stark verwendet wie in Frankreich oder Italien. Die deutschen Fürstenhöfe, vor allem der in Wien, und auch die Großen der Kirche haben für die ritterliche Kunst des Wortes und des Klanges entgegenkommendes Verständnis und eine offene Hand. Einen Menestrel haben die deutschen Minnesänger nicht. Sie begleiten sich selbst auf der Fidel oder Harfe.

Leben

Oswald von Wolkenstein wird am 2. Mai 1377 in Südtirol geboren. Er hat ein abenteuerliches Leben. Ausgedehnte Reisen führen ihn als

Diplomat im Auftrag des Kaisers Sigismund nach Rußland, Persien, Griechenland, Italien, Spanien und Portugal. Seine politische Tätigkeit bringt ihn mehrmals an den Rand des wirtschaftlichen Ruins und trägt ihm Acht und Gefängnis ein. Er stirbt als einer der letzten deutschen Minnesänger auf Burg Hauenstein in Südtirol am 2. August 1445.

Literatur

W. Salmen: Oswald von Wolkenstein, Die Lieder. 1962
H. Fromm: Der deutsche Minnesang. 1963

Werke

120 Liebes- und Zechlieder für eine bis zu drei Stimmen, einige davon sind politischen Inhalts. Reiselieder („Ich rühme viel Heidelberg oben, droben auf dem Berg"), Nachdichtungen von kirchlichen Gesängen, Sequenzen und Hymnen in der Landessprache, welche die Entwicklung des deutschen Kirchenliedes einleiten.

Tips für Plattenfreunde

○ Mono- und polyphone Lieder, Studio der Frühen Musik, München (Stereo-LP/EMI 1C 063 = 30 101). Ein instruktiver Überblick über das Schaffen des Minnesängers

JOHN DUNSTABLE (nach 1380–1453)

Zeit und Umwelt

England nimmt im 14. Jahrhundert in der Entwicklung der Musik eine Randstellung ein, aus der das Land erst im folgenden Jahrhundert vollen Anschluß an das Musikgeschehen des Kontinents findet. Das Diskantlied (mit der Melodie in der Oberstimme) findet erst im 15. Jahrhundert Aufnahme, die Motette setzt sich nur schwer durch. Dafür ist die englische Musik schon sehr früh mehrstimmig mit Terzen und Sexten. Bereits Bischof Aldhelm (um 640–709) berichtet über mehrstimmiges Singen. Als zweite Eigenheit altenglischer Musik muß die absolute Dur-Tonalität festgestellt werden. Damit rückt das englische Volkslied sehr nahe an das Lied späterer Epochen heran. Der Sommerkanon „Der Sommer ist gekommen" des Klosters Reading aus dem frühen 14. Jahrhundert klingt wie ein modernes Liedchen. Die Verbindung mit Frankreich ist seit der Gründung des englisch-normannischen Doppelreiches (1066) sehr eng. England verliert erst Ende des 15. Jahrhunderts seine Besitzungen in Frankreich. Daher werden alle Fortschritte der französischen Schulen nach und nach in England übernommen und dem

Geschmack der Insel angepaßt. Und neben der langen kriegerischen Auseinandersetzung zwischen England und Frankreich verstärkt sich der gegenseitige Kultureinfluß von Jahrzehnt zu Jahrzehnt, so daß in Frankreich mit der Zeit die Terzen- und Sextenmelodik ebenso heimisch wird wie jenseits des Kanals die mehrstimmigen Hymnen, wenn diese auch schwerfälliger sind. Auch der Konduktus lebt in England als Komposition mit rhythmisierten Texten weiter, gleicht sich immer mehr dem Volkston an und wird zum geistlichen Refrainlied mit englischem Text, das wir noch heute als Carol kennen. Die Mehrstimmigkeit bleibt aber noch lange, im Gegensatz zu Italien und Frankreich, nahezu ausschließlich auf den sakralen Bereich beschränkt. Es überrascht daher nicht, daß der erste große Komponist Englands auch jenem Kreis entstammt.

Leben

John Dunstable wird zwischen 1380 und 1390 geboren. Der Geburtsort ist ebenso unbekannt wie seine Abstammung. Wir wissen über sein Leben überhaupt sehr wenig. Gesichert ist nur, daß er 1419 der Kathedrale von Hereford verpflichtet wird. Die Art seiner Stellung ist aber nicht klar, nicht einmal, ob er geistlichen Standes war oder nicht. Er scheint jedenfalls keine Residenzpflicht gehabt zu haben. In den Jahren 1423–1435 dürfte er sich am Hof des Herzogs von Bedford, dem damaligen Regenten der englischen Besitzungen in Frankreich, aufgehalten haben. Am 24. Dezember 1453 stirbt er in London. Der französische Dichter Martin le Franc nennt um 1440 seinen Namen als führenden englischen Komponisten, sein Epitaph besagt, daß er nicht nur Musiker, sondern auch Physiker und Astronom gewesen ist.

Werke

Von Dunstable sind ungefähr 60 Werke bekannt. Darunter sind vorwiegend (isorhythmische) Motetten, dreistimmige italienische Balladen und Messen. Er bringt das Kirchenlied durch freie Umspielungen und Verzierungen, vor allem aber durch seine Terzen- und Sextenbegleitung, seine Terz- und Quintensprünge, dem Volkslied näher. Seine Motetten sind harmonisch-akkordisch und polyphon und werden zum Muster für die englische Motette überhaupt.

Tips für Plattenfreunde
- Motetten von Dunstable und Dufay, Pro Cantione Antiqua, London (Stereo-LP/Deutsche Grammophon 2533 291)
- Musik der Frührenaissanve in England, Purcell Consort of Voices (Stereo-LP/FSM STV 34 058)
  Beide Platten bieten so viel Musik von Dunstable, daß man einen guten Einblick in seine Kompositionstechnik gewinnt

GUILLAUME DUFAY (vor 1400–1474)

Zeit und Umwelt

Das 15. Jahrhundert weist wie das folgende ein völlig anderes Antlitz auf als das 14., in dem man allerdings in allen Zweigen der Wissenschaft und Kunst schon die Vorboten der kommenden Zustände deutlich erblicken kann. Die Humanisten, zu denen sich auch viele Mächtige der Kirche gesellen, propagieren eine Synthese antiker Lebensform mit christlichen Grundsätzen. Gleichzeitig flammen aber in ganz Europa die Scheiterhaufen, auf denen Hexen und Ketzer sterben. Intoleranz und verstehendes Anerkennen gegnerischer Meinungen, Aberglaube und aristotelische Philosophie, mystische Geheimbünde und exakte Forschung liegen knapp nebeneinander. Aber in jedem Fall ist als Essenz die zentrale Stellung des Menschen feststellbar, eine Tendenz, die schon im 14. Jahrhundert vorbereitet wird. Diese Geisteshaltung beherrscht auch die Musik jener Zeit. Sie wird für den Menschen geschrieben und gespielt und gesungen, sie verläßt ihre Rolle als Bestandteil sakraler Handlungen oder Ausdrucksverstärkung des Wortes, sie wird zum Selbstzweck und muß daher wohl klingen und dem rhythmischen Bedürfnis entgegenkommen. Es bahnt sich bereits der Weg von der Kirchenmusik zum Kirchenkonzert, von der Gebrauchsmusik zur absoluten Musik an. Der Hennegau (Teile Nordfrankreichs und Walloniens) ist die Wiege der Musik des 15. und 16. Jahrhunderts, ihre erste Pflegestätte Burgund, wo sich die Wege der Politik, des Handels und des wissenschaftlichen und künstlerischen Gedankenaustausches kreuzen. Es ist der Mittelpunkt des Dreiecks England–Florenz–Paris, und das Herzogtum unter Philipp dem Guten (1396–1467) und Karl dem Kühnen (1432–1477) stellt Macht und Reichtum in den Dienst dieser kulturellen Aufgabe.

Leben

Guillaume Dufay wird vor 1400 im Hennegau geboren, wird Chorknabe in Cambrai, geht 1416 nach Italien und singt 1428 bis 1437 in der päpstlichen Kapelle zu Rom. Er wirkt an den Fürstenhöfen von Rimini, Pesaro und Savoyen, Aufenthalte in Pisa, Bologna, Florenz, Paris und Genf sind verbürgt. 1436 komponiert er zur Einweihung des Florentiner Domes eine Motette. 1445 kehrt er nach Cambrai zurück, wo er 1451 Kanonikus wird und mit wenigen Unterbrechungen verbleibt, bis er dort am 27. November 1474 stirbt.

Literatur

R. Bockholdt: Die frühen Messekompositionen von Guillaume Dufay. 1960

Werke

Neben Gilles Binchois gehört Dufay zu den Hauptmeistern der Frankoflämischen Musikschule und verbindet französische und italienische Elemente mit der jungen burgundischen Musik. Auf ihn geht auch die Änderung der bisherigen schwarzen Noten in weiße zurück. Unter den etwa 200 erhaltenen Werken sind 8 Messen, 35 Messesätze, 2 Magnifikate, Motetten, französische Chansons, italienische Liedsätze, weltliche und geistliche Lieder. Sein polyphoner Chorsatz, seine mehrstimmigen Lieder und die Annäherungen der profanen und sakralen Musik sind für seine Zeit richtunggebend.

Tips für Plattenfreunde

○ Chansons und Motetten, Studio der Frühen Musik, München (Stereo-LP/EMI 1C 063 = 30 124)
○ Guillaume Dufay und seine Zeit, Syntagma Musicum (2 Stereo-LP/ Telefunken 6.35 257 ER)
  Beide Aufnahmen gewähren einen erschöpfenden Einblick in das Schaffen des Meisters

GILLES BINCHOIS (um 1400–1460)

Zeit und Umwelt

Die politische Vormachtstellung des Herzogtums Burgund geht 1477 durch die Heirat Maximilians I. (1459–1519) mit Maria von Burgund (1457–1482) auf das mächtige Haus Habsburg über; die niederländischen Provinzen werden dadurch in den politischen und wirtschaftlichen Aufstieg der burgundischen Städte einbezogen, so daß das gesamte burgundisch-flämische Gebiet zum fruchtbaren Nährboden künstlerischen Schaffens und damit auch der Fortentwicklung der Musik wird.

Leben

Gilles Binchois wird um 1400 in Mons, Hennegau, geboren und ist als junger Mann vermutlich Soldat. Er hält sich etliche Zeit in Paris auf, tritt sodann 1430 in die burgundische Hofkapelle als Sänger ein. Er stirbt im Herbst 1460 in seinem Geburtsort Mons. Seine weltlichen Lieder spiegeln die Fröhlichkeit und Lebensfreude des burgundischen Hofes wider.

Werke

Viele Liebeslieder, 12 geistliche Lieder und 24 Messesätze.

Tips für Plattenfreunde

○ Guillaume Dufay und seine Zeit, Syntagma Musicum (2 Stereo-LP/ Telefunken 6.35 257 ER)
 Ein Überblick über die Musik des frühen 15. Jahrhunderts

JOHANNES OCKEGHEM (um 1430–1495)

Zeit und Umwelt

Nachdem die Herrschaft über Burgund an die Habsburger übergegangen ist, verlagert sich das Schwergewicht des kulturellen Geschehens nach Flandern, dessen Städte zu Zentren der Musikentwicklung werden, die im Verlauf der folgenden Jahrhunderte schrittweise ganz Europa und schließlich auch die übrige Welt erfaßt und überall national bezogenes Musikschaffen anregt, bis es zu unserer übernationalen Musik kommt.

Leben

Johannes Ockeghem (auch Ockenheim, Okekem, Okeguan und Okergan genannt) wird um 1430 in Flandern geboren und 1443 in Antwerpen als Chorknabe aufgenommen. 1450 begibt er sich vermutlich nach Cambrai zu Guillaume Dufay, um bei ihm Unterricht zu nehmen, 1453 wirkt er bereits als bekannter und geachteter Musiker am Hof zu Paris; seit 1459 gehört er der Abtei St-Martin in Tours an. 1461 nimmt er wiederum seinen Pariser Wohnsitz ein. Er ist viel auf Reisen, zum Beispiel 1469 in Spanien und 1484 in Flandern. 1495 stirbt er in Tours als ein von seinen Zeitgenossen zu den ersten Meistern gerechneter Musiker und Komponist. Zu seinen bekanntesten Schülern zählen Josquin Despres und Antoine Busnois (gestorben 1492, seit 1467 Kapellsänger am burgundischen Hof, zu seiner Zeit sehr berühmt; von seinem Werk ist allerdings wenig erhalten).

Werke

Erhalten sind 15 Messen, 7 Motetten, 19 Chansons und 4 Kanons, einer davon 36stimmig auf die Worte Deo gratias.

Tips für Plattenfreunde

○ Marienmotetten, Prager Madrigalisten (Stereo-LP/Telefunken 6.41 878 AW)
 Vorzügliche Beispiele der hervorragend ausgewogenen Polyphonie und Weite seiner melodischen Bogen

JOSQUIN DESPRES (um 1450–1521)

Zeit und Umwelt

In Rom, Oberitalien, vor allem in Paris und Flandern sind alle Kräfte am Werk, die Polyphonie, die vielgestaltigen Rhythmen, die Melodien der Volkslieder und Volkstänze zu neuem musikalischen Ausdruck zu verschmelzen. Neue Instrumente bringen eine neue Musik, die aber dem A-cappella-Chor und dem mehrstimmigen Lied nicht den Rang ablaufen kann.

Leben

Josquin Despres, auch Prés, Dupré, a Prato, del Prato, Pratensis genannt, wird in der Condé, Hennegau (nach anderen Chronisten in der Piccardie), um 1450 geboren und ist vermutlich ein Schüler von Dufay und Ockeghem. Gesichert ist seine Tätigkeit als Sänger in Mailand von 1474 bis 1479 und seine Mitgliedschaft bei der päpstlichen Kapelle in Rom in den Jahren 1484 bis 1486 und 1489 bis 1494. Von 1495 bis 1499 leitet er den Domchor zu Cambrai. Dann geht er nach Modena, 1500 nach Paris, 1503 nach Ferrara und schließlich wieder nach Rom. Es ist unbekannt, was er in den restlichen Jahren seines Lebens getan hat. Irgendwann muß er in seine Heimat zurückgekehrt sein, weil er in der Condé am 27. August 1521, hoch geehrt und von den Zeitgenossen mit dem Titel eines „Fürsten der Musik" ausgezeichnet, stirbt. Despres bildet in der 200 Jahre langen Entwicklung der Frankoflämischen Schule den Mittel- und Wendepunkt. Mit ihm fallen die letzten Reste der Gotik zugunsten reiner Renaissancestrukturen. Allerdings wird dem Cantusfirmus-Prinzip (Übernahme fremder Melodien aus bekannten Volksgesängen oder von anderen Komponisten oder anderen eigenen Werken) in verstärktem Maße gehuldigt. Nur schrittweise wird dieses Prinzip aufgegeben und durch einen freien, kontrapunktisch durchgearbeiteten Satz, durch eingestreute programmusikartige Wendungen und kühne Modulationen ersetzt. Despres' überraschende Stimmführung, sein schön klingender fließender Satz und seine ausdrucksvoll dem Text angepaßte Melodik eröffnen ein neues Zeitalter der Musikgeschichte. Palestrina und Orlando di Lasso haben viel von seiner Kunst geerbt. Martin Luther nennt ihn einen „Notenmeister" und erklärt: „Die anderen haben es machen müssen, wie die Noten wollten, bei ihm mußten die Noten, wie er wollte." Die Kadenzen seiner Schlüsse haben stets starke Bewunderung erregt.

Literatur

H. Osthoff: Josquin Despres. 2 Bände. 1961-1963

Josquin Despres (um 1450–1521) / Heinrich Isaac (um 1450–1517)   21

Michel Corboz, der sich mit fanatischer Präzision und durchschlagendem Erfolg um die werkgetreue Wiedergabe von Musik des Barock und der Renaissance bemüht.

Werke

Ungefähr 20 Messen (darunter am berühmtesten die Pange-Lingua-Messe und die L'homme-armé-Messe), über 100 zumeist vierstimmige Motetten, ungefähr 70 vier- bis sechsstimmige Chansons (zumeist mit französischem Text), einige Instrumentalmusik. Alle seine Kompositionen sind stark italienisch beeinflußt, was durch die langen Aufenthalte in Rom und an den verschiedenen italienischen Fürstenhöfen verständlich ist.

Tips für Plattenfreunde

○ Missa Da Pacem, Bläserkreis für Alte Musik, Hamburg, Gambenconsortium Spengler, Karlsruher Kammerchor (Stereo-LP/Camerata LP 30 040). Aufnahme, die dem Originalstil sehr nahe kommt
○ Missa Pange Lingua und mehrere Motetten, Prager Madrigalisten (Stereo-LP/Telefunken 6.41 259 AW)
○ Auswahl profaner und sakraler Werke, Capella antiqua (2 Stereo-LP/ Philips 6775 005)

HEINRICH ISAAC (um 1450–1517)

Zeit und Umwelt

Neben den Domschulen sind die einzelnen Hofkapellen zu Pflegestätten der Musik geworden. In vielen Fällen bekleiden die Musiker einflußreiche Stellen an den verschiedenen Höfen und zählen zu den Freunden der Fürsten. Jedenfalls sind die Zeiten, in denen die Musiker zum fahrenden Volk gehörten und die Hand nach Almosen ausstrecken mußten, vorbei. In den Schlössern der weltlichen und geistlichen Renaissancefürsten wird ihnen und ihrem Schaffen die Achtung gezollt, die ihnen zukommt.

Leben

Heinrich Isaac, dessen Name auch in der Form Isaak, Izac, Ysach, Yzac aufscheint und in Italien in Arrigo, Arrhigus Tedesco verwandelt worden ist, wird um 1450 in Brügge (?), Flandern, geboren. Im Jahre 1480 ruft ihn Lorenzo I. der Prächtige (1449–1492), der große Mäzen jener Zeit, als Prinzenerzieher nach Florenz. Gleichzeitig wird er als Organist an den Kirchen San Giovanni und S. Maria del Fiore angestellt. Er heiratet in Florenz eine Italienerin. Nach einem Aufenthalt in Rom wirkt er neben Paul Hofhaimer am Hof in Innsbruck und wird 1494 in Augsburg Hofkomponist bei Kaiser Maximilian I. 1497 bis 1500 ist er in Torgau bei Kurfürst Friedrich III. dem Weisen tätig. Das Konstanzer Domkapitel beauftragt ihn 1508, einen gesamten Jahrgang vielstimmiger Offizien zu komponieren. Diesen Choralis Constantinus vollendet aber erst sein Schüler Senfl. Ab 1514 ist er Geschäftsträger Maximilians am Hof von Florenz und führt dort ein Leben im großen Stil als Diplomat und als ein in aller Welt berühmter Komponist von Chören und anderen Vokalwerken sakraler und profaner Art. Er ist weit gereist, kann eine Anzahl europäischer Sprachen, kennt das Volksmusikgut vieler Völker und verwendet es in seinen eigenen Kompositionen. Auch sein bis heute beliebtes „Innsbruck, ich muß dich lassen" geht vermutlich auf eine Volksweise zurück, ist aber mit vollendeter Kunst gesetzt. Er stirbt 1517 in Florenz.

Werke

Messen, Motetten, Instrumentalsätze, Lieder mit deutschem, französischem, italienischem und lateinischem Text.

Tips für Plattenfreunde

○ Missa super „O praeclara", Motetten und Lieder, Capella antiqua, München (Stereo-LP/Telefunken 6.41 247 AW)
○ Marienmotetten, NCRV Vocaal Ensemble, Hilversum (Stereo-LP/Camerata LPM 30 026)
○ Pop Ago, Chansons – Lieder, Studio der Frühen Musik, München (Stereo-LP/EMI 1C 049 = 29 157)
Diese drei Platten geben einen Querschnitt durch das vielseitige Schaffen dieses Renaissancemeisters

JAKOB OBRECHT (nach 1450–1505)

Zeit und Umwelt

Nicht wenig Kleriker haben sich den Ideen des Humanismus verschrieben. Sie unterscheiden sich bei ihrem künstlerischen Schaffen nicht von den Laien, ihre Musik zum Beispiel folgt den gleichen Tendenzen, ob sie nun im Dienst eines Fürsten oder einer Kirche entsteht. Einer der größten Humanisten jener Zeit, Erasmus von Rotterdam (1466 oder 1469–1536), ist selbst Mönch und Priester, und auch sein Lehrer Obrecht ist Kleriker gewesen.

Leben

Jakob Obrecht (auch Hobrecht, Hobertus, Obertus) wird nach 1450 in Bergen-op-Zoom geboren. Sein ganzes Leben lang pendelt er zwischen den Niederlanden und Italien hin und her. Zunächst wird Obrecht Kathedralenkapellmeister in Utrecht, dann 1474 Sänger an der Hofkapelle in Ferrara. Wieder in der Heimat, ist er als Sänger und Kapellmeister an der Kathedrale von Cambrai und in Brügge tätig, schließlich erhält er die Kapellmeisterstelle an Notre-Dame von Antwerpen. 1500 kommt er als Propst nach Thourout, geht erneut nach Antwerpen zurück, nimmt 1503 eine Stellung in Innsbruck an, übersiedelt von dort nach Ferrara, wo er 1505 an der Pest stirbt. Sein unstetes Leben ist weniger durch seine Wesensart bedingt, sondern durch seinen Ruf als Musiker, der ihm ständig bessere Angebote einbringt, von denen er eben jeweils das annimmt, das ihm am meisten zusagt.

Werke

Obrecht ist allgemein als Meister der niederländischen Kontrapunktik bekannt gewesen. Seine melodischen Einfälle sind zumeist italienischer Herkunft, seine Harmonik und Struktur ist gründlich verfestigt. Er hat 25 Messen, 22 Motetten, Chansons und eine um das Jahr 1500 verfaßte Passion nach Matthäus geschaffen, die als älteste Motettenpassion den Auftakt für alle nachkommenden bildet.

Tips für Plattenfreunde
- Ricercare in: Musik aus dem Mittelalter und der Renaissance (Stereo-LP/FSM STV 34 019)
- Magnificat in: Weihnacht der Renaissance, Boston Camerate (Stereo-LP/FSM STV 34 569)
  Beide Aufnahmen lassen die Kompositionstechnik des Meisters deutlich zu Wort kommen

PAUL HOFHAIMER (1459–1537)

Zeit und Umwelt

Die politische Bindung des niederländischen Gebietes an die Habsburger hat zur Folge, daß der österreichische Raum in enge Beziehungen zur franko-flämischen Schule gerät. Deren Meister, seien sie nun echte Niederländer oder deren Schüler, tauchen immer öfter an den Höfen von Innsbruck und Wien auf. Das Schwergewicht der Musik beginnt, sich allmählich vom Westen nach Mitteleuropa zu verlagern, obwohl es sich vorläufig nur um eine Ausweitung des Wirkungskreises der Schule handelt. Der Komponist Heinrich Finck (geboren um 1445) wird 1925 Hofkapellmeister in Wien, wo er 1527 stirbt. Thomas Stoltzer (geboren um 1480), einer der bedeutendsten Vokalkomponisten jener Zeit, beschließt 1526 sein Leben als Hofkapellmeister in Ungarn. Arnold von Bruck (geboren um 1490) wirkt als Kapellmeister in Wien und stirbt 1554 in Linz. Und mit Hofhaimer tritt zum ersten Mal ein Mann aus den Alpen in den Kreis der Renaissancemusiker.

Leben

Paul Hofhaimer (auch Hefheymer, Haffenhamer) wird am 25. Januar 1459 in Radstadt geboren. 1479 ruft ihn Erzherzog Sigmund von Tirol aus Graz, wo er im Dienst Kaiser Friedrichs III. steht, als Hoforganist nach Innsbruck. 1490 kommt er zur Hofkapelle Kaiser Maximilians I., geht mit ihm 1494 nach Mecheln und wechselt in der Folgezeit sehr oft seinen Aufenthaltsort, um in Torgau (1500), München und Passau als Lehrer und Dirigent zu wirken. 1507–1518 ist er im Dienst der Fugger in Augsburg Organist von St. Anna. 1515 wird er in Wien geadelt und zum Ritter geschlagen und 1519 als Domorganist nach Salzburg geholt. Er wird für den besten Orgelspieler seiner Zeit gehalten, betätigt sich auch als Orgelbauer und bildet eine große Zahl von Schülern aus. Als Komponist wendet er sich vorwiegend dem deutschen Lied zu, das sich unter seiner Hand durch harmonischen Wohlklang auszeichnet. Lateinische Motetten verfaßt er verhältnismäßig wenig. Er stirbt 1537 in Salzburg während einer Vertonung von 35 Oden von Horaz, die sein Freund Ludwig Senfl vollendet.

Literatur

H. J. Moser: Paul Hofhaimer, ein Lied- und Orgelmeister des deutschen Humanismus. 1929. – Dieses grundlegende Werk enthält die 91 überlieferten Tonwerke von Hofhaimer.

Werke

Orgelwerke, lateinische Motetten, sakrale und profane mehrstimmige Lieder, einige Instrumentalwerke.

Tips für Plattenfreunde

○ Lieder und Tänze aus Deutschland, 1460–1560, Capella Lipsiensis (Stereo-LP/Deutsche Grammophon 2533 066 Q)
○ Recordare, Salve regina aus: Kirchenmusik der Salzburger Renaissance, Musica antiqua, Wien (Stereo-LP/Schwann 2 567)
Die beiden Platten zeigen die beiden Pole des Renaissancemeisters: lateinische sakrale Musik und deutsches Lied

LUDWIG SENFL (um 1490–um 1543)

Zeit und Umwelt

Auch in diesem Fall ist es Österreich, das einen Komponisten der Renaissance formt. Im französischen Raum ist inzwischen das Programmchanson entstanden. Strophische Gedichte werden syllabisch in akkordischer Manier vertont; hierbei werden Naturereignisse, außerordentliche Vorgänge, seelische Emotionen in Tönen und Rhythmen ausgedrückt. Clément Janequin (1485–1560), möglicherweise ein Schüler von Josquin Despres, schreibt rund 400 französische Chansons mit starker Tonmalerei. Jean Mouton (um 1470–1522) dient als Sänger am Pariser Hof und ist zuletzt Kanonikus von St-Quentin, er verfaßt ebenso neben seinen sakralen Kompositionen eine große Menge Chansons im Stil seines Lehrers Josquin Despres, jedoch mit ausgeprägterem Ausdruckswillen. Jakob Arcadelt, ebenfalls ein Schüler von Josquin Despres, geht nach zehnjährigem Aufenthalt an der päpstlichen Kapelle in Rom nach Paris und hinterläßt 120 französische Chansons im neuen Ausdrucksstil. Die an der Wiener Hofkapelle gepflegte Kontrapunktik und Harmonisierung nach Art der flämischen Meister und das neue französische Chanson bilden eine Erbmasse, die zu einem vollendeten Liedsatz führt.

Leben

Ludwig Senfl (auch Senffl, Sänftli, Senfel) wird in Zürich um 1490 geboren. Als Knabe singt er in der kaiserlichen Kapelle in Wien als Altist, kehrt 1504 in seine Schweizer Heimat zurück, ist aber bald darauf als Schüler bei Heinrich Isaac neuerlich in Wien. 1517 beginnt sein Wirken als Vertreter und Nachfolger seines Lehrers im musikalischen Hofstaat Kaiser Maximilians I. 1523 wird er als Hofkomponist nach München berufen. Über sein weiteres Leben fehlen alle Nachrichten. Man weiß nur, daß er lebhafte Beziehungen zu Luther gepflegt hat; in Luthers Haus sind die Lieder Senfls gern und oft gesungen worden. Ob diese Freundschaft zu Verstimmungen zwischen dem Meister und den Wittelsbachern geführt hat, ist unsicher, obwohl es behauptet worden ist. Jedenfalls ist Senfl nie Protestant geworden. Er stirbt in München um das Jahr 1543, als „Fürst der Musik" allgemein bekannt und geachtet.

Werke

Senfls Liedstil bleibt seinem Lehrer Heinrich Isaac und dem von ihm hochverehrten Josquin Despres verpflichtet, er behält deren Cantus-firmus-Technik bei, aber ebensowenig vernachlässigt er den von den Franzosen gepflegten Ausdruck. Auch seine Messen und Motetten sind den Vorbildern der Vergangenheit verhaftet, doch mit Klangphantasien und Nebenstimmen stark ausgeschmückt und gerade dadurch richtungweisend für kommende Meister wie Orlando di Lasso und Palestrina. Senfl hat etwa 300 Lieder, dann Messen, Motetten, Hymnen, Magnifikat geschaffen. Er vollendet den Choralis Constantinus seines Lehrers Isaac und die Horaz-Vertonungen Hofhaimers.

Tips für Plattenfreunde

○ Lieder, Ricercar-Ensemble für alte Musik, Zürich (Stereo-LP/EMI 1C 063 = 30 104). Ein interessanter Querschnitt durch das Schaffen des Komponisten
○ Das G'läut zu Speyer aus: Musik der Dürerzeit, Capella antiqua, München, Monteverdi-Chor, Hamburg (2 Stereo-LP/Telefunken 6.35 052 DX). Beispiel der Tonmalerei des Komponisten

ADRIAN WILLAERT (nach 1480–1562)

Zeit und Umwelt

Der Flame hat nicht nur die Musik seiner Heimat, sondern als Schüler des Franzosen Mouton die französische Auffassung und Technik in sich aufgenommen und kommt mit diesem Rüstzeug nach Italien in den Kreis der dortigen Humanisten, denen er sich in Rom und insbesondere in Venedig sofort anschließt. Es sind vorwiegend Maler und Bildhauer, aber auch Gelehrte, mit denen er in Verbindung kommt. Diese für ihn neue Welt der italienischen Hochrenaissance wird bald zu seiner eigenen und macht ihn zum „italienischen" Musiker, so daß es nicht mehr überrascht, daß der Fremde zum Begründer einer italienischen Musikrichtung, der „Venezianischen Schule", wird.

Leben

Adrian Willaert wird zwischen 1480 und 1490 in Brügge oder Roulers geboren und wandert 1516 nach Italien, wo er sich in Rom aufhält, ohne anscheinend einen festen Posten zu bekleiden. 1522 tritt er eine Stellung am Hofe zu Ferrara an, und 1527 wird er an den Markusdom in Venedig berufen und zum Magister capellae cantus ecclesiastice Sancti Marci ernannt. Er bleibt bis zu seinem Lebensende am 7. Dezember 1562 in der Lagunenstadt, abgesehen von mehreren Reisen in seine Heimat.

Werke
Die in der Markuskirche gegenüberliegenden zwei Choremporen mit je einer Orgel (eingerichtet von Annibale Padovano, um 1527–1575) werden für Willaert zum Ausgangspunkt einer völlig neuen Kompositionstechnik. Die kompliziert verflochtene Mehrstimmigkeit muß einer akkordischen Flächigkeit weichen, um dem Gegeneinandermusizieren der beiden Klangkörper mehr Ausdruck zu verleihen. Damit geht eine chromatische Schärfung der Modulationen und eine stärkere Konturierung der Tonsprache Hand in Hand. Die italienischen Musikformen des Madrigals und des Ricercare werden unter der Hand des Meisters des Markusdomes weiterentwickelt. In seinen letzten Jahren läßt sich Willaert von seinem Landsmann Cyprian de Rore unterstützen und vertreten, der auch sein Nachfolger wird. Willaert hat 5 Messen, 2 Motettenreihen, eine Reihe Canzoni villanesche (volkstümliche Lieder), 2 Reihen Madrigale und eine Sammlung von Psalmen veröffentlicht. Dazu sind noch viele Chansons, Hymnen und etliche Passionen zu zählen. Alles ist, abgesehen von den französischen Chansons, in dem von Willaert begründeten venezianischen Stil gearbeitet, also mehrchörig, zum Teil antiphonal, sehr oft instrumental begleitet, farbig moduliert mit starker Klangwirkung.

Tips für Plattenfreunde
○ O bene mio. In: Musik der Dürerzeit, Capella antiqua, München, Monteverdi-Chor, Hamburg (2 Stereo-LP/Telefunken 6.35 052 DX). Beispiel des venezianischen Stils

ANTONIO DE CABEZÓN (um 1500–1566)

Zeit und Umwelt
Wirtschaftlich, politisch und geistig ist das 16. Jahrhundert das goldene Zeitalter Spaniens. Das Gold fließt aus der Neuen Welt zu, die politische Macht umfaßt weite Räume der Erde, Maler und Dichter von Weltgeltung stellen ihre Heimat in die erste Reihe der Kulturnationen. Die neue Instrumentalmusik, der venezianische Stil der Doppelchörigkeit und das Madrigal finden natürlich auch in Spanien Eingang und gewinnen

neben den bodenständigen, stark folkloristisch gebundenen Musikformen sofort ihre Anhänger. Die unter arabischem Einfluß reich ornamentale Volksmusik erhält neuen lyrischen Ausdruck. Die Verbindung zwischen Wortsinn und Klang wird enger geknüpft. Wenn die spanische Musik auch immer ihren eigenständigen Charakter beibehält, so findet sie doch zu jener Zeit ihren Anschluß an die übrige europäische Musikwelt.

Leben

Antonio de Cabezón wird um 1500 in Burgos blind geboren. Im Jahre 1526 ist seine musikalische Ausbildung bereits so weit gediehen, daß er bei Kaiserin Isabella als Organist angestellt wird. Im Januar 1548 wird er in der gleichen Eigenschaft von Philipp II. in den Dienst genommen, den Cabezón vom Oktober 1548 bis Juli 1551 nach Italien, Deutschland und den Niederlanden begleitet. 1554 hält er sich in England auf. Er stirbt am 26. März 1566 in Madrid.

Werke

Cabezón ist nicht nur eine der bedeutendsten Gestalten der spanischen Musikgeschichte und Begründer der Kunstmusik seiner Heimat, sondern sein Spiel auf Tasteninstrumenten wird auch entgegen dem etwas steifen Stil der deutschen Meister zum Vorbild der Instrumentalisten des ganzen Jahrhunderts. An der Entwicklung der Musik des 15. zur Form des 16. Jahrhunderts hat Cabezón keinen geringen Anteil. Er hat Instrumentalstücke für Harfe, Vihuela und Orgel, Klavierstücke, Orgelsätze, Hymnenbearbeitungen, Tientos (spanische Abart des Ricercars), Motetten, Lieder und Variationen geschaffen.

Tips für Plattenfreunde

○ Die Instrumentalvariation der spanischen Renaissancemusik, Ricercare-Ensemble für alte Musik, Zürich (Stereo-LP/EMI 1C 063 = 30 116)
○ Alte Meister der Orgelmusik aus Spanien und Italien (Stereo-LP/ Schwann AMS/VMS 2 576)

ANDREA GABRIELI (um 1510–1586)

Zeit und Umwelt

Die zwei Emporen des Markusdomes in Venedig mit den zwei Orgeln, die seit 1490 mit zwei Organisten besetzt sind, schenken der Musik einen neuen Stil, der sozusagen ortsabhängig wird, weil die Klänge von

Andrea Gabrieli (um 1510–1586) / Jakob Arcadelt (um 1514–vor 1572)

verschiedenen Seiten zu den Ohren des Publikums dringen. Dadurch entsteht ein Wechsel der Dynamik, die bis zu den stärksten Kontrasten gesteigert werden kann. Der Venezianer Andrea Gabrieli wird sozusagen in diese Musik hineingeboren und nimmt die von Adrian Willaert in Venedig gefundene und begründete neue musikalische Form um so rascher auf, da sie ja den Gegebenheiten seiner Heimatstadt entspringt. Sie ist für ihn so selbstverständlich wie die Atemluft, weil er von frühester Kindheit an von der Weltanschauung des Humanismus und von der Musik seiner Heimat umgeben war.

Leben

Andrea Gabrieli wird in Venedig um 1510 geboren und 1536 als Kapellsänger an der Markuskirche aufgenommen. Dort wird er zweiter Organist anstelle von Claudio Merulo (1533-1604, ab 1566 zweiter und sodann erster Organist im Markusdom und ab 1586 Hoforganist beim Herzog von Parma; er hat Orgelwerke, Ricercari, Toccaten, Madrigale, Motetten und Messen verfaßt). In seinem letzten Lebensjahr wird Gabrieli noch erster Organist. Er stirbt Ende des Jahre 1586 in Venedig.

Werke

Die bereits von seinen Vorläufern angebahnte Ausbildung der Dur- und Moll-Tonarten anstelle der Kirchentonarten kommt bei Gabrieli voll zum Tragen und verstärkt, vereint mit eingeflochtener Chromatik, den von den Renaissancekomponisten angestrebten subjektiven Ausdruck. Seine bedeutendsten Schüler, die den von ihm beschrittenen Weg weitergehen, sind sein Neffe Giovanni Gabrieli und Hans Leo Haßler. Der Komponist hat Orgelwerke, Instrumentalwerke (Concerti) für 3 bis 16 Stimmen, Messen, Motetten und Madrigale geschaffen.

Tips für Plattenfreunde

○ Orgelwerke, Sandro Dalla Libera an der historischen Orgel des Konservatoriums in Venedig (Stereo-LP/Christophorus SCGLX 73 830)
○ Mehrchörige venezianische Chormusik, Chor des Lassus-Musikkreises, München (Stereo-LP/Christophorus SCGLX 73 768)

JAKOB ARCADELT (um 1514–vor 1572)

Zeit und Umwelt

Rom und den anderen italienischen Städten ist eine magische Anziehungskraft für flämische Meister der Musik eigen. Die Ursache hiefür ist sicherlich nicht die Verdienstmöglichkeit, die die italienischen Dome und Fürstenhöfe bieten, denn auch in Flandern und Frankreich werden Musiker gerne und gut aufgenommen. Aber die Renaissancekünstler suchen nach den Quellen des Humanismus, für den Italien trotz aller Leistungen in anderen Ländern als klassisches Land gilt. Erstaunlich ist aber doch, wie gut sich die Niederländer in die italienische Musik einleben.

Leben

Jakob Arcadelt, um 1514 in Lüttich geboren, ist Schüler von Josquin Despres. 1540 bis 1550 ist er Sänger der päpstlichen Kapelle in Rom, geht hierauf nach Paris, wo er ab 1557 als Regius musicus aufscheint. Über sein weiteres Leben ist nichts bekannt, außer daß er noch vor 1572 in Paris stirbt. Arcadelt gilt als einer der besten Frühmeister des Madrigals und des französischen Chansons, hat Texte von Petrarca vertont und ist mit Michelangelo befreundet gewesen.

Werke

Messen, Motetten, 120 französische Chansons, Madrigale für drei und vier Stimmen, darunter „Der süße weiße Schwan", das noch heute gesungen wird.

Tips für Plattenfreunde

O Chansons und Madrigale der Renaissance, Niedersächsischer Singkreis (Stereo-LP/Camerata LP 30 033)
O Musik für Laute (Historische Instrumente) (Stereo-LP/Disco 11 549)

CYPRIAN DE RORE (1516–1565)

Zeit und Umwelt

Auch dieser Flame wendet sich sehr früh nach Italien, um sich dem Kreis der italienischen Renaissancemusiker einzufügen. Das gelingt ihm ebenso rasch und gut wie manchem seiner Landsleute, so daß er wie Arcadelt zu einem Madrigalmeister der Venezianischen Schule wird.

Leben

Cyprian de Rore wird 1516 in Antwerpen oder Mecheln geboren. Er beginnt seine musikalische Laufbahn als Schüler und Gehilfe des Domkapellmeisters Willaert. 1553–1558 ist er Hofkapellmeister in Ferrara. Nach einem Besuch der Heimat geht er 1561 als Hofkapellmeister nach Parma und wird zwei Jahre später als Nachfolger Willaerts Kapellmeister des Markusdomes in Venedig. 1564 kehrt er nach Parma

zurück, wo er 1565 stirbt. Als Komponist hat er sich bemüht, die
Ausdruckskraft seines Lehrers und Vorgängers noch zu verstärken.

Werke

Messen, Passionen, Psalmen, Motetten und vor allem farbenfrohe,
bildreiche Madrigale, einige Instrumentalmusik.

Tips für Plattenfreunde

○ Musik der Renaissance, Motetten und Madrigale, Musica antiqua,
Wien, Prager Madrigalisten (Stereo-LP/Intercord 120 856)

GIOVANNI PIERLUIGI DA PALESTRINA (um 1525–1594)

Zeit und Umwelt

Der bedeutendste Renaissancepapst, Julius II., ist 1513 gestorben. Auch
Raffael Santi und Bramante haben noch vor wenigen Jahren gelebt, als
Palestrina geboren wird. Dennoch muß für Rom sein Geburtsjahr als
letztes Jahr der Renaissance angesehen werden, obwohl diese Epoche in
anderen italienischen Städten noch in Blüte bleibt. Der regierende Papst
Clemens VII. schließt sich, um nicht in volle Abhängigkeit des habsburgischen Kaisers Karl V. zu geraten, einer Liga gegen ihn an. Die Folge
ist 1527 ein Einfall spanisch-österreichischer Söldner in Rom, das durch
acht Tage unbarmherzig geplündert wird und durch längere Zeit besetzt
bleibt. Unermeßliche Schätze und Werte gehen dabei zugrunde, die
reichen Mäzene verarmen, und die lächelnden Götter des Olymp, die
man in den Himmel eingelassen hat, werden wieder zu den von den
Kirchenvätern beschworenen Dämonen; man besinnt sich auf die
Forderungen der eigenen Religion, die im Glanz der wiedererweckten
Antike an Bedeutung verloren hat. Es ist aber nicht der politische und
wirtschaftliche Niedergang der Stadt allein, der diese Wende verursacht.
Im Norden jenseits der Alpen ist die große Kirchenspaltung bereits
vollzogen, und der Kampf um das für das Papsttum verlorene Terrain ist
in vollem Gang. Auch die Kirchenfürsten des Südens bangen um ihre
Macht und mobilisieren ihre geistigen und politischen Kräfte. Ein
Savonarola wäre nicht mehr verbrannt worden, dafür flammen die
Scheiterhaufen wie nie zuvor als Sühne für die begangenen Sünden. Die
Kunst wird erneut zur Dienerin des Gottesdienstes, sie soll wiederum
nicht den Menschen erfreuen, sondern Gott ehren. Der Mensch wird aus
dem Mittelpunkt des geistigen Geschehens verdrängt. Man kann in der
Musik nicht mehr auf die Mehrstimmigkeit verzichten, will sie aber von

allen Verzierungen reinigen, die die Verständlichkeit der heiligen Texte beeinträchtigen. Weltliche Madrigale und Chansons gelten wegen ihrer frivolen Verse als Sünde, die Verwendung ihrer Melodien als Cantus firmus sakraler Kompositionen wird verpönt. Da es aber immer schlecht gelungen ist, der Kunst Fesseln anzulegen, und da an verschiedenen italienischen Fürstenhöfen und in Venedig der profane Klang der Renaissancemusik nicht mit einem Schlag zum Verstummen gebracht werden kann, entsteht die Tendenz, die Musik überhaupt aus dem sakralen Bereich zu verbannen, was zu den Auseinandersetzungen auf dem Konzil zu Trient (1545–1563) über die Zulässigkeit und Form der Kirchenmusik führt. Nur der Genialität Palestrinas glückt es, die streitenden Parteien zu versöhnen, indem er beweist, daß Textverständlichkeit, Frömmigkeit und Ehrfurcht mit kunstvoll geführter Vielstimmigkeit, Ausdruckskraft des Klanges und ständigem Fluß weit gespannter Melodik widerspruchslos einander ergänzend und fördernd geeint werden kann – was für die damalige Zeit heißt: daß die neue Musik, die den Menschen gefällt, auch Gott nicht mißfallen könne.

Leben

Giovanni Pierluigi da Palestrina wird um 1525 in der kleinen, ungefähr 40 km von Rom entfernten Landstadt Palestrina geboren. Sein Vater Sante Pierluigi ist vermutlich ein kleiner Gutsbesitzer und Weinbauer und gehört mit seiner ganzen Familie dem kleinen Bürgertum jener Stadt an, die in der Antike als etruskisch-römisches Praeneste bedeutend gewesen ist. Man darf annehmen, daß Giovanni Pierluigi, der später den Geburtsort seinem Namen hinzufügt, schon sehr früh im Chor des Domes gesungen hat. Verbürgt ist jedenfalls, daß er 1537, also im Alter von ungefähr 12 Jahren, als Chorknabe bei der Kirche Santa Maria Maggiore in Rom Aufnahme findet. Gewohnt haben dürfte er bei einer Tante, die am Rande der Stadt Rom eine Herberge betreibt. Für seine musikalische Ausbildung haben vermutlich der Komponist und der Kapellmeister des Chores, Rubino Malapert und Firmin le Bel, gesorgt. 1544 kehrt er in seine Vaterstadt zurück, um dort an der Hauptkirche als Kapellmeister und Organist bis 1551 zu wirken. Mit dieser Tätigkeit erwirbt er sich die Aufmerksamkeit und Zufriedenheit des Bischofs Giovanni Maria del Monte, der 1550 als Julius III. Papst wird und den Organisten aus Palestrina 1551 als Singmeister des Knabenchors nach Rom beruft. Palestrina bedankt sich bei seinem Gönner mit der Widmung des ersten Buches seiner 4- bis 5stimmigen Messen, von denen die erste den Titel „Ecce sacerdos magnus" (Siehe den hohen Priester) trägt. Dies ist das erste gedruckte Werk des Komponisten, der bisher bereits eine Reihe mehrstimmiger Motetten und eine Serie profaner Madrigale verfaßt hat.
Im Jahre 1555 wird Palestrina auf Sonderanordnung des Papstes ohne weitere Formalitäten oder Prüfungen in das Sängerkollegium der

Cappella Sistina aufgenommen, obgleich er kein Priester, sondern Vater mehrerer Kinder ist; er hat noch in Palestrina 1547 Lucrezia Gori geheiratet. Papst Julius stirbt noch im selben Jahr (am 23. März). Sein Nachfolger Marcellus II. (Marcello Cervini) bringt Palestrina die gleiche Wertschätzung entgegen, stirbt jedoch schon am 1. Mai 1555. Der nächste Mann auf dem Heiligen Stuhl ist Paul IV. (Gian Pietro Carafa), der als unduldsamer Eiferer alle verheirateten Sänger der Sistina entfernt (am 30. Juli 1555). Palestrina ist allerdings nicht lange ohne Wirkungskreis. Schon am 1. Oktober desselben Jahres sieht man ihn als Kapellmeister von San Giovanni di Laterano, der zweiten Hauptkirche Roms. Im Jahre 1561 gibt er diesen Posten wegen Unstimmigkeiten auf und übernimmt die Kapellmeisterstelle an der dritten Hauptkirche der Stadt, Santa Maria Maggiore, wo er seine Ausbildung genossen hat. 1566 wird er mit der gleichen Stellung am Collegium Romanum der Jesuiten, das zur Heranbildung deutscher Priester gegründet worden ist, betraut. Unter seinen Schülern befinden sich damals auch seine beiden Söhne Rodolfo und Angelo. Aber auch dort hält es ihn nicht lange; 1567 wird ihm die Kapellmeisterstelle am Hof des Kardinals Ippolito d'Este in Rom und Tivoli übertragen.

Im selben Jahr knüpft er Verhandlungen mit dem Wiener Hof an; Maximilian II. hat ihm ein gutes Angebot gemacht, das allerdings angeblich an zu übertriebenen Forderungen Palestrinas scheitert. Es ist unsicher, ob der Komponist tatsächlich beabsichtigt, Rom zu verlassen. Vielleicht haben diese Verhandlungen nur taktische Zwecke. Inzwischen ist das kompositorische Werk des nunmehr bereits allseitig berühmten Kirchenmusikers beträchtlich angewachsen; er hat eine Vielzahl von Motetten, Psalmen, Lamentationen und vor allem viele Messen verfaßt, darunter 1562 die dem Andenken des Papstes Marcellus II. gewidmete sechsstimmige Marcellus-Messe, die zu seinen berühmtesten Werken zu zählen ist, sowie die fünfstimmige Salve-Regina-Messe und die achtstimmige Messe „Hodie Christus natus est". Im Jahre 1571 wird er an die Peterskirche zurückberufen, um die Kapellmeisterstelle an der Cappella Giulia zu übernehmen, die durch den Tod des Komponisten Giovanni Animuccia frei geworden ist. (Animuccia: um 1500–1571, er hat nach einer Synthese der neuen Auffassung der Kirchenmusik mit dem Renaissancestil gesucht. Seine Laudi spirituali, 1563, gelten als Vorform des Oratoriums.) In das Sängerkollegium der Sistina wird Palestrina nicht mehr aufgenommen, weil er kein Sänger ist. Seine Stimme ist immer dünn gewesen. Dafür wird er schon 1565 zum Komponisten der päpstlichen Kapelle ernannt. Am 13. Mai 1572 kommt Ugo Buoncompagni als Gregor XIII. auf den päpstlichen Stuhl, der sich den großen Trägern seines Namens verpflichtet fühlt und deren Reformen fortsetzt. Neben allen Maßnahmen zur Gegenreformation, der genauen Durchführung der Beschlüsse des Konzils von Trient, der umfassenden Kalenderreform will er den Gregorianischen Choral revidieren und wiederbeleben und überträgt diese Aufgabe Palestrina. Dieses Vorhaben scheitert allerdings an verschiedenen Hindernissen, so daß die Editio Medicaea erst 1614 von Felice Anerio und Francesco Suriano fertiggestellt wird. Neben seiner Tätigkeit an der Peterskirche fungiert Palestrina als Kapellmeister der Fürsten Buononcini und als Leiter der Musikschule seines Schülers Giovanni Maria Nanino (um 1545–1607, Verfasser von Motetten, Madrigalen, Kanons, Kanzonetten und Psalmen), der sein Nachfolger an der Santa Maria Maggiore und 1604 Leiter der Sistina wird.

Palestrinas Söhne Rodolfo und Angelo werden wie sein Bruder Silla in jenen Jahren von der Pest hinweggerafft, am 23. August stirbt seine Frau Lucrezia. Kurz darauf geht er die Ehe mit der reichen Perlenhändlerwitwe Virginia Dormili (23. März 1581) ein, die ihn um 17 Jahre überlebt. Guglielmo Gonzaga, Herzog von Mantua, lädt 1583 Palestrina zu sich ein und bietet ihm die Leitung der herzoglichen Kapelle an. Angeblich zerschlugen sich auch diese Verhandlungen an den hohen Honorarforderungen des Meisters. Der tatsächliche Grund hiefür dürfte auch in diesem Fall die Anhänglichkeit des Komponisten an Rom sein. Palestrina ist nicht arm. Schon seine erste Frau ist aus einer begüterten Familie gekommen, und seine zweite macht ihn zum reichen Mann. Wenn man ihm nachsagt, daß er stark am Geld hängt und nie mit den angebotenen Honoraren zufrieden ist, so übersieht man dabei, daß er sich seines Wertes eben bewußt ist und es nicht nötig hat, sich mit Almosen abfertigen zu lassen. Er schätzt geordnete wirtschaftliche Verhältnisse, an die er schon in seinem Vaterhaus gewohnt war, er will sich bei seiner Arbeit nicht von irgendwelchen finanziellen Sorgen stören lassen. Daß es wegen der gescheiterten Verhandlungen zwischen ihm und dem Herzog zu keiner Mißstimmung gekommen ist, beweisen die zehn Messen, die Palestrina dem Mantuaner widmet. Die letzte davon ist seine einzige für vierstimmigen Männerchor (1568), die anderen neun (1578–1579) sind fünfstimmige Choralmessen. Seine letzte Schaffenszeit ist zugleich seine fruchtbarste. Er veröffentlicht vier Bücher mit Messen, drei mit Motetten, drei mit sakralen Madrigalen, eine Reihe Offertorien, Hymnen, Magnifikate und Litaneien. Eine Anzahl durch eigene Werke bekannt gewordene Schüler, wie Annibale Stabile (um 1540–1595), Giovanni Andrea Dragoni (um 1540–1598, ein Verwandter seiner zweiten Frau), Francesco Suriano (1549–nach 1621, Rom) und Don Romano da Siena (zweite Hälfte des 16. Jahrhunderts) bezeugen die umfangreiche Lehrtätigkeit des Meisters. Es mutet eigentümlich an, daß Palestrina gegen Ende seines Lebens die Kapellmeisterstelle in seiner Heimatstadt zu übernehmen wünscht. Eine Sehnsucht nach der Geruhsamkeit der kleinen Stadt und die Erinnerung an seine erste Tätigkeit als Kapellmeister und Organist dürfte ihn dazu bewegen. Er erhält nach etlichen Schwierigkeiten auch die Berufung, kann ihr aber keine Folge mehr leisten, weil er erkrankt und am 2. Februar 1594 in Rom stirbt. Er wird

Giovanni Pierluigi da Palestrina (um 1525–1594)

als „Fürst der Musik" in der Peterskirche beigesetzt, im Zug des Kirchenumbaues aber verlegt und nicht mehr zurückgebracht, so daß seine Begräbnisstätte in Vergessenheit gerät.

Literatur

K. L. Fellerer: Palestrina. 1960
E. Schmitz: Palestrina. 1955

Werke

Die Gesamtausgabe der Kompositionen Palestrinas umfaßt nahezu 1000 Nummern. Mit Ausnahme der in seiner Jugendzeit entstandenen weltlichen Madrigale ist alles Kirchenmusik, und zwar Vokalmusik, wenn man von den acht Ricercari für Orgel, jedes auf einen anderen Grundton aufgebaut, absieht. Mit seinem umfangreichen Werk hat er den mehrstimmigen kontrapunktischen Vokalstil (A-cappella-Stil) zur höchsten Vollendung durchgebildet und von der bisherigen Vierstimmigkeit bis zu zwölf Stimmen ausgebaut. Alle seit der Gregorianik entwickelten Stilmittel wurden zur echten Polyphonie der kontrapunktisch geführten gleichberechtigten und dennoch harmonisch zusammenklingend angelegten melodischen Linien gehoben, wobei durch ein neues Wort-Ton-Verhältnis dem Wortklang und dem Wortsinn voll Rechnung getragen wird. Durch die weiten Melodiebogen entsteht innerhalb der Vielstimmigkeit viel Raum, die sich eben dadurch von der Gebundenheit und dem massiven Klang der flämischen Meister und der Flächigkeit der Venezianer abhebt. Mit dieser Weiträumigkeit kommt Palestrina – wie Michelangelo in der Architektur – bereits dem heraufdämmernden Barock nahe. Dies gilt vor allem für seine Messen, deren Zahl zwischen 93 und 105 (je nach Zuschreibung) schwankt. Einzelne, wie die Marcellus-Messe, die achtstimmige Weihnachtsmesse, die „Tu es Petrus", die „Veni Creator Spiritus", die „Ave Maria" und die „Beata Virgine", werden heute noch beim Gottesdienst und im Konzertsaal gesungen. Palestrina verwendet dabei häufig Themen eigener oder fremder Madrigale in der Cantus-firmus-Manier. In manchen Fällen dürfte es sich dabei auch um Melodien gehandelt haben, deren Texte nicht völlig einwandfrei gewesen sind und den Komponisten gezwungen haben, die jeweilige Messe unbenannt zu belassen, so daß es zu einer Reihe Messen „sine nomine" (ohne Namen) gekommen ist anstelle der auf das Werk bezogenen Titel, dem das Thema entnommen worden ist. Die Messen „Lauda Sion", „O magnum mysterium", „Sicut lilium inter spinas", „Tu es pastor ovium" und „Veni spons Christi" fußen auf eigenen Motetten gleichen Titels, die „Gabriel archangelus" geht jedoch auf ein Werk von P. Vertelot „Io mi son giovinetta" (Ich bin ein junges Mädchen) zurück. In einem Teil der Messen sind neu gebildete Themen verwendet, darunter die Missa brevis für vier Stimmen. Ungeheuer groß ist sein Motettenwerk. Man zählt mehr als 320, darunter 9 für 12 Stimmen, 56 für 8 Stimmen. Die verwendeten Texte sind liturgisch, manche stützen sich auf die Gregorianik, mehrere paraphrasieren sie äußerst kunstvoll, der größte Teil aber bringt neue Melodik. Palestrina selbst scheint die Motetten „Cum ortus fuerit" „Accepit Jesus calicem" am meisten geliebt zu haben, weil er sich mit ihrer Niederschrift hat porträtieren lassen. Eine Mittelstellung zwischen Motetten und Madrigalen nehmen seine Vertonungen der „Lieder Salomons" ein, die den freien Madrigalstil mit strenger Kontrapunktik geschickt verbinden, wie man es auch bei seinen anderen 33 sakralen Madrigalen feststellen kann. Noch freier und ohne Cantus firmus sind seine 68 fünfstimmigen Offertorien gebaut, die heute noch oft in Kirchen gesungen werden, weil sie „ganz modern" klingen. Die Magnifikate (35 Stück) sind mit Verwendung der acht Kirchentöne angelegt. Dazu kommen noch 45 vierstimmige Hymnen, 4 Psalmen (einige 12stimmig) und Antiphone und schließlich die Orgelricercari. Die Nachwirkung dieser Fülle an Werken, die uns Palestrina hinterlassen hat, ist gewaltig gewesen. Er ist und wird immer der Großmeister und das unerreichbare Vorbild aller Kirchenmusik sein, deren Schönheit eine nahezu romantische, abgeklärte Harmonik ist und frei von falschem Pathos das liturgische Wort voll ausschöpft.

MISSA PAPAE MARCELLI
Vollendet 1562, mit Verwendung der weltlichen Melodie des Liedes „L'homme armé" im strengen, wortbestimmenden Stil, rein liturgisch angelegt. Schon das Kyrie des sechsstimmigen Werkes bietet eine äußerst kunstvolle und dennoch wortklare Verflechtung der Stimmen. Das Gloria folgt genau dem Text, nur das Amen ist freier gestaltet. Das vierstimmige Credo ist nahezu deklamatorisch. Das für sechs Stimmen gesetzte Sanctus strahlt trotz der kargen Form ein inneres Licht aus, dem ein inniges Benedictus folgt. Das siebenstimmige Agnus bringt einen dreiteiligen Kanon.

MISSA ASSUMPTA EST
Erstaufgeführt 1585, gilt als die bedeutendste Messe des Komponisten. Dem zarten Kyrie folgt ein feierliches sechsstimmiges Gloria und ein einfach deklamiertes Credo. Das Sanctus entfaltet allen Glanz eines dichten Chorsatzes, Benedictus und Agnus sind ein weicher Abgesang des Werkes.

Tips für Plattenfreunde

O Missa Papae Marcelli / Motetten, Regensburger Domspatzen und Domchor (Stereo-LP/Deutsche Grammophon 198 182)
O Missa Tu es Petrus, Tölzer Knabenchor (Stereo-LP/BASF EA 220 613)
O Missa brevis, Missa Papae Marcelli, King's College Chor, Cambridge (Stereo-LP/EMI 1C 063 = 02 113)
O Missa sine nomine, Frauenchor des Konservatoriums Györ (Stereo-LP/Disco 11 328)
O Ricercare im 1. Ton für Orgel (Stereo-LP/Telefunken 6.41 036 AS)

ORLANDO DI LASSO (um 1532–1594)

Zeit und Umwelt

Aus den Musikschulen Flanderns kommen im 15. und 16. Jahrhundert immer wieder Meister wie aus einer unerschöpflichen Quelle, die mit ihrer Musik nach England, Spanien, Deutschland und Italien wandern. Sie erhalten dort an Fürstenhöfen und Domen führende Stellen, akklimatisieren sich in vielen Fällen völlig, begründen neue richtungsweisende Schulen und ziehen Schüler und Nachfolger aus der alten Heimat an. In vielen Fällen bekommen sie ihre letzte Ausbildung im gewählten Gastland, wo sie jedoch ihre Meisterschaft nie erreichen würden, falls sie nicht die Grundsubstanz der Musikalität von ihrer Heimat mit sich brächten. Der franko-flandrische Raum wird zu einem Exportland der Musik, das die gesamte abendländische Welt befruchtet. Und wenn einmal ein Komponist nicht in dem umrissenen Raum geboren und aufgewachsen ist, so sind es mit Sicherheit seine Lehrer. Manch einer ist in der Heimat geblieben, damit dort die Tradition nicht abreißt, wie zum Beispiel Pierre de La Rue (um 1460–1518), andere ruft die Gunst eines kunstsinnigen Fürsten an mittel- und osteuropäische Höfe, wie etwa Philippe de Monte aus Mecheln (1521–1603), der zuerst in der Kapelle des englischen Königs wirkt, sich mehrmals in Italien aufhält und 1568 an den kaiserlichen Hof in Prag gerufen wird und zu seiner Zeit den Ruf eines der besten Vokalkomponisten hat. Der um 1500 in Flandern geborene Adrianus Petit Coclicus wiederum durchwandert halb Europa, um zu lernen, zu wirken und zu lehren. Von Rom, wo er päpstlicher Sänger und vermutlich auch Bischof ist, geht er nach Wittenberg zu Luther, wo er sich ebensowenig hält. Frankfurt an der Oder, Königsberg, Nürnberg und noch andere Orte sind die Stationen des unsteten Künstlers, bis er einem Ruf nach Kopenhagen folgt, wo er nach 1562 an der Pest stirbt. Auch Jacobus de Kerle aus Ypern (geboren 1531 oder 1532) beschließt sein Leben 1591 in Prag, wohin es ihn nach Aufenthalten in Orvieto, Augsburg, Rom, Dillingen, Ypern, Rom, Augsburg, Kempten, Cambrai und Köln getragen hat; zuvor hat er sich als Komponist und als Organist einen solchen Namen gemacht, daß ihn Papst Pius IV. bei seinen Entscheidungen über das Schicksal der Kirchenmusik heranzieht. Noch viele Namen könnte man nennen, noch viele Schicksale der flämischen Musiker aufzeigen. Gemeinsam ist allen, daß sie mit dem Rüstzeug einer gründlichen Ausbildung die Meister aufsuchen, die ihren Weg vorausgegangen sind. Außerdem suchen und finden sie mit Malern, Bildhauern, Baumeistern und Wissenschaftlern des Humanismus Fühlung, schließen sich ihren Reihen an, machen deren Gedankengut zum eigenen und lassen es mit ihrer Musik zum Ausdruck kommen. In Rom selbst ist das Klima schon „kühl" geworden, weil man nach den verheerenden Kriegswirren von 1527 das Heil durch die Flucht in die Vergangenheit zu finden meint. In vielen anderen Städten und Schlössern wird das Gedankengut der Renaissance nicht oder nur zum Teil über Bord geworfen, so daß für die Meister aus Flandern noch immer genügend Betätigungsfelder bleiben. Auch Orlando di Lasso ist zuerst Chorknabe in seiner Heimat, dem Hennegau, ehe er nach Italien kommt. In Italien erhält er sogar einen italienischen Namen, weil man dort seinen ursprünglich französischen Namen Orlande de Lassus (zu deutsch: Roland von da oben) nicht versteht, lateinisch ausspricht und sinnlos zu Lasso italianisiert. Bezeichnend ist aber, daß er es selbst dabei beläßt und die italienische Form und noch mehr die latinisierte (humanistische) verwendet.

Leben

Orlando di Lasso (Orlandus de Lassus, Roland Lassus) wird in Mons, Hennegau, um 1532 geboren und beginnt seine Laufbahn als Chorknabe an der Saint-Nicolas-Kirche in seinem Geburtsort. Noch als Knaben nimmt ihn Ferdinand Gonzaga, Vizekönig von Sizilien, in seinem Hofstaat nach Sizilien und anschließend nach Mailand mit, wo Orlando vermutlich bis 1550 bleibt. Anschließend gerät der junge Musiker in die Obhut des Marchese della Terza in Neapel. Zu jener Zeit ist er als Instrumentalist und Komponist schon so bekannt geworden, daß man ihm 1553 eine Kapellmeisterstelle am Lateran in Rom anbietet. Einer Reise nach Frankreich und England zuliebe gibt er die Stellung bereits im folgenden Jahr wieder auf. Anschließend geht er nach Antwerpen, wo er seine ersten Veröffentlichungen macht: Madrigale, französische Chansons, Motetten. 1556 wird er von Herzog Albrecht V. von Bayern an die Hofkapelle in München berufen, deren Leitung er 1560 übernimmt und bis zu seinem Tod am 14. Juni 1594 behält. Vor 1560 heiratet er Regina Wäckinger, die Tochter eines Hofbeamten in München. Zwei seiner Söhne, Ferdinand und Rudolf, sind in bescheidenem Maße als Musiker bekannt geworden. Als der Leiter der berühmten kursächsischen Hofkapelle in Dresden, Antonio Scandelli (geboren 1517 in Brescia, ab 1550 in Dresden, Komponist einer Johannes-Passion, neapolitanischer Kanzonen und „Deudscher Liedlein"), 1580 stirbt, wird di Lasso die Nachfolge angeboten. Er lehnt aber mit Rücksicht auf sein hohes Alter ab, er will sein Haus mit Garten in München nicht verlassen. Auch bahnt sich bereits sein schweres Nervenleiden an, das bald darauf zum Ausbruch kommt; er verfällt in sich ständig vertiefende Depressionszustände, verliert völlig den Kontakt mit der Umwelt und erkennt zuweilen die eigene Frau nicht mehr. Die Verminderung der Besetzung der Hofkapelle durch Herzog Wilhelm im Jahre 1579 von 44 auf 22 Mitglieder ist angeblich die äußere Ursache des Leidens, das auf Überarbeitung zurückgeführt wird. Von den Zeitgenossen wird di Lasso vielfach über alle anderen Musiker gestellt. Der französische König macht ihm während eines Aufenthaltes in Paris äußerst schmeichelhafte

Angebote, der deutsche Kaiser erhebt ihn 1570 in den Adelsstand, der Papst verleiht ihm 1574 für die Widmung mehrerer Messen den Titel eines Ritters vom Goldenen Sporn, eine Ehrung, die unter den Musikern in späteren Jahrhunderten nur noch Alessandro Scarlatti, Mozart und Paganini zuteil wird. Zu seinen Schülern zählen: Leonhard Lechner; Johannes Eccard (1553–1611), von 1571 bis 1574 Schüler di Lassos, 1578 bei Jacob Fugger in Augsburg tätig, zwei Jahre später wird er Vizekapellmeister in Königsberg und 1608 schließlich Hofkapellmeister in Berlin, Verfasser von 250 geistlichen und weltlichen Vokalkompositionen, von Oden, Choralsätzen und Chorliedern; Gregor Aichinger (1564–1628), Organist im Dienst von Jacob Fugger in Augsburg, führender Tonschöpfer Süddeutschlands im Dienst der Gegenreformation; Giovanni Gabrieli. Orlando di Lasso ist mit den Sprachen der damaligen Musiknationen, Deutsch, Englisch, Flämisch, Französisch, Italienisch, gut vertraut. Er kann diese Sprachen nicht nur wahlweise im Privatverkehr gewandt gebrauchen, sondern ist in ihren Geist und Sinn so weit eingedrungen, daß er italienische Madrigale, französische Chansons, deutsche Lieder und selbstverständlich auch jeden lateinischen Text komponieren kann. Dazu wendet er sämtliche Stilmittel und Techniken der europäischen Musik seiner Zeit an. Die Franko-flämische Schule erreicht mit di Lasso ihren letzten Höhepunkt. Nach ihm verlagert sich der Schwerpunkt des musikalischen Geschehens. Es scheint, daß 1566 der Aufstand der Niederlande unter der Regierung Philipps II. der kulturellen Blütezeit jenes Landes ein vorläufiges Ende setzt. Di Lasso ist ein treuer Sohn seiner Kirche. Das kann nicht verhindern, daß seine Musik bei den Protestanten Deutschlands, Englands und Frankreichs nahezu mehr geschätzt wird als von den Katholiken. Besonders in England ist der Komponist ungeheuer populär. Eines seiner Chansons findet sogar in Bearbeitung in Shakespeares Heinrich IV. Aufnahme. Sein ältester Sohn Ferdinand di Lasso (gestorben 1609) wird Hofkapellmeister in München. Neben anderen Werken verfaßt er ein Buch mit sechsstimmigen Canciones sacrae und besorgt mit seinem Bruder Rudolf (gestorben 1625, Organist und Komponist) die Herausgabe der Werke seines Vaters. Orlando di Lasso gehört zu den wirklich Großen der Musikgeschichte. Seine Gestalt steht im Abendlicht der scheidenden Renaissancemusik und läßt wie Palestrina die kommende Musikepoche des Barock ahnen. Er stirbt auch im selben Jahr wie Palestrina, in dem in Florenz jedoch die erste Aufführung eines „Dramma per musica" stattfindet, das als Vorläufer der Oper angesehen werden kann.

Literatur

E. Schmitz: Orlando di Lasso. 1915
W. Boetticher: Orlando di Lasso und seine Zeit. 1958

Werke

Orlando di Lasso ist der fruchtbarste Komponist nicht nur seiner Zeit, sondern der Musikgeschichte überhaupt. Sein Werk umfaßt mehr als 2000 Kompositionen, darunter ungefähr 1200 Motetten, 150 französische Chansons, 200 italienische Madrigale, 7 Bücher mit weltlichen und geistlichen deutschen Liedern, ungefähr 50 Messen, Passionen, Offizien, Magnifikate, Vigilien, Villanellen, Psalmen. Zu seinen berühmtesten Kompositionen zählen die „Davidischen Bußpsalmen" für fünf Stimmen (1584), in denen sich der Komponist „in höchst angemessener Weise mit klagendem und jammerndem Tonfall nach Bedarf dem Gegenstand und den Worten angepaßt hat, indem er die Kraft der einzelnen Affekte ausdrückt und den Gegenstand so, wie wenn er sich wirklich abspielt, vor die Augen stellt, so daß man im Zweifel sein kann, ob die Süße der Affekte den klagenden Tönen zum Schmuck gereicht oder die klagenden Töne der Süße der Affekte" (aus der Erklärung in der Erstausgabe). Diese Ausdrucksmusik (Musica reservata) ist eines der Hauptmerkmale der Technik des Komponisten. In seiner Motette „In hora ultima" (In letzter Stunde) wird deutlich gemacht, daß in der Sterbestunde des Menschen alles vorbei sein wird: Lieder, Scherzen, Lachen, Springen, Flötenton und Tubenklang. Im umfangreichen Werk des Komponisten gibt es viele Beispiele dieser Ausdrucksmusik, wobei man sich aber nicht eine Darstellung der subjektiven Gefühle des Verfassers, sondern nur eine außermusikalische Nachahmung der natürlichen Geräusche und Klänge der Umwelt vorstellen darf. Dennoch liegt in dieser Affektdarstellung die Wurzel des Subjektivismus der Romantik und der Programmusik. Di Lasso ist eine echte Prometheusgestalt, wandelbar bis zur Unkenntlichkeit. Tiefe Religiosität, überschäumende Lebenslust, polternder Humor und feiner Witz, melancholischer Ernst und asketische Weltabgewandtheit liegen bei diesem genialen Mann nahe nebeneinander. Er führt die Motette zur Höhe der Vollendung, schöpft die Möglichkeiten des Madrigals restlos aus, beherrscht alle Facetten des Chansons und setzt liebliche und derbe deutsche Lieder – Liebeslieder und Trinklieder, fromme und unheilige – daneben. Es gibt kein Genre, das er nicht großartig beherrscht. Seine Messen, Offizien und Magnifikate erklingen noch heute in den Kirchen, die sakralen mehrstimmigen Gesänge sind beliebte Konzertstücke von Ensembles, die die alte Musik pflegen, und finden ein zahlreiches Publikum. Wie das Interesse der Musikwelt für Palestrina höchstens modebedingten Unterbrechungen unterliegt, kommt jede Musikepoche auf di Lasso zurück. Er wird früher wie heute häufig und gerne gesungen, gespielt und gehört.

Tips für Plattenfreunde

○ O bone Jesu, vierstimmige Motette, Requiem für fünf Stimmen, Pro Cantione antiqua, London (Stereo-LP/EMI 1C=065 99603)

○ Musica da Camera Italiana: In hora ultima, Karlsruher Consort (Stereo-LP/DaCamera 91 705)
○ Chansons 1, Ensemble Polyphonique de France (Stereo-LP/Telefunken 6.41 934 AW)
○ Prophetiae Sibyllarum / Moresken, Münchner Vokalsolisten (Stereo-LP/Telefunken 6.41 889 AW)
○ Heiter, komödiantisch, Münchner Motettenchor (Stereo-LP/Christophorus SCGLX 73 832)

WILLIAM BYRD (1543–1623)

Zeit und Umwelt

Das Elisabethanische Zeitalter bringt England die Hochblüte der Renaissancekultur. Die politischen und kriegerischen Erfolge haben Wohlstand in das Land gebracht, die Abtrennung der anglikanischen Kirche ist vollzogen, und die englische Literatur erhebt sich mit der Person Shakespeares zu ihrem Höhepunkt; der kunst- und kulturfeindliche Puritanismus ist noch nicht angebrochen. In dieser Atmosphäre kann sich Thomas Tallis (um 1505–1585), der erste Komponist sakraler Motetten und Hymnen in englischer Sprache, entwickeln. Mit seinen Messen, Magnifikaten, Lamentationen, mit seinem einmaligen 40stimmigen „Spem in alium" bildet er die Brücke von John Taverner (um 1495–1545), dessen lateinische Messen die vorreformatorische Kirchenmusik abschließen, zu William Byrd. Mit Byrd beginnt die anglikanische Musik mit vorwiegend englischen Texten, obgleich er selbst sehr enge Beziehungen zu prominenten Katholiken pflegt. Ganz im Sinn der humanistischen Ideen herrscht in der damaligen vorpuritanischen Ära noch genügend Toleranz gegen Andersdenkende, so daß Byrd zwei Bände mit profanen Motetten dem katholischen Earl of Worcester und Lord Lumley widmen darf, die trotz ihres Bekenntnisses die Gnade der Königin genießen. Als die Katholiken unter Jakob I. wieder die Oberhand gewinnen, widmet Byrd zwei Gradualienbücher zwei jüngst geadelten Katholiken. Gleichzeitig veröffentlicht er Psalmen, Lieder und Sonette für den sakralen und profanen Gebrauch. Die Zweipoligkeit des kirchlichen Lebens jener Epoche, die entscheidend in das politische und gesellschaftliche Getriebe eingreift, drückt sich eben auch im Schaffen des Komponisten aus, ohne daß sein Ansehen gemindert wird.

Leben

William Byrd wird 1543 vermutlich in Lincolnshire geboren. Über seine Familie ist nichts bekannt, über seine Ausbildung weiß man nur, daß er

Schüler und Schützling des Renaissancemeisters Thomas Tallis ist, der zugleich mit einem Thomas Byrd (vielleicht ein Verwandter von William Byrd) unter Eduard VI. und Maria Tudor der königlichen Kapelle angehört. Seine erste Stellung, von der wir Nachricht haben, ist die eines Organisten an der Kathedrale von Lincoln (angetreten am 27. Februar 1563). Ob er dort bis zu seiner Berufung an die königliche Kapelle in London, wo er zuerst als Sänger und später neben Tallis als Organist tätig ist, bleibt, kann nicht mit Sicherheit festgestellt werden. Seinen Dienst in London nimmt er 1569 auf. Die Zusammenarbeit mit Tallis zeitigt bald wirtschaftliche und künstlerische Früchte. Die Königin gesteht den beiden Organisten das Monopol zu, in England Musik zu drucken, zu veröffentlichen und zu verkaufen (1575). Als erste Veröffentlichung bringen sie eine Sammlung Cantiones sacrae mit 34 der Königin gewidmeten Motetten heraus, zu denen Byrd 18 beisteuert. Im Jahre 1577 übersiedelt Byrd nach Harlington, Middlesex, wo er mit seiner Familie 15 Jahre lang bleibt, weil er es als Katholik vorzieht, als Privatmann außerhalb Londons zu leben. Er pflegt auch enge Beziehungen zu prominenten Katholiken, von denen einige der Staatsfeindlichkeit beschuldigt werden. Er selbst bleibt jedoch immer unangetastet. Der Tod seines Freundes Tallis (1585) und das Ableben seiner Frau im folgenden Jahr bewegen ihn, von nun an noch zurückgezogener zu leben und sich ganz der Komposition zu widmen. Psalmen, Sonette und Trauergesänge, eine Liedersammlung verschiedener Gattung und zwei weitere Bücher mit Cantiones sacrae sind die Frucht der nächsten drei Jahre. Die weltlichen Kompositionen widmet er dem Lordkanzler und dem ersten Cousin der Königin, die geistlichen Kompositionen bekannten katholischen Adeligen. Auch den 1591 erschienenen Band mit Musik für Tasteninstrumente erhält der allgemein bekannte Katholik Francis Tregian. 1592 oder 1593 läßt sich Byrd in Stondon Massey, Essex, nieder, wo er einen Besitz erworben hat, und bleibt bis zu seinem Tod am 4. Juli 1623. In jener letzten Schaffensperiode schreibt er drei Messen, zwei Bücher mit Gradualien für das ganze Kirchenjahr. Seine religiöse Einstellung hindert ihn aber nicht, sehr viel Kirchenmusik auf englische Texte zum Gebrauch der Anglikaner zu verfassen, dennoch kann nicht übersehen werden, daß er der lateinischen Musik größere Sorgfalt angedeihen läßt.

Werke
Richtunggebend sind Byrds Kompositionen für Orgel und Virginal, die dem englischen Stil des Spieles auf Tasteninstrumenten einen starken Aufschwung bringen. Ebenso bedeutend sind seine Stücke für Violenensembles. Er bewundert das italienische Madrigal und tut als Musikverleger viel, es in England populär zu machen, sein eigener Stil ist jedoch älter, er zieht das einstimmige, von Violen begleitete Lied vor. Das englische Madrigal wird erst von seinem Schüler Morley ins Leben

gerufen. Byrd hat geschaffen: Cantiones sacrae, mehrere Bände mit lateinischem und englischem Text, drei Messen für 5 Stimmen, zwei Bücher mit Gradualien, Sonette, Lieder, Motetten, ein Band mit Musik für Tasteninstrumente, die in das Virginalbuch (Schule des Virginalspieles) aufgenommen wurde, Orgelmusik, Stücke für Violenensembles. Byrd hat nahezu für jedes Instrument mit Ausnahme der Laute geschrieben.

Tips für Plattenfreunde

○ Fitzwilliam, Virginal Book, Joseph Peine, Orgel und Cembalo (3 Stereo-LP/FSM SVBX 572). Ein umfassender Auszug

TOMÁS LUIS DE VICTORIA (um 1548–1611)

Zeit und Umwelt

Die Umwelt des jungen Victoria ist die päpstliche Kapelle in Rom. Dort genießt er den Unterricht und die Freundschaft Palestrinas sowie dessen Musikerkreises. Er studiert am Collegium Germanicum, obgleich er kein Deutscher ist. Unbeeinflußt von allen politischen und kulturellen Zuständen geht er seinen künstlerischen Weg, den ihm Palestrina gewiesen hat, weiter, wird zum bedeutendsten spanischen Kirchenkomponisten, ein Palestrina seines Landes im wahren Sinn des Wortes. Seine Kompositionen erheben sich zu einer mystischen Ausdruckskraft, die aus der Umweltsfremdheit und Zeitlosigkeit des klösterlichen Lebens fließt.

Leben

Tomás Luis de Victoria (in Italien: Tommaso Londovico da Vittoria) wird in Avila um 1548 geboren und in Rom als Studierender am Collegium Germanicum von Palestrina ausgebildet. 1573 wird er Kapellmeister an der päpstlichen Kapelle als Nachfolger seines Lehrers. 1578 kehrt er als Organist und Kapellmeister an das Barfüßerkloster in Madrid zurück und nimmt dort seine kompositorische Arbeit im Stil Palestrinas auf. 1585 wird er Vizekapellmeister in Madrid, ohne seine Organistenstelle aufzugeben. Er stirbt in Madrid am 27. August 1611 als bedeutendster spanischer Kirchenkomponist seines Landes.

Werke

Vier- bis zwölfstimmige Kirchenmusik: Messen, Motetten, Hymnen, Psalmen. Das sechsstimmige Requiem für die Kaiserin Maria (1605) gilt als sein bestes Werk.

Tips für Plattenfreunde

○ Requiem, drei Motetten, Prager Madrigalisten (Stereo-LP/Telefunken 6.41 273 AW)
○ Vidi speciosam, 6stimmig, Ave Maria, Antiphon, Aachener Domchor (Stereo-LP/EMI 1C 065=99 601)

EMILIO DE CAVALIERI (um 1550–1602)

Zeit und Umwelt

Die Antiphonen, deren Wechselgesang nach Bibelworten nicht nur hymnische, sondern auch epische Textstellen beinhalten, sowie die Lieder in jeder Form, die nicht nur lyrische oder deskriptive Aussagen, sondern sehr oft auch dramatische Vorgänge schildern, drängen zum Ausbau von Dialogen. Dies setzt ein, seit die Musik es versteht, Affekte, Ereignisse und Eindrücke nachahmend und beschreibend wiederzugeben. Zuerst sind es lose aneinandergereihte Madrigale, die einander irgendwie fortsetzen. Dann wird die Verbindung enger, so daß Werke aus einem Guß entstehen, die einen dramatischen Vorgang, zumeist sakraler Natur, schildern, und zwar entweder im Sologesang oder mit Chören. Als Leiter der Fastenaufführungen des Oratorio der Crocifisso in San Marcello hat Cavalieri genügend Gelegenheit, in diese Musikgattung hineinzuwachsen und sie nach seinen Ideen auszugestalten. Dies ist noch in verstärktem Maße möglich, als er als Musikintendant nach Florenz berufen wird. Dort wird er in den Kreis des Conte Giovanni Bardi di Vernio, eines Kunstfreundes aus dem Florentiner Adel, aufgenommen, der Dichter, Maler, Musiker, Gelehrte und Mäzene in seinem Haus versammelt: Vincenzo Galilei (um 1520–1591), den Vater des berühmten Astronomen Galileo Galilei, Komponist, Lautenist und Musiktheoretiker; Jacopo Peri (1561–1633), den Komponisten von Kantaten, Mitarbeiter an der ältesten Oper Dafne im Jahre 1594, Verfasser der Oper Euridice, 1600; Ottavio Rinuccini (1562–1621), der die Textbücher zu den ältesten Opern verfaßt; Giulio Caccini (1550–1618), Lautenist und Sänger am Florentiner Hof, Mitarbeiter an der Oper Euridice von Peri, die er zwei Jahre darauf neu komponiert. Diese Männer schließen sich zur Camerata florentina zusammen, deren geachtetes Mitglied Cavalieri wird. Die Künstlergemeinde übersiedelt in das Haus von Jacopo Corsi, nachdem Bardi Florenz verlassen hat. Bei Bardi und bei Corsi, dessen Haus als Musenherberge bezeichnet wird, leitet Cavalieri theatralische Aufführungen und verfaßt hierzu die Intermedien (Zwischenaktmusik in Form von Instrumental- oder Vokalstücken, häufig aber musikalische Szenen, die man als Vorläufer der Oper ansprechen darf).

Emilio de Cavalieri (um 1550–1602)

Die Umwelt des Komponisten besteht also aus Künstlern und vorwiegend Musikern der damals neuesten Richtung. Seine Zeit ist noch erfüllt von den Ideen des Humanismus jener Epoche, die sich bereits der Neige zuwendet. In der Camerata wird auch der Gedanke gefaßt, das antike Drama wiederzuerwecken. Das gelingt zwar nicht, aber diese Absicht führt zur Oper, die von nun an einen großen Teil des Musiklebens bis in unsere Tage beherrscht.

Leben

Emilio de Cavalieri (auch Cavaliere) wird um 1550 in Rom geboren. Nach seiner Tätigkeit bei San Marcello als Leiter der Fastenaufführungen des Oratorio del Crocifisso geht er 1589 nach Florenz, wohin ihn Großherzog Ferdinand von Toskana als Leiter des künstlerischen Lebens der Medici beruft. Er schreibt dort Musik für Schäfer- und Maskenspiele mit akkordbegleiteten, einstimmigen Arien und dem damals entstandenen Rezitativ. Ob ihm mit Recht die Erfindung des Generalbaß zugeschrieben werden darf, ist unsicher. Jedenfalls wendet er als erster den durchgehenden Baß, auf dem die Akkorde aufgebaut sind, an. Noch vor dem Jahr 1600 kehrt er nach Rom zurück, wo er sein bedeutendstes Werk, „Rappresentazione di Anima e di Corpo" (Widerstreit zwischen Seele und Leib), aufführt. Am 11. März 1602 stirbt er in seiner Vaterstadt Rom.

Werke

Cavalieris Bedeutung für die Entwicklung der Oper und des Oratoriums ist unbestritten, sie liegt aber vorwiegend auf dem Feld der Kompositionstechnik, bei der monodischer Gesang, Generalbaß und Rezitativ ausgiebige Verwendung finden. Seine melodische Erfindungskraft muß jedoch als bescheiden bezeichnet werden. Sein Hauptwerk ist „Rappresentazione di Anima e di Corpo", ein allegorisches Oratorium, das stark zur Oper tendiert, weil es szenisch gestaltet werden kann. Seine sonstigen Kompositionen, Motetten, Madrigale, Hymnen, Instrumentalstücke, sind vergessen, während das Oratorium auch heute noch zu Festaufführungen verwendet wird.

Tips für Plattenfreunde

○ „Rappresentazione di Anima e di Corpo", Wiener Kammerchor (2 Stereo-LP/Deutsche Grammophon 2708 016 Q)
○ Intermedii et Concerti zur Hochzeit des Don Ferdinando Medici und der Madama Christiana di Loreno, Stockholmer Kammerchor (2 Stereo-LP/EMI 1C 063 = 30 114/115)

LUCA MARENZIO (um 1550–1599)

Zeit und Umwelt

Kardinal und Kunstmäzen Luigi d'Este ist von der Auseinandersetzung unberührt, welche Form der Kirchenmusik als zulässig und gottesdienstgerecht anzusehen sei. Als echter Kirchenfürst der Renaissance kann und will er der Kunst keine Fesseln anlegen. Daher läßt er seinem Kapellmeister, dem ehemaligen Chorknaben aus der Gegend bei Brescia, völlig freie Hand, sowohl bei der profanen wie bei der sakralen Musik.

Marenzio darf in der ihm unterstellten Kapelle die kühnsten Stilarten anwenden. Seine Madrigale werden als Kirchen- und als Kammermusik gesungen. Seine Umwelt ist von Jugend an die Kapelle und der Festsaal im Palais des Kardinals, der einflußreich genug ist, jede Einmengung abzuschirmen. Die Zeit ist zwar erfüllt von politischen und konfessionellen Streitigkeiten, sie bleiben aber vor den Palasttoren, hinter denen rauschende Festlichkeiten und feierliche Gottesdienste zu den Klängen damals modernster Musik, von Marenzio ausgewählt oder selbst verfaßt, veranstaltet werden. Daß es Marenzio dann, als er seinen Wirkungskreis in Rom verliert, nach Florenz zieht, wo neben Venedig und einigen kleineren Fürstenhöfen trotz aller Gegenströmungen Geist und Form des Humanismus noch immer gepflegt werden, überrascht nicht. Seine neue Umgebung ist die Gesellschaft der Camerata florentina im Haus des Conte Bardi.

Wieder ist es ein Kardinal, der ihn nach Rom zurückruft, Cinzio Aldobrandini, dem es sogar gelingt, seinen Schützling beim Hof des Papstes einzuführen. Marenzio ist ein Musiker reinsten Wassers, der irgendwelchen beschränkenden Einflüssen verständnislos gegenübergestanden wäre. Er hat das Glück, in die Hände von Männern zu geraten, die genügend Ehrfurcht vor der Kunst aufbringen und sie nicht zurechtschneidern wollen.

Leben

Luca Marenzio wird in Coccaglio bei Brescia 1553 geboren. Um 1578 erhält er die Kapellmeisterstelle bei Kardinal Luigi d'Este in Rom, bei dem er bis 1586 bleibt. 1588 geht er nach Florenz. Nach etlichen Jahren kehrt er nach Rom zurück, um in die Dienste des Kardinals Cinzio Aldobrandini zu treten. Im Jahre 1594 folgt er einer Einladung des polnischen Königs Sigismund III., kehrt ein Jahr später wieder nach Rom zurück, wiederholt aber den Besuch im Jahre 1596. Warum es zu keiner dauernden Bindung an den polnischen Hof gekommen ist, ist nicht bekannt. 1598 hält er sich in Venedig auf und bekommt knapp vor seinem Tod, am 22. August 1599, eine Stelle am päpstlichen Hof.

Werke
Die Hauptstärke des Komponisten liegt im Madrigal. Bereits 1577 veröffentlicht er die ersten Proben davon, zwischen 1580 und seinem Tod gibt er 9 Bücher mit fünfstimmigen Madrigalen und sechs Bücher mit sechsstimmigen und noch eine Reihe von vier- bis sechsstimmigen Madrigalen heraus, bei denen er ungewohnt neue chromatische Modulationen anwendet, um gewisse Stimmungen auszudrücken. Seine Villanellen und Motetten sind weniger bedeutend, aber die Madrigale führt er auf einen Höhepunkt, der auch für das Ausland beispielgebend ist. In England wird er von Zeitgenossen und späteren Musikfreunden sehr bewundert. Sein Einfluß auf Monteverdi, Gesualdo und Haßler ist unverkennbar. Von Marenzio sind 20 Bücher mit mehrstimmigen Madrigalen, Chormusik mit Instrumentalbegleitung, Motetten und Villanellen erhalten.

Tips für Plattenfreunde
O Mehrstimmige (vokal und instrumental) Chöre, darunter die fünfstimmige Sinfonia und das 18stimmige „O Figlie di Piero", Stockholmer Kammerchor (2 Stereo-LP/EMI 1C 063 = 30 114/115)
O Scaldava il sol, Madrigal (Musica da Camera Italiana), Karlsruher Consort (Stereo-LP/DaCamera 91 705)

LEONHARD LECHNER (um 1553–1606)

Zeit und Umwelt
Die nahe Beziehung zum genialen Orlando di Lasso als Chorknabe in München und später als Ordner und Herausgeber von Werken des Meisters und die Verbreitung seiner Musik als Lehrer füllen Lechner schon zu einem Großteil aus. Daneben schreibt er selbst Bedeutendes, das über Lasso hinausgeht, weil es in der Zeit des Überganges von der Polyphonie zur (begleiteten) Homophonie in der vordersten Front der Entwicklung steht. Wie viele Künstler jener Zeitläufte leidet er unter der Kirchenspaltung. Da er Katholik ist, verliert er die Stellung in Hechingen und kann den angestrebten Posten in Dresden nicht bekommen, sondern muß nach Stuttgart und sich damit begnügen, seine letzte Komposition, eine fünfzehnstimmige Hochzeitsmotette (im alten Stil) dem Kurfürsten Johann Georg I. von Sachsen zu widmen.

Leben
Leonhard Lechner wird um 1553 im Etschtal, Südtirol, geboren und kommt als Sängerknabe zur von Orlando di Lasso geleiteten Hofkapelle in München. 1570 erhält er einen Schulmeisterposten in Nürnberg, wo er

als Komponist von Motetten und deutschen Liedern im Madrigal- oder Villanellenstil bald bekannt wird. 1579 beginnt er, sich mit der Ordnung der Kompositionen seines Lehrers Orlando zu befassen, und gibt 1568 zwei Motettenbücher heraus, 1581 hat er seine Arbeiten auf andere Komponisten der Münchener Kapelle ausgedehnt und nimmt in einer Publikation auch eigenes auf. 1584 wird er über Verwenden seines Lehrers Kapellmeister in Hechingen bei Graf Eitel Friedrich von Hohenzollern, verläßt aber wegen seines katholischen Bekenntnisses bald diese Stelle und wird Kapellmeister am württembergischen Hof in Stuttgart, wo er bis zu seinem Tod, am 9. September 1606, bleibt.

Werke

Lechner schreibt die erste deutsche Passion, wenn diese auch noch eine Sammlung von Motetten darstellt, die musikalisch nicht zusammenhängen (vierstimmige Johannespassion, 1594). Das Hohe Lied Salomonis hat die gleiche Struktur, kann aber als Vorläufer des deutschen Oratoriums angesehen werden. Seine Bußpsalmen (1587) und die vierstimmigen Deutschen Sprüche von Leben und Tod müssen zur besten Kirchenmusik seiner Zeit gerechnet werden. Er bearbeitet dreistimmige Villanellen von Jakob Regnart (um 1540–1599, Mitglied der kaiserlichen Hofkapelle, Kapellmeister in Prag und Innsbruck, Komponist von Messen, Motetten, Kanzonen und Liedern) wandelt die Werke in fünfstimmige Sätze um und trägt zur Bildung des Liedstiles durch seine Kompositionen viel bei.

Tips für Plattenfreunde

O Johannes-Passion und Das Hohe Lied Salomonis, Deutsche Sprüche von Leben und Tod, Nr. 1 bis 15 (Stereo/ISV 657 606)
   Schöne Wiedergabe dieser Hauptwerke Lechners

THOMAS MORLEY (1557–1603)

Zeit und Umwelt

Als Schüler des Komponisten William Byrd wird Morley Katholik. Sein Lehrer, der bis zu seinem Tod dem Katholizismus treu bleibt, und trotzdem im weitgehend protestantischen England über viel Einfluß verfügt, fördert ihn nach Kräften. Dadurch erhält er auch einige Kompositionsaufträge und eine bescheidene Stellung. Da er aber sieht, auf welcher Seite die größeren Vorteile liegen, übernimmt er einen Spionageauftrag gegen die englischen Katholiken in Holland und sammelt dabei anscheinend wichtiges Material. Dies dürfte ihm die Aufnahme in die königliche Kapelle eingetragen haben, die ihm Byrd offenbar nicht zu verschaffen in der Lage war. Er wird eben wie jeder im damaligen England in die Glaubenskämpfe hineingezogen und muß sich entscheiden; und da er Musiker ist und davon leben will, ist er gezwungen, seinen Vorteil zu wahren. Sogar die Musikverlagsgenehmigung, die seinerzeit Byrd und Tallis zugestanden worden ist und inzwischen abgelaufen ist, wird ihm erteilt. Er nützt sie zur Veröffentlichung eigener Werke, aber auch von Serien italienischer Madrigale aus, deren Urheber er nicht nennt. Vermutlich ist auch jene nicht ganz saubere Gangart durch die Zeitverhältnisse bedingt, unter denen er zu leben gezwungen ist. Er ist wahrscheinlich genötigt, jeden Weg zu gehen, um über Wasser zu bleiben und sich seinen kompositorischen Aufgaben zu widmen.

Leben

Thomas Morley wird in London 1557 geboren, erhält als Schüler von Byrd 1583 die Leitung des Kinderchores an der Norwich-Kathedrale. Als er diese Stellung 1587 aufgibt, wird er Organist an verschiedenen Londoner Kirchen, zuletzt (1591) an der St.-Pauls-Kathedrale. 1592 gelingt ihm die Aufnahme in die königliche Kapelle als Sänger. Er erkrankt aber 1597 und stirbt in London im Jahre 1603. Er nützt die Beliebtheit des italienischen Madrigals in England aus und veröffentlicht mehrere Serien davon, die er auf englische Texte umgearbeitet hat, zugleich mit eigenen Kompositionen, zuerst über Byrd und dann, als er selbst die Verlagsgenehmigung für 21 Jahre erhalten hat, für eigene Rechnung. Er beschäftigt sich auch mit theoretischen Problemen. Als Frucht seiner Studien und Erfahrungen veröffentlicht er 1597 „Eine leichte Einführung in die praktische Musikausübung", die uns einen interessanten Einblick in die Kompositionstechnik der älteren Komponisten gewährt, die noch Kirchentonarten verwenden.

Werke

Der Kompositionsstil aus der Zeit, da Morley Katholik gewesen ist, unterscheidet sich grundlegend von seinen Werken späterer Jahre. Als Schüler Byrds ist er zu einem breiten, streng polyphonen Stil erzogen und verfaßt 1576 eine Anzahl lateinischer Motetten in dieser Art. Dem gegenüber stehen die in den neunziger Jahren erschienenen Madrigale im italienischen Stil, die, auf unmittelbare Wirkung abgestellt, mit warmer Harmonik, frischen Rhythmen und klarer Textverständlichkeit geschrieben sind. 1593 bis 1597 erscheinen insgesamt fünf Bücher mit zum Teil eigenen, zum Teil italienischen Madrigalen, 1598 bringt er italienische Madrigale heraus, denen er englische Texte unterlegt. 1599 veröffentlicht er eine Sammlung von Instrumentalstücken und Kompositionen für das Virginal. Sein „Erstes Arienbuch" mit 16 Liedern zur Laute erreicht nicht die künstlerische Höhe seiner übrigen Arbeiten, vermutlich, weil er zu jener Zeit bereits schwer krank ist. Als seine

Meisterstücke gelten aber seine sechsstimmigen Motetten aus seiner Frühzeit: „Laboravi in genitu meo" und „De profundis clamavi."

Tips für Plattenfreunde

○ La Rondinella und andere Stücke aus: Elizabethan Music, Julian-Bream-Consort (2 Stereo-LP/RCA 26.35 045 DX)
○ Altenglische Lautenlieder, Julian Bream (Stereo-LP/Telefunken 6.41 648 AN)

GIOVANNI GABRIELI (um 1557–1613)

Zeit und Umwelt

Trotz eines mehrjährigen Aufenthalts bei Orlando di Lasso in München bilden für den Neffen des Domorganisten Andrea Gabrieli der Glanz, das Wirtschaftsleben und das Kulturleben von Stadt und Republik Venedig den Hauptanziehungspunkt. Gabrieli ist gefesselt von den zwei Orgelemporen, dem Prunk der architektonischen und bildnerischen Ausgestaltung in San Marco, dem gediegenen Reichtum und der absoluten Schönheit und Harmonie, die jeder Stein des Domes ausstrahlt. Vielstimmige mehrfache Chöre, Instrumentengruppen, Sängerinnen, Sänger, Kastraten verschönen die Staatsfeierlichkeiten und Kirchenfeste. Man darf aus dem Vollen schöpfen, denn kunst- und prachtliebende Dogen wissen, was sie dem Ruhm der Republik schulden. Giovanni Gabrieli ist sein Leben lang von Prunkentfaltung umgeben und hat nur die Farben seiner Musik beizusteuern.

Leben

Giovanni Gabrieli wird um 1557 in Venedig geboren. 1575 kommt er nach München zu Orlando di Lasso und genießt den Unterricht dieses Lehrmeisters bis 1579. Im Jahre 1586 löst er als Organist an der Markuskirche seinen Onkel Andrea Gabrieli und Claudio Merulo ab. In seinen letzten Lebensjahren verringert sich sein Einfluß durch seine Kränklichkeit sowie durch die Störung des kulturellen Lebens infolge theologischer Auseinandersetzungen mit Rom. Am 12. August 1613 stirbt er in Venedig.

Literatur

St. Kunze: Die Instrumentalmusik von Giovanni Gabrieli. 1963

Werke

Er ist noch einflußreicher, bedeutender und berühmter als sein Onkel Andrea Gabrieli, dessen Stil er fortsetzt und vollendet. Die Praxis des antiphonalen Gesanges dehnt er auf die Instrumentalmusik aus, die er bis zu fünf getrennt spielenden Gruppen steigert. Die Instrumente werden bei ihm nicht mehr ad libitum zur Verstärkung der Sänger vorgeschrieben, sondern mit Namen genannt und obligat eingesetzt. Dadurch verwandeln sich seine bisher nach Belieben zusammengesetzten Instrumentalensembles in echte Orchester. Gleichzeitig bildet er die von seinem Onkel übernommene Sonatenform weiter. Die Vokalmusik ist auf färbige Wortausdeutung gerichtet, sei es im Chor oder monodisch mit Generalbaß. Damit wirkt er auf Heinrich Schütz und die gesamte evangelische Kirchenmusik bis zu Johann Sebastian Bach. Von seinen Werken verdienen Erwähnung: Ecclesiasticae cantiones (Kirchliche Gesänge), vier- bis sechsstimmig (1589), Sakrale Sinfonien I. (6- bis 16stimmige für Gesang und Instrumente) und II. (6- bis 19stimmig). Die erste Gruppe ist breit, etwas manieriert, aber voll Klangfarbe angelegt, die zweite läßt die verschlimmerten Lebensverhältnisse in Venedig und den aufkommenden, von Gesualdo und Monteverdi gepflegten schmuckloseren, vertieften Stil erkennen; Kanzonen und Sonaten, 3- bis 22stimmig. Intonationen und Ricercari für die Orgel, Motetten, Madrigale. Zu seinen bedeutendsten Werken zählt seine Sonate mit drei Violinen. Für das kürzlich erfundene Klavier schrieb er eine Sonata pian e forte.

Tips für Plattenfreunde

○ Canzone per sonar für mehrstimmige Instrumentenchöre, Kammerorchester J. F. Paillard (Quadro-LP/EMI 1C 065-30 921 Q)
○ Venezianische Mehrchörigkeit, Linde-Consort, Tölzer Knabenchor (Stereo-LP/EMI 1C 063-30 112)
○ Sacrae Symphoniae, Kammerchor- und Orchester Gulbenkian, Lissabon (2 Stereo-LP/EMI 1C 187=28 316/17)

DON CARLO GESUALDO (um 1560–1613)

Zeit und Umwelt

Der Renaissancefürst Carlo Gesualdo läßt seine Frau, die ihn betrügt, töten. Irgendwelche Folgen kann die Tat nicht haben, weil der Fürst dem Rat des spanischen Vizekönigs angehört und außerdem der Hochadel von Neapel nahezu unabhängig in seinen Palästen sitzen darf, solange die Steuern pünktlich nach Madrid fließen. Fürchten muß Gesualdo nur eine Rache seitens der Verwandten der Ermordeten; er schützt sich dagegen, daß er Neapel zeit seines Lebens nie verläßt, nahezu ständig in seinem Palast bleibt und in seiner selbstgewählten Abgeschiedenheit am geistigen Leben seiner Zeit teilnimmt. Mit Torquato Tasso und dessen Kreis verbindet ihn eine enge Freundschaft, er hält sich ein eigenes Musikerensemble, von dem er sich unterrichten läßt. Sein Reichtum erlaubt ihm jede künstlerische Freiheit, er muß keinen Publikumsgeschmack berücksichtigen, er kann seine Kompositionen auf eigene Kosten publizieren, so daß ein großer Teil des Schaffens dieses fortschrittlichsten aller Renaissancekomponisten erhalten geblieben ist.

Leben

Don Carlo Gesualdo, Fürst von Venosa, wird um 1560 in Neapel geboren. Es ist unbekannt, bei wem er seinen Musikunterricht genießt. Vermutlich läßt er sich von den Musikern, die er ständig in seinem Palais versammelt, in der Kompositionstechnik unterweisen. Er beherrscht die Tasteninstrumente und besonders die Laute. Er verfaßt mehrere hundert zumeist fünfstimmige Madrigale und sakrale Stücke, darunter eine Anzahl Motetten. Die Texte für die Madrigale stammen hauptsächlich von Torquato Tasso, dem großen italienischen Dichter jener Zeit. Er stirbt am 8. September 1613 in Neapel.

Werke

Die übersteigerte Subjektivität seiner Werke atmet den Geist der Hochrenaissance. Seine Chromatik ist funktionell und nicht wie bei früheren Meistern nur dekorativ, sie nähert sich einer überspitzten Wortausdeutung, die erst in viel späteren Zeiten üblich wird. Seine Madrigale erscheinen, wie damals allgemein praktiziert, als einzeln ausgeschriebene Stimmen, dann aber auch als Partitur, was noch äußerst ungewöhnlich und auch teuer ist. Seine Bedeutung liegt in der Ausdruckskraft seines Tonsatzes, der alles bisher Gehörte weit hinter sich läßt. Gesualdo hat fünf Bücher mit Madrigalen geschaffen, die wegen ihrer Bizarrerie eine Sonderstellung in der Musikgeschichte einnehmen und viel nachgeahmt, aber nie erreicht worden sind. Seine Motetten sind von Igor Strawinsky ergänzt und herausgebracht worden. Von den übrigen Kirchenkompositionen verdienen nur einige Responsorien Beachtung.

Tips für Plattenfreunde

○ Madrigalienbücher I.-VI., Quintetto Vocale (7 Stereo-LP/Telefunken 6.35 015 GX)
○ Responsoria et alia ad Officium Sabbati Sancti, Prager Madrigalisten (Stereo-LP/Telefunken 6.41 266 AW)

JOHN DOWLAND (1562–1626)

Zeit und Umwelt

Gegen das Ende der Elisabethanischen Regierung nimmt die Intoleranz gegen die Katholiken in England immer mehr zu, weil die Puritaner einen ständigen Machtgewinn verzeichnen dürfen; die Königin fördert sie zwar nicht, läßt sie aber gewähren. Daher ist es bereits unmöglich geworden, daß ein Katholik eine Hofstellung erhält. Auch Dowland, der in Frankreich zum Katholizismus konvertiert, bewirbt sich vergeblich um die Stelle eines Hoflautenisten; er muß im Ausland bleiben, um von seiner Musik leben zu können. Es nützt ihm nicht einmal, daß er in Italien eine Verschwörung der Katholiken gegen die Königin aufdeckt und meldet. Spät erst, nachdem er wieder Protestant geworden ist, erkennt man ihm die angestrebte Stellung zu.

Leben

John Dowland wird im Dezember 1562 in Dalkey bei Dublin (nach anderen erst 1563 in Westminster) geboren. Über sein Elternhaus, seine Kindheit und seine Ausbildung ist nichts bekannt. 1579 begleitet er Sir Henry Cobham, den britischen Gesandten am französischen Hof, als Bedieneter nach Paris. Dort konvertiert er zum Katholizismus. Weil seine Bewerbung um die 1594 freigewordene Stelle als Lautenist am englischen Hof erfolglos ist, beschließt er, England den Rücken zu kehren und auf dem Kontinent zu bleiben. Er sucht als ersten den Herzog von Braunschweig in Wolfsbüttel auf, dann den Landgrafen von Hessen in Kassel und wird von beiden mit außerordentlichem Entgegenkommen aufgenommen. Von Kassel wendet er sich nach Rom, um seinen Freund Luca Marenzio zu treffen. In Florenz gerät er in englische Emigrantenkreise, die ihn in einen Plan zur Ermordung der englischen Königin einweihen. Entsetzt über diese Methode des Glaubenskampfes, begibt er sich nach Nürnberg, von wo aus er einen warnenden Brief an den englischen Hof schreibt. Er kehrt nach Kassel zurück und verläßt wieder die katholische Konfession. 1598 engagiert ihn König Christian IV. von Dänemark als Lautenisten mit dem außerordentlich hohen Salär von 500 Talern jährlich. Es kommt aber 1606 zu Mißhelligkeiten, die zu seiner Entlassung führen. Zwischen 1609 und 1612 tritt er in den Dienst von Theophilus, Lord Howard de Walden. 1612 ergeht an ihn endlich der Ruf, am königlichen Hof in London die Stelle eines Lautenisten einzunehmen. Er bleibt in London bis zu seinem Tod am 2. März 1626.

Werke

Dowland gilt zu seiner Zeit als der beste Lautenkomponist, Madrigalist und Verfasser von Musik für Violen. Seine weiten Melodiebogen sind allgemein gerühmt worden. Sein Instrumentalwerk für Gambenquintett „Lachrymae", seine Pavanen und Lieder sichern ihm einen festen Platz in der Geschichte der englischen Musik. Er hat ungefähr 90 Stücke für Sololaute, 87 Lieder für Melodiestimme mit Begleitung der Laute und Baßviole, Stücke für 4 bis 5 Violen, Madrigale geschaffen. Seine Lieder sind „in des Wohlklanges Zauber eingehüllt, eine Musik für stille Stunden".

Tips für Plattenfreunde

○ Lieder und Tänze (Stereo-LP/FSM STV 34 510)
○ Altenglische Gambenmusik, Schola Cantorum Basiliensis (Stereo-LP/ BASF Deutsche Grammophon 290 115)
○ Tänze, gespielt von Julian Bream (Stereo-LP/RCA 26.21 170 AS)

JAN PIETERSZOON SWEELINCK (1562–1621)

Zeit und Umwelt

Sweelincks Vater ist Organist an der Oude Kerk in Amsterdam. Der Sohn folgt ihm in sein Amt, heiratet, bekommt sieben Kinder und stirbt in Amsterdam, ohne je seine Heimat verlassen zu haben. Seine einzigen Reiseziele sind Rotterdam und Antwerpen gewesen. Was in der Welt vor sich geht, in welcher politischen Lage sich seine Heimat befindet, berührt ihn nicht. Seine Welt sind die Orgel, die Komposition und die eigene Familie. Sein Umgang sind seine Schüler, von denen etliche berühmt werden, seine Sänger und andere berühmte Musiker, die den bekannten Organisten, Orgellehrer und Komponisten aufsuchen. Dennoch ist er kein weltabgewandter Eigenbrötler und kein Menschenverächter, es gibt nur in seinem Bewußtsein neben der Musik und der Familie für nichts mehr Raum und Zeit.

Leben

Jan Pieterszoon Sweelinck wird 1562 in Deventer oder Amsterdam geboren, lernt in Haarlem Orgel spielen und löst 1580 seinen Vater an der Oude Kerk von Amsterdam als Organist ab. 1590 heiratet er. Seinen Organistenposten und seine Aufgabe als Orgellehrer füllt er ohne Unterbrechung bis zu seinem Tod am 16. Oktober 1621 aus. Er ist der gesuchteste Orgellehrer seiner Zeit, weshalb er allgemein der „Organistenmacher" genannt worden ist. Zu seinen Schülern zählen unter anderen Jakobus Praetorius (1586–1651, Sohn des Hamburger Organisten Hieronymus Praetorius, 1560–1629), Samuel Scheidt und Heinrich Scheidemann (1596–1663, einer der besten Orgelmeister seiner Zeit und Orgelkomponist). Dessen Schüler Jan Adams Reinken (1623–1722) ist als Orgelkomponist Meister der Improvisation und gibt Sweelincks Kunst an Dietrich Buxtehude weiter.

Werke

Als Komponist entwickelt Sweelinck das Ricercare durch klare Gliederung zur Fuge, er führt die kontrapunktische Variation mit Augmentation, Diminution und Rhythmusvariation in die Orgelliteratur ein, komponiert unter dem Einfluß der Venezianischen Schule Toccaten, Fantasien und Variationen über profane Themen, außerdem Chansons, geistliche Lieder und Psalmen in der französischen und niederländischen traditionellen Polyphonie. Erhalten sind Fantasien, Toccaten, Fugen für Orgel, Liedvariationen für Klavier, 4- bis 8stimmige Psalmen, Cantiones sacrae (1619), 2- bis 4stimmige italienische und französische Chansons, Variationen, von denen vielleicht „Mein junges Leben hat ein End'" die bekannteste ist.

Tips für Plattenfreunde

○ Psalmen, Cantiones sacrae, NCRV Vocaal Ensemble Hilversum (Stereo-LP/JSV 610 303)
○ Werke für Cembalo (Stereo-LP/BASF Deutsche Grammophon 224 813)

JOHN BULL (1563–1628)

Zeit und Umwelt

Im letzten Drittel des 16. Jahrhunderts entwickeln englische Meister eine Musik für das Virginal (Kleinform des Cembalo), die durch Passagen, Akkordbrechungen und Ornamentik zum ersten Mal ein lebendiges Spiel für Tasteninstrumente entstehen läßt und auf die gesamte Musikentwicklung außerordentlich befruchtend wirkt. Die Stücke dieser Virginalisten sind vielfach für den Hausgebrauch geschrieben; ihre Beliebtheit erreichen sie durch die ihnen zumeist eigene poetische Idee, die von der absoluten Musik zur darstellenden führt und in vielen Fällen sogar einer Programmatik ähnelt.

Leben

John Bull wird 1563 (nach anderen 1562) in Somersetshire geboren und an der königlichen Kapelle zu London als Chorsänger erzogen. Von Dezember 1582 bis Januar 1585 ist er Organist an der Kathedrale von Hereford tätig, kehrt sodann an die königliche Kapelle zurück, wo er 1592 die Organistenstelle erhält. Die Universitäten Cambridge und Oxford verleihen ihm den Doktorgrad in Musik, obgleich es in Oxford, wo bereits der Puritanismus sein Haupt erhebt, Gegner dieser Ehrung gibt. Königin Elisabeth übernimmt einen Teil seiner Ausbildungskosten und ernennt ihn 1596 zum Musikprofessor an dem kürzlich in London von Sir Thomas Gresham gegründeten College. 1601 unternimmt er Konzertreisen nach Frankreich, Deutschland und in die Niederlande und wird als Virtuose auf Tasteninstrumenten sehr bewundert. Nach seiner Rückkehr nimmt er seinen Dienst an der königlichen Kapelle wieder auf, legt aber 1607 sein Lehramt anläßlich seiner Verheiratung nieder. Er ist am englischen Hof sehr angesehen, 1612 wird ihm der Titel „Doktor der Musik beim König" verliehen. Trotzdem verläßt er ein Jahr darauf England ohne Erlaubnis und tritt in die Dienste des Erzherzogs Albert in Brüssel. Er bleibt in den Niederlanden und wird 1617 Organist an der Kathedrale in Antwerpen, wo er am 12. oder 13. März 1628 stirbt.

John Bull ist so bekannt gewesen, daß sein Name und seine Gestalt bis in die jüngste Zeit herein als Prototyp des Engländers schlechthin angesehen worden sind.

Werke

Bulls kompositorischer Ruf beruht auf etwa 150 Stücken für Virginal und Orgel, die weniger durch ihre Tiefe wie durch Einfallsreichtum und Brillanz ausgezeichnet sind. Der Komponist besitzt einen sicheren Sinn dafür, was seinem zeitgenössischen Publikum gefällt, und weiß konservative Elemente mit neuen, ungewöhnlichen Techniken – enharmonische Modulationen und asymmetrische Rhythmen – zu verbinden. Seine Virginaltechnik hat sogar Sweelinck und Samuel Scheidt beeinflußt. Von seiner Vokalmusik ist wenig erhalten geblieben. Seine Berühmtheit verdankt er jedoch in erster Linie seiner Virtuosität.

Erhalten geblieben sind ungefähr 150 Stücke für Virginal und Orgel, Chormusik, Lieder, Hymnen.

Tips für Plattenfreunde

O Fitzwilliam Virginal Book, ein umfassender Auszug (3 Stereo-LP/ FSM SVBX 572)
O Virtuose Kammermusik auf dem Virginal und Cembalo (Stereo-LP/ Telefunken 6.42 090 AP)

HANS LEO HASSLER (1564–1612)

Zeit und Umwelt

Der Maler Adam Elsheimer (1578–1610) und der Musiker Hans Leo Haßler sind die ersten deutschen Künstler, die über die Alpen nach Italien wandern und sich damit an die Spitze aller Kunststudenten

Hans Leo Hassler (1564–1612)

stellen, die seitdem nach dem Süden gezogen sind, um nach der Schönheit in Form und Farbe oder Klängen und Rhythmus zu suchen. Der Maler geht nach Rom, der Musiker nach Venedig. Der Lagunenstadt ist die Förderung der Kunst ein Politikum, und Ruf und Ruhm ihrer Künstler sind ihr ebenso wichtig wie militärische und kommerzielle Erfolge. Andrea Gabrieli hat klingende Namen um sich geschart: seinen Neffen Giovanni Gabrieli, dann Giovanni Giacomo Gastoldi (1556–1622), Kapellmeister in Mantua und Mailand, sehr bekannt durch seine Kirchenmusik, noch mehr aber durch seine fünfstimmigen Tanzlieder (Balletti), Baldassare Donati (um 1530–1603), Gesangslehrer und später Kapellmeister, Komponist von Madrigalen, Villanellen und Motetten, Meister der Lautmalerei, Orazio Vecchi (1550–1605), Verfasser des im Madrigalstil gesungenen Lustspieles „L'Amfiparnasso", einer der letzten Madrigalisten, Komponist zahlreicher Werke der Kirchenmusik, und andere Komponisten, Sänger und Instrumentalisten.

Leben

Hans Leo Haßler, auch Hasler, wird am 25. oder 26. Oktober 1564 in Nürnberg als Sohn des Organisten Isaak Haßler (gestorben 1591) geboren. Den ersten Musikunterricht erhält er vermutlich von seinem Vater, dann jedoch von Leonhard Lechner. 1584 wandert er nach Venedig, um bei Andrea Gabrieli Unterricht zu nehmen, und findet in dessen Neffen Giovanni einen Freund fürs Leben. 1585 ist er wieder in Deutschland und erhält im Alter von 21 Jahren die Organistenstelle am Dom zu Augsburg und wird überdies Kammerorganist der Bankiersfamilie Fugger. Seine nächste Station ist Prag am Hof Kaiser Rudolfs II., der ihn 1595 in den Adelsstand erhebt und ihm das Prädikat „von Roseneck" verleiht. 1601 übernimmt er in Nürnberg, nachdem er ein Jahr zuvor nach Augsburg zurückgekehrt ist, eine Organistenstelle und geht 1605 in gleicher Eigenschaft nach Ulm, wo er heiratet. 1608 wird er nach Dresden berufen, wo er in den Dienst des Kurfürsten tritt. Am 8. Juni 1612 stirbt er plötzlich auf einer Reise in Frankfurt am Main. Haßler ist Katholik. Das hindert ihn nicht, auch für das protestantische Bekenntnis Musik zu schreiben, die gerne gesungen und gespielt wird.

Werke

Der Stil des Komponisten ist eine bemerkenswerte Synthese des deutschen Kontrapunktes mit der italienischen Form. Seine Madrigale gehören zu den besten seiner Zeit, obwohl er dabei auf die harmonischen Experimente eines Marenzio verzichtet, seine Instrumental- und Kirchenmusik – katholisch wie evangelisch – hat viele Nachahmer gefunden. Seine deutschen Lieder, deren homophone Tanzrhythmen stark von Gastoldi beeinflußt sind, erfahren bei den Zeitgenossen begeisterte Aufnahme. Die bekannteste Sammlung davon ist der „Lustgarten", besonders das Liebeslied „Mein G'müt ist mir verwirret", dessen Melodie Johann Sebastian Bach für den Choral „O Haupt voll Blut und Wunden" der Matthäuspassion verwendet. Vokalwerke überwiegen bei Haßler bei weitem. 1590 veröffentlicht er eine Reihe von Canzonetten, 1596 „Neue teutsche Gesänge nach Art der welschen Madrigalien und Canzonetten", ebenso 33 Madrigale, auf Versen von Tasso und Petrarca basierend. Parallel dazu erscheinen als geistliche Werke 1591 Cantiones sacrae, 1601 Sacri concentus (vier- bis zwölfstimmige Motetten), 44 Vokalsätze, vier- bis achtstimmige Messen (1599) und nach 1600 „Eine Litanei teutsch Hern Dr. Martin Lutheri", 1601 „Lustgarten", eine Sammlung Gesellschaftslieder, und 1613 „Venusgarten oder neue lustige liebliche Tänz teutscher und polnischer Art", 1607 Psalmen und christliche Gesänge „fugweis" komponiert, 1608 „simpliciter" gesetzt; außerdem Orgelwerke und Instrumentalsätze.

Tips für Plattenfreunde

O Festliche Turmbläser-Musik, Münchener Posaunenquartett, Tölzer Knabenchor (Stereo-LP/EMI 1C 061 = 28 814)
O Alsfelder Vokalensemble (1), Messe Nr. 2 (Stereo-LP/Tho ATH 156)
O Ihr Musici, frisch auf! Alte Madrigale, Villanellen und Chansons, Monteverdi-Chor Hamburg (Stereo-LP/Telefunken 6.41 167 AN)

CLAUDIO MONTEVERDI (1567–1643)

Zeit und Umwelt

Es ist die Zeit der Umwertung aller Werte. Die Ideale der Antike sind verblaßt, der Humanismus wird vom Absolutismus abgelöst, die Hochrenaissance ist in den Manierismus gemündet und wird nunmehr zur exzentrischen, oft überladen verzierten Reaktion auf den klassischen Formungswillen der jüngst verflossenen Epoche. Monteverdis Bedeutung liegt darin, daß er seine eigene musikalische Aussage nicht dem Pendelausschlag dieser Kulturentwicklung unterstellt, sondern nur eine einzige maßgebende Kategorie anerkennt, nämlich das eigene subjektive Empfinden. Er tut nichts, weil es dem Geist der Zeit entspricht, sondern macht sich selbst zum Maß aller Dinge und vor allem seiner Musik. Die Dichter und Musiker der Camerata florentina, die das antike Drama wieder beleben und mit einstimmiger Musik in Nachahmung der altgriechischen auf die Bühne bringen wollen, landen mit ihrem Dogma bei einem blutleeren, schemenhaften monodischen Gesang. Monteverdi läßt sich von solchen selbst auferlegten Fesseln nicht behindern, einzig und allein dem eigenen künstlerischen Vorstellungen zu folgen; er macht sich nicht von irgendwelchen Vorbildern abhängig und durchschreitet keine Entwicklungsstufen, sondern tritt unmittelbar und von vornehe-

Claudio Monteverdi (1567–1643)

rein mit seinem nur der eigenen Intuition verpflichteten Stil, den er selbst als neu und dem alten entgegengesetzt bezeichnet, vor sein Publikum. Das geschieht nicht, weil es als fortschrittlich gilt, sondern Monteverdis Stil ist fortschrittlich, ohne beabsichtigt zu sein. Und gerade deshalb schlägt ihm der Haß der Reaktion entgegen, dem das Genie nie entgeht.

Leben

Claudio Monteverdi (auch Monteverde) wird am 15. Mai 1567 in Cremona als Sohn des Arztes Baldassare Monteverdi geboren. Seine musikalische Ausbildung, die neben der Komposition auch Violenspiel und Gesang umfaßt, erhält er von Marco Antonio Ingegneri (um 1545–1592, Kapellmeister der Kathedrale von Cremona, Verfasser geschätzter Madrigale, Messen, Motetten, Hymnen und sakraler Gesänge und der heute noch gesungenen Karwochen-Responsorien). Gleichzeitig eignet er sich an der Universität seiner Stadt einen hohen Bildungsstand an. Früh wendet er sich der Komposition zu. Sein erstes Werk, die Sacrae Cantiunculae, erscheint 1582, als er erst 15 Jahre zählt. 1583 erscheinen die Madrigali Spirituali (I. Madrigalienbuch), denen ein Jahr später die Canzonette a tre voci folgt. 1587 veröffentlicht er sein I. Madrigalienbuch und 1590 das III. Als er 1592 sein IV. Buch mit fünfstimmigen Madrigalien herausbringt, ist er bereits zwei Jahre als Sänger und Violenspieler in Diensten bei Vincenzo von Gonzaga in Mantua. Der Versuch, die durch den Abgang des G. P. Ponzio (1588) freigewordene Stelle des Maestro di Cappella am Dom in Mailand zu erhalten, ist gescheitert. Die Widmung des II. Madrigalienbuches an den Präsidenten des Mailänder Senates und die Bemühungen des Vaters bleiben erfolglos, Monteverdi muß sich mit der bescheidenen Anstellung in Mantua begnügen, obschon er gleichzeitig zum Mitglied der Congregazione ed Accademia di Santa Cecilia in Rom ernannt worden ist. Nach dem IV., Vincenzo Gonzaga gewidmeten Madrigalienbuch, tritt eine Schaffenspause von 11 Jahren ein. Monteverdi heiratet 1595 die Sängerin am Hof von Mantua, Claudia Cattaneo, und muß im selben Jahr den Herzog mit dessen Hofstaat nach Ungarn, 1599 auf einer zweiten Reise über Trient, Innsbruck, Basel, Nancy, Spa, Lüttich, Antwerpen nach Brüssel begleiten. Das V. Madrigalienbuch erscheint 1603 und das VI. im Jahre 1605. Sein Bruder Giulio Cesare, der Instrumentalist am Hof von Mantua ist, besorgt 1607 die Herausgabe der Scherzi musicali, und im selben Jahr wird Monteverdis erste Oper „Orfeo" in der Accademia degl'Invaghiti aufgeführt und am Hof wiederholt. Damit hat Monteverdi das Gebiet betreten, auf dem er die größten Triumphe feiert. Er hat sich verhältnismäßig spät dazu entschlossen, eine Oper zu schreiben. Das ist, als hätte er seinen neuen Stil erst durch fünf Madrigalienbücher festigen müssen, von denen das fünfte tatsächlich die Kompositionstechnik des Meisters in höchster Vollendung darbietet. Die Hochzeit von Francesco

Gonzaga mit Margareta von Savoyen im Frühjahr 1608 stellt an Monteverdi erneute Anstrengungen, denen er sich sehr ungern unterzieht, weil ein Jahr zuvor seine Frau gestorben ist. Er verfaßt die Oper „Ariadne", von der allerdings nur das berühmte Stück „Klagegesang der Ariadne" erhalten ist. Monteverdi hat es selbst als fünfstimmiges Madrigal herausgebracht. Für diese Hochzeit muß er noch umfangreiche Gelegenheitskompositionen machen, die jedoch ganz verloren sind, und dazu die Ballettoper „Tanz der Spröden", die im IX. Madrigalienbuch abgedruckt wird. Eine gebührende Anerkennung des Herzogs für diese Leistungen und des allgemeinen Erfolges der Kompositionen bleibt aus. Daher zieht sich der Meister 1608 verärgert nach Cremona zurück. Als Herzog Vincenzo 1612 stirbt, wird die Verbindung Monteverdis zum Mantuaner Hof endgültig gelöst. Der Komponist versucht noch einmal in Mailand Fuß zu fassen, was auch dieses Mal nicht gelingt. Dafür wählen ihn 1613 die Prokuratoren von San Marco zu Venedig einstimmig zum Maestro di Cappella, was wohl die höchste musikalische Stellung ist, die zu jener Zeit vergeben werden kann. Auch das Gehalt ist beachtlich, man bietet ihm anstelle der üblichen 200 Dukaten jährlich 300 und wenig später 400. Die neue Stellung, die Monteverdi bis zu seinem Tod am 29. November 1643 innehat, bringt ihm einen neuen Schaffenskreis. Hat er sich bisher nahezu ausschließlich der profanen Musik gewidmet, so muß er von nun an auch sakrale Stücke schreiben. Für seine Opern und die Madrigale hat er inzwischen den neuen Stil, den er Seconda Prattica (im Gegensatz zur Prima Prattica des alten, polyphonen Satzes der Niederländer) nennt und den wir mit Barockstil bezeichnen. Die in seiner Jugend verfaßten Cantiones sacrae folgen ganz diesem Stil; so versucht er schon bei seinen Veröffentlichungen des Jahres 1610 zumindest bei einem Teil davon den neuen Stil durchzusetzen, wenn er auch für die sechsstimmige Messe die Prima Prattica anwendet und nur bei den Vespern das Neue zum Durchbruch kommt. Da der alte Stil von der Gegenreformation als „echte" Kirchenmusik bezeichnet und gefördert wird, muß der Barockmusiker irgendwie dabei bleiben. Er löst den Konflikt als Genie eben auf geniale Art, indem er den Grundsatz des dominierenden Wortes auch bei der Prima Prattica anwendet und damit die sogenannte echte Kirchenmusik auf eine höhere Ebene hebt, die der Forderung des Zeitgeschmackes entspricht und dennoch die Polyphonie des Chorsatzes beibehält. So wird der Gegensatz seiner Kirchenmusik zu seinem anderen Schaffen beseitigt. Neben den Verpflichtungen seiner neuen Stellung gilt das Hauptinteresse des Komponisten nach wie vor der weltlichen Musik, die zum Teil für Gelegenheiten außerhalb Venedigs oder für die venezianischen Adelshäuser entsteht – etwa das szenische Oratorium „Il Combattimento di Tancredi e Clorinda" (1624) oder das verlorengegangene Musikdrama „Die geraubte Proserpina" (1630) und etliche Ballette und Maskeraden. Für die vom Adel der Stadt finanzierten Opernhäuser schreibt er „Die

Claudio Monteverdi (1567–1643)

Hochzeit des Äneas mit Lavinia" (1641, verloren) und die Opern „Die Heimkehr des Odysseus" (1641) und „Die Krönung Poppeas" (1642), die ihn für alle Zeiten in den ersten Rang der Opernkomponisten stellen. 1614 erscheint das VII. Madrigalienbuch, 1619 das VIII. und 1638 das IX. und letzte. Seine allerletzte persönliche Publikation ist die Selva morale e spirituale (1641). Alles andere wird posthum entweder in Sammelwerken oder Einzelausgaben herausgebracht, und vieles scheint endgültig verlorengegangen zu sein. Die 30 Jahre, die Monteverdi in Venedig verbringt, sind ausgefüllt von Kompositionsaufträgen und der Arbeit als Kapellmeister. In seinem Leben hat sich seit dem Tod seiner Frau nur mehr wenig ereignet.

Literatur

R. Redlich: Claudio Monteverdi. 1949
L. Schrade: Monteverdi. 1951
Gesamtausgabe von F. Malipiero. 16 Bände. 1926–1942

Werke

Man darf, ohne zu übertreiben, Claudio Monteverdi, der in der Cappella San Ambrogio der Kirche Santa Maria dei Frari in Venedig beigesetzt worden ist, als die bedeutendste Gestalt der frühen Barockmusik ansprechen, deren Stil auf profanem und auf sakralem Gebiet zu einem großen Teil von ihm selbst begründet worden ist. Er hat mit seinen Opern den etwas blutleeren Erzeugnissen der Camerata florentina Leben eingehaucht, so daß die Geschichte der Oper praktisch erst bei

Carlo Maria Giulini errang als Dirigent der Scala, Mailand, und in Salzburg namhafte Erfolge. Aufführungen von Barockmusik unter seiner Leitung werden jedesmal zu einem Erlebnis.

ihm beginnt. Er hat so viele stilistische und technische Neuerungen eingeführt, daß sie, zusammengenommen, nahezu eine neue Musik begründeten. Er hat sogar das Spiel der Streichinstrumente bereichert, indem er das Tremolo und das Pizzicato erfindet, und die Stimmbildung der Sänger verbessert. Es entspricht ohne Einschränkung den Tatsachen, daß sein Auftreten eine deutliche Zäsur in der Geschichte der Musik zwischen der alten Prima Prattica und der neuen Seconda Prattica erzeugt, obschon der Übergang nicht abrupt, sondern evolutionär abläuft, weil für ihn alle Musik, alte oder neue, profane oder sakrale, dem Ziel der Erregung und Ausdeutung menschlicher Affekte dient.
In Florenz verargt man es ihm, daß er an die Seite des dort gepflegten dürren Dialoggesangs leidenschaftsdurchflutete Musik stellt, die das Publikum hinreißt. Man sieht es sozusagen als geistigen Diebstahl an, daß Monteverdi ihnen nicht das Monopol, Opern zu schreiben und aufzuführen, überläßt. Doch er schreitet den einmal eingeschlagenen Weg unbeirrt weiter; er läßt sich auch vom Vorwurf nicht beeindrucken, daß seine Musik konservativ und rückschrittlich sei, weil er auf oberflächlichen Affektausdruck und inhaltslos manirierte Verzierung, auf direkte Lautnachahmung und plakative Wortausdeutungen verzichtet, weil er die „Richtigkeit" in der Kunst zugunsten der „Wahrheit" ablehnt, weil er auch das Wort nicht klanglich von der Musik überdekken läßt, sondern es über die Musik stellt. Es ist auch falsch, zu behaupten, er wolle nur der alten Forderung genügen, die Textdeutlichkeit nicht zu stören und die Musik so zu halten, daß kein Wort unverstanden bleibt. Monteverdis Musik profiliert das Wort, leuchtet seine volle Bedeutung aus und strahlt es sozusagen mit seinen Klängen an; und das ist kein Rückschritt, sondern ein allen Zeitgenossen weit vorauseilender Fortschritt. Der Mensch hört nicht auf, Mittelpunkt des künstlerischen Geschehens zu sein, er wird es aber mittels des von der Musik erfüllten und dennoch herrschenden Wortes. Dies erregt die Bewunderung seiner Anhänger ständig aufs neue, die in vielen Fällen vielleicht die Größe der Leistung nur fühlen und nicht erklären hätten können, aber auch den Neid vieler, die fühlen, daß sich da etwas Großes anbahnt, das sie zwar nicht begreifen, aber dennoch fürchten müssen, weil es ihre Bedeutungslosigkeit für den Fortschritt der Kunst grell beleuchtet.
Folgende Werke sind erhalten:
Opern: „Orpheus", 1607, neu bearbeitet von G. F. Malipiero, C. Orff, P. Hindemith und anderen. „Ariadne", 1608, davon nur der „Klagegesang der Ariadne" erhalten, bearbeitet von C. Orff. „Der Tanz der Spröden", 1608, Ballettoper, bearbeitet von C. Orff. „Tirsi und Clori", 1616, Ballettoper. „Il Combattimento de Tancredi e Clorinda", 1624, szenisches Oratorium mit einem Erzähler, der den Gang der Handlung berichtet. Der Komponist wendet dabei den sogenannten Stil der Leidenschaft (Stilo concitato) an. „Die Heimkehr des Odysseus", 1641,

bearbeitet von G. F. Malipiero, V. d'Indy, L. Dallapiccola. „Die Krönung Poppeas", 1942, bearbeitet von F. F. Malipiero, E. Křenek. Madrigale, 9 Bücher, zumeist fünfstimmig, die einen genauen Überblick über die fortschreitende Entwicklung des neuen Stiles geben. Das V. Buch stellt den Höhepunkt dar, der in den folgenden nicht mehr überboten wird. Kanzonetten für drei Stimmen, die noch im alten Stil gehalten sind, 1584. Scherzi musicali für drei Stimmen und mit Instrumenten, bei denen sich die Seconda Prattica bereits durchsetzt. Sakrale Musik: Vierstimmige Messe, posthum veröffentlicht, Hymnen, Vespern (besonders bemerkenswert: Vespro della Beata Vergine, 1610), Magnifikate, Motetten. Dreistimmige Tanzlieder, 1632.

Tips für Plattenfreunde

○ Canzonette, Niedersächsischer Singkreis (Stereo-LP/Camerata LPM 30 034)
○ Madrigale, Capella Vocale, Hamburg (Stereo-LP/DaCamera 94 044)
○ Canti Amorosi (Madrigalienbuch 8 B) (Stereo-LP/Deutsche Grammophon 2533 305)
○ Madrigalien, Capella Vocale, Hamburg (Stereo-LP/FSM STV 34 625)
○ Vesperae Beatae Mariae Virginis, Early Music Consort, London; King's College Chor, Cambridge (2 Quadro-LP/EMI 1C 187 = 02 759/60 Q)

GIROLAMO FRESCOBALDI (1583–1643)

Zeit und Umwelt

Als sich Frescobaldi zum ersten Mal vor die Orgel des Petersdomes zu Rom setzt, sind angeblich 30.000 Menschen zusammengeströmt, um sein Spiel zu hören. Er ist bereits Organist an der Kirche Santa Maria in Trastevere gewesen und hat sich ein hohes Ansehen als Orgelvirtuose erworben. In Kennerkreisen ist er als Cembalist ebenso hochgeschätzt, doch für die breite Masse zählt nur sein Orgelspiel und vielleicht noch seine überragende Kunst als Sänger. Die Renaissance hat die Musik in der Kirche immer mehr in den Vordergrund geschoben, vielen Besuchern ist vermutlich die Empore mit Orgel und Musiker wichtiger als der Altar. Die Bischöfe, denen die einzelnen Kirchen unterstehen, müssen darauf sehen, tüchtige Organisten zu gewinnen, weil das ihren eigenen Ruf vergrößert und Publikum anzieht. Und der erste und beste Organist muß selbstverständlich zwangsläufig in der größten und bedeutendsten Kirche spielen. Frescobaldi darf sich schmeicheln, daß zumindest ein größerer Teil der Kirchenbesucher seinetwegen kommt, wenn er spielt.

Auch die ökonomische Seite seines Lebens verläuft zufriedenstellend. Im Kirchenstaat ernährt die Kunst ihren Mann. Die politischen Veränderungen in Norditalien, die Spannungen im Süden liegen außerhalb der Grenzen des päpstlichen Territoriums. Gewiß gibt es auch in Rom Rivalitäten der verschiedenen Parteigänger der benachbarten Mächte, aber an den Organisten des Petersdomes, der noch dazu unter dem Schutz des mächtigen Kardinals Aldobrandini steht, reichen sie nicht heran. Daher rollt sein Leben ohne starke Störungen, umgeben von der Musik, die er selbst schafft, ab. Er ist ein reiner Künstler, der abseits vom übrigen Getriebe der Welt leben und schaffen und die Anerkennung für seine Leistung zu Lebzeiten genießen darf.

Leben

Girolamo Frescobaldi wird am 9. September 1583 in Ferrara geboren, wo er vom Hoforganisten Luzzasco Luzzaschi (1545–1607, Verfasser von Motetten, fünfstimmigen Sacrae cantiones, fünfstimmigen Madrigalen) seine musikalische Ausbildung erhält. Im Jahre 1604 ist er bereits in Rom als Organist und Sänger an der Congregazione ed Accademia di Santa Cecilia. Am 1. Januar 1607 kommt er an die Santa Maria in Trastevere in der gleichen Eigenschaft, aber bereits Ende Mai desselben Jahres geht er im Gefolge des Nuntius Guido Bentivoglio nach Brüssel. Während seines Aufenthaltes in den Niederlanden veröffentlicht er in Antwerpen seine erste Madrigalenreihe für fünf Stimmen. Im November des folgenden Jahres ist er wiederum in Rom und wird zum Organisten der Peterskirche gewählt, welche Stelle er bis zu seinem Tod am 1. März 1643 behält. Gleichzeitig steht er im Dienst des Kardinals Aldobrandini und leitet dessen Privatkapelle. Im Februar 1615 unterbricht er seinen Aufenthalt in Rom für kurze Zeit, um die Stelle des Hoforganisten von Mantua zu übernehmen, bleibt jedoch nicht lange dort. Die zweite Unterbrechung ist länger und dauert von 1628 bis 1633; während dieser Zeit fungiert er als Organist des Herzogs von Toskana in Florenz. Frescobaldi genießt als Organist, Cembalist und Sänger ein großes Ansehen. Wie weitreichend sein Ruf als Orgelmeister ist, zeigt die Beurlaubung Johann Jakob Frobergers, des Hoforganisten in Wien, damit er bei Frescobaldi in Rom studieren kann. Die Improvisationskunst des Meisters ist allgemein berühmt, und man behauptet, er habe einen neuen Orgelstil erfunden, was nicht den Tatsachen entspricht, weil es sich um keine neue Spieltechnik und ebensowenig um eine neue Form handelt; Frescobaldi hat nur alle Errungenschaften der verschiedenen italienischen Schulen (Venedig, Ferrara, Neapel usw.) vereint und kraft seiner eigenen Genialität zu einem Guß verschmolzen. Wie Monteverdi für die Vokalmusik den frühbarocken Stil begründet hat, führt Frescobaldi die Instrumentalmusik seiner Heimat aus den strengen Formen der Renaissance zur filigranen Gliederung und Lebendigkeit der neuen Zeit. Er beschränkt sich nahezu ausschließlich auf Instrumentalmusik, vor allem auf Tasteninstrumente. Rascher Wechsel von fugierten Teilen mit Akkorden und Dissonanzen, rasches Ändern der Tonfarben, überreiche Chromatik, ständig variierte Rhythmen bis zum Tempo rubato, um jeder Stimmung gerecht zu werden, ergeben das Bild seiner Musik. Girolamo Frescobaldi hat im Bereich der Kirchenmusik den Instrumentalstil von jeder Unterordnung unter die Vokalmusik befreit. Nachahmer finden sich aber vorläufig in Italien wenige ein, dafür aber in Österreich und Deutschland, wo sein Stil stark auf Froberger, Buxtehude, Bach und Muffat wirkt.

Werke

Frescobaldi hat vorwiegend Orgel- und Cembalomusik geschrieben: Toccaten, Fantasien, Partiten, Ricercari, Modulationen, Kanzones. Mehrere Messen, eine Gründonnerstags-Lamentation, ein Buch mit fünfstimmigen Madrigalen und zwei Bücher mit Liedern zu Cembalobegleitung repräsentieren seine eher unbedeutenden Vokalkompositionen.

Tips für Plattenfreunde

O Sonate e Canzoni, Musical Compagney (Stereo-LP/Tho MTM 132)
O Musik für Orgel und Bläser (2 Stereo-LP/CBS 78 284)
O Verschiedene Musik von Frescobaldi neben anderen zeitgenössischen Komponisten
O Orgelwerke – (Stereo-LP/Telefunken 6.41 913 AG)
O Fiori musicali (2 Quadro-LP/EMI 1C 187 = 30 897/98 Q)

ORLANDO GIBBONS (1583–1625)

Zeit und Umwelt

Bei der Familie Gibbons ist die Musik ein wichtiger Lebensbestandteil und zumindest bei einigen Mitgliedern Lebensberuf. Und da sich Orlando Gibbons der Gunst der Krone und der herrschenden Kirche erfreuen darf, verläuft sein Leben ohne nennenswerte Zwischenfälle, außer denen, die jeden Menschen treffen. Von seiner Familie unterrichtet und gestützt, von den Vorgesetzten weitestgehend gefördert und ausreichend dotiert, von keinerlei Behinderung beengt, kann Orlando Gibbons, der zu einem der bedeutendsten Komponisten seines Landes geworden ist, Musik studieren, ausüben und schöpferisch gestalten.

Leben

Orlando Gibbons wird am 25. Dezember 1583 in Oxford geboren. Er entstammt einer Musikerfamilie, die ihm genügend musikalische Grundausbildung vermitteln kann, daß er im Alter von 13 Jahren im Chor des

King's College von Cambridge Aufnahme findet. 1603 ist er bereits Sänger und 1604 Organist der königlichen Kapelle, welche Stelle er zeit seines Lebens innehat. Im Jahre 1606 verleiht ihm die Universität von Cambridge den Titel eines Bachelor of Music, 1619 wird er zum Kammervirginalisten des königlichen Hofes ernannt und 1622 von der Universität Oxford mit dem Ehrendoktorat der Musik ausgezeichnet. Neben anderen ehrenvollen Aufträgen wird ihm 1623 die Organistenstelle an der Westminster Abbey anvertraut, wo er 1625 die Trauerfeierlichkeiten für König Jakob I. leitet. Noch im selben Jahr nimmt er an der Reise des Hofstaates nach Dover teil, wo König Karl I. seine aus Frankreich kommende Braut Henriette Maria empfängt. Auf der Rückreise erliegt Gibbons in Canterbury am 5. Juni 1625 einem Schlaganfall und wird in der dortigen Kathedrale beigesetzt.

Werke

Orlando Gibbons ist eine der letzten großen Gestalten der englischen polyphonen Schule. Die auf dem Kontinent um sich greifende Stilwandlung des Frühbarocks läßt ihn nahezu unberührt. Er begnügt sich damit, die Errungenschaften der Vergangenheit in eine bestmögliche Form zu fassen und zu vertiefen, und hat gerade dadurch auf spätere große englische Musiker wie zum Beispiel auf Henry Purcell eine starke Wirkung ausgeübt. Seine Kompositionen bevorzugen begreiflicherweise die Tasteninstrumente Orgel und Virginal, die er selbst virtuos beherrscht. Daneben hat er mehrstimmige „Fantasien" für Streichinstrumente (Gamben) geschaffen. Seine Vokalwerke sind vorwiegend für den sakralen Gebrauch bestimmt, es kommt aber auch das weltliche Lied nicht zu kurz. Im Sinn der in der Renaissance gepflegten Nachahmung außermusikalischer Klänge bezieht er Londoner Straßenrufe in seine Stücke für Gesang und Violen ein.

Gibbons hat fünfstimmige Motetten und Madrigale, darunter die Meisterwerke später Madrigalkunst: „Der Silberschwan" und „Was ist unser Leben?" geschaffen, außerdem sehr feine Gambenmusik und viele Stücke für das Virginal, Kirchenmusik: Psalmen, Hymnen, Anthems.

Tips für Plattenfreunde

O Der Silberschwan aus: Englische Madrigale an den Höfen Elizabeths I. und James' I., Purcell Consort of Voices (Stereo-LP/FSM STV 34 202)

O Fantasia in d und Pavane in g aus: Englische Virginalisten (Stereo-LP/BASF EA 203 085)

O Musik der Hochrenaissance in England für ' Chor und Gamben (Stereo-LP/FSM STV 34 017)

HEINRICH SCHÜTZ (1585–1672)

Zeit und Umwelt

Der thüringisch-sächsische Raum, in dem Heinrich Schütz, der größte deutsche Komponist vor Johann Sebastian Bach, geboren wird, aufwächst und schafft, ist auch Ursprung der Reformation, – deshalb bedingen dort Musik und Protestantismus, beeinflussen und fördern einander. Damit ist nicht allein die Kirchenmusik gemeint, vielmehr dehnt sich diese Wechselwirkung gleicherweise auf das Sololied mit Continuo, den Chorsatz, das Instrumentalkonzert, ja sogar auf die Oper aus. Die protestantische Weltanschauung und Lebensführung engt die Sinnenfreude der Renaissance ein und verweist die Musik himmelwärts. Grundsatz der Renaissance ist, daß es Zweck des Tones sei, zu erfreuen und in uns verschiedene Gemütsbewegungen hervorzurufen. Luther fordert hingegen, daß Musik Gott allein zu Ehren geschrieben und aufgeführt werde. Und dieser Auftrag ist es, der nunmehr Wesen und Stil der Komposition bestimmt, so daß wohl mancher unmittelbare Affekt, manche liebenswürdige Geste verlorengeht, dafür aber nach der Seite der Vergeistigung ein weites Feld gewonnen wird, das bis zur Mystik der Zeiten vor der Renaissance reicht. Damit erhält die europäische Musik des 17. Jahrhunderts zwei Gesichter: das eine blickt nach dem Süden, wo trotz der Reorganisation des Frühbarock der Klang, wenn schon nicht mehr über dem Wort, so doch neben ihm dominiert; das zweite ist gegen den protestantischen Norden gewendet, wo der kontrapunktische Stil der alten Musik gepflegt und das monodische Prinzip, Generalbaß und Akkordmusik, erst in zweiter Linie angewendet wird. Es ist bezeichnend, daß Schütz es zum Beispiel bei seiner „Geistlichen Chormusik" freistellt, ob die 5. bis 7. Stimme gesungen oder gespielt und mit oder ohne Generalbaß aufgeführt werden. Das ist die Musiklandschaft, in der der Komponist wirkt. Sein Werk beweist, daß er sich innerhalb dieser Beschränkung und Zielrichtung genügend Raum für seine Genialität bewahrt. Zwei weitere Faktoren, die seine Musik stark beeinflussen, sind persönliches Schicksal und Zeitumstände. Der gewaltige Glaubenskampf Mitteleuropas greift zu tief in das Leben jedes einzelnen ein, als daß ein Künstler abseits von den Ereignissen seiner Kunst leben kann. Die Schrecken des Dreißigjährigen Krieges, Pest, Mord und Brand wüten über das Land und behindern das kulturelle Leben bis zum Ersticken. Dresden, wo Schütz Hofkapellmeister ist, kann lange herausgehalten werden, doch nach der Schlacht bei Breitenfeld 1631 ist es damit vorbei. Sowohl die Reformation wie die Kapelle sind ernstlich bedroht. Der Kriegslärm übertönt jede Musik. Die knappe Besetzung einzelner Kompositionen ist meist eine Notwendigkeit, weil eben nicht mehr Musiker zur Verfügung stehen und zu viele davon in den Wirren der Zeit zugrunde gegangen sind. In

Dresden muß Schütz nach dem großen Krieg mit zehn Instrumentalisten neu beginnen.

Leben

Heinrich Schütz (auch Henricus Sagittarius) wird am 14. Oktober 1585 in Köstritz bei Gera geboren. Seine Vorfahren waren in Chemnitz und Marienberg ansässig, der Vater ist Bürgermeister von Weißenfels und erwirbt im nahen Köstritz einen Gasthof mit ausgedehntem Grundbesitz. Da der junge Heinrich sehr früh auffällige musikalische Anlagen zeigt, die er offenbar von seiner Mutter Euphrosyne, Tochter des Geraer Bürgermeisters Bieger, geerbt hat, wird er im 13. Lebensjahr als Kapellknabe im Collegium Mauritianum am Hof des Landgrafen Moritz des Gelehrten aufgenommen. Im Gegensatz zur alten Lateinschule ist diese Akademie für die Söhne des Hof- und Militäradels gegründet worden, um diesen eine weltmännische, wissenschaftliche und fremdsprachliche Bildung zu bieten. Sie hat einige Freistellen für Kapellknaben, welche die gleiche Erziehung genießen. Die Kapelle wird von Kapellmeister G. Otto geleitet, der in Torgau von Johann Walter (1490–1570) ausgebildet worden ist, dem Verfasser des ältesten protestantischen Gesangbuchs, Freund und musikalischen Beraters Luthers. Von der Hofkapelle kommt der Diskantsänger Schütz an die Universität Marburg, um Rechtswissenschaft zu studieren wie etliche seiner Vorfahren. Und 1609 gewährt ihm der Landgraf ein Stipendium, damit er zur Ausbildung als Organist und Komponist zu Giovanni Gabrieli nach Venedig gehen kann. Der Aufenthalt in Venedig ist vorerst für zwei Jahre geplant, wird über Empfehlung des Venezianers um ein Jahr und schließlich auf Kosten des Vaters bis zum Herbst 1613 verlängert. Dann kehrt Schütz, nachdem er seinen Lehrer zur letzten Ruhe begleitet hat, nach Kassel zurück und wird zum Hoforganisten ernannt. In den folgenden Jahren hält er sich mehrmals in Dresden auf, 1617 übersiedelt er für ständig dorthin, weil er am Hof des Kurfürsten Johann Georg I. von Sachsen als Kapellmeister angestellt wird. Am 1. Juni 1619 heiratet er Magdalena Wildeck (1601–1625), die Tochter eines kurfürstlichen Kammerschreibers. Sie schenkt ihrem Mann zwei Töchter, dann stirbt sie mit 24 Jahren. Von diesem Schlag erholt sich Schütz nie mehr. Während sein Ansehen als Musiker immer höher steigt, verdüstert sich sein eigenes Leben mehr und mehr. Die Kluft zwischen dem Künstler und dem Menschen wird stetig breiter. 1630 stirbt sein bester Freund, der Thomaskantor Johann Hermann Schein, in jungen Jahren. Dann reißen Hungersnot und Seuche, Krieg und Tod eine Lücke nach der anderen in Familie und Freundeskreis. Wie Schütz den Tod des Kantors zum Anlaß einer Motette nimmt, beschwört er sein unglückliches Privatleben mit der Arbeit an den Psalmen Davids und der kompositorischen Verwertung der Eindrücke, die er bei seinem zweiten Aufenthalt in Italien im Jahre 1628 insbesondere durch die instrumentale und szenische Kunst Monteverdis empfangen hat. In jenem Jahr kann er noch Musikalien und Instrumente für seine Kapelle erwerben, wenig später ist durch den Krieg auch in Kursachsen die Not so angestiegen, daß die Kapellenmitglieder nicht mehr voll bezahlt werden können und die Musik wegen dem Mangel an Musikern und Publikum erlahmt. Um sich dem Kriegselend zu entziehen, übernimmt Heinrich Schütz Verpflichtungen an vom Krieg verschonten mitteldeutschen Höfen wie Wolfenbüttel, Zeitz, Halle, Gera usw. Er arbeitet auch in Hamburg und schließlich in Kopenhagen, wo er von 1633 bis 1635 Kapellmeister am Hof des Königs Christian IV., 1642 und 1645 als Oberkapellmeister angestellt ist. Inzwischen leistet er auch in Braunschweig und Hannover künstlerische und organisatorische Dienste, indem er überall Kapellen aufbaut oder reorganisiert, damit trotz der Unsicherheit der Zeit die protestantische Musik nicht von fremden Einflüssen überschwemmt wird. Das gleiche Anliegen bewegt ihn, sofort nach der Beendigung des großen Krieges den alten Ruhm der Dresdner Hofkapelle wiederherzustellen, „damit unter den anderen evangelischen Capellen sie als ein Licht hervorleuchten und gepriesen werden könnte". Er zieht sich vom Hofdienst zurück, um sich ganz seinen musikalischen Aufgaben zu widmen. Falls es seine Arbeit mit der Kapelle erlaubt, hält er sich in seinem inzwischen erworbenen Haus in Weißenfeld auf, um zu komponieren. Seine beiden Töchter sind schon vor Jahren verstorben, von seinen nahen Verwandten lebt nur noch seine inzwischen verwitwete Schwester Justina. Nachdem er sich bereits in den vierziger Jahren dem Oratorium zugewendet hat, kehrt er nun erneut zu dieser Form der musikalischen Aussage zurück. Das Weihnachtsoratorium und drei Passionen sind die Frucht seines reifen Alters. Obwohl er immer mehr kränkelt, so daß er kaum mehr ausgehen kann, obwohl sein Augenlicht schwach wird und das Gehör ihn nahezu ganz im Stich läßt, vollendet er mit ungebrochener Energie die vier Kompositionen und hernach noch das doppelchörige Deutsche Magnifikat und den 100. und 119. Psalm. Am 6. November 1672 stirbt er in Dresden und wird in der alten Frauenkirche in Dresden bestattet, die 1727 abbrennt.

Literatur

H. Eggebrecht: Ordnung und Ausdruck im Werk Heinrich Schütz'. 1961.
G. Weizäcker: Heinrich Schütz, Lobgesang eines Lebens, 1952

Werke

Über die Bedeutung von Schütz gibt es bei seinen Zeitgenossen kaum Zweifel. Seine überragende Stellung wird allseitig anerkannt. Er steht zu seiner Zeit in einsamer Höhe und läßt alle, die sich neben ihm der Musik in irgendeiner Form widmen, weit unter sich. Seine Schüler besetzen gemeinsam mit dem Schülerkreis des Amsterdamer Meisters Sweelinck die evangelischen Kantoren- und Organistenstellen und fungieren als

Grundlage der Musik des 17. Jahrhunderts in Mittel- und Norddeutschland mit einer starken Ausstrahlungskraft nach Süden. Allerdings, der Name des in der Kunst und im Leben einsamen Schütz verblaßt später zusehends. Händel und Bach wissen bereits sehr wenig über ihn, obschon ihr Wirken ohne Schütz nicht denkbar wäre. Die Musikgeschichte hat ihm eine Vermittlerrolle zwischen dem alten Stil und Bach zugewiesen. Das ist grundfalsch. Heinrich Schütz ist eine der stärksten Eigenpersönlichkeiten der Musikgeschichte überhaupt. Unserem Jahrhundert ist es vorbehalten gewesen, Heinrich Schütz richtig einzuordnen und sich nicht damit zu begnügen, ihn allein als Schöpfer der ersten deutschen Oper zu rühmen (Dafne, 1627, Musik nicht erhalten). Man hat deutlich erkannt, welche Aussagekraft sein Werk hat. Man weiß heute, daß er weit mehr ist als „ein Vorläufer Bachs", daß in seinem persönlichen Stil alles verschmolzen ist, was ihm an überkommenem Alten und fortschrittlichem Neuen wertvoll erschienen ist: Doppelchörigkeit im Stil von San Marco, Rezitativ als dramatisches Element, niederländisch-deutsche Polyphonie, Anklänge an Gregorianik und Kirchentonarten neben Dur und Moll, schmerzliche Dissonanzen, die zu trostvollen Auflösungen führen, Vielfalt der Rhythmen innerhalb eines festen Rahmens und die Verdichtung des Wortes durch den gleichzeitigen Klang. Mit den Hammerschlägen Luthers an die Kirchentür von Wittenberg ist die Renaissance für Deutschland nur dem äußeren Schein nach zu Ende gegangen. Die Meister der Reformation haben die Errungenschaften des Humanismus nur in neue Formen gegossen, um sie so den kommenden Generationen weiterzureichen, und haben ihnen eine neue Zielrichtung verliehen. Die Auswirkungen der Persönlichkeit eines Heinrich Schütz, die über eine weite Strecke der Musikgeschichte spürbar ist, wenn auch sein Name immer seltener genannt worden ist, gilt dafür als ein schlagender Beweis. Folgende Werke sind erhalten: Die Auferstehungshistorie, 1623 erstaufgeführt, Osteroratorium. Die sieben Worte Jesu am Kreuz (1647), durchgebildete Dramatik mit Rezitativ und Motetten im italienischen Stil, instrumental bereichert. Weihnachtsoratorium, 1664, zehn Bilder und acht Intermedien mit wechselnder Instrumentalbegleitung, Ein- und Ausgangsstücken für neunstimmigen Doppelchor (Eingangschor nicht erhalten); mit diesem das deutsche Oratorium begründenden Werk entfernt sich Schütz im Gegensatz zum italienischen Oratorium weit vom Opernstil und nähert sich dem geistlichen Konzert. Die Lukaspassion, 1665. Die Johannespassion, 1665. Die Matthäuspassion, 1665. Symphoniae sacrae I, 1629, lateinische Motetten, ein- bis dreistimmig, mit instrumentaler Stütze; II. 1690, deutsche, fünf- bis achtstimmig mit zwei Instrumenten, mit drei Chören über fünfzehn Worte Christi (vierstimmig und sechsstimmig). Musikalische Exequien, deutsches Requiem auf Worte des alten Totenoffiziums für sieben Solostimmen, fünf- bis achtstimmigen Chor und Generalbaß. Psalmen, deutsche Messe und ein achtstimmiges deutsches Magnifikat.

DIE LUKASPASSION

(Historia des Leidens und Sterbens unseres Herrn und Heilandes Jesu Christi nach dem Evangelium St. Lukas), Chorsätze in lydischer, Rezitative in ionischer Tonart. Der Evangelist berichtet im Choralton („Frei und fließend, im Zeitmaß ungezwungener Rede"), die Baßrezitative des Heilandes ausdrucksvoll und stark rhetorisch, frei modulierend; die Chöre sind stark dem jeweiligen Wortsinn angepaßt und dramatisch konzipiert, nur Beginn- und Anfangschor der Passion nähern sich einer gewissen Allgemeingültigkeit.

DIE JOHANNESPASSION

Phrygisch und, dem Text entsprechend, schwärmerisch und empfindsam, die Abschnitte sind durch einen archaischen Quintensprung gekennzeichnet, die Dramatik des Geschehens liegt in den Chören, die gerade durch ihre karge Harmonik an Ausdruckskraft gewinnen. Melismen erklingen nur beim Ruf „Kreuziget ihn".

DIE MATTHÄUSPASSION

Dorisch gehalten, nähert sich aber bereits stark unseren Tongeschlechtern. Der Stil der Rezitative stellt eine Verschmelzung von Gregorianik, Opernmonodie und Liedmelodie dar und wird „Neugregorianik" genannt. Die Chöre sind ausdrucksreich und hochdramatisch, stilistisch so vielfältig, daß sie von der Motettenform bis zur die Romantik vorausahnenden Tonmalerei reichen. Die Zeitlosigkeit des Musikers Schütz wird in dieser Passion besonders deutlich.

Tips für Plattenfreunde

- ○ Kleine geistliche Konzerte 1–6, Westfälische Kantorei, Herford (6 Stereo-LP/BM 1 3 11/16)
- ○ Symphoniae sacrae I, II (2 Stereo-LP/BM 1 3 23/24)
- ○ Die sieben Worte, Monteverdi-Chor, London (Stereo-LP/Bärenreiter Musicaphon 1 9 46)
- ○ Musikalische Exequien, Dresdner Kreuzchor (Stereo-LP/Philips 6580 039)

JOHANN HERMANN SCHEIN (1586–1630)

Zeit und Umwelt

Einige deutsche Fürstenschulen bieten musikalisch begabten Knaben Freiplätze an, damit sie neben der musikalischen Erziehung an der jeweiligen Hofkapelle eine gründliche Ausbildung erhalten. So kommt auch der Waisenknabe Johann Hermann Schein, der in die Dresdner Hofkapelle aufgenommen wird, in die von Moritz von Sachsen gegründete Landesschule zur Pforte. Gleich den Söhnen der Adelshäuser wird ihm auch das Universitätsstudium ermöglicht. Die Schrecken des großen Krieges treffen ihn als Kranken vielleicht noch härter als andere. Ob die Kriege daran schuld sind oder die Krankheit allein, daß sein Lebenslicht so früh erlischt, bleibt unbekannt. Auf alle Fälle ist sein kurzes Dasein erfüllt vom Dienst und der Freude an der Musik.

Johann Hermann Schein (1586–1630) / Samuel Scheidt (1587–1654)

Leben

Johann Hermann Schein wird am 20. Januar 1586 in Grünhain bei Schwarzenberg (Erzgebirge) geboren, kommt mit 13 Jahren zur Dresdner Hofkapelle und erhält einen Freiplatz in der Schulpforte. Im Jahre 1607 beginnt er an der Universität Leipzig Jurisprudenz zu studieren, 1613 erhält er eine Hauslehrerstelle in einem Adelshaus in Weißenfels, wo er Heinrich Schütz kennenlernt und als Freund gewinnt, 1615 wird er Hofkapellmeister in Weimar und ein Jahr darauf Thomaskantor in Leipzig. Kränklich ist er von Kindheit auf, Fürstengunst, auskömmliche Stellungen, seine Orgeln, einige gleichgesinnte Freunde, darunter als besten Heinrich Schütz in Dresden, machen ihm das Leben dennoch lebenswert, so sehr sogar, daß er der Welt viele fröhliche Lieder schenkt. Er stirbt am 19. November 1630 in Leipzig, Schütz komponiert für ihn eine sechsstimmige Begräbnismotette. Er rühmt mit Recht die Madrigalkunst seines Freundes und schätzt auch seine dreistimmigen „Waldliederlein". Seine fünf- bis zwölfstimmigen Motetten haben ihm seinerzeit die Berufung nach Leipzig eingetragen.

Werke

Folgende Werke halten bis in die Gegenwart das Andenken an diesen Thomaskantor wach: „Venus-Kränzlein" (1609), fünfstimmige weltliche Lieder. „Geistliche Gesänge" (1615), fünf- bis zwölfstimmig. Tedeum, zwölfstimmig (1618), Protestantisches Gesangbuch (1627), vier- bis sechsstimmig. 20 fünfsätzige Variationen-Suiten.

Tips für Plattenfreunde

○ Purcell/Schein, Madrigale, Niedersächsischer Singkreis (Stereo-LP/ Camerata LP 30 032)
○ Praetorius/Schein/Widmann, Collegium Terpsichore (Stereo-LP/ Deutsche Grammophon 198 166)

SAMUEL SCHEIDT (1587–1654)

Zeit und Umwelt

Die Schulung des „Organistenmachers" Jan Pieterszoon Sweelinck zu Amsterdam ist für Scheidts ganzes Leben richtunggebend. Er wird zum bedeutendsten Orgelmeister zwischen Frescobaldi und Bach. Er lernt auch, daß Musik und Orgelspiel zu den wichtigsten Dingen des Lebens gehören und man sich von persönlichem Unglück, von politischem Streit und Waffenlärm davon nicht abhalten lassen darf, denn beim Orgelspiel handelt es sich um keine Unterhaltung, sondern um einen wesentlichen Bestandteil des religiösen Lebens. Musikausübung und Komposition sind Lebensinhalt und Lebenszweck des Meisters. Seine „Newe geistliche Concerten" erscheinen 1631, 1634, 1635 und 1640, mitten in den Schrecken des Dreißigjährigen Krieges und ungeachtet des Pesttodes aller seiner Kinder (1636).

Leben

Samuel Scheidt wird am 4. November 1587 in Halle an der Saale geboren. Er geht 1608 zu Jan Pieterszoon Sweelinck nach Amsterdam, um sich zum Organisten ausbilden zu lassen. 1609 wird er Hoforganist und 1620 Hofkapellmeister in Halle, in welcher Stellung er bis zu seinem Tod am 24. März 1654 verbleibt. Er zählt zu den bedeutendsten Persönlichkeiten der mitteldeutschen Orgelschule und ist ein Meister der Liedvariation auf Tasteninstrumenten. Allgemein bekannt gemacht hat ihn das dem Rat der Stadt Görlitz gewidmete Tabulaturbuch mit geistlichen Liedern und Psalmen (1650), das „erste richtige Orgelbegleitbuch zum evangelischen Gemeindegesang". Sein Bruder Gottfried Scheidt (1593–1661) ist 1617–1658 Hoforganist in Altenburg.

Literatur

E. Gessner: Samuel Scheidts geistliche Konzerte. 1961

Werke

Als sein Hauptwerk ist die Tabulatura nova zu nennen, deren drei Bände mit Choralvariationen, Liedern und Orgelkompositionen 1624, 1650 und 1653 erschienen sind. 100 geistliche Lieder und Psalmen sind in seinem Tabulaturbuch aus 1650 enthalten, er schrieb außerdem Cantiones sacrae, 1620, Tänze und geistliche Konzerte.

Tips für Plattenfreunde

○ Orgelwerke (Stereo-LP/RBM 3 032)
○ Alte Spielmusik für Bläser, Westfälische Kantorei (Stereo-LP/JSV 658 233)
○ Cantus 20, 22, 24, 25 aus Christmette, Musik für Blechbläser und Orgel, Stuttgarter Bläserkantorei (Stereo-LP/FSM 43 1 26)

GIACOMO CARISSIMI (1605–1674)

Zeit und Umwelt

Der Geburtsort des Oratoriums ist Rom. Das Oratorium bildet zwei Formen aus, von denen das Oratorio volgare die ältere ist. Filippo Neri (1515–1595, Priester und Heiliger) pflegt vor Laienbrüdern im Betsaal (Oratorio) seines Klosters über die Bibel zu sprechen. Diese Versammlungen haben großen Zuspruch und werden 1575 von Papst Gregor XIII.

als Congregazione dell'Oratorio bestätigt. Neri sucht die Veranstaltungen mit Musik zu verschönern und läßt sich dafür von Giovanni Animuccia und Palestrina Stücke mit biblischem Text in italienischer Sprache verfassen. Daraus werden ganze Episoden aus der Bibel oder aus Legenden, die dialogisch und chorisch vorgetragen, aber im Gegensatz zur Oper weder szenisch gestaltet noch gespielt. Die Rollen der dramatischen oder epischen Inhalte werden unter den Sängern aufgeteilt. Die zweite Form, das Oratorio latino, gehört offiziell zur Liturgie des Gottesdienstes. Seine Dialoge fußen zumeist auf dem Alten Testament. Daß dieses Oratorium nie die Breitenwirkung des volkstümlichen italienischen erreicht, liegt in der Natur der Sache. Sein Publikum sind die Geistlichkeit, die gebildeten Stände, die Musikverständigen, die einem Komponisten wie Carissimi auf die Höhe zu folgen imstande sind, auf die er sie mit seinen Oratorien führt. Ein Aristokrat der Musik hat für Aristokraten des Geistes eine Musikform gefunden, die ihnen entspricht, und damit den Beginn einer Entwicklung eingeleitet, die zu den großen Schöpfungen der späteren Oratorienmeister führt. Damit ist die gesellschaftliche und künstlerische Stellung des Meisters gekennzeichnet. Mit seinem Tod verschwindet der Unterschied zwischen den beiden Typen des Oratoriums, aber ein Händel, ein Haydn knüpfen bei Carissimi an.

Leben

Giacomo Carissimi wird am 18. April 1605 in Marino nahe bei Rom geboren. Über seine Herkunft und seine Jugend ist nichts bekannt. Man weiß nur, daß er im Alter von 18 Jahren als Sänger in der Domkapelle von Tivoli und später auch als Organist tätig ist und im Verlauf der folgenden Jahre in gleicher Eigenschaft in Assisi wirkt. 1630 wird ihm die Kapellmeisterstelle an der Kirche San Apollinare in Rom anvertraut, die er bis zu seinem Tod am 12. Januar 1674 innehat. Neben Luigi Rossi (1598–1653, Verfasser von über 100 Kantaten) ist Carissimi der bedeutendste Kantatenmeister jener Zeit in Rom; man hält ihn überhaupt für den größten Komponisten des 17. Jahrhunderts. Bedeutende Schüler (Ch. Bernhard, J. K. Kerll, M. A. Charpentier) verpflanzen seinen Stil in ihre Heimatländer, so daß seine Anreicherung der sakralen Musik mit Stilelementen der profanen bald sehr viele Nachahmer findet.

Literatur

E. Vogel, die Oratorientechnik Carissimis. 1928

Werke

Carissimi hat eine große Anzahl Solokantaten für eine oder mehrere Singstimmen und Basso continuo mit stark liedhaften, lieblichen Melodien geschrieben, die, in weiche Harmonien gebettet, an die Zeit des Belcantos grenzen. Neben seinen Kantaten verfaßt Carissimi mehrere

Messen und Motetten. Sein kompositorisches Programm umfaßt außerdem 15 erhaltene Oratorien, von denen das noch heute aufgeführte „Jephta" das bedeutendste ist. Bekannt geblieben sind überdies „Hiob", „Abraham und Isaak", „Jonas" und „Das Urteil Salomons", das allerdings auch Samuel Capricornus (1628–1665, ab 1657 Hofkapellmeister in Stuttgart, Verfasser vorzüglicher Motetten, Kantaten und Instrumentalstücken, stilistisch Carissimi stark verwandt) zugeschrieben wird.

JEPHTHA, ORATORIUM
Erstaufführung unter Mitwirkung bedeutendster Künstler in San Marcello, Rom. Der Testo (Erzähler) berichtet, wie Jephtha in den Kampf aufbricht, vor dem er gelobt hatte, bei siegreicher Heimkehr das erste Lebewesen Jahwe zu opfern, das ihm entgegenkommt. Es war seine Tochter, die er seinem Gelübde gemäß opfert. Den Auszug Jephthas zum Kampf und die Begrüßung des Heimkehrenden werden mit schönen, lebendigen Chören geschildert. Vom Gelübde, dem Kampf und dem Sieg, der Heimkehr und dem unausweichbaren Opfer sprechen die Rezitative Jephthas und der Tochter. Dem Entschluß der Tochter, sich dem Schicksal zu unterwerfen, sind ein Klagerefrain und ein Trauerchor von seltener Schönheit angeschlossen. Das echte Pathos der tragischen Begebenheit kommt gerade durch die kühle lateinische Sprache in aller Größe zur Geltung.

Tips für Plattenfreunde

○ Dives Malus, Oratorium latinum für Soli, Chor, Streicher und Basso continuo, Schola Cantorum Basiliensis (Stereo-LP/EMI 1C 063-30 121)
○ Jephtha/Judicium Salomonis (Stereo-LP/FSM STV 34 089)
○ Vittoria, Arie aus einer Kantate, Gigli (Mono-LP/EMI 1C 047-00 709)

JOHANN JAKOB FROBERGER (1616–1667)

Zeit und Umwelt

In Kantorenfamilien wird so viel wie möglich Musik gemacht und vorwiegend über Musik gesprochen; es handelt sich dabei selbstverständlich um „evangelische" Musik. Aber als der Kantorensohn Froberger die Stelle eines Hoforganisten in Wien angeboten erhält, muß er natürlich Katholik werden, aber „Wien ist eine Messe wert". Musiker sind zu jener Zeit Fürsten- oder Kirchendiener und müssen ihr Bekenntnis nach den Brotherren ausrichten. Die Toleranz der Renaissancemenschen wird nicht mehr geübt.

Johann Jakob Froberger (1616–1667)

Leben

Johann Jakob Froberger wird am 19. Mai 1616 in Stuttgart als Sohn eines aus Halle stammenden und in Stuttgart tätigen Sängers und Organisten geboren. Im Jahre 1637 erhält er, nachdem er zum Katholizismus konvertiert ist, die Stelle eines Hoforganisten in Wien. Dort wird er noch im selben Jahr beurlaubt, damit er sich bei Frescobaldi in Rom eine gründliche Ausbildung im Orgelspiel verschaffen kann. Er bleibt bis 1641 in Rom. Dann macht er mehrere Reisen, 1650 nach Brüssel, 1656 nach Paris und 1662 nach London. Den kaiserlichen Dienst gibt er 1657 auf, um sich ganz der Konzerttätigkeit und der Komposition widmen zu können. Einige Jahre vor seinem Tod am 7. Mai 1667 in Héricourt bei Montbéliard hat er die Stelle eines Kammervirtuosen bei der Herzogin Sybilla von Württemberg inne.

Literatur

K. Seidler: Untersuchungen über Biographie und Klavierstil Johann Jakob Frobergers. 1930

Werke

Frobergers Hauptverdienst ist die Festlegung der Kernsätze der Klaviersuite (Allemande, Courante, Sarabande, Gigue). Die vier Sätze sind thematisch einheitlich und sowohl in sich als auch gegeneinander variiert. Der Meister hat diese Form aus den Variationenketten seines Lehrers Frescobaldi entwickelt. Er legt seinen Kompositionen gerne eine Art Programm zugrunde, das sich in der Widmung ausdrückt, wie zum Beispiel die Variation „Auff die Mayerin", die einer Frau gewidmet wird. Zudem erarbeitet er aus der Verbindung italienischer Elemente, wie dem Toccatenstil, der hochentwickelten französischen Verzierkunst und dem deutschen Orgelstil eine Synthese, welche die Grundlage der zukünftigen Cembalo- und Klaviermusik bildet. Seine Werke werden zum Großteil erst nach seinem Tod veröffentlicht, erfahren aber dann eine rasche Verbreitung.

Seine Toccaten und Fantasien für Orgel sind auch von Johann Sebastian Bach sehr geschätzt worden. Bei seinen Partiten ist es schwer festzustellen, ob sie für die Orgel oder das Cembalo bestimmt sind; in jener Übergangszeit zur Klaviermusik wurden Kompositionen für Tasteninstrumente auf der Orgel, dem Cembalo und dem neuen Klavier gespielt. Von den Ricercari und Capriccios hat er zwei Versionen für Cembalo und Orgel angefertigt. Seine Meisterleistungen liegen aber auf dem Gebiet der Klaviersuite, die von der viersätzigen Lautensuite des berühmten französischen Lautenisten Denis Gaultier (um 1600–1672) und den Cembalostücken des französischen Hofclavecinisten Jacques Champion de Chambonnières wohl stark beeinflußt worden sind. Das aber macht Frobergers Musik nur zum Ausdruck eines persönlichen kosmopolitischen Stiles.

Johann Rosenmüller (um 1620–1684)

Tips für Plattenfreunde
○ Orgel- und Cembalowerke (Stereo-LP/Telefunken 6.41 128 AS)
○ Werke für Cembalo (Stereo-LP/BASF DC 215 245)
  Beide Platten geben gut ausgewählte Beispiele der verschiedenen Stilarten des Komponisten

JOHANN ROSENMÜLLER (um 1620–1684)

Zeit und Umwelt

Wie Haßler und Schütz kehrt auch Rosenmüller mit dem Schatz des in Italien Erlernten, wo das Erbe der großen Gabrieli-Schüler noch lebendig ist, nach Deutschland zurück, um es weiter zu entwickeln. Der Austausch von Musikern diesseits und jenseits der Alpen ist noch immer sehr rege. Österreicher und Deutsche ziehen zu den italienischen Musikzentren, Italiener erhalten Stellen im Norden. Die konfessionellen Schranken dieser Wechselwirkung können wohl zuweilen hemmen, aber nie verhindern.

Leben

Johann Rosenmüller wird um 1620 in Ölsnitz, Vogtland, geboren, studiert in Leipzig, wo er 1651 die Stelle als Organist an der Nikolaikirche erhält. Zeitweilig vertritt er auch den damaligen Thomaskantor Tobias Michael (1592–1657, Sohn des Dresdner Hofkapellmeisters Rogier Michael) und wäre sein Nachfolger geworden, aber er wird wegen sittlicher Verfehlungen verhaftet und so aus seiner Laufbahn geworfen. Irgendwie glückt es ihm, nach Hamburg außer der Reichweite der kursächsischen Justiz zu entkommen, kann aber dort nicht Fuß fassen und wendet sich nach Venedig. Über seine Tätigkeit in Italien ist im einzelnen wenig bekannt, außer daß er verschiedentlich als ausübender Musiker, als Komponist und als Musiklehrer arbeitet. Es ist auch nicht gesichert, daß er sich immer nur in Venedig aufgehalten hat. Jedenfalls kehrt er 1674 nach Deutschland zurück und tritt in Wolfenbüttel die Stelle eines Hofkapellmeisters an. Er stirbt dort allseitig geachtet am 12. September 1684.

Werke

Sein kompositorisches Werk stellt Johann Rosenmüller zu den großen Musikern seines Jahrhunderts. Der Musikschriftsteller Wolfgang Kaspar Printz (1641–1717), ehemaliger Stadtpfeifer und späterer Kantor von Sorau, streicht Rosenmüller wegen „der Reinlichkeit seiner Kompositionen" heraus. Auch der Theoretiker Johann Adolf Scheibe (1708–1776,

Hofkapellmeister in Kopenhagen) stellt Rosenmüller, der als einer der ersten Vertreter deutscher Kammermusik mit mehrstimmigen Suiten, Triosonaten und fünfstimmigen Kammersonaten angesehen werden muß, neben die ersten italienischen und französischen Komponisten der Zeit. Für die Qualität seiner Vokalmusik spricht, daß seine Kantate „Welt ade, ich bin dein müde" lange für eine Komposition Bachs gehalten wird. Rosenmüller hat ungefähr 200 Vokalkompositionen hinterlassen, darunter „Kernsprüche mehrenteils aus Heiliger Schrift" (1648–1652), Magnifikate, Messesätze, Psalmen, Lamentationes Jeremiae. Außerdem hat er drei- und fünfstimmige Sonaten geschaffen sowie Suiten, denen eine „Symphonie" als selbständiges Stück vorangestellt ist.

Tips für Plattenfreunde

O Biber/Poglietti/Rosenmüller: Sonate Nr. 7 und 10, Leonhardt-Consort (Stereo-LP/Telefunken 6.41 119 AS)
O Dorische Messe, Kyrie und Gloria aus: Der Windsbacher Knabenchor im Münchener Dom (Stereo-LP/AGK 30 105)

GIOVANNI LEGRENZI (1626–1690)

Zeit und Umwelt

Als Legrenzi in jungen Jahren seine Organistenstelle in Bergamo antritt, wirkt sich bei der Domkapelle die Tätigkeit ihres damaligen Leiters Tarquinio Merula (vor 1600–1665), des Mitbegründers der aus dem Orchesterkanzone entwickelten Kirchensonate, noch fruchtbar aus. Wie eng die Beziehungen des nunmehrigen Organisten zu jenem Barockmeister sind, der Kammerorganist beim König von Polen und anschließend (1628) Kirchenkapellmeister in Cremona geworden ist, läßt sich nicht mehr feststellen. Man darf aber sicherlich annehmen, daß Legrenzi die vier Bücher mit Canzoni da sonar von Merula kennt, die zwischen 1615 und 1651 verfaßt worden sind. In seinem venezianischen Wirkungskreis werden Legrenzi die früheren Formen der Kirchen- und Kammersonate durch den Monteverdi-Schüler Biagio Marini (vor 1597–1665) vermittelt, einem Violinvirtuosen und Verfasser der ersten Violinsonaten (Affetti musicali, 1617), der 1652 Kapellmeister im nahen Ferrara geworden ist. Die Großzügigkeit Venedigs erlaubt es Legrenzi, den Klangkörper auf 34 Musiker zu erhöhen. Seine einträglichen Stellungen und die Erfolge seiner Opern und Oratorien gewähren ihm ein sorgenloses Dasein, so daß er sich frei entfalten und seine Ideen ungehindert in die Wirklichkeit umsetzen kann.

Leben

Giovanni Legrenzi, am 12. August 1626 in Clusone bei Bergamo geboren, wird zunächst Organist in Bergamo, dann 1672 Organist am Dom San Marco (1685 dort Kapellmeister) und Direktor des Conservatorio dei Mendicanti in Venedig. Er stirbt in Venedig am 26. Mai 1690 als angesehener Tonmeister, Organist und Lehrer, der die große musikalische Tradition des Domes und der Stadt würdig fortgesetzt hat.

Werke

17 Opern (darunter „Eteocle") hat Legrenzi für Venedig, die Stadt seines Wirkens, geschrieben; in diesen Werken hat er bereits 1675 Da-capo-Arien verwendet. Außerdem hat er 6 Oratorien im Stil des römischen Oratorio volgare geschaffen, viele Motetten, Psalmen und Messen (a cappella) für seine Domkapelle, Concerti musicali für 3 und 4 Stimmen und Solovioline (1654) als Vorläufer unseres Violinkonzertes, zudem noch Kantaten und Sonaten, die zum klassischen Stil der Zeit von Corelli überleiten. In seinem Konservatorium hat er eine Anzahl bedeutender Musiker ausgebildet, darunter Antonio Lotti.

JOHANN KASPAR VON KERLL (1627–1693)

Zeit und Umwelt

Gute Organisten finden im 17. Jahrhundert sowohl im protestantischen Norden wie bei Katholiken immer ihr Auskommen. Der Bedarf ist größer als das Angebot. Sie müssen sich nur der Konfession ihrer Dienstgeber anpassen.
In Wien bleibt Kerll noch evangelisch, obschon es ihm bestimmt auch schon dort hinderlich ist. In Rom ist das gesamte Leben, vor allem die Musik, vom Katholizismus durchdrungen. Er muß sich zu dieser Konfession bekennen, wenn er mit den anderen mitspielen, mitsingen und mitlernen will. Es lohnt sich. Sein Studium bei Frescobaldi, von dem sich Froberger in die letzten Geheimnisse des Orgelspieles hat einweihen lassen, ist für Kerll genug Empfehlung, damit er die Organistenstelle am Stephansdom erhält.

Leben

Johann Kaspar von Kerll (auch Kerl, Kherl, Cherle) wird in Adorf, Vogtland, am 9. April 1627 geboren. Nach seiner Ausbildung in Wien und Rom erhält er 1656 die Stelle eines Hofkapellmeisters in München. 1677 wird er nach Wien berufen und mit der Stelle des Organisten am Stephansdom und beim Wiener Hof betraut, nachdem ihn der Kaiser

1664 in den Adelsstand erhoben hat. 1684 kehrt er erneut nach München zurück, wo er am 13. Februar 1693 stirbt. Er hat bereits, während er lebte und wirkte, als einer der größten Orgelmeister seiner Zeit gegolten. Sein bedeutendster Schüler ist der namhafteste süddeutsche Organist des späten 17. Jahrhunderts, Johann Pachelbel.

Werke

Kerlls kompositorische Tätigkeit erstreckt sich auf Orgelwerke und sakrale Stücke jeder Art. Daneben schreibt er Jesuitendramen, Opern und Triosonaten, die noch heute gespielt werden, Messen, Requiems, geistliche Konzerte, Orgelwerke und stark beachtete Klavierwerke.

Tips für Plattenfreunde

O Capriccio Cucu aus: Barocke Spielereien, Kuckuck, Nachtigall, Glockenspiel und Zimbelstern (Stereo-LP/DaCamera 93 224)
O Sonate g-Moll aus: Sonaten des Früh- und Hochbarock auf Originalinstrumenten, Musica antiqua, Köln (Stereo-LP/FSM 53 5 07)
O Canzona Nr. 2 und 3 aus: Historische Orgeln aus Österreich (2 Stereo-LP/Telefunken 6.35 066 DX)

JEAN-BAPTISTE LULLY (1632–1687)

Zeit und Umwelt

Die barocke Orchestermusik findet sich in Frankreich vorwiegend auf dem Gebiet der Oper und des Balletts. Aus dem Ballett entstehen die Ballettsuiten, die in die Konzertsäle Eingang gewinnen. Die Opern leisten ihren Beitrag in Form der Ouvertüren, der spätere Sinfonien nachgebildet werden; ihr Aufbau – dreiteilig mit einem schnellen Mittelsatz zwischen den zwei langsamen Ecksätzen – wird für den gesamten mitteleuropäischen Raum maßgebend, obgleich die italienische Form gültig bleibt und auch in Frankreich gepflegt wird. Bezeichnend ist, daß auch der Begründer der französischen Barockoper aus Italien kommt. Lully ist nicht, wie die Legende behauptet, aus Mailand durchgebrannt, in Paris Küchenjunge geworden, vom nachmaligen Ludwig XIV. als Spielgefährte gewählt und über dessen Befehl zum Musiker ausgebildet worden, sondern vielmehr als Sohn eines ehrsamen Müllers in Florenz schon in frühester Jugend von einem Franziskaner in Gitarrenspiel und Musik unterrichtet worden, so daß er bereits einiges über italienische Musikformen weiß, als ihn Chevalier de Guise Roger de Lorrain auf seiner Durchreise durch Italien kennenlernt und nach Paris mitnimmt.

Jean-Baptiste Lully (1632–1687)

Leben

Jean-Baptiste Lully (der Name ist aus Giovanni Battista Lulli ins Französische gewandelt) wird am 28. November 1632 in Florenz geboren. Er kommt in jungen Jahren nach Paris in den Dienst einer Nichte des Königs Ludwig XIII., erhält vom Hofmusiker M. Lambert den ersten Unterricht in Musik und Violinspiel, wird 1652 in den Kreis des Hofstaates aufgenommen und gewinnt die Freundschaft des damals vierzehnjährigen Ludwig XIV. Er findet Aufnahme in das höfische Geigenensemble der „24 violons du roi". Neben seiner musikalischen Tätigkeit betätigt sich Lully als Ballettänzer. Er widmet sich sogar, als er 1653 zum Komponisten der Instrumentalmusik des Hofes ernannt wird und schon durch etliche Kompositionen Aufsehen erregt hat, mehr dem Tanz als der Musik. Erst 1655 wendet er sich ganz der Musik zu und erringt bald eine überragende Vormachtstellung über alle anderen Musiker des Hofes. Er gründet ein eigenes Violinenensemble der 16 „petits violons", das er streng ausbildet, so daß es das andere aus 24 Mann bald weit übertrifft. 1660 kommt der italienische Opernkomponist Francesco Cavalli (1602–1676, Sänger unter Monteverdi, Organist und schließlich Kapellmeister an San Marco, Verfasser von 42 Opern) nach Paris, um im Louvre seine Oper „Xerxes" aufzuführen. Zu diesem Werk schreibt Lully eine Balletteinlage. 1662 wird zur Vermählungsfeier des Königs Cavallis Oper „Ercole amante" gegeben. Das dürfte in Lully, der im selben Jahr zum „Maître de la Musique de la Famille Royale" ernannt wird, auf den Gedanken gebracht haben, selbst eine französische Oper ins Leben zu rufen. In Verbindung mit dem Schauspieldichter Molière wird aus dem bisher in Mode stehenden Ballet de Cour (höfisches Ballett) die Ballett-Komödie und daraus die lyrische Tragödie gebildet, womit der französische Operntyp geschaffen ist. Lully gelingt es, vom König 1669 das Privileg zur Aufführung von Opern und zur Errichtung einer königlichen Musikakademie zu erhalten. Er wird auch vom König geadelt und mit dem Titel eines „Königlichen Sekretärs" beehrt. Er komponiert und inszeniert eine lange Serie von Opern und Ballettopern, die alle irgendwelche mythologische Themen zum Inhalt haben und in Wahrheit nichts anderes sind als eine Huldigung und Schmeichelei für den König, dessen uneingeschränkte Freundschaft sich der Komponist so erhält. Lully verwendet als erster beim Dirigieren einen Stock, mit dem der Takt auf den Boden gestampft wird. Dies wird dem Hofkomponisten bei der Aufführung eines Tedeums anläßlich der Genesung des Königs von einer Krankheit zum Verhängnis. Er verletzt sich mit dem Taktstock an seinem Fuß, zieht sich eine Sepsis zu und stirbt nach mehreren Wochen daran am 22. März 1687 in Paris.

Werke

Die musikalische Schaffenskraft Lullys ist imponierend. Sein Werk, seine künstlerische Eigenart wirkt sich nicht nur in Frankreich, sondern auch in den anderen Musikländern nachhaltig aus. Der reiche fünfstimmige Orchestersatz seiner Opernouvertüren und Ballettmusiken hat damals eine weltweite Bedeutung gewonnen. Es ist auch nicht übertrieben, wenn man Lully als Schöpfer der französischen Oper bezeichnet. Seine eigenen Opern haben sich durch hundert Jahre auf den Spielplänen gehalten und sind erst durch die Werke von Christoph Willibald Gluck verdrängt worden. In Lullys Schaffen nehmen Opern, Ballette und ähnliche Bühnenstücke den größten Raum ein. Daneben hat er zu besonderen Anlässen sakrale Stücke geschrieben wie ein „Miserere mei" für fünfstimmige Chöre und Orchester, ein „Tedeum" mit ähnlicher Besetzung zur Tauffeier seines Sohnes Louis, ein „De profundis", ein „Dies irae", 11 große Motetten für zwei Chöre und Orchester und 12 kleine Motetten, zwei- bis dreistimmig mit Basso continuo.

Tips für Plattenfreunde
O Freiluftmusik am Hofe des Sonnenkönigs (Stereo-LP/EMI 1C 063 = 29 080)
Alle anderen Aufnahmen betreffen Opern oder Ballettopern

MARC-ANTOINE CHARPENTIER (1636–1704)

Zeit und Umwelt
Viele Musikfreunde halten Charpentier zu seinen Lebzeiten für bedeutender als Jean-Baptiste Lully, doch das kann den Freund des Königs nicht aus seiner Stellung als Musik-Papst verdrängen. Weder Charpentier noch irgendein anderer Musiker, und wären sie noch so großartig gewesen, können sich weiter durchsetzen, als es Lully erlaubt, und das ist wenig. Charpentier begeht dazu die Sünde, sich mit Molière zu verständigen wegen der Vertonung des „Eingebildeten Kranken", und zieht sich dadurch endgültig die Ungnade des königlichen Hofkomponisten zu. Das ist sein Schicksal bis zum Tod des mächtigen Lully. Er muß sich mit der Kirchenmusik begnügen. Und als Lully, der die französische Musik mit eiserner Hand regiert, stirbt, bleibt Charpentier nur mehr wenig Zeit, die Lorbeeren zu ernten, die ihm bisher verwehrt worden sind.

Leben
Marc-Antoine Charpentier wird 1636 in Paris geboren. Seine musikalische Ausbildung erhält er bei Carissimi in Rom. Ab 1672 schreibt er für Molière Bühnenmusik und verfaßt etliche Opern (Medea, Orpheus in der Unterwelt, Acis und Galathea), die wegen der übermächtigen Konkurrenz des Hofkomponisten Lully wenig Durchschlagskraft haben.

Von 1680 bis 1688 ist er Musikdirektor bei Prinzessin de Guise, gleichzeitig (ab 1679) gibt er dem Herzog von Orléans Kompositionsunterricht, 1698 wird er zum Maître de musique an der Sainte-Chapelle zu Paris. Am 24. Februar 1704 stirbt er in seiner Heimatstadt Paris. Charpentier, der aus einer Künstlerfamilie stammt und eigentlich nach Rom gegangen ist, um Maler zu werden, wird allgemein für den bedeutendsten Komponisten Frankreichs in seiner Generation gehalten.

Werke

Charpentier hat mehrere Opern und Schauspielmusik, insgesamt 24 Stücke, für die Bühne geschrieben, daneben viele Messen, Motetten, Oratorien, Tedeums und andere kirchliche Gesänge, bei denen er zumeist ein großes Orchester und Doppelchöre einsetzt. Charpentiers Hauptverdienst liegt im Kirchenmusikstil, den er von Carissimi übernommen und weiterentwickelt hat. Er hat auch das römische Oratorium in Frankreich eingeführt, von denen „Petri Verleugnung" als sein Meisterstück angesehen wird. Einem Tedeum von Charpentier ist die „Europa-Hymne", 1965, entnommen.

Tips für Plattenfreunde

O Grand Magnificat, Tedeum für Soli, Chor und Orchester (Stereo-LP/ EMI 1C 063 = 28 272)
O Missa Solemnis für 8 Stimmen und 8 Instrumente (Stereo-LP/ Schwann 2 536)
Beide Platten zeigen, daß der Komponist auch sakrale Texte zum dramatischen Erlebnis gestalten kann

DIETRICH BUXTEHUDE (1637–1707)

Zeit und Umwelt

Als Dietrich Buxtehude sich im Jahre 1668 um die Organistenstelle an der Marienkirche in Lübeck bewirbt, wird ihm die Bedingung gestellt, daß er die Tochter seines Vorgängers Franz Tunder (1614–1667) heiratet. Eidamsverträge sind im 17. Jahrhundert beim Handwerk sehr häufig, und man betrachtet auch die Leistung eines Organisten als Handwerk, wie man die Herstellung eines Gebrauchsgegenstandes als Kunst bezeichnet. Den Begriff Kunst im heutigen Sinn gibt es nicht, damals wird das Wort noch von „Können" abgeleitet. Und schön und gut Orgel spielen zu können ist eben eine Kunst. Natürlich ist – beim einen mehr, beim anderen weniger – auch das dabei, was wir unter Kunst verstehen, aber das ist noch unanalysiert und wird mehr erfühlt als verstanden. Für uns sind die großen Könner auch Künstler. Ein

Dietrich Buxtehude (1637–1707)

Marie-Claire Alain beherrscht meisterhaft die gesamte Orgelliteratur. Besonders geschätzt ist ihre glänzende Interpretation der großen Barockmeister.

Franz Tunder, der vorzügliche Orgelwerke und Solo- und Chorkantaten mit volksliedhaften, zarten Melodien geschrieben hat, wäre vermutlich verwundert gewesen, wenn man ihn höher eingestuft hätte als zum Beispiel einen Schreiner, der einen schönen Schrank verfertigt. Das gleiche gilt sicherlich auch für die zeitgenössischen „Zunftkollegen".
Neben Tunder wirken hier vor allem maßgebend Männer wie Andreas Hammerschmidt (1611 oder 1612–1675), der neben Schütz als der bedeutendste Kirchenkomponist jener Zeit gilt; er komponiert formgerecht und zugleich eingängig, führt erstmals in Deutschland die Sarabande ein, schreibt ausgezeichnete Messen, Motetten und profane Vokalwerke; Johann Erasmus Kindermann (1616–1655), der in Venedig studiert hat, als Nürnberger Organist bedeutsame frühbarocke Instrumentalmusik, sakrale Gesänge mit Generalbaß (Musikalische Herzens-Trost-Blümlein für Singstimme, zwei Diskantviolen und Generalbaß, 1643, und Canzoni für 1 bis 4 Violen, 1653) schreibt; Matthias Weckmann (1619–1674), Schüler von Heinrich Schütz und sodann Organist in Dresden, später in Kopenhagen und Hamburg, Verfasser von Orgelwerken, Kanzonen und bemerkenswerten Suiten für Klavier.
Buxtehude erfüllt die Bedingung Tunders willig, weil sie üblich ist, und dürfte erstaunt gewesen sein, daß sowohl Friedrich Händel wie Johann Sebastian Bach ablehnen, denen er Orgeltisch und seine eigene inzwischen herangewachsene Tochter anbietet. Er ist sein Leben lang nicht mehr aus Lübeck herausgekommen und dürfte während seines Daseins

Dietrich Buxtehude (1637–1707)

zwischen Orgelspiel und Komposition nicht gemerkt haben, daß sich das Rad der Zeit weitergedreht hat.

Leben

Dietrich Buxtehude wird wahrscheinlich in Oldesloe (nach anderen Angaben in Helsingborg oder Helsingör) als Sohn eines Organisten 1637 geboren. Bis 1657 dürfte Dietrich Buxtehude im Familienverband seines Vaters gelebt und dessen Unterricht genossen haben, dann erhält er selbst eine Stelle als Organist an der Marienkirche in Helsingborg und ab 1660 an der Marienkirche in Helsingör. 1668 geht er nach Deutschland, bekommt die Stelle des kurz zuvor gestorbenen Franz Tunder an der Marienkirche in Lübeck, welche Stadt er bis zu seinem Tod am 9. Mai 1707 nicht mehr verläßt. Sein Ruf als Komponist und Organist, besonders als Improvisator hat ihm schon vor Jahren den Beinamen „Magier des Nordens" eingetragen. Bedeutende Musiker suchen ihn auf, um ihn kennenzulernen, wie 1703 Händel und 1705 Johann Sebastian Bach, der so hingerissen vom Spiel und besonders von den Abendmusiken des Meisters ist, daß er seinen einmonatigen Reiseurlaub um drei Monate überzieht. Jene bald berühmt gewordenen Abendmusiken sind in Wahrheit Kirchenkonzerte an den fünf Weihnachten vorangehenden Sonntagen, bei denen Buxtehude gemischte Vokal- und Instrumentalmusik aufführt.

Literatur

H. J. Moser: Dietrich Buxtehude, der Mann und sein Werk. 1957
W. Stahl: Dietrich Buxtehude. 1937

Werke

Buxtehude ist die hervorstechendste Gestalt des deutschen Hochbarock. Der Kraft seiner Orgelwerke können sich weder seine Zeitgenossen noch spätere Generationen entziehen. Ihre Wirkung auf den Orgelstil Johann Sebastian Bachs ist unverkennbar. Sie bilden noch heute einen festen Bestandteil des Repertoires unserer Orgelmeister. Ebenso eindrucksvoll ist sein Kantatenwerk, das nicht voll erhalten ist. Seine Instrumentalmusik (mit oder ohne Singstimmen) steht seinem großen Nachfolger Bach schon sehr nahe. Von seinen Kompositionen für Cembalo ist wenig erhalten, wie überhaupt viele Früchte seines kompositorischen Schaffens verloren sind, obgleich in unserem Jahrhundert einiges davon entdeckt worden ist. Jedenfalls ist genügend davon erhalten geblieben, so daß seine überragende Stellung im Kreis der norddeutschen Orgelmeister und der Barockmusiker außer Zweifel steht. Die wesentlichen uns heute überlieferten Werke sind: Orgelwerke: Toccaten, Präludien, Fugen, Chaconnes und eine Passacaglia. Die Präludien sind bis auf wenige Ausnahmen sehr kurz und bringen kein thematisches Material des folgenden Stückes (wie zum Beispiel bei Bach). Die Fugen weisen mehr

Tempo- und Rhythmusvariationen als progressive kontrapunktische Entwicklungen auf und machen oft einen stark improvisatorischen Einruck. Vokalmusik: Etwa 100 erhaltene Stücke verschiedener Art wie: Solostimmen mit Continuo und fallweisen Streichern (ähnlich den Arien des Organisten an Sankt Nikolai in Leipzig Adam Krieger, 1634–1666, bedeutender Liederkomponist), oder Chöre, entweder unbegleitet oder mit Orgelcontinuo oder einer Streichergruppe, eine Ouvertüre und Zwischenmusik, oder Solostimmen mit Chor, die oft von der Orgel und einer Instrumentalgruppe begleitet sind, Klavierwerke, denen eine zweitrangige Bedeutung zukommt, und Stücke für Cembalo, die zum großen Teil verloren sind, etliche Sonaten für verschiedene Instrumentenkombinationen, das erst 1927 entdeckte Oratorium „Das jüngste Gericht", Arien und Chöre mit Ritornellen für Streicher.

Tips für Plattenfreunde

O Das gesamte Orgelwerk (7 Stereo-LP/EMI 1C 163 = 28 281/87 Y). Ein umfassendes Bild der Kunst dieses großen Vorläufers Bachs in vollendeter Zeiteinfühlung ohne den Versuch, es durch moderne Registrierung zu „verbessern"

O Sonaten op.1 Nr. 1, 2, 7, op. 2 Nr. 2 für Violine, Cello und Cembalo (Stereo-LP/DaCamera 92 103). Sonaten op. 1 Nr. 3, 4, 5, op. 2 Nr. 6 für Violine, Viola da gamba und Cembalo (Stereo-LP/DaCamera 92 104). Gute Beispiele der Instrumentalmusik des Komponisten

O Kantaten (Stereo-LP/JSV 658 214). Gut ausgewählte Beispiele der Kantatenkunst des Meisters. Ebenso: JSV 658 221 und JSV 658 223

HEINRICH IGNAZ FRANZ BIBER VON BIBERN (1644–1704)

Zeit und Umwelt

Schutz und Gunst von Bischöfen und Adel, Beifall des Publikums für Bibers virtuoses Spiel, die Konzertreisen in die Städte Mitteleuropas, die Anerkennung der Zeitgenossen und, damit zusammenhängend, ein sorgenloses wirtschaftliches Dasein – das ist die Umwelt des Geigers, den man für den besten des 17. Jahrhunderts hält. Seine Spieltechnik wird bestaunt, wie später jene von Paganini, denn damals sind Geläufigkeit und Technik der Maßstab für die Qualifikation eines Instrumentalisten und nicht wie heute erst die Voraussetzung. Ein technisches Können dieser Art beherrscht zu unseren Zeiten jeder gute Instrumentalist, ohne davon viel Aufhebens zu machen. Es ist eine ebene Lebensbahn, die das Schicksal für den Virtuosen bereithält. Daher klingt seine Musik auch fröhlich und daseinsbejahend.

Heinrich Ignaz Franz Biber von Bibern (1644–1704)

Leben

Heinrich Ignaz Franz Biber wird am 12. August 1644 in Wartenberg, Böhmen, geboren und erhält seine Ausbildung vermutlich in Wien. Es ist nicht bekannt, wessen Schüler er gewesen ist. Seine erste Tätigkeit als Musiker übt er am Hof des Bischofs von Olmütz aus. 1670 geht er nach Salzburg, wo er 1673 am Hof des Fürsterzbischofes als Musiker aufgenommen, 1679 zum Vizekapellmeister und 1684 zum Kapellmeister und Truchseß ernannt wird. 1690 wird er von Kaiser Leopold I. mit dem Prädikat „von Bibern" in den Adelsstand erhoben. Ausgedehnte Kunst- und Konzertreisen führen ihn durch halb Europa. Er findet überall für sein blendendes Spiel ein dankbares Publikum. Seine Kompositionen dürfen sich allseitiger Anerkennung erfreuen. Am 3. Mai 1704 beschließt er in Salzburg sein erfolgreiches Leben und seine künstlerische Laufbahn, die dem geistlichen und weltlichen Adel gewidmet gewesen ist.

Werke

Biber nimmt in der Geschichte des Violinspieles einen wichtigen Platz ein; er erweitert die Grifftechnik bis zur 7. Lage, erfindet den Doppelgriff und die Skordatur. Seine Kompositionen, besonders die Violinsonaten, stehen stark unter italienischem Einfluß, sind aber dennoch eigenständig und keine Nachahmung der Vorbilder. Seine Kirchenmusik hält sich im Rahmen seiner Zeit und weist keine auffällige Originalität auf. Biber hat 8 Violinsonaten mit Basso continuo verfaßt, 16 Violinsonaten zur Verherrlichung von 15 Mysterien aus dem Leben Mariae (1674, wichtigstes Werk), 12 vier- bis fünfstimmige Sonaten und 7 Partiten für drei Stimmen mit gehäuften Doppelgriffen und Skordatur. Eine fünfstimmige Sonate „mit dem Nachtwächterruf". Daneben hat er Messen geschaffen (darunter die bekannte Heinrichsmesse in C-Dur), ein Requiem, Offertorien, Vespern und Litaneien mit Instrumentalbegleitung (1693). Die Schuldramen und die Opern sind, außer der Oper „Chi la dura la vince" (1687) verschollen.

Tips für Plattenfreunde

○ Serenade aus: Heitere Serenaden (Stereo-LP/Schwann 0 803). Sehr gute Wiedergabe dieses Erfolgsstückes des Komponisten
○ Rosenkranz-Sonaten für Violine und Basso continuo (3 Stereo-LP/ FSM 33 0 08/10). Einzige Aufnahme
○ Sonata Sancti Polycarpi für 8 Trompeten, Pauken, Orgel und Violine aus: Festliche Bläsermusik des Barock (Quadro-LP/Ariola K 88 939 K). Als Beispiel der Instrumentationskunst des Komponisten

ARCANGELO CORELLI (1653–1713)

Zeit und Umwelt

Wenn auch im Hochbarock die Dome die Musik und die Musiker fördern, so rücken doch die Adelspaläste allmählich an ihre Stelle, so daß immer mehr profane Musik geschrieben und gespielt wird. Eine ideale Kombination stellen die Paläste der Kardinäle dar, die als Kirchenmänner und als Fürsten das Mäzenatentum auf die breiteste Basis stellen können. Wie Gelehrte, Maler, Bildhauer und Baumeister werden Musiker in den gesellschaftlichen Kreis jener Persönlichkeiten gezogen, so daß deren Paläste gerade zu Brennpunkten des kulturellen Geschehens werden. Zu einem essentiellen Kulturfaktor jener Zeit wird der Palast der nach Rom übersiedelten Königin von Schweden, Christine, in dem Corelli inmitten des Adels der Geburt und des Geistes selbst Aristokrat wird.

Leben

Arcangelo Corelli wird am 17. Februar 1653 in Fusignano bei Ravenna geboren. Über seine Kindheit und seine Abstammung wissen wir nichts, er dürfte in Faenza, Lugo und sicherlich in Bologna Musikunterricht erhalten, wo er 1670 in die Accademia Filarmonica Aufnahme findet. Seine Violinlehrer sind vermutlich G. Benvenuti, L. Brugnoli und B. G. Laurenti; auch Ercole Gaibara wird genannt. Die oft aufgestellte Behauptung, daß er in den Jahren 1671–1675 in Paris bei Lully gewesen ist, läßt sich nicht beweisen, muß aber deswegen nicht unrichtig sein. Auch für seine angebliche Reise im Jahre 1679 nach München, Heidelberg, Ansbach und Düsseldorf gibt es keinen Beleg. Jedenfalls ist er 1675 in Rom und spielt im Orchester des Teatro Capranico. Er fällt bald durch seine sonore Kantilene und durch inzwischen veröffentlichte Kompositionen auf. Es ist aber unbekannt, wodurch er sich die Förderung der Kardinäle Benedetto Panfili und Pietro Ottoboni erringen kann, die beide als große Mäzene dem jungen Musiker eine glänzende Karriere verschaffen. Vermutlich über ihre Vermittlung kann er sein Opus Nr. 1 der 1654 abgedankten, zum Katholizismus konvertierten Königin Christine von Schweden widmen, die sich zuerst im Palazzo Riario und sodann im Palazzo Corsini, dem Sitz der Accademia dei Lincei, niedergelassen hat. Dies trägt ihm die Einladung zu ihren üppigen Festlichkeiten ein, wo zum Beispiel der Architekt und Bildhauer Bernini, der Maler Carlo Maratti und die Musiker Alessandro Scarlatti, Bernardo Pasquini und Marco Marazolli ständig verkehren. Im Jahre 1687 ernennt Kardinal Panfili Corelli zu seinem Maestro di Musica, der ihm seine Triosonate op. 2 widmet. Opus 3 wird Herzog Francesco II. von Modena zugeeignet, eine erhoffte Berufung an den Hof von Modena erfolgt jedoch nicht. Dafür nimmt Kardinal Pietro Ottoboni, Neffe des

Arcangelo Corelli (1653–1713) 89

Papstes, der bereits mit 18 Jahren Kardinal und Vizekanzler der Kirche ist, Corelli in seine Dienste und läßt ihm alle mögliche Förderung angedeihen. Corelli wird 1700 Guardiano della sezione strumentisti della Congregazione ed Accademia di Santa Cecilia, 1706 Mitglied der Accademia degli Arcadi. Die Konzerte bei Ottoboni in der Cancelleria sind ein Treffpunkt des höchsten Adels und Klerus der Stadt. Die Concerti grossi, sein letztes Werk, widmet Corelli dem Kurfürsten Johann Wilhelm von der Pfalz. Der Komponist, der inzwischen unter schweren Depressionen zu leiden begonnen hat, erlebt die Drucklegung dieses Werkes nicht mehr. Er stirbt am 8. Januar 1713 im Palazzo Ermini zu Rom und wird über besonderen Erlaß des Papstes Clemens XI. in der Kirche Santa Maria della Rotonda, dem Patheon der Antike, bestattet. Der Kurfürst erhebt zwei Jahre hernach Arcangelo Corelli mit dem Prädikat Marchese di Ladenburg in den Adelsstand, was auf dem Grabstein des Verstorbenen vermerkt wird. Sein Ansehen als Violinist, Dirigent und Komponist ist groß gewesen. Als sein Hauptverdienst wird der Ausbau der Technik der Concerti grossi angesehen. Seine Beliebtheit hält bis in unsere Gegenwart an. Allerdings wird sein Einfluß auf Geminiani, Viotti, Händel und andere häufig überschätzt.

Literatur

M. Pincherle: Arcangelo Corelli und seine Zeit. 1954

Werke

Wenn man das kompositorische Werk von Corelli überblickt, das genau aus sechs Gruppen zu je zwölf Stücken besteht, glaubt man, die Leistung eines hoffnungslosen Pedanten vor sich zu haben. Betrachtet man die einzelnen Stücke näher, wird klar, daß der Ausfluß einer geradezu asketischen Beschränkung auf kleine Maße vorliegt, auf Symmetrie und Ausgewogenheit, auf Sparsamkeit der aufgewendeten Mittel und Einheitlichkeit der Formen. Daß seine Violinstücke über die dritte Lage nicht hinausreichen, daß weder Mehrfachgriffe noch komplizierte Passagen verwendet worden sind, ja kaum rasche Läufe oder Arpeggien vorkommen, hat den Verdacht nahegelegt, daß es mit dem geigerischen Können des Mannes, der als großer Meister seines Instrumentes gefeiert worden ist, nicht am besten bestellt gewesen sei. Dies ist vermutlich unrichtig. Auch die Genügsamkeit hinsichtlich des Tonumfanges und der Tempi liegt auf der angedeuteten Linie. Das einerseits auf reine Instrumentalmusik eingeschränkte, auf der anderen Seite streng gegen jede gerade im Barock übliche Überwucherung abgegrenzte Feld läßt jedoch einer geradezu klassischen Raumverteilung ausreichende Möglichkeit zu einer vielleicht nur in einem gewissen aristokratischen Sinn schönen, in ihrer Einfalt stillen und edlen Musik, die mit dem wertvollen Glanz vielfältig geschliffener Edelsteine wetteifert. Folgende wichtige Werke sind uns überliefert: Op. 1, zwölf Kirchensonaten für zwei

Violinen und Violone oder Baßgambe und Orgel (1681). Op. 2, zwölf Kammersonaten für zwei Violinen und Violone oder Cembalo (1685). Op. 3, zwölf Kirchensonaten für zwei Violinen und Violone oder Baßgambe mit Orgel (1689). Op. 4, zwölf Kammersonaten für zwei Violinen und Violone und Cembalo (1694). Op. 5, zwölf Violinsonaten mit Violine oder Cembalo, davon 6 Kirchensonaten, 5 Kammersonaten, darunter der berühmte Variationssatz „La follia" (1700), der dem Barockgeschmack mehr entgegenkommt als alle anderen Kompositionen. Op. 6, zwölf Concerti grossi für zwei Violinen und Cello als Concertino und Streichorchester, darunter Nummer 8, das beliebte „Weihnachtskonzert", das durch liebliche Melodien und klangvolles Zusammenspiel der Instrumente zum Standardwerk pastoraler Musik geworden ist. Weiters wird ihm noch ein Opus 7 mit zwölf Sonaten (posthum veröffentlicht) zugeschrieben.

Tips für Plattenfreunde

O Concerti grossi, op. 6 Nr. 1–12, I Musici di Roma (3 Stereo-LP/Philips C 71 AX 304). Die Interpreten gewährleisten eine kaum zu überbietende Höchstleistung.

O Violinsonaten op. 5 Nr. 1–3, 7–9 (Stereo-LP/Deutsche Grammophon 2533 132). Violinsonaten op. 5 Nr. 4–6, 10–12 (mit La Follia) (Stereo-LP/Deutsche Grammophon 2533 133). Zwei vorzügliche Aufnahmen

JOHANN PACHELBEL (1653–1706)

Zeit und Umwelt

Pachelbel lebt geographisch und geistig in den Grenzbezirken der beiden Konfessionen. Er ist selbst Protestant, wirkt jedoch im katholischen Lager als Organist in Wien, wechselt sodann erneut in den mitteldeutschen Raum. Seine Choralbearbeitungen und Kantaten gehören der mitteldeutschen Kantorenmusik an, seine Suiten, Ciaconen und Fantasien atmen südliche Luft. Diese Grenzsituation betrifft auch die zeitliche Einordnung. Als Nachfolger der Orgelmeister des deutschen Raumes und des über die Alpen gedrungenen italienischen Hochbarock reicht er sein Erbe an die nächste Musikergeneration weiter, in der die beiden Vollender der Epoche, Händel und Bach, alles vor ihnen Geschaffene in den Schatten stellen. Trotz dieser Mittler- und Vermittlerrolle ist Pachelbel eine völlig eigenständige Persönlichkeit.

Leben

Johann Pachelbel wird am 1. September 1653 in Nürnberg geboren, seine Ausbildung erhält er in Altdorf und Regensburg. Seine erste

Johann Pachelbel (1653–1706)

Stellung ist die eines Hilfsorganisten am Stephansdom in Wien unter J. K. Kerll. 1677 wird er nach Eisenach als Hoforganist berufen, hier unterrichtet er den älteren Bruder J. S. Bachs, Johann Christoph. 1678 ist er in Erfurt an der Predigerkirche, 1690 in Stuttgart, 1692 in Gotha und 1695 an der Sebalduskirche in Nürnberg tätig, wo er bis zu seinem Tod am 3. März 1706 bleibt. Sein Sohn Wilhelm Hieronymus Pachelbel (1685–1764), ein ausgezeichneter Orgelkomponist, folgt ihm im Amt nach.

Werke

Pachelbels Stil zeichnet sich durch klare, wenn auch etwas einfache Kontrapunktik aus und spiegelt die von Froberger bei Frescobaldi erlernte Form wider. Seine Choralpräludien, die von Protestanten immer größer und reicher gehalten werden, sind der mittel- und norddeutschen Kantorentradition verpflichtet. Seine Musik für Cembalo zeigt ein schwaches Interesse für die Eigentümlichkeiten dieses Instrumentes. Und die Werke für Violinen verraten zwar, daß der Komponist das Sonatenwerk von Corelli und die Trios von Giovanni Battista Vitali (um 1644–1692, schreibt Sonaten für zwei Violinen und Basso continuo, ebenso sein Sohn Tommaso Vitali, 1665–1747) kennt, aber der verwendete Tonumfang und die vom Ausübenden verlangte Technik hält sich auf der Höhe der Zeit. Seine Variationensammlungen „Musicalische Sterbensgedanken" und „Hexachordum Apollinis" (1683 und 1699) bestechen durch die Vielfalt (Tonart- und Tempowechsel) ihrer Durchführung. Die „94 Fugen über ein Magnifikat" verraten bereits einen hohen Grad dieser Kompositionstechnik im Stil der norddeutschen Meister, insbesonders Buxtehudes. Die Suiten, Toccaten, Ciaconen, Fantasien und Ricercari stellen ihn in eine Reihe mit den wichtigsten Vorläufern Bachs, Buxtehude und Georg Böhm (1661–1733, Lehrer von J. S. Bach, Komponist von Klavier- und Orgelwerken, Choralpartiten, Suiten, Kantaten, Motetten, Liedern). Die Suiten laufen durch 17 Tonarten.

Tips für Plattenfreunde

O Choralvorspiele aus: Festliche Orgelmusik (Stereo-LP/Ariola Z 79 873 K)
O Orgelwerke (Stereo-LP/Telefunken 6.41 267 AE). Beide Platten profilieren den Orgelstil des Komponisten vorzüglich
O Was Gott tut, das ist wohlgetan, Choral mit 9 Partiten aus: Großer Gott, wir loben dich (Stereo-LP/Philips 6400 500). Eine Reihe der bekanntesten Choräle in mustergültiger Wiedergabe

AGOSTINO STEFFANI (1654–1728)

Zeit und Umwelt

Steffani ist Komponist, Sänger, Kleriker und Diplomat. Venedig, Rom, München, Braunschweig, Hannover, Brüssel und noch mehrere Städte sind die Aufenthaltsorte dieses vielseitigen Mannes, der auf allen Gebieten, auf denen er sich betätigt, beachtliche Erfolge erreicht. Als Opern- und Liederkomponist übernimmt er die Kantate mit Instrumentalbegleitung, die von Carissimi und Rossi viel verwendet wird. Als Diplomat vernachlässigt er die Musik nicht, sondern erfüllt seine politischen Pflichten ohne Einschränkung. Der Herzog von Braunschweig verdankt Steffani im Jahr 1692 seine Kurfürstenwürde. Er fungiert als päpstlicher Protonotar für Norddeutschland im Rang eines Bischofs. Er entfaltet auf jeder Daseinsebene erstaunliche Tüchtigkeit und verbindet auch seine verschiedenen Interessen, indem er zum Beispiel Friedrich Händel, der in Bremen vergebens eine Stelle sucht, nach Hannover bringt, von wo dieser bald nach London übersiedelt.

Leben

Agostino Steffani wird in Castelfranco, Venetien, am 25. Juli 1654 geboren, studiert in Padua, München, Rom und Paris Musik und tritt sodann 1675 in den Dienst des Kurfürsten von Bayern, der ihn 1681 zum Leiter seiner Kammermusik macht und auch sonst mit Gunstbezeugungen überhäuft. Trotzdem verläßt Steffani 1688 München, um beim Herzog von Braunschweig, dem späteren Kurfürsten, seine diplomatische Karriere zu beginnen. Ihm werden bald einige sehr wichtige Missionen anvertraut, für kurze Zeit ist er Gesandter in Brüssel. Er bleibt dem Haus Braunschweig-Hannover bis zu seinem Tod in Frankfurt am Main am 12. Februar 1728 verbunden.

Literatur

G. Croll: Agostino Steffani. 1961

Werke

Die ungefähr 20 Opern von Steffani sind nahezu alle vor 1700 geschrieben worden. Es sind echte Barockopern im spätvenezianischen Stil. Wichtiger sind seine zahlreichen Kammerduette in Kantatenform, die mit starken melodischen und strukturellen Unterschieden sich doch an die von Rossi, Carissimi und Stradella geschaffenen Formen anlehnen. 85 davon sind erhalten geblieben. Das sechsstimmige Stabat mater mit Streichern und Orgel wird noch heute aufgeführt.

Tips für Plattenfreunde

○ Stabat mater (Stereo-LP/Disco 3 501). Einzige Aufnahme

GIUSEPPE TORELLI (1658–1709)

Zeit und Umwelt

Der Stilumbruch um 1600 bringt die Ablösung der Mehrstimmigkeit durch monodische akkordische Sätze und eine Verdrängung des Vokalsatzes durch Instrumentalmusik. Der Wandel kann einerseits durch den Bau vieler neuer Instrumente, anderseits durch eine fortschreitende Profanierung der Musik notdürftig erklärt werden. Der Umbruch betrifft auch nur den musikalischen Satz, der den Komponisten zur Änderung seiner Technik zwingt. Beide Techniken schließen aber einander nicht unbedingt aus, sie können sich parallel weiterentwickeln, einander ergänzen und fördern, wie gerade die deutsche Kirchenmusik beweist. Der Wandlungsprozeß, der hundert Jahre später auftritt, ist grundlegender und läßt die großen revolutionären Ideen an der Wende der Jahrhunderte offenbar werden. Aus welchem Bereich die Impulse zu dieser radikalen Umgestaltung gekommen sind, kann heute nicht mehr geklärt werden, weil uns hierzu die soziologischen und massenpsychologischen Informationen in dem hierzu erforderlichen Umfang fehlen. Damit ist der um 1700 eintretende Übergang von der zweiteiligen zur dreiteiligen Form gemeint, wodurch eine völlig neue Symmetrie erzielt wird. Die frühere Musik ist zweiteilig, und wenn sie mehr Teile aufweist, wie die fünfteilige Toccatenfuge, so kommt es nie zur Wiederholung des ersten Teiles. Das 18. Jahrhundert bringt die Dreiteiligkeit mit einer Wiederkehr des ersten durch den dritten und damit eine völlig neue Formvorstellung und einen Umbau des musikalischen Weltbildes. Man kann wohl auf dem Feld der bildenden Kunst und der Dichtung ähnliche Vorgänge feststellen, die wahrscheinlich auf die gleiche, allerdings nicht befriedigend erklärbare Ursache zurückgehen. Dem Urgrund für diese Erscheinung bringt uns das wenig näher, weil gleichzeitige theoretische Erörterungen uns nicht vorliegen. Begonnen hat der Strukturwandel mit der dreiteiligen Opernsymphonia von Alessandro Scarlatti, der das Solokonzert im Gegensatz zum viersätzigen Concerto grosso angeglichen hat. Vollendet wird die neue Form von Antonio Vivaldi, der dem Solokonzert überhaupt eine eigentümliche Form verleiht, die von seinen Vorläufern, dem Cellisten Giuseppe Maria Jacchini (gestorben 1727) aus Bologna, dem Venezianer Tommaso Albinoni und dem Geiger Giuseppe Torelli, als Gegenstück zu dem schweren Prunk des römischen Concerto grosso vorbereitet worden ist; diese Komponisten haben an die Stelle des Konzerts für mehrere Solisten und Orchester ein einziges Soloinstrument gesetzt, das mit dem Orchester konzertiert. Die Lust des Virtuosen, allein mit seinem Instrument einem gesamten Orchester gegenüberzustehen und damit den künstlerischen Wettstreit aufzunehmen, mag dabei eine gewisse Rolle spielen, ist aber sicherlich nicht für den Geschmackswandel maßgebend.

Leben

Giuseppe Torelli wird am 22. April 1658 in Verona geboren, erhält seine erste Ausbildung von Giacomo Antonio Perti (1661–1756) in Bologna und beginnt dort 1686 seine Karriere als Bratschist im Kirchenorchester von San Petronio. 1695 geht er nach Wien, um die Vorbereitungen für die Aufführung seines Oratoriums „Adam" vorzubereiten, zu der es noch vor 1700 kommt. Um 1698 wird er als Markgräflicher Kapellmeister nach Ansbach verpflichtet, kehrt jedoch 1701 wieder nach Bologna zurück, um als Orchester- und Sologeiger aufzutreten. Am 8. Februar 1709 stirbt er in Bologna.

Literatur

F. Giegling: Giuseppe Torelli. 1949

Werke

Torelli hat neben Corelli als einer der ersten Concerti grossi und dann, davon abkommend, Violinkonzerte im neuen Stil geschrieben, als dessen Wegbereiter ihm ein Ehrenplatz in der europäischen Musikgeschichte gebührt. Unter seinen Violinsolo-Konzerten befindet sich das berühmte vierstimmige Weihnachtspastorale Opus 8 (1709). Außerdem hat er Triosonaten, Sinfonien, Sonaten für Blas- und Streichinstrumente, Oratorien verfaßt.

Tips für Plattenfreunde

O Weihnachtskonzert, Karajan mit Berliner Philharmonikern (Stereo-LP/Deutsche Grammophon 2530 070)
O Trompetenkonzert (Stereo-LP/FSM STV 34 957). Ausgezeichnetes Beispiel der von Torelli häufig angewendeten Kombination von Trompeten mit Streichern

HENRY PURCELL (um 1659–1695)

Zeit und Umwelt

Wenn auch die Hochblüte des Puritanismus in der zweiten Hälfte des 17. Jahrhunderts im Abklingen ist und seine Weiterexistenz 1689 durch die Toleranzakte sogar gesichert werden muß, so hat die Zeit seiner Herrschaft ausgereicht, um das kulturelle Leben Englands zu vernichten. Der Aufschwung des Elisabethanischen Zeitalters ist versickert. Am stärksten betroffen sind Theater und Musik, weil die Puritaner beides als sündig ablehnen. Musiker finden außerhalb des Hofes und der Kirchen kein Betätigungsfeld, profane musikalische Veranstaltungen können nur unter großen Schwierigkeiten ermöglicht werden. So kann auch Purcell

Henry Purcell (um 1659–1695)

für seine Opern keine Bühne finden, weil es dafür keine gibt. Seine „Dido" wird in einer Mädchenschule aufgeführt.

Leben

Henry Purcell wird um 1659 als Sohn eines Mitgliedes der königlichen Kapelle in London geboren, bei der er selbst sehr früh als Singknabe aufgenommen und von Henry Cooke und dessen Nachfolger Pelham Humfrey ausgebildet wird. 1673 erhält er die bescheidene Stelle eines Hilfsinstrumentenwartes der Kapelle, bei der er wegen eines Stimmbruches nicht mehr singen kann. Von 1674 bis 1678 wird ihm das Stimmen der Orgel in der Westminster Abbey übertragen, von 1675 bis 1677 ist er auch mit Notenschreiben beschäftigt. Sein Ansehen als Komponist hat sich inzwischen bereits so gehoben, daß man ihm 1677 die Stelle des Komponisten des Streichorchesters König Karls II. gibt, die bisher Matthew Locke (um 1632–1677, Komponist des Königs, Verfasser von Bühnenmusik, Musiktheoretiker) innehatte. 1680 folgt er John Blow im Amt eines Organisten der Westminster Abbey nach, 1682 wird er dazu noch Organist der königlichen Kapelle. 1680 oder 1681 verheiratet er sich. Von seinen sechs Kindern sterben drei in früher Kindheit. Sein Sohn Edward (1689–1740) und dessen gleichnamiger Sohn (geboren 1716) sind Musiker. Er selbst scheint sein gesamtes Leben in Westminster verbracht zu haben, wo er am 21. November 1695 stirbt.

Literatur

R. Sietz: Henry Purcell, Zeit, Leben, Werk. 1955
J. A. Westrup: Henry Purcell. 1960

Werke

Obwohl er nur 36 Jahre alt wird, ist seine kompositorische Hinterlassenschaft gewaltig. Es hätte aus ihm ein englischer Bach werden können, wenn sein Leben länger gedauert hätte. Sein musikalisches Betätigungsfeld ist weit: Kirche, Bühne, höfische und private Unterhaltung. Er verarbeitet sämtliche Stilelemente der Vergangenheit, vorwiegend die italienische Melodie, wie Bach sich mit der italienischen Form auseinandersetzt. Der Kontrapunkt ist für ihn ebenso selbstverständlich wie für Bach.

Von seinen Zeitgenossen wird er als „Orpheus Britannicus" gepriesen, dem es gelingt, die Wege für eine nationalbritische Tonkunst vorzubereiten, indem er die hochentwickelte englische Mehrstimmigkeit mit dem geradezu feierlichen Operngesang der Italiener und der Chortechnik Frankreichs verschmilzt. Seine Opern, die damals als Bühnenmusik getarnt aufgeführt werden, um nicht als „sündiges Vergnügen" verdammt zu werden, haben sich bis in unsere Tage auf den Bühnen gehalten. Seine kraftvollen Anthems, Hymnen und Gesänge, Oden und Kantaten werden in Kirchen und Konzertsälen wiedergegeben wie seine

Instrumentalmusik. Seine Kompositionen können nicht „veralten", weil sie zum festen Bestand unseres Standardrepertoires gehören. Henry Purcell reißt der Tod mitten aus der Arbeit an der Musik für das Stück „The Indian Queen" heraus. Sein Bruder Daniel (um 1660–1717, Sänger an der königlichen Kapelle und ab 1688 Organist in Oxford) vollendet das Werk. Er kann nach 1695 vom Ruf des Namens Purcell profitieren und ziemlich viel Bühnenmusik unterbringen. Henry Purcell hat 54 Werke verschiedenen Umfanges für die Bühne (zuweilen nur Einlagen oder einzelne Arien) verfaßt, Schauspielmusik (zum Beispiel zu Shakespeares „Sommernachtstraum", „Timon von Athen" und „Sturm"). Seine bedeutendsten Opern sind „Dido und Aeneas" und „König Arthur". Das Vokalwerk besteht aus 52 Anthems, teils mit Orchester, teils mit Orgel, mehr als 100 profanen Liedern und ungefähr 40 Duetten, Oden und Kantaten, die er als Hofkomponist zu gegebenen Gelegenheiten verfaßte. Für Cembalo und Orgel hat er verhältnismäßig wenig geschrieben, dafür um so mehr für Instrumentalensembles: 12 Triosonaten (1683), 15 drei- bis siebenstimmige Fantasien für Gambenorchester (1680) und 10 Quartettsonaten, von denen die „Goldene Sonate" wegen ihres reinen italienischen Stiles am hervorstechendsten ist.

Tips für Plattenfreunde

O Fantasien, Sonaten, Pavanen aus: Englische Consortmusik des 17. Jahrhunderts (2 Stereo-LP/Telefunken 6.35 286 DX). Eine sorgfältige Auswahl von Glanzstücken

O Geistliche Musik am englischen Königshof (Stereo-LP/Telefunken 6.41 123 AS). Meisterhafte Wiedergabe

ALESSANDRO SCARLATTI (1660–1725)

Zeit und Umwelt

Der Sizilianer Alessandro Scarlatti kommt in sehr jungen Jahren nach Rom und wird dort wesentlich von Giacomo Carissimi und Bernardo Pasquini (1637–1710, Organist an Santa Maria Maggiore in Rom, Kammermusiker, Kompositionslehrer, Verfasser von Opern, Oratorien, Kammerkantaten, Sonaten, Toccaten und Suiten für Klavier und Orgel) unterrichtet werden. Er bildet seinen Stil nach den Venezianern Legrenzi und Alessandro Stradella (1644–1682, Komponist von Opern, Oratorien, Kantaten, Triosonaten und den vielleicht ältesten Concerti grossi voll starker thematischer, kunstvoll verarbeiteter Einfälle und Mittelpunkt vieler Skandalgeschichten, deren letzte ihn das Leben kostet) hat diesen Stil weiterentwickelt und nach dem Norden verpflanzt, wo man die sinnliche, heitere Schönheit dieser Musik wohl nie völlig begreift, weil

Alessandro Scarlatti (1660–1725)

sie eben ein echtes Kind des Südens ist, sowie dem Begründer der Neapolitanischen Schule Francesco Provenzale (1627–1704, Konservatoriumslehrer, Kirchenkapellmeister, Verfasser von Opern, Oratorien, Kantaten und Kirchenmusik). Er schreibt mit viel Erfolg eine Serie von Opern und begibt sich sodann nach Neapel, das durch zwei Jahrhunderte von spanischen Vizekönigen verwaltet wird und mehr zum spanischen denn zum italienischen Kulturkreis gehört. Dies drückt sich auch in der Musik aus, und zwar nicht nur in der Oper, sondern ebenso bei der sakralen und profanen Vokalmusik und noch mehr bei der Instrumentalmusik. Der neapolitanische Musikstil ist potenzierte Musik, das will besagen, daß sie nur aus dem auf die Sinne und die Empfindung wirkenden Ton ohne Rücksicht auf Form, Ausdruck oder Wort besteht. Hierfür werden Formschemen gefunden, die eben geeignet sind, mit den glühenden Farben der neapolitanischen Musik ausgefüllt zu werden. Die Schönheit der Stimme ist wichtig, nicht das Wort, das sie singt. Daher fügt sich die weiche Kastratenstimme vorzüglich in das Klangbild der Oper, daher werden Kastraten wie Fürsten behandelt. Wenn noch der Prunk der barocken Bühnendekoration dazutritt, erfüllt die Oper, was man von ihr erwartet. Und für dieses Publikum findet Scarlatti den richtigen Stil. Die Gunst der Mächtigen, der Beifall des Publikums, die Zustimmung der zeitgenössischen Musiker bilden Rahmen und Boden, wo Scarlatti 115 Opern, 150 Oratorien, 600 Kantaten und noch vieles andere schaffen kann.

Leben

Alessandro Scarlatti wird am 2. Mai 1660 in Palermo geboren und bringt bereits mit 19 Jahren seine erste Oper mit so viel Erfolg heraus, daß er 1680 von der abgedankten Königin Christine von Schweden, die sich in Rom niedergelassen hat, zu ihrem Hofkapellmeister bestellt wird. 1694 geht er in der gleichen Eigenschaft nach Neapel in den Dienst des Vizekönigs, kehrt aber noch einmal für längere Zeit nach Rom zurück. In Neapel wirkt er auch als Lehrer und unterrichtet außer seinen Sohn Domenico Scarlatti den Organisten und Kompositionslehrer in Neapel und Palermo Nicola Logroscino (1698–nach 1765), der in seinen Opern die Akte als erster mit Ensembles schließt, sowie Francesco Durante und Johann Adolf Hasse. Außerdem ist er als Kirchenmusiker tätig. Er stirbt in Neapel am 24. Oktober 1725.

Werke

Scarlatti, in Rom ausgebildet und an den großen Venezianern geschult, kann die Brücke des „italienischen" Stiles zum neapolitanischen schlagen. Die dreiteilige Cembalo-Arie, bei der vom Orchester nur die Zwischenspiele gebracht werden, ersetzt er durch eine dreiteilige, völlig vom Orchester begleitete Dacapo-Arie. Strophenlieder, kleine Duette und Ensembles werden seltener. Das ausschlaggebende dabei ist aber, daß Melodik, Schönklang und Farbigkeit über die Form und das gesungene Wort gestellt werden. Scarlatti hat 115 Opern geschaffen, von denen 35 erhalten sind, 150 Oratorien, 600 Kantaten, eine Johannespassion, etliche Stabat mater, Messen, von denen die Missa di Santa Cecilia die bekannteste ist, Motetten, Psalmen, Misereres, Kammerduette, einige Klavierwerke und Instrumentalmusik, bei der er neben Trompeten, Flöten und Fagotten auch Hörner vorschreibt.

Tips für Plattenfreunde

O Sinfonie di Concerti grossi Nr. 1, 2, 4, 5, 8, 12 (Stereo-LP/Bärenreiter Musicaphon 1 2 16). Bei dieser Aufnahme kommen die Besonderheiten des neapolitanischen Stiles deutlich zur Geltung

O Sämtliche Madrigale, Monteverdi-Chor (Stereo-LP/Deutsche Grammophon 2533 300). Sehr schöne Aufnahme

ATTILIO ARIOSTI (1666–um 1740)

Zeit und Umwelt

Sein Leben wird abenteuerlich genannt, aber Ariosti sucht keine Abenteuer, sondern nur die Erfüllung der Sehnsucht seiner Künstlerseele nach der Ferne, nach den großen Weltstädten, Padua, Wien, Berlin, Paris, London. Dann treibt es ihn nach Spanien, wo sich seine Spur verliert. Vielleicht hat er dort irgendwann in seinen späteren Jahren begriffen, daß ein Künstler sein Sehnen nur in der Kunst stillen kann. Seine Sonaten scheinen diese Annahme zu bestätigen, denn sie atmen die Ruhe und Zufriedenheit des Heimgekehrten.

Leben

Attilio Ariosti wird am 5. November 1666 in Bologna geboren und tritt mit 22 Jahren in einen Mönchsorden ein. Zu einer musikalischen Ausbildung gibt es in Bologna ausreichende Gelegenheit. Seine Lehrer sind aber unbekannt. 1696 verläßt er das Kloster und geht als Musiker an den Hof von Mantua, vermutlich als Instrumentalist. Ein Jahr darauf nimmt ihn Kurfürstin Sophie Charlotte in ihre Dienste, 1706 ist er in Wien, und 1712 kehrt er in sein Kloster zurück, dem er drei Jahre darauf wieder den Rücken kehrt. Er reist nach Süddeutschland, nach Paris und nach London. Über den Rest seines Lebens weiß man nichts, außer daß er irgendwann um 1740 in Spanien sein Leben beendet.

Werke

Als Opernkomponist kommt ihm keine Bedeutung zu, seine Sonaten für Viola d'amore jedoch heben ihn in die ersten Ränge der italienischen

Instrumentalkomponisten. Auch seine Solokantaten verdienen große Beachtung. Wichtige Werke sind: 6 Sonaten für Viola d'amore und Basso continuo, die noch heute in Konzerten alter Musik gespielt werden, sowie eine Anzahl Kantaten für Solostimme und Instrumente, die als Orchesterlieder angesprochen werden könnten.

Tips für Plattenfreunde

○ Sonaten für Viola d'amore – Solokantaten für Sopran und Instrumente (Stereo-LP/DaCamera 92 604). Einzige, aber sehr schöne Aufnahme

ANTONIO LOTTI (um 1667–1740)

Zeit und Umwelt

Macht, Glanz und Reichtum der Republik Venedig sind gegen das Ende des 17. Jahrhunderts schon stark im Absinken. Genua macht ihr den Rang einer Beherrscherin der Meere mit Erfolg streitig, noch mehr aber der Türke. Für die Pflege der Kultur und der Kunst ist jedoch noch immer genügend Geld vorhanden. Venedig schmückt sich mit Künstlern und Gelehrten wie ehedem. Antonio Lotti wächst in dieser Atmosphäre auf, wird von Legrenzi unterrichtet und nimmt darauf am Musikleben der Stadt teil. Als er sodann nach Dresden geht, nimmt er den spätvenezianischen Stil mit über die Alpen.

Leben

Antonio Lotti wird um 1667 in Venedig geboren. Giovanni Legrenzi ist sein Musiklehrer. Er komponiert seine erste Oper bereits mit 16 Jahren. In der Zeit, die er in Dresden verbringt (1717–1719), schreibt er seine besten Opern. Nach seiner Rückkehr aus Deutschland wendet er sich der Komposition von Kirchenmusik zu, auf die er die zuvor für die Oper aufgewendete Ausdruckskraft überträgt. Er stirbt in Venedig am 5. Januar 1740.

Werke

21 Opern, darunter am erfolgreichsten „Ascanio" (1718). Vielstimmige Messen, Motetten, Miserere für 6 bis 10 Stimmen, Crucifixus für 10 Stimmen mit starker dichter Klangwirkung. Oratorien, Triosonaten.

Tips für Plattenfreunde

○ Crucifixus aus: Motetten alter Meister (Stereo-LP/Ariola K 80 274 K). Eine gute Leistung des Dresdener Kreuzchores

FRANÇOIS COUPERIN (1668–1733)

Zeit und Umwelt

Die Familie Couperin schenkt Frankreich und der Welt vom frühen 17. Jahrhundert bis in die Mitte des 19. Jahrhunderts eine stattliche Reihe Musiker, von denen François der Jüngere, der Große genannt, der bedeutendste wird, so daß Umwelt und Zeit dieses Komponisten aus einer Familie bestehen, in der Musikausübung und Komposition zum Mittelpunkt des Lebens gemacht werden, aus dem Dienst bei Hof als Organist, Cembalist, Musiklehrer der königlichen Kinder und der Gunst des Herrschers und seiner Familie, dem Glanz des Hofes, der das Elend des Volkes und die daraus resultierende Gefahr überdeckt, so daß in den Schöpfungen des Meisters kein Niederschlag bemerkbar sein kann.

Leben

François Couperin, Le Grand, wird in Paris am 10. November 1668 geboren. Im Alter von 17 Jahren vererbt ihm sein Vater die Organistenstelle an der Kirche Saint-Gervais, die der Sohn aber erst 1685 antritt, weil er vorher dafür nicht ausgebildet genug gewesen ist. 1693 überträgt man François das Amt eines Organisten der königlichen Kapelle, das bis dahin sein Orgellehrer Jacques Thomelin innegehabt hat. Ein Jahr darauf wird François zum Musiklehrer der königlichen Prinzen bestellt, 1696 in den Adelsstand erhoben und 1701 ohne offizielle Berufung mit der Funktion des Hofmusikdirektors betraut. Seine Organistenstelle behält er bis 1723, die Funktionen bei Hof legt er 1730 nieder. Am 12. September 1733 stirbt er in Paris, nachdem er längere Zeit gekränkelt hat.

Literatur

E. Harich-Schneider: Zärtliche Welt. 1939

Werke

Couperins Hauptstärke und Bedeutung liegt auf dem Gebiet der Klavierkomposition, deren Leichtigkeit und Lebendigkeit, ornamentale Melodik und oft überraschende Harmonik sich sofort beliebt gemacht hat. Er verläßt sehr früh die obligatorischen Tanzsätze zugunsten freier Reihungen, die er gerne einer Idee, einem Begriff, einer Begebenheit oder einer Persönlichkeit widmet, ohne in allen Fällen programmatisch zu sein. Er schildert häufig die elegante Gesellschaft, in der er sich bewegte mit musikalischen Mitteln, zuweilen ironisch aphoristisch kurz, dann wieder mit dem Aufgebot aller Möglichkeiten, die das Instrument bietet. Im Vorwort seines Klavierbuches sagt er selbst darüber: „Bei der Komposition meiner Klavierstücke habe ich stets einen bestimmten Gegenstand vor Augen gehabt. Verschiedene Gelegenheiten brachten

François Couperin (1668–1733) / Johann Joseph Fux (1660–1741)

ihn mir nahe und führten zu den Überschriften meiner Stücke." Die Auswirkung seiner kompositorischen Tätigkeit ist stark und weitreichend gewesen. J. S. Bach setzt sich sehr gründlich damit auseinander. Von Couperin stammen: 27 „Ordres" genannte Folgen von Partiten und Suiten in vier Sammlungen (1713, 1717, 1722, 1730). Triosonaten, davon am bekanntesten „L'Impériale" und „L'Apothéose de Corelli", womit er sich mehr als jeder andere Komponist J. S. Bach nähert. „Concerts Royaux" für Instrumente, die für Sonntagabendkonzerte der königlichen Kapelle geschrieben worden sind. In seiner nicht sehr umfangreichen Kirchen- und Kammermusik erreicht er eine Synthese italienischer und französischer Stile des Spätbarock. Darunter ist der „Motet de Sainte-Suzanne" (1698) hervorzuheben, der eine prachtvolle italienische Kantilene mit harmonisch und rhythmisch kunstvoll verwobenen Cembaloklängen verbindet.

Tips für Plattenfreunde

○ Pièces de clavecin I/1, 2, 3, 4, 5 und II/6, 8, 12 (3 Stereo-LP/FSM SVBX 5 448). Mit diesen Aufnahmen sind nahezu alle Stiltypen des Komponisten erfaßt
○ Messe à l'usage des couvents und Messe à l'usage des paroisses (2 Stereo-LP/EMI 1C 187 = 04 963/64). Instruktive Beispiele der sakralen Komposition Couperins
○ Apothéose de Corelli, Apothéose de Lully, Concerts Nouveaux Nr. 3 und 8 (2 Stereo-LP/Philips 6775 003). Zwei der berühmtesten Triosonaten und zwei Instrumentalkonzerte

JOHANN JOSEPH FUX (1660–1741)

Zeit und Umwelt

Als der Komponist, Musiklehrer und Musikschriftsteller Johann Mattheson (1681–1764, Verfasser von Opern, Oratorien, Kantaten, Passionen, Klaviersuiten und Flötensonaten von mäßiger Bedeutung) im Jahre 1740 sein Künstlerlexikon „Grundlagen einer Ehrenpforte" herausbringt, kann er über Herkunft, Jugend und Ausbildung des Wiener Hofkapellmeisters Johann Joseph Fux außer dem Geburtsort wenig berichten. Fux hat sich geweigert, darüber Informationen zu liefern, was er bis zu seiner Ernennung zum Organisten des Wiener Schottenstiftes (1696) gemacht hat. Er kommt vermutlich erst in diesem Jahr nach Wien und entschließt sich, von nun an als Musiker und Höfling in die obersten Schichten vorzustoßen und sein bisheriges, wahrscheinlich beengtes Leben zu vergessen und vergessen zu lassen. Das gelingt ihm. Er wird Hofkomponist, Domorganist, Günstling zweier Kaiser. Zur Erstaufführung seiner

Oper „Costanza e Fortezza" läßt ihn Kaiser Karl VI. 1723 in einer Sänfte nach Prag tragen, weil er gichtleidend ist. Dennoch kann er sich in die Leichtigkeit des Wiener Barock nicht völlig einleben. Die gründliche Ausbildung im alten Stil und im Kontrapunkt vermag er nicht gegen den Barockstil zu vertauschen. Nicht einmal die angestrebte Kombination gelingt auf allen Linien. Wie stark er der Vergangenheit verhaftet ist, beweist sein musiktheoretisches Werk „Gradus ad Parnassum" (1725), dessen II. Teil „Die Lehre vom Kontrapunkt" noch heute beim Musikunterricht Verwendung findet.

Leben

Johann Joseph Fux wird 1660 in Hirtenfeld bei Sankt Marein (Steiermark) geboren. Über die ersten 36 Jahre seines Lebens ist nichts bekannt. Er muß aber in jenen Jahren eine gründliche Ausbildung als Organist und Komponist genossen haben, er wäre sonst nicht 1696 Organist am Wiener Schottenstift geworden. 1698 ist er bereits kaiserlicher Hofkomponist, 1705 zweiter und 1712 erster Organist am Stephansdom und 1715 Hofkapellmeister. Sein erstes kompositorisches Werk (sieben Partiten) und eine Messe darf er Kaiser Joseph I. und sein wichtigstes Werk „Gradus ad Parnassum" Kaiser Karl VI. widmen. Am 13. Februar 1741 stirbt er in Wien und wird im Stephansdom begraben. Zu seinen Schülern zählen Jan Dismas Zelenka (eigentlich Jan Lukáš, 1679–1745, Vizekapellmeister in Dresden, Komponist von Messen, Lamentationen, Responsorien, Opern, Oratorien, Ouvertüren, Märschen), Franz Tuma (1704–1774, Kirchenkomponist und Kapellmeister, der von Kaiserin Maria Theresia besonders geschätzt wird), Gottlieb Muffat (1690–1770, Hoforganist, Verfasser von bemerkenswerten Orgeltoccaten und Suiten für Cembalo), Sohn des Georg Muffat (1653–1704, Organist in Salzburg, Kapellmeister in Passau, Komponist von hochbarocken Orgeltoccaten, Orchesterouvertüren, Kammersonaten und Concerti grossi, Schüler von Pasquini und Corelli), und Georg Christoph Wagenseil.

Werke

Fux hinterläßt ein umfangreiches kompositorisches Werk, das zur Hochblüte der österreichischen Barockmusik der ersten Hälfte des 18. Jahrhunderts beigetragen hat. Seine Opern sind mit Massenaufgeboten von Mitwirkenden und Ausstattungen gegeben worden. Nach seinem Tod geraten seine Kompositionen bald in Vergessenheit. Neue, modernere, weniger der Vergangenheit verhaftete Werke, die nicht mehr von den Kirchentonarten ausgehen, verdrängen sie.
Ein Teil seines Werkes ist noch nicht durchforscht. Bekannt sind 50 Messen, 3 Requiems, 57 Psalmen und Vespern, 22 Litaneien, 12 Gradualien, 14 Offertorien, 106 Hymnen und noch eine Anzahl anderer kirchlicher Gesänge, Orgelpartiten, Orchesterstücke, 10 Oratorien und

Tommaso Albinoni (1671–1750)

18 zumeist große Opern, einige Klavierstücke. Davon werden in jüngster Zeit immer mehr aufgeführt.

Tips für Plattenfreunde

○ Die Dokumentation seines Werkes ist erst im Anlaufen, die Messen fehlen noch ganz. Als interessante Beispiele seines Stiles können gelten: Ouvertüre G-Dur, Parthie A-Dur, Partita a 3, Sinfonia F-Dur (Stereo-LP/DaCamera 192 802) und Rondeau a 7, Serenada a 8, Sonata a 4 (Stereo-LP/Telefunken 6.41 271 AW)

TOMMASO ALBINONI (1671–1750)

Zeit und Umwelt

Über Albinoni persönlich wissen wir nahezu nichts. Aber eines ist gewiß, er wird in Venedig geboren, ist ein Kind seiner Stadt, lebt und musiziert und verstirbt dort. Seine Umwelt ist daher die große Opernepoche der Lagunenstadt, seine Zeit die erste Hälfte des 18. Jahrhunderts. Hier vollendet sich der Zerfall der ehemaligen Machtstellung, erstarrt die bildende Kunst in Manierismus, dient die Musik zur Begleitung des Operngesanges und dieser zur Unterhaltung der Abendgesellschaften in den Logen, wobei den Sängerinnen mehr gehuldigt wird als dem Gesang. Albinoni soll der Sproß eines begüterten Hauses sein, welcher die Musik zu seinem Vergnügen betreibt. Sicher ist das nicht, aber aus seinen Instrumentalwerken strahlt noch das venezianische Hochbarock, dessen Ende sich bereits abzeichnet.

Leben

Tommaso Albinoni wird in Venedig am 8. Juni 1671 geboren. Über seinen Lebenslauf, seine Abstammung, seine Ausbildung gibt es keine verläßlichen Angaben. Auch sein Todestag, der zumeist mit dem 17. Januar 1750 angesetzt wird, ist nicht völlig gesichert. Er schreibt rund 50 Opern für die Opernhäuser seiner Stadt, doch nehmen seine Instrumentalkompositionen, Sonaten, Konzerte und Sinfonien einen weit höheren Rang ein und finden in unserem Jahrhundert gesteigerte Beachtung. Ihm wird die Übertragung der dreiteiligen Opernouvertüre auf das seither dreiteilige Solokonzert zugeschrieben. J. S. Bach schätzt seine Musik sehr und entnimmt seinen Werken mehrere Themen.

Werke

Um 50 Opern, die vergessen sind; Konzerte für Violine, Oboe oder Trompete mit Orchester, Sinfonien für Streicher, Sonaten für Violine mit Basso continuo, Lieder mit Instrumentalbegleitung.

Tips für Plattenfreunde
○ Sechs Konzerte op. 9 Nr. 1–6 (Stereo-LP/EMI 1C 063-28 275)
○ Zwölf Concerti op. 5, Sinfonien (2 Stereo-LP/EMI 1C 187 = 30 857/58). Diese drei Platten zeigen den heute noch ansprechenden Stil des Komponisten

FRANCESCO GEMINIANI (1674–1762)

Zeit und Umwelt

Der bucklige Geigenvirtuose Carlo Ambrogio Lunati gibt Geminiani in Mailand den ersten Unterricht, dann kommt der junge Musiker nach Rom und wird in den Schülerkreis um Corelli aufgenommen. Damit gehört er zur Aristokratie des Geistes und besonders der Musik jener Zeit, was seinen Lebensstil und seine Einstellung zur Umwelt endgültig ausprägt. Als er in England bei einem Hofkonzert spielen soll, macht er zur Bedingung, daß Händel ihn begleitet. Er tritt überhaupt selten auf, weil er sich lieber mit dem damals in vornehmen Kreisen sehr gepflegten Bilderhandel beschäftigt. Seine Beziehungen zum Adel retten ihn auch vor dem Gefängnis, in das ihn dieser Handel gebracht hätte. Nach einem Aufenthalt in Dublin läßt er sich in einem herrschaftlichen Haus mit Konzertsaal nieder, empfängt seine Schüler und Bewunderer und gibt Konzerte für geladene Gäste. Es heißt, daß der Verlust eines Manuskriptes seine Todeskrankheit beschleunigt hat. Er ist ein Virtuose hohen Ranges, der weit über die Technik seines Lehrers Corelli (dessen Spiel in vornehmer Beschränkung über die dritte Lage nicht hinausgeht). Er ist mit Veracini der Begründer des Violinspieles in England, das damals noch in seinen Kinderschuhen steckt. Doch sein überspitztes Selbstbewußtsein beschränkt (wie bei Veracini) seine Umweltkontakte auf einen engen Kreis.

Leben

Francesco Geminiani wird am 5. Dezember 1687 in Lucca getauft. Die Angaben über sein Geburtsjahr differieren zwischen 1667 und 1680; die Annahme, daß er 1674 geboren wird, hat die größte Wahrscheinlichkeit. Nach einer mehrjährigen Ausbildung in Mailand kommt er nach Rom, wird dort Schüler von Corelli und Alessandro Scarlatti, die er bald an Technik und Geläufigkeit überflügelt, und erwirbt als Solist einen großen Ruf; als Dirigent und Ensemblemitglied wird er wegen seiner willkürlichen Tempi, seines Accelerando, dem niemand zu folgen vermag, und anderer Willkürlichkeiten abgelehnt. Im Jahre 1714 übersiedelt er nach England, wo er bald als erstklassiger Virtuose bekannt wird. Sein Bewunderer Lord Essex verschafft ihm 1727 die

Stelle eines Staatlichen Musikmeisters in Irland; er kann aber den Posten nicht antreten, weil er Katholik ist, und überläßt ihn seinem Schüler Matthew Dubourg (1703–1767, hervorragender englischer Geiger, Verfasser unbedeutender Gelegenheitskompositionen). Er selbst beschränkt sich auf Konzert- und Unterrichtstätigkeit. Von 1749 bis 1755 lebt er als Virtuose in Paris, besucht hernach noch einige Male Dublin, um zu konzertieren, und stirbt während eines Aufenthaltes in der irischen Hauptstadt am 17. September 1762. Seine Hauptbedeutung liegt auf dem Gebiet der Didaktik. Die von ihm verfaßte Violinschule (25 Jahre vor Leopold Mozart) und die Gitarrenschule haben die Instrumentalmusik stark gefördert.

Werke

24 Violinsonaten (1716 und 1739), 12 Concerti grossi, Bearbeitungen von fremden Werken (besonders von Corelli) zu Concerti grossi. Die Kompositionen, nach dem Tod des Künstlers bald vergessen, werden in unserer Zeit gelegentlich aufgeführt.

Tips für Plattenfreunde

O Concerti grossi op. 2, op. 3, op. 4 (3 Stereo-LP/FSM SVBX 594)
O Violinsolosonate B-Dur in: Recital Gidon Kremer (1) (2 Stereo-LP/ Ariola XC 88 237 K). Beide Aufnahmen geben den eigenwüchsigen Stil des Komponisten ausgezeichnet wieder.

EVARISTO FELICE DALL'ABACO (1675–1742)

Zeit und Umwelt

Wie viele Italiener folgt Abaco dem Ruf eines deutschen Fürstenhofes und wird Kammermusiker in München und damit ein Höfling des Kurfürsten (Maximilian II. Emanuel), begleitet diesen nach Brüssel und wieder nach München zurück wie alle anderen Bediensteten. Das Hofleben, die kurfürstliche Kapelle, Gunst und Anerkennung des Kurfürsten, vorgeschriebene Programme und bestellte Kompositionen ernähren, aber beengen den Künstler, der sich in dieser Beschränkung dennoch entfaltet.

Leben

Evaristo Felice dall'Abaco, am 12. Juli 1675 in Verona geboren, lebt und wirkt einige Jahre in Modena (1696–um 1701), geht nach München und tritt im April 1704 als Kammermusiker in die Kapelle des Kurfürsten ein, den er auch nach Brüssel begleitet. Nach dessen Rückkehr nach München wird Abaco Konzertmeister (1715) und stirbt in München am

12. Juli 1742 als bekannter Komponist, Konzertmeister, Cellist und Geiger. Sein kompositorisches Feld ist ausschließlich die instrumentale Kirchen- und Kammermusik, sein Stil ist mit seiner harmonischen Erweiterung für das Spätbarock typisch. Sein Sohn Giuseppe Clemens Ferdinand (1709–1805) ist ein hervorragender Cellovirtuose, der einiges für dieses Instrument geschrieben hat (Sonaten, Konzerte).

Werke

24 Kammersonaten, 12 Kammertrios, 12 Kirchenkonzerte, mehrere Orchesterstücke, vorwiegend für Streicher und Continuo. Alle sind sehr klangvoll und frisch.

Tips für Plattenfreunde

O Konzerte op. 2 Nr. 9 und op. 5 Nr. 3 (Stereo-LP/EMI 1C 053 = 28 908).
   Gutes Beispiel dieses Spätbarockmusikers

REINHARD KEISER (1674–1739)

Zeit und Umwelt

Die deutsche Oper erliegt immer mehr der italienischen, deren Rezitativ und Arie viel mehr Kraft und Ausdruck bietet. Die deutsche Arie hat sich aus dem Lied gebildet, ist dadurch zwar formfreier, aber doch banaler. Der Opernlibrettist Lukas von Bostel, nachmaliger Bürgermeister von Hamburg, setzt die Opernarie für „Standespersonen" durch, während das gewöhnliche Volk bei der Liedform bleibt, aber auch diese Arien erreichen nicht die Höhe der italienischen, weil dafür der Komponist fehlt. Keiser, der für Hamburg 120 Opern verfaßt, verfügt zwar über viel Talent und großen melodischen Einfallsreichtum, geht aber auch vom Lied aus, weil ihm Lyrik und Idylle näher liegen als Pathos und Dramatik. Und das ist entscheidend. Seine Opern bringen zum Teil künstlerische Erfolge, die finanziellen bleiben aus. Keiser wäre vielleicht berufen gewesen, die deutsche Oper zu begründen und in Mozarts Hände weiterzureichen. Ihm fehlen dazu aber die Kraft, die Ausdauer, die Selbstdisziplin und vermutlich auch das erforderliche Publikum.

Leben

Reinhard Keiser wird am 12. Januar 1674 in Teuchern bei Weißenfels geboren. Seine erste musikalische Ausbildung erhält er von seinem Vater, einem Organisten und Kirchenkomponisten, ab 1685 an der Leipziger Thomasschule von Johann Schelle (1648–1701, ab 1676 Thomaskantor, Komponist geistlicher Vokalmusik). 1692 führt er bereits in Braunschweig seine erste Oper auf („Basilius"), 1695 wird er Chefkomponist der Hamburger Oper, welche Stellung bisher Johann Sigmund Kusser innegehabt hat (1660–1727, seine Freundschaft mit Lully wird in seinen Opern und der Instrumentalmusik sichtbar). Um 1700 eröffnet Keiser eine Serie von Winterkonzerten mit großem künstlerischem aber auch mit finanziellem Aufwand, so daß sich sein Schuldenstand mehr und mehr erhöht. Er scheitert immer irgendwie, und hat er einmal Geld, gibt er es mit vollen Händen aus, als wolle er dem Dasein zumindest für wenige Tage Lebensumstände abzwingen, die er für sich als angemessen ansieht. Die Biographen nennen ihn zügellos, luxusliebend und leichtsinnig, billigen ihm aber zu, daß er seine künstlerische Aufgabe mit zielstrebiger Zähigkeit verfolgt. 1703 übernimmt er die Hamburger Oper in Pacht, die er drei Jahre später wieder aufgeben muß. 1717 ist er in Kopenhagen, 1719–1721 in Stuttgart und 1722 wiederum in Kopenhagen als Konzertmeister tätig, 1728 übernimmt er die Kantorenstelle am Dom zu Hamburg. Er heiratet reich, aber auch das Geld der Frau reicht nicht für seine künstlerischen Pläne und seinen aufwendigen Lebenswandel. Er muß mehrmals vor seinen Gläubigern die Flucht ergreifen. Am 12. September 1739 stirbt er in Hamburg als einer der bekanntesten Opernkomponisten seiner Zeit.

Werke

Von einer gewissen Bedeutung sind seine Oratorien und Kirchenkantaten. Seine melodienreichen Stücke, sein breiter Instrumentalstil, die neuen, durch Hinzufügen des Waldhornes und der Harfe erreichten Orchesterklänge bestätigen seinen Ruf als bedeutenden Komponisten seiner Zeit. Er hat 120 Opern geschaffen, von denen rund 30 erhalten sind. Außerdem Oratorien wie: „Der sterbende Jesus" (1712) und „Der gekreuzigte Jesus" (1715), eine Markuspassion sowie Vokalkompositionen mit verschiedener Besetzung und Instrumentalstücke. Alle seine Kompositionen sind melodien- und klangreich, entbehren jedoch einen echten musikalischen Gehalt.

Tips für Plattenfreunde

○ Markuspassion (2 Stereo-LP/FSM 53 1 11/12)

ANTONIO VIVALDI (1678–1741)

Zeit und Umwelt

Das italienische Spätbarock schenkt uns als neue Form das Instrumentalkonzert in der noch heute gepflegten Form mit zwei Allegrosätzen, die einen Andantesatz flankieren. Tutti und virtuose Soli wechseln ab, die

Kadenzen stehen zumeist am Ende des 1. und 3. Satzes. Sehr oft ist die Programmusik der Romantik vorausgenommen. Aber die gesamte Musik aus jener Epoche, besonders die in Venedig, zielt auf das Rokoko und die Frühklassik hin.

Leben

Antonio Vivaldi wird am 4. März 1678 als Sohn des Geigers Giovanni Battista Vivaldi in Venedig geboren. Seine Ausbildung zum Violinisten erhält er von Giovanni Legrenzi und später vermutlich von Alessandro Scarlatti. 1703 wird er zum Priester geweiht und im selben Jahr als Violinlehrer, Orchesterdirigent und Hauskomponist der Mädchenmusikschule im Ospedale della Pietà angestellt, in welcher Stellung er bis 1740 bleibt, allerdings unterbrochen durch viele Reisen (Wien, 1729/30, Amsterdam, 1737/38, italienische Städte zu Aufführungen seiner Opern) und durch eine Verpflichtung zu Markgraf Philipp von Hessen-Darmstadt, damals Gouverneur von Mantua (1720/23). 1740 reist er nach Wien, wo er am 28. Juli 1741 stirbt.

Literatur

W. Kolneder: Die Solokonzertform bei Vivaldi. 1961

Werke

Zu seinen Lebzeiten wird seine Bedeutung allgemein anerkannt. J. S. Bach hat etliche seiner Violinkonzerte für Klavier bearbeitet, Franz und Georg Benda und Quantz haben seine Kompositionen sehr häufig gespielt. Seine Opern erfahren triumphale Aufführungen.
Besonders begeistert wird sein Oratorium Juditha (1716) wegen seiner farbenfrohen Instrumentation aufgenommen. Wenn auch die Violine sein wichtigstes Instrument gewesen ist, so zieht er alle damals verwendeten Instrumente experimentierfreudig heran, auch Lauten, Mandolinen, Trompeten und Pikkoloflöten.
Das Gesamtwerk Vivaldis ist erst im 20. Jahrhundert bekannt geworden. Ein Verzeichnis der Instrumentalmusik ist angelegt. Es umfaßt 75 Sonaten, 23 Sinfonien und 446 Konzerte (davon 221 für Violine). Von den nachweislichen 49 Opern sind 19 vollständig erhalten, von den anderen Bruchstücke. An Kirchenmusik liegen außer dem Oratorium 55 Motetten, Hymnen und Messeteile vor.
Seine Werke haben zuweilen programmusikähnliches Gepräge, Vorgänge wie Jagd, Meeressturm, Gewitter, Vogelflug, Abfolge der Tageszeiten werden musikalisch beschrieben. Am bekanntesten ist das Konzert op. 8, 1–4, das in vier Sätzen: Frühling, Sommer, Herbst, Winter seinem Titel „Die vier Jahreszeiten" voll gerecht wird.
Das Gesamtwerk Vivaldis ist noch nicht gänzlich durchforscht; man darf erwarten, daß noch weitere Kostbarkeiten zu Tage gefördert werden.

Jean Baptiste Loeillet (1680–1730)

Tips für Plattenfreunde

○ Die vier Jahreszeiten (2 Stereo-LP/EMI 1C 188 = 50 031/32)
○ L'Estro Armonico (Harmonischer Einfall) (2 Stereo-LP/EMI 1C 187 = 28 309/10)
○ Konzerte für Oboe und Streicher (2 Stereo-LP/EMI 1C 187 = 28 311/12)
○ Vier Konzerte für zwei Orchester (Stereo-LP/Telefunken 6.41 263 AW)
○ Vivaldi in San Marco (Magnificat, Tedeum, Gloria, Salve Regina (2 Stereo-LP/Philips 6780 007)
○ Juditha Triumphans. Gesamtaufnahme des Oratoriums (3 Stereo-LP/ Philips 6747 173)
Diese ausgezeichneten Aufnahmen geben einen breiten Überblick über die Vielseitigkeit des Komponisten, der im Weg der Plattenindustrie, die eine große Zahl von Vivaldi-Aufnahmen anbietet, in die Konzertsäle unserer Zeit Eingang gefunden hat.

JEAN BAPTISTE LOEILLET (1680–1730

Zeit und Umwelt

Die Zeugen des Kunstsinnes Flanderns, die Gildenhäuser verschiedener Bauepochen, die Kirchen, vor allem Sint Baafs mit dem Flügelaltar von van Eyck in Gent, rufen die Zeiten der franko-flämischen Musikblüte in Erinnerung. Die Großen jener Jahrhunderte erklingen noch immer von den Orgelemporen, und viele Männer, die die Tasten drücken, wünschen nicht nur zu spielen, was andere erdachten, sondern selbst neue Klänge formen, wenn diese auch nur ein Abglanz einstiger Meisterwerke sind. Mitglieder der Genter Familie Loeillet sitzen auf den Orgelbänken der Heimatstadt, in Brüssel oder in anderen flandrischen Städten, mischen eigene Musik in die überkommene, spielen zu Hause das Cembalo, streichen die Geige und blasen wie in den Nachbarländern England, Frankreich und Deutschland, die das Erbe des ehemaligen Musikzentrums Europas angetreten haben. Jean Baptiste wird die kleine Stadt mit seiner erstarrten Schönheit, mit dem täglichen Klang der 52 Glocken vom Turm zu eng. Er geht nach Paris und London, wo er sich John Louillet nennt und zum Weltbürger wird. Sein Bruder gleichen Namens, dem er „de Gant" anfügt (geboren 1688), geht zum Erzbischof von Lyon, um zu musizieren und zu komponieren. Ein Cousin Jacques (1685–1746) wird Oboist und Flötist, ein Onkel, Pierre Emanuel (1651–1735), ist Tanzmeister und Dirigent in Frankreich, ein anderer namens Pierre Organist in Gent und ein Neffe, Étienne Joseph (1715–1797), spielt die Orgel in der Kathedrale zu Brüssel.

Jean B. Loeillet (1680–1730) / Georg Philipp Telemann (1681–1767)

Leben

Jean Baptiste Loeillet (in England: John Loeillet) wird am 18. November 1680 in Gent geboren. Er entstammt einer weitverzweigten ostflandrischen Musikerfamilie, deren Mitglieder zum Teil als Organisten in der Heimat bleiben oder als Musiker und Komponisten nach Frankreich wandern wie Jean Baptist, der 1702 nach Paris geht und 1705 als Flötist in das Opernorchester des Haymarket-Theaters in London eintritt. Er veranstaltet selbst regelmäßige Konzerte, in denen er das Londoner Publikum mit der italienischen Instrumentalmusik bekannt macht. Er verfaßt Sonaten für Flöte, Oboe oder Violine, Stücke für Cembalo und etliche Flötentrios, die noch heute allenthalben gespielt werden. Er stirbt am 19. September 1730, vermutlich in London.

Werke

Mehrere Bücher mit Sonaten, die mit der Flöte, der Oboe oder der Violine gespielt werden können, 6 Cembalasuiten und Triosonaten.

Tips für Plattenfreunde

O Sonaten op. 2 G-Dur und op. 1 Nr. 5 aus: Blockflötenmusik um 1700 (Telefunken 6.35 069 EK, drei Stereoplatten mit Aufnahmen mit Originalinstrumenten).

GEORG PHILIPP TELEMANN (1681–1767)

Zeit und Umwelt

Gefälliger Klang, korrekte Technik und eleganter Stil ergeben dann das, was das Publikum zu hören wünscht, weil es gar nicht darauf begierig ist, eine musikalische Idee voll ausgeschöpft zu sehen und sich einen Wohlklang durch Dissonanzen hindurch zu erarbeiten. Die passive Haltung des Großteiles der Kunstkonsumenten darf nicht durch den Zwang zur gedanklichen Aktivität gestört werden. Telemann sieht sehr bald ein, was das Publikum wünscht, und daß er imstande ist, diese Wünsche zu befriedigen. Gewohnte Formen, eingelebte Techniken, standardisierte Stile ergeben die Musik, die beliebt ist. Experimentelle Stiländerungen, in Tönen ausgedrückte Konflikte, Sublimierung dramatischer Gefühlsregungen würden nicht zum breiten Erfolg beitragen und werden auch damals bei den Verwaltern der Musikzentren nicht geschätzt: Man gibt sich nur ungern mit einem schwierig genießbaren Bach zufrieden, als man Telemann von seiner gutbezahlten Stelle in Hamburg nicht mehr weglocken kann.

Georg Philipp Telemann (1681–1767)

Leben

Georg Philipp Telemann wird als Sohn des Pfarrers der Heilig-Geist-Kirche in Magdeburg am 14. März 1681 geboren. Das Leben von Pfarrerskindern ist zumeist karg, sie lernen den Wert des Geldes schon früh kennen, und Pfarrerswitwen sind besonders darauf bedacht, ihren Kindern, wenn auch unter persönlichen Entbehrungen, die bestmögliche Ausbildung angedeihen zu lassen, um sie vor Mangel und Not zu bewahren. Daher erschrickt Telemanns Mutter, als ihr Sohn Anlage und Lust zur Musik erkennen läßt, und besteht darauf, daß er das Gymnasium absolviert und ab 1701 die Leipziger Universität besucht, um Jura zu studieren. Aber auf dem Weg nach Leipzig liegt Halle, wo der junge Händel die Orgel spielt, und in Leipzig ist das Musikleben so rege, daß sich der junge Student ihm nicht entziehen kann. Gegen den Willen seiner Mutter ergreift er den Beruf eines Musikers, hat aber genügend praktischen Sinn geerbt, um sich zu sagen, daß er von seinem Beruf auch leben muß. Sicherlich gut beraten, bewirbt er sich um die Stelle eines Kirchenorganisten und einen laufenden Kantatenauftrag. Er erkennt frühzeitig, daß auch die Komposition zu einem guten Teil aus Technik besteht, deren vollkommene Beherrschung bereits ein sicherer Erfolgsgarant ist. Daher sucht er Unterricht, wo er ihn erhalten kann, und studiert die großen Franzosen, die Italiener aller Epochen und die Werke der deutschen Orgel- und Opernmeister. Bald ist er so weit, daß es keine Technik, keinen Stil gibt, den er nicht bestmöglich anzuwenden imstande ist. Dazu kommt, daß ihm die Melodien von allen Seiten zuströmen, so daß er sie nur in die jeweilige Form fassen muß. 1702 kann er bereits an der Neuen Kirche (heutige Matthaei-Kirche) den Dienst als Organist und Musikdirektor antreten. Er macht sich mit den Kantaten bekannt, die er im vierzehntägigen Wechsel mit dem damaligen Thomaskantor Johann Kuhnau schreibt (1660–1722, Kuhnau ist als Thomaskantor Vorgänger Bachs, Verfasser von Klaviersonaten, zum Teil programmatischen Inhaltes). Telemann hat bereits vor dieser sakralen Musik einige Opern für die 1693 eröffnete Leipziger Oper mit Erfolg verfaßt. Das technische Rüstzeug hiefür findet er beim Studium der Partituren von Lully und André Campra (1660–1744, Leiter der Sängerschule an Notre-Dame in Paris, Verfasser von Ballettopern, bei denen er die Feinheiten der französischen mit dem Temperament der italienischen Musik verbindet). Für Aufführungen an seiner Kirche gründet er ein Collegium musicum, das rasch großes Ansehen erwirbt und viele bisher den Thomanerchor verstärkende Studenten anzieht. Im Jahre 1704 erhält er auch den Ruf an den Hof des Grafen Promnitz in Sorau, wo auch Wolfgang Kaspar Printz tätig ist. Mit dem Grafen verbringt er mehrere Sommer in dessen Sommerresidenzen Pleß und Krakau, wo er die polnische Musik kennenlernt, deren Stil er kompositorisch mehrmals mit starker Einfühlung verwendet. 1708 erreicht ihn ein Ruf als Kapellmeister an den Hof des Herzogs Johann Wilhelm von Sachsen-Eisenach. In Eisenach lernt er Johann Sebastian Bach kennen, bei dessen Sohn Carl Philipp Emanuel er 1714 Pate steht. In Sorau hat er vorwiegend Instrumentalmusik komponiert, in Eisenach entstehen seine ersten Kantatenjahrgänge, zahlreiche profane Kantaten, Konzerte und Kammermusik. Aber schon 1712 verläßt er die Stelle und geht als Kapellmeister an die Barfüßer- und Katharinen-Kirche in Frankfurt am Main, wo er bald darauf städtischer Musikdirektor wird und die Leitung des dortigen Collegium musicum übernimmt, mit dem er ab 1713 im Haus der Frauensteinschen Gesellschaft regelmäßige Konzerte veranstaltet. Die Frankfurter Zeit ist kompositorisch außerordentlich fruchtbar, der Ruf des Komponisten hebt sich von Jahr zu Jahr, so daß mehrere Fürsten ihn für sich verpflichten wollen und mit ehrenvollen Aufträgen überhäufen: 1716 will ihn Herzog Ernst Friedrich II. von Gotha als Hofkapellmeister, 1717 Herzog Ernst August von Weimar, und 1722 bietet man ihm die Stelle eines Leipziger Thomaskantors an, die er ablehnt, weil er schon ein Jahr zuvor in Hamburg Kantor am Johanneum und Direktor der Kirchenmusik für die fünf Hauptkirchen mit Ausnahme des Domes (wo Mattheson wirkt) geworden ist. Seine familiären Verhältnisse sind dagegen weniger glücklich. Die erste Frau ist bereits 1711 in Eisenach gestorben, die zweite Ehe mit der Frankfurter Bürgerstochter Maria Katharina Textor findet 1736 ihr Ende; die Frau (trotz der Namensgleichheit nicht mit Goethes Mutter verwandt) läuft ihm unter Hinterlassung einer beträchtlichen Schuldenlast davon. Hamburg bietet Telemann das breiteste Wirkungsfeld. Er erneuert auch das von Matthias Weckmann gegründete Collegium musicum, veranstaltet ständig öffentliche Konzerte und versucht noch, die Hamburger deutsche Oper vor dem Verfall zu retten, nachdem Keiser die Stadt verlassen hat. Er bleibt in Hamburg, abgesehen von etlichen Konzertreisen nach Berlin, bis zu seinem Tod am 25. Juni 1767.

Literatur

E. Valentin: Telemann in seiner Zeit, 1960

Werke

Telemann ist einer der gefeiertsten und erfolgreichsten Komponisten des 18. Jahrhunderts, sein Ruhm hat weit über die Grenzen Deutschlands hinaus gereicht. Obwohl er älter als Händel und Bach ist, entfernt er sich im Verlauf seiner Entwicklung sehr stark vom Barock, so daß man ihn an das Ende dieser Epoche stellen könnte. Doch er kann nicht zum Markstein der Musikgeschichte umgedeutet werden, er bringt ihr keine Weiterentwicklung, denn er ist in diesem Sinn kein Musiker, sondern ein Musikant, allerdings als solcher ein seltenes Phänomen, dem die Zeitgenossen Achtung und Würdigung in hohem Maße entgegenbringen. Telemanns Fertigkeit, mit der er eine Komposition nach der anderen erzeugt, hat Rekordgeschwindigkeit, so daß man sich heute

Georg Philipp Telemann (1681–1767)

Der Blockflötenmeister Frans Brüggen ist nicht nur wegen seiner Virtuosität weltberühmt, sondern auch als Herausgeber von Literatur für sein Instrument.

noch fragen muß, wie jemand eine solche Fülle rein technisch bewältigen kann. Dabei liegt alles, kleine Schwankungen unberücksichtigt, auf dem gleichen perfekten Niveau, nicht zu tief und nicht allzu seicht, zwar wenig richtungsweisend und zukunftsträchtig, aber auch nicht epigonal, sondern doch immer wieder neu und aus einem unerschöpflichen Reservoir von Gehörtem, Erlerntem, Verarbeitetem neben der eigenen ständig sich erneuernden Originalität fließend. Das führt zur Ablösung von der Formenwelt des Barock, zu einer gewissen Glätte der Themen, zu einem gefälligen, galanten Stil und zu einer stereotypen Tonmalerei und öffnet schließlich der Klassik Tür und Tor. Telemann schreibt mehr als Bach und Händel zusammengerechnet, trotzdem verblaßt sein Andenken bald, als diese beiden Fürsten der Musik auf den Plan treten. Erst unsere Gegenwart verleiht ihm und seinem Stil neue Beachtung, weil die Abkehr vom Jüngstvergangenen immer das Vorvergangene schärfer konturiert.
40 Opern (über 20 für Leipzig, für Hamburg ungefähr ebenso viele, nur weniger erhalten), Bearbeitungen von Opern von Keiser und Händel; 35 Oratorien, 44 Passionen, darunter das berühmte „Seliges Erwachen" und „Tod Jesu". Zwölf Jahrgänge kirchlicher Kantaten, 32 Prediger-Einführungsmusiken, 33 Hamburger Kapitänsmusiken, 15 Messen, 2 Magnifikate, 22 Psalmen, 9 Beerdigungsmusiken, viele Motetten und weltliche Kantaten, 600 Orchestersuiten (davon 126 erhalten), Kammermusik, Hunderte von Gelegenheitskompositionen und Klavierwerke, deren Stil vom Hochbarock bis zum Rokoko reicht. Er setzte bei seinen Werken sämtliche denkbaren Instrumentenkombinationen, sämtliche Stilarten, jedes Lokalkolorit (insbesondere das polnische) echt und richtig ein, ohne seine persönliche Eigenart zu verleugnen.

Tips für Plattenfreunde

O Sonaten für Flöten und Cembalo f-Moll, A-Dur, g-Moll, d-Moll (Stereo-LP/EMI 1C 063 = 28 288)
O Konzert für Flöte, Violine, Violoncello, Streicher und Basso continuo (Stereo-LP/BM 1 2 25)
O Triosonaten (Stereo-LP/Pelca PSRP 40 546). Drei vorzügliche Aufnahmen verschiedener Stilgattungen
O Lukas-Passion (2 Stereo-LP/JSV 658 203/04). Eine vollendete Wiedergabe
O Schulmeisterkantate aus: Komische Kantaten für Bariton (Stereo-LP/ DaCamera 91 023). Einzige Aufnahme
O Tafelmusik, Oboen-Fagott-Konzert g-Moll, Violinkonzert A-Dur (Stereo-LP/Da Camera 51 031)
O Suite concertante D-Dur, Flöten-Violinkonzert B-Dur (Stereo-LP/Da Camera 91 032)
O Quartett für Flöte, Violine, Cello und Basso continuo Nr. 1, 3, 4, 6 (Stereo-LP/DaCamera 92 007). Eine weitere Auswahl aus dem umfangreichen Angebot vorzüglicher Aufnahmen

JEAN-PHILIPPE RAMEAU (1683–1764)

Zeit und Umwelt

Obwohl die Anhänger des Opernstiles von Lully und die Gefolgsmänner von Rameau einander stark anfeinden und den ersten Opernstreit in Frankreich heraufbeschwören, ist in Wahrheit die Differenz beider Richtungen bei weitem kleiner, als die Streitteile annehmen. Die „Ramisten" warfen den „Lullisten" vor, daß die Werke ihres Idols erstarrt und schematisch seien, die Partei Lullys behauptet, daß die Opern von Rameau zu künstlich, zu gelehrt und vor allem zu italienisch seien. Tatsächlich hat Rameau das Opernschema Lullys nur erweitert, die Form der Arien reicher und das Orchester klangvoller gestaltet; seine Ouvertüren allerdings gleichen stimmungsvollen „Sinfonischen Dichtungen". Das Barock klang eben auch in Frankreich aus und machte zierlicher Tonmalerei und empfindsamer Gefühlsdarstellung Platz.

Leben

Jean-Philippe Rameau wird am 24./25. September 1683 in Dijon als Sohn des Organisten Jean Rameau geboren, zeigt frühzeitig starke musikalische Begabung, soll aber nach dem Willen des Vaters kein Musiker werden, obwohl er schon mit sieben Jahren sehr gut Cembalo spielt und sich weigert, sich mit anderen Dingen als Musik zu beschäftigen. 1701 sendet ihn der Vater nach Italien zur musikalischen Ausbil-

Jean-Philippe Rameau (1683–1764)

dung. Es fehlen alle Nachrichten darüber, bei wem Rameau Unterricht nimmt, wir wissen nur, daß er sich vorwiegend in Mailand aufhält und schon nach einem Jahr das Land verläßt, um sich einer französischen Theatergruppe anzuschließen, die Südfrankreich bereist. Kurze Zeit ist er in Avignon als Organist tätig, dann auch in Clermont-Ferrand, um an der Kathedrale die Organistenstelle seines Bruders Claude zu übernehmen. Im Jahre 1705 geht er nach Paris, wo er an zwei Kirchen die Orgel spielt und dafür ein bescheidenes Einkommen bezieht. Er veröffentlicht in jener Zeit das erste Buch seiner Pièces de clavecin. 1708 kann er seinen Vater in Dijon ablösen, nimmt aber bald darauf eine Stelle in Lyon und dann abermals in Clermont-Ferrand an und kehrt 1723 endgültig nach Paris zurück. Inzwischen hat er seine Harmonielehre geschrieben, die einiges Aufsehen erregte. Wieder wechselt er von einer Organistenstelle zur anderen, eröffnet eine private Musikschule, heiratet, kann sich aber nicht entfalten, weil Organistendienst und Unterricht seine ganze Zeit in Anspruch nehmen. Erst als er über eine Schülerin einen Mäzen findet, der ihn zum Musikmeister seines Palais macht, geht es aufwärts. Ihm wird der Zugang zur Großen Oper geöffnet. Er hat zwar mit seinen Opern die alten Anhänger Lullys gegen sich, setzt sich jedoch durch: 1745 ernennt ihn König Ludwig XV. zum Kammerkomponisten seines Hofes, so daß er aller wirtschaftlichen Sorgen enthoben ist. Er stirbt in Paris am 12. September 1764 als Fortsetzer der von Lully begründeten französischen Großen Oper, als bedeutender Klavierpädagoge und Klavierkomponist und als Musiktheoretiker, dessen Erkenntnisse weit in das nächste Jahrhundert befruchtend wirken. Seine Opern erwecken heute nur mehr historisches Interesse, seine übrige Musik ist vergessen, aber seine Lehrstücke für das Klavier, die zugleich reizende Kunstwerke darstellen, werden noch heute viel gespielt.

Werke

28 Opern und Ballettopern (darunter am bekanntesten „Les Indes Galantes"), instrumentale Gelegenheitsarbeiten, Messen, Kantaten. Sein wichtigstes und bleibendes Werk sind seine unter dem Einfluß von Domenico Scarlatti und Couperin stehenden Klavierstücke in mehreren Bänden (1706, 1724, 1741 und 1747), von denen die meisten für den Unterricht bestimmt gewesen sind, Klaviersuiten mit Instrumentalbegleitung und einzelne Charakterstücke programmatischen Inhalts.

Tips für Plattenfreunde

○ Pièces de clavecin I, Nr. 1, 2, 3, 4, 5, 7 (Stereo-LP/Claves 0 209)
○ Pièces de clavecin en concerts Nr. 1, 3, 4, 5 (Stereo-LP/Bärenreiter 1 2 41). Zwei sehr schöne Aufnahmen, die dem Komponisten voll gerecht werden

GEORG FRIEDRICH HÄNDEL (1685–1759)

Zeit und Umwelt

In Deutschland schreibt er sich Händel, in Italien Hendel und in England Handel. Er hätte sich in Hamburg trotz der wirtschaftlichen Schwierigkeiten der von Keiser geleiteten Oper durchsetzen können, aber der Rahmen für sein Wirken ist zu eng, es wäre ihm nicht schwer gefallen, seine Erfolge in Italien noch weiter auszubauen und zu einem der bedeutendsten Opernkomponisten des Landes zu werden, aber er geht nach London, nicht um Engländer zu werden, sondern weil es für ihn eine größere Entfaltungsmöglichkeit bietet. Die Engländer reklamieren ihn als einen der Ihren, und manche werfen ihm vor, daß er Deutscher geblieben ist. Er ist aber weder Deutscher noch Italiener noch Engländer, sondern Europäer im Sinn des Humanismus eines Erasmus von Rotterdam wie Hans Holbein, der in Italien lernt und sich in England nicht zum Engländer, sondern zum europäischen Künstler vollendet. Außerdem kapseln sich die Völker noch nicht in gegenseitiger Feindseligkeit ab. Die politischen Zwistigkeiten werden von den Herrschenden ausgetragen, die Untertanen nehmen nur gezwungen an diesen Kämpfen teil; sie werden ja auch oft von einem Staatsverband zum anderen geschoben, ohne selbst gefragt zu werden, ob ihnen das gefällt. Daher wechselt auch der einzelne mühelos seine Zugehörigkeit zu einem bestimmten Staatswesen. Dazu kommt die humanistische Idee der Gemeinschaftlichkeit aller Kulturträger, Wissenschafter und Künstler, über alle wie immer gearteten Grenzen hinweg. Die Überlegungen von Musikologen und von Laien, ob Händel Deutscher ist und geblieben ist, ob er zum Engländer geworden ist oder nicht, sind daher müßig, er ist Weltbürger im besten Sinn des Wortes kraft seines Wollens und kraft seiner Genialität, und zwar kein „deutscher Weltbürger", wie er zuweilen genannt worden ist, sondern ein Weltbürger schlechthin ohne Einschränkung. Daraus resultiert die Beziehungslosigkeit Händels zu den Zeitumständen und Zeitereignissen, die sich auf einer Ebene abspielen, an der er wenig Anteil nimmt. Er komponiert zum Teil im Auftrag von Männern, die mitten im Getriebe der Zeitpolitik stehen, ist aber auf dem Gebiet der Musik selbst ein Souverän, ob er nun Opern, Instrumental- oder Vokalmusik schreibt, oder den Oratorienstil schafft, der seine Gültigkeit über alle Grenzen des Raumes und der Zeit behält. Was sonst um ihn und neben ihm geschieht, hat in Hinblick auf diese überragende Gestalt der europäischen Musik nur untergeordnete Bedeutung.

Leben

Georg Friedrich Händel wird am 23. Februar 1865 in Halle an der Saale als Sohn des Baders und Wundarztes Georg Händel (1622–1697) und

Georg Friedrich Händel (1685–1759)

der lutherischen Pfarrerstochter Dorothea, geborene Taust (1651–1730), geboren. Über seine Kindheit ist wenig bekannt, sicher ist, daß er früh musikalische Anlagen gezeigt hat und vermutlich ein sogenanntes Wunderkind geworden wäre, wenn der Vater dafür mehr Verständnis aufgebracht hätte. So kann der Junge nur zeitweilig in der Schloßkapelle zu Weißenfels, wohin der Vater fallweise beruflich kommt, seine ersten Griffe auf der Orgel versuchen. Er fällt dem Herzog von Sachsen-Weißenfels auf, der sich dafür verwendet, daß Georg Friedrich beim Organisten Zachow Musikunterricht nehmen darf. Im Alter von 11 Jahren wird er von seinem Vater auf eine Reise nach Berlin mitgenommen, wo er durch den Geiger und Sänger Ariosti italienische und französische Musik kennenlernt. Er zeigt dabei so viel Verständnis und Sachkenntnis, daß er vom Kurfürsten das Anbot erhält, nach Italien zur weiteren Ausbildung zu gehen. Der Vater ist dagegen, weil er wünscht, daß sein Sohn eine sichere Berufslaufbahn einschlage und die Schule absolviere, um an der Universität zu studieren. Georg Friedrich muß gehorchen; er bringt die Lateinschule hinter sich und schreibt sich, obgleich der Vater bereits seit fünf Jahren tot ist, am 10. Februar 1702 an der Universität Halle ein. Einen Monat darauf wird er probeweise für ein Jahr zum Organisten der calvinistisch reformierten Dom- und Schloßkirche ernannt, obwohl er Lutheraner ist. Er ist schon von Zachow neben Orgel-, Cembalo- und Violinspiel im Oboenspiel unterrichtet worden. Als Organist tritt er in engere Beziehungen zu der inzwischen von Michael Hyntzsch und dessen Sohn Johann Georg (beide berühmte Oboisten) begründeten „Hautboisten-Companie", für die er vermutlich seine 6 Triosonaten für zwei Oboen komponiert. Auch etliche Kantaten stammen aus jener Zeit. Nach Ablauf des Probejahres als Organist gibt er die Stelle und das Studium, das er nie ernsthaft betrieben hat, auf und geht nach Hamburg, wo er beim Theater am Gänsemarkt, das von Reinhard Keiser geleitet wird, als Geiger unterkommt und später zum Cembalisten aufsteigt. Gleichzeitig ist mit ihm Johann Mattheson als Tenor, Cembalist und Komponist an Keisers Oper tätig. Händel findet in ihm einen freundschaftlichen Berater. Mit ihm unternimmt er 1703 eine Reise nach Lübeck, um den bekanntesten Orgelmeister jener Zeit, Dietrich Buxtehude, aufzusuchen. Eine eventuelle Amtsnachfolge lehnt er ab, weil er Buxtehudes wenig ansprechende Tochter hätte heiraten müssen. Auf die Dauer wäre Händel als Kirchenorganist oder Kantor ohnehin nicht denkbar gewesen. Händel bleibt in Hamburg, schreibt eine Johannes-Passion (1704) und komponiert vier deutsche Opern mit italienischen Einlagen, wie es damals üblich ist. Davon ist nur „Almira" (1705) erhalten geblieben. In den Jahren 1703/04 hält sich Prinz Giovanni Gastone de Medici (Sohn des Großherzogs von Toskana) in Hamburg auf und lernt Händel kennen und schätzen. Auf seine Veranlassung (vermutlich auch auf seine Kosten) verläßt Händel Hamburg, wo Keisers Oper bereits in arge

Schwierigkeiten geraten ist, und begibt sich nach Italien. Der italienische Adel, die Medici voran, das Haus des Fürsten Ruspoli, der Palazzo des Kardinals Ottoboni, die Casa Colonna, die römische und neapolitanische Arcadia nehmen den Opernkomponisten aus dem Norden begeistert auf. In Rom lernt er Alessandro Scarlatti kennen, in Florenz führt er seine Oper Rodrigo auf, das Jahr 1708 verbringt er mit beiden Scarlatti in Neapel, kehrt nach Rom zurück und schließt mit Pasquini, Corelli und Steffani Bekanntschaft und Freundschaft, 1709 bringt er in Venedig seine komische Oper Agrippina auf die Bühne. Zwei Oratorien, eine Kantate, Kammerduette und Kammerkantaten stammen aus jener Zeit.

Dann tritt die nächste große Wende im Leben Händels ein. Über Vermittlung des Musikers, Diplomaten und Priesters Steffani erhält er die Stellung eines Hofkomponisten beim Kurfürsten von Hannover (Enkel Jakobs I. von England) und geht 1710 nach London, wo 1711 seine Oper Rinaldo am Haymarket sehr günstig aufgenommen wird. Einige Opern schließen sich mit wechselndem Erfolg an. Durch das „Utrechter Tedeum", komponiert anläßlich des Utrechter Friedens, wird er zum allbekannten Komponisten des Landes. 1717 kehrt er noch einmal nach Hannover zurück und schreibt dort die Passion „Der für die Sünden der Welt gemarterte und sterbende Jesus" als letztes Werk in deutscher Sprache. 1719 gründet er die Royal Academy of Music als großes Opernunternehmen, an dem er eine lange Serie von Opern aufführt, die in ganz Europa weite Verbreitung finden. König Georg I. verleiht Friedrich Händel das englische Bürgerrecht, doch erheben sich gerade im Adel Widerstände gegen den erfolgreichen Ausländer. Noch ist er aber unangreifbar. Zur Krönung des neuen Königs Georg II. schreibt er vier Coronation Anthems (6. Oktober 1727). Ein Jahr später muß er die Opernakademie wegen wirtschaftlicher Mißerfolge auflösen. Die Akademie hat schon einige Zeit unter einem beim Publikum eingetretenen Geschmackwechsel gelitten, man wendet sich von der italienischen Oper ab. Den Todesstoß erhält Händels Oper jedoch durch die parodistische „Bettleroper" des Librettisten John Gay (1685–1732) und des Komponisten Johann Christoph Pepusch (1667–1752, Organist, Geiger, Komponist, Musikschriftsteller); Gay und Pepusch verspotten unter starkem Beifall des Publikums die italienische Oper derartig scharf, daß deren Rolle im englischen Musikleben ihr Ende findet.

Im selben Jahr versucht Händel mit dem Zürcher Intendanten J. J. Heidegger eine neue Akademie zu gründen, reist nach Neapel, um neue Kräfte zu engagieren. Er bringt neuerlich etliche Opern heraus, aber das Unternehmen scheitert bald, diesmal wegen Differenzen mit dem Kastratensänger Senesino, der daraufhin zum Konkurrenzunternehmen unter Nicola Porpora wechselt (1686–1768, Komponist von 53 Opern, Musiklehrer in Neapel, Venedig, Wien, Dresden und London). Die Konkurrenz Händels wird vom Prince of Wales und dessen Parteigänger unterstützt, denn Händel wird vom König protegiert, gegen den die Intrige gerichtet ist, obgleich sie den Theaterleiter trifft. Auch andere wichtige Ensemblemitglieder schlagen sich auf die Seite des neuen Unternehmens (1733). Händels alte Gegner finden sich dabei ein, wie Carlo Arrigoni (Lautenist, Komponist von untergeordneter Bedeutung); Giovanni Battista Bononcini (1670–1747, Kapellmeister in Bologna und Modena, Cellist in Wien, Hofkomponist der Königin Sophie Charlotte in Berlin, wird 1720 von den Gegnern Händels nach London berufen, diskriminiert sich jedoch durch eine Plagiatsaffäre, komponiert über 30 Opern, 6 Oratorien, Kirchenmusik, Sonaten und Suiten); sein Bruder Antonio Bononcini (1677–1726, Hofkapellmeister in Modena, Verfasser von 14 Opern, Oratorien und Kammermusik); der Vater Giovanni Maria Bononcini (1642–1678, Komponist von Vokal- und Instrumentalmusik und fünf Opern) und J. A. Hasse. Händel mietet nun das Convent-Garden-Theatre und führt es auf eigene Rechnung weiter, das Haymarket Theatre vermietet Heidegger den Gegnern. Händel muß sich außerordentlich anstrengen, dem finanziellen Ruin zu entgehen. Er schreibt weitere Opern, zwei oratorische Werke und mehrere Anthems, überarbeitet sich und bricht gesundheitlich zusammen. Ein Schlaganfall am 14. Mai 1737 lähmt seine rechte Seite. Nun muß das Opernunternehmen aufgegeben werden. Händel geht nach Aachen, um sich in den heißen Bädern zu kurieren, was überraschend bald gelingt. Schon im Herbst desselben Jahres ist er wieder in London und schreibt für die verstorbene Königin das Funeral Anthem for Queen Caroline. Das Opernunternehmen seiner Gegner ist inzwischen ebenfalls zugrundegegangen. Heidegger mobilisiert die Reste beider Opernensembles und eröffnet 1738 im Haymarket eine neue Saison mit zwei Werken von Händel ohne nennenswerten Erfolg. Dann versucht es Friedrich Händel noch persönlich und führt 1740 seine neuen letzten Opern auf, bringt zwei Oratorien heraus, die freundlicher aufgenommen werden. Er sieht nun deutlich, daß die Konkurrenzmanöver zwar sehr schädlich waren, aber die Gründe für den Zusammenbruch der Opernhäuser tiefer liegen. Das Publikum wendet sich von der mythologischen Oper ab, die Schicksale der einzelnen Götter und Heroen sind gleichgültig geworden. Das Oratorium, dessen Stoff dem bei den englischen Puritanern beliebten Alten Testament entnommen wird, erweckt bei der Gesellschaft des Frühkapitalismus, die geschäftliche Erfolge als Lohn für ihre Frömmigkeit betrachtet, starke Begeisterung. Und da es verboten ist, biblische Gestalten und Begebenheiten auf die Bühne zu bringen, verlegt Händel die Handlung in die Phantasie des Publikums, dem alle Bibelgeschichten von Kindheit an geläufig sind. Einige davon, vor allem die letzten, sind monumentale geistliche Dramen, in denen das Walten der göttlichen Gerechtigkeit im alttestamentarischen Raum und die weltgeschichtliche Größe des auserwählten Volkes Israel zum Sinnbild des britischen Weltreiches und seiner Bedeutung wird. Damit gestaltet sich der Besuch einer Oratoriumaufführung nahezu zur sakralen und patriotischen Handlung um, die keinem Unterhaltungszweck dient, sondern der religiösen Erhebung und moralischen Läuterung. Am deutlichsten kommt das im Messias zu Ausdruck, in dem die Erlösungsverheißung sich unmittelbar an die Zuhörer richtet. Gegen das Ende seines Lebens erblindet Händel und kann nicht mehr arbeiten, gibt aber noch immer Konzerte und begleitet seine Oratorien auf der Orgel. Am 6. April 1759 ist er bei der letzten Messias-Aufführung im Covent-Garden-Theatre anwesend. Am 14. April 1759 stirbt er in London. Sein Denkmal in der Westminster Abbey, wo er beigesetzt ist, stellt ihn mit nach der Totenmaske geformten Kopf in Lebensgröße, in der rechten Hand ein Notenblatt haltend, den linken Arm auf die Orgel stützend, dar; auf dem Blatt steht die Eingangsarie zum dritten Akt des Messias: „Ich weiß, daß mein Erlöser lebet." Händels Nachlaß wird im Britischen Museum in 97 Bänden verwahrt.

Literatur

R. Petzold: Georg Friedrich Händel. Sein Leben in Bildern, 1960
R. Friedenthal: Georg Friedrich Händel in Selbstzeugnissen und Bilddokumenten, 1959. Gesamtausgabe: Hallesche Händelausgabe seit 1955

Werke

Heute verbindet sich der Name Händels vor allem mit seinem Oratorienwerk, hinter das die anderen Kompositionen, mit Ausnahme einiger weniger, weit zurücktreten. Nahezu völlig dem Gedächtnis entschwunden ist, daß er 40 Opern und eine Reihe von Pasticcios verfaßt und damit schon in Italien, aber in viel größerem Ausmaß in London erfolgreich gewesen ist, bis ein völliger Geschmackswandel des Publikums eingetreten ist, dem er durch seine Oratorien Rechnung getragen hat. Heute scheinen uns die Opern dramaturgisch ziemlich schwach zu sein, so daß sie auch die zahlreichen Neubearbeitungen für unsere Bühnen nicht mehr retten können; die kunstvoll angelegten Arien mit den Freuden- und Leidausbrüchen der dargestellten Gestalten hören wir uns lieber als Konzertnummern an, wie zum Beispiel das berühmte „Largo von Händel" aus der heiteren Oper „Xerxes" (1738). Von den Instrumentalwerken sind die sechs Conzerti grossi, op. 3 (vor 1734), die 12 Concerti grossi op. 6 (1739), vor allem jedoch die Wassermusik (1717) und die Feuerwerksmusik (1749) lebendig geblieben. Die Doppelkonzerte in F-Dur und B-Dur werden noch häufig gespielt wie auch die sechs Orgelkonzerte op. 4 (1736) und die sechs Orgelkonzerte op. 7 (1751); weitere Orgelkonzerte, Concerti grossi und Ouvertüren kommen schon seltener zu Gehör. Für alle diese Werke ist eine gewisse Einfachheit und Schlichtheit und ein zügiger Rhythmus charakteristisch. Das Kammermusikwerk besteht zum Teil aus Solosonaten (für Flöte, Oboe oder Violine mit Generalbaß), die der Hausmusik gewidmet sind. Die

Triosonaten (für zwei hohe Instrumente und ein tiefes mit Generalbaß), die Kirchensonaten in italienischem Stil (Vorbild: Corelli) und die Kammersonaten auf französische Art (op. 5), die sich der Suitenform nähern, sind Konzertstücke. Händel, selbst ein hervorragender Organist und Cembalist, betont in seinen Werken für Tasteninstrumente das Virtuos-Aufgelockerte; sie müssen zum Besten altklassischer Kunst jener Gattung gerechnet werden. In fünf Sammlungen sind uns diese Kompositionen überliefert. Sein Oratorienwerk besteht aus 32 Stücken, von denen der „Messias" das berühmteste ist. Das Gegenwartsinteresse wendet sich aber immer mehr auch den anderen Oratorien zu („Saul", 1739, „Israel in Ägypten", 1739, „Samson", 1743, „Belsazar", 1745, „Judas Makkabäus", 1747, „Josua", 1748, „Jephtah", 1752). Von den weiteren Chorwerken müssen neben vielen Anthems und Hymnen das „Utrechter Tedeum" (1713) und das „Dettinger Tedeum" (1743) hervorgehoben werden.

CONCERTO GROSSO OP. 3 NR. 1
B–DUR
Erstes Stück der 1734 gedruckten Sechs Concerti grossi (zu verschiedenen Zeiten entstanden und bereits 1733 „bei Gelegenheit der Heirat des Prinzen von Oranien mit der Prinzessin Anna" unter dem Titel „Six Concertos for Hoboys and Violins" zusammengefaßt, wegen der Besetzung mit Oboen auch „Oboenkonzerte" genannt), 3 Sätze. Der erste Satz beginnt mit einem frischen Thema und konzertiert im Sinn des Gegensatzes von Concertino und Ripieno (Tutti); in den beiden folgenden Sätzen kommt es zu einem Rivalisieren beider Instrumentengruppen, wobei die Streicher die Führung innehaben. Spielzeit 10 Minuten.

CONCERTO GROSSO OP. 3 NR. 2
B–DUR
5 Sätze, suitenartig, bringt im dritten Satz eine vierstimmige Doppelfuge und im fünften eine Gavotte. Spielzeit 12 Minuten.

CONCERTO GROSSO OP. 3 NR. 3
D-DUR
3 Sätze. Im Mittelsatz trägt eine Querflöte ein arioses, von den Streichern akkordisch begleitetes, Adagio vor. Spielzeit 9 Minuten.

CONCERTO GROSSO OP. 3 NR. 4
F-DUR
3 Sätze. Der erste Satz ist eine französische Ouvertüre (langsame Einleitung und fugiertes Allegro), das Andante ist anmutig und kantabel, der Schlußsatz eine Art Menuett voll Fröhlichkeit. Spielzeit 13 Minuten.

CONCERTO GROSSO OP. 3 NR. 5
D-MOLL
5 Sätze. Der fünfte Satz ist tänzerisch beschwingt und gemahnt an die Form einer Bourrée. Spielzeit 12 Minuten.

CONCERTO GROSSO OP. 3 NR. 6
D-DUR
2 Sätze. Der erste Satz (Allegro) läßt durch seine Anlage sinfonische Formen Haydns voraussahnen, der zweite ist von feuriger Thematik erfüllt. Spielzeit 8 Minuten.

CONCERTO GROSSO OP. 6 NR. 1
G-DUR
5 Sätze. Erstes Konzert der 1739 komponierten und 1740 veröffentlichten „Grands concertoc" (vorwiegend auf Streicherklang basierende und ab-

wechslung- und stimmungsreiche Stücke). Der erste und dritte Satz bringen sangliche Adagiomelodien, die anderen sind freudig bewegt. Spielzeit 13 Minuten.

CONCERTO GROSSO OP. 6 NR. 2
D-DUR
4 Sätze, nach Art der Kirchensonate angelegt. Der edle Klang des ersten pastoralen Satzes wird besonders geschätzt. Spielzeit 15 Minuten.

CONCERTO GROSSO OP. 6 NR. 3
E-MOLL
5 Sätze. Der erste Satz bringt ein melancholisches Larghetto, dem als zweiter Satz ein kantables Andante folgt. Der vierte Satz ist eine Polonaise. Spielzeit 14 Minuten.

CONCERTO GROSSO OP. 6 NR. 4
A-MOLL
5 Sätze. Der zweite Satz bringt eine meisterhaft angelegte Fuge. Spielzeit 12 Minuten.

CONCERTO GROSSO OP. 6 NR. 5
D-DUR
6 Sätze. Am bemerkenswertesten ist das Largo des vierten Satzes mit einem feierlichen Duo der 1. und 2. Violine. Spielzeit 18 Minuten.

CONCERTO GROSSO OP. 6 NR. 6
G-MOLL
5 Sätze. Der erste Satz dieses Konzertes, das zu den bedeutendsten Leistungen Händels gehört, bringt ein feierliches, schmerzvolles Larghetto, der dritte eine „Musette", die Romain Rolland „... ein leuchtender Traum von ländlichem Glück" nennt. Spielzeit 21 Minuten.

CONCERTO GROSSO OP. 6 NR. 7
B-DUR
4 Sätze. Der zweite Satz bringt eine stark humoristisch wirkende Fuge, der dritte ein frohes Andante und der letzte eine lustige „Hornpipe" (altenglischer Schalmeientanz). Spielzeit 17 Minuten.

CONCERTO GROSSO OP. 6 NR. 8
C-MOLL
5 Sätze. Das Konzert beginnt mit einer Allemande, der sich drei langsame Sätze anschließen. Hierauf folgt eine „Siciliana", die den Höhepunkt des Stückes bildet. Spielzeit 16 Minuten.

CONCERTO GROSSO OP. 6 NR. 9
F-DUR
4 Sätze. Das Konzert hat Suitenform, bringt eine muntere Fuge, ein Menuett und als Abschluß eine Gigue. Spielzeit 17 Minuten.

CONCERTO GROSSO OP. 6 NR. 10
D-MOLL
4 Sätze. Das Konzert beginnt mit einer französischen Ouvertüre. Der zweite Satz bringt einen liedhaften „Air", der letzte eine zweiteilig angelegte Variationenreihe. Spielzeit 19 Minuten.

CONCERTO GROSSO OP. 6 NR. 11
A-DUR
5 Sätze. Das Konzert bringt eine kunstvolle Doppelfuge. Das Finale ist nach Art einer Da-capo-Arie angelegt. Spielzeit 20 Minuten.

CONCERTO GROSSO OP. 6 NR. 12
H-MOLL
3 Sätze. Der erste Satz fängt mit einem ernsten Largo an. Im zweiten konzertieren vorwiegend die Celli, der dritte bringt eine Schlußfuge. Spielzeit 15 Minuten.

ORGELKONZERT G-MOLL
OP. 4/1
4 Sätze. Im ersten Satz wird das Hauptthema vorgestellt, dann werden

Orgelkonzerte

Georg Friedrich Händel, Stich von William Bremley nach dem Gemälde von Thomas Hudson (1749).

vier Takte dem Belieben des Organisten überlassen. Im zweiten kommt es zu großen Solopartien der Orgel, die vom Orchester unterbrochen werden. Im Adagio tritt das Orchester erst nach einer freien Improvisation der Orgel in Erscheinung. Im Schlußsatz wird das Thema variiert und figuriert. Spielzeit 16 Minuten.

ORGELKONZERT B-DUR OP. 4/2
4 Sätze. Der erste Satz ist kurz und homophon mit punktiertem Rhythmus. Der zweite wird vom Orchester eingeleitet, dann übernimmt die Orgel das Thema. Nach einem sehr kurzen Zwischensatz mit Orgelfiguration setzt der Schlußsatz mit einem knappen, symmetrisch gebauten Thema ein. Spielzeit 12 Minuten.

ORGELKONZERT G-MOLL OP. 4/3
4 Sätze. Das Konzert hat Concertogrosso-Form, im ersten und dritten Satz erscheint ein Concertino aus Violine und Cello und übernimmt den konzertierenden Teil, während die Orgel nur begleitet. Der vierte Satz hat den Charakter einer Gavotte. Spielzeit 15 Minuten.

ORGELKONZERT F-DUR OP. 4/4
4 Sätze. Es ist das meistgespielte aller Orgelkonzerte von Händel, unkompliziert und einfallsreich. Spielzeit 15 Minuten.

ORGELKONZERT F-DUR OP. 4/5
3 Sätze. Eine Bearbeitung der Flötensonate F-Dur aus op. 11. Besonders interessant ist die Siciliana des dritten Satzes. Spielzeit 8 Minuten.

ORGELKONZERT B-DUR OP. 4/6
4 Sätze. Ursprünglich für Harfe und Orchester geschrieben, dann für Orgel bearbeitet. Spielzeit 12 Minuten.

ORGELKONZERT B-DUR OP. 7/1
4 Sätze. Der erste Satz ist nach der Art einer Chaconne gefaßt. Der zweite übernimmt das Thema des ersten Satzes. Nach einem kurzen Largo und einer frei improvisierten Fuge folgt ein glanzvolles Bourrée Allegro. Spielzeit 10 Minuten.

ORGELKONZERT B-DUR OP. 7/3
4 Sätze. Hat zwei Menuette. Spielzeit 11 Minuten.

ORGELKONZERT G-MOLL OP. 7/5
4 Sätze. Das Stück enthält ein Menuett und eine Gavotte. Spielzeit 12 Minuten.

ORGELKONZERT F-DUR, OHNE OPUSNUMMER
6 Sätze. Das Konzert ist eine Umarbeitung eines Concerto grosso für zwei Bläsergruppen, wodurch ein grandioses Klangbild entsteht.

WASSERMUSIK F-DUR

22 Teile, höfische Freiluftmusik, uraufgeführt 1717. Das Stück besteht aus einer zehnsätzigen F-Dur-Suite für Holzbläser, Hörner und Streicher, einer fünfsätzigen mit zusätzlichen Trompeten und einer siebensätzigen ohne Blechbläser. Alle Sätze haben tänzerischen Charakter. Spielzeit 60 Minuten.

FEUERWERKSMUSIK D-DUR

6 Teile, uraufgeführt 1748 zur Feier des Friedens von Aachen, bestehend aus Ouvertüre, Bourrée, Largo alla Siciliana, La Réjouissance und 2 Menuetten. Spielzeit 20 Minuten.

DER MESSIAS, ORATORIUM IN DREI AKTEN

Für Soli, gemischten Chor, Orchester, Cembalo und Orgel, verfaßt im Auftrag des Vizekönigs von Irland zwischen 22. Mai und 14. September 1741 für die Charitable Musical Society von Dublin, Erstaufführung in Dublin am 13. April 1742 zugunsten der Gefängnisinsassen. Das Dublin Journal vom April 1742 verkündet nach der Aufführung: „Selbst die größten Kenner hielten es für die beste Komposition, die je zu hören war." Das Werk ist einfach instrumentiert (Streicher und Continuo, nur in einzelnen Teilen Bläser und Pauken). Die unruhige Ouvertüre deutet die Ungewißheit der Welt an, ob sie den Erlöser erwarten darf. Der erste Akt bringt ihr die Verheißung, der zweite die Heilsgeschichte und der dritte die Erlösung, die im Gegensatz zum dunklen e-Moll des Anfanges des Werkes im strahlenden D-Dur ausklingt. Soli und Chöre wechseln in meisterhaft ausgewogener Architektonik ab. Das gesamte Oratorium rollt mit steigender Dramatik ohne Verzögerung ab. Der Text ist der Bibel entnommen und zum Großteil vom Komponisten selbst zusammengestellt.

ACIS UND GALATEA, PASTORALORATORIUM

Entstanden 1730. Der Titel „Masque" weist auf eine halbszenische Aufführung, bei der die Sänger kostümiert sind, hin. Acis, Geliebter der Nymphe Galatea, wird von dem wilden Riesen Polyphem erschlagen, von Galatea betrauert und über Bitten des Chores in einen Silberquell verwandelt.

ESTHER, ORATORIUM

Entstanden in erster Fassung 1720 (als Masque), in zweiter 1732 (in Oratoriumsgestalt). Die Israelitin Esther ist die Lieblingsfrau des Königs Ahasverus und wird vom Juden Mardachai bestimmt, den König zu bitten, die schweren Verfolgungen des Ministers Haman hinanzuhalten. Der König erfüllt die Bitte, Haman fällt in Ungnade, die Israeliten jubeln.

DEBORA, ORATORIUM

(Szenische) Uraufführung 1733. Die Israelitin Jael nimmt dem Heerführer der von den Juden geschlagenen Kanaaniter in ihre Hütte auf und ermordet ihn, während er schläft, indem sie ihm einen Nagel in den Kopf treibt. Die Seherin Deborah preist die Tat als Rettung ihres Volkes.

ATHALIA, ORATORIUM

Entstanden 1733. Die Anhängerin des Baal macht sich nach dem Tod ihres Sohnes Ahasja zur Königin von Juda und läßt alle Anhänger des rechtmäßigen Königshauses ermorden. Der Sohn des Ahasja, namens Joas, wird von der Frau des Priesters Joad gerettet und von den Priestern zum König ausgerufen, Athalia vom Volk vor den Toren ihres Palastes erschlagen.

Oratorien

DAS ALEXANDER-FEST, ORATORIUM
Es liegt eigentlich eine Kantate vor. Das Werk hat keine Handlung, sondern schildert ein Fest des siegreichen Königs, bei dem Hymnen des Sängers Timotheus erklingen.

CAECILIEN-ODE, ORATORIUM
Entstanden 1739. Eine handlungslose dichterische Huldigung der Schutzpatronin der Musik.

SAUL, ORATORIUM,
entstanden 1738. Die Feier des Sieges Davids über Goliath erregt Sauls Eifersucht. Er wirft einen Speer gegen David, der entflieht. Jonathan stiftet Frieden, Saul gibt David seine Tochter Michal zur Frau. Sauls Eifersucht flammt wieder auf, er wendet sich gegen den eigenen Sohn, dem Freund Davids. Sauls Wahnsinn wird immer wilder. Er läßt durch die Hexe Endor den Schatten Samuels beschwören, dann sucht er in der Schlacht gegen die Amalekiter den Tod. Das Volk trauert, aber begeistert sich zugleich für den künftigen König David.

ISRAEL IN ÄGYPTEN, ORATORIUM
Entstanden 1738, stellt das Schicksal der Israeliten in Ägypten bis zu ihrem Auszug über das Rote Meer dar.

SAMSON, ORATORIUM
Entstanden 1741, stellt die Tragödie des Samsons gemäß der biblischen Erzählung dar.

JOSEPH, ORATORIUM
Entstanden 1743. Darstellung der biblischen Erzählung über Joseph und seine Brüder.

BELSAZAR, ORATORIUM
Entstanden 1755. König Belsazar und sein Untergang laut dem Bibelbericht.

JUDAS MAKKABÄUS, ORATORIUM
Entstanden 1746. Bericht vom Heldenkampf der Makkabäer.

ALEXANDER BALUS, ORATORIUM
Entstanden 1747. Behandelt eine Episode aus den Diadochenkämpfen im dritten Jahrhundert vor unserer Zeitrechnung.

JOSUA, ORATORIUM
Entstanden 1747. Wiedergabe des biblischen Berichts über den Nachfolger Moses', dessen Taten und Kämpfe zur Festigung des israelitischen Staates.

SALOMO, ORATORIUM
Entstanden 1748. Ohne wirkliche Handlung, sondern dreiteilige Kantate über das Eheglück Salomos, den Richterspruch im Streit zweier Frauen um ein Kind und das Fest zu Ehren der Königin von Saba.

THEODORA, ORATORIUM
Entstanden 1749. Verherrlichung der Märtyrerin.

JEPHTHA, ORATORIUM
Entstanden 1751. Die Erzählung über das Kinderopfer im Buch der Richter wird idealisiert.

Tips für Plattenfreunde

○ Orchesterwerke (9 Stereo-LP/Philips 6747 036). Vorzügliche werktreue Wiedergabe
○ Orgelkonzerte 1–16 (5 Stereo-LP/Deutsche Grammophon 2723 042). Originalgetreue Aufnahme
○ Flötensonaten (Stereo-LP/Deutsche Grammophon 25 33 0600)
○ Messias mit London Philharmonic Orchestra, englisch (3 Stereo-LP/Deutsche Grammophon 2720 050),

oder Karl Richter mit Münchener Bach-Orchester (3 Stereo-LP/ Deutsche Grammophon 2721 076), oder Adrian Boult mit Londoner Symphony Orchestra (3 Stereo-LP/ Telefunken 6.35 292 EK). Alle Aufnahmen bringen authentische Wiedergaben
○ Alexander Balus (3 Stereo-LP/Da-Camera 94009/a–c)
○ Belsazar, Oratorium (Teldec 6.35 326 GK, 3 Stereoplatten)
○ Deborah, Oratorium (2 Stereo-LP/ Bärenreiter BM 1 3 41/42)
○ Israel in Ägypten, Oratorium (2 Stereo-LP/FSM 34 557/58)
○ Jephta, Oratorium (3 Stereo-LP/ Ariola). Alle Aufnahmen besonders sorgfältig durchgeführt und klangschön

JOHANN SEBASTIAN BACH (1685–1750)

Zeit und Umwelt

Von den mehr als 50 Mitgliedern der Familie Bach besetzen mindestens 10 einen Platz in der Musikgeschichte, abgesehen von den nur ausübend als Kantoren, Organisten oder Stadtpfeifer Tätigen. Durch vier Generationen verdichtet sich allmählich die Genialität von Stufe zu Stufe, angefangen von dem Müller Veit Bach (gestorben 1619), der in Wechmar zu seinem eigenen Vergnügen gerne die Cythringe spielt, bis zur Kulmination in Johann Sebastian. Der Name Bach ist für Johann Sebastian zum Auftrag, zum selbstverständlichen Lebensinhalt und zur Atemluft geworden. Dazu fügt sich der Geburtsort Eisenach mit dem Cottahaus, in dem Luther als Kind gewohnt hat, mit der Wartburg Herzog Friedrichs des Weisen hoch über Stadt, dem Entstehungsort der deutschen Bibel und Schauplatz des deutschen Meistergesanges, so daß Sage, Geschichte, Musik und Poesie und Religion zusammenwirken, das geballte Talent des nachmaligen Thomaskantors früh zu wecken und in die entsprechende Richtung zu lenken. Der Dienst an den Kirchenorgeln, mit dem Bachs Laufbahn beginnt, muß bald zu Konflikten führen. Ein Verdrängen der Musik auf einen untergeordneten Platz im Gottesdienst kann der Musiker, für den die Musik von Gott kommt und für ihn zu erklingen hat, nicht dulden. Er tritt zum Hofdienst über, weil er dort mehr Entfaltungsmöglichkeiten sieht, muß jedoch bald erkennen, daß ein Musiker auch im Dienst des liberalsten Fürsten nichts als ein Lakai ist; der regierende Herzog von Sachsen-Weimar hält ihn wegen Unbotmäßigkeit vier Wochen in Haft. Die neue Stellung bei Herzog Leopold von Anhalt-Köthen verläuft störungsfreier. Der Herzog, selbst ein begabter Musiker, läßt Bach alle Förderung zukommen, aber seine Mittel sind sehr beschränkt. Auch ist Köthen reformiert, und Bach wünscht, daß seine Kinder in lutherischen Schulen erzogen werden. Er hält erneut nach einer kirchlichen Stellung Ausschau. Eine Reise nach

Johann Sebastian Bach (1685–1750)

Karl Münchinger und das von ihm geleitete Stuttgarter Kammerorchester nimmt sich vorwiegend der Barockmusik und darunter speziell J. S. Bachs an (Konzerte, Suiten, Passionen).

Hamburg bleibt erfolglos, aber da wird in Leipzig durch Kuhnaus Tod die Thomaskantorenstelle frei. Es ist zwar keine Ehrenpforte, durch die Bach in Leipzig einzieht, ihn empfängt ein Vertrag voll mit beengenden Vorschriften, die von gänzlich amusischen Köpfen erdacht wurden, doch wagt er den Schritt „in des Höchsten Namen", um dem aus seiner inneren Sendung empfangenen Auftrag gemäß seinem Wirken ein überpersönliches Ziel zu setzen, indem er sich völlig der Kirchenmusik hingibt. Reibereien und Plackereien gibt es genug, mehrmals denkt er daran, auszubrechen, aber er bleibt seiner selbstgewählten Aufgabe doch treu. Wenn ihm auch viele Anerkennungen zukommen, so weiß doch keiner der Zeitgenossen, daß an der Thomasschule zu Leipzig ein ganz Großer wirkt, ihn selbst eingeschlossen, denn er sieht sein künstlerisches Schaffen nicht als Ausfluß einer seltenen Begabung, sondern als Frucht geduldigen Fleißes, Lernens und Einübens an. Für ihn leitet sich das Wort Kunst von Können ab, so daß sie lehrbar und erlernbar ist. Sein Künstlerstolz ist die Befriedigung des Meisters, der durch seine Ausdauer anerkennenswerte Werkstücke geschaffen hat. Bei Bach kommt noch der Stolz auf seine Familie mit ihren Meistern dazu, er sammelt die Kompositionen seiner Vorfahren und Verwandten und bemüht sich sein ganzes Leben lang, „fleißig zu sein, um es ebensoweit zu bringen". Daß er sich mit fortschreitendem Alter immer mehr in seine Arbeitsstube und auf sein Kantoramt zurückzieht, ist keine Vereinsamung und keine tragische Gebärde, wie es das empfindsame 19. Jahrhundert gerne gesehen hätte, es wird durch den Willen bedingt, möglichst viel und möglichst gut zu arbeiten, „dem höchsten Gott allein zu Ehren, dem Nächsten, daraus sich zu belehren", denn neben dem Erbauungszweck verfolgt seine Musik stets das Ziel, Frömmigkeit, Gottesfurcht und Güte zu lehren. Zu seiner Zeit und seiner Umwelt gehört aber auch die Tatsache, daß sein Tod wenig Aufsehen erregt und seine Witwe, der äußersten Not preisgegeben, als Almosenfrau den Rest ihres Lebens fristen muß.

Leben

Johann Sebastian Bach, Sohn des Johann Ambrosius Bach (1645–1695) und der Elisabeth Lämmerhirt (1644–1694), erhält vom Vater den ersten Unterricht in der Bläser- und Streicherkunst eines Stadtpfeifers. Die Anfangsgründe der Musik und des Kirchengesanges lernt er in der Schulkantorei unter Kantor A. Chr. Dedekind. Die ersten Eindrücke großer Kirchen- und Orgelkunst empfängt er vom Cousin des Vaters Johann Christoph Bach (1642–1703), der Organist an der Georgenkirche der Stadt ist. Mit neun Jahren verliert er die Mutter, ein Jahr darauf den Vater und kommt, da sich die Familie auflöst, zu seinem älteren Bruder nach Ohrdruf, der ebenfalls Johann Christoph (1671–1721) heißt, und wird dort in die Kantorei aufgenommen. Sein Bruder, ein Schüler Pachelbels, vervollständigt seine Kenntnisse im Orgel- und Klavierspiel. Durch Vermittlung des Ohrdrufer Kantors E. Herda, einem ehemaligen Schüler der Michaelisschule in Lüneburg, wird Bach 1700 als Alumnus des Michaelisklosters aufgenommen. Damals wirken in Lüneburg die Organisten G. Böhm (1661–1730) und J. J. Loewe (1629–1703), die Bach unterrichten. Überdies unternimmt er mehrere Ausflüge zur Hochburg des norddeutschen Orgelspieles Hamburg und nimmt mit dem Vertreter der Niederländischen Schule Reinken Fühlung auf. Dort studiert er die Klavierstücke und Kirchenkantaten des kürzlich verstorbenen Nikolaus Bruhns (1665–1697, virtuoser Geiger, der sein Spiel auf dem Orgelpedal selbst begleitete, Organist, Komponist). Ein französischer Tanzmeister, der Violinist an der Hofkapelle in Celle gewesen ist, vermittelt ihm die Kenntnis der französischen Instrumental-, Ballett- und Opernmusik. Seinen ersten Posten bekommt Bach 1703 in der Privatkapelle des Herzogs Ernst von Weimar, im selben Jahr jedoch tritt er die Organistenstelle an der Neuen Kirche von Arnstadt an. Von da wandert er zu Fuß nach Lübeck, um Buxtehudes Orgelkonzerte zu hören, und überzieht seinen Urlaub so beträchtlich, daß er sich vor dem Konsistorium rechtfertigen muß. Bach dürfte bei Buxtehude auch Orgelstunden genommen und über eine Nachfolge in die Organistenstelle von Lübeck verhandelt haben, da aber der alte Meister die Nachfolge davon abhängig macht, daß man seine Tochter zur Frau nimmt, verzichtet

Johann Sebastian Bach (1685–1750)

Bach ebenso wie vor ihm Telemann. Am 17. Oktober 1707 heiratet er seine Kusine zweiten Grades Maria Barbara Bach (1684–1720), Tochter des Johann Michael Bach aus Arnstadt (1648–1694), nachdem er am 29. Juni seine Stellung in Arnstadt seinem Cousin Johann Ernst (1722–1777, Sohn des Johann Bernhard Bach) überlassen und die durch den Tod von Johann Georg Ahle vakante Organistenstelle an der Sankt-Blasius-Kirche in Mühlhausen angetreten hat. 1708 geht Bach nach Weimar zurück, um die Stelle eines Hoforganisten und Kammermusikers zu übernehmen, 1714 wird er zum Hofkonzertmeister ernannt. Die Weimarer Zeit wird für Bach zum ersten Höhepunkt seines kompositorischen Schaffens. Die Zusammenarbeit mit seinem Vetter zweiten Grades Johann Gottfried Walther (1684–1748, mit Bach über die Familie Lämmerhirt verwandt, Organist der Stadtkirche in Weimar, Komponist, Herausgeber eines Musiklexikons) erweist sich als außerordentlich fruchtbar. Im Jahre 1717 kommt es zu einem heftigen Konflikt zwischen Bach und dem Herzog; der Komponist wird vier Wochen eingesperrt, verläßt darauf Weimar und geht als Hofkapellmeister nach Köthen, wo es allerdings keine Kirchenmusik gibt, da der Hof der reformierten (calvinistischen) Kirche anhängt. Während er auf Reisen ist, stirbt seine Frau Maria Barbara plötzlich. Nun will Bach Köthen verlassen, obschon er vom Fürsten Leopold von Anhalt alle Förderung erfährt. Er reist nach Hamburg, erhält jedoch keine Anstellung und muß daher in Köthen bleiben. Am 3. Dezember 1721 heiratet er zum zweitenmal, und zwar die Tochter des Hoftrompeters J. C. Wülken in Zeitz Anna Magdalena. 1722 stirbt in Leipzig der Thomaskantor J. Kuhnau, und Bach erhält die Stelle als Lückenbüßer, weil die Leipziger Telemann, Fasch und Graupner nicht bekommen können. Trotz des Abstieges vom Hofkapellmeister zum Kantor, trotz der Verpflichtung, Lateinunterricht zu geben, trotz der vielen sinnfremden Vorschriften, die ihm seine Vorgesetzten in ihrer dummen Arroganz machen, übernimmt er das Amt, weil es für seine Familie eine sichere, wenn auch knappe Einnahmequelle und für ihn die Möglichkeit bringt, als Kirchenmusiker und Kirchenkomponist den künstlerischen Auftrag, den er in sich fühlt, zu erfüllen. Er will Musik und Musizieren in den Mittelpunkt von Erziehung und Unterricht unter religiös-kirchliche Gesichtspunkte stellen, aber das aufkommende neuhumanistische Bildungsideal mit seinen aufgeklärten Schulzwecken läßt der Musik in der Schule wenig Raum. Aus diesem Gegensatz kommt es zu dauernden Zwistigkeiten zwischen Kantor und Rektor der Thomasschule, wobei dieser einen guten Teil des Bürgertumes hinter sich hat. Die musikliebenden Kreise des kursächsischen Hofadels in Leipzig und Dresden wie die Reichsgrafen von Keyserlingk, von Flemming, von Sporck und Graf Brühl, der Minister, bringen Bach volle Anerkennung entgegen und gehören zu seinen Gönnern. Diese Beziehungen werden allerdings mit dem Aufstieg des Machtstaates Brandenburg-Preußen und der Schwächung Kursachsens lockerer, obgleich sie dem Thomaskantor für die zur Huldigung des neuen Kurfürsten nach dem Tod August des Starken (1733) überreichte h-Moll-Messe noch den Titel eines Königlichen polnischen und kursächsischen Hofkomponisten, Kapellmeisters und Chordirektors zu Leipzig einträgt. Auch der Besuch bei Friedrich dem Großen und dessen Ehrung des „Alten Bach" wird durch jene Adelskreise vermittelt. In den letzten Jahren seines Lebens laboriert Bach an einem Augenleiden, das zur Erblindung führt. Am 28. Juli 1750 stirbt er und wird an der Südmauer der Johanniskirche in Leipzig begraben. Seine Frau Anna Magdalena, die von nun an in Armut lebt, folgt ihm am 27. Februar 1760. Ein von Telemann verfaßtes Nachrufsonett rühmt Johann Sebastian Bach als großen Meister des Kontrapunktes und des Orgelspieles, als erfindungsreichen Improvisator und Lehrmeister bedeutender Söhne und Schüler. Seine Grabstätte wird bald vergessen. Erst am 28. Juli 1949 wird der Sarg mit seinen Gebeinen in den Chorraum der Thomaskirche überführt.

Die Geschichte der Familie Bach ist mit dem Tod ihres größten Vertreters nicht zu Ende. Von den sieben Kindern der ersten Frau sind drei Musiker geworden: Wilhelm Friedemann, Carl Philipp Emanuel und der nicht weniger begabte Johann Gottfried Bernhard (1715–1739), der in Mühlhausen und Sangerhausen Organist ist, aber wegen seines liederlichen Lebenswandels in Schulden gerät und jung stirbt, ehe er seine Fähigkeiten entfalten kann. Die zweite Frau gebärt dreizehn Kinder, von denen zwei als Musiker bemerkenswert sind: Johann Christian, genannt der „Mailänder Bach", und Johann Christoph Friedrich, genannt der „Bückeburger Bach" (1732–1795), Kammermusiker in Bückeburg und Lippescher Hofkapellmeister, Verfasser zweier Oratorien, von Kammermusik und Klavierstücken. Sein Sohn Wilhelm Friedrich Ernst (1759–1845), Pianist und Cembalist, tritt als Komponist wenig hervor. Zu J. S. Bachs zahlreichen Schülern zählen außer seinen Kindern und den Verwandten Samuel Anton Bach aus Meiningen, Johann Ernst Bach aus Eisenach und Johann Elias Bach aus Schweinfurt unter anderen Heinrich Nikolaus Gerber (1702–1775, Vater des Musikwissenschafters Ernst Ludwig Gerber in Sondershausen), Johann Tobias Krebs (1690–nach 1728, Organist) und dessen Sohn Johann Ludwig (1713–1780, Organist und Komponist), Johann Friedrich Doles (1715–1797, ab 1755 Thomaskantor nach J. G. Harrer, führte Mozart Bach-Motetten vor, Verfasser der Motette „Ein feste Burg ist unser Gott"), Johann Friedrich Agricola (1720–1774, Komponist von Opern und sakralen Werken, Hofkapellmeister zu Berlin), Gottfried August Homilius (1714–1785, Kantor, Komponist von Kirchenmusik), Johann Philipp Kirnberger (1721–1783, Geiger, Komponist von Liedern, Klaviersonaten, Motetten, Chorälen, Musikschriftsteller), Johann Theophil Goldberg (1727–1756, Pianist), Johann Gottfried Müthel (1728–1788, Konzertmeister, Organist, Komponist von Klavierstücken), Johann

Johann Sebastian Bach (1685–1750) 131

Christoph Altnikol (1720–1759, Organist, heiratet Bachs Tochter Elisabeth Juliane Friederike) und viele andere, die J. S. Bach persönlich unterrichtet hat, und noch viel mehr bis in unsere Gegenwart, die sich am Werk Bachs schulen und zu Komponisten ausbilden.

Literatur

B. Paumgartner: Johann Sebastian Bach. 1950. W. Gurlitt: Johann Sebastian Bach, der Meister und sein Werk. 1959. Albert Schweitzer: Johann Sebastian Bach, 1963. Erneuerte Gesamtausgabe seit 1954

Werke

Sein Werk wird zwar nie völlig vergessen, wie manchmal behauptet wird, die großen Meister der Klassik und der Romantik haben zumindest einen Teil davon gekannt und daraus gelernt. Eine Renaissance erlebt Bachs Werk allerdings erst im 19. Jahrhundert durch die Wiederaufführung der Matthäus-Passion (1829). Seitdem wird sein Werk gesammelt und studiert, seitdem begreift die musikalische Welt allmählich, was Johannes Sebastian Bach für die Entwicklung der Musik bedeutet. Es ist unbestritten, daß er keine neuen Formen erfunden hat, aber er faßt alle Musik, die es vor ihm gegeben hat, zusammen und führt sie zur höchsten Vollendung. Wenn ihn die Musikgeschichte an das Ende des Barock stellt, so ist dieser Ausklang einer Epoche zugleich ihr Höhepunkt geworden. Sein Werk kann aber nicht restlos dem Barock zugeordnet werden, Elemente älterer Zeitläufte sind ebenso bemerkbar wie die Hinneigung zum Rokoko. Wenn aber eine eindeutige Einordnung seines Schaffens wegen der starken Eigenständigkeit unmöglich ist, so ist doch klar zu erkennen, daß es auf einem unerschütterten Glauben und auf echter Frömmigkeit ruht. Das gilt für seine sakralen wie auch für die profanen Kompositionen. Das Werk stellt gleicherweise eine Zusammenfassung aller europäischen Musik seiner Zeit in Hochform dar und ist auf diese Art richtungweisend, weil diese Sammlung eine Weiterentwicklung zu den Höhen der Klassik erst ermöglicht.

Vom Gesamtwerk Bachs ist nur ungefähr die Hälfte erhalten; von den weit über 300 Kirchenkantaten kennen wir ungefähr 200, von den 4 Passionen nur 2, von der Fülle der profanen Kompositionen ist noch mehr verlorengegangen. Dafür liegen viele Werke auf, die ihm zu Unrecht zugeschrieben worden sind. An der Spitze der Orchesterwerke stehen die sechs Brandenburgischen Konzerte, die Markgraf Christian Ludwig von Brandenburg für seine Hofkapelle in Auftrag gab, eine höfische Unterhaltungsmusik, aber von sehr hohem Rang: 1. F-Dur, 2. F-Dur, 3. G-Dur, 4. G-Dur, 5. D-Dur, 6. B-Dur. Die vier Ouvertüren sind eigentlich Suiten für kleine Streichkörper, denen einzelne Bläser gegenübergestellt werden. Von den Instrumentalkonzerten sind vor allem zu nennen: Die Violinkonzerte a-Moll und E-Dur und das Doppelkonzert d-Moll für zwei Violinen, Streicher und Continuo;

sodann 7 Klavierkonzerte für ein Klavier (Cembalo) und Orchester, drei für zwei, zwei für drei und eines für vier Klaviere und Orchester, die zumeist Bearbeitungen eigener oder fremder Werke sind, und das sogenannte Tripelkonzert für Flöte, Geige, Klavier und Cembalo mit Streicher. Die Kunst der Fuge, 14 (einfache, doppelte und dreifache) Kanons über ein Thema, rhythmisch, metrisch, melodisch mit allen Formvarianten der Fuge. Der 15. bleibt unvollendet. Angaben über die instrumentale Ausführung fehlen (entstanden 1749/50). An Kammermusik sind zu verzeichnen: Drei Sonaten und drei Suiten für Solovioline (um 1720), 6 Suiten für Solocello (Nr. 6 für Viola pomposa); 6 Sonaten für Cembalo concertato (ausgeschriebener Part), Violine oder Cembalo, Triosonaten, Sonaten für Kammerorchester, für Klavier mit Flöte, mit Gambe, mit beziffertem Baß, Kompositionen für Laute und das Musikalische Opfer (1747, neunsätzig auf ein von Friedrich dem Großen gegebene Thema). Wenn auch ein Teil der früher Bach zugeschriebenen Orgelwerke in Wahrheit nicht von ihm stammt, so bleibt doch eine Vielzahl von Präludien, Toccaten, Passacaglien, Fantasien, Trios, Pastoralen, Konzerten, Sonaten, Messen, Chorälen und Bearbeitungen (insgesamt ungefähr 250 Werke). Die Klavierwerke bestehen aus: Das Wohltemperierte Klavier, 48 Präludien und Fugen, chromatisch aufsteigend, ein Lehrwerk von größter musikalischer Bedeutung (Johann Kaspar Fischer, gestorben 1746, hat 1715 Präludien und Fugen in 20 Tonarten geschrieben, was ebenfalls ein temperiertes Klavier voraussetzt); Suiten, Partiten, Präludien, Fugen, Fantasien, Toccaten, Sonaten, 6 englische Suiten, 6 französische Suiten, Italienisches Konzert, Goldberg-Variationen (1742). Von den Passionen sind nur die Matthäus-Passion und die Johannes-Passion erhalten; die Markus-Passion ist nur bruchstückweise vorhanden, die „Lukas-Passion" ist nicht von Bach. Weitere Chorwerke sind: Das Magnificat (1723, zweite Fassung 1730), die Hohe Messe in h-Moll, 1733 bis 1738 verfaßt und dem katholischen Landesherrn in Dresden gewidmet. Das „Weihnachtsoratorium", das kein echtes Oratorium ist, sondern nur eine Reihung von 6 Kantaten aus dem Jahr 1734. Die kirchlichen Kantaten, die das gesamte Kirchenjahr umfassen, treten als Choräle, als Cantus firmus, mit komplizierter Satzform oder einfach harmonisiert, fugiert oder als Arie und Rezitativ, als Sologesang ohne Chor und stets mit Instrumentalbegleitung – Orgel, Streicher, Bläser und Pauken – auf. Die Texte entstammen der Bibel oder dem Gesangbuch und entsprechen der Zweckbestimmung der jeweiligen Kantate. Es liegt in der Natur der Sache, daß das Wort dominierend sein muß und die Musik es auszudeuten hat und sich nicht davon entfernen darf; die Kantate lebt und steht nur mit dem Text und kann nicht, wie etwa eine Opernarie, vom Text getrennt wiedergegeben werden, indem die Singstimmen von Instrumenten übernommen werden. Dazu kommen zahlreiche weltliche Kantaten und kleine Singspiele, sechs mehrstimmige Motetten und eine Reihe geistlicher Lieder.

Konzerte

CONCERTO NR. 1 F-DUR BWV 1046 (ERSTES BRANDENBURGISCHES KONZERT)

Für 3 Oboen, Fagott, 2 Hörner, Violino piccolo, Streicher, Continuo, 4 Sätze, entstanden vor 1718. Im ersten (sechsteiligen) Satz trägt das Violino piccolo als Soloinstrument ein Dreiklangthema vor, das von einem fröhlichen Seitenthema begleitet wird; die Oboe bringt einen dritten Gedanken, so daß drei Themen für eine abwechslungsreiche Durchführung zur Verfügung stehen. Das Adagio ist ernst gehalten, Oboe und Violino piccolo intonieren eine elegische Kantilene, das Finale wird von einer Oboenkadenz vorbereitet. Der dritte Satz ist heiter und tänzerisch, der vierte besteht aus echten Tanzsätzen: Menuett, mit Trio und Wiederholung, Polonaise, und wiederum Menuett mit Trio und Wiederholung, und entfaltet allen Glanz des Orchesters. Spielzeit 25 Minuten.

CONCERTO NR. 2 F-DUR BWV 1047 (ZWEITES BRANDENBURGISCHES KONZERT)

Für Blockflöte, Oboe, Trompete, Violine, Streicher, Continuo, 3 Sätze. Im ersten Satz dieses echten Concerto grosso treten die Soloinstrumente (Concertino) in einen interessanten Dialog mit den Tutti. Der zweite kantable Satz bringt innige Melodik der Solisten, der dritte eine freie Fuge, bei der die Streicher nur begleitende Funktion ausüben. Spielzeit 21 Minuten.

CONCERTO NR. 3 D-DUR BMV 1048 (DRITTES BRANDENBURGISCHES KONZERT)

Für I., II., III. Violinen, I., II., III. Bratschen, I., II., III. Celli, Continuo, 2 Sätze, entstanden 1718/19. Im ersten schwungvollen Satz spielen die drei Streichergruppen die Themen kunstvoll verwoben einander zu, der zweite Satz hat Rondoform und vorklassische Sonatenstruktur. Das Stück ist unbeschwerte Spielmusik mit geistvoller Kontrapunktik. Spielzeit 13 Minuten.

CONCERTO NR. 4 G-DUR BWV 1049 (VIERTES BRANDENBURGISCHES KONZERT)

Für 2 Blockflöten, Violine, Streicher, Continuo, 3 Sätze, entstanden 1719/1720. Im ersten Teil des ersten Satzes intonieren die Blockflöten eine wiegende Melodie, im Mittelteil herrscht die Violine vor, der dritte Teil wiederholt den ersten. Der zweite Satz bringt ein ernstes Andante, in dem die Flöten mit den Tutti gemeinsam konzertieren und die Kadenz der 1. Flöte zur Dominante führt. Der dritte Satz besteht aus einer Fuge auf einem heiteren Thema, zwischen den Fugenteilen fügen die Soloinstrumente Intermezzi ein. Spielzeit 19 Minuten.

CONCERTO NR. 5 D-DUR BMV 1050 (FÜNFTES BRANDENBURGISCHES KONZERT)

Für Querflöte, Violine, Cembalo, Streicher, Continuo, 3 Sätze. Der erste Satz bringt ein „Ineinanderweben von Soloinstrumenten und Streichorchester mit einem Klangspiel von überwältigender Schönheit", mit einer großen virtuosen Cembalokadenz. Im zweiten Satz wird von Flöte, Violine und Cembalo eine unbegleitete empfindsame Kantilene vorgetragen. Im letzten Satz gibt es eine Fuge auf einem Thema mit Gigue-Charakter. Spielzeit 21 Minuten.

CONCERTO NR. 6 B-DUR BWV 1051 (SECHSTES BRANDENBURGISCHES KONZERT)

Für I., II. Bratschen, I., II. Violen da gamba, Cello, Continuo, 3 Sätze. In diesem Konzert sind alle Stimmen solistisch besetzt. Der erste Satz hat sechs Tutti- und fünf Soloteile, die einander ablösen. Im zweiten tragen die Bratschen ein Duett vor, das vom Cello und dem Continuo gestützt wird. Das Finale ist heiter, außer dem Moll-Mittelteil. Spielzeit 19 Minuten.

OUVERTÜRE NR. 1 C-DUR BWV 1066

Für 2 Oboen, Fagott, Streicher, Continuo. Nach einer Einleitung folgen, von Bläserepisoden unterbrochen, die Tänze: Courante, Gavotte I, II und wiederum I, dann ein Forlane, Menuette I (mit vollem Orchester) und II (für die Streicher), darauf Bourrée I und II (in Moll), Passepied I und II (eine Oktave tiefer) und wiederum I. Spielzeit 28 Minuten.

OUVERTÜRE NR. 2 H-MOLL BWV 1067

Für Flöte, Streicher, Continuo. Nach einer langsamen Einleitung mit vielen Trillerfiguren folgt ein Fugato, nach dem der Beginn wiederholt wird. Der Mittelteil erscheint im folgenden Rondeau erneut. Die anschließende Sarabande ist langsam und lyrisch betont, von den zwei Bourrée-Sätzen wird der erste wiederholt. Die folgende Polonaise bringt eine schöne Echowirkung. Nach einem würdevollen Menuett schließt eine muntere Badinerie (Tändelei) das Stück ab. Spielzeit 24 Minuten.

OUVERTÜRE NR. 3 D-DUR BWV 1068

Für 2 Oboen, 3 Trompeten, Pauken, Streicher, Continuo; eines der glanzvollsten und beliebtesten Orchesterstücke des Komponisten. Die langsame Einleitung bringt eine starke Spannung, der ein langes Fugato auf einem straffen Thema folgt. Das Air („Lied") hat die Ouvertüre durch seinen innigen Ausdruck berühmt gemacht. Die folgenden Gavotten werden von Pauken und Trompeten scharf rhythmisiert. Nach einer Bourrée beendet eine weit ausladende Gigue das Werk mit Trompetenschall. Spielzeit 24 Minuten.

OUVERTÜRE NR. 4 D-DUR BWV 1069

Für 3 Oboen, Fagott, 3 Trompeten, Pauken, Streicher, Continuo. Sie setzt mit einer Allegrofuge ein, der Bourrée I und II und eine Gavotte folgen. Nach zwei Menuetten, von denen das erste wiederholt wird, schließt das Stück mit einer Réjouissance („Lustbarkeit") fröhlich ab. Spielzeit 22 Minuten.

VIOLINKONZERT A-MOLL BWV 1041

3 Sätze, entstanden um 1720. Der erste Satz bringt ein zweiteiliges Thema, das mit einer Dreiklangmelodik beginnt und es sodann in einem Tanzrhythmus münden läßt. Der Mittelteil des Satzes ist eine Durchführung und endet in eine Kadenz. Dann setzt die Reprise ein. Der zweite Satz bringt ein inniges, aber ernstes Thema über einen Basso ostinato. Der freudige Schlußsatz fordert vom Geiger ein virtuoses Spiel. Spielzeit 16 Minuten.

VIOLINKONZERT E-DUR BWV 1042

3 Sätze, entstanden um 1720. Im ersten Satz kommt es durch die Violine zu einer starken Dynamisierung der Musik. Die Konzerte der Klassik kündigen sich darin bereits an. Nach einem Rondofinale schließt der zweite Satz sanglich, stimmungsvoll und doch ernst getragen ab. Im dritten Satz entfaltet die Violine all ihren Klangreichtum. Die Form des Konzertes ähnelt der des a-Moll-Konzertes. Spielzeit 20 Minuten.

Konzerte

KONZERT FÜR 2 VIOLINEN D-MOLL BWV 1043

3 Sätze, entstanden um 1718 (später zu einem Konzert für 2 Cembali in c-Moll, BWV 1062, umgearbeitet). Es gehört zu den meistgespielten Bachschen Konzerten. Der erste Satz beginnt mit einem schwungvollen Fugenthema, er wird von den duettierenden Violinen beherrscht, das Orchester hat beinahe nur begleitende Funktion. Einer der schönsten langsamen Sätze Bachs bildet den zweiten Satz. Im Schlußsatz sind Soli und Tutti eng ineinander verwoben, die Soloviolinen bringen ein glänzendes Akkordspiel. Spielzeit 18 Minuten.

KONZERT FÜR FLÖTE, VIOLINE UND CEMBALO A-MOLL BWV 1044

3 Sätze, entstanden nach 1730. Alle drei Sätze sind Bearbeitungen früherer Werke des Komponisten. Der erste Satz geht wie der dritte auf die Klavierkomposition Präludium und Fuge a-Moll BWV 894 zurück und bringt ein von der Violine vorgetragenes Thema in Triolenrhythmus. Den aus dem Adagio der Orgelsonate d-Moll BWV 527 umgestalteten zweiten Satz spielen die drei Solisten allein. Das Finale erzeugt mit kühner polyphoner Kombinatorik eine prächtige Wirkung und schließt mit einer großen Cembalokadenz vor der Schlußphase ab. Spielzeit 22 Minuten.

CEMBALOKONZERT D-MOLL BWV 1052

Im ersten Satz bringen die Streicher ein scharf rhythmisches Thema, das von den Tutti achtmal wiederholt wird. Das Adagio des zweiten Satzes wird von einem reich ornamentalen Cembalo-Solo gekennzeichnet. Der letzte Satz ist heiter und tänzerisch und bringt kontrastreiche Klangbilder voll inniger Poesie. Spielzeit 25 Minuten.

KONZERT FÜR 2 CEMBALI C-DUR BWV 1061

3 Sätze, entstanden zwischen 1727 und 1730. Der erste Satz hat toccatenartiges Gepräge, dem Orchester fällt lediglich eine begleitende Funktion neben den 2 Soloinstrumenten zu. Der zweite Satz ist ein langes Siciliano. Das Finale ist eine frei gestaltete Fuge. Spielzeit 20 Minuten.

KONZERT FÜR 3 CEMBALI BWV 1064

3 Sätze. Die drei Solisten eröffnen den ersten Satz, die Streicher begleiten mit Sechzehnteltriolen. Im Adagio bringen die Cembali eine Ostinatofigur, über der die Violinen eine kantable Melodie spannen. Das Finale ist voll Schwung und kontrapunktischer Feinarbeit. Spielzeit 17 Minuten.

Der russische Pianist Swjatoslaw Richter hat auf seinen Konzertreisen durch die ganze Welt besonders durch seine Wiedergabe des Wohltemperierten Klaviers ungeheueres Aufsehen erregt.

KANTATE NR. 106
„Gottes Zeit ist die allerbeste Zeit", ein Sterbegesang, der, von einem traurigen Sonatinensatz für Flöten, Gamben und Baß eingeleitet, in ein tröstliches Adagio nach einer brillanten Fuge ausklingt. Sie stammt aus der Frühzeit des Komponisten.

KANTATE NR. 61
„Nun komm, der Heiden Heiland" zum ersten Advent, 1714, in der Form einer französischen Ouvertüre mit formaler Prägnanz geschrieben.

KANTATE NR. 76
„Die Himmel erzählen die Ehre Gottes" für den zweiten Sonntag nach Trinitatis, 1723, mit einer Instrumentalsinfonie und einer von einer Solovioline begleiteten Sopranarie verfaßt.

KANTATE NR. 4
„Christ lag in Todesbanden", Ostern 1724, choralgebunden, siebenstrophig und siebensätzig.

KANTATE NR. 12
„Weinen, Klagen, Sorgen, Zagen" zum Sonntag Jubilate, 1724, mit berühmtem Anfangschor.

KANTATE NR. 43
„Gott fähret auf", Himmelfahrt 1735, zweiteilig mit barockem festlichen Anfangschor, Arien und Schlußchoral.

KANTATE NR. 6
„Bleib bei uns, denn es will Abend werden" für den zweiten Osterfesttag 1736. Arien mit Chor, sehr liedhaft auch in der Orchesterbegleitung.

KANTATE NR. 1
„Wie schön leuchtet der Morgenstern", prächtige Choralkantate, festlich instrumentiert. Dem Sopran ist der Cantus firmus zugewiesen.

KANTATE NR. 116
„Du Friedefürst, Herr Jesu Christ", späteste erhaltene Kantate (1744). Arien für Soli und ein Terzett mit langem Orchesternachspiel. Unter dem Eindruck des Einmarsches der Preußen in Sachsen verfaßt.

WEIHNACHTS-ORATORIUM
Das Werk ist kein echtes Oratorium (obwohl es von Bach so benannt wird), sondern eine Reihung von sechs Kantaten aus dem Jahre 1734, die wohl liturgisch, aber nicht künstlerisch eine Einheit darstellen. Die Musik ist zum Großteil älteren Werken entnommen. Die erste Kantate berichtet von der Geburt Jesu und beginnt mit einem von Pauken, Oboen und Trompeten begleiteten Chor. Der pastorale Teil ist von Schalmeien begleitet. Die zweite Kantate fängt mit einer großen Sinfonia an und stellt die Begegnung der Hirten und der Engel dar. Die dritte Kantate schildert den Weg der Hirten nach Bethlehem, Chor, Duett für Sopran und Baß bringen ein Dankgebet, eine Altarie drückt das Staunen der Hirten aus, der Schlußchor bekräftigt ihre Worte. Die vierte Kantate ist einfach instrumentiert, volksliedhaft berichtend und opernnahe. Auch der Schlußgesang hat den Charakter einer Chor-Arie. Die fünfte Kantate behandelt die Ankunft der Magier, ihre Solopartien und Chöre nähern sich dem Oratorienstil. Die sechste Kantate zeigt in einem Rezitativ die Bosheit des Herodes. Eine Tenorarie verkündet den Triumph des Guten über das Böse. Die Choralfantasie am Ende bringt die Melodie von „O Haupt voll Blut und Wunden" und kündigt den Kreuztod an.

MAGNIFICAT
Für die Weihnachtsvesper 1723 geschrieben in Es-Dur, 1730 neu gefaßt

und nach D-Dur transponiert. Der Eingangschor „Magnificat anima mea" ist ein brausender Jubel der Instrumente und Singstimmen, die anschließende Mezzosopran-Arie „Et exultavit spiritus meus" behält die freudige Stimmung bei, während der Sopran das „Quia respexit" darauf demütig-gläubig vorträgt. Dann fällt der Chor mit dem „Omnes generationes" mit Bläserbegleitung ein. Nach einer Baß-Arie und einem Alt-Tenor-Duett ergreift erneut der Chor das Wort zum „Fecit potentiam" mit herrlichen Koloraturen. Eine Tenor- und eine Alt-Arie folgen, ein Frauenterzett verkündigt: „Suscepit Israel puerum suum", dann erklingt würdevoll das „Sicut locutus est". Ein ekstatisches fünfstimmiges Gloria führt zum Schluß, der das Thema des Anfanges aufnimmt.

HOHE MESSE IN H-MOLL
1733 bis 1738 verfaßt, breit (24 Musikstücke), mit großem polyphonem Aufwand und reicher Orchesterbesetzung – Streicher, Flöten, Oboen, Oboen d'amore, Fagotte, Hörner, Trompeten, Pauken und Orgel – angelegt: 15 Chorsätze, 9 Solostücke, Arien und Duette, teils mit archaischen Elementen (gregorianische Intonation des Credo), fügen sich zu einem majestätischen Bau, der nur mehr in Beethovens Missa solemnis ein Gegenstück findet; neben der Matthäus-Passion die bedeutendste Arbeit des Komponisten. Das Kyrie beginnt mit einer intensiven rhetorischen Bittgeste, dem sich ein inniges Duett der Soprane anschließt und darauf ein vierstimmiger fugierter Chorsatz im niederländischen „alten" Stil folgt. Das Gloria ist offenbar als Huldigungsmusik für den Widmungsträger. Das Credo ist gregorianisch intoniert und deutet den Text instrumental und vokal in allen Einzelheiten aus. Das

Der Trompetenvirtuose Maurice André spielt vorwiegend in Instrumentalkombinationen mit der Orgel und interpretiert mit sicherem Tonsatz und stilistischem Einfühlungsvermögen vor allem barocke Musik.

(um etliche Jahre früher komponierte) Sanctus bringt eine überraschende feierliche Klangfülle mit einer prächtigen Osanna-Fuge, das Benedictus eine weiche Tenor-Arie und das Agnus eine innige Bitte um Frieden, die es zum berühmtesten Stück des Gesamtwerkes erhebt.

DIE JOHANNES-PASSION
Bach legt sie 1723 als Antrittsarbeit für seine Kantorenstelle an der Leipziger Thomaskirche vor, in der sie am Karfreitag desselben Jahres aufgeführt wird. Sie ist eine Oratoriumspassion, die am Bibelwort festhält, das mit lyrischen Einschüben, Arien und Chören bereichert wird. Opernformen sind mit sakraler Tradition vermengt. Arie und Rezitativ erhalten viel Raum. Das Orchester ist stark besetzt und erhält durch verschiedene Oboen

und einer Viola d'amore ein schönes Kolorit. Mittels des strengen Chorsatzes und des protestantischen Chorals wird dem Werk die liturgische Verwendbarkeit gesichert. Der erste Teil geht bis zur Verleugnung Petri und hat nur drei kurze Chorsätze. Dafür werden im zweiten die Massenszenen naturalistisch mit dissonanten Durchgängen geschildert. Kreuzigung, Erdbeben und Auferstehung werden mit starker Tonmalerei gebracht. Zwölf Choralstrophen berücksichtigen das liturgische Element. Im Abschluß klingt das durchgehend in düsteren Farben gehaltene Werk beruhigend und besänftigend aus.

DIE MATTHÄUS-PASSION

Im Herbst 1728 begonnen und am Karfreitag des Jahres 1729 aufgeführt, nimmt das Werk nicht nur im ganzen Schaffen Bachs eine zentrale Stellung ein, sondern in unserem Kulturbewußtsein schlechthin. Es sind darin alle erdenklichen musikalischen Formen, die sich in der Renaissance und im Barock entwickelt haben, eingefangen, breit gegliedert und doch in sich mächtig zusammengefaßt. So hoch man Bachs Werk mit Recht einschätzt, diese Passion überragt doch alles davon noch bei weitem. Hier ist wohl die Größe durch reichen Aufwand künstlerischer Mittel dargetan, aber zugleich die Fülle durch die Form gebändigt. Der Text stammt von Christian Friedrich Henrici (Picander), kommt aber unter der Leitung des Komponisten zustande. Zu den Personen der Passionshandlung tritt die Figur der Tochter Zions als Personifikation der reuigen Menschheit, die durch den Heiland erlöst wird. Zwei respondierende Chöre, zwei Orchestergruppen und zwei Orgeln sind aufgeboten. Über den Evangelienbericht enthält das Werk dreißig lyrische Musikstücke, zum Teil Akkompagnato-Rezitative. Der erste Teil reicht bis zur Gefangennahme Jesu. In der Gethsemane-Szene klingt zum erstenmal der Choral „O Haupt voll Blut und Wunden" nach der von Haßler übernommenen Melodie auf. Die Musik folgt dem dramatischen Ablauf – Erscheinen der Soldaten, Verrat des Judas, Gefangennahme – mit verinnerlichter Ausdeutung des Wortsinnes. Dann kehrt sie zum liturgischen Stil zurück und schließt mit einer langen, kompliziert angelegten Fantasie über den Choral „O Mensch, bewein dein Sünde groß". Der zweite Teil ist naturgemäß mehr mit Handlung ausgefüllt. Der Handlungsablauf bis zum Urteil wird immer drängender, die scharf akzentuierten Schreie des Volkes, der Choral, der schon während des Verhöres gesungen wird, leitet auch die Kreuzigungsszene ein. Den Tod am Kreuz beklagt das Passionslied: „Wenn ich einmal soll scheiden, so scheide nicht von mir." Und mit tiefer, geradezu leidenschaftlicher Trauer schließt das Werk ohne die bei Passionen übliche Danksagung. Man hat Bach vorgeworfen, daß diese Passion zu opernhaft, daß sie eine Sammlung von Kantaten, daß sie unliturgisch, daß sie streng kirchlich sei. Der Kritiker hat es mehr als genug gegeben, und alle haben übersehen, daß in der Passion eben alles darin ist, was sie wünschen und was sie ablehnen, daß dieses umfassende Werk nicht eingeordnet werden und nicht aus der Froschperspektive betrachtet werden kann. Wer es aber auf sich wirken lassen kann, weil er für echte Kunst empfänglich ist, für den gilt das Wort Albert Schweitzers: „Um ihn zu verstehen, bedarf es keiner Bildung und keines Wissens, wer von ihm ergriffen ist, kann in der Kunst nur noch das Wahre verstehen..."

Tips für Plattenfreunde

○ Brandenburgische Konzerte 1–6, Cembalokonzerte Nr. 1–14, Violinkonzerte 1, 2, 3 (11 Stereo-LP/ Deutsche Grammophon 2722 011). Vorzügliche Wiedergabe
○ Brandenburgische Konzerte 1–6 (2 Stereo-LP/EMI 1C 147-30 888/89). Aufnahme mit Originalinstrumenten
○ Konzerte für Cembalo (Klavier), Streicher und Basso continuo 1–14 (5 Stereo-LP/Telefunken 6.35 049 GK). Mit besonders genauer Einfühlung gespielt
○ Matthäus-Passion (4 Stereo-LP/ Telefunken 6.35 047 HF). Aufnahme mit Originalinstrumenten. (4 Stereo-LP/Deutsche Grammophon 2720 070), Karajan. Äußerst farbige Darstellung
○ Matthäus-Passion und Johannes-Passion (7 Stereo-LP/Deutsche Grammophon 2722 010), Richter. Originalgetreue Wiedergabe
○ Weihnachtsoratorium, Magnificat, Kantaten (11 Stereo-LP/Deutsche Grammophon 2722 018) und Kantaten (11 Stereo-LP/Deutsche Grammophon 2722 019), Richter. Einwandfreie Wiedergabe
○ Messe h-Moll (3 Stereo-LP/Telefunken 6.35 019 FK), Aufnahme mit Originalinstrumenten (eine Stainer-, zwei Klotzgeigen. (3 Stereo-LP/Deutsche Grammophon 2740 112), Karajan. Restlose Klangausschöpfung in moderner Sicht
○ Englische Suiten 1–6 (Stereo-LP/ Deutsche Grammophon 2533 163/5/6)
○ Französische Suiten 1–6 (5 Stereo-LP/Deutsche Grammophon 2533 138/9). Ausgezeichnete Wiedergabe
○ Das Orgelwerk (20 Stereo-LP/Telefunken 6.35 076/77/78/79/80/81/82/83/84/85 EK), im echten Bachstil
○ Das Wohltemperierte Klavier (Werke für Cembalo) (20 Stereo-LP/Philips 6747 053/4), Isolde Ahlgrimm

DOMENICO SCARLATTI (1685–1757)

Zeit und Umwelt

Das Musikklima von Neapel und die dominierende Stellung, die sein Vater Alessandro darin einnimmt, sind die Umwelt, in die Domenico Scarlatti geboren wird. Dazu kommt, daß die Geschwister seines Vaters ohne Ausnahme musikalische oder der Musik nahestehende Berufe ausüben. Anna Maria Scarlatti (1661–1703) ist Sängerin und mit dem Opernunternehmer Nicola Barbapiccola verheiratet, Melchiorra Brigida Scarlatti (1663–1736) ist die Frau des Musikers und Opernunternehmers Nicola Pagano (1659–1722), Francesco Antonio Nicola Scarlatti (1666–1725) Geiger, Kapellmeister, Komponist, Antonio Giuseppe Scarlatti (geboren 1669) Bühnenbildner, Tommaso Scarlatti (1671–1760) Tenorist und erster Vertreter des Tenorbuffofaches. Auch unter seinen eigenen Geschwistern sind Musiker wie Pietro Filippo (1679–1750), der in Neapel als Organist, Kirchenkapellmeister und Komponist wirkt, die Sängerin Flammina Anna Catarina (1683–um 1725); zu ihnen ist noch der Cousin Giuseppe Scarlatti (Sohn des Tommaso 1723–1777) zu zählen, der 31 Opern, Oratorien, Kantaten und Kirchenmusik schreibt und die Sängerin Barbara Stabile heiratet. Eltern und Verwandte leben also nur von der Musik und für sie. Die Erfolge, die Aussichten und Hoffnungen der Familienmitglieder sind tägliches Gespräch, die Ereignisse werden nur durch das Spektrum Musik gesehen und bewertet. Daher gibt es für Domenico Scarlatti überhaupt keine andere Wahl, als auch selbst Musiker zu werden, und kein anderes Ziel, als darin zumindest ebensoviel zu erreichen und leisten wie sein Vater. Und dazu kommt es auch. Es liegt hier der einmalige Fall der Musikgeschichte vor, daß Vater und Sohn den gleichhohen Rang in der Geschichte der europäischen Musik einnehmen. Es handelt sich natürlich um die spezifisch neapolitanische Musik, die wegen der herrschenden politischen Konstellation als spanisch angesprochen werden muß. Sie profiliert sich beim Sohn noch deutlicher als beim Vater. Diese Hinwendung ist auch der innere Grund, daß sich Domenico Scarlatti bereit sieht, einem Ruf an den spanischen Hof zu folgen und dort über zwanzig Jahre als Cembalist und Komponist zu wirken.

Leben

Giuseppe Domenico Scarlatti, geboren am 26. Oktober 1685 in Neapel, Sohn und Schüler des Alessandro Scarlatti, wird von diesem 1701 in die königliche Kapelle in Neapel als Organist und Komponist aufgenommen. 1702 begleitet er seinen Vater nach Florenz und Rom zu dessen Opernaufführungen und kehrt allein nach Neapel zurück, weil Alessandro in Rom an der Santa Maria Maggiore vorläufig als Substitut (und etliche Jahre später als Kapellmeister) angestellt wird. 1703 bringt er in Neapel seine ersten zwei Opern auf die Bühne. Und als die Hoffnung, anstelle seines Vaters die Leitung der königlichen Kapelle zu erhalten, nicht in Erfüllung geht, begibt er sich nach Venedig zum Opern- und Kirchenkomponisten und Kapellmeister Francesco Gasparini (1668–1727), um seine Ausbildung, die er bei seinem Vater und dessen Schüler, dem nachmaligen Konservatoriumslehrer und Cembalokomponisten Gaetano Greco (geboren um 1680) genossen hat, zu vervollständigen. 1709 trifft er im Palast des Kardinals Ottoboni mit Händel zu einem künstlerischen Wettstreit auf dem Cembalo und der Orgel zusammen, der für beide ehrenvoll endet. Dabei ist Händel auf der Orgel überlegen und verlangt Domenico eine solche Achtung ab, daß dieser sich immer bekreuzigt, wenn er von Händel spricht. Im selben Jahr erhält er die Kapellmeisterstelle am Privattheater der Königin von Polen Maria Casimira und schreibt dafür ein Oratorium und sieben Opern. 1715 wird er Kapellmeister der portugiesischen Botschaft in Rom und zugleich an der Cappella Giulia im Vatikan. 1721 unterrichtet er in Lissabon am Hof Königs João V. die Infantin Maria Barbara, die ihn, nachdem sie den spanischen Thronfolger geheiratet hat, als Cembalisten nach Sevilla

Domenico Scarlatti (1685–1757) / Benedetto Marcello (1686–1739)

(1729) und dann nach Madrid (1733) beruft, wo er am 23. Juli 1757 stirbt.

Literatur

H. Keller: Domenico Scarlatti, ein Meister des Klaviers. 1957
R. Kirkpatrick: Neuausgabe der Werke, 2 Bände. 1953

Werke

Domenico Scarlattis Ruhm begründen seine Sonaten (oder Toccaten), die er in Spanien schreibt. Seine bestechend kühne Technik, seine heitere, unbeschwerte Musik – zumeist in Tanzform mit spanischem Kolorit – und auch seine unbekümmerte Mißachtung der kompositorischen Regeln haben viele Anhänger bis in unsere Zeit gewonnen. Von ihm soll die Technik des Spieles mit gekreuzten Händen stammen (Scarlatti-Griff). Er hat ungefähr 560 Kompositionen für Klavier sowie Opern, Oratorien, Kantaten, Serenaden, Kirchenmusik, darunter zwei Messen, hinterlassen.

Tips für Plattenfreunde

○ 70 Sonaten für Cembalo (4 Stereo-LP/Telefunken 6.35 086 EK), mustergültige Wiedergabe

BENEDETTO MARCELLO (1686–1739)

Zeit und Umwelt

Der Advokat und Diplomat Marcello bezeichnet sich als Dilettanten. In Wahrheit unterscheidet er sich von anderen Musikern nur dadurch, daß er von der Musik nicht leben und sich weder in den Dienst einer Kirche noch eines Hofes begeben muß. In seiner Jugend führt er ein wildes, ausschweifendes Leben wie die anderen jungen Männer der reichen venezianischen Häuser. Dann kommt er zu Würden und Ehren und wird würdig und ehrbar. Er versucht seinen künstlerischen Einfluß und seine persönliche Machtstellung gegen den Niedergang der venezianischen Oper geltend zu machen, aber ohne Erfolg, denn das Opernpublikum kommt aus denselben Kreisen, denen er selbst angehört, und schließlich bestimmt immer das Publikum, was ihm als Kunst geboten wird.

Leben

Benedetto Marcello, am 2. August 1686 in Venedig geboren, genießt eine ausgezeichnete Erziehung und zeigt früh musikalische Anlagen. Lotti und Gasparini sind seine Lehrer, die ihn im Violinspiel, Gesang und Komposition unterrichten. Sein Vater dringt darauf, daß er Rechtswissenschaft studiert und sich nicht mit Musik beschäftigt, doch Marcello weiß beides zu vereinen. 1711 wird er Mitglied des Rates der Vierzig der Republik Venedig, 1730 Proveditor von Pola. Er verläßt diese Stadt nach acht Jahren, weil er ihr Klima nicht verträgt, und wird Ratsherr in Brescia, wo er am 24. Juli 1739 stirbt. Auch sein Bruder Alessandro Marcello (um 1684–1750) ist Musiker und komponiert Solokantaten, Violinsonaten, 6 Konzerte für zwei Violinen oder Flöten, 6 Konzerte für Oboe oder Flöte mit obligater Geige und Orchester.

Werke

Sein wichtigstes und bestes Werk ist der Estro poetico-armonico, eine Vertonung italienischer Psalmenparaphrasen (1724–27). Darüber hinaus schreibt er eine Oper, zwei Oratorien, Instrumentalkonzerte und Kantaten, alles im spätbarocken venezianischen Stil.

Tips für Plattenfreunde

○ 12 Concerti a cinque (2 Stereo-LP/Telefunken 6.48 003 ER). Prächtige Aufnahme
○ 7 Psalmen (2 Stereo-LP/EMI 1C 187-30 895/96 Q, die der Komposition voll gerecht werden)

JOHANN FRIEDRICH FASCH (1688–1758)

Zeit und Umwelt

Buttelstedt bei Weimar, Weißenfels, wo Fasch als Chorknabe seine Laufbahn beginnt, Thomasschule in Leipzig, Musikunterricht vom Thomaskantor, Rechtsstudium an der Universität Leipzig. Dieser Auftakt weist nur in zwei Richtungen, die nicht weit voneinander liegen: eine Kantoren- oder eine Kapellmeisterstelle, Kirche oder Fürstenhof. Ein Drittes gibt es nur für den, der die lutherische Heimat verläßt und nach Italien zieht. Damit gibt er aber einen gesicherten, wenn auch engen Lebensweg auf und darf sich vor der Unsicherheit der weiten Welt nicht fürchten. Friedrich Händel hat es gewagt, aber Fasch ist kein Händel, sein Talent, so beachtlich es ist, kann sich nur in Umwelt der Heimat entfalten.

Leben

Johann Friedrich Fasch, in Buttelstedt bei Weimar am 15. April 1688 geboren, 1700 Chorknabe in Weißenfels, kommt 1701 an die Thomasschule in Leipzig, die von Kuhnau geleitet wird. Als Student der Universität gründet er ein Collegium musicum, aus dem später das „Gewandthaus" hervorgeht. Für Naumburg komponiert er drei Opern und etliche Ouvertüren im Stil Telemanns, 1710 und 1711 weitere Opern für Zeitz und 1712 für Hamburg. Im folgenden Jahr sucht er in

Darmstadt Christoph Graupner (1683–1760) auf, um von ihm zu lernen. Aufenthalte in Bayreuth, Gera und Lukavec folgen. 1714 nimmt er in Gera einen Beamtenposten an, 1719 wird er Ratsschreiber und Organist, dann (1722) Kapellmeister in Zerbst. Als er aufgefordert wird, sich um die Kantorenstelle an der Thomasschule zu bewerben, lehnt er ab, er bleibt bis zu seinem Tod am 5. Dezember 1758 in Zerbst.

Werke

8 Jahrgänge Kantaten, 69 Ouvertüren, 12 Messen, ein Requiem, Sonaten, mehrere Triosonaten. Alles im Stil des Spätbarock, aber bereits mit Anklängen an das hereinbrechende Rokoko.

Tips für Plattenfreunde

O Konzert D-Dur für Trompete, 2 Oboen, Streicher und Continuo (Stereo-LP/EMI 1C 065-28325). Ausgezeichnete Aufnahme des bekannten Konzerts

FRANCESCO MARIA VERACINI (1690–1750)

Zeit und Umwelt

„Il Fiorentino" heißt Veracini in Venedig und gilt als der erste Geiger der Welt. Jedenfalls verläßt der Virtuose Tartini, als er ihn gehört hat, die Stadt, in der er auftreten will, zieht sich nach Ancona zurück, um die Technik seines Konkurrenten zu studieren; er wagt es nicht, in einem Venedig zu spielen, das Veracini zugejubelt hat. Und der „Florentiner" kennt seinen Ruf und stimmt selbst in die Bewunderung kräftig ein. Schon sein Onkel Antonio ist als Geiger und Komponist weit über dessen Heimat Florenz berühmt gewesen, doch der Neffe übertrifft ihn um vieles an tatsächlichem Können, an Berühmtheit und Selbstbewußtsein. Er geht nach London, um am King's Theatre zu spielen, und wird wie eine Fürstlichkeit angekündigt: „Der berühmte Signor Veracini kam kürzlich aus Italien an."

Leben

Francesco Maria Veracini (Neffe und Schüler des Geigers und Kirchenkomponisten Antonio Veracini, der in der zweiten Hälfte des 17. Jahrhunderts in Florenz gelebt hat) wird am 1. Februar 1690 in Florenz geboren und ist in Venedig schon 1714 als ausgezeichneter Geiger bekannt. Im selben Jahr sucht er London an der Spitze einer Operntruppe auf und gibt dort etliche aufsehenerregende Konzerte. 1720 folgt er einem Ruf des Kurfürsten von Sachsen nach Dresden, wo er wegen seines anmaßenden Auftretens stark angefeindet wird, so daß er über Prag und Italien nach England zurückkehrt. 1735 tritt er mit einer Oper hervor und gewinnt einen durchschlagenden Erfolg (17 Aufführungen in einer Saison). Er soll 1750 entweder in London oder in Pisa in ärmlichen Verhältnissen gestorben sein. Seine brillante Technik hat auf die späteren italienischen Violinisten stark gewirkt, in England hat er den Grundstein zu einer Entwicklung des Violinspieles gelegt wie nach ihm auch Geminiani. Seine Kompositionen weisen viel Originalität und auch ebensoviel echte Befähigung auf.

Werke

12 Violinsonaten und 12 akademische Sonaten (1721 und 1744) gehören zum Besten, das in der ersten Hälfte des 18. Jahrhunderts geschrieben worden ist. Außerdem mehrere Sinfonien und Konzerte mit verschiedener Besetzung, Kantaten, Opern.

Tips für Plattenfreunde

○ Sonaten Nr. 2 und 6 für Blockflöte in: Franz Brüggen (3 Stereo-LP/ Telefunken 6.35 073 K). Mit außerordentlich schönem Ton gespielt.

LEONARDO VINCI (1690–1730)

Zeit und Umwelt

Die Neapolitanische Schule, der Unterricht von Gaetano Greco am Conservatorio dei Poveri in Neapel, musik- und opernbegeisterte Spanier und Neapolitaner, die fröhliche Stadt in einer fröhlichen Landschaft und die Rhythmen der Tänze aus dem Land des Königs sind die Umwelt von Vinci, der aus Kalabrien gekommen ist, um Musik zu hören, zu lernen und selbst zu machen. Er schwingt sich zum Hauptmeister seiner Stilrichtung und Wegbereiter ihrer zweiten Blütezeit auf und prägt eine neue Opernform, in der er das Rezitativ von der Arie, die es einleitet, streng trennt.

Leben

Leonardo Vinci wird in Strongoli in Kalabrien 1690 geboren. Über seine Familie ist nichts bekannt. Über ihn selbst weiß man, daß er in frühen Jahren in Neapel Musik studiert und bald selbst zu komponieren beginnt. Sein erstes Werk ist eine Oper im neapolitanischen Dialekt, der noch viele folgen. Er scheint Neapel kaum verlassen zu haben. Nach dem Tod von Alessandro Scarlatti (1725) wird er Vizekapellmeister der königlichen Kapelle. Er soll 1728 Mönch geworden sein. Jedenfalls hindert ihn das nicht, bis zu seinem Tod, am 28. Mai 1730, Opern herauszubringen. Sein früher Tod läßt allerlei Vermutungen darüber aufkommen, es ist aber gesichert, daß „weder Gift noch eine Liebesgeschichte" die Ursache seines Todes ist, sondern eine Kolik. Obwohl er mit seinen Opern ausreichend verdient haben dürfte, muß er auf fremde Kosten begraben werden.

Werke

40 Opern, meist für Neapel, einige für Rom und Venedig; Sonaten, Oratorien, Messen.

Tips für Plattenfreunde

O Sonate D-Dur für Flöte und Cembalo (Stereo-LP/Thorofon ATH 138). Schönes Spiel der Berliner Barock-Solisten

GIUSEPPE TARTINI (1692–1770)

Zeit und Umwelt

Überragende instrumentale Fertigkeit wird vom Publikum in allen Epochen der Musikgeschichte geschätzt und bewundert, oft auch dann, wenn der musikalische Gehalt weit hinter der aufgewendeten Technik zurücksteht. Die Meister der Tasteninstrumente Orgel und Cembalo und die Lautenisten haben ihre Virtuosität vorwiegend durch ihre Kunst des Improvisierens und ihre Fertigkeit bewiesen, komplizierte musikalische Formen aus dem Stegreif zu bilden, sie sind daher immer auch echte Musiker gewesen. Das ändert sich, als die Violine immer mehr in den Vordergrund rückt und ihre Technik immer mehr vervollkommnet wird. Bei Corelli lag die Meisterschaft noch in der Melodieführung und Klangbildung innerhalb eines beschränkten Tonumfanges; sein Satz und Spiel gehen nicht über die dritte Lage hinaus. Bei Tartini verlagert sich der Schwerpunkt der Virtuosität bereits auf das rein Technische, allerdings ohne den musikalischen Gehalt zu beeinträchtigen. Nach ihm kommen sodann die „echten Virtuosen", die zum Teil nur mehr Techniker auf ihren Instrumenten sind und damit ihr Publikum faszinieren. Das währt so lange, bis die perfekte Beherrschung der instrumentalen Technik zur Selbstverständlichkeit und zur Voraussetzung jedes Konzertierens wird, so daß das Publikum nicht nur Technik sondern auch Musik verlangt.

Leben

Giuseppe Tartini kommt am 8. April 1692 in Pirano (Istrien) als Sohn einer reichen, frommen Familie zur Welt. Er soll nach dem Willen der Eltern Priester werden, bricht aber diese Laufbahn ab, widmet sich ganz dem Geigenspiel und der Komposition und heiratet. Da ihn seine Familie ausstößt und die kirchlichen Kreise von Padua verfolgen, verläßt er die Stadt, bringt sich eine Zeitlang als Geiger durch, bis er in

Assisi die Stelle eines Klosterpförtners erhält. Organist des Klosters ist damals Bohuslav Černohorsky (1684–1740, Verfasser von Orgel- und Chorwerken), von dem Tartini in die Kompositionstechnik eingeführt wird. Er gibt für die Pilger zum Grabmal des Heiligen Franziskus Violinkonzerte hinter einem Vorhang, weil er sich vor den Paduaner Behörden fürchtet, wird aber dennoch erkannt und aufgefordert, nach Padua zu seiner Frau zurückzukommen. Sein Fehltritt wird ihm verziehen, die Stelle, die man ihm gibt, ist aber sehr bescheiden, er muß als Orchestergeiger einer Kirche sein Leben fristen und versuchen, durch Konzerte und Unterricht seine schmale Kasse aufzubessern. 1723 folgt er der Aufforderung, nach Prag zu kommen, um gemeinsam mit dem Cellisten Antonio Vandini zur Kaiserkrönung (Karl VI.) zu spielen. Er bleibt zwei Jahre dort, es gelingt ihm aber nicht, Fuß zu fassen und soviel zu verdienen, daß er seine Frau mit Geld versorgen kann. Dann kehrt er zurück und widmet sich erneut dem Spiel der Geige, dem Unterricht und der Komposition. 1730 wird er aufgefordert, nach London zu kommen, er lehnt ab. Kurz darauf lädt ihn Prinz Louis Henri dringend ein, in Paris zu spielen, die Stadt bereitet seinen Empfang vor, aber Tartini kommt nicht. Im Jahre 1734, nachdem sich auch der Herzog von Noailles einen Korb geholt hat, versucht Lord Middlesex, den Virtuosen mit einem Honorar von 3000 Lire nach England zu locken, es ist vergeblich. Er tritt dafür in etlichen italienischen Städten auf und reist etwas vor 1740 nach Rom, wo ihn Kardinal Olivieri dem gesamten Adel der Stadt und sogar Papst Clemens XII. vorstellt. Die vom Papst bestellte Messe wird in der Sistina am Aschermittwoch des folgenden Jahres aufgeführt. Die Städte Venedig, Mailand, Florenz, Livorno, Bologna, Neapel und Palermo, die er anläßlich dieser Reise aufsucht, bereiten ihm und seinem Spiel eine enthusiastische Aufnahme, in Neapel spannt ihm das begeisterte Publikum die Pferde aus. Nach dieser triumphalen Fahrt durch Italien kehrt er nach Padua zurück und verläßt es bis zu seinem Tod am 26. Februar 1770 nicht mehr. Francesco Antonio Vallotti (1697–1780, er gilt als einer der besten Organisten und Kirchenkomponisten Italiens zu seiner Zeit) komponiert und leitet für den Verstorbenen ein Requiem in der Kirche des heiligen Antonius. Der Ruf des Toten hat sich auf sein blendendes, weit über seine Vorbilder Corelli, Legrenzi, Vivaldi und Veracini hinausragendes Violinspiel gegründet (man sagt von Tartini, daß er auf der Geige nicht spielt, sondern singt). Der Ruhm fußt nicht weniger auf seiner international bekannten Violinschule, in der namhafte Musiker aus aller Herren Länder ausgebildet werden (zum Beispiel: Nardini, Graun, Pierre Lahoussaye) und auf sein umfassendes kompositorisches Werk. Weltweit bekannt ist er aber durch seine „Teufelstriller-Sonate".

Literatur

A. Rubeli: Das musiktheoretische System Giuseppe Tartinis. 1958

Giuseppe Tartini (1692–1770) / Pietro Locatelli (1695–1764)

Werke

Etwa 160 Violinsonaten, bei 200 vier- und fünfstimmige Konzerte (in denen stets die erste Geige tonangebend bleibt), 50 Triosonaten, einige sakrale Werke (Messen, Kantaten).
Die Teufelstriller-Sonate, für Violine und Continuo, op. 1 Nr. 4 in g-Moll gilt noch heute als Prüfstein virtuosen Spieles.

Tips für Plattenfreunde

○ Teufelstriller-Sonate und Sonate Nr. 10 (Stereo-LP/Ariola P 80459 K, gespielt von Igor Oistrach)
○ Drei Konzerte für Violine (Stereo-LP/EMI 1C 065=30 920 Q). Ausgezeichnet ausgewählte Beispiele der Virtuosität des Komponisten

PIETRO LOCATELLI (1695–1764)

Zeit und Umwelt

Er schreibt Sonaten und Konzerte mit äußerst reizvollen Melodien und klangreichen Harmonien, wahre Kunstwerke, die beweisen, daß Locatelli ein ernster Künstler und echter Musiker ist. Aber daneben ist er ein Virtuose, der seine Fingerfertigkeit um jeden Preis zeigen will und zu diesem Zweck Stücke von geringern musikalischen Wert verfaßt, die dafür enorm schwierig sind. Doch das Publikum verlangt diese Akrobatik, und sie wird geliefert, weil sie bezahlt wird. Daß der Schüler von Corelli die überweiten Griffe, die Sprünge von der ersten bis zur letzten Lage, die sinnlosen Läufe nicht von seinem Lehrer gelernt hat (Corelli ist nicht über die dritte Lage hinausgekommen), ist selbstverständlich. Und seine Kompositionen, die nicht für seine Konzerte verfaßt sind, lassen vermuten, daß er mit dieser „Musik" selbst keine Freude hat.

Leben

Pietro Locatelli, am 3. September 1695 in Bergamo geboren, findet sich bereits in jungen Jahren in Rom bei Corelli als Schüler ein. Darüber hinaus ist über sein Leben nur bekannt, daß er als berühmter Violinvirtuose ganz Europa bereist und sich irgendwann in Amsterdam niederläßt, wo er regelmäßig konzertiert und am 30. März 1764 stirbt. Seine Qualität als erstklassiger Geiger steht außer Zweifel. Er ist aber in erster Linie ein exzentrischer Techniker, der sein Publikum durch bisher nie gehörte Geläufigkeit und Griffweite in Staunen setzt, wie man aus den zum eigenen Gebrauch verfaßten Konzerten und Sonaten ersieht. Daneben komponierte er Stücke mit echtem künstlerischen Gehalt.

Werke

12 Concerti grossi, 12 Violinkonzerte, 12 Flötensonaten, 6 Violinsonaten und 6 Triosonaten, 12 Capricen (reine Virtuosenstücke), Konzerte für vier Stimmen, die mit Abstand das Beste sind, das er geschrieben hat.

Tips für Plattenfreunde

○ Kunst der Violine Nr. 1 aus: Italienische Solokonzerte um 1700 (Stereo-LP/Telefunken 6.41 217 AW). Die Aufnahme zeigt die virtuose Technik des Komponisten
○ Concerto grosso, op. 1 Nr. 8 aus: Weihnachtskonzerte (Stereo-LP/ Deutsche Grammophon 2530 070). Die Aufnahme zeigt die kompositorischen Fähigkeiten Locatellis

JOHANN MELCHIOR MOLTER (1696–1765)

Zeit und Umwelt

Wenn man die Fülle der Werke Molters überblickt, fragt man sich unwillkürlich, ob er aus eigenem Willen so viel geschaffen hat, denn schließlich war er kein freier Mensch, sondern ein Fürstendiener wie viele Künstler seiner Zeit.

Leben

Johann Melchior Molter wird am 10. Februar 1696 in Tochenbach bei Eisenach geboren. Über seine Herkunft und musikalische Grundausbildung ist nichts bekannt, außer daß er 1717 als Musiker in die Dienste Markgraf Karl Wilhelms von Baden in Schloß Durlach tritt. 1719 sendet ihn der Markgraf zur weiteren Ausbildung nach Venedig und erlaubt ihm 1720, die Studien in Rom fortzusetzen. 1722 wird er Hofkapellmeister bis zur Auflösung der Kapelle im Zug des polnischen Erbfolgekrieges (1733). Er geht nach Eisenach als Leiter der Kirchenmusik am Hof von Sachsen-Weimar, 1743 kehrt er in seine alte Stellung nach Durlach zurück, wo er am 12. Januar 1765 stirbt.

Werke

Molter ist ein außerordentlich fruchtbarer Komponist. Seine Werke sind vermutlich für seine Kapellen verfaßt worden. Sie vereinen die zeitgenössische deutsche und italienische Technik, sind aber auch von Rameau, dessen Musik in Westdeutschland viel gepflegt wird, beeinflußt. Von Molter stammen 169 Sinfonien, 95 Konzerte und kleinere Stücke, 14 Ouvertüren, 66 Sonaten für verschiedene Instrumente, 14 Kantaten und verschiedene Kirchenmusik. Seine Passion hat einiges Interesse wegen des einfallsreichen Melodienflusses und der Tonmalerei im französischen Stil erregt.

Johann Joachim Quantz (1697–1773)

Tips für Plattenfreunde

○ Konzerte (Stereo-LP/EMI 1C 063=28276). Die fünf Konzerte für Bläser und Streicher kennzeichnen gut den Mischstil des Komponisten

JOHANN JOACHIM QUANTZ (1697–1773)

Zeit und Umwelt

Wien, Dresden, Warschau, Rom, Neapel, Paris, London und wieder Dresden sind einige seiner Stationen, die Quantz durchläuft, bis er bei Friedrich II. in Potsdam landet. Waren bisher die Stadtmusiken seiner norddeutschen Heimat, dann die Barockmusiker in Wien wie Johann Joseph Fux (1660–1739) oder Jan Dismas Zelenka (eigentlich Jan Lukaš, 1679–1745), darauf die königlichen polnischen Kapellen in Dresden und Warschau und schließlich die Musiker in Rom und Neapel für ihn Lebensinhalt und Umwelt, so wurde ab nun der Potsdamer Hof mit den wöchentlichen Konzerten zum Lebensrahmen, Lebenszweck. Ein Höfling lebt kaum ein eigenes Leben, und wenn ein Hofmusiker einen Herrn erhält, der selbst Musiker ist, so ist auch dieser Lebensbereich dem eigenen Willen entzogen.

Leben

Johann Joachim Quantz wird am 30. Januar 1697 in Oberscheden (Landkreis Münden) geboren. Als Zehnjähriger verliert er seinen Vater. Da er frühe Anlagen zum Musiker zeigt, nimmt ihn sein Onkel nach Merseburg zur Ausbildung, die nach dessen Tod vom Nachfolger und Schwiegersohn Fleischhack fortgesetzt wird. 1713 ist er bereits Gehilfe des Stadtmusikus von Radeberg, bald darauf in derselben Eigenschaft in Pirna bei Dresden. Nach einem dreimonatigen Aufenthalt in Wien tritt er 1718 in die Kapelle des Königs von Polen als Oboist ein. Da er hierbei keine Aufstiegsmöglichkeiten sieht, wendet er sich der Flöte zu und spielt auf diesem Instrument 1723 bei einer Opernaufführung zur Krönung des Kaisers Karl VI., wobei er den Geigenvirtuosen Guiseppe Tartini kennenlernt. 1724 begleitet er den Dresdner Gesandten Graf Lagnasco nach Rom, wo er von Gasparini unterrichtet wird, im folgenden Jahr befindet er sich in Neapel in Gesellschaft von Scarlatti, Hasse, Leo, Giambattista Mancini (1714–1800, bedeutender Gesangslehrer), Francesco Feo (1685–1761, Opernkomponist und Konservatoriumsleiter) und anderen Vertretern der Neapolitanischen Schule. 1726 geht seine Reise nach Reggio, Parma, Mailand, Turin, Genf, Lyon und Paris. Er wird zwar von Dresden schon zurückgefordert, aber er setzt nach London über, um am dortigen Opernleben teilzunehmen, so daß er erst 1727 nach Dresden zurückkommt. 1728 hört ihn Friedrich II., damals noch Kronprinz, spielen und nimmt bei ihm Unterricht, 1741 beruft er seinen Lehrer als Hofkomponisten und Kammermusikus nach Berlin. Quantz nimmt an und bleibt in Potsdam bis zu seinem Tod am 12. Juli 1773. Sein Spiel soll außerordentlich exakt gewesen sein, obwohl das Instrument zu seiner Zeit noch starke Mängel aufgewiesen hat.

Werke
Ungefähr 300 Flötenkonzerte und 200 Flötenstücke, darunter Triosonaten und Quartette. Einige Kantaten und die Vertonung von Oden des zeitgenössischen Dichters Christian Fürchtegott Gellert.

Tips für Plattenfreunde
○ Flötenkonzert (Stereo-LP/Telefunken 6.41 511 AN) – Triosonate C-Dur (Stereo-LP/Telefunken 6.41 346 AG). Zwei ausgezeichnete Beispiele des Stils des Komponisten

GIOVANNI BATTISTA SAMMARTINI (1698–1775)

Zeit und Umwelt
Haydn tut ihn als „Schmierer" ab und ist keinesfalls im Recht. Gluck nimmt vier Jahre lang (1737–1741) bei dem Mailänder Organisten und Kapellmeister an mehreren Kirchen Unterricht. Als Schöpfer der italienischen Kammersinfonie, die allerdings bald von der klassischen Sinfonie abgelöst wird, leistet er einen wichtigen Beitrag zur Entwicklung der Musik, die aus der Welt des ausklingenden Barock zum Rokoko und darüber hinaus zur Klassik führt. Dem Basso continuo bleibt seine Musik noch treu.

Leben
Giovanni Battista Sammartini („Mailänder Sammartini") wird 1698 (nach anderen Angaben 1700/01) in Mailand geboren. Über seine Abstammung und Ausbildung ist nichts bekannt. Er wirkt als Kapellmeister einer Anzahl von Kirchen Mailands, für die er eine große Menge Musik, vor allem Messen, schreibt. Er stirbt am 15. Januar 1775, ebenso berühmt wie sein Bruder Giuseppe Sammartini (um 1693–um 1750), der „Londoner Sammartini", der zwischen 1726 und 1729 nach London kommt, unter Giovanni Battista Bononcini als Oboist im Opernorchester tätig ist, später Leiter der Kammerkonzerte des Prince of Wales Frederick wird und sich mit Flöten- und Violinsonaten und sechs Concerti grossi bekannt macht.

Giovanni B. Sammartini (1698–1775) / Johann Adolf Hasse (1699–1783) 151

Werke

Opern, Kammersinfonien (etwas schütter instrumentiert), Kammermusik (schöner, klangvoller, gelockerter Stil, insbesondere der Sonate noturne, op. 7, 1760, die sich der Frühklassik nähern), Violinkonzerte, Concerti grossi, viele Messen und Psalmen (Magnificat in B-Dur).

Tips für Plattenfreunde

○ Sinfonien für Streichorchester Nr. 1, 3, 4, 13, 16, 19 (Stereo-LP/Christophorus SCGLX 73770), einzige Aufnahme als treffende Beispiele der vom Komponisten geschaffenen Form der italienischen Kammersinfonie

○ Magnificat B-Dur (Stereo-LP/Schwann 0 855) ist für den Sakralstil des Komponisten typisch.

JOHANN ADOLF HASSE (1699–1783)

Zeit und Umwelt

Die italienische Oper beherrscht den Spielplan der Bühnen von Sizilien bis nach Hamburg. An den deutschen Fürstenhöfen ist jeder willkommen, der das Erbe der großen Italiener weiterentwickelt, ob er nun aus Italien kommt, oder dort nur zum italienischen Komponisten geworden ist. Die Rivalitäten und gegenseitigen Anfeindungen betreffen keine künstlerischen, sondern persönliche Fragen, denn der Stil ihrer Musik unterscheidet sich kaum merklich; er folgt dem Geschmack der Zeit. Hasse hatte in seinem ehemaligen Lehrer Nicola Porpora einen unangenehmen Gegner gewonnen, konnte aber neben ihm leicht als Komponist und Interpret bestehen. Ein echter und gefährlicher Widersacher stellt sich ihm erst in Wien in der Person Glucks entgegen, der ihn erkennen läßt, daß seine Zeit und die des von ihm gepflegten Opernstiles zu Ende geht. Seine Einsicht reicht sogar noch weiter. Bei der Hochzeit Erzherzog Ferdinands in Mailand begegnet er dem jungen Mozart und hört ihn spielen. Sein Wort: „Dieser Knabe wird uns alle in den Schatten stellen", bewahrheitet sich binnen weniger Jahre.

Leben

Johann Adolf Hasse, geboren am 25. März 1699 in Bergedorf bei Hamburg, Sohn eines Organisten und Lehrers, wird mit 18 Jahren von Reinhart Keiser in die Hamburger Oper aufgenommen. Im Jahre 1721 komponiert er bereits seine erste Oper, die am Theater von Braunschweig trotz allen Mängeln Erfolg hat. Hasse läßt sich von diesem Anfangserfolg nicht blenden, er ist einsichtig genug, um zu erkennen, daß er einer gründlichen Ausbildung bedarf. Er reist 1724 nach Neapel und nimmt zuerst bei Porpora, sodann bei Alessandro Scarlatti Unterricht. 1725 erhält er den Auftrag, eine Serenata für zwei Stimmen zu schreiben, die, vorgetragen von zwei bedeutenden Sängern, sehr gefällt und ihn ermutigt, sich erneut an die Komposition einer Oper zu wagen. Damit kann er seinen Ruf bereits über ganz Italien verbreiten. 1727 geht er nach Venedig, wo man ihm eine Lehrstelle an der Scuola degl'Incurabili überträgt. Er verfaßt für diese Musikschule ein Miserere für je zwei Sopran- und Altstimmen mit Streichern, das lange Zeit allgemein beliebt bleibt und ihn zum populärsten Komponisten seiner Zeit macht. Im Jahre 1729 heiratet er die damals berühmte Sopranistin Faustina Bordoni (1693–1783, aus adeliger Familie) und wird 1731 Kapellmeister und Operndirektor in Dresden. In der Zeit bis 1740 bereist er mit Faustina italienische Städte und kommt nach London, um sich dort den Gegnern Händels anzuschließen. Er verläßt aber England, wo es ihm nicht gefällt, bald wieder und kehrt nach Dresden zurück. Bei der Belagerung von Dresden verliert er seine ganze Habe, darunter auch einen Großteil seiner Manuskripte. Am Ende des Krieges mit Preußen ist der sächsische König aus Geldmangel genötigt, die Oper zu schließen und sein Orchester aufzulösen. Hasse geht nach Wien, bringt noch in Mailand eine Oper heraus, dann zieht er sich mit seiner Frau nach Venedig zurück, wo er am 16. Dezember 1783 stirbt. Seine Hauptbedeutung liegt auf dem Gebiet der Oper, er hat aber auch etliche Oratorien, Messen und andere sakrale Musik neben Sinfonien und Konzerten geschrieben. Sein Leben ist eine Serie von Erfolgen, wenige Komponisten haben eine solche weltweite Berühmtheit schon bei Lebzeiten genossen wie er. Dies verdankt er seiner etwas leichten, aber sehr eingängigen, melodiösen Musik, die restlos der Neapolitanischen Schule angehört.

Werke

Über 80 Opern (nur die erste ist deutsch, alle anderen sind italienisch), 16 Oratorien, Kirchenmusik und Konzerte. So berühmt und beliebt alles gewesen ist, solange er lebte, so rasch wird der Großteil davon vergessen. Nur einzelne Konzerte scheinen fallweise in Programmen auf.

Tips für Plattenfreunde

○ Konzert für Flöte, Streicher und Continuo D-Dur (Stereo-LP/Philips LY 835735)
○ Konzert für Mandoline und Orchester G-Dur (Stereo-LP/DaCamera 193 903)
Einzige, doch sehr instruktive Aufnahmen

JOHANN GOTTLIEB GRAUN (1702–1771)

Zeit und Umwelt

Der Unterricht bei den Virtuosen Pisendel und Tartini, die Fürstenhöfe, wo er als Kammermusikus wirkt, der Intellektuellenkreis um Friedrich den Großen in Rheinsberg, Oper und königliche Kapelle zu Berlin sind die Welt des Komponisten. Seine Zeit ist die des aufstrebenden Preußens, für das er den norddeutschen Orchesterstil als Widerpart zu den „Mannheimern" begründet.

Leben

Johann Gottlieb Graun wird 1702 (oder 1703) als Sohn eines Steuereinnehmers in Wahrenbrück (Sachsen) geboren, an der Dresdner Kreuzschule ausgebildet und von Pisendel und Tartini im Violinspiel unterrichtet. Bis 1726 spielt er in der Dresdner Kapelle, dann übernimmt er die Konzertmeisterstelle in Merseburg, wo Friedemann Bach sein Schüler wird. 1727 tritt er in die Dienste des Prinzen von Waldeck und 1732 in die des Kronprinzen von Preußen. Im Jahr 1741 wird er Konzertmeister der Königlichen Oper in Berlin, wo er am 27. Oktober 1771 stirbt, hoch angesehen als Geiger, Dirigent und Komponist, nachdem er das Berliner Orchester auf einen hohen Stand gebracht hat.

Werke

Über 100 Sinfonien, Violinkonzerte, zahlreiche Konzerte für zwei Violinen, Klavier, Flöte, Oboe und andere Instrumente mit Orchester, Trio- und Duosonaten und andere Kammermusik, Lieder und Oden.

Tips für Plattenfreunde

○ Fagottkonzert B-Dur (Stereo-LP/FSM STV34 278). Gute Wiedergabe des heute noch viel gespielten Konzertes

CARL HEINRICH GRAUN (1703–1759)

Zeit und Umwelt

Im Gegensatz zu seinem mehr instrumental ausgerichteten Bruder Johann Gottlieb ist die Welt Carl Heinrichs die Oper; er ist Sänger, Konzertmeister und Komponist. In Dresden lernt er das Repertoire seiner Zeit kennen und holt sich in Braunschweig die ersten Erfolge. Dann gerät er in den Rheinsberger Kreis des preußischen Kronprinzen, der ihn, als er 1740 auf den Thron kommt, nach Italien sendet, um Sänger für Berlin zu engagieren, und zu seinem Kapellmeister macht.

Fürstenhof und Opernhaus umspannen sein Dasein und seine Interessen. Erst im Alter findet er zur Kirchenmusik.

Leben

Carl Heinrich Graun wird am 7. Mai 1703 in Wahrenbrück (Sachsen) geboren und wie sein Bruder Johann Gottlieb an der Dresdener Kreuzschule erzogen; wegen seiner schönen Sopranstimme nimmt man ihn 1713 als Rathaussänger. An der Dresdener Oper hört er die Werke von Keiser und Lotti. Er hat bereits etliche Werke für den Kreuzchor (eine „Große Passionskantate" im Alter von 15 Jahren, drei Passionsoratorien) verfaßt, als ihn Ulrich König als Tenor an die Oper von Braunschweig empfiehlt, wo er bei etlichen Opern mit eigenen Arien Verbesserungen anbringt und deshalb aufgefordert wird, selbst Opern zu schreiben. Gleichzeitig wird er Vizekapellmeister. Die Opern sind ein Erfolg wie seine Passionsmusiken, 1735 lädt ihn der nachmalige König von Preußen, dessen Freund er bald wird, nach Rheinsberg ein, weitere Kompositionen für Singstimmen und für die Flöte Friedrichs des Großen zu verfassen. Er wird Kapellmeister seines Freundes auf dem Königsthron, schreibt weitere Opern für das königliche Opernhaus in Berlin, komponiert das berühmte Tedeum zu Friedrichs Sieg von Prag (1757, aufgeführt am 15. Juli 1763 in Charlottenburg anläßlich des Endes des Siebenjährigen Krieges) und die heute noch geschätzte Passion „Der Tod Jesu" (Erstaufführung im Berliner Dom am 26. März 1755). Am 8. August 1759 stirbt er in Berlin, als Opernkomponist ebenso beliebt und ebenso oft aufgeführt wie Hasse.

Werke

50 italienische Opern (darunter „Montezuma" mit einem Libretto von Friedrich II.). Mehrere Oratorien, darunter die Passion „Der Tod Jesu", mit kraftvoller Melodik und gut durchgearbeitetem Kontrapunkt. Tedeum und andere Kirchenmusik. Die Instrumentalkompositionen (Klavierkonzerte, Trios) sind von geringerem Wert.

Tips für Plattenfreunde

○ Der Tod Jesu, Passionsoratorium (2 Stereo-LP/DaCamera 94 038/39) Vorzügliche Aufnahme

BALDASSARE GALUPPI (1706–1785)

Zeit und Umwelt

Das Venedig des 18. Jahrhunderts, politisch entmachtet, aber kulturell noch immer eine Großmacht, der Markusdom, die vielen Opernhäuser, die Musikschule, die Komödien von Carlo Goldoni sind Hintergrund

Baldassare Galuppi (1706–1785) / Egidio Romoaldo Duni (1709–1775) 155

und Umwelt des Hauptmeisters der venezianischen Opera buffa. Seine Melodien sind voll Reiz, wohl nicht immer originell, aber von einer kompakteren, besser rhythmisierten und orchestrierten Harmonie als alle zeitgenössischen Opern Italiens. Und da es sich zumeist um handfeste, dramatisch gut durchgearbeitete Libretti handelt, erhält das Publikum echtes, musikalisch und textlich hochwertiges Musiktheater vorgesetzt, so daß es nicht erstaunt, daß Galuppis Opern in ganz Europa, Rußland eingeschlossen, mit Begeisterung aufgenommen werden.

Leben

Baldassare Galuppi, wird „Il Buranello" nach der Insel Burano bei Venedig genannt; dort wird er am 18. Oktober 1706 als Sohn eines Barbiers, der in einem Theater die Geige spielt, geboren. Sein Vater ist auch sein erster Musiklehrer. 1722 schreibt er eine Oper (aufgeführt in Chioggia und Vicenza), die gefällt. Nun beginnt er erst am Conservatorio degli Incurabili bei Lotti Musik zu studieren. Seine zweite Oper verfaßt er gemeinsam mit seinem Mitschüler Giovanni Battista Pescetti (1704–um 1766, Opernkomponist, Operndirektor in London unter Händel). 1741 geht er nach London und bringt ein Pasticcio und drei Opern heraus, die noch lange nach seiner Rückkreise nach Venedig gegeben werden. 1748 wird er Vizekapellmeister von San Marco und 1762 erster Kapellmeister. Kaiserin Katharina von Rußland lädt ihn 1766 nach Petersburg, wo er einige Opern auf die Bühne bringt. 1768 übernimmt er die Leitung des Konservatoriums, in dem er selbst studiert hat. Am 3. Januar 1785 stirbt er in Venedig als ein in ganz Europa bekannter Komponist von komischen Opern.

Werke

112 Opern, über 20 Oratorien, einige nicht sehr bedeutende Instrumentalmusik, Kantaten.

Tips für Plattenfreunde

○ Cembalosonaten (Stereo-LP/Claves 0 603)
○ Triosonate G-Dur (Stereo-LP/Camerata LP 30 021)

EGIDIO ROMOALDO DUNI (1709–1775)

Zeit und Umwelt

Der Vater Francesco Duni ist Kapellmeister, für den Sohn ist daher die musikalische Laufbahn eine Selbstverständlichkeit. Neapel mit seinen Konservatorien, Konzertsälen, Opernhäusern, Kirchen pflegt noch immer seinen besonderen, spanisch beeinflußten Stil. Duni wird erfolgreicher neapolitanischer Opernkomponist, dessen Ruf sich über Italien ausbreitet, dann kommt die Wende, er wird zum französischen Komponisten, nicht weniger erfolgreich, und zum Begründer der französischen Leichten Oper. Er verbringt sein Leben in zwei Welten und findet sich in jeder zurecht, vermutlich, weil er für die Musik lebt, die als übernationales Medium keine Verständigungsschwierigkeiten aufkommen läßt.

Leben

Egidio Romoaldo Duni, geboren in Matera bei Neapel am 9. Februar 1709, studiert in verschiedenen Musikschulen Neapels, bringt in Rom seine erste Oper mit so großem Erfolg heraus, daß sogar ein weit besseres, zur gleichen Zeit aufgeführtes Werk (L'Olimpiade) von Pergolesi in den Schatten gestellt wird (1735). Nach einer Reise nach Wien wird er Kapellmeister in Neapel, schreibt für verschiedene Opernhäuser weitere Opern (zumeist mit Libretti von Pietro Metastasio und Carlo Goldoni), reist nach Paris, London (1744) und Genua und wird Musikerzieher am Hof in Parma. Dort wagt er sich an eine französische Oper, hat Erfolg und übersiedelt 1757 nach Paris, wo er mit einer Serie von leichten, singspielartigen Opern beliebt wird und es bis zu seinem Tod am 11. Juni 1775 bleibt.

Werke

Außer seinen komischen Opern in italienischer und französischer Sprache hat er nur einige sakrale Werke geschaffen, die beweisen, daß Duni neben seinem leichten Stil den Kontrapunkt beherrscht. Die Melodik kann oft den Meister der leichten Musik nicht verleugnen.

FRANTIŠEK BENDA (1709–1786)

Zeit und Umwelt

Jan Jiří Benda, der Vater, ist Weber und zugleich Tanzmusikant auf verschiedenen Instrumenten – aus seinen drei Söhnen werden Musiker von Format. František Benda, der älteste, wird Sänger und Geiger und landet über Wien, Breslau, Warschau und Dresden in Berlin. Dort wird für ihn der preußische Hof, die Konzerte, die am Hof weilenden Musiker Carl Philipp Emanuel Bach, die Brüder Graun und Quantz und der musikalische König Friedrich II. selbst zu seiner Welt. Zwischen Dresden und Berlin wird ihm der italienische Stil eines Vivaldi und Tartini vermittelt. Doch die böhmische Heimat wird nicht vergessen, sie klingt sehr oft in seinen Kompositionen neben italienischem, französischem und deutschem Ideengut auf.

František Benda (1709–1786)

Leben

František Benda wird am 22. November 1709 in Staré Benátky, Böhmen, als Sohn des Volksmusikanten Jan Jiří Benda geboren. Seine Mutter entstammt der Familie Brixi, aus der noch im 18. Jahrhundert die Musiker Franz Xaver und Victorin Brixi hervorgehen. Mit neun Jahren wird František Chorknabe im Benediktinerkloster in Prag, studiert am Prager Jesuitengymnasium, geht darauf nach Dresden, um Geige und Bratsche zu lernen. Dort lernt er die Konzerte von Vivaldi kennen. Im Jahre 1725 singt er bei der Krönung Karls VI. ein Altsolo, 1733 verschafft ihm der Flötist Quantz eine Anstellung beim preußischen Kronprinzen in Rheinsberg. 1740 wird er Konzertmeister der Hofkapelle in Berlin und stirbt am 7. März 1786 in Potsdam.

Seine Tochter Maria Carolina (1742–1820) ist mit Ernst Wilhelm Wolf verheiratet (1735–1792), der Gatte ist ab 1768 Hofkapellmeister in Weimar, Verfasser von 20 Opern, Oratorien, Kantaten, 15 Sinfonien, 17 Streichquartetten, 18 Klavierkonzerten, Kammermusik und Liedern, alles stark konventionelle Musik mit wenig Eigenständigkeit. Seine Söhne: Friedrich Wilhelm Heinrich Wolf (1745–1814) ist ein ausgezeichneter Geiger und Pianist und 1782 Mitglied der Berliner Hofkapelle, Komponist von Opern, Konzerten und Kammermusik, Schüler von Kirnberger; Karl Hermann Heinrich Wolf (1748–1836) ist Geiger im Stil des Vaters, Verfasser einer Violinsonate und sechs Adagios für Klavier; die jüngste Tochter Juliane (1752–1783) wird die Frau von Johann Friedrich Reichardt. Ein jüngerer Bruder, Jan Benda (1713–1752), wird sein Schüler und Kammermusikus in Berlin.

Werke

Seine von dem Musikerkreis, in dessen Mitte er lebt und schafft, stark beeinflußten Kompositionen haben wie die der Brüder Graun viel zur Entwicklung des frühklassischen Instrumentalkonzertes beigetragen. Er komponiert eine Anzahl Sinfonien im Stil der Zeit, die sich nicht sehr profilieren, etwa 15 Violin- und Flötenkonzerte (zumeist für Friedrich den Großen), darunter: Flötenkonzert e-Moll für Soloflöte, Streichorchester und Continuo, entstanden um 1762, erst vor einigen Jahren in der Landesbibliothek von Karlsruhe entdeckt, geschrieben für virtuose Flötisten, stark dramatisch, sehr pathetisch angelegt.

Tips für Plattenfreunde

○ Konzert in e-Moll (Stereo-LP/BASF EA 208 370)
○ Sinfonien 1–5 (Bärenreiter Musicaphon 1 4 02, Stereo).
   Schöne stilgerechte Wiedergabe

FRANZ XAVER RICHTER (1709–1789)

Zeit und Umwelt

Die Mannheimer Schule besteht vorwiegend aus Musikern aus Böhmen. Das Orchester von Mannheim überragt die meisten anderen von Mitteleuropa und ist besonders durch sein Crescendo berühmt. Sein Stil steht zwischen dem Concerto grosso und der Wiener klassischen Sinfonie. Das Continuo wird durch Hörner und Klarinetten ersetzt. Auch Franz Xaver Richter, ein entschiedener Verfechter des Mannheimer Stiles, kommt aus Mähren, lebt und wirkt aber im süddeutschen Raum, wo die Musikentwicklung stürmisch aus dem Spätbarock zur Klassik drängt.

Leben

Franz Xaver Richter, geboren am 1. Dezember 1709 in Holleschau (Mähren), erhält seine erste Stellung als Kapellmeister beim Abt von Kempten (1740–1750). Ab 1747 ist er auch Bassist am Mannheimer Hof, später auch Geiger im dortigen Opernorchester. 1748 wird sein Oratorium „La depositazione della croce" in Mannheim aufgeführt. 1769 wird ihm die Kapellmeisterstelle am Münster von Straßburg übertragen, die er bis zu seinem Tod am 12. September 1789 innehat. Neben Johann Stamitz entwickelt er im Rahmen des Mannheimer Stiles das sogenannte „Singende Allegro".

Werke

Franz Xaver Richter hinterläßt ein umfangreiches kompositorisches Werk: 69 Sinfonien, außerdem Klavierkonzerte und Kammermusik, alles als Stilüberleitung zur Klassik äußerst interessant, daneben klangvoll, zum Teil liedhaft melodisch und für die Zeit kühn harmonisiert. Das umfangreiche sakrale Werk, 28 Messen, 2 Requiems, 16 Psalmen, 38 Motetten usw. (deren Zuschreibung oft unsicher ist), fällt musikgeschichtlich wenig ins Gewicht. Einiges davon wird fallweise aufgeführt.

Tips für Plattenfreunde

○ Toccaten in a-Moll und d-Moll für Orgel (Stereo-LP/Christophorus SCGLX 73813)
○ Sinfonia Nr. 2 (Stereo-LP/Musica Bavarica 3 01)
  Beide Platten kennzeichnen den Stil des Komponisten sehr gut

WILLIAM BOYCE (um 1710–1779)

Zeit und Umwelt
Londons berühmter Kirchenkomponist und Organist Doktor der Musik Maurice Greene (um 1695–1755, Verehrer und Freund Händels, mit dem er sich später überwirft), nimmt William Boyce, den Sohn eines Kunsttischlers und Kirchendieners, als Sänger in den Chor der Saint Paul's Cathedral auf. Von da an wird Choralgesang, Kirchenmusik und Orgelspiel zur Welt und zum Lebensinhalt des nachmaligen Organisten, Komponisten und Herausgeber des Sammelwerkes von Greenes „Cathedral music" (1760–1762). Von der Kathedrale fürt sein Weg nahezu zwangsläufig zum Dienst in der Hofkapelle und dem Hoforchester, wo er das Erbe Doktor Greenes antritt und fortentwickelt.

Leben
William Boyce wird in London um 1710 geboren, in den von Greene geleiteten Chor der Saint Paul's Cathedral aufgenommen und 1734 mit der Organistenstelle an der Oxford Chapel betraut. Sein Lehrer ist nach Greene Johann Christoph Pepusch. Damit setzt auch seine kompositorische Tätigkeit ein, die sich zwischen Bühnen- und Kirchenmusik bewegt, somit sehr vielseitig ist, obgleich er bereits in jenen frühen Jahren an einem Ohrenleiden, dem für einen Musiker schlimmsten Übel, laboriert, das in seinem Alter zur völligen Taubheit führt. Organisten- und Chorleiterstellen an verschiedenen Kirchen Londons folgen einander, bis Boyce nach Greens Tod (1755) Hofkapellmeister und Hofkomponist wird. Seine fortschreitende Erkrankung zwingt ihn, nach und nach alle ihm übertragenen Posten aufzugeben, seine Lehrtätigkeit beendet er erst 1769. Seine letzten Schüler sind die Wunderkinder Charles und Samuel Wesley. Er stirbt am 7. Februar 1779 in London, allseitig geachtet und beliebt. Sein Werk, insbesondere das sakrale, überlebt ihn viele Jahrzehnte, seine Anthems werden heute noch gesungen.

Werke
Bühnenmusik (darunter zu „Sturm" von Shakespeare), Oratorium, Kammersinfonien, Anthems. Sein Ballett „The Prospect Before Us" ist 1940 in London herausgebracht worden.

Tips für Plattenfreunde
O Sinfonien Nr. 1–8 (Stereo-LP/FSM 24 132) zeigt die kraftvolle Musiksprache, die in unserem Jahrhundert neuerlich starke Beachtung findet

GIOVANNI BATTISTA PERGOLESI (1710–1736)

Zeit und Umwelt

Die 26 Jahre, die sein Leben dauert, genügen, ihn unsterblich zu machen. Paisiello behauptet, daß Pergolesi nicht so geschätzt würde, wäre er nicht so früh gestorben. Man kann das nicht nachprüfen. Aber man kann sich des Eindruckes nicht erwehren, daß dieser Komponist die Kerze seines Lebens an beiden Enden angebrannt hat, als Mann und als Künstler. Bei ihm ist alles auf knappen Raum zusammengedrängt: die besten Lehrer des damaligen Neapel, Greco, Durante, Feo, bilden ihn aus; seine ersten Kirchenkompositionen wie die erste Oper werden nicht nur zum Anfangserfolg, ihr Platz im Repertoire europäischer Musik bleibt ihnen bis heute erhalten und voraussichtlich auch in alle Zukunft gesichert. Viele Legenden werden über sein Leben, seine Liebschaften und seinen frühen Tod erfunden und verbreitet. Alle sind aber insoweit richtig, als sie zum Ausdruck bringen, daß sein Leben wie ein Feuerwerk aufgeleuchtet und sich bald versprüht, aber eine unauslöschliche Erinnerung zurückgelassen hat.

Leben

Giovanni Battista Pergolesi (auch Pergolese, der Name seiner Familie ist eigentlich Draghi) wird am 4. Januar 1710 in Jesi bei Ancona geboren. Dort erhält er seine musikalische Grundausbildung und Violinunterricht, wird von seinem Vater, einem Geometer, 1725 nach Neapel an das Conservatorio dei Poveri di Gesù Cristo geschickt, wo er unter Greco, nach dessen Tod bei Durante und schließlich bei Feo jenen Musikstil erlernt, der in Neapel noch immer in Hochblüte steht. Violinunterricht nimmt er bei Domenico de Matteis. Seine erste Komposition (ein sakrales Schauspiel) wird 1731 aufgeführt; in den Pausen wird ein komisches Intermezzo gegeben (Der Musiklehrer), das sehr gefällt und ihm den Auftrag einbringt, eine Oper mit einem Intermezzo zu schreiben. In jene Zeit fällt auch die Komposition von 30 Sonaten mit Baß und einer Messe anläßlich des Erdbebens vom 20. März 1731. Da die Messe für Doppelchor und Orchester sehr günstig aufgenommen wird, schreibt er eine zweite. Dann folgen wieder Opern und 1733 das berühmte Intermezzo „La serva padrona", das den Ruf des Komponisten auf dem Gebiet der komischen Oper begründet. Im selben Jahr tritt er in die Dienste des Herzogs von Maddaloni, um seine desolate wirtschaftliche Lage zu verbessern. Er begibt sich mit dem Herzog nach Rom, wo er 1735 seine später berühmte Oper „L'Olimoiade" mit schwachem Erfolg herausbringt. Man wirft mit Orangen auf ihn (gleichzeitig hat Duni mit seinem „Nerone" am selben Theater einen durchschlagenden Erfolg). Bereits kränkelnd kehrt er nach Neapel zurück, widmet sich erneut der sakralen Musik, führt mit Erfolg eine weitere komische Oper auf und übersiedelt im Februar 1736 nach Pozzuoli, um seine Gesundheit zu stärken. In Pozzuoli schreibt er sein „Stabat mater". Am 17. März 1736 stirbt er und wird im Dom von Pozzuoli begraben. Seine Zeitgenossen schätzen ihn mehr wegen seiner sakralen Musik als wegen seiner Opern. Auch heute wird sein „Stabat mater" zuweilen aufgeführt, aber besonders seine „La serva padrona" ist aus unserem Opernrepertoire nicht wegzudenken.

Literatur

G. Radiciotti: G. B. Pergolesi. 1954

Werke

8 Opern, darunter das Opernintermezzo „La serva padrona", eine der ältesten lebendig gebliebenen Opern. Von den anderen wird Lo frate'nnamorato 1959 neu herausgebracht. 2 Messen, verschiedene andere Sakralmusik (Psalmen, Miserere) und Instrumentalmusik für verschiedene Instrumente. Von der sakralen Musik ist noch heute lebendig das „Stabat mater" für Sopran, Alt und Streichorchester, das gerade durch seine einfache Stimmführung im Volkston, dem Ausdruck und Pathos der Oper dem elegischen Text voll gerecht wird.

Tips für Plattenfreunde

○ Concerto armonico; Flötenkonzert Nr. 1, 2 (2 Stereo-LP/Telefunken 6.35 136 DX)
○ Missa Romana in F-Dur (Stereo-LP/BASF DC 212 300)
○ Stabat mater (Stereo-LP/Deutsche Grammophon 2533 114).
In jeder Beziehung mustergültige Aufnahmen

WILHELM FRIEDEMANN BACH (1710–1784)

Zeit und Umwelt

Die Zensuren, die die Musikgeschichte Wilhelm Friedemann Bach erteilt, sind schlecht. Mit einigem Recht wirft man ihm vor, daß er ein Orgelkonzert in d-Moll seines Vaters Johann Sebastian Bach (arrangiert nach dem Concerto grosso, op. 3, Nr. 11 von Vivaldi) durch Fälschung des Autographs als sein Werk ausgibt und dafür zwei eigene Kompositionen (ein Kyrie in g-Moll; eine Vertonung des 100. Psalms) als Werke des Vaters verkauft. Aber Geldnot zwingt ihn vielleicht zu solchen unsauberen Manipulationen. Daß er Autographen seines Vaters verschleudert, dürfte die gleiche Ursache haben; sie sind schließlich sein Eigentum. Daß er dem Trunk ergeben ist, ist nicht bewiesen. Und sein unsteter Lebenswandel erklärt sich daraus, daß er keine Stelle findet, die seinen finanziellen und künstlerischen Forderungen gerecht wird. Nicht aber wird vermerkt, mit welcher Wucht der Name Bach, das Ansehen nicht nur seines Vaters, sondern der gesamten Familie auf ihm als von der Umwelt und zumindest in gleichem Maße sich selbst auferlegte Verpflichtung lastet. Von dem Zeitpunkt an, in dem der Vater ihm das Klavierbüchlein für Wilhelm Friedemann Bach überreicht und den ersten Teil des Wohltemperierten Klavieres für seinen Unterricht verfaßt, gehört er zu den Bachs, von denen die jüngeren noch immer mehr leisten als die Väter. Er kann nicht ahnen, daß sich die Fülle in seiner Familie angehäuften Talentes erschöpft. In ihm ist noch viel Genialität lebendig, doch schon ungeregelt und ungebändigt. Seine Zeitgenossen rühmen seine außerordentliche Improvisationskunst und bedauern, daß so wenig davon zu Papier gebracht wird, aber auch aus diesem wenigen tritt uns der Einfallsreichtum und die Kunstfertigkeit der Familie entgegen. Die Zeit ist allerdings weitergeschritten. Johann Sebastian Bach kann nicht fortgesetzt werden, denn er bildet den Abschluß einer Epoche. Nach ihm kommt das empfindsame Rokoko, in dem sich seine Söhne zurechtzufinden haben. In Wilhelm Friedemann Bach wäre genügend künstlerische Substanz für einen guten Durchschnitt, in deren Nachbarschaft auch etliche Spitzenleistungen sich eingestellt hätten. Aber für einen Musiker, der Bach heißt, ist das zuwenig. Die Umgebung und er selbst erwarten von ihm zuviel und erhalten weniger, als ihnen zugestanden wäre.

Leben

Wilhelm Friedemann Bach, zweites Kind und ältester Sohn von Johann Sebastian Bach, wird am 22. November 1710 geboren und tritt 1723 nach der Übersiedlung des Vaters nach Leipzig in die Thomasschule ein. Violinstunden erhält er von Johann Gottlieb Graun in Merseburg (1726–1727), und im Collegium musicum des Vaters kann er praktische Erfahrungen sammeln. Ein Klavierkonzert in a-Moll ist das Ergebnis dieser Studien. 1729 tritt er sein Universitätsstudium an, im selben Jahr besucht er Händel in Halle, 1731 erlebt er in Dresden die Aufführung einer Oper von Hasse und wohnt einem Orgelkonzert des Vaters in der Sophienkirche bei, an der er zwei Jahre später die Organistenstelle bekommt. Der Ruf seines Vaters und das eigene Können verschaffen ihm eine bevorzugte Stellung in der Musikwelt Dresdens, er tritt mit mehreren Kompositionen hervor, doch 1746 gibt er die Stellung auf, weil sie zuwenig einträglich und zu zeitraubend ist, und findet an der Liebfrauenkirche in Halle sofort einen gut dotierten Posten als Organist und Kapellmeister. 1751 heiratet er Dorothea Elisabeth, die 1721 geborene Tochter des Steuerbeamten Gotthilf Georgi in Halle. Friedrich Wilhelm Marpurg (1718–1795, Liederkomponist, einer der Begründer der Berliner Liederschule), Johann Friedrich Reichardt und Johann Friedrich Rochlitz (1769–1842, Dichter, Musikschriftsteller) behaupten, daß sich Bach in Halle dem Trunk ergeben habe. Das wäre schon wegen der Stellung des Schwiegervaters unmöglich gewesen, außerdem hätte Bach seine Stellung sofort verloren. Er hat schon Schwierigkeiten, weil er wegen des Todes seines Vaters zu lange von Halle abwesend war. Im Jahre 1764 gibt Bach seine Stellung in Halle auf, weil er für sich zuwenig Entfaltungsmöglichkeiten sieht und sich zuwenig geschätzt fühlt. Er verbringt die restlichen 20 Jahre seines Lebens ohne feste Stellung als Komponist, als Musiklehrer und Interpret. Mehrmalige Versuche, angestellt zu werden, scheitern. Er verarmt völlig und stirbt in Berlin, wo er in seinen letzten Jahren seinen Wohnsitz aufgeschlagen hat, am 1. Juli 1784. Seine Zeitgenossen rühmen seine Virtuosität auf den Tasteninstrumenten und seine Improvisationskunst. Sein Werkverzeichnis ist kurz, aber es zeigt überzeugend, daß die Musikalität der Familie Bach in diesem Mitglied noch fruchtbar gewesen ist.

Literatur
M. Falck: Wilhelm Friedemann Bach. 1956.

Tips für Plattenfreunde
O Sinfonien Nr. 64, 65, 67 (Stereo-LP/Schwann 2 041)
O W. F. Bach: Kammermusik (2 Stereo-LP/FSM 53 1 94/95)
   Diese Auswahl ist für das Werk des Komponisten repräsentativ

FRIEDRICH DER GROSSE (1712–1786)

Zeit und Umwelt
Es gibt in der europäischen Geschichte mehrere musikliebende gekrönte Häupter, die als Komponisten dilettieren; bei den meisten bleibt es zweifelhaft, wieviel in diesen zumeist emporgelobten Werken von ihrer eigenen Hand stammt. Friedrich ist offensichtlich ein echter Musiker gewesen, zwar nicht so bedeutend, wie er von Kreisen eingestuft wird, die seine sonstigen Leistungen hochschätzen, aber ehrlich bemüht und talentiert. Als Kronprinz sammelt er in Rheinsberg Gelehrte, Literaten und Musiker um sich, nicht um mit und in einer solchen Gesellschaft zu glänzen, vielmehr wünscht er seine Freizeit auf einem hohen Niveau zu halten und sich zu unterrichten. Er hält sich keine Hofkomponisten, die in jeder Oper sein Lob singen, sondern will mit ihnen Musik machen und fühlt sich mit seiner Flöte als Gleicher unter Gleichen.

Leben
Friedrich der Große wird am 24. Januar 1712 als Sohn König Friedrich Wilhelms I. geboren, gründet 1736 den Rheinsberger Kreis aus verschie-

denen Intellektuellen, Gelehrten, Literaten und Künstlern jeder Art, zu dem er eine Reihe von bedeutenden Musikern heranzieht. Nach seiner Thronbesteigung (1740) gründet er eine Hofkapelle, an der Musiker, die er schon in Rheinsberg kennengelernt hat, teilnehmen, wie Carl Philipp Emanuel Bach, die Gebrüder Graun, Benda, Quantz und andere. Er beteiligt sich selbst an ihren Konzerten als Flötist. Er stirbt am 17. August 1786 in Potsdam.

Literatur

G. Müller: Friedrich der Große, seine Flöten und sein Flötenspiel. 1932

Werke

Unter den vielen Friedrich zugeschriebenen Kompositionen sind über 100 Sonaten für Flöte und einige Flötenkonzerte, alles im empfindsamen, galanten Stil der Zeit. Seine Urheberschaft des Hohenfriedberg- und des Torgauermarsches ist zweifelhaft.

Tips für Plattenfreunde

○ Flötensonaten Nr. 2, 9, 11, 14, 17 (Stereo-LP/DaCamera 92 903). Stilgerechte Wiedergabe

CARL PHILIPP EMANUEL BACH (1714–1788)

Zeit und Umwelt

Der zweite Sohn des großen Johann Sebastian ist Linkshänder, so daß er nur Tasteninstrumente erlernen kann; das Cembalo erwählt er als sein Instrument, dessen letzter großer Meister und bedeutender Theoretiker er wird. Er macht es zum Mittelpunkt von über fünfzig Konzerten, in denen er wie in allen seinen Werken die Musik zur Sprache der Empfindung oder zum Ausdruck einer poetischen Idee formt, so daß sie ohne Mittel der gesprochenen Rede von sich aus die Leidenschaften erregen und wieder stillen konnte und so stark von der Vorstellung und dem Fluß der wechselnden Gedanken und Gefühle inspiriert ist, daß Dichter diesen Werken nachträglich Texte zu unterlegen versuchen. Obgleich sein Vater sein einziger Musiklehrer gewesen ist und er über ihn stets mit Ausdrücken größter Bewunderung spricht, kehrt er dessen Musikstruktur völlig den Rücken. Beim Sohn folgt die Musik nicht mehr irgendwelchen Regeln, sondern fließt monodisch den Vorstellungen und Gefühlen, von Akkorden begleitet und unterstützt, entlang. Er sagt: „Mich deucht, die Musik müsse vornehmlich das Herz rühren." Zu Freunden bekennt er, daß dies mit polyphoner Kontrapunktik nicht erreichbar sei. Sein Spiel jedoch folgt genau den Absichten des

Carl Philipp Emanuel Bach (1714–1788)

jeweiligen Komponisten. In den dreißig Jahren, die er als Cembalist des Preußenkönigs an fünf Abenden in der Woche seinen Dienst als Begleiter des königlichen Flötisten seine Pflicht erfüllt, gehört das eigenwillige, oft ungenaue Spiel Friedrichs zu den Gründen, sich um eine andere Stellung zu bemühen. Vielseitig gebildet und interessiert, nimmt er die geistigen Anregungen der preußischen Hauptstadt begierig auf, neben der Freundschaft der damals bedeutenden Musiker Kirnberger, Graun, Benda und Quantz verkehrt er mit den Dichtern Gotthold Ephraim Lessing und J. W. L. Gleim. Die von Graun geleitete Oper bietet die Bekanntschaft mit der Musik ganz Europas und deren Interpreten. Dennoch fühlt er sich vom Fürstendienst ständig beengt. Erst als Telemann in Hamburg stirbt, erhält er seine Stelle, wird in der weltoffenen Hansestadt zur zentralen Persönlichkeit und findet für seine Musikauffassung als „Singende Poesie", und nicht als „gesungene", bei den Dichtern Friedrich Klopstock, Matthias Claudius, Johann Heinrich Voß und wieder Lessing echtes Verständnis. Dort wird er zum Wegbereiter der Klassik, der nach der von Klopstock verfaßten Grabinschrift „die Neuheit mit der Schönheit verband und groß war in der vom Wort geleiteten, noch größer aber in der kühnen sprachlosen Musik".

Leben

Carl Philipp Emanuel Bach, zweiter Sohn des Johann Sebastian, genannt der Berliner oder der Hamburger Bach, wird am 8. März 1714 in Weimar geboren, an der Leipziger Thomasschule erzogen und von seinem Vater im Spiel der Tasteninstrumente und Komposition unterrichtet. 1734 bezieht er die Universität von Frankfurt am Main nach kurzem Studium an der Leipziger Universität. Früh beginnt er mit Kompositionen für das Cembalo, in Frankfurt findet er reichlich Gelegenheit, sich als Cembalist, Cembalolehrer zu betätigen. Nachdem er bereits 1738 vergebens versucht hat, beim preußischen Kronprinzen in Rheinsberg, wo zeitgenössische Musiker beschäftigt werden, unterzukommen, gelingt es ihm 1740 dann doch, nach der Thronbesteigung Friedrichs II., die Cembalistenstelle bei der Kapelle des Königs zu erhalten. Da der Hofdienst nicht verspricht, was er sich davon erhofft hat, bewirbt er sich 1750 in Leipzig um die Nachfolge seines Vaters als Thomaskantor, wird aber abgewiesen. Auch andere Versuche, dem preußischen Königshof zu entkommen, scheitern. Dazu kommt, daß Friedrich ihn selbst als sächsischen Untertanen zwar nicht zurückhalten kann, wohl aber dessen Frau, die Preußin ist. Wenn auch Fasch, der 1756 als zweiter Cembalist angestellt wird, vom König oft vorgezogen wird, weil dieser nachgiebiger ist, so ist der König ein zu guter Musiker, um nicht die Bedeutung Bachs zu erkennen, ungeachtet seines Ärgers über dessen Unduldsamkeit in Fragen der Wiedergabe von Kompositionen ärgert. Erst der Tod seines väterlichen Freundes Telemann ermöglicht es Bach, die Stelle in Berlin aufzugeben (Friedrichs Schwester

Amalia gelingt es, den König zu bereden, den Cembalisten ziehen zu lassen); jetzt kann Bach Musikdirektor an fünf Hauptkirchen und Kantor am Johanneum in Hamburg werden. Er gibt in Hamburg am 28. März 1768 sein erstes öffentliches Konzert und schafft damit für diese Stadt ein Vorbild seiner Konzertpraxis. Er stirbt in Hamburg am 14. Dezember 1788 als allseits bekannte Erscheinung des Hamburger kulturellen Lebens und berühmter, als es sein Vater jemals gewesen ist.

Literatur

G. Busch: C. Ph. E. Bach und seine Lieder. 1957
O. Vriesländer: C. Ph. E. Bach. 1923
Themenkatalog: A. Wotquenne. 1964

Werke

19 Sinfonien, darunter 6 Streichorchester mit beziffertem Baß (entstanden in Hamburg 1773 auf Bestellung des österreichischen Gesandten Baron van Swieten, der später Haydn, Mozart und Beethoven die Musik des Hamburger Bach vermittelt). Die Sinfonie Nr. 3 C-Dur ist die originellste und kühnste. Im Adagio tragen die drei Oberstimmen eine weit gespannte Melodie vor, während im Baß das B-A-C-H-Thema erklingt. Weiters 4 Sinfonien für 12 Stimmen, dem preußischen Thronfolger Friedrich Wilhelm gewidmet, sind reife Spätwerke mit Zügen des alten Concerto grosso. Die Sinfonie in Es-Dur überrascht mit einem von oben herabstürzenden Thema, das langsam mit Trillerketten wieder ansteigt. Das Larghetto ist von leidenschaftlichem Ausdruck ganz im Sinn des Komponisten. Das Werk schließt mit herben Figuren im Allegrofinale. Über 50 Cembalokonzerte, darunter am bekanntesten das Cembalokonzert d-Moll für Solo-Cembalo, Streicher und Continuo. Die Beziehung des Kopfthemas des ersten Satzes zum Finale ist zukunftsweisend auf die Wiener Klassik gerichtet. 2 Konzerte für zwei Cembali, 9 Konzerte für verschiedene Instrumente (darunter die heute noch gespielten Cellokonzerte in B-Dur und a-Moll). Über 250 Cembalowerke, darunter die „Preußischen Sonaten" (1742), die „Württembergischen Sonaten" (1745) und „Sonaten, freie Fantasien und Rondos für Kenner und Liebhaber". Kammermusik, Passionen, Oratorien, Kantaten.

Tips für Plattenfreunde

O Auferstehung und Himmelfahrt Jesu, Oratorium (2 Stereo-LP/FSM 53 1/1/02). Einzige Oratoriumaufnahme des Komponisten
O Cembalosonaten (3 Stereo-LP/FSM A 127/29). Sorgfältige Auswahl
O Sonatinen für 2 Cembali (Stereo-LP/Deutsche Grammophon 2533 078 Q)
O Hamburgersinfonien Nr. 2, 3, 4, 5. Hervorragende Aufnahmen
O Stücke für Spieluhren und Drehorgeln (3 Stereo-LP/DaCamera 93 217, 193 298 und 93 209). Originelle Auswahl

CHRISTOPH WILLIBALD GLUCK (1714–1787)

Zeit und Umwelt

Der große Opernreformer Gluck beabsichtigt anfänglich kaum mehr, als die Oper, das Ballett und die Musik überhaupt von Mißbräuchen zu befreien, die sich in die Komponier- und Aufführungspraxis eingeschlichen haben. Daß er damit eine grundlegende Strukturwandlung der Oper einleitet, wird erst später deutlich. Sein Ballett „Don Juan" (Le festin de pierre), 1761 in Wien zum erstenmal aufgeführt, bringt die Pantomime als höchste Stufe der Tanzkunst auf die Bühne. In der Oper wird die Musik zur Bestimmung zurückgeführt, „die Dichtung zu unterstützen, um den Ausdruck der Gefühle und das Interesse der Situationen zu verstärken, ohne die Handlung zu unterbrechen oder durch unnütze Verzierungen zu entstellen". Auch außerhalb der Oper strebt Gluck vor allem die „schöne Einfachheit" an, wofür allerdings ein Gegner die Bezeichnung „Vornehme Langeweile" prägt.

Leben

Christoph Willibald Gluck wird am 2. Juli 1714 in Erasbach, Oberpfalz, als Sohn eines fürstlichen Försters geboren. Seine erste musikalische Ausbildung erhält er in der Jesuitenschule in Komotau, Böhmen, 1732 kommt er nach Prag, wo er von Bohuslav Černohorsky unterrichtet wird. Seinen Unterhalt verdient er als Gelegenheitsmusikant und mit Kirchensingen in Stadt und Umgebung. 1736 kommt er nach Wien, lernt im Haus Lobkowitz Prinz Melzi kennen, der ihn nach Mailand mitnimmt, wo er bei Sammartini Harmonielehre studiert. Dann wagt er sich an die erste Oper (Artaxerxes, Mailand 1741), der weitere folgen, die alle günstig aufgenommen werden. In London, wo er 1746 zwei Opern ohne Erfolg aufführt, überrascht er das Publikum mit einer Vorführung klingender, auf eine Tonleiter abgestimmte Gläser, die von einem Orchester begleitet werden. Händel macht sich über Glucks Opern lustig und meint, daß sein Koch mehr vom Kontrapunkt verstehe. Dieser Mißerfolg wird vermutlich zum Anstoß, den Opernstil von Grund auf zu ändern. Als Kapellmeister einer Operntruppe erhält er die Gelegenheit, gute Bühnenpraxis zu erwerben und das Musikleben der europäischen Hauptstädte kennenzulernen. 1755 läßt er sich in Wien nieder, wo er Hofkapellmeister wird, 1761 lernt er den Librettisten Ranieri da Calzabigi kennen, mit dem er zunächst das Ballett „Don Juan" als dramatische Tanzpantomime gestaltet. Von da geht er schrittweise auf eine Frühklassik zu, die antike Formen im Weg einer schlichten Homophonie und einfache Tonsprache erreichen will. „Orpheus und Euridike" ist die erste Oper (Wien 1762), die den neuen Ansprüchen gerecht wird, die „Iphigenie auf Tauris" (Paris 1779) die letzte, mit der er seine erbittertsten Gegner in der französischen Hauptstadt überwindet und vielfach sogar überzeugt. Er kehrt nach Wien zurück, plant noch die „Hermannsschlacht" nach Friedrich Klopstock, aber dazu kommt es nicht mehr. Er stirbt in Wien am 15. November 1787.

Literatur

A. A. Abert: Christoph Willibald Gluck. 1961
R. Tentschert: Christoph Willibald Gluck, der große Reformator der Oper. 1951

Werke

Neben den Opern fallen seine übrigen Werke nicht ins Gewicht. Seine Reformen wirken sich sonst wenig aus, weil homophone Musik ohnehin, dem empfindsamen Zeitalter entsprechend, stark gepflegt wird. 17 Sinfonien (davon 3 fraglich), 7 Triosonaten, Vertonung von Oden von Klopstock, 5 Ballette (darunter der heute noch aufgeführte Don Juan), 107 Opern und Singspiele, von denen 47 erhalten und mehrere noch heute zum festen Repertoire der Opernhäuser gehören.

Tips für Plattenfreunde

O Flötenkonzert G-Dur (Stereo-LP/FSM 0 506). Interessante Aufnahme

NICCOLÒ JOMMELLI (1714–1774)

Zeit und Umwelt

Jommelli ist einer der Hauptvertreter der neapolitanischen Oper, wirkt durch fünfzehn Jahre als Hofkapellmeister in Stuttgart und wird zum Anhänger des Mannheimer Stiles, den er auch bei seinem Opernschaffen anwendet. Als er nach Neapel zurückkehrt, werden seine Opern mit ihrer deutschen Harmonik und dem Mannheimer Crescendo abgelehnt. Er ist in seiner Heimat zum Fremden geworden und kann den Kontakt mit einem Publikum, dessen Liebling er einst war, nicht mehr finden.

Leben

Niccolò Jommelli (Jomelli), geboren am 10. September 1714 in Aversa bei Neapel, tritt im Alter von 16 Jahren in das Conservatorio de' Poveri di Gesù Cristo ein und wird von Francesco Feo (um 1685–nach 1740) ausgebildet, dann wechselt er zur Musikschule La Pietà de' Turchini, wo er bei Leonardo Leo Komposition und beim gleichaltrigen Giambattista Mancini (1714–1800, berühmter Gesangslehrer, ab 1760 Lehrer der österreichischen Erzherzoginnen) Gesangstechnik studiert. 1737 bringt er die erste Oper in Neapel mit Erfolg heraus. 1740 geht er nach Rom, um zwei Opern aufzuführen. Gelegentlich eines Aufenthaltes in Bologna nimmt er bei Giambattista Martini (Padre Martini genannter Franziskaner, Kirchenkapellmeister, Kontrapunktlehrer, Musikschriftsteller, 1706–1784) einigen Unterricht. Nach kurzen Tätigkeiten in Rom, Wien und Venedig wird er 1753 als Hofkapellmeister nach Stuttgart berufen. 1769 kehrt er nach Neapel zurück, kann aber dort mit seiner vom Mannheimer Kreis beeinflußten Kompositionstechnik keinen Erfolg mehr erreichen. Er stirbt am 25. August 1774 in Neapel. (Sein Landsmann Ignazio Fiorillo, 1715–1787, der Hofkapellmeister in Braunschweig und Kassel wird, lernt aus diesem Schicksal und verzehrt in Fritzlar seine Pension.)

Werke

Über 80 Opern, Kirchenmusik: Messen, Kantaten, Requiem (von Haydn sehr geschätzt), zwei Oratorien (Betulia liberata, 1743, und L'Isacco, 1755), eine Passion (1749). Etwas Instrumentalmusik. Sein Miserere in g-Moll für fünf Stimmen (letztes Werk) ist voll mit schönen Wendungen und Effekten, besonders das lange Diminuendo am Ende ist von seltenem Reiz.

Tips für Plattenfreunde

O Triosonate, D-Dur für Flöte, Oboe und Cembalo (Stereo-LP/Christophorus SCGLX 73787). Einzige Aufnahme

GEORG CHRISTOPH WAGENSEIL (1715–1777)

Zeit und Umwelt

Wagenseil wird von seinem Lehrer Johann Joseph Fux dem österreichischen Hof empfohlen und von Maria Theresia als Hoforganist, Hofkomponist und Musiklehrer ihrer Kinder bestellt. Er bleibt in dieser Stellung bis zu seinem Tod. Hierbei geht er zwar nicht völlig in dem Hofdienst auf, doch viele Kompositionen hängen unmittelbar damit zusammen, weil sie entweder bestellt oder durch irgendwelche Ereignisse oder Festlichkeiten notwendig werden. Das hindert Wagenseil aber nicht, dennoch sein Bestes zu geben und sich um neue Formen und neue Harmonien zu bemühen.

Leben

Georg Christoph Wagenseil wird in Wien am 15. Januar 1715 geboren und erhält seinen Kompositionsunterricht von Fux und von Matteo Palotta (um 1689–1758, Kirchenkomponist, Hofkapellmeister von 1733–1741 und ab 1749 Kompositionslehrer, Musikschriftsteller). 1739 wird Wagenseil Hofkomponist und Musiklehrer der Kaiserin Maria Theresia und der Prinzessinnen; von 1741 bis 1750 ist er gleichzeitig Organist der Kaiserinwitwe Elisabeth Christine. Der Kompositionsstil entfernt sich mit fortschreitendem Alter immer mehr von seinem Lehrer Fux. Seine Kirchenmusik gleicht er Hasse und Scarlatti an, seine dramatischen Stücke dem Stil von Leo und seine instrumentalen dem Franzosen Rameau und läßt sich stark von der Mannheimer Schule beeinflussen. Wie der Organist der Wiener Karlskirche Georg Matthias Monn (1717–1750, Komponist von Sinfonien und Triosonaten im Mannheimer Stil) erarbeitet auch er eine neue Sonaten- und Konzertform und führt sie zu einer beachtlichen Vollendung. Daß er Mozart als Kind kennengelernt hat, ist nachgerade symptomatisch, denn er und Monn haben mit Joseph Starzer (1726–1787, Hofkonzertmeister in Wien, Ballettkomponist in Petersburg, Verfasser von Tanzmusik, Instrumentalwerken und Passionsoratorien) das Tor zur Wiener Klassik geöffnet. Wagenseil stirbt in Wien am 1. März 1777, als Haydn bereits auf der Höhe seines Schaffens steht.

Werke

Zwei Oratorien (La Redenziona und Gioas re di Giuda), ein Requiem, zwei Messen, zahlreiche Psalmen und Motetten, 15 Opern. Klavier-(Cembalo-)Musik. Instrumentalwerke.

Tips für Plattenfreunde

○ Konzert für Posaunen, Bläser und Continuo Es-Dur (Stereo-LP/Telefunken 6.35 061 DX)
○ Harfenkonzert G-Dur (Stereo-LP/Deutsche Grammophon 2535 113) Zwei instruktive und zugleich schöne Beispiele aus dem Schaffen des Komponisten

JOHANN STAMITZ (1717–1757)

Zeit und Umwelt

Kurfürst Karl Philipp erweitert sein Mannheimer Orchester bereits in den zwanziger Jahren des 18. Jahrhunderts auf die damals unerhörte Stärke von 55 Mitgliedern und bemüht sich, gute Musiker zu bekommen; sein Nachfolger Karl Theodor von Pfalz-Sulzbach entfaltet ein noch aufwendigeres kulturelles Leben und fördert das Orchester in einem Maß, das in ganz Europa Aufsehen erregt. Johann Wenzel Stamitz ist nicht der einzige, der aus Böhmen nach Mannheim kommt und seinen Fähigkeiten entsprechende Aufstiegsmöglichkeiten findet.

Johann Stamitz (1717–1757)

Leben

Johann (Wenzel Anton) Stamitz, Sohn des Organisten Anton Ignaz Stamitz, geboren am 19. Juni 1717 in Deutsch-Brod (heute Havlíčkův Brod) erhält den ersten Musikunterricht von seinem Vater, dann im Jesuitenkolleg in Iglau (1728–1734) und in den folgenden Jahren in Brünn vom venezianischen Geiger Carlo Tessarini (geboren 1690 in Rimini, spielt und lehrt in Venedig, Brünn und Amsterdam, Verfasser einer Anzahl von Violinsonaten und Concerti grossi, trägt viel zur Entwicklung der Sonate und des Instrumentalkonzertes bei). 1742 tritt Stamitz als Violinsolist bei der Krönung Kaiser Karls VII. auf, wird bald darauf nach Mannheim gerufen, wo ihm der Kurfürst die Stelle des ersten Geigers und Direktors des Kammerorchesters überträgt. Er entwickelt mit diesem Orchester den als „Mannheimer Schule" berühmten und bewunderten Aufführungsstil. Besonders die einheitliche Technik der Streicher, die bisher nur dem Zufall überlassen blieb, verleiht dem Orchester ein neues Klangprofil. In gleicher Weise richtunggebend ist die von Stamitz angewandte Form der Sinfonie aus vier Sätzen (zwei schnelle am Beginn und Ende, einen langsamen als zweiten und ein Menuett als dritten). Er verzichtet auf das Generalbaßinstrument und füllt den harmonischen Raum mit selbständigen Bläsergruppen. Einladungen nach Paris zeigen, wie rasch sich sein Ruf als Orchesterleiter international verbreitet. Er stirbt am 27. März 1757 in Mannheim auf der Höhe seines Ruhmes.

Einer seiner bemerkenswertesten Schüler ist Franz Beck, 1723–1809, der wegen eines Duells aus Mannheim flüchten muß, sich in Bordeaux niederläßt und verschiedene Bühnenwerke, sakrale Kompositionen, darunter ein schönes Stabat Mater, und Sinfonien von Rang schreibt und als Dirigent, brillanter Organist und gesuchter Lehrer bekannt wird.

Werke

Ungefähr 60 Sinfonien, von denen op. 5 Nr. 2 in D-Dur für je zwei Flöten, Oboen, Fagotte, mit Streicher und Cembalo am meisten bekannt geblieben ist. Die Sinfonie steht mit ihrer rhythmischen Prägnanz, ihrer breiten und abwechslungsreichen Instrumentierung und der Themenbehandlung der klassischen Sinfonie schon sehr nahe.
10 Orchestertrios, 14 Violinkonzerte (10 erhalten), 6 Konzerte für Tasteninstrumente (nur eines erhalten), 8 Flötenkonzerte, je ein Oboen- und Klarinettenkonzert.

Literatur

P. Gradenwitz; Johann Stamitz 1936

Tips für Plattenfreunde

○ Konzert für Orgel und Orchester Nr. 6 (Stereo-LP/Bärenreiter Musicaphon 1 2 32)

○ Sinfonien Nr. 1, 2, 3 (Stereo-LP/Garnet 40 128)
Beide Aufnahmen beleuchten deutlich den fortschrittlichen Orchesterstil des Komponisten

LEOPOLD MOZART (1719–1787)

Zeit und Umwelt

Der Buchbindersohn Leopold Mozart will der Enge und Beengtheit der Stadt Augsburg entkommen. Das Gymnasium hat er glücklich hinter sich gebracht, und nun wagt er es, obwohl sein Vater gestorben ist, der ihn unterstützen hätte können, auf eigene Faust, in die Universität Salzburg einzutreten, um in eine gehobenere Gesellschaftsschichte aufzusteigen. Zwei Jahre hält er durch, dann muß er seine Ziele zurückstecken und sich beim Grafen Thurn-Valsassina und Taxis als Kammerdiener verdingen. Nun kommt ihm zugute, daß er am Augsburger Jesuitengymnasium eine gründliche Musikausbildung genossen hat. Der Graf vermittelt ihm eine Anstellung in der fürsterzbischöflichen Hofkapelle als Geiger und am Kapellknaben-Institut als Geigenlehrer. Das ist zwar nicht die Umwelt, die er sich erträumt hat, aber da er ohnehin der Musik sehr zugetan ist, ergreift er die neue Möglichkeit zu einem sozialen Aufstieg mit Freuden. Er arbeitet sich mit Zähigkeit, Fleiß und Pflichtbewußtsein zum Vizekapellmeister und Hofkomponisten hoch und wird zum angesehenen Mann, dem weder der etwas rustikale Michael Haydn noch die Familie Weber fein genug sind. Sein dritter Lebensabschnitt ist von dem sich frühzeitig zeigenden musikalischen Talent seiner Kinder Wolfgang und Maria Anna beherrscht. Nun richtet er seine gesamte Energie darauf, Sohn und Tochter als Wunderkinder herauszustellen, schleppt sie durch halb Europa, läßt Wolfgang in London sogar gegen Geld sehen; daß die Kinder dabei mehrmals erkranken und den Strapazen schlecht gewachsen sind, daß er selbst krank wird, hält ihn nicht ab. Der von ihm angestrebte Erfolg bleibt aus. Die Kinder, vor allem Wolfgang, werden überall bewundert und bestaunt, aber zur großen Einnahmsquelle werden sie nicht. Aus Wolfgang wird eine der genialsten Gestalten der Musikgeschichte, aber die Dome und die Höfe nehmen ihn nicht auf. Leopold Mozart kann sich selbst keinen Vorwurf machen, weil er sein beträchtliches musikpädagogisches Können für den Sohn eingesetzt hat, er vermag vermutlich nicht abzuschätzen, daß die Ursache hierzu in Wolfgang selbst liegt, der für ihn und die gesamte Umwelt ein zu großes Format hat, um irgendwo eingepaßt zu werden. Den Meistern der Vergangenheit wurden einträgliche Ehrenstellen angeboten, für Wolfgang ist im wahren Sinn des Wortes nirgends Platz. Er geht nicht einmal eine respektable Ehe ein,

Leopold Mozart (1719–1787)

sondern nimmt eine Tochter der Familie Weber, die zwar den bedeutenden Carl Maria von Weber hervorbringt, aber vorläufig nicht zu dem Kreisen gehört, mit denen man verkehrt. Erst als Leopold Mozart zwei Jahre vor seinem Tod den Sohn in Wien besucht, begreift er wahrscheinlich zu einem Teil, daß er mit seinem Bemühen zwar kein Wunderkind und keinen mit Titeln, Orden und Ehrenstellen ausgezeichneten und hoch besoldeten Publikumsliebling erzogen hat, sondern einen Musiker, dessen Name einen der ersten Ehrenplätze in der Musikgeschichte einnimmt.

Leben

(Johann Georg) Leopold Mozart wird am 14. November 1719 in Augsburg als Sohn des Buchbinders Johann Georg Mozart (1679–1736) geboren, besucht von 1679 bis 1736 das Salvatorgymnasium in seiner Geburtsstadt, wo er eine gründliche Musikausbildung erhält. Dann geht er an die Universität Salzburg, um Philosophie und Rechtswissenschaft zu studieren. 1738 muß er sich einen regelmäßigen Verdienst suchen und wird vom Kanonikus Graf Thurn-Valsassina und Taxis als Kammerdiener eingestellt, der ihn im Privatorchester des Erzbischofs als vierten Geiger unterbringt und ihm dazu am Kapellknaben-Institut einen Violinlehrerposten verschafft. Am 21. November 1747 heiratet er die Beamtenstochter Anna Maria Pertl aus Sankt Gilgen. Von den sieben Kindern dieser Verbindung bleiben nur zwei, Maria Anna und Wolfgang Amadeus, am Leben. Im Jahr 1757 wird er zum Hofkomponisten ernannt und 1763 mit der Stelle eines Vizekapellmeisters betraut, zum Kapellmeister steigt er nie auf. Am 28. Mai 1787 stirbt er in Salzburg. Er ist als Komponist nicht sehr bedeutend, vielmehr jedoch als Musikpädagoge, als Verfasser des Lehrwerkes „Versuch einer gründlichen Violinschule" und besonders als Lehrer seines Sohnes Wolfgang Amadeus. Seine Tochter Maria Anna (30. Juli 1751, Salzburg – 29. Oktober 1829, Salzburg) zeigt als Kind wie Wolfgang auffälliges musikalisches Talent, lernt Singen und Klavierspielen, begleitet den Bruder auf den Konzertreisen in seiner Jugend und tritt mit ihm als Pianistin auf, entwickelt sich aber nur zur Klavierlehrerin. Sie verheiratet sich 1784 mit dem Hofrat Baron von Berchtold zu Sonnenberg, lebt mit ihm in Sankt Gilgen, kehrt nach dessen Tod (1801) nach Salzburg zurück.

Werke

Vom kompositorischen Werk Leopold Mozarts kann man das gründliche Musikstudium des Mannes ablesen, viele Stilarten – Barock und Frühklassik, Wiener, Mannheimer, süddeutscher, norddeutscher und italienischer Stil – mischen sich darin. Er hat einen Hang zur illustrativen Musik, er setzt seltene Musikinstrumente und Geräuscherzeuger, wie Hackbrett, Dudelsack, Radleier, Schellen, Kuhhörner, Peitschen, Pistolen ein und erzeugt gerne nach Barockmanier außermusikalische Effekte in seinen zahlreichen Sinfonien, Divertimenti und Konzerten für verschiedene Instrumente. Seine Trios und Duos sind zum Großteil konventionell, die Klaviersonaten segeln im Fahrwasser von Domenico Scarlatti und Carl Philipp Emanuel Bach. Bemerkenswert sind seine 6 Stücke für das Salzburger Hornwerk auf Hohensalzburg. Von seinen Messen wird die eine oder andere noch aufgeführt, seine Oratorien, Schulkomödien, Kantaten und Lieder sind völlig der Vergessenheit anheimgefallen.

MUSIKALISCHE SCHLITTENFAHRT
1755 entstanden. Der Komponist gibt selbst ein Programm dieses beliebten Stückes: „Den Anfang macht eine Intrada von einem artigen Andante und prächtigen Allegro. Nach diesem folgt alsogleich eine Intrada mit Trompeten und Pauken. Auf dieses kommt die Schlittenfahrt mit dem Schlittengeläut und allen anderen Instrumenten..." Man hört, wie sich die Pferde schütteln. Dann geht die Fahrt weiter bis zu einem Tanzsaal. Der Ball beginnt mit einem Menuett und einem Trio. Durch deutsche Tänze erwärmt sich die Gesellschaft, dann besteigt alles erneut die Schlitten und fährt nach Hause. Spielzeit: 22 Minuten.

TROMPETENKONZERT D-DUR
Entstanden 1762. Verwendet wird eine ventillose Trompete, die nur Naturtöne hervorbringt. Das Hauptthema des ersten Satzes ist locker und graziös, läuft eine Oktave aufwärts, fällt sodann zum Ausgangston zurück, es wiederholt sich zur Hälfte, dann setzt nach einer Sequenz die Trompete mit dem ganzen Orchester ein, trägt das Hauptthema erneut vor. Während der Durchführung bleibt das Soloinstrument nahezu ununterbrochen beteiligt. Dem Thema des zweiten Satzes liegt ein Dreiklang in D-Dur zugrunde und kommt dadurch den Möglichkeiten der Trompete sehr entgegen, die von den Hörnern begleitet wird, Cembalo und Streicher schmükken die Dreiklänge der Bläser, nach abwechslungsreichem Musizieren schließt das elegante Stück mit triumphierenden Rufen des Soloinstrumentes. Spielzeit: 12 Minuten.

Tips für Plattenfreunde

O Kindersinfonie, Musikalische Schlittenfahrt (Stereo-LP/Deutsche Grammophon 2432 144). Schöne Aufnahme unter Karl Böhm
O Der Morgen und der Abend, 12 Stücke für Hornwerk (Stereo-LP/DaCamera 93 209). Einzige Aufnahme
O Trompetenkonzert D-Dur (Stereo-LP/Telefunken 5.41 865 AN). Sehr schöne Wiedergabe

JOHANN SCHOBERT (um 1720–1767)

Zeit und Umwelt

Irgendwann, ehe er nach Paris geht, gerät er in den Bannkreis der Mannheimer Schule. Er kann zwar auf dem Cembalo, das keine Variation der Dynamik zuläßt, das berühmte Crescendo und Diminuendo der Mannheimer nicht nachahmen, aber andere Techniken lassen sich übertragen. Und damit wird er in der französischen Hauptstadt – abgesehen von seinen beliebten Kompositionen für sein Instrument – bekannt und berühmt. Sein Nachruf rühmt seine Beliebtheit, seine brillante Technik und sein hinreißendes Spiel.

Leben

Johann Schobert wird um 1720 wahrscheinlich in Schlesien geboren und wächst in Straßburg auf. Über seine Abstammung und Ausbildung ist nichts bekannt, man weiß nur, daß er eine Zeitlang Organist in Versailles ist und wegen „Nachlässigkeit" entlassen wird. Im Jahre 1760 wird er Kammercembalist des Prinzen de Conti in Paris und begeistert den Pariser Adel mit seinem Spiel. Er wird dem damaligen Favoriten der Pariser Gesellschaft Johann Gottfried Eckardt (um 1735–1809, ab 1758 Cembalist in Paris, Verfasser einer Anzahl von Sonaten und Variationen) gleichgestellt. Am 28. August 1767 erliegt er in Paris mit seiner ganzen Familie einer Pilzvergiftung.

Werke

Schoberts Kompositionen bringen eine neue Stellung des Cembalos innerhalb des Ensembles, weil es nicht mehr als Continuo (auf einem bezifferten Baß improvisatorisch ausfüllend), sondern als selbständiges, voll ausgeschriebenes Instrument eingesetzt wird. Dies ist erst bei der späteren Kammermusik der Klassik und der Folgezeit selbstverständlich. Schobert hat Klavier-(Cembalo-), Violin-Sonaten, Trios, Quartett mit Cembalo, Konzerte, Stücke für Solocembalo geschaffen. Seine Kompositionen werden von Mozart frühzeitig studiert.

Tips für Plattenfreunde

○ Quartett Es-Dur, Sinfonie F-Dur und Es-Dur, Trio B-Dur (Stereo-LP/DaCamera 192 506). Einzige Aufnahme

PIETRO NARDINI (1722–1793)

Zeit und Umwelt

Giuseppe Tartini ist sein Lehrer und sein Freund, und Nardini vergilt ihm Unterricht und Freundschaft, indem er den alten Meister während seiner letzten Lebensjahre betreut und vertritt und erst nach seinem Ableben die Stelle als Konzertmeister am Hof des Herzogs von Toskana antritt. Er hat sich stets als Fortsetzer und Vollender seines Lehrers betrachtet, doch Leopold Mozart, der ihm Schönheit und Reinheit der Intonation zubilligt, bemängelt seine Technik. Der Dichter-Komponist

Daniel Schubart (1739–1791) bescheinigt ihm: „Sein Spiel füllt die Augen der kaltherzigen Höflinge mit Tränen, während seine eigenen Tränen über seine Geige fließen."

Leben

Pietro Nardini wird am 22. April 1722 in Livorno geboren, studiert einige Jahre bei Tartini in Padua Violine und wird um 1753 als Sologeiger an den herzoglichen Hof von Stuttgart berufen. 1767 kehrt er nach Italien zurück, bleibt bei seinem Lehrer bis 1770 und wird sodann Konzertmeister in Florenz, wo er am 7. Mai 1793 stirbt. Er ist als Virtuose und als Lehrer ebenso gesucht und geschätzt gewesen wie sein Lehrer Tartini. Seine Kompositionen stellen strukturell eine Weiterentwicklung der Werke von Tartini dar, erreichen aber weder ihre Tiefe noch ihr Pathos.

Werke

6 Violinkonzerte, 6 Sonaten für Violine und Baß, 6 Sonaten für zwei Violinen, 6 Flötentrios, Quartette und Duos für Violinen.

Tips für Plattenfreunde

○ Trio C-Dur (Stereo-LP/Christophorus SCGLX 73767)
○ Konzert für Violine, Streicher und Continuo A-Dur (Stereo-LP/Telefunken 641 341 AG)
   Auf beiden Platten kommt die Kantilene besonders schön zur Geltung

GEORG ANTON BENDA (1722–1795)

Zeit und Umwelt

Ein englischer Musikhistoriker weist darauf hin, daß gerade im 18. Jahrhundert mehrere Familien böhmischer Musiker von Deutschland aufgesogen werden. Für den näheren Betrachter ist das nichts Erstaunliches, weil einerseits die vielen deutschen Fürstenhöfe und Kirchen einen großen Bedarf an guten Musikern haben, der nur zum Teil durch den Zuzug von Italienern gedeckt wird, anderseits Böhmen eine Überzahl fähiger Künstler hervorbringt, die im eigenen Land nicht beschäftigt werden können. Dazu tritt noch die weit zurückgedrängte Lage des tschechischen Volkes, das sich erst ein Jahrhundert später allmählich wieder entfaltet. Die Assimilierung dieser Familien ist eine zwangsläufige Folge; sie werden bereits in der nächsten Generation zu Deutschen. Dabei muß allerdings beachtet werden, daß jenes Jahrhundert die romantische Bindung der Menschen an eine nur schwer abzugrenzende

Georg Anton Benda (1722–1795)

„Nation" mit ihren oft irrealen Folgerungen noch nicht kennt. Auch Georg Anton Benda legt im Gegensatz zu seinem Vater Jan Jiří und zu seinem älteren Bruder František (der sich später auch Franz nennt) den tschechischen Namen ab, als er in die königliche Kapelle zu Berlin als Geiger eintritt. Da die Musik im Gegensatz zu der an eine Sprachgemeinschaft gebundenen Dichtkunst international verständlich ist, fällt gerade dem Musiker ein Wechsel der Volkszugehörigkeit nicht schwer.

Leben

Georg Anton (Jiří Antonín) Benda, geboren am 30. Juni 1722 in Staré Benátky (Böhmen), kommt 1740 zu seinem Bruder František nach Berlin, der ihn unterrichtet und als zweiten Geiger in der königlichen Kapelle unterbringt. 1750 erhält er die Kapellmeisterstelle beim Herzog von Gotha, der ihm eine Studienreise nach Italien ermöglicht. Dort erfindet er für das Musikschauspiel die Form des Melodramas, die einen profilierteren musikalischen Ausdruck erfordert als Oper oder Oratorium. Die ersten Bühnenstücke dieser Art, „Medea", „Ariadne auf Naxos", „Pygmalion" und andere haben großen Erfolg. 1778 legt Benda seine Kapellmeisterstelle nieder und übersiedelt nach Hamburg. Nach einer Reise nach Wien und Paris, um Bühnenstücke aufzuführen, zieht er sich nach Köstritz in Thüringen zurück, wo er am 6. November 1795 stirbt. Sein Sohn Friedrich Ludwig (1746–1792) wird 1789 Konzertmeister in Königsberg. Von ihm stammen ein Oratorium, fünf Kirchenkantaten, ein „Barbier von Sevilla" (1779), zwei andere komische Opern, 3 Violinkonzerte und eine Violinsonate.

Werke

13 Bühnenwerke (Opern, Operetten, Melodramen), Messen, Kirchenkantaten und viele Instrumentalwerke, wie Violinkonzerte, über 8 Sinfonien, von denen die Sinfonie in B-Dur (1755) den affektreichen Berliner musikantischen Stil neben Bachscher Einflüsse aufweist und noch heute gerne gespielt wird. Von den 10 Cembalokonzerten ist das Konzert in g-Moll am bekanntesten. Wegen seiner deutlichen „Mozart-Nähe" und der Ausnützung aller Möglichkeiten der Streicher und des Tasteninstrumentes hat es seinen festen Platz in den Konzertprogrammen.

Tips für Plattenfreunde

○ Sinfonia C-Dur, Es-Dur, F-Dur, G-Dur, G-Dur (Stereo-LP/Bärenreiter Musicaphon 1 231)
○ Cembalosonatine d-Moll, G-Dur (Stereo-LP/Colosseum 0 561)
  Typische Beispiele der klassiknahen Technik des Komponisten

NICCOLÒ PICCINNI (1728–1800)

Zeit und Umwelt

„Die anderen sind meine Schüler, dieser ist mein Sohn", erklärt Francesco Durante, der Lehrer des jungen Piccinni im Konservatorium San Onofrio zu Neapel. Und als der Komponist nach zwölfjährigem Studium mit seiner ersten Oper 1755 herauskommt, bricht er die Monopolstellung, die Nicola Logroscino (1698–1765) damals fest in Händen hält. Und von da an erobert er mit seinen Buffaopern die Häuser in Neapel, in ganz Italien und im Ausland, vor allem in Paris, wo er bald zur Gallionsfigur im Streit gegen den Reformer Gluck gemacht wird. Persönlich tritt er nie als Glucks Gegner auf, den er so hoch schätzt, daß er anläßlich seines Ablebens ein jährliches Konzert zum Gedächtnis des großen Komponisten, „dem das Musiktheater ebensoviel verdankt wie die französische Sprechbühne dem großen Corneille", durch Subskription stiften will.

Leben

Niccolò Piccinni, (auch Nicola Piccini), wird in Bari am 16. Januar 1728 als Sohn eines Musikers geboren und am Konservatorium San Onofrio in Neapel zuerst von Leonardo Leo und dann von Francesco Durante ausgebildet. 1755 tritt er mit der ersten Oper an die Öffentlichkeit und erzielt einen durchschlagenden Erfolg, der die damals sehr gefeierten Werke von Nicola Logroscino und Traetta (Tommaso Michele Francesco Saverio, 1727–1779, Venedig, Opernkomponist, Kapellmeister in Parma, Petersburg, London, Venedig, Verfasser eines Oratoriums und von Kirchenkantaten) in den Schatten stellt. Erfolg reiht sich an Erfolg des äußerst fruchtbaren Komponisten. In Rom tritt 1773 sein ehemaliger Schüler Pasquale Anfossi (1727–1797, Impresario, Opernkomponist, Kirchenkapellmeister am Lateran ab 1791) als störender Rivale auf, so daß Piccinni nach Neapel zurückkehrt. 1776 übersiedelt er nach Paris und beginnt mit ebenso großem Erfolg französische Opern zu schreiben. Er wird zum Gesangslehrer der Königin Marie Antoinette bestellt, wofür er kein Entgelt bekommt (nicht einmal die Fahrtspesen), weil die ehrenvolle Aufgabe „ihre Entlohnung bereits in sich trug". Mit einer eigenen Truppe führt er Abend für Abend seine Opern auf, bis ihnen in der „Iphigenie" von Gluck eine ernste Konkurrenz entsteht. Nun erhebt sich der Kampf zwischen Piccinnis alter Opera buffa und dem Purismus Glucks, an dem er persönlich nicht teilnimmt, weil beide künstlerischen Gegner einander anerkennen und hochschätzen. Piccinni spürt auch bald, daß das Alte dem Neuen Platz machen muß. Auch der Durante-Schüler Antonio Sacchini (1730–1786, Verfasser von über 60 Opern, Violinsonaten, Streichquartetten, Psalmen, Messen, Oratorien), ursprünglich ein Vertreter der neapolitanischen Oper, geht zu Glucks

Lager über. Dennoch spricht Piccinni an seinem Grab die Laudatio. Die Revolution von 1789 vertreibt ihn aus Frankreich. Er verliert sein gesamtes Hab und Gut und einen Großteil seiner Manuskripte. Er kehrt zwar 1798 nach Paris zurück, doch verschiedene Versuche, wiederum Fuß zu fassen, haben nur bescheidene Erfolge. Er erhält eine untergeordnete Stelle am Konservatorium, die ihn vor der ärgsten Not bewahrt und auch den Lebensunterhalt seiner Frau nach seinem Tod am 7. Mai 1800 in Passy sicherstellt. Mit seinem Ableben ist der Sieg der Anhänger Glucks auf der Opernbühne endgültig besiegelt. „Seine Kunst war seinem Zeitalter entsprechend", wie ein zeitgenössischer Kritiker schrieb. „Aber Gluck zwang die Zeit, sich seiner Kunst anzupassen."

Werke

Mehr als 120 Opern, 3 Oratorien, eine Messe und etliche Psalmen. Eine unbekannte Menge Kompositionen ist in Paris bei der Flucht des Komponisten zurückgeblieben.

JOHANN ADAM HILLER (1728–1804)

Zeit und Umwelt

Die Komposition eigener und die Bearbeitung fremder Werke und deren Aufführung, der Thomaschor und dessen Leitung füllen neben musikwissenschaftlichen Studien das gesamte Dasein Hillers aus. Die politischen Ereignisse interessierten ihn nur insoweit, als sie seinen Musikbetrieb stören, wie zum Beispiel der Siebenjährige Krieg (1756–1763), der sich gerade in Sachsen übel auswirkt. Seinen unermüdlichen Schaffensdrang aber hätte nicht einmal eine Schlacht vor den eigenen Fenstern eindämmen können.

Leben

Johann Adam Hiller (eigentlich Hüller) ist am 25. Dezember 1728 in Wendisch-Ossig nahe Görlitz geboren. Sein Vater, Schulmeister und Kirchendiener, stirbt früh, Hiller muß sich auf eigene Faust durchschlagen. An der Kreuzschule wird er von Gottfried August Homilius (1714–1785) unterrichtet. Das ermöglicht ihm, während seines Universitätsstudiums sein Brot durch Musikausübung und Musikunterricht zu verdienen. 1754 wird er vom sächsischen Staatsminister Graf Brühl als Hauslehrer aufgenommen. In Leipzig betätigt er sich während des Krieges mit musikalischen und literarischen Gelegenheitsarbeiten, 1763 wird er zum Direktor der sogenannten „Liebhaber-Konzerte" ernannt und geht sofort daran, das Chorwesen zu reorganisieren. 1771 begründet er eine Singschule, 1776 nach Pariser Muster die „Concerts Spirituels", die 1781 in den kürzlich gebauten Saal des Gewandhauses übersiedeln und zu den weltberühmten Gewandhaus-Konzerten werden. Gleichzeitig schreibt er für das Theater eine Reihe von Singspielen, in denen die Standespersonen Arien singen, während den untergeordneten Typen volkstümliche Lieder zugewiesen sind. Durch die Geschlossenheit der Gesamtform, den volksnahen Charakter und der Anlehnung an die französische Operette entsteht unter seiner Hand ein neuer Typus des Musiktheaters, der sich von der italienischen Opera buffa und der komischen Oper Frankreichs deutlich unterscheidet und durchschlagende Erfolge erreicht. Gleichzeitig verfaßt er eine große Anzahl von Liedern, die sich in ihrer Volkstümlichkeit stark von der italienischen Arie abheben. 1789 wird er als Kantor und Musikdirektor Johann Friedrich Doles (1715–1797) beigeordnet, den er nach dessen Tod ablöst. Am 16. Juni 1804 stirbt er in Leipzig.

Werke

Die Instrumentalkompositionen Hillers sind völlig veraltet und vergessen. Aber seine Vokalwerke werden zum Teil noch heute gesungen, wie jenes mit dem Text von Theodor Körner „Vater, ich rufe dich". Seine Singspiele werden zwar nicht mehr aufgeführt, sind aber zum Teil durch ihre Texte aus der Feder Goethes und als Vorläufer zu der von Mozart geschaffenen Höchstform interessant.

Tips für Plattenfreunde

○ „Es kommt ein starker Held" für Chor (Stereo-LP/Garnet 30 120). Einzige Aufnahme des beliebten Weihnachtsliedes

FRANTIŠEK XAVER DUŠEK (1731–1799)

Zeit und Umwelt

Dušek wird von seinem Grundherrn in ein Seminar geschickt, und als er durch einen Sturz verkrüppelt und für die meisten Berufe ungeeignet ist, in Musik ausgebildet. Das Verfügungsrecht des Adelsherren über ihre Hintersassen ist noch nicht erloschen. Mit der fortschreitenden Befreiung der Bauern wird auch Dušek Herr seiner Entschlüsse, er darf die genossene Ausbildung für sich selbst verwerten. Er wird zum gesuchten Musiklehrer und vielbeschäftigen Komponisten. Musik, Musiker, Musikliebhaber und Musikschüler werden zu seiner Umwelt; er kann ein sorgenloses Leben führen, so daß er an den bestehenden politischen und gesellschaftlichen Zuständen nichts auszusetzen findet. Das macht ihn so beliebt, daß man seinen körperlichen Mangel vergißt und sogar eine gefeierte Sängerin seine Frau wird.

František Xaver Dušek (1731–1799) / Christian Cannabich (1731–1798) 181

Leben

František Xaver Dušek (Franz Xaver Duschek) ist am 8. Dezember 1731 in Chotěboř geboren und wird in Wien von Wagenseil zu einem vorzüglichen Cembalisten ausgebildet. Nach Prag zurückgekehrt, beginnt er seine Lehrtätigkeit, versammelt eine große Anzahl Schüler um sich und übt auf die Musiker seiner Zeit einen starken Einfluß aus. Seine allseits beachteten Kompositionen spiegeln die Liebenswürdigkeit und Ausgeglichenheit seines Wesens wider. Sein Haus, das er hat erwerben können, steht allen Künstlern offen. Auch Mozart ist in Prag sein Gast. Dušek stirbt in Prag am 12. Februar 1799.

Zu seinen Schülern zählt vor allem seine Frau Josepha Hambacher (geboren 1756 in Prag, Todesdaten unbekannt), die er zur Sängerin, Cembalistin und Komponistin ausbildet. Sie lernt 1777 Mozart in Salzburg kennen und ebnet mit ihrem Mann in Prag die Wege zur Aufführung des Figaro und des Don Giovanni. Ein weiterer Schüler ist Leopold Koželuh (Kozeluch, 1752–1818, erfolgreicher Komponist von Oratorien, Opern, Balletten und Pantomimen, ein von der Wiener Aristokratie gesuchter Lehrer).

Werke

Seine Sinfonien, Klavierkonzerte, Quartette, Trios, Sonaten und Lieder sind zu seiner Zeit so beliebt, daß sie vom breiten Publikum den Werken der zeitgenössischen großen Meister gleichgestellt werden. Das Werk wirkt nicht in seiner ursprünglichen Gestalt weiter, sondern nur durch Form und Aussage, die von Rokoko-Ideen ausgeht und etwas an der Klassik vorbei zur Romantik zielt. Die gewaltige Architektonik der echten Klassik ist für Dušek von einem zu großen Format.

Tips für Plattenfreunde

O Serenade Es-Dur für 2 Klarinetten, Streichquartett und Kontrabaß; Sinfonia D-Dur für 2 Oboen, 2 Hörner und Streicher (Stereo-LP/ Schwann 2 024). Die Aufnahme gibt einen Einblick in die liebenswürdige Musik Dušeks

CHRISTIAN CANNABICH (1731–1798)

Zeit und Umwelt

„Sein Forte ist ein Donner, das Crescendo ein Katarakt, das Diminuendo ein kristallklares enteilendes Bächlein und das Piano ein Frühligshauch", schreibt Daniel Schubart über das Mannheimer Orchester, dessen Leitung Cannabich nach dem Tod seines Lehrers Stamitz übernommen hat. Kapellmeister Holzbauer hat sicherlich einen großen Anteil an dem hohen Niveau dieses für jene Zeit einzigartigen Klangkörpers, doch Cannabich ist bereits in seinem 13. Lebensjahr nach Mannheim gekommen und naturgemäß mit dem Orchester enger verwachsen. 1777 lernt ihn in Mannheim W. A. Mozart kennen, nachdem er ihm bereits 1766 mit seinem Vater Leopold in Paris begegnet war. In den Jahren 1781 und 1785 kommt es zu einer erneuten Begegnung mit Mozart, der Cannabich für den besten Dirigenten hält, den er je gesehen hat.

Leben

Christian Cannabich wird am 28. Dezember 1731 in Mannheim als Sohn des Flötisten Martin Friedrich Cannabich geboren und vom Vater und von Johann Stamitz ausgebildet. Der Kurfürst sendet ihn nach Italien, wo er bei Niccolò Jommelli Unterricht nimmt. Im Jahre 1759 wird er Leiter des Orchesters in Mannheim, 1775 dessen Dirigent, 1778 folgt er mit dem gesamten Orchester dem Kurfürsten nach München, während Holzbauer in Mannheim bleibt. Er stirbt in Frankfurt am Main am 22. Februar 1798. Neben Johann und Carl Stamitz und Holzbauer darf Cannabich zu den begabtesten Mitgliedern der Mannheimer Schule gerechnet werden, sowohl als Orchesterleiter wie als Komponist und Geiger. Anton Filz (um 1730–1760, Cellist des Mannheimer Orchesters, Komponist von 41 Sinfonien, von Streich- und Klaviertrios, Cellosonaten und Flötenkonzerten, Messen und anderer sakraler Musik), gleichfalls Schüler von Johann Stamitz, könnte hinzugestellt werden, wenn nicht sein früher Tod seine Entfaltung unterbrochen hätte.

Werke

Christian Cannabich schreibt eine Anzahl Opern und Ballette, denen kein Erfolg beschieden ist. Seine Sinfonien und Quartette werden sehr günstig aufgenommen.

Tips für Plattenfreunde

O Airs aus dem Ballett Orphée, für Klavierquartett bearbeitet von W. A. Mozart (Stereo-LP/Musica Bavarica 0 9 01). Ein Beweis für die Wertschätzung, die Mozart dem Komponisten entgegengebracht hat
O Divertissement concertante F-Dur für 2 Violinen und Orchester (Stereo-LP/BASF EB 211 886). Stilentsprechende Aufnahme

JOSEPH HAYDN (1732–1809)

Zeit und Umwelt

„Ich wurde geboren Anno 1732 den letzten Mertz in dem Marktfleck Rohrau in Unterösterreich bei Prugg an der Leythä. Mein Sel. Vatter ware seiner Profession ein Wagner und Unterthan des Grafen Harrachs, ein von Natur aus großer Liebhaber der Musik. Er spielte ohne eine Note zu kennen die Harpfe, und ich als ein Knabe von 5 Jahren sang ihm alle seine simple kurze Stücke ordentlich nach, dieses verleitet meinen Vatter mich nach Haimburg zu dem Schul Rector meinen Anverwandten zu geben, um allda die musikalischen Anfangs Gründe sammt anderen jugentlichen Notwendigkeiten zu erlehrnen. In dem 7. Jahre meines Alters hörte der Sel. Herr Kapell Meister von Reutter in einer Durchreise durch Haimburg von ungefähr meine schwache doch angenehme Stimme. Er nahm mich also gleich zu sich in das Capell Hauss, allwo ich neben dem Studiren die Singkunst, das Clavier und die Violin von sehr guten Meistern erlehrnte, ich sang allda sowohl bei St. Stephan als bei Hof mit großem Beifall bis in das 18. Jahr meines Alters den Sopran. Da ich endlich meine Stimme verlohr, mußte ich mich in Unterrichtung der Jugend ganzer acht Jahr kummerhaft herumschleppen ...", berichtet Joseph Haydn selbst über seine Jugend. Und dann kommen als Belohnung die Kapellmeisterstellen beim Grafen Morzin und dem Fürsten Esterházy. Dort ist er zuerst ein „Musiklakai" (der sich rügen lassen muß: „... sich embsiger als bisher auf die Komposition zu legen und besonders solche Stücke, welche man mit der Gamba spielen mag..."), dann wird er zum „Lieben Herrn Heiden", was die Stellung aller Musiker zu ihren adeligen und kirchlichen Auftrags- und Brotgebern grundlegend ändert. Trotz dieses Kampfes ist Haydn mit seiner Stellung und dem weltabgeschiedenen Aufenthalt in Eisenstadt und Esterház zufrieden, denn: „Ich konnte als Chef eines Orchesters Versuche machen, beobachten, was den Eindruck hervorbringt und was ihn schwächt, also verbessern, wegschneiden, zusetzen, wagen. Ich war von der Welt abgesondert. Niemand in meiner Nähe konnte mich an mir selbst irre machen und quälen, und so mußte ich original werden." In dieser Abgeschiedenheit begründet er das klassische Streichquartett und die klassische Sinfonie, beides nicht von ihm „erfunden", sondern ein Produkt der Entwicklung, aber von ihm zur Vollendung geführt. Anfänglich nur unklar erfühlt, dann aber deutlich erfaßt, steht Haydn vor der Notwendigkeit einer neuen Zielsetzung der Musik wie Gluck, der zu den Quellen der Antike zurückgegriffen hat, während Haydn jene kompositorischen Grundsätze findet, nach denen die großen Werke der absoluten Musik verfaßt werden. Gluck, hierbei seine Anhänger noch mehr als er selbst, müssen den Kampf gegen die alte Barockseligkeit führen und haben gesiegt, weil der Gegner seine auf einer gewissen Stufe der Vollendung erstarrten Formen nicht mehr der allgemeinen Kulturentwicklung anpassen kann und sich daher überlebt hat. Haydn muß sich nur mit seinen Vorläufern auseinandersetzen, von denen einige den Weg für ihn vorbereitet haben, und hat lediglich seinem eigenen künstlerischen Gewissen zu folgen und neue Formen zu finden, die sich seinem Willen unterordnen. „Was ich aber bin", sagt er von sich, „ist alles ein Werk der dringenden Not." Damit meint er allerdings vorerst, daß er Tanzmusik geigen und fremde Schuhe säubern muß, aber dann auch, daß sein Reformwerk das Ergebnis harter Kämpfe mit sich selbst ist, an deren Ende der Sieg seiner genialen Persönlichkeit steht.

Leben

(Franz) Joseph Haydn ist vermutlich am 31. März 1732 (getauft am 1. April) in Rohrau (Niederösterreich) als Sohn des Wagners Matthias Haydn (1699–1763) geboren. Seine Großeltern sind aus dem nahen Hainburg zugezogen, wo der Urgroßvater Schloßbediensteter war und mit knapper Not den Türkenmassakern (11. Juli 1683) entrinnen konnte. Nach einigen Forschern hat der Familienname ursprünglich Hajden gelautet, wovon abgeleitet wird, daß die Familie den im 15. und 16. Jahrhundert in den Raum zwischen Preßburg und Neusiedlersee eingewanderten Kroaten entstamme und daher slawischen Ursprunges sei. Die für diese Behauptung vorgelegten Beweise sind wenig zwingend, auch die Suche nach slawischem Musikgut in Haydns Kompositionen kann nur Parallelen zutage fördern, die sich aus der Nachbarschaft der eingewanderten Südslawen und der Nähe des slowakischen Siedlungsraumes erklären lassen. Joseph Haydn zeigt früh musikalische Anlagen, so daß ihn der Vater, selbst sehr musikliebend, zu seinem Vetter, dem Schuldirektor J. M. Franck nach Hainburg sendet, der ihm den ersten Unterricht in Gesang und Instrumentenspiel erteilt. Der Organist und Hofkapellmeister Georg Reutter (1798–1772, verfaßt Opern, Oratorien, Kantaten, Messen und Motetten von geringem Wert) entdeckt zufällig den schönen Sopran des jungen Haydn und nimmt ihn 1740 als Chorsänger an der Stephanskirche auf. Als seine Stimme wegen des einsetzenden Bruches schwächer wird, will ihn Reutter, um die schöne Stimme zu konservieren, der Hofkapelle überweisen, wo es mehrere Kastraten gibt. Haydns Vater erfährt vom Plan und verhindert ihn. Damit ist Haydns Zugehörigkeit zum Chor beendet. Nach einigen kümmerlichen Versuchen, sich auf eigene Faust durchzuschlagen, erhält Haydn über den Librettisten und Dichter Pietro Metastasio Fühlung mit Nicola Porpora, der ihn als Begleiter bei seinen Gesangsstunden und persönlichen Diener beschäftigt, ihm aber auch einigen Musikunterricht erteilt. Bei Porpora lernt der junge Musiker Wagenseil, Gluck und Dittersdorf kennen. Er beginnt ernstlich zu komponieren (seine früheren Versuche sind zumeist von Reutter unterdrückt worden), schreibt

Joseph Haydn (1732–1809)

verschiedene Kirchenkompositionen, kleinere Kammermusikwerke (Cassationen, Divertimenti) und seine erste, heute verlorene Oper (Der krumme Teufel, 1752). Auch seine ersten Streichquartette fallen in jene Frühzeit. Im Jahr 1759 erhält er die Stelle eines Musikdirektors der Privatkapelle des Grafen Morzin in Lukawitz (Lukaveč) in Böhmen. Am 26. November 1760 heiratet er Maria Anna Keller, die Tochter eines Perückenmachers, die zeit ihres Lebens nicht einen Funken Verständnis für die Bedeutung ihres Mannes aufbringt. Als der Graf nach kurzer Zeit aus Geldmangel seine Kapelle auflösen muß, nimmt Fürst Paul Anton Esterházy Haydn als zweiten Kapellmeister nach Eisenstadt. Er wird erster Kapellmeister, nachdem Gregor Joseph Werner, dem er beigeordnet worden ist, 1766 verstirbt; 1769 wird die Kapelle des Fürsten in das Schloß Esterház (Ungarn) verlegt und bleibt dort bis zu ihrer Auflösung im Jahr 1790. In jener Zeit schafft Haydn den Großteil seines kompositorisches Werkes. Sein Ruf hat sich inzwischen über die ganze Welt verbreitet, so daß schon 1787 versucht wird, ihn nach London zu bringen. Der berühmte Geiger Wilhelm Cramer (1745–1799), will ihn um jeden Preis für das Londoner Konzertleben gewinnen, von mehreren Seiten wird Haydn bedrängt und gebeten, aber erst 1790, als die Kapelle in Esterház aufgelöst wird, läßt sich Haydn, der bisher keinerlei Reisen außer im engsten Heimatbereich unternommen hat, bereden, die Einladung anzunehmen. Der König von Neapel (Ferdinand IV.), der den Meister schon vor Jahren zu sich gebeten hat, muß zurückstehen. Haydn empfängt noch einen Besuch Mozarts, der beabsichtigt, 1791 nach London zu gehen, aber dieses Vorhaben nicht mehr ausführen kann. Dann bricht Haydn am 15. Dezember zur Reise über München, Bonn, Brüssel, Calais und Dover auf. Seine Betreuung, die Vorbereitungen für seinen Empfang, das Arrangement der ersten Konzerte besorgt Johann Peter Salomon (1745–1815, namhafter Geiger, Dirigent, Komponist, Msikverleger, Freund und Verehrer Haydns). Der Meister wird in London enthusiastisch empfangen, von der ersten Gesellschaft eingeladen, seine Konzerte sind überfüllt. Er führt dort sechs neue Sinfonien mit großem Erfolg auf und wird am 8. Juli 1791 in Oxford von der Universität zum Doktor promoviert. Er beherrscht in dieser Saison das Londoner Musikleben. Um ein Konkurrenzunternehmen aufzuziehen, bringt ein Konzertunternehmer den ehemaligen Schüler Haydns Ignaz Pleyel (1757–1831, Kapellmeister, Komponist, Musikalienhändler, Klavierfabrikant) nach London, es kommt aber zu keinem Konflikt. Haydn lernt in London die Witwe des königlichen Kapellmeisters John Samuel Schroeter (gestorben 1788) kennen und schätzen, von der er bekennt: „Sie war eine sehr attraktive Frau, wenn ich frei gewesen wäre, hätte ich sie geheiratet". Ende Juni 1792 reist er über Bonn nach Hause, wo er den jungen Beethoven kennenlernt, der später in Wien sein Schüler wird. Einer zweiten Einladung Salomons folgt er am 19. Juni 1794, diesmal begleitet von seinem anhänglichen Diener und Kopisten

Johann Elßler (unter dessen Nachkommen mehrere Orchestermusiker und Tänzerinnen zu verzeichnen sind). Er wird erneut zum Mittelpunkt des Musiklebens der Stadt, führt weitere sechs neue Sinfonien auf, befaßt sich eingehender mit Händels Oratorien, schließt enge Freundschaft mit dem Kontrabassisten Domenico Dragonetti (1763–1846; seine Kompositionen für Kontrabaß sind außerordentlich schwierig, er hat Beethovens Violinsonaten auf seinem Instrument gespielt). Es gibt auch Neider. Der berühmte Geiger Felice Giardini (1716–1796, Komponist von bescheidener Qualität, Opernunternehmer) ist durch Haydns glänzende Erfolge und dessen Freundschaft mit dem Konkurrenten auf dem Konzertpodium, Wilhelm Cramer, verärgert. Er weigert sich, mit Haydn zusammenzutreffen und erklärt: „Ich will den deutschen Hund nicht sehen". Haydn hört ihn spielen und urteilt: „Er hat gespielt wie ein Schwein". Er lernt auch den Sohn Wilhelm Cramers Johann Baptist (1771–1858, ausgezeichneter Geiger, Verfasser von Schulwerken mit musikalischem Gehalt) kennen, mit dem er konzertiert. Haydn wird von der Hofgesellschaft viel eingeladen und hoch geehrt, aber er muß nach zwei sehr einträglichen Konzertsaisonen („Man kann nur in England solche Summen verdienen", behauptet er) nach Wien zurück, weil dort die Kapelle der Fürsten Esterházy erneut aufgestellt wird und er deren Leitung zu übernehmen hat. In das nächste Jahr fällt die Komposition der Kaiserhymne nach einem Text von Lorenz Leopold Hauschka für Singstimmen (aufgeführt am 12. Februar 1797 zu des Kaisers Geburtstag, angeblich auf eine kroatische Volksmelodie zurückführbar, mit dem von Hoffmann von Fallersleben umgedichteten Text deutsche Nationalhymne von 1919–1945). In den Jahren von 1795 bis 1800 erreicht Haydn den Höhepunkt seines Schaffens. Es entstehen die beiden Oratorien (Die Schöpfung, 1795–1798; Die Jahreszeiten, 1799–1800), die zu den wenigen großen der Musikgeschichte zählen, und seine 6 Hochämter. Bald darauf schwindet seine Schaffenskraft. Er empfängt in Wien seine Freunde und seine Bewunderer, er wird weiterhin mit Ehrungen und Auszeichnungen überhäuft. Seine Frau, mit der er sich nie verstanden hat, stirbt am 20. März 1800. Haydn heiratet aber seine langjährige Freundin, die neapolitanische Sängerin Luigia Polzelli (mit der er angeblich einen Sohn Pietro hat) nicht, sondern zahlt ihr eine vertraglich vereinbarte Abfindungssumme aus. Am 27. März 1808 nimmt er noch an einer Aufführung seiner „Schöpfung" teil, muß aber nach dem ersten Teil nach Hause gebracht werden. Im folgenden Jahr wird Wien von französischen Soldaten beschossen, ein Projektil schlägt nahe bei Haydns Wohnhaus ein. Dann marschieren Napoleons Truppen in die Stadt ein. Der Kaiser der Franzosen stellt dem weltberühmten Komponisten eine Ehrenwache. Am 31. Mai 1809 stirbt Joseph Haydn als der bekannteste und beliebteste Komponist seiner Zeit, Mitglied zahlreicher gelehrter und künstlerischer Gesellschaften in ganz Europa, Träger vieler Orden und Ehrenzeichen. Er wird unter der Teilnahme seiner vielen Verehrer

Joseph Haydn (1732–1809)

in Wien und einer beachtlichen Menge von französischen Offizieren auf dem Friedhof seines Bezirkes beigesetzt. Am 15. Juni wird Mozarts Requiem zu seinen Ehren in der Schottenkirche in Wien aufgeführt. Im Jahr 1820 wird der Tote exhumiert und in die Bergkirche zu Eisenstadt gebracht, allerdings ohne Kopf, der zwei Tage vor der Beerdigung gestohlen wird und erst 1954 dem Leichnam beigefügt werden kann.

Literatur

A. v. Hoboken: Joseph Haydn, Thematisch-bibliographisches Werksverzeichnis, 1957
W. Reich: Joseph Haydn, Chronik seines Lebens in Selbstzeugnissen, 1962
E. Schenk: Das Weltbild Joseph Haydns, 1895

Werke

„Haydn ist der Liebling unserer Nation, dessen sanfter Charakter sich jedem seiner Stücke eindrücket. Sein Satz hat Schönheit, Ordnung, Reinheit, eine feine und edle Einfalt, die schon eher empfunden wird, als die Zuhörer noch dazu vorbereitet sind. Es ist in seinen Cassationen, Quattro, Trio ein reines und helles Wasser, welches ein südlicher Hauch zuweilen kräuselt, zuweilen hebt, in Wellen wirft, ohne daß es seinen Boden und Abschluß verläßt. Die monotonische Art der Stimmen und gleichlautenden Oktaven hat ihn zum Urheber, und man kann ihr das Gefällige nicht absprechen. In Synphonien ist er ebenso männlich stark als empfindsam, in Kantaten reizend, einnehmend und natürlich reizend" (de Luca). Damit ist wohl wenig wissenschaftlich, aber doch treffend Haydns Musik und ihr Eindruck auf den naiven Hörer charakterisiert. Die ungeheure Breitenwirkung verdankt die Musik ihrer frohen Lebensbejahung, ihrer unbeirrbaren Geradlinigkeit und ihrer innigen Klangfülle. Sie ist nirgends grüblerisch und anklagend, nicht devot frömmelnd und noch weniger revoltierend. Sie weist den Menschen auf unsere Welt als die schönste aller Welten hin und läßt sie vor seinen Ohren zum Klang werden. Und jedem bringt sie, was er in ihr sucht, dem verspäteten Barockmenschen die Klangmalerei und die Ausdeutung von Wort und Vorstellung, dem Empfindsamen monodische Liedhaftigkeit, dem Verehrer klassisch reiner Architektonik Ausgewogenheit, Symmetrie und Allgemeingültigkeit und dem Romantiker Volkston und Träumerei. Sie steht über ihrer Zeit, breit über Grenzen hinweg für alle wirkend und weit in die Zukunft weisend, so daß jedes Land und jede Epoche „ihren Haydn" erhält und ihr Vorstellen und Fühlen in sie senken darf, ohne sie zu verändern, denn „Haydns Werke sind eine ideale Sprache der Wahrheit. Sie sind vielleicht zu überbieten, aber nicht zu übertreffen" (Goethe). Haydn fußt auf den Werken der Wiener Vorklassiker, der Mannheimer Schule und der Italiener. Unter dem Einfluß der Musik von Carl Philipp Emanuel Bach wandelt er sich vom Spätbarock zum empfindsamen Rokoko, entwickelt aber bald alles zur wohlabgewogenen klassischen Vollendung. Sein Können steigert sich steil aufstrebend zu Kunstwerken einer Größenordnung, die sämtliche zeitgenössische Werke weit überragen und über sie hinweg unmittelbar zu Beethoven führen.

Das Orchesterwerk Haydns ist sehr umfangreich. 104 *Sinfonien* können ihm mit Sicherheit zugeschrieben werden, bei weiteren 30 ist seine Urheberschaft noch ungeklärt. Der weltweit berühmte Namen des Komponisten hat verschiedene Verleger verleitet, ihn für Erzeugnisse anderer Komponisten zu mißbrauchen. Die erste bis 1770 entstandene Gruppe von Hob. I: 1–I:44 weist teilweise den Charakter eines Divertimento mit Soloinstrumenten auf, andere verraten die Mannheimer Schule, aber in einigen kündigt sich bereits die spätere Technik des Komponisten an. Zu den letzteren könnte man den dreiteiligen Zyklus „Die Tageszeiten" (Hob. I:6, I:7, I:8): „Der Morgen", D-Dur, „Der Mittag", C-Dur, „Der Abend", G-Dur, rechnen, deren programmatischer Charakter Wesenszüge der Romantik vorwegnimmt (1759–1761); Hob. I:22 „Der Philosoph", Es-Dur (1764) fällt durch eine außergewöhnliche Satzfolge auf; ebenso der Programmusik angenähert ist Hob. I:31 „Auf dem Anstand", D-Dur (1765), deren Partitur vier Hörner vorschreibt. Die zweite Gruppe umfaßt Hob. I:45–I:81 und ist zwischen 1772 und 1785 geschrieben. Am bekanntesten davon ist Hob. I:45, fis-Moll (1772), die „Abschiedssinfonie". Sie wird wie Hob. I:73 (Die Jagd) heute noch sehr gerne gespielt. Diese Gruppe zeigt bereits eine verfeinerte thematische Arbeit, was sich in der dritten: Hob. I:82–I:86, den „Pariser Sinfonien" (1786), noch deutlicher ausprägt, weil die einzelnen Sätze bereits ein verstärktes Eigengewicht und Volumen erhalten. Seine volle Reife erreicht Haydn in der letzten Gruppe: Hob. I:88–I:104 (1787–1795), zu denen die 12 „Londoner Sinfonien" gehören. Die motivisch-thematische Verarbeitung erfährt in diesen Werken eine letzte Verdichtung und Verfeinerung. Die sangbaren Themen und die zeitweilige Verwendung von Klarinetten lassen den Einfluß Mozarts fühlen. Die Sinfonie concertante, B-Dur, Hob. I:105 wird zuweilen als 105. Sinfonie hinzugerechnet. Von den 51 *Konzerten* (9 für Violine, 6 für Cello, 1 für Kontrabaß, 5 für Lira da braccio, 3 für Baryton, 2 für Flöte, 3 für Horn, 1 für 2 Hörner, 1 für Clarino, 20 für Cembalo) überragen nur einzelne den Durchschnitt. Sie sind Gelegenheitsarbeiten, die die Bedeutung der Sinfonien nie erreicht haben. An die Spitze der Kammermusikwerke sind seine 83 *Streichquartette* zu stellen, an denen sich die künstlerische Entwicklung Haydns ebenso deutlich wie bei den Sinfonien ablesen läßt. Die ersten zwölf sind Serenaden, drei- bis fünfsätzig (langsamer Satz in der Mitte, von zwei Menuetten umrahmt, Außensätze schnell), bei den folgenden sechs ist das Motiv bereits wichtiger als die Melodie, wenn auch die erste Geige noch immer vorherrscht und die anderen Instrumente nur begleitende Rollen haben. Die Viersätzigkeit

Joseph Haydn (1732–1809)

(Allegro, Menuett, Adagio, Allegro) setzt sich erst bei den um 1769 für den Geiger Luigi Tomasini (1741–1808, Mitglied der Kapelle der Fürsten Esterházy, Komponist von Violinmusik, Freund Haydns) verfaßten, stark empfindsamen sechs Quartetten durch. Die Form des Divertimento wird aufgegeben, ab nun sind die Quartette Konzertstücke und keine Hintergrundmusik mehr für Gesellschaften und Tafeleien. Die Gruppe aus 1772 ist häufig fugiert, so daß den einzelnen Instrumenten mehr Selbstständigkeit zukommt, besonders dem Cello. Der Durchbruch erfolgt jedoch mit den dem Großfürsten Paul von Rußland (1781) gewidmeten 6 „Russischen Quartetten", die nach Haydns Worten „auf eine neue, ganz besondere Art" komponiert sind. Die Durchführungstechnik verschiebt sich von den Themen zu den Motiven, die eng ineinandergreifen. In den sechs (Friedrich Wilhelm II. gewidmeten) „Preußischen Quartetten" stehen Melodie und Klang unter dem Einfluß Mozarts, der Stoff wird verdichtet, die Form vergrößert und das Einzelmotiv vertieft. Kaum mehr merklich bevorzugt ist die erste Violine in den für den musikalischen Tuchhändler Tost verfaßten Quartetten; die vier Instrumente beschäftigen sich gleichwertig mit einem Thema. Damit ist die klassische Struktur des Quartettes erreicht. Die „Apponyi-Quartette" (1793) sind bereits von sinfonischer Klangwirkung, ihre Formen sind aufgelockert und vielfältig, die Zeitmaße gleitend, die Modulationen kühn. Die beiden letzten aus 1799 bilden durch die Verwendung der Unterterztonart als Gegensatz eine Überleitung zur Romantik. In der Reihe der übrigen *Kammermusik* ist bei den 41 Klaviertrios erst in den späteren den Streichinstrumenten eine dem Klavier ebenbürtige Stellung zugewiesen. Die 21 Streichtrios (2 Violinen und Cello) haben Suitencharakter. Die für Baryton, Bratsche und Cello verfaßten 125 Trios sind heute zumeist nicht aufführbar, weil das siebensaitige, einer Gambe ähnliche Instrument mit bis zu 12 Bordunsaiten schwer beschaffbar ist. Zur Kammermusik sind auch die für verschiedene Instrumente geschriebenen Divertimenti zu zählen. Bei den 11 Sonaten für Cembalo und Geige (oder Flöte) spielt diese zumeist nur die Melodiestimme mit. In den nach 1770 entstandenen 6 Sonaten für Geige und Viola ist vorwiegend die Geigenstimme ausgebaut. Von den 62 Cembalosonaten haben die vor 1770 entstandenen Suitenform, erst unter dem Einfluß Carl Philipp Emanuel Bachs kommen Spannung und Lyrik in die Durchführung. Mozarts Einfluß ist auch hier spürbar. Die drei 1784 der Prinzessin Esterházy gewidmeten Sonaten sind kontrapunktisch aufgebaut, jene in den neunziger Jahren tragen stark romantische, auf Schubert hinweisende Züge neben Beethovenscher Verwandtschaft. Im *Vokalwerk* stehen zwei der bedeutendsten Werke der Oratoriengeschichte: „Die Schöpfung" und „Die Jahreszeiten", und als drittes Oratorium „Die Heimkehr des Tobias" (1774/75) mit opernnahen Koloraturarien und prächtiger Ouvertüre. „Die sieben Worte des Erlösers am Kreuz" sind usprünglich im Auftrag der Stadt Cádiz (1785)

als sieben Orchesterstücke, jedes von einem Baßrezitativ eingeleitet, komponiert, später für Streicher und schließlich für Soli, Chor und Orchester umgearbeitet.
Von den 14 *Messen* sind 12 erhalten. Wie Mozart hat sich Haydn damit dem Vorwurf einer zu starken „Weltlichkeit" ausgesetzt. „Seine Andacht war nicht von der düsteren, immer büßenden Art, sondern heiter, ausgesöhnt, vertrauend, und in diesem Charakter ist auch seine Kirchenmusik geschrieben", verteidigt ein Zeitgenosse den Meister, dessen Beziehung zur sakralen Musik durchwegs echt und aufrichtig ist. Allerdings ist dabei die Rolle des Chores zugunsten des Orchesters zurückgedrängt. Die „Instrumentalmesse" der Klassik und der Romantik nimmt bei Haydn ihren Anfang. Die erste, „Missa brevis" in F-Dur, wird 1750 komponiert, 1766 entsteht die große Orgelmesse in F-Dur, deren Tenorsolo im Incarnatus besonders eindrucksvoll ist; ihr Benedictus wird von einem Vokalquartett zu figuren- und passagenreicher Orgelmusik gesungen. Die „Nicolai-Messe" in G-Dur (1772) ist wegen ihres heiteren, innigen Charakters und des von strahlenden Geigenpassagen begleiteten Sanctus beliebt. Die „Caecilien-Messe" in C-Dur (1773) ist die längste, die „Kleine Orgelmesse" in B-Dur (1775) erzielt gerade durch ihre knappe Form und sparsame Begleitung (2 Violinen, Baß, Orgel) den Ausdruck tiefer Frömmigkeit. Die „Mariazeller-Messe" in C-Dur (1782) überrascht durch ihre Festlichkeit und konzertante Konzeption. Die späteren, nach den Londoner Reisen komponierten Messen zählen zu den Meisterleistungen österreichischer Kirchenmusik. Diese „Hochämter", „Pauken-Messe" C-Dur (1796), „Heilig-Messe" B-Dur (1796), „Nelson-Messe" d-Moll (1798), „Theresien-Messe" B-Dur (1799), „Schöpfungs-Messe" B-Dur (1801), „Harmonie-Messe" B-Dur (1802) bilden bis in die Gegenwart einen festen Bestandteil der katholischen Kirchenmusik. Ein Stabat Mater, 2 Tedeum, 4 Salve Regina, 13 Offertorien und etliche andere Gesänge bringen einen weiteren Beitrag zur sakralen Musik.
Von geringer Bedeutung ist das *Liedschaffen;* ungefähr 30 Lieder mit Cembalobegleitung und Bearbeitungen britischer Volkslieder sind vergessen; geblieben ist nur das „Gott erhalte Franz, den Kaiser" als österreichische Volkshymne bis 1920.
Von den 24 (zumeist italienischen) *Opern* werden heute einige („Die Welt auf dem Mond", „Der Apotheker", „Ritter Roland") fallweise aufgeführt. Zu Haydns Zeiten sind sie nur als Kammeropern und nie in einem der großen Opernhäuser gegeben worden.

SINFONIE NR. 45, FIS-MOLL „ABSCHIEDSSINFONIE" (HOB. I:45) Entstanden 1772, 4 Sätze. Ihren Namen verdankt sie einer Überlieferung, nach der Fürst Nikolaus Esterházy den Mitgliedern seines Orchesters nicht erlaubt, ihre Familien im Schloß unterzubringen, und ebensowenig, sie in Eisenstadt zu besuchen, solange er das Schloß nicht selbst verläßt. Da

Sinfonien

nun der Fürst im Jahr 1772 sehr lange in Esterház bleibt, wenden die Orchestermitglieder sich an Haydn um Hilfe, der für das nächste Hofkonzert diese Sinfonie verfaßt und für das Finale vorschreibt, daß ein Musiker nach dem anderen sein Licht verlöscht, das Instrument nimmt und fortgeht, bis nur zwei Violinen zur Beendigung des Satzes übrigbleiben. Der Fürst versteht die feine Anspielung und beurlaubt seine Musiker. Er dürfte bereits durch die flehende Geste der Themendurchführung des Ersten Satzes aufmerksam geworden sein und durch das unruhige Menuett, das keine Fröhlichkeit erlaubt. Das Finale (fis-Moll, presto) scheint in einem Taumel von Lebensfreude und Heiterkeit auszubrechen, fällt sodann in ein wehmütiges Adagio ab, in dem der Exodus der Instrumentalisten die Musik versiegen läßt. Spieldauer: 36 Minuten.

Joseph Haydn nach einem eigenen Gemälde von Thomas Hardy (1792), Royal College of Music, London.

SINFONIE NR. 73 D-DUR „DIE JAGD" (HOB. I:73)
Sätze 1 bis 3 sind 1781 entstanden, Satz 4 ist bereits früher als Opernzwischenakt verfaßt worden, der wegen seines Jagdmotives der ganzen Sinfonie ihren Namen verleiht. Die liebenswürdige Einleitung des ersten Satzes mündet in ein pastorales Allegro. Das Gegenthema ist zwar etwas elegisch, es kommt jedoch zu keiner ernsten Auseinandersetzung, der Satz klingt in ruhigen, an Orgelklänge von weit her gemahnenden Streicherakkorden aus. Auch das Andante bringt keine starken Kontraste. Das D-Dur-Menuett ist ein wenig verschattet, doch das Trio, ein gemütliches Musizieren von Oboe und Fagott, wird von den Streichern zart begleitet. Der letzte Satz stellt mit schmetternden Hörnern und Trompeten die Jagd im Stil jener Zeit dar, erinnert an frühere Jagdmusiken, ist aber dennoch neu und originell. Spieldauer: 20 Minuten.

SINFONIE NR. 82, C-DUR „DER BÄR" (HOB. I:82)
Gehört zu den von der Pariser Vereinigung „Les Concerts de la Loge Olympique" 1785 bestellten 6 „Pariser Sinfonien", 4 Sätze. Der erste Satz steigert sich rasch zu heftiger Leidenschaftlichkeit, die nach einigen Sforzatti von einem Piano abgelöst wird. Das Nebenthema kann nicht aufkommen, sondern wird von einem dem Hauptthema verwandten Ende verdrängt,. so daß keine Auseinandersetzung stattfindet. Der zweite Satz ist ein liedhaftes, reizendes Allegretto. Das zweite aus dem Hauptthema gewonnene Mollthema muß ebenso bald der gelassenen Fröhlichkeit Platz machen, nachdem einige Kontraste aufgelöst sind. Das Menuett ist breit und behäbig, als kündigte sich schon der Bär an, der im Finale mit den Celli und Kontrabässen als Orgel-

punkt brummt, während die Geigen mit einem lebhaften Dudelsackthema zum Bärentanz aufspielen. Die Bläser versuchen eine Polkamelodie, die jedoch von den Oktavenpassagen des übrigen Orchesters begraben wird. Auch die Geigen stimmen in allgemeinen Trubel ein, so daß alles in höchster Ausgelassenheit endet. Spieldauer: 21 Minuten.

SINFONIE NR. 83, G-MOLL „DAS HUHN" (HOB. I:83)

Entstanden 1785, 4 Sätze. Ihre Benennung hat sie wegen des „gackernden" Oboenthemas im ersten Satz erhalten, dem ein dramatisches, scharf rhythmisiertes Hauptthema gegenübersteht und sich im Fortissimo entgegenstellt, so daß es bald erdrückt wird und einem beruhigten Ausklang Raum gibt. Das Andante ist ruhig und liedhaft, nur die Begleitung bringt eine gewisse Erregung in den melodischen Fluß, der aber gegen das Ende ungestört ausklingt. Das Menuett klingt an den 1. Satz an und ist stark von Unruhe beherrscht. Nur das Trio gleicht mit seinem Flötensolo neben den ersten Geigen einer süßen Idylle. Idyllischen Töne verleihen auch dem schnellen Schlußsatz pastorale Reminiszenzen, damit die Sinfonie in behaglicher Ruhe wie nach einem ertragreichen Tag endet. Spieldauer: 26 Minuten.

SINFONIE NR. 84, ES-DUR (HOB. I:84)

Entstanden 1786, 4 Sätze. Die Largo-Einleitung klingt so feierlich, daß man ein erregendes Ereignis erwartet, aber die Spannung löst sich in ein frisches Allegro auf, das ernstere Nebenstimmen bald beiseite schiebt. Das Andante ist lieblich, vielleicht sogar überschwenglich gefühlvoll. Die zweite Variation ist durch Mollakkorde und dumpfe Baßtöne unterbrochen, dann fließt in der Coda das erste Thema ungetrübt dem Ende zu. Das Menuett ist ländlerähnlich, sein Trio zart, während das anschließende Vivace ein kraftvolles Volksliedthema bringt, in das ein Seitenthema aufgewühlte Unruhe trägt, die bis kurz vor dem Ende zum versöhnenden Ausklang führt. Spieldauer: 26 Minuten.

SINFONIE NR. 85, B-DUR „DIE KÖNIGIN" (HOB. I:85)

Entstanden 1786, 4 Sätze. Der Titel soll von der Vorliebe der Königin Marie Antoinette für diese Sinfonie diktiert sein, stammt aber keinesfalls vom Komponisten. Der erste Satz zeigt gewisse mozartsche Züge mit seiner Adagio-Einleitung und dem folgenden Vivace-Thema. Anstelle eines zweiten Themas wird eine transponierte Variante des Hauptthemas verwendet, und dieser Verzicht auf die bei den Klassikern übliche Dualität der Themen wird durch erhöhte Verdichtung der Linien aufgewogen. Der zweite Satz bringt eine Variationenfolge über das französische Volkslied „La gentille et jeune Lisette", in der keine neuen Melodien eingeführt, sondern nur Instrumentation und Begleitung jeweils verändert werden. Das Menuett ist knapp und entschlossen, dafür bietet das Finale unbeschwerte Fröhlichkeit an, die durch die ernsten Klänge des Mittelteiles, eigenwillige Harmonik und Rhythmik nicht beeinträchtigt werden kann. Spieldauer: 23 Minuten.

SINFONIE NR. 86, D-DUR (HOB. I:86)

Entstanden 1786, 4 Sätze. Sie wird unverständlicherweise nur selten gespielt, wenngleich gerade sie durch ihre kühne Harmonik weit über ihre Zeit hinausweist. Nach einem kantablen Adagio folgt ein anfänglich ruhiges Allegro, das sich zu gesteigerter

Sinfonien

Der in Budapest geborene Dirigent Antal Dorati widmet sich neben seinem umfassenden Repertoire mit besonderer Sorgfalt der Wiedergabe der Werke von Joseph Haydn.

Heiterkeit erhebt, aber plötzlich mit einem Sforzatto abbricht. Das zweite Thema trägt einen zarten Gesang vor, der bald der Kraft des Hauptthemas erliegt. Der zweite Satz ist mit Capriccio benannt und trägt die widersprüchliche Tempobezeichnung Largo, was jedoch durch den eigenartig verhangenen Melodiekern, der trotz tänzerischer Rhythmen düster bleibt, verständlich wird. Die Variationen werden durch Transpositionen, Trugschlüsse, Erweiterungen und Auslassungen sehr vielgestaltig; dramatische Überleitungen binden sie an einander, und das Ende wird durch einen unvermittelten Fortissimoschlag bezeichnet. Das Menuett ist schwer, nur im Trio setzt sich der Tanzrhythmus durch. Das Finale in Sonatenform wischt alle trüben Gedanken bald weg und strahlt Freude und Helligkeit aus. Spieldauer: 23 Minuten.

SINFONIE NR. 87, A-DUR
(HOB. I:87)

Entstanden 1785, 4 Sätze. Mit einem rauschenden Vivace beginnt der erste Satz in einem breitangelegten Thema, bei dem das zweite, knapp gehaltene, sozusagen nebenherläuft. Die Durchführung bringt keine Konflikte, aber neue Farben und Nuancen. Der zweite Satz ist eine Variationenfolge über ein einfaches Thema, dem in beschaulicher Stimmung interessante melodische Varianten abgewonnen werden. Das Menuett ist gravitätisch und etwas mürrisch, nur das Trio mit seiner Solo-Oboe lieblich und pastoral. Der Schlußsatz hält zwischen Sonate und Rondo die Waage. Eine eigentliche Durchführung des melodischen Materials und ein echter Seitensatz fehlen. Beschwingt und leicht klingt alles aus. Spieldauer: 21 Minuten.

SINFONIE NR. 88, G-DUR
(HOB. I:88)

Entstanden um 1787, 4 Sätze. Sie stellt den ersten Höhepunkt des sinfonischen Schaffens Haydns dar. Dem feierlichen Adagio des ersten Satzes folgt ein lebhaftes Allegro mit einem volksliedhaften Hauptthema, das den ganzen Satz beherrscht und in der Durchführung deutlich den Einfluß ungarischer Folklore erkennen läßt. Das Largo ist nahezu andachtsvoll, sein Thema kehrt siebenmal fast unverändert, nur mit verschiedener Instrumentation wieder. Die Melodie ist von Beethoven mehrmals in seine Werke übernommen worden. Das Menuett ist geschlossen motivisch gearbeitet und gewinnt mit seinen Pianissimoschlüssen und den leisen, wie aus weiten Fernen klingenden Paukenschlägen einen besonderen Reiz. Das Trio weist eine behäbige Ländlerweise auf, die nach damaliger Manier der Volksmusik von leeren Quinten begleitet ist. Ein heiteres Rondo dient als Finale mit einem volkstümlichen Tanzthema und einem lustigen Kanon der Geigen und Bässe. Spieldauer: 24 Minuten.

SINFONIE NR. 92 G-DUR „OXFORD" (HOB. I:92)

4 Sätze. Sie wird 1788 für Paris komponiert, aber dort wegen der ausgebrochenen Revolution nicht mehr aufgeführt. Sie erklingt zum ersten Mal in Oxford anläßlich der Promotion Haydns und steht mit den folgenden „Londoner Sinfonien", die als Haydns sinfonische Höchstleistungen angesehen werden müssen, auf einer Stufe. Schon bei dieser Sinfonie hat der Komponist darauf verzichtet, die Themen mit leichter Hand auf das Papier zu werfen. Ihre Grundhaltung ist elegisch und läßt an einen Abschied vom heiteren, leichten Musizieren denken. Vielleicht fließen auch persönliche trübe Gedanken mit, die sich aber nie profilieren, weil die Klassik eben kein Überschreiten der Grenze zwischen Allgemeingültigkeit und Subjektivismus zuläßt. Ein schmerzlicher, müder Zug spinnt sich durch den ganzen ersten Satz, er kann durch das friedliche Nebenthema nie ganz verdrängt werden. Erst das Adagio bringt Trost; wenn auch sein Mittelteil das Bild verdunkelt, klingt es doch friedlich aus. Das Menuett läßt keine Fröhlichkeit zu; auch das Trio klingt unentschlossen und resigniert. Erst das Finale verscheucht die Schatten. Mit meisterhafter Kontrapunktik kehrt die bei Haydn gewohnte Lebensfreude und Ausgeglichenheit endlich ungetrübt ein. Spieldauer: 27 Minuten.

SINFONIE NR. 93 D-DUR (HOB. I:93)

Uraufgeführt 1791, 4 Sätze. Sie ist die erste der 12 „Londoner Sinfonien", die Haydns sinfonisches Werk abschließen und krönen. Der erste Satz wird von zwei Themen bestritten, die nicht in Widerstreit kommen, sondern einander ablösen. Das Largo wird von einem schlichten Thema beherrscht, das in fünf stark veränderten Variationen erklingt. Das Menuett ist selbstbewußt und fest, krafterfüllt das Rondo-Finale, in dessen Coda ein Zitat aus Don Giovanni („Es lebe die Freiheit") als Reverenz vor Mozart aufklingt. Spieldauer: 23 Minuten.

SINFONIE NR. 94 G-DUR „MIT DEM PAUKENSCHLAG" (HOB. I:94)

Entstanden 1791, eines der bekanntesten Werke Haydns, 4 Sätze. Ein Adagio cantabile leitet den ersten Satz ein, dessen Abgeklärtheit und Chromatik an Haydns Oratorien denken läßt. Das folgende Vivace ist leicht und zart, eine tändelnde Weise bildet das zweite Thema, das unmittelbar zum Schluß überleitet. Die Durchführung ist konfliktreich und knapp. Das Andante gibt sich schlicht und gelassen, seine Ruhe wird durch einen überraschenden Paukenschlag gestört. Vier farbenprächtige Variationen folgen. Das Menuett ist ein echter Volkstanz. Der letzte Satz trägt ein „mozartisch" angelegtes Thema und eilt tänzerisch beschwingt dem Ende zu. Spieldauer: 22 Minuten.

SINFONIE NR. 95 C-MOLL (HOB. I:95)

Mit Solocello, entstanden 1791, 4 Sätze. Die in einer für Haydn ungewöhnlichen Tonart komponierte Sinfonie setzt mit einem kontrastreichen Allegro moderato ein, dessen Hauptthema die Exposition völlig beherrscht. Das volkstümliche Tanzthema als zweiter musikalischer Gedanke kann sich kaum durchsetzen. Erst in der Reprise kommt es zur Geltung. Das Andante ist eine vierfache Variation, von denen eine in es-Moll gehalten ist und damit den wehmütigen Charakter des Satzes bestimmt. Das Menuett bleibt bei der Molltonart und ist ebenso von Mozart beeinflußt wie das Andante; Anklänge an den letzten Akt des Figaro sind unverkennbar; in seiner Form reicht es an das Beethovensche Scherzo heran. Im Trio spielt das Solo-Cello eine Ländlermelodie, wodurch der düstere Charakter des Menuetts in der Reprise noch mehr unterstrichen wird. Das Finale klärt sich zum C-Dur auf. Es ist vorzüglich kontrapunktisch durchgeführt und klingt mit verhaltener Fröhlichkeit aus. Spieldauer: 19 Minuten.

SINFONIE NR. 96 D-DUR
(HOB. I:96)
Entstanden 1791, 4 Sätze. Diese nur selten aufgeführte Sinfonie ist ebenfalls mit mozartischer Melodik erfüllt und beginnt mit einem lichten Adagio, das sich immer mehr verdüstert und mit einem wehmütigen Oboenruf endet. Das folgende Allegro klingt festlich, aber etwas kühl. Das Andante ist eine Variationenfolge mit groß ausgebauten Zwischensätzen; in seiner Coda erklingen zwei Soloviolinen. Das Menuett muß als matt und kraftlos bezeichnet werden. Im abschließenden Rondo setzt sich der leichte Charakter des Beginnes trotz düsterer Molltöne sieghaft durch. Spieldauer: 23 Minuten.

SINFONIE NR. 97 C-DUR
(HOB. I:97)
Entstanden 1792, 4 Sätze, ebenfalls nicht oft gegeben, obwohl sie ihren Schwestern in nichts nachsteht. Das Werk beginnt mit einem bewegten Adagio, in das ein donnerndes Fortissimo einbricht. Das zweite Thema des ersten Satzes bringt eine elegante Tanzmelodie, doch in Durchführung und Schluß dominiert das erste. Das Adagio ist ein wenig elegisch, seine Variationen bringen interessante Modulationen. Das Menuett ist – zum ersten Mal – durchkomponiert, sein Trio besteht aus einem derben, lustigen Ländler. Das Finale steht stark im Schatten Mozartischer Melodien, denen Haydn jedoch neue, überraschende Wirkungen abzugewinnen weiß. Spieldauer: 26 Minuten.

SINFONIE NR. 98 B-DUR
(HOB. I:98)
Entstanden 1792, 4 Sätze. Den ersten Satz leitet ein dunkles b-Moll-Thema mit schweren Unisonopassagen der Streicher ein. Dieses Thema wird jedoch von einem in Dur gewandelten Allegro abgelöst, zu dem ein etwas müdes Seitenthema tritt. Erst der Schluß des Satzes ringt sich zu optimistischen Gedanken durch. Das Adagio ist feierlich und steigert sich in breitem Bogen zu grandioser Prachtentfaltung; es ähnelt durch seinen Charakter dem Largo der Sinfonie Nr. 88, mit der auch das Menuett eine gewisse Verwandtschaft aufweist. Das Finale ist tänzerisch beschwingt und zart und bestimmt auch den Charakter des anfänglich lyrischen Seitenthemas. Im Mittelteil konzertiert eine Solo-Violine. Spieldauer: 27 Minuten.

SINFONIE NR. 99 ES-DUR
(HOB. I:99)
Entstanden 1793, 4 Sätze. Die glanzvolle Tonart bestimmt den Charakter des ersten Satzes, dessen harmonische Bildung neue Aspekte in die Technik des Komponisten bringt und mit ihren scharfen Kontrasten deutlich auf Beethoven deutet. Das Adagio hat Sonatenform mit einem kantablen Thema, das jedoch vom bewegt drängenden Nebenthema beherrscht wird. Das Menuett geht weit über das Durchschnittliche hinaus und kommt

einem Scherzo noch näher als der gleiche Satz in Sinfonie Nr. 95. Das Rondo-Finale übt durch starke Kontraste, abrupte Wendungen und prächtige Instrumentierung einen nachhaltenden Reiz aus. Die erstmalige Verwendung von Klarinetten geht auf den Einfluß Mozarts zurück. Spieldauer: 22 Minuten.

SINFONIE NR. 100 G-DUR „MILITÄRSINFONIE"
(HOB. I:100)
Mit großer Trommel, Becken, Triangel, 4 Sätze, entstanden 1794. Die Benennung der beliebten Sinfonie ist durch marschähnlichen Charakter der ersten beiden Sätze und der Verwendung von „Janitschareninstrumenten" bedingt. Die pompöse Einleitung des ersten Satzes hat noch keinen militärischen Charakter, doch an das zweite Thema knüpft offensichtlich der Radetzkymarsch an. Das Allegretto des zweiten Satzes ist ein Militärmarsch, auch im nach Moll transponierten Teil, der nach einem Trompetensignal sich im klaren Dur auf die Coda hin bewegt. Das Menuett nimmt die Stimmung nicht wieder auf, es ist tänzelnd, sogar etwas plump-gravitätisch, das Trio wirkt gemütvoll und lustig. Im Finale klingen energische Gebärden und erregte Passagen auf, doch am Ende herrschen doch Fröhlichkeit und Zuversicht. Spieldauer: 22 Minuten.

SINFONIE NR. 101 D-DUR „DIE UHR" (HOB. I:101)
Entstanden 1794, 4 Sätze. Der erste Satz wird mit einem d-Moll-Adagio eröffnet, die Exposition von zwei parallel gehaltenen Themen bestritten. Das Andante wird von gleichmäßig hin- und herpendelnden Achteln begleitet, was zur Benennung der Sinfonie führte. Das Menuett ist breit ausgesponnen, im Trio erzeugen die Soli der Holzbläser eine pastorale Stimmung. Das Rondo-Finale ist geistvoll und heiter, in Aussage und Form von einer besonderen Geschlossenheit. Spieldauer: 30 Minuten.

SINFONIE NR. 102 B-DUR
(HOB. I:102)
Entstanden 1794, 4 Sätze. Sie wird wenig gespielt, obwohl sie den bedeutendsten Leistungen Haydns zuzurechnen ist. Schon der erste Satz enthält so starke dramatische Spannungen und eine derart großzügige Entwicklung des Themenmaterials, daß sein Format alles bisherige übertrifft. Hart prallen die Gegensätze aufeinander, nicht einmal die Reprise bringt eine Klärung, die erst in der Coda mit dem Sieg des ersten Themas erfolgt. Im Adagio des zweiten Satzes wird die Elegik der Melodie zur Melancholie durch den Klang hochgeführter Fagotte und gedämpfter Blechinstrumente. Der Volkstanz des Menuettes kann in seiner Urwüchsigkeit auch von dem stampfenden Unisonomotiv nicht gestört werden, sein Trio nimmt mit träumerischer Stimmung Walzerseligkeit voraus. Das Rondo entnimmt das Thema dem Bereich des Volksliedes. Spieldauer: 31 Minuten.

SINFONIE NR. 103 ES-DUR „MIT DEM PAUKENWIRBEL"
(HOB. I:103)
Entstanden 1795, 4 Sätze. Die Benennung bezieht sich auf das Paukensolo am Beginn des getragenen Adagio des ersten Satzes, der die Stimmung einer Totenfeier aufkommen läßt; im folgenden Allegro stimmen Celli, Kontrabässe und Fagotte den Trauergesang an, dessen Wehmut auch in der Reprise erhalten bleibt. Die Variationen des zweiten Satzes über ein c-Moll-Thema kommen einem Trauermarsch nahe, der erst am Ende zu

Sinfonien / Konzerte

neuer Lebensfreude findet. Auch das Menuett weist einen nachdenklichen Mittelteil auf, nur das Trio bringt helle, sorglose Farbtöne. Das Finale ist ein heiteres Rondo, das alle trüben Gedanken vergessen läßt. Spieldauer: 27 Minuten.

SINFONIE 104 D-DUR „SALOMON" (HOB. I:104)

4 Sätze. Johann Peter Salomon gewidmet, letzte Sinfonie Haydns, melodisch von Mozart stark beeinflußt, architektonisch auf Beethoven weisend. Das Allegro des ersten Satzes klingt marschmäßig fröhlich, das zweite zarte Thema kommt kaum zur Entwicklung und tritt erst in der Reprise wieder auf. Der zweite Satz bringt eine einfache Melodie, die an Herbst und Vergehen mahnt. Das Menuett wirkt durch eigenwillige Betonung der schwachen Taktteile sehr humorvoll. Das Hauptthema des Schlußsatzes lehnt sich an eine kroatische Volksweise an und spannt sich über einen Bordun-Baß. Spieldauer: 40 Minuten.

Rudolf Buchbinder, ein junges pianistisches Talent aus Wien, hat sich durch meisterhafte Einspielung des Klavierwerkes von Joseph Haydn einen Namen gemacht.

SINFONIE CONCERTANTE B-DUR (HOB. I:105)

Mit Oboe, Fagott, Violine und Cello als Soloinstrumente, entstanden 1792 (auch als 105. Sinfonie bezeichnet), 4 Sätze. Die Sinfonie ist zwischen dem Konzert und der Fantasie anzusiedeln. Im ersten Satz setzen die Solisten bereits ein, ehe die Exposition des Orchesters beendet ist. Das von den ersten Violinen und der Flöte vorgetragene Thema beherrscht den ganzen Satz, ein echtes zweites Thema fehlt. Der zweite Satz ist eine freie Variation eines vom Beginn an stark figurierten Themas. Im dritten Satz kommt überraschenderweise das Hauptthema zuerst in variierter Form zum Vortrag, ehe es in Originalgestalt auftritt. Virtuosität, problemloses Musizieren und schöne Klänge beherrschen das ganze, bis heute gern gespielte Werk. Spieldauer: 23 Minuten.

CEMBALOKONZERT D-DUR (HOB. XVIII:11)

Entstanden um 1782, kein Virtuosenstück, sondern amüsante gehobene Unterhaltungsmusik, 3 Sätze. Der erste Satz beginnt mit einem tänzerischen Thema, das, von den Soloinstrumenten aufgegriffen, in immer neuen Wendungen erklingt. Auch der zweite Satz ist liedhaft und wird von den Soloinstrumenten verziert. Der dritte Satz (Rondo all'Ungarese) intoniert ungarische Zigeunermusik in gepflegter Form. Spieldauer: 19 Minuten.

VIOLINKONZERT G-DUR (HOB. VIIa:2)

Entstanden um 1765, wegen seiner Kantabilität und Virtuosität beliebt, 3

Sätze. Im schwungvollen ersten Satz wird das Eröffnungsthema solistisch verziert. Im zweiten wird eine ausdrucksreiche Melodie exponiert und von den Geigen in hohen Lagen übernommen. Das Finale wirkt außerordentlich plastisch mit ungarischem Rhythmus und Akzent. Spieldauer: 15 Minuten.

CELLOKONZERT D-DUR
(HOB. VIIb:2)
Entstanden 1783, 3 Sätze. Der erste Satz bringt in stark empfindsamem Stil eine ausdrucksreiche Melodie, die das Soloinstrument sofort übernimmt und virtuos figuriert. Das Orchester verläßt sehr oft die begleitende Rolle und tritt selbst charakteristisch hervor. Das Adagio greift Elemente des ersten Satzes wieder auf und formt daraus einen balladesken Gesang. Das Finale in Rondoform bringt ein tänzerisches Thema, das mit schwierigen Passagen zu einem prachtvollen Ausklang hindrängt. Spieldauer: 25 Minuten.

TROMPETENKONZERT ES-DUR
(HOB. VIIe:1)
Es ist als letztes Solokonzert 1796 für Anton Weidinger, den Erfinder der Klappentrompete (Übergangsform von der alten Naturtrompete zur modernen Ventiltrompete) verfaßt. Da mit diesem neuen Instrument auch chromatische Tonfolgen geblasen werden können, finden sich neben den bislang üblichen Signalmotiven weitgespannte Melodiebogen, die eng auf das begleitende Orchester bezogen sind, so daß man dieses Konzert als frühestes Trompetenkonzert in unserem Sinn ansprechen darf. Das Hauptthema des ersten vom Orchester eröffneten Satzes wird später vom Soloinstrument übernommen und weiterentwickelt, im Seitenthema tritt die neue Chromatik auf. Der zweite Satz bringt ein weiches Siciliano, an der Violinen und Trompete gleichberechtigt beteiligt sind. Das Rondo als Finale ist volkstümlich einfach, steigert sich gegen das Ende zum dramatischen Fortissimo, das mit der Kadenz gelöst wird. Spieldauer: 18 Minuten.

**STREICHQUARTETT NR. 39
C-DUR „VOGELQUARTETT"**
(HOB. III:39)
4 Sätze, entstanden 1781, gehört zu den sogenannten „Russischen Quartetten", in dem beide Themen des Allegro moderato Vogelstimmen andeuten. Nach einem ernsthaften Allegro zwitschern im Trio die Vögel erneut, im Schlußpresto ruft ein Kukkuck, während das zweite Thema ungarische Töne anschlägt.

**STREICHQUARTETT NR. 46
ES-DUR**
(HOB. III:46)
Entstanden zwischen 1784–1787, 4 Sätze. Es gehört zu den „Preußischen Quartetten"; es trägt zu Beginn ein energisches Thema vor, das sich sofort in Kadenzen weiterentwickelt und mit einfachen Mitteln eine starke Spannung erzeugt, indem die Linie über die Exposition hinweg rhapsodisch zur Lösung kommt. Im Andante ist ein Cellothema variiert, das die Violinen übernehmen und zu Ende führen. Der dritte und vierte Satz sind schwungvoll und äußerst farbenprächtig.

**QUARTETT NR. 67 D-DUR
„LERCHENQUARTETT"**
(HOB. III:67)
4 Sätze. Entstanden 1789–1790, gehört zu den „Tostschen Quartetten", benannt wegen der hohen Geigenmelodie im Kopfsatz, die eine pastorale Stimmung erzeugt. Auch im Menuett erhebt sich die erste Violine zu hohen Lagen, erst im Trio bleibt sie in der

Mittellage, um mit den anderen Instrumenten eine Mozart angenäherte Melodie zu bringen. Das Vivace rollt wie ein Perpetuum mobile mit unaufhaltbarem Schwung ab.

STREICHQUARTETT NR. 74 G-MOLL „REITERQUARTETT" (HOB. III:74)

4 Sätze. 1793 entstanden, gehört zu den „Apponyi-Quartetten", benannt nach der Rhythmik der Ecksätze. Das Adagio wird zu den schönsten der gesamten Klassik gezählt. Das Menuett klingt wie ein Ländler, und im vierten Satz setzt das Staccato neu ein. Das Quartett hat eine stark sinfonische Klangwirkung, bleibt aber im Rahmen der Kammermusik.

STREICHQUARTETT NR. 77 C-DUR „KAISERQUARTETT" (HOB. III:77)

4 Sätze. Entstanden zwischen 1797 und 1799. Es variiert im Adagio die Melodie des Kaiserliedes, das zuerst im vierstimmigen Satz erklingt, sodann von den einzelnen Instrumenten nacheinander vorgetragen wird, während die Gegenstimmen sich jedesmal verändern. Der erste Satz bietet ein vollendetes Bild polyphonen Reichtums. Das herbe Menuett leitet zu einem strahlenden Ausklang dieses beliebten Quartetts über.

STREICHQUARTETT NR. 88 F-DUR (HOB. III:88)

4 Sätze. Entstanden 1799, „Haydns schönstes Quartett" genannt. Es ist das zweite der beiden Lobkowitz-Quartette, welche die höchste Vollendung des Quartettschaffens Haydns darstellen. Das muntere Thema des ersten Satzes provoziert eine Fülle von Gegenstimmen, bleibt aber selbst, sich ständig verändernd, vorherrschend, bis es sich zur Schlußkadenz verdichtet. Der zweite Satz bringt bereits das Menuett, ein lustiges, jugendliches Thema, übermütig durchgeführt, das vom „alten Haydn" nichts bemerken läßt. Der dritte Satz wirkt mit seinem Andantethema friedlich und gelöst. Das Finale ist mit seinem tänzerischen Schwung eine stilisierte Polonaise.

DIE SCHÖPFUNG (HOB. XXI:2), ORATORIUM

Für Sopran, Tenor und Baß, Chor und Orchester. Geschrieben in den Jahren 1795–1798, uraufgeführt in Wien im Palais des Fürsten Schwarzenberg am 29. und 30. April 1798, erste öffentliche Aufführung am 19. März 1799. Das Libretto wird ursprünglich vom englischen Autor Lidley nach John Miltons Epos „Das verlorene Paradies" für Händel verfaßt, der es nicht verwendet. Man bietet es Haydn an, der es nach Wien bringt. Gottfried van Swieten übersetzt es ins Deutsche, und Haydn schafft in dreijähriger Arbeit ein Meisterwerk, das zu den bedeutendsten der gesamten Musikgeschichte gehört. Es hat von der ersten Aufführung an durchschlagenden Erfolg. Am 9. März 1800 wird es bereits in Ofen (Budapest) unter Haydns Leitung aufgeführt, und als die Partitur gedruckt ist, werden in verschiedenen Städten eigene Chorvereinigungen zur Wiedergabe des Oratoriums gegründet, das an Beliebtheit nur von Händels Messias erreicht wird. Am 28. März 1800 findet bereits in London eine Aufführung statt, und bald darauf in verschiedenen englischen Städten. Es gehört seitdem zum festen Repertoire des Musiklebens der westlichen Welt. Der Inhalt bietet einen Bericht der Erzengel Gabriel (Sopran), Uriel (Tenor) und Raphael (Baß) und der himmlischen Heerscharen (Chor) von der Erschaffung der Welt. Der erste

Teil behandelt die ersten vier Schöpfungstage, der zweite den fünften und sechsten Tag und der dritte den Triumph des siebenten Tages. Das Oratorium beginnt mit Instrumentalsatz, der mit verwirrend ineinandergeschobenen unaufgelösten Dissonanzen das Chaos schildert; dann verkündet Raphael den Beginn der Schöpfung. Der D-Dur-Schlag, mit dem die Schöpfung des Lichtes angekündigt wird, gehört zu den bedeutendsten Klangeffekten der Klassik. Uriel schildert den Sieg des Lichtes und die Vertreibung der dunklen Geister. Die Welt entsteht. Raphael berichtet ihr allmähliches Werden, Gabriel besingt das Pflanzenkleid der neuen Erde, Uriel begrüßt Sonne, Mond und Sterne, Soli und Chor rühmen den Schöpfer für sein Werk. Im zweiten Teil werden die Tiere erschaffen, jeder Gattung der lebenden Kreatur ist neben dem gesungenen Wort eine fein ausgearbeitete Tonmalerei zugeordnet; nur die Erschaffung des Menschen wird nahezu trocken rezitativ mitgeteilt; die anschließende Arie Uriels ist undramatisch lyrisch, aber der Schlußgesang reich und breit und preist das vollendete Werk. Der dritte Teil hat das paradiesische Dasein der ersten Menschen vor dem Sündenfall zum Gegenstand. Adam und Eva selbst singen ein Duett zum Lob und Dank für ihren Schöpfer, ihr Gesang wird nahezu zur Opernarie und mündet in den fugierten Schlußchor: „Des Herren Ruhm, er bleibt in Ewigkeit!"

DIE JAHRESZEITEN
(HOB. XXI:3), ORATORIUM
Für Sopran, Tenor und Baß, Chor und Orchester, verfaßt in den Jahren 1799–1800, uraufgeführt in Wien im Palais des Fürsten Schwarzenberg am 24. April 1801, wiederholt am 27. April und 1. Mai desselben Jahres, erste öffentliche Aufführung am 29. Mai im Großen Redoutensaal Wiens. Im Ausland setzt sich das Oratorium langsamer durch, doch dann wird es völlig ebenbürtig der „Schöpfung" an die Seite gestellt und nahezu ebenso oft gegeben.
Das Oratorium hat keine fortschreitende Handlung, sondern schildert dem Titel entsprechend den Ablauf der vier Jahreszeiten. Der von Gottfried van Swieten verfaßte Text beruht auf einem Gedicht gleichen Namens von J. Thomson. Der Pächter Simon (Baß), seine Tochter Hanne (Sopran) und der junge Bauer Lucas (Tenor) beginnen mit dem „Landvolk" (Chor) im ersten Teil des Oratoriums mit dem Frühling, der Zeit der Aussaat und der Erntehoffnung. Das Orchestervorspiel hat den Übergang vom Winter zur fröhlichen Frühjahrszeit dargestellt; Kälte und Stürme weichen, der Frühling zieht ein, das Landvolk jubelt, auch der Pächter gibt seiner Freude Ausdruck. Das Feld wird bestellt, ein Bittgesang um den Segen des Himmels weitet sich zu sakralen Dimensionen. Dann bekommt die Jugend ihr Recht, Hanne und Lukas führen den Chor der jungen Landleute an, bis ein fugiertes Allegro den Teil klangvoll abschließt. Im zweiten Teil wird der Sommertag vom Morgen bis zum Abend dargestellt. Die Morgendämmerung, der Schrei des Hahnes, das Blasen der Hirten und der Auszug der Herde machen den Anfang. Die Morgenröte wird von Hanne angekündigt, gewaltig steigt das Tagesgestirn am Firmament empor, begrüßt von einem Sonnenhymnus. Mittagshitze, Sehnsucht nach kühlendem Schatten, ein mit allem Aufwand des Orchesters beschriebenes Unwetter, ein friedlicher Abend ergänzen das vielfarbige Gemälde, das Töne zu Bildern und diese zum persönlichen Erleben steigert. Im dritten Teil zeigt der Herbst Ernte,

Die Jahreszeiten, Messen

Jagd und Weinlese in Genrebildern mit drastischen Farben. Der Winter bricht im vierten Teil mit Nebel und Dunkelheit an „und zeiget dir das offene Grab". Doch die Hoffnung auf ewiges Bestehen überstrahlt im Finale die Gedanken an Werden und Vergehen. Solisten, Chor und Instrumente verkünden ihren Glauben an die jenseitige Welt.

PAUKENMESSE C-DUR (HOB. XXII:7)

Entstanden 1796 als erstes der sogenannten „Hochämter" unter dem Titel „Missa in tempore belli" (Messe in Kriegszeiten). Nach dem schönen Largo im Kyrie, dem frischen Gloria, dem reichgegliederten Credo, dem klangvollen Sanctus und Benedictus tritt im Agnus Dei die wirkliche Aussage des Werkes zutage. In die Anbetung des Lammes Gottes dringt der grollende Rhythmus ferner Paukenschläge und schmetternder Trompeten, und nach der dritten Bitte um den Frieden überschüttet lärmende Kriegsmusik das fromme Gebet.

HEILIG-MESSE B-DUR (HOB. XXII:8)

Entstanden 1796 unter dem Titel Missa Sancti Bernardi von Offida. Ihren Namen hat die Messe wegen der Verwendung des volkstümlichen Kirchenliedes „Heilig, heilig" im Sanctus erhalten. Besonders beachtlich ist die feine Arbeit im Credo wie auch das melodiöse Benedictus.

Tips für Plattenfreunde

○ Haydn-Edition, Sinfonien 1–104, Sinfonie concertante, Alternativen zu Nr. 22, 53, 63, Nr. 107, 108 (48 Stereo-LP/Telefunken 6.35 238–42 FK, 242–44 GK). Hervorragende Wiedergabe durch Sinfonia Hungarica unter Antal Dorati
○ Baryton-Trios, (Divertimenti) (Stereo-LP/Disco 11 478). Einzige Aufnahme mit dem selten gespielten Baryton
○ Divertimenti für 2 Oboen, 2 Hörner und Fagotte (Stereo-LP/Disco 11 719); für Streichertrio und Cembalo (Stereo-LP/Disco 11 468); für Bläsersextett (Stereo-LP/Disco 11 719). Alle drei Aufnahmen geben den auf Unterhaltung gerichteten Stil einfühlend wieder
○ Lirenkonzerte (Stereo-LP/FSM STV 34 418) – Orgelkonzert Nr. 1, 5, 8 auf Eisenstädter Haydn-Orgel (Stereo-LP/Philips 6700 052) – Hornkonzert Nr. 3, 4 (Stereo-LP/ Telefunken 6.35 057 DX). Drei für Haydns Instrumentalkonzerte typische Aufnahmen
○ Streichquartette: Tostsche Quartette (6 Stereo-LP/Telefunken 6.35 324 FK)
○ Apponyi-, Reiter-, Erdödy-, Lobkowitz-Quartette (7 Stereo-LP/Telefunken 6.35 325 FX). Meisterhafte Einspielungen
○ Klaviertrios, Gesamtausgabe (6 Stereo-LP/RBM 4 001-06)
○ Klaviersonaten Nr. 21–43 (6 Stereo-LP/Telefunken 6.35 249 FK). Gute Beispiele für Haydns Klavierkompositionen
○ Die Heimkehr des Tobias, Oratorium (3 Stereo-LP/Disco 11 660/63). Einzige Aufnahme
○ Bearbeitung schottischer Volkslieder (Stereo-LP/EMI 1C 063 709 Q). Einzige Aufnahme
○ Die Schöpfung (2 Stereo-LP/ Deutsche Grammophon 2700 105), Sankt-Hedwigs-Kathedrale unter Igor Markevitch – (2 Stereo-LP/ Deutsche Grammophon 2707 044, Wiener Singverein unter Herbert von Karajan). Beide qualitativ völlig gleichwertige Aufnahmen mit erstklassigen Solisten und Chören.
○ Die Jahreszeiten (3 Stereo-LP/

Deutsche Grammophon 2709 026), Wiener Singverein unter Karl Böhm; tiefe Auslotung der musikalischen Aussage – (3 Stereo-LP/ EMI 1C 195 02383/85), Opernchor Berlin unter Karajan; dynamisch stark profilierte Klangbilder
○ Heiligmesse (Stereo-LP/Telefunken 6.41 594 AN)
○ Ursula-Messe (Stereo-LP/MB 0 304)
○ Aloysius-Messe (Stereo-LP/Chr SCGLX 73 796)
Ausgezeichnete Wiedergabe der meist gesungenen Messen Haydns mit herrlichem Chorklang

JOHANN CHRISTIAN BACH (1735–1782)

Zeit und Umwelt

Für den jüngsten Sohn des großen Leipziger Bach gibt es kein Universitätsstudium. Der Vater, der ihm die musikalische Grundausbildung gibt und zum Ärger der anderen Söhne eines seiner drei Clavicembali schenkt, stirbt zu früh. Johann Christian muß zu seinem Stiefbruder Friedemann, der selbst stets in allerlei Nöten steckt. Sein zweiter Halbbruder Emanuel übernimmt zwar die Vormundschaft, kann oder will sonst recht wenig für ihn tun. Der Familiensinn ist offenbar mit Johann Sebastian begraben worden, sonst hätte dessen Witwe nicht ihre alten Tage in Armut beschließen müssen. Eine kümmerliche Organistenstelle wird Johann Christian angeboten, er verzichtet auf die Wohltat und geht nach Italien. Dort ist er der einzige Träger des Namens Bach und findet sofort Hilfe. Padre Martini wird sein Lehrer, so daß der Sohn des Thomaskantors zum Katholizismus konvertiert. Dies ist eine Selbstverständlichkeit wie seine Zuwendung zur Kirchenmusik. Dann aber reizt es ihn, am regen Opernschaffen des Landes teilzunehmen, und da auch hier der Erfolg nicht ausbleibt, kann er den Weg nach London antreten, den alle gegangen sind, die ein aufnahmebereites Publikum und guten Verdienst suchen. Das rege Konzertleben der Weltstadt zieht ihn in seinen Bann, mit Carl Friedrich Abel (1723–1787, vermutlich Schüler von J. S. Bach, Komponist, Konzertunternehmer, letzter Gambist, Angehöriger einer namhaften Musikerfamilie) begründet er die „Bach-Abel-Konzerte" und leitet damit eine neue Phase des europäischen Konzertlebens ein. Er hat sich von der Familie Bach völlig losgelöst, um seine eigenen Wege zu gehen, persönlich und stilistisch, und dennoch der Verpflichtung seines Namens entsprochen, indem er ihm allerdings mit anderen Stilmitteln und auf verändertem Forum neuen Glanz verlieh.

Johann Christian Bach (1735–1782)

Leben

Johann Christian Bach, in Leipzig als jüngster Sohn des Thomaskantors Johann Sebastian Bach am 5. September 1735 geboren, kommt nach dem Tod des Vaters nach Berlin zu den Halbbrüdern Friedemann und Emanuel, verläßt aber 1754 Deutschland, um sich in Italien einen Wirkungskreis zu erobern. Graf Cavaliere Agostino Litta ermöglicht ihm ein zweijähriges Studium bei Padre Giambattista Martini in Bologna. Johann Christian wird Katholik und führt am 29. Juni 1757 in Mailand eine Messe auf, die sehr gefällt. Daran schließen sich weitere sakrale Kompositionen an. 1760 wird er Organist am Mailänder Dom. Doch er kann sich nicht auf diesen Wirkungskreis beschränken, er bringt in Turin, in Neapel mehrere Opern heraus. Dadurch vernachlässigt er seine Pflicht als Organist und verliert als Theatermann die Eignung für diesen Dienst. Er hat inzwischen bereits mit London Fühlung genommen und kann 1762 Gioacchino Cocchi (um 1715 – um 1804, Dirigent und Opernkomponist in Neapel und London, gesuchter Musklehrer) am King's Theatre als Komponist ablösen. Bald darauf wird er Musikmeister der Königin. 1764 lernt er den jungen Mozart, der mit seinem Vater nach London kommt, kennen, im gleichen Jahr beginnt er mit Carl Friedrich Abel die Abonnementskonzerte, die bis 1781 regelmäßig gegeben werden. Seine letzte englische Oper wird 1775 aufgeführt. 1778 erreicht ihn der Auftrag, für Paris eine Oper zu schreiben. Bei dieser Gelegenheit findet wiederum eine Begegnung mit Mozart statt. Seine Oper wird in Paris heftig angegriffen. Er kehrt nach London zurück, wo er am 1. Januar 1782 kinderlos stirbt.

Werke

Abgesehen von seinen Bühnenstücken liegt seine Bedeutung auf dem Gebiet der Instrumentalmusik, die ganz im galanten Stil der Zeit gehalten ist und vom Barock zum Rokoko überleitet. Seine Cembalomusik ist technisch nicht schwer zu bewältigen (er selbst ist ein schwacher Cembalist), kann daher „von Damen mit wenig Anstrengung ausgeführt werden" und gewinnt als Hausmusik große Bedeutung und Beliebtheit. Wegen seiner Aufenthalte in Italien und London wird er zuweilen „Mailänder Bach" oder „Londoner Bach" genannt. Er hat Opern und Pasticcios, über 90 Sinfonien, zahlreiche Ouvertüren, Instrumentalkonzerte, Kammermusikwerke (Quintette, Trios, Duos), Sonaten, Kirchenmusik (Messen, Kantaten, Motetten), Oratorien (Gioas, re di Giuda, Gli Ebrei nel deserto) geschaffen.

Tips für Plattenfreunde

O Sinfonien op. 18 Nr. 1, 3, 5 (Stereo-LP/Telefunken 6.41 500 AW); op. 18 Nr. 2, 4, 6 (Stereo-LP/Telefunken 6.52 030 AW). Guter Überblick über den sinfonischen Stil des Komponisten

○ Cembalokonzerte, op. 7 Nr. 1 bis 3, op. 13 Nr. 4 (Stereo-LP/Philips 6500 846); Cembalokonzerte, op. 7 Nr. 4, 5; op. 13 Nr. 2, 5 (Stereo-LP/Philips 6500 847)
○ Flötenkonzerte op. 19 (Stereo-LP/Philips 6500 849). Einwandfreie Einspielungen

MICHAEL HAYDN (1737–1806)

Zeit und Umwelt

Michael Haydns Streben ist von Beginn seiner kompositorischen Tätigkeit an auf Originalität gerichtet. Unter seinen Mitschülern bildet sich eine Art Kommission mit der Aufgabe, seine Kompositionen auf Plagiate und Nachahmungen zu untersuchen; er lebt in der Angst, daß ihm Themen, Wendungen oder Harmonien eines anderen Komponisten aus der Feder laufen, wobei dieser andere nur sein älterer Bruder Joseph sein kann. Aus seinem Ausspruch: „Gebt mir den gleichen Gönner, wie ihn mein Bruder hat, und ich müßte nicht hinter ihm zurückstehen", ersieht man, wie er darunter leidet, daß Joseph ihn weit hinter sich läßt. Daher will er sich zumindest vor dem Vorwurf schützen, daß er den Bruder nachahme, daher geht er ihm soviel wie möglich – persönlich und künstlerisch – aus dem Weg. Er lernt nichts von ihm, macht den Weg in die Klassik nicht mit, sondern bleibt konservativ und wird zuweilen sogar etwas rückschrittlich. Er geht nach Ungarn (Temesvár, Várasdin, Großwardein) und von dort nach Salzburg. Im Zentrum seines Schaffens steht die Kirchenmusik, ernst und liturgisch streng und nicht weltlich fröhlich wie die seines Bruders. Mit der Oper gibt er sich wenig ab, schreibt in der Hauptsache mythologische Operetten, seine Oratorien sind sakral ausgerichtet. Zeit seines Lebens ist er bemüht, sich vom Stil und der Technik seines Bruders abzuheben und sich selbst deutlich zu profilieren. Das gelingt ihm auch, aber er ist damit nicht zufrieden, er bleibt – zumindest in seinen eigenen Augen – der Bruder des weltberühmten Haydn, der eben auch komponiert; er hätte auch einen besseren Platz in der Musikgeschichte erhalten, wenn er nicht Haydn geheißen hätte. Dabei hat sein Bruder, besonders mit vorgerücktem Alter, ihn seine Überlegenheit nie fühlen lassen, sondern vielmehr, wo es geht, hervorgestrichen, doch Michael hat das vermutlich nur als Ausfluß der Bruderliebe und Gutmütigkeit des großen Komponisten genommen. Vielleicht sind die Einsicht, mit dem Bruder nie gleichziehen zu können, seine Berühmtheit und Beliebtheit nie zu erreichen, und gewiß unberechtigte Zweifel in die eigenen Fähigkeiten schuld daran, daß er sehr gerne zum Glas greift. Es mutet wie ein letzter Versuch an, sich selbst zu bestätigen, indem er sich auf dem Totenbett sein schönes „Lauda Sion" singen läßt und dann die Augen schließt.

Leben

(Johann) Michael Haydn, jüngerer Bruder von Joseph Haydn, ist am 14. September 1737 in Rohrau, Niederösterreich geboren, erhält seine erste Musikausbildung vom Dorfschullehrer und wird 1745 Chorknabe bei Sankt Stephan in Wien. Da er ein vorzüglicher Sopranist ist, kann er alle Funktionen seines Bruders im Chor übernehmen, als dieser wegen seines Stimmbruches ausscheidet. Seine Fortschritte im Orgelspiel sind so auffällig, daß er bald als stellvertretender Organist im Stephansdom verwendet wird. Systematischen Kompositionsunterricht erhält er ebensowenig wie sein Bruder, er ist auf das Studium der Kompositionslehre von Johann Joseph Fux angewiesen, die er 1757 zur Gänze abschreibt. Wie er nach Ungarn gekommen ist, läßt sich nicht feststellen, jedenfalls bringt er seine erste bekannte Messe 1754 in Temesvár heraus, weitere Kompositionen schreibt er in Várasdin und wird 1757 Kapellmeister des Bischofs Graf Firmian von Großwardein, dessen Onkel Sigismund Erzbischof von Salzburg ist und Haydn 1762 als Konzertmeister und Dirigenten zu sich beruft. 1777 wird er Organist bei Sankt Peter und der Dreifaltigkeitskirche. Am 17. August 1768 hat er bereits die Domorganistentochter und Sängerin am erzbischöflichen Hof Maria Magdalena Lipp geheiratet (die im Alter von 82 Jahren im Juni 1827 stirbt). Sein Einkommen ist nicht sehr hoch, aber ausreichend, die Ehe ungetrübt und glücklich, so daß er nicht daran denkt, Salzburg zu verlassen. Er wird mit Aufträgen, sakrale Musik zu schreiben überhäuft. 1798 reist er nach Wien, um seinen Bruder zu besuchen, der ihn herzlich aufnimmt; dessen Freundeskreis versucht ihn zu überreden, in Wien zu bleiben: dazu gehören: Joseph Leopold von Eybler (1765–1846, vielseitiger Musiker, Hofkapellmeister, befreundet mit Mozart, Komponist sakraler Musik und viel aufgeführter Konzert- und Kammermusik), Süßmayer, Hummel und Johann Baptist Henneberg (1768–1822, Organist, Dirigent, Komponist vom Operetten). Als er im Dezember 1800 seine Habe durch den Einmarsch der Franzosen in Salzburg verliert, unterstützen ihn sein Bruder und dessen Freunde großzügig. Kaiserin Maria Theresia bestellt bei ihm eine Messe (bei dessen Aufführung 1801 in Laxenburg sie selbst den Sopran singt), dann eine zweite Messe und ein Requiem. Fürst Esterházy bestellt gleichfalls bei Michael Haydn eine Messe und bietet ihm die Stelle eines Vize-Kapellmeisters an, was der Komponist ablehnt, weil er hofft, daß er wiederum nach Salzburg zurückberufen wird. Diese Hoffnung erfüllt sich nicht, und die Stelle beim Fürsten wird vergeben. Seine Ernennung zum Akademiemitglied von Stockholm ist eine wenig einträgliche Ehre. Dabei wird sein Arbeitstempo langsamer; im Dezember 1805 vollendet er seine letzte Messe. Das von der Kaiserin bestellte Requiem ist noch nicht fertig, als er am 10. August 1806 in Salzburg (wohin er inzwischen zurückgekehrt ist) stirbt; das Requiem wird zu seiner Totenfeier mit Teilen einer älteren Komposition ergänzt.

Unter seinen Schülern sind berühmte Namen, wie Carl Maria von Weber, Anton Reicha, Joseph Woelfl (um 1772–1812, Bühnenkomponist, Klaviervirtuose) und Sigismund von Neukomm (1778–1858, Komponist von Oratorien, Messen und vieler anderer Werke, darunter eine Musik zu Schillers „Braut von Messina", wobei er antike Chorformen zu erneuern sucht, Musikschriftsteller).

Literatur

H. Jančik: Michael Haydn, ein vergessener Musiker. 1952

Werke

Michael Haydn hinterläßt ein umfangreiches kompositorisches Werk, in dem die Messen an erster Stelle stehen. Joseph Haydn stellt sie wegen ihrer Strenge, Ernsthaftigkeit und gleichbleibenden Kraft über seine eigenen. Leopold Mozart, der Michael Haydn wegen seiner rustikalen Manieren nicht mag, schreibt an den Sohn: „Herr Haydn ist ein Mann, dessen Verdienste man anerkennen muß". Der elfjährige W. A. Mozart ist übrigens bereits anläßlich der 1767 gemeinsam mit ihm und dem Domorganisten Anton Cajetan Adlgasser (1729–1777) verfaßten Schuloper „Die Schuldigkeit des ersten Gebotes" in nähere Beziehung getreten. Bahnbrechend sind seine Quartette für Männerchor, die ersten dieser Kompositionsgattung und Ausgangspunkt für die Entwicklung des Männerchores.

Michael Haydn hat 46 Sinfonien, Serenaden, Märsche, Konzerte, Streichquartette, 40 Messen, 4 deutsche Messen, 2 Requiems, 117 Gradualien, 45 Offertorien, Kanons, Chorlieder, Kantaten, Opern, Operetten, Oratorien verfaßt.

Tips für Plattenfreunde

O Chiemsee-Messe (Stereo-LP/Musica Bavarica 0 304)
   Aloysius-Messe (Stereo-LP/Christophorus SCGLX 73795)
   Zwei typische Beispiele aus den vielen Messen des Komponisten
O Trompetenkonzert D-Dur (Stereo-LP/Deutsche Grammophon 198 415)
O Serenade, Sinfonie D-Dur (Stereo-LP/Disco 11 358)
   Ein Überblick über den sinfonischen Stil des Komponisten

ANDRÉ ERNEST MODEST GRÉTRY (1741–1813)

Zeit und Umwelt

Grétry hat zeit seines Lebens die Grundsätze der Komposition nie begriffen; nach seiner Meinung sollte die Melodie einfach den Sinn des gesungenen Wortes ausdrücken und unterstreichen; und mit dieser Methode wurde er zum Meister der frühen französischen Oper, zum Konservatoriumsdirektor, zum Privatkanzler des Bischofs von Lüttich, zu einem der frühesten Ritter der Ehrenlegion, nach dem zu seinen Lebzeiten in Paris eine Straße benannt wird, zum „Molière der Musik", der die Eremitage, die ehemalige Residenz Rousseaus, erwerben kann.

Leben

André Ernest Modeste Grétry wird in Lüttich als Sohn eines Kirchengeigers am 8. Februar 1741 geboren. Nach anfänglichen Schwierigkeiten gelingt es, dem jungen Grétry einige Grundbegriffe der Harmonielehre und des Orgelspieles beizubringen; die Hauptanregung zur Musikausübung erhält er durch die Aufführungen einer italienischen Operntruppe. Es wird ihm ermöglicht, in Rom einigen Unterricht zu nehmen, aber Giovanni Battista Casali (1730–1792, Kapellmeister, Kirchenkomponist, Lehrer) gibt es bald auf, den Schüler aus Lüttich zu einem Musiker zu machen. Grétry will auch kein Musiker in diesem Sinn werden, sondern Opernkomponist, und das gelingt ihm. Es bleibt dabei, wie später Méhul sagt: „Was er schreibt, ist sehr geschickt, aber es ist keine Musik". Seine Harmonisierung bleibt dünn („zwischen erste Stimme und Baß kann man ein Fuhrwerk durchtreiben"), er schreibt höchstens für zwei Stimmen, eine dritte ist schon eine große Überraschung; auch die Instrumentierung ist nie originell. Um die Opernkomposition zu erlernen, studiert er eine Partitur von Pierre Alexandre Monsigny (1729–1817, Opernkomponist, Mitschöpfer der französischen komischen Oper); das scheint ihm Rüstzeug genug zu sein, um in Paris als Opernkomponist aufzutreten. Der Erfolg gibt ihm recht, die Serie seiner Erfolge wird nicht einmal durch die Revolution unterbrochen. Seine Libretti sind komisch, aber nie trivial, sie enthalten viel Pathos und Sentimentalität, und die einfache Musik illustriert jedes Wort und jedes Geschehen. Da er außerdem sich gesellschaftlich sehr beliebt zu machen versteht, gewinnt er viele Freunde, er wird mit Ehren überhäuft; kein politischer Umschwung beirrt seine Stellung. Obwohl er selbst die Revolution begrüßt hat, erhält er eine Pension zur Gutmachung der Schäden, die er durch die Revolution erlitten hat. Natürlich steigt ihm dieses erfolgreiche Leben etwas zu Kopf; in seiner Selbstbiographie rühmt er sein natürliches Talent und seine Genialität, die ihm eine musikalische Karriere gebracht hat, ohne je Harmonielehre und Kontrapunkt erlernt zu haben. Am 24. September 1813 stirbt er bei Montmorency. Seine Tochter Lucile Grétry (1773, Paris – 1793, Paris) tritt mit 13 Jahren in einer Oper ihres Vaters auf und bringt mit 14 Jahren selbst eine zweiaktige Oper heraus. Wegen des frühen Todes kann sich das vielversprechende junge Talent nicht entwickeln.

Werke

Seine Kirchen- und Instrumentalwerke sind ebenso schütter harmonisiert wie die Opern, bestechen aber ebenso durch ihr Melos. Sie sind problemlos schön und haben sehr gefallen. Heute sind sie vergessen. Und es ist vielleicht nicht richtig, wenn man seine Musik „keine Musik" nennt. Er hat in seiner unbekümmerten Art manche Elemente der Romantik vorweggenommen, sich von der Schwere des Barock völlig losgelöst und die Architektonik der Klassik übersprungen. Was das folgende Jahrhundert oft in Oper und Sinfonik bringt, ist zuweilen weit ärmer und entbehrt dazu der genialen melodischen Einfälle. Grétry hat Sinfonien, Konzerte, Instrumentalsoli und Kirchenmusik geschaffen, außerdem zahlreiche Opern, von denen einige noch gespielt werden, wie „Zemire und Azor" (1771), „Aucassin und Nicolette" (1779), „Richard Löwenherz" (1784), „Blaubart" (1789), „Wilhelm Tell" (1791).

Tips für Plattenfreunde

○ La Caravane du Caire: Chaconne, Menuett; Tambourin: Ouvertüre; Cephale et Procris: Ballett der Nymphen aus Musik aus Versailles (Stereo-LP/Telefunken 6.48 061 DP)
  Interessanter Einblick in das Opernschaffen Grétrys
○ Konzert für Flöte, 2 Hörner und Streicher (Stereo-LP/DaCamera 91 030)
  Ein schöne Probe der Sinfonik des Komponisten

LUIGI BOCCHERINI (1743–1805)

Zeit und Umwelt

Das erste Instrument, mit dem Boccherini Bekanntschaft macht, ist das Cello, denn der Kontrabaß seines Vaters ist für den jungen Knaben zu mächtig. Seine Fortschritte im Cellospiel sind bedeutend, mit 13 Jahren gibt er sein erstes Konzert, und seitdem bleibt das Cello Mittelpunkt seines Daseins, um den sich alles, Musikausübung, Komposition, ja das Leben selbst dreht. Alles, was sonst um ihn und in der Welt vor sich geht, hat für ihn wenig Bedeutung, er kann es nur durch das Spektrum Musik sehen. Diese Abgeschiedenheit rächt sich selbstverständlich, denn wer keine Beziehung zur Umwelt aufrecht erhält, wird wenig zur Kenntnis genommen und bald übersehen.

Leben

Luigi Boccherini ist am 19. Februar 1743 in Lucca als Sohn eines Kontrabassisten geboren. Seinen ersten Musikunterricht erhält er von seinem Vater und dem bedeutenden Cellisten Domenico Francesco Vannucci (um 1718–1775; Komponist, Musiklehrer). Bereits 1757 wird er zur weiteren Ausbildung nach Rom geschickt, wo er als Instrumentalist und Komponist bald bekannt wird. 1764 kommt er nach Lucca zurück, wird Mitglied des Theaterorchesters und der Stadtmusik und bringt zwei Oratorien (Giuseppe riconosciuto und Gioas) und eine Oper mit Erfolg vor das Publikum. Dann geht er mit dem Tartini-Schüler Filippo Manfredi auf Konzertreise durch Oberitalien, Südfrankreich bis nach Paris, wo er herzlich aufgenommen und vom spanischen Gesandten überredet wird, nach Madrid zu übersiedeln. Der Gesandte, selbst ein großer Musikfreund, dürfte das Kunstinteresse des spanischen Königspaares weit überschätzt haben. Der Hof in Madrid nimmt von dem italienischen Musiker überhaupt keine Notiz, nur Don Luis, der Bruder des Königs, verwendet sich für ihn und stellt ihn als seinen Kammervirtuosen und Kammerkomponisten an. Zwischen 1782 und 1787 reist er in Österreich und Deutschland; Friedrich Wilhelm II., König von Preußen, verleiht ihm 1787 den Titel eines Hofkomponisten (der spanische Titel ist durch den Tod des Infanten Luis erloschen) und setzt ihm ein jährliches Salär aus, das mit dem Tod des Königs (1797) eingestellt wird. Boccherini kehrt nach Spanien zurück, findet in Marquis Benavento einen neuen Gönner, auch der französische Gesandte Lucien Bonaparte nimmt sich etwas seiner an. Da er aber erkrankt und nicht mehr spielen kann, verbringt er seine letzten Lebensjahre in sehr bedrängten Verhältnissen. Er stirbt in Madrid am 28. Mai 1805.

Werke

Boccherinis Bedeutung liegt auf dem Gebiet der Kammermusik. Er kommt darin bereits mit den ersten Streichquartetten der Klassik sehr nahe. Beeinflußt vom italienischen Opernstil, ist seine Melodik empfindsam und weich. Der Geiger und Komponist Giuseppe Puppo (1749–1827) hat aber unrecht, wenn er seinen Landsmann die „Frau Haydns" nennt und damit behauptet, Boccherini sei irgendwie eine „entknochte" Ausgabe Joseph Haydns (mit dem Boccherini in freundschaftlichem Briefwechsel steht). Die Musik Boccherinis ist weich, aber nicht weichlich, sie ist zärtlich, aber nicht verzärtelt. Als Sinfoniker lehnt er sich deutlich an die Mannheimer Schule und an Haydn an, wenn er auch immer italienisch bleibt. Klassisch ist bei ihm die Bevorzugung der Rondo-Form im Schlußsatz seiner Sinfonien. Als Cellovirtuose schreibt er viel Cellomusik und nützt den warmen Ton dieses Instrumentes stark

Luigi Boccherini (1743–1805)

Der russische Cellist und Dirigent Mstislaw Rostropowitsch ist unbestritten einer der bedeutendsten Virtuosen auf seinem Instrument in unserer Zeit.

aus. Auch heute werden von ihm nahezu ausschließlich seine Cellokonzerte gespielt, die ihn als Rokokomeister charakterisieren. Allen bekannt ist er durch das Menuett aus dem Streichquintett op. 13 Nr. 5 („Das" Boccherini-Menuett) geblieben.

Boccherini ist mit einem Brunnen verglichen worden, weil aus ihm jederzeit Musik strömt wie aus einem geöffneten Brunnenrohr. Tatsächlich ist sein hinterlassenes Werk ungeheuer umfangreich. Er hat immer leicht geschrieben, aber nie leichtfertig. Seine 30 Sinfonien, 12 Divertimenti, seine 125 Streichquintette (mit 2 Celli), die 91 Streichquartette, 54 Streichtrios, 12 Streichduos, 16 Sextette sind bis auf die Cellokonzerte und das berühmte Menuett heute vergessen, aber sein Einfluß auf die Klassik und die Romantik ist lange nach ihm merkbar.

Tips für Plattenfreunde

○ Quintett für Streicher op. 13 Nr. 5 G 281 E-Dur in: Ein Reigen schöner Melodien (2 Stereo-LP/Telefunken 6.28 031 DP)
○ Streichquartette Nr. 1–6 (Stereo-LP/Teldec 6.35 33 JEK)
○ Konzert für Cello, Streicher und 2 Hörner Nr. 1 und 2, Cellokonzert Nr. 4 (Stereo-LP/Telefunken 6.41 197 AW)
○ Cellosonaten Nr. 1, 2, 3, 5, 6 (Stereo-LP/RBM 3 010)

Carl Stamitz (1745–1801)

Beide Aufnahmen bringen den Celloklang des Komponisten ausgezeichnet zur Geltung
○ Sinfonien op. 35 (3 Stereo-LP/Telefunken 6.35 021 FK)
Ein Überblick über das sinfonische Schaffen Boccherinis

CARL STAMITZ (1745–1801)

Zeit und Umwelt

Die Musikerfamilie Stamitz, das Mannheimer Musikleben mit dem weltberühmten Orchester und den geschulten Musikern ist die Umwelt, in die Carl Stamitz geboren wird. Und die Zeit, in der er lebt, ist – musikgeschichtlich gesehen – die Epoche der frühen Klassik und des sterbenden Rokoko. Er wird Mitglied des Mannheimer Orchesters, er erreicht auf mehreren Instrumenten einen hohen Grad der Virtuosität, so daß er überall in Mitteleuropa, in London und in Petersburg Triumphe feiern darf. Als Sinfoniker trägt er noch die Schuhe seines Vaters, macht damit aber einen großen Schritt weiter in das Feld der konzertanten Sinfonie, deren Form Mozart übernimmt. Mit seinen reizenden Stücken für Kammermusik, die wenig mehr beabsichtigen als liebenswürdige Unterhaltung in gehobener Form, verneigt er sich graziös vor einer Lebens- und Kunstgestaltung, die den kommenden gewaltigen Ereignissen auf der politischen, sozialen und künstlerischen Bühne Europas Platz machen muß.

Leben

Carl Stamitz, geboren am 7. Mai 1746 in Mannheim, wird von seinem Vater Johann Stamitz und von Christian Cannabich ausgebildet und sitzt bereits 1762 am Pult der zweiten Violinen im Mannheimer Orchester. 1770 geht er nach Paris, um als Virtuose auf der Geige und der Viola d'amore zu konzertieren. 1785 sieht man ihn in gleicher Eigenschaft in London, 1787 tritt er in Prag und Nürnberg und 1790 in Kassel auf. Dann hält er sich einige Jahre in Petersburg auf, wo er seine große Oper „Dardanus" aufführt. Neben dieser Konzerttätigkeit und gelegentlichen Auftritten als Dirigent läuft seine ständige kompositorische Arbeit – und sie macht ihn berühmter als seinen sicherlich bedeutenderen Vater, weil sie dem Unterhaltungsbedürfnis mehr entgegenkommt. Der allgemeine Stilwandel nach seinem Tod am 9. November 1801 in Jena, wo er ab 1794 als Konzertmeister tätig ist, drängt seine Musik bald aus den Konzertsälen. Sein Bruder Anton Stamitz (1754–vor 1809) verfaßt 13 Sinfonien, Instrumentalkonzerte, Quartette, Trios und Duos im konventionellen Mannheimer Stil, den er durch etliche Neuerungen der Instrumentierung bereichert.

Werke

80 Sinfonien, darunter 26 mit konzertierenden Solisten oder Sologruppen, Quartette und andere Kammermusik mit verschiedener Besetzung; zwei Opern.

TRIOSONATE G-DUR OP. 14, 1
Für Flöte, Violine und Continuo, 3 Sätze, setzt mit interessanter Verteilung des Themas unter den Instrumenten ein. Das folgende Andante moderato hat Menuettcharakter im galanten Stil, weil es in einen Dur-Teil und einen Moll-Teil zerfällt, auf den der Dur-Teil wiederholt wird. Ähnlich graziös ist das Finale in Rondo-Form gegliedert.

TRIOSONATE F-DUR OP. 14, 5
Für Flöte, Violine und Continuo, 3 Sätze, bringt nach einem interessanten konzertanten Allegro-Satz ein Andante im empfindsamen Stil. Ein kantables Menuett, heiter und unbeschwert, schließt das sympathische Stück ab.

Tips für Plattenfreunde
○ Violakonzert Nr. 1, Sinfonia concertante A-Dur und D-Dur, Sinfonie Es-Dur (2 Stereo-LP/BASF EB 290 484)
○ Duo op. 18, 5; Quartett Es-Dur; Sonate B-Dur; C-Dur (Stereo-LP/ DaCamera 92 305)
Eine Auswahl für die Kompositionstechnik typischer Beispiele

ANTONIO SALIERI (1750–1825)

Zeit und Umwelt

Haydn und Beethoven sind für Antonio Salieri keine ernsthaften Konkurrenten, weil beide auf dem Feld der Oper kaum in Erscheinung treten. Er kann daher ihre Bedeutung anerkennen und mit ihnen freundschaftlich verkehren. Jedoch Mozart bildet für ihn eine ernste Gefahr. Er spürt, wie hoch ihn der Mann aus Salzburg überragt, er fürchtet, von ihm aus dem Opernspielplan geworfen zu werden, er weiß, daß er seinen Opern nichts Gleichwertiges entgegenzusetzen hat. Daher versucht er, den mächtigen Rivalen aus dem Hinterhalt anzufallen. Er hat Mozart nicht vergiftet, wie das Gerücht behauptet, er hat aber das Ohr des Kaisers besessen und hätte sich für Mozart verwenden können. Aber Salieri nützt diese Möglichkeit nur aus, um gegen den Konkurrenten zu intrigieren. Zu allen anderen ist er wohlwollend und freundlich, hilfsbereit und freigebig. Nach Mozarts Tod schließt er sogar mit dessen Sohn Freundschaft, und verschafft ihm durch seine Empfehlung Aufträge. Dabei hätte er Mozart nicht fürchten müssen, denn die beiden Komponisten bewegen sich nicht auf der gleichen Ebene. Salieri schreibt für den Geschmack des Tages und gewinnt dadurch die Gunst des Publikums, während Mozart auf wenig Verständnis stößt, denn seinen

Werken gehört die Zukunft. Salieri befriedigt die Massen, die Unterhaltung suchen, Mozart entzückt die wenigen Kenner seiner Zeit und die Generationen, die noch nicht geboren sind und Antonio Salieri nur mehr aus der Musikgeschichte kennenlernen werden und aus der Überlieferung, daß er ein erbitterter, unfairer Feind Mozarts gewesen ist.

Leben

Antonio Salieri wird in Legnago (zwischen Verona und Venedig) am 19. August 1750 geboren; er entstammt einer wohlhabenden Kaufmannsfamilie. Seinen ersten Musikunterricht erhält er von seinem älteren Bruder Francesco, der von Tartini unterrichtet worden ist. Seine Eltern sterben früh, die Familie verarmt, er wird von einer befreundeten Familie nach Venedig gebracht, damit er dort seine Ausbildung vollenden kann. Dort lernt er Florian Leopold Gaßmann (1729–1774, Hofkapellmeister in Wien, verfaßt 22 Opern, 15 Sinfonien und Kammermusik) kennen, der ihn 1766 nach Wien mitnimmt, dort caulis unterrichtet, dem Librettisten Metastasio empfiehlt und bei Kaiser Joseph II. einführt, so daß er an dessen Kammerkonzerten teilnehmen darf. Während Gaßmann 1770 nach Rom reist, um dort eine Oper herauszubringen, schreibt Salieri selbst eine Oper, die den Beifall Glucks findet und mit Erfolg aufgeführt wird. Gaßmann stirbt 1774, und Salieri vergilt ihm sein Entgegenkommen, indem er dessen Töchter zu Sängerinnen ausbildet. Im gleichen Jahr wird er vom Kaiser zum Hofkomponisten und nachdem Guiseppe Bonno (1710–1788) gestorben ist, zum Hofkapellmeister bestellt. Gleichzeitig wird ihm die Leitung der Oper übertragen, die er bis 1790 führt und sodann seinem Schüler Joseph Weigl weitergibt (1788–1846, Komponist von Opern, Balletten, Kirchen- und Kammermusik). 1778 bringt er in Italien fünf Opern heraus. Über Glucks Empfehlung werden in Paris mehrere Opern bei ihm bestellt, die starke Beachtung finden. Für ein Fest in Schönbrunn komponiert er das Stück „Prima la musica, poi le parole (Zuerst die Musik und dann der Text)", das am gleichen Abend mit Mozarts „Schauspieldirektor" aufgeführt wird (1786). Im Jahr 1801 bringt er in Triest seine letzte italienische und 1804 in Wien seine letzte deutsche Oper heraus, weil sich der Publikumsgeschmack von seinem Stil abzuwenden beginnt. Von da an widmet er sich der Kirchenmusik, schreibt einige Instrumentalstücke, Chöre und Kanons. Er wird Vizepräsident der Wiener Tonkünstlersozietät, deren Konzerte er bis 1818 nahezu ausschließlich dirigiert. 1824 zieht er sich von allen Stellen zurück und stirbt in Wien am 7. Mai 1825. Gemäß seinem eigenen Wunsch wird zu seiner Totenfeier sein Requiem gesungen. Mit Haydn pflegt er bis zu dessen Tod ein gutes Einvernehmen und dirigiert mehrmals dessen Oratorien. Beethoven widmet ihm 1799 drei Sonaten für Klavier und Violine (op. 12) und er konsultiert den Venezianer mehrmals über den italienischen Liedsatz, obwohl er sich sonst von keinem anderen Komponisten beeinflussen läßt. Salieri unterstützt arme Musiker und erteilt ihnen unentgeltlich Unterricht. Das Bild seiner Persönlichkeit wäre außerordentlich sympathisch, wenn er nicht im Wahn gelebt hätte, daß der Genius Mozart ein Dämon ist, der mit allen Mitteln, erlaubten und unerlaubten, bekämpft werden muß.

Werke

Salieri ist vor allem mit seinen 40 Opern und Ballettmusiken ein Mann der Musikbühne. Seine Opern sind lange sehr beliebt gewesen, was aber oft der Ausstattung und Wiedergabe zu verdanken war. Es fehlen ihnen jeder Tiefgang, aber auch im Gegensatz zur neapolitanischen Oper die Farbe und das echte Pathos. Es ist bezeichnend, daß sich die Publikumsgunst noch zu Lebzeiten des Komponisten von seinen manierierten Arien abgewendet hat. Seine Kirchenmusik ist konventionell und wenig eindrucksvoll. Auch seine Instrumentalkompositionen sind vergessen.

Tips für Plattenfreunde

○ Konzert für Flöte, Oboe und Orchester C-Dur (Stereo-LP/FSM STV 34 307)
○ Konzert für Orgel und Orchester C-Dur (Stereo-LP/Schwann 0 816) Einzige Aufnahme von Salieris Instrumentalmusik

VICENTE MARTIN Y SOLER (1754–1806)

Zeit und Umwelt

Es ist heute etwas unbegreiflich, daß Soler mit seinen mittelmäßigen Opern eine Reihe von zeitgenössischen Komponisten in den Schatten stellen kann, die später alle weit berühmter werden als er, denn er wäre vermutlich völlig der Vergessenheit anheim gefallen, hätte er nicht sogar Mozart ausgestochen.

Leben

Vicente Martin y Soler ist am 2. Mai 1754 in Valencia geboren und singt als Knabe im Chor der Kathedrale seiner Geburtsstadt. Über seine Familie und Ausbildung ist nichts bekannt, außer daß er sehr früh in Alicante eine Organistenstelle bekommt. Da er in Spanien keine Entwicklungsmöglichkeit für sich sieht, folgt er dem Rat eines Italieners, nach Florenz zu gehen. Er muß auch dort eine Zeitlang vom Orgelspiel leben, wird aber bald mit der Komposition einer Oper betraut, die 1781 herauskommt und sehr gefällt. Von diesem Erfolg ermutigt, schreibt er hintereinander mehrere Opern, die ihn in Italien sehr bekannt machen. 1785 kommt er nach Wien, wo er mit vier Opern das Publikum so sehr hinreißt, daß Mozart mit seinem „Figaro" von Martins „Una cosa rara" aus dem Spielplan verdrängt wird; Mozart nimmt sogar ein Thema aus der genannten Oper des Spaniers in das Finale des zweiten Aktes seines „Don Giovanni" auf. 1788 wird Martin y Soler zum Direktor der italienischen Oper in Petersburg bestellt. 1801 versucht er, dem Geschmackswandel des Publikums folgend, eine französische komische Oper zu schreiben (L'Île de l'amour), über deren Schicksal wenig bekannt ist. Am 30. Januar 1806 stirbt er in Petersburg.

Werke

Eine musikgeschichtliche Bedeutung haben die 20 Opern von Martin y Soler kaum. Sie bringen zwar gut erfundene Melodien, aber sonst sind sie reine Nachahmungen des italienischen Opernschaffens in einem pseudoklassischen Gewand. Sie verschwinden bald von den Spielplänen der Opernhäuser, obwohl sie zu ihrer Zeit viel Aufsehen erzeugt haben. Den Nachruhm verdankt Martin y Soler nicht seinem eigenen Schaffen, sondern Mozart. Er verfaßt auch eine Messe und etliche sakrale Werke.

GIOVANNI BATTISTA VIOTTI (1755–1824)

Zeit und Umwelt

An einem Markttag in Crescentino kauft der Vater dem achtjährigen Giovanni Battista Viotti eine kleine Violine. Damit sind Musik und Geige zum Lebensinhalt des Kindes geworden, das schon drei Jahre später nach Turin zur weiteren Ausbildung geschickt wird. Durch einen Flötisten wird der talentierte Giovanni bei Marquis de Vogliera eingeführt und dessem Sohn als „Studienkollege" beigegeben. Anfänglich findet er sich in der ungewohnten Gesellschaftsschicht nicht zurecht, man will ihn schon wieder nach Hause senden, aber da wird man auf dessen Virtuosität aufmerksam und bezahlt ihm weitere Unterrichtsstunden. Dies macht aus ihm den Viotti, der als Violinvirtuose, Violinlehrer und Komponist zur internationalen Berühmtheit aufsteigt. Seine Zeit ist die Epoche der großen sozialen und politischen Umwälzungen, angefangen von den Auswirkungen der Französischen Revolution in ganz Europa bis hin zu den Napoleonischen Kriegen. Die Ereignisse bringen auch ihm manche Störung in sein Leben als Musiker, aber im großen und ganzen rauschen sie an ihm vorüber, weil seine Welt sich zum großen Teil nur auf dem Gebiet der Musik bewegt.

Leben

Giovanni Battista Viotti wird am 23. Mai 1755 in Fontanetto bei Crescentino (Piemont) als Sohn eines Schmiedes geboren, der selbst musikalisch ist und dem Sohn die ersten Grundbegriffe der Musik beibringen kann. Den Musikunterricht setzt ein herumstreifender Lautenist fort, bis Viotti nach Turin zur weiteren Entwicklung seines Talentes gesandt wird, wo er bei Gaetano Pugnani (1731–1798, Violinvirtuose, Lehrer, Komponist von 11 Opern, Balletten, Sinfonien, Trios, Duos, Violinkonzerten und Sonaten) Unterricht nimmt. 1780 tritt er bereits in Genf auf, dann in Dresden und Berlin, geht nach Warschau und Rußland und landet schließlich in Paris, um dort etliche Monate das Musikleben kennenzulernen; aus den Monaten werden allerdings zehn Jahre. 1782 spielt er in den Concerts Spirituels und begründet damit seinen Ruf als größten Geiger vom Frankreich jener Tage. Er bekommt für sein Auftreten die Summe von 100 Goldfranken, was allerdings zu den Honoraren, die ungefähr 20 Jahre später Paganini nimmt (15.000 Franken) sehr bescheiden ist. 1784 wird er von Maria Antoinette engagiert, ihr vorzuspielen und sie zu begleiten. Er sagt alle öffentlichen Konzerte ab und widmet sich neben dem Hofdienst nur der Komposition. Im Auftrag der Königin übernimmt er die Leitung eines Theaters, um dort italienische Opern herauszubringen; das Unternehmen wird aber durch die ausbrechende Revolution vereitelt. Als das Königspaar 1792 verhaftet wird, übersiedelt Viotti nach London, wo er wiederum Konzerte gibt, sich am King's Theatre betätigt und nach einiger Zeit Johann Baptist Cramer als Leiter ablöst. 1798 wird er unter dem völlig haltlosen Verdacht der Konspiration mit französischen Revolutionären aus London gewiesen. Er läßt sich in der Nähe von Hamburg nieder und verbringt dort drei Jahre völlig zurückgezogen mit kompositorischer Arbeit. Seine nahezu einzige Gesellschaft ist sein Schüler Friedrich Wilhelm Pixis (1786–1842, Geiger, Komponist, Theaterkapellmeister in Prag, Bruder des Pianisten und Klavierkomponisten Johann Peter Pixis, 1788–1874). 1801 darf Viotti endlich wieder nach London zurückkehren, kann jedoch offenbar nicht mehr die alte Stellung übernehmen und beschäftigt sich mit Weinhandel, womit er bald Schiffbruch erleidet. Auch seine Versuche, in Paris neuerlich festen Fuß zu fassen, mißlingen, obwohl er überall freundlich aufgenommen wird. König Ludwig XVIII. überträgt ihm die Leitung der Oper, in der aber 1820 der Neffe des Königs ermordet wird, was zur Schließung des Theaters führt. Sein Schuldenstand wächst an, die Möglichkeiten, sich wirtschaftlich zu erholen, werden immer spärlicher und schlagen am Ende fehl. Er stirbt völlig verarmt und verschuldet am 3. März 1824 in London. Seine Hinterlassenschaft besteht aus einer Stradivari- und einer Klotzgeige. Den Geigern der Zukunft hinterläßt er jedoch den Stil, der für das ganze 19. Jahrhundert maßgebend geblieben und zur Grundlage des modernen virtuosen Violinspieles geworden ist. Eine Reihe namhafter Geiger sind seine Schüler gewesen; außer Pixis findet man darunter Paul Alday (1764–1835, Dirigent, Lehrer und Komponist in Paris und England), Jean Baptiste Cartier (1765–1841, Violinlehrer, Musikschriftsteller, als

Komponist unbedeutend), Nicolas Mori (1796–1839, Dirigent, Komponist, Musikverleger), Felipe Libon (1775–1838, Komponist in Lissabon und Paris), Pierre Rode (1774–1830, Komponist), Pierre Jean Vacher (1772–1819, Komponist) und viele andere mehr.

Werke

Mit seinen 18 Violinsonaten, 21 Streichtrios für 2 Violinen und Cello und seinen 21 Streichquartetten zeichnet er sich als Meister der klassischen Kammermusik aus, seine 51 Violinduette, 18 Violinsonaten und 29 Violinkonzerte sind für ein Jahrhundert Violinspiel richtungweisend. Unter den Violinkonzerten ist das Cherubini gewidmete Nr. 22 besonders bemerkenswert. Alles andere – Klavierstücke, Lieder – rückt dagegen sehr in den Hintergrund.

Tips für Plattenfreunde

○ Violinkonzerte Nr. 16 und 24 (Stereo-LP/Deutsche Grammophon 2533 122 Q)
○ Konzert für Klavier, Violine und Orchester A-Dur, Violinkonzert Nr. 22 (Stereo-LP/FSM STV 34 229)
  Beide Platten lassen den klassischen Stil Viottis profiliert zur Geltung kommen

WOLFGANG AMADEUS MOZART (1756–1791)

Zeit und Umwelt

Als der fünfzehnjährige Wolfgang Amadeus Mozart in Neapel ein Konzert gibt, schreibt das Publikum sein faszinierendes Spiel dem Ring an seiner Hand zu. Das mag naiver Aberglaube gewesen sein, ist aber bezeichnend für alle Zeitgenossen, ob sie nun Auftraggeber, Publikum oder Kollegen sind. Man glaubt ungern dem frühreifen Knaben das wunderbare, fein ausgefeilte Spiel, man glaubt dem jungen Mann nur zögernd seine kompositorische Kraft und Tiefe und noch weniger dem gereiften Mann die Vielseitigkeit, die Meisterschaft auf allen Gebieten der Musik. Man erfreut sich an der unüberbietbaren Schönheit der Melodien, der Brillanz der Durchführung der musikalischen Gedanken, man vermutet bei oberflächlichem Hinhören feine, dem Ohr schmeichelnde, dahintändelnde Linien zu vernehmen, aber dann erschrickt man vor der Gewalt der Aussage, die dahinter lauert, hervorbricht und den Zuhörer zum Nachdenken zwingt. Daß man Mozart überall mit offenen Armen aufnimmt, aber nie behalten will, sondern irgendwie abschiebt, daß er kein Engagement bekommt und hinter Gestalten zurückstehen muß, deren Namen man heute kaum mehr kennt, findet seine Ursache in der überwältigenden Aussagekraft seiner Musik, der Endgültigkeit seiner Konzeption und der sicherlich nur erfühlten Einsicht, daß hier Klang und Form zur unzerstörbaren Substanz geworden sind. Man nennt seine Musik schwer, wenngleich sie sehr oft anscheinend leicht dahinperlt. Damit ist nicht gemeint, daß sie schwer verständlich sei, sondern daß sie Herz und Gehirn stark in Anspruch nimmt und so belastet, daß die Musik nur anfänglich einen angenehmen Genuß bereitet und bald zwingt, mitzufühlen, mitzudenken, und sich dann die Gedanken unaufhaltsam weit über die Musik hinaus in das allgemein Menschliche spinnen und mit dem eigenen Verhalten in Konflikt geraten. Echte Kunst ist stets eine Mahnung, der man nicht ungern ausweicht, der wahre Künstler ist immer ein Prediger, der keines Wortes bedarf, weil er unmittelbar zu wirken versteht. Die Frage, was Mozart dazu getrieben hat, in rastloser Arbeit mit eilender Feder ein Stück nach dem anderen zu präsentieren, ist müßig. Die künstlerische Gestaltung in ihm drängt unaufhaltsam nach außen, er ist von Musik so erfüllt, daß sie überfließt. Aber diese Musik ist keine Ansammlung schöner Klänge, von liebenswürdigen Melodien – das ist nur ihr äußeres Gewand –, es ist reine Kunst, die sich gestaltet ohne Rücksicht auf ihre Wirkung, es ist streng wahrhaftige Kunst ohne Konzession, ohne Lüge und Halbheit. Vielleicht geht Mozarts Bedürfnis nach rücksichtsloser Wahrheit auf die Zeit seiner Kindheit zurück, in der er als Schauobjekt einem Publikum vorgestellt worden ist, das sich zum Großteil nicht für seine Musik interessiert, sondern das Kind bestaunt, das technisch einwandfrei Cembalo und Geige spielt und Selbstkomponiertes zu Gehör bringt. Dieses Publikum hat nur das Außerordentliche und Widersinnige des Wunderkindes begafft, das Instrumente beherrscht und die musikalische Formsprache meistert wie ein erwachsener Musiker. Es ist nicht der junge Musiker Mozart, der das Publikum anzieht, sondern das Mißverhältnis zwischen der kindlichen Gestalt einerseits und der körperlichen und geistigen Leistung andererseits. Der kleine Mozart hätte ebensogut komplizierte Rechenaufgaben lösen oder sonst etwas machen dürfen, was auch Erwachsene nur selten können. Er darf der Kaiserin in Wien auf den Schoß springen, weil alle „Hofdamen ihr Herz an den kleinen Kerl verloren", der mit verdeckter Klaviatur spielen kann; der Kaiser nennt ihn einen „kleinen Hexenmeister", obwohl es ihm sicherlich gleichgültig ist, was das Kind aus Salzburg spielt. Goethe erinnert sich lächelnd und wissend an den kleinen Kerl mit Kavaliersperücke und Degen, den er als Vierzehnjähriger in Frankfurt erlebt hat. Mozart selbst weiß damals noch nicht, was man an ihm bewundert, vielleicht glaubt er, daß er das Publikum mit seiner Musik für sich gewinnt. Aber als er im Alter von 22 Jahren erneut nach Paris kommt und weit weniger Beachtung findet, als er erwartet hat, muß er begriffen haben, welche Rolle ihm zugemutet worden ist. Denn sehr wenige haben erkannt, daß das zur Schau gestellte Wunderkind ein echter Musiker ist

– Hasse zählt dazu, der in Mailand erklärt: „Dieser Knabe wird uns alle aus dem Gedächtnis der Nachwelt löschen." Viel typischer ist das Verhalten des Erzbischofs Coloredo, der angeblich musikverständig und der Aufklärung ergeben ist, aber seine Musiker wie Lakaien behandelt – er nennt Vater und Sohn Mozart Bettelmusikanten und läßt besonders Wolfgang seine Verachtung spüren, er beschimpft ihn wie einen Kutscher. Und in Wien haben es die Intriganten wie Salieri und dessen Kreis nicht schwer, den Hof gegen Mozart einzunehmen. Denn Mozarts Musik kommt dem Unterhaltungsbedürfnis des Adels nicht entgegen, sondern stört den Fluß leichten Geplauders bei Gesellschaften unbequem; Mozarts Opernstoffe bringen vorrevolutionäres Gedankengut auf die Bühne. Es wird hinter ihm hergeflüstert, daß er Schulden macht, daß er einen unordentlichen Lebenswandel führt und trinkt. Seine Musik wird nicht angegriffen, auch nicht abgelehnt, aber gemieden; sie wird mit Ausdrücken der Begeisterung gelobt, aber nicht geliebt. Auch Mozart selbst darf viele Beteuerungen der Hochachtung und Freundschaft entgegennehmen, aber im Grunde tut niemand etwas für ihn, er wird wie auf geheime Verabredung kaltgestellt. Es ist kein Wunder, daß die Diskrepanz zwischen der eigenen Leistung und den materiellen Erfolgen Mozart schwer bedrückt. Dieser Sachverhalt zwingt ihn zur ununterbrochenen Tätigkeit, hetzt ihn von Konzert zu Konzert, nötigt ihn, jeden Auftrag zu übernehmen und sich mit Musikunterricht abzumühen. Dies läßt ihn daran denken, Wien zu verlassen und seine Fühler nach London und Paris auszustrecken. Aber sein Vater, dessen Einfluß immer stark gewesen ist, wendet sich dagegen. In Wien wird dem jungen Mozart ein karger Bissen vorgeworfen und viel Hoffnung gemacht, damit er bleibt, denn das Odium, ihn vertrieben zu haben, muß vermieden werden. Es ist auch kein Wunder, daß frühzeitig der Gedanke an den Tod in ihm aufsteigt. Wenn auch die rastlosen Reisen in der Kindheit den Grund für seine letzte Krankheit legten, so sind es doch vor allem die Müdigkeit und die Erschöpfung als natürliche Folge seiner ungeheueren Arbeitsleistung sowie die vielen Enttäuschungen, die frustrierten Hoffnungen und nicht gehaltenen Versprechungen, die fallweise ihm aus Bosheit oder nur aus Unverstand zugefügten Kränkungen, die ihn ein frühes Ende ahnen lassen, ja eine gewisse Sehnsucht danach nähren. Er bekennt in einem Brief, im Tod das wahre Ziel des Lebens zu erkennen und sich nicht davor zu ängstigen, sondern ihn für das Tor zum Segen anzusehen. Es ist über die Todesursache Mozarts gerätselt worden. Mag sie nun dies oder jenes gewesen sein, in Wahrheit ist Mozart seiner Zeit und seiner Umwelt erlegen.

Leben

Wolfgang Amadeus Mozart (getauft als Joannes Chrysostomus Wolfgangus Theophilus) wird am 27. Januar 1756 in Salzburg als Sohn des Hofmusikers Leopold Mozart geboren. Sehr früh zeigen sich seine musikalischen Anlagen, er verfolgt aufmerksam den Musikunterricht seiner älteren Schwester Maria Anna, er sucht auf dem Cembalo Zusammenklänge und erfreut sich daran, er merkt sich kleine Stücke, die der Vater spielt. Das ermutigt den Vater, Wolfgang einige kleine Menuette spielen zu lassen, aber aus dem Spiel wird bald Ernst, und der Schwierigkeitsgrad der Lehrstücke wächst. Die Versuche, selbst Stücke zu erfinden, stellen sich bald ein und bauen sich parallel mit den Fortschritten auf dem Cembalo aus. Mit fünfeinhalb Jahren nimmt Wolfgang mitten unter 150 Chorknaben und Studenten an einer Aufführung der musikalischen Komödie „Sigismundus Hungariae Rex" von Johann Ernst Eberlin teil (1702–1762, Hof- und Domorganist, Komponist von Toccaten, Fugen, Messen, Requiems, Oratorien, Schulspielen, Opern, Lehrer Leopold Mozarts und Freund seiner Familie). Der rasche Fortschritt des Sohnes festigt in Leopold Mozart die Meinung, ein echtes Wunderkind vor sich zu haben, das man der Welt vorstellen müsse. Dazu tritt, daß auch die Tochter ein weit über ihr Alter hinaus entwickeltes Musiktalent aufweist, so daß man ein Geschwisterpaar vorführen kann.

Die erste Reise geht bereits im Januar 1762 nach München, wo der Kurfürst die beiden musikalischen Kinder freundlich empfängt, anhört und bewundert. Das ermutigt die Familie, es auch mit Wien zu versuchen. Der Ruf der außerordentlichen Salzburger Kinder ist ihnen bereits vorausgeeilt, die Familie Mozart, vor allem Wolfgang, werden vom Kaiserpaar und dem Adel begeistert begrüßt. Die beiden Kinder geben, nachdem sie bereits in Linz konzertiert haben, eine Vorführung. Wolfgang produziert sich als Blindspieler auf dem Cembalo; Vater Mozart sieht die Verwirklichung seiner Träume nahe. Wolfgang bekommt Scharlach, man vermeidet begreiflicherweise jeden Kontakt mit der Familie, die nach einem kurzen Besuch Preßburgs nach Salzburg zurück muß, ohne einen greifbaren Erfolg mitzubringen. Im gleichen Jahr noch (1763) kommt es zu einer größeren Reise über München, Augsburg, Schwetzingen, Mainz, Frankfurt, Koblenz, Aachen und Brüssel nach Paris. In allen Städten geben die Wunderkinder Konzerte, Wolfgang spielt Geige und in verschiedenen Kirchen die Orgel, in Schwetzingen wird er mit dem Mannheimer Orchesterstil bekannt. In Paris wird er nach Versailles geladen, dort widmet er einer Tochter des Königs zwei Sonaten, er wird überall angestaunt und zweimal porträtiert. In Versailles lernt er damals bekannte deutsche Musiker kennen wie Johann Schobert, Leonzi Honauer (lebt um 1760 als Komponist für Kammermusik, besonders für Cembalo, in Paris) und Johann Gottfried Eckardt (um 1735–1809, Pianist, Komponist von Sonaten und Variationen).

Die nächste Station ist London (April 1764). Auch hier empfangen ihn der König und sein Hofstaat; Mozart muß sein Können im Blattspiel, auf der Orgel, am verdeckten Cembalo, mit der Geige, als Improvisator

und Komponist vorführen und macht auf alle großen Eindruck. Er kommt mit Johann Christian Bach in Verbindung, gibt öffentliche Konzerte und erhält Gelegenheit, Händels Musik zu hören. Dann erkrankt der Vater, und Wolfgang kann sich mehr der Komposition widmen. Als Leopold Mozart sich erholt hat, geht der Konzertbetrieb weiter, seine Kinder spielen eine Komposition von Wolfgang vierhändig auf einem zweimanualigen Pedalcembalo. Im Juli 1765 wird die Rückreise angetreten, auf der Wolfgang in Den Haag schwer erkrankt, so daß die Familie erst im Januar 1766 in Amsterdam eintrifft. Weiter geht die Reise nach Paris und von dort über die Schweiz nach Hause. In allen Städten, an allen Höfen gibt es Konzerte, Vorführungen neuer Originalkompositionen, viel Beifall und Bewunderung. Der Vater unterwirft nun den Sohn ein Jahr lang einem strengen Studium des Kontrapunktes, dann versucht er es ein zweites Mal in Wien, wo gerade die Blattern ausgebrochen sind. Es nützt nichts, nach Olmütz auszuweichen, die Kindern werden dennoch angesteckt, überstehen aber die Krankheit. Der Erfolg dieser Reise ist unbefriedigend. Die Intrigen gegen das Wunderkind Mozart, in dem manche bereits den gefährlichen Konkurrenten wittern, setzen ein. Leopold Mozart lernt Franz Aspelmayr kennen (auch Appelmeyer, 1728–1786, Komponist von dramatischen Balletten, Singspielen, Sinfonien, Divertimenti, Quartetten, Trios), Hilfe bringt ihm jedoch auch diese neue Bekanntschaft keine.
Ein Jahr darauf dirigiert der nun zwölfjährige Mozart in der Salzburger Waisenhauskirche eine eigene Messe und wird vom damaligen Erzbischof 1769 zum Hofkapellmeister ernannt. Im Dezember 1769 reist der Vater mit Wolfgang nach Italien (Maria Anna ist bereits zu alt, um noch als Wunderkind zu gelten). Der Weg führt über Verona, Mantua nach Mailand, wo mit Sammartini und Piccinni Fühlung genommen wird. Wolfgang erhält für die kommende Saison einen Opernauftrag. In Bologna nimmt Wolfgang bei Padre Martini Unterricht, in Florenz konzertiert er mit Nardini. In Rom schreibt er zum allgemeinen Erstaunen das Miserere von Gregorio Allegri (1582–1652, Sänger der päpstlichen Kapelle, bekannt als Verfasser eines neunstimmigen Miserere) nach einmaligem Anhören fehlerfrei nieder. In Neapel gibt es Kontakt mit den Opernkomponisten Majo und Paisiello. Auf der Rückreise verleiht ihm der Papst den Orden vom Goldenen Sporn. In Bologna wird er in die Academia dei Filarmonici aufgenommen. Wieder in Mailand, schreibt er die bestellte Oper „Mitridate, re di Ponto", die 1770 mit großem Erfolg über die Bühne geht, 1772 treffen die Reisenden wieder in Salzburg ein. In allen italienischen Städten werden die Konzerte, die Kompositionen Mozarts bestaunt und bejubelt. Der Hauptgewinn Mozarts besteht jedoch in der gründlichen und unmittelbaren Bekanntschaft mit der italienischen Musik. Noch 1772 ist er ein zweites Mal in Italien, um in Mailand seine Oper „Lucio Silla" aufzuführen. Das Jahr 1773 findet ihn erneut in Salzburg und in Wien,

wo er Haydns Quartettstil kennenlernt. Etliche Jahre intensiven Schaffens schließen sich an, doch trotz seiner hervorragenden Leistungen als Komponist und Interpret, trotz aller Achtungsbezeugungen und Lobsprüche hat er noch immer keine angemessene Stellung als Musiker. Hinzu kommt die Abneigung, die ihm der neue Erzbischof deutlich entgegenbringt. Im Jahr 1777 geht er neuerlich auf Reisen, dieses Mal von der kränkelnden Mutter begleitet. Das Ziel ist vorläufig Mannheim, wo er zu den Meistern des frühklassischen „Mannheimer" Stiles in Beziehung tritt, wie mit Cannabich, Holzbauer, Schweitzer, Filtz, Carlo Giuseppe Toeschi (Toesca della Castella-Monte, 1722–1788, Schüler von J. Stamitz, Konzertmeister in Mannheim, Komponist vieler Orchester- und Kammermusik) und andere. Seine Zuneigung zur Sängerin Aloysia Weber hält ihn etwas länger als beabsichtigt zurück, aber auf Befehl des Vaters reist er dann doch nach Paris weiter. Die Hoffnungen, die sein Vater und wohl auch er auf diese Reise gesetzt haben, werden enttäuscht. Er ist kein Wunderkind mehr, sondern ein junger Musiker, von denen es viele gibt. Er erhält einige Kompositionsaufträge, eine seiner Sinfonien und seine Musik zur Ballettpantomime „Les petites riens", die vor zehn Jahren bereits Aspelmayer vertont hat, werden aufgeführt, er trifft Johann Christian Bach aus London und Piccinni. Aber seine Mutter, die ihre Krankheit bereits aus Salzburg mitgebracht hat, stirbt am 3. Juli 1778. Mozart wendet sich zur Heimreise. 1779 nimmt er seine Konzertmeistertätigkeit in Salzburg wieder auf und wird sogar Hoforganist. In die folgenden Jahre fallen viele seiner Meisterwerke, wie zum Beispiel Messen, Kirchensonaten, Sinfonien, Konzerte, Sonaten, das Singspiel „Zaide" und 1781 die Opera seria „Idomeneo". Im gleichen Jahr kommt es zum Bruch mit dem Erzbischof, der ihn mit den gröbsten Beschimpfungen hinauswirft, als Mozart um seine Entlassung einkommt; dessen Kämmerer Graf Arco assistierte dienstbeflissen, wie Wolfgang seinem Vater berichtet: „Wegen dem Arco darf ich nur meine Vernunft und mein Herz zu Rate ziehen, um das zu tun, was recht und billig ist, was nicht zuviel und zuwenig ist; – das Herz adelt den Menschen; und wenn ich schon kein Graf bin, so habe ich vielleicht mehr Ehre im Leib als mancher Graf; und Hausknecht oder Graf, sobald er mich beschimpft, so ist er ein Hundsfott." Wolfgang läßt sich in Wien nieder, um als freier Künstler zu leben. Er veranstaltet Akademien mit eigenen Werken, er gibt Unterricht, er übernimmt Kompositionsaufträge. Trotz höchsten Fleißes gelingt es ihm nie, seine wirtschaftliche Lage in Ordnung zu bringen, vielmehr wird seine ständige Geldverlegenheit zuweilen durch unvernünftige Ausgaben verschärft und dauert bis zu seinem Tod an. Daher bemüht er sich mehrmals um eine feste Anstellung, aber es gelingt ihm nie. 1782 wird sein Singspiel „Die Entführung aus dem Serail" aufgeführt und freundlich aufgenommen. Der finanzielle Ertrag ist aber nicht sehr hoch und bessert seine allgemeine Situation nur für kurze Zeit. Am 4. August desselben Jahres heiratet er gegen den Willen seines Vaters Konstanze Weber, die jüngere Schwester der Sängerin Aloysia Weber und Kusine des Komponisten Carl Maria von Weber. Die Ehe führt zu einer schweren Verstimmung zwischen Vater und Sohn, die sich erst wenige Jahre vor dem Ableben Leopold Mozarts mildert. Auch die Schwester Maria Anna ist als gehorsame Tochter gegen Konstanze. In jener Zeit bildet sich eine starke menschliche und künstlerische Annäherung zwischen Mozart und Joseph Haydn heraus, die für beide Männer außerordentlich fruchtbar ist. Um 1782 wird Mozart in das Haus des Gesandten van Swieten eingeladen, wo vorwiegend Bach und Händel gespielt werden, so daß er seine Kenntnis davon noch mehr vertiefen kann; die Beschäftigung mit diesem Stil, die Arrangements von Präludien und Fugen von Bach für Streichquartett und die Instrumentation der Oratorien Händels mit Bläsern schlägt sich auch im eigenen Schaffen nieder. Als äußeren Ausdruck seiner Weltanschauung, welche die Freundschaft und Verbrüderung aller Menschen zum Hauptziel hat, tritt Mozart 1784 einer Freimaurerloge bei und betont von da an diese Gesinnung bei jeder Gelegenheit in seinen Werken. Im Jahr 1786 wird anläßlich eines Festes in Schönbrunn die Musikkomödie „Der Schauspieldirektor" neben einer Oper von Salieri gegeben. Im selben Jahr kommt es zur Aufführung der ohne Auftrag geschriebenen Oper „Le Nozze di Figaro" trotz schwerer Intrigen der Konkurrenten. Der Erfolg der Oper in Wien ist durchschlagend, wird aber von der Begeisterung, mit der sie in Prag aufgenommen wird, weit übertroffen. Speziell für Prag schreibt er hierauf 1787 den „Don Giovanni" (1787), mit dem er viel Applaus erntet. Die Ouvertüre zur Oper stellt er erst in der Nacht vor der Premiere fertig. Als im selben Jahr in Wien Gluck stirbt, hofft Mozart, seine Stelle zu bekommen, aber der Kaiser hat es damit nicht eilig. Erst nach dem großen Erfolg in Prag läßt er sich herbei, Mozart als Kammerkomponist eine kleine jährliche Zahlung auszuwerfen („Zu viel für das, was man von mir verlangt, und zu wenig für das, was ich leisten könnte", erklärt hierzu Mozart). Seine letzten Sinfonien entstehen 1788 (Es-Dur, g-Moll, C-Dur).

Das Jahr 1789 führt Mozart auf eine Reise nach Berlin über Dresden und Leipzig, wo er den Thomaskantor Johann Friedrich Doles kennenlernt und auf der Orgel der Thomaskirche spielt. König Friedrich Wilhelm II. erteilt ihm in Potsdam den Kompositionsauftrag für ein Streichquartett. Im Jahr 1790 bringt er die Oper „Così fan tutte" heraus und 1791 die Krönungsoper für Prag „La clemenzia di Tito", bei der ihm Franz Xaver Süßmayr behilflich sein muß, damit sie rechtzeitig fertig wird. Sie wird am 6. September 1791 in Prag aufgeführt. Inzwischen hat Mozart bereits die Arbeit an der „Zauberflöte" nahezu vollendet, die am 30. September auf die Bühne kommt. Jener Graf Walsegg, der geheim Kompositionen aufkauft, um sie als eigene Werke aufführen zu lassen, sendet seinen Boten auch zu Mozart. Das geheimnisvolle Betragen des

Boten und die durch Arbeitsfülle der letzten Jahre überreizten Nerven wie sein allgemeiner schlimmer Gesundheitszustand lassen in Mozart die Vorstellung entstehen, daß der Auftrag, ein Requiem zu schreiben, aus dem Jenseits gekommen und die Totenmesse für ihn selbst bestimmt sei. Mit dieser Gewißheit macht er sich an die Arbeit, während sein Zustand sich verschlimmert. Süßmayr hilft, so viel er kann. Mozarts Lebenszeit reicht aber nicht aus, um das Werk zu vollenden; er stirbt am 5. Dezember 1791. Die medizinische Todesursache ist nicht feststellbar, man vermutet, daß Mozart an einem Herzschaden gestorben ist. Am 6. Dezember wird er auf dem Sankt Marxer Friedhof von Wien in ein Armengrab gelegt, das heute nicht mehr identifiziert werden kann. Dem Leichenbegängnis folgt niemand. Konstanze ist krank und darf sich nicht aus dem Haus wagen, weil ein heftiger Schneesturm herrscht; die wenigen Freunde, die den Sarg begleiten wollen, kehren wegen des Wetters am Stadttor von Wien um.

Seine Frau Konstanze, geborene Weber (6. Januar 1763, Zell im Wiesental, Schwarzwald − 6. März 1842 Salzburg), heiratet 1809 den dänischen Diplomaten Georg Nikolaus Nissen, der Materialien zu einer Biographie Mozarts sammelt. Nach seinem Tod im Jahr 1820 zieht Konstanze von Kopenhagen nach Salzburg, wo sie die von Nissen begonnene Biographie herausgibt. Von Mozarts 6 Kindern bleiben nur zwei am Leben. Karl Thomas Mozart (21. September 1784, Wien − 31. Oktober 1858, Mailand) nimmt bei Dušek in Prag Unterricht und wird ein guter Pianist, wählt aber die Musik nicht als Beruf, sondern wird Kaufmann und schließlich österreichischer Beamter. Franz Xaver Wolfgang (26. Juli 1791, Wien − 29. Juli 1844, Karlsbad) schlägt die Laufbahn eines Musikers ein, nimmt bei Hummel, Salieri, Vogler und vermutlich auch Albrechtsberger Unterricht und gibt 1804 in Wien sein erstes Konzert, wird Musiklehrer in Lemberg, unternimmt sodann eine ausgedehnte Konzertreise, kehrt 1822 nach Lemberg zurück und verbringt den Rest seines Lebens als Komponist, Dirigent und Lehrer. Der Wert seiner Kompositionen ist nicht hoch anzuschlagen.

Literatur

B. Paumgartner: Mozart. 1958
P. Nettl: Mozart. 1955
O. Schneider: Mozart in Wirklichkeit. 1955
„Neue Ausgabe sämtlicher Werke." Salzburg ab 1953

Werke

Mozarts kompositorisches Werk umfaßt mehr als 600 Nummern, die erhalten sind, darüber hinaus gibt es eine Anzahl Kompositionen, deren Urheberschaft zweifelhaft ist. Ein nicht geringer Teil seiner Stücke ist verlorengegangen und uns nur nominell bekannt. Diese für ein kurzes Leben so ungeheure Leistung ist das Ergebnis eines ungewöhnlichen

Fleißes, zum Teil auch des Umstandes, daß er sehr früh zu komponieren beginnt, und nicht zuletzt verdankt er die große Anzahl der Werke seiner Fähigkeit, auch große Kompositionen rasch in einem Zug niederzuschreiben, ohne sich lang mit Skizzen abzugeben, weil die Musik in ihm zumeist schon fertig durchgedacht ist und nur mehr zu Papier gebracht werden muß. Die Kompositionen bilden sich in seinem Gehirn, während er mit völlig anderen Dingen beschäftigt ist, zum Beispiel Billard spielt, sich unterhält oder sich frisieren läßt. Der stilistische Horizont ist sehr weit gespannt, umfaßt alle Gattungen der Musik seiner Epoche und umgreift dazu als Erbe die Wiener und Salzburger Barocktradition, das italienische Barock und das Reich Bachs und Händels. Wenn auch in seiner Musik ein gewisses Fortschreiten vom Spätbarock, Rokoko und dem galanten Stil über Frühklassik zum reinen klassischen Stil verfolgbar ist, so betrifft das oft nur Äußerlichkeiten; tatsächlich sind alle Stilgattungen, wenngleich sie sehr verschieden sind, zu einer höheren Einheit verschmolzen und dadurch neu eingeordnet. Es mag für den Analytiker interessant sein, den einzelnen Einflüssen nachzugehen und festzustellen, was deutsch, was italienisch, was empfindsam und was kontrapunktisch ist – aber der Zuhörer bekommt alles in vollendeter Synthese an das Ohr, als neue, völlig eigenartige Musik, wie sie eben nur Mozart schreiben kann, der sich seinen Stil selbst gebildet hat. Er hat auf seinen vielen Reisen als Kind und junger Mann sehr viel Musik gehört und in sich aufgenommen – das ist auch der einzige Gewinn aus diesen Anstrengungen –, er hat alles, intuitiv zuerst und später bewußt, verarbeitet und umgestaltet, so daß daraus der nur ihm eigene Mozart-Stil geworden ist. Dabei ist er nicht unabhängig wie die späteren Romantiker, sondern auftragsgebunden. Er ist zwar kein Musikerzeuger mehr wie die Meister des Barock, denen Auftraggeber, Gesellschaft und Weltanschauung eine bestimmte, sehr starre, allerdings dann von vielen meisterhaft erfüllte Form vorgeschrieben hat, aber dennoch auf die Gesellschaft, den Adel und das Großbürgertum hingeordnet. Er ordnet sich jedoch – vielleicht zum persönlichen Schaden, sicher aber zum Nutzen seiner Musik – der Gesellschaft nicht mehr unter, sondern zwingt ihr seinen Willen auf. Dem Kontakt weicht er nicht aus, sondern sucht ihn als Mensch und als Künstler; sein Leben und seine Musik sind gesellschaftsgebunden, doch beides wird zur Herausforderung, die Gegner erzeugt. Als Mensch erliegt er, weil das Leben nicht beliebig verlängerbar ist, aber seine Musik, der geistige und künstlerische Angriff auf die Menschen, bleibt am Ende Sieger. Es dauert lang. Das folgende 19. Jahrhundert sieht diese Musik als liebliche, angenehm klingende, technisch interessante gehobene Unterhaltung. Das Zeitalter der Romantik muß vergehen, damit verstanden wird, welch tiefer Ernst, wie viel Ideengut in Mozarts Musik liegt und gehoben werden muß.
Die erste seiner mindestens 41 Sinfonien schreibt Mozart im Alter von 8 Jahren, im 18. Lebensjahr liegen bereits 30 vor. Sie sind anfänglich dem

italienischen Muster nachempfunden und stehen zugleich unter dem Einfluß seines Vaters und des Bachsohnes Johann Christian; sie sind zumeist dreisätzig, doch das Vorbild der Wiener Vorklassik, die als dritten Satz ein Menuett einschiebt, wirkt sich auf Mozarts sinfonisches Schaffen aus. Schon ab 1773 machen sich neue Ausdrucksformen bemerkbar. Die Sinfonien neigen zu kontrapunktischer Konzeption, die Sätze werden zyklisch untereinander verschränkt. Das läßt Haydns Handschrift ahnen. Darauf kommen Werke mit galantem Duktus wie zum Beispiel KV 201 A-Dur. Bei KV 297 D-Dur (die in Paris geschrieben wird) macht sich der Orchesterstil von Mannheim deutlich. Die Sinfonien der Wiener Zeit entfernen sich immer mehr von der Serenadenhaltung. Die „Linzer" (C-Dur KV 425) wendet sich wieder Haydn zu, und in der „Prager" (D-Dur KV 504) liegt eine vollkommene Synthese durchgebildeter Kontrapunktik mit neuer Sinfonik vor. Die letzten drei (1788 innerhalb von nur sechs Wochen geschrieben) stellen, obgleich völlig voneinander verschieden, den Höhepunkt der von der Es-Dur KV 16 aus 1764 stetig ansteigenden Entwicklung dar.

Mozart hat außer den Sinfonien eine große Anzahl Orchesterwerke verfaßt, die zwischen Sinfonie, Konzert und Kammermusik stehen und als Serenade, Divertimento, Sinfonia, Partita, Cassation, Notturno, Nachtmusik, Ständchen oder ähnlich bezeichnet sind und die Form einer Sonate, eines Rondo, Konzertes usw. haben. Gemeinsam ist dieser Gelegenheitsmusik die Aneinanderreihung vieler Sätze, die oft keinen Zusammenhang haben. Es handelt sich zumeist um Gebrauchsmusik, was aber ihren künstlerischen Wert nicht schmälert. Die Serenaden sind in der Regel glanzvoller instrumentiert, die Divertimenti komplizierter motivisch oder auch kontrapunktisch durchgearbeitet. Auch die ungefähr 36 Märsche und Tänze zählen dazu. Die 25 Klavier- und die 6 Violinkonzerte sind vorwiegend zum eigenen Konzertgebrauch verfaßt, die Konzerte mit anderen Soloinstrumenten sind Auftragskompositionen. Seine Klavierkonzerte bringen im Gegensatz zu älteren einen starken Ausbau des Orchesters, wodurch das Klavier von seiner rein begleitenden Rolle befreit und dem Soloinstrument gleichgestellt wird. Mozart kommt damit besonders bei seinen letzten Klavierkonzerten in die Nähe Beethovens. Dazuzurechnen sind ein Konzert für zwei Klaviere, eines für drei und zwei Rondos für Klavier und Orchester. Von den acht Violinkonzerten sind mindestens zwei nicht authentisch. Fünf davon schreibt er noch vor seinem 20. Lebensjahr, zwei stammen aus dem Jahr 1777 und 1780 und sind glänzende Stücke im Zeitgeschmack. Dazu kommen ein „Concertone" für zwei Solovioline, eine Konzertante Sinfonie für Solovioline und Soloviola, ein Konzert für Fagott aus dem Jahr 1774, eines für Klarinette aus dem Jahr 1791, zwei Flötenkonzerte, vier Hornkonzerte und ein Konzert für Harfe und Flöte. Wie die Klavierkonzerte sind diese keine von Orchesterinstrumenten begleitete Virtuosenkonzerte, vielmehr steht das Soloinstrument im ständigen

Wolfgang Amadeus Mozart (1756–1791)

Dialog mit einem sinfonisch durchgearbeiteten Orchester, auf das zuweilen die Führerrolle übergeht.
Von den 10 Quintetten Mozarts sind sieben nach dem Vorbild von Boccherini mit Streichern besetzt, aber mit dem Unterschied, daß der Cellist Boccherini zwei Celli verlangt, während Mozart die Bratschen verdoppelt. Die anderen drei haben Bläserbesetzung (Klarinette mit Streicher, Horn mit Streicher, Oboe, Klarinette, Horn, Fagott und Klavier). Sie tragen zum Teil das Gesicht eines Divertimento.
Das erste der 23 Streichquartette schreibt der Komponist mit 14 Jahren. Die frühen Quartette haben Divertimentocharakter, sind dreisätzig, passen sich zum Teil der italienischen Manier an und stehen unter dem Einfluß von Johann Christian Bach, der von Haydn sodann abgelöst wird, so daß die Quartette ab 1773 viersätzig werden, eine noch freiere Selbständigkeit der einzelnen Instrumente aufweisen und die Prävalenz der ersten Violine zurückdrängen; das Finale wird vom reinen Abschluß des Stückes zur Krönung und letzten Steigerung, der italienische Stil gibt dem deutschen Raum. Haydns „Russische Quartette" regen Mozart an, deren Stil zu übernehmen; die Themen werden motivisch verarbeitet, Entwicklungsprinzip ist die Variation. Dennoch unterscheiden sich die Quartette grundsätzlich von denen Haydns, besonders durch ihren süßen, sinnlichen, oft schwermütigen und stets vieldeutigen Klang. Haydn zielt auf eine ferne und vielleicht unerreichbare Schönheit, Mozarts Musik findet ihr Ziel in sich selbst. Da der Auftraggeber der „Preußischen Quartette", Friedrich Wilhelm von Preußen, begeisterter Cellist ist, wird das Cello in den drei von ihm 1789/90 bestellten drei Quartetten bevorzugt.
Dazu sind die zwei Klavierquartette zu stellen, die zum Muster der vielen Stücke dieser Art geworden sind. 7 Trios für Klavier, Violine und Cello und eines für Klavier, Klarinette und Viola dienen ebenfalls dem eigenen Konzertgebrauch, es sind Spielmusiken höchster Qualität, wirken improvisatorisch, sind aber dennoch beste Kammermusik. Das gleiche gilt für die Streichtrios mit verschiedener Besetzung und den Bearbeitungen fremder Musik für Bläsertrios. Mozarts zwei Streichduos haben Sonatenform.
Bei den 40 Violin-Klavier-Sonaten sind beide Instrumente solistisch behandelt und gleichberechtigt. An der Spitze der Klaviermusik stehen 18 Sonaten, die eine den Streichquartetten ähnliche Entwicklung aufweisen, italienische Vorbilder am Beginn, anschließend von der Mannheimer Orchesterdynamik beeinflußt, am Ende konzertdramatische Gestaltung. Rondos, Fantasien und verschiedene Variationen über fremde Themen, Stücke für zwei Klaviere und für vierhändiges Spiel runden das Klavierwerk ab.
Seine Chorwerke sind Kirchenmusik, der das unvollendet und von Süßmayr fertiggestellte Requiem und die vierstimmige Motette mit Streichquartett und Orgel „Ave verum" voranzustellen sind. Neben

einigen kleineren sakralen Werken hat Mozart 15 Messen in verschiedenen Stilarten und mit verschiedener Besetzung geschrieben, von denen die B-Dur-Messe (KV 275) und die C-Dur-Messe (KV 317 „Krönungsmesse") hervorzuheben sind.

Seine Klavierlieder nähern sich der Opernarie, bleiben aber echte Lieder. Das beliebte Wiegenlied „Schlafe mein Prinzchen", stammt aber nicht von Mozart, sondern von Bernhard Flies. Mehr dem Bereich der Oper zugehörig sind die Konzertarien (27 für Sopran, 1 für Alt, 8 für Tenor, 6 für Baß mit Orchester).

Von den 22 Bühnenwerken (die Bühnenmusiken, theatralischen Serenaden und das Ballett „Les petites riens" hinzugerechnet) muß das Singspiel „Bastien und Bastienne" als frühes Meisterwerk des Zwölfjährigen genannt werden. Die Komödie „Die Gärtnerin aus Liebe" (nicht vollständig erhalten), die heroische Oper „Idomeneo", das Singspiel „Die Entführung aus dem Serail", „Figaros Hochzeit", das Dramma giocoso „Don Giovanni", die komische Oper „Così fan tutte", „Die Zauberflöte" und „La clemenzia di Tito" (um die bekanntesten zu nennen) schließen sich an. Sie beherrschen noch heute den Spielplan der Opernhäuser der Welt, wie auch die Orchester-, Kammer- und Solomusik in allen Konzertsälen erklingt und die Messen, Kantaten, Motetten und das Requiem zum festen Bestand aller Kirchenchöre gehören.

SINFONIE NR. 29 A-DUR KV 201

Entstanden 1774 in Salzburg, 4 Sätze. Läßt die Vorbilder – Italiener und vor allem Michael Haydn – deutlich erkennen, dennoch ist die Sinfonie vom ersten bis zum letzten Ton, wie Mozart selbst vermerkt, „Del Signor Cavaliere Amadeo Wolfgango Mozart". Der Schwung und die Heiterkeit, die durch das Werk ziehen, die Ausgewogenheit der vier Sätze und deren thematische Beziehung zueinander gehen weit über die Vorbilder hinaus. Schon der erste Satz, in dem die Streicher ein tänzerisches Thema gleich einer Sequenz vortragen, zieht die Aufmerksamkeit durch seine dynamische Rhythmik auf sich. Im zweiten Satz singen sordinierte Streicher das Andante und werden von den Bläsern zart sekundiert. Das Menuett, energisch und straff, spinnt Anregungen des Andantes weiter und lenkt in das Thema des ersten Satzes ein, um es zu einem geistreichen, fröhlichen Finale zu verarbeiten. Spielzeit: 18 Minuten.

SINFONIE NR. 31 D-DUR „PARISER SINFONIE" KV 297

3 Sätze, in Paris Juni 1778 für die „Concerts spirituels" verfaßt. Mit dreimal wiederholtem Grundton, forte von den Streichern energisch gespielt, beginnt das reich besetzte Orchester den ersten, mit mehreren Nebenthemen, Soli der Bläser und Streicher ausgebauten konzertanten Satz. Der zweite Satz ist ähnlich üppig nach Mannheimer Muster ausgestattet. Menuett gibt es keines, dafür einen langen Schlußsatz voll Leben und voll französischer Effekte. Die Durchführung beschäftigt sich nur mit dem zweiten Thema und mündet in ein Finale, das alle Klangreize und Überraschungen des Mannheimer und das Pariser Stiles bietet. Spielzeit: 19 Minuten.

Sinfonien

SINFONIE NR. 34 C-DUR KV 338
3 Sätze, verfaßt 1780 in Salzburg, 1781 in Wien mit großer Besetzung (40 Violinen, 10 Bratschen, 10 Kontrabässe) aufgeführt. Der Satz beginnt mit einer Fanfare, der sofort ein zweiter Thementeil folgt. Ein Marsch schließt sich an und wird piano als Echo in Moll wiederholt. Chromatisch steigt das zweite weitgespannte Thema ab und führt zu einer dramatischen Durchführung. Der zweite Satz mit seiner reichen Dreiklangmelodik wird nur von den Streichern gespielt. Im dritten Satz bringen die Bläser ein tänzerisches Seitenthema, was, gepaart mit dem Hauptthema in Moll, eine leidenschaftliche Färbung in die Musik trägt. Spielzeit: 19 Minuten.

SINFONIE NR. 35 D-DUR „HAFFNER-SINFONIE" KV 385
4 Sätze, verfaßt für ein Fest im Haus des Salzburger Bürgermeisters Sigmund Haffner, ursprünglich in Serenadenform (Marsch-Menuett) abgefaßt. Die endgültige Form wird erst 1783 von Mozart in Wien aufgeführt. Feurig mit Sprüngen über zwei Oktaven setzt der erste Satz ein, dann läuft er abwechslungsreich weiter. Anstelle eines zweiten Themas wird das erste verarbeitet und über einem Orgelpunkt zweistimmig vorgetragen. Es gibt überraschenderweise auch keine Reprise, an deren Stelle das Thema erneut variiert erklingt. Im zweiten Satz spielen Streicher, Oboen, Fagotte und Hörner ein ruhiges Andante, das Menuett ist bürgerlich-behäbig, und das Rondo-Finale muß nach Anweisung des Komponisten „so geschwind, als es möglich ist" die Streicherpassagen dahinwirbeln lassen. Spielzeit: 18 Minuten.

SINFONIE NR. 36 C-DUR „LINZER-SINFONIE" KV 425
4 Sätze, 1783 in Linz verfaßt. Der erste Satz beginnt wie eine Haydn-Sinfonie mit einem langsamen, aus feierlichen Akkorden bestehenden Thema. Nach einer Wendung zum Moll folgt ein Allegro, zuerst piano, dann aber zu einem Marsch geformt; eine kurze Überleitung führt zum zweiten Thema, das unvermittelt in e-Moll alla turca einfällt, darauf piano wiederholt wird und einer strahlenden Durchführung weicht. Der zweite Satz ist kantabel-pastoral, ein drohendes Baßmotiv setzt dramatische Akzente. Das Menuett ist kraftvoll, aber heiter, und das Finale wirkt anfangs naiv fröhlich; ernste Akkordthemen zwingen aber zu dramatischen Auseinandersetzungen, so daß das sieghafte Ende erkämpft werden muß. Spielzeit: 27 Minuten.

SINFONIE NR. 38 D-DUR „PRAGER SINFONIE" KV 504
3 Sätze, uraufgeführt in Prag am 19. Januar 1787. Der erste Satz beginnt

W. A. Mozart, Ölgemälde von Barbara Kraft (Gesellschaft der Musikfreunde, Wien), das als eines der ähnlichsten Porträts gilt.

spannend mit einem Erwartung erregenden Adagio, ein von den ersten Violinen synkopiertes Allegro schließt sich an, ein Gegenthema wird von den Bläsern eingeworfen. Hierauf wiederholt sich das Kopfthema in der Dominante und wird in der Durchführung kontrapunktisch erweitert. Das Ganze schwankt zwischen Heiterkeit und Trauer. Die Stimmung des um jene Zeit entstandenen Don Giovanni lastet über der Sinfonie. Auch der zweite Satz bringt keine bleibende Aufheiterung. Das pastorale Thema wird von den folgenden Motiven verdunkelt. Ein Menuett fehlt, es hätte sich schlecht in die Grundhaltung der Sinfonie gefügt. Erst im Finale sprüht ungetrübte Lebensfreude auf; hier herrscht der Buffo-Ton des Figaro. Spielzeit: 30 Minuten.

SINFONIE NR. 39 ES-DUR KV 543
4 Sätze, entstanden 1788. Hell und klar malt ein kurzes Adagio sozusagen den Hintergrund, vor dem sich das Geschehen des ersten Satzes abwikkelt. Das Hauptthema ist elegant und grazil beschwingt, sein Rhythmus kräftig, die Melodie strahlend, kurz vorbeiziehende Wolken zerstreuen sich immer rasch. Eine hinzugeführte Streicherpassage wird in einer kurzen Durchführung verarbeitet und verstärkt noch den Elan und die Prägnanz des Satzes. Der zweite Satz ist filigran gearbeitet, aber trotzdem schlicht und stimmungsvoll. Die Melodie ist ein graziöses Volksliedthema, das reizvoll entwickelt ein nahezu bukolisches Bild ergibt, obwohl zuweilen ein zweites Thema den Frieden stören will. Das Menuett ist besonders wegen des idyllischen Trios beliebt und berühmt geworden. Das Finale ist von Haydns Geist beherrscht; Humor und Laune dieses Meisters wird noch potenziert und mozartisch umgedeutet. Spielzeit: 29 Minuten.

SINFONIE NR. 40 G-MOLL KV 550
4 Sätze, ebenfalls 1788 entstanden, hebt sich dieses Werk durch seine Molltonart von den anderen ab. Der schwermütige Charakter der Sinfonie prägt sich schon im Kopfthema des ersten Satzes aus. Das zweite verstärkt diese Stimmung, anstatt sie zu erhellen. Mollakkorde auf Mollakkorde verkünden, daß es auf die Klage des ersten Themas keinen Trost gibt. Das traurige Andante-Thema des zweiten Satzes wird zwar milde verklärt, fällt jedoch wieder in seine düstere Grundstimmung zurück. Daß in einer solchen Nähe das Menuett kein fröhlicher Tanz sein kann, versteht sich von selbst. Schwere Rhythmik tritt wuchtig hervor, nur das Trio versucht durch beruhigende Motive die Spannungen zu lösen. Daß dies nicht gelingt, zeigt das erste Thema des Finales. Das zweite Thema setzt zwar mit zärtlichen Gesten ein, fällt aber in sich zusammen. Die Reprise klingt schmerzlich und bitter aus. Spielzeit: 22 Minuten.

SINFONIE NR. 41 C-DUR „JUPITER-SINFONIE" KV 551
4 Sätze, entstanden 1788. Die Benennung stammt vom Londoner Konzertunternehmer Peter Salomon. Der erste Satz bringt den Gegensatz feierlicher Betonung des Grundtones zu einer kantablen Phrase. Beide Thementeile werden zu einer ansteigenden Periode über einem Orgelpunkt verarbeitet und zum Abschluß geführt. Auch das zweite Thema besteht aus zwei gegensätzlichen Motiven. Das erste bildet, vom Baß imitiert, den Untergrund für das zweite. Im dramatischen Tuttiabschnitt kommt erneut der zweite Teil des ersten Themas zu Wort und wird mehrmals wiederholt. Nach einer Generalpause erklingt ein schöner Nachsatz, der das

Sinfonien, Konzerte

Material zur Durchführung liefert; in der Reprise hört man nun das zweite Motiv des ersten Themas in Moll. Das innige Andante des zweiten Satzes wird vom Baß weitergeführt. Die Durchführung beginnt im dramatischen Moll. Ein Gegenmotiv entwickelt sich überraschenderweise zu mächtiger sinfonischer Steigerung. Das Menuett ist mehr sanglich als tänzerisch. Das Finale verbindet Sonatenform und Fugato in glänzender Technik. Die Fugendurchführung ersetzt das zweite Thema, ein neues Motiv tritt erst in der Fortführung auf. In der Coda sind alle Motive und Themen kunstvoll zu einer hinreißenden Musik voll Kraft zusammengefaßt. Spielzeit: 29 Minuten.

SINFONIA CONCERTANTE ES-DUR KV 287 b – ANH. 9
3 Sätze, im April 1778 in Paris geschrieben, aber dort nicht aufgeführt, weil es anscheinend schwer gewesen ist, vier Solisten zugleich herauszustellen. Im ersten Satz spielen die vier Soloinstrumente, Oboe, Klarinette, Horn, Fagott, allein, dann wird das Thema von den übrigen Instrumenten tutti und auch einzeln übernommen. Der zweite Satz bringt schöne, beinahe nur von den Solisten bestrittene Melodien. Und der Schlußsatz besteht aus Variationen einer von der Oboe gebrachten Arietta, wobei die Solisten ihre Virtuosität glanzvoll entfalten können. Spielzeit: 25 Minuten.

SINFONIA CONCERTANTE ES-DUR KV 364
Für Violine und Viola als Soloinstrumente, 3 Sätze, verfaßt 1779 in Salzburg nach der Heimkehr aus Paris. Der erste Satz ist vom Gegensatz von forte und piano bedingt, aus dem sich sodann die Soli entwickeln und einander ablösen. Das Orchester tritt zurück und greift nach Art des alten

Der italienische Dirigent Claudio Abbado, der in Vergleich mit Toscanini gesetzt wird, ist als vorzüglicher Mozart-Interpret bekannt.

Concerto grosso nur zuweilen bestätigend ein. Vor dem Schluß haben beide Solisten eine Kadenz, die vom Orchester konzertant abgeschlossen wird. Den langsamen zweiten Satz könnte man als Trauergesang bezeichnen, man denkt daran, daß der Komponist in Paris seine Mutter begraben hat. Die Kantilene weitet sich dramatisch, bis sie in eine Kadenz, der Struktur des Werkes folgend, übergeht. Das Finale ist fröhlich. Mozart ist Klassiker und erlaubt seiner Musik keinen deutlichen Ausdruck persönlicher Gefühle. Das lebendige Hauptthema wird von den Solisten immer wieder neu virtuos vorgetragen. Spielzeit: 25 Minuten.

KLARINETTENKONZERT
A-DUR KV 622
Für Solo-Klarinette in A, 3 Sätze, entstanden September oder Oktober 1791 als letztes Konzert. Es geht auf einen früheren unvollendeten Alle-

grosatz für Bassetthorn zurück und ist seinem Freund, dem hervorragenden Klarinettisten Anton Stadler, gewidmet. Nach einer langen Orchestereinleitung löst sich das Soloinstrument mit dem Hauptthema ab, wird wiederholt, fugiert und verziert. Dann bringt die Klarinette ein zweites Thema, wozu der Orchestersatz kunstvoll ausgearbeitet gleichberechtigt konzertiert. Den zweiten Satz eröffnet der Solist. Sein Adagio wird vom Orchester übernommen, die Klarinette besorgt die Verzierung und nützt alle ihre Möglichkeiten aus. Das Finale ist ein tänzerisches sehr ausgedehntes Rondo mit vielen reizvollen Wendungen und Kontrasten, die sich nahezu zur Groteske steigern. Spielzeit: 24 Minuten.

VIOLINKONZERT NR. 4 D-DUR
KV 218
3 Sätze, im Oktober 1775 entstanden. Das von dem damals viel gespielten Konzert von Boccherini (1768) inspirierte Violinkonzert bringt mit einer langen Orchestereinleitung das Thema des ersten Satzes, dann erklingt die Solovioline in hoher Lage und figuriert das Thema. Das zweite Thema ist weich und tief und bildet mit dem ersten Thema die Substanz des Satzes, der mit einer Kadenz endet. Das Andante gehört zu den schönsten Melodien Mozarts. Das Rondo-Finale ist suitenartig aufgebaut und hat drei Themen. Das erste führt als eigentliches Rondothema zierlich zum zweiten, das von Solisten mit den Orchesterviolinen fröhlich und rasch in eine Volkstanzmelodie mündet. Spielzeit: 25 Minuten.

VIOLINKONZERT NR. 5 A-DUR
KV 219
3 Sätze, entstanden im Dezember 1775. Im ersten Satz werden die Themen vom Orchester nur angedeutet und dann vom Solisten vorgetragen. Der zweite Satz bringt ein breites Adagio mit elegischer Kantilene der Geige, während im Rondo der Solist das Menuett einleitet und virtuos verziert; darauf folgen ein kräftiger Mollteil alla turca und einer Violinphrase, die slawischer Herkunft ist. Das Menuett kehrt wieder und führt zum Schluß. Spielzeit: 29 Minuten.

KLAVIERKONZERT D-MOLL
KV 466
3 Sätze, aufgeführt von Mozart am 11. Februar 1785. Es fällt aus der Reihe der Klavierkonzerte durch seine Molltonart und weicht von der klassischen Objektivität durch romantiknahen Persönlichkeitsausdruck ab. Das Hauptthema des ersten Satzes bringt eine düstere Stimmung, aber das zweite Thema klingt milder und wird vom Solo-Klavier übernommen und ausgedeutet. Auch die sanfte Romanze des zweiten Satzes klingt im Mittel-

Der hochbegabte Violin-Virtuose Pinchas Zukerman aus Tel Aviv nahm in sein betont konservatives Programm vor allem die Pflege der Mozart-Musik auf.

teil düster drohend. Der Beginn des Schlußsatzes, in dem die Rondo-Form mit einer Sonatenstruktur verquickt ist, bringt tragische Klänge, schließt aber mit einem Durakkord. Spielzeit: 32 Minuten.

KLAVIERKONZERT C-MOLL KV 491

3 Sätze, entstanden in März 1786 in Wien und im gleichen Jahr uraufgeführt. Auch mit diesem Konzert stößt Mozart in die Ausdrucksformen der Romantik vor. Der erste Satz ist von einer starken Spannung beherrscht, die Abschnitte schließen jeweils mit einem verminderten Septimenschritt, der ein persönliches Auflehnen gegen das widrige Lebensschicksal markiert. Vom „ewig heiteren Mozart" ist hier nichts zu bemerken. Auch das Klavier, das mit virtuosem Konzertieren brilliert, steht im Dienst der Aussage des Komponisten, der mit diesem Werk aus der Objektivität des Klassikers heraustritt. Den zweiten Satz eröffnet der Pianist. Das Thema will mit schlichter Kantilene beruhigend wirken, wird aber von düsteren Einwürfen ständig unterbrochen. Der Schlußsatz ist eine Variationenfolge, in der zuweilen die schmerzliche Klage zum grimmigen Humor umschlägt und der Solist zugleich Gelegenheit erhält, seine Virtuosität glänzen zu lassen. Spielzeit: 30 Minuten.

KLAVIERKONZERT C-DUR KV 503

3 Sätze, entstanden 1786 in Wien. Der erste Satz dieses Konzertes bringt nach dem Auftakt sofort eine außerordentliche Verarbeitung des Motives mit blendenden Modulationen. Das zweite Thema bringt eine Eintrübung, die aber zurückgewiesen wird. Das delikate Klangbild des Mittelsatzes vermittelt innige Freude. Und im Finale setzt Marschmusik der Bläser ein, die mehrmals in dunkles Moll abgleitet, aber in gehobener Stimmung endet. Spielzeit: 32 Minuten.

KLAVIERKONZERT B-DUR KV 595

3 Sätze, vollendet am 5. Januar 1791, aufgeführt am 4. März, letztes Klavierkonzert Mozarts. Mit lyrischem Ausdruck beginnt der erste Satz; der schwermütige Charakter der Musik hält bis zum Ende an. Den Mittelsatz eröffnet das Klavier mit einer romanzenähnlichen Melodie. Im letzten Satz bringt der Solist das Refrainthema mit der Melodie seines Liedes „Komm, lieber Mai, und mache die Bäume wieder grün". Dies schreibt Mozart neun Tage nach dem Rondo, um seine Sehnsucht nach dem Frühling auszudrücken (dem letzten, den er erlebt). Spielzeit: 31 Minuten.

SERENADE D-DUR „HAFFNER-SERENADE" KV 259

Geschrieben 1776 zum Polterabend der Tochter des Salzburger Bürgermeisters Sigmund Haffner, 9 Sätze. Die Serenade beginnt mit einem majestätischen Marsch, dann folgt als Allegro ein Sinfoniesatz. Im anschließenden Andante tritt eine Solovioline auf, die auch im Trio des ersten Menuetts melodieführend ist. Ein breites Rondo reiht sich mit Buffo-Figuration im Refrain an. Das nächste Menuett ist lang und im galanten Stil gehalten, das Andante weit gespannt, bis das dritte Menuett mit zwei Trios erklingt. Ein kantables Adagio leitet zum Schlußsatz, in dem der überschäumenden Freude über den Anlaß der Komposition keine Schranken gesetzt sind. Spielzeit: 23 Minuten.

„EINE KLEINE NACHTMUSIK" C-DUR KV 525

Berühmte Serenade aus dem Jahre 1787, für Streichquintett geschrieben,

4 Sätze, kann aber auch mit Streichorchester gespielt werden. Der erste Satz beginnt mit einer Fanfare wie ein Weckruf, dann erklingt ein beruhigendes Thema wie ein höflicher Gruß. Der Nachsatz wird lustiger. Der zweite Satz bringt eine Romanze, der dritte ein kräftig einsetzendes Menuett. Ein Sonatenrondo mit einem interessant modulierten Refrain schließt das reizende Stück ab. Spielzeit: 18 Minuten.

„MAURERISCHE TRAUERMUSIK" E-MOLL KV 477
1785 geschrieben zum Tod zweier Brüder der Freimaurerloge, der Mozart angehört. Dieses Musikstück stellt eine ernste Auseinandersetzung mit dem Problem des Todes und dessen Lösung im Sinn des freimaurerischen Stoizismus dar. Der Cantus firmus ist den Psalmtönen des kirchlichen Begräbnisgesanges entnommen und von Mozart marschähnlich alteriert. Das Stück beginnt mit dreimaligem Einsatz der Bläser, denen ein schmerzliches Streicherthema folgt, dann spielen die tiefen Bläser den Marsch. Die Streicher nehmen wieder das Wort und steigern ihre Klage zum vollen Ausdruck des Schmerzes. Der Schluß verhaucht im Pianissimo. Spielzeit: 5 Minuten.

STREICHQUINTETT C-DUR
KV 515
3 Sätze, entstanden 1787, gehört zu den Höhepunkten dieser Musikgattung Mozarts. Ein aufsteigendes Motiv des Cellos steht am Beginn im starken Gegensatz zur Violinkantilene. Die Entwicklung tritt nach einer Generalpause in eine dramatische Sphäre ein, aber bald erscheint ein zweites Thema, das alle Konflikte löst und der romantischen Stimmung rückhaltlos Raum gibt. Nun steuert die erste Violine einen neuen Gedanken bei, das Hauptthema profiliert sich in der gestrafften Reprise und der geschwinden Coda, die pianissimo ausklingt. Das Menuett ist ein echtes Scherzo. Das Finale nähert sich einem Sinfoniesatz und bildet dadurch ein Gegengewicht zum ersten Satz.

STREICHQUINTETT G-MOLL
KV 516
4 Sätze, entstanden 1787. Die erste Violine, nur von der zweiten und der Viola begleitet, trägt ein resigniertes Hauptthema vor. Die Viola begleitet staccato, übernimmt sodann die Führung der Melodie, steigert sie, bis die Violinen sie weitertragen. Das zweite Thema erscheint. Es kommt zu erregten Auseinandersetzungen in der Durchführung, die in einem schroffen Codaschluß kulminiert. Auch das Menuett ist dunkel gehalten, erst das Trio bringt Entspannung. Im Adagio sind alle Instrumente sordiniert. Es kommt zum versöhnenden Ausgleich der Gegensätze. Das Allegro-Finale bringt wieder absolute, emotionslose Musik.

STREICHQUARTETT G-DUR
KV 387
4 Sätze, vollendet am 31. Dezember 1782, eines der Haydn gewidmeten 6 Quartette, in denen Formprinzipien dieses Meisters übernommen und verarbeitet sind, ohne irgendwie einer Nachahmung zu verfallen. Dieses oft gespielte Quartett zeigt eine besonders elegante Linienführung. Das Allegro vivace assai ist zwar ein Sonatensatz, wie ihn Haydn schreibt, aber deutlich von zwei Themen gespeist. Das kraftvolle und dennoch anschmiegsame Hauptthema ist für die Durchführung wichtig, das zweite Thema – marschähnlich und sehr klangvoll – wird von der zweiten Violine eingeführt und von der ersten mit satten Tönen wiederholt. Im Me-

Maurerische Trauermusik, Quintette, Quartette

nuett bringt die erste Violine eine äußerst interessante Introduktion, dann stellt sich erst das Thema vor, dem die Viola eine chromatische Bewegung entgegenstellt. Das Trio ist abruptem Stimmungswechsel unterworfen. Im Andante wird das Hauptmotiv des Trio in Dur imitiert. Im Finale kommt es zu einer herrlichen Fuge, die mit einem Mal abbricht und einem kantablen Thema den Vortritt läßt, das zur Fuge mit seiner Homophonie im scharfen Kontrast steht, ohne das Gleichgewicht des Gesamtbildes zu verschieben. Dieser Wechsel von Fuge und Homophonie wiederholt sich, dann kehrt in der Coda das Fugenthema wieder und klingt jetzt selbständig, von den anderen Instrumenten begleitet, aus.

STREICHQUARTETT D-DUR
KV 575

4 Sätze, entstanden im Juni 1789. Es gehört zu den drei sogenannten „Preußischen Quartetten", die König Friedrich Wilhelm II. von Preußen bei Mozart bestellt hat. Der erste Satz begnügt sich mit einem einzigen Thema, von dem sich das zweite ableitet, so daß es zu keiner Konfliktsituation kommen kann. Das Andante ist betont schlicht, das Menuett beschwingt und im Trio zart. Das Rondo-Allegretto verwendet ein Thema, das an den ersten Satz erinnert. Mit Rücksicht auf den Besteller, der ein begeisterter Cellist ist, wird das Cello an vielen Stellen sehr bevorzugt.

STREICHQUARTETT B-DUR
KV 589

4 Sätze, entstanden Mai 1790 als zweites „Preußisches Quartett". Die Musizierfreudigkeit tritt in den Vordergrund, schon der erste Satz fängt wie ein Menuett an. Das Cello trägt eine Arie vor. Es kommt zu keiner Dramatik. Einfallsreichtum und kunstvolle Verarbeitung erfreuen das Ohr. Im zweiten Satz erhält das Cello die Führung, sein Thema wird von der ersten Violine imitiert. Das Menuett verdient durch seine rein tänzerische Struktur seine Bezeichnung im verstärkten Maß, sein Trio enthält eine weitgespannte melodische Linie. Das Finale ist als Rondo angelegt und bringt im Refrain ein sequenziertes Thema, das von einer glanzvollen Fuge abgelöst wird.

STREICHQUARTETT F-DUR
KV 590

4 Sätze, entstanden im Juni 1790, letztes Streichquartett Mozarts und drittes der „Preußischen Quartette". Es ist von reiner Freude am Musizieren beherrscht und hat nur eine Aussage, und die heißt: Musik. Im ersten Satz herrscht uneingeschränkt das Hauptthema, das mit großem Elan durchgeführt wird und ausklingt. Der langsame Satz ist durch ein graziöses Allegretto ersetzt. Das Menuett ist farbenfroh und ahmt Vogelstimmen nach. Das Finale ist voll stürmischer Sechzehntel, die einmal von einem ernsten barockisierenden Thema unterbrochen werden.

TRIO FÜR KLARINETTE, BRATSCHE UND KLAVIER ES-DUR
KV 498

3 Sätze. Höhepunkt der Klaviertrios Mozarts. Die beiden Ecksätze sind gedanklich aneinander gebunden. Das Andante des ersten Satzes hat Rondoform, sein zweites Thema ist eine Ableitung des ersten und damit eng verwandt, so daß die Entwicklung kein Gegeneinander, sondern nur ein poetisches Nebeneinander ergeben kann. Das folgende Menuett und das Finale sind jedes mit eigener Thematik ausgestattet. Trotz dieser Verschiedenheit fließt aus dem Klangbereich die Einheit des Trios.

MESSE C-DUR „KRÖNUNGSMESSE" KV 317

Entstanden 1779, für die Erinnerungsfeier der Krönung des Bildes in der Kirche Maria Plan bei Salzburg. Sie sprengt nahezu den liturgischen Rahmen mit ihrem opernhaften Klang eines reich besetzten Orchesters. Solisten und Chor wechseln wirkungsvoll ab, Textdeutungen und Stimmungsmalerei herrschen vor. Der ländliche Charakter des Werkes ist besonders im Benedictus betont.

REQUIEM KV 626

Unvollendet, von Franz Xaver Süßmayr fertiggestellt. Der erste Teil (Requiem aeternam) wird vom schweren Klang der Bassetthörner und Fagotte, denen nur Hörner beigegeben sind, eingeleitet, dann setzt der Chor ein, forte und stark, und steigert sich beim „Exaudi" zu einem Ausbruch der Verzweiflung. Das Kyrie ist eine weit ausladende Fuge. Das anschließende Dies irae ist völlig naturalistisch gehalten und drückt die Angst des Menschen vor dem unbegreiflichen Ende aus. Dann verkündet die Posaune im Tuba mirum das Jüngste Gericht, die Solisten bekunden ihre Furcht vor dem höchsten Richter, der Chor sekundiert mit einem dreimaligen Angstschrei; die Bitte um Milde und Rettung wird zuerst von den Frauenstimmen, dann von den Männern vorgebracht und am Ende vom ganzen Chor wiederholt. Weiche Bassetthörnerklänge begleiten das lyrische „Recordare Jesu pie", doch die Schrecken der Verdammnis malt der Chor im „Confundatis maledictis" in den düstersten Farben. Das Flehen um Schonung klingt zart auf, hierauf folgt das schwermütige Lacrimosa. Der dramatische Ablauf dieses Teils endigt mit einer Fuge. Das Sanctus ist im Gegensatz zum Bisherigen tröstend und innig wie das Benedictus und das Agnus dei. Die Fuge des Kyrie bildet den Abschluß des Werkes, das Mozart als Torso zurückgelassen hat. Es sind bei seinem Ableben nur das Requiem und Kyrie fertig gearbeitet. Von Dies irae bis zum Hostias liegen nur Teilausfertigungen und Skizzen vor. Die Witwe muß jedoch ein vollständiges Werk abliefern, das bestellt und bezahlt ist, und will Mozarts Freund Joseph Edler von Eybler (1765–1846; Hofkapellmeister, zu seiner Zeit sehr geschätzter Komponist) mit der Vollendung des Requiems betrauen, der sich aber dazu außerstande sieht. Süßmayr übernimmt sodann die Aufgabe und löst sie nach bestem Können, so daß Konstanze Mozart ein fertiges Werk dem Hochstapler Walsegg abliefern kann, der es kopiert und mit dem Vermerk: „Requiem composto dal Conte Walsegg" versieht, so daß die Erstaufführung unter dem Namen dieses Betrügers am 14. Dezember 1793 stattfindet. Es ist damals noch unbekannt, daß Mozart ein Requiem geschrieben hat, sonst wäre nicht bei der Gedächtnisfeier in Prag 1792 das Requiem von Franz Anton Rössler (1746–1792, Chorleiter, Musikerzieher, Komponist von Sinfonien, Opern, Oratorien, Kirchen- und Kammermusik) aufgeführt worden. Es vergehen viele Jahre, bis alle Fragen um dieses Werk geklärt sind. Maximilian Stadler (1748–1833, Abt, Komponist von Chorwerken, Sonaten, Liedern und eines Oratoriums, Freund Mozarts, Haydns und Beethovens) setzt sich stark für die Echtheit des Requiems als Mozarts Werk ein. Spätere Komponisten versuchen mehrmals eine Ergänzung des Torsos, die besser als Süßmayrs Leistung sein soll, finden aber keine Zustimmung, denn wenn einer die künstlerischen Absichten Mozarts kannte, so ist das nur der Mann gewesen, der eng mit ihm zusammengearbeitet hat.

Tips für Plattenfreunde
- Die frühen Sinfonien 1–24 und die großen Sinfonien 25–41 (8 und 7 Stereo-LP/Deutsche Grammophon 2740 109 und 2710 110, Karl Böhm)
- Sämtliche Violinkonzerte 1–7 und Concertone (4 Stereo-LP/EMI 1C 153=52 341/44 Y, Yehudi Menuhin)
- Klavierkonzerte 1–27 (12 Stereo-LP/Deutsche Grammophon 2720 030, Geza Anda)
- Werke für Orgel und Orchester: Fantasie 1, 2, Kirchensonaten 1–17 (2 Stereo-LP/EMI 1C 187=30853/54). Schöner Orgelklang
- Hornkonzerte 1–4 (Stereo-LP/EMI 1C 053=00530, Otto Klemperer). Vorzügliche Wiedergabe
- Flötenkonzerte 1, 2 (Stereo-LP/Deutsche Grammophon 2530 344)
- Streichquintette 1–6 (3 Stereo-LP/Deutsche Grammophon 274 122)
- Streichquartette 1–23 (10 Stereo-LP/EMI 1C 053=28 081/090). Profilierte Klangtechnik
- Fagottkonzert, Rondo für Horn und Orchester, Sinfonia concertante (Stereo-LP/EMI 1C 053 28 319). Sehr gute Aufnahme
- Ave verum corpus (Stereo-LP/Philips 6780 001, Wiener Sängerknaben)
- Spatzenmesse, Krönungsmesse (Stereo-LP/Philips 6780 001, Wiener Sängerknaben)
- Große Messe (Stereo-LP/Deutsche Grammophon 138 124, Sankt-Hedwigs-Kathedrale)
- Requiem (Stereo-LP/Deutsche Grammophon 2530 143, Karl Böhm mit Wiener Staatsopernchor, oder Stereo-LP/RCA 2641 408 AW, Wiener Sängerknaben, oder Stereo-LP/Telefunken 6.41 153 AN, Svjatoslav Richter mit Münchner Bachchor). Ausgezeichnete Aufnahmen

LUIGI CHERUBINI (1760–1842)

Zeit und Umwelt

Er kommt aus Italien, geht nach London, lebt in Paris, hält sich in Wien auf und kehrt nach Paris zurück. Er steht nicht zwischen den Ländern und Völkern, wie ihm von mehreren Seiten vorgeworfen wird, die alles und jeden in Schubladen legen wollen, er kennt als Musiker keine Landes- und Sprachgrenzen. Er wird geboren, als das Barock zu Ende geht, bei seinem Tod sind Wagner und Verdi bereits 30 Jahre alt, sind Berlioz, Mendelssohn und Chopin in der zweiten Hälfte ihres Lebens und Schaffens. Seine ersten Werke fußen noch im Spätbarock, dann schreitet er durch alle Stilarten bis zur Hochromantik. Beinahe die gesamte Klassik entsteht zu seinen Lebzeiten und klingt vor seinem Tod aus, er sieht ihre großen Meister kommen und gehen, er überdauert alle politischen Umwälzungen, läßt sich von der mehrmaligen Umwertung aller Werte nicht berühren und bleibt unwandelbar das, was nicht jeder, der ihn vaterlandslos und anpassungsfreudig nennt, ist, nämlich Könner und Künstler.

Leben

(Maria) Luigi (Carlo Zenobio Salvatore) Cherubini wird als Sohn eines Cembalisten der Oper in Florenz am 14. September 1760 geboren. Er sagt selbst: „Mein Musikunterricht begann in meinem sechsten, mein Kompositionsstudium im meinem neunten Lebensjahr". Sein erster Lehrer ist der Vater, dann unterrichten ihn Florentiner Meister, bis es ihm 1777 Großherzog Leopold (später Kaiser Leopold II.) ermöglicht, bei Giuseppe Sarti (1729–1802), Kapellmeister, Komponist, Konservatoriumsdirektor) in Bologna Unterricht zu nehmen, um sich den alten italienischen Kontrapunktstil anzueignen. Cherubini gewinnt im Verlauf von vier Jahren eine Fertigkeit im polyphonen Stil wie kaum ein anderer in seiner Zeit. Seine in jener Epoche verfaßten Antiphone sind alle auf Cantus firmus in der Art Palestrinas abgefaßt. Dann wendet er sich der Oper zu und macht sich dadurch während der folgenden 14 Jahre einen Namen in ganz Italien. 1784 wird er nach London eingeladen, wo er ohne nennenswerten Erfolg zwei Opern auf die Bühne bringt. In Paris, wohin er sich ein Jahr darauf wendet, hat er mehr Glück, so daß er sich dort niederläßt. Er erhält die Leitung der vom Friseur der Königin gegründeten Oper, bleibt dennoch in den Revolutionsjahren 1789 bis 1794 unbehelligt und wird nur in der Ära Napoleons in den Hintergrund gedrängt. 1816 wird er Kompositionslehrer am Konservatorium von Paris, dessen Leitung man ihm 1821 überträgt. Im Jahr 1805 sucht er Wien auf, lernt Beethoven kennen, der seine Musik sehr schätzt. Zwei Opern von ihm werden gegeben, sonst bleibt die Reise unergiebig, weil sich Österreich im Kriegszustand mit Frankreich befindet. In jene Zeit fällt auch die Rückkehr Cherubinis zur sakralen Musik. Ohne die Opernkomposition aufzugeben komponiert er mehrere Messen, seine bekannten 3 Requiems und daneben 6 Streichquartette. Noch im hohen Alter schreibt er eine komische Oper. Er stirbt in Paris am 15. März 1842.

Literatur

L. Schemann: Cherubini. 1925

Werke

Trotz der Leistungen auf dem Gebiet der Kirchenmusik ist Cherubini in erster Linie Opernkomponist. Er bringt den neapolitanischen Opernstil nach Paris und macht mit seinem echten dramatischen Ausdruck, der reichen Harmonik, der überraschenden Modulation und glänzenden Instrumentation starken Eindruck, ist aber für das französische Publikum doch zu ernst, weil seine epische Ruhe nie durch künstlich übertriebene Leidenschaftsausbrüche unterbrochen wird. Daher ist sein Einfluß auf die französische Oper nicht stark, er wird bald von Auber und Boieldieu verdrängt. „Der Wasserträger" und die „Medea" sind neuerlich wieder auf den Spielplänen. Von den sinfonischen Werken ist seine Sinfonie D-Dur 1951 wieder aufgefunden worden und wird seitdem zuweilen aufgeführt. Als Meisterwerke müssen seine 6 an die Wiener Klassik angelehnten Streichquartette angesprochen werden. Seine 11 Messen und die 3 Requiems sind noch heute ein Bestandteil der Kirchenmusik.

SINFONIE D-DUR
4 Sätze, geschrieben 1815 für die Londoner Philharmonie. Cherubini zieht die Sinfonie sofort nach der Erstaufführung zurück, weil sie nach seiner Meinung den Vergleich mit den letzten Sinfonien Beethovens nicht aushält, und arbeitet sie 1830 in ein Streichquartett um. Sie kann jedoch zwischen den klassischen Sinfonien wie viele andere in die zweite oder dritte Reihe gestellt werden und erscheint seit ihrer Wiederauffindung zuweilen auf den Konzertprogrammen. Sie zeichnet sich durch feine melodische, einfallsreiche Anlage, gut ausgewogene Proportion, exakte Kontrapunktik und interessante Führung der einzelnen Stimmen aus und ist mit überraschenden Kontrasten ausgestattet; dies zeigt zum Beispiel die Vorbereitung des kantablen zweistimmigen Seitenthemas im ersten Satz durch einen geradezu heldischen Abschluß. Das Larghetto des zweiten Satzes bringt einen weiten melodischen Bogen, der sich über alles sinfonische Geschehen spannt und im nahezu erschreckenden Fortissimo endet. Der dritte Satz ist ein Menuett, obgleich die zeitgenössischen Werke bereits zum Scherzo übergegangen sind. Cherubini zeigt, daß er noch ein echtes Menuett im Sinn Haydns zu schreiben in der Lage ist. Das Trio ist so skurril, wie man es kaum in einer klassischen Sinfonie finden wird; es soll dalmatischer Volksmusik entstammen. Durch den Kanon des vierten Satzes wird daran erinnert, daß der Komponist bei Guiseppe Sarti in die Schule gegangen ist.

1. QUARTETT ES-DUR
4 Sätze, entstanden um 1814 im Gefolge Haydns, Beethovens und deutscher romantischer Musik. Ein Adagio stellt eine Art Prolog dem ersten Satz voran; das Allegretto verarbeitet das gleiche Dreiklangmotiv, mit dem das Adagio begonnen hat. Das Seitenthema ist eine Melodie auf italienische Art, die Durchführung nimmt Haydn zum Muster. Das Larghetto sostenuto des zweiten Satzes zieht französisches Musikgut heran. Das Scherzo verlegt die Spannung in das Trio, das Finale hat Rondoform, greift Elemente des ersten Satzes auf und verleiht dem Ganzen dadurch eine schön ausgewogene Harmonie der beiden Ecksätze, zwischen denen das musikalische Geschehen mit viel Romantik abläuft.

3. QUARTETT D-MOLL
4 Sätze, entstanden 1834. Das Thema des ersten Satzes beginnt nahezu sofort und schwelgt in Lyrismen, das nächste Thema nach Manier italienischer Lieder schließt sich an, und bei der Durchführung steht wieder Haydn Pate. Im zweiten Satz klingt eine ausdrucksvolle Kantilene auf, die sich leidenschaftlich steigert. Das Scherzo lehnt sich an das erste Thema des ersten Satzes an und bringt im freien Fugato eine meisterhafte Kontrapunktik, die sich immer mehr verdichtet und schließlich homophon ausklingt. Das Trio steht dazu in seiner Schlichtheit im angenehmen Gegensatz. Das Finale bewegt sich anfänglich in der Grundtonart, ringt sich sodann zum Dur durch, als wolle

es nach dem Kampf der Stimmen gegeneinander in Art der Romantiker einen Sieg verkünden.

MESSE D-MOLL „MISSA SOLEMNIS"

Entstanden 1811, bedeutendste Messe Cherubinis. Schon im Orchestervorspiel drückt sich die hohe geistige Würde dieser Komposition aus. Dann beginnt der Chor mit dem Kyrie, bei dem das Orchester noch immer stimmführend bleibt. Erst mit dem Christe eleison kommen die Sänger zu ihrem Recht, den Text thematisch auszudeuten. Ein Fuge setzt ein und mündet in eine prächtige Coda, an die sich das Thema des Vorspieles anschließt. Das Gloria ist der musikalisch wichtigste Teil der Messe. Akkordklang, ein saubere Fuge, lyrische Themen, Dramatik, sakrale Würde, lapidare Prägnanz und sieghafte Brillanz kennzeichnen diesen Werkteil. Das Credo schmiegt sich streckenweise an Wortbedeutung und Wortrhythmus eng an, verläßt aber nie den Rahmen kirchlicher Musikkonzeption zugunsten einer opernhaften Auffassung des Textes. Das Amen schließt mit einer großen Chorfuge ab. Sanctus und Benedictus sind echte Hymnen der Solisten im ersten Fall, des Chores im zweiten. Ein Gefühlsausdruck kommt erst wieder im Agnus Dei zur Geltung, als wolle der Komponist hier nach Art der Romantiker wissen lassen, daß die ganze Musik aus seinem Herzen geflossen ist.

REQUIEM C-MOLL

Geschrieben 1816 über staatlichen Auftrag zum Gedächtnis des hingerichteten Königs Ludwig XVI. Schwere Trauer beherrscht den Introitus, das Kyrie übernimmt die Stimmung, die erst am Ende des Abschnittes sich in einen Durakkord auflöst. Das Dies irae mit Blechinstrumenten und einem einzigen mystischen Klang des Tam-tam klingt wie ein Verdammungsurteil für die am Tod des Königs Schuldigen. Eine weitere Dramatisierung des Textes folgt nicht, die gesamte Sequenz ist wenig tonmalerisch, sondern gesanglich berichtend, erst das Lacrimosa läßt dem Gefühl freie Bahn. Eine meisterhaft ausgearbeitete Tripelfuge bringt das „Quam olim". Das Sanctus ist feierlich, das Pie Jesu ein Chorgesang im Stil Palestrinas. Über ein träumerisches Agnus Dei kommen Chor und Orchester (es gibt keine Solisten) zum tröstlichen Schluß der ergreifenden Trauerfeier.

Tips für Plattenfreunde

○ Sinfonie D-Dur (Mono-LP/RCA 26.41 311 AF, Toscanini)
○ Streichquartette 1 bis 6 (Stereo-LP/ Deutsche Grammophon 1 18). Einzige Aufnahme
○ Requiem d-Moll (Mono-LP/RCA 26 41 368 AF, Toscanini)

RODOLPHE KREUTZER (1766–1831)

Zeit und Umwelt

Es hätte nicht der Widmung Beethovens bedurft, um Rodolphe Kreutzer einen festen Platz in der Geschichte des Geigenspieles und der Geigenkomposition für immer zu sichern. Er ist Musiker von seiner Kindheit an, aber in erster Linie Geiger wie sein Vater. Auch seine Kompositionen gelten vor allem diesem Instrument, das für Kreutzer Lebensinhalt, Lebensziel und Lebensnotwendigkeit ist. Das Komponieren, das Dirigieren sind sozusagen der zweite Kreis seiner Umwelt. Daher stirbt er bereits, als ein gebrochener Arm seinem Geigenspiel ein Ende setzt, mehrere Jahre vor seinem physischen Tod.

Leben

Rodolphe Kreutzer wird als Sohn eines Geigers in Versailles am 16. November 1766 geboren, hat bereits im Alter von 13 Jahren als Geiger und Komponist einige Erfolge, so daß ihn der Vater zu Anton Stamitz zur Fortsetzung des Unterrichts sendet, den er ihm selbst nicht mehr erteilen kann. Mit 16 Jahren löst er seinen verstorbenen Vater als Geiger der königlichen Kapelle ab und erhält die Gelegenheit, die Virtuosen Viotti und Niccolò Mestrino (1748–1790, Violinvirtuose, Violinlehrer, Violinkomponist) zu hören und seine Technik ihnen anzugleichen. Als Sologeiger am Pariser italienischen Theater kann er seine erste Oper („Jeanne d'Arc", 1790) auf die Bühne bringen. Sie gefällt. Daher folgt ein Jahr darauf schon seine nächste Oper. Während der Revolution bringt er leichte musikalische Komödien auf die Bühne und gibt Konzerte. 1797 unternimmt er eine ausgedehnte Konzertreise durch Italien und Deutschland, 1798 kommt er nach Wien im Gefolge Bernadottes, gewinnt Beethovens Freundschaft, der ihm die Violin-Klavier-Sonate op. 47 (Kreutzer-Sonate) widmet. Er wird Geigenlehrer am Pariser Konservatorium und gibt gemeinsam mit Pierre Rode und Pierre Marie François de Sales Baillot (1771–1842, Violinvirtuose, Komponist von Konzert- und Kammermusik für Violine, Geigenlehrer) die Violinschule des Konservatoriums heraus. 1801 wird er erster Geiger an der Pariser Oper, 1802 nimmt er die gleiche Stellung in der Kapelle des Ersten Konsuls ein, ist 1806 Sologeiger des Kaisers, 1815 Leiter der königlichen Kapelle Ludwigs XVIII. und 1817 Chefdirigent der Musikakademie. 1825 muß er von diesen Stellungen wegen eines gebrochenen Armes zurücktreten. Es gelingt ihm auch nicht mehr, seine letzte Oper unterzubringen. Er stirbt in Genf, wohin er sich zurückgezogen hat, am 6. Juni 1831.

Werke

Seine Opern sind Augenblickserfolge ohne nachhaltenden Eindruck. Sein Nachruhm fußt auf seinem Studienwerk „40 Etüden für die Violine". Auch seine 19 Violinkonzerte haben ihren Platz in der Geigenliteratur behalten.

LUDWIG VAN BEETHOVEN (1770–1827)

Zeit und Umwelt

Ein Wunderkind aus seinem Sohn Ludwig zu machen, gelingt dem Tenorsänger Johann Beethoven nicht, trotz der guten musikalischen Anlagen des Kindes, trotz der bestmöglichen Ausbildung, trotz der vielen Prügel, mit denen Ludwig zum Cembalo gezwungen wird. Die Mutter ist sanft und still und außerstande, ihren Lieblingssohn vor dem brutalen Vater zu schützen, der von Jahr zu Jahr seine Hoffnung immer mehr schwinden sieht, den jungen Sohn bei Fürstenhöfen vorstellen und dem Publikum vorzeigen zu können, mit den Taschen voll Dukaten heimzukehren und sich von seiner beengten finanziellen Lage zu befreien. Der Mann treibt seine kränkliche Frau mit dem elfjährigen Ludwig nach Rotterdam, aber es bringt nichts ein. Der Sohn ist bereits zu alt, das schaulustige Publikum hat jüngere erlebt, die viel mehr können und über interessante Tricks verfügen, gut improvisieren, gelehrte Sprüche über Musik von sich geben und auch sonst niedlich und possierlich sind und nicht wie Ludwig mit trotziger Miene eine Musik spielen, die zwar irgendwie anspricht, aber nicht verstanden wird. Ludwig läßt sich bei seiner musikalischen Entwicklung nicht drängen, der Schatz seiner Musikalität in ihm ist zu mächtig und zu umfangreich, um sich rasch zu formen. Seine Lehrer in Bonn, selbst keine bedeutenden Musiker, erkennen, wie stark das Talent ihres Schülers ist, oder fühlen es zumindest. Sie vermitteln ihm, was sie zu geben haben, unsystematisch und fragmentarisch vielleicht, aber gerade das ist für den jungen Ludwig van Beethoven das richtige. Der Kurfürst zu Köln ist ein sparsamer Mäzen, wendet aber doch so viel auf, daß das junge Mitglied seiner Kapelle eine Ausbildung in Wien erhält. Der Name Mozart ist bis Bonn gedrungen. Einen Mozartschüler als Kapellmeister zu bekommen, ist einiges Geld wert. Der Vater hat allerdings allen seinen Erwartungen den Abschied geben müssen, er greift zum Glas, um zumindest von der Erfüllung seiner Hoffnungen zu träumen. Zu einem Unterricht bei Mozart kommt es nicht, Ludwigs Mutter, die angeblich ihr Leben lang kein einziges Mal gelacht hat, stirbt, der Sohn muß nach Bonn zurück, muß seinen Geschwistern den Vater ersetzen. Für die zweite Reise nach Wien, von der er nicht mehr zurückkehrt, ist er gut ausgestattet. Sein Künstlertum hat sich bereits zu einer gewissen Reife entwickelt und zum persönlichen Stil gebildet, seine Einstellung zur Umwelt und menschlichen Gesellschaft ist durch Umgang mit aufgeklärten, liberalen Persönlichkeiten, durch die über den Rhein eingedrungenen Vorstellungen über Menschenrechte und Menschenwürde geformt. Daneben nimmt der republikanisch gesinnte junge Mann gerne das Studiumstipendium des Kurfürsten an und dazu die Empfehlungen an Wiener Adelshäuser. Die Empfehlungsschreiben ebnen ihm den Weg in die höchsten Kreise der Stadt, das mißverstandene „van" vor seinem Namen trägt einiges dazu bei. So wird der Revolutionär, der Verfechter der Rechte des Bürgertums, der Verächter des Geburtsadels, zum höchstgeschätzten, meisteingeladenen Musiker eben jener Klasse, der er sich selbst so stark zugehörig fühlt, daß er versucht, das nichtssagende niederländische „van" in ein adeliges „von" zu verwandeln. Einige Persönlichkeiten sind imstande, die Genialität des Mannes aus Bonn richtig einzuordnen und verzeihen ihm sein nicht immer konziliantes Auftreten, andere wollen nicht zurückstehen und tun es den Kennern gleich. Dieselbe Gesellschaft, die Mozart nicht einmal ein Grab gegönnt hat, weil er nicht in Mode gewesen ist, feiert Beethoven, weil ihn Träger gewichtiger Namen die Achtung zukommen lassen, die er verdient. Er ist der erste „Freischaffende" der Musikgeschichte, und zwar aus eigenem Willen und nicht durch die Widrigkeit der Umstände dazu gezwungen. Die ihm von etlichen Adligen ausgesetzte Jahrespension, die laufenden Aufträge der Verleger, die mit dem allseitig anerkannten bedeutendsten Komponisten jener Zeit gute Geschäfte machen, erlauben Beethoven diesen Lebensstil. Er weiß, was er wert ist, er verkauft sich teuer, und die Bewunderer bezahlen, die einen, weil sie das Neue, das Epochemachende, die Weiträumigkeit und Kühnheit dieser Musik erleben wollen, die anderen, weil sie aus dem Preis auf die Qualität schließen. Und trotz der außergewöhnlichen Erfolge, trotz aller Achtungs- und Freundschaftsbezeugungen ist Ludwig van Beethoven von Kindheit an ein Einsamer, ein Insichgekehrter geblieben, der die Mitmenschen mit seiner Musik zur Humanität erziehen will, aber zugleich verachtet und ablehnt, weil sie seine Botschaft nicht entgegennehmen und sich nicht danach verhalten, weil sie Musik nur hören und genießen, aber für ihren tiefen Gehalt kein Ohr haben. Goethe hat Beethoven ganz kurz gesprochen und sofort durchschaut: „... sein Talent hat mich in Erstaunen gesetzt; allein er ist leider eine ganz ungebändigte Persönlichkeit, die zwar gar nicht unrecht hat, wenn sie die Welt detestabel findet, aber sie freilich weder für sich noch für andere genußreicher macht." Zu solcher Weisheit hätte sich Beethoven nie durchgerungen, auch wenn ihn nicht sein sich verstärkendes physisches Leiden von der Umwelt, von den Menschen, die er immer weniger hören kann, abgeschieden hätte. Er kennt sein Publikum, er weiß, daß ihn sein monströses Klanggemälde „Wellingtons Sieg in der Schlacht von Vittoria" mit seinen lärmenden Schlagzeugbatterien berühmter gemacht hat, als alle anderen Kompositionen zusammen. Und dieses Wissen nimmt er in seine stille Welt des Gehörlosen mit, in der es nur mehr vorgestellte, vom inneren Ohr vernommene Musik gibt. Von seinen beiden großen Werken, der Missa solemnis und der Neunten weiß er wohl, wie sie klingen sollen, nicht aber wie sie in Wahrheit das Ohr gesunder Menschen erreichen. „Du kannst es kaum glauben, wie öde, wie traurig ich mein Leben seit zwei Jahren zugebracht: wie ein Gespenst ist mir mein schwaches Gehör überall erschienen, und ich fliehe die Menschen...", schreibt er an den Gefährten seiner Jugend Franz Gerhard Wegeler. Das „Sausen und Brausen im Ohr" verbittert sein Dasein, macht ihn noch mißtrauischer gegen seine Umgebung, noch mehr in seine Einsamkeit abgekapselt. Aber wie er in Kindheit und Jugend allem Elend zum Trotz unbeirrt dem Auftrag seines Talentes folgt, können Schwermut und Trauer den Gehörlosen nicht abhalten, seiner Berufung zu dienen. Solange es nur geht, ja sogar länger noch, betätigt er sich als Interpret, und solange in ihm Musik entsteht, schreibt er sie nieder. Die Einsamkeit allerdings, die er beklagt, hat ihre Wurzeln in der Struktur seines Wesens selbst und in seiner Kindheit. Die Ertaubung verschärft die Isolation zwangsläufig, aber man darf vermuten, daß es auch zu einer immer größeren Vereinsamung des Meisters gekommen wäre, wenn sein Gehör gesund geblieben wäre. Denn abgesehen von der ansteigenden Abneigung Beethovens gegen seine Umgebung, von der allgemeinen sich verschlechternden wirtschaftlichen Lage, die es manchem Adelshaus verboten hätte, den Komponisten zu unterstützen und zu beschäftigen, manchen reichen Bürger der Möglichkeit beraubt hätte, einen Beethoven einzuladen, wäre die geistige Regression des sich ankündigenden Vormärzes in starken Gegensatz zu Beethovens Lebensideale geraten, was schwere Konflikte heraufbeschworen oder ihn zur völligen inneren Emigration genötigt hätte.

Leben

Beethovens Vorfahren sind Handwerker und Bauern in der Gegend von Lüttich und Mechelen im heutigen Belgien. Sein Großvater, der ebenfalls Ludwig heißt, ist am 4. Januar 1712 in Mechelen geboren, wird in Löwen und Lüttich Chorsänger, kommt 1733 nach Bonn und amtiert ab 1771 als kurfürstlicher Kapellmeister. Er stirbt in Bonn am 24. Dezember 1773. Sein Sohn Johann (um 1740, vermutlich in Mechelen – 18. Dezember 1792, Bonn) wird am 27. März 1756 Tenorsänger in derselben Kapelle und heiratet am 12. November 1767 Maria Magdalena Keverich, Witwe des Kammerdieners Leym, Tochter eines Kochs. Beider Sohn Ludwig wird vermutlich am 16. Dezember (getauft am 17. Dezember) 1770 in Bonn als zweitältestes von 7 Kindern geboren. Es zeigt sich bei ihm frühzeitig eine starke musikalische Veranlagung, so daß der Vater sofort daran geht, Ludwig im Rahmen seiner Möglichkeiten auszubilden. Einem Zug der damaligen Zeit folgend, sieht er als Musiker die Chance, aus seinem Sohn ein Wunderkind zu machen. Mit brutalem Terror treibt er den jungen Ludwig an das Cembalo. Der Hoforganist Gilles van den Eeden (beerdigt 1782) gibt dem Knaben einigen Unterricht. Mit acht Jahren stellt ihn der Vater als „Sechsjährigen" dem Publikum vor, erreicht aber keinen praktischen Erfolg, weil sich Ludwig nicht drillen läßt. Ludwig wird oder ist bereits Musiker und kein Musikautomat. Am 15. Februar 1781 wird Christian Gottlob Neefe (1748–1798; Dirigent, Komponist) Vizehoforganist in Bonn, nimmt sich

Ludwig van Beethoven (1770–1827)

des jungen Ludwigs an und bringt ihn so weit, daß dieser ihn ein Jahr später an der Orgel vertreten kann und an der Hofkapelle als Hilfscembalist angestellt wird. Neefe vermittelt Ludwig die Kenntnis des Wohltemperierten Klaviers und der Klavierwerke Carl Philipp Emanuel Bachs. Ein mißglückter Versuch der Mutter, Ludwig den Niederländern als Wunderkind anzupreisen, ist dem allen vorangegangen (1781) wie der von Neefe vermittelte Druck der dem Kurfürsten gewidmeten Klavierstücke. Der Dienst in der von Andrea Lucchesi (geboren 1741; Komponist) geleiteten Kapelle macht Beethoven mit vielen Werken der Gegenwart und der Vergangenheit vertraut. Sein regulärer Schulunterricht nimmt allerdings 1783 sein Ende, Beethoven muß sich als Autodidakt weiterbilden. Dabei ist ihm der häufige Aufenthalt im Haus der Familie von Breuning, wo er nicht nur Musikunterricht erteilt, sondern darüber hinaus als gern gesehener Gast gilt, sehr förderlich. Über diese Familie lernt er auch den Geiger Franz Anton Ries (1755–1846, Konzertmeister) kennen, der ihm Violinstunden gibt. Beethoven findet in Wien Gelegenheit, diese Freundlichkeit dadurch zu vergelten, daß er dessen Sohn Ferdinand Ries (1784–1838; Virtuose, Komponist) seinerseits unterrichtet. Ferner freundet er sich mit Graf Ferdinand Ernst von Waldstein an, der es beim Kurfürsten Max Franz (Bruder Kaiser Josephs II.) gemeinsam mit Neefe durchsetzt, daß Beethoven nach Wien geschickt wird, um bei Mozart Unterricht zu nehmen. Es kommt zu einer kurzen Begegnung mit Mozart, jedoch dann erhält Beethoven die Verständigung, daß seine Mutter im Sterben liegt. Sie ist aber schon tot (17. Juli 1787), als ihr Sohn anlangt, der nun die Leitung der Familie zu übernehmen hat. Er nimmt den Dienst im Hoforchester, in der Kirche, und bei den musikalischen Akademien der Stadt wieder auf, erweitert seinen Bildungsraum durch Lektüre und Vorlesungen an der Universität und komponiert eifrig. Im Jahr 1792 kommt Joseph Haydn auf seiner Reise nach London durch Bonn, Beethoven wird ihm vorgestellt; der Meister sagt ihm zu, ihn nach seiner Rückkehr in Wien zu unterrichten. Vermutlich auf die Intervention Waldsteins erhält Beethoven abermals die Möglichkeit, im Dezember des Jahres auf Kosten des Kurfürsten nach Wien zu gehen. Es ist geplant, daß er nach beendeter Ausbildung nach Bonn auf einen leitenden Posten zurückkehren soll. Der spätere Einmarsch der Franzosen in das Rheinland vereitelt diese Absicht. Das beabsichtigte Studium bei Haydn läßt sich nicht sehr glücklich an, Beethovens Vorstellung von musikalischer Diktion hat bereits so viel Eigenständigkeit angenommen, daß er sich den strengen von Haydn gelehrten Regeln schwer einordnen kann. Ohne Haydns Wissen pflegt der junge Mann aus Bonn Beziehungen zu Johann Schenk (Schenck, 1753–1836; Musiklehrer, Komponist von Sinfonien, Kirchenmusik und des erfolgreichen Singspieles), dessen Unterweisungen ihm mehr zusagen. Als Haydn Wien zu seiner zweiten Londoner Reise verläßt, nimmt Beethoven bei Albrechtsberger Unterricht im Kontrapunkt, was ihm bei seinem Widerstand gegen die Fesseln starrer Regeln auf viele Jahre hinaus eine Abneigung gegen die Fuge einbringt. Von Salieri läßt er sich in die Welt des italienischen Gesanges einführen, kammermusikalische Formen lernt er bei Emanuel Aloys Förster (1748–1823; Kompositionslehrer, fruchtbarer Komponist von Klavier-, Violin- und Orgelwerken und Kammermusik).

Waldsteins Empfehlungen öffnen Beethoven die Türen zu den musikinteressierten Adelshäusern Wiens. Als 1794 das Kurfürstentum Köln aufgehoben wird und die Zahlungen für Beethoven ausbleiben, gerät er nicht in Verlegenheit, weil er inzwischen in Wien genügend Gönner und Bewunderer gefunden hat, in deren Häusern er konzertieren und unterrichten kann. Er wohnt im Palais des Fürsten Lichnowsky (1706–1796), später bei Graf Erdödy. Zu den weiteren Bewunderern gehören der russische Botschafter Graf Rasumowsky, dem er drei Streichquartette (op. 59) widmet; Fürst Nikolaus Esterházy, für den er die Messe in C-Dur (op. 86) komponiert; Erzherzog Rudolf, dem er durch Jahre Musikunterricht erteilt und zu dessen Inthronisation als Erzbischof von Olmütz er die Missa solemnis komponiert; Graf Moritz von Lichnowsky, Bruder des Fürsten; Freiherr Ignaz von Gleichenstein; der Tuchhändler Johann Nepomuk Wolfmayer sowie viele andere Adelige und reiche Bürger versorgen ihn mit Kompositions- und Konzertaufträgen.

Beethovens Ruf hat sich rasch verbreitet, die Wiener Gesellschaft schätzt diesen ungehobelten Musiker aus Bonn mit pockennarbigem Gesicht hoch, der des „Jakobinismus" verdächtig ist und gleichzeitig ein imponierend sicheres Auftreten hat. Sein Klavierspiel reißt alle hin, besonders seine abrupten Kontraste, die er dem Mannheimer Orchester abgelauscht hat. Es gehört zum guten Ton, die Kammermusikabende Beethovens bei Lichnowsky aufzusuchen, an denen außer Ferdinand Ries der Geiger Ignaz Schuppanzigh mitwirkt (1776–1830; setzt sich sehr für Beethovens Streichquartette ein, seine eigenen Kompositionen sind von geringem Wert). Freunde, Gönner, Bewunderer, Förderer ebnen Beethoven alle Wege, er kann komponieren, was er will, die Verleger zahlen dafür gerne hohe Preise, er darf konzertieren, wo er will, er findet mehr Zuhörer, als die Säle fassen, und falls er Unterricht zu geben Lust hat, kommen die Schüler aus den ersten Kreisen der Stadt. Aber schon 1796 stellen sich die ersten Zeichen der Schwerhörigkeit, jenes „Sausen und Brausen im Ohr" ein, das sein Leben verbittert. Es ist noch nicht so weit, daß Beethoven in seinem künstlerischen Wirken gestört ist, es ist auch noch nicht bekannt, daß dieses Leiden nicht geheilt werden kann, noch geben die Ärzte den üblichen Trost und können ihre Ohnmacht verheimlichen. 1795 kommen Beethovens Brüder nach Wien: Kaspar Anton Karl (1774–1815), der Kassenbeamter wird, und Nikolaus Johann (1776–1848), der es vom Lehrling zum Apotheker in Linz und Gutsbesitzer in Gneixendorf bei Krems bringt. Das freundschaftliche Verhältnis

Ludwig van Beethoven (1770–1827)

zu den beiden erfährt eine Trübung, weil Beethoven ihre Frauen nicht schätzt. Seine Taubheit verschärft sich um das Jahr 1808. Er muß das Konzertieren aufgeben und wird immer mehr zum zurückgezogenen Sonderling. Seiner Verzweiflung hat er bereits 1802 im sogenannten „Heiligenstädter Testament" Ausdruck verliehen, mit dem er von seinen Brüdern Abschied nimmt. Er wechselt häufig seine Wohnung, weil er durch seine schlechte Laune überall in Streit gerät, er stößt mit seinem Mißtrauen seine besten Freunde zurück. Sein kompositorisches Schaffen bleibt jedoch ungebrochen, sein „inneres Ohr", sein Tonbewußtsein hat das Leiden nicht angegriffen. Seine beiden größten Werke, die Missa solemnis und die IX. Sinfonie hat er mit seinen Ohren nie gehört, aber jeden Ton erlebt. 1819 kommt es zu einer völligen Ertaubung, er kann sich nur mehr schriftlich mit der Umwelt verständigen, fährt aber trotz seiner hoffnungslosen Lage fort, zu komponieren und sich mit Werken anderer Komponisten zu beschäftigen. Seine Gesundheit bleibt, abgesehen vom Ohrenleiden, bis zum Jahr 1825 im großen und ganzen ungetrübt. Dann aber kommt es zu schweren Störungen. Ein Darmleiden, das zu einer Leberzirrhose führt, macht ihm schwer zu schaffen. Im Dezember 1828 erkältet er sich stark. Die Folge ist eine Lungenentzündung, an die sich eine Herzwassersucht anschließt. Im Februar 1827 tritt vorübergehend eine Besserung ein, dann geht es rasch dem Ende zu. Am 26. März 1827 verscheidet Ludwig van Beethoven, dem es zeitlebens Vergnügen gemacht hat, bei ärgstem Gewitter im Freien zu sein, während eines schweren Unwetters. Viele Tausende folgen seinem Sarg. Franz Grillparzer verfaßt die Grabrede. Unter den Fackelträgern schreitet Franz Schubert.

Literatur

W. Riezler: Beethoven. 1962
R. Harcourt: Ludwig van Beethoven. 1963
G. Kinsky-Halm: Das Werk Beethovens. Thematisch-biographisches Verzeichnis seiner Kompositionen. 1955
Neue Gesamtausgabe seit 1939

Werke

Als Beethoven zu komponieren beginnt, strebt die Klassik bereits ihrem Höhepunkt zu. Haydn und auch Mozart mußten durch die vorangegangenen Stilrichtungen schreiten und am Aufbau der neuen Ausdrucksmöglichkeiten mitwirken – Beethoven bleibt es vorbehalten, sie zu ihrer Vollendung und darüber hinaus zu führen. Er findet den hochentwickelten und bereits zur Manieriertheit erstarrten Mannheimer Stil vor, eine durchgedachte und architektonisch ausgemessene erprobte Form der Sinfonie und des Streichquartettes, eine von vielen Virtuosen des scheidenden Jahrhunderts durchgebildete Instrumentaltechnik, eine bis zur letzten Möglichkeit errechnete Kontrapunktik, die theoretisch unterbauten und praktisch erreichten Höchstleistungen der Orgelmeister und großen Cembalisten, die Chorführung, Rezitativgestaltung und den Solisteneinsatz des Oratoriums, die Ouvertüre, die Arie und den Ensemblebau der Oper, kurz alle Musikformen in weit vorangetriebenen Entwicklungsphasen. Beethoven verwendet die Fülle von zeitgenössischen und alten, von deutschen, englischen, französischen und italienischen Formen, vom Volksliedgut ganz Europas als Baumaterial und eint alles in einer Synthese, die zugleich sein ureigener Stil wird. Hier zeigt sich der Gipfel der Klassik, der sich schon der kommenden Romantik zuneigt. Es ist unmöglich, historische oder ideologische Grenzen zwischen den Musikepochen zu ziehen, weil jede etwas von den anderen in sich trägt. Sie dürfen nur von Zentralpunkten aus betrachtet werden, indem man nach vorne und rückwärts sieht, bis zu den verschwimmenden, sich überschneidenden Grenzen. Und für die Klassik der Musik ist Beethoven dieser Gipfelpunkt, wie es Goethe im Reich der Dichtung ist; auch bei ihm findet man archaische, barocke, galante wie romantische Züge. Beethoven ist Höhe- und Wendepunkt zugleich, er bringt die Klassik nicht nur zum Höchststand ihrer Entwicklung, er beschließt sie auch und öffnet die Tore zur Romantik der künstlerischen Subjektivierung. Mit ihm hat die Musik endgültig aufgehört, eine Sammlung schöner, nach irgendwelchen Regeln geordneter Klänge zu sein, sie wird nun zum Ausdruck des Menschen für Menschen. In seiner Hand steigert sich die Musik, fußend auf Bachs Stimmführung, der Weiträumigkeit Händels, der strengen Thematik Haydns und Klarheit eines Gluck, geschmückt mit der Melodik Mozarts und dessen Nachahmern, zur gewaltigen Architektonik, vielgestaltig und dennoch einheitlich ausgerichtet, deren Formgebung durch das gesamte 19. Jahrhundert bis zu Gustav Mahler und Arnold Schönberg wirksam und gültig bleibt. Beethoven ist auch einer der ersten, die sich von der Massenproduktion der älteren Komponisten und vieler zeitgenössischer losgesagt haben. Seine Werke reifen langsam nach vielen Skizzen aus und werden auch dann noch bearbeitet, neu gestaltet und umgeformt. Diese unbedingte Konzentration auf jedes geplante und ausgeführte Stück, sei es klein und im Rahmen des Ganzen unbedeutend oder wichtig wie die mehrmals umgearbeitete Oper Fidelio, hat zur Folge, daß seine Opuszahlen bei weitem nicht an die von Haydn oder Mozart heranreichen. Obwohl seine erste und seine letzte Komposition Kammermusik sind, nehmen seine neun Sinfonien – in der Zeit eines Vierteljahrhunderts geschrieben – in seinem Schaffen eine zentrale Stellung ein. Sie gehören zum Hauptrepertoire unseres Musiklebens. Die sogenannte „Jenaer Sinfonie" in C-Dur, die ihm eine zeitlang als 10. Sinfonie zugeschrieben worden ist, stammt allerdings von Friedrich Witt (1770–1837; Kapellmeister, Komponist von Opern, Oratorien, Sinfonien, Konzerten für verschiedene Instrumente, Kammermusik, Messen, Kantaten). „Wellingtons Sieg oder Die Schlacht bei Vittoria", op. 91 (1813) muß zu den Sinfonien gestellt

Ludwig van Beethoven (1770–1827)

Berliner Philharmonie, Pflegestätte aller Meisterwerke der Musikgeschichte durch Orchester, Dirigenten, Instrumentalisten und Sänger der ganzen Welt.

werden. Die 9 Ouvertüren sind alle sinfonische Werke, die weit über die üblichen Opern- oder Ballettouvertüre hinausragen: die Erste, Zweite und Dritte Leonoren-Ouvertüre, alle C-Dur (1805 und 1806); „Coriolan", c-Moll (1897); „Egmont", f-Moll (1810); „König Stephan", Es-Dur (1811); „Die Ruinen von Athen", C-Dur (1811); „Zur Namensfeier", C-Dur (1815), „Weihe des Hauses", C-Dur (1822). Von den zwei Balletten, „Ritterballett" D-Dur (1791) und „Die Geschöpfe des Prometheus" (1801), behauptet sich das zweite noch heute auf den Bühnen. Auch die kleineren Orchesterwerke, Menuette, Tänze, Märsche, Escossaisen, werden ständig gespielt. Zu den Standardkonzerten für Solisten zählen die 5 Klavierkonzerte, das Tripelkonzert, das Violinkonzert und die zwei Violinromanzen. Als völlig gleichrangig mit den sinfonischen Kompositionen muß die Kammermusik eingestuft werden. Das Oktett für Bläser Es-Dur wird noch in Bonn (1892) geschrieben und von Beethoven selbst zum Streichquintett op. 4 umgearbeitet. Weitere Bläsermusik sind ein Septett, 2 Sextette, 1 Quintett, ein Rondo für 8 Bläser, 2 Bläsertrios. Die 3 Streichquintette, die Fuge für fünf Streicher und vor allem die 16 Streichquartette erklingen noch heute in allen Kammermusiksälen sowie die 10 Violinsonaten, die 5 Cellosonaten, die 3 Klavierquartette, die Trios und verschiedenen Duos. Die Klaviermusik, besonders die 32 Sonaten, gehört zu den Kostbarkeiten der gesamten Tonkunst und ist zum Prüfstein jedes Pianisten geworden. Die Missa solemnis und die C-Dur-Messe gehen weit über den Rahmen sakraler Musik hinaus. Das Oratorium „Christus am Ölberge" nähert sich stark einer opernhaften Chorfantasie und ist noch immer sehr beliebt. Die

Oper Fidelio, eine der ersten bedeutenden „Rettungsopern", gehört zu den meistaufgeführten Werken aller Opernhäuser. Dazu kommen noch verschiedene Vokalwerke, 91 Klavierlieder, 2 Kaiserkantaten, 44 Kanons und verschiedene Volksliederbearbeitungen.

1. SINFONIE C-DUR OP. 21

Gewidmet Freiherr van Swieten, entstanden 1799, uraufgeführt unter der Leitung des Komponisten am 2. April 1800 im Wiener Hofburgtheater. 4 Sätze. Die Besetzung der Sinfonie gleicht der von Mozarts Haffner-Sinfonie; sie steht deutlich unter dem Einfluß von Haydn und Mozart, läßt jedoch den dem Komponisten eigenen Stil erkennen. Der erste Satz beginnt für die damalige Zeit überraschend mit einem Dominantseptimakkord, dann gleitet die Musik zum Hauptthema, das ebenso leichtbeschwingt ist wie das Seitenthema. Die Durchführung ist kurz wie bei Mozart. Die Coda klingt marschähnlich aus. Der zweite Satz bringt ein liedhaftes Thema im Volkston, in einem zweiten erklingen Geigen und Flöten in Tanzrhythmen, die Durchführung ist voll Kontraste und Spannung. In der Reprise gibt es eine Gegenstimme zum Liedthema im Baß. Der dritte Satz heißt noch Menuetto, obschon es sich um ein humorvolles Scherzo handelt. Der vierte Satz hat Rondoform und klingt nach einem fröhlichen Verlauf mit marschartigen Signalen der Blechinstrumente aus. Spielzeit: 23 Minuten.

2. SINFONIE D-DUR OP. 36

Gewidmet Fürst Karl von Lichnowsky, entstanden 1802/3, uraufgeführt unter der Leitung des Komponisten im Theater an der Wien in Wien am 5. April 1803, 4 Sätze. Mit dieser Sinfonie hat sich Beethoven schon ein gutes Stück von seinen Vorbildern entfernt. Viele Zeitgenossen sind durch das „übertriebene Streben nach dem Neuen und Auffallenden" erschreckt, nur einer prophezeit: „Wenn tausend jetzt gefeierte Modesachen längst zu Grabe getragen sind, wird dieses Werk noch leben". Er hat vielleicht begriffen, daß hier eine neue Stufe der künstlerischen Qualität erreicht ist, auf der die Intensität und Individualisierung der Tonsprache das heroische Pathos verstärkt und die Form vergrößert. Die strahlende Lebensfreude der ersten Sinfonie ist beibehalten, jedoch in eine ernstere Sphäre gerückt. Subjektiviert ist dabei nur der Kampfeswillen um ein humanistisches Weltbild, nicht aber das persönliche Schicksal des Komponisten selbst, der gerade um die Zeit der Entstehung der Sinfonie wegen der fortschreitenden Ertaubung in eine schwere psychische Krise geraten ist. Der erste Satz beginnt mit einem gewichtigen Adagio. Die Kantilene des ersten Themas wird stark eingetrübt, erhebt sich aber sieghaft zum Hauptthema, dem ein zweites energisch entgegengeführt wird. Die Durchführung verarbeitet vorwiegend das erste Thema, es bleibt jedoch die klassische Forderung des Themendualismus gewahrt. Im zweiten Satz wird eine friedliche Melodie in ständig wechselnder Instrumentation vorgetragen, ein zweites Thema sekundiert, dann schließt eine ländliche Tanzweise an. Der dritte Satz ist zum ersten Mal von Beethoven mit Scher-

Sinfonien

Karl Böhm, einer der bedeutendsten Dirigenten. Seine Ausdeutung der Sinfonien Beethovens ist unerreicht.

zo bezeichnet. Die Stimmung ist ausgelassen, der Wechsel von Bläsern und Streichern, von Forte und Piano drückt ungehemmt Fröhlichkeit aus. Diese Stimmung wird in das Finale hinübergenommen. Nur vorübergehend kommt es zu besinnlichen Passagen. Die Rondo-Form wird von der Durchführung überschritten. Der Satz endet mit nahezu hymnischen Klängen. Spielzeit: 30 Minuten.

3. SINFONIE ES-DUR „SINFONIA EROICA" OP. 55

Gewidmet Fürst Franz Joseph von Lobkowitz, beendet 1804, uraufgeführt am 7. April 1805 im Theater an der Wien in Wien unter der Leitung des Komponisten, 4 Sätze. Diese Sinfonie beschreibt völlig neue Wege der Instrumentation und kompositorischen Technik: durch Individualisierung der Instrumente und Entwicklung des Materials werden aus Grundmotiven und ihrer Verteilung auf selbständige Linien neue, entgegengesetzte Themen geschaffen und auf weite Räume entfaltet. So gewinnt die Durchführung bisher unbekannte Dimensionen, wodurch sich die Aussagekraft gewaltig steigert. Von den Zeitgenossen kaum begriffen und dann fälschlich als Programmusik aufgefaßt, wird sie, des Komponisten „beste und liebste Sinfonie", zum Standardwerk aller Konzertsäle. Sie ist „geschrieben auf Bonaparte". Als sich dieser zum Kaiser macht, tilgt Beethoven, der Republikaner, enttäuscht die Widmung und setzt an ihre Stelle den Vermerk: „Heroische Sinfonie, komponiert, um das Andenken eines großen Mannes zu feiern". Der erste Satz, Allegro con brio, zieht bereits mit den ersten zwei Introduktionsakkorden und dem Kernmotiv in den Celli die Aufmerksamkeit auf sich. Nach mehreren Abwandlungen des Motives steigt daraus eine anmutige Melodie der Holzbläser und Violinen hervor. Dann klingt ein entgegengeführtes Seitenthema auf, die Auseinandersetzung kulminiert mit schrillen Synkopen und mündet in eine sangbare Marschmelodie der Oboen, der die Streicher eine elegische Gegenlinie entgegensetzen. Dann tritt das Hauptthema wieder auf den Plan, zuerst in veränderter Tonart, dann in kühner Modulation zum ursprünglichen Es-Dur geführt, und klingt triumphierend in einer breiten Coda aus. Der zweite Satz (Adagio assai) ist ein Trauermarsch (vielfach einzeln als solcher verwendet). Streicher und Oboen singen das Grablied in c-Moll. Das Trio wechselt wie ein Trost zum C-Dur. Darauf setzt die Totenklage erneut ein und entwickelt sich in Sonatenform zur schmerzlichen Anklage, die erst in der Coda versöhnend verhallt. Das Scherzo als dritter Satz wirkt mit seinen unruhigen Streichern, den hastenden Staccati nahezu dämonisch. Sein Trio erweckt mit schmetternden Hörnerdreiklängen die Vorstellung von Natur, Wald und Jagd. Die Reprise des Hauptteiles führt wiederum die Turbulenz des pulsierenden Lebens vor Augen. Der vierte Satz verarbeitet das Thema eines Contretanzes (das auch im Ballett „Die Geschöpfe des Prometheus" verwendet wird) in acht Variationen mit einer Doppelfuge über ein Baßthema; ihnen schließt sich als Coda eine stürmische Stretta im Presto an und endet mit Fanfarenklängen. Spielzeit: 52 Minuten.

4. SINFONIE B-DUR OP. 60
Gewidmet Graf Oppersdorf, fertiggestellt 1806, uraufgeführt März 1807 im Palais des Fürsten Lobkowitz unter der Leitung des Komponisten, 4 Sätze. Im ersten Satz entwickelt sich das muntere Hauptthema aus einem feierlichen Adagio. Das zweite kantable Thema wird zwar entgegengeführt, aber es kommt zu keiner Auseinandersetzung. Das fröhliche Musizieren ermattet allmählich, bis die Pauke wie eine Wecktrommel die Instrumente zu neuer Tätigkeit in der Reprise ruft. Der zweite Satz bringt zwei Adagio-Themen, das erste spielen die Violinen, das zweite übernehmen die Holzbläser. Der dritte Satz ist in einigen Partiturnachdrucken mit Menuett überschrieben. Die Benennung stammt nicht von Beethoven. In Wahrheit handelt es sich auch um ein Scherzo, dessen Hauptthema an den ersten Satz erinnert und auf seine derbe Art den Satz beherrscht. Das Trio klingt volkstümlich. Das Finale drückt trotz der schroffen Gegensätze der beiden Themen und der dramatischen Zuspitzung graziös und verspielt untrübbare Lebensfreude aus. Spielzeit: 34 Minuten.

5. SINFONIE C-MOLL OP. 67
Gewidmet Fürst Lobkowitz und Graf Rasumowsky, entstanden zwischen 1804 und 1808, uraufgeführt am 22. Dezember 1808 im Theater an der Wien in Wien unter der Leitung des Komponisten, genannt „Schicksals-Sinfonie", 4 Sätze. Angeblich hat Beethoven dem ersten Satz das Motto vorangestellt: „So pocht das Schicksal an die Pforten." Ob das richtig oder erfunden ist, es darf auf keinen Fall als Programm verstanden werden. Auch diese Sinfonie ist absolute Musik, in die nur ein poetisches Element, eine allgemeine Aussage, eingeführt ist. Das aus vier Tönen bestehende, dramatische „Schicksalsmotiv" beherrscht den gesamten ersten Satz. Es gibt ein zweites Thema, aber es wird

vom ersten ständig zurückgedrängt, das sich mit seinem drohenden Pochen kennzeichnet. Bratschen und Celli nehmen im zweiten Satz den Kampf gegen das Schicksal auf. Das Thema hat Marschcharakter. Schon hört man den Siegesjubel der Trompeten, aber mahnende Einwürfe der Begleitstimmen wirken dämpfend und hemmend, der Rhythmus des Schicksalsmotivs wird vernehmbar. Der Kampf ist noch nicht zu Ende. Der dritte Satz kann in dieser Stimmung kein Scherzo bringen. Das Hauptthema ist dem Schicksalsmotiv verwandt und erinnert an die Tragik des ersten Satzes. Das Trio bringt etwas Heiterkeit, aber keine Befreiung. Dann vereinen sich im plötzlichen Umschwung alle Instrumente zum vierten, eng angeschlossenen Satz. Mehrere Themen steigen auf, alle sieghaft und zuversichtlich. Es gibt einen kurzen Rückblick auf die Trostlosigkeit des dritten Satzes, dann bricht ungehemmter Jubel aus, weil die Schicksalsdrohung endgültig überwunden ist. Spielzeit: 29 Minuten.

6. SINFONIE F-DUR „SINFONIA PASTORALE" OP. 68
Fürst Lobkowitz und Graf Rasumowsky gewidmet, verfaßt 1807/08 in Heiligenstadt, uraufgeführt am 22. Dezember 1808 im Theater an der Wien in Wien unter der Leitung des Komponisten zugleich mit der 5. Sinfonie, 4 Sätze. Die „Pastorale" nimmt eine Ausnahmestellung unter den Sinfonien Beethovens ein, weil ihre Sätze programmatische Überschriften tragen, vor deren wörtlicher Ausdeutung er aber selbst warnt: „Man überläßt es dem Zuhörer, die Situationen ausfindig zu machen. Sinfonia caracteristica oder eine Erinnerung an das Landleben. Jede Malerei, nachdem sie in der Instrumentalmusik zu weit getrieben, verliert. Wer auch nur je eine Idee vom Landleben erhalten, kann sich ohne viel Überschriften selbst denken, was der Autor will. Auch ohne Beschreibung wird man das Ganze, welches mehr Empfindung als Tongemälde, erkennen." Das ist eine deutliche Absage an die Programmusik. Beethoven kommt es auf die „Idee vom Landleben" an, was keineswegs tonmalerische Mittel ausschließt. Er vollzieht eine Synthese von klassischer Sinfonie und Naturschilderung, schildert jedoch mehr seine Liebe zum Landleben als dieses selbst. Der erste Satz trägt die Aufschrift: „Erwachen heiterer Gefühle bei der Ankunft auf dem Lande." Damit ist die Stimmung des Satzes umschrieben. Die beiden wenig gegensätzlichen lieblichen Themen malen die ungetrübte Freude über die ländliche Szene. Der zweite Satz heißt „Szene am Bach" und bringt eine lyrische Idylle, aus der man die Geräusche eines friedlichen, von einem Bach durchflossenen Tales heraushören kann. Deutlich werden am Ende der Gesang der Nachtigall (Flöte), der Wachtelruf (Oboe) und der Kuckuck (Klarinette). Der dritte Satz, „Lustiges Zusammensein der Landleute", ist den Tänzen der Dorfgemeinschaft gewidmet; auf einmal zieht ein Sommergewitter auf, dann vertreiben Sturm, Donner, Blitze und peitschende Regengüsse die fröhlichen Tänzer, bis das Unwetter abebbt. „Frohe, dankbare Gefühle nach dem Sturm", ist das Motto des vierten Satzes. Der „Hirtengesang" erklingt, eine schöne Melodie löst ihn ab, aber er kehrt variiert wieder. Endlich schließt die Sinfonie mit einem Hymnus auf die Natur. Spielzeit: 40 Minuten.

7. SINFONIE A-DUR OP. 92
Graf von Fried und der Kaiserin von Rußland gewidmet, vollendet zwi-

schen 1809 und 1812, uraufgeführt am 8. Dezember 1813 im Akademiesaal in Wien unter der Leitung des Komponisten, 4 Sätze. Die Sinfonie verfolgt keine programmatische Absicht, obwohl man darin Anspielungen der politischen Ereignisse (Niederlage Napoleons in Rußland) hat sehen wollen. Das Werk ist absolute Musik, in der Richard Wagner eine „Apotheose des Tanzes" erblickt, weil rhythmischer Schwung ihr Hauptmerkmal darstellt. Nach der breiten Einleitung zum ersten Satz entwickeln sich zwei helle Themen, schwärmerisch und romantisch, dann setzt das Hauptthema des Satzes mit tänzerischem Rhythmus ein. In den Übermut klingen zwar einige ernstere Wendungen hinein, können aber die heitere Laune der Musik nicht stören. Der zweite Satz, ein Allegretto, ist anfänglich ernst und etwas traurig, die Violinen bringen aber bald eine leidenschaftliche Melodie zu Gehör. Doch die nachdenklichen Akkorde kehren wieder, obwohl ihnen ein tröstlicher Klarinettengesang vorausgegangen ist. Im dritten Satz tritt die überschäumende Lebensfreude des ersten Satzes wieder in Kraft. Das Trio klingt an ein österreichisches Wallfahrerlied an, das nach dem wiederholten Hauptsatz ein zweites Mal auftaucht und neuerlich vom ersten Thema abgelöst wird. Dann aber kommt es zum hinreißenden Finale, das bacchantisch alle Grenzen des Herkömmlichen überschreitet und in einer glänzenden Coda ausklingt. Spielzeit: 58 Minuten.

8. SINFONIE D-DUR OP. 93
Vollendet in Linz im Oktober 1812, uraufgeführt am 27. Februar 1814 im Redoutensaal der Wiener Hofburg unter der Leitung des Komponisten zugleich mit der 7. Sinfonie, einem Vokalterzett und der Schlacht-Sinfonie, 4 Sätze. Den Plan, dem ersten Satz eine Einleitung voranzustellen, läßt Beethoven fallen und beginnt mit einem freudigen Hauptthema. Eine besinnliche Weise schließt sich an, seine Begegnung mit dem ersten Thema ist keine Auseinandersetzung, sondern ein lustiges Spiel, das friedlich endet. Der zweite Satz, ein Allegretto scherzando, besteht nur aus einem Thema, das sehr graziös ist und nicht mehr sein will. Der dritte Satz bringt ein Menuett im Sinn Haydns. Das Trio atmet behagliche Biedermeierluft. Das Finale wird zum Höhepunkt, in dem die Fröhlichkeit wild ausartet. Ein ruhiges Motiv – die einzige Kantilene der Sinfonie – wirkt besänftigend, wird aber im rasch dahinstürmenden Schlußteil mitgerissen. Spielzeit: 26 Minuten.

9. SINFONIE D-MOLL OP. 125
Für großes Orchester, im vierten Satz außerdem für Vokalsolisten (Sopran, Alt, Tenor, Baß) und vierstimmigen gemischten Chor, dem preußischen König gewidmet, verfaßt zwischen den Jahren 1817 und 1823, uraufgeführt am 7. Mai 1824 im Kärntnertor-Theater unter der Leitung des Kapellmeisters Michael Umlauff (1781–1842; Geiger, Kapellmeister, Komponist von Opern, Kirchen- und Kammermusik, Sohn des Ignaz Umlauf, 1746–1796; Kapellmeister, Komponist von seinerzeit sehr beliebten Singspielen und Opern), 4 Sätze. „Herr Ludwig van Beethoven selbst wird an der Leitung des Ganzen Antheil nehmen", heißt es auf den Anschlägen. Die Aufnahme der Sinfonie beim Publikum ist enthusiastisch, die Meinung der Fachleute dagegen geteilt. Mehrere wenden sich scharf gegen die Verwendung von Singstimmen in einer Sinfonie. Dabei hat eine „Schlacht-Sinfonie" von Peter von Winter (1754–1854; Komponist von

Opern, Balletten, Sinfonien, Kammermusik, sakraler und profaner Chorwerke) allgemeine Zustimmung gefunden, obwohl sie am Schluß auch die Grenzen zwischen Sinfonie und Kantate verwischt. Trotzdem hat mit der Premiere der Siegeslauf dieses größten Werkes Beethovens seinen Anfang genommen und es zum festen Kulturbesitz der gesamten Menschheit gemacht. Dazu trägt neben der gewaltigen kompositorischen Leistung die humanistische Botschaft der Tondichtung von der Brüderlichkeit aller Menschen, der Aufruf zur Besinnung auf die höchsten menschlichen Ideale bei. Die Absicht, Schillers „Ode an die Freude" zu vertonen, hat Beethoven bereits als junger Mann gefaßt, weil er die Kernidee dieses Gedichtes zum weltanschaulichen Leitgedanken seines Lebens gemacht hat. 1812 will er die Ouvertüre mit Chor über die Ode komponieren, schließlich verwendet er das damals notierte Thema für den Chorsatz seiner Sinfonie. Der erste Satz beginnt mit leeren Quinten, die nach Wagner die „Welt ohne Freude" symbolisieren. Daraus entwickelt sich das weitgespannte Hauptthema, nimmt den Kampf gegen die bedrückte Stimmung auf, dringt aber nicht durch. Ein zweites Thema erleidet das gleiche Schicksal, es bringt in die Durchführung auch keine Aufhellung, vielmehr wird die harte Auseinandersetzung in die Reprise getragen. Erst in der Coda wird das Thema in Dur transponiert. Es kommt aber zu keinem sieghaften Ende. Der zweite Satz ist ein Scherzo im großen Format, obwohl es von Beethoven nicht ausdrücklich so bezeichnet wird. Ein derbes Tanzthema wird mehrmals von einer besinnlichen Melodie unterbrochen, aber das sprunghafte zweite Thema reißt die Aufmerksamkeit an sich. Der Mittelteil bringt eine fröhliche Tanzmelodie. Dann kommt es im Schlußteil zu einer kunstvoll kontrapunktischen Verarbeitung beider Themen. In die „Welt ohne Freude" kehrt die schlichte Weise des Mittelteils, hymnisch erhoben, ein. Im dritten Satz deuten zwei kantable Themen den Frieden der Welt an, den die Menschen ersehnen, gleichsam als Ziel, um das in den beiden vorangegangenen Sätzen gekämpft wurde. Doch dieser erträumte Sieg des Guten genügt nicht, der Komponist bleibt nicht dabei, zu den Menschen zu sprechen, sondern läßt im vierten Satz Singstimmen selbst daran teilnehmen, nachdem er sie mittels eines Baritonrezitativs aufgefordert hat. Die Sinfonie wird zur Kantate, die Kantate zur Hymne der Menschheitsverbrüderung. Der grandiose Ausklang läßt die textliche Peinlichkeit des Rezitatives vergessen. Spielzeit: 70 Minuten.

„WELLINGTONS SIEG ODER DIE SCHLACHT BEI VITTORIA"
OP. 91
Für Pikkolo, 2 Flöten, 2 Oboen, 2 Klarinetten, 2 Fagotte, 4 Hörner, 6 Trompeten, 3 Posaunen, Pauken, Kleine Trommel, Große Trommel, Triangel, Becken, Ratschen, Donnermaschine, Streicher, entstanden 1813, uraufgeführt am 8. Dezember 1813 im Akademiesaal in Wien unter der Gesamtleitung des Komponisten (Weigl und Salieri dirigieren die auf den gegenüberliegenden Galerien aufgestellten Schlachtenmusiken, Meyerbeer sitzt bei den Pauken, Moscheles schlägt die Becke(n), Programmsinfonie, darstellend den Sieg der Engländer über Napoleon bei Vittoria am 21. Juni 1813, 2 Teile. Im ersten Teil wird die Schlacht naturalistisch mittels Donnermaschine, Ratschen und Trommeln geschildert. Eine Hälfte des geteilten Orchesters stellt mit dem Spottlied auf den englischen General Marlborough das französische Heer,

die andere mit dem Marsch „Rule Britannia" das englische Heer dar. Der zweite Teil, „Siegessymphonie" betitelt, ist ein rein instrumentaler Satz, mit „türkischer Musik (Pikkolo, Triangel, Becken, Große Trommel)" verstärkt, der im Allegro einige Verwandtschaft mit der 7. Sinfonie aufweist. Der Andantesatz bringt die englische Hymne „God save the king". Nach einer Fuge verschmelzen Hymne und Siegesmarsch zum triumphalen Ende. Spielzeit: 7 Minuten.

DIE GESCHÖPFE DES PROMETHEUS, BALLETTMUSIK OP. 43, Bestehend aus einer Ouvertüre und 16 Nummern, entstanden 1800/01, uraufgeführt am 28. März 1801 im Wiener Hofburgtheater. Das Ballett schildert den Raub des Feuers für die Menschengeschöpfe, der ihre geistige Erhebung zur Sphäre der Götter ermöglichen soll. Heute wird die Ouvertüre häufig in Konzertsälen gespielt. Wie die meisten Ouvertüren des Komponisten besteht sie aus einer langsamen Einleitung und einem Allegro-Hauptthema. Ein zweites Thema wird von den Flöten gebracht. Nach knapper Durchführung und Reprise folgt eine freudige Coda. Spielzeit der Ouvertüre: 5 Minuten.

LEONOREN-OUVERTÜRE NR. 1
C-DUR OP. 138
Entstanden um 1804. Die Ouvertüre, die ursprünglich für den „Fidelio" geschrieben ist (die Oper hat anfänglich den Titel „Leonore" getragen), folgt dem Vorbild von Cherubini und gibt einen nur allgemeinen Umriß des Operngeschehens. Sie wird selten gespielt. Spielzeit: 9 Minuten.

LEONOREN-OUVERTÜRE NR. 2
C-DUR OP. 72
Am 20. November 1805 bei der Opernuraufführung gespielt. Der Ideengehalt der Oper Fidelio, Kerkerszene, Leonores Heroismus, das rettende Trompetensignal, die Freude der Befreiten und der Sieg der Gerechtigkeit werden sinfonisch dargestellt. Die Themen der Oper sind nacheinander verarbeitet, das Trompetensignal erklingt zuerst aus der Ferne, das zweite schon aus der Nähe und löst ein von den Holzbläsern gespieltes Dankgebet aus, dann bricht ein überschäumender Jubel über die Rettung in höchster Not aus, der in einem Triumphmarsch kulminiert. Spielzeit: 13 Minuten.

LEONOREN-OUVERTÜRE NR. 3
C-DUR OP. 72A
Für die Aufführung der zweiten Fidelio-Fassung am 29. März 1806 im Theater an der Wien in Wien. Hier sind die Grenzen der Opernouvertüre gesprengt, so daß aus dem Werk eine selbständige sinfonische Tondichtung wird. Die Handlung der Oper wird nicht wie in der Ouvertüre Nr. 2 der Reihe nach vorgestellt, sondern ein Bild ihrer Dramatik und ihres tieferen Sinnes wiedergegeben. Der Konflikt wird von den einzelnen, den Handlungspersonen zugeordneten Themen ausgetragen. Das ferne, erregende Trompetensignal erklingt auch hier zweimal, aber erinnert weniger an die Opernhandlung, sondern erweckt die Hoffnung, daß in jeder menschlichen Not die Rettung durch die Gerechtigkeit kommt. Und der Triumphmarsch am Ende verkündet diesen Sieg. Beethoven selbst hat erkannt, daß alle drei Ouvertüren in den Konzertsaal gehören. Er verfaßt daher für die Aufführung der endgültigen Opernfassung die Fidelio-Ouvertüre E-Dur Op. 72, die einer Operneinleitung mehr entspricht. Seit Gustav Mahler ist es üblich, die 3. Leonoren-Ouvertüre vor dem letzten Bild der Oper zu spielen, weil diese den geistigen Gehalt der

Ouvertüren

Opernhandlung vertieft und profiliert. Spielzeit: 12 Minuten.

CORIOLAN-OUVERTÜRE C-MOLL OP. 62

1807 für das Drama „Coriolan" von Heinrich Joseph von Collins komponiert und zum Bestandteil des Konzertrepertoires geworden. Die als sinfonisches Tongemälde angelegte Ouvertüre schildert den Kampf der Plebejer gegen die Patrizier des alten Roms, den Gewissenskonflikt des zum Vaterlandsverräter gewordenen Coriolan, der sich von seinen Gegnern töten läßt. Das Kopfthema charakterisiert den Helden der Handlung, das kantable zweite Thema drückt die Bitte der patriotischen Mutter aus, die ihn zurückhalten will. Das Ende zeichnet den selbstverschuldeten Untergang Coriolans. Spielzeit: 7 Minuten.

EGMONT-OUVERTÜRE F-MOLL OP. 84

Geschrieben zur „Egmont-Musik" für Goethes Trauerspiel, uraufgeführt am 15. Juni 1810. „Beethoven ist mit bewundernswertem Genie in meine Intentionen eingegangen", urteilt Goethe darüber. Die Ouvertüre ist zum selbständigen Konzertstück geworden. Wuchtige Akkorde stellen den Unterdrücker Alba vor. Die klagenden Stimmen der Niederländer drängen sich vor, dann kommt aus einem Motiv Hoffnung auf Befreiung. Der Kampf beginnt. Egmont fällt. Doch der Freiheitswille des Volkes ist ungebrochen. Mit Siegesfanfaren, die auch die Bühnenmusik des Dramas abschließen, endet die Ouvertüre. Spielzeit: 9 Minuten.

OUVERTÜRE ZU „KÖNIG STEPHAN" ES-DUR OP. 117

Entstanden in Bad Teplitz 1811, uraufgeführt am 9. Februar 1812 in Pest zum gleichnamigen Stück von August von Kotzebue. Der Chronikform des Stückes entsprechend, das die Uranfänge und den Aufstieg des ungarischen Volkes darstellt, hat die Ouvertüre episch-rhapsodische Gestalt und ist von ungarischer Volksmusik inspiriert. Spielzeit: 5 Minuten.

OUVERTÜRE ZU „DIE RUINEN VON ATHEN" G-DUR OP. 113

Zugleich mit „König Stephan" entstanden und uraufgeführt. In dem opernhaften Stück belauscht die Göttin Minerva ein griechisches Paar, das über die Not des Türkenjoches klagt, und fordert es zur Rache auf. Merkur geleitet Minerva nach Pest, beide werden bei der Einweihung des Theaters begrüßt. Diese gezwungene Handlung übernimmt Beethoven in die Ouvertüre. Die Reprise ist verkürzt und geht ohne zweites Thema zur Coda über, die festlich ausklingt. Spielzeit: 5 Minuten.

OUVERTÜRE C-DUR „ZUR NAMENSFEIER" OP. 115

Bestimmt zur Namensfeier des Kaisers Franz, wird aber erst im Oktober 1814 fertig und am 25. Dezember 1815 im Wiener Redoutensaal uraufgeführt. Ein marschartiges Maestoso entwickelt sich über ein etwas bizarres Thema zu einem polyphonen festlichen Allegro. Spielzeit: 7 Minuten.

OUVERTÜRE C-DUR „ZUR WEIHE DES HAUSES" OP. 124

Fürst Galitzin gewidmet, Konzertouvertüre ohne Programm, uraufgeführt am 3. Oktober 1822 gemeinsam mit dem gleichnamigen Festspiel zur Eröffnung des Theaters in der Josefstadt in Wien von Carl Meisl. Festlicher Bläserklang bildet das Präludium des Werkes. Das Mittelstück ist rastlos bewegt, anfänglich fugiert, dann frei geformt. Der Hauptsatz bringt eine große Doppelfuge, die an den Stil Friedrich Händels erinnert. Der Schluß entfaltet die ganze Pracht des Orchesterklanges. Spielzeit: 12 Minuten.

1. KLAVIERKONZERT
C-DUR OP. 15

Gewidmet Prinzessin Odescalchi, uraufgeführt vermutlich am 2. April 1800, 3 Sätze. Der erste Satz beginnt mit einer Orchestereinleitung, ein Marschthema setzt leise ein und steigert sich zu festlichem Klang. Das zweite Thema ist kantabel, in der Durchführung erscheint das Hauptthema neuerlich, und nach einer Überleitung fällt das Klavier ein und beherrscht von nun an den Satz, in dem aber das Orchester nicht auf eine Begleiterrolle beschränkt ist, sondern gleichberechtigt an der Entwicklung teilnimmt. Der Satz schließt mit einer Solokadenz. Der zweite Satz bringt ein intimes, stimmungsreiches Largo, dessen Thema vom Klavier virtuos variiert und verziert wird. Das Rondo-Finale hat Tanzform und ist humorvoll wie ein Stück von Haydn. Spielzeit: 35 Minuten.

2. KLAVIERKONZERT
B-DUR OP. 19

Karl Nikl, Edlem von Nikelsberg gewidmet, entstanden 1795, umgearbeitet 1798, 3 Sätze (in der Urfassung vor dem 2. Klavierkonzert entstanden). Im ersten Satz ist Mozarts Einfluß deutlich merkbar. Das Hauptthema, das die Orchestereinleitung bringt, zerfällt in zwei Motive, die einander entgegengeführt werden. Ein kantables Thema geht davon aus und wird vom Klavier lyrisch weitergetragen. Der zweite Satz mit seinen üppigen Variationen enthält eine Reihe von poetischen Bildern. Das Rondo-Finale ist energisch und brillant. Spielzeit: 28 Minuten.

3. KLAVIERKONZERT
C-MOLL OP. 37

Gewidmet Fürst Ludwig Ferdinand, endgültig gestaltet 1802, am 5. November 1805 vom Komponisten im Theater an der Wien in Wien gespielt, 3 Sätze. Es handelt sich nicht mehr um virtuoses Klavierspiel vor sinfonischem Hintergrund, die thematische Entwicklung wird von sinfonischen Prinzipien bestimmt. Dieses neue Pathos prägt sich schon im Hauptthema des ersten Satzes aus, dessen Entwicklung sofort beginnt. Das Klavier setzt erst ein, als schon das zweite Thema aufgerissen ist, beteiligt sich an der Durchführung und an der Coda. Der zweite Satz wird vom Solisten eröffnet, der sich in Klangregionen begibt, die Schumann oder Chopin vorausahnen lassen. Die Melodie der Flöten und Fagotte sind von großartigen Arpeggien des Klaviers umrahmt. Die Reprise mündet in eine große Kadenz. Der dritte Satz stellt auch das Klavier voran, das ein Rondo-Thema vorträgt. Das Orchester greift ein, es entwickelt sich ein interessantes Wechselspiel zwischen den Partnern. Zwei kurze Kadenzen folgen und darauf die Coda, die aus dem Kopfthema entwickelt ist. Im schönen Zusammenklang endigt der Satz. Spielzeit: 35 Minuten.

4. KLAVIERKONZERT
D-DUR OP. 58

Gewidmet Erzherzog Rudolf, entstanden zwischen 1804 und 1806, im März 1807 vom Komponisten im Palais Lobkowitz uraufgeführt, 3 Sätze. In diesem stark lyrisch gehaltenen Konzert ist die Verschmelzung des Solos mit dem Orchester zur einheitlichen sinfonischen Form und die innere Verkettung aller drei Sätze bis zur Vollendung durchgeführt, so daß man von einer Tondichtung für Klavier mit Orchester sprechen kann. Fein und zurückhaltend eröffnet das Klavier den ersten Satz. Das Orchester spinnt die idyllische Stimmung im Durchführungsteil weiter. Das zweite Thema ist energischer, es bleibt jedoch bei den schwärmerischen Klängen des Soloinstrumentes und des Orchesters. Über ausdrucksreiches Figurenwerk kommt das Klavier zur Kadenz (von der Beethoven zwei Fassungen komponiert hat), der lyrische Teil des Satzes erklingt erneut bis zum strahlenden Ende. Der zweite langsame Satz soll von der Orpheussage inspiriert sein. Das Klavier repräsentiert den Sänger der Liebe, der die finsteren Mächte der Unterwelt bezwingt, indem er seine Melos unbeirrt den widerstrebenden Themen so lange entgegenhält, bis der Gegner durch die Macht des Gesanges und der Liebe überwältigt ist. Ebenso leise, wie der zweite Satz ausklingt, hebt der dritte an. Das Rondo entwickelt sich nur langsam und zaghaft, als könne man sich des errungenen Sieges noch nicht erfreuen. Endlich ist jede Furcht abgeschüttelt, mit zarten Tönen kommen die Zwischenthemen an, eine Kadenz imitiert das Rondo-Thema und mündet in eine Prestostretta. Spielzeit: 32 Minuten.

5. KLAVIERKONZERT
ES-DUR OP. 73
Gewidmet Erzherzog Rudolf, entstanden 1809, uraufgeführt im November 1810 in einem Leipziger Gewandhauskonzert mit (Johann Christian) Friedrich Schneider (1786–1853; Organist, Dirigent, Komponist von Opern, Oratorien, Sinfonien, Kammer- und Vokalmusik), 3 Sätze. Das Werk wird wegen seiner Länge 1812 in Wien abgelehnt. Der erste Satz ist tatsächlich breit angelegt (582 Takte), benötigt aber diese Länge, um den improvisatorisch gestalteten Klavierpart voll zu entfalten. Das Soloinstrument setzt gleich zu Beginn mit einer weit ausladenden Kadenz ein, nach der das Hauptthema gebracht wird, dem sich ein zweites marschähnliches zugesellt. Die Durchführung wirkt dramatisch, was im 19. Jahrhundert zu überflüssigen programmatischen Deutungen führt. Der Mittelsatz ist ein Adagio un poco moto, besinnlich und ernst, ein choralartiges Liedthema ohne Blech und Pauken. Das Klavier figuriert und verziert die Melodie virtuos, übernimmt es dann vollgriffig, um es gemeinsam mit dem Orchester ausklingen zu lassen. Das Finale schließt unmittelbar an, verbindet die Rondo- mit der Sonatenform und entwickelt den Satz als vollwertiges Gegengewicht zum Kopfsatz. Vor der Coda kommt es zu einem Duo zwischen Klavier und Pauke, das von triumphierenden Oktavskalen des Tasteninstrumentes abgeschlossen wird. Spielzeit: 40 Minuten.

VIOLINKONZERT D-DUR OP. 61
Gewidmet Stephen von Breuning, entstanden 1806, uraufgeführt am 23. Dezember 1806 im Theater an der Wien in Wien mit Franz Clement (1780–1842; Violinvirtuose, Konzertmeister, Komponist), 3 Sätze. Dieses Werk gilt als bedeutendstes Konzert der Violinliteratur und ist Prüfstein für jeden Violinisten. Der Charakter des Soloinstrumentes ist entsprechend vorwiegend lyrisch und gefühlsbetont mit unübertrefflicher Synthese des Solos mit dem Orchester. Nach der Einleitung und Themenaufstellung des Orchesters im ersten Satz meldet sich das Soloinstrument mit einer virtuosen Kadenz und nimmt das Hauptthema auf. Im blendenden Zusammenspiel wird das thematische Material ausgewertet. Eine Idee leitet zur Reprise über, in der die Themen noch

Ludwig van Beethoven (1770–1827)

Der Violin-Virtuose Itzhak Perlman, in dessen Programm die gesamte Violinliteratur aufscheint, ist als Interpret der Violinsonaten und des Violinkonzertes Beethovens besonders hervorgetreten.

reicher ausgestaltet werden. Dann kommt es zur großen Kadenz, die über das zweite lyrische Thema in den glänzenden Abschluß fließt. Der zweite Satz gleicht einer zärtlichen Romanze, die mit einer Kadenz zum Rondo-Finale führt. Sofort übernimmt die Violine in diesem technisch anspruchsvollen dritten Satz die Führung. Der sinfonische Gedankenaustausch entwickelt sich im tänzerischen Rhythmus, ein Mollthema legt eine lyrische Episode ein, dann kommt das Rondo-Thema wieder zu seinem Recht und entfaltet alle Facetten der singenden und jubelnden Geige. Spielzeit: 40 Minuten.

ROMANZE FÜR VIOLINE UND ORCHESTER G-DUR OP. 40
Entstanden 1802. Die Romanze bietet ein ausgeprägtes Wechselspiel der Geige und des Orchesters, nachdem der Solist sofort beim Beginn mit virtuosen Doppelgriffen das Hauptthema vorgetragen hat. Die thematische Entwicklung ist etwas spröde, aber trotzdem sehr expressiv. Spielzeit: 8 Minuten.

ROMANZE FÜR VIOLINE UND ORCHESTER F-DUR OP. 50
Entstanden vermutlich 1798/99. Ihr kantables Thema ist sehr ausdrucksreich, virtuos verziert und einschmeichelnd romantisch. Spielzeit: 8 Minuten.

KONZERT FÜR KLAVIER, VIOLINE UND VIOLONCELLO D-DUR „TRIPELKONZERT" OP. 56
Gewidmet Fürst Lobkowitz, entstanden 1804, uraufgeführt im Mai 1808 im Wiener Augarten mit dem Geiger

Ignaz Schuppanzigh, 3 Sätze. Beethoven nennt dieses Werk selbst „Grand Concerto Concertante" und will damit auf die klassische Konzertform und gleichzeitig auf die Spielfreudigkeit des Stückes hinweisen. Der Klavierpart ist einfacher behandelt als der Part für die Streicher, weil er Erzherzog Rudolf und dessen pianistischen Möglichkeiten zugedacht ist. Der erste Satz ist großförmig angelegt und mit frischer, melodiöser Musik erfüllt, es kommt jedoch zu keiner thematischen Auseinandersetzung. Der zweite Satz bringt im Largo eine weitgespannte Gesangsmelodie mit reichen Verzierungen. Das Solo-Cello führt zum Finale mit seinem prächtigen „Rondo alla Pollaca". Spielzeit: 35 Minuten.

STREICHQUARTETT NR. 7 F-DUR „1. RASUMOWSKY-QUARTETT" OP. 59,1

Gewidmet Fürst Rasumowsky, entstanden 1806, 4 Sätze. Das unverhältnismäßig lange Quartett hat sinfonischen Charakter, seine Sätze haben Sonatenformen, das Prinzip des Themendualismus ist überall durchgeführt. Dem Kopfthema des ersten Satzes gesellen sich drei weitere Themen zu, die alle in der Durchführung verarbeitet werden. In der Coda tritt das erste Thema wieder in den Vordergrund. Auch im zweiten Satz ballt sich eine Themengruppe, der das Gegenthema spät gegenübergestellt wird. Nach einer stark verdichteten Durchführung schließt der Satz in heiterer Stimmung. Das Adagio ist eine Trauermusik, ähnlich den langsamen Sätzen der Eroica oder der Fünften. Das Finale schließt unmittelbar an, das „Thème russe" klingt auf, die Rasumowsky zu Ehren eingebaute russische Volksweise, und beherrscht den Rest des Satzes. Spielzeit: 38 Minuten.

STREICHQUARTETT NR. 8 E-MOLL „2. RASUMOWSKY-QUARTETT" OP. 59,2

Gewidmet Fürst Rasumowsky, entstanden 1806, 4 Sätze. Es weicht nicht so stark vom Herkömmlichen ab wie das 1. Rasumowsky-Quartett, ist aber von starker persönlicher Aussage beherrscht. Das Hauptthema des ersten Satzes setzt nach zwei Akkordschlägen ein; es besteht aus zerlegten Akkorden, Seitengedanken werden herangezogen und verarbeitet, dennoch bleibt noch unklar, wohin das Ganze zielt. Für den zweiten Satz verlangt Beethoven „Molto di sentimento" (Viel Gefühl). Nach dem Bericht seines Freundes Karl Holz (1798–1858; zweiter Geiger im Schuppanzigh-Quartett) hat Beethoven diesen Satz komponiert „nachts auf einem Spaziergang bei Baden bei Wien beim Anblick des Sternenhimmels". Der dritte Satz, Allegretto, nimmt mit seiner Grazie die Sentimantalität eines Mazurkas von Chopin voraus. Das zweite Thema ist eine russische Weise, die auch Mussorgski und Rimski-Korsakow verwenden. Das Finale ist ein rauschendes Bacchanal. Spielzeit: 34 Minuten.

STREICHQUARTETT NR. 9 C-DUR „3. RASUMOWSKY-QUARTETT" OP. 39,3

Gewidmet Fürst Rasumowsky, entstanden 1806, 4 Sätze. Wegen des rhythmischen Schwunges der Kopfthemas und der heroischen Struktur des Finales wird dieses Stück „Heldenquartett" genannt. Der erste Satz beginnt wie eine Sinfonie mit einem Andante con moto, das von einem tänzerischen Allegrothema abgelöst wird. Eine Stretta beschließt den Satz. Der zweite Satz bringt ein melancholisches Thema, das aus Rußland stammen könnte. Das Menuett klingt an das Rokoko an. Das unmittelbar angehängte Finale bringt eine groß angelegte Fuge, die mit einer prächtigen Coda endet. Spielzeit: 37 Minuten.

STREICHQUARTETT NR. 10 ES-DUR „HARFENQUARTETT" OP. 74

Gewidmet Fürst Lobkowitz, entstanden 1809, 4 Sätze. Seinen Namen hat das Quartett wegen der arpeggierenden Pizzicati erhalten, mit denen die Reprise des ersten Satzes begleitet wird. Die ersten beiden Sätze folgen der üblichen Norm, außer daß der Komponist im ersten Satz sofort das thematische Material ausbreitet und durchführt. Der zweite Satz stellt jene Art von „endloser Melodie" vor, die für die letzten Adagios Beethovens charakteristisch ist. Es ist voll Traurigkeit. „Jede Note ist eine Träne", sagt Marx. Das Prestomotiv ähnelt dem der Fünften, sein Trio ist eine Art von Cantus firmus. Der vierte Satz erinnert an die Sechste. Einfache Melodik und friedliche Variationen drücken die Freude an ruhigem Genuß der Natur aus. Spielzeit: 31 Minuten.

STREICHQUARTETT NR. 11 F-MOLL OP. 95

Vom Komponisten selbst „Quartetto serioso" benannt, gewidmet Zmeskall von Domanowetz, entstanden 1810, 4 Sätze. Das Grundmotiv des ersten Satzes ist düster. Weichere Melodien führt das zweite Thema heran, kann sich aber nicht durchsetzen. Der zweite Satz hat dreiteilige Liedform, deren zweiter Teil ein freies Fugato bringt. Der anschließende nächste Satz ist ein Scherzo, dessen Trio choralartig klingt, der vierte ist ein rasches Rondo. Spielzeit: 22 Minuten.

STREICHQUARTETT NR. 12 ES-DUR OP. 127

Gewidmet Fürst Galitzin, entstanden 1824, uraufgeführt am 6. März 1825 vom Schuppanzigh-Quartett in Wien, 4 Sätze. Der erste Satz wird vom Gegensatz einer Serie robuster, synkopierter Akkorde zu einer anmutigen melodischen Linie beherrscht. Der zweite Satz setzt die kantable Linie fort, variiert sie fünfmal und schließt mit einer träumerischen Coda. Das Scherzando vivace des dritten Satzes zählt zu den besten Scherzi des Komponisten, witzige Staccati, energische Engführungen und Ostinati erzeugen Schwung und Bewegung. Das Rondo-Finale klingt romantisch-verspielt. Spielzeit: 35 Minuten.

STREICHQUARTETT NR. 13 B-DUR OP. 130

Gewidmet Fürst Galitzin, entstanden 1826, uraufgeführt am 21. März 1826 in Wien, 6 Sätze. Der erste Satz mit einem Adagio als Einleitung, das im Mittelteil ein zweites Motiv aufnimmt und sich zu einem Allegro entwickelt. Der zweite, Presto genannte Satz ist ein Scherzo im vollen Sinn des Wortes. Er huscht wie ein Feentanz dahin. Den dritten Satz hat Robert Schumann „Intermezzo" benannt, er ist ein Zeugnis des großen Variationsstils des Komponisten, leicht hingeworfen, aber doch solid durchgearbeitet. Im vierten Satz klingt ein „Deutscher Walzer" auf (alla danza tedesca), volkstümlich und lustig. Die „Cavatina" des fünften Satzes ist ein nahezu überirdischer Gesang, geschrieben „in Schmerz und Tränen" (Holz). Auch das Finale ist „unter sehr schmerzlichen Umständen" geschrieben, aber dennoch tänzerisch beschwingt. Spielzeit: 35 Minuten.

STREICHQUARTETT NR. 14 CIS-MOLL OP. 131

Gewidmet Fürst Galitzin, entstanden 1826, aufgeführt erst nach dem Tod des Komponisten, 7 Sätze. Die Sätze gehen ineinander über, vier Hauptsätze heben sich heraus, die restlichen drei fungieren zwischen ihnen als Überleitung. Der erste Satz bringt eine Fuge mit drei Zwischenspielen, die in einen Trauermarsch mündet. Der zweite Satz, einen Halbton höher, ist eine fein gezeichnete Melodie der ersten Violine, wie „eine sanfte Erinnerung" (Richard Wagner). Der dritte Satz beginnt mit zwei schweren Akkorden. Dann entwickelt sich das Thema. Das folgende Adagio bildet den Mittelpunkt des Quartettes und ist „wohl das Schwermütigste, was je in Tönen ausgesagt worden ist" (Richard Wagner). Mit dem Andante im vierten Satz bringt uns Beethoven eine große Variation, wie er sie schon im Quartett Nr. 12 geschaffen hat; er geht dabei über die Variation zur Transformation des Themas über, um ihm neue Ausdruckskraft zu verleihen. Das Presto des fünften Satzes besteht aus einer einzigen melodischen Linie. Und in den beiden letzten Sätzen hören wir „den Tanz der Welt selbst: wilde Lust, schmerzliche Klage, Wollust und Leid" (Richard Wagner). Spielzeit: 37 Minuten.

STREICHQUARTETT NR. 15
A-MOLL OP. 132
Gewidmet Fürst Galitzin, entstanden 1825, privat uraufgeführt vom Schuppanzigh-Quartett am 9. September 1825, 5 Sätze. Da die Arbeit an diesem Quartett in die Zeit fällt, in der Beethoven erkrankt, will man aus der Musik ein Programm, nämlich „Musikalische Beschreibung von Krankheit und Genesung", herauslesen. Das ist eine Verkennung. Das Stück stellt nur allgemein den Kampf gegen widriges Schicksal und den Sieg der Freude über den Schmerz dar wie viele Werke Beethovens. Der erste Satz ist, vom formalen Gesichtspunkt aus gesehen, der originellste, weil er die Gesetze des Sonaten-Allegro sehr oft durchbricht. Nach der langsamen Einleitung setzt ein Allegro ein, dessen thematisches Material während des ganzen Satzes durchgeführt wird. Ein zweites, ruhigeres Thema kommt dazu, aber das erste bleibt Sieger. Im zweiten Satz klingen vierstimmige Tanzrhythmen, bald lustig, bald traurig. Der dritte Satz ist vom Komponisten überschrieben: „Heiliger Dankgesang eines Genesenen an die Gottheit, in der lydischen Tonart". Im vierten Satz kommt ein klassisches Marschthema, das einen Abschluß des Quartettes vortäuscht, es führt aber zum fünften Satz, in dem der Sieg des Menschen über den Schmerz tiefer und leidenschaftlicher dargestellt wird, als ein Marsch es könnte. Spielzeit: 41 Minuten.

STREICHQUARTETT NR. 16
F-DUR OP. 135
Entstanden 1826 in Gneixendorf, uraufgeführt im März 1828 in Wien, letztes Quartett des Komponisten, das er selbst nie gehört hat, 4 Sätze. Der erste Satz ist eine reine Quartettarbeit, geschrieben in einem Zug ohne ein Zeichen des Nachlassens der Schöpferkraft. Die Tonsprache ist einfach, klar und problemlos, Das Vivace des zweiten Satzes ist ein Scherzo, das keinerlei Anzeichen der persönlichen Lage Beethovens aufweist. Edel und schön erklingen die freien Variationen des dritten Satzes, und auch der vierte bringt reine Unterhaltung. Textunterlegungen, um eine programmatische Deutung zu gewinnen, sind müßig. Spieldauer: 22 Minuten.

GROSSE FUGE IN B-DUR OP. 133
Gewidmet Erzherzog Rudolf, entstanden 1824, ursprünglich als Finale zu op. 130 geschrieben. Sie ist von einer Ouvertüre eingeleitet, in der das Thema in vier Varianten vorgestellt wird.

Dann setzt eine Fuge mit zwei Themen und einer Variation ein, die zu einem grandiosen Schluß führt. Spielzeit: 15 Minuten.

STREICHTRIO G-DUR OP. 9,1
Gewidmet Graf von Browne, entstanden 1798, 4 Sätze. Der erste Satz ist von einem kurzen Adagio eingeleitet, dem im folgenden Allegro das erste Motiv folgt, welches das ganze Werk beherrscht. Ein lyrisches zweites Thema klingt auf, aber es kommt zu keiner Auseinandersetzung. Es bleibt ein Spiel, der Unterhaltungszweck ist die Devise dieses Stückes. Das Adagio ist einem Andante angenähert. Die friedliche Stimmung wird nicht gestört, schöner Klang, reiche Farben erfreuen das Ohr. Das Scherzo ist schlicht und reizvoll, und im Finale-Presto entwickelt sich der Widerstreit der zwei Themen mit geselliger Musik. Die Coda ist ein sprühendes Feuerwerk.

STREICHTRIO D-DUR OP. 9,2
Gewidmet Graf von Browne, entstanden 1798, 4 Sätze. Zwei lyrische Themen bestreiten den ersten Satz. Das Andante bringt eine sonore Romanze. Das Menuett ist ganz zart mit einem ebensolchen Staccato-Trio. Das Rondo-Allegro bringt echten Musikantenstil.

STREICHTRIO C-MOLL OP. 9,3
Gewidmet Graf von Browne, entstanden 1798, 4 Sätze. Der erste Satz beginnt mit einem düsteren Allegro con spirito. Das Kopfthema ist weit ausgreifend, Gegenstimmen bringen scharfe Auseinandersetzungen. Nach einer Generalpause kommen lyrische Harmonien zu Wort. Doch die Durchführung vertieft die Konflikte, und die Coda schließt pessimistisch. Der Komponist ist vom Unterhaltungszweck schon weit abgekommen. Die Spannungen des Andante sind von den Gegenstimmen zum Hauptthema verursacht. Erst nach der melodischen Kadenz tritt Beruhigung ein. Das Scherzo ist nervös und wenig lustig. Im Presto-Finale wird die Rondo-Form überspielt, in Sonatenform treibt die Musik auf eine Coda zu, die alle düsteren Gedanken verscheucht.

KLAVIERTRIO D-DUR „GEISTERTRIO" OP. 70,1
Gewidmet Gräfin Marie von Erdödy, entstanden 1808, 3 Sätze. Die Bezeichnung hat das Trio wegen der gespenstigen Stimmung des Largo-Satzes erhalten. Kraftvoll beginnt der erste Satz mit einem Allegro vivace e con brio unisono. Dann trägt das Cello das Thema vor. In die Entwicklung tritt ein selbständiges Seitenthema. Die Durchführung bringt starke Spannungen, die sich jedoch lösen. Das Kopfmotiv erklingt noch einmal in der Coda. Das Largo espressivo ist ein Nachtstück, mehr noch, es scheint unserer Welt entrückt zu sein und nur fahl aus anderen Regionen herüberzuleuchten. Die Harmonik wirkt impressionistisch. Im Prestofinale ist es wieder taghell. In fließendem Vorwärtsdrängen zielt die Musik auf einen versöhnlichen Schluß hin.

KLAVIERTRIO ES-DUR OP. 70,2
Gewidmet Gräfin Marie von Erdödy, entstanden 1808, 3 Sätze. Eingangs des ersten Satzes steht ein Poco sostenuto; während es sich zum Allegro ma non troppo bewegt, klingt ein Seitenthema auf. Nach der Reprise kommt die Einleitung ein zweites Mal, eine liebenswürdige Coda schließt den Satz ab. Das Allegretto des zweiten Satzes hat zwei Teile, die variiert werden. Zwei Kantilenen schließen sich an, von denen sich die erste ausbreitet wie ein Menuett.

Nach etlichen Modulationen kommt es zum Allegro-Finale, das heiter weiterläuft und so ausklingt.

KLAVIERTRIO B-DUR OP. 97
Gewidmet Erzherzog Rudolf, entstanden 1811, 3 Sätze. Im ersten Satz wird das Hauptthema vom Klavier gespielt. Die Streicher bringen das Gegenthema. Dann entwickelt sich das Allegro zum Scherzo mit einfachem Thema, dessen Trio mit fanfarenartigem Klang dynamische Gegensätze profiliert. Der zweite Satz, Andante cantabile però con moto bringt ein schlichtes Thema, das variiert wird. Das Finale beginnt im Ton des Scherzos, entwickelt sich aber zu einem vom Klavier graziös begleiteten Presto, das befreit ausklingt.

SONATE FÜR CELLO UND KLAVIER A-DUR OP. 69
Gewidmet Baron von Gleichenstein, entstanden 1809, 4 Sätze. Das Cello beginnt den ersten Satz mit einer kantablen Melodie solo, das Klavier übernimmt das Thema, dann werden die Rollen vertauscht. Im Scherzo kommt es ohne Wiederholung zum Trio. Nun erscheint der Vordersatz zum zweiten Mal und nach neuerlicher Wiedergabe des pastoralen Trios zum dritten Mal. Vor das melodische Finale ist ein kurzes Adagio cantabile gestellt.

SONATE FÜR VIOLINE UND KLAVIER A-MOLL OP. 23
Gewidmet Graf von Fries, entstanden 1801, 3 Sätze. Wie beinahe alle Sätze beherrscht auch diesen ersten ein rasches Tempo. Zwei Themen jagen und lösen einander dabei mehrmals ab. Die Violine bringt eine sangliche Melodie, dringt aber nicht durch. Erst im zweiten Satz breitet sich die Kantilene friedlich aus. Dann setzt das Presto erneut ein. Das Allegro molto des Finales setzt die dramatischen Vorgänge fort, bis ein Cantus firmus den Satz mit einer knappen Coda abschließt.

SONATE FÜR VIOLINE UND KLAVIER F-DUR „FRÜHLINGSSONATE" OP. 24
Gewidmet Graf von Fries, entstanden 1801, 3 Sätze. Ihre Bezeichnung erhält die Sonate von den heiteren Stimmungsbildern, die von den Lyrismen beider Instrumente beschworen werden. Die Melodien bewegen sich mit großen Gesten, eigenwilligen Rhythmen und malerischen Klangflächen. Ein starkes Pathos zieht durch die ganze Sonate, die nur positive, erfreuliche Gedanken bringt und erweckt.

SONATE FÜR VIOLINE UND KLAVIER A-DUR OP. 30,1
Gewidmet Zar Alexander I., entstanden 1810, 3 Sätze. Helle, sangliche Motive kennzeichnen das Werk. Der Mittelsatz hat Liedform, das Finale beinhaltet 6 Variationen, die allerdings sehr frei sind und das Thema nicht sklavisch nachzeichnen.

SONATE FÜR VIOLINE UND KLAVIER C-MOLL OP. 30,2
Gewidmet Zar Alexander I., entstanden 1810, 4 Sätze. Der erste Satz ist leidenschaftlich und dramatisch. Im Adagio kommt die Kantilene zu Wort, wird aber zweimal von stürmischen Einbrüchen gestört, bis sie ihre liebliche Weise weitersingen kann. Ein keckes Scherzo schließt sich an, dann nimmt das Finale die Auseinandersetzungen wieder auf, die von einer Presto-Coda beendet werden.

SONATE FÜR VIOLINE UND KLAVIER G-DUR OP. 30,3
Gewidmet Zar Alexander I., entstanden 1810, 3 Sätze. Unbeschwertes, fröhliches Konzertieren ist der Sinn

dieser Sonate. Ihr Menuett ist besonders graziös, die Themen sind nicht gegeneinander, sondern einander begleitend und ausschmückend geführt.

SONATE FÜR VIOLINE UND KLAVIER A-DUR „KREUTZERSONATE" OP. 47

Gewidmet dem Violinvirtuosen Rodolphe Kreutzer, entstanden 1803, 3 Sätze. Die Sonate ist ursprünglich für den Geigenvirtuosen George Bridgetower (1779–1860) geschrieben, mit dem Beethoven die Sonate zweimal im Entstehungsjahr spielt. 1805 widmet der Komponist sie dem französischen Virtuosen Rodolphe Kreutzer. Sie ist mit ihrem pathetischen Konzertstil neben der Frühlingssonate am meisten gespielt. Der erste Satz beginnt mit einem virtuosen mehrstimmigen Violinsolo, womit der repräsentative Konzertcharakter der Sonate festgelegt ist. Virtuosität, Klangfülle, überraschende Modulationen, weite melodische Gesten sind die Gründe für die Beliebtheit des Werkes.

SONATE FÜR VIOLINE UND KLAVIER G-DUR OP. 96

Erzherzog Rudolf gewidmet, entstanden 1812, 4 Sätze, letzte Violinsonate Beethovens. Ruhige Besinnlichkeit, leicht eingängliche schöne Melodien, ausdrucksvolle Harmonik kennzeichnen diese Spielmusik, die wenig technische Anforderungen stellt.

KLAVIERSONATE ES-DUR „GRANDE SONATE" OP. 7

Gewidmet Comtesse Babette von Keglevics, entstanden 1797, 4 Sätze. Mit dieser Sonate emanzipiert sich Beethoven vom Einfluß Haydns. Schon der erste Satz ist von elementaren Klanggebilden erfüllt, die gegeneinander geführt werden. Das Largo klagt über Einsamkeit und Sehnsucht. Der dritte Satz ist ein Scherzo, aber

Der israelische Pianist Daniel Barenboim ist bereits mit 9 Jahren als Wunderkind mit Beethovenschen Klaviersonaten aufgetreten und erringt später als Dirigent große Erfolge.

dennoch ernst und zurückhaltend. Erst im vierten Satz wird offenbar, welche tiefe Zuneigung Beethoven zu seiner Schülerin Babette von Keglevics gefaßt hat.

KLAVIERSONATE C-MOLL „GRANDE SONATE PATHÉTIQUE" OP. 13

Gewidmet Carl Fürst von Lichnowsky, entstanden 1799, 3 Sätze. Die Sonate ist aus der Gewißheit, taub zu werden, und dem Entschluß, diesem Schicksal zu trotzen, entstanden, „obwohl es Augenblicke in meinem Leben geben wird, wo ich das unglücklichste Geschöpf Gottes sein werde" (so heißt es in einem Brief an Beethovens Freund Wegeler). Die unübertroffene Ausdruckskraft, mit der tiefes Leid und mannhafter Entschluß dargestellt ist, hat die Sonate populär gemacht. Die tragische Stimmung des

Klaviersonaten

ersten Satzes beherrscht die ganze Sonate.

KLAVIERSONATE AS-DUR OP. 26

Gewidmet Carl Fürst von Lichnowsky, entstanden 1802, 4 Sätze. Der erste Satz bringt 5 Variationen im freien Stil. Die sonst in den ersten Sätzen übliche Allegrobewegungen scheinen hier im Scherzo des zweiten Satzes auf. Berühmt gemacht hat diese Sonate vor allem der dritte Satz mit der Überschrift: „Trauermarsch zum Tod eines Helden". Es ist die Musik eines langsamen, von Bläsern begleiteten Konduktes. Der vierte Satz ist reine Spielmusik, die von der schweren Trauer des vorangehenden Satzes ablenken will.

KLAVIERSONATE CIS-MOLL „MONDSCHEINSONATE" OP. 27,2

Gewidmet Gräfin Giulietta Guicciardi, entstanden 1802, 3 Sätze. Die Benennung ist sehr willkürlich, der grandiose erste Satz läßt sich nicht programmatisch deuten. Das anschließende Scherzo ist lyrisch und lieblich. Im Schlußsatz kommt die schmerzliche Stimmung des Komponisten deutlich hervor.

KLAVIERSONATE C-DUR „WALDSTEIN-SONATE" OP. 53

Gewidmet Graf von Waldstein, entstanden 1804, 4 Sätze. Diese Sonate wird als Höhepunkt des klassischen Schaffens Beethovens bezeichnet, völlig frei von Gefühlseinflüssen und persönlichen Ideen. In Frankreich erhält sie den Namen „L'aurore" (Morgenröte) wegen des Beginns des ersten Satzes, dessen Crescendo einem Tagesanbruch gleicht. Das Adagio stellt nur eine Einleitung zum Finale dar, das an den Pianisten bisher unbekannte technische Höchstforderungen stellt.

KLAVIERSONATE F-MOLL „APPASSIONATA" OP. 57

Gewidmet Graf Franz von Brunswick, entstanden 1804, 3 Sätze. Sie zählt zu den berühmtesten Sonaten Beethovens, weil in keiner anderen die unheimliche Gewalt der Natur so plastisch, aber ohne Tonmalerei, sondern sozusagen mit gleichgestimmtem Herzen zum Ausdruck kommt. Der Komponist scheint sich mit der Natur zu identifizieren, man sieht ihn selbst im tobenden Sturmwetter mittoben, weil er selbst zum Ungewitter geworden ist. Fahl und gespenstisch kommt das Hauptthema des ersten Satzes aus dem Klavier, es zieht sich zurück, droht von ferne, dann prasselt hereinstürzend der Sturm nieder. Die Durchführung schildert nicht das Unwetter, sondern seine dämonische Gewalt. Das Andante stellt eine Gespensterprozession dar und das Finale einen infernalischen Tanz jenseitiger Gestalten.

KLAVIERSONATE ES-DUR „DAS LEBEWOHL" OP. 81A

Gewidmet Erzherzog Rudolf, 2 Sätze, entstanden 1809/10. Einzige Programmsonate Beethovens, mit der er die Abreise seines Schülers und Freundes Erzherzog Rudolf nach Budapest und dessen Rückkehr nach Wien darstellt. Der erste Satz endet mit dem Blasen des Postillions, im zweiten klingt die Klage über die Abwesenheit des geliebten Freundes auf und dann der Jubel über dessen glückliche Heimkehr.

KLAVIERSONATE B-DUR „GROSSE SONATE FÜR DAS HAMMERKLAVIER" OP. 106

Gewidmet Erzherzog Rudolf, entstanden 1818/19, 4 Sätze. Diese Sonate hat lange Zeit für unspielbar gegolten. Liszt spielt sie zwar schon als Zehnjähriger, findet aber keine unmittelbaren Nachfolger. Erst am Ende des 19. Jahrhunderts wird sie von den Klaviervirtuosen bewältigt. Schon der Beginn des ersten Satzes zeigt den großen pianistischen Stil des Werkes. Eine Fülle von Effekten melodischer, modulatorischer und rhythmischer Natur bringt die Durchführung der beiden Themen und verlangt zugleich ungeheures pianistisches Können. Das Scherzo ist leicht und zart. Als Höhepunkt der Sonate wird das Adagio angesehen, das als „Mausoleum des Kollektivleides der Welt" bezeichnet worden ist. Die das Werk abschließende Fuge übertrifft kompositorisch und pianistisch alles Vorausgehende.

FANTASIE FÜR KLAVIER, CHOR UND ORCHESTER, C-MOLL OP. 80
Gewidmet Maximilian Joseph, König von Bayern, uraufgeführt am 22. Dezember 1808 in Wien mit Beethoven am Klavier und Ignaz Xaver Ritter von Seyfried (1776–1841; Kapellmeister, Komponist) am Dirigentenpult. Der Text ist ein dreistrophiges Gedicht, das die Kernidee des klassischen Humanismus besingt (angeblich von Christoph Kuffner). Da das Klavier als Soloinstrument dem Orchester mit Chor gegenübergestellt ist, muß das Stück zu den Klavierkonzerten gezählt werden. Der Solist beginnt mit einem improvisatorischen Präludium, das Orchester fällt mit einer Marschmelodie ein, daran schließt die Weise der „Gegenliebe" auf dem Klavier mit Hörnerbegleitung an, darauf variiert das Orchester das Thema mit verschiedenen Instrumentenkombinationen, am Ende kommt der Chor („Schmeichelnd hold und lieblich klingen unseres Lebens Harmonien...") zu Wort. Das abschließende Presto bekräftigt mit Klavier und farbigem Orchesterklang das humanistische Bekenntnis. Spielzeit: 17 Minuten.

CHRISTUS AM ÖLBERGE, ORATORIUM OP. 85
Für Sopran, Tenor, Baß, gemischten Chor, Orchester. Entstanden 1801/02, uraufgeführt am 5. April 1803 in Wien, Text von Franz Xaver Huber. Opernnahe Ausdeutung des Passionsgeschehens voll von prächtigen Chören und Arien.

MESSE D-DUR „MISSA SOLEMNIS" OP. 123
Für Soli, Chor und Orchester. Gewidmet Erzherzog Rudolph, vollendet 1823, uraufgeführt 1824 in Petersburg. Die Messe sprengt den sakralen Rahmen und stellt eine der großartigsten Konzertkantaten der Musikgeschichte dar. Sie folgt dem kanonischen Text, weitet ihn jedoch gedanklich im Sinn einer seiner Zeit entsprechenden Religiosität aus. Das Credo ist geradezu visionär gehalten. Der letzte Satz schließt mit der „Bitte um inneren und äußeren Frieden", aber in diese Bitte tönt Kriegsmusik und läßt Zweifel an der Erfüllung aufkommen.

Tips für Plattenfreunde
○ Sinfonien 1–9 (9 Stereo-LP/ Deutsche Grammophon 2740 11 3) mit Coriolan, Egmont, Prometheus, Böhm, tiefgründige Ausdeutung; oder (8 Stereo-LP/Deutsche Grammophon 2721 055), Karajan, starke dynamische Kontraste, überraschende Klangwirkung; oder (7 Stereo-LP/CBS 77 703), Bernstein, eigenwillige, interessante Auffassung.
○ Wellingtons Sieg (Stereo-LP/ Deutsche Grammophon 1139 045) Karajan
○ Klavierkonzerte 1–5 (4 Stereo-LP Philips 6747 305, Arrau-Heitink, oder / CBS 77 407, Gold-Bern-

Missa Solemnis / Johann Nepomuk Hummel (1778–1837)

stein). Beide Aufnahmen vorzüglich
- Violinkonzert (Stereo-LP/Ariola XF 88458 K, Oistrach, oder, CBS 76 477, Stern), zwei gleichwertig mustergültige Aufnahmen
- Violinromanzen 1–2 (Stereo-LP/ Deutsche Grammophon 2530 552, Zuckermann), besonders schöne Kantilene
- Tripelkonzert (Stereo-LP/Deutsche Grammophon 2726 008, Anda, Schneiderhan, Fournier, Fricsay)
- Streichquartette 1–16 (10 Stereo-LP/Deutsche Grammophon 2733 001/005, 2707 046, Amadeusquartett)
- Klaviertrios 1–12 (5 Stereo-LP/ EMI 10163=02046/50Y). Sehr platischer Stil
- Streichtrios 1–5 (3 Stereo-LP/ Deutsche Grammophon 2733 004, Trio Italiano d'Archi)
- Cellosonaten 1–5 (2 Stereo-LP/ Philips LY835182/83, Rostropowitsch-Richter)
- Violinsonaten 1–10 (4 Stereo-LP/ CBS 77 426, Francescati-Casadesus)
- Klaviersonaten 1–32 (13 Stereo-LP/Philips 6747 009, Arrau)
- Kammermusik für Bläser (45 Stereo-LP/Deutsche Grammophon 2735 002), stilgerechte Aufnahmen
- Klavierwerke außer Sonaten, Konzerte (6 Stereo-LP/FSM SVBX 5 416 und 421, Brendel)
- Christus am Ölberge (Stereo-LP/ EMI 10063=29029)
- Missa solemnis (2 Stereo-LP/ Deutsche Grammophon 2707 080, Wiener Staatsoper – Böhm, oder Deutsche Grammophon 2726 048, Wiener Singverein – Karajan)

JOHANN NEPOMUK HUMMEL (1778–1837)

Zeit und Umwelt

Die Wiener Klassik um die Jahrhundertwende bildet die Umwelt, der Hummel so stark verhaftet ist, daß er nur zaghafte Schritte in die Richtung der bereits beginnenden Romantik unternimmt. Das von Schikaneder geleitete Theater sowie Mozart, Salieri, Johann Georg Albrechtsberger (1736–1809; Dom-Kapellmeister, schreibt Messen, Oratorien, Quartettfugen) und Haydn bestimmen seinen Horizont, dazu das Publikum, das ihm auf seinen ausgedehnten Konzertreisen Beifall klatscht. Und später sind es die Fürstenhöfe, in deren Dienst er lebt. Die politischen Ereignisse seiner Zeit berühren ihn kaum.

Leben

Johann Nepomuk Hummel wird in Preßburg am 14. November 1778 als Sohn des Direktors der kaiserlichen Militärmusikschule Josef Hummel geboren. Nach Auflösung dieser Schule 1785 erhält der Vater eine Kapellmeisterstelle am Theater Schikaneders in Wien und damit die Gelegenheit, seinen auf dem Klavier bereits gut ausgebildeten Sohn Mozart vorzustellen. Mozart nimmt den talentierten Knaben in sein Haus auf, unterrichtet ihn und läßt ihn nach zwei Jahren bereits in einem Konzert auftreten. Dieser Erfolg ermutigt den Vater, den nunmehr zehnjährigen Johann Nepomuk auf eine Konzertreise bis nach Skandinavien und England zu führen. Der junge Pianist lernt in England Mujio Clementi (1752–1832; Pianist, berühmt wegen seiner persönlichen Lehar-Werke) und Jean Baptiste Kramer (1771–1859; verfaßt klavierpädagogische Etüden) kennen und gibt einige Konzerte mit deren Unterstützung. 1793 kehrt er nach Wien zurück, nimmt bei Albrechtsberger und Salieri Unterricht, tritt mit etlichen Opern vor die Öffentlichkeit, unternimmt 1802 eine Konzertreise nach Petersburg, löst 1804 Haydn bei Esterházy als Kapellmeister ab (führt 1810 Beethovens C-Dur-Messe auf), gibt 1811 diese Stelle auf und lebt in Wien als freier Komponist und Virtuose. 1816 wird er Hofkapellmeister in Stuttgart und kommt 1819 in der gleichen Eigenschaft nach Weimar, wo er nach etlichen Konzertreisen nach Rußland, Frankreich und England am 17. Oktober 1837 stirbt.

Werke

Hummel hat zur Weiterentwicklung der klassischen Musik zur Romantik wenig beigetragen, seine Bedeutung liegt auf dem Gebiet seiner Pianistik, die für Carl Czerny (1791–1857); schreibt über 1000 Werke, darunter namhafte Unterrichtswerke für das Klavier), Liszt, Schumann und Chopin richtunggebend wird. Von den Opern Hummels ist keine erhalten geblieben. Aus seinem nahezu 120 Nummern umfassenden Werk haben die 7 Klavierkonzerte durch ihre brillante Wirkung und weite Dimension ihre Faszination nicht eingebüßt. Auch seine Klaviersonaten sind, obwohl sie bis auf eine Ausnahme Mozart oder Haydn nachahmen, pianistisch interessant geblieben. Vom übrigen instrumentalen Schaffen werden besonders die Trompetenkonzerte wegen ihrer Virtuosität bevorzugt. Auch einzelne Kammermusik wird noch heute gespielt, und seine Messe in Es-Dur op. 80 gehört zum festen Bestand der Kirchenchöre.

KONZERT FÜR KLAVIER UND ORCHESTER A-MOLL OP. 85
3 Sätze. Das Konzert beginnt mit einem langen Orchestervorspiel, ehe der Solist das marschähnliche Hauptthema vorträgt. Das Seitenthema ist graziös, die Durchführung voll von pianistischen Effekten. In der stark veränderten Reprise wird eine virtuose Wirkung erzeugt. Das Larghetto bringt eine zarte Melodie mit feinen Passagen. Das Rondo als dritter Satz ist voll strahlender Farben.

KLAVIERSONATE FIS-MOLL OP. 81
Tritt bereits mit der Introduktion über die von der Klassik gesteckten Grenzen hinaus, verspricht einen leidenschaftlich-romantischen Verlauf des musikalischen Geschehens. Die große Konzeption der Sonate findet man in der h-Moll-Sonate von Liszt wieder. Das Adagio hält sich in der dramatischen Stimmung des ersten Satzes, ist etwas exaltiert, aber von echtem Gefühl durchpulst. Im Finale steht der

Klavierkonzerte / Louis Spohr (1784–1859)

Komponist mit beiden Füßen auf dem Boden der Romantik.

Tips für Plattenfreunde

○ Trompetenkonzert E-Dur (Stereo-LP/Telefunken 6.41 241 AW)
○ Trompetenkonzert Es-Dur (Stereo-LP/Tlefunken 6.41 965 AW)
○ Messe Es-Dur op. 80 (Stereo-LP/EMI 1C 063=29060). Stilgerechte Aufnahme
○ Klavierkonzert a-Moll (Stereo-LP/FSM STV 34 028)
○ Sonate fis-Moll op. 81 (Stereo-LP/FSM STV 34 608)

LOUIS SPOHR (1784–1859)

Zeit und Umwelt

Spohrs Eltern sind musikalisch, leben in geordneten Verhältnissen und können ihm die beste Ausbildung verschaffen, so daß aus ihm ein Wunderkind werden könnte. Aber man stört seine Entwicklung durch keinen Erfolgszwang. Daher erscheint ihm die Umwelt nie feindlich, er darf mit dem Urvertrauen des weder seelisch noch körperlich mißhandelten Kindes der Welt entgegentreten. Fürsten, die ihn engagieren, Kollegen, die seine Leistungen anerkennen müssen, und ein Publikum, das ihm applaudiert, begleiten seinen ganzen Lebensweg. Die politischen Ereignisse der ersten Hälfte des 19. Jahrhunderts, Napoleons Aufstieg und Fall, die Restauration, der Vormärz und die Märzaufstände kreuzen seine Laufbahn nirgends, sondern werden nur zu Gelegenheiten, Musik zu schreiben und zu spielen.

Leben

Louis (Ludwig) Spohr wird am 5. April 1784 in Braunschweig als Sohn eines Arztes geboren, zeigt sehr früh beachtliche musikalische Anlagen und wird von mehreren örtlichen Musikern ausgebildet. Er fällt dem Herzog auf, der die weitere Ausbildung des jungen Talentes Johann Friedrich Eck (1766–um 1809, hervorragender Violinvirtuose, Komponist für Violine) anvertrauen will, aber an dessen Bruder und Schüler Franz Eck (1774–1804, berühmter Violinvirtuose, Violinlehrer) verwiesen wird. Eck nimmt Spohr 1802 auf eine Konzertreise nach Rußland mit. 1803 kehrt Spohr allein nach Braunschweig zurück und trifft den Geiger der Pariser Oper und Konservatoriumslehrer Pierre Rode (1774–1830, seine Caprices sind noch heute fester Bestandteil des Violinunterrichtes), der ihm noch etliche Feinheiten des Violinspieles vermittelt. 1805 wird Spohr Leiter der herzoglichen Kapelle in Gotha und heiratet die Harfenistin Dorette Scheidler, mit der er häufige Konzertreisen unternimmt. Konzerte in Deutschland, Österreich, Holland, Frankreich, England, große Kompositionserfolge verschiedene Engagements schließen sich in bunter Folge an. In London beansprucht er 1820 bei einem Konzert zum ersten Mal für den Geiger die Konzertmeisterfunktion, die bis dahin dem Cembalisten oder Pianisten vorbehalten war, indem er seinem Schüler Hubert Ries (1802–1886), der am Klavier sitzt, die Leitung des Konzertes aus der Hand nimmt. Spohrs Frau stirbt 1834, zwei Jahre darauf heiratet er die Pianistin Marianne Pfeifer (gestorben 1892). Seine letzte Stellung als Hofkapellmeister ist in Kassel. 1857 wird er pensioniert und muß auch das Violinspiel aufgeben, weil er sich bei einem unglücklichen Sturz den Arm bricht. 1858 dirigiert er zum letzten Mal in Prag seine Oper Jessonda, am 22. Oktober 1859 stirbt er in Kassel.

Louis Spohr ist eine der bedeutendsten Musikergestalten seiner Zeit. Als Violinvirtuose wird er neben Paganini gestellt. Er ist als Lehrer sehr gesucht und soll 190 Schüler unterrichtet haben. Auf ihrer Liste figurieren Virtuosen wie Henry Gamble Blagrove (1811–1872), Ferdinand David (1810–1873), August Kömpel (1831–1891), August Pott (1806–1883). Mit den meisten zeitgenössischen Musikern und besonders den Geigern verbindet ihn herzliche Freundschaft. Einer seiner engsten lebenslangen Freunde ist Moritz Hauptmann (1792–1868; vielseitiger Komponist, eminenter Theoretiker, Violinvirtuose, Dirigent, Musiklehrer).

Literatur

Autobiographie. Neudruck 1955
Gesamtausgabe seit 1949

Werke

Spohr ist kein Mann des Fortschrittes, sondern konservativ; dies zeigt sich im Verlauf seines Künstlerlebens immer mehr, weil er seinen Stil bis zum Ende unverändert beläßt. Seine Musik ist die der Frühromantik, vielleicht sogar etwas süßlich. Jedenfalls ist er nicht mit der Entwicklung mitgeschritten. Darin mag der Grund zu suchen sein, daß vieles von seinem Werk bald nach seinem Tod nicht mehr gespielt und aufgeführt wird. Er wird bereits zu seinen Lebenszeiten überholt. Dies gilt vor allem für seine Opern und Oratorien.

Auch seine 10 Sinfonien (eine für doppeltes Orchester) werden kaum mehr gespielt. Sie sind nur historisch als Übergang von der Klassik zur Programmusik interessant.

Es gilt ebenso für den Großteil seiner Kammermusik (mehr als 35 Streichquartette, Nonett, Oktett, Septett, Sextett), von der über die Doppelquartette mit wechselseitigem Musizieren von zwei in sich geschlossenen Klanggruppen, die 7 Streichquintette und die Stücke für Bläser noch lebendig sind. Am meisten gespielt sind seine 15 Violinkonzerte, von denen man Nr. 8 am öftesten zu hören bekommt, weil es mit seinem weichen und doch brillanten Stil noch immer viel Genuß bereitet. Sein Liedschaffen ist bescheiden.

VIOLINKONZERT NR. 8 A-MOLL „IN FORM EINER GESANGSSZENE" OP. 47

3 Sätze, uraufgeführt am 27. September 1816 in der Mailänder Scala. Das Konzert soll die Melodik der Opernarie und den Klang des Rezitativs instrumental darstellen, verzichtet daher auf einen sinfonisch durchgearbeiteten Orchesterpart. Das Allegro molto wird von der ersten Violine und der Flöte bestritten, die Variierung des Themas ist dem Orchester überlassen, während die Violine nur rezitative Einwürfe macht. Der zweite Satz gleicht einer Da-capo-Arie mit dramatischer Steigerung im Mittelteil. Der dritte Satz ist nach französischem Vorbild rhythmisiert, sein Seitenthema ähnelt den melodischen Einfällen von Rossini. Die vielen Triller fehlen wie in keinem Werk Spohrs auch hier nicht.

Tips für Plattenfreunde

○ Nonett F-Dur, Oktett e-Moll, Septett a-Moll, Quintett c-Moll (2 Stereo-LP/BASF HA 221 326)
○ Sinfonie Nr. 3 (Stereo-LP/RBM 2 035)
○ Concertante Nr. 1 für Violine, Harfe, Orchester (Stereo-LP/Cloves 0 407)
○ Violinkonzert Nr. 8 a-Moll (Stereo-LP/BASF DC 217 163). Klangvolle Aufnahme

Ein interessanter Überblick über das Schaffen des Komponisten

NICCOLÒ PAGANINI (1782–1840)

Zeit und Umwelt

Man hat das 19. Jahrhundert das Zeitalter der Virtuosen genannt. Und Paganini, noch im 18. Jahrhundert geboren, eröffnet als einer der ersten und der größten den Reigen. Instrumentale Technik, die den Durchschnitt übersteigt, ist auch früher stark bewundert worden, die Konzerte fanden jedoch vorwiegend in Adelspalais und auf Schlössern, jedenfalls meistens vor einem ausgewählten Publikum statt. Mit dem Erstarken des Bürgertums kommen die öffentlichen Konzerte für jedermann, der den Eintritt bezahlt. Damit bekommt eine breitere Publikumsschicht zahlungskräftigen Bürgern Zugang, die mit naiver Bewunderung den Unterschied zwischen dem Können der Dilettanten ihres Bekanntenkreises und der Akrobatik des Virtuosen messen. Wenn auch die hohen Gesellschaftskreise sich an die Spitze der Bewunderer stellen, weil diese von ihren Kammermusikern technisch oft nicht verwöhnt werden, so hallen doch die Begeisterungsstürme aus der Masse. Daß die Virtuosen und ihre Darbietungen oft künstlerisch nicht hoch angeschlagen werden dürfen, hat hier nichts zu bedeuten. Die Technik allein wird bestaunt, die rasenden Klavierpassagen und weiten Griffe, die Mehrstimmigkeit, die Triller, Flageoletts, das Rennen der Finger auf dem Griffbrett, die weiten Spannungen, das Spiel mit drei, zwei oder nur einer Saite erwecken Begeisterung, der sogar ernsthafte Musiker unterliegen. Wie man Guido von Arezzo beschuldigt hat, daß er seine Musik von finsteren Mächten bezieht, so ist die abergläubische Masse bereit, außerordentliche Leistung für außermenschlich zu halten und mystischen Vorstellungen nachzugeben; denn überwältigende Ereignisse können vom Durchschnittszuschauer leichter bewältigt werden, wenn er ihre Basis außerhalb des Irdischen sucht. Und die Scharen von Frauen aus allen Gesellschaftsschichten begehen zu jeder Zeit den Fehler, die auf dem Konzertpodium präsentierte Potenz auf allen Gebieten des menschlichen Daseins zu vermuten.

Leben

Niccolò Paganini wird am 27. Oktober 1782 in Genua geboren. Sein Vater ist begeisteter Mandolinist und bringt seinem Sohn auf Mandoline und Violine bei, was ihm möglich ist. Trotz seiner schwachen Gesundheit entsteht in Niccolò sehr früh der unbeirrbare Wille, sich zum Virtuosen heranzubilden. Er behauptet auf der Höhe seines Ruhmes, seine Mutter habe von einem Engel geträumt, der ihr versprach, daß ihr Sohn zum größten Geiger der Welt werden würde. Ein Theatergeiger Giacomo Coasta, der Kapellmeister des Lorenzodomes, übernehmen die weitere Ausbildung des frühen Talentes, das bereits mit 9 Jahren zum ersten Mal öffentlich spielt. Der Opernkomponist Francesco Gnecco (1769–1810) setzt die musikalische Ausbildung des jungen Geigers fort, die vom Geiger, Komponisten und Dirigenten Alessandro Rolla (1757–1841) in Parma vollendet wird. Darauf setzt die Konzerttätigkeit des Virtuosen ein, der zuerst die oberitalienischen Städte bereist. 1805 wird er herzoglicher Soloviolinist, stark protegiert von Elisa, der Schwester Napoleons, die ihn zum Capitain ihrer Leibgarde und zum Dirigenten des Opernorchesters macht. Obwohl sie 1809 als Großherzogin von Toskana nach Florenz übersiedelt und Paganini seine Konzertreisen wieder aufnimmt, hält die Bindung bis 1813 an. Dann dehnt er seine Reisen nach Wien, Paris, Deutschland und England aus und erntet überall Begeisterungsstürme mit seiner bisher von niemandem erreichten Spieltechnik, die den musikalischen Gehalt seiner Konzerte weit übersteigt. Er stirbt am 27. April 1840 in Nizza und hinterläßt seinem Sohn ein Riesenvermögen, das er mit seiner Konzerttätigkeit hat sammeln können, und mehrere kostbare Streichinstrumente der Cremonenser Meister (Guarneri, Amati, Stradivari). Seine meist verwendete Stradivari-Violine vermacht er seiner Vaterstadt Genua, die das Instrument in der Sala rossa des Rathauses aufbewahrt. Jährlich erhält einer der jeweilig berühmtesten Violinvirtuosen die Erlaubnis, die Geige zu Ehren Paganinis zu spielen.

Werke

Die von Paganini verfaßten 6 Violinkonzerte werden erst nach seinem Tod veröffentlicht, weil man sie erst nach und nach auffindet. Der

Komponist läßt niemanden in die Noten seiner Konzerte Einblick nehmen und bewahrt Solostimme und Orchesterbegleitung gesondert auf. Ihr musikalischer Wert ist nicht hoch, sie bieten nur die Gelegenheit, mit technischen Fähigkeiten zu brillieren, was heute nicht mehr so stark in das Gewicht fällt, weil wir eine vollendete Technik nicht mehr als Ziel der Virtuosität, sondern als Voraussetzung hierzu ansehen. Musikalisch wertvoll und interessant sind seine 24 Capricci per Violino solo op. 1. Und daß Paganini auch ein echter Musiker ist, beweisen seine Trios, Quartette und Sonaten für Gitarre, die lange vergessen gewesen sind, aber heute wieder gespielt werden.

Tips für Plattenfreunde

O Violinkonzert Nr. 1 und 2 (Stereo-LP/Telefunken 6.41 746 AG), Ricci
O Trio D-Dur und Quartett Nr. 7 (Stereo-LP/FSM STV 34 322), schöne Wiedergabe
O Capricen 1–24 (Stereo-LP/Telefunken 6.41 579 AN), Ricci

CARL MARIA VON WEBER (1786–1826)

Zeit und Umwelt

Es wäre interessant, auszurechnen, wieviel die Komponisten des frühen 19. und 18. Jahrhunderts verdient hätten, wären ihre Leistungen nach unseren Gewohnheiten honoriert worden. Die Musikgeschichte wäre sicherlich mit Millionären angefüllt. In Wahrheit gelingt es damals nur wenigen, von der Musik sorglos zu leben, indem sie entweder durch Konzerttätigkeit und Unterricht ihr Auskommen erwerben oder im festen Sold eines Hofes oder eines Domes stehen. Sich mit kompositorischer Arbeit allein durchzuschlagen, ist auch bei größtem Fleiß unmöglich. Und wenn aus irgendeinem Grund die Konzert- und Unterrichtstätigkeit eine Unterbrechung erleidet, wird das bald existenzbedrohend. Carl Maria von Weber hat mit seinem „Freischütz" ein Bühnenerfolgsstück geschaffen, das bis heute nichts an Beliebtheit verloren hat. Dennoch ist er als kranker Mann gezwungen, nach London zu reisen, um seinen „Oberon" selbst zu dirigieren und etwas Geld zu verdienen. Ein Bruchteil dessen, was an diesen Opern damals und später von anderen verdient wird, hätte genügt, ihm diese letzte Anstrengung zu ersparen. Dabei ist Weber nicht das krasseste Beispiel. Denn er kommt der romantischen Sehnsucht seiner Zeitgenossen nach Darstellung einer erträumten Vergangenheit, nach Väterart und Vätertugend, nach geheimen Mächten und Kräften, die dem Guten stets zum Sieg verhelfen, entgegen. Die Natur, vor allem die Atmosphäre des Waldes, gelangt in ihrer Ursprünglichkeit auf die Bühne und wird nahezu zur handelnden

Gestalt, so daß das Publikum sich von der unbefriedigenden Gegenwart erholen kann. Gestalten aus Märchen und Sagen und historische Figuren im Märchengewand sprechen das Publikum an, weil etwas von dem idyllischen Glanz auch in ihr glanzloses Dasein fällt. Die Umwelt wäre also bereit, Webers Leistung im damaligen Rahmen zu honorieren, aber das reicht nicht aus, weil die anderen Opern zwar ebenso „romantisch" sind, jedoch wegen ihrer verworrenen Libretti zu wenig Anklang finden. Daher muß Weber nach London fahren, um seine Familie zu versorgen, und holt sich dabei seinen frühen Tod.

Leben

Carl Maria (Friedrich Ernst) von Weber wird am 18. November 1786 in Eutin als Sohn des Viola- und Kontrabaßspielers, Dirigenten, Theaterleiters und Komponisten Franz Anton von Weber (1734–1812) geboren. Seine Mutter ist Sängerin. Schon 1787 wird das Kind auf ausgedehnte Reisen der Theatergruppe der Eltern nach Wien und durch Deutschland mitgenommen und dadurch in frühester Kindheit mit Theater und Musik vertraut. Neunjährig kommt er mit den Eltern nach Hildburghausen, wo ihn Johann Peter Heuschkel (gestorben 1853, Oboist, Organist, zu seiner Zeit bekannter Komponist) Unterricht erteilt. In Salzburg, wohin die Familie noch im gleichen Jahr zieht, setzt Michael Haydn den Unterricht fort. In München, wo Weber bald darauf landet, wird er von Johann Nepomuk Kalcher (1766–1826, Hoforganist, Dirigent, vielseitiger Komponist) und von Johann Evangelist Valesi (1735–1811, Schüler des Priester-Komponisten Placidus Cammerloher, 1718–1762, bedeutender Sänger und Gesangslehrer) unterwiesen, schreibt seine erste Oper, Sonaten, Trios und eine Messe. 1803 ist er nach mehreren Reisen in Wien und setzt sein Studium bei Vogler fort, tritt mit Hummel und Johann Gänsbacher (1778–1844, Kapellmeister, Organist, Komponist von vorwiegend sakralen Werken) und erhält über Voglers Vermittlung mit 17 Jahren die Kapellmeisterstelle am Theater in Breslau. Dort gerät er sofort mit Domkapellmeister Joseph Ignaz Schnabel (1767–1831), der sich übergangen fühlt, in Konflikt. Obwohl er von einem kleinen Freundeskreis, darunter von Friedrich Wilhelm Berger (1780–1827, Organist, Komponist, ausgezeichneter Musiklehrer, der viele Instrumente spielt) unterstützt wird, kann er seine Stelle nicht lang halten, weil auch das Ensemble gegen jede Neuerung zur Hebung des Niveaus protestiert. Im Jahr 1806 wird Weber herzoglicher Musikintendant bei Prinz Eugène von Württemberg auf Schloß Carlsruhe in Schlesien, wo er zwei Sinfonien schreibt. 1807 kommt er zum Bruder des Prinzen, König Friedrich von Württemberg, als Sekretär nach Stuttgart. Diese Stelle verschafft ihm etwas finanzielle Sicherheit, außerdem die Möglichkeit, die umfangreiche Schloßbibliothek zu benützen, sowie die Bekanntschaft einiger bedeutender Männer jener Zeit. Mit dem Opernkapellmeister Danzi schließt er enge Freundschaft. Die geruhsame Zeit dauert nicht lange, wegen einer Intrige verliert er den Posten und wird des Landes verwiesen. Danzi empfiehlt ihn dem Kapellmeister von Mannheim, Peter Ritter (1763–1846, Mannheim; Cellist, Komponist) und Gottfried Weber (1779–1839; Jurist, Regierungsbeamter, Musiktheoretiker, Komponist). Ein Wanderleben beginnt, um zu konzertieren; Darmstadt, wo er Gänsbacher und Meyerbeer trifft, München, wo der Danzi-Schüler Johann Nepomuk Freiherr von Poißl später Hofopernintendant wird (1783–1865, Komponist von Singspielen, Webers Freund), Bamberg, wo er E. T. A. Hoffmann kennenlernt, sind nur Beispiele. Eine Konzertreise in die Schweiz schließt sich an und eine zweite in Begleitung des berühmten Klarinettisten Heinrich Bärmann (1784–1847, Angehöriger einer bemerkenswerten Instrumentalistenfamilie). Das Jahr 1813 setzt diesem Wanderleben ein vorläufiges Ende. Weber erhält die Theaterkapellmeisterstelle in Prag, die durch den Abgang von Wenzel Müller (1767–1835, Dirigent, Komponist leichter Opern und von Instrumental- und Chorwerken) frei geworden ist. Weber reorganisiert die Prager Oper, die ziemlich heruntergekommen ist, und geht nach drei Jahren nach Dresden, um die Kapellmeisterstelle der deutschen Oper zu übernehmen. Er gerät sofort in starke Gegensätze zum Leiter der bisher in Dresden gepflegten italienischen Oper Francesco Morlacchi (1784–1841, Geiger, Dirigent, Komponist vieler Opern und anderer profaner und sakraler Musik). Es gelingt ihm aber, sich durchzusetzen. 1821 ist „Der Freischütz" fertig, wird aber nicht in Dresden, sondern im Berliner Opernhaus Unter den Linden am 18. Juni uraufgeführt. 1823 folgt in Wien die „Euryanthe" mit bescheidenem Erfolg, und ein Jahr darauf langt aus London der Auftrag ein, eine Oper mit dem Oberon-Stoff zu komponieren. Er fährt zur Uraufführung nach London, obwohl er krank ist, drei Wochen hernach stirbt er in London am 5. Juni 1826. Die Leiche wird an der Moorfields Chapel beerdigt, zur Totenfeier wird Mozarts Requiem gesungen. Im Jahr 1844 wird der Sarg auf Richard Wagners Veranlassung nach Dresden gebracht.

Literatur

H.J.Moser: Carl Maria von Weber. 1955
W. Zrntner: Carl Maria von Weber. Sein Leben und sein Schaffen. 1952

Werke

Webers Weltruhm ist mit „Der Freischütz", der „deutschesten Oper" verbunden. Die anderen Opern und Bühnenmusiken treten dahinter weit zurück. Seine beiden Sinfonien werden nur mehr selten gespielt, dafür stehen seine Ouvertüren zu „Freischütz", „Euryanthe", „Oberon", „Preziosa", „Peter Schmoll" und „Turandot" häufig auf Konzertprogrammen. Seine beiden Klavierkonzerte werden seltener gespielt, als sie es verdienten. Glänzende Orchesternummern sind seine beiden Klarinettenkonzerte, das Concertino für Klarinette und Orchester. Die übrigen Instrumentalkonzerte mit Bratsche, Cello, Flöte, Fagott oder Horn scheinen nicht mehr auf. Die Kammermusik wird von Carl Maria von Weber wenig gepflegt. Selbst ein hervorragender Pianist, zieht er die Kombination mit Klavier vor, das zweite berücksichtigte Instrument ist die Klarinette. Daher sind die „Variationen über ein Thema aus ‚Silvana' für Klavier und Klarinette op. 33", das Klarinettenquintett op. 34, das Grand Duo für Klavier und Klarinette op. 48 besonders klangvoll gearbeitet. Neben der Oper gilt das Interesse des Komponisten dem Klavier. Seine vier Klaviersonaten sind Meisterwerke der Klaviermusik. Von den Einzelstücken, Tänzen und Variationen ragen hervor: „Die Variationen über eine Romanze aus Méhuls Oper ‚Joseph in Ägypten' op. 28", die „Aufforderung zum Tanz". Seine seinerzeit sehr beliebten Lieder sind aus den Konzertsälen verschwunden. Die Missa solemnis Es-Dur kann man in Kirchen hören.

SINFONIE NR. 1 C-DUR OP. 19
Entstanden 1806–1807, 4 Sätze. Nach der persönlichen Aussage des Komponisten ist der erste Satz „ein toller Fantasiesatz im Ouvertürenstil". Seine beiden Themen sind nicht systematisch durchgeführt, sondern frei verarbeitet. Eine sanfte Oboemelodie führt zum Andante, das mit Echo-Rufen und einem Gesangsthema eine Waldstimmung erzeugt. Das Scherzo ist munter gehalten. Diese Stimmung wird im Finale fortgesetzt, wo die Bläser mit interessanten, schönen Wendungen zur Geltung kommen. Spielzeit: 25 Minuten.

KONZERTSTÜCK F-MOLL FÜR KLAVIER UND ORCHESTER OP. 79
Vollendet 1821, 4 Sätze. Das ursprünglich dreisätzig geplante Stück soll die Erhebung gegen Napoleon darstellen. Das Programm bringt mit dem ersten Satz den Ausdruck der Wehmut und der Einsamkeit, im zweiten Verzweiflung und Hoffnungslosigkeit. Vor dem dritten Satz hört man die Schritte der siegreich Heimkehrenden, dann erklingt der Siegesmarsch und im Finale ein Rondo mit dem Motto: „Welch eine Wonne der Liebe – welch endloses unbeschreibliches Glück". Spielzeit: 17 Minuten.

KLARINETTENKONZERT NR. 1 F-MOLL OP. 72
Entstanden 1811, uraufgeführt am 17. Mai 1811 in München, 3 Sätze. Im ersten Satz bringen die Streicher ein Thema, das an den Freischütz denken läßt, darauf setzt das Orchester mit dem Hauptthema ein, das von der Klarinette mit einer Kantilene beantwortet wird. Nach einem Orchesterzwischenspiel spielt der Solist ein zweites liedhaftes Thema und kehrt mit dem Orchester zum ersten Thema abschließend zurück. Im zweiten Satz trägt die Klarinette ein wehmütiges Lied vor. Die drei Hörner verleihen dazu einen warmen Hintergrund. Das Rondo gibt der Klarinette Gelegenheit, mit virtuosem Spiel zu glänzen. Spielzeit: 25 Minuten.

KLARINETTENKONZERT NR. 2 ES-DUR OP. 74
Entstanden im Sommer 1811 und im November desselben Jahres in München uraufgeführt. 3 Sätze. Die weit ausladende Orchestereinleitung zeigt

sofort das große Format des Stückes und bringt zwei Hauptthemen, von denen das erste die Stimmung der Oper Euryanthe heraufbeschwört. Die Verarbeitung der beiden Melodien geht weit über die Sonatenform hinaus. Das Andante trägt den Titel „Romanze", wirkt aber wie eine düstere Ballade. Dem Orchesterzwischenspiel folgt ein kurzes Rezitativ der Klarinette, eine klagende Melodie schließt sich an, und der Satz endet mit einer Kadenz des Solisten. Das Finale hat die Form einer Polonaise, bei der der Klarinettist mit seinem Können brillieren kann.

C-DUR-SONATE OP. 24
Entstanden 1812, 4 Sätze. Der erste Satz ist ein Bild voll teils lyrischer, teils pathetischer Episoden, die in eine effektvolle Coda münden. Das baladeske Adagio erzählt von Glück, Unglück und Hoffnungslosigkeit. Die angeschlossene liebliche Melodie wirkt besänftigend, aber die düstere Stimmung kehrt wieder. Das Menuett läßt die Romantik des Sommernachtstraumes ahnen. Und das Rondo heißt „Perpetuum mobile", es wird diesem Programm voll gerecht.

AS-DUR-SONATE OP. 39
Entstanden 1816, 4 Sätze. Im ersten und zweiten Satz ist der Freischütz sehr nahe. Baßtremolo, Hornrufe, mystische Waldstimmung, ein sanftes Abendlied, Einbruch der Nacht über die Waldlandschaft. Das alles klingt aus dem Instrument wie aus einem Orchester. Das Menuett erinnert endlich, daß das Stück eine Klaviersonate ist und klingt unbekümmert musizierend. Das Rondo ist ein Perpetuum mobile.

D-MOLL-SONATE OP. 49
Entstanden 1816, 3 Sätze. Hier herrscht die Stimmung der Wolfsschlucht vor. Ein sangliches Thema hellt die Landschaft auf, so daß der erste Satz mit dem Triumph über das böse Prinzip schließen darf. Der zweite Satz ist eine echte Romanze, anmutig und auch wehmütig, aber nicht hoffnungslos. Das Menuett fehlt. Das Rondo ist ein raffiniert angelegtes Spielstück für zwei Virtuosenhände.

E-MOLL-SONATE OP. 70
Entstanden 1922, 4 Sätze. Der erste Satz beginnt mit einem absteigenden resignierenden Thema, als wolle der Komponist sein eigenes Lebensschicksal darstellen. Die entgegengeführte Figur kann sich nicht durchsetzen. Die traurige Stimmung bleibt auch in der Durchführung erhalten und wird durch Ausbrüche lebhaften Schmerzes verstärkt. Das Menuett klingt steif, nur das Trio bringt weiche Töne. Im Andante consolante erklingen tröstende liebliche Melodienfolgen. Das Finale ist eine rassige Tarantella.

VARIATIONEN ÜBER EINE ROMANZE AUS MÉHULS OPER „MOSES IN ÄGYPTEN" OP. 28
Entstanden 1812, Das schlichte Thema wird in der ersten Variation vollgriffig vorgetragen, wiederholt sich in der zweiten, führt in der dritten über Oktavbässe, wird in der vierten und fünften von glitzernden Passagen umrankt und kommt in der nächsten als düsterer Trauermarsch. Das Finale ist eine Bravour-Etüde.

AUFFORDERUNG ZUM TANZ, OP. 65
Entstanden 1819. Der beschwingte Tanz ist zugleich Programmusik: Der Tänzer umwirbt die Partnerin, die ihm erst nach einigem Zaudern auf den Tanzboden folgt, es entspinnt sich ein verliebtes Gespräch, drängend in der tiefen, kokett in der hohen Melo-

die bis zum kurzen Nachspiel, mit dem der Tänzer die Dame zu ihrem Platz zurückführt. Das Stück ist mehrmals mit Geschick orchestriert worden (Berlioz, Weingartner).

Tips für Plattenfreunde

○ Grand Potpouri für Cello und Orchester (Stereo-LP/FSM STV 34 306)
○ Fagottkonzert, Andante und ungarisches Rondo (Stereo-LP/FSM STV 34 039)
○ Quintett für Klarinette und Streichquartett, Concertino (Stereo-LP/FSM STV 34 151). Schöne Beispiele der Kammermusik Webers
○ Sinfonien Nr. 1 und 2 (Stereo-LP/ RCA 2641 417 AW)
○ Konzerte für Klavier und Orchester Nr. 1 und 2 (Stereo-LP/RCA 2648 070 EK)
○ Klarinettenkonzerte Nr. 1 und 2 (Stereo-LP/RCA 2641 149 AS), Goodman, schöne Wiedergabe

GIOACCHINO ANTONIO ROSSINI (1792–1868)

Zeit und Umwelt

Die politischen Ereignisse der Zeit greifen schon sehr früh in das Leben des jungen Rossini ein. Sein Vater bekennt sich 1796 als Franzosenfreund und Republikaner und wird eingesperrt, so daß die Mutter die Sorge für die Familie übernehmen muß. Auch der Sohn muß sich bald selbst nach einem Verdienst umsehen. Persönlich interessieren ihn die militärischen und politischen Konflikte, die damals Europa erschüttern, wenig, er ist bereit, für jedes politische System Musik zu machen. Und keiner der verschiedenen Regenten lehnt Rossinis Musik völlig ab. Die Revolution von 1830 und die politischen Unruhen des Jahres 1847 bringen ihm stärkere Veränderungen, können ihn aber nicht mehr aus der Bahn werfen. So wechselvoll das Schicksal der Völker und Staaten jener Zeit auch ist, es läßt in der Regel im Gegensatz zu späteren Epochen Künstler und Kunst unangetastet.

Leben

Gioacchino Antonio Rossini wird am 29. Februar 1792 in Pesaro geboren. Da sein Vater aus politischen Gründen eingekerkert wird und seine Mutter ihren Beruf als Sängerin wieder ausüben muß, wird Gioacchino Fremden überlassen, die ihn musikalisch ausbilden, so daß er schon mit zehn Jahren imstande ist, seine Eltern als Sänger zu unterstützen. Er beginnt bald zu komponieren. Dann nimmt sich Stanislao Mattai (1759–1825; Schüler von Martini, Kompositionslehrer, Kapellmeister, Komponist) seiner an und bringt ihm Kontrapunkt und alten Stil bei. Seinen ersten entscheidenden Opernerfolg hat Rossini 1813 mit der Oper „Tancred" und der „Italienerin in Algier". Von da an wird er zum vielbeschäftigten Opernkomponisten. Rossini ist einer der wenigen Komponisten, denen es gelingt, Erfolg und Berühmtheit auch in klingende Münze umzusetzen. Er hört bereits mit ungefähr 50 Jahren auf zu komponieren und zieht sich auf ein genußvolles Leben zurück, nur zuweilen unterbrochen von einem Kompositionsauftrag, dessen Erfüllung er mit „Alterssünden" bezeichnet, obwohl auch diese Werke beweisen, daß er nichts von seiner Genialität eingebüßt hat. Er stirbt am 13. November 1868 in Passy bei Paris. Sein Leichenbegangnis am 21. November wird zur Versammlung des gesamten geistigen Paris und vieler Musiker aus Italien.

Literatur
K. Pfister: Das Leben Rossinis. 1948

Werke

Von den über 40 Opern behauptet ein Teil noch heute seinen Platz im Repertoire. Jahr für Jahr werden weitere der Vergessenheit entrissen, so daß die Anzahl der in den Opernhäusern neuinszenierten oder zumindest auf Platten eingespielten Opern ständig anwächst. Einige Ouvertüren zu seinen Opern werden oft als Konzertnummern gespielt (Barbier von Sevilla, Die seidene Leiter, Das Aschenbrödel, Tancred, Wilhelm Tell usw.). Sein sinfonisches Werk ist klein. Einige Kammermusik: 6 Streichquartette aus seiner Jugend, weitere 5, die deutlich Mozart als Vorbild nehmen, 6 Spielmusiken für Bläser und etliches andere wird bei Liebhaberkonzerten gespielt. Seine 1863 komponierte „Petite messe solenelle" hat wieder in die Konzertsäle Eingang gefunden, sein berühmtes „Stabat mater" bis heute nichts von seiner Beliebtheit eingebüßt.

STABAT MATER
Für Solostimmen, Chor und Orchester, entstanden 1832, uraufgeführt 1842 in Paris. Rossini vertont den Text mit schönen der Opernsprache entnommenen Arien und erzielt damit einen reizvollen Kontrast. Die Einleitung beginnt mit dem Cello, die Holzbläser drücken mit einigen Akkorden die schmerzvolle Stimmung aus, dann setzen die Stimmen ein und tragen den ersten Vers vor. Die anschließende Tenorarie mit seiner aufsteigenden Kadenz ist das beliebteste Stück des Werkes geworden. Darauf singen die Frauen ein inniges Duett, und der Baß setzt den Klagegesang fort. Ein ganz dem Opernstil entnommenes Quartett führt zu einer Altarie. Weiter geht es mit abwechselnden Solo- und Chorpartien bis zum triumphierenden von Bläsern begleiteten „Paradisi gloria". Der Schlußchor bringt eine prächtige Doppelfuge, die in eine Coda mündet. Darauf wird die traurige Stimmung erneut unterstrichen, die vom strahlenden Allegroabschluß nicht aufgehellt wird.

Tips für Plattenfreunde

○ Petite messe solenelle (2 Stereo-LP/FSM 43 5 01/02)
○ Sonaten für Streicher 1–6 (2 Stereo-LP/Philips 6747 038). Interessante Aufnahme
○ Stabat mater (Stereo-LP/Deutsche Grammophon 2548 126). Klangschöne Wiedergabe

KARL LOEWE (1796–1869)

Zeit und Umwelt

Die Kohlenbergwerke nahe seinem Heimatort mit den 300 unter Tag arbeitenden Männern sind der erste Umweltseindruck Loewes. Ihn faszinieren die rußgeschwärzten Gesichter, die in die Schächte einfahren wie in eine Unterwelt, seine Phantasie bevölkert die Stollen mit Erdgeistern und anderen Spukgestalten, die zuweilen heraussteigen und ihn umringen. Die gesamte Sagen- und Märchenwelt, dargestellt in Gedichten und Erzählungen, wird zu seinem Reich und kommt durch ihn zum musikalischen Ausdruck. Dazu treten die Schrecken der Zeitereignisse. Der Krieg geht über das Land, der König, der ihn protegiert, muß fliehen. Die selbstgeschaffene Kindheitsumwelt, die Realitäten der Epoche und deren Vertiefung durch das Wort der Dichter können nur durch das Spektrum Musik bewältigt werden.

Leben

(Johann) Karl (Gottfried) Loewe wird am 30. November 1796 in Löbejün bei Halle als zwölftes Kind eines Schulmeisters und Kantors geboren. 1807 erhält er, vom Vater musikalisch ausgebildet, einen Platz im Chor von Köthen, dann kommt er als Zögling der Frankeschen Stiftungen nach Halle und wird von Daniel Gottlob Türk (1750–1813; Universitätsmusikdirektor, Komponist von Klaviermusik, Musiktheoretiker) musikalisch weitergebildet. Schließlich wird er König Jérôme in Kassel vorgestellt, der dem jungen Musiker ein Stipendium aussetzt. Das ermöglicht Loewe, sich völlig der Musik zu widmen. Er büßt zwar durch die Vertreibung des Königs das Stipendium wieder ein und muß sich auf eigene Faust durchschlagen, bis er in Stettin Gymnasialprofessor, Kantor, Musikdirektor und Organist wird. Durch seine vorzüglichen Balladen erwirbt er die Förderung einiger Fürstenhöfe. Ehrungen jeder Art werden ihm verliehen. Als er am 20. April 1869 in Kiel stirbt, wird sein Herz nach Stettin in die Sankt-Jakobus-Kirche gebracht, deren Organist er gewesen ist.

Werke

Von seinen 5 Opern erlebt nur eine (Die drei Wünsche, 1834) eine Aufführung, seine Oratorien sind zu seiner Zeit sehr beliebt, seine Sinfonien, Konzerte, Duette und Klavierstücke sind vergessen. Dafür bleiben seine Balladen mit Texten von Herder, Goethe, Schiller, Uhlend, Rückert, Platen, Freiligrath, Fontane und auch weniger berühmten Dichtern heute noch lebendig. Seine erste, „Edward", op. 1,1 von 1818, erregt bereits mit ihrer Vertiefung der düsteren schottischen Erzählung vom Vatermord auf Geheiß der Mutter starkes Aufsehen. Ebenso rasch beliebt wird sein „Erlkönig" (1818, op. 1,2). Die Ballade „Elvershöh" aus dem Dänischen (1820, op. 3,2) singt wie „Herr Oluf" (1821, op. 2,2) von der Gefährlichkeit der Elfenwelt. Uhlands „Harald" (1835, op. 45,1) und Goethes „Fischer" (op. 43,1) gehören ebenfalls dazu. Alte Sagen werden lebendig in „Odins Meeresritt" (1854, op. 118); historischen Balladen sind „Prinz Eugen" (op. 92), „Friedericus Rex" (op. 61,1), „Archibald Douglas" (op. 128); der Märchenwelt ist „Die wandelnde Glocke" (op. 20,3) entnommen.

Tips für Plattenfreunde

○ Balladen (Stereo-LP/EMI 1C 063 = 00388), Dietrich Fischer-Dieskau
○ Balladen (Stereo-LP/BASF DC 225 984), Hermann Prey.
 Auswahl mit einwandfreier Wiedergabe

FRANZ SCHUBERT (1797–1828)

Zeit und Umwelt

Franz Schubert wird von der Umwelt nicht zur Kenntnis genommen. Von seinen nahezu 1000 Kompositionen werden zu seinen Lebzeiten etwa 100 gedruckt, der größere Teil davon gegen sein Lebensende. Es nimmt sich kaum jemand seiner an. Seine Freunde sind dazu wenig imstande, und die Verleger haben wenig Lust, Schubert anzukaufen, wobei sie vieles überhaupt nie zu Gesicht bekommen. Schubert selbst unternimmt nahezu nichts, um sich bekannt zu machen, und kann es wohl auch nicht. Er begreift zwar nicht, daß die Frucht seiner ungeheueren Arbeitsleistung, die von seinem Freundeskreis begeistert bewundert wird, zu seinem Lebensunterhalt nicht ausreicht. „Ich bin zum Komponieren auf die Welt gekommen und zu sonst nichts", ist sein Standpunkt. Aber die Umwelt honoriert diese Sendung nicht, zum Teil weil sie nichts davon weiß, zum anderen Teil aus Borniertheit, denn Schubert fußt wohl auf der Klassik, arbeitet aber nicht kontrapunktisch, er führt die Themen nicht gegeneinander, sondern führt sie nacheinander auf, er hat eben einen ihm eigenen Stil geschaffen und will kein Epigone der großen Klassiker sein. Auch Beethoven hat einen neuen Stil gebracht, aber die Möglichkeit besessen, ihn durchzusetzen, weil ihm Empfehlungsbriefe und sein „van" die Türen der Adelshäuser geöffnet haben; dort trägt er selbst seine Musik vor, dort trifft er auf Männer, die seine Musik hören wollen. Schubert wird in kein Palais geladen. Er ist Hilfslehrer und Sohn eines Schulmeisters, er ist bescheiden und linkisch, man traut ihm nichts zu. Dazu kommt, daß er keine Konzerte geben kann, weil er kein Instrument im ausreichenden Maß beherrscht; er ist kein Interpret, er ist

Komponist. Er komponiert auch nicht für das große Publikum, er schreibt für seinen Freundeskreis, für sich selbst und vor allem, weil er schreiben muß, weil er ständig überquillt von musikalischen Gedanken, die nach außen drängen. Jedes Gedicht, jedes Wort mit Gefühlsgehalt öffnet in ihm Schleusen, durch die Melodien strömen. Es wird dabei selbstverständlich, daß er selbst auch wenig von der Umwelt zur Kenntnis nehmen kann. Die Zeitläufe und der Gang der Politik rollen weit entfernt von seinen Bewußtseinsinhalten ab. Ob Napoleon in Wien einzieht oder die Truppen abrücken, ist an Schubert ebenso unbeachtet vorbeigegangen, wie daß das deutsche Kaisertum sein Ende nimmt und ein österreichisches beginnt, der Wiener Kongreß tagt und Europa neu verteilt. Schubert sieht nur einzelne Gestalten, denen seine Verehrung gilt: Beethoven, mit dem er gern in Verbindung getreten wäre, Goethe, der die zugesandten Vertonungen wortlos zurücksendet, weil sich Schuberts Musik seinem Verständnis entzieht. Die Menschen, die in den Straßen gehen, von denen die Zeitungen berichten, die das Land regieren und verwalten, existieren wohl, aber nicht für Schubert. Wenn sie an ihn herantreten wollen, zieht er sich zurück, ängstlich, ihnen nicht gerecht zu werden, gestört, weil ihn eine Fülle musikalischer Gedanken beschäftigen. Nur seinem Freundeskreis erschließt er sich zumindest zum Teil. Er will ihr Urteil über seine Kompositionen hören und freut sich über ihre Begeisterung. Es beruhigt ihn, daß sie ihn lieben, aber sie beschweren sich zuweilen, weil er ihre Liebe nicht erwidert, und sie haben vielleicht damit recht, denn sie sind reale Wesen und können innerhalb der völlig irrealen seelischen Struktur Schuberts nicht eingeordnet werden. Es ist sicherlich verfehlt, ihm diese oder jene Verliebtheit anzudichten, denn auch Frauen sind Existenzen der Wirklichkeit. Er selbst äußert sich einmal darüber, daß ein Musiker nur eine ferne, unwirkliche Geliebte haben kann, die nicht anders existiert als im Liebenden selbst. Er macht keine Reisen. Andere mittellose Musiker haben sich auf den Weg gemacht, aber Schubert fehlt das Bedürfnis, die Welt kennenzulernen, fremde Länder zu sehen, denn die Reiche seiner Phantasiewelt sind um ein Vielfaches geräumiger, höher, prächtiger. Franz Schubert hat keine Umwelt, genau genommen darf man nicht einmal seine Familie und Freunde als solche ansprechen, er existiert allein für die Musik und in der Musik. Er ist kein weltabgewandter Künstler, er möchte Kontakte aufnehmen, möchte Beziehungen anknüpfen, möchte geachtet, geehrt und ausgezeichnet werden. Er kann sich aber diese Wünsche nicht erfüllen, weil sich das in der realen Welt abspielen müßte, der er unbeholfen und erstaunt gegenübersteht. Er ist einsam von Kindheit an, nicht weil er es so wünscht und nur seiner Kunst leben will, er ist tief unglücklich darüber, daß er es sein muß. Es ist für ihn unmöglich, die Schranken zu überschreiten, die seine geistige Struktur um ihn aufgebaut hat. Die meisten Künstler leben in zwei Welten, in einer realen und in der zweiten, in der sich die Kunstwerke

Franz Schubert (1797–1828)

formen, ehe sie nach außen drängen. Bei einigen ist die Trennung scharf gezeichnet, bei anderen unklar, schwimmend und durchlässig, so daß das reale Dasein von der Phantasie überflutet wird und ins Wanken gerät. Es hat den Anschein, als wäre bei Schubert diese Trennung nicht einmal in Ansätzen vorhanden, so daß für ihn die reale Welt nur als Spiegel seines künstlerischen Daseins existiert. Diese schwer zu erfassende, nahezu unbegreifliche Persönlichkeitsstruktur hat zu seinen Lebzeiten und nach seinem Tod zur völligen Verkennung seines Wesens geführt. Freilich darf darin nicht die Entschuldigung gesucht werden für die frivole Verzeichnung seiner Person seitens Biographen und Schriftsteller, die ihn zum Clown der Musikgeschichte herabwürdigen. Denn diese bedenkenlosen Anekdotenkrämer hatten die Gelegenheit, seine Musik zu hören, und hätten erkennen müssen, daß Franz Schubert zwar ein psychologisches Rätsel ist und vermutlich bleiben wird, aber unzweifelhaft in die Reihe der wenigen zu stellen ist, die im Bereich der Musik die erste Stelle einnehmen.

Leben

Franz (Peter Seraph) Schubert ist am 31. Januar 1797 in Wien geboren. Sein Vater Franz Theodor (1769, Mährisch-Neudorf – 1830, Wien) ist Schulmeister, seine Mutter Maria Elisabeth Vietz (1756, Zuckmantel bei Mährisch-Neudorf – 1812, Wien) ist bis zu ihrer Verehelichung Köchin. Franz wächst mit 4 Geschwistern auf: Ignaz (geboren 1784), Ferdinand (1794–1859; Organist, Kirchenkomponist), Karl (geboren 1796), Theresia (1801–1878). Den ersten Musikunterricht erhält Franz Schubert von seinem Vater und vom Chorregenten der Lichtentaler Pfarrkirche. Seine gute Sopranstimme verschafft ihm Aufnahme in das kaiserliche Konvikt für Chorknaben der Hofkapelle, wo er von Salieri in Generalbaß und Komposition unterrichtet wird. 1813 muß er das Konvikt wegen seines Stimmbruches verlassen und wird Hilfslehrer seines Vaters. In dieser Stellung hält er es jedoch nur drei Jahre lang aus, dann gibt er sie auf und versucht, als freier Künstler zu leben, was nur in sehr bescheidenem Rahmen gelingt. Der Vater ist natürlich entrüstet über die „Arbeitsscheu" des Sohnes und weist ihn aus der Wohnung. Die Brüder sind noch nicht dazu in der Lage, ihm unter die Arme zu greifen. Die einzige tatkräftige Hilfe kommt von seinem Freund Franz von Schober, der ihn jahrelang bei sich beherbergt und erhält, aus Mitleid und auch, weil er die Genialität Schuberts erkennt oder zumindest fühlt. Im Jahr 1818 nimmt Schubert den Posten eines Klavierlehrers bei der Familie des Grafen Esterházy in Zselész, Ungarn, an. Die Hausmusik, die die Familie zuweilen veranstaltet, und der Unterricht der beiden Töchter sagen ihm zu, weniger die Einstufung als Bediensteter und am wenigsten die Trennung von dem Freundeskreis, der sich um ihn gebildet hat. Dieser Kreis ist es vor allem, für den er seine Musik schreibt. Viel können die Männer, die ihn bewundern und verehren, nicht für ihn tun.

Der Maler Moritz von Schwind steht selbst am Beginn seiner Laufbahn; der Sänger Michael Vogl hat seine Karriere bereits hinter sich, bemüht sich jedoch ständig, Schuberts Lieder zu verbreiten, die Dichter Grillparzer, Bauernfeld und Mayrhofer helfen, wo immer sie können und bringen interessiertes Publikum zu den ständigen Veranstaltungen, bei denen Schuberts Kompositionen gespielt werden, Sonnleitner vermittelt den Druck der ersten Liederhefte. Ein zweites Mal geht Schubert zur Familie Esterházy (1824) und kann den Kreis seiner Freunde nun noch weniger missen, weil dieser zu seiner einzigen Lebensbasis geworden ist. 1817 beginnt er zu kränkeln und zieht sich auch von seinen Freunden zurück, die ihm ihre Hilfe zuweilen geradezu aufdrängen müssen. Es gelingt ihnen, für den 26. März 1828 ein öffentliches Konzert mit Werken des Komponisten zu veranstalten, das einen beträchtlichen Gewinn einbringt, sie können den Musikverleger Diabelli dazu bewegen, weitere Lieder anzukaufen; Schuberts Name wird langsam bekannt, Ansätze zu internationalen Beziehungen bahnen sich an, aber seine Zeit ist bereits abgelaufen. Er stirbt am 19. November 1828 und findet seine Ruhestätte nahe dem Grab Beethovens, den er zeitlebens verehrt und ein Jahr zuvor zum Grab begleitet hat. Die Welt, die ihm alles schuldig geblieben ist, was er mit Fug und Recht fordern hätte dürfen, hat auch nach seinem Tod durch Jahrzehnte diese Schuld nicht abgegolten, weil sie die Größe seiner Leistungen nicht begriffen hat. Aber die Nachwelt hat kräftig mit seinen Werken verdient und dafür das Bild seiner Persönlichkeit bis zur Unkenntlichkeit verzerrt. Unserem Jahrhundert ist es vorbehalten, Franz Schubert dort einzureihen, wo sein Platz ist, nämlich als einen der Großen der Musikgeschichte, der zwar sehr kurz gelebt, ja vielleicht nie gänzlich als Mensch unter Menschen existiert hat, jedoch ein Werk hinterläßt, das noch lange nicht ausgeschöpft ist.

Literatur

B. Paumgartner: Franz Schubert. 1960
A. Einstein: Schubert. 1953
Neue Gesamtausgabe sämtlicher Werke seit 1965

Werke

Der Katalog der Kompositionen Schuberts umfaßt 998 Nummern, darunter 634 Lieder mit Klavierbegleitung. Da zu seinen Lebzeiten außer einem Quartett nur Lieder gedruckt und seine Instrumentenkompositionen erst spät bekannt werden, entsteht der heute noch nicht korrigierte Eindruck, daß Franz Schubert nur wegen seines Liedschaffens Beachtung verdient. Der Sinfoniker Schubert ist in das Bewußtsein des Publikums nur teilweise eingedrungen, er wird von vielen höchstens als „Auch-Sinfoniker" eingestuft, dem mit der h-Moll-Sinfonie ein guter Wurf gelungen, aber die Kraft gefehlt hat, sie zu vollenden. Neun

Franz Schubert (1797–1828)

Sinfonien hat Schubert geschaffen, acht davon sind erhalten. Die sogenannte „Gasteiner" Sinfonie (1825) ist bis heute verschollen; die Versuche, nachzuweisen, daß sie mit der großen C-Dur-Sinfonie D 944 ident sei, können nicht überzeugen. Die ersten sechs sind Jugendwerke nach dem Vorbild Haydns und Mozarts, die achte wird die „Unvollendete" genannt, weil sie nur aus zwei Sätzen besteht. Die neunte in C-Dur ist die längste und bedeutendste, sie wird heute zu den wertvollsten Sinfonien des 19. Jahrhunderts gestellt. Zwei Ouvertüren im italienischen Stil C-Dur und D-Dur und die liebenswürdige, beliebte Musik zu „Rosamunde" runden das sinfonische Werk des Komponisten ab. Das kammermusikalische Werk Schuberts, niemals für den Konzertgebrauch geschrieben, sondern für den engeren und weiteren Freundeskreis zum Musizieren, ist freier und weniger traditionsbelastet, als hätte der Komponist dabei nicht das kritische Auge der Vertreter der Klassik gefürchtet. Die Form wird zwar auch hier gewahrt, aber mit blühendem Melos, lyrischer Sangbarkeit und leidenschaftlicher Farbigkeit erfüllt. Hier kommt der Romantiker ganz zu Wort. Aber es ist unrichtig, in dieser Kammermusik nur die Fülle der lieblichen Melodien hervorzukehren, sie stellt vielmehr echte, persönliche Auseinandersetzungen mit den hellen und den düsteren Seiten des Dasein, mit ureigener Freude und Verzweiflung und dem ständigen Wissen um das Leid des eigenen Herzens und dem der gesamten Welt dar. An seinen 14 Quartetten kann man den gesamten künstlerischen Werdegang von den gleichsam tastenden Frühwerken, die bis in sein 15. Lebensjahr zurückreichen, bis zu den reifen Meisterquartetten um 1824 mit dem posthumen d-Moll-Quartett („Der Tod und das Mädchen") ablesen. Das Streichquintett C-Dur übernimmt den orchestralen Klang, der auch die letzten Quartette auszeichnet. Weltberühmtheit hat das Klavierquintett A-Dur (Forellenquintett) erlangt. Aus einer ähnlichen Klangwelt kommt das Oktett, das sich schon sehr nahe sinfonischer Konzeption annähert. Das Quartett für Gitarre, Flöte, Viola und Cello ist erst seit 1914 bekannt. Schubert hat nur ein Streichtrio geschrieben, dafür drei Klaviertrios (darunter das Notturno) und eine Reihe von Duos für Violine und Klavier (darunter drei Sonatinen, ein Rondo brillant und eine Fantasie). Die Kompositionen für Klavier zeigen Schubert wieder von einer anderen, nicht minder bedeutenden Seite. Von seinen 22 geplanten Klaviersonaten sind 12 vollendet. Für sie werden nur anfänglich die bisher beobachteten Sonatenformen angewendet, der zyklische Charakter wird respektiert, aber der von Beethoven zur Vollendung entwickelte Dualismus der Themen nicht mehr aufrechterhalten. Nicht mehr die Kontraste sind es, die das musikalische Geschehen tragen, sondern die Aufeinanderfolge der zumeist lyrischen Themen, die breit ohne architektonische Schranken ausschwingen. Zu den Sonaten wird die „Wanderer-Fantasie" gerechnet, die sich bereits dem Konzertausmaß nähert. Zu den Kostbarkeiten der gesamten Klavierliteratur müssen die kurzen Einzelstücke – Impromtus, Moments musicaux, Variationen, Rondos, Märsche, Tänze – gerechnet werden. Besondere Aufmerksamkeit verdienen die vierhändigen Klavierkompositionen, die für die Hausmusik bestimmt sind, aber zum Teil sehr hohe Anforderung an die Pianisten stellen. Mit seinen sechs Messen, von denen vier bereits zwischen 1814 und 1816 entstanden sind, hat Schubert die Romantik in die sakrale Musik eingeführt und die Grundlage für gleichartige Werke des folgenden Jahrhunderts geschaffen. Liszt, Bruckner, Dvořák und mehrere andere fußen auf diesen Vorbildern. Darüber hinaus hat Schubert nicht viel Chormusik geschrieben, aber diese wenigen Chöre (a-cappella oder mit Klavierbegleitung) sind vollendete Meisterwerke. Die Form des Liedes stellt Schubert auf die Entwicklungsstufe der Sinfonie, des Quartetts und des Instrumentalkonzertes. Er geht vom Typus des Wiener Klavierliedes aus, wie ihn Joseph Anton Steffan (1726–1797) in seiner „Sammlung Deutscher Lieder für das Klavier" in Verbindung klassischer Formen mit vorwiegend italienischer Melodik festgelegt hat. Schubert entwickelt den Typus aber zum Duo der Singstimme und des Klaviers, bei dem beide Partner gleichberechtigt konzertieren. Wenn auch das Klavier nahezu rhapsodische Aufgaben erfüllt und den Text ebenso verständlich macht wie die Singstimme, so überwuchert es nie die gesungene Linie, die sich zuweilen in die Harmonik einbettet wie ein Instrument. Ansätze für diese Form finden sich bei den Balladen von Johann Rudolf Zumsteg (1760–1802; Hofkapellmeister, Komponist von Opern und Bühnenmusik, Liedern und Balladen, Mitschüler Schillers in der Karlsschule, schreibt die Musik für dessen „Räuber"), doch bis zum „Erlkönig" von Schubert ist noch ein großer Schritt. Die Texte der über 600 Lieder sind nicht immer beste Qualität, Schubert geht es dabei mehr um den Stimmungsgehalt als um die dichterische Formung. Aber dennoch stehen die 51 Gedichte von Goethe, dessen musikalischer Horizont zum Verständnis der Vertonungen nicht hinreicht, zahlenmäßig an der Spitze. Von seinem Freund Johann Mayrhofer legt er 46, von Wilhelm Müller 45, von Schiller 31, von Matthison 24, von Hölty 23, von Schlegel 16, von Salis 16, von Klopstock 13, von Claudius 12 und von Heine 6 Gedichte seinen Liedern zugrunde. Auch einige italienische Texte (Metastasio, Goldoni) werden herangezogen. Die Formen sind verschieden und reichen vom einfachen Strophenlied mit musikalischer Identität jeder einzelnen Strophe (Heidenröslein, Gretchen am Spinnrad), dem veränderten Strophenlied mit fallweisen Änderungen (Die Forelle, Du bist die Ruh'), der zwei- oder mehrteiligen Form, die das Lied musikalisch in Abschnitte zerfallen läßt (Wanderers Nachtlied, Rastlose Liebe), bis zur durchkomponierten dramatischen Gestaltung. Einzelne Gruppen von Liedern ähnlicher Grundstimmung oder thematischer Gleichrichtung bilden „Liederkreise" wie „Die schöne Müllerin" oder „Die Winterreise"; 14 Spätlieder werden erst nach Schuberts Tod zu einem an sich zusammenhanglosen „Liederkreis" zusammengefaßt.

Franz Schubert ist ohne Zweifel einer der bedeutendsten Liederkomponisten der Musikgeschichte. Dies kann jedoch seine geniale Vielseitigkeit nicht überschatten. Daß seine 17 Bühnenwerke ein gemindertes Interesse erwecken, liegt nicht auf dem Gebiet der Musik, sondern an Schuberts mangelndem Verständnis für die Erfordernisse der Bühne. Abgesehen von den ungeeigneten Libretti leiden sie alle am Mangel dramatischer Dynamik.

1. SINFONIE D-DUR D 82

4 Sätze, entstanden 1813 (als Schubert noch im Konvikt ist), angepaßt der Aufführungsmöglichkeit durch Dilettanten. Schubert beschäftigt sich zur Entstehungszeit der Sinfonie mit der Absicht, Schillers „Taucher" zu vertonen; der kühne Auftakt der Gedichte könnte auf die herausfordernde Konzeption des ersten Satzes eingewirkt haben. Auch das lyrische Andante und das energische Menuett nach der Art Beethovens könnten vom Gedankenkreis des Schillerschen Gedichtes inspiriert sein. Das Finale schlägt in die Kerbe des ersten Satzes, keck, entschlossen und siegessicher. Wenige Tage nach Beendigung der Sinfonie entweicht Schubert aus dem Konvikt. Spielzeit: 24 Minuten.

2. SINFONIE B-DUR D 125

Entstanden 1814, 4 Sätze. Der Einfluß Haydns, Mozarts und Beethovens ist stark erkennbar, aber schon im ersten Satz hält der Liedton weich und schwärmerisch Einzug. Im Andante wird ein Mozart nahestehendes Thema auf die Art Haydns fünfmal variiert; die beiden letzten Variationen davon bilden das Scherzo. Für das Finale findet sich in der Klassik kein Vorbild. Liebenswürdig ungezwungen schwankt der Satz im Escossaisenrhythmus zwischen Rondo und Sonatensatz. Spielzeit: 28 Minuten.

3. SINFONIE D-DUR D 200

4 Sätze, entstanden 1815. Hier hat sich der Komponist von seinen Vorbildern bereits weitgehend freigemacht. Thema und Instrumentation des ersten Satzes zaubern mit den Holzbläsern eine naturnahe Stimmung aus dem Orchester, das gesamt erst in der Coda etwas lärmend in den Vordergrund kommt. Der zweite Satz ist biedermeierlich gemütlich; der dritte heißt zwar Menuetto, bringt aber im Trio keine gesetzten Menuettschritte, sondern einen dahingleitenden Ländler, und der vierte Satz bereits für Schubert typisch eine dahinschießende Jagd, die sich ständig beschleunigt und abrupt ohne Coda mit vier hastigen Schlußakkorden schließt. Spielzeit: 23 Minuten.

4. SINFONIE C-MOLL „TRAGISCHE" D 417

4 Sätze, entstanden 1816. Hier will Schubert eine „tragische" Sinfonie schaffen, es wird jedoch eine pathetische daraus. Beethovens Fünfte ist zum Vorbild genommen, aber die Sanglichkeit der Themen können keine Trauer, sondern nur Sentimentalität vermitteln. Der erste Satz hebt mit gedankenschwerer Introduktion an, das warme Seitenthema löst aber bald die Tragik in Anmut auf. Auch der zweite Satz knüpft an Beethoven an, und wiederum zerfließt der Schmerz unter der Lyrik des anfänglich feierlich angelegten Themas. Schubert nennt den dritten Satz noch immer Menuett, der ein echtes Scherzo mit überraschenden Modulationen im Trio ist. Auch das Finale verläßt das Gebiet der Tragik, es ist nicht einmal

pathetisch, sondern liebenswürdig heiter. Spielzeit: 30 Minuten.

5. SINFONIE B-DUR D 485
4 Sätze, entstanden 1816. Diese Sinfonie ist wegen ihrer Schlichtheit und Anspruchslosigkeit zum Lieblingsstück aller Dilettantenensembles geworden. Deutlich Mozart verpflichtet, beginnt der erste Satz mit anmutigen Klängen, die von keiner Tragik gestört werden, aber eine prächtige Synthese der klassischen Form mit romantischer Kantilene und Harmonik bieten. Auch der zweite Satz lehnt sich an Mozart an, ohne seine düstere Einfärbung zu übernehmen; die Innigkeit des Themas wird durch keine Gegenführung getrübt. Seinem Vorbild noch mehr verbunden ist Schubert im Menuett, dessen Ländlerrhythmen eine weitgespannte Melodie zum bordunartigen Baß wiegen. Das Finale ist ein einfacher Sonatensatz, ein Bündel lebhafter Melodien im sinfonischen Gewand. Spielzeit: 25 Minuten.

6. SINFONIE C-DUR „KLEINE C-DUR-SINFONIE" D 589
4 Sätze, entstanden 1817. Der erste Satz bringt ein frisches Thema, zu dem das zweite keinen Kontrast erzeugt, sondern die heitere Grundstimmung des Satzes unterstreicht. Der zweite Satz verrät, daß Rossini in Wien gewesen ist, während Schubert an der Sinfonie arbeitet. Das Grundthema ist zwar altväterisch, strahlt aber viel Liebenswürdigkeit aus, die durch Rossinis Vorbild stark aufgelokkert wird. Der dritte Satz ist an Beethoven orientiert, aber doch auch weit davon entfernt. Er sprüht vor Lebendigkeit, hat keine Beziehung zum Sarkasmus seines Vorbildes, sondern ist freundlich und etwas galant. Anstelle des Wallfahrergesanges, den Beethoven in seiner Siebenten anstimmt, setzt Schubert ein Liedmotiv. Der vierte Satz ist ein bildhaftes Divertissement voll überschäumender Ausgelassenheit und Heiterkeit. Der ständige Wechsel der Harmonie bringt den Eindruck mehrerer Musikquellen eines Jahrmarktes. Rossinis beschwingte Melodienseligkeit steht hier Pate. Spielzeit: 27 Minuten.

8. SINFONIE H-MOLL „DIE UNVOLLENDETE" D 759
2 Sätze, entstanden 1822. Vorausgegangen sind die Entwürfe zu einer Sinfonie in D-Dur 1818 und einer in E-Dur 1821, es sind Versuche gewesen, die Liste der heiteren Kompositionen, wie es die Sinfonien Nr. 1 bis 6 sind, fortzusetzen. So wie ihm bei der 4. Sinfonie der echte Ausdruck der Tragik nicht gelingt, vermag er mehrere Jahre später nicht mehr, sich ungetrübter Daseinsfreude hinzugeben, weil sein inneres und äußeres Erleben dazu im stärksten Widerspruch stünde. Nun ist er reif zum Ausdruck seines zwischen Schmerz und Frohsinn geteilten Gefühlsleben: „Wollte ich Liebe singen, ward sie mir zum Schmerz. Und wollte ich wieder Schmerz nur singen, ward er mir zur Liebe. So zerteilt mich die Liebe und der Schmerz." Geht man von diesem „Programm" aus, ist mit den zwei Sätzen alles gesagt, das Schubert mitteilen will, nämlich Liebe und Schmerz im ersten und ewige Seligkeit im zweiten Satz, und eine Fortsetzung ist überflüssig. Wir wissen wohl nicht, warum Schubert dieses Werk nicht weitergeführt hat, alle Spekulationen darüber sind müßig. Die Partitur der zwei Sätze wird übrigens erst 1865 bei Schuberts Freund Anselm Hüttenbrenner entdeckt. Jedenfalls ist die Sinfonie nur dann ein Fragment, wenn man von jeder Sinfonie dogmatisch vier Sätze fordert. Das Hauptthema wird von absteigenden Uniso-

no-Bässen, die wie ein Grabgesang klingen, eingeleitet und erhebt dann mit Holzbläsern seine Klage, doch bald bringen die Celli eine wiegende Melodie, die wegen ihres einmaligen Reizes um die ganze Erde gegangen ist. Abrupte Unterbrechungen lassen immer wieder den Schmerz hochflammen, die klagende Weise drängt sich erneut, wenn auch verwandelt, heran und hält den Gedanken an das Grab wach. Der zweite Satz ist ein Märchen von Friede und Seligkeit. Die sanfte Kantilene des Themas gleicht einem Wallfahrerlied, das in einen Posaunenchoral mündet. Wehmütige Klarinettentöne drohen das liebliche Bild zu stören, Oboe und Flöte wirken beruhigend, dann kommt es zu einem Verzweiflungsausbruch des gesamten Orchesters. Danach zieht der ersehnte Friede wiederum ein, angekündigt von verhaltenen Hornklängen. Nochmals kommt es zu einer Störung, dann löst die Coda jeden Mißton auf und schließt den Satz feierlich ab. Spielzeit: 25 Minuten.

9. SINFONIE C-DUR D 944

4 Sätze, entstanden 1828. Die Partitur wird erst 1838 von Robert Schumann in Wien entdeckt und 1839 von Felix Mendelssohn in Leipzig uraufgeführt. Sie hat „unter uns gewirkt wie nach den Beethovenschen keine noch", schreibt Schumann. „Daß sie vergessen, übersehen werde, ist kein Bangen da, sie trägt den ewigen Jugendkeim in sich." Schumann rühmt auch die „himmlische Länge" der Sinfonie, die allerdings teilweise von der Synthese der klassischen äußeren Form und der romantischen Konzeption verursacht ist, aber trotzdem nirgends zur wirklichen „Länge" wird. Die 77 Takte lange Einleitung des ersten Satzes läßt ein großangelegtes Tonbild erwarten, das großzügig ausgebreitet wird: Ungetrübte Frühlingsstimmung, dämmriger Wald mit ahnungsvollem Schaudern vor geheimnisvollen Erlebnissen, und wieder sonnenhelle Landschaft. Im Andante kommt der Liedersänger Schubert zum Recht. Eine Fülle von Melodien verschiedener Stimmung baut eine romantische Welt auf. Die frischen Tanzrhythmen stellen den Menschen in diese Umwelt. Und das Finale wird zum rauschenden Frühlingsfest, in dem ein melodischer Einfall den anderen ablöst und überbietet und jeder zügellos breit verströmt bis zum dankbar sieghaften Schlußakkord. Spielzeit: 50 Minuten.

MUSIK ZU „ROSAMUNDE" D 797

Entstanden 1823 als Bühnenmusik, wovon die Ouvertüre, die Ballettmusik Nr. 1 und 2 und die Zwischenmusik nach dem 3. Akt als Konzertstück sehr häufig gespielt werden. Die Ouvertüre wird bereits 1819 ursprünglich für ein Melodrama „Die Zauberharfe" (D 644) komponiert. Die Ouvertüre trägt italienischen Charakter und bringt Belcantomelodien ohne Durchführung. Spielzeit: 10 Minuten. Von den Ballettstücken beginnt das erste mit marschförmiger Bewegung, die zu Holzbläsersoli überleitet und in einem lyrischen Andante endet. Das zweite Stück ist einfach und formal geschlossener und zugleich bildhaft-volkstümlich. Spielzeit: 13 Minuten. Die dritte Zwischenaktmusik ist liedhaft und gerade durch seine Schlichtheit sehr reizend. Spielzeit: 16 Minuten.

KLAVIERQUINTETT A-DUR „FORELLENQUINTETT", D 667

Für Geigen, Bratsche, Cello und Kontrabaß, 5 Sätze, gewidmet Sylvester Paumgartner in Steyr, Oberösterreich, entstanden 1819. Der erste Satz beginnt mit einem anmutigen Thema, unbeschwert und problemlos, das Andante bringt eine leicht elegische Melodie und das Scherzo eine mitreißende Tanzweise. Im vierten Satz erklingt die Liedmelodie, die dem Quintett den Namen verliehen hat und in sechs Variationen verarbeitet wird. Im fröhlichen Volkston des fünften Satzes schließt dieses beliebteste Kammermusikwerk des Komponisten.

STREICHQUINTETT C-DUR
D 956
Für 2 Violinen, Viola, 2 Celli, entstanden 1828, wiederentdeckt 1850, 4 Sätze. Das Stück überrascht mit seinem orchestralen Klang, der besonders durch das zweite Cello ermöglicht wird. Das Werk stellt sich mit seiner Ausdrucksintensität in den Rang der ersten Kammermusikstücke. Der tiefe Ernst des musikalischen Geschehens klingt bereits aus den einleitenden Akkorden des ersten Satzes. Das erste Thema kündigt eine gewisse zerrissene Stimmung an, seine Staccati werden sodann von einer kantablen Weise abgelöst. Es kommt zu einer echten Durchführung, an der sich ein dritter Gedanke beteiligt; doch in der Reprise erscheint erneut das bedrückende Bild des Beginns. Im Adagio erklingt eine weitgespannte Weise, die bald von Synkopen und leidenschaftlichen Baßgängen schmerzlich gestört wird und am Ende nur scheinbar beruhigt ausklingt. Das Scherzo bringt freudige Klänge, jedoch im Trio herrschen ernste Stimmen vor. Das Finale ist nur scheinbar ein Ausbruch ungetrübter Heiterkeit; mahnende elegische Töne klingen mit, als wollten sie kommendes Unheil ankündigen.

STREICHQUARTETT NR. 13
A-MOLL D 804
4 Sätze, entstanden 1824. Das Kopfthema schlägt keinen tragischen Ton an, ist aber voll Melancholie, die von einem zweiten Motiv aufgehellt wird,

aber bald wieder in die alte Stimmung zurückfällt. Auch die Kantilene des zweiten Satzes bleibt in dieser Haltung und vertieft sie sogar. Das Menuett ist kein Tanz, sondern ein fröhlicher, etwas unbekümmerter Gesang mit eigenwilligen Rhythmen. Das Finale ist freudig, doch von einer Art, die wie eine Flucht vor der Welt in den Traum wirkt.

STREICHQUARTETT NR. 14
D-MOLL „DER TOD UND DAS MÄDCHEN" D 810
4 Sätze, entstanden 1826. Die Auseinandersetzung mit dem Vergehen alles Lebenden beginnt bereits im ersten Satz; fragend, mahnend, nachsinnend werden einzelne Gedanken aufgeworfen und gegeneinander geführt. Im zweiten Satz wird das Lied „Der Tod und das Mädchen" akkordisch vorgetragen und variiert. Die düstere Stimmung überschattet das Scherzo und läßt keine Fröhlichkeit aufkommen. Und das Finale gleicht mit seinen jagenden Passagen einer rasenden Flucht vor dem unentrinnbaren Tod.

STREICHQUARTETT NR. 15
G-DUR D 887
4 Sätze, entstanden als letztes Quartett 1826 innerhalb zehn Tagen. Die Gegensätzlichkeit von Licht und Dunkel, Sein und Nichtsein wird auf höherer Ebene, gleichsam mit den Waffen des Herzens ausgetragen. Dur und Moll bekämpfen einander bereits im ersten Satz, der sich in den letzten Takten für ein klares Dur entscheidet. Im zweiten Satz bietet sich ein friedliches Bild, doch in die behagliche Kantilene des Cello brechen an- und abschwellende Tremoli ein, das friedliche Lied versucht sich durchzusetzen, wird zurückgedrängt, klingt jedoch gegen das Ende des Satzes ruhig aus. Im Scherzo herrscht gute Laune, die Mächte der Finsternis wagen sich

nicht hervor, man kann sich der Schönheit der schlichten Celloweise im Trio störungslos erfreuen. Doch im Finale erscheinen die Schatten wieder, sie werden überwunden, aber nicht sieghaft triumphierend, sondern dankbar für den glücklichen Ausklang des Kampfes.

WANDERER-FANTASIE D 760
4 Sätze, entstanden 1822. Das diesem groß angelegten Klavierwerk zugrunde gelegte Thema hat Schubert seinem 1816 komponierten Lied „Der Wanderer" entnommen und zyklisch durchgeführt. Die im Liede ausgedrückte Trauer und Wehmut ist zu reiner Musik sublimiert; auch ohne die Worte zu kennen, wird die Unruhe, die Hoffnungslosigkeit des „Wanderers" deutlich. Die Sätze gehen pausenlos ineinander über. Im ersten Satz tritt der Wanderer auf, sieht die Landschaft vor sich hingebreitet und wandert nach kurzer Überlegung mutig hinein. Er sucht das Glück, das er zu finden hofft, „dort, wo du nicht bist". Doch er muß bald einsehen, daß „die Sonne ... kalt, die Blüte welk, das Leben alt und was sie reden, leerer Schall" ist. Der zweite Satz schildert mit einer Variationenfolge die verschiedenen Erlebnisse des Wanderers. Im dritten Satz geht es wieder weiter. Neue Ausblicke, neue Hoffnungen werden gewonnen, aber das Glück nicht gefunden. Trotz des rauschenden, vollgriffigen Klaviersatzes des Finales bleibt dem Wanderer die Einsicht: „Ich bin ein Fremdling überall".

**KLAVIERSONATE NR. 15
A-MOLL D 784**
3 Sätze, entstanden 1823. Sie ist eine der meistgespielten Sonaten Schuberts. Obwohl sie besonders in den ersten zwei Sätzen auf pianistischen Glanz verzichtet, wirkt sie dennoch wie ein gut gearbeiteter Klavierauszug eines Orchesterwerkes. Die Themen des ersten Satzes sind lapidar, ja geradezu primitiv, bilden aber in der Durchführung ein prächtiges Tongebäude wie aus unbehauenen Steinen. Das balladeske Andante ist mysteriös und verhalten. Die pianistischen Effekte treten erst im Finale hervor. Ein reich verziertes Gesangsthema wird durch alle Finessen der Harmonik und Melodik geführt, endet jedoch in einer resignierten Stimmung.

**KLAVIERSONATE NR. 17
A-MOLL „GRANDE SONATE"
D 845**
4 Sätze, gewidmet Erzherzog Rudolf, entstanden 1825. Der erste Satz beginnt unisono, geht sofort in eine Akkordfolge über, aus der erst später ein lyrisches, von Forte-Stellen unterbrochenes Thema wächst. Daraus kehrt das Kopfthema in Moll wieder, ein Seitenthema kommt heran, hierauf wird die Todessehnsucht aus dem Lied „Totengräbers Heimweh" deutlich. Nach Durchführung und Reprise erscheint das Hauptthema zuerst in Moll und sodann in Dur, das „Totengräber"-Motiv klingt wieder durch und mündet in einen mächtigen Choral. Der zweite Satz ist ein fünfmal variiertes Lied. Das Scherzo ist duftig und leicht wie Elfenmusik, und das Rondo als Finale bringt eine musikantische Weise in sinfonischer Fassung.

**KLAVIERSONATE D-DUR
„SECONDE GRANDE SONATE"
D 850**
3 Sätze, entstanden 1825 in Gastein. Packend und hinreißend setzt das Thema des ersten Satzes ein und bringt brillante, rauschende Musik bis zur effektvollen Coda. Über das Adagio schreibt Schumann, daß es „ganz Schubert angehörend, drangvoll,

überschwenglich, daß er kaum ein Ende finden kann". Das Scherzo ist voll Elan. Das Finale fällt deutlich ab, die Themengruppen wirken wie Liedstrophen. Vielleicht ist die Naivität ironisch gemeint, wie Schumann glaubt, vielleicht hat Schubert aber auch die vorangehenden Sätze für zu bombastisch gehalten und will den vermeintlichen Fehler im Finale durch Selbstbeschränkung gutmachen.

KLAVIERSONATE G-DUR „FANTASIE ODER SONATE" D 894
4 Sätze, entstanden 1826. Die Sonate wird als Suite (Fantasie, Andante, Menuetto, Allegro) veröffentlicht und vom Verleger als „Fantasie oder Sonate" bezeichnet, hat aber eindeutige Sonatenform. Der erste Satz ist kein übliches Sonaten-Allegro sondern ein lyrisches Stück, in dem die thematischen Kontraste nur undeutlich zu Tage treten. Das sangbare Hauptthema wird in der Durchführung zum unerbittlichen Schicksalslied, das alle Freude verdrängt. Kein Gegenargument wird erhoben, die Coda klingt resigniert aus. Das Andante ist sangbar und einfach, die Kontrastwirkung wird vom obstinaten Mittelsatz erzeugt. Im dritten Satz erklingt ein scharf pointiertes Menuett. Das Finale ist ein freies Rondo, melodienreich ausgestattet, aber doch gebunden, kunstvoll verziert und elegant.

KLAVIERSONATE C-MOLL D 958
4 Sätze, entstanden 1828. Die Sonate beginnt wie die „Pathétique" mit energischen Rhythmen, an die sich eine lyrische Variante anschließt. Die Durchführung ist ein freies Phantasieren durch weite Tonräume bis zur Coda und schließt in düsterer Stimmung. Das Andante ist eine schlichte Weise, der dritte Satz ein biedermeierliches Menuett. Im vierten Satz gibt es eine Tarantella mit hinreißendem Temperament.

KLAVIERSONATE A-DUR D 959
4 Sätze, entstanden 1828. Alle Fröhlichkeit und Gefühlsseligkeit, alle melodische und harmonische Kraft und Ausdrucksfähigkeit, alle Schlichtheit und Raffinesse, kurz alle Facetten der kompositorischen Befähigung Schuberts sind in dieser vorletzten Sonate vereint. Der erste Satz wird akkordisch eingeleitet. Arpeggien schließen sich an, aus denen sich die Durchführung entwickelt. Ein kantables Thema wird beigefügt und verarbeitet, die freie Fantasie führt zur Einleitung zurück und läuft in Arpeggien aus. Das Andantino des zweiten Satzes ist ein hoch poetisches Musikstück, das Scherzo fröhlich und tänzerisch. Das Rondo-Finale bringt eine Überfülle musikalischer Einfälle, die einander überschneiden, bald gegeneinander gehen, aber nirgends Konflikte erzeugen, weil es sich hier nur um fröhliches, uferloses Musizieren handelt. Mit einem Mal bricht alles ab, ein Presto setzt ein und beendet die Sonate.

KLAVIERSONATE B-DUR D 960
4 Sätze, entstanden 1828. Diese Sonate stellt anscheinend wenig Anforderungen an den Pianisten, kommt aber dennoch nur unter der Hand eines Virtuosen zu Geltung, der die Feinheiten des Ausdruckes und der Nuancierung meistert. Sie wird viel gespielt, zuviel von solchen, die es nicht können; denn nur wenige vermögen diesem an sich einfach gesetzten Stück das abzugewinnen, was Schubert hat ausdrücken wollen. Der erste Satz ist hochromantisch, seine Themen sind sangbar, es gibt keine Spannung, feinste Klangschattierung ersetzen technische Virtuosität. Der zweite Satz ist ein inniges Lied. Dem folgt ein fein

gegliedertes Scherzo, das Finale klingt heiter, oft geradezu humoristisch, als wäre es von Haydn. Manche sind enttäuscht, weil Schuberts Sonatenwerk derart unpathetisch ausklingt, sie vergessen, daß der Komponist nicht gewußt hat oder zumindest nicht hat wissen wollen, wie bald seiner Möglichkeit zu schaffen ein Ende gesetzt worden ist.

MOMENTS MUSICAUX D 780

(Von Schubert selbst „Momens musicals" genannt), 6 Stücke, ab 1823 entstanden. Das erste in C-Dur ist durch seine kühne und doch wie selbstverständlich klingenden Modulationen der flüchtigen Staccatopassagen berühmt geworden. Das zweite – Andantino in As-Dur – bringt eine der schönsten schwermütigen Melodien Schuberts. Das dritte in f-Moll ist durch seine graziöse Weise berühmt geworden. Das vierte in cis-Moll ist am umfangreichsten und kommt formal dem Präludienstil Bachs nahe. Das fünfte ist ein kurzes f-Moll-Scherzo und das letzte – Allegretto As-Dur von 1825 – ist ein Lied ohne Worte. Alle sechs Stücke sind Kostbarkeiten der Klavierliteratur, auf deren Wiedergabe von den meisten Virtuosen viel Mühe aufgewendet wird.

IMPROMTUS D 935

4 Stücke, entstanden 1827. Das erste Stück, Allegro moderato in f-Moll, ist von einer ungeheuren Dichte und stimmungsvoll wie wenig andere gleichartige Werke. Das zweite, Allegretto As-Dur, nimmt spätromantische Klänge voraus. Das dritte, B-Dur, variiert ein Thema aus „Rosamunde" und das vierte in As-Dur ein tänzelndes Capriccio. Die an sich leicht zu bewältigenden Stücke stellen hohe Anforderungen an die Anschlagtechnik und offenbaren nur dem echten Pianisten ihre Schönheit.

MESSE AS-DUR D 678

Für vier Singstimmen, Orchester und Orgel, entstanden 1822. Schon das Kyrie dieses durch und durch romantischen Werkes führt mit reichem Klang in das Reich des Sakralen ein. Das Gloria beginnt mit feierlicher Bläserbegleitung und deutet den Text mit Würde und Anmut aus. Das Credo bewegt sich im romantisch modifizierten Choralton. Das Sanctus verzichtet zugunsten einer mystischen Stimmung auf Festlichkeit, zu der sich erst das Osianna bekennt. Das Benedictus setzt den Choral des Credo fort, und das Agnus schließt dieses sakralen Bedürfnissen völlig angepaßte Werk lyrisch ab.

MESSE ES-DUR D 950

Für vier Singstimmen, Orchester und Orgel, entstanden 1828. Das Kyrie bildet eine homophone Einleitung zum feierlichen Gloria, das a-cappella einsetzt und vom Orchester antiphonal weitergeführt wird. Der Wechsel findet sodann zwischen Männer- und Frauenstimmen statt, bis der Satz mit einer Fuge über ein lyrisches, weitgespanntes Thema schließt. Das Credo erweckt die Erinnerung an die Schönheit der Musik eines Palestrina, verläßt aber den Rahmen des romantischen Textverständnisses nicht. Nach dem prächtigen Sanctus bringt das Benedictus ein schlichtes Lied, während das Agnus dei zum erregenden Ausdruck der Furcht vor jenseitigem Geschehen wird, der sich bis in den Schlußakkord fortsetzt. Die übrigen Teile der Messe lassen die Nähe des Todes Schuberts nirgends spüren, aber durch das Agnus wird sie für ihn zum eigenen Requiem.

„DIE SCHÖNE MÜLLERIN" LIEDERKREIS D 795

Aus 20 Liedern, entstanden 1823. Der Zyklus besteht aus 20 vertonten Ge-

Franz Schubert (1797–1828) / Adolphe Adam (1803–1856)

Dietrich Fischer-Dieskau, einer der größten deutschen Opern- und Liedersänger der Gegenwart, nimmt sich besonders des Liedschaffens Schuberts an.

dichten von Wilhelm Müller, die nur durch ihre Grundstimmung des „winterlichen" Entsagens und nicht durch eine gemeinsame epische Darstellung zusammenhängen. Die Lieder sind zum größten Teil durchkomponiert.

Tips für Plattenfreunde

○ Forellenquintett (Stereo-LP/Philips Ly 802757), Haebler, Grumiaux; oder (Stereo-LP/Harmonia mundi 61 134), Originalinstrumente
○ Quintett C-Dur (Stereo-LP/Deutsche Grammophon 2733 003), Amadeus
○ Streichquartette Nr. 7–15 (5 Stereo-LP/EMI 1C 185 29289/93). Stilgerechte Aufnahmen
○ Klavierwerke (15 Stereo-LP/RCA 26 35 113 EX), Gesamtausgabe
○ Klaviersonaten 1–23 (10 Stereo-LP/Colosseum 1 472). Die unvollendeten sind von Bandura-Skoda ergänzt
○ Impromtus, Moments musicaux (Stereo-LP/Deutsche Grammophon 2548 246), Demus
○ Messe Nr. 5 As-Dur (Stereo-LP/Philips 6500 329)
○ Messe Nr. 6 Es-Dur (Stereo-LP/Philips 6500 330). Beide Wolfgang Sawallisch
○ Lieder (8 Stereo-LP/Philips 6747 059), Hermann Prey
○ Sinfonien Nr. 1 bis 6, 8, 9, und Rosamunde (5 Stereo-LP/Deutsche Grammophon 2740 127), Karl Böhm Kongeniale Nachschöpfung

dichten von Wilhelm Müller, die die Liebe eines jungen Müllersburschen zur Müllerin, seinen Schmerz über deren Untreue und seinen Tod schildern. Das Wandern durch die Welt, die Natur, die Liebe und die Eifersucht und schließlich der Selbstmord im Mühlbach werden zum Großteil in Strophenliedern lyrisch dargestellt.

„DIE WINTERREISE" LIEDERKREIS D 911
Aus 24 Liedern, entstanden 1827. Der Zyklus besteht aus 24 vertonten Ge-

ADOLPHE ADAM (1803–1856)

Zeit und Umwelt

Der Vater, selbst Musiker und Musiklehrer, verbietet Adam Studium und Ausübung der Musik. Er kann aber nicht verhindern, daß sein Sohn

an dem regen Opernleben von Paris irgendwie teilnimmt und mit Opernkomponisten wie Boieldieu in Verbindung tritt. Ebensowenig kann er ihm verbieten, daß er Oper und Ballett zu seiner Umwelt und seinem Lebensinhalt wählt. Es hemmt seinen Aufstieg als Bühnenkomponist nicht, daß die Regierungsform mehrmals wechselt, weil Kulturträger davon im großen und ganzen unberührt bleiben. Erst die Revolution von 1848 wirkt sich für ihn schädlich aus, weil dadurch sein kurz zuvor gegründetes Operntheater wirtschaftlich zusammenbricht und er sich als Journalist durchbringen muß.

Leben

Adolphe Charles Adam wird am 24. Juli 1803 in Paris geboren. Er ist der Sohn des Pianisten, Cembalisten und Komponisten von zwei konzertanten Sinfonien für Harfe, Klavier und Violine, des gesuchten Lehrers Jean Louis Adam (1758–1818), 1817 hebt sein Vater das Verbot, in das Konservatorium einzutreten, unter der Bedingung auf, daß der Sohn verspricht, nie für die Bühne zu schreiben. Zum Glück wird dieses Versprechen nicht gehalten. Adam wendet sich mit Erfolg der Komposition französischer Spielopern zu, von denen einige starken Widerhall finden. Bedeutend ist seine Leistung auf dem Gebiet des Balletts. Mit seinen 13 Balletten – darunter die noch heute aufgeführte „Giselle" – reorganisiert er das völlig verwilderte Ballettwesen, das die musikalische Seite ganz vernachlässigt hat. Seit Adam nimmt das französische Ballett im Rahmen der Musikgattungen einen hohen Rang ein und bleibt für seine Weiterentwicklung im 19. Jahrhundert und darüber hinaus mustergültig. Adam stellt eine sinnvolle Balletthandlung zu einer entsprechenden, wie bei einer Oper komponierten Musik, als Hintergrund zur choristischen Vorstellung, so daß aus Tanz, Musik, mimischer und tänzerischer Bewegung eine künstlerische Einheit wird. Auf dem Gebiet der großen Oper hat Adam keine Erfolge. Er stirbt am 3. Mai 1856 in Paris.

Werke

Von Adams 53 Bühnenwerken sind zwei Spielopern (Der Postillon von Lonjumeau, 1836, und Wenn ich König wäre, 1852) bis heute lebendig geblieben. Das Ballett Giselle wird von allen Ballettensembles getanzt. Seine sonstigen Kompositionen sind unbedeutend.

GISELLE, BALLETT-PANTOMIME IN ZWEI AKTEN
Uraufgeführt am 28. Juni 1841 an der Pariser Oper. Personen: Giselle, ein Dorfmädchen; Hilarion, Wildhüter; Herzog Albrecht; Bathilde, Albrechts Braut; Myrtha, Königin der Willis. Handlung: Giselle und Albrecht, der als Bauernbursche verkleidet ist, sind ein Liebespaar. Hilarion, der in Giselle verliebt ist, will die Idylle stören und wird verjagt. Er schwört Rache. Mit der Jagdgesellschaft des Herzogs tritt dessen Braut auf. Hilarion macht Giselle darauf aufmerksam, daß ihr Geliebter Adliger ist und bereits eine

Braut – Bathilde – hat. Giselle drückt ihre Verzweiflung in einem ekstatischen Tanz aus, dann tötet sie sich mit dem Degen des Herzogs. Über Giselles Grab schwingt die Königin der Willis (der tanzenden Geister) ihren Zauberstab, das Grab gibt Giselle frei, die Tote, die zeitlebens dem Tanz ergeben war, wird in die Schar der Willis aufgenommen. Albrecht sucht das Grab seiner Geliebten auf, sie erscheint ihm, die Willis drängen sich heran, die Hilarion verfolgt und in das Wasser getrieben haben, damit er ertrinkt. Giselle erhält von der Geisterkönigin den Befehl, mit dem Herzog den Totentanz zu tanzen. Sie will ihn schonen, muß aber gehorchen. Sie tanzt, auch Albrecht wird vom unwiderstehlichen Drang zu tanzen erfaßt. Er stürzt erschöpft zu Füßen der Königin, deren Macht aber das Ende der Geisterstunde bricht. Giselle kehrt in ihr Grab zurück, der Herzog bleibt verzweifelt zurück.

Tips für Plattenfreunde

○ Giselle (2 Stereo-LP/Ariola XD 85 300 K), Bolschoi-Theater, Moskau

HECTOR BERLIOZ (1803–1869)

Zeit und Umwelt

Als Berlioz geboren wird, schickt sich Bonaparte an, Napoleon zu werden; als Berlioz in Paris das Medizinstudium aufgibt, um Musiker zu werden, ist im Land die vorrevolutionäre Lage wieder hergestellt, jedoch nur auf politischem Gebiet. Im Bereich der Kunst ist der Fortschrittsgedanke lebendig geblieben; die Lehre, daß das Alte stürzen muß, damit neues Leben sich aus den Ruinen erhebt, kann nicht mehr vergessen werden. Die damalige Avantgarde wird von Alexandre Dumas, Victor Hugo, Honoré de Balzac und Eugène Delacroix vertreten. Der Musiker Berlioz schließt sich ihnen an und begegnet ähnlichen Schwierigkeiten wie diese. Im Konservatorium wird die Musik von den Revolutionären von gestern und vorgestern verwaltet. Jene sind heute etabliert und fürchten sich davor, daß das Räderwerk der Welt sich weiterdreht; sie billigen den Jungen nicht zu, was sie selbst einmal getan haben. Die Zeit der Restauration bringt ein starkes Aufblühen der Oper, eine Reihe von bedeutenden Komponisten versorgt die Theater mit großen Opern und Spielopern hoher Qualität. Man erwartet zudem von jedem Komponisten, daß er seine musikalischen Fähigkeiten auf dem Gebiet der Oper nachweist. Auch diese Umweltsbedingung ist für Berlioz nachteilig, obschon er selbst jene Forderung an sich stellt. Es genügt nicht, daß er das Theater über alles liebt und sogar aus der Theaterwelt seine beiden Frauen holt. Die Liebe zum Theater wird nicht erwidert, denn er ist kein Mann der Oper, sondern der Sinfonie und des Oratoriums, wofür zu seiner Zeit das Publikum von Paris wenig Interesse aufbringt. Erst seine Nachwelt vermag die Großzügigkeit und Weiträumigkeit seiner Musik richtig einzuordnen, und seine Nachfolger wissen seinen Stil und seine Instrumentationskunst auszubeuten.

Leben

Hector Berlioz wird in La Côte-Saint-André, Dauphiné, als Sohn eines Landarztes am 11. Dezember 1803 geboren. Der Vater läßt ihn zum Mediziner ausbilden, Musik ist für den Doktor nur ein angenehmer Zeitvertreib; der Gedanke, sie als Beruf zu wählen, liegt außerhalb des Bereiches jeder denkbaren Möglichkeit. In dem Dorf gibt es nur selten eine Gelegenheit, Musik zu hören, erst Paris, wohin Hector Berlioz zum Medizinstudium geschickt wird, bietet diese Möglichkeit in Fülle. Der junge Mediziner, der für seine Wissenschaft nur „kalte Verachtung" aufbringen kann, macht davon ausgiebigen Gebrauch. Schon 1823 faßt er gegen den Willen des Vaters den Entschluß, in das Konservatorium einzutreten, und nimmt, um überhaupt aufgenommen zu werden, vorbereitenden Unterricht bei Jean François Le Sueur (1760–1837, Kirchenkapellmeister, Konservatoriumslehrer, Komponist von „Schrekkensopern", er führt als erster Messen mit großem Orchester auf, Vorläufer der Programmsinfoniker). Auf dem Konservatorium gerät Berlioz wegen seiner „extravaganten" Musikauffassung nahezu mit allen Lehrern – Le Sueur ausgenommen – in Konflikt, besonders mit dem Direktor Cherubini und dem stark konservativen Anton Reicha (1770–1836, Kompositionslehrer, Komponist von Opern, Sinfonien, Kammer- und Klaviermusik, pflegt Beziehungen zu Beethoven). Seinen Unterhalt muß Berlioz als Chorist in einem kleinen Theater verdienen, weil ihm sein Vater nichts mehr gibt. Mit verbissener Zähigkeit gelingt es ihm 1830, mit einer Kantate den Rompreis zu erlangen, was ihm einen Studienaufenthalt in Italien ermöglicht. Er hält es dort nur 18 Monate aus, dann läßt er sich in Paris nieder und heiratet 1833 die Schauspielerin Harriet Smithson, die er schon durch mehrere Jahre mit Liebesanträgen verfolgt hat. Er komponiert die Sinfonien „Harold in Italien" und „Symphonie funèbre et triomphale", die Sinfonie mit Chor „Romeo und Julia", überarbeitet die „Symphonie phantastique", bringt etliche Lieder heraus und macht sich an die Komposition des Opernstoffes „Benvenuto Cellini". Während er mit seinen bisherigen Werken, einschließlich der „Acht Szenen aus Goethes Faust" zumindest durchschnittliche Erfolge verzeichnen darf, fällt die Oper durch. Um leben zu können, betätigt er sich als Kritiker und Schriftsteller. Das fürstliche Honorar, das ihm Paganini um das Jahr 1840 für den „Harold" bezahlt, um seinen Ruf als Geizhals Lügen zu strafen, (und, wie behauptet wird, nicht aus eigenem, sondern bei Freunden aufbringt) ermöglicht es ihm, Konzertreisen zu unternehmen. In Deutschland, England, Rußland wird er sehr entgegenkommend aufgenommen, weit besser als in seiner Heimatstadt. Überall wird der Komponist, der gigantische Orchester- und Chormassen für die Wiedergabe seiner Werke fordert, gefeiert und bestaunt. Der preußische König fährt von Berlin nach Potsdam, um „Romeo und Julia" zu hören. Er sagt zu Berlioz: „Sie sind also der Komponist, der für 500 Musiker schreibt." Der Komponist antwortet: „Zuweilen schreibe ich auch für 450, Majestät." Die Frau des Komponisten ist gegen diese Reise, es kommt deswegen zur Scheidung. Was über nachträgliche gegenseitige Anfeindungen berichtet wird, dürfte nicht der Wahrheit entsprechen, weil feststeht, daß Berlioz seine Frau bis zu deren Tod alimentiert. Über seine Reisen schreibt Berlioz ein interessantes Tagebuch. Zur Weltausstellung 1855 komponiert er sein eindrucksvolles Tedeum, das er ebenso mit großem Aufwand an Instrumentalisten und Sängern ausstattet wie das Requiem, das 1837 im Invalidendom aufgeführt wird. Seine zweite Frau, eine unbedeutende Sängerin, die ihm das Leben sauer macht, stirbt, von ihm aufrichtig betrauert, im Jahr 1862. Seine Versuche, die Oper „Die Trojaner" und die Oper „Béatrice et Benedict" neu herauszubringen, scheitern. Der ständige Lebenskampf und die nie endenden Sorgen zermürben seine Nerven. 1867 nimmt er noch eine Einladung nach Rußland an, aber ein Jahr darauf bricht er völlig zusammen. Er stirbt am 8. März 1869 in Paris als eine der bedeutendsten Gestalten der französischen Musikgeschichte.

Werke

Mit Berlioz beginnt die Epoche der echten Romantik, sie stellt das „Ich" des Komponisten, dessen Gefühle, dessen Vorstellungen und Gedanken unmittelbar und nicht über den Umweg von historischen Reminiszenzen oder Märchenträume in den Mittelpunkt des künstlerischen Geschehens. Mit Berlioz beginnt die Programmusik, die literarischen Vorlagen folgt und deren Vorgänge umwegfrei, real und wahrhaftig ohne irgendwelche Regelzwänge darstellt; hierbei spielt es keine Rolle, ob die Vorgänge nun burlesk, schrecklich, leidenschaftlich, melancholisch, anmutig oder vernichtend sind. Mit Berlioz beginnt auch ein neuer Orchesterklang, weil er die Möglichkeiten der einzelnen Instrumente und deren Kombinationen voll ausschöpft. Man darf vielleicht auch sagen, daß mit Berlioz die Musik unserer Gegenwart ihren Anfang nimmt.
Seine vier Sinfonien „Phantastische Sinfonie", „Harold in Italien", „Romeo und Julia" und „Trauer- und Triumphsinfonie" sind auch noch heute auf den Konzertprogrammen zu finden. Die Ouvertüren „Wawerly" (1828), „König Lear" (1831), „Benvenuto Cellini" (1838), „Römischer Karneval" (1844) und „Der Korsar" (1845) sind nur mehr auf Schallplatten zu hören. Berlioz' große Chorwerke „Requiem", „Te Deum", „Fausts Verdammung", werden wegen des geforderten großen Klangapparates selten aufgeführt. Sein Oratorium „Die Kindheit Christi" (1854) gerät immer mehr in Vergessenheit. Seine Lieder (Chor- und Sologesänge) werden nur mehr wenig gesungen, sind aber formal richtunggebend bis zum Ende des 19. Jahrhunderts. Von seinen drei Opern wird „Die Trojaner" in unserer Zeit an großen Opernhäusern

Sinfonien

fallweise gegeben. Neben seinen Kompositionen ist sein grundlegendes Werk „Große Instrumentationslehre", das bis in unsere Zeit vielmal aufgelegt und bearbeitet worden ist, von Bedeutung.

SYMPHONIE FANTASTIQUE OP. 14
Entstanden 1830, dann fortgesetzt durch „Lélio ou Le retour à la vie" und zusammengefaßt als „Episode de la vie d'un artiste", in dieser Fassung am 9. Dezember 1832 uraufgeführt. Die Form des Werkes ist streng sinfonisch nach dem Vorbild Beethovens, abgesehen von der Fünfsätzigkeit. Der Gehalt ist programmatisch und schildert die Traumerlebnisse eines Künstlers, der aus unglücklicher Liebe Opium genommen hat. Berlioz stellt seine eigene Liebe zu seiner späteren Frau Harriet Smithson, die ihn nicht erhören will, dar. Das musikalische Hauptthema erscheint in jedem Satz als „Idée fixe" und charakterisiert leitmotivisch die spröde Geliebte. Im ersten Satz wird die Einsamkeit des jungen Musikers geschildert, seine Melancholie, seine Begegnung mit der Geliebten, seine Leidenschaft und Eifersucht. Im zweiten Satz geht der Musiker mit seiner Angebeteten auf einen Ball. „Szene auf dem Lande" heißt der dritte Satz. Oboe und Englischhorn blasen für den Musiker ein Hirtenlied. Die Geliebte erscheint. Mit einem Mal steigt ahnungsvolle Eifersucht in dem Mann auf. Das Hirtenlied erklingt erneut. Die Sonne sinkt. Ferne Donner kündigen kommendes Unglück an. Im vierten Satz hat der Mann die Geliebte ermordet und wird zum Tod verurteilt, zum Richtplatz geführt und bei Wirbel von Trommeln und Pauken geköpft. Der „Traum in der Walpurgisnacht" des fünften Satzes bringt einen dämonischen Klangrausch. Der hingerichtete Mörder wird von Hexen und Gespenstern begraben. Die Geliebte erscheint als grausige Hexe und nimmt an der Bestattung ihres Mörders hohngrinsend teil. Die Hexen tanzen um sein Grab. Spielzeit: 50 Minuten.

HAROLD IN ITALIEN OP. 16
Uraufgeführt am 23. November 1834 in Paris, entstanden aus dem von Paganini bestellten Bratschenkonzert, das der Virtuose als für seine Zwecke unbrauchbar ablehnt. Die musikalische Szene schildert in Anlehnung an „Child Harold's Pilgrimage" von Lord Byron im ersten Satz „Harold in den Bergen". Die Viola stimmt, nur von Harfen begleitet, das Harold-Thema an und führt Harold die Schönheit der Natur vor Augen. Landleute erscheinen und singen ein Loblied auf die Berge. Harold stimmt nach einigem Zögern ein. Auch der zweite Satz spielt in Italien. Pilger ziehen vorüber und singen ein Wallfahrerlied. Harold beteiligt sich am frommen Gesang. Die Pilger ziehen weiter. Von Ferne klingen die Abendglocken. Der dritte Satz verlegt die Szene in die Abruzzen. Das Englischhorn imitiert mit gezupften Streichern das Ständchen eines verliebten Dorfbewohners. Harold wird von der Idylle so ergriffen, daß er das Lied nachsingt, obwohl der Liebhaber mit seinen Freunden bereits verschwunden ist. Im vierten Satz gerät Harold in eine Räuberkneipe mit ihrem wüsten Lärm. Er versucht, sich an die erlebten Idyllen zu erinnern, wird aber vom Räuberchor daran gehindert. Spielzeit: 45 Minuten.

ROMEO UND JULIA OP. 17
Uraufgeführt am 23. November 1839 in Paris, vom Komponisten „Dramatische Sinfonie" genannt, vom Publi-

kum abgelehnt. Das Programm folgt dem Shakespeare-Drama. Es beginnt mit einem großen Ballfest bei Capulet, wo Julia und Romeo einander begegnen. Die Liebesszene des zweiten Aktes spielt sich in einem nächtlichen Garten ab. Der dritte Satz bringt die Vision von der Königin „Mab, der Fee der Träume". Im vierten Satz wird Julia begraben. Romeo begibt sich in die Familiengruft der Capulets. Julia erwacht. Freude, Verzweiflung, Angst und Tod des Liebespaares. Im Finale beschwört Bruder Lorenzo die feindlichen Familien, vom Kampf abzulassen. Sie leisten den Versöhnungsschwur. Spielzeit: 91 Minuten.

SYMPHONIE FUNÈBRE ET TRIOMPHALE OP. 15
Für großes Militärorchester, mit Streichinstrumenten und Chor, komponiert zur Feier der zehnten Wiederkehr der Julirevolution des Jahres 1830. Erster Satz: Trauermarsch als Kondukt der durch die Straßen von Paris getragenen Asche der Toten der Juli-Revolution. Zweiter Satz: Leichenrede. Eine Soloposaune bläst eine Gesangsmelodie, die anfänglich einem Rezitativ gleicht, sodann zu einem Arioso und einer Arie weiter entwickelt ist. Das restliche Orchester antwortet wie ein Chor. Dritter Satz: Apotheose. Nach einem Trommelwirbel und einer Fanfare stimmt das Orchester einen Marsch an. Am Ende setzt der Chor ein, anfänglich in tiefem Register wie ein fernes Volksgemurmel. Dann folgt die Verherrlichung der Toten nach den Worten von Antony Deschamps mit einem hinreißenden Hymnus.

GRANDE MESSE DES MORTS OP. 5
Entstanden 1837, 10 Sätze. Zur Ehrung des im Kolonialdienst gefallenen Generals Damrémont, aufgeführt im Invalidendom am 5. Dezember 1837 mit riesigem Klangapparat: 100 Streichern, 4 an den Ecken des Doms aufgestellte Blasorchester, 200 Choristen, insgesamt 600 Mitwirkende. Das Requiem trägt militärischen Charakter. Wenn auch die hereinstürzenden Klangorkane die Majestät des Weltenrichters ankündigen sollen, so sind es unverkennbar militärische Signale, rollende Geschützlafetten und Salutschüsse, die auch zu Ehren des toten Generals (oder der Toten der Julivolution, für die das Requiem ursprünglich gedacht gewesen ist) klingen und dröhnen. Das einleitende Requiem und Kyrie ist ein düsterer Trauergesang der Soli und Choristen. Das Dies irae verzichtet auf die übliche Klangmalerei des Schreckens des Jüngsten Tages, dessen Anbruch nahezu referierend angezeigt wird. Dann aber ertönen von allen Seiten des Raumes die Weckrufe, die die Toten vor das letzte Gericht befehlen, wie ein Alarm für ein in tiefen Schlaf versunkenes Heerlager. Die erregende Wirkung einfacher Dreiklangmotive, wie man sie bei Wagner wiederfindet, verleiht dem Requiem ein weit vom liturgischen Text entferntes Programm. Das „Quid sum miser" ist weniger ein Ausdruck verzagter Seelen als die gehorsame Antwort auf den Befehl. Noch einmal schmettern die Signale im „Rex tremendae", sobald die Aufgerufenen befehlgemäß vor dem Richter angetreten sind. Die letzte Heeresschau wickelt sich ab, der himmlische General Michael führt sie vor. Tapfere Soldaten, die für ihr Vaterland gestorben sind, müssen sich nicht fürchten, sie ziehen mit einer Osanna-Fuge in das himmlische Reich ein. Dieses Requiem, das denen von Mozart und Verdi an die Seite zu stellen ist, wird den Darstellungen des Jüngsten Gerichtes großer Maler

Grande Messe, Te Deum, Fausts Verdammung, Kindheit Christi

gleich gehalten. Dabei wird übersehen, daß es nicht so sehr auf die Trauer um die toten Soldaten und noch weniger auf ihre Furcht vor dem Weltgericht, sondern deren Ehrung abzielt.

TE DEUM OP. 22

Für Tenor, 3 Chöre, Orchester und Orgel, verfaßt zwischen 1850 und 1855, uraufgeführt am 30. April 1855 in der Saint-Eustache-Kirche in Paris einen Tag vor der Eröffnung der Pariser Weltausstellung mit einem Aufgebot von 900 Mitwirkenden. Der Komponist schreibt über sein Werk: „Im Te Deum respondiert die Orgel mit dem Orchester und zwei Chören, während ein dritter großer Chor, die Volksmenge darstellend, von Zeit zu Zeit einfällt." Der sakrale Text ist zum Teil nur Grundlage zur kolossalen Schilderung des für Paris großen Ereignisses, für das die Kantate geschrieben worden ist. Spielzeit: 45 Minuten.

FAUSTS VERDAMMUNG, DRAMATISCHE LEGENDE, OP. 24

Entstanden 1846, zwischen 1846 und 1869 in Teilen, im Februar 1877 vollständig uraufgeführt. Obwohl die „Legende" 1893 in Monte Carlo als Oper gegeben und dieses Beispiel bis heute von den Opernhäusern nachgeahmt wird, handelt es sich um keine Oper, sondern um ein Oratorium. Der Fauststoff ist nicht dramatisch, sondern lyrisch-episch in einzelnen Bildern dargestellt. Schon im Jahr 1829 behandelt Berlioz diesen Stoff in seinen „Acht Szenen aus Goethes Faust". Das vorliegende Oratorium ist eine Erweiterung jenes Werkes auf vier Teile mit zehn Bildern, von denen einige (Rakoczy-Marsch, Sylphenballett, Tanz der Irrlichter) auch gesondert gespielt werden. Teil I spielt in Ungarn und bietet ein idyllisches, friedliches Stimmungsbild, ein Heer zieht vorbei, begleitet vom Rakoczy-Marsch, der (auf einer ungarischen Volksmelodie basierend) zur Nationalhymne Ungarns geworden ist. Teil II nähert sich inhaltlich der Dichtung Goethes: Studierstube, Auerbachs Keller mit dem reizenden „Rattenlied" und dem „Flohlied", Szene an den Ufern der Elbe, wo Erd- und Luftgeister Fausts Schlaf bewachen und umgaukeln. Margarethe erscheint Faust im Traum, Sylphentanz. Im Teil III begegnen Faust und Margarethe einander. Margarethe singt das Lied „König in Thule", Mephistopheles bringt ein „ehrbares" Ständchen, Irrlichter tanzen ein zeremonielles Menuett. Faust tritt in Margarethes Kammer. Mephistopheles unterbricht den Gesang der Liebenden und mahnt zum Aufbruch, die herbeigeeilten Nachbarn verhöhnen das Mädchen. Teil IV bringt die Katastrophe. Margarethe singt eine Romanze. Die Szene wechselt. Faust meditiert in der Mondnacht im Wald, Mephistopheles mahnt ihn an Margarethe, die wegen Ermordung ihrer Mutter verurteilt, im Kerker liegt. Faust liefert seine Seele Mephistopheles aus, um das Mädchen zu retten. Der Pakt wird geschlossen. Mephistopheles, der versprochen hat, Faust in Margarethes Kerker zu führen, bringt ihn unmittelbar in die Hölle, die sich auftut und ihn unter dem Triumphgesang der Höllengeister verschlingt. Margarethes Seele schwebt in den Himmel, seraphische Chöre verkünden deren Verklärung.

DIE KINDHEIT CHRISTI, HEILIGE TRILOGIE OP. 25

Teilweise Uraufführung unter fingiertem Namen (Pierre Ducré) 1850, erste Gesamtaufführung am 10. Dezember 1854. Dieses Oratorium verzichtet auf großes Orchester, es hat stellenweise sogar kammermusikalischen Charakter. Teil I „Der Traum der Herodes" beginnt mit dem Rezitativ des Erzählers, der auf die kommende Handlung aufmerksam macht. Römische Wachen erzählen von der Furcht des Königs Herodes vor Verrätern. Im Königspalast schreckt Herodes aus seinen Angstträumen: „Schon wieder dieses Kind, das mich entthronen soll!" Schriftgelehrte werden gerufen, die den Traum deuten sollen. Sie raten, alles Neugeborene zu töten. Im Stall zu Bethlehem singen Joseph und Maria ein geistliches Pastorale. Dann kommt der Ruf der Engel, die Maria auftragen, nach Ägypten zu fliehen. Das von der Orgel und einigen Instrumenten begleitete Osanna beschließt die Szene. Teil II „Die Flucht nach Ägypten" wird von einem Hirtenchor eingeleitet. Die heilige Familie hält Rast, ein kleiner pastoraler Sinfoniesatz schildert die idyllische Landschaft. Der Erzähler berichtet, daß die Flüchtenden von den Engeln beschützt werden. Teil III „Ankunft in Saïs" läßt wieder den Erzähler zu Wort kommen; er berichtet von dem Ritt durch die heiße Wüste, von der Hartherzigkeit der Bewohner von Saïs, welche die heilige Familie nicht aufnehmen. Die erste Szene schildert die vergebliche Herbergsuche in Saïs, in der zweiten tut sich die Hütte eines Ismaeliten auf, der die Flüchtenden aufnimmt. Fröhlich klingt der Tag bei der Musik der jungen Ismaeliten aus. Der Erzähler spricht das Schlußwort: „So wurde der Erlöser von einem Ungläubigen gerettet."

Tips für Plattenfreunde

O Ouvertüren (Stereo-LP/Philips LY 835 367)
O Sämtliche Orchesterlieder (Stereo-LP/Philips 6500 009). Ausgezeichnete Wiedergabe
O Symphonie fantastique (Stereo-LP/CBS 73 122), Münch)
O Harold in Italien (Stereo-LP/78 281, New Yorker Philharmoniker, Bernstein)
O Romeo und Julia (2 Stereo-LP/Philips LY 839 716/17, Londoner Symphoniker, Davis)
O Symphonie funèbre et triomphale (Stereo-LP/Philips LY 802 913) Mustergültige Aufnahmen
O Fausts Verdammnis (2 Stereo-LP/EMI 1C 065 = 12019/2 OY, Prêtre)
O Requiem (2 Stereo-LP/Philips 6700 019, Davis)
O Te Deum (Stereo-LP/Philips LY 839 790, Davis)
O Die Kindheit Christi (2 Stereo-LP/EMI SAN 170/71, Cluytens) Aufnahmen von seltener Plastik und Präzision

MICHAIL IWANOWITSCH GLINKA (1804–1857)

Zeit und Umwelt

Rußland hat Napoleon vertrieben und einen erheblichen Anteil an den Siegen über den Kaiser der Franzosen gehabt. Das Zarenreich hat am Konferenztisch in Wien 1814/15 wesentlich dazu beigetragen, die alte Ordnung in Europa wieder aufzurichten und zu stabilisieren. Dadurch ist das Selbstbewußtsein des russischen Adels und des Bürgertums ungeheuer angestiegen. Das Verlangen nach eigenen Kulturleistungen, die bisher zum größten Teil besonders auf dem Gebiet der Musik von Ausländern erbracht wurden, wird laut. Es hat bereits einen Dimitri Bortnjanski (1751–1825) und einen Fomin gegeben, doch beide waren noch zu stark vom Ausland künstlerisch abhängig. Die eigenständige russische Musik beginnt erst mit Glinka.

Leben

Michail Iwanowitsch Glinka ist am 1. Juni 1804 in Nowospaskoje, Gouvernement Smolensk, geboren. In diesem Dorf lernt er als Kind den reichhaltigen ukrainischen Volksliedschatz kennen und lieben. Den ersten Klavierunterricht erhält er von seiner Gouvernante. 1817 sendet ihn sein Vater, ein pensionierter Offizier, in eine aristokratische Privatschule nach Petersburg, die er 1822 verläßt. In jener Zeit erhält er von John Field (1782–1837) einigen Klavierunterricht. Auf einer Reise in den Kaukasus (1823) lernt er jenen Landesteil kennen, dessen Musik er später in seiner zweiten Oper „Ruslan und Ludmilla" verwendet. 1824 tritt er eine Stelle als Sekretär der russischen Verkehrsverwaltung an, gibt aber diese 1828 auf, um sich ganz der Musik zu widmen, reist seiner schwachen Gesundheit wegen für drei Jahre nach Italien, wo er Donizetti und Bellini kennenlernt und sich an italienischer Musik begeistert. 1833 kommt er nach Berlin und nimmt dort bei Siegfried Wilhelm Dehn (1799–1858; Musikwissenschafter, Musiklehrer) Kompositionsunterricht. Dehn animiert ihn, nationale russische Musik zu schreiben, und Glinka schafft 1836 mit „Das Leben für den Zaren" (die ursprünglich und heute wieder „Iwan Sussanin" heißt) die erste russische Oper. Denn frühere Opern Rußlands stellen einen Stilimport aus Italien dar, wie etwa die Werke von Jewstignei Ipatowitsch Fomin (1761–1800). Glinka lebt in der Folge abwechselnd in Rußland, Deutschland, Frankreich und Spanien und stirbt in Berlin am 15. Februar 1857 als „Patriarch der russischen Musik" (Liszt).

Werke

Die zwei spanischen Ouvertüren Glinkas und seine Fantasie Kamarinskaja werden heute noch häufig gespielt, seine Kammermusik für Streicher (Quartett in F, Sextett, für Streicher) und Bläser (Trio, Serenaden) sind ebensowenig vergessen wie sein Klavier- und Liedschaffen. Die beiden Opern erscheinen nur mehr selten auf ausländischen Bühnen.

KAMARINSKAJA
Sinfonische Variationen über zwei russische Volksliedthemen, entstanden 1847. Es handelt sich um keine Programmusik, sondern um die Darstellung verschiedener Episoden des russischen Bauernlebens. Die Themen sind nach russischer Art variiert, indem die Melodie unverändert bleibt und nur jedesmal neu harmonisiert

und in eine andere Tonart versetzt wird. Kamarinskaja ist ein typisches Beispiel russischer Sinfonik, „aus der sich die ganze russische sinfonische Schule entwickelt hat" (Tschaikowski). Spielzeit: 8 Minuten.

JOTA ARAGONESA
Entstanden 1845 als „Spanische Ouvertüre Nr. 1". Spanische Impression (Tänze, Lieder) in Sonaten- und Variationsform, aufgebaut auf den Intonationen der aragonesischen Jota. Spielzeit: 10 Minuten.

ERINNERUNGEN AN EINE SOMMERNACHT IN MADRID
(Zweite spanische Ouvertüre), entstanden 1851. Sinfonische Verarbeitung spanischer Lieder und Tänze. Das erste Thema ist eine echte Jota, darauf folgt eine Liedweise, anschließend eine Seguidilla und am Ende eine Walzerfantasie, die zum Vorbild für die Walzer von Tschaikowski, Glasunow, Tanejew und Arenski wird.

Tips für Plattenfreunde
○ Russische Lieder (Stereo-LP/PR 70 119)
○ Russische Lieder (Stereo-LP/ Deutsche Grammophon 2530 725) Sehr gute Aufnahmen
○ Michail Glinka, Spanische Ouvertüren Nr. 1 bis 2 (Stereo-LP/Ariola XD 85 851 K, Swetlanow)

FELIX MENDELSSOHN-BARTHOLDY (1809–1847)

Zeit und Umwelt

Da gegen das Jahr 1811 das Leben in Hamburg unter der französischen Besatzung immer unerträglicher wird, verläßt die Familie Mendelssohn-Bartholdy heimlich die Stadt und siedelt sich in Berlin an. Das ist die einzige Konfrontation des Komponisten mit der Widrigkeit der Umwelt. Anschließend darf er unbehelligt von politischen und sozialen Ereignissen aufwachsen und sich der Musik widmen. Die gesellschaftliche Stellung, der Bildungsgrad der Eltern und ihr Wohlstand schirmen ihn gegen alles ab, so daß er zum Aristokraten der Musik werden kann. Seine Umwelt besteht aus Freunden, aus Bewunderern und aus Menschen, die ihn lieben. Er spielt Goethe als Knabe vor und wird gelobt. Der König von Preußen bemüht sich, ihn von Leipzig nach Berlin zu bekommen, und er kann es sich leisten, abzulehnen. Da außerdem bereits sein jüdischer Vater – wie Heinrich Heine – das „Eintrittsbillett" zur europäischen Gesellschaft erworben, indem er sich mit der ganzen Familie hat protestantisch taufen lassen, schadet dem Sohn auch die jüdische Abstammung nicht; der Rassenantisemitismus ist noch nicht populär. Das kommt erst zwanzig Jahre nach seinem Tod; dann fallen Richard Wagner und dessen Gesinnungsgenossen über ihn her, dann greifen immer mehr Kritiker und Musikwissenschafter ihn zum Teil mit offenem Visier an oder verstecken ihre Emotion hinter Sachlichkeit; Mendelssohns Name wird dann nahezu stereotyp die Bezeichnung „Sohn eines reichen jüdischen Bankiers" beigesetzt, um ihn zu deklassieren. Und nach weiteren fünfzig Jahren wird seine Musik für deutsche Ohren verboten und sein Name aus der Musikgeschichte gestrichen. Doch der Klang seines Namens und seiner Musik ist zu eindringlich und die Spur, die er nach seinem kurzen Leben in der Kulturgeschichte Europas hinterlassen hat, zu nachhaltig gewesen, so daß die Denkmale, die er sich selbst gesetzt, nicht gestürzt werden können. Dagegen sind viele, die Mendelssohn zu beseitigen versuchten, bereits vergessen, als wären sie nie gewesen.

Leben

Felix (Jakob Ludwig) Mendelssohn-Bartholdy wird am 3. Februar 1809 in Hamburg als Sohn des Abraham und Enkel des Philosophen Moses Mendelssohn geboren. Er zeigt frühzeitig musikalische Anlagen und wird vorerst von seiner Mutter Lea geborene Salomon im Klavierspiel unterrichtet. Dann übernehmen der Pianist Ludwig Berger, der Geiger Eduard Rietz (auch Ritz; 1802–1832, älterer Bruder von Julius Rietz, 1812–1877, Cellovirtuose, Dirigent, schreibt Bühnenmusik für Goethe, Calderón, Immermann und andere) und der Komponist Karl Friedrich Zelter, zeitweise auch Johann Nepomuk Hummel den Unterricht. Bei seinem ersten Aufenthalt in Paris nimmt er auch bei Marie Bigot de Mirignes (geborene Kiene, 1786–1820; bedeutende Pianistin) einige Klavierstunden. Er wird aber gleichzeitig auch im Zeichnen und alten Sprachen gründlich ausgebildet. Mit 9 Jahren wirkt er zum ersten Mal als Pianist an der Aufführung eines Trio von Joseph Wölfl mit (um 1772–1812; bedeutender Klaviervirtuose, Komponist, Schüler von Leopold Mozart). Da in seinem Vaterhaus jeden Sonntag Konzerte veranstaltet werden, zu denen eine kleine Kapelle engagiert wird, hat der junge Musiker die Möglichkeit, seine Kompositionsversuche aufzuführen. 1820 tritt er der Berliner Singakademie bei, 1821 lernt er Carl Maria von Weber kennen, und im selben Jahr nimmt ihn Zelter nach Weimar zu Goethe mit, dessen Zufriedenheit er mit seinem Klavierspiel erreicht. Die erste öffentliche Aufführung eigener Werke (eine Sinfonie und ein Klavierkonzert) findet im gleichen Jahr statt. 1827 vollendet er seine Oper „Die Hochzeit von Camacho", die sich aber nicht durchsetzt. Auf einer Reise nach Heidelberg lernt er den Verfechter klassischer A-cappella-Musik Anton Friedrich Justus Thibaut (1774–1840; Musikologe und Jurist) kennen, 1829 setzt er in der Singakademie die erste Wiederaufführung der Matthäus-Passion nach Bachs Tod durch und leitet damit eine Bach-Renaissance ein. Noch 1829 reist er nach England und Schottland, anschließend nach Italien. 1833 wird ihm die Leitung des niederrheinischen Musikfestes in Düsseldorf übertragen, er nimmt die Stellung eines Musikdirektors von Düsseldorf an, gibt sie aber bereits ein Jahr später an Julius Rietz ab und wird Kapellmeister der Gewandhauskonzerte in Leipzig. Er ist der erste Dirigent, der das Orchester von einem Podium leitet, was Schumann mißfällt, weil ein Orchester eine Republik ohne Oberhaupt sei. Die Universität Leipzig verleiht ihm 1836 das philosophische Ehrendoktorat. 1837 heiratet er Cécile Charlotte Sophie Jeanenaud aus Frankfurt am Main. Im Jahr 1843 gründet er unter dem Protektorat des Königs von Sachsen das Konservatorium für Musik in Leipzig, als dessen erste Lehrer außer ihm Hauptmann, Schumann, David und Christian August Pohlenz (1790–1843; Chormeister, Dirigent, Komponist für Klavier und Singstimmen) bestellt werden. Er stirbt am 4. November 1847 zu Leipzig, wo ihm 1892 ein Denkmal errichtet wird, nachdem ihm London diese Ehrung bereits 1860 erwiesen hat. Das Leipziger Denkmal wird 1936 von den Nationalsozialisten zerstört und 1947 neu errichtet. Felix Mendelssohn wird von mehreren Biographen als Aristokrat angesprochen, und zwar nicht mit Unrecht, wenn man das Wort in seinem wahren Sinn versteht. Mendelssohn entstammt einer sehr reichen Familie, wird zu einer idealistischen Lebensführung erzogen und durch gründlichen wissenschaftlichen und künstlerischen Unterricht gefördert. Er übersetzt flüssig aus dem Lateinischen und Griechischen, er schreibt eine gute Prosa und dichtet, er zeichnet und malt mit Talent, er spielt virtuos Klavier, er komponiert, er dirigiert die Werke der anderen Meister und seine eigenen, er ist in Musik und Literatur der Gegenwart und der Vergangenheit versiert. Von seinem Vater ist er zu einer strengen Pflichtauffassung und zu schonungsloser Selbstkritik erzogen worden, so daß er bereits in seiner Jugend zum seriösen, verläßlichen, durch und durch gebildeten Menschen wird. Mendelssohns Lebensauffassung drückt sich voll in seiner Musik aus, deren Stil er sich selbst schaffen muß, denn ihm liegt die Romantik eines Carl Maria von Weber nicht, und er kennt Franz Schubert kaum. Nun ist gerade die Romantik durch Regellosigkeit und Ungebundenheit gekennzeichnet, was Mendelssohns Wesen gründlich widerspricht. Daher entgeht er nicht immer der Gefahr, zu glatt, zu ausgewogen und dadurch zu wenig ursprünglich, zu überlegt und zu wenig spontan zu schreiben. Überdies verläuft sein Leben, so kurz es ist, glücklich und störungsfrei. Er liebt Frau und Kinder und wird von ihnen wieder geliebt, er kennt kein Elend, keine Krankheit und keine Leiden, wie sie Mozart, Beethoven oder Schubert betroffen haben. Das Schicksal hat ihm tiefe und starke Gefühlserregungen erspart. Daher ist seine Musik vielleicht zuweilen zu elegant und zu konziliant, zu vornehm. Die egozentrische Exzentrizität eines Berlioz oder Liszt ist ihm fremd. Seine Romantik spielt sich in den Höhen ab und nie in den Abgründen, ist aber dennoch echte Romantik, ist dennoch echte, tief empfundene, meisterhaft erfundene und ausgearbeitete Musik, weil sie die Schönheit und Wahrheit zum Ziel nimmt und an den geheimen Wünschen der Menschen rührt.

Felix Mendelssohn-Bartholdy (1809–1847)

Seine Schwester Fanny Cécile Hensel geborene Mendelssohn-Bartholdy (1805–1847) wird mit ihm zugleich unterrichtet und nimmt ständig an seinem Schaffen teil. Sie selbst bringt 4 Bücher mit Klavierstücken, 2 mit Klavierliedern, eines mit mehrstimmigen Liedern heraus. Der Sohn seines Vetters, Arnold Mendelssohn (1855–1933), wird Kirchenmusikdirektor in Darmstadt, komponiert 3 Sinfonien und 3 Opern mit wenig Erfolg. Seine Lieder, Chöre, Motetten, Chorwerke und Oratorien bereichern die evangelische Kirchenmusik. Seine Hauptverdienste erwirbt er als Musiklehrer.

Literatur

K. H. Wörner: Felix Mendelssohn, 1947
H. E. Jacob: Felix Mendelssohn-Bartholdy und seine Zeit, 1959

Werke

Mendelssohns kompositorisches Schaffen umgreift beinahe alle Sparten der Musik. Seinen fünf Sinfonien – Nr. 1 c-Moll, Nr. 2 B-Dur, Nr. 3 a-Moll, Nr. 4 A-Dur, Nr. 5 d-Moll – gehen 12 „Jugendsinfonien" für Streicher voran, von denen die ersten drei mit ihrer Dreisätzigkeit völlig den Vorbildern des 18. Jahrhunderts verhaftet sind. Die vierte ist durch eine vorangestellte Einleitung erweitert, die siebte ist bereits viersätzig und die achte weist schon die Sinfonieform der Wiener Klassik auf, sie wird später von Mendelssohn für großes Orchester umgeschrieben. Die neunte bringt im zweiten Satz durch Verwendung verschiedener Strichergruppen eine Dreiteilung. Das folgende Scherzo weist bereits den für Mendelssohns Romantik typischen feenhaften Charakter auf; im Trio ist ein Schweizer Volkslied verarbeitet. Auch die elfte Sinfonie bringt ein Schweizerlied, das von Pauken, Triangel und Becken begleitet wird. Die Musik zu Shakespeares Sommernachtstraum (zu der er die Ouvertüre bereits als Siebzehnjähriger verfaßt), die „Hebriden-Ouvertüre" (Fingalshöhle), „Meeresstille und glückliche Fahrt", „Die schöne Melusine", „Ruy Blas" und die „Trompetenouvertüre" werden heute mehr gespielt als die Sinfonien.

Von seinen zwei Violinkonzerten wird das erste in d-Moll nur selten gespielt, während das zweite zum festen Bestand aller Violinvirtuosen gehört. Von den 3 Klavierkonzerten ist das a-Moll-Konzert eine Jugendarbeit, die beiden anderen werden häufig gespielt wie auch das „Capriccio" h-Moll op. 22, das „Rondo brillant" Es-Dur op. 29 und „Serenade und Allegro" op. 43. Die Kammermusik nimmt einen breiten Raum in Mendelssohns Schaffen ein: ein Streichoktett, ein Klaviersextett, zwei Streichquintette, 7 Streichquartette, 3 Klavierquartette (im Alter von 12 Jahren geschrieben), zwei heute noch sehr beliebte Klaviertrios, mehrere Duos für Klavier und Violine oder Cello. Sein Klavierwerk umfaßt acht Hefte mit „Lieder ohne Worte", vier Sonaten, „Sechs Präludien und Fugen" und andere Stücke. Für die Orgel schreibt

Mendelssohn 6 Sonaten, 3 Präludien und mehrere Fugen. Den Vokalwerken sind die beiden Oratorien „Paulus" und „Elias" und die Kantate „Die erste Walpurgisnacht" voranzustellen. Seine 83 Klavierlieder sind heute durch die Lieder von Schubert, Schumann, Wolf und Brahms zurückgedrängt, stehen aber doch zuweilen auf den Programmen der Liederabende und werden als Hausmusik verwendet. Von den 21 Männerquartetten sind einige noch sehr beliebt. Außerdem schreibt Mendelssohn die Bühnenmusik zu Athalia (Racine), zu Ödipus in Kolonos und zu Antigone (beide Sophokles), Opern und ein Liederspiel „Heimkehr aus der Fremde".

SINFONIE NR. 1 C-MOLL OP. 11
4 Sätze, entstanden 1824 als 13. Sinfonie (mit Rücksicht auf die vorangegangenen 12 Jugendsinfonien). Uraufgeführt 1827 im Leipziger Gewandhaus unter Johann Philipp Christian Schulz, nächste Aufführung 1829 in London unter der Leitung des Komponisten, wobei das Menuett gegen das uminstrumentierte Scherzo des Oktettes ersetzt wird. Das Werk steht unter dem Einfluß Beethovens, Mozarts und Webers. Der erste Satz bringt ein lebensfrohes Allegro molto, das erste Thema besteht aus Arpeggien und Läufen, das zweite ist lyrisch und erinnert an Beethoven. Das Adagio mit seinem äußerst lyrischen, lieblichen Thema stellt eine Kombination von Sonaten- und Variationsformen dar. Es ist reizend instrumentiert. Das Menuett ist von Mozart beeinflußt, kräftig, klangvoll und sehr rhythmisch. Das Allegro von fuoco schließt das Werk temperamentvoll ab.

SINFONIE NR. 2 „LOBGESANG" OP. 52
Sinfoniekantate, 4 Sätze. Gewidmet Friedrich August, Herzog von Sachsen. Uraufgeführt am 25. Juni 1840 in der Thomaskirche in Leipzig anläßlich der Vierhundertjahrfeier der Erfindung der Buchdruckerkunst. Der erste Satz bringt nach einer längeren Einleitung das Thema der Kantate „Alles, was Odem hat" von Unisonoposaunen vorgetragen. Das gleiche Thema erscheint im Trio des zweiten Satzes. Der dritte Satz leitet zur Chorkantate über, die mit der Lobpreisung des Herrn einsetzt. Es folgt ein Sopransolo mit Frauenchor „Lobe den Herrn", ein Tenorrezitativ, ein Chorsatz und wieder der Sopran mit den Frauen im berühmten Andante „Ich harrete des Herrn", von dem Schumann schwärmt: „Es war wie ein Blick in einen Himmel Raffaelscher Madonnenaugen". Dem dramatischen Tenorsolo „Stricke des Todes" folgt ein Rezitativ voll Angst: „Hüter, die Nacht ist hin". Der Chor „Die Nacht ist verhangen" bringt die erlösende Tröstung. Der Luther-Choral „Nun danket alle Gott" schließt sich an, ein lyrisches Duett folgt, dann schließt das Werk mit einem mächtigen fugierten Chorsatz.

SINFONIE NR. 3 „SCHOTTISCHE SINFONIE" A-MOLL OP. 56
4 Sätze, vollendet 1842, uraufgeführt am 3. März 1842 im Leipziger Gewandhaus. Der erste der vier ohne Pause zu spielenden Sätze setzt mit einer melancholischen Einleitung ein. Trotz des Liedcharakters aller Themen dieses Satzes entstehen dramatische Auseinandersetzungen und leidenschaftliche Ausbrüche in der Durchführung; erst die Reprise, von den Celli getragen, verläuft mit störungsloser Kantilene. Sogar in der

Coda ziehen Sturm und Gewitter auf, bis das Einleitungsthema erneut erklingt und zum zweiten Satz überleitet. Dessen Hauptthema ahmt pentatonisch Dudelsackklänge nach, die der Komponist in Schottland gehört hat. Ein heiteres Scherzo schließt sich an, Streicherpizzicati führen zum dritten Satz. Dieser beginnt mit einem dramatischen Rezitativ, die erste Geige spielt eine elegische Weise, die von einem marschartigen a-Moll-Teil unterbrochen ist. Der eng angeschlossene vierte Satz bringt zarte und heroische Perioden und mündet triumphal in einen Siegesgesang. Spielzeit: 38 Minuten.

SINFONIE NR. 4 A-DUR „ITALIENISCHE SINFONIE" OP. 90
4 Sätze, vollendet 1833 in Berlin, uraufgeführt in London am 13. Mai 1833, dirigiert vom Komponisten. Der erste Satz malt Licht und Leben der italienischen Landschaft in hellen Farben, in die ein Tanzrhythmus hineinklingt. Dann kommt es zu einer dramatischen Durchführung mittels eines Moll-Themas, das in strahlendes Dur wie ein Sommertag ausklingt. Im zweiten Satz zieht eine Prozession durch das Land, dunkel und fromm, spottende Bläserthemen werden bald zum Verstummen gebracht. Biedermeierliche Ländlertöne erfüllen den dritten Satz, im Trio erklingt ein Bläserquartett. Der letzte Satz, „Saltarello" betitelt, steigert sich von zarter Farbgebung über gedehnte elegische Episoden zu hinreißender, eleganter Musik, in der alle Leidenschaftsausbrüche in den Grenzen beherrschter Wohlanständigkeit gehalten werden. Spielzeit: 28 Minuten.

SINFONIE NR. 5 D-DUR „REFORMATIONS-SINFONIE" OP. 107
4 Sätze, 1839/40 zur 300-Jahr-Feier der Augsburger Konfession komponiert. Im ersten Satz wird das „Dresdner Amen" der sächsischen Liturgie zitiert (von Richard Wagner im Gralsmotiv verwendet). Dieses Quintenmotiv wird zur thematischen Quelle des gesamten Werkes. Ein Scherzo in B-Dur erklingt im zweiten Satz. Das anschließende Andante ist nur für Streicher gesetzt. Ohne Pause folgt ein strahlendes Finale, in dem der Choral „Ein' feste Burg", anfangs mit einer Soloflöte intoniert, von strahlenden Bläsern gespielt wird. Spielzeit: 25 Minuten.

MUSIK ZU „EIN SOMMERNACHTSTRAUM" OP. 61:
OUVERTÜRE E-DUR (OP. 21)
Vollendet 1826, uraufgeführt 1827 in Stettin, bringt bereits alle Handlungselemente des Lustspiels von Shakespeare: Das Feenreich Oberons, gekennzeichnet von langausgehaltenen Bläserakkorden, der Elfentanz, die Welt der Handwerksleute mit dem Eselsruf des von Puck verzauberten Handwerkers, die Fanfaren der königlichen Jagd. Die übrige Schauspielmusik, uraufgeführt 1843 in Potsdam, besteht aus dem Scherzo des ersten Aktes (Elfen, Handwerker), dem Intermezzo nach dem 2. Akt (Verzweiflung der Liebenden und Verschmähten), dem Notturno und dem Hochzeitsmarsch.

VIOLINKONZERT E-MOLL OP. 64
3 Sätze, entstanden 1844 in Bad Solen, uraufgeführt am 13. März 1845 im Gewandhaus in Leipzig, gespielt von Ferdinand David. Der erste Satz beginnt mit einer kantablen Violin-Melodie zu Streicherbegleitung. Ein zweites Thema der Klarinetten und Flöten schließt sich an. Der Durchführung folgt eine Kadenz, eine knappe Coda schließt den Satz nach der Reprise. Die Kantilene des zweiten Satzes hat dieses Konzert zum festen Bestandteil der Virtuosenprogramme

Isaac Stern gilt als einer der bedeutendsten amerikanischen Geiger. Mendelssohns e-Moll-Konzert ist eine Glanznummer seiner Konzerte.

gemacht. Das Finale, ein sonatenartiges Rondo, zählt zu den wertvollsten Kompositionen Mendelssohns überhaupt. Spielzeit: 28 Minuten.

KLAVIERKONZERT G-MOLL
OP. 25
3 Sätze, entstanden 1831, uraufgeführt am 17. Oktober 1831 in München, gespielt von Delphine von Schauroth. Das Oktavenmotiv, mit dem das Klavier im ersten Satz nach der kurzen Orchestereinleitung einsetzt, erklingt während des gesamten Werkes immer wieder und unterstreicht dessen Einheitlichkeit. Dann stellt sich das kraftvolle Hauptthema vor, das kurz durchgeführt, zu einer weichen, kantablen Melodie führt. Das Thema des zweiten Satzes liegt bei Bratschen und Celli, wird vom Soloinstrument übernommen und zart wie ein „Lied ohne Worte" vorgetragen. Der dritte Satz wird vom Blech angekündigt, greift mehrmals auf das Einleitungsmotiv zurück und schließt mit einem prächtigen Orchestercrescendo. Spielzeit: 20 Minuten.

OKTETT FÜR STREICHER
ES-DUR OP. 20
4 Sätze, entstanden 1825. Das verdoppelte Streichquartett stellt einen einheitlichen Klangkörper ohne antiphonale Gegenüberstellung dar. Der erste Satz beginnt homophon – erste Violine mit Tremolobegleitung der anderen Instrumente –, dann wird die Führung von den Celli übernommen, bis die Violinen und die erste Viola das folgende Thema einführen. Die Reprise leitet verkürzt zu brillanten Coda. Das Andante des zweiten Satzes bringt ein Siciliano. Das anschließende Mollthema führt zu einem glänzenden Es-Dur, bis das Kopfthema in Umkehrung wieder erscheint. Der dritte Satz, Scherzo, trägt als Motto Goethes Stanze aus Faust „Wolkenzug und Nebelflor..." und ist ein Beispiel echter Programmusik. Der letzte Satz ist meisterhaft kontrapunktisch angelegt, er rekapituliert und transformiert einzelne Themen der vorangehenden Sätze in ständiger Steigerung bis zum triumphierenden Ausklang.

STREICHQUINTETT NR. 2 B-DUR
OP. 87
4 Sätze, entstanden 1845. Das durchwegs lyrisch gehaltene Werk beginnt im ersten Satz mit einem Tremolo von vier Instrumenten, welche die Geigenmelodie begleiten, aber dann kraftvoll in die Entwicklung eingreifen, die sich bis zu den Formen eines Violinkonzertes steigert. Das Andante scherzando erinnert wohl an ähnliche Sätze von Beethoven, bleibt jedoch stets melancholisch, ohne dessen Ironie. Auch das Trio ist gedämpft gehalten und kann schon durch seine Kürze

die Stimmung nicht verändern. Der dritte Satz bringt eine Elegie über dicht verwobenem Hintergrund. Und der vierte Satz hält die Waage mit dem ersten, was Schönheit, Klangfülle, Architektur und Ausdruckskraft anlangt. Spielzeit: 28 Minuten.

STREICHQUARTETT NR. 3 D-DUR OP. 44,1
4 Sätze, entstanden 1838. Der erste Satz verläuft nach klassischem Muster und bietet – wie das Gesamtwerk – ein orchestrales Bild. Das Menuett des zweiten Satzes ist leise und archaisierend, das Andante melancholisch und verträumt, während das Finale eine neapolitanische Tanzweise zu einem Fugato und einer Doppelfuge mischt. Spielzeit: 28 Minuten.

STREICHQUARTETT NR. 4 E-Moll OP. 44, 2
4 Sätze, entstanden 1837. Dieses Quartett ist klassisch perfekt gearbeitet und bietet nur gebändigte Farben und Stimmungen. Das Scherzo im zweiten Satz stellt eine Variante des gleichartigen Satzes der Sommernachtstraummusik dar. Das Andante hat eine starke Ähnlichkeit mit dem ersten Satz. Einzig der vierte Satz weicht von der Norm ab, weil er im dreiteiligen Taktmaß gehalten ist. Spielzeit: 27 Minuten.

STREICHQUARTETT NR. 5 ES-DUR OP. 44, 3
4 Sätze, entstanden 1838. Dieses unbestritten bedeutendste Quartett des Komponisten setzt mit einem kräftigen Kopfsatz ein, der mit seinem Gedankenreichtum für eine Sinfonie ausreichen würde. Die Durchführung fällt durch ihre Dichte auf. Der zweite Satz leitet sich von einem Saltarello ab und kombiniert einen Kanon, eine Doppelfuge und kontrapunktisches Kunstwerk. Der dritte, langsame, gebetartige Satz gehört zu den Kostbarkeiten des Komponisten und hat eine Anzahl spätere Komponisten zu ähnlichen Quartettsätzen inspiriert (Smetana, Dvořák, Tschaikowski, Brahms). Im Finale herrscht erregte, fröhliche Stimmung ohne Pause. Spielzeit: 32 Minuten.

TRIO D-MOLL FÜR KLAVIER, VIOLINE UND CELLO OP. 49
4 Sätze, entstanden 1839. Der erste Satz bringt ein sehr weit gespanntes Thema zuerst im Cello, sodann in der Violine, der zweite musikalische Gedanke ist wieder dem Cello anvertraut. Beide Themata werden intensiv durchgeführt und enden nach der Reprise in eine Coda, die das Kopfthema wieder aufnimmt. Das Andante con moto tranquillo des zweiten Satzes ist melancholisch, etwas resigniert. Das Scherzo nimmt seine Gedanken von der Sommernachtstraummusik, und das Finale bringt eine zweimal von einer sehnsuchtsvollen Weise unterbrochene stürmische Tanzmelodie. Spielzeit: 30 Minuten.

TRIO C-MOLL FÜR KLAVIER, VIOLINE UND CELLO OP. 66
4 Sätze, entstanden 1845. Der erste Satz dieses bedeutenden Werkes mischt traurige mit leidenschaftlicher Stimmung, die im Andante espressivo erhalten bleibt und sich dort nur allmählich beruhigt. Das Scherzo ist lustig und schwatzhaft. Das Finale bringt die Leidenschaftsausbrüche des ersten Satzes wieder und verarbeitet am Ende einen Choral aus dem Genfer Psalter. Spielzeit: 32 Minuten.

LIEDER OHNE WORTE
48 Klavierstücke in acht Heften zu je sechs, veröffentlicht 1834 bis 1845 (6 Hefte), 1851 und 1868 (je eines), op. 19, 30, 38, 53, 62, 67, 85, 102. Diese Stücke übertragen die Ausdruckskraft

des Liedes auf die Instrumentalmusik, so daß das Klavier eine Liedmelodie vorträgt und selbst begleitet. Die Hefte enthalten Liedmelodien verschiedenster Art, manche nehmen etudenhaften Charakter an und überschreiten den durch die Bezeichnung gesteckten Rahmen. Der Trauermarsch op. 62,3 wirkt wie ein Sonatensatz. Er ist von Moscheles orchestriert und bei der Totenfeier für den Komponisten in Leipzig gespielt worden.

PAULUS, ORATORIUM FÜR SOLI, CHOR UND ORCHESTER, OP. 36

Text von Julius Schubring, 2 Teile, entstanden 1836, uraufgeführt am 22. Mai 1836 zum Rheinischen Musikfest in Düsseldorf. Teil I behandelt Predigt und Steinigung des Stephanus und Bekehrung des Paulus in Damaskus. Teil II stellt das Wirken des Paulus und seine Verfolgung dar. Personen: Paulus – Baß, Stephanus, Barnabas – Tenöre, zwei falsche Zeugen – Bässe, Biblische Erzählung – Sopran, Alt, Tenor.

ELIAS, ORATORIUM FÜR SOLI, CHOR UND ORCHESTER, OP. 70

Text von Julius Schubring, 2 Teile, entstanden 1846, uraufgeführt 1868 bei den Festspielen in Birmingham. Teil I stellt den Propheten als Prediger und Wundertäter dar, der über das Wetter gebietet. Teil II beinhaltet Verfolgung, Triumph und Himmelfahrt und als Anhang die messianische Weissagung. Personen: Witwe und Knabe – Sopran, Engel und Königin – Alt, Obadjah und Ahab – Tenor, Elias – Baß.

DIE ERSTE WALPURGISNACHT FÜR SOLI, CHOR UND ORCHESTER, OP. 60

Ballade von Goethe, Chorkantate, entstanden 1843. Personen: Alte Frau – Alt, Druide – Tenor, Priester – Bariton, Wächter – Baß.

Tips für Plattenfreunde

○ Ausgewählte Lieder (2 Stereo-LP/ EMI 1C 193-02180/81, Fischer-Dieskau)
○ Klaviermusik (9 Stereo-LP/SVBX 5411/12/13, Kyriakou)
○ Orgelwerke (2 Stereo-LP/EMI 1C 187-29305/06, Lukas)
○ Sinfonien Nr. 1–5 (4 Stereo-LP/ Deutsche Grammophon 2740 128, Karajan, Berliner Philharmoniker)
○ Musik zu: Ein Sommernachtstraum (Stereo-LP/EMI 1C 053 00 521, Klemperer)
○ Violinkonzert e-Moll (Stereo-LP/ CBS 30 010, Stern)
○ Klavierkonzert d-Moll (3 Stereo-LP/FSM SVBX 5412, Kyriakou)
○ Klavierkonzert g-Moll (Stereo-LP/ FSM 34 468, Firkusny)
○ Sämtliche Kammermusik I, II, III (9 Stereo-LP/FSM SVBX 581/82/85). Schöne Aufnahmen
○ Oktett (Stereo-LP/Teldec 6 41 671 AS)
○ Lieder ohne Worte (3 Stereo-LP/ FSM SVBX 5411, Kyriakou)
○ Paulus (3 Stereo-LP/EMI 1C 195-30 701/03). Einzige Aufnahme
○ Elias (3 Stereo-LP/OH LY 802889/91, Sawallisch, Gewandhausorchester)
○ Erste Walpurgisnacht (Stereo-LP/ FSM 34 651, Dohnanyi)

FRÉDÉRIC CHOPIN (1810–1849)

Zeit und Umwelt

Die Eigenständigkeit, die Napoleon den Polen verliehen hat, dauert nicht lange. Der Wiener Kongreß, der nahezu für die Entwicklung ganz Europas das Rad zurückdreht, will die dritte Teilung des Landes verewigen; Preußen, Österreich und Rußland erhalten ihren Raub von ehemals zurück. Die Selbständigkeit von Kongreßpolen innerhalb des zaristischen Reiches ist nur scheinbar. Es kommt 1830/31 zum Aufstand gegen die russische Unterdrückung, der scheitert. Viele Polen emigrieren und sammeln sich in politischen Zirkeln in London und Paris, um den geistigen Kampf für die Freiheit ihres Volkes weiterzuführen, und erfreuen sich weitgehender Sympathien. Chopin, der noch im selbständigen Polen geboren ist und bis zu seinem 22. Lebensjahr das zunehmende Elend und den steigenden Widerstandswillen seiner Heimat miterlebt hat, erfährt auf einer Konzertreise von der Einnahme Warschaus durch russische Truppen. Er erkennt, daß damit die Hoffnung der Polen auf Freiheit begraben wird. Er kehrt nicht mehr in seine Heimat zurück, sondern geht nach Frankreich, wo kurz zuvor König Karl X. vertrieben und durch den „Bürgerkönig" Louis Philippe ersetzt worden ist. Das geistige und künstlerische Frankreich, damals durch viele berühmte Namen vertreten, genießt ein Maß von Freiheit und Förderung, wie es nirgends sonst zu finden ist. Diese Welt nimmt den geflüchteten Komponisten und Pianisten in ihre gehobenen Kreise auf. Von der Zweiten Republik allerdings erlebt Chopin nur das erste Jahr.

Leben

Frédéric (François) Chopin wird am 1. März 1810 in Zelazowa-Wola bei Warschau als Sohn einer polnischen Mutter und des Französischlehrers Nicolas geboren, der 1787 aus dem Elsaß eingewandert ist. Trotz des väterlichen Berufes ist die Schulausbildung des jungen Chopin wenig umfangreich. Seine musikalische Ausbildung setzt sehr früh ein, so daß er bereits mit 9 Jahren ein Konzert von Adalbert Gyrowetz (1763–1880) öffentlich spielt. Mit 12 Jahren schickt ihn sein Vater in das Konservatorium von Warschau, wo sein Lehrer Joseph Xaver Elsner wird (1766–1854; Kapellmeister, Musiklehrer, Komponist von 19 Opern, 3 Sinfonien, 8 Quartetten, 105 sakralen Werken, Vater der polnischen Musik genannt). Im Jahr 1825 tritt er neuerlich öffentlich auf, spielt einen Konzertsatz von Ignaz Moscheles und improvisiert auf dem damals erst kürzlich erfundenen Aeolodios (Tasteninstrument, Vorläufer des Harmoniums). Im gleichen Jahr veröffentlicht er sein Opus 1, ein Rondo in c-Moll. 1828 reist er nach Berlin, wo er mit der mitteleuropäischen Musikwelt Fühlung nimmt (Spontini, Zelter, Mendelssohn), 1829 konzertiert er in Wien, im November 1830 unternimmt er eine ausgedehnte Konzertreise, die ihn über Breslau, Dresden, Prag, Wien, München bis Stuttgart führt, wo ihn die Nachricht vom Zusammenbruch der polnischen Freiheitsbewegung erreicht. Er reist nach Paris weiter, wohin er ohnehin wollte, und läßt sich dort nieder. Sein Ruf als Pianist und Klavierkomponist ist ihm bereits vorausgelaufen, er wird von den dort lebenden Musikern aufgenommen, wie Cherubini, Bellini, Berlioz, Meyerbeer, Liszt, Hiller, Pixis, Baillot, Henri Brod (1801–1839; berühmter Oboist, Komponist für die Oboe), Auguste Joseph Franchomme (1808–1884; Cellist, Komponist für das Cello) und George Alexander Osborne (1806–1893; Pianist, Komponist von Kammermusik mit Klavier). Chopin gibt am 26. Februar 1832 das erste Konzert. Er bringt von nun an nahezu jährlich einige Kompositionen heraus und wird als Pianist mit einer bisher unbekannten Technik immer mehr bekannt. Er unternimmt einige Konzertreisen (Leipzig, Dresden, Karlsbad) und geht 1837 nach England, wo sich die ersten Anzeichen seiner Erkrankung melden. Von da an schreitet seine Tbc unaufhaltsam fort, bis er knapp nach einer zweiten Englandreise am 17. Oktober 1849 in Paris seinem Leiden erliegt. Zu seiner Totenfeier wird unter großer Anteilnahme in der Kirche Madeleine Mozarts Requiem gesungen. Sein Grab bekommt er auf dem Père la Chaise, sein Herz wird nach Warschau gebracht und in der Heilig-Kreuz-Kirche beigesetzt. Robert Schumann nennt Chopin bereits 1839 den bedeutendsten poetischen Geist der Zeit, er hätte auch hinzufügen können, daß der Mann aus Polen ein bis zur Perfektion ausgebildeter Musiker mit außerordentlichen Fähigkeiten ist, ein erstklassiger Pianist, der sich mit seinem Instrument identifizierte und „ihm sein Herz verlieh". Der Melodienreichtum, die rhythmischen Finessen, die dynamischen Schattierungen seiner Musik sind unnachahmlich geblieben, weil sie sich an der Grenze zwischen Wirklichkeit und Traum bewegen, am Rand einer Jenseitigkeit, die nur für Chopin selbst Gültigkeit hat. „Ist er denn nicht schon immer nur gestorben?" fragte Berlioz, als er die Nachricht vom frühen Ableben Chopins hörte, und hat damit recht; denn er hat keinem Zynismus Worte verleihen wollen, sondern das Unwirkliche, Traumhafte und gleichzeitig schlechtweg Vollendete dieser Musik gekennzeichnet. Und ebenso recht hat Schumann, der sagt: „Hut ab, meine Herren! Ein Genius!"

Literatur

A. Cortot; Chopin, Wesen und Gestalt. 1954
G. de Poutalès: Der blaue Klang, Frédéric Chopins Leben. 1956
Gesamtausgabe der Werke 1878–1880, 1949

Werke

Obwohl Chopin Pole ist und Pole sein will, findet polnische Folklore weniger Niederschlag in seiner Musik, als man erwarten könnte. Er wird allerdings nie wie viele andere, die nach Paris kommen, in die

Frédéric Chopin (1810–1849)

französische Musik integriert, er nimmt in der Musikgeschichte und neben den Zeitgenossen eine Sonderstellung ein und kann in keine Kategorie eingezwängt werden. Formstrukturell ist er weit weniger mit der Romantik als mit der Klassik und Vorklassik in Beziehung zu bringen. Sein Klavierstil allerdings besitzt keine Vorbilder, seine Klangpoetik und schlanke Rhythmik stellt eine Neuschöpfung mit dem Merkmal der Einmaligkeit dar. Er schreibt nahezu ausschließlich für das Klavier. Auch bei seinen Klavierwerken mit Orchester kommt den anderen Instrumenten eine rein begleitende Stellung zu. Seine beiden Klavierkonzerte, e-Moll op. 11 und f-Moll op. 21, sind Konzerte für das Klavier, bei denen das Orchester die Verbindungen zwischen den Soloteilen herstellt und als klangstützender Hintergrund dient. Schumann hat sich über die Don-Juan-Variationen (op. 2) sehr lobend ausgesprochen, aber dabei sicherlich sein Hauptaugenmerk auf den Klavierpart gerichtet. Vier Duos für Cello und Klavier, ein Klaviertrio, eine Große Fantasie über polnische Weisen mit Orchester, eine Große brillante Polonaise und 17 polnische Lieder sind die wenigen Kompositionen, bei denen auch andere Instrumente zu Wort kommen. Dem Klavierwerk sind die 3 Sonaten voranzustellen, deren Haltung sich von der Sonatenform stark entfernt und sich der Klavierdichtung nähert. Seine 27 Etüden sind echte Studienwerke über Technik und Ausdruck, aber zugleich eine Erschließung überraschender Klangmöglichkeiten und mit ihrer Vielschichtigkeit echte Kunstwerke. Von den 26 Präludien sind 24 unter der Opuszahl 28 zusammengefaßt. Ihre Entstehungszeit ist über ein Jahrzehnt verteilt, ihre Veröffentlichung erfolgte 1836. Der Titel ist irreführend, weil es sich um keine „Vorspiele" im eigentlichen Sinn handelt, sondern um in sich geschlossene Klavierdichtungen, die einander durch ihren Stimmungsgehalt ähneln. Das 25. Präludium entsteht erst 1841 und trägt die Opuszahl 35. John Field hat die Bezeichnung Nocturnen zum ersten Mal verwendet. Die 21 Nocturnen von Chopin sind zarte, süße, aber niemals süßliche, stimmungsvolle Klanggebilde, deren Melodien in Koloraturen zerfließen und dennoch formgerecht bleiben. Durch die vier Balladen ist diese Gattung erst in der Klavierliteratur angesiedelt worden. Ihre Form nähert sich dem Rondo, ihren Stimmungsgehalt entnehmen sie polnischen Dichtungen, obgleich die Musik wenig „Polnisches" an sich hat. Die vier Impromptus beziehen die Bezeichnung von Schubert, bringen jedoch eine völlig andere Haltung zum Ausdruck. Ihre Verwandtschaft betrifft nicht die Stimmung, sondern die Motive. Auch Scherzi, erweiterte Sonatensätze, hat Chopin vier geschrieben, sie sind Klangstudien höchster Ordnung. Bei den 19 Walzern ist das Tänzerische weit zurückgedrängt, während poetische Ausdruckskraft und Bildhaftigkeit im Vordergrund stehen. Die 16 Polonaisen sind trotz ihrer Benennung keine typisch polnische Musik. Die Polonaise ist lange vor Chopin bereits zur internationalen Musik- und Tanzform geworden. Neu bei Chopin ist, daß auch hier wie bei den

Walzern der Tanzzweck völlig vernachlässigt ist. Jede der 59 Mazurken ist dem wertvollsten und eigentümlichsten Werke des Komponisten zuzurechnen. Das Tänzerische der Mazurka ist gewahrt, aber es sind keine Tänze, sondern brillante Konzertstücke. Außer den genannten Gruppen erfreuen sich noch die Berceuse Des-Dur, eine Kurzvariation über ein viertaktisches Thema, die Barcarole Fis-Dur und der charmante Bolero op. 19 allgemeiner Beliebtheit. Beinahe alle bedeutenden Pianisten haben sich um die Musik von Chopin bemüht, und es ist relativ wenigen gelungen, ihr gerecht zu werden. Im 19. Jahrhundert versucht man nicht selten in völliger Verkennung des wahren Gehaltes dieser Musik, entweder ihr, wo immer es nur geht, heroische, womöglich polonisierende Klänge abzugewinnen, oder sie zur Salonmusik zu depravieren nach dem Muster von Henri Herz (1803–1888; als Virtuose blendender Techniker, als Komponist flach, aber zu seiner Zeit mit seinen 8 Klavierkonzerten und vielen Klavierstücken hoch geschätzt, von Schumann bekämpft). Erst unsere Zeit dürfte bis zu einem echten Verständnis des polnischen Mystikers des Klavieres vorgedrungen sein.

1. KLAVIERKONZERT E-MOLL OP. 11
3 Sätze. Gewidmet Friedrich Kalkbrenner, entstanden 1830, veröffentlicht 1833. Es ist noch in Polen vor dem Konzert Nr. 2 komponiert worden. Der erste Satz hat Sonatenform und wird von zwei Themen beherrscht, zwischen denen kein starker Kontrast entsteht, weil beide leicht, elegant und etwas sentimental nebeneinander laufen. Sie sind stark figuriert, besonders in der Coda. Der Mittelsatz ist eine Romanze und erinnert an die Nocturnen des Komponisten, er ist: „So ein Hinträumen von einer herrlichen Stunde im Frühling, bei Mondenschein". Das Finale ist ein Rondo im Krakowiak-Rhythmus, stark synkopiert mit virtuosen Passagen und Läufen, und entfesselt am Ende einen wahren Tanzparoxysmus. Spieldauer: 34 Minuten.

2. KLAVIERKONZERT F-MOLL OP. 21
3 Sätze. Gewidmet Konstancja Gladkowska (später Delfina Potocka), entstanden 1829/30, uraufgeführt am 17. März 1830 im Warschauer Nationaltheater, veröffentlicht 1836. Der erste Satz, ein Sonatenallegro, bringt zwei deutlich kontrastierende Themen, die aber keine dramatische Spannung erzeugen, sondern nebeneinander virtuos figuriert werden als erster Ansatz einer für Chopin typischen Polymelodik (gleichzeitige Führung mehrerer melodischer Linien). Der zweite Satz ist ein Liebeslied voll inniger Poesie mit Klangwirkungen, die bisher nie gehört worden sind. Das Finale ist ein Rondo mit einer Kujawiak-Melodie. Dem unregelmäßigen polnischen Tanzrhythmus sind Episoden in Mazurka-Form und lyrische Soloeinwürfe gegenübergestellt. Spielzeit: 26 Minuten.

ETÜDEN
12 OP. 10 Entstanden 1829–1831, veröffentlicht 1833 (die 12. „Revolutionsetüde", geschrieben anläßlich der Einnahme von Warschau durch die Russen 1831); 12 op. 25, entstanden 1831–1836, veröffentlicht 1837; 3

Klavier-Werke

Der Klaviervirtuose Artur Rubinstein ist einer der bedeutendsten Chopin-Interpreten.

ohne Opuszahl. Klavierübungen in bisher unbekannter Größenordnung (op. 10 Franz Liszt, op. 25 Marie d'Agoult gewidmet). Ihre Doppelfunktion als virtuose Studienwerke und hochwertige Musikstücke erfordert perfekte Spieltechnik und zugleich ein starkes Ausdrucksvermögen, denn zu solcher Pianistik hat „der Musiker ohne Virtuosität ebensowenig Zugang wie der Virtuose ohne Musikalität" (Cortot).

PRÉLUDES
1–24, op. 28, stellen improvisatorische, aber formal festgefügte Kleinarbeit dar, ausgefeilt und tief empfunden, von jeweiligen Stimmungen oder einem gegebenen Anlaß inspiriert. Nr. 25 op. 45 cis-Moll ist voll Lyrismen. Nr. 26 As-dur op. ph. von 1834 wird erst 1918 aufgefunden und steht mit seinen fast durchlaufenden Sechzehntelpassagen den Etüden nahe.

NOCTURNES
1–21, in Gruppen zusammengefaßt op. 9, 15, 27, 32, 37, 48, 55, 62, 72 sind Nachtstücke mit starkem Stimmungsgehalt, von italienischer Melodik inspiriert, einige (f-Moll op. 55) mit orchestralem Klang, andere (c-Moll op. 48) balladesk, der Großteil lyrisch-kantabel.

BALLADEN
Nr. 1 g-Moll op. 23, angeregt durch das Gedicht Konrad Wallenrod von Mickiewicz; Nr. 2 F-Dur op. 38, der das dramatische Gedicht „Der Switez" von Mickiewicz zugrundegelegt ist; Nr. 3 As-Dur op. 47 nach einer „Undine" von demselben Dichter; Nr. 4 f-Moll op. 52 ohne spezielle Grundlage, nachdenklich und durch und durch voll Melancholie. Die Balladen sind keine Programmusik, sondern „hörbar gemachte Poesie, die Schrift der Seele in Tönen" (Huneker).

IMPROMPTUS
Nr. 1 As-Dur op. 29, klangvoller, zweistimmiger Satz; Nr. 2 Fis-Dur op. 36, ernste Diktion; Nr. 3 Ges-Dur op. 51, Salonmusik im besten Sinn des Wortes, vornehme Haltung; Nr. 4 cis-Moll „Fantasie-Impromptu" op. 66, außerordentlich melodiös, weites Konzept.

SCHERZI
Nr. 1 h-Moll op. 20. Das oftmals wiederholte, reich figurierte Hauptthema mündet in ein polnisches Weihnachtslied, dann jagen rasende Passagen dem Ende zu; Nr. 2 b-Moll op. 31 beginnt in fahler Stimmung und leitet im zweiten Teil zu einer Art Walzerfantasie über; Nr. 3 cis-Moll op. 39 bietet eine großartige Klangstudie; Nr. 4 E-Dur op. 54 ist etwas der deutschen Romantik angenähert.

WALZER

Nr. 1 (Grande valse brillante) op. 18, Nr. 2, 3, 4 (Trois valses brillantes) op. 34 und Nr. 5 (Grande valse) op. 42 lassen das Tänzerische zugunsten des Konzertanten weit zurücktreten; Nr. 6 (Minutenwalzer) op. 64, 1 wird oft als reines Bravourstück verstanden, aber dieses charmante Perpetuum mobile ist trotz des technischen Rahmens voll explosiver Musikalität. Nr. 7 und 8 op. 64,2 und 3, Nr. 9 und 10, op. 69 und Nr. 11–13 op. 70 sind brillante Konzertstücke, die posthumen Nr. 14–19 fügen sich gleichwertig dieser Reihe ein, die den Walzerrhythmus als Strukturelement nimmt.

POLONAISEN

Nr. 1, 2 op. 26, Nr. 3, 4 op. 40 geben im Rahmen des vorgefaßten marschähnlichen Rhythmus verschiedenartige Stimmungen und Bilder wieder. Nr. 3 wird „Militärpolonaise" wegen des fanfarenähnlichen Charakters der Themen genannt; Nr. 5 op. 44 überschreitet ihren Rahmen durch Mazurkaklänge. Nr. 6 „Heroische" op. 53, Clara Wieck gewidmet, ist die bekannteste, ihr großartiges Konzept weitet sie zur Klavierfantasie aus; Nr. 7 „Polonaise Fantasie" op. 61 verläßt die Polonaisen-Form endgültig, sie ist eine Konzertfantasie in Polonaisen-Rhythmen; Nr. 8–10 op. 71, posthum veröffentlicht, gehören der Warschauer Zeit des Komponisten an; Nr. 11–15 ohne Opuszahl stammen ebenfalls aus der Jugend Chopins, und Nr. 16 ohne Opuszahl „Schwarze-Tasten-Polonaise" komponiert Chopin als Schüler von Elsner; ihre Echtheit ist lange strittig gewesen.

MAZURKEN

Nr. 1–59 (ab Nr. 50 posthum) Konzertstücke im Mazurkarhythmus verschiedener Struktur und Stimmung, jedenfalls weit davon entfernt, „echt polnisch zu wirken", sind tänzerisch, aber keine Tänze.

SONATE NR. 1 FÜR KLAVIER C-MOLL OP. 4

Entstanden 1827, veröffentlicht 1851, 4 Sätze, Jugendwerk mit genauer Erfüllung der klassischen Formgesetze. Der erste Satz ist massig und schwer, es gibt kein Seitenthema. Der zweite Satz heißt Menuetto, ähnelt aber mehr einer Mazurka. Der dritte Satz ist elegant und kündigt mit seiner Figuration den kommenden Meister an. Das Finale hat Rondoform und ist von Passagenwerk überhäuft.

SONATE NR. 2 FÜR KLAVIER B-MOLL OP. 35

4 Sätze, entstanden 1837–1839, veröffentlicht 1840, formal von der Sonatenform stark abweichend, aber ein einheitliches Werk. Der erste Satz kündigt mit einem Grave-Motiv die Stimmung an, die über dem gesamten Werk liegt. Der zweite Satz ist ein Scherzo, das Cortot als „Danse funèbre" bezeichnet hat. Der „Trauermarsch" stellt das Zentrum der Sonate dar; dieser Grabgesang mit seinen wie schwere Glocken klingenden Bässen ist instrumentiert zum „Standard-Trauermarsch" der Welt geworden, klingt aber doch am Klavier am schönsten und ergreifendsten. Im Finale löst sich der Vierviertaltakt oft in 10 oder 11 Achtel auf, die nach Rubinstein das „Sausen des Windes über den Gräbern" verdeutlichen.

SONATE FÜR KLAVIER NR. 3 H-MOLL OP. 58

4 Sätze, entstanden 1844, veröffentlicht 1846. Die Sonate ist formgerecht gebaut, wird aber durch eine ungewöhnliche Satzfolge (Allegro maestoso – Scherzo – Largo – Presto), reiche Figuration, die vielen Melismen, die verschiedenen Musikformen

entnommenen Episoden zu einem „Klavierkonzert".

Tips für Plattenfreunde

○ Andante spianato, Große Phantasie op. 13, Variationen (Stereo-LP/ Philips 6500 422, Arrau)
○ Barcarole, Bolero (Stereo-LP/ Deutsche Grammophon 2548 252, Askenase)
○ Berceuse (Stereo-LP/Deutsche Grammophon 2548 213, Askenase)
○ Klavierkonzerte 1 und 2 (3 Stereo-LP/Philips 6747 003, Arrau) Glänzendes Spiel
○ Das Klavierwerk Chopins (18 Stereo-LP/Teldec 6.35 301/02 HD). Ausgezeichnete Gesamteinspielung von polnischen Orchestern, Dirigenten und Interpreten

FÉLICIEN-CÉSAR DAVID (1810–1876)

Zeit und Umwelt

Das französische Bürgertum hat über den Adel einen glänzenden Sieg erfochten. Anderseits zeigt es sich, daß die bürgerlichen Sieger sich durch die Revolutionen nur Stellung und Macht des Adels angeeignet haben, während das breite Volk weiterhin leer ausgeht. Die Frühsozialisten suchen nach Methoden, den Dritten Stand zugunsten des Vierten von seinen Positionen zu verdrängen. Saint-Simon wählt den Weg einer sittlich-religiösen Erneuerung und gewinnt mit seiner Forderung, die klassenlose Gesellschaft auf diese Art herbeizuführen, so viele Anhänger, daß ihre Zirkel und Vereinigungen die Aufmerksamkeit der Staatsmacht auf sich ziehen. Die „Saint-Simonisten" werden als Staatsfeinde verfolgt, ihre Organisationen aufgelöst. Félicien-César David, der als Jesuitenschüler an den Lehren des sozialen Erneuerers Gefallen gefunden hat und für die Gesellschaft Chöre verfaßt, entzieht sich durch eine Orientreise allen behördlichen Maßnahmen.

Leben

Félicien-César David wird am 13. Mai 1810 in Cadenet, Vaucluse, geboren. Sein musikliebender Vater fördert die sich früh zeigenden musikalischen Anlagen des Sohnes, der mit seinem Gesang im Alter von 6 Jahren dem berühmten Oboisten und Flötisten François Joseph Garnier auffällt (1759–1825; Komponist von Oboenkonzerten, Duos, Trios und Soli für Flöte, Oboe, Fagott, Musiklehrer). Bald darauf übersiedelt die Familie David nach Aix-en-Provence, wo der Sohn auf Garniers Rat dem Kathedralenchor beitritt. 1825 setzt er sein Studium am Jesuitenkollegium von Aix fort und nimmt Geigenunterricht, dann ist er am Theater der Stadt als Dirigent und ab 1829 als Kapellmeister an der Kathedrale tätig. In jene Zeit fallen seine ersten (sakralen) Kompositionen. 1830 geht er an das Konservatorium in Paris und nimmt Unterricht bei Napoléon-Henri Réber (1807–1880; Komponist von komischen Opern, Balletten, 4 Sinfonien, Kammer- und Klaviermusik, Konservatoriumslehrer). Im Jahr 1833, als die Verfolgung der Saint-Simonisten, denen David angehört, einsetzt, reist er für mehrere Jahre nach Ägypten und den Vorderen Orient. Er bringt von dort das orientalische Kolorit der Musik mit, das von vielen französischen Komponisten weiter gepflegt wird. Seine Opern und Kantaten werden in Paris mit Erfolg aufgeführt. Er stirbt am 29. September 1876 in Saint-Germain-en-Laye.

Werke

Seine Kirchenmusik, besonders das Ave verum, wird heute noch gesungen. Seine Opern (wie Lalla Rookh, 1852), Oratorien (einst sehr berühmt die sinfonische Ode „Die Wüste" 1844), die Orchester- und Kammermusik werden nur mehr selten gespielt. Bleibend ist seine Hinwendung zu exotischen Libretti und Melodien, die Bizet (Djamileh) Gounod (Königin von Saba), Delibes (Lakmé), Verdi (Aïda) und mehrere andere für ihre Erfolgsopern übernommen haben.

OTTO NICOLAI (1810–1849)

Zeit und Umwelt

Die Wiederkehr absolutistischer Regierungsformen nach dem Sturz Napoleons stattet in Preußen Adel und Beamtentum mit der alten Machtvollkommenheit aus. Sie können, wie im Jahrhundert zuvor, Künstler fördern und ihnen mit gutdotierter Stellung ein sorgloses Dasein gewähren. Musiker werden vorgezogen, weil ihre Sprache zu vieldeutig ist, um als revolutionär zu gelten.

Leben

(Carl) Otto (Ehrenfried) Nicolai wird am 9. Juni 1810 in Königsberg geboren. Er verläßt mit 16 Jahren seinen tyrannischen Vater, ein Justizrat bringt ihn nach Berlin, wo er unter Karl Friedrich Zelter und Bernhard Klein (1793–1832); Komponist von Opern, Oratorien und Kirchenmusik) seine bisher sehr mangelhafte Ausbildung vervollkommnet. 1833 verschafft ihm adelige Protektion die Organistenstelle bei der preußischen Gesandtschaft in Rom, wo er unter Giuseppe Baini (Abbé Baini, 1775–1844; Kapellmeister, Komponist sakraler Werke, Palestrina-Biograph) die ältere italienische Musik studiert. Er komponiert als letzter Deutscher eine Serie von italienischen Opern mit wechselndem Erfolg. 1841 wird er nach Wien auf den Posten eines Hofkapellmeisters berufen. Er gründet in Wien die Philharmonischen Konzerte, deren erstes am

28. März 1842 mit Beethovens Neunter gegeben wird. 1843 widmet er seine „Messe" Friedrich Wilhelm IV. von Preußen und schreibt für das Jubiläum der Universität Königsberg 1844 eine Festouvertüre. Darauf erhält er 1847 die Operndirigentenstelle in Berlin, wo er 1849 seine komisch-romantische Oper „Die lustigen Weiber von Windsor" herausbringt. Am 11. Mai 1849 stirbt er in Berlin.

Werke

Seine romantische Oper „Die lustigen Weiber von Windsor" hat Nicolais Namen beim Opernpublikum lebendig erhalten. Die Ouvertüre der Oper wird heute noch als Konzertstück gespielt, weil sie wegen ihrer hochromantischen Schilderung des Mondaufganges allgemein beliebt ist. Auch seine Messe wird zuweilen gesungen. Alles andere ist nahezu vergessen.

Tips für Plattenfreunde

○ Paternoster, doppelchörige Motette – aus: Feierliche Chormusik (Stereo-LP/Teldec 6.41 316 AG). Einzige Aufnahme

ROBERT SCHUMANN (1810–1856)

Zeit und Umwelt

Beethoven, Weber und Schubert sind erst seit wenigen Jahren tot, Spohr und Marschner stehen auf der Höhe ihrer Leistungskraft, und Mendelssohns Stern ist mit starker Leuchtkraft aufgegangen. Trotzdem greift eine merkliche Verflachung des musikalischen Lebens in Deutschland um sich. Auf der Opernbühne herrscht noch Rossini, aber am Klavier sitzen Henri Herz und ähnliche. Diese Lähmung ist eine zwangsläufige Folge der polizeistaatlichen Regierungsformen Mitteleuropas, denn wenn auch der Stift des Zensors in erster Linie den Männern der Feder jedes freie Wort verbietet, so erfaßt die allgemeine geistige Stagnation auch weite Bereiche der Musik. Das zur Passivität verurteilte Publikum greift nach leichter und seichter Kost, die weder Herz noch Gehirn in Anspruch nimmt. Die Bühnen sind in ähnlicher Lage. Goethe ist soeben verstummt, seine Werke sind ebensowenig genehm wie die Schillers, man spielt Kotzebue und Schlimmeres. Doch der Sturm jenseits der Westgrenzen, wo neuerlich ein absolutistischer König Krone und Szepter verloren hat, bleibt nicht ungehört. Die geknebelten Geister rühren sich. Das Wort Freiheit darf zwar nur gedacht werden, aber aus Gedanken werden Taten; das Jahr 1848 bricht auch für Mitteleuropa an. Gewiß bringt auch das sogenannte Sturmjahr wenig davon, was man sich erhofft hat, aber die Erkenntnis, daß die Freiheit nie geschenkt, sondern immer erkämpft werden muß, wird gewonnen, und so dürftig der Freiheitsraum ist, der erobert worden ist, er bietet doch die Plattform für eine neue Entfaltung. Die Literaten greifen zur Feder, und die Musik, immer allen anderen Kunstformen voraus, zieht in ihrer echten Gestalt in die Konzertsäle ein. Robert Schumann ist der Zeit vorausgeeilt, seine Doppelbegabung als Schriftsteller und Musiker befähigt ihn, den Aufschwung der Musik in der zweiten Hälfte des 19. Jahrhunderts vorzubereiten und einzuleiten. Er will das Wertvolle aus der Vergangenheit als „reine Quellen, aus denen neue Schönheiten der Kunst geschöpft werden können", erhalten wissen. Zugleich stellt er die Meister der Gegenwart in seinen Essais vor und weist der Entwicklung durch sein eigenes Schaffen neue Wege. Den Zeitablauf kann er nicht beeinflussen, aber einer starken Künstlernatur ist es möglich, künftige Entwicklungen vorauszunehmen und sich so die Umwelt nach eigenem Willen zu gestalten.

Leben

Robert (Alexander) Schumann wird am 8. Juni 1810 in Zwickau als Sohn des Buchhändlers Friedrich August Gottlob Schumann (2. März 1773, Endschütz bei Gera–10. August 1826, Zwickau) und der Johanna Christina geborene Schnabel (1767–1836) geboren. Mit sieben Jahren erhält Robert den ersten Musikunterricht bei dem Organisten J. G. Kuntsch, der ihn mit den Werken von Carl Philipp Emanuel Bach, Mozart und Haydn bekannt macht. 1820 tritt er in das städtische Gymnasium ein. Die Buchhandlung des Vaters bietet ihm jede Möglichkeit, seine Bildung zu erweitern, er wählt unter den Dichtern Jean Paul Richter, Eichendorff und Heine als seine Lieblinge aus. Daneben läuft das Musikstudium, das bereits 1821 mit der Komposition „150. Psalm" für Sopran, Alt, Orchester und Klavier) seine erste Frucht bringt. Der Vater will die musikalische Begabung des Sohnes dadurch fördern, daß er Carl Maria von Weber bittet, dessen Unterricht zu übernehmen; es kommt aber nicht dazu, weil Weber bereits kränkelt und überdies davor steht, nach England zu reisen. Der Tod des Vaters zwingt Schumann außerdem, an ein Brotstudium zu denken. Er geht nach dem Gymnasium nach Leipzig, um Jura zu studieren, und lernt dort Heinrich Marschner und Friedrich Wieck (1785, Pretzsch bei Wittenberg–1873, Loschwitz bei Dresden; Klavier- und Gesangslehrer, Vater von Clara Wieck) kennen, bei dem er Klavierunterricht nimmt. 1829 setzt er sein Studium in Heidelberg fort, widmet sich aber immer intensiver der Musik. Er setzt bei seiner Mutter durch, daß er das Jurastudium aufgeben darf, und kehrt zu Wieck nach Leipzig zurück. Der um jene Zeit am Leipziger Theater als Kapellmeister tätige Heinrich Dorn (1804–1892, Kapellmeister, Musiklehrer, Komponist einer Oper: Die Nibelungen) erteilt ihm Unterricht im Kontrapunkt und Harmonielehre. Eine Lähmung der rechten Hand macht der pianistischen Ausbildung

Robert Schumann (1810–1856)

(angeblich durch ein Übungsexperiment selbstverschuldet) ein Ende, er muß auf die Virtuosenlaufbahn verzichten und tröstet sich mit dem eingehenden Studium des Wohltemperierten Klaviers von J. S. Bach. Um sich eine Existenzgrundlage zu schaffen, gründet er 1834 mit Wieck, dem Literaten Julius Knorr und dem Pianisten und Komponisten Louis Schunke (1810–1834) die „Neue Zeitschrift für Musik, herausgegeben durch einen Verein von Künstlern und Kunstfreunden", als Organ der „Davidsbündler", einer fiktiven Vereinigung zum Kampf gegen das philiströse Bürgertum, deren Dialoge Schumann zum Rahmen seiner Musik- und Kulturkritik macht. Er hat schon früher laufend musikwissenschaftliche und kritische Essais veröffentlicht und wird dadurch zum Vorbild einer konstruktiven Musikkritik. In seiner Zeitschrift macht er seine Leser mit einer Reihe bedeutender Zeitgenossen bekannt, wie Mendelssohn, Chopin, Hiller, Henselt, Gade, Wilhelm Taubert (1811–1891; Kapellmeister, heute noch durch seine Kinderlieder bekannt), Stephen Heller (1813–1888; Pianist, Komponist von 150 kleineren Klavierstücken), Sterndale Bennet, Theodor Kirchner (1823–1903; Organist, Klavierlehrer, Komponist von Chören, Liedern, Kammermusik und vor allem von Liedern) – und der Bedeutendste aus Schumanns Freundeskreis: Johannes Brahms. Am 24. Februar 1840 verleiht ihm die Universität Jena den Doctor philosophiae, am 12. September 1840 heiratet er gegen den Willen des Schwiegervaters Clara Wieck (Clara Josephine, 13. September 1819, Leipzig–20. Mai 1896, Frankfurt; berühmte Pianistin, Komponistin von Klaviermusik und einigen Liedern), 1843 beruft ihn Mendelssohn als Lehrer an das neu gegründete Leipziger Konservatorium. Er begleitet seine Frau auf eine Konzertreise nach Rußland und übersiedelt anschließend (1844) nach Dresden, wo er die Liedertafel leitet, Privatunterricht erteilt und mit Richard Wagner und Hiller Fühlung bekommt. An den bewegten Tagen der Jahre 1848/49 nimmt er nicht aktiv teil, weil er bereits kränkelt. Sein Beitrag zur Revolution besteht aus „Vier Märsche auf das Jahr 1849" für Klavier und 3 Männerchöre und der Verarbeitung der Marseillaise im „Faschingsschwank aus Wien" und dem Lied „Die beiden Grenadiere". 1850 löst er Hiller in Düsseldorf als städtischer Musikdirektor ab, kann aber diese Stelle wegen seines fortschreitenden Leidens nur mangelhaft ausfüllen, 1854 bricht seine ererbte Geisteskrankheit aus (der Vater ist an einem Nervenleiden gestorben, die Schwester tötet sich selbst in geistiger Umnachtung). Er begeht einen Selbstmordversuch und wird in die Heilanstalt in Enderich bei Bonn gebracht, wo er am 29. Juli 1869 stirbt. Er wird auf dem Friedhof vor dem Sternentor in Bonn beigesetzt. Bald nach Schumanns Tod wird sein Werk in Deutschland sehr populär, seine Eigentümlichkeiten werden rasch vertraut, und man begreift, daß diese der Geisteshaltung des Volkes entsprechen. Sein kompositorisches wie sein literarisches Werk wird von der Witwe, die ihn lange überlebt, sorgfältig betreut.

Literatur

R. Petzoldt: Robert Schumann. 1961
G. Eismann: Robert Schumann, sein Leben und Schaffen, 2 Bände. 1956
Gesammelte Schriften über Musik und Musiker von Robert Schumann, 4 Bände, 1914
Gesamtausgabe in 31 Bänden von Clara Schumann

Werke

Die Stärke Schumanns liegt auf dem Gebiet der Klavierkomposition, die er mit einem sorgfältig ausgefeilten, kontrapunktisch gearbeiteten und äußerst wendigen Satzbau versieht, wodurch er sich von seinen Vorgängern deutlich unterscheidet. Die lyrischen Kantilenen scheinen sich frei zu bewegen und sind dennoch an strenge Regeln, wenn auch nahezu unmerklich, gebunden. Nichts scheint errechnet zu sein, sondern alles improvisatorisch hingeworfen; erst bei näherem Zusehen fällt auf, daß es sich um sorgfältig überlegte Konzeptionen handelt. Bloße Abbildung und Programmatik lehnt Schumann immer ab, seine Kompositionen geben die zugrundeliegende poetische Idee sinnbildlich wieder. Die Überschriften der Klavierkompositionen sind nur Anhaltspunkte, damit der Ideengehalt des Werkes leichter verstanden wird, und keine Titel. Sogar bei den Liedbegleitungen entfernt sich das Klavier weit von der realen Aussage des Liedtextes und gibt dafür den Gefühlsgehalt als Parallele wieder. Seine Klavierwerke umfassen ungefähr 45 Opuszahlen, die sich in Variationen, Tanzzyklen, Etüden, Sonaten, Fantasien, Fantasiestücke, Miniaturen gliedern. 1838 kommt für Schumann der Zeitpunkt, an dem ihm das Klavier als Ausdrucksmedium nicht mehr genügt: „Ich höre ... eine Menge Sachen, die ich kaum andeuten kann. Das Klavier wird mir zu enge." Er wendet sich der Orchestermusik zu und schreibt 4 Sinfonien, die noch besonders mit ihren zahlreichen lyrischen Episoden unmittelbar ansprechen. Auch in der Kammermusik sprengt Schumann den klassischen Rahmen, um seine Grundidee vom Dichterischen zu verwirklichen. Wie das sinfonische Werk fällt Schumanns Kammermusik in die Zeit nach dem wesentlichen Abschluß der Klavierkompositionen. Bei den Duos fällt die meist wahlfreie Besetzung auf. Schumann hat dem spezifischen Instrumentenklang wenig Beachtung geschenkt. Abgesehen von den zwei Violinsonaten (op. 104 und 121), läßt er bei den drei Romanzen den Austausch der Oboe durch eine Klarinette oder Violine, bei den Fantasiestücken den Ersatz der Klarinette durch Violine oder Cello zu. Die drei Klaviertrios sind zum festen Bestand der Kammermusikvereinigungen geworden wie die drei Streichquartette und das Klavierquintett Es-Dur op. 44 mit konzertanter Struktur und weiträumig kontrapunktisch gearbeiteter Schlußsteigerung. Das Klavierkonzert a-Moll ist ein Großwerk seiner Gattung. Das Violinkonzert a-Moll und Cellokonzert a-Moll werden heute ebenso gerne gespielt und gehört wie zu Zeiten des Komponisten, ebenso die

Sinfonien

Ouvertüren „Braut von Messina" op. 100, „Fest-Ouvertüre" op. 123, „Julius Cäsar" op. 128, „Hermann und Dorothea" op. 136, „Ouvertüre, Scherzo und Finale" op. 52. Die Oper „Genoveva" op. 81 (1850) bleibt erfolglos. Von der Schauspielmusik zu Byrons „Manfred" wird die Ouvertüre zuweilen noch gespielt. Chormusik mit Orchester bringen die Oratorien „Das Paradies und die Peri", „Der Rose Pilgerfahrt" und „Szenen aus Goethes Faust". Dazu sind mehrere Balladen mit Orchester („Des Sängers Fluch" op. 139, „Vom Pagen und der Königstochter" und andere), mehrere A-cappella-Gesänge, eine Messe, ein Requiem und das bekannte „Zigeunerleben" (mit Klavier, Triangel und Tamburin) zu rechnen.

1. SINFONIE B-DUR „FRÜHLINGSSINFONIE" OP. 36
4 Sätze, entstanden 1841, uraufgeführt am 31. März 1841 im Leipziger Gewandhaus unter Mendelssohn. Die ursprünglichen Satzbezeichnungen der Sinfonie lauten: Frühlingsbeginn – Abend – Frohe Gespielen – Voller Frühling. Der Komponist berichtet über diese Sinfonie an Spohr: „Ich schrieb diese Sinfonie zu Ende des Winters 1841, wenn ich es sagen darf, in jenem Frühlingsdrang, der den Menschen wohl bis in das höchste Alter hinauf und in jedem Jahre von neuem überfällt. Schildern, malen wollte ich nicht; daß aber eben die Zeit, in der die Sinfonie entstand, auf ihre Gestaltung und daß sie gerade so geworden, wie sie ist, eingewirkt hat, glaube ich wohl." Der erste Satz beginnt mit einer Fanfare der Blechbläser. Das Orchester antwortet mit rauschenden Läufen, dann kündigt ein Flötensolo den Frühling an. Klarinetten mit Fagotten und Hörner bringen das zweite Thema. Der Kampf des Frühlings gegen den weichenden Winter beginnt und wird gewonnen, eine blühende Melodie verkündet den Sieg, unter dem Jubel des Orchesters fängt der Frühling an. Der zweite Satz beginnt in märchenhafter, elegischer Stimmung. Eine melancholische Linie wird entgegengeführt, träumerisch klingt der Satz aus, bis pathetische Posaunentöne zum Scherzo überleiten, das die Streicher mit einem robusten Thema beginnen, einer Variante aus dem zweiten Satz. Dadurch soll eine innere Verbindung der Sätze hergestellt werden. Ein neues Thema wird zum Ausklang herangebracht, wodurch der poetische Charakter des Satzes, das Lyrisch-tänzerische im Gegensatz zu schroffer Leidenschaft betont wird. Die zwei Trios dieses Scherzos gehören zu den schönsten Einfällen des Komponisten. Das Finale ist ein rauschendes Frühlingsfest, aber mehr pianistisch als sinfonisch; das erste Thema entfacht einen munteren Wirbel, das zweite Thema läßt das Orchester voll die Freude über den angebrochenen Frühling herausklingen. Spielzeit: 40 Minuten.

2. SINFONIE C-DUR OP. 61
4 Sätze, entstanden 1845, uraufgeführt am 5. November 1846 im Gewandhaus in Leipzig unter Mendelssohn. Der Komponist berichtet darüber: „Die Symphonie schrieb ich im Dezember 1845 noch halb krank, mir ist's, als müßte man ihr dies anhören. Erst im letzten Satz fing ich an, mich wieder wohlzufühlen; wirklich wurde ich auch nach Beendigung des ganzen Werkes wieder wohler." Das Leid überschattet die Einleitung zum ersten Satz. Die Quintenschritte der Bläser wirken wie ein Schicksalsmotiv. Die

folgenden, ständig wiederholten Figuren erzeugen eine quälende Stimmung, die trotzig endet. Das Scherzo beginnt mit einer unruhigen Perpetuum-mobile-Melodie der 1. Violinen, die, mehrfach unterbrochen, immer wieder einsetzt. Das erste Trio ist voller Einfälle, das zweite ist leer, als wäre die Kraft des Komponisten versiegt. Das Adagio klingt an das „Musikalische Opfer" Bachs an. Eine sehnsuchtsvolle Kantilene bittet um Genesung. Das Leid weicht aber bis zum Ende des Satzes nicht. Dafür bringt das erste Thema des vierten Satzes ein frohes Marschthema. Ein zweites Thema stellt voll Sorge den Jubel in Frage. Doch die Verzweiflung ist verschwunden. Die Bläser intonieren nach einer Generalpause eine Liedmelodie Beethovens, die Quinten der Einleitung erklingen jetzt als Siegesfanfaren. Triumphierend wird der Satz beendet. Spieldauer: 40 Minuten.

3. SINFONIE E-DUR „RHEINISCHE", OP. 97
5 Sätze, uraufgeführt am 6. Februar 1851 in Düsseldorf unter der Leitung des Komponisten. Mit ihrer schwungvollen Heiterkeit hat sich diese Sinfonie bald alle Konzertsäle erobert. Der erste Satz beginnt ohne Einleitung kraftvoll und lebendig, das zweite, elegische Thema wird erst spät herangeführt, kann aber den Frohsinn nicht bannen, sondern wird allmählich vertrieben und muß die überschäumende Daseinsfreude gewähren lassen. Das Scherzo ist heiter und behaglich. Im Trio gibt es einen langen Orgelpunkt, über dem die Klarinetten eine weiche Melodie erklingen lassen. Der dritte Satz bringt eine gefühlvolle, weiche Melodie, die durch Einwürfe etwas aufgelockert wird. Der vierte Satz ist feierlich und weihevoll und schildert programmatisch den mächtigen Kölner Dom und eine darin ablaufende Zeremonie. Erst das Finale findet wiederum zur Fröhlichkeit rheinischer Stimmung zurück; frische Marschrhythmen kennzeichnen den Charakter der Musik. In der Coda setzt ein gewaltiger Bläserchor ein und läßt den Satz festlich ausklingen. Spielzeit: 33 Minuten.

4. SINFONIE D-MOLL OP. 120
4 Sätze, entstanden 1841, uraufgeführt am 6. Dezember 1841 im Leipziger Gewandhaus unter Ferdinand David, umgearbeitet und zum zweiten Mal uraufgeführt am 15. Mai 1854 in Düsseldorf. Sie wird von Schumann als „Sinfonische Fantasie" bezeichnet. Ihre Sätze fließen pausenlos ineinander über, so daß sich eine geschlossene Einheit bildet; die Themen der einzelnen Sätze stehen untereinander in enger thematischer und noch mehr in poetischer Beziehung. Die Einleitung ist schwermütig. Das erste Thema ist hingegen tröstlich und heiter und wird aus dem Geist des Klaviers empfunden, es wird den ganzen Satz hindurch abgewandelt und erscheint ständig in anderen Formgebungen. Eine schwermütig volksliedhafte Romanze schließt sich an, das Thema des ersten Satzes erscheint erneut. Dann setzt das Scherzo ein und wandelt mit etwas grimmigem Humor die friedliche Stimmung. Die Uneinheitlichkeit, das Schwanken zwischen Leid und Freude, kennzeichnen den Komponisten als Romantiker, der eine Stimmung aufreißt und anschließend verwischt. Eine Fülle von Einfällen wird vorgeführt, deren Kontraste eine Einheit höherer Ordnung ergeben. Das Finale knüpft am ersten Satz an. Die grellen Einwürfe wirken dramatisch. Dann tauchen neue, träumerische Gedanken auf. Aber das Ende ist schwungvoll triumphierend. Spielzeit: 28 Minuten.

Sinfonien, Konzerte

Der Chilene Claudio Arrau ist ein Pianist höchsten Ranges und in allen Stilgattungen perfekt; seine Wiedergabe des Klavierwerkes von Schumann ist mustergültig.

KLAVIERKONZERT A-MOLL OP. 54

3 Sätze, entstanden im Jahr 1845 aus der „Fantasie für Klavier und Orchester a-Moll" (1841) und am 4. Dezember 1845 unter der Leitung von Ferdinand Hiller mit Clara Schumann am Klavier uraufgeführt. Es liegt kein klassisches Konzert vor, sondern eine „Fantasie für Klavier und Orchester", wenn auch die Dreisätzigkeit gewahrt bleibt. Das Klavier steht im Mittelpunkt des musikalischen Geschehens, aber das Orchester wird nicht in eine untergeordnete Begleiterrolle gedrängt, sondern ist parallel und gleichwertig, zuweilen antiphonisch geführt. Die Einleitung zum ersten Satz übernimmt das Soloinstrument, dann bringt das Orchester das erste Thema, welches das ganze Konzert beherrscht. Ein zweites Thema fehlt; der von der Klassik geforderte Dualismus ist aufgegeben. Es gibt auch keine Entwicklung, sondern nur einen Wechsel der Stimmung. Auch die Durchführung hat ihre Funktion geändert, sie bringt eine Themenverdichtung und dadurch neue Klangbilder. Aus der Reprise wächst die Kadenz, und das Ende klingt mit dem ersten Thema aus. Das Andante stellt eine Idylle voll Romantik und Poesie dar, wohlklingend und friedvoll, im Gegensatz zum Finale. Das Finale ist leidenschaftlich, mit Themen, die um die Ausdruckskraft wetteifern; siegesbewußt, pianistisch virtuos und schließt mit vollem Orchesterklang das Werk ab. Spieldauer: 34 Minuten.

CELLOKONZERT A-MOLL OP. 129

3 Sätze, entstanden 1850, uraufgeführt am 9. Juni 1860 (posthum) mit dem Cellisten Ludwig Ebert und dem Leipziger Konservatoriumsorchester. Das in Düsseldorf geschriebene Konzert ist eine Bitte an die Natur, die Schicksalsschläge von den Menschen abzuhalten. Das Hauptthema des ersten Satzes zieht sich durch das ganze Werk, das ohne Pause zwischen den Sätzen den Eindruck einer einsätzigen Fantasie macht. Die Holzbläser beginnen, ehe der Solist das sehnsuchtsvolle Thema, das einem Gebet gleicht, intoniert. Das Orchester weist die Bitte jedesmal abrupter zurück, so flehend sie auch wiederholt vom Cello vorgebracht wird. Einmal spenden die Hörner Trost, aber die Verzweiflung über das harte Geschick bleibt. Im zweiten Satz singt das Cello eine am Ende doppelgriffige Kantilene. Es kommt zu leidenschaftlichen Ausbrüchen, dann eröffnet das Cello das Rondo, in dem mehrere lebensbejahende Themen einander ablösen, zum Teil in Liedrhythmen, zum Teil mit Tanzformen, bis Zuversicht und

Lebensmut sich Bahn brechen und das Werk sieghaft endet. Spielzeit: 25 Minuten.

1. QUARTETT A-MOLL OP. 41,1
4 Sätze, entstanden 1842. Die Einleitung des ersten Satzes führt zum Hauptthema, das eigentümlicherweise in F-Dur geht. Seitenthemen erzeugen Kontraste, die Durchführung ist sehr bewegt, was dem ganzen Satz ein ungetrübtes Bild glücklichen Lebens verleiht. Die Haupttonart a-Moll kommt im Scherzo zur Geltung, steht aber in enger Beziehung zum Hauptthema des ersten Satzes. Das Trio ist ein lyrisches Intermezzo. Im dritten Satz kommt die Empfindung des Komponisten voll zum Ausdruck. Das Presto-Finale bietet vorbehaltsloses Lebensgefühl und Lebensfreude.

2. QUARTETT F-DUR OP. 41,2
4 Sätze, entstanden 1842. Mit seinem weitgespannten Thema bringt der erste Satz reinen Stimmungsgehalt. Die Seitengedanken sind nur rhythmische Abarten des Hauptthemas. Auch die Durchführung bleibt lyrisch. Das Andante ist zart und liedhaft. Das Scherzo-Presto intoniert zwar in Moll, bleibt aber diesem Tongeschlecht so viel wie möglich fern. Das fröhliche Trio wird in der Coda noch einmal angezogen und dem Scherzothema gegenübergestellt. Das Finale verstärkt diese lebensfrohe Stimmung und führt sie zu einem kraftvollen Ausklang.

3. QUARTETT A-DUR OP. 41,3
4 Sätze, entstanden 1842. Nach einem unentschlossenen Vorspiel erscheint ein anmutiges Thema, das in der Durchführung die heitere Stimmung beibehält. Das Scherzo ist unruhig und kapriziös, auch in seinen Variationen, von denen eine das Trio ersetzt. Der dritte Satz ist schlicht und klangschön. Das lebendige Rondo-Finale ist nicht schwärmerisch wie der erste Satz, sondern keck und fröhlich herausfordernd bis zu den strahlenden Schlußakkorden.

DAS PARADIES UND DIE PERI, ORATORIUM
Entstanden 1834 für Solostimmen, Chor und Orchester, 3 Teile. Der Inhalt ist dem Epos des englischen Dichters Thomas Moore „Lalla Rookh" entnommen. Eine Peri (sündiger Engel) will in das Paradies zurück und findet Einlaß, wenn sie „des Himmels liebste Gabe" darbringt. Mit den Blutstropfen eines Kriegers und dem letzten Seufzer einer Liebenden, die mit dem Geliebten gestorben ist, wird sie abgewiesen. Erst als sie die Träne eines reuigen Sünders bietet, wird ihr der Zugang zum Paradies gewährt. Die singenden Personen sind: Die Peri (Sopran), eine Jungfrau (Sopran), ein Engel (Alt), ein Jüngling (Tenor), ein Mann (Bariton), der Tyrann (Baß). Rezitative fehlen, die Berichte werden in Liedform gegeben, in die Soli und Chöre gestreut sind, so daß das Ganze balladesken Charakter bekommt.

DER ROSE PILGERFAHRT, ORATORIUM OP. 112
Für Soli, Chor und Orchester, entstanden 1851. Text nach einer Dichtung von Moritz Horn. Inhalt: Eine Elfe, die ihre Welt verlassen hat, um Mensch zu werden, liebt einen Mann, bringt ein Kind zur Welt, stirbt und kommt wie andere Menschen in den Himmel. Die singenden Personen sind: Rose (Sopran), Erzähler (Tenor), die Elfenfürstin (Alt), der Totengräber (Baß), der Müller (Bariton), die Müllerin (Mezzosopran), der Försterssohn (Tenor). Der Erzähler trägt kein Rezitativ vor, sondern kleidet seinen Bericht in liedhafte Form.

SZENEN AUS GOETHES FAUST, ORATORIUM
Für Soli, Chor und Orchester, 3 Teile, Gesamturaufführung 1862. Der erste Teil enthält die Liebesszene im Garten, Gretchens Monolog vor dem Bild der Gottesmutter und die Szene im Dom, der zweite den Sonnenaufgang am Beginn von Faust II. und die Todesszene des 5. Aktes, der dritte Teil die Vertonung der gesamten Schlußszene der Dichtung. Die singenden Personen sind: Faust (Bariton), Mephistopheles (Bariton), Gretchen (Sopran), Böser Geist (Baß), Ariel (Tenor), vier graue Weiber (Soprane, Alte), die heiligen Anachoreten (Tenöre, Bariton, Bässe), Mater gloriosa (Alt), drei Sünderinnen (Sopran, Alt), Una Poenitentium (Sopran), die Sänger des Dies irae im Dom, Elfen, Lemuren und Engel werden vom Chor dargestellt.

Tips für Plattenfreunde

○ Schumann: Das Klavierwerk (16 Stereo-LP/Teldec 6.35 037 FK, 6.35 038 FK, 6.35 039 FK, 6.35 287 FK, Engel)
○ Lieder (Stereo-LP/Deutsche Grammophon 2530 543)
○ Lieder von Schumann (4 Stereo-LP/Ariola K 88 311 K, K 88 312 K, K 88 313 K, K 88 314 K, Schreier)
○ Klavierquintett, Klavierquartett, Streichquartette (3 Stereo-LP/CBS 77 320, Juilliard-Quartett)
○ Sinfonien (3 Stereo-LP/CBS 77 315, Bernstein oder 4 Stereo-LP/Deutsche Grammophon 2740 129, Karajan)
○ Klavierkonzert a-Moll (Stereo-LP/Teldec 6.41 506 AN, Backhaus oder Philips 6833 020, Arrau)
○ Cellokonzert (Stereo-LP/CBS 77 363, Casals oder Deutsche Grammophon 2535 112, Rostropowitsch)
○ Der Rose Pilgerfahrt (2 Stereo-LP/EMI 1C 193-28 842/43Q, einzige Aufnahme)
○ Das Paradies und die Peri (2 Stereo-LP/EMI 1C 193-30187/88Q, einzige Aufnahme)
○ Szenen aus Goethes Faust (Stereo-LP/Decca SET 567/8, einzige Aufnahme)

FERENC ERKEL (1810–1893)

Zeit und Umwelt

Ungarn wird nach der Befreiung von der Türkenherrschaft habsburgisches Kronland. Damit beginnt für das Land ein neuer Freiheitskampf, der von Rákóczi und Tököly anfangs erfolgreich geführt wird, dann aber zusammenbricht. Damit muß das ungarische Volk die österreichische Herrschaft anerkennen. Gegen die absolutistische Regierung der ersten Hälfte des 19. Jahrhunderts opponiert eine starke nationalistische Bewegung. 1848 bricht in Budapest die Revolution aus, die von Kaiser Franz Joseph I. mit Hilfe russischer Truppen niedergeworfen wird. Die Erinnerung an den Führer der Revolution (Kossuth), den Freiheitsdichter (Petöfi), die Komponisten von Freiheitsliedern sowie an die ungarische Folklore, die ungarische Geschichte, ungarische Sage in Prosa und auf der Bühne, ungarische Sujets des Opernschaffens – all diese Themen müssen die verlorene Freiheit ersetzen und die Hoffnung auf späteres Gelingen wachhalten. Der politische Mißerfolg treibt das ungarische Nationalbewußtsein hoch und führt zur Begründung eigenständiger Kunstgattungen.

Leben

Ferenc Erkel (Erkel Ferenc) wird am 7. November 1810 in Gyula, Komitat Békés, geboren, bildet sich selbst zum Pianisten aus, wird Kapellmeister in Klausenburg und 1838 Dirigent am ungarischen Nationaltheater. Von da an verläuft sein Leben als eine ununterbrochene Kette von Erfolgen. Er nimmt als erster in seine Musik Elemente der ungarischen Volksmusik (oder was man damals dafür hält) auf. In einzelnen seiner neun Opern läßt er die sympathischen Gestalten im Ton des Verbunkos (Werbemusik) auftreten, deren Feinde im Rossini-Stil singen. Die Anwendung dieses Mischstils trägt ihm die Bezeichnung eines Begründers der ungarischen Nationaloper ein. Er stirbt in Budapest am 15. Juni 1893.

Werke

9 Opern, von denen „Hunyadi László" (1844) und „Bánk Bán" (1861) den größten Erfolg gehabt haben und noch heute viel gespielt werden. Seine Chöre und vielen Lieder werden in Ungarn noch gesungen.

FRANZ LISZT (1811–1886)

Zeit und Umwelt

In Wien werden Czerny und Salieri, Beethoven und Schubert, in Paris Chopin, Berlioz, Mayerbeer und ihr Kreis zur Umwelt des jungen Liszt. Bald treten dazu die Massen des Publikums, das von der Virtuosität, der Musikalität und der Persönlichkeit des Mannes aus dem ungarischen Dorf fasziniert ist. In den alten Musikländern Österreich, Frankreich, Italien und Deutschland steht die Romantik in Hochblüte, andere Länder formieren eine eigenständige Musik wie die Ungarn, Tschechen, Polen, Russen, Dänen und Schweden. Diese Völker setzen mit der Romantik ein, weil sie ihre eigene Vergangenheit (echt oder erdichtet) in der Kunst wiederfinden und sich dadurch bestätigen wollen; sie wünschen die Klänge der eigenen Folklore als unmittelbaren Ausdruck ihrer Gefühle, ihrer Sehnsüchte und Ängste, Hoffnung und Verzweiflung zu hören. Die Literatur hat sich von der Marmorglätte klassischer Formulierung einem naturhaften Ausdruck zugewendet, zum Teil einer erträumten, von unwirklichen Heroen und Märchengestalten bevölker-

Franz Liszt (1811–1886)

ten Natur; Götter gehen über die Bühnen und dürfen kraft ihrer Göttlichkeit jedes Verbrechen begehen, Helden der Vorzeit rächen ihre verletzte Ehre mit blutigen Händen. Allmählich wendet man sich der Wirklichkeit zu, das Elend vor der eigenen Haustür gerät in das Blickfeld, man stellt es dar und streitet über das wirksamste Heilmittel. Und den Regierungen gleitet allmählich aber unaufhaltsam die Macht aus den Händen. Frankreich, allen immer voran, setzt die Signale. Seine Revolten werden zwar niedergeschlagen, hinterlassen aber jedesmal ein Stück Freiheit mehr. Die Untertanen werden zu Bürgern, ihr Freiheitsraum weitet sich von Jahrzehnt zu Jahrzehnt. Es gibt Rückschläge, es gibt Hemmungen, die Kehrseite des erwachten Nationalismus der einzelnen Völker zeichnet sich bereits ab, er wird bald als Stütze für überlebte Regierungsformen und als Ablenkung von sozialen Mißständen mißbraucht. Doch zu einer schonungslosen realistischen Weltbetrachtung, zu einer echten Diagnose der waltenden Umstände hat sich Europa noch nicht durchgerungen. Es lauscht noch den romantischen Klängen in den Konzertsälen, es verfolgt mit Spannung die Entwicklung von Problemen, die keine sind, weil es die Gestalten nicht gibt und nie gegeben hat, die angeblich davon bewegt werden. Wissenschaft und Technik haben die Welt noch nicht entmystifiziert. Aber manches Künstlerauge sieht bereits tiefer – so etwa Liszt, der, erst 26 Jahre alt, schreibt: „... ich richtete meinen Weg nach Lyon und fand mich plötzlich inmitten so entsetzlicher Leiden, eines so fürchterlichen Elends, daß mein Gerechtigkeitssinn empört protestierte... Wie diese Menschen leben, in pestilenzialischen Löchern zusammengepfercht! Wie sie ihre glücklicheren Genossen um den geringen Lohn beneiden... Oh, grausame Gesetze der zum Fluch gewordenen Gesellschaft! Wann wird der Zornesengel ihre Erztafeln zertrümmern!"

Leben

Franz Liszt (Liszt Ferenc) wird am 22. Oktober 1811 in Raiding, damals Westungarn, heute Burgenland, als Sohn von Adam Liszt, eines Gutsverwalters des Fürsten Esterházy, und einer aus Krems, Niederösterreich, stammenden Mutter geboren. Den ersten Klavierunterricht erhält er von seinem musikalischen Vater, so daß er bereits mit 9 Jahren in Ödenburg öffentlich als Pianist auftreten kann und einige ungarische Adelige seine Ausbildung in Wien für sechs Jahre gewährleisten. Czerny und Salieri werden seine Lehrer, er darf Beethoven vorspielen, der ihn freundlich lobt. In Wien lernt er auch Franz Schubert kennen. 1823 geht er nach Paris, weil er hofft, in das Konservatorium aufgenommen zu werden, obwohl er Ausländer ist. Aber Cherubini, der Wunderkinder nicht mag, weist ihn ab, so daß er gezwungen ist, bei Paër und Reicha Privatunterricht zu nehmen. Mehrere Konzertreisen nach England und in die Schweiz folgen. 1834 geht er mit Gräfin d'Angoult eine enge Verbindung ein, aus der er drei Kinder hat, darunter Cosima, die spätere

Frau Hans von Bülows und Richard Wagners. Die Konzerte, die er zu jener Zeit in Paris gibt, befestigen sofort seinen Ruf als Pianisten erster Ordnung. Seine Konzertreisen kreuz und quer durch Europa werden zu Triumphzügen gleich denen des Violinvirtuosen Paganini. Er wird einmütig und auch mit Recht als bedeutendster Klaviervirtuose seiner Zeit anerkannt und sogar über den beliebtesten Pianisten Sigismund Thalberg gestellt (1812–1871; Klaviervirtuose, Komponist von Klavierwerken).
Im Jahr 1842 wird er als Hofkapellmeister nach Weimar berufen und geht mit Fürstin Caroline Sayn-Wittgenstein eine Lebensgemeinschaft ein. Im Jahr 1858 verläßt er Weimar und geht nach Rom, um die Scheidung der Fürstin zu betreiben und sie zu heiraten. Als dies scheitert, wendet er sich dem geistlichen Stand zu, nimmt die niedrigen Weihen und lebt als „Abbé" Liszt in Rom, Budapest, Weimar und Bayreuth, wo er am 31. Juli 1886 stirbt. Er wird in Bayreuth beigesetzt. Fürstin Wittgenstein ist seine Erbin und Testamentsvollstreckerin. Unmittelbar nach der Bestattung des bereits zu Lebzeiten berühmten Komponisten treten führende Musiker in Bayreuth unter dem Vorsitz von Hans Richter zusammen (1843–1916, bedeutender Wagnerdirigent), um alle Kräfte der künstlerischen Welt aufzufordern, das Andenken des Verstorbenen durch einwandfreie Wiedergabe seiner Werke wachzuhalten. Liszts pianistische Technik wird für die ganze kommende Generation maßgebend. Seine Schüler sind zahlreich. Zu ihnen gehören Alfred Reisenauer (1863–1907, Komponist von Liedern und Klavierstücken), Alexander Siloti (1863–1945; Klavierlehrer an der Juilliard School, New York), Emil Ritter von Sauer (1862–1942; Komponist von Klavierkonzerten, Klaviersonaten und Konzert-Etüden), August Stradal (1860–1910), Conrad Ansorge (1862–1930; Komponist von Orchester-, Kammer-, Klavier- und Vokalmusik), Ignaz Friedman (1882–1948; Komponist von vorwiegend Klaviermusik), Hans von Bülow (1830–1894; Dirigent), Karl Tausig (1841–1871). Besonders ragen aus der Schar der Schüler Busoni und d'Albert hervor, von ihnen und noch vielen anderen wird das künstlerische Erbe weiter geführt und an Enkelschüler weitergereicht, „alle des Abstandes, der sie von jenem Großen trennte, respektvoll bewußt" (Busoni).

Literatur

P. Rehberg: Franz Liszt. Die Geschichte seines Lebens, Schaffens, Wirkens. 1961
L. Kusche: Franz Liszt. Porträt eines Übermenschen. 1961
W. G. Armando: Franz Liszt. 1961
Gesamtausgabe der Kompositionen, 34 und 4 Bände, 1907–1936 und 1950–1954
Gesammelte Schriften, 6 Bände, 1880–1883

Franz Liszt (1811–1886)

Werke

Manche seiner Werke mögen etwas verblaßt sein, besonders was vorwiegend für das eigene Konzertpodium verfaßt worden ist. Aber sein Wirken als Komponist ist aus der Musikgeschichte nicht wegzudenken. Er übernimmt die Programmusiktechnik von Berlioz und entwickelt sie in noch farbigerem Klanggewand und noch freierer Konzeption zur Vollendung. Die „Idée fixe" des französischen Meisters wird bei ihm zum Kernmotiv, aus dem sinfonische Dichtungen poetischen Gedanken gemäß emporsteigen, den literarischen Vorwurf ausdeuten, neu formen und darüber hinauswachsen. Voran stehen die 13 Sinfonien, die zwischen 1853 und 1857, also in Weimar, mit „Eine Faust-Symphonie" entstanden sind. Aus der gleichen Zeit stammen die zwei Klavierkonzerte. Weitere Musik für Klavier und Orchester sind: „Totentanz", „Fantasie über ungarische Volksmelodien" und die Bearbeitung von Schuberts „Wandererfantasie" für Klavier und Orchester. Von der Klaviermusik ist die Sonate h-Moll am bedeutendsten. Die 19 ungarischen Rhapsodien (1851–1882) sind schwungvolle virtuose Unterhaltungsstücke, die aber keine ungarischen, sondern zigeunerische Melodien verarbeiten. Die zwei Franziskus-Legenden scheinen noch heute in Virtuosenprogrammen auf, zuweilen auch die „Pilgerschaftsjahre" (programmatische Stimmungsbilder) und die verschiedenen Etüden. Die Orgelwerke nehmen einen beachtlichen Raum im kompositorischen Schaffen Liszts ein. Die Fantasie und Fuge über b-a-c-h muß als bedeutendstes Orgelstück gewertet werden. Viele davon sind Bearbeitungen eigener Kompositionen. Seine drei Oratorien, „Legende von der heiligen Elisabeth", „Christus" und „Via Crucis", setzen die Tradition Händels und Bachs fort. Obgleich Liszt bei seinen Messen auf die Gregorianik zurückgreift, werden sie von der Kirche als zu „profan" abgelehnt. Die Graner Messe für Soli, Chor und Orchester zur Einweihung des Domes in Gran 1856 ist die bekannteste. Die Ungarische Krönungsmesse zur Krönung Kaiser Franz Josephs I. (1867) entnimmt das einstimmig gesetzte gregorianische Credo der „Messe royale" von Henry Du Mont (um 1610–1684). Die Missa Choralis für Soli, gemischten Chor und Orgel, in Rom für die Sixtinische Kapelle ganz im Geist der Gregorianik verfaßt, wird abgelehnt und 1869 in Lemberg uraufgeführt. Sein Requiem im Palestrinastil findet vor den Vertretern der Kirchenmusik ebensowenig Gnade wie seine Psalmenvertonungen. Viele kleinere Chorwerke sowie 82 Klavierlieder mit französischem, englischem, italienischem, ungarischem und deutschem Text werden zuweilen noch heute gesungen. Die Liste der Werke Liszts kann nicht ohne Hinweis auf seine Schriften „Friedrich Chopin", „Richard Wagner" und andere musikhistorische und kritische Abhandlungen abgeschlossen werden, weil es geradezu zur Charakteristik eines romantischen Komponisten gehört hat, sich auch schriftstellerisch zu betätigen.

BERGSINFONIE

Entstanden 1849, steht mit dem Gedicht von Victor Hugo „Ce qu'on entend sur la montagne" im engsten Zusammenhang. Der Komponist gibt selbst folgende Erklärung: „Der Dichter vernimmt zwei Stimmen; die eine unermeßlich, prächtig und ordnungsvoll, dem Herrn ihren jubelnden Lobgesang entgegenbrausend – die andere dumpf, voll Schmerzenslaut, von Weinen, Lästern und Fluchen angeschwellt. Die eine spricht: Natur!, die andere: Menschheit! Die beiden Stimmen ringen sich einander näher, durchkreuzen und verschmelzen sich, bis sie endlich in geweihter Betrachtung aufgehen und verhallen." Spielzeit: 30 Minuten.

TASSO. LAMENTO E TRIONFO

Ursprünglich als Ouvertüre zu Goethes Torquato Tasso geschrieben und 1849 zum hundertsten Geburtstag Goethes in Weimar aufgeführt, 1854 vollendet. Die Sinfonie stellt in zwei Abschnitten das Schicksal des italienischen Dichters Torquato Tasso, seine Leiden in Ferrara und seinen Triumph in Rom, dar. Zwischen den Abschnitten stellt Liszt einen menuettartigen Mittelteil. Für den Komponisten ist Tasso ein Symbol des „im Leben verkannten, im Tode aber von der Glorie umgebenen Genius", dem er sich verwandt fühlt. Spielzeit: 18 Minuten.

LES PRÉLUDES

Ursprünglich als Ouvertüre zum Chorwerk „Les quatres éléments" von Joseph Austran 1848 komponiert, später als sinfonische Dichtung auf „Les Préludes" aus den „Méditations poétiques" von Alphonse de Lamartine bezogen. Das musikalische Grundmaterial für das gesamte Werk stellt das einleitende C-Dur-Thema dar. In vier Abschnitten wird der Weg eines Helden geschildert, der sieghaft triumphierend endet. Schwärmerische Träume wechseln mit heroischen Klängen ab. Spielzeit: 18 Minuten.

ORPHEUS

Wird zur Festaufführung von Glucks Oper „Orpheus und Euridike" am Weimarer Hoftheater 1854 als Prolog geschrieben und später zur Sinfonischen Dichtung umgearbeitet, die in dreiteiliger Liedform den „ersten Dichtermusiker Orpheus" zu Harfenbegleitung singen läßt.

PROMETHEUS

Wird aus der Einleitungsmusik zu Herders „Der entfesselte Prometheus" 1855 zur vorliegenden Sinfonischen Dichtung gebildet. Den Mythos stellt Liszt mittels zwei einander entgegengeführten Hauptthemen in Form eines freien Sonatenhauptsatzes dar, um „in der Musik die Stimmungen aufgehen zu lassen, welche unter den verschiedenen wechselnden Formen des Mythos seine Wesenheit, gleichsam seine Seele, bilden".

MAZZEPPA

1854 aus der gleichnamigen Konzertetüde von 1839 entstanden (Études d'éxecution trancendante Nr. 4 d-Moll). Diese Sinfonische Dichtung mit farbigen Klangbildern nach dem Gedicht von Victor Hugo stellt dar, wie der ukrainische Volksheld Mazzeppa von seinen Feinden gefangengenommen, auf ein Pferd gebunden und in die Steppe gejagt wird. Das Pferd wird gehetzt, bis es zusammenbricht, Mazzeppa gefunden und befreit und kann als Hetman sich rächen und das Volk zu neuem Ruhm führen. Spielzeit: 19 Minuten.

FESTKLÄNGE

Ursprünglich für die Vermählung des Komponisten mit Fürstin Wittgenstein entworfen, zu der es nicht kommt, dann als Einleitungsmusik zu Schillers lyrischem Spiel „Huldigung der Künste" 1854 in Weimar aufgeführt. Dieser Sinfonischen Dichtung liegt kein Programm zugrunde, sie besteht aus einer Themengruppe in Marschform und einer zweiten in Form einer Polonaise, wodurch ihr festlicher Charakter betont wird.

HELDENKLAGE
1857 in Breslau aufgeführt, beginnt mit einem Trauermarsch, dem ein Trio mit sanfter, wehmütiger Melodie folgt. Dann wird der Hauptsatz verkürzt wiederholt. In der Coda erscheinen die Themen des Hauptsatzes und des Trios in Engführung. Diese sinfonische Dichtung ist eine Totenklage und ein Ausdruck des „Schmerzes, dessen finstere Gegenwart uns immer denselben Schauder einflößt und zu ehrerbietigem Beugen zwingt".

HUNGARIA
Diese im Jahr 1856 entstandene und 1869 am Ungarischen Nationaltheater in Budapest aufgeführte Sinfonische Dichtung hat kein Programm, sondern Melodien von Liszts „Ungarischen Rhapsodien" in glanzvoller Orchesterfassung.

HAMLET
Bearbeitung eines 1858 verfaßten Vorspieles zu Shakespeares Drama als Sinfonische Dichtung, die 1876 in Sondershausen aufgeführt wird. Das Werk wahrt klassische Proportionen. Die Einleitung stellt den grüblerischen Charakter des Helden dar. Der Mittelsatz deutet auf Ophelia hin. Die Coda verbindet beide Themen, jäh verzerrt und ins Grelle gewendet.

HUNNENSCHLACHT
Angeregt durch das Wandgemälde von Kaulbach „Die Hunnenschlacht" im Neuen Museum in Berlin will Liszt ausdrücken, „wie das Licht des Christentums die Finsternis des Heidentums zerstört". Im Beginn vernimmt man durch die Figuren der gedämpften Violinen die Schlachtrufe der Hunnen und Römer, den Schlachtgesang der Heiden und den Choral der Christen, dann verkünden Fanfaren den Sieg. Das Orchester schweigt, die Orgel intoniert einen Choral. Ein Dankgebet schließt die Sinfonie ab.

DIE IDEALE
Diese Sinfonische Dichtung, 1857 entstanden und anläßlich der Enthüllung des Goethe-Schiller-Denkmals und des Wieland-Denkmals in Weimar aufgeführt, hat das gleichbetitelte Schillergedicht zur Grundlage. Die vom Solohorn beklagten zerronnenen Ideale geben einem neuen Aufschwung Raum, der, über eine Enttäuschung hinweg, zu neuer Erfüllung in der Freundschaft führt.

VON DER WIEGE BIS ZUM GRABE
1881 für Klavier geschrieben und 1882 orchestriert. Dieses Sinfonische Gedicht ist von einem Gemälde von Michael Zichy mit den Titeln „Die Wiege", „Der Kampf ums Dasein", „Zum Grabe" inspiriert und wird zu Lebzeiten des Komponisten nicht aufgeführt.

KLAVIERKONZERT NR. 1 ES-DUR
4 Sätze, entstanden 1849, uraufgeführt unter Berlioz mit Liszt am Klavier in Weimar 1855. Das Konzert steht mit seiner Viersätzigkeit der sinfonischen Form nahe. Es setzt unisono kraftvoll wie ein revolutionäres Fanal ein, das Klavier folgt mit einer großen Kadenz, Seitenthemen werden herangezogen, aber nur andeutungsweise durchgeführt, die Reprise verklingt

pianissimo. Das folgende Adagio leitet weit ausholende Klavierrezitative zu einem dramatischen Ausbruch und dann mit sanften Doppeltrillern zum Scherzo. Im letzten Abschnitt dieses Satzes erklingt das heroische Kopfthema erneut auf und wird kontrastreich von einer gefühlsseligen Oboenweise begleitet und abgelöst. Das abschließende Finale wird zum monumentalen Triumphmarsch. Spielzeit: 20 Minuten.

KLAVIERKONZERT NR. 2 A-DUR
6 Sätze, uraufgeführt 1857 in Weimar mit Liszt als Dirigenten und Hans von Bronsart (1830–1913; Dirigent, Pianist) am Klavier. Die sechs Sätze gehen ohne Pause ineinander über und sind sehr schwach differenziert. Im Konzert dominieren Farbigkeit und Lyrik. Das Kernthema wird zuerst von Holzbläsern, dann von Streichern vorgetragen und vom Klavier übernommen. Ein tragischer Marsch steht dazu in starkem Kontrast. Die folgenden Sätze bilden gemeinsam den Hauptteil des Konzertes, dessen lyrischer Höhepunkt ein Cellosolo, vom Klavier begleitet, bildet. Die Marschrhythmen des fünften Satzes führen zu einer Stretta, die das Werk abschließt. Spielzeit: 20 Minuten.

SONATE H-MOLL
3 Sätze, 1852/53 entstanden und Robert Schumann gewidmet, umfangreichstes und größtes Klavierwerk des Komponisten. Die Konzeption der Sonate ist sinfonisch und bringt (nach Tausig) eine auf Goethes Faust basierende Programmusik. Das hymnische „Grandioso" als erster Themenkomplex und ein lyrisches Seitenthema leiten zu einer langen Durchführung (200 Takte) über, in der alle Klangfarben des Instrumentes zur Geltung gebracht werden. Ein Fugato führt kontrapunktisch zur Re-

Lazar Berman spielt mit Vorliebe die Klavierkonzerte, die Sonate und die Rhapsodien von Franz Liszt.

prise, die mit dem Hauptthema einsetzt. Eine Oktavenstretta geht in ein akkordisches Motiv über, und das Andante bildet die Coda. Das Tongemälde schildert Sturm, Qual, Glaube und Hoffnung, ein Menschenschicksal vielleicht auch, das Schicksal Fausts.

EINE FAUSTSINFONIE
Für Tenor, Männerchor, Orgel und Orchester, 3 Teile, entstanden 1854, uraufgeführt 1857 in Weimar, kann nach der Anlage als Sinfonisches Gedicht mit Singstimmen aufgefaßt werden. Der erste Satz gibt ein Bildnis seiner selbst und zugleich der Titelgestalt. Das erste Thema mit der zu jener Zeit unerhört neuen Auflösung der Tonalität schildert die mystische und magische Seite der faustischen Natur. Das zweite Faustthema entspricht einem gefühlvollen Seitenthema und schließt mit einer triumphierenden Trompetenmelodie ab. Dem folgt die Auseinandersetzung der The-

Heilige Elisabeth, Christus, Via Crucis

men, die den ersten Abschnitt des ersten Teils im Wesentlichen wiederholt. Der zweite Teil ist Gretchen gewidmet und wird zart und innig von Oboe und Bratsche vorgetragen. Anschließend wird Gretchens zaghaftes Fragen, ihr Schaudern bei dem ersten Erscheinen Fausts und das Liebesduett geschildert. Im dritten Teil tritt Mephistopheles auf, und zwar mit den bisher verwendeten Themen, die ins Dämonische verzerrt sind. Das einzige neue Motiv dieses Teils spricht den Fluch über die Höllengestalt aus. Der dritte Teil ist ein Tenorsolo mit Männerchor über den Chorus mysticus. Spielzeit: 65 Minuten.

DIE LEGENDE VON DER HEILIGEN ELISABETH, ORATORIUM
Nach Worten von Otto Roquette für Soli, Chor, Orgel und Orchester, entstanden 1862, uraufgeführt 1865 in Budapest in ungarischer Sprache. Das Oratorium stellt in 2 Teilen das Glück der Landgräfin Elisabeth von ihrer Ankunft auf der Wartburg bis zum Aufbruch ihres Mannes zum Kreuzzug dar. Im zweiten Teil werden die Leiden und der Tod der Heiligen dargestellt. Die Personen sind: Hermann, Landgraf von Thüringen (Baß), Sophie, dessen Gemahlin (Alt), Ludwig, deren Sohn (Bariton), Elisabeth, Tochter von Andreas II., des Königs von Ungarn (Sopran), Friedrich II., deutscher Kaiser (Baß), ein ungarischer Magnat (Baß), ein Seneschall (Baß), Chor der Kinder, der Kreuzfahrer, der Armen, der Engel, der Bischöfe und des Volkes.

CHRISTUS, ORATORIUM
Nach Texten aus der Heiligen Schrift und der Liturgie (lateinisch) für Soli, Chor, Orgel und Orchester in drei Teilen: I. Weihnachtsoratorium, II. Nach Epiphania, III. Passion und Auferstehung, entstanden 1867. Teil I. besteht aus Rorate coeli (Einleitung), Angelus domini (Verkündigung), Stabat mater speciosa, Pastorale (Hirtenspiel an der Krippe), Et ecce stella (Die heiligen drei Könige, Marsch); Teil II. besteht aus Beati pauperes (Die Seligsprechungen), Pater noster, Tu es Petrus (Gründung der Kirche), Et ecce motus magnus (Wunder), Hosanna, benedictus qui venit (Einzug in Jerusalem); Teil III. besteht aus Tristis est anima mea, Stabat mater dolorosa, Hymnus Pascalis (Osterhymne), Resurrexit (Auferstehung).

VIA CRUCIS
Für Soli, gemischtem Chor und Orgel, 15 Teile. Der Text ist zusammengestellt von Fürstin Sayn-Wittgenstein aus Bibelsprüchen, mittelalterlichen lateinischen Hymnen und deutschen Chorälen. Das Werk, entstanden 1878/79, uraufgeführt 1929 in Budapest, besteht aus einer einleitenden Hymne und den 14 Stationen des Kreuzweges: Jesus wird zum Tod verurteilt, Jesus trägt sein Kreuz, Jesus fällt zum ersten Mal, Jesus begegnet seiner Mutter, Simon von Cyrene hilft Jesus Kreuz tragen, Veronika reicht Jesus das Schweißtuch, Jesus fällt zum zweiten Mal, Die Frauen von Jerusalem weinen um Jesus, Jesus fällt zum dritten Mal, Jesus wird seiner Kleider beraubt, Jesus wird ans Kreuz genagelt, Jesus stirbt am Kreuz, Jesus wird vom Kreuz genommen, Jesus wird ins Grab gelegt.

Tips für Plattenfreunde

○ Années de pélerinage 1–3 (3 Stereo-LP/FSM SVBX 5454, Jerôme Rose). Stilgerechtes Spiel
○ Klavier-Etüden (3 Stereo-LP/FSM SVBX 5453)
○ Liebesträume (Stereo-Lp/EMI 1C 063 02 455)
Sehr schöne Aufnahmen

○ Wandererfantasie (Stereo-LP/ FSM 34 265, Brendel). Eine grandiose Wiedergabe
○ Sämtliche Sinfonischen Gedichte (5 Stereo-LP/Philips 6709 005). Einzige Gesamtaufnahme
○ Klavierkonzerte 1–2 (Stereo-LP/ FSM 6500 374, Brendel oder Philips LY 835 474, Richter). Die Auffassungskontraste beider Virtuosen sind sehr interessant
○ Sonate h-Moll (Stereo-LP/Philips 6500 043, Arrau oder RCA 26 48 063 DP, Gilels)
○ Faustsinfonie (Stereo-LP/FSM 34 491)
○ Heilige Elisabeth (3 Stereo-LP/ Hungaroton SLPX 11650-52)
○ Christus (3 Stereo-LP/Hungaroton LPX 11506-08)
○ Via Crucis (Stereo-LP/Disco H 11 575)

RICHARD WAGNER (1813–1883)

Zeit und Umwelt

Wer wie Richard Wagner nicht nur Musik schreiben und ausüben, sondern der Oper, dem Theater und der Kunst überhaupt neue Gestalt und neuen Inhalt geben will, wer sich nicht auf Musik und Musikschauspiel beschränken will, sondern Artikel, Essays und Angriffe nach allen Richtungen verfaßt, wird zwangsläufig verdächtigt, ein Revolutionär zu sein, wenn er auch nicht an der Volkserhebung teilnimmt. Und in jenem Jahrhundert, in dem Liberalismus Hand in Hand geht mit Chauvinismus, in dem man Freiheiten für sich und seinesgleichen anstrebt, aber den Andersgearteten die Atemluft neidet, muß ein Mann Anhänger gewinnen, wenn er auf einem Gebiet achtenswerte Leistungen vollbringt und zugleich atavistischen Aggressionsgelüsten schmeichelt. Denn die Zeit führt über die Befreiung von absolutistischen Zwängen in die Knechtschaft eines aus der Romantik geborenen mythischen Begriffes der Nation. Erfundene Helden einer erfundenen Vorzeit, mit kleinbürgerlichem Wunschdenken entsprechenden Attributen ausgestattet, werden mit vollendeter Dramatik, begleitet von hinreißender Musik, auf die Bühne gestellt – und wer sich darin als großer Meister erweist, muß zum Idol vieler werden. Für diese vielen bedeutet die Musik zwar nur Lärm, wird aber bejubelt, weil sie für breite Bürgerschichten als Ausdruck revolutionärer Gesinnung gilt, solange um Persönlichkeitsrechte und Freiheit gekämpft wird. Andererseits wird dieselbe Musik zum Fanal nationaler Triumphe über die Zeitgenossen jenseits der Volks- und Artgrenzen. Die Zeit erlaubt es Wagner, der Umwelt wiederum seinen Stempel aufzuprägen. In unzähligen Vereinen und Ritterrunden wird Nibelungendeutsch gesprochen, Kinder erhalten landschaftsfremde Namen. Aus Kolossalgemälden drohen Speerbewaffnete, in Sälen und Treppenhäusern öffentlicher Gebäude stehen schwülstige Germanenkrieger aus Stein, und zahllose Gedichte klirren mit erzernen Versen,

Richard Wagner (1813–1883)

Georg Solti aus Budapest ist einer der gefragtesten Dirigenten unserer Zeit, der neben vielen anderen Komponisten Richard Wagner mit seltener Intensität zum Erklingen bringt.

eine Literatur schwillt an, um die Gedankentiefe der Opern auszuloten. Nicht die großartige Musik steht im Mittelpunkt des Interesses, sondern alles das, was sie mit weiter Geste verkündet, wird zum Gegenstand der Anbetung. Und die Gegner, die wenigen, die das Außerkünstlerische dieses Kults erkennen oder zumindest erfühlen, wählen die Musik zum Ziel ihrer Kritik, denn sie begreifen nicht, daß nur diese bestehen und weiterleben kann, wogegen alles damit Verbundene oder ihr auch nur Zugemutete, das bloßzustellen ein Sakrileg war, vergessen wird.

Leben

(Wilhelm) Richard Wagner wird am 22. Mai 1813 in Leipzig als Sohn des Stadtgerichtsaktuars Carl Friedrich Wilhelm Wagner (1770–1813) und der Rosine, geborene Pätz, (1774–1848) geboren. Seine erste musikalische Ausbildung erhält er während seines Universitätsstudiums vom Thomaskantor Theodor Weinlig (1780–1842). 1833 wird er Korrepetitor am Theater in Würzburg, wo sein älterer Bruder Karl Albert (1799–1874) als Schauspieler, Sänger und Regisseur tätig ist. Zur gleichen Zeit schreibt er seine erste vollendete Oper (Die Feen), während er bisher nur Instrumentalmusik und ein Opernfragment (Die Hochzeit) verfaßt hat. 1834 wird er Kapellmeister in Magdeburg, 1836 in Königsberg und 1837 in Riga. Von dort flüchtet er wegen seiner Schulden auf dem Seeweg nach Paris, wo er sich mit Gelegenheitsarbeiten durchbringt. 1842 kehrt er nach Dresden zurück und wird nach der Aufführung seines „Rienzi" Hofkapellmeister. Im Jahr 1848 weicht er in die Schweiz aus, weil er sich durch einige Publikationen als Revolutionär verdächtig gemacht hat. Er wird 1861 amnestiert und darf nach Deutschland zurückkehren, 1864 beruft ihn Ludwig II. von Bayern nach München, 1866 bis 1872 lebt er in Triebschen bei Luzern, 1872 übersiedelt er nach Bayreuth, wo in dem von ihm angeregten Festspielhaus 1876 mit einer Gesamtaufführung des „Ring" die ersten Festspiele stattfinden. Am 13. Februar 1883 stirbt er in Venedig und wird im Garten des Hauses Wahnfried in Bayreuth beigesetzt. Sein Sohn Siegfried Wagner (1869–1930), Dirigent und Spielleiter in Bayreuth, verfaßt neben Orchestermusik, einem Violinkonzert und Chören, 12 sehr volkstümliche Opern im Stil von Lortzing oder Humperdinck.

Literatur

E. Bücken: Richard Wagner. 1934
C. v. Westerhagen: Richard Wagner, Wesen und Welt. 1956
H. Barth: Wagnerbiographie, 1945–1955

Werke

Die außer den Opern und größtenteils vor ihnen verfaßten Kompositionen werden nur mehr bei besonderen Anlässen aufgeführt, sie sind aber zur Gänze auf Platten eingespielt. Die Sinfonie C-Dur von 1832 wird 1882 uraufgeführt; die 1840 geschriebene, 1844 uraufgeführte und 1855 überarbeitete „Faustsinfonie" ist nahezu vergessen wie seine verschiedenen Ouvertüren und Märsche. Die „biblische Szene" für drei Chöre „Das Liebesmahl der Apostel", 1843, findet zuweilen die Beachtung von Gesangsvereinen. Die fünf „Wesendonck-Lieder" (Studien zum Tristan) sind von den Konzertprogrammen nahezu verschwunden. Einzig das „Siegfried-Idyll", 1870, geschrieben als Geburtstagsüberraschung für Cosima Wagner, wird manchmal bei Orchesterkonzerten gegeben. Das klangvolle und liebenswürdige einsätzige Stück entnimmt das thematische Material dem „Ring". Dies ist aber im Vergleich zu seinem Opernschaffen unbedeutend, das Wagner zu einer der bedeutendsten Gestalten der Musikgeschichte erhebt und nicht nur auf die Opernkomposition der gleichzeitigen und nächsten Generation starken Einfluß ausübt, sondern gleicherweise auf die nach ihm kommende Musik überhaupt. Die Chromatik des Tristan führt unmittelbar zur Multitonalität, von der der Schritt zur seriellen Musik nicht mehr groß ist. Dieser nahezu zwangsläufigen Entwicklungslinie sind fast alle nachfolgenden Komponisten verhaftet, ob sie nun zu Wagners Gegnern oder Verehrern zählen. Man muß feststellen, daß Wagners Kompositionstechnik und sein Stil die europäische Musik in ein neues Stadium bringt und sozusagen der Ausgangspunkt für alle Musik, die man nach ihm geschrieben hat, darstellt. Und deshalb und wegen der Faszination, die seine Musik gerade heute ausstrahlt, weil wir darin nur Musik sehen und nichts anderes mehr, kann man sie den Kompositionen der großen Meister von Händel bis Mendelssohn an die Seite stellen.

Giuseppe Verdi (1813–1901)

Tips für Plattenfreunde
○ Wagner, sämtliche Lieder (Stereo-LP/MXT 3 004). Einzige Gesamtaufnahme
○ Faust-Ouvertüre, Sinfonie C-Dur (Stereo-LP/Deutsche Grammophon 25 30 194 IMS). Interessante Aufnahme
○ Siegfried-Idyll (Stereo-LP/Deutsche Grammophon 2535 212)
○ Siegfried Wagner: Violinkonzert (Stereo-LP/Colosseum 0 532). Ausgezeichnete Wiedergabe

GIUSEPPE VERDI (1813–1901)

Zeit und Umwelt
Durch den Wiener Kongreß 1815 werden die alten Zustände in Italien wiederhergestellt; österreichische Truppen sind bereits ein Jahr zuvor in Venezien und die Lombardei eingezogen, die Herzogtümer Parma, Modena, Lucca und Toskana, das Königreich beider Sizilien und der Kirchenstaat werden wieder errichtet; damit setzt die Reaktion gegen die nationalen und liberalen Bestrebungen des Volkes mit aller Brutalität ein. Der Gegendruck bleibt nicht aus. Revolutionen flammen da und dort in kurzen Zeitabständen auf und bleiben mangels einer straffen Organisation der Unzufriedenen, mangels Einigkeit über die Ziele der Aktionen und auch mangels Interesse eines großen Teils der Bevölkerung erfolglos, denn das Volk ist durch die harte Hand der Regierungen verschüchtert. Doch im Lauf der Zeit gewinnen die Einzelunternehmungen ein gemeinsames Profil. Das Königreich Sardinien wird zum Kernland des nach vielen Zwischenfällen geeinigten Staates Italien, weil Österreich, militärisch unterlegen, nachgeben muß und Frankreichs Neutralität mit der Abtretung von Nizza und Savoyen erkauft werden kann. Und Verdi, der wegen seiner Opernsujets ständig Schwierigkeiten mit den Zensoren hat und sich stets zur Einigkeit des Landes bekannt hat, wird wegen seiner Haltung ebenso geehrt wie wegen seiner populären Opern.

Leben
Giuseppe Verdi wird am 10. Oktober 1813 in Roncole, Parma, geboren, wo er als einzige Musikquelle die durchziehenden Leierkastenmänner zu hören bekommt. Aber sein Lehrherr im benachbarten Busseto, ein musikliebender Kaufmann, verwendet sich dafür, daß er Musikunterricht bekommt. Als er mit einem städtischen Stipendium ausgestattet, nach Mailand übersiedelt und um Aufnahme in das Konservatorium ansucht, wird er vom Leiter Francesco Basili (1766–1850; Kapellmeister, Komponist von Kirchenmusik und Opern, Musiklehrer) wegen zu

schwacher Begabung abgewiesen. Verdi muß Privatunterricht nehmen. 1835 wird er Organist und Kapellmeister in Busseto. 1839 reicht er der Mailander Scala seine erste Oper („Oberto") ein, deren durchschnittlicher Erfolg ausreicht, daß ein Mailänder Verlagshaus mit ihm einen Generalvertrag über diese und alle folgenden Opern abschließt. Wenn auch die nächste („König für einen Tag") durchfällt, so werden doch seine 24 weiteren zum Teil bereits bei der Premiere, einzelne erst nach mehreren Aufführungen, mit einer Begeisterung aufgenommen, die wenige Opernkomponisten erleben durften. Mindestens zehn Opern kann man davon als Welterfolge bezeichnen, die seitdem auf den Spielplänen sämtlicher Opernhäuser der Erde ihren ständigen Platz haben; und auch alle anderen kommen noch heute dann und wann auf die Bühne. Giuseppe Verdi hat Italien, abgesehen von seinem Paris-Aufenthalt von 1853 bis 1855, kaum verlassen, er hat abwechselnd in Mailand oder auf seinem Mustergut Sant'Agata gelebt. Seine ungeheure Schaffenskraft verläßt ihn bis in sein hohes Alter nicht, 1893 bringt er seine letzte Oper „Falstaff" heraus, und mit 85 Jahren schreibt er seine vier Pezzi sacri. Er stirbt am 27. Januar 1901 in Mailand als einer der bedeutendsten Opernkomponisten seines Landes und der ganzen Welt. Einige Jahre vor seinem Ableben gründet er in Mailand ein Altersheim für Musiker (Casa di reposo), in dessen Kapelle er seine letzte Ruhestätte findet.

Literatur

H. Kühner: Giuseppe Verdi in Selbstzeugnissen und Bilddokumenten dargestellt. 1961
K. Holl: Verdi. 1948

Werke

Die Opern nehmen im kompositorischen Werk von Verdi den breitesten Raum ein. Darüber hinaus hinterläßt er nur drei Werke, die allerdings zu den Kostbarkeiten der Musikgeschichte gehören und ebenso bekannt und beliebt sind wie seine Opern: seine Missa da Requiem (1874), das Streichquartett e-Moll (1873) und Quattro pezzi sacri (uraufgeführt 1898). Außerdem schreibt er noch eine Reihe von Liedern für eine oder mehr Stimmen, 1880 ein Paternoster für fünfstimmigen Chor und ein Ave Maria für Sopran und Streicher.

MISSA DA REQUIEM
Für 4 Solostimmen, Chor und Orchester, 7 Sätze, uraufgeführt am 22. Mai 1874 in Mailand. Verdi will ursprünglich zum Tod von Rossini ein Requiem mit Beiträgen aller namhaften italienischen Komponisten zusammenstellen, aber die Beiträge kommen trotz Zusagen nicht an, so daß er das bereits für dieses Werk fertiggestellte Libera zu einem Requiem zum Tod des bedeutenden italienischen Dichters Alessandro Manzoni ausbaut. Das Requiem und Kyrie siedelt das Werk schon mit den ersten Tönen durch seinen Orchesterglanz in der

Missa da Requiem, Quattro pezzi sacri

Herbert von Karajan, unerreichbarer Dirigent von Verdi-Opern, brilliert besonders mit der Wiedergabe des Requiems.

Hochromantik an, was ihm den Vorwurf der Theatralik eingetragen hat. Dabei bedenken diese Kritiker nicht, daß alle richtungsweisende Kirchenmusik sich der Stilmittel ihrer Zeit bedient. Es schmälert den Sinn des Requiemtextes in keiner Weise, wenn er mit der Pracht eines Opernorchesters, mit lyrischen ariosen Soli und Chorformen der Oper ausgedrückt wird. Tiefe Chorstimmen tragen den einleitenden Text wie ein gemurmeltes Gebet vor, und die Soprane bitten: „Dona eis, Domine." Licht und Dunkel, Trost und Angst sind nahezu antiphonisch verteilt. Dann steigert sich das Kyrie zu einer prächtigen Klangentfaltung, die am Ende pianissimo verklingt. Das Dies irae wird mit gewaltigen Orchesterschlägen angekündigt. Dann schildert schneidende Chromatik die Angst der Sünder vor dem Gericht, zu dem sie mit Trompetenschall geweckt werden. Das Echo des Fernorchesters verhallt und wird im Tuba mirum von schmetterndem Blech abgelöst. Das Liber scriptus singt der Alt mit leidenschaftlichem Ausdruck, darauf zeigen Bläserakkorde die Ankunft des Richters an. Ensemblesätze und Soli entwickeln das Geschehen mit eindringlicher Dramatik, bis ein Soloquartett mit Chor die Bitte um Schonung, von allen Klangschattierungen des Orchesters begleitet, vorträgt. An das innige Domine Jesu schließt sich die Sanctus-Fuge an; auf dem gleichen Thema folgt das Benedictus und darauf ein schlichtes Agnus Dei. Das Libera ist ebenfalls fugiert, und endet über eine gewaltige Steigerung der Klangballungen, mild, beruhigt und leise.

QUATTRO PEZZI SACRI
(Vier sakrale Gesänge)
Gesamt uraufgeführt 1898 in Paris. 1. Ave Maria für 4 Solostimmen basiert auf einer von Verdi aufgestellten „Scala enigmatica": C, Des, E, Fis, Dis, Ais, H, C. 2. Stabat Mater für Chor und Orchester ist ein Meisterwerk sakraler Komposition und irgendwie gedanklich mit dem Requiem verwandt. 3. Laudi alla vergine Maria (Lobpreisung der Jungfrau Maria) für vierstimmigen Frauenchor entnimmt den Text dem letzten Gesang des „Paradiso" von Dante. 4. Te deum für doppelten vierstimmigen Chor und Orchester beginnt gregorianisch, dann respondieren die Männerstimmen der beiden Chöre, bis im „Sanctus" das gesamte Orchester und beide Chöre mit aller Macht einfallen. Die Lobpreisungen schließen sich mit einer Kantilene und das Tu rex gloriae mit einem mächtigen Chorrezitativ an. Ein achtstimmiger Chorsatz folgt, der unisono ausklingt; die Solisten singen das Miserere, der Sopran steigt beim „In te Domine speravi" aus dem Chor heraus, als wolle er

allen voraus die Bitten zum Himmel senden. Hierauf schließt ein voller Orchesterklang das Werk ab, doch einzelne Stimmen hallen nach und geben dem Ganzen etwas Unabgeschlossenes, Zweifelhaftes.

STREICHQUARTETT E-MOLL
4 Sätze, entstanden 1873 als nicht zur Veröffentlichung bestimmte Studie, die zu einem Orchesterstück verarbeitet werden soll. Diese Absicht wird nicht verwirklicht, so daß das sehr bekannte und viel gespielte Streichquartett 1876 in Paris uraufgeführt wird. Die zweite Geige trägt das erste Thema vor, das Gegenthema intoniert das Cello, in der Durchführung erscheint ein dritter Gedanke, und alles strömt stürmisch dem Ende des Satzes zu. Das elegante Andantino malt ein graziöses Stimmungsbild, das Scherzo ist lustig, temperamentvoll und sehr dynamisch, und das Finale bringt eine meisterhaft ausgearbeitete Fuge, die trotz ihrer strengen Kontrapunktik mit Klängen voll gesättigt ist.

Tips für Plattenfreunde

○ Requiem (2 Stereo-LP/DBS 77 231, Bernstein oder 2 Stereo-LP/Deutsche Grammophon 2707 065, Karajan oder 2 Stereo-LP/Teldec 6.35.207 ER, Solti)
○ Quattro pezzi sacri (Stereo-LP/EMI 1C 065 00016, Giulini), klangvolle Wiedergabe
○ Streichquartett (Stereo-LP/FSM A 113BQ, Bartholdyquartett oder Stereo-LP/Da Camera 192 406, Dornbusch-Quartett); Fassung für Streicher (Stereo-LP/EMI 1C 063-28 269, Solisti Veneti), interessante Bearbeitung

CHARLES GOUNOD (1818–1893)

Zeit und Umwelt

Zur Prestigepolitik des auf Klerus, Beamtentum und Armee gestützten Zweiten Kaiserreiches gehört eine großzügige Förderung der Künste. Der wirtschaftliche Aufstieg des Großbürgertums stellt ein für jede Prachtentfaltung empfängliches Publikum. Daher findet die Romantik, wie sie von den Franzosen verstanden wird, in Malerei und Musik widerstandslosen Eingang. Kolossalgemälde, denen Eugène Delacroix besonders wirkungsvollen Ausdruck verliehen hat, stehen mit ihrem Farbenrausch neben den musikalischen Apotheosen und Lyrismen, die von den Emporen der Kirchen, von den Opernbühnen und in den Konzertsälen erklingen. Es ist dabei weniger die Dramatik, die das Publikum anzieht, vielmehr sind es die einzelnen Bilder, die mit weit ausladender Geste und farbensatt, pathetisch oder lyrisch gehalten, den dramatischen Vorgang nahezu begraben.

Leben

Charles (François) Gounod wird am 17. Juni 1818 in Paris als Sohn eines namhaften Malers (François Louis Gounod, gestorben 1823) geboren. Seine Mutter, eine ausgezeichnete Pianistin, erteilt ihm den ersten

Klavierunterricht. 1836 tritt er in das Pariser Konservatorium ein und kommt in die von Halévy geleitete Klasse; seine Kompositionslehrer sind Paër und Le Sueur. 1839 gewinnt er den Großen Rompreis und kann zur weiteren Ausbildung nach Italien gehen. Er studiert in Rom die Musik der alten Meister, vor allem Palestrinas, was ihn zur Komposition von Messen anregt. Auf einer Reise nach Deutschland lernt er Schumann und Mendelssohn kennen, nach Paris zurückgekehrt, übernimmt er eine Kirchenkapellmeister- und Organistenstelle. Er faßt den Entschluß, Kirchenmusiker zu bleiben und Kleriker zu werden, wendet sich jedoch schließlich der Komposition von Opern zu und bringt 1851 sein erstes Werk („Sappho") mit wenig Erfolg heraus. Trotzdem wird er Chordirigent. Auch seine nächste Oper kommt nicht gut an. Seine Musik ist zu lyrisch und zu wenig dramatisch. Erst die Oper „Faust" stellt ihn in den Rang der ersten Opernkomponisten. Von da an verläßt ihn der Erfolg nicht mehr, auch seine folgenden Werke werden gut aufgenommen. In den siebziger Jahren beschäftigt er sich wieder vorwiegend mit Kirchenmusik. Messen, Kantaten, Oratorien sind die Früchte seines Schaffens. In jene Zeit fällt auch sein Erfolgsstück „Meditation", eine über Bachs C-Dur-Präludium gelegte Sopranmelodie mit Violine, Klavier und Harmonium; das Werk wird von einigen Kritikern als schwer verzeihliche Missetat bezeichnet und würde von ihnen sicherlich leichter verziehen, wenn es zu keinem Welterfolg geworden wäre. Dieselben Kritiker werfen Gounod gerne vor, daß er sich am Faust-Stoff blasphemisch vergriffen habe, obwohl es nicht wenige Opern mit dem gleichen Sujet gibt. Er stirbt als Großoffizier der Ehrenlegion, Professor am Konservatorium, hochgeachteter Komponist und Dirigent am 18. Oktober 1893 in Paris.

Werke

Gounod ist heute beinahe nur mehr als Komponist von Opern bekannt, die auf den Spielplänen aller Opernhäuser stehen (vor allem „Faust", „Mireille", „Königin von Saba" und „Romeo und Julia"). Von seinen sinfonischen Werken wird die Sinfonie Es-Dur zuweilen noch gespielt. Die Oratorien sind nahezu vergessen, die Messen und Kantaten werden in westeuropäischen Kirchen fallweise gesungen. Nur die 1855 beendete „Cäcilien-Messe" bleibt auch für den Konzertgebrauch lebendig.

MESSE ZU EHREN DER HEILIGEN CÄCILIE (MESSE SOLENELLE)
Teilaufgeführt in London 1851, vollendet 1855, bedeutendstes sakrales Werk des Komponisten, Musterbeispiel französischer romantischer Kirchenmusik. Das Kyrie wird archaisierend intoniert und dann mit volksliedhaftem innigem Melos vorgetragen, bis die Bitte um Erlösung mit breiten Tuttiakkorden erklingt. Das Gloria bringt keinen der üblichen Forteeinsätze, sondern eine schöne Sopransolomelodie, an deren Ende Chor und Orchester in Jubel über die Freuden-

botschaft ausbrechen, unterbrochen von einem demütigen Miserere. Im Credo steigert sich der Orchesterklang monumental, im Incarnatus wird der Wortsinn in seiner gesamten Traurigkeit ausgedeutet, und die Auferstehungsverheißung mit Harfenklang und triumphierendem Bläserklang verkündet. Das dreimalige Heilig im Sanctus wird vom Schall der 25 Posaunen begleitet. Das Benedictus ist in innige Melodik gefaßt, und das Agnus Dei schließt diese konzertante Kirchenmusik mit friedlichem Ausklang.

Tips für Plattenfreunde

○ Meditation (Ave Maria) – unzählige Aufnahmen, darunter: in Belcanto italiano (2 Monoplatten/ EMI 1C 147-01 194/95, Gigli; Stereo-LP/Deutsche Grammophon 249 190, Wunderlich; Stereo-LP/ Teldec 6.41 836 AF, Wiener Sinfoniker mit Price)
○ Trauermarsch einer Marionette – in: Berühmte Märsche (2 Stereo-LP/CBS 78 223)
○ Cäcilienmesse (Stereo-LP/ Schwann AMS 858); Chor und Orchester der Michaelskirche in München, die sich dieses Werkes mit besonderer Sorgfalt angenommen hat – (Stereo-LP/1C063-11076) Conservatoire Paris

STANISLAW MONIUSZKO (1819–1872)

Zeit und Umwelt

Die Russifizierungs- und Germanisierungspolitik der Mächte Rußland, Preußen und Österreich, die Polen unter sich aufgeteilt haben, richtet sich auch gegen jede eigenständige kulturelle Betätigung der Polen. Die Unterdrückung gelingt natürlich nicht. Die romantischen Dichter Mikkiewicz, Slowacki, Krasiński und andere halten den Gedanken wach, daß nach der von Wybicki 1797 gedichteten Nationalhymne Polen „nicht verloren" ist. Die Musik verläßt die barocken und klassischen Vorbilder Mittel- und Westeuropas und wird zum Ausdruck bodenständigen Gedankengutes.

Leben

Stanislaw Moniuszko ist am 5. Mai 1819 in Ubiel, Gouvernement Minsk, geboren, wo er von einem Organisten die erste musikalische Ausbildung erhält. Er geht 1837 nach Berlin, um für zwei Jahre bei Rungenhagen Unterricht zu nehmen und läßt sich sodann in Wilna als Musiklehrer und Organist nieder. Seine erste und bekannteste Oper „Halka" kommt 1846 in Warschau auf die Bühne. 1858 wird er Opernkapellmeister und Lehrer am Konservatorium, wo er am 4. Juni 1872 als Begründer der modernen polnischen Musik und der polnischen Oper stirbt.

Werke

Neben seinen 20 zum Teil noch heute aufgeführten Opern („Halka", „Das verwunschene Schloß", „Die Gräfin") schreibt Moniuszko Messen, sakrale Chöre, ungefähr 350 Lieder, von denen ein Teil bis in unsere Zeit lebendig geblieben ist, zumindest seine Balladen und die Kirchenlieder mit Orgelbegleitung werden in Polen gesungen.

Tips für Plattenfreunde

O Klavier- und Kammermusik von Moniuszko (Stereo-LP/Disco M 0546), sehr instrunktive Aufnahme

CÉSAR FRANCK (1822–1890)

Zeit und Umwelt

Das Pariser Publikum verlangt im zweiten Drittel des 19. Jahrhunderts von ihren Komponisten, daß sie Opern oder Ballette schreiben. Konzertmusik ist wenig gefragt, denn bei den Bühnenstücken treten zur Musik die dramatische oder lyrische Handlung für das Gemüt und die prunkvolle Ausstattung für die Augen. Die meisten der namhaften Meister geben diesem Verlangen nach und komponieren andere Musik nur nebenbei. Wer aber nur für den Konzertsaal schreibt, ist wenig beachtet. Diese Situation hat zur Folge, daß mittelmäßige und noch schlechtere Stücke auf die Bühnen kommen, aber auch bleibende Welterfolge, weil sich eben auch talentierte Komponisten dieser Forderung des Publikums beugen müssen, wenn sie sich nicht nur mit den Kränzen begnügen wollen, die ihnen erst die Nachwelt flicht.

Leben

César (Auguste) Franck ist am 10. Dezember 1822 in Lüttich geboren. Da er beachtliche musikalische Anlagen zeigt, will ihn sein Vater zum Virtuosen ausbilden lassen, sendet ihn in die Musikschule von Lüttich und macht mit dem erst elfjährigen Sohn eine Konzertreise. Dann übersiedelt er mit der ganzen Familie nach Paris, damit der junge Musiker eine weitere Ausbildung erhält. Nach einigen Privatstunden bei Reicha tritt Franck in das Pariser Konservatorium ein; Klavierunterricht erhält er dort von Pierre Joseph Guillaume Zimmermann (1785–1853; ausgezeichneter Pianist, Klavierlehrer, Lehrer für Kontrapunktik und Fugentechnik, Verfasser didaktischer Schriften, Schwiegervater von Gounod), außerdem erhält er Kompositionsunterricht von Aimé Ambroise Simon Leborne (1797–1866; Konservatoriumslehrer, Musikwissenschafter, Komponist einer Oper) und Orgelunterricht von François Benoist (1794–1878; Organist, Orgellehrer, Komponist einer Oper, mehrerer Ballette, einer Messe und etlicher Orgelstücke). Franck erhält als Musikstudent einige hohe Preise; das sind aber die einzigen Ehrungen, die er bis zu seinem Tod empfängt, denn er schlägt weder den vom Vater vorgezeichneten Weg zum Virtuosen ein noch den eines Opernkomponisten, sondern wird Organist, Musiklehrer und Komponist von Musik, für die zu seiner Zeit wenig Interesse vorliegt. Dem engen Kreis der Orgelspieler und Orgelliebhaber ist er wohl bekannt. Daher tritt er auch am Konservatorium nach dem Abgang seines Lehrers Benoist dessen Stelle als Orgellehrer an. Seine Kompositionen bleiben wenig beachtet, seine zwei Opern sind ein Fiasko, weil er keinen Sinn für Dramatik hat. Auch sein Oratorium „Die Seligpreisungen" erlebt nur eine Aufführung, bei der wenige Zuhörer bis zum Ende bleiben. (Die zweite Aufführung, drei Jahre nach seinem Tod, ist ein voller Erfolg.) Auch seine 1889 aufgeführte Sinfonie gefällt nicht, sogar Gounod äußert sich wenig freundlich darüber. Erst die Aufführung seines Streichquartettes in seinem letzten Lebensjahr wird zu einem Erfolg. „Seht, das Publikum beginnt mich zu verstehen", freut er sich. Einen Monat darauf, am 9. November 1890, stirbt Franck in Paris. Vincent d'Indy sagt über ihn: „Die sinfonische Kunst in Frankreich wurde geboren mit der Schule von César Franck." Durch seine unermüdliche Unterrichtstätigkeit und sein kompositorisches Werk schafft er eine Schule, die sich in den Gegensatz zu Wagner stellt. Ihre namhaften, von ihm unterrichteten Vertreter sind bis in unser Jahrhundert wirksam, so etwa d'Indy, Debussy, Chausson, Eugène Henri Fouques Duparc (1848–1933, vielversprechender Komponist von Instrumental- und Vokalmusik, dessen Wirken durch früh auftretende Erblindung unterbrochen wird), Louis Vierne (1870–1907; Organist, Komponist von 5 Sinfonien und brillanten Orgelwerken). Francks Nachfolger als Orgellehrer ist Charles Marie Jean Albert Widor (1845–1937), dessen Orgelkompositionen (Orgelsinfonien) noch heute viel gespielt werden.

Literatur

L. Vallas: César Franck. 1955

Werke

Viele von Francks Kompositionen sind der Vergessenheit anheim gefallen, obwohl davon in unserem Jahrhundert manches wieder ausgegraben wird, weil die Wertschätzung seiner Leistungen seit seinem Tod in ständigem Steigen begriffen ist. Was man bei seinen Lebzeiten als eintönig und unerträglich ansah, die von ihm geschaffene zyklische Form, die dasselbe Thema und Motiv in allen Sätzen wiederholt, der chromatisch durchsetzte, in ständig wechselnden Farben aufgelöste Klang ohne dramatische Auseinandersetzungen, wird heute als Vorstufe zum instrumentalen Impressionismus erkannt und gewertet. Jedenfalls kann sein Werk aus der Entwicklungsgeschichte der Musik nicht weggedacht werden. Seine Sinfonie d-Moll und die Sinfonischen Variationen für Klavier und Orchester gehören zum Standardprogramm der Orchester. Die Violinsonate A-Dur, das f-Moll-Klavier-Quintett, das

Streichquartett D-Dur und zuweilen auch das eine oder das andere der vier Klaviertrios werden immer häufiger gespielt. Von den Oratorien wird „Die Seligsprechungen" am häufigsten aufgeführt. Einzelne sinfonische Dichtungen (Les Djinns, Psyche und andere) werden den späteren Werken der Impressionisten an die Seite gestellt. Auch die Messen und anderen sakralen Werke werden in Kirchen nicht selten gespielt. Und ein Teil seiner Orgelkompositionen bleiben im Gesichtsfeld der Meister dieses Instrumentes.

SINFONIE D-MOLL

3 Sätze, entstanden 1886 bis 1888, uraufgeführt 1889. Das Hauptthema des ersten Satzes wird zu heftigen Ausbrüchen gesteigert, die zwei weiteren Themen werden aber einander nicht entgegengeführt, sondern nehmen an der Entwicklung parallel teil, so daß man von keiner Auseinandersetzung sprechen kann. Im zweiten Satz bringt das Englischhorn eine elegische Melodie, die Streicher klingen zuversichtlicher, ein Trauermarsch schließt sich an, der poetische Gehalt wird durch die innige Weise der Klarinette vertieft. Die kräftige Einleitung des dritten Satzes läßt einen befreienden Verlauf erhoffen, aber die Schwermut des ersten Satzes kehrt wieder. Die Blechakkorde des Finales klingen zwar hell, das Orchester entfaltet alle seine Farben, aber zu einer echten Befreiung kommt es nicht. Die Skepsis bleibt bestehen. Spielzeit: 45 Minuten.

SINFONISCHE VARIATIONEN FÜR KLAVIER UND ORCHESTER

3 Teile, entstanden 1885. Der erste Teil bringt die zwei Themen, die in den folgenden Teilen variiert werden, das erste antiphonisch von Klavier und Orchester, das zweite von Holzbläsern und Streichern vorgetragen. Im zweiten Teil wird das zweite Thema choralartig, dann in fünf ‑Variationen abgewandelt, bis im letzten das erste Thema hinzutritt und alles zu einem strahlenden Abschluß kommt.

Wenn das Wort, daß Franck der französische Brahms sei, Berechtigung hat, so trifft dies bei diesem Werk, in dem strenge Kontrapunktik mit Leidenschaft und Kantabilität wie selbstverständlich gemischt ist, in erster Linie zu. Spielzeit: 25 Minuten.

QUINTETT F-MOLL

Für Klavier, 2 Violinen, Viola und Cello, 3 Sätze, entstanden 1878/79. Dem ersten Satz geht eine langsame Einleitung voran, dann wird der Kopfsatz vorgetragen, aus dem das lyrische, für das ganze Werk maßgebende Thema fließt. Der Mittelsatz bringt das zyklische Thema erneut, das auch das Finale beherrscht. Das Werk schließt mit außerordentlich plastischer Thematik ab.

VIOLINSONATE A-DUR

4 Sätze, entstanden 1886. Auf einen Nonakkord des Klaviers erhebt sich das Thema des ersten Satzes, von der Geige vorgetragen. Der zweite Gedanke wird vom Klavier intoniert. Im zweioen Satz entfaltet sich das Hauptthema in leidenschaftlicher Steigerung. Der dritte Satz beginnt mit einem Rezitativ der Geige, das in eine weiche Fantasia mündet. Das Finale besteht aus Reminiszenzen und einem kanonisch verarbeiteten, schlichten Hauptthema.

Tips für Plattenfreunde

○ Die Seligsprechungen (2 Stereo-LP/Schwann 4 504/05)
  Einzige Aufnahme

○ Les Eolides, Rédemption. Le chausseur maudit (Stereo-LP/FSM 34 626)
○ Orgelwerke (3 Stereo-LP/STS 15103/04/05), vorzüglicher Klang der Orgel der Madeleine, Paris.
○ Panis Angelicus-Messe (Stereo-LP/ Lyrichord LLST 770) Schöne Widergabe
○ Sinfonie d-Moll (Stereo-LP/CBS 61 669, Bernstein oder Stereo-LP/ EMI 1C065/02034, Karajan)
○ Sinfonische Variationen (Stereo-LP/FSM 34 663, Alpenheim-Dorati oder Stereo-LP/DCA 2641 083 AW, Rubinstein – Wallenstein)
○ Quintett (Stereo-LP/Ariola 79 833 ZK) Einzige Aufnahme
○ Violinsonate (Stereo-LP/CBS 76 419, Heifetz/oder Stereo-LP/Ariola M 80 080 K, Oistrach; für Cello bearbeitet, Stereo-LP/FSM A 143/45 EN) Sehr interessante Klangwirkung

EDOUARD LALÓ (1823–1892)

Zeit und Umwelt

Das nahezu ausschließlich auf Bühnenwerke eingestellte Pariser Publikum des späteren 19. Jahrhunderts läßt sich nur von virtuoser Musik in die Konzertsäle locken. Ein Virtuose wie Pablo de Sarasate übt genügend Anziehung aus, um mit Oper, Ballett und Operette in Konkurrenz treten zu können, besonders wenn er Musik spielt, die von einem Sohn seiner spanischen Heimat stammt.

Leben

(Victor Antoine) Edourad Laló ist am 27. Januar 1823 in Lille geboren und erhält dort seinen grundlegenden Unterricht im Spiel der Violine und des Cello. 1839 kommt er nach Paris und tritt im Konservatorium der Geigenklasse des bekannten Violinlehrers François Antoine Habeneck bei (1781–1849; Violinvirtuose, Dirigent, macht als erster das Pariser Publikum mit Beethovens Sinfonien bekannt). Komposition studiert er bei Schulhoff. Als erste Komposition veröffentlicht er 1848 und 1849 einige dem Zeitgeschmack entsprechende Lieder. 1867 beteiligt er sich an einer Konkurrenz des Théâtre Lyrique mit einer Oper „Fieque" und kommt auf den dritten Platz. 1874 spielt Pablo de Sarasate (1844–1908; berühmtester Violinvirtuose nach Paganini, Komponist für die Geige) sein Violinkonzert F-Dur und ein Jahr darauf seine „Symphonie espagnole" und macht damit Laló zum berühmten Komponisten. Alle seine folgenden Werke werden mit Begeisterung aufgenommen. Er stirbt in Paris am 22. April 1892.

Werke

Laló kann zu den ersten Komponisten Frankreichs gezählt werden. Seine Instrumentalmusik und auch seine Lieder werden von Beginn an

Symphonie espagnole / Bedřich Smetana (1824–1884)

sehr geschätzt. Es dauert etwas länger, bis sich seine Bühnenwerke in Frankreich und Deutschland durchsetzen, die ebenso sein eigentümliches Talent beweisen, Gedanken mit besonderer Grazie musikalisch auszudrücken, sowie seine geschickte Instrumentation und seinen Einfallsreichtum demonstrieren. Dazu tritt das Kolorit, das er seiner spanischen Abstammung verdankt. Von seinen Opern hat „Le roi d'Ys", 1888, den größten Erfolg. Die interessante Oper „La Jacquerie" muß von Arthur Coquard (1846–1910; Komponist von Opern und lyrischen Kantaten) vollendet werden und kommt erst nach Lalós Tod (1881) auf die Bühne. Seine Sinfonie g-Moll 1886, die Rhapsodie norwegienne 1881, das Klavierkonzert 1889, das Cellokonzert 1876, die Violinkonzerte, darunter die Symphonie espagnole 1873 und das Concert russe 1883, sind heute noch Erfolgsstücke wie Teile seiner Ballettmusik „Namouna". Von seiner Kammermusik ist nicht viel erhalten geblieben.

SYMPHONIE ESPAGNOLE
D-MOLL OP. 21
Pauken, Schlagzeug, Harfe, Streicher, 5 Sätze, entstanden 1873 (Violinkonzert Nr. 2). Rhythmik und Melodik des ersten Satzes sind spanisch. Die Solo-Violine bringt ein inniges Seitenthema, der zweite Satz bringt mehrere verträumte Kantilenen, die am Ende rhapsodischen Charakter annehmen. Konzertante Folklore erklingt im dritten, die im vierten improvisatorisch entwickelt wird. Das Rondo-Finale schließt das Stück brillant und virtuos ab. Spielzeit: 30 Minuten.

Tips für Plattenfreunde

○ Cellokonzert d-Moll (Stereo-LP/ Disco H 11 705)
○ Klavierkonzert (Stereo-LP/Turnabout TV-S34423)
○ Namouna (Stereo-LP/London SLC 1690)
○ Sinfonie espagnole (Stereo-LP/ RCA 26 41 141 AN, Heifetz oder Stereo-LP/EMI 1C 053 01 419 M, Hubermann)

BEDŘICH SMETANA (1824–1884)

Zeit und Umwelt

Der Sieg der Habsburger unter Tilly über das böhmische Heer in der Schlacht am Weißen Berg, 1620, vertreibt oder vernichtet die gesamte Oberschicht des tschechischen Volkes. Auch der Gebrauch der tschechischen Sprache zieht sich auf Hinterhöfe und Gesindestuben zurück. Die literarische Betätigung erlahmt, nur die Volksmusik bleibt in Dörfern und auf Tanzböden erhalten. Es gibt viele echte Musiker in Böhmen, sie gehen nach Mannheim, nach Wien oder Berlin, sie sind aber keine Tschechen mehr, sondern Böhmen, sie bringen auch selten tschechische Musik mit, sondern nur die Musikalität des Volkes. Das 19. Jahrhundert bringt neue liberale und soziale Ideen und den Nationalismus, was sich für das tschechische Volk zur Sehnsucht nach Freiheit ballt; nationaler Kampf wird zum Freiheitskampf. Im Vormärz verstärkt sich der Druck der Regierung, trifft aber nicht nur die Tschechen, sondern alle Untertanen, so daß die Rivalität der einzelnen Völker zurücktritt. Und der Aufstand von 1848 wird mit den gleichen Mitteln niedergeschlagen, ob sich das in Prag oder in Wien abspielt. Der Druck auf das Tschechentum verstärkt sich, viele aus den intellektuellen Schichten emigrieren. Gemäßigtere Kreise, die sich mit einer Autonomie unter den Habsburgern zufrieden geben wollen, hoffen, daß der Kaiser nach seiner Vermählung mit der bayerischen Prinzessin sich zum König von Böhmen krönen lassen und den Tschechen ähnliche Rechte eingeräumt würden, wie sie Ungarn hat. Franz Joseph I. heiratet zwar, aber die Autonomie bleibt aus. Erst die Niederlage Österreichs in Oberitalien, 1859, zwingt die Regierung zu einer Lockerung des innenpolitischen Druckes. Den Tschechen wird zumindest eine eigenständige kulturelle Betätigung zugestanden. Sie gründen das Pozatímní divadlo (Interimstheater) als Vorläufer des Národní divadlo (Tschechische Oper) und eine Philharmonische Gesellschaft. Auch auf allen anderen kulturellen Gebieten kommt es zu einem steilen Aufstieg. Und Bedřich Smetana, der Begründer der eigenständigen tschechischen Musik, kehrt aus Schweden heim und nimmt den Dirigentenstab zur Hand, um die Geschichte der tschechischen Oper zu eröffnen.

Leben

Bedřich (Friedrich) Smetana wird am 2. März 1824 in Litomyšl als Sohn eines Bierbrauers geboren, in dessen Familie Musik gemacht wird. Er lernt frühzeitig Violine und Klavier spielen, und mit 18 Jahren geht er nach Prag, um sich ausschließlich der Musik zu widmen. Um das Geld für das Studium zu verdienen, wird er Hauslehrer einer gräflichen Familie. Sein erster Kompositionsversuch ist ein Zyklus aus Klavierstükken (Bagatellen und Impromptus, 1844). Den Aufstand von 1848 begrüßt er mit einem Marsch für die Akademische Legion und einer „Feierlichen Ouvertüre". Liszt, der anläßlich eines Besuches in Prag den jungen Smetana kennenlernt, rät ihm, selbst eine Musikschule zu öffnen, aber die politischen Verhältnisse spitzen sich nach der vergeblichen Revolte derart zu, daß Smetana es vorzieht, 1856 nach Göteburg zu übersiedeln, wo man ihm die Leitung des Philharmonischen Vereines angeboten hat. Er bleibt dort bis 1861 und kehrt, weil die Lebensverhältnisse in Prag inzwischen erträglicher geworden sind, zurück. Er übernimmt die Kapellmeisterstelle bei der neu gegründeten Tschechischen Philharmonie und nimmt am kulturellen Aufschwung seines Volkes lebhaften Anteil. Seine kompositorische Tätigkeit wendet er der tschechischen Oper zu. Nachdem bereits František Škroup (1801–1862) als erster im Jahr 1826 eine Oper auf tschechischen Text geschrieben hat, leitet Smetana die eigenständige tschechische Oper mit seinen Werken, insbesondere mit seinem Welterfolg „Die verkaufte Braut", ein.

Mein Vaterland

1874 bis 1879 verfaßt er seinen bekannten Zyklus aus 6 Sinfonischen Tondichtungen „Mein Vaterland", während seine Ertaubung fortschreitet. Am 12. Mai 1884 stirbt er in Prag als „Vater der tschechischen Musik".

Literatur

E. Rychnowski: Smetana. 1924
V.Helfert: Die schöpferische Entwicklung Friedrich Smetanas. 1956

Werke

Neben seinen 8 Opern, die heute noch gespielt werden (am häufigsten „Die verkaufte Braut") hat sich Smetana mit dem Zyklus „Mein Vaterland" in der ganzen musikalischen Welt bekannt gemacht. Auch seine Sinfonischen Gedichte, in Nachfolge von Liszt geschrieben, werden zuweilen gegeben: Richard III., 1858, Wallensteins Lager, 1858, Hakon Jarl, 1861, Prager Karneval, 1883. Von seinen Klavierkompositionen lebt auf jeden Fall noch: „Tschechische Tänze" (10 Stücke, 1878). Auch seine Kammermusik: Klaviertrio g-Moll, 1855, Streichquartett e-Moll (Aus meinem Leben), 1876, und c-Moll, 1882, werden häufig gespielt.

MÁ VLAST (MEIN VATERLAND)
1. Vyšehrad, entstanden 1874. Die Tondichtung beginnt mit den Harfenklängen des sagenhaften Dichters Lumír. Die Burg Vyšehrad, von wo aus die Přemysliden das Land beherrscht haben, ersteht im alten Glanz und erdröhnt beim schweren Tritt siegreich einziehender Ritter. Kämpfe toben um die Burg, sie wird erobert und zerfällt. Traurig steht in der Landschaft die Ruine, aus der ein Nachhall der Lieder einstiger Glanzzeiten klingt. Spielzeit: 16 Minuten.
2. Vltava (Die Moldau), entstanden 1874, beliebtester Teil, der sehr oft als selbständige Konzertnummer gespielt wird. „Die Komposition schildert den Lauf der Moldau, angefangen von den beiden kleinen Quellen, der kühlen und der warmen Moldau, über die Vereinigung der beiden Bächlein zu einem Strom, den Lauf der Moldau durch Wälder und Fluren, durch Landschaften, wo gerade lustige Kirmes gefeiert wird; beim nächtlichen Mondschein tanzen die Wassernixen ihren Reigen; auf den nahen Felsen ragen Burgen, Schlösser und Ruinen empor. Die Moldau wirbelt in den Johannisstromschnellen; im breiten Zug fließt sie weiter gegen Prag, an Vyšehrad vorbei, und im majestätischem Lauf entschwindet sie in der Ferne schließlich in der Elbe" (Smetana). Spielzeit: 12 Minuten.
3. Šárka, entstanden 1875. Das Mädchen Šárka hat wegen der Untreue ihres Geliebten allen Männern Rache geschworen. Sie läßt sich von ihren untergebenen Mädchen an einen Baum fesseln, Ctirad zieht mit seinen Mannen vorbei und befreit Šárka. Die Ritter feiern mit den Mädchen ein Fest, aber die Mädchen betäuben die Männer mit einem Schlaftrunk und schlachten sie dann ab. Spielzeit: 10 Minuten.
4. Aus Böhmens Hain und Flur, entstanden 1876. Dieser Tondichtung liegt keine Handlung zugrunde. Sie gibt nur ein plastisches Bild der böh-

mischen Landschaft und ihrer Bevölkerung und schließt mit einer Huldigung an seine Heimat ab. Spielzeit: 12 Minuten.
5. *Tábor*, entstanden 1878. Das Stück beginnt mit dem Hussitenchoral: „Ihr, die ihr Gottes Kämpfer seid." Die entgegengeführten Themen zeichnen die Kämpfe der Anhänger des Reformators Hus, die am Ende siegreich bleiben. Spielzeit: 12 Minuten.
6. *Blaník*, entstanden 1879. Im Berg Blaník schlafen die Ritter, die als Beschützer des Landes in Notzeiten herauskommen und für das Volk in den Kampf gehen. Der Choral erklingt von neuem. Der alte Hussitengeist ist nicht erloschen. Spielzeit: 13 Minuten.

STREICHQUARTETT E-MOLL „AUS MEINEM LEBEN"
4 Sätze, entstanden 1876. Im ersten Satz beschreibt Smetana seine frühe Liebe zur Musik und das Sehnen nach unbestimmbaren Erlebnissen, im zweiten das frohe Leben seiner Jugendjahre, im dritten die Liebe zu einem Mädchen, das seine Frau wird, und im vierten die Freude über die Erfolge, und anschließend mit einem hohen Geigenton die Ertaubung.

Tips für Plattenfreunde

O Sinfonische Dichtungen (Stereo-LP/Deutsche Grammophon 2530 248 IMS)
   Gute Wiedergabe unter Kubelik
O Tschechische Tänze für Orchester bearbeitet (Stereo-LP/Ariola XB 89 858 U)
O Mein Vaterland (Stereo-LP/Ariola XC 80 187 K)
   Ausgezeichnete Aufnahme unter Ančerl
O Streichquartette Nr. 1 und 2 (Stereo-LP/Ariola P 80 221)

ANTON BRUCKNER (1824–1896)

Zeit und Umwelt

Richtungsstreiter in Wissenschaft und Kunst halten ihre Antithesen oft mit erstaunlicher Überheblichkeit für überhistorische Wahrheiten, dabei sind sie oft in ein paar Jahrzehnten schon überholt und nur mehr historisch interessant. Besonders gravierend ist die wissenschaftliche Borniertheit im 19. Jahrhundert. Hierbei steigen sonst durch beachtliche geistige Leistungen legimierte Persönlichkeiten zur Niederung unsachlicher persönliche Verunglimpfung und Verdächtigung herab. Als besonders prägnantes Beispiel steht hier der völlig sinnlose Wagner-Verdi-Streit, der uns nur mehr Anlaß zu humoristischen Anmerkungen sein kann, weil heute die Opern beider Meister nebeneinander mit denen von Mozart und Puccini das Repertoire der Opernhäuser beherrschen. In Wien tobt der Kampf der Konservativen gegen die Neudeutschen, das künstlerische Phänomen Wagner beunruhigt alle, welche die bisherigen Lektionen gut gelernt und begriffen haben und nicht fassen können, daß es darüber hinaus etwas geben kann, mit dem sie sich erst auseinandersetzen müßten, aber nicht beschäftigen wollen – denn neue Formen,

Anton Bruckner (1824–1896)

neue Aspekte, erfordern eine Beweglichkeit des Geistes, die sie in ihrer Erstarrung nicht aufbringen. Wagner bedeutet eine freche Herausforderung der Etablierten, einen Einbruch in den komfortabel ausgestatteten Bereich von nach allen Seiten abgesicherten Regeln und Ideen. Einer solchen Umwälzung kann man nach der Art jener Zeit nicht mit sachlicher Argumentation, sondern nur mit dem Knüppel geistloser Formulierungen begegnen.

Und da Anton Bruckner Wagners Persönlichkeit auf dem Feld der Musik (und nur darauf beschränkt) verehrt, manches aus dessen Instrumentationstechnik übernimmt, gerät er in dessen Schußbereich. Er wird von kurzsichtigen Kritikern zum Wagnerianer ernannt und bekämpft, ohne daß jene sich die Mühe zu nehmen, seine Musik zu analysieren; sie sehen nicht die barocke Monumentalität, sie verstehen nicht die unbedingte Eigenständigkeit und Unabhängigkeit dieser Persönlichkeit, sie erfassen nicht, aus welchen Quellen diese erschreckend neue, gewaltige Musik fließt, sie wissen nichts von den weit in die Vergangenheit zurückgreifenden Wurzeln ihrer Entstehung. Sie lehnen diese Musik ab und berufen sich auf Brahms, der gegen seinen Willen zum bestellten Führer der konservativen Kritiker wird, so daß die Groteske geboren wird, daß die bedeutendsten Sinfoniker der zweiten Hälfte des Jahrhunderts als Feinde einander gegenüberstehen, deren Schöpfungen später von jedem Sinfonieorchester aufgeführt werden. Die Wagnerianer und Brahmsianer liefern einander blamable Wortschlachten, deren Diktion man heute nur noch angewidert zur Kenntnis nimmt. Es sind nicht Bruckner und Brahms persönlich, die einander bekriegen. Wie beim Opernstreit der Anhänger von Piccinni und Gluck im seinerzeitigen Paris die beiden Meister einander mit Hochachtung begegneten und keinen persönlichen Anteil an den Auseinandersetzungen nahmen, gibt es kein Beispiel einer Gegnerschaft zwischen Brahms und Bruckner, die über das gegenseitige Nichtverstehen hinausgeht. Der Angegriffene ist Bruckner, auf den nach Wagners Tod alle Pfeile abgeschossen werden. Man kann ihn nicht totschweigen und zu streichen versuchen wie einstmals Shakespeare, dem gelehrte Literaturhistoriker die Fähigkeit absprachen, Dramen zu verfassen, weil er nur Theatermann war und „kein Griechisch" konnte. Bruckner ist eine Realität, die auch von der Behauptung, sein Werk sei „ein Schwindel, der in ein bis zwei Jahren tot und vergessen sein" werde, nicht wegdisputiert werden kann. Ebenso peinlich wirkt die Prophezeiung eines anderen Kläffers: „Wir glauben so wenig an die Zukunft der Brucknerschen Symphonie, wie wir an den Sieg des Chaos über den Kosmos glauben." Oder das Herostratische: „Ich bekenne unumwunden, daß ich über Bruckners Symphonie kaum gerecht urteilen könnte, so unnatürlich, aufgeblasen, krankhaft und verderblich erscheint sie mir." Es sind keine Musiker und keine echten Musikwissenschaftler, die sich durch diese und ähnliche Äußerungen neben Bruckner ihre Namen der Nachwelt erhalten, mit

Ausnahme jenes Berufskollegen, dessen Nachruhm von einer seichten Operette eine Zeitlang bestritten wird; er meint zum Tod Bruckners: „Mag ihm der Rang eines vollgültigen Meisters der Kunst auch von einer ferneren Zeit nicht zuerkannt werden, ... wird er auch bei späteren Geschlechtern wenigstens dem Namen nach fortleben." Aber es ist eben schon so: Wenn die Könige bauen, haben die Kärrner zu tun.

Leben

Anton Bruckner wird am 4. September 1824 in Ansfelden, Oberösterreich, geboren. Sein Großvater Joseph (gestorben 1831) und sein Vater Anton (gestorben 1837) sind Schulmeister, seine Mutter Therese, geborene Helm, ist die Tochter eines Amtsverwalters in Neuzeug bei Steyr. Anton Bruckner ist das erste von elf Kindern, von denen die Mehrzahl früh verstirbt. Der Vater gibt ihn zu einem Vetter, der in Hörsching bei Linz Lehrer und Organist ist und ihn in die Messen der Wiener Klassik einführt. Als Zwölfjähriger muß er nach Hause, um den erkrankten Vater im Schulamt zu vertreten; nach dem Tod des Vaters wird er als Chorknabe in das Augustiner-Chorherren-Stift Sankt Florian aufgenommen. Nach dem Stimmbruch spielt er im Kirchenorchester die Geige. Seine musikalische Ausbildung wird während seiner Vorbereitung für den Schuldienst in Linz fortgesetzt, wo er zum ersten Mal Weber und Beethoven hört. Es zieht ihn aber noch nicht zur Musik, er will Schulmeister werden wie Vater und Großvater und erhält 1841 in Windhaag, nahe der böhmischen Grenze, die Stelle eines Schulgehilfen. Der Schuldienst dürfte dabei weniger wichtig gewesen sein als die Knechtsarbeit ab vier Uhr früh für den Ortspfarrer und den Schulmeister, wie Mähen, Dreschen, Kartoffeljäten und Heuwenden. Um einen Kreuzer dazuzuverdienen, spielt er sonntags bei der Tanzkapelle mit. Er wird aber bald nach Kronsdorf strafversetzt, weil er „es unterlassen hat, für seinen vorgesetzten Herrn Schulmeister Mist aufs Feld zu führen". Kronsdorf liegt im Bereich von Steyr und Enns, wo der junge Lehrer mit Männern in Verbindung tritt, mit denen er Bach, Mozart und Schubert spielen kann; auf der Orgel in Steyr darf er außerdem spielen, soviel er will. Er bleibt aber seinem Beruf treu, legt 1845 des Examen für Oberlehrer an Hauptschulen „mit sehr gutem Erfolg" ab und geht als Hilfslehrer nach Sankt Florian, wo er 1848 provisorischer und 1851 definitiver Stiftsorganist wird. In jener Zeit kann er sich mit einem umfangreichen kirchenmusikalischen Repertoire beschäftigen: die Gebrüder Haydn, Mozart, Beethoven, Schubert, Cherubini, Holzbauer, Albrechtsberger, Eybler, Diabelli, Johann Kaspar Aiblinger (1779–1867; Opernkapellmeister, klassizistischer Kirchenkomponist), Palestrina, Lotti, Gabrieli, Fux, Antonio Caldara (um 1670–1736; venezianischer Spätbarockmeister, Komponist von 87 Opern, 36 Oratorien, 24 Triosonaten, Vokal- und Kirchenmusik) und die Meister der römischen und venezianischen Schule, weiters J. S. Bach und Mendelssohn. Erst 1855 faßt er den Entschluß, Musiker zu werden; er bewirbt sich um die Stelle des Domorganisten in Linz und erhält sie. Von Linz aus nimmt er Unterricht in Kontrapunkt bei Sechter in Wien, er lernt Wagners Musikdramen kennen und trifft schließlich 1865 den Komponisten persönlich, nachdem er bereits mit Berlioz in Wien und Liszt in Pest zusammengekommen ist. Vom Wiener Hofkapellmeister Ignaz Aßmayer (1790–1862; Komponist von Oratorien, sakraler und profaner Musik) hat er bereits früher manche psychische und auch tatkräftige Unterstützung erhalten. Aber am meisten ausschlaggebend wird für ihn die Förderung seitens des Nachfolgers Johann Herbeck (1831–1877; Hofkapellmeister ab 1862, Hofoperndirektor), auf dessen Anregung er 1868 als Professor für Generalbaß, Kontrapunkt und Orgel an das Konservatorium nach Wien berufen wird. In seine Linzer Zeit fallen die ersten bedeutenden Kompositionen: die Messen (d-Moll, e-Moll, f-Moll) und die 1. Sinfonie. Sein Ruf als Organist und Orgelimprovisator ist inzwischen über die Grenzen seiner Heimat gedrungen. 1869 gibt er in Nancy und Paris Orgelkonzerte, 1871 in London und 1880 in der Schweiz. 1875 wird ihm das Lektorat für Musiktheorie an der Wiener Universität übertragen, 1878 wird er Organist der Hofkapelle, und 1891 verleiht ihm die Wiener Universität das Ehrendoktorat. In den Jahren 1871 bis 1876 fällt seine fruchtbarste Schaffenszeit, er komponiert die Sinfonien 2 bis 5, das Streichquintett, das Tedeum; die Sinfonien 6 bis 8 entstehen in der Zeit von 1879 bis 1885. Die 9. Sinfonie, die er nicht mehr vollendet, beginnt er 1887; am 11. Oktober 1896 stirbt er in Wien und wird seinem Wunsch entsprechend nach Sankt Florian überführt und unter der großen Orgel des Stiftes beigesetzt, frei hineingestellt und nicht versenkt, wie er es in seinem Testament verlangt hat. Sein Charakterbild, obwohl von der Parteien Gunst und Gegnerschaft verzerrt, schwankt nicht in der Geschichte. Er ist stets der gleiche und sich selbst treu. Seine übertriebene Devotion höhergestellten Menschen gebenüber ist ein Produkt seiner Erziehung und der engen Verhältnisse seiner Kindheit und Jugend. Immer hat er strenge Vorgesetzte, als Lehrer und als Musiker, und er sieht überall Vorgesetzte und Bessere, auch wenn es nur hämische Kritiker und gehässige Gegner sind, die seine Empfindlichkeit und Wehrlosigkeit kennen und ausnützen, weil sie mit dem Instinkt des Minderwertigen spüren, wie wenig Bruckners geradliniger Sinn und aufrichtige Geisteshaltung sie durchschaut, daß der Unrat, der gegen ihn geworfen wird, nur die Täter selbst beschmutzt. Die gegen ihn gerichteten Pamphlete, die seine Musik als „halbmystischen Unsinn, maßlose Exaltation und traumverwirrten Katzenjammerstil" bezeichnen, haben in ihrer praktischen Auswirkung immerhin zur Folge, daß nicht alle seine Sinfonien aufgeführt werden. Dabei setzen Männer, die seine Bedeutung erkennen, sich für ihn mit aller Kraft ein: so seine Schüler Franz Schalk (1863–1931; Theaterkapellmeister, Staatsoperndirektor),

Josef Schalk (1857–1911; Konservatoriumslehrer, bearbeitet Bruckners Sinfonien), Ferdinand Löwe (1865–1925, Wien; Dirigent, Herausgeber der Sinfonien Bruckners), Felix Mottl (1856–1911; Hofkapellmeister, Wagnerdirigent, Verfasser guter Orchesterfassungen von Werken zeitgenössischer und älterer Meister, Komponist von „Kapellmeistermusik"), Arthur Nikisch (1855–1922; Dirigent, Operndirektor), Friedrich Klose (1862–1942; Kompositionslehrer, Kapellmeister, Komponist von Oratorien, sinfonischer Dichtungen und Opern), dann Hermann Levi (1839–1900; Hofkapellmeister). Es sind aber doch zu wenige, um allen Schaden zu verhüten, der unverantwortlich gegen jedes Gesetz der guten Sitten Anton Bruckner materiell und vor allem ideell angetan wird. Bruckner hätte auch mehr Ehrungen und Anerkennung benötigt, weil der ständig Unsichere und Verunsicherte mehr Selbstvertrauen gewonnen hätte, obschon sein Name durch Titel und Auszeichnungen nichts mehr hätte hinzugewinnen können. Denn auch das Ehrendoktorat kann nur die Ehrfurcht eines Universitätsrektors vor dem ehemaligen Unterlehrer von Windhaag ausdrücken, weil „die Wissenschaft haltmachen muß und ihr unübersteigliche Grenzen gesetzt sind, wo das Reich der Kunst beginnt, die das auszudrücken vermag, was allem Wissen verschlossen bleibt".

Literatur

P. Benary: Anton Bruckner. 1957
E. Doernberg: Anton Bruckner. 1963
G. F. Wehle: Anton Bruckner im Spiegel seiner Zeitgenossen. 1964
Gesamtausgabe der Werke Bruckners seit 1930 durch R. Haas und A. Orel

Werke

„Er glaubte mit einer Innigkeit und Kraft, die ans Wunderbare grenzt. Hätte es in der Frühzeit der abendländischen Kulturentwicklung eine reich entwickelte Musik und ein modernes Orchester gegeben, er hätte wie kein anderer Musiker in diese Zeit gepaßt", sagt Franz Schalk und reiht sich damit den zahlreichen Exegetikern der Musik Bruckners zu, die, so verschieden ihre Feststellungen im Einzelnen sein mögen, sich in der Betonung des Unzeitgemäßen dieser künstlerischen Erscheinung einig sind. Furtwängler behauptet: „Er war gar kein Musiker, dieser Musiker war in Wahrheit ein Nachfahre jener deutschen Mystiker wie Ekkehart, Böhme".
Obgleich bei keinem großen Kunstwerk Form und Inhalt getrennt betrachtet werden kann, sind die Zugänge zu Bruckners Schaffen erkennbar. Einer davon ist unzweifelhaft die österreichische Volksmusik, die vorwiegend in den Scherzi der Sinfonien ausgeprägt ist. Die Choralthemen entstammen nicht der katholischen Liturgie, sondern nähern sich dem Gemeinschaftsgesang der Kirchen verschiedener Kon-

fessionen. Die Form der Sinfonien knüpft an Beethoven, vorwiegend an dessen Neunte, an, die Harmonik ist von Wagner beeinflußt, die Melodik von Schubert. Die feierliche Klanggestaltung, die weiträumigen Strukturen, die Aufeinanderschichtung von breiten Klangflächen, die Themen, die nacheinander und übereinander gelegt werden können und zumeist von einem Urmotiv ausgehen, sind für nahezu alle Sinfonien charakteristisch. Dazu treten die scharfen Kontraste der kantablen Themen zu den Chorälen, der Innigkeit des Melos zur Gewalt der Blechakkorde, der abrupte Übergang eines Rhythmus und Tonfarbenkomplexes zu einem völlig verschiedenen, als würde bei einer Orgel das Manual gewechselt; wodurch der Eindruck eines überdimensional registrierten Orgelkonzertes entsteht. Jedoch diese äußeren Merkmale legen den Kern des Problems ebensowenig bloß wie die Feststellung, daß die Finalsätze keinen Sieg des Hauptthemas über andere bringen, sondern es mit Choralthemen zu verklärenden Synthesen koppeln, weil sich Bruckners Musik letzlich jeder Analyse entzieht, weil sie nicht gemacht und nicht erfunden und geformt, sondern eine unmittelbar in irrealen Bereichen zu Klang und Rhythmus gewordene Jenseitsorientierung eines wahren Mystikers ist, dessen Ideenraum und Gefühlstiefe nur erahnt und erfühlt, aber nie berechnet werden kann, jedoch niemals nur die Wiedergabe primitiver, weltfremder Frömmigkeit, wie manche Freunde und Feinde gemeint haben. Die neun Sinfonien, von denen die letzte unvollendet bleibt, sind keine Messen ohne Worte, man darf vielleicht eher die drei Messen Nr. 1 d-Moll von 1864, Nr. 2 e-Moll für achtstimmigen Chor und Blasorchester von 1866 und Nr. 3 f-Moll (Große Messe) von 1868 als Sinfonien mit Text ansprechen. Als sinfonischer Kantatensatz stellen sich das Tedeum von 1884 vor und einige Kantaten aus der gleichen Zeit: Ave Maria, der 150. Psalm und andere mehr. Das Requiem und einige Messen aus den vierziger Jahren sind im Fahrwasser Haydns und Schuberts schwimmende Organistenerzeugnisse, die nur zuweilen ahnen lassen, was Bruckner noch bringen wird. Die Sinfonien f-Moll und d-Moll (Die Nullte) sind vor den neun Sinfonien entstanden und tragen den Charakter von Vorarbeiten. Bruckners Beitrag zur Kammermusik besteht aus dem Streichquartett e-Moll (1862), dem Streichquintett F-Dur (1879) und einem Quintettsatz (posthum). Dazu kommen noch profane Lieder und Stücke für Orgel.

SINFONIE NR. 1 C-MOLL

4 Sätze, entstanden 1865/66, uraufgeführt in Linz am 9. Mai 1868 unter der Leitung des Komponisten, 1890/91 mit Änderung der Instrumentation umgearbeitet (Wiener Fassung). Es ist eine Eigentümlichkeit der Sinfonien Bruckners, daß sie nicht wie bei vielen anderen Komponisten dessen Entwicklungsgang begleiten, sondern von der ersten bis zur letzten Sinfonie, abgesehen von Verfeinerungen der Satztechnik, auf gleich vollendeter Höhe stehen. Schon diese Erste muß daher, erst im 42. Lebensjahr des Komponisten entstanden, als

ein in jeder Beziehung ausgereifter „Bruckner" angesprochen werden. Aufgeführt wird zumeist die Linzer Fassung, denn sie verfolgt unsere Tendenz, den künstlerischen Willen des Urhebers eines Kunstwerkes über Verbesserungskünste der Interpreten, Dirigenten und Bearbeiter zu stellen. Überarbeitungen seitens des Komponisten selbst gelten in der Regel als endgültiger Ausdruck ihrer künstlerischen Absicht, bei Bruckner jedoch sind solche Abänderungen, auch wenn sie von eigener Hand stammen oder autorisiert worden sind, nicht als Ausfluß freier Entschlüsse zu werten, denn wir kennen seine demütige Nachgiebigkeit gegenüber Beeinflussungen, Ratschlägen und dem sogenannten Besserwissen anderer.

Die angewendete klassische Form der Sinfonie unterliegt bei Bruckner seiner persönlichen Prägung. Schon im ersten Satz erscheint, wie bei allen seinen Sinfonien, anstelle des Themendualismus eine Themendreiheit. Das erste marschähnliche Thema ist über Tremoli der Streicher gelegt, sodann blüht eine kantable Melodie duettierender Geigen auf, und schließlich setzen die Posaunen mit einem Brucknerthema ein, rhythmisch scharf akzentuiert und monumental im Aufriß. Das zweite Thema ist der erste der vielen klangschönen Adagiosätze des Komponisten, leidend und duldend und durch ein zweites Thema getröstet und erlöst. Der dritte Satz führt auf einen bäuerlichen Tanzboden, doch die Klänge sind unheimlich jenseitig, gespenstig und dämonisch. Nur das Trio ist träumerisch und lieblich. Der vierte Satz faßt, wie es für Bruckner typisch ist, die Gedanken und Thementeile der vorangehenden zusammen, führt sie kontrapunktisch durch und formt neue Bilder, bis unter dem Jubel der Trompeten, in den alle Bläser einstimmen, ein

Wilhelm Furtwängler beschäftigte sich als Musikwissenschafter mit Anton Bruckner und dirigierte dessen Sinfonien mit einer kaum zu übertreffenden Werktreue.

verklärtes Schlußbild erglänzt. Spielzeit: 50 Minuten.

SINFONIE NR. 2 C-MOLL
4 Sätze. Entstanden 1871 bis 1872, uraufgeführt in Wien am 26. Oktober 1873 unter der Leitung des Komponisten. Sie ist den Wiener Symphonikern eingereicht worden, die sie als unaufführbar bezeichnen, worauf Bruckner die Aufführung mit einem von ihm selbst bezahlten Orchester übernimmt. In dieser Sinfonie sind die einzelnen Abschnitte durch Generalpausen voneinander abgetrennt, was ihr bei den Gegnern die Bezeichnung „Pausensinfonie" einträgt. Bruckner hat diese Technik unbeirrt auch bei weiteren Sinfonien angewendet. Der Komponist muß Striche und Änderungen des Orchestersatzes dulden, die sein Gönner Herbeck vor-

nimmt, und eine weitere Verstümmelung von Aufführung zu Aufführung dulden. Die Urfassung wird erst 1938 wiederhergestellt. Die Celli leiten den ersten Satz mit einer kühn angelegten Melodie ein. Nach einer Generalpause erscheint ein lyrisches zweites Thema. Nach einer weiteren Pause zitiert Bruckner die g-Moll-Fuge von J. S. Bach. Auch die Durchführung ist von einer Pause abgetrennt. Der zweite Satz bringt ein Lied mit drei variierten Strophen. Mit einem Zitat aus dem Bededictus der f-Moll-Messe und einem Abgesang der ersten Flöte und der ersten Geige endet der äußerst schöne Satz. Das Scherzo ist elegant und geschliffen, das Trio idyllisch und weich. Auch der vierte Satz hält alle stärkeren Emotionen zurück. Der Kontrapunkt ist zugunsten einer mehr homophonen Diktion zurückgedrängt. Das zweite Thema, das als Monumentalthema aufgefaßt wird, ist zurückhaltend, und das dritte kann die Abstammung von der österreichischen Volksmusik nicht verleugnen. Nach einer Pause erklingt ein Bruchstück aus dem Kyrie der f-Moll-Messe, dann endet der Satz verklärt. Spielzeit: 60 Minuten.

SINFONIE NR. 3 D-MOLL

4 Sätze. Gewidmet: Richard Wagner, begonnen 1872, uraufgeführt am 10. Dezember 1877 in Wien unter der Leitung des Komponisten, vielfach geändert, in der Urfassung uraufgeführt 1946 von der Dresdner Staatskapelle. In dieser Sinfonie ist die harmonische Technik Wagners für die Sinfonie fruchtbar gemacht, aber in dieser Umwelt völlig umgedeutet und mit eigenen Ideen erfüllt. Den ersten Satz leitet ein Trompetenthema ein, das Richard Wagner so sehr gefällt, daß er die Widmung entgegennimmt und verspricht, die Sinfonie aufzuführen, wozu es allerdings nicht mehr kommt.

Das zweite Thema ist idyllisch und das dritte heroisch. Aus der d-Moll-Messe wird ein Motiv übernommen, dann kehrt in der Reprise das dritte Thema übersteigert wieder und krönt den Satz. Der zweite Satz bringt über weite Spannen Musik ekstatischen Charakters, Anklänge an Wagner werden bemerkbar, der klagende Unteron dieses farbigen Geschehens löst sich erst am Ende zu einem Hymnus auf, der aber zart erlöschend ausklingt. Im Scherzosatz gibt es kein Thema, sondern nur Motive mit erregender Rhythmik und Dynamik in der Art eines Perpetuum mobile über ein kurzes Motiv. Auch das Trio bringt keine Entwicklung, sondern nur heitere, tänzerisch beschwingte Bewegung. Im Finale baut sich das monumentale Thema mit majestätischen Bläserakkorden auf. Das Gesangsthema bringen die Bläser choralhaft breit, die Streicher tänzerisch. „So ist das Leben", hat Bruckner selbst dazu bemerkt. „Die Polka bedeutet den Humor und den Frohsinn der Welt, der Choral das Traurige, Schmerzliche in ihr." Spielzeit: 55 Minuten.

SINFONIE NR. 4 ES-DUR „ROMANTISCHE"

4 Sätze, entstanden 1874 in erster, 1878 in zweiter, 1880 in dritter, 1889 in endgültiger Fassung, uraufgeführt im Februar 1881 in Wien unter Hans Richter. Die Wiener Philharmonie lehnen das Werk mit dem Bemerken an: „Nur der erste Satz ist aufführbar, das übrige verrückt." Bruckner hat zum ersten Satz die Erläuterung gegeben: Mittelalterliche Stadt – Morgendämmerung – von den Stadttürmen ertönen Morgenweckrufe – die Tore öffnen sich – auf stolzen Rossen sprengen die Ritter hinaus ins Freie, der Zauber des Waldes umfängt sie – Waldesrauschen – Vogelgesang – und

so entwickelt sich das romantische Bild. Allerdings liegt in keinem Sinn eine Programmusik vor, nicht einmal ähnlich der Sechsten von Beethoven, weil der Komponist nur seine eigenen Vorstellungen als Leitfaden zur musikalischen Themenstellung aufzählt und mit diesen Bildern im Hörer nicht mehr erzeugen will als Stimmungen, deren Ausformung zu Vorstellungsinhalten er ihm selbst überläßt. Man hat die Sinfonie als „Sinfonie des Waldes" bezeichnet und ist dem Wesentlichen vielleicht sehr nahe gekommen, weil man sich darauf beschränkt, damit die von einem Wald ausgehenden Gefühlseindrücke ihren Stimmungsgehalt gleichzusetzen. Mit einem Hornruf beginnt der erste Satz, sein erstes Thema steigt an, ein mehrteiliges Gesangsthema und ein drittes absteigendes Thema werden poetisch verarbeitet, ein Choral tritt hinzu wie ein Morgengebet. Der zweite Satz gleicht einem dreistrophigen Lied, dessen erstes Thema Trauermarschrhythmen bringt, denen ein Choralthema folgt; darauf nimmt das nächste Thema die Stimmung des ersten wieder auf. In der letzten Strophe steigert sich das gesamte Material zu einer kurzen, verklärten Coda. Der Hauptteil des Scherzo ist von Jagdhörnerschall erfüllt. Die Ländlermelodie der Klarinette im Trio erläutert Bruckner selbst: „Tanzweise während der Mahlzeit zur Jagd." Das Finale ist ein einziger, wilder und großartiger Sturm über den Wald mit seinen Geheimnissen und Gefahren, seinen Schönheiten und Freuden. Spielzeit: 65 Minuten.

SINFONIE NR. 5 B-DUR
4 Sätze, entstanden 1875/76, uraufgeführt am 8. April 1894 in Graz unter Franz Schalk. Diese Sinfonie wird am meisten verstümmelt. Franz Schalk muß sie „bearbeiten", damit sie aufgeführt werden kann. Trotzdem ist für Unvoreingenommene klar, daß sie einen neuen Höhepunkt des sinfonischen Schaffens Bruckners überhaupt bedeutet. Man hat sie die „Mittelalterliche" wegen ihrer vielschichtigen, barocken, kontrapunktischen Tonverflechtung, die „Katholische" wegen ihres weihevollen Prunkes, die „Choral-Sinfonie" wegen ihrer häufigen Choralthemen genannt. Alle Bezeichnungen sind richtig und falsch zugleich, jedenfalls ist sie schon wegen ihrer seltenen thematischen Geschlossenheit zu den bedeutendsten Sinfonien der Musikgeschichte überhaupt zu rechnen. In der Introduktion sind die drei Urmotive des Werkes angeführt, auf die die Sinfonie gebaut ist. Dann setzt die Exposition des ersten Satzes ein, regelgerecht in gewaltiger Architektonik ausgebaut mit einer umfangreichen Coda, in der Posaunen und Trompeten alle Dimensionen in das Überirdische heben. Im zweiten Satz zeichnet das erste Thema elegisch eine trostarme Stimmung. Trost und Zuversicht bringt das zweite Thema und gewinnt in der Durcharbeitung Übergewicht. Das Scherzo verzichtet auf die übliche fröhliche Ausgelassenheit. Die Tanzrhythmen des Trios dringen nicht durch. Das Finale rechtfertigt einigermaßen die Bezeichnung des Werkes als „Choral-Sinfonie", denn neben den Fugenabschnitten und der strengen Kontrapunktik wir der Satz von einem feierlichen Choral beherrscht, der sozusagen auf das gesamte Werk zurückstrahlt und alle Trauer vergessen läßt, weil der Glanz der dröhnenden Bläserakkorde alles mit blendendem Licht überschüttet. Spielzeit: 75 Minuten.

SINFONIE NR. 6 A-DUR
4 Sätze, entstanden 1879–1881, uraufgeführt 1899 unter Gustav Mahler in

Wien. Auch dieses Werk kann einer Verstümmelung nicht entgehen, es wird in seiner Urfassung erst 1937 veröffentlicht. Die Sinfonie wird „Bruckners Pastorale" genannt, weil sie als Lobgesang der Erde aufgefaßt werden kann. Die Vorstellung, daß das erste Thema die Morgendämmerung, der folgende Orchesterglanz einen strahlenden Sonnenaufgang, das zweite Thema den lichthellen Tag, das dritte Thema den Abend darstellt, ist zulässig, wenn dieses Programm nicht im musikalischen Ausdruck, sondern im vermittelten Stimmungsgehalt gesucht wird. Im zweiten Satz darf zweimal rauschendes Glück und harter Verzicht gesehen werden; die emotionale Aussage ist in keiner anderen Sinfonie so stark an die Oberfläche getrieben, so daß sich diese Deutung aufdrängt. Es darf dabei nur nicht übersehen werden, daß hinter diesem Bild eine Kette von irrationalen Gedanken ihr Eigenleben führen. Das Scherzo bringt keinen Bauerntanz, sondern läßt an einen Elfenreigen in spukhaften Träumen denken, zu denen das Trio eine zarte Idylle beisteuert. Das Finale strebt mit drei kraftvoll geprägten Themen zur Höhe, ein Choral klingt wie ein Dank für die Schönheit der Natur und wird von Fanfaren, die zur Lebensfreude aufrufen, abgelöst. Spielzeit: 53 Minuten.

SINFONIE NR. 7 E-DUR

4 Sätze. Entstanden 1881–1883, uraufgeführt am 30. Dezember 1884 in Leipzig unter Arthur Nikisch. Vom weitgespannten musikalischen Gedanken, der sich auch vom Themenreichtum des Komponisten abhebt, erzählt Bruckner: „Dieses Thema ist gar nicht von mir. Eines Nachts erschien mir Dorn (ein Freund aus der Linzer Zeit) und diktierte mir das Thema. ,Paß auf, mit dem wirst du dein Glück machen', sagte er. Wie dem auch sei, ,all Dichtkunst und Poeterei ist nichts als Wahrtraumdeuterei'!" Das Gesangsthema weist die Chromatik Wagners, die Durchführung „Meistersinger" – Kontrapunktik auf. Das dritte Thema trägt nur zierliche Figuren bei. In einem Brief an Felix Mottl schreibt Bruckner: „Einmal kam ich nach Hause und war sehr traurig; ich dachte mir, lange kann der Meister unmöglich mehr leben, da fiel mir das cis-Moll-Adagio ein." Drei Wochen nach dem Entwurf des zweiten Satzes, in dem die feierlichdunklen Wagnertuben zur Totenklage erklingen, ist Richard Wagner tot. Dann setzen die Streicher mit dem „Non confundar in aeternum" (Nicht werde ich zuschanden werden in Ewigkeit) aus dem Tedeum ein. Der Schluß des Satzes wird komponiert, als die Trauerbotschaft aus Venedig bereits eingelangt ist und Bruckner nun „dem Meister die eigentliche Trauermusik" schreibt. Das Scherzo ist ganz nach klassischem Muster gebaut. Die Trompete läßt den Trotz ahnen, den Genies dem Tod entgegensetzen, der sie nicht auszulöschen vermag. Der vierte Satz knüpft an die Traumeingebung des ersten an, klingt aber energisch und kampfbereit. Ein Choral unterstreicht das Jenseitige der künstlerischen Vorgänge, aber das Selbstbewußtsein des Menschen Bruckner wird auch von der Coda betont. Spielzeit: 65 Minuten.

SINFONIE NR. 8 C-MOLL

4 Sätze. Kaiser Franz Joseph I. gewidmet, entstanden 1884–1887, endgültige Fassung 1890, uraufgeführt am 18. Dezember 1892 in Wien unter Hans Richter. Sie wird heute als Krone der Musik des späten 19. Jahrhunderts bezeichnet und ist zweifellos eine der gewaltigsten Sinfonien, die je kompo-

niert worden sind. Zum ersten Satz sagt Bruckner: „Im ersten Satz ist der Tromp.- und Cornisatz aus dem Rhythmus des Themas: die Todesverkündigung, die immer sporadisch stärker, endlich sehr stark auftritt, am Schluß: die Ergebung". In der Coda „höre man die Totenuhr klopfen". Der zweite Satz bringt als Scherzo derbe Rhythmen. Im Trio wird eine prächtige Kantilene der Violine von den Harfen begleitet. Das Hauptthema des dritten Satzes ist „zart hervortretend", das zweite Thema übernehmen die Celli, ein Choralmotiv tritt hinzu und dann ein ausdrucksvoller Chor aller Tuben. „Sanft und zart, sehr gesangvoll", bringen die Geigen eine Verschmelzung beider Themen. Noch ein Choral, von Harfen begleitet, klingt auf, dann erlöscht der hymnische Glanz im Piano, das den Satz abschließt. Darauf folgt das letzte Finale, das Bruckner geschrieben hat, „feierlich, nicht schnell" werden die Hauptthemen aller Sätze vereinigt. „Unser Kaiser bekam damals den Besuch des Zaren in Olmütz, daher Streicher: Ritt der Kosaken; Blech: Militärmusik; Trompeten: Fanfaren, wie sich die Majestäten begegnen." Damit ist der äußere Anlaß zu diesem Satz angegeben, aber mehr nicht. Das musikalische Geschehen hat damit so wenig zu tun wie ein Gemälde mit dem Haken, an dem es hängt. Anton Bruckner vereinigt in diesem Satz sämtliche musikalischen Gedanken, die ihm jemals durch den Kopf gegangen sind, alles satztechnische Können, das er während seiner Schaffenszeit erworben hat, zu einer hochgewölbten Pforte in ein schattenloses Reich, zum Ausdruck seiner Zuversicht, diese Pforte durchschreiten zu dürfen. Er glaubt hier an die ihm auf mystischem Weg zugekommene Verheißung, daß seine Hoffnung nicht vergebens ist. Spielzeit: 85 Minuten.

SINFONIE NR. 9 D-MOLL

3 Sätze, 4. Satz fehlt, entstanden 1891–1896, uraufgeführt am 11. Februar 1903 unter Ferdinand Löwe. Schwermütig beginnt der erste Satz. Ein zweites Motiv tragen die 8 Hörner vor, darauf setzt das Hauptthema mit großer Geste ein. Das zweite Thema wird von den Violinen tröstend und breit ausgesponnen, und ein drittes Thema verstärkt die Zuversicht und den Seelenfrieden. Mit wechselnden Klangbildern wird dieses Themenmaterial verarbeitet, aber das Ende bringt keine Erlösung, die Schlußakkorde bestehen aus leeren Quinten; die Frage, ob Dur oder Moll, bleibt offen. An zweiter Stelle steht das Scherzo. Die dahinjagenden Geigen, die Figuren der Flöten, die Piccicati wirken lustig, aber nur in einem gewissen makabren Sinn wie ein Traumgesicht. Das Adagio des dritten Satzes bringt ein Thema in strahlender Verklärung, dann singen die Tuben Bruckners „Abschied vom Leben", ein zweites Thema schwingt breit aus, und im dritten kämpft Zuversicht mit Resignation. Erinnerungen an die d-Moll-Messe und an die Achte werden geweckt wie ein letzter Rückblick auf ein erfülltes Leben, dann schließt der Satz mit dröhnenden Tubenklängen. Vom Finale gibt es nur einzelne Skizzen. „Ich habe auf Erden meine Schuldigkeit getan; ich tat, was ich konnte, und nur eines möchte ich mir noch wünschen: wäre mir doch vergönnt, meine 9. Sinfonie zu vollenden." Diese Hoffnung ist nicht erfüllt worden. Auf seine eigene Anweisung wird das Tedeum als Finale zu dieser Sinfonie verwendet. Spielzeit: 60 Minuten.

TEDEUM C-DUR

Für Soloquartett, Chor, Orchester und Orgel, 2 Teile. Entstanden 1881–1884, uraufgeführt am 10. Januar 1886 unter Hans Richter. Es ist vom Hofkapellmeister Joseph Hellmesberger (1855–1907; Komponist von zahlreichen Tänzen, Liedern, Ballettmusiken und Operetten) angeregt, aber dann als zu lang abgelehnt worden. Bruckner wendet hier den Lapidarstil seiner Messen an und faßt das Werk in eine fünfteilige zyklische Form mit ständiger Erweiterung der einzelnen Formglieder. Es beginnt unisono mit Bläserakkorden und Quintenfiguren der Streicher. Darauf übernehmen die Solisten die Führung, bis der Chor zum Sanctus einsetzt und es zur glanzvollen Höhe steigert. Das Tenorsolo des zweiten Teiles bringt einen der schönsten melodischen Gedanken des Werkes. Über zarte Lyrismen drängt die Entwicklung zur Schlußfuge und endlich zur akkordischen Coda.

MESSE NR. 3 F-MOLL
Für vierstimmigen Chor, Soli und Orchester, entstanden 1867/68, bedeutendste Messevertonung Bruckners. Das Kyrie wendet alle harmonischen und orchestralen Mittel der Zeit auf und wird nahezu zur selbständigen Kantate. Das Gloria ist eine glänzende Fuge, die in verklärtem Jubel endet. Das Credo deutet den dramatischen Text in einer vergeistigten Form aus, so daß es sinfonischen Charakter annimmt. Ganz kurz ist das Sanctus, aber ekstatisch inspiriert, gleichsam von innen leuchtend. Das Benedictus (oft als selbständiges Konzertstück verwendet) ist ein lyrischer Gesang voll Innigkeit. Im Agnus erscheint das Kyrie-Motiv erneut, die Friedensbitte des Dona nobis pacem wird demütig bescheiden vorgebracht, worauf das Werk still endet.

STREICHQUINTETT F-DUR
Für 2 Violinen, 2 Bratschen, Cello, 4 Sätze. Entstanden 1879, uraufgeführt 1884 vom Hellmesberger Quartett. Das Quintett kommt durch seine Weiträumigkeit sowie durch die zu Gruppen ausgeweiteten Themen einer Sinfonie sehr nahe. Der erste Satz ist kein Allegro im gewöhnlichen Sinn, sondern nur ein lebhafterer langsamer Satz. Seine Harmonien und reizvollen Modulationen erinnern an Schubert. Es liegt aber keine Nachahmung vor, Bruckners Eigenpersönlichkeit wird in jedem Takt deutlich und besonders durch die anfängliche unsichere und bedrückte Stimmung, die sich im steilen Anstieg zu verklärter Freude wandelt. Das Scherzo ist dem der Fünften ähnlich. Da es Hellmesberger als unspielbar erklärt, ersetzt er es durch ein leichteres Intermezzo im Ländlerstil. Das Adagio wird als das „musikalische Herz" des Werkes erklärt; es ist ein von der Viola angestimmtes Gesangsthema von weihevoller Schönheit. Das Finale stellt einen Orchestersatz für fünf Instrumente mit allen kompositorischen Künsten und mächtigen Steigerungen des Ablaufes dar. Spielzeit: 50 Minuten.

Tips für Plattenfreunde
○ Sinfonie Nr. 0 (Stereo-LP/Philips · LY 802 724)
○ Sinfonie f-Moll (Stereo-LP/EMI 1C 063-02 309)
○ Sinfonien 1–9, Tedeum (11 Stereo-LP/Deutsche Grammophon 2740 138)
○ Bruckner, Messe Nr. 3 (Stereo-LP/ Deutsche Grammophon 138 829, Jochum, Originalfassung)
○ Motetten (Stereo-LP/FSM 53 1 18)
○ Quintett für Streicher (Stereo-LP/ Deutsche Grammophon 2733 010, Amadeus)
○ Intermezzo zum Streichquintett (Stereo-LP/Teldec 6.42 160 AP, Wiener Philharmonisches Quartett)

KARL GOLDMARK (1830–1915)

Zeit und Umwelt

Die politischen Ereignisse des Jahres 1848 führen zur Schließung des Konservatoriums, was für die gerade in Ausbildung befindlichen Schüler wie zum Beispiel Goldmark eine folgenschwere Unterbrechung bedeutet, weil damit zumeist auch die Unterstützung seitens irgendwelcher Gönner aufhört. Sie müssen selbst sehen, wie sie weiterkommen, geraten zuweilen ohne ihren Willen in den Strudel der Auseinandersetzungen. Wer aus dem aufständischen Ungarn kommt, ist damals in Wien von vornherein verdächtig. Die politische Spannung dauert noch etliche Jahre an, nachdem der ungarische Aufstand mit Hilfe der russischen Armee niedergeschlagen ist; die Lage konsolidiert sich erst langsam, die Wirtschaft erholt sich und damit das kulturelle Leben. In Wien setzt eine neue Blüteperiode der Musik ein, die von Männern mit Weltgeltung getragen wird, wie Bruckner, Brahms, Mahler, Strauss und auch Goldmark.

Leben

Karl Goldmark wird am 18. Mai 1830 in Keszthely am Plattensee als Sohn eines Kantors geboren. Der Vater ist zu arm, um seinem Sohn eine Musikausbildung zu bezahlen, nur der Dorfschulmeister bringt ihm etliche Grundbegriffe bei. Dann tritt Goldmark im Alter von 12 Jahren in die Schule des Musikvereines von Sopron ein, wohin er wöchentlich zweimal vier Stunden zum Unterricht marschiert. Nach zwei Jahren beweist er durch sein öffentliches Auftreten als Geiger genügend Kenntnisse, so daß man ihn zur weiteren Ausbildung nach Wien sendet. Sein erster Lehrer ist Leopold Jansa (1795–1875; Geiger, Violinlehrer, Dirigent, Komponist von Violinmusik, wird 1849 in Wien entlassen, weil er an einem Konzert zugunsten ungarischer Flüchtlinge teilnimmt, geht nach London und kehrt 1871 zurück. 1847 tritt Goldmark in das Konservatorium ein, um Musiktheorie zu studieren bei Gottfried Preyer (1807–1901; Harmonie- und Kontrapunktlehrer, Kapellmeister, Organist, Komponist eines Oratoriums, mehrerer Messen und anderer sakraler und profaner Musik) und Violine zu lernen bei Joseph Böhm (1795–1876; Geiger und gesuchter Geigenlehrer, Komponist von Geigenmusik). Nachdem das Konservatorium wegen der politischen Ereignisse geschlossen wird, nimmt er eine Stelle im Theaterorchester von Raab (Györ) an, wo er auf Grund einer Verwechslung wegen Aufruhrs erschossen worden wäre, wenn nicht ein Freund den Irrtum rechtzeitig aufgeklärt hätte. 1850 kehrt er nach Wien zurück und schlägt sich mühsam durch; ein Konzert mit eigenen Werken macht 1857 auf ihn aufmerksam, er bringt einige Kompositionen heraus, die gut gefallen und erreicht einen durchschlagenden Erfolg mit seiner Oper „Die

Königin von Saba" (1875). Auch seine weiteren Opern werden freundlich aufgenommen. Brahms schätzt ihn sehr hoch. Er stirbt in Wien am 2. Januar 1915 als bekannter und beliebter „Hofkomponist Ihrer Majestät der Königin von Saba". Sein Neffe Rubin Goldmark (1872–1936) hat in New York als Kompositionslehrer gelebt; zu seinen Schülern zählen Gershwin und Copland.

Werke

Von seinen 6 Opern hat „Die Königin von Saba" den größten Erfolg. Seine beiden Ouvertüren Sakuntala und Penthesilea werden zuweilen noch gespielt. Auf jeden Fall ist seine Bauernhochzeit-Sinfonie noch heute lebendig. Seine übrigen Kompositionen, Sinfonien, Konzerte, Kammermusik und Lieder sind der Vergessenheit anheimgefallen.

BAUERNHOCHZEIT-SINFONIE
5 Sätze, entstanden 1860, hat den Charakter einer Suite mit programmatischem Inhalt. Der erste Satz „Hochzeitsmarsch" bringt ein Thema mit 12 Variationen. Der zweite Satz „Brautlied" verbindet kapriziöse und spöttische Stimmungen, die „Serenade" des dritten Satzes ist ein Scherzo. Langsam und nachdenklich stellt sich der vierte Satz „Im Garten" dar. Und das Finale hat Sonatenform und beginnt mit einem Fugato aus dem Thema des ersten Satzes, das dem Titel „Tanz" voll gerecht wird.

Tips für Plattenfreunde

○ Bauernhochzeit-Sinfonie (Stereo-LP/CBS 61069, Bernstein). Einzige Aufnahme

JOHANNES BRAHMS (1833–1897)

Zeit und Umwelt

Robert Schumann schreibt am 23. Oktober 1853: „Ich dachte, es würde und müsse einmal einer plötzlich erscheinen, der den höchsten Ausdruck der Zeit in idealer Weise auszusprechen berufen wäre, einer, der uns die Meisterschaft nicht in stufenweiser Entfaltung brächte... Und er ist gekommen, ein junges Blut... Er heißt Johannes Brahms... das ist ein Berufener..." Der hier nur angedeutete unzumutbare Schwulst wälzt sich trübe bis zur Feststellung dahin: „Es waltet in jeder Zeit ein geheimes Bündnis verwandter Geister. Schließt, die ihr zusammengehört, den Kreis fester, daß die Wahrheit der Kunst immer klarer leuchte, überall Freude und Segen verbreitend." Wohltuend kühl erwidert der norddeutsche Brahms: „... Gebe Gott, daß Ihnen meine Arbeiten bald den Beweis geben können, wie sehr Ihre... Güte mich gehoben... hat. Das öffentliche Lob... wird die Erwartung des Publikums so außerordentlich gespannt haben, daß ich nicht weiß, wie ich demselben einigermaßen gerecht werden kann..." Trotzdem hat Schumann mit seiner vorweggenommenen Lobeshymne für Brahms die Umwelt geschaffen. Die Konservativen, die „Klassiker" reklamieren ihn für sich, ohne ihn selbst zu fragen, die Neudeutschen lehnen ihn ab. Beide Parteien haben unrecht, aber es bleibt dabei, denn Brahms hat für die musikalischen Temperamentsausbrüche eines Liszt kein Verständnis gezeigt und aus reinem Unverständnis einen Aufruf gegen die mutmaßlichen Verderber der „guten alten Kunst" unterschrieben. Und als er nach Wien übersiedelt, sind es nicht mehr die Liszt-Gegner, die ihn zu ihrem Fahnenträger machen, sondern die Bruckner-Feinde, was ihm den Vorwurf des hinaufgelobten Epigonentums, des hinterwäldlerischen Konservativismus und der Ideenlosigkeit einträgt. Brahms allerdings setzt solchen Angriffen wenig Worte, dafür um so mehr „warme Musik" entgegen sowie seine Meisterschaft, mit der er der „guten alten Kunst" neue, sehr zeitgemäße Inhalte verleiht. Wenn auch ein Kritiker, dem es nur darum geht, sich selbst in den Vordergrund zu schieben, ausruft, daß es nicht auf die Schönheit, sondern auf die Form ankommt, so schafft Brahms immer wieder unvergleichliche Schönheit in der von ihm gewählten Form. Diese Schönheit entspricht seinem Wesen und überzeugt damit, daß er die gleiche Schönheit in eine andere Form zu gießen imstande gewesen wäre, wenn es seine eigene Struktur und die Umstände ergeben hätten. Wenig berührt von dem Streit um ihn geht er seinen Weg des Erfolgs und schafft eine Plattform, von der sich die Musik bis in unser Jahrhundert weiterentwickelt.

Leben

Johannes Brahms wird am 7. Mai 1833 in Hamburg als Sohn des Kontrabassisten Johann Jakob Brahms (1806–1872) und der Johanna Henrika Christiane geborene Nissen (1789–1865) geboren. Er ist das zweite von drei Kindern dieser Ehe. Sein jüngerer Bruder Friedrich (1835–1886) ist als Musiklehrer in Hamburg tätig. Den ersten Musikunterricht erhält er von seinem Vater, dann übernimmt Eduard Marxsen (1806–1887; Musiklehrer, Organist, Komponist, schreibt ein Orchesterstück „Beethovens Schatten", das sehr beliebt wird) seine Ausbildung im Klavierspiel. Frühzeitig verdient er als Pianist in den Kneipen der Stadt einiges Geld für die Familie. Er fällt dem ungarischen Geiger Eduard Rémenyi auf (eigentlich Hoffmann, 1830–1898; er flieht wegen seiner Beteiligung am ungarischen Aufstand nach Amerika) kehrt nach Deutschland zurück, bereist als Virtuose Europa und Amerika; als Komponist unbedeutend). Rémenyi nimmt ihn 1853 auf eine Konzertreise als Klavierbegleiter mit. Auf einer dieser Künstlerfahrten lernt Brahms den gefeierten Violinvirtuosen Joseph Joachim kennen (1831–1907; Komponist von drei Violinkonzerten, Ouvertüren und einigen anderen Stücken von mäßigem Wert). Mit Joachim verbindet ihn zeitlebens eine enge Freundschaft, und über diesen lernt er Franz Liszt kennen, mit dem er sich nicht versteht. Dafür wird er von Robert

Johannes Brahms (1833–1897)

Schumann und dessen Frau Clara begeistert aufgenommen und gefördert. Die enge Freundschaft mit Clara Schumann dauert bis zu deren Tod an. Äußerst wichtig wird für Brahms seine Begegnung mit dem Dirigenten Hans von Bülow, der sich seiner Werke stark annimmt und sich gerne Brahms' „allergetreuesten Taktstock" nennt. Als Fünfundzwanzigjähriger erhält er die Stelle eines Hofmusikdirektors in Detmold, die ihn wenig in Anspruch nimmt, so daß er sich viel seiner kompositorischen Tätigkeit widmen kann. Die Konzertsaison dauert nur von September bis Dezember, jedoch bezahlt man ihm „Geld für das ganze Jahr". Als ihm bei der Wahl des neuen Leiters der Hamburger Philharmonie Julius Stockhausen vorgezogen wird (1826–1906, Frankfurt am Main; Sohn des Harfenvirtuosen Franz Stockhausen, 1792–1868 und der Konzertsängerin Margarete geborene Schmuck, 1803–1877, Konzertsänger, Gesangslehrer, Dirigent), geht Brahms nach Wien und übernimmt die Chormeisterstelle der Singakademie und des Philharmonischen Orchesters. Er gibt jedoch diesen Posten ein Jahr darauf wieder auf und begibt sich durch mehrere Jahre auf Konzertreisen. Die Honorare, die ihm die Verleger für seine Kompositionen bezahlen, ermöglichen ihm ein sorgenfreies Leben. Er kehrt nach Wien zurück, wo er die Chorleitung der Gesellschaftskonzerte der Musikfreunde übernimmt, dann gibt er jede berufliche Bindung auf, um von nun an wie Schubert zwangsläufig und wie Beethoven nur mit anstrengender Konzerttätigkeit ein Leben als freier Künstler zu führen. Er tritt nur mehr fallweise als Pianist und Dirigent eigener Werke vor die Öffentlichkeit und verläßt Wien nur mehr für eine kurze Konzerttätigkeit oder zum Zweck der Erholung. Er widmet sein Leben nahezu ausschließlich der Komposition. Er ist schon längst zum beliebtesten Komponisten der Stadt und des gesamten deutschen Sprachraumes geworden. Von allen Seiten kommen ihm Ehrungen und Orden zu, aus denen er sich wenig macht: er bewahrt die Orden in einer Zigarrenschachtel auf und trägt sie nie. Er selbst unterschätzt in seiner selbstkritischen Art seine künstlerische Bedeutung bei weitem; typisch ist für ihn der Ausspruch: „Wenn die Leute eine Ahnung hätten, daß sie von uns tropfenweise dasselbe kriegen, was sie bei Mozart nach Herzenslust trinken können". Eine Familie hat er nie begründet, ein kleiner Kreis gleichgesinnter Freunde muß sie ihm ersetzen. Dennoch bedrückt ihn die Einsamkeit, der er vergebens durch viele Reisen zu entrinnen sucht. Nachdem die Freundin seiner gesamten künstlerischen Laufbahn gestorben ist, wird das noch schlimmer: „Oft denke ich mir, ich bin zu beneiden, daß mir fast niemand mehr sterben kann, den ich so ganz von innerstem Herzen heraus liebe; aber es ist doch eigentlich häßlich, und man soll so was weder denken noch sagen ... Ist es denn ein Leben so allein? Die einzige richtige Unsterblichkeit ist in den Kindern."
Als er am 5. April 1897 in Wien stirbt, wird dennoch ein Unsterblicher neben den Gräbern Beethovens und Schuberts auf dem Wiener Zentral-

friedhof bestattet, denn er hinterläßt eine stattliche Anzahl „Kinder" im Bereich der Musik: den Meistergeiger Joseph Joachim, den Klaviervirtuosen und Komponisten Ignaz Brüll (1846–1907; seine Klavierkompositionen sind ganz in der Art von Brahms angelegt, von seinen 10 Opern hat lediglich „Das goldene Kreuz" Erfolg), Johann Nepomuk Fuchs (1842–1899; Kapellmeister, Kompositionslehrer, Komponist), dessen Bruder Robert Fuchs (1847–1927; Hoforganist, Konservatoriumslehrer für Harmonielehre, bekannt als Komponist seiner 5 Serenaden für Streichorchester), Hermann Theodor Otto Grädener (1844–1929; Konservatoriumslehrer für Harmonielehre, Dirigent, Komponist von Klavier- und Kammermusik und einer Oper), Heinrich Herzogenberg (Freiherr von, 1843–1900; Konservatoriumslehrer, Dirigent, Komponist von Kammermusik und Chorwerken). Ein entfernterer Nachfolger ist: Max Bruch (1838–1920, der mit 11 Jahren zu komponieren beginnt und mit 14 eine Sinfonie herausbringt; er ist Verfasser der Erfolgsoper „Loreley" (1863); sein Chorwerk „Das Lied von der Glocke" (1879) hat sich lange auf Konzertprogrammen gehalten, am beliebtesten sind seine virtuosen Violinkonzerte, besonders Nr. 1 g-Moll (1868), die Schottische Fantasie und das Kol Nidrei; rege Kapellmeistertätigkeit, ab 1891 Kompositionslehrer am Berliner Konservatorium). Weitere entferntere Nachfolger sind: Joseph Rheinberger (1839–1901, der Verfasser vieler Orgelwerke [20 Sonaten, 2 Konzerte], von Kirchen-, Kammer- und Orchestermusik und Opern; sein Bestreben, strengen kontrapunktischen Satz zu schreiben endet in einer gewissen Trockenheit, macht ihn aber zum ausgezeichneten Lehrer. Dann Karl Goldmark, Viktor Nessler (Neßler, 1841–1890); Chordirigent, der unter seinen 11 Opern mit den rührseligen Erzeugnissen „Der Rattenfänger von Hameln" (1879) und „Der Trompeter von Säckingen" (1884) beim deutschen Kleinbürgertum großen Erfolg erringt, und Hermann Goetz (1840–1876), der als Nachfolger Kirchners als Organist und Dirigent nach Winterthur kommt und durch sein Klavierkonzert B-Dur, ein Violinkonzert und seine geistvolle komische Oper „Der Widerspenstigen Zähmung" (1874) noch heute bekannt ist.

Literatur

H. Gál: Johannes Brahms. Werk und Persönlichkeit. 1961
F. Grasberger: Johannes Brahms. 1955
Gesamtausgabe der Werke, 1926

Werke

„Tief innen im Menschen spricht und treibt oft etwas, uns fast unbewußt, und das mag wohl bisweilen als Gedicht oder Musik ertönen", sagt Brahms und erschließt uns damit das Verständnis seines ganzen Schaffens. Die Liedmelodie wird, wie immer sie ausgeformt ist, bei ihm die Quelle seiner Gestaltung. Man kann dieses Charakteristikum bis in die komplizierte Architektur seiner instrumentalen Werke verfolgen. Überall, in seinen Sinfonien, den Konzerten, in der Musik für Klavier oder Kammerinstrumente, in jedem Format und Rhythmus spricht das kantable Thema zur Phantasie des Publikums. Diese Liedmelodien wollen nichts sagen und nichts malen, sie sind keine Reaktion auf Gegebenheiten und Vorgänge der Umwelt, sie werden nicht von außen provoziert, sondern kommen absichtslos als unmittelbarer Ausdruck der Persönlichkeit von innen heraus, gleichsam vor sich hingesummt, wie es die Gewohnheit des Komponisten gewesen ist. „Die schönsten Lieder kamen mir, wenn ich früh vor Tag meine Stiefel wichste", sagt Brahms gelegentlich und läßt uns einen tiefen Blick in seine „Werkstätte" tun. Aus diesen „beim Stiefelwichsen gesummten" Melodien bilden sich die großen Themen der Sinfonien, die lyrischen Linien der Chor-Orchesterwerke und die Innigkeit der Instrumentalkonzerte. Sie drücken die Grundstimmung des Komponisten aus, seinen elegischen Ernst, seine unterdrückte Schwermut und seinen männlichen Humor. Nie wird seine Trauer verzweifelt, nie seine Freude überschwenglich, alles ist verhalten und gebändigt, und zwar nicht durch die strenge Form allein, sondern bereits im Entstehungsherd, in seinem Herzen. „Ruhig in der Freude und ruhig im Schmerz und Kummer ist der schöne, wahrhafte Mensch: Leidenschaften müssen bald vergehen oder man muß sie bald vertreiben", schreibt er an Clara Schumann und drückt damit nicht nur die Grundhaltung seiner im besten Sinn des Wortes männlichen Musik aus, sondern seines gesamten Wesens, dessen Bild sie darstellt. Und wenn sich manches echte Volkslied in seinen reichen Themenschatz eingeschlichen hat, so hat dieses eben zu seinem Herzen geklungen, sich dort festgesetzt und als sein Eigentum „gesummt" den Weg in seine Feder gefunden. Brahms ist bereits 43 Jahre alt, als er seine Erste Sinfonie (c-Moll) vollendet, obwohl er sich nahezu 20 Jahre mit dem Gedanken beschäftigt hat, als Sinfoniker vor sein Publikum zu treten, aber „mit einer Sinfonie ist heutzutage nicht zu spaßen". Dann ist das Eis gebrochen. Schon ein Jahr darauf entsteht die Zweite Sinfonie (D-Dur); die Dritte (F-Dur) schreibt er 1883 und die Vierte (e-Moll) 1884 bis 1885. Die Akademische Festouvertüre c-Moll von 1879 und die Tragische Ouvertüre d-Moll aus derselben Zeit sind Beispiele einer Programmusik im höheren Sinn, bei der kein bestimmtes Bild und Ereignis, sondern deren Stimmungsgehalt wiedergegeben wird. Die in Detmold entstandenen Serenaden D-Dur und A-Dur bringen diese Musikgattung zu neuen Ehren. Als ganz besonders geglückter Wurf werden die Variationen über ein Thema von Joseph Haydn mit Recht angesehen. Auch die beiden Klavierkonzerte d-Moll und B-Dur müssen zur sinfonischen Musik gerechnet werden, weil sie nach Anlage und Gehalt als „Sinfonien mit obligatem Klavier" zu bezeichnen sind. Ein echtes Konzert ist jedoch das Violinkonzert B-Dur, das zum festen Bestandteil des Programms jedes Violinvirtuosen geworden und geblieben ist. Das Doppelkonzert für

Violine und Cello a-Moll greift wie Beethovens Tripelkonzert auf eine barocke Struktur zurück. Die Kammermusik des Komponisten steht seinem sinfonischen Schaffen nicht nach. Auch hier bemüht sich der Romantiker Brahms, dem Geist der klassischen Kammermusik möglichst treu zu bleiben. Vieles von seiner Jugendarbeit auf diesem Gebiet hat er verworfen und vernichtet, darunter Sonaten und Quartette, die Schumann sehr gelobt hat. Die beiden Streichsextette B-Dur und G-Dur zeigen eine vollendete Beherrschung des Sextettsatzes, der trotz seiner straffen Strenge von Wohllaut überfließt. Das gleiche muß von den beiden Streichquintetten F-Dur und G-Dur festgestellt werden. Das einzige Klavier-Quintett f-Moll ist auch einzigartig in seiner Anlage. Die drei Klavierquartette g-Moll, A-Dur, c-Moll entstammen seiner Frühzeit, sind aber vollausgereifte Werke wie die drei Streichquartette c-Moll, a-Moll, B-Dur und die Klaviertrios H-Dur, C-Dur, c-Moll. An Duetten hinterläßt Brahms drei Violinsonaten mit Klavier, von denen die erste (G-Dur op. 78) wegen ihrer Ähnlichkeit mit dem „Regenlied" von 1873 „Regensonate" genannt wird (1878); die zweite (A-Dur, op. 100) wird am Thuner See geschrieben (1886); die dritte (d-Moll, op. 108) ist weniger heiter als die erwähnten und sprengt mit ihrer Klangfülle beinahe den Rahmen einer Sonate; sie ist Bülow gewidmet (1887). Die Erste Cellosonate, e-Moll op. 38, wird noch heute ebensooft und gern gespielt wie die Zweite, F-Dur op. 99, die im Finale das Volkslied „Ich hab mich ergeben" vorträgt. Brahms ist in seiner frühen Jugend auch mit Blasinstrumenten vertraut geworden, besonders mit dem Horn und der Klarinette. Das Horntrio Es-Dur op. 40, das Klarinettentrio a-Moll op. 114, das Klarinettenquintett h-Moll op. 115 und die beiden Klarinettensonaten mit Klavier (auch mit Viola gespielt) f-Moll und Es-Dur op. 120/1 und 120/2 zeugen von dieser Kindheitserinnerung. Das Klavierwerk von Brahms beginnt mit Opus 1 aus dem Jahr 1853, der Joachim gewidmeten Sonate C-Dur, deren rhapsodischer Vollklang das Klavier zum Orchester ausweitet. Opus 2, Sonate fis-Moll, wird bereits 1853 geschrieben und Clara Schumann gewidmet. Mit der dritten Sonate f-Moll op. 5 entfernt sich der Komponist völlig von seinen Vorbildern Beethoven, Schumann und Mendelssohn. Hiebei tritt die Liedhaftigkeit eines Brahms auch auf dem Klavier voll hervor. Ein Scherzo, vier Balladen, die Händel-, Schumann- und Paganini-Variationen, die Fantasien, Rhapsodien und alle anderen Stücke stellen Brahms neben die ersten Klavierkomponisten der Musikgeschichte. Dazu sind etliche Orgelwerke zu rechnen. Neben weniger bedeutenden Chorwerken sind das Deutsche Requiem und die Altrhapsodie am bekanntesten. Das Liedschaffen umfaßt ungefähr 200 Sololieder. Für ihn ist das Lied kein Nebengebiet, sondern sehr nahe dem Mittelpunkt seines Interesses gerückt. Er stellt an die Texte, die er auswählt, hohe Anforderungen, hält sich aber gerne an Außenseiter der Literaturgeschichte. Das Gedicht ist auch nicht Objekt der musikalischen Darstellung, sondern nur eine

Anregung zu eigenständigen Äußerungen zum Gedichtsgehalt. Der Klaviersatz ist sehr oft kompliziert und keine reine Begleitung des Sängers. Das gleiche gilt für die mehrstimmigen Liedsätze. Das Volkslied hat Brahms ständig in seinen Bann gezogen; es nähert sich ihm doch jede Melodie, die er schreibt, durch ihre Ursprünglichkeit. Brahms hat mehr als 40 deutsche Volkslieder für Singstimme und Klavier bearbeitet und jedes zu einem kleinen Kunstwerk geformt.

SINFONIE NR. 1 C-MOLL OP. 68
4 Sätze, vollendet 1876, uraufgeführt am 4. November 1876 in Karlsruhe unter Otto Dessoff. Unruhig und nach Klärung ringend ist der erste Satz und kommt damit der „Schicksalssinfonie" Beethovens nahe. Das Thema schleicht sich drohend heran. Ein folgendes Allegro stellt sich trotzig entgegen. Erbittert setzt die Durchführung ein; in der Coda scheint alles verloren zu sein, aber die Hoffnung verlöscht nicht ganz. Der zweite, sehr kurze Satz ist ein Ruhepunkt voll lyrischer Melodik, romantisch und verklärt. Der dritte, ebenso kurze Satz bringt anstelle eines Scherzo ein fröhliches Poco Allegretto. Das Trio ist überraschenderweise erregter und bewegter. Das Finale ist ein gewaltiger Sinfoniesatz, dessentwegen die Sinfonie wohl als „Zehnte Beethovens" angesprochen worden ist. („Merkwürdig genug, daß jeder Esel das gleich hört", ärgert sich Brahms.) Das einleitende Adagio bringt mehrere musikalische Gestalten, die aber nicht voneinander gelöst werden können. Sie münden mit einem Paukenwirbel in den zweiten Teil, der von einem Hornthema beherrscht wird und an Webers Freischütz (Ouvertüre) sowie an Schuberts C-Dur-Sinfonie erinnert. Nach einer kanonischen Verarbeitung dieses Themas setzt der dritte Teil mit einem Marsch ein. Themen aus vorangehenden Sätzen werden herangezogen, dann kündigen Posaunen bereits den Sieg an, der Kampf ist zu Ende, der „Jubel des Schlusses" wird deklamiert. Spielzeit: 40 Minuten.

SINFONIE NR. 2 D-DUR OP. 73
4 Sätze, vollendet 1877, uraufgeführt am 30. Dezember 1877 in Wien unter Hans Richter. Das wiegende Grundmotiv des ersten Satzes ruft ein behagliches Gefühl hervor. Das zweite Thema erinnert an manche Lieder des Komponisten und an Melodien, die dem Entstehungsort der Sinfonie (Wörthersee, Kärnten) entstammen. Man hat wegen dieses Themas die Sinfonie die „Pastorale" genannt, aber die Durchführung ist kraftvoll und nicht konfliktlos. Der zweite Satz hebt mit einer Kantilene der Celli an, eine Hornmelodie folgt, dann kommen Tanzweisen der Holzbläser, bis die Klänge unruhiger werden. In der Durchführung steigert sich die Spannung, erst nach der Wiederkehr des Eingangsthemas klingt alles beruhigend aus. Der dritte Satz ist ein Allegretto grazioso, behäbig und etwas altväterlich. Das folgende Presto hat ungarische Anklänge. Nach einem feinen Pianissimo kommt der Prestoteil mit zarten Tönen wieder und schließt pizzicato ab. Das Finale beginnt breit und ausladend, dann geht es froh und kräftig weiter, bis mit einem zweiten Thema und dem Grundmotiv des ersten Satzes das Werk abschließt. Spielzeit: 40 Minuten.

SINFONIE NR. 3 F-DUR OP. 90
4 Sätze, vollendet 1883, uraufgeführt am 2. Dezember 1883 in Wien unter Hans Richter. Sie wird als der deutlichste Ausdruck der Wesensart des Komponisten bezeichnet: Herbheit, Innigkeit, kämpferischer Trotz, Liebe

zum Volkslied. Drei kräftige Bläserakkorde stehen dem ersten Satz voran, dann setzt das Thema ein, energisch und herb. Das zweite Thema ist zart. Die Durchführung ist besinnlich verhalten, erst dann kommt es zur Reprise. Die Coda ist stark ausgebaut, der Satz schließt piano ab. Der ganze Satz ist heroisch, aber sein Pathos bleibt diszipliniert. Das Andante des dritten Satzes klingt wie eine innige Volksweise, die folgenden einfachen Variationen sind voll Lyrismen. Fagott und Klarinette blasen einen Trauermarsch, und mit einem schmerzlichen Nachklang der hohen Bläser endet der Satz, dessen Stimmung im nächsten beibehalten wird. Der dritte Satz ist dreiteilig wie ein Menuett, das an dieser Stelle stehen sollte, er ist auch sonst streng gebaut, aber dennoch anmutig, so daß er wie ein verhaltenes Ständchen wirkt. Das Finale ist der Höhepunkt der Sinfonie, sehr kurz, mit zielbewußt ausgeformter Grundstimmung. Vehement laufen die Themen ab, bis das Hauptthema des ersten Satzes zu Wort kommt und das Finale ungewöhnlich pianissimo wie ein leiser Abschied ausklingt. Spielzeit: 40 Minuten.

SINFONIE NR. 4 E-MOLL OP. 98

4 Sätze, entstanden 1884–85 in Mürzzuschlag, uraufgeführt in Meiningen am 25. Oktober 1885 unter Brahms. Die Sinfonie findet anfänglich geteilte Aufnahme, sie scheint zu kompliziert zu sein. Im ersten Satz beginnen die Geigen sofort mit dem elegischen Kopfthema, dessen Stimmung vom zweiten noch verstärkt wird. In der Durchführung gibt es heftige Kämpfe, und nach der endlich erreichten Reprise kommt eine breit ausgebaute Coda. Der zweite Satz erhält seinen herben Reiz aus dem Wechsel und der Überlagerung von phrygischer und klarer Es-Dur-Tonart. Erst die Violinen überwinden die elegische Stimmung. Das zweite Thema ist eine sanfte Kantilene, aber die elegische Stimmung drängt sich erneut vor und weicht nicht bis zum Ende des Satzes. Der dritte Satz ist ein Scherzo und setzt sich stark in den Gegensatz zu den ersten beiden, ist lärmend, heiter, aber das Lächeln wirkt irgendwie verkrampft, man spürt, der Kampf ist nicht vorbei. Das Finale bringt eine Chaconne. 31 Variationen gehen vorüber. Dann mahnen Posaunen im pianissimo an die Liedstelle aus den „Vier ernsten Gesängen": O Tod, wie bitter bist du! Die Chaconne setzt wieder ein und führt alles zum Schluß. Leute, die gerne alles etikettieren, haben diese Sinfonie die „Elegische" genannt und dabei übersehen, daß der Trotz des Komponisten jede Trauer verdrängt. Spielzeit: 40 Minuten.

SERENADE D-DUR OP. 11

5 Sätze, entstanden 1858 in Detmold, uraufgeführt am 3. März 1860 in Hannover unter Joachim. Über Baßquinten entfaltet sich im ersten Satz ein ländliches Thema, das zweite Thema bringt eigenwillige Rhythmen; die Verarbeitung ist eher eine Themenverwandlung, die in eine poesievolle Coda mündet. Das folgende Scherzo erinnert an Mozart: dämonische Anläufe, die nie zum Ausbruch kommen, sondern geglättet werden. Das Trio ist freundlich und kräftig. Das Adagio non troppo ist besinnlich und sehr lang, aber die sanften Harmonien und zahlreiche kontrapunktische Feinheiten lassen die Länge vergessen. Die folgenden zwei Menuette sind ganz mozartisch, während das folgende zweite Scherzo Beethoven-Anklänge deutlich werden läßt. Das Schlußrondo ist ungarisch gefärbt und mündet in eine feurige Coda. Spielzeit: 35 Minuten.

SERENADE A-DUR OP. 16
5 Sätze, entstanden 1860, uraufgeführt am 10. Februar 1860 in Hamburg unter Brahms. Das Stück verzichtet auf Violinen. Den ersten Satz beginnen die Holzbläser mit einer weitausgeschwungenen Melodie. Ein Seitenthema mit wiegenden Terzen wird herangeführt, die Durchführung ist episch, der Schluß piano. Das Scherzo mit seinem beethovenschen Kopfthema wird von einem volksliedhaften Trio unterbrochen, das echter Brahms ist. Das folgende Adagio non troppo ist der Höhepunkt des Werkes. Eine monotone Baßmelodie erscheint achtmal, dann setzen die Bläser ein, die eine herrliche Hornmelodie anstimmen. Die Holzbläser singen von schmerzlichem Sehnen und Leid. Das Quasi Menuetto ist ungeheuer poetisch und kann mit den schönsten Serenadensätzen von Mozart verglichen werden. Das Schlußrondo ist ein fröhlicher Reigengesang, der sich jubelnd zum Schluß drängt. Spielzeit: 32 Minuten.

VARIATIONEN ÜBER EIN THEMA VON JOSEPH HAYDN, B-DUR OP. 56
Thema mit 8 Variationen und Finale, entstanden 1873. Das Thema stammt aus dem Divertimento für Bläser, Hob. II:46 und trägt den Titel: „Choral Sankt Antoni" und ist vermutlich ein altes Wallfahrerlied aus dem Burgenland. Es wird dreimal vorgetragen, sodann dreimal mit steigender Bewegung variiert, darauf kommen ein retardierendes Andante con Moto, zwei Vivace, ein Grazioso und ein Presto non troppo mit feiner Kontrapunktik. Im Andante-Finale wird siebzehnmal ein an das Variationsthema angelehnter Baß ostinato vorgetragen. Der ganze Satz hat die Form einer Passacaglia mit neuen Figuren und Themenbruchstücken, bis sich das Haydn-Thema Bahn bricht und endlich die Tore der Wallfahrtskirche offen stehen, durch die die Pilger feierlich einziehen. Spielzeit: 17 Minuten.

AKADEMISCHE FESTOUVERTÜRE C-MOLL OP. 80
Geschrieben 1879 anläßlich der Promotion zum Ehrendoktor der Universität Breslau. Der Ouvertüre sind mehrere Studentenlieder zugrundegelegt: „Ich hab' mich ergeben", „Der Landesvater", „Was kommt dort von der Höh'" und endlich das „Gaudeamus", mit dem das Werk rauschend abschließt. Spielzeit: 10 Minuten.

TRAGISCHE OUVERTÜRE D-MOLL OP. 81
Ohne äußeren Anlaß verfaßt und daher ohne Programmatik, vermutlich rein als Gegenstück zur Festouvertüre komponiert. Alle Klänge des Stückes sind heroisch-pathetisch, das zweite Thema ist lyrisch. Mit gesteigerter Kontrapunktik wird die unerbittliche Stimmung vom Beginn zum Ende gehalten. Spielzeit: 12 Minuten.

KONZERT FÜR VIOLINE UND CELLO A-MOLL OP. 102
3 Sätze, entstanden 1887, uraufgeführt in Köln am 18. Oktober 1887 mit Joseph Joachim und Robert Hausmann als Solisten. Der erste Satz beginnt mit einem energischen Tuttithema, dann setzt das Cello ein. Das zweite Thema wird von der Violine gebracht, und es kommt zur Exposition des Orchesters. Die Durchführung eilt zur Reprise, eine ausführliche Coda beendet den Satz. Der zweite Satz beginnt mit dem Horn, dann trägt das Cello die schöne Kantilene vor, die von verschiedenen Orchestergruppen begleitet wird. Der Schlußsatz gibt sich tänzerisch-dämo-

Johannes Brahms (1833–1897)

Der Amerikaner Yehudi Menuhin wurde bereits als geigendes Wunderkind berühmt. Das Violinkonzert von Brahms gehört noch heute zu seinen Meisterleistungen.

nisch. Das zweite Thema ist volkstümlich, das dritte ungarisch; freudig und klangvoll schließt das Werk ab. Spielzeit: 35 Minuten.

VIOLINKONZERT D-DUR OP. 77

3 Sätze, entstanden 1877–1878, uraufgeführt am 1. Januar 1879 in Leipzig mit Joseph Joachim als Solisten unter Brahms. Das Werk ist eines der bedeutendsten Violinkonzerte des 19. Jahrhunderts. Das ruhige Hauptthema des weiträumig angelegten ersten Satzes wird von einer Oboenmelodie ergänzt, das zweite Thema ist eine ausdrucksvolle Gesangsmelodie und das dritte ungarisch akzentuiert. Die Geige setzt wie improvisiert auf einen Orgelpunkt ein, von Holzbläsern begleitet, und steigt mit dem Hauptthema zu den höchsten Lagen empor; es entwickelt sich ein empfindungstiefes, glänzend ausgewogenes Zusammenspiel des Solisten mit dem Orchester in seltener Vollendung bis zur Kadenz und dem Schluß. Der zweite Satz bringt einen Adagiogesang, der aus Volkslied, Klassik und vollendeter Romantik fließt. Der Schlußsatz ist auf einem ungarisierenden Thema aufgebaut und verbindet Virtuosität mit hinreißender Klangschönheit. Spielzeit: 40 Minuten.

KLAVIERKONZERT NR. 1 D-MOLL OP. 15

3 Sätze, 1854 begonnen, aus einer geplanten Sinfonie entwickelt und am 22. Januar 1858 in Hannover mit Brahms als Solisten uraufgeführt. Das Konzert enttäuscht das Publikum, weil das Klavier nicht konzertant, also dialogisch zum Orchester, sondern nur als wichtigstes Orchesterinstrument eingesetzt ist. Erst eine Aufführung unter Herman Levi in Mann-

Violinkonzert, Klavierkonzerte, Sextette

Der Russe Emil Gilels hat alle großen Klavierkonzerte auf seinem Programm; die von Brahms gehören zu seinen meist gespielten.

heim 1865 bringt dem Konzert, das zu den bedeutendsten seit Beethoven zählt, den verdienten Erfolg. Der erste Satz wird von einem groß angelegten Thema eröffnet, das sich kontrapunktisch verdichtet, dann setzt piano das Klavier ein, das alle Motive wiederholt und ein neues Thema hinzufügt, das wieder vom Orchester übernommen wird. In der Durchführung konzertieren Solist und Orchester sinfonisch, wobei das Klavier virtuos hervortritt. Der Mittelsatz ist elegisch und hat nahezu Gebetscharakter. Der Schlußsatz bringt ein kraftvolles Rondo, das alle trüben Gedanken verscheucht. Spielzeit: 42 Minuten.

KLAVIERKONZERT NR. 2 B-DUR OP. 83

4 Sätze, entstanden 1878–1881, uraufgeführt am 9. November 1881 in Budapest mit Brahms als Solist, kein konzertantes Stück nach dem Muster der Klassiker, sondern sinfonisch mit prävalierendem Klavier. Die Grundstimmung ist hell und fröhlich. Den romantischen Charakter des Konzertes betont bereits das Horn, das den ersten Satz eröffnet. Das Klavier setzt zart ein und entwickelt eine pastorale Szene. Darauf folgt die Themenexposition des Orchesters und ein drittes Thema ungarischer Färbung. Eine sehr bewegte Durchführung schließt sich an, das Hauptthema kehrt wieder, die Reprise endet den Satz, der an den Pianisten hohe Anforderungen stellt. Der zweite Satz ist ein Scherzo, bizarr und dämonisch zuerst, dann aber lyrisch und hell. Das Andante ist schlicht und innig, dem Klavier fällt eine begleitende Rolle zu. Der vierte Satz ist rondoähnlich und echt konzertant. Die Zwiesprache trägt aber keine Konflikte aus, sondern nur reizende Meinungsverschiedenheiten. Spielzeit: 45 Minuten.

STREICHSEXTETT NR. 1 B-DUR OP. 18

Für 2 Geigen, 2 Bratschen, 2 Celli', 4 Sätze, entstanden 1860, uraufgeführt in Hamburg im Januar 1861 unter Joachim. Der erste Satz entfaltet Haupt- und Seitenthema in weiten Bogen, in denen das thematische Material verarbeitet wird. Das Andante des zweiten Satzes ist im Volkston gehalten und wird sechsmal variiert. Das Scherzo ist klar und schlank und kraftvoll tänzerisch. Das Rondo-Finale, von Schumann und Haydn beeinflußt, ist reich ausgearbeitet, aber doch volkstümlich klingend, und vermittelt ein heiteres Bild.

STREICHSEXTETT NR. 2 G-DUR OP. 36

Für 2 Violinen, 2 Bratschen, 2 Celli', 4 Sätze, entstanden 1864/65. Der erste Satz bringt milden Wohlklang ohne

Trübung, erst in der Reprise scheint eine Wolke die Idylle zu überschatten. Aber da setzt bereits das Scherzo ein, kräftig und farbig. Das Adagio hat 5 Variationen, die elegisch enden. Der vierte Satz – Poco Allegro – entfaltet zwei divergierende Themen, dann siegen Lebensfreude und Fröhlichkeit.

KLAVIERQUINTETT F-MOLL OP. 34A
4 Sätze, entstanden 1864. Das Kopfthema des ersten Satzes wird vom Klavier, der ersten Geige und dem Cello gebracht. Dann erklingt das Klaviermotiv, energisch und aggressiv, so daß der Satz in lebhafte Bewegung gerät, die bis zur Coda andauert. Das folgende Andante un poco adagio bringt eine verträumte Melodie. Das Scherzo bringt drei verschiedene Themen im drängenden Ablauf zur Geltung; das Trio ist volksliedhaft. Das Finale führt aus trüber Stimmung zu tänzerischer Entspannung. Die lebhafte Bewegung steigert sich am Schluß zu einem rasanten Presto.

STREICHQUINTETT NR. 1 F-DUR OP. 88
3 Sätze, entstanden 1882 in Bad Ischl. Hinter jeden Satz schreibt Brahms: „Frühling 1882". Der erste Satz beginnt mit einem liedhaften Thema, Seitenthemen kommen hinzu und verstärken die helle Stimmung. Der zweite Satz ist schwermütig langsam, der dritte eine Scherzo-Episode in Sonatenform. Das Finale beginnt fugato und endet mit einem stürmischen Presto.

STREICHQUINTETT NR. 2 G-DUR OP. 111
4 Sätze, entstanden 1890. Mit dieser Komposition beabsichtigt Brahms sein kompositorisches Werk abzuschließen (wird aber ein Jahr darauf überredet, für die Klarinette zu schreiben). Trotz dieser Absicht ist im Quintett nichts von Wehmut und Abschiedsstimmung zu bemerken. Der erste Satz beginnt mit einer auf sinfonisches Format zugeschnittenen Cellomelodie. Sie ist den Skizzen zu einer geplanten fünften Sinfonie entnommen. Das Adagio ist tiefsinnig und knapp, kann aber die unbeschwerte Lebensfreude nicht trüben, die der anmutig dahinschwebende dritte Satz betont. Das Finale hat unverkennbares ungarisches Kolorit.

KLAVIERQUARTETT NR. 1 G-MOLL OP. 25
4 Sätze, entstanden 1856. Der erste Satz ist „eine der eindrucksvollsten und tragischsten Kompositionen seit dem ersten Satz der Neunten", behauptet der Brahms-Ethusiast Donald Tovey. Es scheint aber, daß da Beethovens d-Moll-Quartett op. 95 eher herangezogen werden soll. Es beginnt mit lyrischer Melodik, das zweite Thema ist eine gefühlstiefe Kantilene. Die Durchführung mündet in eine Coda, die pianissimo verklingt. Der zweite Satz, in dem ein zärtliches Lied erklingt, trägt die Bezeichnung Intermezzo. Das Andante con moto läßt einen Marsch zuerst leise und mit ansteigender Dynamik hören, als würde sich eine Truppe nähern. Und das Rondo alla Zingarese zaubert die Welt ungarischer Zigeuner vor die Augen der Zuhörer.

KLAVIERQUARTETT NR. 2 A-DUR OP. 26
4 Sätze, entstanden 1856. Der erste Satz ist lebhaft bewegt und entfaltet sich zu voller Klangpracht. Der zweite Satz, poco adagio, bringt eine innige, romantische Weise. Das Scherzo ist frisch und munter, als wäre es von Schubert. Auch das Finale bleibt bei dieser Stimmung, heiter, frei und entspannt.

Quintette, Quartette, Trios

KLAVIERQUARTETT NR. 3 C-MOLL OP. 60

4 Sätze. Das Werk geht in seiner Grundanlage in die Entstehungszeit der anderen Klavierquartette zurück, wird aber erst 1875 vollendet. Der erste Satz ist dunkel und schmerzlich. Das Scherzo übernimmt diese Stimmung nicht, es ist auch bedeutend später entstanden als der erste Satz. Seine Haltung ist sanglich-ausdrucksvoll. Das Andante wird von einer schönen Kantilene über viele Durchführungsstationen zum Finale geführt, das alle Motive des Stückes zusammenfaßt und zu einem versöhnten Ende bringt.

STREICHQUARTETT C-MOLL OP. 51, 1

4 Sätze, entstanden 1873. Der erste Satz beginnt mit einer punktierten Melodie, der eine sanfte Kantilene entgegengeführt ist, ohne den pathetischen Charakter des Satzes schmälern zu können. Der zweite Satz bringt eine friedliche Romanze. Anstelle des Scherzo gibt es ein Allegretto molto moderato e comodo mit unruhigen Bewegungen, die in der Mitte von einem lieblichen Spiel unterbrochen werden. Das Trio ist ein liebliches Tanzlied. In Finale bricht sich die Erregung wieder Bahn. Es kommt zu keiner Erlösung, der Satz kling hart und trotzig aus.

STREICHQUARTETT NR. 2 A-MOLL OP. 51, 2

4 Sätze, entstanden 1873. Die Stimmung des ersten Satzes ist ruhig und verhalten, das Seitenthema warm und tröstlich. Der folgende zweite Satz bringt eine versonnene, lyrische Melodie mit leicht elegischer Färbung. Das Quasi Minuetto ist schlicht und das Finale tänzerisch gehalten. Der Ausklang läßt eine gewisse Resignation zurück.

STREICHQUARTETT NR. 3 B-DUR OP. 67

4 Sätze, entstanden 1876. Heitere Laune herrscht im ersten Satz, viele humorvolle Wendungen schaffen die fröhliche Stimmung für das ganze Werk. Das Andante ist weich und melodisch schön gehalten. Der dritte Satz, ein Agitato, bringt tänzerische und zum Teil eigenwillige Rhythmen, und das Finale bringt 8 Variationen, die, kunstvoll erfunden und gebaut, die Grundstimmung bis zum Ende aufrechterhalten.

KLAVIERTRIO NR. 1 H-DUR OP. 8

4 Sätze, entstanden 1853, überarbeitet 1891. Der erste Satz strahlt kraftbewußte Jugend und Unbekümmertheit aus. Das Scherzo fliegt tänzerisch dahin und bringt im Trio eine volksliedähnliche Weise. Der langsame Satz nähert sich hymnischem Ausdruck, und das Finale klingt optimistisch und entschlossen.

KLAVIERTRIO NR. 2 C-DUR OP. 87

4 Sätze, entstanden 1883. Energisch beginnt der erste Satz, das zweite Thema ist sanglich, in der Durchführung siegt die Romantik. Das Andante con moto variiert ein schlichtes Liedthema fünfmal. Das Scherzo mit seinen huschenden Bewegungen wirkt phantastisch, aber nicht unheimlich. Das Finale strahlt mit hellen Klängen Behagen, Kraft und Mut aus.

KLAVIERTRIO NR. 3 C-MOLL OP. 101

4 Sätze, entstanden 1887. Der erste Satz ist wuchtig und kraftvoll. Ein heiteres Scherzo folgt und darauf ein Andante voll schlichter Innigkeit. Das Finale wieder hält die gleiche Stimmung wie im ersten Satz und steigert die Stimmung noch bis zum Ende.

RHAPSODIE OP. 53

Für eine Altstimme, Männerchor und Orchester, 2 Teile. Entstanden 1870, uraufgeführt 1870 vom Akademischen Gesangsverein in Jena. Das Werk ist auf Verse aus Goethes „Harzreise im Winter" komponiert und vermittelt das Bild eines verbitterten, in seinem Leid befangenen Lebensverneiners. Der erste Teil gibt die Schilderung dieser Gestalt, der zweite enthält die Bitte, den Leidenden zu trösten und zu erlösen.

EIN DEUTSCHES REQUIEM OP. 45

Für Soli, Chor, Orchester und Orgel, 7 Sätze. Entstanden zwischen 1861 und 1868, uraufgeführt 1868 am Karfreitag im Dom von Bremen. Es ist kein liturgisches Requiem, sondern eine Trauermusik in deutscher Sprache mit Worten der Heiligen Schrift. Mit dem Klang tiefer Streicher beginnt der erste Satz über einen Orgelpunkt. Der Chor intoniert „Sie gehen hin und weinen". Darauf erklingt die Seligpreisung. Im zweiten Satz singt der Chor das mächtige „Denn alles Fleisch, es ist wie Gras", gefolgt von der Verheißung der Erlösung. Im dritten Satz erklingt eine große Fuge über den Text „Der Gerechten Seelen sind in Gottes Hand". Angeschlossen ist ein idyllischer Satz über „Wie lieblich sind Deine Wohnungen". Der fünfte Satz bringt das Sopransolo „Ich will euch wiedersehen" und den Chor „Ich will euch trösten". Dann erhebt sich im sechsten Satz die Musik zu oratorischer Größe, kommt zu einer ständigen Steigerung des Klanges, Dynamik und Rhythmus drängen zu einer gewaltigen Schlußfuge. Im siebenten Satz verschmilzt die Trauer mit Trost und Erlösung. Mit der Seligpreisung der Leidtragenden und der Toten schließt das Werk ab.

Tips für Plattenfreunde

○ Sinfonien 1–4 (4 Stero-LP/Deutsche Grammophon 2740 154, Böhm, besonders gute Profilierung der Mittelstimmen oder 4 Stereo-LP/Deutsche Grammophon 2721 075, Karajan, wirkungsvolle Aufnahme oder 4 Mono-LP/EMI 1C 14750.336/39, 4 Monoplatten, Furtwängler, sorgfältige Ausdeutung)
○ Tragische Ouvertüre – Ouvertüren, Altrhapsodie (Stereo-LP/Teldec 6.41981 AJ, Knappertsbusch)
○ Doppelkonzert (Stereo-LP/EMI 1C 065-01009, Oistrach, Rostropowitsch)
○ Klavierkonzerte 1–2 (2 Stero-LP/EMI 1C 187-50266/67, Arau)
○ Violinkonzert (Stereo-LP/Deutsche Grammophon 2530 592, Milsteinkadenz)
○ Kammermusik für Blasinstrumente (3 Stereo-LP/FSM SVBX 578). Vorzügliche Wiedergaben
○ Klavierstücke (2 Stereo-LP/EMI 1C 147-01575/76, Walter Gieseking)
○ Deutsche Volkslieder (3 Stereo-LP/Deutsche Grammophon 2740 124)
○ Vier Gesänge für Frauenchor, 2 Hörner und Harfe (Stereo-LP/Disco H 11 681)
○ Fischer-Dieskau singt Lieder von Brahms (7 Stereo-LP/EMI 1C 191-50379/85)

ALEXANDER RITTER (1833–1896)

Zeit und Umwelt
Der Wagner-Liszt-Kreis und dessen Kampf für wirklichen und vermeintlichen Fortschritt ist für Ritter Umwelt und Lebensinhalt, zumal er eine Nichte Wagners heiratet. Daß der Kampf im Namen Wagners noch zu dessen Lebzeiten das Gebiet der Kunst bald verlassen und im politischen und sozialen Bereich zu einem mystischen Nationalismus führt, kann Ritter aus seiner Sicht nicht erkennen. Ihm wird nicht klar, daß aus dem proklamierten Fortschritt ein Rückschritt wird, daß diese Gegnerschaft weniger den klassischen Kunstformen gilt als der Idee des Humanismus. Ritter erlebt auch die Folgen dieser Entwicklung nicht mehr.

Leben
Alexander Ritter wird am 22. Juni 1833 in Narva (Estland) als Sohn der Julie Ritter, einer Gönnerin Wagners, geboren, in Dresden erzogen und vom Geiger Franz Schubert ausgebildet (1808–1878; Geigenlehrer, Komponist von einigen Violinstücken, von denen das kleine Stück „Die Biene" lange als Zugabenstück lebendig bleibt). Er heiratet 1854 die Schauspielerin Franziska Wagner, läßt sich in Weimar nieder und wird in den Schüler- und Freundeskreis um Liszt aufgenommen. Nach einiger Dirigententätigkeit in verschiedenen deutschen Städten zieht er sich nach München zurück, wo er sich der Komposition widmet und am 12. April 1896 stirbt.

Werke
Er hat zwei Opern geschaffen, die nicht mehr gespielt werden. Auch seine stark konventionellen Tongedichte sind vergessen. Sein Streichquartett op. 1 wird zuweilen gespielt. Einige seiner Lieder sind noch lebendig.

Tips für Plattenfreunde
O Lieder der Neudeutschen (Stereo-LP/EMI 1C 065 = 02 674, Fischer-Dieskau)
  Einzige Aufnahme

ALEXANDR BORODIN (1833–1887)

Zeit und Umwelt

Die soziale Struktur Rußlands im 19. Jahrhundert bedingt, daß nur eine dünne Oberschicht – Adel, Großbürgertum – am kulturellen Leben teilnehmen kann. Wie der Großteil des Publikums entstammen auch die Künstler dieser Gesellschaftsklasse, weil es nur wenigen glückt, infolge günstiger Umstände ihr Milieu zu verlassen und nach oben zu stoßen. Und die Auseinandersetzungen, die sich auf dem Gebiet der Musik aus dem Meinungsstreit der „westlich" Orientierten und der „eigenständigen" Russen ergeben, spielen sich nur innerhalb jener elitären Schicht ab. Wenn die national Bezogenen die Musik des eigenen Volkes sammeln und in ihren künstlerischen Ideenbereich aufnehmen, so handelt es sich um reine Folklore, über deren Grenzen hinaus das Interesse nicht reicht. Es wird daraus nur andeutungsweise eine Kunst vom Volk, auf keinen Fall aber eine Kunst für das Volk, das dafür auch nicht aufnahmebereit gewesen wäre.

Leben

Alexandr Porfirjewitsch Borodin wird am 12. November 1833 in Petersburg als illegitimer Sohn eines Fürsten geboren. Obwohl er musikalisch sehr begabt ist, wird er Mediziner und nach einem Studienaufenthalt in Heidelberg Chemieprofessor an der Petersburger Medico-chirurgischen Akademie. Erst als er 1862 mit Balakirew in Kontakt kommt, wendet er sich dem Musikstudium zu, ohne auf seine Tätigkeit als Wissenschaftler zu verzichten. Er schließt sich der von Balakirew 1861 begründeten jungrussischen Schule „Das mächtige Häuflein" an, der auch Rimski-Korsakow, Mussorgski und César Cui angehören (Zesar Antonowitsch Kjui, 1835–1918; Sohn eines Franzosen, Offizier, Musikkritiker, als Komponist Epigone Schumanns, der Neudeutschen und Berlioz', verfaßt 10 Opern, Orchester-, Klavier- und Kammermusik und um die 300 Lieder, wovon sich nichts gehalten hat). Auf einer Reise nach Deutschland schließt er mit Liszt Freundschaft, eine Konzertreise mit Cui durch Deutschland und Belgien ist sehr erfolgreich. Er stirbt in Petersburg am 27. Februar 1887.

Literatur

T. Popova: Alexander Borodin. 1955

Werke

Seine einzige heute noch viel gespielte Oper „Fürst Igor" hinterläßt Borodin unvollendet; Rimski-Korsakow und Glasunow stellen sie fertig. Von seinen in seiner Heimat viel gespielten 3 Sinfonien Es-Dur, h-Moll und a-Moll, bleibt die dritte unvollendet; Glasunow orchestriert die zwei

Sinfonien, Steppenskizze aus Mittelasien

Sätze, die von Borodin fertiggestellt werden. Sein Sinfonisches Gedicht „Steppenskizze aus Mittelasien" ist noch ebenso lebendig wie die 2 Streichquartette A-Dur (1880) und D-Dur (posthum), die zum festen Bestand der Kammermusikliteratur gehören. Von seinen Klavierstücken werden eine siebenteilige expressionistische Suite Op. 1 und einige andere Stücke gespielt. Aus der Oper wird die Ballettmusik „Polowetzer Tänze" auch als Konzertstück verwendet.

SINFONIE NR. 1 ES-DUR
4 Sätze. 1867 beendet, uraufgeführt 1869 in Petersburg unter Balakirew. Der erste Satz beginnt mit einem majestätischen russischen Thema, das auch im Allegro verarbeitet wird. Das Seitenthema bringt nur harmonische Kontraste, so daß der ganze Satz von dem einen Thema bestritten wird. Das reizende farbenfrohe Scherzo basiert auf einer russischen Volksmelodie. Der dritte Satz ist knapp gehalten, hat einige ausdrucksvolle lyrische Passagen und bringt orientalische Intonationen. Das markante Thema des vierten Satzes bringt die für Borodin typischen Quartenintervalle. Die äußerst stürmische Coda fußt auf dem Thema des zweiten Satzes. Spielzeit: 32 Minuten.

SINFONIE NR. 2 H-MOLL
4 Sätze, entstanden 1869–1876, uraufgeführt am 26. Februar 1877 in Petersburg, von Mussorgski „Die Slawisch-heroische" genannt. Borodin gibt selbst ein Programm: „Im ersten Satz findet eine Versammlung der Recken statt, im Andante tritt der Bajan (russischer Rhapsode) auf, und im Finale wird ein Reckengastmahl beim Klang der Gusli und beim Jauchzen einer großen Volksmenge dargestellt." Dementsprechend gibt sich der erste Satz heldisch. Der zweite Satz ist ein bewegtes Scherzo mit einem monothematischen Trio. Der dritte Satz beginnt mit einer von der Harfe begleiteten Klarinettenmelodie und hat durchwegs rhapsodischen Charakter. Und der vierte bietet ein Kolossalgemälde von Größe und Macht. Spielzeit: 32 Minuten.

EINE STEPPENSKIZZE AUS MITTELASIEN, SINFONISCHES GEDICHT
Entstanden 1880. Das Programm des Komponisten lautet: „In der einförmigen sandigen Steppe Mittelasiens erklingen die bisher fremden Töne eines friedlichen russischen Liedes. Aus der Ferne vernimmt man das Getrampel von Pferden und Kamelen und den eigentümlichen Klang einer morgenländischen Weise. Eine einheimische Karawane nähert sich. Unter dem Schutze der russischen Waffen zieht sie sicher und sorglos ihren weiten Weg durch die unermeßliche Wüste. Weiter und weiter entfernt sie sich. Das Lied der Russen und die Weise der Asiaten verbinden sich zu einer gemeinsamen Harmonie, deren Widerhall sich nach und nach in den Lüften der Steppe verliert." Spielzeit: 8 Minuten.

Tips für Plattenfreunde
○ Sinfonie Nr. 1 (Stereo-LP/Melodia 33CM 01947–48 [a])
○ Sinfonie Nr. 2, Steppenskizze (Stereo-LP/Deutsche Grammophon 2548 226)
Stark profilierte Darstellung
○ Polowetzer Tänze, Russische Ostern (Stereo-LP/EMI 1C 063=02317)
Ausgezeichnete Wiedergabe

CAMILLE SAINT-SAËNS (1835–1921)

Zeit und Umwelt

Glanz und Sturz des Zweiten Kaiserreiches, die militärische Niederlage Frankreichs von 1870, der wirtschaftliche und politische Anstieg der Republik, der Erste Weltkrieg und der Sieg bilden den zeitgeschichtlichen Hintergrund. Die sozialen Kämpfe und Umschichtungen, die Veränderungen des Lebensstils durch die Technologie sind das treibende Moment für das Fortschreiten der Kunst von Schule zu Schule. Die alten Formen zerbrechen, Richtungsstreitigkeiten verstummen, weil die Streitpunkte ihre Aktualität eingebüßt haben. Neues entsteht und tritt wieder binnen kurzen Jahren ab, alles kommt in raschen Fluß und treibt einem Ziel zu, das niemand kennt. Und die Musik ist in dieser Bewegung immer in erster Front, sie strebt in einer Schnelligkeit weiter wie noch nie im Verlauf der gesamten Musikgeschichte. Der Komponist, der sich an gediegenen Vorbildern geformt hat, muß sich über sich selbst hinaus entwickeln, sonst wird er nicht nur alt, sondern veraltet auch.

Leben

Charles-Camille Saint-Saëns wird am 9. Oktober 1835 in Paris geboren. Seine Mutter erteilt ihrem begabten Sohn bereits in dessen Kindheit Klavierunterricht, den sodann der Pianist Camille Marie Stamaty übernimmt (1811–1870; Klavierlehrer, Komponist von Klavierstücken und Unterrichtswerken). In jene Zeit fallen bereits seine ersten Kompositionsversuche, mit 11 Jahren gibt er sein erstes Konzert und wird 1848 in das Pariser Konservatorium aufgenommen, wo er in die Kompositionsklasse von Halévy kommt. Um jene Zeit lernt er auch Liszt kennen, von dessen Musikstil er stark beeinflußt wird. 1853 wird er Organist an der Kirche Sainte-Marie und 1857 an der Madeleine, seine erste Sinfonie wird 1853 aufgeführt. Im Jahr 1861 wird er von der Schule Niedermeyer (gegründet vom Pianisten und fruchtbaren Opernkomponisten Abraham Louis Niedermayer, 1802–1861) als Klavierlehrer verpflichtet. Unter seinen Schülern sind Fauré, André Charles Prosper Messager (1853–1929; Dirigent in Paris und London, Komponist von komischen Opern und Operetten) und Eugène Gigout (1844–1925; bedeutender Organist, Klavier- und Orgellehrer).
Er schreibt 1865 seine erste Oper, die aber erst 1877 auf die Bühne kommt. Auch seine nächsten Opern haben nur mäßigen Erfolg, einige (darunter „Samson und Dalila", die später als einzige einen Dauererfolg erringt) werden überhaupt abgelehnt. Weil er einen Protest gegen die Ablehnung lebender französischer Komponisten veröffentlicht, gerät er in den Verdacht, zu „modern" zu sein, was er sicherlich nicht verdient. Als Instrumentalkomponist hingegen wird er allseitig anerkannt, seine Konzerte und Kammermusiken werden geschätzt wie die Klavierstücke.

Camille Saint-Saëns (1835–1921)

Später setzt er sich auch als Opernkomponist durch. Er wird mit Ehrungen und Ernennungen überhäuft und gilt als Wortführer und Wegbereiter der modernen französischen Sinfonik. Im Alter beschäftigt er sich mit der Herausgabe des Gesamtwerks von Rameau. Seine publizistische Tätigkeit dreht sich um aktuelle Probleme der französischen Musik und Oper. Er stirbt in Algier am 16. Dezember 1921 als nahezu legendäre Gestalt des französischen Musiklebens.

Werke

Die Opuszahlen von Saint-Saëns reichen über 180. Es gibt keine Musikgattung, in der er nicht tätig gewesen wäre. Alles, war er schreibt, zeichnet sich durch handwerkliche Meisterschaft, formale Strenge und Eleganz des Klanglichen wie Melodischen aus. Wenn sein großer Landsmann Romain Rolland sagt: „Er wird von keiner Leidenschaft geplagt. Nichts trübt die Klarheit seines Verstandes. Goethe hätte, glaube ich, gesagt, es fehle ihm etwas ‚Dämonisches'. Der individuellste Zug seiner moralischen Physiognomie scheint mir eine melancholische Mattheit zu sein ...", so dürfte er das Wesen der Musik von Saint-Saëns besser charakterisiert haben als jeder andere. Saint-Saëns ist der musikalischen Tradition Frankreichs und dem Erbe Bachs, Mozarts und Beethovens stark verbunden. Eines seiner Hauptanliegen ist die betonte Frontstellung gegen Richard Wagner, in dem er den musikalischen Repräsentanten eines aggressiven Deutschlands sieht. Wenn er die zeitgenössischen französischen Komponisten nach Kräften fördert, so geschieht das zum Teil wenigstens, um Gegengewichte gegen den Einfluß der wagnerischen Musik zu schaffen. Da er für eine fortschrittliche Musikentwicklung publizistisch eintritt, wird er sogar anarchistischer Tendenzen bezichtigt; man sieht offenbar nicht, daß er den Weg in die Zukunft anderen weist, ihn aber selbst nicht geht. Erst als gegen die Jahrhundertwende seine Jünger ihn schon sehr weit zurücklassen, wird er mit ihnen unzufrieden. Er bleibt zwar immer noch der verehrte Altmeister, rückt jedoch immer mehr in das konservative Lager. Die Tatsache, daß seine Musik doch mehr brillant als gehaltvoll ist und deshalb kaum zeitlose Geltung beanspruchen kann, wird deutlicher. Daher ist auch von seinem umfangreichen Werk relativ wenig für unsere Zeit erhalten geblieben. Von seinen 5 Sinfonien wird nur mehr die dritte gespielt. Von seinen 5 Klavierkonzerten, deren Premieren seinerzeit Begeisterung erweckt haben, spielt man das zweite und eventuell das fünfte (F-Dur, op. 103 von 1895), seine 3 Violinkonzerte sind nur mehr auf Schallplatten lebendig, und von den zwei Cellokonzerten hat sich das erste die Gunst der Virtuosen erhalten können.
„Das Spinnrad der Omphale" (op. 31 aus 1871) und besonders „Danse macabre" (op. 40) werden von seinen 4 sinfonischen Dichtungen gespielt. Alles andere – Konzertstücke verschiedener Art, Rhapsodien, Kammer- und Klaviermusik, auch das lange beliebte „Karneval der

Tiere" (1886) – gehört den Archiven der Musikgeschichte an. Es ist aber denkbar, daß es der Plattenindustrie, die immer mehr davon herausbringt, gelingt, Saint-Saëns wieder stärker in den Konzertsälen anzusiedeln.

SINFONIE NR. 3 C-MOLL
„ORGELSINFONIE" OP. 78
4 Sätze, gewidmet Franz Liszt, entstanden 1885/86, uraufgeführt am 19. Mai 1886 in London. Die Sinfonie verbindet die Form klassischer Sinfonik mit Themenmethamorphosen im Sinn von Liszt, aber ohne Programmatik. Der erste Satz beginnt mit einer Adagio-Introduktion, dessen Thema in allen Sinfoniesätzen aufscheint. Der breiten Exposition folgt eine knappe Durchführung. Die Coda klingt ruhig aus und leitet zum zweiten Satz über, in dem die Orgel das Unisono der Streicher begleitet. Die Hauptmelodie erklingt im zweiten Abschnitt, ein Duett der Violinen folgt, die Bässe bringen das Zentralthema des ersten Satzes, dann wiederholen die Violinen die Adagio-Melodie. Der dritte Satz bringt ein kräftiges Scherzo, dann setzt mächtig die Orgel zur Einleitung des Finales ein. Das Ursprungsthema erscheint, über Klavierakkorde spielen die Streicher einen Choral, den die Orgel übernimmt und machtvoll, von den Bläsern begleitet, zu Ende führt. Spielzeit: 37 Minuten.

„DANSE MACABRE" OP. 40
Uraufgeführt am 24. Januar 1874. Neben der Sinfonie Nr. 3 das bedeutendste und erfolgreichste Orchesterstück des Komponisten. Als Programm liegt ein Gedicht von Henri Cazalis zugrunde, in dem eine mitternächtliche Friedhofsszene dargestellt wird: Der Tod klopft um Mitternacht an die Gräber. Er spielt auf seiner Fidel, und die Toten beginnen ihren Tanz, der mit dem ersten Hahnenruf endet.

KLAVIERKONZERT NR. 2
G-MOLL OP. 22
3 Sätze, am 13. Mai 1868 in Paris uraufgeführt unter Anton Rubinstein mit dem Komponisten am Klavier. Es handelt sich um ein echtes Konzert, das ganz auf die Zwiesprache des Solisten mit dem Orchester gestellt ist. Die Soloeinleitung des Klaviers zeigt schon im ersten Satz, daß es sich um ein Virtuosen-Werk handelt und dem Orchester nur die Rolle einer Stütze zufällt. Auch das Hauptthema wird vom Klavier vorgetragen, erst auf seinem Höhepunkt fallen die Streicher hymnisch ein, vom Solisten mit Oktavenpassagen begleitet. Der zweite Satz ist ein luftiges Scherzo. Ein leiser Paukenschlag gibt den Auftakt für ein virtuoses tänzerisches Thema. Das Finale gleicht einer Tarantella voll Schwung und Farbenglanz. Spielzeit: 23 Minuten.

CELLOKONZERT NR. 1 A-MOLL
OP. 33
1 Satz, uraufgeführt in Paris am 19. Januar 1873. Das Konzert beginnt mit einem knappen Sonatensatz. Das Cello trägt darauf zweimal eine schlichte Kantilene vor, wird aber von den Triolen des ersten Themas überlagert. Ein Marschthema führt zur Durchführung, dann erscheint wieder das Hauptthema nach einem Scherzoabschnitt. Erneut kommt das Cello nach einem kräftigen Aufschwung auf die Kantilene zurück, das Hauptthema erscheint neuerlich, dann klingt

Sinfonie Nr. 3, Konzerte / Léo Delibes (1836–1891) 389

das Stück, das sich noch heute der Gunst der Virtuosen erfreut, aus. Spielzeit: 19 Minuten.

Tips für Plattenfreunde
○ Karneval der Tiere (Stereo-LP/ CBS 72 567, Bernstein)

○ Violinkonzerte 1–3 und Cellokonzerte 1–2 (3 Stereo-LP/FSM SVBX 5 134)
Einwandfreie Wiedergabe
○ Orchesterwerke (3 Stereo-LP/FSM SVBX 5 144)
Schöne Aufnahmen

LÉO DELIBES (1836–1891)

Zeit und Umwelt

Seitdem Adolphe Adam das französische Ballett reorganisiert und selbst einige wertvolle Stücke auf die Bühnen gebracht hat, ist sein Niveau Maßstab für spätere Komponisten, Choreographen und das Publikum geworden. Es ist daher nicht leicht, den Beifall des Pariser Publikums, welches das Ballett liebt und sehr verwöhnt ist, zu gwinnen; der geschaffene Maßstab darf nie weit unterschritten werden. Das Aneinaderreihen gefälliger Melodien, die keinen sinnvollen innerlichen Zusammenhang aufweisen, wird abgelehnt. Jedes Ballett muß eine verständliche, womöglich geistreiche Handlung bringen, die mimisch und tänzerisch bei guter Musik dargestellt wird. Delibes hat diese Forderung erfüllt.

Leben

Clément Philibert Léo Delibes ist am 21. Februar 1836 in Saint-Germain-du-Val (Sarthe) geboren. Im Jahr 1848 kommt er nach Paris und wird in eine Gesangsklasse des Konservatoriums aufgenommen, gleichzeitig singt er in einigen Kirchenchören der Stadt. Zwei Jahre darauf beginnt er bei Félix Le Couppey (1811, Paris – 1887, Paris; Kompositions- und Klavierlehrer am Konservatorium, Musikschriftsteller) sowie bei Benoist, Bazin und vor allem Adolphe Adam Klavier, Orgel, Harmonielehre und Komposition zu studieren. Adam bringt ihn am Théatre Lyrique als Begleiter und als Organist in Kirchen unter. Er beginnt schon früh zu komponieren und schreibt etliche Bühnenstücke: komische Szenen, Operetten. 1863 kommt er an die Opéra als zweiter Chormeister, schreibt etliche Ballettaeinlagen und bringt 1870 das Ballett „Coppélia" mit starkem Erfolg heraus und 1876 „Sylvia". Opern folgen, darunter „Lakmé" und „Kassya". 1881 wird er Kompositionsprofessor am Konservatorium. Am 16. Januar 1891 stirbt er in Paris.

Werke

Seine Chöre, Kantaten, Lieder und die Messe sind vergessen. Bis in die Gegenwart haben sich aber neben der Oper „Lakmé" die Ballette „Coppélia" und „Sylvia" auf den Bühnen gehalten.

Léo Delibes (1836–1891) / Mili Balakirew (1837–1910)

COPPÉLIA, BALLETT IN ZWEI AKTEN
Uraufgeführt in Paris am 25. Mai 1870. Die Balletthandlung fußt auf der Novelle „Der Automat" von E. T. A. Hoffmann. Swanilda argwöhnt, daß sich ihr Geliebter Franz in ein Mädchen verliebt hat, das durch das Fenster des Puppenerzeugers Coppélius gesehen werden kann. Sie dringt mit ihren Freundinnen in das Haus ein um festzustellen, welche Bewandtnis es mit diesem Mädchen hat; hierbei muß sie entdecken, daß es sich um einen Automaten handelt. Coppélius erscheint, die Mädchen laufen davon, nur Swanilda bleibt und versteckt sich. Sie sieht, wie sich Franz einschleicht, aber von Coppélius entdeckt wird, dem er seine Liebe zu Coppélia gesteht. Coppélius faßt den Plan, die Lebenskräfte des Mannes auf den Automaten zu übertragen, und schüttet in das Glas Wein, das er ihm anbietet, einen Schlaftrunk, um ihm für Coppélia die Seele zu rauben. Es gelingt, Coppélia wird lebend, rast durch die Werkstätte, zerschlägt alles und wird auch für Coppélius gefährlich, der sie nur mit Mühe unter seine Gewalt bringt. Franz erwacht und wird von Coppélius verjagt, Swanilda verläßt ihr Versteck und flieht ebenfalls. Alles löst sich im letzten Bild in Wohlgefallen auf. Franz und Swanilda werden ein Paar und Coppélius, dessen Automat zerstört wurde, bekommt eine Entschädigung.

SYLVIA ODER DIE NYMPHE DIANAS, BALLETT IN 3 AKTEN
Uraufgeführt in Paris am 14. Juni 1876. Die Nymphe Sylvia und ihre Jägerinnen überraschen im heiligen Hain den Schäfer Aminta, der sich hinter einer Erosstatue verbirgt, um die Nymphe zu beobachten, die er liebt. Sylvia fühlt sich durch diese anmaßende Liebe beleidigt, will den Schäfer mit einem Pfeil töten, richtet aber den Schuß gegen Eros, den wahren Schuldigen. Aminta wirft sich dazwischen und wird getötet. Nun belebt sich Eros und verwundet Sylvia mit einem Liebespfeil. Orion, der Sylvia auch liebt, hat alles beobachtet und beschließt, die Nymphe zu entführen. Eros verhindert die Entführung und erweckt Aminta zu neuem Leben. Orion verfolgt das Paar, das in einen Dianatempel flieht. Als Orion mit Gewalt eindringen will, erscheint die Göttin und streckt ihn nieder; sie will aber der Vereinigung einer Nymphe mit einem Sterblichen nicht zustimmen und muß erst erinnert werden, daß sie selbst vor Zeiten den Schäfer Endymion geliebt hat, damit sie nachgibt.

Tips für Plattenfreunde
○ Coppélia (2 Stereo-LP/Teldec 6.35 146 DX)
Komplette Aufnahme
○ Sylvia (2 Stereo-LP/Philips 1 x 6755 003)
Einzige Aufnahme

MILI BALAKIREW (1837–1910)

Zeit und Umwelt

Trotz den Bemühungen der Komponisten Glinka und Dargomischski, das russische Opern- und Konzertpublikum für russische Musik zu gewinnen, beherrschen Bellini und Meyerbeer die Musikbühne und

Jungdeutsche das Konzertpodium. Liszt wird besonders geschätzt, auch Wagner setzt sich allmählich durch. Mit der westlichen Musik und den Musikern kommen auch westliche Gedanken in das Land, die Rußlands politischer und gesellschaftlicher Struktur zuwiderlaufen. Daher sind nationale, dem Einfluß aus dem Westen feindliche Bestrebungen bis zu den höchsten Stellen willkommen. Und solange die Hinneigung der Künstler sich im Sammeln von musikalischem Volksgut und dessen Verwertung in der eigenen Komposition erschöpft, ist sie ungefährlich. Es bestehen daher auch keine Bedenken, Balakirew die Leitung der kaiserlichen Kapelle und den Dirigentenstab des kaiserlichen Musikvereines von Petersburg anzuvertrauen.

Leben

Mili Alexejewitsch Balakirew wird am 2. Januar 1837 in Nischni Nowgorod (heute Gorki) geboren und kommt in frühester Jugend mit dem hochmusikalischen Dilettanten und Mozartbiographen Alexandr Ulibischew (1794–1858) in Verbindung, der ihm den ersten Musikunterricht erteilt. Er weist ihn auch auf das Volksliedgut der von der Hauptstadt weit entfernten, von jedem westlichen Einfluß verschonten Provinz hin. Mit 18 Jahren kommt Balakirew nach Petersburg und lernt dort Glinka kennen, der, wenn auch weniger unbedingt, russisch-nationalen Idealen dienen will. Der junge Musiker aus Nischni Nowgorod, der sich mit äußerstem Fleiß auf das Studium der großen Meister der Musikgeschichte wirft, wird zur Zentralgestalt aller streng nationalistischen Musiker. 1862 gründet er mit Hilfe des Musikkritikers Stassow und des berühmten Chordirigenten und Gesangslehrers Gabriel Joachimowitsch Lomakin (1812–1885) eine freie Musikschule in Petersburg und sammelt Gleichgesinnte wie Borodin, Cui, Mussorgski und Rimski-Korsakow zum „Mächtigen Häuflein", um seinen Bestrebungen Geltung zu verschaffen. Tschaikowski kann er nicht dafür gewinnen, denn dieser bedeutendste russische Musiker jener Zeit läßt sich an keine Ideologie binden und wird daher von den „Jungrussen" als „Westler" angefeindet. Dabei klingt in seiner Musik viel Bodenständiges mit, und anderseits werden in den Kompositionen der streng Nationalen westliche Einflüsse auf Schritt und Tritt deutlich. Balakirew stirbt in Petersburg am 30. Mai 1910.

Werke

Von seinen 2 Sinfonien C-Dur (1866, umgearbeitet 1898) und d-Moll (1908) ist die erste die bekanntere und öfter gespielte. Beliebter sind die sinfonischen Dichtungen „Tamara" und „Rossija". Auch seine verschiedenen Ouvertüren über spanische, russische und tschechische Themen werden häufig gegeben, zuweilen sogar die Fantasie „Islamey" (1869). Seine Lieder und Klavierstücke sind nur mehr in seiner Heimat lebendig. Dort bleibt auch seine Ouvertüre zur Oper „Undine" von

Alexis Feodorowitsch Lwow bekannt (1799–1870; Direktor der Hofkapelle namhafter Geiger, Komponist von Opern, Kirchenmusik und Violinstücken).

KLAVIERKONZERT NR. 2
ES-DUR POSTHUM
3 Sätze, begonnen 1861. Das Konzert ist im Gegensatz zu Nr. 1 fis-Moll (1856) sinfonisch gearbeitet, das Klavier wird nicht solistisch, sondern technisch sehr anspruchsvoll in das Orchester einbezogen; in zweiten Satz ist ihm die Führung ganz entzogen. Themen und Harmonik sind stark folkloristisch gefärbt.

ROSSIJA, POÈME SYMPHONIQUE
Entstanden 1862 anläßlich der Enthüllung des Denkmals zur Tausendjahrfeier Rußlands in Nowgorod. In dem Stück werden drei Volksliedthemen verarbeitet, mit denen Balakirew drei Elemente der russischen Geschichte charakterisieren will: „Das Heidentum, Moskau und das spezifisch altslawische Element, wie es im Kosakentum ausgeprägt ist." Eine Reigenmelodie des Komponisten selbst tritt als viertes Thema hinzu. Spielzeit: 12 Minuten.

TAMARA, SINFONISCHES GEDICHT
Vollendet 1882 nach dem gleichnamigen Gedicht von Lermontow; hier ist die Legende von der schönen, aber tückischen Königstochter Tamara verarbeitet, welche die Wanderer in ihr Schloß lockt, um sie am nächsten Morgen zu töten. Das erste Thema schildert die Gebirgslandschaft des Kaukasus und die verführerische Gestalt des Mädchens, das zweite ist der orientalischen Volksmusik entnommen und stellt das nächtliche Fest auf dem Schloß dar, das dritte Thema wandelt das erste zu einer leidenschaftlich lockenden Melodie ab, erhält eine unheilvolle Färbung und mündet in einen wehmütigen, sehnsüchtigen Ausklang. Spielzeit: 8 Minuten.

Tips für Plattenfreunde

○ Islamey (Stereo-LP/Teldec 6.41 986 AG)
○ Klaviersonate h-Moll, 1905 (Stereo-LP/Vox TV–S 34470)
○ Klavierkonzert Nr. 2 (Stereo-LP/ FSM 34 645)
○ Tamara (Mono-LP/Melodija D 09561 9562[a])
○ Russische Ostern (Stereo-LP/Ph 6567 003, Dorati)
○ Ispanskaja Pjesna für Singstimmen und Klavier (Stereo-LP/DaCa 90 012)

GEORGES BIZET (1838–1875)

Zeit und Umwelt

In das Pariser Opernleben ist ein feiner, distinguierter Ton eingekehrt. Man liebt die technisch ausgeklügelte kühle Schönheit eines Saint-Saëns, seine farbige Instrumentation, die eben meisterhaft gekonnt ist, man schätzt die Grazie eines Delibes, die auf zarten Füßen, höflich und elegant, daherkommt. Emotionen werden diskret angedeutet, so daß ohnehin niemand daran glaubt, aus der Lyrik sind Lyrismen geworden, die leidenden Helden sterben in Schönheit und scheinen sich selbst wegen dieser Schönheit zu bewundern. Die starken Erlebnisse sind der großen Oper vorbehalten, wo die Tragik in satten Farben prunkt, ebenso oberflächlich, ebenso auf Wirkung berechnet, ebenso unwahr wie die lyrische Oper. Wenn dann jemand mit einer exzessiv volkstümlichen Musik auftritt, wenn echte Menschen über die Bühne gehen, die erleben, was schon viele Male geschehen ist, wird er abgelehnt und muß viele Mißerfolge hinnehmen, bis er sich ein Publikum schafft.

Leben

Georges (eigentlich Alexandre César Léopold) Bizet wird am 24. Oktober 1838 in Paris als Sohn eines Gesanglehrers geboren und tritt 1849 in das Konservatorium ein, wo er von Benoist im Orgelspiel, von Zimmermann in Harmonielehre, von Antoine François Marmontel (1816–1898; Klavierlehrer, Komponist von Klavierstücken, Musikschriftsteller) im Klavierspiel und von seinem zukünftigen Schwiegervater Halévy in Kompositionslehre unterrichtet wird. Sein erster dramatischer Kompositionsversuch ist eine Operette „Die Priesterin", die 1854 in Baden-Baden auf die Bühne kommt. „Der Wunderdoktor" bringt ihm 1857 den Rompreis ein. Er schreibt in Rom eine italienische Oper (Don Procopio, erst 1906 in Monte Carlo aufgeführt) und einige sinfonische Musik. Wieder in Paris, verfaßt er eine Reihe von Bühnenwerken, kann aber mit keinem einen nennenswerten Erfolg erreichen. Mehr Anklang finden seine Klavierkompositionen für 2 und 4 Hände. Auch seine Oper Carmen, die später bis in unsere Zeit zu den meistaufgeführten Opern überhaupt gehört, fällt bei der Erstaufführung am 3. März 1875 durch. Sie ist für den empfindlichen Geschmack des Pariser Publikums zu „brutal". Eine Teilschuld an dem Mißerfolg ist auch den gesprochenen Dialogen der Oper zuzuschreiben. Sein Freund Ernest Guiraud (1837–1892; Komponist von Bühnenwerken, Kompositionslehrer) ersetzt die Dialoge für die Wiener Aufführung desselben Jahres durch Rezitative. Den Welterfolg seiner Oper erlebt Bizet nicht mehr. Er stirbt drei Monate nach der Premiere am 3. Juni 1875 in Bougival bei Paris.

Literatur

P. Stefan: Georges Bizet. 1952

Werke

Im Nachlaß des Komponisten findet sich die Symphonie Nr. 1 C-Dur. Sie wird noch oft gespielt. Ebenso beliebt und berühmt sind die L'Arlésienne-Suiten Nr. 1 und 2. Seine anderen Suiten, „Jeux d'enfance" (1871, Instrumentation einer gleich betitelten Klavier-Suite) und „Roma", werden seltener aufgeführt, obgleich sie nichts von ihrem ursprünglichen Reiz eingebüßt haben. Seine übrige Musik – die Chorsinfonie „Vasco da Gama", „Marche funèbre et Scherzo", die

Ouvertüren, Klavierstücke, Kirchenmusik – ist bereits vergessen. Von seinen Liedern ist nur mehr „Les Adieux de l'hôtesse Arabe" auf Programmen zu sehen.

SINFONIE C-DUR
4 Sätze, entstanden 1855, uraufgeführt 1935 in Basel unter Felix von Weingartner (1863–1942; Konzert- und Operndirigent, Komponist von Sinfonien, sinfonischen Dichtungen, Chorwerken, Liedern, Kammermusik und Opern zu eigenem Text, Musikschriftsteller). Die Sinfonie geht weit über den Rahmen einer Schülerarbeit hinaus. Ihre perfekte Struktur und der Reichtum der melodischen Einfälle verleihen ihr den Rang einer ursprünglichen Schöpfung. Der erste Satz, Allegro vivo, ist lebhaft und fröhlich, der zweite läßt bereits die schöne Melodik der späteren Werke des Komponisten vorausahnen. Das Scherzo im dritten und das Allegro vivace des Finales sind brillante Spielmusik. Spielzeit: 33 Minuten.

L'ARLÉSIENNE-SUITEN
Nr. 1 und 2 zu je 4 Sätzen. Entstanden aus 27 Einzelnummern als Bühnenmusik zu Alphonse Daudets „L'Arlésienne", 1872 uraufgeführt. Die Aufnahme durch das Publikum ist ablehnend. Dafür wird der Konzertfassung eine gewisse Anerkennung entgegengebracht. Bald darauf werden die Suiten zum bleibenden Welterfolg. Suite Nr. 1 bringt ein feierliches Präludium, dessen Melodie einem alten provenzalischen Volkslied entnommen ist und die Liebe des jungen Fédéri zur Arlesierin darstellt. Das folgende Menuett im Stil des 18. Jahrhunderts ist eher ein ländlicher Reigen. Das Adagietto für Streicher schildert die Liebe des Schäfers Balthasar und der Mutter Renaude, die aus Pflichtgefühl aufeinander verzichten. Das Glockenspiel soll die Verlobung des jungen Paares veranschaulichen. Die Suite Nr. 2 (nach dem Tod des Komponisten von Guiraud zusammengestellt) beginnt mit einem kräftigen Pastorale. Mit der leidenschaftlichen Musik des Intermezzo wird der Verzicht des Mannes auf die Braut und seine wiederstrebende Einwilligung, Vivette zu heiraten, geschildert. Das Menuett – Flöte mit begleitender Harfe – soll wohl die Freude Vivettes auf die kommende Hochzeit darstellen. Die Suite verzichtet darauf, das tragische Ende des jungen Mannes, der auf die Arlesierin nicht verzichten kann und Selbstmord begeht, darzustellen und schließt im Finale mit einer leidenschaftlichen Farandole (provenzalischer Volkstanz), die fallweise als Balletteinlage im letzten Akt der Carmen verwendet wird. Spielzeit: 36 Minuten.

Tips für Plattenfreunde

○ Jeux d'enfance für Klavier (Stereo-LP/FSM 34 241), vierhändig; orchestriert (Stereo-LP/Ariola 86 308 K)
○ L'Arlésienne-Suite Nr. 1 und 2 (2 Stereo-LP/CBS 78 229, Bernstein mit Peer Gynt)
○ Suite und Gaité Parisienne (Stereo-LP/CBS 61 071, Bernstein) Vorzügliche Wiedergaben

MODEST MUSSORGSKI (1839–1881)

Zeit und Umwelt

„Wehe dir, armes Volk, du hungernd Volk!" heißt es am Ende der Urfassung der Oper Boris Godunow von Mussorgski. Er sieht als einziger von den durch Balakirew mobilisierten nationalrussischen Komponisten die Lage des russischen Volkes und läßt sich nicht nur von der Folklore begeistern. Auch Borodin ist angeblich ein Philanthrop edelster Regung, auf seinem Mittagstisch dürfen seine geliebten Kater umherwandeln. Mussorgski selbst muß sein Leben als schlechtbezahlter untergeordneter Beamter fristen wie viele Tausende seinesgleichen. Er weiß um die kürzlich von der Leibeigenschaft befreiten Bauern, deren Arbeitstag noch immer 14 bis 16 Stunden dauert, er kennt die Bedingungen, unter denen die Arbeiter in den Manufakturen zumindest 12 Stunden täglich arbeiten, er sieht, wie die kleinen Händler und Handwerker ihr Leben fristen. Ihn quält die Not seines Volkes. Das ist sein Nationalismus. Und wie er mit seherischer Gabe des echten Künstlers nahezu ohne musikalische Ausbildung die Formen des Impressionismus und Expressionismus vorausnimmt, schreibt er zwei Volksszenen, die wie eine Vision des aus der Unterdrückung befreiten Volkes wirken – Szenen, die in der von Rimski-Korsakow umgearbeiteten „Bonbon-Fassung" der Oper gestrichen sind. Er öffnet die Bühnentür für das Volk, damit es sich selbst darstellen kann. Und daher sagt der aristokratisch gesinnte Tschaikowski von ihm: „Außerdem ist er eine niedrige Natur, die alles Grobe, Ungeschliffene und Ungeschlachte liebt..." Tatsächlich ist aber nicht er ungeschlacht, sondern die Wahrheit ist es, die mit ihm in die Musik einkehrt, einige Zeit früher, als das Wort Verismus geprägt wird. Was Dostojewski unverblümt und Tolstoi elegant verpackt ihren Lesern vor Augen stellen, was in vielen Publikationen zwischen den Zeilen ausgesprochen wird, verkündet er durch seine Musik.

Leben

Modest Petrowitsch Mussorgski wird am 21. März 1839 in Karewo, Gouvernement Pskow, als Sohn eines Gutsbesitzers geboren und für die Offizierslaufbahn bestimmt. Er tritt 1856 in ein Garderegiment ein und kommt, immer schon musikalisch interessiert, mit Dargomischski, Cui und Balakirew in Verbindung. Entgegen Stassows Rat gibt Mussorgski seine militärische Laufbahn auf, um sich ganz der Musik zu widmen. Er glaubt, Musik nicht wie seine Freunde mit einem Beruf kombinieren zu können, weil er sich dazu berufen fühlt, durch seine Musik für das ganze russische Volk zu sprechen. Der Unterricht, den ihm Balakirew erteilt, dauert nicht lang. Ihn drängt es, selbst Musik zu schaffen, und er „schmiert hin, wie es ihm gerade einfällt, indem er an die Unfehlbarkeit seines Genies glaubt", wie Tschaikowski behauptet, dem es nicht gegeben ist, Mussorgski zu begreifen. Mussorgski büßt durch eine Fehlspekulation sein väterliches Erbe ein und muß, um sein Leben fristen zu können, eine untergeordnete Stelle im Eisenbahnministerium annehmen. Die Doppelbeschäftigung als Beamter und als Musiker, der neben der kompositorischen Arbeit noch als Klavierlehrer und Korrepetitor arbeitet, reibt seine ohnehin anfällige Konstitution auf, so daß er schon am 28. März 1881 in Petersburg stirbt. Er wird auf dem Friedhof des Alexander-Newski-Klosters neben Glinka beigesetzt.

Literatur

K. v. Wolfurt: Mussorgski
Gesamtausgabe der Werke in 8 Bänden. 1828–1934

Werke

„Niemals hat eine so bis ins Letzte verfeinerte Sensibilität durch so einfache Mittel sich auszudrücken vermocht, man wird dabei an den Tanz eines Wilden erinnert, der bei jedem Schritt, den ihm sein Gefühl vorzeichnet, die Musik entdeckt", sagt Debussy, der eben als „Spätcrcr" den seiner Zeit vorausgeeilten Mussorgski besser versteht als dessen Zeitgenossen. Mit dem Namen Mussorgski ist die Oper Boris Godunow am engsten verknüpft, die in die Musikgeschichte einbricht wie ein Naturereignis und zum nationalen und sozialen Dokument wird. Seine beiden anderrn Opern „Die Chowanschtschina" (1886) und „Der Jahrmarkt von Sorotschinzi" (posthum, von Cui vollendet) werden erst im 20. Jahrhundert im Westen bekannt. Gegen die Opern tritt sein sinfonisches Werk weit zurück. Mussorgski ist der Ansicht, daß es die Aufgabe der Musik sei, „der Wahrheit gemäß mit den Menschen zu reden", also die menschliche Rede wiederzugeben, wozu eben die Oper am brauchbarsten ist. Neben einigen interessanten Entwürfen für ein Scherzo und eine Sinfonie liegt eine vollendete sinfonische Dichtung mit „Eine Nacht auf dem Kahlen Berge" vor, die noch heute viel gespielt wird. Aus seiner Klaviermusik ragt die Suite „Bilder einer Ausstellung" hervor, die sowohl in ihrer ursprünglichen Form wie in Orchesterfassung vorliegt. Von den etwa 60 Liedern sind die „Lieder und Tänze des Todes" (1874) und die Vertonung des „Flohliedes" (Goethe) am bemerkenswertesten.

EINE NACHT AUF DEM KAHLEN BERGE, SINFONISCHES GEDICHT
4 Teile, beendet 1867, uraufgeführt 1886 in Petersburg. Mussorgski nennt die Komposition „ein original russisches Werk, ... das aus den heimatlichen Feldern hervorgekrochen und mit russischem Brot genährt worden ist". Die einzelnen Teile sollen darstellen: Versammlung der Hexen, ihr Gerede und Geklatsche auf dem Kahlen Berg (in der Nähe von Kiew). Darauf die Erscheinung der Geister der Finsternis und des Satans. Anschließend die Huldigung vor Satan

und die Feier der Höllenmesse, schließlich das wilde Bacchanal des Hexensabbats, auf dessen Höhepunkt das Glöckchen einer Dorfkirche läutet und damit die Geister der Finsternis vertreibt; der Tag bricht an. Spielzeit: 13 Minuten.

BILDER EINER AUSSTELLUNG Orchestriert von Maurice Ravel, 10 Teile. Die Klavierfassung ist anläßlich einer posthumen Ausstellung von Bildern des mit dem Komponisten befreundeten Malers und Architekten Viktor Hartmann entstanden. Die Suite entspricht zehn von Mussorgski ausgewählten Bildern. Sie ist zuerst von Rimski-Korsakow instrumentiert worden, später von einigen anderen Komponisten, wovon Maurice Ravel 1922 die bekannteste und beliebteste Instrumentation hergestellt hat. Das Werk wird am 3. Mai 1923 unter Sergei Kussewitzki (1874–1951; Kontrabaß-Virtuose, Dirigent) uraufgeführt. Die einzelnen Bilder: 1.: Gnomus (ein Nußknacker); 2.: Das alte Schloß (elegisches Landschaftsbild); 3.: Tuileries (Streit zwischen Kindern nach dem Spiel); 4.: Bydlo (Ochsenwagen mit riesigen Rädern); 5.: Ballett der Küchlein in ihren Eierschalen (Kanarienvögel, die eben aus den Eiern schlüpfen); 6.: Samuel Goldenberg und Schmuyle (Auseinandersetzung zwischen einem reichen und einem armen Juden); 7.: Der Marktplatz in Limoges (Buntheit und Geschwätz der den Platz bevölkernden Volksmenge); 8.: Katakomben (Atmosphäre unheimlicher Grabesstille); 9.: Die Hütte der Baba-Jaga (Hexenritt); 10.: Das große Tor von Kiew (Apotheose). Die Bilder sind miteinander durch die immer verschieden instrumentierte „Promenade" verbunden. Spielzeit: 30 Minuten.

Tips für Plattenfreunde

O Flohlied, Lieder und Tänze des Todes (Stereo-LP/Preiser 70 116 [Q], Anton Diakow)
O Klavierwerke (Stereo-LP/DaCamera 193 110, Günter Krieger)
O Bilder einer Ausstellung, instrumentiert (Stereo-LP/Teldec 6.41 685 AS, oder (Stereo-LP/Tcldec 6.41 666 AS, Klavier und Orchesterfassung)
O Die Nacht auf dem Kahlen Berge (2 Stereo-LP/Philips 6780 751). Stilechte Aufnahmen

PJOTR ILJITSCH TSCHAIKOWSKI (1840–1893)

Zeit und Umwelt

Das Petersburger Konservatorium wird von dem gefeierten Pianisten Anton Rubinstein geleitet, den die „Jungrussen" um Alexander Borodin wegen seiner rein westlichen Orientierung verachten und anfeinden. Dessen Bruder Nikolai, dem das Konservatorium in Moskau untersteht, vertritt einen konservativ-akademischen Standpunkt und gilt daher ebenso als Verräter der national-russischen Kunstauffassung. Glinka und Dargomischski werden viel gespielt, aber mehr noch die Italiener, Franzosen, Österreicher und Deutschen; Wagnermusik, Konzerte mit Mendelssohn und Schumann sind äußerst beliebt. Die Slawophilen und die Anhänger der „Russischen Schule" folgen dem Zug der Hinwendung zum eigenen Kulturgut, wie die Historienmaler und die Dichter über vergangene heroische Epochen verherrlichen. Auf allen Gebieten stehen die „Westler" den Konservativen entgegen und bringen nicht nur europäische Kunstformen, sondern auch politische und soziale Gedanken in das Land, während die Nationalen die Mühlen der Diktatoren, der Zensoren, der Gendarmen betreiben. Revolten, Attentate, Terroranschläge werden den Westlern zur Last gelegt, die Nationalen werden dagegen für Unterdrückung, Polizeistaat, Steuerlast, Massenverhaftungen und Verschickungen nach Sibirien verantwortlich gemacht. Dabei spielen sich die künstlerischen Auseinandersetzungen auf einer Ebene ab, die kaum die politischen, ökonomischen und sozialen Mißstände der Volksmassen berührt. Das Volk sieht ihre Bilder nicht, liest ihre Bücher nicht und hört nichts von der Musik, ob sie nun westlerisch-progressiv oder konservativ-dogmatisch ist. Mussorgski ausgenommen, in dessen Musik das Volk tatsächlich mit seiner Stimme zu Wort kommt, sind bei allen das Elend des russischen Volkes, seine Unfreiheit sowie der Kampf der zaristischen Herrschaft um das Überleben nur Kulisse. Die Künstler fragen selten nach Ursachen der sozialen Not, auch wenn sie heute retrospektiv zu Wegbereitern einer „volksnahen" Kunst ernannt werden. Zu diesem Duell mit stumpfen Waffen gerät Tschaikowski, geboren und aufgewachsen im stillen mittleren Uralgebiet, weitab vom Lärm der Politik und dem Kampf der Geister. Tschaikowski ist in völliger Weltabgeschiedenheit ohne westliche oder östliche Doktrin zum „Russen im erschöpfendsten Sinn des Wortes" geworden, erfüllt von der Schönheit der russischen Volksmusik, von der Schwermut der unermeßlichen russischen Landschaft, infiziert von der tiefen, ergebenen Frömmigkeit, der fatalistischen Leidensfähigkeit des einfachen Volkes, wenngleich er selbst als Sohn eines kaiserlichen Beamten aus den einfachen Kreisen herausgehoben ist. Er bringt die Fähigkeit mit, Echtes von Konstruiertem, Oberfläche von Substanz zu unterscheiden. Daher kann aus ihm kein „Jungrusse", kein „Slawophile" werden, obschon gerade er durch Herkunft und Kindheitsumgebung mehr prädestiniert wäre als alle anderen, denn seine „dem russischen Lied verwandte Art und Weise der Melodieführung und ihre Harmonisierung ... ist darauf zurückzuführen, daß er ... von früher Kindheit an von der unbeschreiblichen Schönheit der charakteristischen Züge der Volksmusik durchdrungen ist und das russische Element in allen seinen Erscheinungsformen bis zur Leidenschaft liebt ...". Er muß keine Studienreisen durch das Reich unternehmen, um die Volksmusik kennenzulernen und in seine Kompositionen aufzunehmen; seine Musikalität ist davon durchtränkt. Er wird von den „echten Russen" zu den Westlern gerechnet, und im Westen sieht man in ihm den „Exponenten der russischen Musik". Er will beides nicht sein, sowenig wie er revolutionär oder konservativ ist, er will sich in den Richtungsstreit nicht einlassen und im politischen Kampf keine Stellung beziehen. Die

Pjotr Iljitsch Tschaikowski (1840–1893)

Foto des Komponisten Pjotr Iljitsch Tschaikowski.

Umwelt, die er in Moskau und Petersburg vorfindet, bewegt ihn zu keiner Parteinahme; er ist Russe schlechthin und von keiner speziellen Prägung, er schließt sich keiner Kunstrichtung an, weil er für sich und die Nachfolger selbst eine Richtung ins Leben ruft.

Leben

Pjotr Iljitsch Tschaikowski wird am 7. Mai 1840 in Wotkinsk (heute Udmurtische ASSR) als Sohn eines kaiserlichen Mineninspektors geboren. Er erhält den üblichen Klavierunterricht der Kinder seiner Gesellschaftsklasse, ohne eine stark auffallende musikalische Begabung aufzuweisen. In Moskau, wohin er 1850 mit seinen Eltern übersiedelt, wird er für eine Beamtenlaufbahn bestimmt und tritt 1859 in das Petersburger Finanzministerium als Sekretär ein. Er betreibt schon während des Studiums viel Musik; 1863 gibt er den Staatsdienst auf und tritt in das Konservatorium ein, das von Anton Rubinstein geleitet wird. Als Nikolai Rubinstein das Konservatorium in Moskau eröffnet, holt er sich 1866 Tschaikowski als Lehrer für Musiktheorie, wo zur gleichen Zeit Karl Klindworth, Nikolai Dmitrijewitsch Kaschkon (1839–um 1909; Pianist, bedeutender Klavierlehrer, Musikschriftsteller) und Eugen Maria Albrecht (1842–1894; namhafter Geiger, Geigenlehrer, Kapellmeister) als Lehrer wirken. Diese Stellung, die Tschaikowski durch 11 Jahre innehat, bietet den Vorteil, daß Rubinstein alle seine Kompositionen zur Aufführung bringt. Es entstehen in jener Zeit seine ersten Sinfonien, Programmusiken, Klaviermusiken und Opern. Von 1872 an arbeitet Tschaikowski auch als Musikkritiker. 1876 besucht er Bayreuth, 1877 nach seiner kurzen, unglücklichen Ehe mit seiner ehemaligen Schülerin

Antonia Iwanowna Miljubkowa die Schweiz und Italien. In jener Zeit beginnt seine langjährige Freundschaft mit seiner entfernten Verwandten Nadjeschda von Meck, mit der er unzählige Briefe wechselt, aber nie zusammentrifft. Sie ist reich und unterstützt ihn wie auch einige andere Künstler mit einer Jahrespension. In den folgenden Jahren hält sich Tschaikowski abwechselnd bei seiner Schwester in Kamenka (Ukraine), auf verschiedenen Gütern der Frau von Meck, auf den eigenen Landhäusern Majdanowo und Frolowskoje und als Dirigent eigener Werke in den russischen Städten, dann im Ausland, vorwiegend in Westeuropa, auf. Im Jahr 1891 dirigiert er in New York, Baltimore und Philadelphia. Sein Name erhält Weltgeltung, sein Freundeskreis aus Komponisten, Instrumentalisten, Sängerinnen, Sängern und Dirigenten erweitert sich immer mehr. Aber seine ständig wachsende Berühmtheit und die wirtschaftliche Sicherheit vermögen seine ständige Unzufriedenheit mit der Umwelt und sich selbst nicht zu beseitigen; selten weicht von ihm seine Melancholie. Seine pessimistische, an Nihilismus grenzende Lebensanschauung hat er schon in frühen Jahren deutlich ausgedrückt: „Die Vergangenheit bedauern, auf die Zukunft hoffen, nie mit der Gegenwart zufrieden sein." Häufige Erkrankungen, die zum großen Teil aus jener Geisteshaltung resultieren und also seelisch bedingt sind, verbittern sein Leben. Der Selbstmord liegt andauernd im Bereich seiner Gedanken als befreiender Ausweg. Es mag daher die Annahme der Wahrheit nahekommen, daß er mutwillig, gleichsam als Herausforderung des Schicksals, in Petersburg neun Tage nach der Uraufführung seiner 6. Sinfonie trotz grassierender Choleraepidemie unabgekochtes Wasser trinkt. Er erliegt der Seuche am 6. November 1893.

Literatur

F. Zagiba: Peter Tschaikowski, Leben und Werk. 1953
K. Pahlen: Peter Tschaikowski. 1959

Werke

„Ich betrachte Sie als das größte Musiktalent des gegenwärtigen Rußland. Ihre eigentlichen Schöpfungen werden vielleicht erst in fünf Jahren beginnen. Diese reifen und klassischen Schöpfungen aber werden alles übertreffen, was wir nach Glinka gehabt haben." – Jene vom Musikkritiker Hermann Laroche zu einem frühen Zeitpunkt ausgesprochene kühne Prophezeiung ist voll und ganz eingetroffen. Da sich Tschaikowski nicht den Grundsätzen der von Balakirew dirigierten Nationalrussen unterwirft, ist er für sie ein Westler. Man wirft ihm auch in Deutschland vor, daß er seine Freunde in der Heimat verraten habe und international geworden sei, weil seine Musik in der ganzen Welt gespielt und begeistert aufgenommen wird. Die Franzosen sind mit ihm unzufrieden wegen seiner angeblichen Abhängigkeit von deutscher Klassik und Romantik. In Wahrheit trifft davon nur zu, daß alle

Vorgänger und Zeitgenossen der Musikgeschichte eben auch seine Vorgänger und Zeitgenossen sind. Obwohl er Programmusik schreibt, läßt er sich kein Programm aufzwingen, er schreibt keine beabsichtigte französische, deutsche oder russische Musik, sondern seine eigene, jene uferlos verströmende Gefühlsmusik. Diese Musik macht ihn noch heute zu den Lieblingen der Konzertsäle und Opern, weil jedes Publikum von der Ursprünglichkeit des Gefühlsausdrucks, von der Echtheit der Bilder, von den schönen Volksmelodien, der kühnen Harmonik und der faszinierenden Instrumentation hingerissen ist, angefangen von den klangschweren Holzbläsern über schmetterndes Blech zu den singenden Streichern. Alles ist Kunst und nicht gekünstelt, alles ist inspiriert und nicht gemacht; mit genialem Griff wird hier westliche Form mit russischem Geist erfüllt und zum internationalen Kulturgut gehoben. Die Kritik hat ihm Formalismus vorgeworfen und in Hinblick auf seine Liebe zu Mozart und Ehrfurcht vor Beethoven verziehen, dabei aber übersehen, daß er niemandem zuliebe und niemandem zuleide komponiert, sondern nur dem eigenen Genius folgt. Von seinen 8 Opern werden „Eugen Onegin" (1877) und „Pique Dame" (1890) in der ganzen Welt noch heute auf die Bühnen gebracht, die anderen Opern allerdings nur in seiner Heimat gespielt. Dafür beherrschen seine Sinfonien seit ihrem Entstehen weltweit die Konzertprogramme. Die erste in g-Moll entsteht 1868, die zweite in c-Moll 1873, die dritte D-Dur 1875, die vierte in f-Moll 1878, die fünfte in c-Moll 1888 und die sechste in h-Moll 1893. Der Komponist arbeitet 1892 an einer weiteren Sinfonie, kommt aber davon ab, um sich einem anderen Vorhaben (6. Sinfonie) zuzuwenden. Das Material wird für den ersten Teil des Violinkonzertes Nr. 3, das Andante und das Finale werden nach Tschaikowskis Tod von Tanejew orchestriert und gesondert herausgebracht, das Scherzo baut der Komponist selbst in seinen Klavierzyklus Op. 72 ein. Semjon Bogatirew rekonstruiert aus den vorliegenden Skizzen die „Sinfonie Es-Dur", die in Moskau am 7. Februar 1957 unter M. Terian uraufgeführt wird. Die Manfred-Sinfonie von 1885 muß wegen ihres programmatischen Inhalts zu den Sinfonischen Dichtungen gerechnet werden. Von seinen weiteren Sinfonischen Dichtungen „Der Sturm" (1873), „Hamlet" (1888) und „Francesca da Rimini" (1876) wird heute die letztgenannte am meisten gespielt. Von seinen Ouvertüren sind „Romeo und Julia" (1870) und „Das Jahr 1812" (1880) am beliebtesten. Das „Capriccio italien" von 1880 spricht das Pablikum heute ebenso an wie zur Zeit seiner Entstehung. Die 4 Orchestersuiten (1879, 1883, 1884, 1887) sind gehobene Unterhaltungsmusik, die nur mehr selten gehört wird. Von den Klavierkonzerten gehört Nr. 1 g-Moll zum ständigen Repertoire aller Pianisten. Nr. 2 G-Dur op. 44, Nicolai Rubinstein gewidmet, entstanden 1879/80 mit Solovioline und Solocello gibt dem Konzert Nr. 1 an Musikalität nichts nach, erreicht aber nicht dessen Brillanz. Das Klavierkonzert Nr. 3 Es-Dur, entstanden 1892/93, besteht aus einem

Satz, der aus dem Material zu einer geplanten Sinfonie entnommen ist. Das Violinkonzert Es-Dur von 1879 gehört noch heute zu den meistgespielten Stücken seiner Gattung. Von seiner Musik für Solo-Cello wird heute von Virtuosen „Variationen über ein Rokokothema" von 1877 bevorzugt. Seiner Kammermusik ist das Streichsextett d-Moll von 1892 voranzustellen. Von den vier Streichquartetten (B-Dur 1865 in einem Satz, D-Dur 1872, F-Dur 1874 und es-Moll 1877) wird das Andante des D-Dur-Qartettes zur „Weltmelodie". Das reizende Klaviertrio a-Moll op. 50 von 1882 „Zum Gedächtnis eines großen Künstlers" hat Tschaikowski dem Andenken seines Lehrers, Förderers und Freundes Nicolai Rubinstein gewidmet. Die Klaviermusik präsentiert sich mit zwei Sonaten (cis-Moll 1865 und G-Dur 1878), dem vielgespielten Zyklus „Die Jahreszeiten" (1876) und vielen anderen Stücken. Mit den Balletten „Schwanensee" 1877, „Dornröschen" 1890 und „Der Nußknacker" 1892 setzt der Komponist dem neueren russischen Ballett einen wichtigen Markstein. Das Liedschaffen umfaßt profane und sakrale Chöre und 112 Lieder und Duette.

SINFONIE NR. 1 G-MOLL „WINTERTRÄUME" OP. 13
4 Sätze, entstanden 1866, umgearbeitet 1874, uraufgeführt in Moskau am 3. Februar 1868 unter Nikolai Rubinstein. Der erste Satz dieser an eine Sinfonische Dichtung angenäherten Sinfonie trägt den Titel „Träume von einer Winterreise". Der Satz hat Sonatensatzform und weist in beiden Themen spezifisch russische Züge auf, die das Bild der „weiten russischen Landschaft" und der „endlosen Straßen durch den Schnee" zeichnen. Der zweite Satz heißt „Düsteres Land, nebliges Land". Die Oboe stimmt eine elegische Weise an, die anderen Instrumente stimmen in die Klage über die Trostlosigkeit ein. Das Scherzo erinnert an Mendelssohns Sommernachtstraum, flüchtige Vorstellungen und Wünsche huschen durch den Sinn des ermüdeten Wanderers. Im vierten Satz klingt das russische Volkslied „Blumen blühten" auf und wird zur Tanzweise. Mit dem Material des ersten Satzes weitet sich der Orchesterklang zum Bild eines Volksfestes. Spielzeit: 34 Minuten.

SINFONIE NR. 2 C-MOLL „SINFONIE MIT DEM KRANICH" OP. 17
4 Sätze, entstanden 1872, umgearbeitet 1879, uraufgeführt in Moskau am 26. Januar 1873 unter Nikolai Rubinstein. Die Sinfonie hat ihren Beinamen wegen des im vierten Satz verwendeten ukrainischen Volksliedes „Der Kranich" erhalten, sie wird wegen ihres Entstehungsortes (Kamenka, Ukraine) auch die „Ukrainische" genannt. Der erste Satz bringt als Einleitung das Volkslied „Mütterchen Wolga". Das Hauptthema des in Sonatenform gefaßten Satzes ist scharf und rhythmisch akzentuiert, das Seitenthema chromatisch; am Ende trägt das Horn das Lied noch einmal vor. Der zweite Satz verarbeitet den Hochzeitsmarsch der Oper „Undine", die der Komponist als mißlungen vernichtet hat. Den Mittelteil bildet das Liedchen „Spinn, meine Spinnerin".

Auch das Scherzo enthält im Trio ein ukrainisches Scherzlied. Und der vierte Satz, mit dem Tschaikowski den uneingeschränkten Beifall der „Jungrussen" begreiflicherweise erworben hat, bringt den „Kranich" und zeigt die Linie auf, auf der sich das kompositorische Schaffen Tschaikowskis weiterentwickelt – die eigene, russische Weiterführung der großen klassischen Sinfonietradition. Spielzeit: 32 Minuten.

SINFONIE NR. 3 D-DUR OP. 29
5 Sätze, entstanden 1875, uraufgeführt am 7. November 1875 in Moskau unter Nikolai Rubinstein. Diese Sinfonie hat Suiten-Charakter und führt „vom Trauermarsch zum Festmarsch". Anstelle der für Tschaikowski typischen lyrischen Haltung findet man hier ausgesprochen romantische Züge vor, die sich zum „Märchenhaft-Theatralischen" steigern. Der den ersten Satz einleitende Trauermarsch verklingt und weicht einem stürmischen Hauptthema, das Seitenthema ist liedhaft und ergänzt das Bild. Der zweite Satz ist tänzerisch und verbindet Ländler- und Walzerrhythmen. Der dritte Satz bringt eine elegische Romanze, der vierte ein Scherzo mit Marschrhythmen und der fünfte eine kunstvoll kontrapunktisch gearbeitete Polonaise. Spielzeit: 44 Minuten.

SINFONIE NR. 4 F-MOLL OP. 36
4 Sätze, gewidmet „Meinem besten Freund" (Frau von Meck), entstanden 1877, uraufgeführt am 10. Februar 1878 in Moskau unter Nikolai Rubinstein. „Die vierte Sinfonie", schreibt der Komponist, „ist meinem Wesen entsprungen und mit echter Inspiration vom Beginn bis zum Ende geschrieben, mit Liebe und glühender Begeisterung, es ist darin kein Strich, der nicht meinem aufrichtigen Gefühlen entstammt. Der erste Satz „enthält den Keim der ganzen Sinfonie, ohne Zweifel die Kernidee. Es ist das Fatum, jene Schicksalsgewalt, die unser Bestreben nach Glück hindert, ans Ziel zu gelangen, die eifersüchtig darüber wacht, daß Glück und Friede nicht vollkommen und ungetrübt seien". Der Satz beginnt mit einem Walzerthema, dem Verlangen nach Glück. Das schicksalhafte Kernmotiv greift ein, nach einer heftigen Auseinandersetzung klingt verheißungsvoll eine Klarinettenmelodie auf, aber der Kampf geht weiter und steigert sich ins Tragische. Der zweite Satz bringt ein liedhaftes Oboensolo und malt „jenes melancholische Gefühl, das sich des Abends einstellt, wenn man allein sitzt, von der Arbeit ermüdet... Traurig und süß ist es, in die Vergangenheit hinabzutauchen..." Der dritte Satz, ein Scherzo, bietet eine phantastische, flimmernde Struktur. Im Trio wird ein Straßentreiben geschildert, dann gibt es Marschmusik. In der Coda vermischen sich alle Themen. Im Finale wird das Volkslied „Auf dem Felde eine Birke stand" variiert. Das Schicksalsmotiv bricht drohend herein, aber der fröhliche Wirbel läßt sich nicht verscheuchen. „Wenn du in dir selbst keine Gründe zur Freude findest, dann schau auf die anderen Menschen. Geh unter das Volk, sieh, wie es sich zu vergnügen versteht, wie es sich schrankenlos den Gefühlen der Freude hingibt." Spielzeit: 40 Minuten.

SINFONIE NR. 5 E-MOLL OP. 64
4 Sätze, entstanden 1888, uraufgeführt am 5. November 1888 in Petersburg unter dem Komponisten. Der thematische Gehalt ähnelt dem der Vierten. Das „Schicksalhafte" ist aber noch viel stärker ausgeprägt. Die von den Klarinetten in tiefer Lage vorgetragene Einleitung, langsam und düster wie ein Trauermarsch, legt das für alle

Sätze entscheidende Schicksalsmotiv fest: Zweifel, Klagen, Vorwürfe. Der Walzerrhythmus des zweiten Themas träumt von ungetrübtem Glück, führt aber in eine dramatische Durchführung und eine ungestüme Coda. Das Hornsolo des zweiten Satzes dürfte der schönste lyrische Einfall des Komponisten sein. Er selbst notiert dazu: „Lichtstrahl". Pastoral ergänzt die Klarinette die schwärmerische Hymne auf das Glück. Das Schicksalsmotiv bringt die Helligkeit zum Erlöschen. Im dritten Satz spielen die ersten Violinen einen lyrischen Walzer. Das Schicksalsmotiv erhebt mehrmals seine Drohung. Und das Finale verkündet seinem triumphalen Sieg über das Schicksal, dessen Motiv zum stolzen Marsch gewandelt ist. Spielzeit: 45 Minuten.

SINFONIE NR. 6 B-MOLL „PATHÉTIQUE" OP. 75
4 Sätze, entstanden 1893, uraufgeführt am 16. Oktober 1893 unter dem Komponisten. Tschaikowski trägt sich mit dem Gedanken, sie „Eine Programm-Sinfonie" zu nennen, denn sie enhalte „ein Programm, aber ein Programm von der Art, die jedem ein Rätsel bleibt – wer kann, mag es erraten". Er macht das Erraten nicht schwer, er nannte die Sinfonie selbst ein Requiem. Der erste Satz beginnt mit einer melancholischen Melodie, die zur Entwicklung drängt und zum Hauptthema des Allegrosatzes wird. Mit voller emotionaler Kraft und Leidenschaftlichkeit setzt die Musik zum Ausdruck von Qual, Protest und vergeblichem Freiheitsdrang ein. Der zweite Satz ist tänzerisch-heiter. Der dritte erneut die Stimmung des ersten. Das Finale bringt ein Adagio lamentoso. Das Leid ist noch hoffnungsloser geworden, es drückt das Leben zu Boden und endet erst mit ihm. Spielzeit: 50 Minuten.

MANFRED, SINFONIE IN VIER BILDERN NACH BYRONS DRAMATISCHER DICHTUNG
Entstanden 1885, uraufgeführt am 11. März 1886 in Moskau unter Max Erdmannsdörfer. Der erste Satz schildert das Herumirren Manfreds in den Alpen, verzweifelte Sehnsucht nach der verlorenen Schwester Astarte treibt ihn ruhelos von Ort zu Ort. Der Abschnitt endet in düsterem h-Moll, wie er begonnen hat. Im zweiten Satz erscheint „Die Alpenfee unter dem Regenbogen". Der dritte zeichnet „Schlichtes, freies und friedliches Leben der Bergbewohner". Aber Manfred findet keine Erlösung von seinem Schmerz. Im Finale stürzt sich Manfred in den „unterirdischen Palast des Höllenfürsten Ahriman" und gerät in eine Orgie. Astarte wird angerufen, erscheint und weissagt ihm das Ende seiner Leiden. Tod und Auferstehung schließen das Werk ab. Spielzeit: 48 Minuten.

FRANCESCA DA RIMINI, SINFONISCHE FANTASIE (NACH DANTE) OP. 32
3 Teile, entstanden 1876, uraufgeführt am 6. März 1877 in Moskau. Der Sinfonischen Dichtung liegt die Episode aus Dantes Inferno, 5. Gesang, zugrunde. Der erste Teil stellt das Inferno und die Qualen der Verdammten dar. Im Mittelteil schildert eine schlichte Klarinettenmelodie die Liebe Francescas zu Paolo. Das Finale nimmt die Bilder des ersten Teiles wieder auf. Spielzeit: 19 Minuten.

ROMEO UND JULIA, FANTASIE-OUVERTÜRE
Entstanden 1870, überarbeitet 1872 und 1886, uraufgeführt am 16. März 1870 in Moskau unter Nikolai Rubinstein. Der Schwerpunkt des Werkes ruht in dem gegenseitigen Durchweben der drei Hauptgedanken des Sha-

Sinfonien, Fantasien

Der amerikanische Pianist Van Cliburn gewinnt bereits mit 12 Jahren den ersten Wettbewerb. Als Interpret der Klavierkonzerte von Tschaikowski ist er in der ganzen Welt sehr geschätzt.

kespeare-Dramas: der Liebe des jungen Paares, des unsinnigen Hasses zwischen den Montecchi und den Capuletti und der hoffnungserfüllten Ruhe des Padre Lorenzo. Die musikalische Gestaltung entspricht einer freien Sonatenform. Die Einleitung ist choralartig. Eine schmerzliche Trübung der Harmonien bereitet auf die Tragödie vor. Aus dem rhythmisch gestrafften Hauptthema entwickelt sich der Kampf der Familien, Englischhorn und Bratschen malen die Liebesszene des Paares. Der Choral klingt wieder auf. Der Kampf setzt erneut ein, die Liebesweise verhaucht. Die Bläser verkünden eine verklärte Lösung der Konflikte. Spielzeit: 18 Minuten.

CAPRICCIO ITALIEN A-DUR OP. 45

Entstanden 1880, uraufgeführt am 6. Dezember 1880 in Moskau unter Nikolai Rubinstein. Das Capriccio gibt die Eindrücke eines römischen Karnevals wieder und weist die Struktur einer Suite auf, deren Sätze pausenlos ineinander übergehen. Es beginnt mit einem Kavalleriesignal aus Italien. Ihm folgt ein italienischen Volksweisen verwandtes Thema, darauf intonieren die Holzbläser zu Celli und Bässen ein neapolitanisches Liedchen, das in einen hinreißenden Tanz zum Rhythmus eines Tamburins wird. Eine Andante-Episode ist eingeschaltet, dann endet das Stück mit einer wilden Tarantella. Spielzeit: 15 Minuten.

KLAVIERKONZERT NR. 1 B-MOLL OP. 23

3 Sätze, gewidmet Hans von Bülow, entstanden 1874/75, uraufgeführt am 25. Oktober 1875 unter Bülow in Boston. Mit weitausladender, großartiger Geste beginnt der erste Satz und hat noch bei jeder Aufführung die Zuhörer in seinen Bann gezogen. Ein Seitenthema wird als Kontrast herangezogen, eine große Kadenz schließt den Satz mit sinfonischem Schwung ab. Dieser erste Satz nimmt drei Fünftel des Konzertes ein, was die Kritiker übel vermerkten, ohne die Begeisterung des Publikums und der Pianisten beeinträchtigen zu können. Der zweite Satz ist zärtlich lyrisch und bringt die Weise des französischen Chansons: „Man muß sich amüsieren, tanzen und lachen". Das Finale ist rondoartig und bringt Anklänge an eine ukrainische Weise. Mit großer Brillanz schließt das virtuose Stück ab. Spielzeit: 32 Minuten.

VIOLINKONZERT D-DUR OP. 35

3 Sätze, entstanden 1878, uraufgeführt am 4. Dezember 1881 in Wien mit Adolf Brodsky unter Hans Richter. Dieses Glanzstück des gesamtrussischen Beitrages zur romantischen

Konzertliteratur wird von der Wiener Kritik mit ungewöhnlicher Schärfe abgelehnt, es tritt erst von London aus seinen Siegeszug durch die Alte und Neue Welt an und bleibt der Stolz jedes Violinvirtuosen. „Der Inhalt des ersten Satzes ist das tätige Leben, das Glück über Erreichtes, Bezwungenes. Für Augenblicke schwingt sich eine stolze, heroische Phrase empor, zwar nicht ausreichend, um diese Musik die ‚Eroica' Tschaikowskis zu nennen, aber alles durchdringend mit entschlossenen Impulsen und mit der Überzeugung vom Sieg des Lebens über den Tod" (A. Alschwang). Die Wirkung des Violinkonzerts wird durch das großartige Hauptthema erreicht. Der zweite Satz bringt eine herrliche Canzonetta, träumerisch und betörend. Das Finale verlangt dem Solisten Höchstleistungen ab. Die beiden Themen haben russisches Profil und werden viele Male variiert bis zum brillanten Ausklang. Spielzeit: 35 Minuten.

ERINNERUNG AN FLORENZ, SEXTETT D-MOLL OP. 70
Für 2 Violinen, 2 Violen, 2 Celli' 4 Sätze, gewidmet Frau Nadjeschda von Meck, entstanden 1890, Reminiszenz an den Italienaufenthalt 1889/90, zwischen D-Dur und d-Moll ständig oszillierend. Der tänzerische Schwung des ersten Satzes und die Kantilenen von Geige und Bratsche im zweiten betonen die Erinnerung an italienische Impressionen. Im Allegretto und im Finale mischen sich schwermütige Gedanken bei, so daß das Stück ein russisches Gesicht erhält.

SCHWANENSEE, BALLETT IN 4 AKTEN OP. 20
Nach einem Libretto von W. P. Begitschew und W. Gelzer, entstanden 1875/76, uraufgeführt am 20. Februar 1877 in Moskau (Bolschoi-Theater).

Mit diesem Ballett knüpft Tschaikowski an die französische Tradition eines Adolphe Adam und Léo Delibes an und begründet das „russische" Ballett. Der Inhalt ist folgender: Ein böser Zauberer (Rotbart) hat die schöne Odette und ihre Freundinnen in Schwäne verwandelt. Dieser Zauber wird gebrochen, wenn Odette einen Mann findet, der sie treu liebt. Siegfried, der Sohn einer Fürstin, sieht auf einer Jagd Odette und verliebt sich in die Königin der Schwäne, aber Rotbart sucht das zu hintertreiben und führt seine eigene Tochter Odile, die Odette sehr ähnlich ist, auf das Schloß der Fürstin. Durch die Ähnlichkeit getäuscht, nimmt Siegfried Odile zur Frau und bricht Odette die Treue. Als sich der Irrtum aufklärt, stürzt Siegfried an den Schwanensee zu Odette. Die Liebenden ziehen den Tod einer Trennung vor und gehen in den Wellen des Sees unter. Rotbart stirbt; seine Bosheit wurde durch die Kraft der treuen Liebe besiegt. – Die verschiedenen schönen Walzer und anderen Tanzrhythmen, die Anklänge an russische Melodien und die echte Romantik des Librettos sichern diesem Ballett einen der ersten Plätze in der Reihe der internationalen Ballettliteratur.

DORNRÖSCHEN, BALLETT IN EINEM VORSPIEL UND 3 AKTEN OP. 66
Nach einem Libretto von I. A. Wsewoloschski auf Grund des Märchens von Charles Perault. Entstanden 1888/89, uraufgeführt am 3. Januar 1890. Die Handlung beginnt im 17. Jahrhundert, die Einleitung zeigt die Tauffeier der Prinzessin Aurora am Hof des Königs Florestan XIV., verschiedene Feen bringen ihre Gaben. Da erscheint die Hexe Carabosse, die nicht eingeladen worden ist und verkündet, daß Aurora wohl

Erinnerung an Florenz, Schwanensee, Dornröschen, Nußknacker

schön und lieblich werden, aber in tiefen, endlosen Schlaf versinken werde, falls sie sich in den Finger sticht. Die Fliederfee sagt voraus, daß die Prinzessin nicht endlos schlafen, sondern wieder erwachen werde, wenn sie von einem Prinzen in treuer Liebe geküßt würde. Im ersten Akt treten vier Prinzen auf, die um Aurora werben. Die Ehrenjungfrauen und Pagen tanzen, Aurora mischt sich unter die Zuschauer, unter denen ihr eine alte Frau eine Spindel anbietet. Die Prinzessin nimmt neugierig die Spindel, sticht sich und sinkt um. Carabosse tritt auf. Die Prinzen gehen mit ihren Schwertern gegen sie los, aber die Hexe verschwindet in einer auflodernden Flamme. Die Fee erscheint und läßt die schlafende Aurora in das Schloß tragen; sie verkündet, daß das Mädchen 100 Jahre schlafen werde, bis sie der Kuß des Prinzen aufweckt. Alle Anwesenden erstarren in der Haltung, die sie gerade einnehmen. Die ganze Gegend verwildert und wird von Wald überzogen, in dem das Schloß verschwindet. Im zweiten Akt tritt Prinz Florimund mit einer Jagdgesellschaft in einer Waldlichtung auf. Er findet weder an den Spielen noch an den Tänzen Gefallen. Die Fee erscheint und zaubert das Bild der schlafenden Aurora vor seine Augen. Auf seine Bitten führt sie ihn durch den Wald in das Schloß zu Aurora. Er küßt sie. Der Bann ist gebrochen, alle erwachen, das Leben im Schloß geht dort weiter, wo es vor 100 Jahren unterbrochen wurde. Der dritte Akt bringt die Hochzeit des Prinzen mit Aurora. Verschiedene Feen und Figuren aus anderen Märchen treten auf und beglückwünschen das Paar.

DER NUSSKNACKER, FEEN-BALLETT IN ZWEI AKTEN OP. 71 Szenen von Marius Petipa nach „Der Nußknacker und der Mäusekönig"

von E. T. A. Hoffmann in der Fassung von Alexandre Dumas. Entstanden 1891/92, uraufgeführt im Dezember 1892 in Petersburg (Mariinski-Theater). Im Salon des Präsidenten Silberhaus steht ein Weihnachtsbaum, Mascha und Franz werden beschenkt. Um Mitternacht kommt Drosselmeyer in den Raum und bringt den Kindern mechanische Puppen. Silberhaus läßt aber die kostbaren Figuren in sein Büro bringen, er fürchtet, daß sie von den Kindern beschädigt werden. Als Entschädigung gibt ihnen Drosselmeyer einen Nußknacker, dann werden die Kinder ins Bett geschickt. Mascha hört Geräusche aus dem Salon, schleicht sich zurück und wird Zeugin eines erbitterten Kampfes einer Mäusegruppe gegen alle Spielzeugfiguren. Sie entscheidet den Kampf, indem sie gegen den Mäusekönig einen Pantoffel wirft. Der Nußknacker verwandelt sich in einen jungen Prinzen, der Mascha in den Weihnachtsbaum hineinführt. Das Paar kommt in der Süßigkeitenburg an. Alle Süßigkeiten beginnen einen Tanz, während der Nußknacker der entzückten Mascha von den Wundern seines Reiches erzählt. Tschaikowski hat aus den schönsten Melodien des Balletts eine Suite gebildet (op. 71 a), die bis heute ein beliebtes Konzertstück geblieben ist.

Tips für Plattenfreunde

○ Sinfonien 1–6 (6 Stereo-LP/Philips 6747 195, Dorati, oder 7 Stereo-LP/Ariola XR 86 845 K, mit „Manfred-Sinfonie", Roschdenstwenski)
○ Klavierkonzerte (2 Stereo-LP/Ariola XF 87 217 K, Gilels)
○ Capriccio italien, Francesca da Rimini, Hamlet, Sturm (2 Stereo-LP/Ariola XD 85 306 K). Mustergültige Aufnahmen

○ Romeo und Julia, Nußknacker-Suite, Ouvertüre 1812, Slawischer Marsch (3 Stereo-LP/Ariola 28 814 K, russische Dirigenten und Orchester)
○ Sextett (Stereo-LP/Ariola 80 094 K, Borodin-Quartett)
○ Streichquartette 1–3 (3 Stereo-LP/Ariola XF 87 283 K, Borodin-Quartett)
○ Trio a-Moll (2 Stereo-LP/Ariola XD 85 176 K, Gilels, Kogan, Rostropowitsch)
○ Schwanensee (3 Stereo-LP/Ariola XF 80 034 K, Roschdestwenski)
○ Dornröschen (3 Stereo-LP/EMI 1C 183=02637/39 Q, Previn)
○ Nußknacker (2 Stereo-LP/EMI 1C 187=02 337/38). Ungekürzte Wiedergaben

JOHAN SVENDSEN (1840–1911)

Zeit und Umwelt

Durch ungefähr vierhundert Jahre ist Norwegen dänische Provinz gewesen, politisch, wirtschaftlich und kulturell in die Rolle eines Hinterhofes verwiesen und ohne jedes Eigenleben, so daß das Land sogar die eigene Sprache zugunsten des Dänischen aufgibt. Die Napoleonischen Kriege bringen die Befreiung von diesem Druck, aber Norwegen ist deswegen nicht frei, sondern wird an Schweden angeschlossen. Von da an beginnt der Kampf um die Eigenständigkeit, der noch weitere hundert Jahre dauert. Die Norweger besinnen sich auf ihre eigene Sprache, sie bauen die größte Handelsflotte der Welt, und aus den von Kopenhagen geduldeten oder sogar geförderten Gelehrten und Künstlern werden norwegische Wissenschafter, Schriftsteller und bildende Künstler. Auch die norwegische Musik erwacht. Halfdan Kjerulf macht den Anfang, Svendsen setzt die Richtung fort.

Leben

Johan Severin Svendsen wird am 30. September 1840 in Christiania (Oslo) als Sohn eines Militärkapellmeisters geboren. Er spielt schon im Alter von 15 Jahren einigermaßen gut Flöte, Klarinette und Geige und erhält eine ähnliche Stellung wie sein Vater. Auf einer Reise durch Schweden und Norddeutschland lernt er in Lübeck den schwedischen Konsul kennen, der ihm ein Ausbildungsstipendium verschafft. Eine Lähmung der Hand setzt seiner Tätigkeit als ausübendem Musiker ein vorläufiges Ende, so daß er sich der Komposition zuwendet, in das Konservatorium in Leipzig eintritt und bei Hauptmann, David, Richter und Reinecke studiert. In jene Zeit fallen seine ersten Kompositionen. 1868 erlebt er in Paris den Höhepunkt des Zweiten Kaiserreiches, wo er, da sich seine Lähmung gebessert hat, in verschiedenen Orchestern spielt und in freundschaftliche Beziehungen tritt zu De Bériot, Vieuxtemps, Hubert Léonard (1819–1890; berühmter Geiger) und Wilhelmis Clauss-Szarvady (1834–1907; bedeutende Pianistin ihrer Zeit). Wegen des deutsch-französischen Krieges übersiedelt er 1870 nach Leipzig, wo ihm die Leitung der Euterpe-Konzerte angeboten wird, die er allerdings erst nach dem Ende des Krieges übernehmen kann. 1872 übernimmt er die Dirigentenstelle des Musikvereins in Christiania und erteilt Kompositionsunterricht. 1877 verläßt er Norwegen, sucht Leipzig, München, Rom, London und Paris auf, Angers bietet ihm einen Kapellmeisterposten an, aber er kehrt in seine alte Stellung in Christiania zurück. 1883 wird er Hofkapellmeister in Kopenhagen, wo er am 14. Juni 1911 stirbt.

Werke

Svendsen ist einer der bezeichnendsten Vertreter der norwegischen Romantik, wenn auch seine Werke nur mehr in seiner Heimat gespielt werden. Seine beiden Sinfonien und seine klangvolle Kammermusik sind aus dem internationalen Konzertprogramm verschwunden, geblieben ist nur seine reizende Romanze op. 26 G-Dur für Violine und Orchester.

Tips für Plattenfreunde
○ Romanze (In: Violinromanzen, Stereo-LP/Philips 6580 047, Arthur Grumiaux)

EMMANUEL CHABRIER (1841–1894)

Zeit und Umwelt

Mit dem Sturz des Zweiten Kaiserreiches fallen auch manche Idole der abgeschlossenen politischen Epoche Frankreichs. Die alten Namen wie Meyerbeer, Halévy, Auber verblassen, neue Sterne steigen empor. In den schlimmsten Wochen des Jahres 1871, wenige Tage vor dem Einmarsch der preußischen Truppen in Paris, wird die Société Nationale de Musique gegründet. Ihr Initiator ist Saint-Saëns. Die Vereinigung legt dem Publikum neue Namen junger Musiker vor und solcher, die bisher unbeachtet geblieben sind, wie Duparc, Fauré, Franck, Messager, Laló, d'Indy, Chausson und schließlich Chabrier.

Leben

Alexis-Emmanuel Chabrier wird am 18. Januar 1841 in Ambert, Puy-de-Dôme, als Sohn eines Rechtsanwaltes geboren und erhält die übliche Musikerziehung gehobener Kreise. Er wird auf eine juristische Laufbahn vorbereitet und tritt 1861 in das Innenministerium als Beamter ein. Seiner starken Neigung zur Musik kann er nur teilweise nachgeben, er nimmt Unterricht bei Théophile Semet (1824–1888; Komponist von Opern und Vokalmusik) und entfernt sich schrittweise von seinem bürgerlichen Beruf, den er vorerst aber nicht aufgibt, obgleich er mit zwei Operetten und etlichen Klavierkompositionen Erfolg hat. 1879 reist er nach München, hört Tristan und Isolde und entschließt sich, den Dienst zu quittieren und die Musik zu seinem Lebensberuf zu machen. Es gelingt. Das Verlagshaus Enoch Frères et Costallat bringt seine Klavierkompositionen heraus. Charles Lamoureux (1834–1899; Geiger, Dirigent der Société des Concerts und der Opéra, Begründer der nach ihm benannten Konzertreihe) stellt ihn als Sekretär und Chorleiter ein. Er stirbt in Paris am 3. September 1894.

Werke

Sein farbiger Stil macht Chabrier zu einem der Vorläufer des französischen Impressionismus. Seine Bühnenwerke sind schon längst von den Spielplänen verschwunden. Von seinen Orchesterwerken wird die Rhapsodie für Orchester „España" als gehobene Unterhaltungsmusik gespielt. Seine glänzenden Klavierwerke werden noch heute von manchen Pianisten in ihr Konzertprogramm aufgenommen.

Tips für Plattenfreunde

○ España (Aus: Bolero, 2 Stereo-LP/CBS 77 255, stilgerechte Wiedergabe unter Bernstein)
○ Klaviermusik, komplett (3 Stereo-LP/FSM SVBX 5 400). Mit starker Einfühlung gespielt

ANTONÍN DVOŘÁK (1841–1904)

Zeit und Umwelt

Pole zu sein bringt im 19. Jahrhundert in Westeuropa für einen Künstler einen erheblichen Sympathievorschuß ein, auch wenn er in Posen von deutschen Eltern geboren wird, oder aus Krakau kommt, wo die Polen gegenüber den Ruthenen eine eindeutige Vormachtsstellung einnehmen. Man verbindet damit die Berichte über die grausame Unterdrückung von Kongreß-Polen durch die Soldateska des Zarenreiches, sowie den heldenhaften, wenn auch vergeblichen Aufstand gegen die Russen und die ungebrochene Zuversicht eines Volkes, dessen Land von drei angrenzenden Mächten aufgeteilt wurde. Der Freiheitskampf der Tschechen ist weniger spektakulär. Man beobachtet nur, wie sich dieses Volk allmählich sammelt und seinen anfänglich stark beengten Freiheitsraum Schritt für Schritt ausweitet und ausbaut. Auch sie erhalten Unterstützung aus dem Ausland, doch geschieht dies still, nahezu unbemerkt und wird auch nicht immer reinen Herzens gewährt. Die Konflikte der Tschechen mit der Zentralregierung schwächen die österreichisch-ungarische Großmacht, daher verfolgt Frankreich dieses Ringen um die

Freiheit eines Volkes mit Wohlwollen. Ebenso fördert Petersburg die Bestrebungen der slawischen Brüder, obwohl dies der von Rußland arrogierten Stellung als Hüterin der dynastischen Interessen in Europa widerspricht; aber man träumt in Petersburg von einem panslawischen Reich unter Rußland Hegemonie. Besonnene Kreise in Prag ahnen, was ihnen da blühen würde, und ziehen es vor, ihre Rechte innerhalb der Monarchie auf allen Gebieten zu vergrößern und zu vertiefen. Die politische Entwicklung ist günstig. Die Wiener Regierung muß unter dem Eindruck der militärischen Niederlagen und der großen Gebietsverluste zurückweichen und den Forderungen der Ungarn nachgeben, sie muß auch den Tschechen Stück für Stück entgegenkommen, zuerst auf dem Gebiet des Schulwesens, dann in ökonomischen Bereichen, in der Frage der Verwendung der tschechischen Sprache in Verwaltung und Justiz und vor allem im kulturellen Raum. Prag erhält seine tschechische Universität, die von der deutschen getrennt ist, seine tschechischen Theater und Konzertvereinigungen; es erhält vor allem seine tschechische Musikpflege, weil das tschechische Volk einige Musiker aufweisen kann, die eine eigenständige tschechische Musik gewährleisten, Musiker von internationalem Ruf weit über die Grenzen ihres Sprachraumes hinaus. Der erste ist Smetana gewesen, der zweite wird Dvořák. Beide sind vom nationalen Komponisten zu übernationalen Gestalten gewachsen. Aber Smetana, der dem österreichischen Kaiser seine Sinfonie mit dem Kaiserlied widmen will, wird noch abgewiesen, Dvořák erhält bereits von der „Österreichischen Kommission für Künstlerstipendien" eine monatliche Unterstützung zur Weiterbildung, obwohl er die Kantate „Die Erben des Weißen Berges" geschrieben hat.

Leben

Antonín Dvořák wird am 8. September 1841 in Nelahozeves (Mühlhausen) als Sohn eines Metzgers und Gastwirtes geboren. Schon als Knabe singt er im Kirchenchor und spielt auf Tanzböden. Mit zwölf Jahren wird er in ein Nachbardorf geschickt, um Deutsch zu lernen; dort erhält er vom Schulmeister seine Grundausbildung zum Musiker. Aber nachdem er als Gehilfe in den Betrieb des Vaters eintreten soll, zieht er es vor, nach Prag zu gehen und sich dort als Kirchensänger und Wirtshausmusikant durchzuschlagen. Er nimmt in der Orgelschule des Organisten und Kirchenkomponisten Karel František Pitsch (1789–1858) Unterricht; Josef Foerster (1833–1907; Organist, Kirchenkomponist, Musiklehrer) ist einer seiner Lehrer. Er lernt dabei neben einer gründlichen theoretischen und praktischen Ausbildung die alten Meister bis zur Klassik genau kennen; mit der Romantik kann er sich als freiwilliges Mitglied am Geigenpult im Orchester der Cäciliengesellschaft vertraut machen. 1850 tritt er einer von Karel Komzák (1823–1893; Organist, Militärkapellmeister, Komponist von Tanzmusik und Militärmärschen) geleiteten Musikkapelle als Bratschist bei, dann gelingt es ihm, zum Orchester des Prager Interimstheater (Vorläufer des Národní Divadlo) überzuwechseln, das bald darauf Smetana unterstellt wird. Die Bezahlung ist schmal, er ist genötigt, einen Teil seines Unterhaltes durch Musikunterricht zu decken. Er beginnt schon, nachdem er die Orgelschule verlassen hat (1859), zu komponieren, aber durch zehn Jahre erfahren nur seine engsten Freunde etwas davon, obschon sich darunter bereits sehr beachtliche Werke befinden: frühe Kammermusik, Sinfonien, Messen, Liederzyklen und sogar 2 Opern. Erst 1873 werden etliche seiner kleineren Werke aufgeführt, der Durchbruch gelingt dann mit der Kantate „Die Erben des Weißen Berges". Er kann nun das Orchester verlassen und sich der Komposition widmen. Er betritt den Weg des tschechischen Komponisten, den Smetana vorausgegangen ist. Obwohl er fleißig komponiert und seine Musik überall gefällt, bleibt sein Einkommen klein. Erst als Brahms auf die Kompositionen aufmerksam wird, die Dvořák einem Stipendienansuchen beilegt, geht es aufwärts. Bedeutende europäische Verlage interessieren sich für seine Kompositionen, er wird international bekannt; die ersten Dirigenten und Virtuosen bemühen sich um die Werke dieses würdigen Nachfolgers des bereits berühmten Tschechen Smetana, er selbst dirigiert seine Werke in Deutschland und England. 1891 wird er zum Kompositionsprofessor am Prager Konservatorium ernannt und 1892 als Direktor des National Conservatory of Musik nach New York berufen, wo er bis 1895 bleibt. Darauf übernimmt er die Leitung des Konservatoriums in Prag, wo er plötzlich am 1. Mai 1904 stirbt. Er wird als weltberühmter Komponist und als großer Sohn seines Volkes mit allen Ehren auf dem Friedhof von Vyšehrad in Prag beigesetzt.

Literatur

H. Schulze: Antonín Dvořák. 1956
A. Hoorejs: Antonín Dvořák. Sein Leben und Werk in Bildern. 1955
J. Burghauser: Antonín Dvořák. Thematisches Verzeichnis. 1960
(Die Registrierung der Werke nach „B" hat sich noch nicht durchgesetzt.)

Werke

„Ich möchte vor Neid aus der Haut fahren über das, was dem Menschen so ganz nebenbei einfällt", erklärt Brahms, dem schließlich auch nicht wenig eingefallen ist. Es ist auch eines der Hauptmomente aller Werke Dvořáks, vom ersten bis zum letzten, daß sie nahezu bersten vor immer neuen, immer überraschenden und immer hinreißenden Einfällen. Vieles glaubt man schon gehört zu haben, als Volksweise oder Kinderlied, es ist aber stets neu und ursprünglich, nur ungeheuer eingängig. Der abgeklärte Klangzauber seiner Kammermusik, die Pracht der Sinfonien, die Wogen seiner Chöre, das Glitzern des Klaviers, die elegischen Kantilenen, die stampfenden Rhythmen, die rasenden Prestopassagen können nur aus der leidenschaftlichen Hingabe zu seiner Heimat, zur Schönheit der böhmischen Landschaft geflossen sein. Diese Musik ist die durch Genialität in Melos und Harmonik, in Klang und Rhythmus umgesetzte, maßlose Heimatliebe und Wiedergabe der wirklichen Bilder von Land und Volk. Natürlich tritt zum inneren Wollen auch das äußere Können. Dvořák ist ein Meister aller musikalischen Formen und einer raffinierten Instrumentation. Man hat an ihm bemängelt, daß er den Effekt sucht, und dabei nicht gesehen, daß er seine Effekte weniger für sein Publikum als für sich selbst findet. Er hat sein Leben lang Musik gemacht, zuerst als Instrumentalist in verschiedener Umgebung, später als Komponist und Dirigent, er hat damit sein Publikum unterhalten und erfreuen wollen. Aber anscheinend hat er immer selbst mehr und freudiger seiner Musik gelauscht als seine Zuhörer, denn er bleibt nach seinem eigenen Bekenntnis trotz allem, was er immer gewesen ist, ein einfacher tschechischer Musikant. Dvořák hat neun Sinfonien geschrieben, von denen die ersten vier mit den Einverständnis des Komponisten zu seinen Lebzeiten nicht in sein Werkverzeichnis aufgenommen worden sind. Seine Sinfonie Nr. 1 c-Moll mit dem Titel „Glocken von Slonice", 1865, ist bis zum Jahr 1923 vermißt gewesen. Die Sinfonie Nr. 2 B-Dur op. 4 aus dem gleichen Jahr wird wegen ihres Reichtums an musikalischen Einfällen immer öfter gespielt. Die Sinfonie Nr. 3 Es-Dur op. 10 von 1873, unter Smetana am 30. März 1874 in Prag uraufgeführt, zeigt bereits mit ihren tiefen Reflexionen und ihrer breiten Epik ein gereiftes Finden zum eigenen Stil des Komponisten. Mehr noch kommt der von nun an gültige Zug der Dvořák-Konzeption, sein Musikantentum und seine Meisterung der sinfonischen Form wie etwa in der Sinfonie Nr. 4 d-Moll op. 13 von 1874, zur Geltung. Die Sinfonie wird unter dem Komponisten am 6. April 1892 in Prag uraufgeführt. Im Jahr 1875 entsteht die Sinfonie Nr. 5 F-Dur op. 76, uraufgeführt 1888 in London; sie wird als Dvořáks „Pastorale" bezeichnet. Mit der Sinfonie Nr. 6 D-Dur op. 60 von 1880, der Sinfonie Nr. 7 d-Moll op. 70 von 1885, Nr. 8 G-Dur op. 88 von 1889 und der weltberühmten Nr. 9 e-Moll op. 95 von 1893 tritt der Komponist in die erste Reihe der Sinfoniker seines Jahrhunderts. Seine Sinfonischen Dichtungen „Der Wassermann", „Die Mittagshexe", „Das goldene Spinnrad" und „Die Waldtaube" stehen den Sinfonien an künstlerischem Wert und Beliebtheit nicht nach. Auch seine Ouvertüren gehören zu seiner Programmusik und stehen den Sinfonischen Dichtungen nahe, besonders die „Hussitische Ouvertüre" op. 67, welche die „Entstehung der Hussitenbewegung, die Hussitenkriege und den danach endlich errungenen Frieden" darstellt, der Zyklus „In der Natur", „Karneval" und „Othello" (1891–92) wird unter dem Titel „Natur, Leben und Liebe" aufgeführt. Die Slawischen Tänze bilden ebenso eine gedankliche Einheit. Von seinen drei Instrumentalwerken, Klavierkonzert g-Moll op. 33, Violinkonzert a-Moll op. 53 und Cellokonzert b-Moll op. 104, erreicht das letztgenannte den höchsten Beliebtheitsgrad. Jedoch so beliebt und berühmt seine sinfonischen Werke sind, seine Hauptstärke liegt unzweifelhaft auf dem Gebiet der Kammermusik, mit der er sich in die Reihe der ersten Meister des 19. Jahrhunderts stellt. Ein Streichsextett, 2 Klavierquintette, 3 Streichquintette, 16 Streichquartette, 2 Klavierquartette, 5 Klaviertrios, eine Sonate und eine Sonatine für Klavier und Violine, jedes einzelne Werk ein Schatz aus Melos und Rhythmus, hätten Dvořák allein schon einen Ehrenplatz in der Musikgeschichte gesichert. Dazu kommen aber noch eine beträchtliche Anzahl Klavierkompositionen und nicht zuletzt die umfangreichen Chorwerke: Requiem op. 89, Stabat Mater op. 58, Messe D-Dur op. 86, das Oratorium „Heilige Ludmilla" op. 71 und die Balladenkantate „Die Geisterbraut". Zahlreiche Lieder runden das Werk, das Dvořák hinterläßt, ab.

SINFONIE NR. 6 D-DUR OP. 60
4 Sätze. Gewidmet Hans Richter, entstanden 1880, von Richter bestellt zur Aufführung durch die Wiener Philharmoniker. Die Uraufführung wird jedoch hintertrieben und findet am 25. März 1881 in Prag unter Adolf Čech statt. Die Sinfonie wird anschließend in allen europäischen Musikzentren mit großem Erfolg gespielt. Erst die nachfolgenden Sinfonien überschatten später den Ruf dieses Werkes. Das Thema des ersten Satzes ist lyrisch aber doch kräftig, die Holzbläser tragen eine bukolische Stimmung in den einfallsreichen Ablauf des musikalischen Geschehens. Das Adagio betont das Pastorale der Sinfonie noch stärker. Das Scherzo (ein Furiant) hat das Publikum bei der Premiere so begeistert, daß es wiederholt werden mußte. Und das Finale konzentriert eine Überfülle von farbigen Klangbildern, daß sie vom Zuhörer kaum bewältigt werden können. Spielzeit: 40 Minuten.

SINFONIE NR. 7 D-MOLL OP. 70
4 Sätze, entstanden 1884, uraufgeführt am 22. April 1885 in London unter dem Komponisten. Der erste Satz hat Sonatenform, sein Kopfthema ist energisch und kompakt, das zweite Thema ist stimmungsvoll und pastoral, die Auseinandersetzung ist kein Kampf, sondern ein Austausch romantischer Gedanken. Das Adagio bringt typische slawische Klangkontraste, eine aufsteigende Trauer wird mit pastoralen Wendungen besänftigt. Das Scherzo entnimmt seinen Rhythmus den heimischen Tänzen. Im vierten Satz klingt das Thema des ersten wieder auf. Jeder tragische Gedanke wird sieghaft verdrängt. Spielzeit: 35 Minuten.

SINFONIE NR. 8 G-DUR
„DIE ENGLISCHE" OP. 88
4 Sätze, entstanden 1889, uraufgeführt am 2. Februar 1890 in Prag unter dem Komponisten. Ihren Namen verdankt die Sinfonie ihrer Veröffentlichung in einem englischen Verlag. Sie nähert sich dem Charakter einer Sinfonischen Dichtung; die einzelnen Sätze machen einen improvisatorischen Eindruck, überschreiten aber die vorgezeichnete Form einer Sinfonie nicht. Der erste Satz wird feierlich von Celli und Bläsern eröffnet, als nähere sich der Mensch der Natur mit Ehrfurcht, dann allerdings schiebt sich ein fröhliches Bild nach dem anderen vor das Auge des Betrachters. Der zweite Satz ist balladesk, als sollte in das Bild

der Natur eine Episode gezeichnet werden. Im Scherzo erklingt eine geschmeidige Walzermelodie, die in der Coda in einen slawischen Tanz übergeht. Das Finale bringt eine vierfache Variation eines in der tschechischen Volksmusik wurzelnden Themas und endet mit einer Apotheose auf Heimat und Natur. Spielzeit: 38 Minuten.

SINFONIE NR. 9 ES-MOLL „AUS DER NEUEN WELT" OP. 95

4 Sätze, entstanden 1893 in New York, dort uraufgeführt am 16. Dezember 1893 unter dem Komponisten. Die Sinfonie gehört zu den Standardwerken aller Konzertsäle. Sie benützt keine indianischen Melodien, sondern eigene Themen, denen die Besonderheiten der Indianermusik verliehen sind. Der erste Satz beginnt mit einer langsamen schwermütigen Einleitung, aus der sich das Hauptthema entwickelt. Das zweite Thema ist davon abgeleitet und verbindet sich mit dem ersten zu einer völlig neuen Klangwirkung. Im zweiten Satz trägt das Englischhorn einen Largogesang vor, in dem die endlose Ferne und die verlassenen Weiten der Prärie deutlich werden – wohl eine der schönsten Melodien, die der Komponist geschaffen hat. Das Scherzo bringt einen indianischen Festtanz, in dessen Mitte die Erinnerung an die tschechische Heimat Dvořáks aufsteigt. Das Finale ist ganz der Erinnerung an die Heimat gewidmet. Das Marschthema klingt wie eine fröhliche Heimkehr. Spielzeit: 40 Minuten.

HUSSITISCHE OUVERTÜRE OP. 67

Komponiert 1883 für eine dramatische Trilogie von František Šubert, uraufgeführt am 18. November 1882 in Prag. Die Ouvertüre stellt programmatisch die Entstehung der Hussitenbewegung, die Hussitenkriege und den danach endlich erungenen Frieden dar und verarbeitet den Wenzelschoral aus dem 13. Jahrhundert und das hussitische Kampflied aus dem 15. Jahrhundert.

NATUR, LEBEN UND LIEBE, ZYKLUS AUS DREI OUVERTÜREN

Uraufgeführt am 28. April 1892 in Prag, bestehend aus: In der Natur, op. 91, worin die Natur als große Spenderin und Hüterin allen Lebens dargestellt ist, Karneval, op. 92, Wiedergabe des berauschenden Lebens der Faschingszeit, Othello, op. 93, als Denkmal der Liebe in allen ihren Äußerungen, in ihrer beglückenden, aber auch vernichtenden Kraft.

DER WASSERMANN, SINFONISCHE DICHTUNG OP. 107

Entstanden 1896, uraufgeführt am 3. Juni 1896. Der Wassergeist ertränkt Menschen und hält ihre Seelen im Wasser in umgestürzten Töpfen gefangen. Die Mutter warnt die Tochter, an das Seeufer zu gehen, aber das Mädchen betritt den Steg, bricht durch, kommt in die Gewalt des Geistes und wird seine Frau. Sie hat Sehnsucht nach der Mutter und bittet den Wassermann, diese besuchen zu dürfen. Er erlaubt es, behält aber das Kind als Geisel. Als die Frau beim Läuten der Abendglocken nicht zurückkehrt, tötet der Geist das Kind und schleudert es den beiden Frauen vor die Hütte.

DIE MITTAGSHEXE, SINFONISCHES GEDICHT OP. 108

Entstanden 1896, uraufgeführt am 3. Mai 1896. Die Mittagshexe ist ein böses, häßliches Weib, das zur Mittagszeit auf dem Dorfplatz erscheint und den Müttern ihre Kinder wegnimmt. Die erzürnte Mutter will ihr weinendes Kind damit einschüchtern, daß sie die Mittagshexe ruft. Die

Hexe kommt und fordert das Kind. Die Frau preßt das Kind angstvoll an sich, die Mittagsglocke ertönt, das Gespenst verschwindet. Der Vater findet Mutter und Kind leblos auf dem Boden, die Mutter kommt zum Leben zurück, das Kind ist tot.

DAS GOLDENE SPINNRAD, SINFONISCHES GEDICHT OP. 109

Der König lernt auf der Jagd die schöne Spinnerin Dornička kennen, die bei ihrer bösen Stiefmutter wohnt. Diese soll ihm das Mädchen in das Schloß bringen. Die Tochter macht sich mit ihr und der eigenen Tochter auf den Weg, sie ermorden Dornička, und dem König wird die junge Mörderin zugeführt. Da die beiden Mädchen einander ähnlich sehen, durchschaut der König den Betrug nicht, zieht in den Krieg und weist die Gattin an, recht viel zu spinnen. Der gute Waldgeist macht das ermordete Mädchen mit dem Wasser des Lebens wieder lebendig, der König kehrt zurück, aber das goldene Zauberspinnrad kündet ihm die böse Tat. Der König findet Dornička und bestraft die Mörderinnen mit dem Tod.

DIE WALDTAUBE, SINFONISCHES GEDICHT OP. 110

Ein Trauermarsch ertönt, die junge Witwe trägt ihren Gatten zu Grabe, den sie vergiftet hat, weil sie einen anderen liebt. Der Trauermarsch geht in einen lustigen Tanz über, die Mörderin heiratet von neuem. Das böse Gewissen kommt in Gestalt der Taube, die von der Eiche am Grab des Ermordeten mahnt. Die Schuldige sucht schließlich selbst den Tod.

SLAWISCHE TÄNZE OP. 46 UND 72

Je acht ursprünglich für Klavier komponierte Tänze. Nr. 1, ein böhmischer Furiant. Nr. 2, eine ukrainische Dumka. Nr. 3, eine Polka. Nr. 4, eine Sousedská. Nr. 5, eine Skočná. Nr. 6, eine Sousedská. Nr. 7, eine Tetka aus Mähren. Nr. 8, ein Furiant. Nr. 9, eine slowakische Odzemek. Nr. 10, eine ukrainische Dumka. Nr.. 11, eine böhmische Skočná. Nr. 12, eine ukrainische Dumka. Nr. 13, eine böhmische Špacírka. Nr. 14, eine Polonaise. Nr. 15, ein serbischer Kolo. Nr. 16, eine langsame böhmische Sousedská.

KLAVIERKONZERT G-MOLL OP. 33

3 Sätze, entstanden 1867, uraufgeführt mit Karel Slavkovský unter dem Komponisten in Prag am 24. März 1878. Der Solopart ist nicht virtuos, sondern dem Orchester sinfonisch beigeordnet. Das Hauptthema des ersten Satzes ist lapidar und zugleich nachdenklich, das zweite gesanglich und deutlich „tschechisch". Durchführung und Reprise verleihen dem Satz ein dramatisch-pathetisches Gepräge. Die Themen des zweiten Satzes sind voll Poesie. Das sonatenförmige Finale con fuoco ist ein Capriccio voll Humor, dem ein lyrisches Thema interessante Kontrastfarben verleiht. Spielzeit: 35 Minuten.

VIOLINKONZERT A-MOLL OP. 53

3 Sätze, entstanden 1879, uraufgeführt am 14. Oktober 1883 in Prag mit František Ondříček unter dem Komponisten. Der erste Satz ist rhapsodisch und kurz und geht unmittelbar in den zweiten Satz über, in dem das Soloinstrument eine weitgespannte, sehnsüchtige, gesangvolle Melodie vorträgt. Der letzte Satz führt in das pulsende Leben zurück. Ein Furiant wird angestimmt, der an den Solisten große Anforderungen stellt, obwohl die Virtuosität nirgends zum Selbstzweck wird. Spielzeit: 37 Minuten.

Pablo Casals war Musikwissenschafter, Komponist und Dirigent, aber vor allem ein Meistercellist, der kaum seinesgleichen fand. Das Cellokonzert von Dvořák gehörte zu seinen Spitzenleistungen.

CELLOKONZERT B-MOLL
OP. 104
3 Sätze, entstanden 1895 in New York, uraufgeführt am 19. März 1896 in London mit Leo Stern unter dem Komponisten, eines der bedeutendsten Werke des Komponisten und der gesamten Celloliteratur überhaupt und feste Programmnummer aller Virtuosen. Der Solist übernimmt im ersten Satz sowohl das große kühne Kopfthema wie das lyrische zweite Thema, das die Sehnsucht nach der Heimat deutlich werden läßt. Der zweite Satz bringt im breiten Fluß innige Lyrik, die im Mittelteil pathetischen Charakter annimmt. Im Finale klingt die Freude über die bevorstehende Heimkehr auf. Es entspinnt sich ein Duo zwischen dem Cello und einer Violine, das Hauptthema des ersten Satzes erscheint, dann des zweiten, dann wird breit das Bild der Heimat jenseits des Meeres entworfen. Spielzeit: 42 Minuten.

STREICHQUARTETT F-DUR
OP. 96
4 Sätze, entstanden 1893 in Spillvill, USA. Das beliebteste und berühmteste Quartett des Komponisten verbindet amerikanische Klangwelt mit heimischer Themenfassung, musikantische Rhythmen mit inniger Lyrik, das Rondo-Finale gehört zu den reizendsten Einfällen des Komponisten.

DUMKY-TRIO E-MOLL OP. 90
6 Sätze, entstanden 1890/91, uraufgeführt in Prag am 11. April 1891, freie instrumentale Folge von balladenhaften slawischen Tanzliedern; die ersten drei Sätze in e-Moll, cis-Moll, A-Dur bilden den ersten Abschnitt, die zweiten drei Sätze in d-Moll, es-Moll, c-Moll den zweiten Abschnitt. Jede Dumka ist ein Kabinettstück melodischen Charmes.

DIE HEILIGE LUDMILLA, ORATORIUM FÜR SOLI, CHOR UND ORCHESTER OP. 71
Libretto von Jaroslav Vrchlický, entstanden 1886, uraufgeführt in Leeds am 15. Oktober 1886 unter dem Komponisten. Der Přemyslide Vratislav hat seinen unmündigen Sohn Václav den Thron hinterlassen. Es kommt zur Auseinandersetzung zwischen der Gattin Vratislavs und dessen Mutter Ludmilla über die Regentschaft für den Unmündigen, in dessen Verlauf Ludmilla, die erste christliche Herrscherin Böhmens, getötet wird. Die Schwiegertochter Drahomira wird wegen dieses Mordes von ihrem eigenen Sohn Václav vertrieben, der inzwischen die Herrschaft angetreten hat und Ludmilla als Märtyrin feiern läßt. Der Erfolg dieses Werkes im oratoriumfreundlichen England ist

durchschlagend, auch Aufführungen dieses Monumentalwerkes in der Heimat, das den Oratorien des 19. Jahrhunderts an die Seite zu stellen ist, haben ungeteilten Beifall gefunden.

Tips für Plattenfreunde

○ Sinfonien Nr. 1–9 (8 Stereo-LP/ Ariola XR 87 118 K) Tschechische Philharmonie. Werkgetreue Wiedergabe
○ Die Mittagshexe, Sinfonische Variationen, Wassermann (Stereo-LP/Deutsche Grammophon 2530 712 IMSW)
○ Das goldene Spinnrad, Die Waldtaube (Stereo-LP/Deutsche Grammophon, 2530 713, beide Kubelik)
○ Die Hussiten, In der Natur, Othello, Karneval (Stereo-LP/Deutsche Grammophon 2530 785, Kubelik)
○ Klavierkonzert (Stereo-LP/CBS 67 480, Bernstein, Frantz)
○ Violinkonzert (Stereo-LP/Ariola XG 86 095 K, Oistrach)
○ Cellokonzert (Stereo-LP/Ariola XD 85 645 K, Rostropowitsch)
○ Streichquartett, Amerikanisches op. 96 (Stereo-LP/CBS 61 615, Julliard-Quartett)
○ Dumky-Trio (Stereo-LP/Deutsche Grammophon 2530 594, Yuval Piano Trio)
○ Sancta Ludmilla (3 Stereo-LP/ Schwann 2 563) Vorzügliche Aufnahme

EDVARD GRIEG (1843–1907)

Zeit und Umwelt

Die Begründer der eigenständigen Musik in den skandinavischen Staaten kommen zum Teil aus Deutschland oder stehen unter dem Einfluß deutscher Komponisten. Vorwiegend orientieren sich die Skandinavier an der Romantik Mendelssohns, von dem sie wohl die „Romantik" übernehmen, nicht aber seine Selbstdisziplin und noch weniger seinen Reichtum an musikalischen Einfällen. Sie ahmen nach, was sie erlernen können und reichern das Erworbene aus dem Volksliedgut ihrer jeweiligen Heimat an. Daraus wäre ein verweichlichter Skandinavismus entstanden, dem die Substanz zu einer Weiterentwicklung gefehlt hätte. Zum Glück bringen alle drei Länder Talente hervor, die diese Gefahr erkennen und ihr zu steuern wissen, weil sie selbst über genügend Musikalität verfügen, um auf Nachahmungen verzichten zu können.

Leben

Edvard Hegerup Grieg wird am 15. Juni 1843 in Bergen als Sohn eines Kaufmanns aus schottischer Familie (die einstmals Greig geheißen hat) und einer Mutter mit pianistischer Ausbildung geboren. Der norwegische Geiger Ole Bornemann Bull (1810–1880; Spohr- und Paganini-Schüler, berühmter Virtuose) veranlaßt Grieg, 1858 an das Leipziger Konservatorium zu gehen, wo dieser bei Moscheles Klavier, bei Hauptmann Musiktheorie und bei Reinecke Komposition studiert. 1862 setzt

Edvard Grieg (1843–1907)

er sein Studium in Kopenhagen bei Gade fort, findet aber auch da nicht, was er irgendwie unausgesprochen und unbestimmt sucht und ihm erst klar wird, als er, in seine Heimat zurückgekehrt, Richard Nordraak kennenlernt (1842–1866; Komponist von Bühnenmusik, Sammler norwegischer Volksmusik). „Erst durch ihn lernte ich die norwegischen Volksweisen und meine eigene Natur kennen. Wir verschworen uns gegen den mendelssohnverweichlichten Skandinavismus und schlugen mit Begeisterung neue Wege ein", schreibt er. Auch von norwegischen Komponisten und Patrioten Halfdan Kjerulp (1815–1868; Musiklehrer, Konzertunternehmer, Verfasser vieler Vokal- und Klaviermusik, Musikschriftsteller) kommen ihm viele wertvolle Anregungen zu. Grieg lebt von 1866 bis 1874 in Kristiania als Komponist, Pianist, Dirigent und Musiklehrer und steht von 1873 an in Verbindung mit Svendson, dessen künstlerischen Ziele den seinen parallel laufen. In Rom, wohin er 1865 und 1870 reist, kommt er mit Liszt in Kontakt. Ibsen und Bjørnson, die auf dem Gebiet der Literatur die gleichen Wege beschreiten, werden seine Freunde. 1874 wird ihm das Musikwesen von Bergen übertragen. Von dort aus unternimmt er seine Konzertreisen und erringt mit seiner typisch norwegischen Musik als Pianist und Dirigent überall große Erfolge. Er wird von Universitäten und Akademien geehrt und ausgezeichnet; in Norwegen selbst rückt er nachgerade in den Rang eines Volkshelden auf, sein Name verknüpft sich mit den Anstrengungen, das Land von der schwedischen Herrschaft zu befreien. Er stirbt in seinem Landhaus Troldhaugen bei Bergen am 4. September 1907. Sein Tod wird im ganzen Land betrauert.

Literatur
E. A. Cherbuliez: Grieg. 1947

Werke
Grieg ist ein Meister der kleinen Instrumentalformen und des Liedes und hat nur wenige Werke größeren Umfanges geschrieben. Sein umfangreichstes ist das Klavierkonzert a-Moll op. 16. Die Konzertouvertüre „Im Herbst" op. 11 und das Stück „Aus Holbergs Zeit" op. 40 werden öfters von kleineren Orchestern gespielt. Beliebt sind die Suiten, vor allem die aus der Musik zu Ibsens Schauspiel zusammengestellten „Peer Gynt"-Suiten. Seine Kammermusik (Streichquartett g-Moll, die Cello-Klavier-Sonate a-Moll und die drei Violin-Klavier-Sonaten) wird kaum mehr gehört. Die Klaviermusik (68 Lyrische Stücke, 4 Humoresken, die Ballade g-Moll und die Sonate e-Moll und andere mehr) sind zur Hausmusik geworden; ebenso die seinerzeit wegen ihrer reizenden Klangwirkung sehr beliebten rund 250 Lieder. Die Chorwerke werden nur mehr von Vereinen gepflegt.

PEER-GYNT-SUITE NR. 1 OP. 46

Entstanden 1888 aus der 1876 zum dramatischen Gedicht von Henryk Ibsen „Peer Gynt" verfaßten Bühnenmusik. Aus den 22 Nummern sind besonders zu erwähnen: Nr. 1, Präludium; Nr. 13, „Morgenstimmung", stark nordisch gefärbte Musik; Nr. 12, „Åses Tod", ein choralartiger eigentümlich harmonisierter Satz für Streicher; Nr. 16, „Anitras Tanz", exotisches Tonbild, das den Auftritt der Tochter des Beduinenhäuptlings illustriert; Nr. 7, „In der Halle des Bergkönigs", eine phantastische Groteske. Spielzeit: 15 Minuten.

PEER-GYNT-SUITE NR. 2 OP. 55

Entstanden 1891. Nr. 4, „Brautraub-Ingrids Klage" stellt dar, wie Ingrid vor den Augen der Hochzeitsgesellschaft geraubt und in die Berge entführt wird, Nr. 23, „Arabischer Tanz", bietet lebhaften orientalischen Rhythmus, Nr. 19, „Peer Gynts Heimkehr", schildert den Schiffbruch und die Rettung des Helden an der norwegischen Küste, Nr. 11, „Solvejgs Lied" (zuweilen auch gesungen) zeigt die Sehnsucht des in der Heimat auf den Jugendgeliebten wartenden Mädchens, Nr. 8, „Tanz der Tochter des Bergkönigs" bietet norwegische Rhythmen. Spielzeit: 20 Minuten.

KLAVIERKONZERT A-MOLL OP. 16

3 Sätze, entstanden 1868, uraufgeführt in Kristiania 1869 mit Edmund Neupert. Form und Stimmungsgehalt erinnern an Schumann, die Durchführung aber mehr an Liszt, dennoch handelt es sich um eine völlig eigenständige (norwegische) Musik Griegs. Der erste Satz beginnt vollgriffig mit einem für Grieg typischen absteigenden Motiv, dann folgt das Hauptthema rhythmisch markant anfänglich, dann gesanglich-lyrisch; auch des Seitenthema der Celli ist stark lyrisch; nach einer rhapsodischen Durchführung folgt eine große Kadenz mit einer kurzen Coda, welche die Einleitung wiederholt. Der zweite Satz bringt eine ruhige, breite Melodie, die das Soloinstrument zu einer mächtigen Steigerung führt. Im unmittelbar anschließenden Finale trägt das Klavier norwegische Tanzrhythmen vor, eine Flötenkantilene folgt, dann setzt nach einer kurzen Kadenz eine Stretta ein und mündet mit dem lyrischen Seitenthema im triumphierendem Fortissimo. Spielzeit: 30 Minuten.

Tips für Plattenfreunde

○ Klavierkonzert (Stereo-LP/Ariola XC 86 851 K, Cherkassky)
Brillantes Spiel
○ Peer-Gynt-Suiten 1 und 2 (Stereo-LP/CBS 78 229, Bernstein)
○ Klaviermusik (4 Stereo-LP/EMI 1C 147 = 05 702/05)
Umfassende Darstellung
○ Cello-Sonate (Stereo-LP/DaCa 93 704)
○ Lieder (Stereo-LP/Bellaphon EA 22 437, Nienstedt-Wegner)

NIKOLAI RIMSKI-KORSAKOW (1844–1908)

Zeit und Umwelt

Zu den gemeinsamen Merkmalen der national-russischen Komponisten der zweiten Hälfte des 19. Jahrhunderts gehört, daß sie weit von den großen Städten auf Landgütern oder in Dörfern ihre erste Kindheit verleben und mit dem Volksliedgut in unmittelbare Berührung geraten. Weiter ist ihnen gemeinsam eine entweder aristokratische oder zumindest großbürgerliche Abstammung, die ihnen ein ihrer Gesellschaftsschichte entsprechende Ausbildung ermöglicht; sie werden zu Offizieren, Beamten oder Technikern herangebildet. Ihre musikalische Tätigkeit beschränkt sich im großen und ganzen darauf, was eben im Rahmen ihrer Erziehung zur allgemeinen Bildung gerechnet wird. Spät erst stoßen sie zur Musik, spät erst entschließen sie sich, ihre Berufe, wenn überhaupt, aufzugeben. Die Beziehungen ihrer Familien und die durch ihren Beruf gewonnenen Kontakte sind aber auch den Musikern förderlich und verhelfen oft rasch zu mancher Position, die sich Musiker in anderen Ländern durch Jahre mühsam erarbeiten müssen. Es sind keine Wunderkinder und Frühbegabungen darunter, aber sie holen rasch auf, an musikalischer Technik und an Karriere, die durch ihre revolutionäre Haltung nicht gefährdet ist, denn sie sind und bleiben Repräsentanten ihrer gesellschaftlichen Klasse – Mussorgski ausgenommen –, sowohl als Beamte und Offiziere, als Musiklehrer und Dirigenten und als Komponisten.

Leben

Nikolai Andrejewitsch Rimski-Korsakow wird am 18. März 1844 in Tichwin, Gouvernement Nowgorod, in einer aristokratischen Familie geboren. Er erhält als Kind den in solchen Kreisen üblichen Musikunterricht, tritt mit zwölf Jahren in das Petersburger Seekadettenkorps ein und wird als Seeoffizier 1862 für zwei Jahre auf hohe See gesendet. Während der Kadettenzeit entdeckt er seine steigende Liebe zur Musik, er nimmt Cello- und Klavierunterricht und lernt 1861 Balakirew kennen. Diese Bekanntschaft wirkt sich für sein weiteres Leben entscheidend aus, weil ihn das Haupt der jungrussischen Schule und dessen Gefolgsmänner Cui, Borodin und Mussorgski zu einem ernsten Musikstudium überreden können. Die Frucht dieser Bemühungen ist, daß der junge Seeoffizier auf dieser ersten Reise seine Sinfonie Nr. 1 (die vielfach als erste russische Sinfonie überhaupt bezeichnet wird) komponiert; sie wird von Balakirew im Dezember 1865 erstmals aufgeführt. Nach einem Sinfonischen Gedicht (Sadko) wagt er sich an seine erste Oper („Das Mädchen von Psowk"), quittiert seinen Seedienst, wird Inspektor der russischen Marinekapellen und 1871 Lehrer am Petersburger Konservatorium für Komposition und Instrumentation. Zu seinen Schülern zählen Glasunow, Strawinski, Respighi, Anton Stepanowitsch Arenski (1861–1906; seit 1905 Leiter der Hofsängerkapelle in Petersburg, Komponist von Balletten, Opern, Kantaten, Sinfonien, Kammer- und Klaviermusik, außerdem von romantisch harmonisierter Kirchenmusik), Anatoli Konstantinowitsch Ljadow (1855–1914; als Lehrer am Konservatorium Fortsetzer von Rimski-Korsakow, Verfasser mehrerer beliebter sinfonischer Dichtungen: „Baba Jaga", „Der verzauberte See", „Kikimora", „Nänie", „Tanz der Amazonen", „Aus der Apokalypse" und von kleinen Klavierwerken), Michail Michailowitsch Ippolitow-Iwanow (1859–1935; Komponist von Sinfonien, sinfonischen Dichtungen wie „Kaukasische Skizzen", nachromantischer Kammermusik, Liedern, Chören und Opern), Alexandr Tichonowitsch Gretschaninow (1864–1956; Komponist von Opern und Klavierstücken für Kinder, von 5 Sinfonien, Violin- und Cellokonzerten, Kammermusik, darunter Werke über baschkirische Melodien, Chöre, über 260 Lieder, Schauspielmusiken und große Opern), Liberio Antonowitsch Sacchetti (1852 – um 1813, Musikhistoriker, Musikschriftsteller). Rimski-Korsakow neigt immer mehr zur Opernkomposition, deren Libretti er der russischen Sage und Geschichte entnimmt. Als Dirigent erringt er auch im Ausland große Erfolge (Paris, Brüssel). Mehrmalige Aufforderungen, die Leitung des Moskauer Konservatoriums zu übernehmen, lehnt er ab. Er bleibt Petersburg treu und stirbt in Lubensk, unweit Petersburg, am 8. Juni 1908, geachtet und geehrt als einer der Großen der neueren russischen Musik.

Werke

Von seinen Opern werden in Rußland heute noch viele aufgeführt, von seinen 3 Sinfonien wird die zweite (Antar) heute noch gespielt. Die Ouvertüre „Russische Ostern" ist noch immer sehr beliebt, ebenso das Klavierkonzert cis-Moll von 1883 und besonders die sinfonische Dichtung „Scheherezade" von 1888, und das „Capriccio espagnol" von 1887. Von seinen Kammermusiken ist nur mehr das Quintett für Klavier und Bläser lebendig.

ANTAR, SINFONISCHE SUITE OP. 9

4 Sätze, ursprünglich als 2. Sinfonie bezeichnet, entstanden 1868, uraufgeführt am 10. März 1869. Unweit der Ruinen von Palmyra sieht Antar eine Gazelle vor einem Raubvogel flüchten, er tötet den Vogel, die Gazelle flüchtet. Antar schläft ein und träumt, im Palast der Peri Gül-Nasar zu sein. Die Peri ist die gerettete Gazelle, die ihm dankt und ihm die drei Wonnen des Lebens – Rache, Macht und Liebe – verheißt. Rache und Macht bringen ihm keine Befriedigung, daher schenkt ihm die Peri die Liebesfreude. Er bittet sie, ihn zu töten, sobald sie bei ihm ein Zeichen der Gefühlserkaltung wahrnimmt. Sie erfüllt seinen Wunsch und tötet ihn mit einem Kuß, als sie nach Jahren bemerkt, daß er gleichgültig zu werden beginnt. Spielzeit: 35 Minuten.

CAPRICCIO ESPAGNOL OP. 34

5 Sätze. Entstanden 1887, eine Darstellung spanischer Natur und spanischen Lebens. Der erste Satz ist ein stürmischer spanischer Volkstanz, der zweite eine Variation eines leidenschaftlichen Themas, der dritte wiederholt die Alborada des ersten mit anderer Instrumentation, der vierte bringt ein Zigeunerlied, und der fünften einen Fandango. Spielzeit: 15 Minuten.

SCHEHEREZADE, SINFONISCHE SUITE OP. 35

4 Sätze, entstanden 1888, uraufgeführt in Petersburg am 3. November 1888. Wirkungsvollste und erfolgreichste Orchesterkomposition des Komponisten. Scheherezade gelingt es, den grausamen Sultan in einen liebenden Menschen zu verwandeln, indem sie ihn durch ihre menschlich ergreifende Märchenerzählung so stark fesselt, daß er von seiner Grausamkeit abläßt. Der erste Satz wird, wie auch die anderen, von einer Melodie der Solo-Violine mit Harfenbegleitung eingeleitet. Dann erzählt die Musik von Sindbad, dem Zauberschiff und seinen Abenteuern. Der zweite Satz schildert die Späße des Prinzen Kalender, der dritte erzählt von der Liebe des jungen Prinzen und der jungen Prinzessin, und der letzte erzählt von einem rauschenden Fest in Bagdad, vom stürmischen Meer und dem Schiff, das am Magnetberg zerschellt. Spielzeit: 40 Minuten.

RUSSISCHE OSTERN, OUVERTÜRE OP. 36

1 Satz, entstanden 1888. Mit Verwendung altslawischer Kirchengesänge wird eine Stimmung österlicher Erwartung geschaffen, die sich langsam steigert und in einen Klangrausch mündet, der aus allen Instrumenten des Orchesters kommt. Spielzeit: 15 Minuten.

SADKO, SINFONISCHE DICHTUNG OP. 5

1 Satz, entstanden 1892. Das Schiff des Nowgoroder Kaufmanns Sadko bleibt mitten auf dem Meer unbewegt stehen. Das Los entscheidet, daß Sadko dem Meereskönig geopfert werden muß. Er wird ins Meer geworfen, das Schiff fährt weiter. Sadko gelangt in das Reich des Meereskönigs und muß ihm und seinen Untertanen zum Tanz aufspielen, der den Ozean aufwallt und alle Schiffe versenkt. Sadko zerreißt die Saiten seiner Gusli, der Tanz hört auf, und das Meer beruhigt sich. Spielzeit: 12 Minuten.

KLAVIERKONZERT CIS-MOLL OP. 30

1 Satz, entstanden 1882. Das Hauptthema besteht aus der Melodie des russischen Volksliedes „Versammelt euch, Brüder". Darüber kommt es zu einem interessanten Dialog zwischen Solisten und Orchester. Nach einer virtuosen Kadenz leiten helle Fanfarenstöße der Trompeten den Schluß des Konzertes ein, das mit einer feurigen Coda endet. Spielzeit: 12 Minuten.

QUINTETT B-MOLL OP. POSTH.

Für Klavier, Flöte Klarinette, Horn, Fagott, 3 Sätze, entstanden 1876. Der erste Satz bringt lyrische Klänge mit ruhiger Epik. Es fehlen alle Auseinandersetzungen. Der zweite Satz hat Balladencharakter, der dritte ist bewegt, teilt den einzelnen Instrumenten Soli zu und klingt prächtig aus.

Tips für Plattenfreunde

○ Antar (Stereo-LP/Deutsche Grammophon 2530 510 IMS)
  Stilechte Aufnahme
○ Capriccio espagnol (Stereo-LP/Philips 6736 006, Dorati)
  Glänzende Wiedergabe
○ Klavierkonzert (Stereo-LP/FSM 31 056, Ponti)
○ Scheherezade (Stereo-LP/CBS 41 044, Ormandy)
○ Russische Ostern (Stereo-LP/Philips 6530 022, Markewitsch)
○ Sadko Suite (Stereo-LP/FSM 34 644)
  Ausgezeichnete Aufnahmen

GABRIEL FAURÉ (1845–1924)

Zeit und Umwelt

Die vielen Kathedralen Frankreichs mit ihren herrlichen Orgeln haben stets Bedarf an guten Organisten. Es erwerben daher viele französische Musiker ihren ersten Lebensunterhalt am Orgeltisch. Und diejenigen, die sich nicht oder zumindest nicht ausschließlich der Oper zuwenden, bleiben oft lange bei diesem Beruf, so daß eine stattliche Reihe von Musikerbiographien gleichlautend beginnen: „Er erhielt diese oder jene Organistenstelle und gab daneben Musikunterricht". Etliche davon wechseln sodann zu gut dotierten Dirigentenposten oder Lehrstühlen, manche jedoch bleiben der Orgel zeitlebens treu, weil sie die Vielseitigkeit der Ausdrucksmöglichkeiten dieses Instrumentes nicht mehr entbehren können. Das bleibt natürlich nie ohne merkbare Spuren in der kompositorischen Tätigkeit jener Musiker, die bis in ihr Opernschaffen hinein wirksam sind. So kühn nämlich der Stil der französischen sakralen Musik profanen Auffassungen angenähert war und ist, so stark disziplinierend, wenn schon nicht archaisierend, ist ihr Einfluß auf die profane Musik. Deren schlanke Eleganz, deren stets verbindlich geäußerte Emotionen, deren gebändigte Dramatik wird sogar noch in den Zeiten nicht aufgegeben, in denen die Tonalität schon verlassen wird. Die uferlos alles überflutenden Gefühlsausbrüche einer Tschaikowsky-Sinfonie, die grelle Tragik einer Cavalleria Rusticana wäre in Frankreich schlechterdings undenkbar, weil dort immer Kirchen den Konzertsälen gleichen und Opernhäuser und Konzertsäle irgendwie den Kirchen.

Leben

Gabriel Urbain Fauré ist in Pamiers, Ariège, am 13. Mai 1845 geboren und kommt bereits in seinem 10. Lebensjahr nach Paris, um zum Kirchenmusiker ausgebildet zu werden. Er studiert bei Niedermeyer, Saint-Saëns und Pierre Louis Philippe Dietsch (1808–1968; Organist, Dirigent, Komponist von Kirchenmusik und Orgelwerken, Musiklehrer). 1866 erhält er eine Organistenstelle in Rennes, 1870 kehrt er nach Paris zurück und erhält nach einigen anderen Posten den Platz an der Orgel der Madeleine (1896). 1905 wird er Leiter des Pariser Konservatoriums, dem er nie angehört hat, weil die Stelle vakant wird nach dem Rücktritt von François Clément Théodore Dubois (1837–1924; Konservatoriumslehrer, Organist, Komponist von Opern, Oratorien, vieler sinfonischer Werke und Kirchenmusik, Musikschriftsteller). Unter seinen prominenten Schülern sind Ravel, Louis François Marie Aubert (1877–1968; Pianist, Komponist von Opern, Kantaten, Orchesterwerken, Liederzyklen, Vorbereiter des französischen Impressionismus), Nadja (Juliette) Boulanger (1887–1976; bedeutende Kompositionslehrerin, Komponistin, Schwester: Lili Juliette Marie Olga Boulanger, 1893–1918; hochbegabte

Gabriel Fauré (1845–1924)

Komponistin), Jean-Jules Roger-Ducasse (1875–1954; Komponist von Pantomimen, Balletten, Instrumental- und Vokalmusik in stark konservativem Stil), Gabriel Marie Grovlez (1879–1944; Klavierlehrer, Chordirigent, Kapellmeister, Komponist von Balletten, sinfonischen Dichtungen, Liedern), Raoul Laparra (1876–1943; Komponist von Opern, darunter international bekannt: „La Habañera", 1908, und einer Suite für Klavier und Orchester), Florent Schmitt und Enescu. Fauré stirbt in Paris am 4. November 1924, nachdem er bereits durch Jahre ertaubt und zuletzt auch noch erblindet ist.

Literatur

C. Rostand: Gabriel Fauré und sein Werk. 1950

Werke

„Er hat keinen einzigen neuen Akkord erfunden", hat ein Kritiker über Fauré geschrieben und zu wenig von Musik verstanden, denn dieser Kritiker weiß nicht, daß es darauf nicht ankommt. Fauré hat immerhin mit dem bereits vorhandenen Vorrat etwas anfangen können, was man bei den Komponisten mit ihren neu erfundenen Akkorden nicht immer sagen kann. Er ist konservativ, den klassischen Formen verhaftet, mit einer Vorliebe für modale Tonarten; das Erbe alter Meister blickt uns oft aus seinen Notenzeilen an. Dennoch ist er zu den Vormeistern des Impressionismus zu stellen. Es ist bezeichnend, daß Franck sein Lehrer ist und Ravel sein Schüler, denn er selbst darf als der bedeutendste Mittler zwischen der ihm vorangegangenen und ihm nachfolgenden Musikergeneration bezeichnet werden. Von seinen Kompositionen für Orchester wird außerhalb Frankreichs nur mehr wenig gespielt. Die vier Nummern zum Schauspiel „Pelléas et Mèlisande", die Suite „Masques et Bergamasques", die Ballade für Klavier und Orchester op. 19, die Elegie für Cello und Orchester op. 24 werden zuweilen gespielt. Seine Kammermusik, 2 Klavierquartette, 2 Klavierquintette, ein Klaviertrio und ein Streichquartett sind dafür noch immer lebendig. Seine Hauptstärke liegt auf dem Gebiet der Klaviermusik, seine Préludes, die Impromptus, Nocturnes, Barcarolen werden noch immer gespielt und gerne gehört. Aber am engsten mit seinem Namen verbunden ist heute sein Requiem von 1887. Alles andere ist vergessen.

REQUIEM OP. 48
Für Soli, Chor, Orchester und Orgel, 7 Teile, entstanden 1887. Das Requiem weicht durch das Fehlen eines Dies irae vom offiziellen Requiem-Text ab und ist auch sonst unorthodox, weil die Musik anstelle der sonst vorherrschenden Angst vor dem Gericht eine menschliche Transzendenz des Leides ausdrückt. Außerdem sind aus dem Beerdigungsritual zwei Abschnitte, Pie Jesu und Libera, hinzugefügt. Fauré schreibt anstelle einer „Totenmesse" eine Trauerkantate, die im letzten Abschnitt „In Paradisum" allen Leidtragenden Trost verheißt.

Tips für Plattenfreunde

○ Pelléas et Mélisande (Stereo-LP/ CBS 76 526)
○ Requiem (Stereo-LP/EMI 1C 065 = 02568, Barenboim). Schöne Wiedergabe
○ Klaviermusik (6 Stereo-LP/FSM SVBX 5423/24, Crochet spielt mit starker Einfühlung)
○ Sämtliche Kammermusik (3 Stereo-LP/FSM SVBX 5100). Ausgezeichnete Wiedergabe und Aufnahme

ZDENĚK FIBICH (1850–1900)

Zeit und Umwelt

Smetana und Dvořák beherrschen das tschechische Musikleben und bieten dem Publikum echte, naturverbundene Romantik, während in Deutschland die unebenbürtigen Liszt- und Schumann-Epigonen immer seichter und oberflächlicher werden. Wer jedoch die Möglichkeit hat, bei den beiden großen tschechischen Musikern Unterricht zu nehmen und anschließend am Leipziger Konservatorium studiert und dazu von der Absicht beseelt ist, an der Entwicklung der Musik seiner Heimat teilzunehmen, ist davor bewahrt, selbst zum Epigonen zu werden.

Leben

Zdeněk Fibich wird am 21. Dezember 1850 in Šebořice bei Čáslav geboren. Er wird anfänglich in Prag von Smetana ausgebildet, geht dann an das Konservatorium in Leipzig und studiert bei Dreyschock Violine, bei Moscheles Klavier, bei Richter Harmonielehre und Kontrapunkt bei Salomon Jadassohn (1831–1902; Dirigent, Harmonie-, Kontrapunkt- und Klavierlehrer, Komponist von 4 Sinfonien, Orchesterouvertüren, Klavierkonzerten, Kammermusik, Klavierstücken und Vokalmusik). In Mannheim und Paris vollendet er seine Ausbildung, nimmt eine Stelle als Lehrer in Wilna an und wird dann zweiter Dirigent des Národní Divadlo in Prag. Bald nach seinem dreißigsten Lebensjahr zieht er sich von allen Verpflichtungen zurück und widmet sich allein der Komposition. Er stirbt in Prag am 10. Oktober 1900.

Werke

Das kompositorische Werk Fibichs beläuft sich auf 622 Nummern. Von seinen 5 Sinfonien ist heute nur mehr die letzte in e-Moll (als dritte bezeichnet, weil die ersten zwei nicht gezählt werden) lebendig; von seinen vielen Sinfonischen Gedichten werden noch gespielt: Othello (1873), Der Sturm (1880) und Der Frühling (1883), auch seine Ouvertüren (mit programmatischem Inhalt) werden zuweilen gegeben. Sehr interessant sind seine Versuche, dem Melodrama wieder zu Ehren zu verhelfen. Die große Trilogie „Hippodameia" ist sehr eindrucksvoll und eröffnet Fibich den Anschluß an die internationale Musikwelt. In seiner Heimat wird auch seine Kammermusik gepflegt, während die Vokal- und Klaviermusik verblaßt. Auf seine Opern kommt man nur mehr selten zurück.

Tips für Plattenfreunde

○ Poéme op. 41, 6, Aus „Zwischen Tag und Traum", (Stereo-LP/ Deutsche Grammophon 237 373) oder (Stereo-LP/Deutsche Grammophon 2 721 084, Regintowitsch)

VINCENT D'INDY (1851–1931)

Zeit und Umwelt

Der Historismus der französischen Romantik sucht kaum Heldengestalten der Vergangenheit, um sie neu geschmückt der Gegenwart zu präsentieren. Vielmehr beschränkt sich die Rückwendung zur Vergangenheit auf die alte Musik selbst, holt die Kompositionen der Renaissance und die Gregorianik der Benediktiner hervor, um sie in die Gegenwartsmusik einzubauen; es soll die Synthese von Vergangenem mit dem Gegenwärtigen erreicht werden, wie sie der Franzose auf allen Gebieten des Geistes immer anstrebt. Aus diesem Bemühen ergibt sich die „Moderne" von selbst und natürlich. Es muß keine Entwicklung forciert werden, denn sie entspricht dem Geschichtsbewußtsein und der darauf fußenden Zukunftserwartung.

Leben

Paul Marie Théodore Vincent d'Indy wird am 27. März 1851 in Paris geboren und erhält seine musikalische Grundausbildung von seiner väterlichen Großmutter Madame Théodore d'Indy. Von 1862 bis 1865 studiert er Klavier bei Louis Diémer (1843–1919; Pianist, Klavierlehrer, Komponist von Konzerten, Kammermusik, Liedern und vielen Klavierstücken) und Antoine François Marmontel (1816–1898, Paris; Pianist, Klavierlehrer, Komponist von Lehrstücken für den, Klavierunterricht), bei Alexandre Jean Albert Lavignac (1846–1916; Musikwissenschafter, Kompositionslehrer) Harmonie- und Kompositionslehre. Darauf wird er mit der Instrumentationslehre von Berlioz und der Wagner-Musik vertraut. Seine letzte und richtunggebende Ausbildung erhält er von Franck. Wie viele Komponisten jener Zeit verdankt er die ersten Aufführungen seiner Werke Pasdeloup. Obwohl dieser schon etliche Kompositionen von d'Indy mit einigem Erfolg in den Lamoureux-Konzerten herausgebracht hat, besteht das Lehrer-Schüler-Verhältnis zu

Franck weiter, so daß sich auch zu dessen anderen Schülern ein enges Verhältnis herausbildet, wie zum Beispiel zu Ernest Chausson (1855–1899; Komponist durchwegs lyrischer Werke; seine drei Bühnenwerke sind lyrische Szenen, seine Schauspielmusik betrifft lyrische Dramen, seine sinfonischen Gedichte haben lyrische Programme, auch seine Vokal-, Orgel- und Kammermusik hat die gleiche Stimmung; seine Violinsonate, das Klavierquartett wird noch gespielt, sein „Poème" gehört zum Repertoire jedes Geigers). D'Indy ist von Haus aus reich und von der Gunst des Publikums unabhängig, er muß sich auch um keine Stellung bemühen. Er hat auch nie etwas geschrieben, um dem Ohr seines Publikums zu schmeicheln, sondern ist nur seinem eigenen Genius gefolgt. Er begründet in Paris die Schola Cantorum, leitet sie und lehrt an dieser Schule Komposition. Charles Bordes (1863–1909; Musikwissenschafter für alte Kirchenmusik, Komponist von sakraler Musik und einiger Konzertstücke) und Félix Alexandre Guilmant (1837–1911; Organist, Komponist von Orgelmusik, Musikschriftsteller) gehören zum Lehrkörper der Schule, die sich die Wiederbelebung alter und volkstümlicher Musik zur Aufgabe gestellt hat. D'Indy veröffentlicht neben seinen vielen Kompositionen eine Reihe musikwissenschaftlicher Werke. Sein Romantizismus, der, abgesehen von den heimischen Quellen, aus dem Studium von Weber und Schumann fließt, gerät wie beinahe bei allen Komponisten jener Zeit unter den Einfluß Wagners; er befreit sich jedoch bald davon, seine Musik bleibt echt französisch. Unter seinen Schülern scheinen prominente Namen auf wie: Paul le Flem (geboren 1881), Chordirigent, Komponist von Orchester-, Kammer-, Klavier- und Vokalmusik, Musikkritiker, Kontrapunktlehrer, Marie Joseph Canteloube (1879–1957), Komponist von Opern, sinfonischen Werken, Klavierkonzerten, Sammler und Bearbeiter von Volksliedern, Marcel Labey (1875–1968), Komponist von Sinfonien, anderen sinfonischen Werken, Kammermusik, Chormusik und Bühnenstücken, Theorielehrer, Albert Roussel (1869–1937), Komponist von 4 Sinfonien, 1 Sinfonietta, Suiten, Konzerten, Kammermusik, Chorwerken, Liedern, Balletten und Opern, Joseph Marie Déodat de Séverac (1873–1921), Komponist von Bühnen-, Orchester-, Kammer- und Vokalmusik und Gustave Marie Victor Samazeuilh (1877–1967), Komponist von Orchester-, Klavier-, Vokal- und besonders Gitarrenmusik für Segovia. D'Indy stirbt am 2. Dezember 1931 in Paris.

Werke

Die drei Sinfonien von d'Indy sind Sinfonische Gedichte. Besonders die erste, op. 25, wird gerne gespielt wie auch seine Orchestersuiten und Ouvertüren. Seine Kammermusik ist ebenso lebendig wie das Mysterium: La Légende de Saint Christophe. Seine Vokalmusik ist schon mehr in den Hintergrund getreten.

SYMPHONIE SUR UN CHANT MONTAGNARD FRANÇAIS, OP. 25

3 Sätze, entstanden 1886, ein deutliches Beispiel der schöpferischen Verbundenheit des Komponisten zur Volksmusik. Die Thematik ist alten Bauernliedern der Cevennen entnommen. Im ersten Satz trägt das Englischhorn das pastorale Volkslied vor. Im zweiten Satz kommt es zu einem interessanten Dialog zwischen Soloinstrument und Orchester. Der dritte Satz ist ein vitales, fröhliches Rondo, in dem das Volksliedthema erneut aufklingt. Spielzeit: 23 Minuten.

HANS HUBER (1852–1921)

Zeit und Umwelt

Die ersten Musikzentren der Schweiz sind Engelberg und Sankt Gallen. Volkslied, Chorwesen und Instrumentalmusik kommen in der Schweiz bald zu einer hohen Blüte. Der erste bedeutende Musiktheoretiker des Landes ist Henricus Glareanus (eigentlich Loris, 1488–1583), weit über die Grenzen der Schweiz hinaus wird auch der Komponist von Liedern, Messen, Motetten Ludwig Senfl (1490–1543) bekannt. 1808 wird die „Schweizerische Musikgesellschaft" gegründet. Von da an setzt eine intensivere Musikpflege im Land ein, schweizerische Komponisten werden im fortschreitenden 19. Jahrhundert immer häufiger, ohne daß sich eine typische schweizerische Schule herausbildet, weil keinem der Musiker richtungweisende Funktionen zufallen. Aber die Anteilnahme an der Musikentwicklung in den Nachbarstaaten verstärkt sich bis in unsere Gegenwart immer mehr.

Leben

Hans Huber wird am 28. Juni 1852 in Eppenberg bei Solothurn als Sohn eines Amateurmusikers geboren und tritt 1870 nach einer Ausbildung zum Organisten in Solothurn in das Leipziger Konservatorium ein, um bei Reinecke, Richter und Oscar Paul (1836–1898; Musikwissenschafter, Musikschriftsteller, Theorielehrer) Unterricht zu nehmen. Anschließend wirkt er als Musiklehrer im Elsaß und übersiedelt 1877 nach Basel, wo er sich als Pianist und Komponist einen Namen macht. Er stirbt in Locarno am 25. Dezember 1921.

Werke

Hans Huber ist ohne Zweifel der bedeutendste Komponist der Schweiz in der zweiten Hälfte des 19. Jahrhunderts. Er ist noch stark der Programmusik verhaftet, starke Einflüsse seitens Brahms sind in seinen Werken merkbar. Seine acht Sinfonien tragen alle programmatische Namen, wie „Wilhelm Tell", „Arnold Böcklin", „Totentanz", „Der

Geiger von Gmünd". Sie werden in seiner Heimat noch alle gespielt, insbesondere seine letzte von 1920, „Frühlingssinfonie". Auch seine Serenaden und Instrumentalkonzerte sind noch lebendig. Seine umfangreiche Kammermusik, Klavierstücke und Lieder sind zum Großteil vergessen.

LEOŠ JANÁČEK (1854–1928)

Zeit und Umwelt

Mähren ist zwar eines der wirtschaftlich entwickeltsten Kronländer der österreichisch-ungarischen Monarchie, aber das Schicksal der Bevölkerung wird in Wien und Prag entschieden. Solange die Zentralregierung mächtig genug gewesen ist, die Tschechen unter Druck zu halten, hat das auch die Mährer betroffen. Dann jedoch zwingt die außenpolitische Lage Wien, die Zügel zu lockern, wodurch die Tschechen mit zäher Ausnützung jeder Möglichkeit ihre Freiheit in kleinen Schritten erobern. Hiermit wird das Leben auch in Mähren leichter, wo man warten muß, was kommt, ohne selbst eingreifen zu können. Denn man sitzt im Hinterzimmer, ob man nun die Blicke nach Wien oder nach Prag sendet, wo man sich auch um die Brüder in Mähren kümmert. Auch Musik wird in Prag für alle Tschechen gemacht, Smetana, Dvořák und Fibich sind dafür da. In Mähren müßte man sich nicht darum bemühen; es ist nicht einmal gerne gesehen, wenn man es dennoch tut.

Leben

Leoš Janáček wird am 3. Juni 1854 in Hukvaldy bei Příbor als Sohn eines Dorfschullehrers geboren. 1865 wird er Chorknabe in Brünn unter Pavel Křížkovský (1820–1885; Kirchenmusiker, Dirigent, Sammler und Bearbeiter von tschechischen Volksliedern) und bald dessen Nachfolger als Chorleiter. Anschließend studiert er an der Orgelschule in Prag, und im Alter von 25 Jahren gelingt es ihm endlich, an das Leipziger Konservatorium zu kommen, wo er unter Reinecke in Komposition und Dirigieren Unterricht nimmt. In Wien versucht er anschließend, sich als Klaviervirtuose auszubilden, läßt diese Absicht aber fallen, weil ihm in Brünn die Kapellmeisterstelle bei der Philharmonischen Gesellschaft angeboten wird. Er gründet in Brünn eine Orgelschule (aus der später das Konservatorium wird), deren Leitung er übernimmt, und mobilisiert alle Kräfte, um das Musikleben der Stadt zu fördern. Neben einer intensiven Beschäftigung mit dem mährischen Volkslied wendet er viel Zeit für seine kompositorische Tätigkeit auf, findet jedoch mit seinen Werken wenig Anklang. Auch seine erste Oper „Jenufa" wird 1904 nur einmal in Brünn aufgeführt; sie stößt auf wenig Verständnis, denn die vitale und leidenschaftliche Musiksprache, die kritisch-realistische Grundhaltung seiner Kompositionen wird von einem Publikum, das sich an die heile Welt der Spätromantik gewöhnt hat, abgelehnt. Erst 1916 kommt „Jenufa" zu Ehren – anläßlich einer Wiederaufführung der Oper in Prag vor einem Publikum, dem der Krieg bewiesen hat, daß in der Welt doch nicht alles so schön in Ordnung ist, wie es die glatten Klänge der Spätromantiker verkünden. Von nun an wird auch dem übrigen Schaffen des Mannes aus Brünn die Einschätzung gewährt, die es verdient. Man beginnt zudem zu begreifen, daß Janáček mit seiner Musik dem Klang und Rhythmus der heimatlichen Sprache nachgeht, wenn man diese Methode anfänglich auch fälschlich als musikalischen Naturalismus einstuft und erst allmählich erkennt, daß durch eine expressive Musik die Natur der Sprache zur psychologischen Wirklichkeit erhöht wird. Nun wird Janáček den großen tschechischen Meistern Smetana und Dvořák als dritter ebenbürtig zugereiht. Er stirbt in Mährisch-Ostrau am 12. August 1928.

Literatur
M. Brod: Leoš Janáček, Leben und Werk. 1958
H. Hollander: Leoš Janáček. 1964

Werke
Neben seinen 6 Opern ist Janáček vor allem durch seine Sinfonischen Dichtungen „Taras Bulba", „Blaník" und „Das Kind des Musikanten" bekannt und beliebt geworden, auch die „Sinfonietta" ist hier einzureihen. Seine programmatische Klaviermusik wie „Sonate der Straße" und „Marsch der Blaukehlchen" haben einen festen Platz im internationalen Konzertprogramm wie seine Streichquartette Nr. 2 (aus Anlaß der „Kreuzersonate" von Tolstoi, 1923) und Nr. 3 „Intime Briefe" (1928). Von der Chormusik wird die „Glagolitische Messe" (1926) als das bedeutendste Werk dieser Art sehr häufig gesungen. Das „Tagebuch eines Verschollenen", 21 Lieder für Tenor und Alt, Frauenterzett und Klavier, wird zu unrecht etwas vernachlässigt. Von seinen Bearbeitungen volkstümlicher Melodien werden die „Lachischen Tänze" am meisten gespielt.

LACHISCHE TÄNZE
6 Teile. Entstanden um 1890, als Ballett 1925 in Brünn aufgeführt, als Konzertstück uraufgeführt am 21. Februar 1926 in Prag. Der erste Tanz heißt „Der Altertümliche" und ist ein Hochzeitstanz mit Polonaisencharakter; als zweites Thema ist ein ruhiger „Tüchleintanz" beigegeben. Der zweite Tanz, „Der Gesegnete", ist ebenfalls ein Hochzeitstanz mit Orgel- und Glockenbegleitung. Der dritte Tanz, „Blasebalg", ist ein Schmiedetanz und ist zu einer „feurigen, wirklich wie ein Blasebalg fauchende Sinfonie der Schmiedewerkstatt" umstilisiert. Der vierte Tanz ist wieder ein „Altertümlicher" mit einer elegischen Volkslied-

melodie. Der fünfte übernimmt einen „Bettlertanz" aus dem Dorf Čeladná und baut ihn zu einer stürmischen Stretta aus. Der sechste Tanz, „Sägetanz", besingt das Holzschneiden im Winter. Spielzeit: 21 Minuten.

TARAS BULBA, SINFONISCHE RHAPSODIE

3 Teile, entstanden 1918, uraufgeführt am 9. Oktober 1921 in Brünn. *I. Andrejs Tod.* Taras Bulbas Sohn Andrej hat sich in eine schöne Polin verliebt, verrät ihretwegen sein Volk und empfängt reumütig als Strafe den Tod durch die Hand seines Vaters. Die Musik schildert Andrejs Liebessehnsucht, seine Gewissenskonflikte, das Erscheinen des rächenden Vaters, der zu weiteren Kämpfen schreitet, während der Sohn, als Vision das Bild seiner Geliebten vor Augen, stirbt. *II. Ostaps Tod.* Die Feinde haben den zweiten Sohn Taras', Ostap, gefangen und führen ihn zum Schafott. Unter der jubelnden Volksmenge ist Taras, der seinem Sohn Mut zuspricht. Die Musik malt den Kontrast des Jauchzens der Henker zu den Leiden des Hingerichteten. *III. Prophezeiung und Tod des Taras Bulba.* Ataman Bulba wird gefangen und zum Flammentod verurteilt. Sein Glaube an den Sieg seines Volkes bleibt jedoch unerschüttert. Feierliche Orgeltöne unterstreichen die Apotheose des Orchesters. Spielzeit: 25 Minuten.

SINFONIETTA

5 Sätze, entstanden 1926, uraufgeführt am 26. Juni 1926 in Prag. Mit schmetternden Fanfarenklängen feiert der erste Satz vorwegnehmend den zehnjährigen Bestand der tschechoslowakischen Republik (das Stück ist für ein Turnerfest gedacht gewesen). Der zweite Satz bringt eine Tanzmelodie, die sich auf mährische Folklore stützt. Der dritte bringt ein lyrisch ausdrucksvolles Thema, der vierte ist wiederum tänzerisch-folkloristisch und endet in einer wirbelnden Stretta. Im fünften klingen nach einem weichen Flötenthema die Fanfaren erneut auf und vereinigen sich mit dem übrigen Orchester zu einer Schlußhymne. Spielzeit: 25 Minuten.

M'ŠA GLAGOLSKAJA FÜR SOLI, CHOR, ORCHESTER UND ORGEL

8 Teile, entstanden 1926, uraufgeführt am 5. Dezember 1927 in Brünn unter Jaroslav Kvapil, komponiert nach dem kirchenslawischen Messetext. I. Introduktion, strahlende Fanfarensignale begleiten den Priester, der zum Altar tritt. II. Das dreiteilige Kyrie (Gospodine pomiluj) wird vom Solosopran begonnen, von den anderen Solisten übernommen und mit dem Chor responsorisch vorgetragen. III. Das Gloria (Sláva) ist ein Wechselgesang des vorwiegend lyrischen Soprans mit dem dramatischen Chor; Orchesterzwischenspiele verbinden die einzelnen Lobpreisungen. IV. Im Credo (Věruju) bringt der Solo-Tenor die einzelnen Glaubenssätze, nach denen der Chor bestätigt: „Věruju (Ich glaube)". Die Musik schließt sich eng an den Text an, das Leiden Christi wird durch ein eigentümlich zerklüftetes Orgelsolo dargestellt. V. Sanctus (Svet) und Benedictus (Blagosloven) sind zu einem Satz vereinigt; zarte Orchestrierung mit darübergelegtem Violinsolo geben dem Satz, in dem zum ersten Mal der Solo-Alt zu Wort kommt, seine Wärme. VI. Agnus Dei (Agneče Božij) bringt innige Chorstellen. VII. Orgelsolo: eine blendende Passacaglia, die improvisatorisch anmutet. VIII. Intrada, mit welcher der Abgang des Priesters mit Fanfarenklängen begleitet wird.

Tips für Plattenfreunde

○ Glagolitische Messe (Stereo-LP/ Deutsche Grammophon 138 954 K, Kubelík)
○ Lachische Tänze, Blaník (Stereo-LP/Bärenreiter 16 16)
○ Sinfonietta, Taras Bulba (Stereo-LP/Deutsche Grammophon 2530 075 IMS). Vorzügliche Aufnahme
○ Tagebuch eines Verschollenen (Stereo-LP/Disco P 110 216, Kammerchor Kühn/Konpil, Soukupova, Frydlewicz)

SERGEI TANEJEW (1856–1915)

Zeit und Umwelt

Zurückblickend ist es oft schwer verständlich, daß die Zeitgenossen umwälzende geschichtliche Ereignisse wie den amerikanischen Bürgerkrieg, die Revolution in Frankreich und den Umsturz in Rußland nicht vorausgeahnt haben. Sie leben bis zum Tag, der zum historischen Wendepunkt werden soll, als ob alles in Ordnung sei, sie gehen ihren Berufen nach, planen für die Zukunft, sie schreiben Bücher, sie malen Bilder, entwerfen Häuser, sie komponieren, dirigieren und unterrichten. In Rußland glost die Revolution bereits durch Jahrzehnte, Streiks, Aufstände, Attentate und der Blutige Sonntag des Jahres 1905 hätten, wie man nachträglich meint, zu denken geben müssen. Aber in der Musik der zwei Jahrzehnte vor der Revolution, die das gesamte gesellschaftliche und politische Bild des Staates verändert haben, ist kein Niederschlag der Vorzeichen zu bemerken. Der Streit zwischen den „Westlern" in Moskau und den „Nationalrussen" in Petersburg geht weiter, obschon man erwarten müßte, daß ernstere Probleme auf der Tagesordnung stehen. Das beweist, daß sowohl Musiker wie Publikum Gesellschaftsklassen angehören, die mit den herrschenden Zuständen zufrieden sind und weder etwas sehen noch etwas hören, wie auch die Politiker und Militärs taub und blind sind. Man glaubt, daß die Welt heil sei, weil man es so wünscht.

Leben

Sergei Iwanowitsch Tanejew wird am 25. November 1856 in Wladimir geboren und erhält bereits mit 10 Jahren am Moskauer Konservatorium Klavierunterricht, den einige Jahre später Nikolai Rubinstein übernimmt. Kompositionsunterricht nimmt er zugleich mit Sergei Michailowitsch Liapunow (1859–1924; Pianist, Komponist von 2 Sinfonien und anderen Orchesterstücken, Klavier- und Vokalmusik) bei Tschaikowsky. Nach Beendigung der Studien unternimmt er mit dem berühmten Violinvirtuosen Leopold Auer (1845–1930) Konzertreisen durch Rußland, sodann nach Paris. Er folgt Tschaikowsky und Nikolai Rubinstein auf ihren Lehrstühlen und wird Direktor des Konservatoriums. Als Pianist tritt er stark für die Konzerte seines Lehrers Tschaikowsky ein. Sein Leben verläuft zwischen Lehr- und Konzerttätigkeit; das kompositorische Werk, das er hinterläßt, ist nicht umfangreich. Er stirbt am 19. Juni 1915 in Moskau.

Werke

Von seinen Sinfonien wird nur mehr die vierte c-Moll op. 12 (1902) gespielt. Lebendig ist noch die Konzertsuite für Violine und Orchester op. 28 und die Ouvertüre C-Dur über russische Themen. Von seiner Kammermusik sind noch die Streichquartette Nr. 3 d-Moll op. 7 und Nr. 5 A-Dur op. 13 und das Trio für 2 Violinen und Viola D-Dur op. 21 auf den Programmen. Seine Operntrilogie ist vergessen. Von seinen Chorliedern kann man das eine oder andere zuweilen hören.

Tips für Plattenfreunde

O Sinfonie Nr. 4 (Stereo-LP/Deutsche Grammophon 2530 511 IMS).
   Einzige Aufnahme

EDWARD ELGAR (1857–1934)

Zeit und Umwelt

Die Blütezeit des englischen Bürgertums unter Königin Viktoria in der zweiten Hälfte des 19. Jahrhunderts bringt neben dem wirtschaftlichen Aufschwung ein zumindest nach außen hin gefestigtes, den Grundsätzen des Großbürgertums angepaßtes Gesellschaftsbild hervor. Der wohlhabende Teil der Bevölkerung richtet sich emotional auf die Garanten des Wohlstandes und der politischen Machtstellung des Empires, Krone und Adel, aus. Die Kunst folgt derselben Richtung; Konservativismus, Historismus, Patriotismus werden gepflegt und finden Beifall, so oberflächlich die einzelnen Erzeugnisse der mit Titel und Ehren überhäuften Persönlichkeiten oft sind. Die Musik ist glatt, gebändigt im Ausdruck und spiegelt ein gewisses Wohlverhalten wieder.

Leben

Sir Edward (William) Elgar wird am 2. Juni 1857 als Sohn eines Musikalienhändlers, Organisten und Geigers in Broadheath bei Worcester geboren. Innerhalb dieser „musikalischen" Umgebung wächst er ohne einen speziellen Lehrer auf; er beginnt früh verschiedene Instrumente zu spielen und zu komponieren, er vertritt seinen Vater an der Orgel, betätigt sich als Klavierbegleiter und Leiter von privaten Orchestern. Erst 1879 nimmt er in London etwas Violinunterricht bei Adolph

Pollitzer (1832–1900; Violinvirtuose, Lehrer, Komponist für die Violine). 1883 tritt er mit seinen ersten Kompositionen hervor, seine größten Erfolge erringt er um die Jahrhundertwende. 1904 wird er geadelt, 1931 zum Baronet ernannt. Er wird in England gefeiert wie kein zweiter Komponist seit Purcell, im Ausland findet er nie viel Beachtung. Er stirbt am 23. Februar 1934 in Worcester.

Literatur

H. W. Reed: Edward Elgar, Leben und Werk. 1950

Werke

Elgar versucht Romantik und Klassizismus zu verbinden, was sich auf Fluß und Gehalt seiner Kompositionen nicht immer gut auswirkt und ihnen einen stark antiquierten Charakter verleiht. Wenn er auch zuweilen moderne Klangeffekte aufnimmt, so ist es doch nahezu verwunderlich, daß Debussy und Mahler seine Zeitgenossen sind. In England wird er viel und gerne gespielt. Seine beiden Sinfonien As-Dur op. 55 (1908) und Es-Dur op. 63 (1910) machen einen sehr blassen Eindruck. Profilierter sind seine verschiedenen Stücke für Kammerorchester und die Suiten. Zu seinen besten Werken darf man das Cellokonzert e-Moll, op. 85 (1919), das Violinkonzert h-Moll op. 61 (1910) und vor allem die „Enigma"-Variationen op. 36 (1899) zählen. Als Organist und Engländer schreibt er eine Reihe von Oratorien, von denen „Der Traum des Gerontius" das beliebteste und zweifellos das beste ist und Auslandsaufführungen erlebt. Auch sein Liedschaffen ist auf England beschränkt.

VARIATIONEN „ENIGMA"
OP. 36
14 Variationen. 1899 entstanden und unter Hans Richter in London uraufgeführt. Nach Mitteilung des Komponisten erhält die Variationenfolge den Titel Enigma (Rätsel), weil im Thema eine andere Melodie verborgen sei, die allerdings nie gefunden wird. Die Variationen sind Porträts von Freunden des Komponisten, die mit Elgars Frau Caroline Alice beginnen und mit der Schilderung seiner eigenen Persönlichkeit enden. Spielzeit: 30 Minuten.

Tips für Plattenfreunde

○ Violinkonzert, Cellokonzert (Stereo-LP/CBS 26 528, Zuckermann-Dupré). Schöne Wiedergabe
○ Sinfonie Nr. 1 (Stereo-LP/CBS 76 247) und Nr. 2 (Stereo-LP/CBS 73 423, Barenboim). Authentische Aufnahme
○ Enigma-Variationen (Stereo-LP/CBS 76 529)

JENÖ HUBAY (1858–1937)

Zeit und Umwelt

Obwohl sich gegen die Jahrhundertwende immer mehr große Dirigenten in die erste Linie der Publikumsgunst schieben, gelingt es ihnen noch nicht, die Virtuosen zu entthronen, jedenfalls nicht diese, die neben ihrer Konzerttätigkeit als Komponisten, und zwar nicht nur für ihr Instrument, tätig sind.

Leben

Jenö Hubay (eigentlich Eugen Huber) wird am 15. September 1858 in Budapest als Sohn eines Geigers, Kapellmeisters und Komponisten geboren und von Joseph Joachim in Berlin ausgebildet. 1878 ist er bereits in Paris, wo er in den Konzerten von Pasdeloup auftritt und mit Vieuxtemps enge Freundschaft schließt, 1882 ist er Professor am Konservatorium in Brüssel, 1886 in der gleichen Eigenschaft in Budapest wo er ab 1919 Konservatoriumsdirektor ist und am 12. März 1934 stirbt.

Werke

Die 4 großen Sinfonien haben stark programmatischen Charakter. Sie werden zuweilen in der Heimat des Komponisten aufgeführt, die 4 Violinkonzerte treten schon etwas in den Hintergrund, nicht aber das Virtuosenstück „Hejre Kati" op. 32, das noch immer bei Interpreten und Publikum beliebt ist. Von seinen 8 Opern hatten „Der Geigenmacher von Cremona" (1894) und noch mehr „Anna Karenina" (1823) Erfolg, sie werden in Ungarn noch aufgeführt.

Tips für Plattenfreunde

○ Violinkonzert op. 29, Hejre Kati (Stereo-LP/FSM 31 064). Einzige Aufnahme

JOSEPH BOHUSLAV FOERSTER (1859–1951)

Zeit und Umwelt

Die großen Vertreter der eigenständigen tschechischen Musik, Smetana, Dvořák und Janáček, haben sich trotz ihrer Verbundenheit mit der Heimat vom Musikleben des eigenen Volkes abgelöst und sich in die Weltelite der Komponisten eingereiht. Dies hat selbstverständlich zur Folge, daß die Isolation der tschechischen Musik beendet ist und zeitgenössische Einflüsse von außen ebenso ungehindert in das Land eindringen, wie die Musiker aller Länder zur Bildung von Themen und Rhythmen tschechisches Material heranziehen.

Leben

Joseph Bohuslav Foerster wird am 30. Dezember 1859 in Prag als Sohn des Organisten und Kirchenkomponisten Josef Foerster geboren, er tritt selbst nach seiner Ausbildung als Organist und Komponist eine Organisten- und Gesangsdirigentenstelle an. Seine Ehe mit einer Opernsängerin führt ihn nach Hamburg, wo er sich mit Mahler eng anfreundet und selbst Konservatoriumsprofessor wird. 1903 folgt er seiner Frau nach Wien. Auch dort überläßt man ihm eine Professur am Konservatorium. Nach der Gründung der Tschechoslowakischen Republik geht er in gleicher Eigenschaft nach Prag. 1946 wird er zum „Nationalkünstler" der Republik ernannt. Am 29. Mai 1951 stirbt er in Nový Vestec.

Werke

Foersters kompositorisches Schaffen lehnt sich zum Teil an Smetana (Opern), zum Teil an Mahler (sinfonische Werke) an, ist aber überall stark lyrisch, weniger expressiv als psychologisierend introvertiert. Seine 5 Sinfonien werden (vorwiegend in seiner Heimat) fallweise gespielt, besonders Nr. 4 c-Moll von 1905, „Osternacht". Von den Sinfonischen Dichtungen wird am meisten „Cyrano de Bergerac" gegeben. Die Kammermusik in verschiedenen Besetzungen ist noch immer lebendig, nur seine Vokalmusik wird nur mehr wenig gesungen. Seinen 5 Opern bleibt ein durchschlagender Erfolg versagt.

Tips für Plattenfreunde

○ „Osternacht" (Stereo-LP/Supraphon 1 10 0617). Einzige Aufnahme

HUGO WOLF (1860–1903)

Zeit und Umwelt

Die Art, wie der Kampf für und gegen Wagner nahezu bis zur Jahrhundertwende geführt wird, ist für uns fast unverständlich. Denn dabei ist verkannt worden, daß Kunstwerke nie lange über ihren Wert hinaus gefördert oder unterdrückt werden können. Die Stellungnahme der Zeitgenossen kann eine Weile beeinflußt und daher verfälscht werden, dann aber fällt jedes hochgelobte Stück der Vergessenheit anheim und was abgelehnt und von unfähigen Kritikern verspottet wurde, tritt seinen Siegeszug in die Welt an. Der Impuls, den die europäische Musik von Wagner erhalten hat, muß nicht propagiert und kann nicht verhindert werden. Vieles, was damals für oder wider gesprochen und geschrieben worden ist, kann nur als läppisch bezeichnet werden. Und da besonders Musiker selten imstande sind, die Werke anderer einzuschätzen, wäre es zu jenen Zeiten für manchen bedeutenden Komponisten besser gewesen, sich nicht zu äußern.

Leben

Hugo Wolf ist am 13. März 1860 in Windischgrätz geboren. Seine musikalische Begabung wird bereits während seiner Gymnasialzeit gepflegt. 1875 bis 1877 besucht er das Wiener Konservatorium, bekommt aber Schwierigkeiten mit dessen Leiter Joseph Helmesberger (1828–1893; Dirigent und Konservatoriumslehrer), der den eigenwilligen Schüler bald wieder entfernt. Als Fünfzehnjähriger erlebt Wolf eine Tannhäuseraufführung und wird zum bedingungslosen Anhänger Wagners. Seine Versuche, sich als Musiklehrer in Wien durchzuschlagen, gelingen nur teilweise, eine Anstellung am Salzburger Stadttheater als Hilfskapellmeister (1881) rettet ihn vor der dringendsten Not, er hält sich aber dort vor allem mangels einer gründlichen Ausbildung nicht lange. In den Jahren 1884 bis 1887 arbeitet er in Wien als Musikkritiker und fällt durch seine unsachlichen Angriffe gegen alle, die Richard Wagner nicht unbedingt zu Füßen liegen, sehr unangenehm auf. Obgleich er von Zeit zu Zeit eine ungeheure Schaffenskraft als Liederkomponist an den Tag legt, ist er doch ständig auf die Unterstützung seitens seiner Freunde und Anhänger angewiesen, die ihm, als er tödlich erkrankt, eine Wohnung für seine letzten Jahre einrichten. Er stirbt in Wien am 22. Februar 1903.

Literatur

F. Walker: Hugo Wolf. 1953 (Mit Werkverzeichnis und Bibliographie)
A. Orel: Hugo Wolf. 1947

Werke

Hugo Wolf gilt allgemein als Liederkomponist und ist es auch. Aber darüber wird seine übrige kompositorische Leistung oft übersehen. Von seiner Sinfonischen Dichtung „Penthesilea" nach Heinrich Kleist (1883) sagt Reger: „Hätte Hugo Wolf nur dieses eine Werk geschrieben, die Kunstgeschichte müßte ihn in die erste Reihe aller Tondichter stellen." Das Werk ist dreiteilig (1. Achilles schenkt der besiegten Amazonenkönigin das Leben. 2. Er naht sich ihr liebend, doch sie läßt ihn von Hunden zerfleischen. 3. Erkennend, wer sie besiegt hat, stirbt Penthesilea über der Leiche). Das Werk hat nichts von seiner Beliebtheit eingebüßt. Die „Italienische Serenade" für kleines Orchester (1894) ist dreisätzig geplant gewesen, besteht aber nur aus einem Satz. Auch das Streichquartett d-Moll (1879/80) darf nicht als Jugendwerk abgetan werden, wenn es auch in letzter Zeit weniger gespielt wird. Für seine Lieder, die seinen Ruf und Ruhm verewigen, nimmt er nicht Schubert zum Vorbild,

Hugo Wolf (1860–1903)

ebensowenig Schumann und Brahms, sondern Wagner, dessen Ziel er erreicht, Wort und Sinn dem Gesang zu übertragen und dem Orchester die Hintergründe und Zusammenhänge von Wort und Geschehen zu geben. Wolf setzt nun anstelle des Orchesters das Klavier, dem er keine Begleitungsfunktion geben kann, sondern eine selbständige Ausdrucksform, die mit der Gesangslinie oft nur mehr psychologisch zusammenhängt, so daß die Verschmelzung beider Elemente erst auf einer höheren Ebene stattfindet – zuweilen gefühlt, zuweilen nur verstanden. Diese Technik kennzeichnet sich deutlich auf den Titelblättern seiner Liedergruppen, die lauten: „Lieder für Singstimme und Klavier". Hugo Wolf arbeitet ruckartig kompressiv und schreibt mehrmals in kürzester Frist umfangreiche Liedergruppen, die zumeist gedanklich und musikalisch eine derart geschlossene Einheit bilden, daß sie einzeln nicht völlig zur Geltung kommen. Die 53 Mörike-Lieder werden in weniger als vier Monaten niedergeschrieben (1888). Die 20 Eichendorff-Lieder verteilen sich auf einen größeren Zeitraum (1887–1888), bilden aber eine stimmungsmäßige Einheit. Die Goethe-Lieder (51 Stück, 1888–1889) bilden zwei Gruppen: Wilhelm Meister und Westöstlicher Diwan. Die Lieder weisen trotz ihrer nahen Verwandtschaft eine größere Verschiedenheit auf als die anderen Gruppen. „Prometheus", „Grenzen der Menschheit" und „Ganymed" bilden eine Gruppe für sich. Auch einzelne Balladen treten einzeln auf. Das „Spanische Liederbuch" (von Heyse und Geibel umgestaltete spanische Texte, zum Teil auch von Schumann, Cornelius, Brahms, Jensen vertont) ist 1889/90 entstanden; von den 44 Gesängen sind 10 geistlich. Das „Italienische Liederbuch" besteht aus 46 knappen Vertonungen mittelitalienischer, von Heyse übertragener Volkslieder (1891 und 1896). Auch die drei Michelangelo-Gesänge und die Lieder nach verschiedenen Dichtern werden sämtlich noch in Konzerten gesungen und auf Platten aufgenommen. Seine Oper „Der Corregidor" bleibt wegen völligen Mangels an Dramatik erfolglos.

Tips für Plattenfreunde

○ Italienisches Liederbuch (2 Stereo-LP/EMI 1C165=01871/72, Fischer-Dieskau, Schwarzkopf)
○ Fischer-Dieskau singt Lieder von Hugo Wolf (7 Stereo-LP/EMI 1C181=01470/76). Vorzügliche Wiedergabe
○ Intermezzo – Italienische Serenade für kleines Orchester (Stereo-LP/DaCa 92 723, Keller-Quartett)
○ Streichquartett d-Moll (Stereo-LP/DaCa 92 709, Keller-Quartett)

GUSTAV MAHLER (1860–1911)

Zeit und Umwelt
Im Festartikel einer Berliner Zeitschrift zur Jahrhundertwende wird allen Ernstes behauptet, daß Deutschland (und damit selbstverständlich dicht aufgeschlossen ganz Europa) mit den Ende des scheidenden Jahrhunderts den Höhepunkt der Wissenschaft, insbesondere der Chemie und Physik, der Technisierung, der Industrialisierung und des Verkehrssystems erreicht habe. Einzelne „geringfügige" Fortschritte werden noch erzielt werden, heißt es. Da die Wirtschaft auf einen Höchststand vorangetrieben ist, breitet sich ein allgemeiner Wohlstand aus. In Österreich verkündet der Finanzminister im Jahr 1907 einen Budgetüberschuß von 146 Millionen Kronen und ruft in das Parlament hinein: „Es geht uns gut!" Die durchschnittliche Lebenserwartung eines Großstadtindustriearbeiters liegt unter 30 Jahren, die Kindersterblichkeit ist enorm. Aber das durch eine lange Friedenszeit, niedrige Löhne und Steuern gesättigte Bürgertum erfindet einen Stil, in dem Grabkränze, Krematoriumsurnen und modriges Blättergeranke, künstliche Ruinen, geborstene Säulen die bitter beklagte Erlebnisarmut der Zeit auflockern sollen. Man lebt in den Tag hinein, als wäre kein Ende der guten Zeiten abzusehen. Das ist die Zeit.
Die Umwelt, die Gustav Mahler entgegentritt, ist erschreckt, feindselig ablehnend, verständnislos spottend oder höchstens furchtsam achtend; der Kreis, der ihm Begeisterung und Liebe entgegenbringt, ist verschwindend klein. Dazu kommt, daß man ihn als Tschechen diffamiert (der er nicht ist) und als Juden der Destruktion alles Schönen und Guten, des Schmutzeimer-Schleuderns gegen das hehre Menschenbild beschuldigt. Die Kritiker finden, daß „eine tragische Kluft zwischen Gewolltem und Geschaffenem das kompositorische Lebenswerk durchzieht, daß Monumentales neben Flachem, Verfeinertes neben Alltäglichem, gewaltiger Aufwand von äußeren Mitteln neben Stellen im Volkston, mächtige Hymnen neben blassen Romantizismen stehen". Ob die Gegner elegant-gelehrt, hämisch oder grob unsachlich auftreten, immer ist es Aufbegehren der müden, nur auf sich selbst orientierten Gesellschaft mit ihrer Grausamkeit und Widersprüchlichkeit, ihrer Ungleichheit, Ungerechtigkeit, Gleichgültigkeit und Gefühlskälte gegen den musikalischen Ausdruck der nackten Wahrheit. Mahler schildert das Leid, sein eigenes und das aller Menschen in unzähligen Varianten. Selten gibt er einem Hoffnungsstrahl Raum, er weicht höchstens in einen Mystizismus aus, der ihn nicht befriedigen kann. Den einzigen Trost findet er in der Vorstellung reiner Naturlandschaft. Berge, Wälder, Volkstänze steigen immer visionär auf als Wunschbilder, Herdenglocken läuten, ein Posthorn klingt von Ferne in vollendeter Schönheit, doch jedesmal werden die Träume von der brutalen, unausweichbaren

Gustav Mahler (1860–1911)

Wirklichkeit überwältigt, deren Gestalt, böse, schlecht, gemein ihm viele Male in seiner Umwelt begegnet; peitschende Rhythmen, schrille Dissonanzen und kollageartig hinzugefügte Vulgarismen bestürmen den Zuhörer und zeigen ihm rücksichtslos: „Das ist der Mensch". Mahler liebt den leidenden Menschen, den Geschlagenen, Bedrängten in seiner Ausweglosigkeit, er vereint sein Leid mit den ihren, er versucht die Umwelt aus ihrer Lethargie aufzustören, erntet aber nur Haß. „Was man musiziert", schreibt er, „ist doch nur der ganze fühlende, denkende, atmende, leidende Mensch". Und das hätte er nach der Meinung der Umwelt nicht tun, sondern das Konzertpublikum mit einer erotischen Klangfülle berieseln sollen. Liebliche Themen, sanfte Tragik, ein in Schönheit gestorbener Liebestod, heldische Vaterlandsverteidiger, exotische, weitab liegende Konflikte, das wird verlangt; eine wirklichkeitsnahe Darstellung der Schreie der gequälten Menschen, ein Mitdenken und Mitfühlen forderndes Bild des Leides der Welt ist zu Mahlers Zeit unerwünscht, vielleicht auch revolutionär und gefährlich.

Leben

Gustav Mahler ist am 7. Juli 1860 in Kališt, Böhmen, geboren. Er studiert in Wien an der Universität Geschichte, Philosophie und Musikgeschichte, am Konservatorium unter Robert Fuchs, Richard Epstein (1869–1919; Pianist, Klavierlehrer) und Franz Krenn (1816–1897; Organist, Theorielehrer, Komponist zahlreicher sakraler Musik, einer Sinfonie, mehrer Quartette und Klavierstücke) und außerdem privat bei Anton Bruckner. Im Jahr 1880 erhält er seinen ersten Kapellmeisterposten in Bad Hall, Oberösterreich, 1881 ist er Dirigent in Laibach, 1882 in Olmütz, 1883 in Wien und Kassel und kommt 1885 als Zweiter Kapellmeister an das deutsche Landestheater in Prag unter Anton Seidl (1850–1898; bedeutender Dirigent in Europa und den USA). Er vertritt 1886 sechs Monate lang Arthur Nikisch an der Leipziger Oper, wird 1888 Direktor der Oper in Budapest und 1891 Erster Kapellmeister am Stadttheater in Hamburg. 1897 geht er als Kapellmeister nach Wien, wo er bald darauf Hofoperndirektor wird, 1907 setzt eine antisemitische Intrige diesem für die Wiener Oper reorganisatorischem und richtungweisendem Wirken ein Ende. Im Jahr 1902 heiratet er Alma Maria Schindler (31. August 1879, Wien bis 13. Dezember 1964, New York; sie veröffentlicht als Alma Maria Mahler-Werfel zwei Hefte Lieder). Nach dem Abbruch seiner Wiener Tätigkeit folgt er einem Ruf an die Metropolitan Opera in New York als Dirigent, übernimmt 1909 die Leitung der neugegründeten New Yorker Philharmonic Society, erkrankt aber nach zwei Jahren und kehrt nach Wien zurück, wo er am 18. Mai 1911 stirbt. Sein Neffe Fritz Mahler (1901–1973) ist als Dirigent in Europa und den USA erfolgreich tätig. Er hat sich die kompromißlose Hingabe seines Onkels an das Werk und den Willen des Komponisten zum Vorbild genommen.

Literatur:
B. Walter: Gustav Mahler. 1957
H. C. Worbs: Gustav Mahler. 1960
Kurt Blaukopf: Gustav Mahler oder Der Zeitgenosse der Zukunft, 1969
Werkverzeichnis der internationalen Gustav-Mahler-Gesellschaft. 1959

Werke

Gustav Mahler, dessen Bedeutung als Komponist in unserer Zeit bereits außer jeder Diskussion steht, ist auch als Dirigent einer der Großen seiner Zeit. Wegen seiner intransigenten Forderung nach Werktreue, die in unseren Zeiten zur Selbstverständlichkeit geworden ist, seiner Strenge gegen Sängereitelkeiten wegen ebenso geachtet wie gefürchtet. Er kann gleichzeitig zu den großen Reformatoren der Opernbühne gezählt werden, zu den Vollstreckern der Forderung nach dem Gesamtkunstwerk aus Musik, Schauspielkunst, Regie, Bühnenbild und Licht. Seine Inszenierungen in Wien sind zu historischen Ereignissen der Operngeschichte geworden. Zu seiner Musik sagt Arnold Schönberg in seiner Harmonielehre: „Die Widmung wollte ... seinen unsterblichen Kompositionen die Verehrung ausdrücken und bezeugen, daß dieses Werk, woran die gebildeten Musiker mit überlegenem Achselzucken, ja mit Verachtung vorübergehen, von einem, der vielleicht auch etwas versteht, angebetet wird. Gustav Mahler, dieser Märtyrer, dieser Heilige, mußte gehen, ehe er sein Werk auch nur so weit gefördert hatte, daß er es ruhig seinen Freunden überlassen konnte. Ich wünsche, daß mein Buch mir Achtung einbringe, damit niemand mehr daran vorübergehen könne, wenn ich sage: ‚Das ist ein ganz Großer gewesen.'" Gustav Mahler ist der erste Expressionist, der, ohne Seitenstück und ohne Vergleich, mit der Kraft des autochthonen Künstlers die Grenzen des bisher Gültigen ungeheuer weitet. Er läßt seine Zeitgenossen, auch wenn sie um eine beträchtliche Anzahl Jahre jünger sind, weit hinter sich und schafft einen neuen sinfonischen Typus. Aber mit seinem Tod verschwindet seine Musik aus den Konzertsälen, so sehr sich Dirigenten von der Bedeutung eines Bruno Walter (1876–1962) und Willem Mengelberg (1871–1951) dafür eingesetzt haben. Die politische Entwicklung in Mitteleuropa hat sodann auch seinen Namen und sein Andenken verfemt und alle, die dafür eingetreten sind. Erst unsere Gegenwart läßt Mahlers Werk eine späte Gerechtigkeit widerfahren.
Mahlers frühe Kompositionen, zum Teil Entwürfe, Skizzen, Fragmente sind zum Großteil vernichtet oder zumindest verschollen. Sein Werk setzt mit der Balladenkantate „Das klagende Lied" ein. Bald darauf (1888) eröffnet er mit der 1. Sinfonie D-Dur die Reihe seiner Sinfonien, die seinen Namen den bedeutendsten Meistern der Musikgeschichte zuordnen. 1894 folgt die 2. Sinfonie c-Moll, 1896 die 3. Sinfonie d-Moll, 1900 die 4. Sinfonie G-Dur, 1903 die 5. Sinfonie cis-Moll, 1904 die

6. Sinfonie a-Moll, 1905 die 7. Sinfonie e-Moll, 1907 die 8. Sinfonie Es-Dur, 1909 die 9. Sinfonie D-Dur, 1910 das Adagio der unvollendet gebliebenen 10. Sinfonie „Das Lied von der Erde" (1908). Das letztere Werk ist den Sinfonien zuzurechnen, wird aber vom Komponisten außerhalb der Reihe gestellt. Außer den Sinfonien liegt ein bemerkenswertes Liedschaffen vor (als Orchester- und als Klavierlieder), deren Stimmungsgehalt zum Teil den naiven Volksdichtungen entnommen ist („Des Knaben Wunderhorn", 12 Lieder, „Lieder eines fahrenden Gesellen", 4 Lieder), zum Teil der romantischen Dichtung entstammen („Kindertotenlieder" von Friedrich Rückert), aber in jedem Fall die eigene, von Leid und Tod durchzogene Traumwelt in stark den Sinfonien angenäherter Konzeption zum Ausdruck bringt.

SINFONIE NR. 1 D-DUR „DER TITAN"

4 Sätze. Die Sinfonie ist ursprünglich fünfsätzig, der zweite (Blumen-Satz) wird vom Komponisten noch vor der Veröffentlichung (1889) gestrichen, erst 1959 in London wiederentdeckt und 1967 von Benjamin Britten uraufgeführt. Die Sinfonie entsteht zwischen 1884 und 1888 und kommt am 3. Juni 1889 in Budapest unter dem Komponisten zur Uraufführung. „Nach der Aufführung wurde ich von meinen Freunden gemieden", sagt Mahler. „Zumindest sprach niemand mit mir darüber. Ich ging herum wie ein Ausgestoßener oder ansteckender Mensch." Mahler bezeichnet die Sinfonie als „Sinfonische Dichtung in zwei Teilen" und gibt eine umfangreiche programmatische Erläuterung, die er später zurückzieht. Den Titel übernimmt er von der gleichnamigen Dichtung von Jean Paul Richter. Der erste Satz schildert das Erwachen der Natur, er ist von Volksliedintonationen gekennzeichnet. Der zweite (ursprünglich dritte) Satz setzt in einem Scherzo die Natur- und Wanderstimmung fort, Tanzmelodien klingen auf. Im dritten Satz werden melancholische, düstere Töne angeschlagen. Das Volkslied „Bruder Martin, Bruder Jakob" wird bis in das Unheimlich-Groteske abgewandelt. Im vierten Satz wird die Morgenstimmung des ersten Satzes zum Hymnus geweitet, aber Vorbehalte und düstere Nebengedanken klingen immer mit und werden nicht aufgelöst, sondern nur unterdrückt. Der gestrichene Blumensatz, der derzeit zuweilen aufgeführt wird, bezieht sich auf eine Essay-Sammlung von Richter („Herbst-

Bruno Walter war in Wien Kapellmeister unter Gustav Mahler und wurde so zum authentischen Dirigenten dieses Komponisten.

Blumine" betitelt) und verwendet eine Trompetenmelodie aus Mahlers Bühnenmusik zu „Der Trompeter von Säckingen" (1884), eine „Serenade, die über den mondbeschienenen Rhein an das von Margareta bewohnte Schloß gerichtet ist". Spielzeit (ohne Bluminen-Satz): 50 Minuten.

SINFONIE NR. 2 C-MOLL „AUFERSTEHUNGSSINFONIE"

5 Sätze, entstanden 1894, uraufgeführt am 4. März 1895 in Berlin unter dem Komponisten. Ihren Titel erhält die Sinfonie von der im 5. Satz verwendeten Klopstock-Ode. „Ich habe den ersten Satz ‚Totenfeier' genannt, und wenn Sie es wissen wollen, so ist es der Held meiner D-Dur-Sinfonie (der Ersten), den ich da zu Grabe trage, und dessen Leben ich, von einer höheren Warte aus, in einem reinen Spiegel auffange. Zugleich ist es die große Frage: Warum hast du gelebt? Warum hast du gelitten? Ist das alles nur ein großer, furchtbarer Spaß? Wir müssen diese Fragen auf irgendeine Weise lösen, wenn wir weiterleben sollen – ja, sogar, wenn wir nur weitersterben sollen! In wessen Leben dieser Ruf einmal ertönt ist – der muß eine Antwort geben, und diese Antwort gebe ich im letzten Satz", schreibt Mahler als Bekenntnis zu dieser Sinfonie. Der erste Satz „Die Totenfeier" ist ein gewaltiges Ringen der Themen, ein Choralthema führt zum Finale und bricht nach einem chromatischen Abwärtslauf plötzlich zusammen. Der zweite Satz bringt eine wehmütige Tanzmelodie. Zart erlischt ein inniges farbiges Bild. Der dritte Satz ist ein Scherzo, derb, lustig und zuweilen grotesk. Im vierten Satz ist das Gedicht „Urlicht" aus „Des Knaben Wunderhorn" („O Röschen rot! Der Mensch liegt in größter Not!") für Altsolo vertont. Das Finale schließt ohne Pause mit einem gewaltigen Klangausbruch an, dann klingt von Ferne ein Ruf der Hörner („Der Rufer in der Wüste"), ein Choral setzt ein und wird zum vorwärtsdrängenden Marsch der Toten zum „großen Appell", begleitet von fernen Signalen. Dann erfolgt der mächtige Ausbruch des gesamten Orchesters ein zweites Mal. Hierauf wird der „Tag des Zornes" von einer Naturszene abgelöst und der Chor mit dem Sopransolo verkündet: „Aufersteh'n, ja auferstehn. Sterben werd' ich, um leben." Der „Auferstehungschoral" mit Chor und Orchester, Orgel und Glocken schließt den Satz dröhnend ab. Spielzeit: 80 Minuten.

SINFONIE NR. 3 D-MOLL „NATURSINFONIE"

6 Sätze, entstanden 1895/96, uraufgeführt am 9. Juni 1902 in Krefeld unter dem Komponisten. Der erste (40 Minuten dauernde) Satz wird von Mahler kommentiert: „Pan erwacht, der Sommer marschiert ein, da klingt es, da singt es, von allen Seiten sprießt es auf. Und dazwischen wieder so unendlich geheimnisvoll und schmerzvoll wie die leblose Natur, die in dumpfer Regungslosigkeit kommendem Leben entgegenharrt." Das Kopfthema (Melodie: „Ich hab mich ergeben mit Herz und mit Hand", an das Hauptthema im Finale der 1. Sinfonie von Brahms erinnernd) wird von acht Hörnern vorgetragen. Dann entfalten sich melodische Gedanken „von allen Seiten". Der Sieg des Sommers wandelt sich stets in das Chaotische. „Was mir die Blumen auf der Wiese erzählen", schildert der zweite Satz mit für Mahler typischen Naturbildern. Der dritte Satz mit Scherzocharakter hat das Motto: „Was mir die Tiere im Walde erzählen". Im Trio erklingt eine lyrische Posthornweise. „Was mir der Mensch erzählt", drückt der vierte Satz aus. Geheimnis-

voll klingen die Worte Nietzsches: „O Mensch! Gib acht!..." im Altsolo. „Die Welt ist tief, und tiefer, als der Tag gedacht!... Tief ist ihr Weh!" Und im fünften Satz („Was mir die Engel erzählen"), singt der Knabenchor zu Glockengeläute das „Lied von der himmlischen Freud'." Lyrisch innig folgt das Finale („Was mir die Liebe erzählt"), das in einem hymnischen Adagio ausschwingt. „Meine Sinfonie wird etwas sein, was die Welt noch nicht gehört hat! Die ganze Natur bekommt darin eine Stimme und erzählt so tief Geheimes, das man vielleicht im Traume ahnt!... Mir ist manchesmal selbst unheimlich zumute bei manchen Stellen, und es kommt mir vor, als ob ich das gar nicht gemacht hätte", schreibt der Komponist zu diesem gewaltigen Werk. Spielzeit: 90 Minuten.

SINFONIE NR. 4 G-DUR
4 Sätze. Entstanden 1901, uraufgeführt am 25. November 1901 in München unter dem Komponisten. Der erste Satz ist heiter gelöst mit einem graziösen kantablen Thema. Der zweite Satz erinnert, daß über allem Menschenglück das Leid liegt („Freund Hein spielt auf"). Im dritten Satz herrscht eine abgeklärte, ruhige Stimmung. Sein Klang erhält „paradiesischen Glanz", der dann wie eine Vision verlischt. Der vierte, bereits 1892 entstandene und ursprünglich als siebenter Satz der Sinfonie Nr. 3 vorgesehene Satz bringt eine neuerliche Vision von „himmlischen Freuden" nach dem bayrischen Volkslied „Der Himmel hängt voll Geigen", in dem Sankt Lukas, Johannes und Martha hungrige Kinder zur Tafel laden. Spielzeit: 50 Minuten.

SINFONIE NR. 5 CIS-MOLL
5 Sätze, entstanden 1903, uraufgeführt am 18. Oktober 1904 in Köln unter dem Komponisten. Der erste Satz bringt einen schweren Trauermarsch; ein Zwischenspiel verstärkt die tragische Spannung des musikalischen Geschehens und endet in einem klagenden Aufschrei. Ein einsames Trompetensignal, von der Flöte wiederholt, schließt den hochdramatischen Satz ab. Der zweite Satz stellt eine tumultuarische Durchführung der Themen des ersten Satzes dar. Das Chaotische, das Böse dominiert, nur ein Bläserchoral weist über die zerklüfteten Motive hinaus, wird aber unter neuen chaotischen Ausbrüchen begraben. Der Tragik dieser zwei Sätze stellt sich im dritten Satz als Alternative das Bekenntnis zur Natur und zum einfachen Landleben entgegen: Ländler- und Walzerweisen herrschen vor. Der kantable, nur für Streicher und Harfe geschriebene Satz ist eine Überleitung zum fünften Satz, der als Rondo-Finale mit einem Weckruf des Hornes beginnt, in einem fugierten kecken Thema Trauer und Resignation überwindet und sich zu einer grandiosen Schlußapotheose steigert. Spielzeit: 75 Minuten.

SINFONIE NR. 6 A-MOLL
„TRAGISCHE"
4 Sätze, entstanden 1906, uraufgeführt am 27. Mai 1906 in Essen unter dem Komponisten. „Die Sechste ist ein Werk von ausgesprochen pessimistischer Grundrichtung, ihre Grundstimmung stammt vom bitteren Geschmack im Trank des Lebens, sie sagt ein emphatisches Nein und sagt es vor allem in ihrem letzten Satz, in dem die Unerbittlichkeit des Kampfes aller gegen alle Musik geworden zu sein scheint" (Bruno Walter). Der für die ganze Sinfonie bestimmende Marschrhythmus setzt bereits am Beginn des ersten Satzes ein. In der Durchführung erscheinen noch Naturbilder (Celesta, Herdenglocken).

Aber der zweite Satz beginnt mit harten Paukenschlägen, das Scherzo gewinnt groteske Züge. Der langsame Satz hat wiederum die Funktion der Überleitung zum vierten Satz und der Vorbereitung auf den Sturm des Sinfonieschlusses. Über mehr als 100 Takte leiten das Finale mit einem lyrischen Thema ein, dann bricht unerbittlich die Gestaltung des tragischen, unausweichlichen Menschenschicksals herein, dem alle wehrlos ausgeliefert sind. Spielzeit: 70 Minuten.

SINFONIE NR. 7 E-MOLL
5 Sätze. Entstanden 1905, uraufgeführt am 19. September 1908 in Prag unter dem Komponisten. Diese Sinfonie wird als optimistische Fortsetzung der tragischen Sechsten bezeichnet, sie wirkt aber eher wie eine Flucht in die Unwirklichkeit des Traumes. Der erste Satz greift die tragische Haltung der Sechsten auf, führt ihr aber ein lyrisches Thema zu; die Entwicklung bringt manchesmal schmerzerfüllte Dissonanzen, endet jedoch in einem versöhnlichen Ausklang. Der zweite Satz ist mit „Nachtmusik I" betitelt. Naturstimmung herrscht, jedoch „nur ein ganz aus der Ferne verhallendes Herdengeräusch, das der auf einsamer Höhe Stehende erlauscht, als Symbol weltfernster Einsamkeit". Schattenhaft fließt das Scherzo mit entfremdeten Walzerelementen vorüber. Die zarte Weise des Trio wird durch harte Klänge jäh gestört; das erträumte Glück kann die Wirklichkeit nicht völlig außer Kraft setzen. Die anschließende „Nachtmusik II" ist eine Serenade von Gitarre, Mandoline und Harfen mit solistisch eingesetzten Streichern. Der letzte Satz ist ein Rondo-Finale von energischer Heiterkeit, als solle die fröhliche Stimmung erzwungen werden. Der Satz klingt froh aus. Spielzeit: 80 Minuten.

SINFONIE NR. 8 ES-DUR „SINFONIE DER TAUSEND"
2 Teile, entstanden 1907, uraufgeführt am 12. September 1910 in München unter dem Komponisten. „Es ist das Größte, was ich bis jetzt gemacht habe, und so eigenartig in Inhalt und Form, daß sich gar nichts darüber schreiben läßt. Denken Sie sich, daß das Universum zu tönen und klingen beginnt. Es sind nicht mehr menschliche Stimmen, sondern Planeten und Sonnen, welche kreisen", schreibt der Komponist über sein Werk. Und Thomas Mann sagt unter dem Eindruck der Uraufführung, in Gustav Mahler verkörpere sich „der ernsteste und heiligste künstlerische Wille unserer Zeit". Mit mächtigen, von der Orgel gestützten Klängen setzen die Chöre mit der lateinischen Pfingsthymne Veni creator spiritus ein (die dem Mainzer Erzbischof Hrabanus Maurus, 776–856, zugeschrieben wird). Die Töne sprengen bereits bei den ersten Takten den herkömmlichen Begriff der Sinfonie, die hier zur gigantischen Kantate geweitet wird. Der gesamte Teil steigert sich nahezu ununterbrochen bis zum ekstatischen Abschluß. Dem zweiten Teil liegt die Schlußszene aus „Faust, II. Teil" zugrunde. Anstelle der Monumentalität des ersten Teiles tritt eine oratorienhafte Ausdeutung des Textes mit allen seinen Gefühls- und Gedankeninhalten bis „Chorus Mysticus" („Alles Vergängliche ist nur ein Gleichnis...". Hier wird in Wort und Ton die Ebene gekennzeichnet, auf die sich Mahler aus Lebens- und Todesangst geflüchtet hat. Spielzeit: 90 Minuten.

SINFONIE NR. 9 D-DUR
4 Sätze, entstanden 1909, uraufgeführt im Juni 1912 in Wien unter Bruno Walter. Arnold Schönberg schreibt über dieses Werk: „In ihr spricht der

Autor kaum mehr als Subjekt. Sie ist nicht mehr im Ich-Ton gehalten, sie bringt sozusagen objektive, fast leidenschaftslose Konstatierungen von einer Schönheit, die nur der bemerken wird, der auf animalische Wärme verzichten kann und sich in geistiger Kühle wohlfühlt." Die Sinfonie ist ein Abschiedswerk; das thematische Material des ersten Satzes erinnert an die Sonate „Les Adieux" von Beethoven. Die Spannungen des Satzes führen zu keiner Befreiung, die Gegensätze bleiben bestehen und werden durch einen Trauermarsch bestätigt. Im zweiten Satz intoniert der Komponist Ländler- und Walzerweisen, die jedoch ein recht zwielichtiges Bild bieten. Über dem dritten Satz, einem Rondo, steht: „An meine Brüder in Apoll", was nur ironisch verstanden werden kann, denn die von manchen Zeitgenossen peinlich genau angewendete Fugatotechnik ohne musikalischen Gehalt und die operettenhaft süßlichen Weisen anderer „Brüder" werden grausam verhöhnt. Das Finale ist ein Adagio, ein weicher Abgesang, der nach der Anweisung des Komponisten „ersterbend" ausklingt. Spielzeit: 85 Minuten.

ADAGIO FIS-DUR AUS DER 10. SINFONIE

Entstanden 1910, uraufgeführt 1924 in Wien unter Franz Schalk. Diese fünfsätzig geplante „Dante- oder Inferno-Sinfonie" ist bis auf das Adagio und Skizzen zu einem Scherzo („Purgatorio") unvollendet geblieben. Die genannten Sätze sind von Ernst Krenek fertiggestellt worden. Deryck Cooke rekonstruiert 1961 alle 5 Sätze, denen die Internationale Mahler-Gesellschaft die Anerkennung versagt hat. Das Adagio schließt mit seiner Grundstimmung an die Sinfonie Nr. 9 an. Die Chromatik läßt keine tonale Einordnung des Satzes zu, dessen Klangbild von harten Dissonanzen gestört wird. Ein resigniertes Sichabwenden von Mühen dieser Welt, ein müdes Entsagen verdichtet sich in schmerzlichen, in sich zusammensinkenden Ausbrüchen. Spielzeit: 25 Minuten.

DAS LIED VON DER ERDE

6 Teile, entstanden 1908, uraufgeführt am 19. November 1911 in München. Das Werk wird von Mahler als Sinfonie benannt, aber aus abergläubischer Scheu, seine Sinfonien über die Zahl Neun anwachsen zu lassen, numeriert er den Liederzyklus nicht. Er benützt Texte aus der von Hans Bethge unter dem Titel „Die chinesische Flöte" übersetzten und zusammenstellten chinesischen Lyrik, die mit zarten poetischen Farben schmerzliche Abschiedsstimmung, Liebe zur Schönheit des Lebens, zu den Menschen und den wehmütigen Verzicht darauf schildern. Durch ein pentatonisches Dreiklangmotiv, das sich durch den gesamten Zyklus zieht, wird ein feines exotisches Kolorit erreicht. Der Zyklus beginnt mit dem „Trinklied vom Jammer der Erde", in dem Fröhlichkeit und Schwermut wechseln, bis am Ende die Frage gestellt wird: „Du aber, Mensch, wie lange lebst du?" Die Antwort lautet: „Dunkel ist das Leben, dunkel der Tod". Darauf folgt „Der Einsame im Herbst" mit der Klage: „Sonne der Liebe, willst du nie mehr scheinen?" Die folgenden drei Gesänge: „Von der Jugend", „Von der Schönheit" und „Der Trunkene im Frühling" sind freundlicher und lebensfroher, doch am Ende wendet sich der Sänger ab: „Was geht denn mich der Frühling an?", und man erkennt, daß das „Lachen aus geborstenem Herzen" kommt. Der „Abschied" singt von „O Schönheit! O ewigen Liebens, Lebens trunkene Welt", dann beschwören schwere

Gongschläge und ein Trauermarsch die Todesvision herauf. Aber Trauer und Melancholie werden von der Gewißheit abgelöst, daß die Schönheit der Welt, welcher der Abschied gilt, ewig erhalten bleibt. Spielzeit: 60 Minuten.

DAS KLAGENDE LIED
Für 6 Solostimmen, Chor und Orchester, 3 Teile, entstanden 1888, uraufgeführt am 8. April 1935 in Radio Wien unter Alfred Rosé, nächste Wiederaufführung am 13. Januar 1970 in New Haven unter Frank Brieff. Die Balladenkantate schildert im Teil I, „Waldmärchen", wie eine Königin ihre Hand dem geben will, der ihr eine bestimmte Blume aus dem Forst bringt. Zwei Brüder machen sich auf die Suche, der jüngere findet die Blume, der ältere tötet ihn und nimmt die Blume an sich. Teil II, „Der Spielmann", berichtet vom fahrenden Sänger, der ein Totenbein des Ermordeten findet und daraus eine Flöte macht; sie erzählt die Geschichte der Mordtat, wenn darauf gespielt wird. Im Teil III, „Hochzeitsstück", sitzt der ältere Bruder mit der Königin beim Hochzeitsmahl. Der Sänger erscheint und bläst die Flöte, die von dem Mord berichtet. Der ältere Bruder nimmt die Flöte, um selbst zu spielen, aber sie wiederholt die Geschichte. Darauf stürzt das Schloß zusammen und begräbt alle Hochzeitsgäste unter sich.

Tips für Plattenfreunde

○ Sinfonien 1 bis 10 (15 Stereo-LP/ CBS GM 15, Bernstein)
○ Das Lied von der Erde (Stereo-LP/ CBS 76 105, Bernstein)
○ Kindertotenlieder, Lieder eines fahrenden Gesellen (Stereo-LP/ EMI 1C 063=00347, Baker-Barbirolli)
○ Das klagende Lied (2 Stereo-LP/ CBS 77233, London Symphonie Orchester, Boulez)

FREDERICK DELIUS (1862–1934)

Zeit und Umwelt

Da bis in die Mitte des 19. Jahrhunderts in den Konzerten und Theatern zumeist Gegenwartsmusik gegeben und Rückgriffe auf ältere Komponisten verhältnismäßig selten vom Publikum akzeptiert werden, ist der Bedarf an Musikstücken groß. Jeder Komponist kann damit rechnen, daß seine Werke, wenn auch in der Regel nicht oft, aufgeführt werden. Dann tritt ziemlich rasch eine grundlegende Änderung zu der noch heute geübten Methode ein, welche die Programme petrifiziert, weil sie an Komponisten die Forderung stellt, daß sie tot sind. Gegenwartsmusiker bekommen es schwer, eines ihrer Werke zur Aufführung zu bringen, ein lebender Komponist wirkt nachgerade peinlich, eine lorbeergeschmückte Büste in der Ecke des Konzertsaales ist mehr repräsentativ. Diese Antiquarsgesinnung, die auf allen Gebieten der Kunst einreißt, ein Ausfluß der Scheu, sich mit Gegenwartsproblemen zu beschäftigen und Stimmen anzuhören, die das tun. Um viele Jahrzehnte zurücklie-

Frederick Delius (1862–1934)

gende Konflikte können zwar zu Tränen rühren, belasten aber weder Herz noch Gehirn. Und da viele zu Denkmalen erstarrte Meister zu ihren Zeiten auf ein verständnisloses Publikum stießen, ist es würdevoll, sie posthum zu feiern und gutzumachen, was eine noch wenig entwickelte Epoche an ihnen gesündigt hat.

Leben

Frederick Delius wird am 29. Januar 1862 in Bradford von deutschen Eltern geboren, zeigt starke Neigungen zur Musik, muß jedoch eine kaufmännische Laufbahn einschlagen. Wollwarenhändler, wie es sein Vater wünscht, wird er nicht, er geht lieber nach Florida, um Orangen zu züchten, hat aber damit wenig Erfolg. Nun wendet er sich endgültig der Musik zu und holt sich am Konservatorium in Leipzig bei Jadassohn und Reinecke die gründliche Ausbildung, die ihm bisher das Selbststudium mit Büchern und Partituren nicht bieten konnte. Der damals in Leipzig weilende Edvard Grieg wird sein Freund. 1890 übersiedelt er nach Frankreich, um teils in Prais, teils in Grez-sur-Loing (Seine-et-Loire) sich der Komposition zu widmen. Mit seiner „Legende" für Violine und Orchester tritt er hervor, hat aber große Schwierigkeiten, diese und die folgenden Kompositionen anzubringen. Er ist ein unbekannter zeitgenössischer Komponist, dessen Stil sich nirgends einordnen läßt. 1897 erhält er vom norwegischen Schauspieldichter Gunnar Heiberg den Auftrag, zu einem stark politischen Spiel die Bühnenmusik zu komponieren; er verwendet hierzu norwegische Volksweisen in etwas parodistischer Form. Die Folge ist, daß ein norwegischer Fanatiker auf ihn schießt, aber ihn zum Glück nicht trifft. Delius wendet sich nunmehr der Oper zu. Seine erste Oper „Koanga" kann er mit Mühe in Elberfeld unterbringen; Düsseldorf bringt 1904 ein Sinfonisches Gedicht (Lebenstanz). Versuche, etwas in seiner englischen Heimat zur Aufführung zu bringen, schlagen fehl; dort herrscht Elgar mit seinen leicht für den Konzertsaal verfremdeten sakralen Musikformen. Erst als Thomas Beecham (1879–1961, London; namhafter englischer Dirigent und Konzertunternehmer) sich Delius annimmt, bricht das Eis: Delius' weitere Opern und Kompositionen werden aufgeführt, wenn sie auch das Publikum stets kühl aufnimmt, eine Einstellung, an der sich bis heute wenig geändert hat. Für den Engländer ist die durch das Medium des Intellekts gebrochene Bildhaftigkeit zu kompliziert, ihm liegt die mit naiven Augen geschaute und wiedergegebene Natur näher. Frederick Delius stirbt am 10. Juni 1934 in Grez-sur-Loing.

Werke

Den Bemühungen des Dirigenten Beecham ist es zu verdanken, daß die meisten Kompositionen von Delius noch heute lebendig sind und von Fall zu Fall aufgeführt werden. Von seinen Orchesterwerken werden am meisten gespielt: das Tongedicht „Over the Hills and far Away" (1897), die „Florida"-Suite (1888–90), die „Tanzrhapsodie" Nr. 2, das Cellokonzert (1921), das „Requiem zum Gedächtnis aller im Krieg gefallenen jungen Künstler" (1919) und „Eine Messe des Lebens" nach Texten aus Nietzsches „Zarathustra". Von seiner Kammermusik sind die Cellosonate, die Violinsonate und das 2. Streichquartett am höchsten geschätzt.

Tips für Plattenfreunde
O A Mass of Live (2 Stereo-LP/EMI SLS 958)
O Requiem (Stereo-LP/Seraphim S–60147)
O Florida-Suite (Stereo-LP/EMI HQS 1126)
Sehr schöne Aufnahmen

CLAUDE DEBUSSY (1862–1918)

Zeit und Umwelt
Während in Mitteleuropa über die Schar der reinen Epigonen hinweg sich die Chromatik des Tristan zur völligen Auflösung der Tonalität und zur Dodekaphonik weiter entwickelt, Italien seine eigene starke Tradition verfolgt, hat Frankreich den Einflüssen aus dem Osten nur seinen erstarrten Akademismus entgegenzusetzen, dessen Schematik weder Publikum noch Musiker befriedigen kann. Es ist daher begreiflich, daß der Wagner-Import offene Türen findet und zum Beispiel Chabrier mit seinen Freunden sogar ein „Kleines Bayreuth" der Verehrer Wagners gründet. Die anderen Kunstsparten bleiben von dieser Überfremdung unberührt, weil sie bereits selbst eine neue Stilrichtung gefunden haben. Die Dichter Baudelaire, Mallarmé, Verlaine und Louÿs, die Maler Renoir, Monet, Cézanne, Manet und Sisley haben sich vom Gegenständlichen losgelöst; sie rücken in verschwebenden, freien Rhythmen den Wortklang in den Vordergrund oder tragen im Wechselspiel von Licht und Schatten die Farben auf, um ihrer selbst willen, unbekümmert um alle überkommenen zeichnerischen Gesetze. Die Form wird zur Nebensache, die Wiedergabe des Eindruckes der Vorgänge und Bilder der Umwelt zum Ziel. Und diesem Impressionismus, ob nun das Wort in den Bereich der Musik übertragen werden darf oder nicht, schließt sich Debussy an.

Leben
Claude-Achille Debussy wird am 22. August 1862 in Saint Germain-en-Laye (Ilede-France) geboren und kommt 1873 an das Pariser Konservatorium, wo er Klavierspiel und Theorie unter Marmontel, Guiraud, Lavignac und Massenet studiert. 1880 wird er von Frau Nadjeschda von

Claude Debussy (1862–1918)

Meck (der Gönnerin Tschaikowskis) als Klavierbegleiter nach der Schweiz, Italien und Rußland mitgenommen. Nach Frankreich zurückgekehrt, setzt er seine Studien fort und erhält 1884 den Großen Rompreis. Er gerät bereits während der Studienzeit in starken Gegensatz zu den konservativen dogmatischen Grundsätzen seiner Lehrer, gleichfalls erregen die pflichtgemäß vom Aufenthalt in Rom eingesendeten Kompositionen die scharfe Kritik des Konservatoriums. Man wirft ihm vor, die klassische Form der Musik zu zerstören, indem er „in seine Musik diesen verschwommenen Impressionismus, den gefährlichen Feind der Wahrheit in den Kunstwerken", einführe. Erst das „Prélude à l'après-midi d'un faune" bringt ihm einen vollen Erfolg. Von da an mehren sich die Anhänger seiner Musik, seine weiteren sinfonischen Werke, seine Klavierstücke und Lieder, vor allem seine Oper „Pelléas et Mélisande" (nach Maeterlinck) kommen in Mode. Selbst lebt er zurückgezogen in seiner kompositorischen Arbeit und tritt sehr selten als Dirigent oder Pianist hervor. Eine offizielle Stelle bekleidet er nie. Er stirbt am 26. März 1918 in Paris als Wegbereiter der französischen Musik des 20. Jahrhunderts, dessen Einfluß auf die Komposition der Alten und der Neuen Welt bis zur Gegenwart reicht. Dabei hat er selbst es immer abgelehnt, eine Schule zu begründen, weil nach seiner Ansicht Schulen immer Stillstand bedeuten, die Musik sich aber wie jede Kunst im stetigen Fluß weiterentwickeln müsse. Trotzdem stellen sich bereits zu seinen Lebzeiten echte „Schüler" seines Stiles ein. Erik Satie, André Messager (1853–1929; Dirigent in Paris und London, Komponist von Opern, Operetten und Balletten) und Désiré-Emile Inghelbrecht (1880–1965; Dirigent, Debussy-Interpret, Komponist von Sinfonischen Dichtungen, Ballettmusiken, Oratorien, Kammermusik und Klavierstücken) sind davon die bedeutendsten.

Literatur

H. Strobel: Claude Debussy. 1961
L. Vallas: Claude Debussy. 1961

Werke

Obgleich Debussy zu den bedeutendsten Sinfonikern Frankreichs zu rechnen ist und er selbst stets als französischer Komponist verstanden werden will, ist der universale Charakter seiner Musik eines seiner Hauptmerkmale. Was die Musikgeschichte der Welt an Stilrichtungen, Techniken und Klängen bietet, von der barocken Polyphonie bis zum Gamelan Ostasiens, von der Klassik bis zum ungefesselten Ausdruck eines Mussorgski, die Empfindsamkeit und Ornamentik der älteren Franzosen, die atonale Chromatik Wagners und die süße Melodik der Pariser Oper, alles ist verarbeitet und verwendet, um viele auf das feinste differenzierten Farbwerte zu gewinnen. Exotische Tonleiter, Quartenakkorde, übermäßige Dreiklänge, unaufgelöste Vorhalte, nebeneinandergeführte und gelagerte Tonarten, alles dient dem Klang. Die Thematik verzichtet auf sinfonische Entwicklung, die Spannung tritt hinter der Augenblickswirkung zurück, die Rhythmen sind zerpflückt und verästelt. Universal ist auch das Ergebnis, weil sie jeden an Musik Interessierten aufhorchen läßt und jeden Musikschaffenden verleitet, sich neue Farben auf die gleiche Art heranzuholen. Die von Traditionen unbeschwerten Amerikaner, die bisher die deutsche Romantik zum Vorbild genommen haben, stellen sich sehr bald auf Paris um und lernen, die Farben ihres Landes in Musik umzusetzen. Und in Europa bleibt zwar lange die Alternative zwischen der von Tristan ausgehenden Entwicklung und der Nachfolge von Debussy bestehen, aber die Zeit, in der sich beide Entwicklungslinien vereinen, ist bereits hinter uns. Alles was Debussy geschaffen hat, gehört mit wenigen Ausnahmen zum Programm unserer Konzertsäle. Von den Orchesterwerken werden „Prélude à l'après-midi d'un faune" (1894) und „Das Meer" (1905), die „Trois Nocturnes" (1899) und aus den „Bildern für Orchester" (1912) das Mittelstück „Iberia" am häufigsten gespielt. Der Beitrag zur Kammermusik ist das einzige Streichquartett (1893), je eine Sonate für Saxophon (1905), für Klarinette (1909), für Cello (1915) und für Violine (1917) mit Klavier. Einen breiten Raum nimmt die Klaviermusik ein, die noch immer bei Virtuosen und Publikum sehr beliebt ist. Seine Lieder werden seltener gesungen, die Ballette erscheinen auch nicht mehr oft auf den Bühnen.

PRÉLUDE Á L'APRÈS-MIDI D'UN FAUNE
1 Satz, entstanden 1892, uraufgeführt am 22. Dezember 1894 (1912 als Ballett gegeben). Erstes impressionistisches Orchesterwerk der Musikgeschichte. Dieses „Vorspiel zum Nachmittag eines Fauns" bietet kein Programm, sondern eine Paraphrase zu einem impressionistischen Gedicht vom Mallarmé, die dessen Stimmung wiedergibt und vertieft, das Flimmern warmer, schwüler Sommerluft, eine Landschaft im prallen Sonnenlicht, einen Flöte blasenden Faun und das Locken der Nymphen, doch alles wesenlos und ereignislos. Spielzeit: 10 Minuten.

TROIS NOCTURNES
3 Teile, entstanden 1899, uraufgeführt 1900. Die Teile sind betitelt: Wolken, Feste, Sirenen. Debussy schreibt zu seinem Werk: „Der Titel ‚Nocturnes' will hier in einem allgemeineren und vor allem dekorativeren Sinn verstanden werden. Es handelt sich also nicht um die gewohnte Form des ‚Nocturne', sondern um all das, was dieses Wort an besonderen Impressionen und Beleuchtungen einschließt. ‚Wolken': das ist das ewige Bild des Himmels mit dem langsamen und melancholischen Zug der Wolken, der in einem zart weiß getönten Grau erstirbt. ‚Feste': das ist die Bewegung, der tanzende Rhythmus der Atmosphäre mit dem Aufflammen greller Lichter; darin auch die Episode eines Aufzuges (eine glänzende und geisterhafte Vision); der Zug durchquert das Fest und verliert sich dann darin. Aber die Hauptsache bleibt immer das Fest und sein Gewoge von Musik

und tanzenden Lichtern in einem alles umfassenden Rhythmus. ‚Sirenen': das ist das Meer und sein unaufhörlicher Rhythmus; aus dem von Mondlicht silbern überglänzten Wellen erklingt, lacht und verweht der geheimnisvolle Gesang der Sirenen." Im 3. Teil erklingt ein Chor von 16 Frauen, die mit Vokalisen den Sirenengesang repräsentieren. Spielzeit: 24 Minuten.

LA MER

3 Teile, entstanden 1903/05, uraufgeführt am 15. Oktober 1905 in Paris unter Paul Alexandre Camille Chevillard (1859–1923; namhafter Dirigent, Komponist von Orchester-, Kammer- und Vokalmusik). Der Komponist will „die ganze Poesie der Nacht und des Tages, der Erde und des Himmels, wie sich darin die Atmosphäre beruhigt und im Rhythmus zugleich auch das unaufhörliche Wogen schwingt", deutlich machen. „Das Meer ist ein Kind, es spielt, es weiß nicht genau, was es tut, es hat schönes, langes Haar und es hat eine Seele, es geht, es kommt, es verändert sich ständig." Die drei Teile tragen die Titel: 1. „Von der Morgendämmerung bis zum Mittag auf dem Meer", 2. „Spiel der Wellen", 3. „Zwiesprache des Windes und des Meeres". Im dritten Teil entfesselt sich das Meer in seiner Wildheit, Launenhaftigkeit und Bedrohlichkeit. Spielzeit: 25 Minuten.

IBÉRIA

3 Sätze. Mittelteil der „Bilder für Orchester" (1. Gigues, 2. Ibéria, 3. Rondes du printemps, entstanden 1906–1912), uraufgeführt 1910 in Paris. Der erste Satz ist überschrieben: „Auf Straßen und Wegen" und bringt Bilder und Szenen, denen ein Wanderer durch die spanische Landschaft begegnet: Schalmei der Hirten, Tanz zu Tambourin, Trommel und Kastagnetten, sonnenbestrahlte Wege, dunkle Nächte, Freude und Ängste. Im zweiten Satz „Düfte der Nacht", werden die schweren Blumendüfte aus den spanischen Gärten spürbar. Der dritte Satz „Am Morgen des Festes", nimmt deskriptiven Charakter an. Festzüge ziehen in Marschrhythmen auf, Posaunenklänge zu Glockenklang, ein Tanz, und am Ende der ausgelassene Trubel eines Volksfestes in Spanien. Spielzeit: 20 Minuten.

Jean Martinon, selbst Komponist von Sinfonien, Konzerten, Kammermusik und Opern, setzt sich als Dirigent stark für das Werk von Debussy ein.

Tips für Plattenfreunde

○ La Mer (Stereo-LP/CBS 72 533, Boulez)
○ L'après-midi d'un faune (Stereo-LP/CBS 72 533, Boulez)
○ Streichquartett (Stereo-LP/CBS 72 998, Juilliard-Quartett)
○ Das Klavierwerk, Gesamtausgabe (6 Stereo-LP/FSM SVBX 5432/33, Frankl)

RICHARD STRAUSS (1864–1949)

Zeit und Umwelt

Hector Berlioz steht mit seinen Sinfonischen Dichtungen am Beginn einer Entwicklung der Musik, die den Prioritätskonflikt zwischen Ton und Wort in der Form löst, daß der Ton die Funktion des Wortes übernimmt. Die Musik hat sich von ihrer Stellung im Dienst des sakralen und später auch profanen Wortes, der kultischen, politischen oder auch rein privaten Vorgänge, die auszuschmücken sind, befreit, wird zur „absoluten" (soweit es das überhaupt jemals gegeben hat) und gerät in das Dilemma, daß sie im Gegensatz zu den anderen Künsten „nichts" oder „nichts Erfaßbares" darstellt. Die Dichtkunst und die Dramatik berichten, bis zu einem gewissen Maß auch der Tanz; die Maler, Bildhauer und Baumeister lassen etwas sehen, wogegen die Musik nur unbestimmte Gefühlsinhalte vermittelt. Daß das nicht genügt, zeigen die Versuche des 18. Jahrhunderts, außermusikalische Effekte (Schüsse, Donner, Tierstimmen) einzufügen. Dann erhalten Kompositionen oder deren Unterteilungen Aufschriften programmatischen Inhaltes, die den Vorstellungs- und Gefühlsvorwurf des Komponisten verkünden und für das Publikum unverbindlich sind. Davon ist der Schritt zur „echten" Programmusik nicht mehr weit, die einen Handlungsablauf oder eine Reihe von Bildern durch ihre Ausdrucksmittel darstellt, und zwar so deutlich, daß das Wort überflüssig wird. Damit wird auch die Musik zur „darstellenden" Kunst und zugleich zur Literatur, die zuweilen durch eingestreute Deklamationen die Darstellung konturiert, wenn Klang und Rhythmus dazu nicht mehr auszureichen scheinen. Daß damit eine Ausweitung und Bereicherung der musikalischen Ausdrucksmittel Hand in Hand geht, ist eine natürliche Folge; die Klangfarbe der verwendeten Instrumente und deren Mischungen wird zum dritten Element neben Ton und Rhythmus und entwickelt sich vom Charakter eines Kolorits zum essentiellen Bestandteil der Komposition. Es ist daher kein Wunder, daß die grundlegende Instrumentationskunde des 19. Jahrhunderts von Berlioz stammt und diese von Richard Strauss bearbeitet wird. Eine weitere Folge ist der allmähliche Abbau der überkommenen Formen zugunsten einer freien Konzeption. Das Komponieren wird anscheinend leicht gemacht, man stürzt sich auf die Literatur und beutet alle dramatischen, epischen und lyrischen Erzeugnisse der Dichtkunst aus, die Werke der Malerei und Bildhauerei werden musikalisch dargestellt, ebenso die Natur mit allen ihren Ereignissen. Nur eines dürfte dabei nicht vernachlässigt werden, nämlich die Musik selbst. Die Programmusik eines Berlioz bleibt Musik auch für den, der ihr Programm nicht kennt. Die Sinfonien von Liszt sind von ihrem Programm ohne Schwierigkeit trennbar und bleiben, was sie immer waren, klangreiche, echte Musik. Dieser zweite Meister der

Programmusik, selbst Vollblutmusiker, in allen Stilgattungen zu Hause, Virtuose und Musikant im besten Sinn des Wortes, hat eine Flut von epigonalen Erzeugnissen provoziert; die Satzkunst eines Richard Wagner (dessen Leitmotive auch irgendwie programmatisch sind) tut ihr Übriges. Damit erheben sich die Widersprüche und der Ruf nach der Kunst der alten Meister. Man erkennt nicht, daß nicht die Programmusik an sich minderwertig ist (man denke nur an Dvořák). Vielmehr gibt es wie bei der sogenannten absoluten Musik verschiedene Gütegrade. Man vergißt anscheinend, wie viel im Schatten der Klassiker und Barockmeister erzeugt und bald abgetan worden ist. Echte Künstler sind in jeder Sparte und Epoche seltener als vierblättriger Klee, es muß aber anscheinend Felder mit dreiblättrigen geben, damit zuweilen auch einer mit vier Blättern wächst. Aber daß es auch auf dem Feld der Programmusik zu Höchstleistungen kommen kann, beweisen ihr eigentlicher Begründer Berlioz, ihr genialer Gestalter Liszt und ihr Vollender Richard Strauss. Wie Johann Sebastian Bach die Barockmusik zu ihrer letzten und alles überragenden Blüte entwickelt, so hebt Strauss die Programmusik mit allen Mitteln und Formen, die es jemals gab, auf ein bisher unerreichbares Niveau. Strauss ist zwar nicht, wie manche meinen, das letzte musikalische Ereignis der europäischen Kultur, ist aber der letzte große Romantiker und Programmusiker. Wer nach ihm Musik schreibt, muß sich neue Wege eröffnen oder sich mit einem Aufguß der Werke seines Vorbildes bescheiden.

Leben

Richard (Georg) Strauss wird am 11. Juni 1864 in München als Sohn des Ersten Hornisten des Münchner Hoforchesters und Akademielehrers Franz Joseph Strauss (1822, Parkstein, Oberpfalz – 1905, München) und der Josephine Pschorr (1837, München – 1910, München) geboren. Er wächst naturgemäß in einer musikalischen Atmosphäre auf und zeigt frühzeitig eine starke Neigung zur Musik, die vom Vater sehr gefördert wird. Vom fünften Lebensjahr an erhält er regelmäßigen Klavierunterricht, komponiert als Sechsjähriger eine „Schneiderpolka" und ein „Weihnachtslied", in seinem zehnten Lebensjahr beginnt der Violin- und Theorieunterricht. 1876 schreibt er sein Opus 1, einen Festmarsch. Während seiner Gymnasialzeit (1874–1882) werden in seinem Elternhaus viel Kammermusik und seine ersten Kompositionsversuche gespielt. An der Universität, wo er Philosophie und Ästhetik hört, bleibt er ein Jahr, dann beschließt er, sich ganz der Musik zu widmen.

Im Jahr 1885 ist er bereits Kapellmeister in Meiningen über Vermittlung des Dirigenten Bülow. Dort dirigiert er seine f-Moll-Sinfonie, die aber bereits 1884 von Theodore Thomas (1835–1905; Geiger, Dirigent, namhafter Pionier des amerikanischen Musiklebens) gegeben wurde. Seine erste Sinfonie in d-Moll hat zuvor schon Levi in München aufgeführt. Von da beginnt sein Aufstieg als Komponist und zugleich seine Hinwendung zu Berlioz, Liszt und Wagner. Seine sinfonische Fantasie „Aus Italien" (1871, Frucht seiner Italienreise) bildet den Übergang von seinem Mendelssohn und Brahms verhafteten Stil zu seiner Programmusik; jene tritt mit der Tondichtung „Don Juan" (1889) zum ersten Mal voll in Erscheinung. Zwischen 1886 und 1889 dirigiert er an der Münchner Oper, hierauf bis 1894 an der Hofoper in Weimar und dann abermals in München als Generalmusikdirektor.

Die erste Oper (Guntram) und mehrere Tondichtungen entstehen, große Reisen als Gastdirigent und die Verehelichung mit der Sängerin Pauline de Ahna (1862, Ingolstadt – 1950, Garmisch) fallen in jene Zeit. Im Jahr 1898 schließt er mit der Berliner Hofintendanz einen zehnjährigen Vertrag, der ihn als Nachfolger Weingartners zum Ersten Hofkapellmeister macht. An der Berliner Oper wirkt er neben Carl Muck (1859–1940; Pianist, namhafter Wagnerdirigent), und nach dessen Abgang in die USA 1912 arbeitet er neben Leo Blech (1871–1958; Kapellmeister, Generalmusikdirektor, Verfasser von beliebten Kinderliedern und einer Reihe von heiteren Opern). Wiederum kommt es zu ausgedehnten Konzertreisen als Dirigent eigener und fremder Werke und als Begleiter seiner Frau, die Liederabende gibt. 1904 unternimmt das Ehepaar eine große Konzertreise durch die USA, wo am 21. März die Sinfonia domestica unter der Leitung des Komponisten uraufgeführt wird (New York). Dann folgen die großen Opernerfolge „Salome" 1905, „Elektra" 1909 und „Rosenkavalier" 1911.

Im Jahr 1918 scheidet er aus dem Verband der Berliner Oper aus, führt sie mit Blech noch durch ein Jahr weiter und wird am 1. Dezember 1919 neben Franz Schalk Operndirektor der Wiener Staatsoper. Er unternimmt mit den Philharmonikern 1922 eine große Südamerikareise, im gleichen Jahr weilt er in den USA als Dirigent und führt im nächsten Jahr das Wiener Staatsopernensemble nach Argentinien und Brasilien. 1924 tritt er von der Opernleitung zurück und geht keine weiteren beruflichen Bindungen mehr ein.

Er lebt nunmehr abwechselnd in Wien und in Garmisch und wirkt als Komponist und Gastdirigent. Nach dem Krieg übersiedelt er in die Schweiz, kehrt 1949 nach Garmisch zurück, wo er im selben Jahr am 8. September stirbt. Er wird tief betrauert von seiner großen Gemeinde aus Bewunderern und Verehrern, die sich bewußt sind, daß wieder einmal ein ganz Großer der europäischen Musik unsere Erde verlassen hat („Wir alle wissen, daß wir einen Größeren nicht mehr sehen werden", sagt Joseph Gregor in der Trauerrede).

Die verschiedenen Orden und Ehrenzeichen, Titel und Ehrenbürgerschaften, die Ehrendoktorate verschiedener Universitäten sind nur das äußere Zeichen und ein Ausdruck des Dankes eines weiten Kreises von Musikfreunden für das, was er ihnen geschenkt und hinterlassen hat. Seine Urne wird in München beigesetzt.

Richard Strauss (1864–1949)

Literatur
K. Böhm: Begegnung mit Richard Strauss. 1964
O. Ehrhardt: Richard Strauss. Leben, Wirken, Schaffen. 1953
E. v. Schuch: Richard Strauss. 1951

Werke

„Er hat gelernt, daß die Musik nicht nur bis in alle Ewigkeit unsere Nächte erhellen solle, sondern daß sie wie die Sonne sein müsse. Ich kann Ihnen versichern, daß in Richard Strauss' Musik Sonne ist", schreibt Debussy. In Strauss' Werk erreicht die romantische Epoche der Musikgeschichte ihren letzten Höhepunkt und ihr Ende. In sechs Jahrzehnten wertet er die aus dem Tristan bezogenen Kräfte mit allen Möglichkeiten einer raffinierten Orchestertechnik aus, bleibt jedoch nahezu überall real und betritt nur selten mystisches Gebiet. Seine Tondichtungen und Opern sind lebensbejahend und stellen im großen und ganzen stets das Schöne und Gute dar. Der Glanz der von ihm erdachten Klänge ist für ihn der Abglanz eines positiven Daseins. Vom Brahms-Nachfolger wandelt er sich bald zum Neuerer und Neutöner, er

Die Wiener Philharmoniker im Musikvereinssaal in Wien. Dieses Orchester von Weltrang ist durch ihr Mozart-, Beethoven-, Brahms-, Brucknerspiel und besonders durch die Betreuung des sinfonischen Werkes von Richard Strauss bekannt.

gilt als „Moderner" und „Revolutionär", der er nie gewesen ist. Aber sein stetiges Fortschreiten auf der Suche nach neuen Klängen und das Hinter-sich-lassen der Zeitgenossen erregt neben leidenschaftlicher Zustimmung heftige Ablehnung. Er wird zum Vertreter verschiedener Zeitstile, rückt aber, obwohl er das europäische Konzertleben souverän beherrscht, im Strom der stürmischen Entwicklung der Kunst und insbesondere der Musik in die Position eines Konservativen, weil er die neuen Stilgattungen und Techniken, die im zweiten Jahrzehnt des 20. Jahrhunderts einsetzen, unbeachtet läßt. Es hat also neben ihm und nach ihm auch andere musikalische Ereignisse der europäischen Kultur gegeben, und man muß nicht fürchten, daß sie in Zukunft ausbleiben. Seine Jugendsinfonien d-Moll (entstanden 1881, uraufgeführt 1951) und f-Moll (entstanden und uraufgeführt 1884) stehen auf der Linie Mendelssohn–Brahms und haben entwickelte Themen. Der Weg zum Strauss-Stil bahnt sich erst mit der Sinfonischen Fantasie „Aus Italien" (entstanden 1886, uraufgeführt 1887) an und kommt mit der Tondichtung „Don Juan" (1889) voll zum Durchbruch, wie auch in der folgenden, seltener gespielten Tondichtung „Macbeth" (1890). „Tod und Verklärung" (1890) und „Till Eulenspiegels lustige Streiche" (1895), „Also sprach Zarathustra" (1896), „Don Quijote" (1898), „Ein Heldenleben" (1899) und „Sinfonia domestica" (1904) prägen die Programmusik, wie sie Strauss versteht, voll aus. Für die Eröffnung des Wiener Konzerthauses schreibt er 1913 ein „Festliches Präludium" für großes Orchester und Orgel. Die Tondichtung „Eine Alpensinfonie" (1915) ist seine letzte für ein gigantisches Orchester geschriebene Komposition. Die Suite „Der Bürger als Edelmann" hat wie die „Tanzsuite nach Couperin" (1923) kammermusikalische Besetzung. Die „Methamorphosen" (1946) sind für Streichorchester komponiert. Einzelne Instrumentalkonzerte stammen aus der Frühzeit des Komponisten, wie auch das Hornkonzert Nr. 1 (1885); das zweite entsteht 1942. Die „Burleske für Klavier und Orchester" (1890) ist bereits ein voll ausgereiftes Werk. Die Kammer- und Chormusik ist nur mit einzelnen Kompositionen vertreten. Dafür liegt ein umfangreiches Liedschaffen (mehr als 150 Orchester- und Klavierlieder) vor. Mit seinen vier „Letzten Liedern" nach Texten von Hesse und Eichendorff nimmt der Komponist, mit sich, seinem Werk und seinem Erfolg zufrieden, lächelnd Abschied. Von seinen 15 Opern beherrschen mehr als die Hälfte die Spielpläne der Opernhäuser der Welt. Sein Ballett „Josefs-Legende" (1914) wird häufig getanzt, während das Ballett „Schlagobers" nahezu vergessen ist.

„DON JUAN" OP. 20
Tondichtung nach Nikolaus Lenau, 1 Satz, entstanden 1889, uraufgeführt am 11. November 1889 in Weimar unter dem Komponisten. Lenaus Fragment ist Programm und Leitgedanke des Werkes, dessen Musik keine Illustration der Verse, sondern so-

zusagen eine Parallelschöpfung darstellt. Der Held des Gedichtes wird mit einem kühn ansteigenden Thema eingeführt. Stürmische Klanggestalten charakterisieren den Abenteurer, ein kantables Violinsolo schildert uns die schöne Frau, die dem Verführer verfällt. Das Bild einer neue Liebessituation schiebt sich vor, ein zweites Don-Juan-Thema erklingt in den Hörnern, dann „... ward die Welt mir wüst umnachtet... und kalt und dunkel ward es auf dem Herd". Doch der fahle Abschluß bringt keine Katastrophe für den Helden, sondern nur ein Atemholen zu neuen Erlebnissen. Spielzeit: 18 Minuten.

„TOD UND VERKLÄRUNG" OP. 24
Tondichtung, entstanden 1890, uraufgeführt am 21. Juni 1890 in Eisenach unter dem Komponisten. Es ist unbekannt, welche Vorstellungen und Ereignisse dem Komponisten bei dieser Tondichtung vorschwebten, ob es die überstandene Krankheit war oder ob Alexander Ritter mit seinen Versen, die er der Sinfonie nachträglich hinzufügte, dem Problem näher gekommen ist. Stockende Pulsschläge, Fieberwahn und Todeskampf scheinen daraus deutlich zu werden. Das Verklärungsthema entfaltet sich hymnisch und feiert den Sieg des Helden. Spielzeit: 25 Minuten.

„TILL EULENSPIEGELS LUSTIGE STREICHE" OP. 28
Nach alter Schelmenweise in Rondoform, entstanden 1895, uraufgeführt am 5. November 1895 in Köln unter Franz Wüllner. Die Bilder, die das Rondo deutlich macht, beginnen mit den keifenden Marktweibern, denen Till die Töpfe umwirft und zerbricht, schildert, wie Till als Wanderprediger die Landstraße entlangzieht und die Leute narrt, wie er sich verliebt und abgewiesen wird. Er verhöhnt die trockenen Männer der Wissenschaft. Dann holen ihn die Verspotteten und Genarrten ein, stellen ihn vor Gericht, das ihn peinlich befragt und zum Tod durch den Strang verurteilt. Mit dem letzten Flötentriller verhaucht er sein Leben, aber dann klingt sein Thema wieder auf: Till ist wieder da, denn Eulenspiegel ist ewig. Spielzeit: 20 Minuten.

„ALSO SPRACH ZARATHUSTRA" OP. 30
Tondichtung, frei nach Friedrich Nietzsche, 8 Teile, entstanden 1896, uraufgeführt am 27. November 1896 in Frankfurt am Main unter dem Komponisten. Diese Tondichtung ist kein Kommentar zu Nietzsches Philosophie, sondern entnimmt dem Werk nur das Dichterische: den Drang zur Freiheit, die Sehnsucht nach einem besseren Dasein, die Lebensbejahung und den Protest gegen Mittelmaß und Rückständigkeit. Der Sinfonie stellt Strauss den Hymnus an die Sonne aus Zarathustra voran mit dem Kernsatz: „Zu lange hat die Musik geträumt; jetzt wollen wir wachen. Nachtwandler waren wir, Tagwandler wollen wir werden." Die Einleitung ist von Sonnenaufgangsstimmung beherrscht. Der folgende Teil handelt „Von den Hinterweltlern" (die hinter der realen Welt eine zweite suchen). Darauf intoniert die Orgel ein Magnificat. Harfenakkorde und rasche Läufe des Orchesters sprechen „Von der großen Sehnsucht", Violinen und Posaunen singen „Von den Freuden und Leidenschaften". Das folgende „Grablied" nimmt von allen Jugendträumen Abschied, eine parodistische Fuge bildet den Teil „Von den Wissenschaften". Nach dem Abschnitt „Der Genesende" erklingen die Walzerrhythmen des Tanzliedes, dann ertönt der erste Schlag der Mitternachtsglocke,

„Das Nachtwandlerlied" beginnt und führt zum verklärten Schluß. Spielzeit: 34 Minuten.

„DON QUIXOTE" OP. 35
Phantastische Variationen über ein Thema ritterlichen Charakters, 12 Teile. Entstanden 1897, uraufgeführt am 8. März 1898 in Köln unter Franz Wüllner. Der klassische Stoff des Spaniers Cervantes wird mit allen musikalischen und zum Teil auch außermusikalischen Mitteln wie Windmaschinen drastisch in Szene gesetzt. Der Illustration ist mehr Raum gegeben als bei anderen Tondichtungen, dennoch setzt sich überall die Erfindungskunst des Komponisten durch, so daß auch ohne Kenntnis des spanischen Romanes und der Bezüge darauf ein großartiges Tongemälde vor uns liegen würde. Es ist gut zu wissen, daß das Solo-Cello Don Quixote und die Solo-Viola Sancho Pansa darstellen soll, aber die charakteristischen Themen wären auch interessant und reizvoll ohne dieses Wissen, weil an jeder Stelle die Musik so stark im Vordergrund steht, daß man auf den Hintergrund verzichten könnte. Die Einleitung stellt den „Ritter von der traurigen Gestalt" mittels des Cellos vor, darauf zeichnen Klarinette, Tenortuba, Fagotte und Bratsche Sancho Pansa. Variation Nr. 1 schildert den Ausritt des seltsamen Paares, Nr. 2 den siegreichen Kampf gegen Windmühlen und die Hammelherde, in Nr. 3 wird das Königreich verheißen, in dem Sancho zu hohen Würden kommen soll, Nr. 4 stellt das Abenteuer mit der Büßerprozession dar; in Nr. 5 steigt das Bild der erträumten Dulcinea auf, die Quixote in Nr. 6 in der Bauerndirne zu erkennen glaubt; Nr. 7 zeichnet den Ritt durch die Luft, Nr. 8 die Fahrt im Zauberboot, Nr. 9 den Überfall auf zwei harmlose Mönche und Nr. 10 das Duell mit Samson Carrasco, dem früheren Freund. Im Finale nimmt der Held von uns Abschied; seine Abenteuer waren nur ein Ausfluß seiner Phantasie, in Wahrheit ist für ihn die Welt grau und ereignislos. Spielzeit: 36 Minuten.

„EIN HELDENLEBEN" OP. 40
Tondichtung, 6 Teile, entstanden 1898, uraufgeführt am 3. März 1899 in Frankfurt am Main unter dem Komponisten. Das pompöse Stück ist ein Zeitdokument der Jahrhundertwende; es soll zumindest zum Teil eine Abrechnung mit seinen Kritikern, die ihm den Aufstieg erschweren wollten, darstellen, dürfte aber mehr den Prototyp des Helden jener Zeit, der sich gegen seine Widersacher kraft seiner Persönlichkcit durchsetzt, porträtieren. Aber auch hier überwiegt das rein Musikalische so sehr, daß man alle diese Überlegungen ohne Schaden beiseite lassen könnte. Strauss stellt im Abschnitt 1 den „Helden" vor und im Abschnitt 2 „Des Helden Widersacher", die ihm jedoch mit ihrem Gekeife nichts anhaben können. Im Abschnitt 3 charakterisiert die Solo-Violine „Des Helden Gefährtin", kokett, kompliziert, wandelbar und doch treu. Im Abschnitt 4 geht es auf „Des Helden Walstatt"; der Held besteht den Kampf gegen die Feinde siegreich. „Des Helden Friedenswerk" schließt sich an; Strauss läßt seine bisherigen kompositorischen Leistungen anklingen. Und im letzten Teil „Des Helden Weltflucht und Vollendung" zieht sich der Held mit seiner Gefährtin in die Weltflucht zurück. Die Kämpfe sind vorüber, die Welt kann ihm nichts mehr bieten. Spielzeit: 42 Minuten.

„SINFONIA DOMESTICA" OP. 53
4 Abschnitte, entstanden 1903, uraufgeführt am 21. März 1904 in New

York unter dem Komponisten. Der erste Abschnitt stellt die drei Themen des Tongedichtes vor: den Mann, leichtlebend, verträumt und stolz; die Frau, lebhaft, fröhlich und zierlich; das Kind, ruhig, „vom Weibe herkommend, dem Manne zustrebend". Der zweite Abschnitt stellt in einem Scherzo das Glück der Eltern, das Spielen des Kindes dar, die Uhr schlägt sieben Uhr, ein Wiegenlied folgt. Das Adagio des dritten Abschnittes bringt „Taten und Gedanken", eine Liebesszene, „Träume und Sorgen". Das Erwachen am Morgen, einen lustigen Ehedisput (Doppelfuge) schildert der vierte Abschnitt und führt zu einem fröhlichen Ausklang. Bis zu 40 Einzelthemen sind in diesem Tongemälde feststellbar und werden vom programmsüchtigen Publikum spitzfindig ausgedeutet (Kind im Bad, der Milchmann etc.). In jener Zeit hat das Vergnügen an der Musik zu einem großen Teil in solchen Identifikationen bestanden, man fühlt sich dadurch dem Künstler ebenbürtiger. Uns berühren diese Spitzfindigkeiten peinlich, daher vergessen wir gerne das kleinbürgerliche Familienidyll über die prunkvolle Klangentfaltung, die technisch grandiose Themenverflechtung, die uns dieses farbenreiche Gemälde aus Tönen bietet. Spielzeit: 40 Minuten.

„EINE ALPENSINFONIE" OP. 64
1 Satz, entstanden 1914, uraufgeführt am 28. Oktober 1915 in Berlin unter dem Komponisten. Das Werk ist ein mit satten Farben koloriertes Gemälde eines „Tages im Hochgebirge", das Strauss als Ausblick von den Fenstern seines Hauses in Garmisch hat, eine naturalistische Zustandsschilderung ohne erkennbare geistige Reflexion. Nach dem feierlichen Vorspiel folgen: Nacht und Sonnenaufgang, Anstieg und Eintritt in den Wald, Auf der Alm, Auf dem Gipfel, Ausklang mit einer Serie von Untertiteln; im ganzen sind über 60 Themen verarbeitet und fallweise mit außermusikalischen Mitteln illustriert. Spielzeit: 50 Minuten.

„DER BÜRGER ALS EDELMANN" OP. 60
Orchestersuite, 9 Teile. Entstanden aus der Bühnenmusik zu Molières Bürger als Edelmann (1912) im Jahr 1918, uraufgeführt 1920, kammermusikalisch besetzt, kapriziös und amüsant, dem Spätbarock und dem Rokoko verpflichtet, aber sehr farbig, wie der Komponist nicht anders schreiben kann. Teil 1: Die Ouvertüre stellt Jourdain, den Bürger, dar, reich, protzig, mit seinem komischen Versuch, ein echter Edelmann zu sein. Teil 2: Der Bürger nimmt Tanzunterricht. Teil 3: Er lernt fechten. Teil 4: Auftritt und Tanz der Schneider, die ihm die Kleidung eines Edelmannes zeigen und ihn lehren, sie zu tragen. Teil 5: Menuett von Lully, das sich der Emporkömmling vorführen läßt. Teil 6: Die Courante, die sich Jourdain nach dem Menuett ansieht. Teil 7: Auftritt des Cleonte, des in Aussicht genommenen Schwiegersohnes, der sich mit formvollendeter Grandezza einführt. Teil 8: Vorspiel zum 2. Aufzug des Schauspiels; zwei besonders vornehme Gäste werden erwartet, Jourdain bereitet sich mit Bücklingen und Kratzfüßen vor dem Spiegel darauf vor. Teil 9: Das Diner, bei dem die Gäste von Jourdain empfangen, zur Tafel geleitet und prächtig bewirtet werden. Der Gastgeber wird betrunken und macht der Tischdame eine stürmische Liebeserklärung, aber es kommt zu keiner Mißstimmung, weil aus einer riesigen Schüssel ein kleiner Küchenjunge springt und den abschließenden Walzer tanzt. Spielzeit: 35 Minuten.

METAMORPHOSEN, STUDIE FÜR 23 SOLOSTREICHER

Entstanden 1945, uraufgeführt am 26. Januar 1946 in Zürich unter Paul Sacher. Das Werk ist verfaßt als Abschied von Strauss' Schaffen und der zusammengebrochenen Welt; die Staatsopernhäuser von Dresden, München und Wien liegen in Trümmern. Strauss schreibt an Joseph Gregor: „Ich bin in verzweifelter Stimmung! Das Goethehaus, der Welt größtes Helligtum, zerstört! Mein schönes Dresden, Weimar, München, alles dahin!" Das Stück bringt in drei miteinander verknüpften Sätzen, Adagio – Rascher – Adagio, eine breite sinfonische, ununterbrochen variierte Bewegung über drei Themengruppen. In den letzten Takten klingt in den Bässen der Trauermarsch der Eroica mit. Spielzeit: 25 Minuten.

HORNKONZERT NR. 2 ES-DUR

2 Sätze, entstanden 1949, uraufgeführt am 11. August 1943 in Salzburg unter Karl Böhm und Gottfried Freiberg als Solist. Dieses Konzert wird als wehmütige Rückschau auf die Jugend des Komponisten bezeichnet (er hat sein erstes Hornkonzert 1883 geschrieben), es scheint jedoch vielmehr der Freude an konzertantem Spiel zu entspringen. Der Unterschied zwischen den beiden Konzerten ist zu augenfällig. Im Andante con moto überwiegen Lyrik und Kantabilität. Die Jagdidylle im Rondo ist voll Dreiklängen, harmonisch und rhythmisch außerordentlich geistvoll, und stellt an den Solisten hohe Anforderungen. Spielzeit: 25 Minuten.

KONZERT FÜR OBOE UND ORCHESTER

3 Sätze, entstanden 1945, uraufgeführt am 26. Februar 1946 in Zürich unter Volkmar Andreae. „Ich arbeite nicht, ich amüsiere mich", schreibt der Komponist, als er an diesem Konzert arbeitet. Die drei Sätze fließen über Kadenzen ineinander, bringen eine vergeistigte Musik im Sinn Mozarts und verzichten auf jede Virtuosität. Die Harmonik ist streng diatonisch. Spielzeit: 25 Minuten.

JOSEPHSLEGENDE, BALLETT OP. 63

Uraufgeführt am 15. Mai 1914 in Paris, Libretto von Hugo von Hofmannsthal, Choreographie von Michael Fokins. „Ich wollte den Tanz erneuern", schreibt Strauss. „Den Tanz, so wie er, Mutter der heutigen Künste, gleichsam vermittelnd zwischen ihnen steht. Tanz als Drama und Tanz als Tanz..." Es ist für Strauss, der als ausschließlich diesseitiger Mensch dem Christentum sehr ferne steht, schwer, sich mit der Gestalt des Joseph zu befassen: „So ein Joseph, der Gott sucht... dazu muß ich mich höllisch zwingen. Na, vielleicht liegt in irgendeinem atavistischen Schnörkel in mir noch eine fromme Melodie für den braven Joseph." Aber es gibt wenig „fromme Melodien" in dem Stück, dafür mehr sinnlich rauschende Klänge zum Fest am Hof der Potiphar, zu den Verführungsversuchen der Frau, zu den ekstatischen Tänzen des Gott suchenden Hirtenknaben Joseph, der am Ende vom Erzengel zu einem musizierenden himmlischen Chor entführt wird. Orgiastische, exotische Klangflächen und verklärende Tonfarbenmischungen erreichen einen so starken Effekt, daß das Ballett auch als Konzertstück ohne Choreographie sehr wirkungsvoll ist.

Tips für Plattenfreunde

○ Werke für Orchester (4 Stereo-LP/EMI 1C 191 = 50271/74, 3 Stereo-LP/EMI 1C 195 = 50 344/46, 3 Stereo-LP/EMI1C195 = 52100/02). Gesamtaufnahme mit „Macbeth"

○ Instrumentalkonzerte (4 Stereo-LP/EMI 1C 191 = 02 74 3/46 Q) Authentische Aufnahmen
○ Das Liedschaffen (9 Stereo-LP/ EMI 1C 153 = 50043/51, Fischer-Dieskau)
○ Vier letzte Lieder (Stereo-LP/RCA 2641 322 AW, Price)

CARL NIELSEN (1865-1931)

Zeit und Umwelt

Am Beginn der dokumentarisch belegten dänischen Musik stehen die Hymnen und Sequenzen des 12. Jahrhunderts. Im 13. und 14. Jahrhundert gibt es Lieder über legendäre Könige und Volkshelden, im 15. Jahrhundert treten fahrende Musikanten, Skalden, Militär-, Hof- und Stadtmusikanten und Pfeifer auf. Zur ersten Blütezeit der dänischen Musik kommt es mit John Dowland und Brade, mit dem öfters in Kopenhagen weilenden Heinrich Schütz, mit Hans Nielsen (um 1580–1630), Gabriel Voigtländer (um 1580–1643) und Mogens Pedersen (um 1585–1630). Ein neuer national-dänischer Musikstil bildet sich durch das Schaffen von Johann Peter Emil Hartmann (1805–1900) und Niels Wilhelm Gade(1817–1890), denen sich, beeinflußt von der Musikentwicklung in Deutschland, folgende Komponisten anschließen: Friedrich Ludwig Amilius Kuntzen (1761–1817; Operndirektor, Opernkomponist), Asger Hamerik (1843–1923; Komponist von 6 Sinfonien, 2 Chortrilogien, 5 Nordische Suiten und 4 Opern, Berlioz-Schüler, 1872–1898 Kapellmeister in den USA), Peter Erasmus Lange-Müller (1850–1926; Komponist von Bühnenmusik, einiger Opern und über 200 Liedern), August Enna (1859–1939; Geiger, Kapellmeister, Komponist von Orchester- und Chorwerken, Klaviermusik und Liedern, 9 Opern, Operetten und Balletten). Und den Höhepunkt der Entwicklung bildet der Sinfoniker Carl Nielsen als bedeutendster Vertreter dänischen Musikschaffens.

Leben

Carl August Nielsen wird am 9. Juni 1865 in Nørre-Lyndelse bei Odense auf Fünen als Sohn eines landwirtschaftlichen Arbeiters, der sich auch als Dorfmusikant betätigt, geboren. Er nimmt als Kind selbst an der väterlichen Musikkapelle teil. Mit 14 Jahren kommt er zu einer Militärkapelle in Odense als Trompeter und Posaunist, mit 18 gelingt es ihm, in das von Gade geleitete Konservatorium in Kopenhagen aufgenommen zu werden, wo er zum Geiger ausgebildet wird. Im Jahr 1891 nimmt ihn die Königliche Kapelle in Kopenhagen als Zweiten Geiger auf, deren Dirigent er 1908 wird und bis 1914 bleibt. 1915 bis 1927 ist er künstlerischer Leiter des Kopenhagener Musikvereins. Von 1918 bis

1925 ist er Leiter der Konzerte in Göteborg; ihm zur Seite steht sein Freund Wilhelm Eugen Stenhammar (1871–1927; Dirigent, Vertreter einer schwedisch gefärbten Nachromantik, Verfasser von Opern, Orchester- und Kammermusik und Liedern). Ab 1915 ist er auch Kompositionslehrer des Konservatoriums und wird 1931 zu dessen Leiter ernannt, stirbt aber bereits am 3. Oktober desselben Jahres in Kopenhagen.

Werke

Nielsen ist eine der hervorstechendsten Gestalten des gesamten nordischen Musikschaffens, obgleich seine Werke zu seinen Lebzeiten außerhalb seiner Heimat kaum zur Kenntnis genommen werden. Seine der Zeit weit vorausgreifende Musik kann das von den Klangorgien der Spät- und Nachromantiker verwöhnte Publikum nicht für sich gewinnen. Nachahmer von Richard Strauss dürfen sich stärkerer Beachtung erfreuen. Erst unsere Gegenwart wendet ihm das gebührende Interesse zu. Er ist zu Gustav Mahler das dänische Gegenstück, das auf die neuere Musik Skandinaviens einen schwer zu unterschätzenden Einfluß ausgeübt hat. Vor allen setzt sich Bernstein stark für ihn ein. Nielsen ist in erster Linie Sinfoniker. Von seinen sechs Sinfonien tragen vier zwar programmatische Titel, sind jedoch echte Sinfonien und von jeder Programmusik weit entfernt. Die Titel deuten nur einen poetischen Stimmungsgehalt an. Von Nr. 1 g-Moll (1892), Nr. 2 „Die vier Temperamente" (1902), Nr. 3 „Sinfonia espansiva" (1911), Nr. 4 „Das Unauslöschliche" (1916), Nr. 5 (1922) und Nr. 6 „Sinfonia semplice" (1925) werden Nr. 3 bis 6 am häufigsten gespielt. Die Orchesterfantasien und Ouvertüren, die Klavier-, Violin-, Klarinetten- und Flötenkonzerte überschreiten selten die Grenzen der skandinavischen Länder. Das gleiche gilt für die Kammermusik (unter anderem 4 ausgezeichnete Streichquartette) und das Chorwerk in lateinischer Sprache „Hymnus amoris". Auch seine Opern sind im Norden noch lebendig.

SINFONIE NR. 3 OP. 27
„SINFONIA ESPANSIVA"
Für großes Orchester und zwei Singstimmen, 4 Sätze, entstanden 1911, uraufgeführt am 28. Februar 1912 unter dem Komponisten. Der erste Satz gibt der Sinfonie mit seinem Allegro espressivo Namen und Gestalt. Mit weit ausholender Melodik und energischem Rhythmus drängt die Musik von Spannungsfeld zu Spannungsfeld, die Themen werden weiträumig ausgesponnen und drängen zu einem breiten Ende. Der zweite Satz bringt ein pastorales Naturbild. Den Orchesterstimmen sind Sopran- und Bariton-Vokalisen beigegeben, gleichsam um zu betonen, daß auch der Mensch ein Bestandteil der Natur ist. Der heitere dritte Satz bringt einen Tanz aus der Heimat des Komponisten, und im vierten ist das Hauptthema volkstümlich intoniert, um der Sinfonie einen liedhaften Abschluß zu verleihen. Spielzeit: 37 Minuten.

SINFONIE NR. 4 OP. 29 „DAS UNAUSLÖSCHLICHE"

Für großes Orchester, 4 Sätze, entstanden 1914 bis 1916 und bald darauf uraufgeführt. Die Sinfonie, während das Ersten Weltkriegs geschrieben, ist ein poetischer Ausdruck des unbedingten Willens, zu leben und zu überleben: „Musik ist Leben, unauslöschlich wie dieses." Schon im ersten Satz kommt es zu einer explosiven Konfliktspannung, einem Kampf zwischen formbildenden und zerstörenden musikalischen Elementen. Ein kammermusikalisches Holzbläser-Intermezzo leitet zum zweiten Satz über, der selbst nur einen Ruhepunkt vor dem gewaltigen dritten bildet; dort werden barocke Musikformen in grandioser Polyphonie gebracht. Im vierten Satz wird an den Krieg erinnert, die beiden Paukenpaare donnern wie ein Schlachtfeld. Aber mit einer Blechbläserhymne wird am Ende die Unzerstörbarkeit des Lebens triumphal verkündet. Spielzeit: 37 Minuten.

SINFONIE NR. 5 OP. 50

Für großes Orchester, 2 Sätze, entstanden 1920 bis 1922. Der erste Satz (oder Satzblock) entwickelt in freier Tonalität über ein langes Bratschentremolo eine Fagottmelodie, die von einem Duo der Flöten und Hörner abgelöst wird. Dann übernehmen die Bratschen die Führung, die ersten Violinen treten hinzu und am Ende die Kleine Trommel. Hartnäckige Ostinati, extrem hoch geführte Holzbläser und reichliches Schlagwerk bieten ein eigentümliches, faszinierendes Klangbild, das in ein polyphones Adagio non troppo übergeht. Rücksichtslos läuft „ein Kampf zwischen der wilden Üppigkeit der Natur und der ordnenden Macht der Kultur" auf zwei verschiedenen musikalischen Ebenen ab, die sich erst am Ende zu einer mächtigen Klangballung vereinen. Im zweiten Satz ist auf Schlagwerk verzichtet. Das kräftige Eröffnungsthema wird zerlegt, die Streicher durch nahezu unspielbare Passagen gejagt, eine Fuge zerfällt und ermattet durch die ständig störenden Einwürfe, bis es zur fünfstimmigen zweiten Fuge im Andante un poco tranquillo kommt, die geordnet und strahlend ausklingt. Spielzeit: 38 Minuten.

SINFONIE NR. 6 „SINFONIA SEMPLICE"

Für großes Orchester, 3 Sätze, entstanden 1925, uraufgeführt im Dezember 1925. Sie sollte nach der Absicht des Komponisten einen „ganz idyllischen Charakter, ganz fern von jeder zeitbedingten Geschmacksrichtung und Mode", erhalten, doch trifft das höchstens für den ersten Satz zu. Sie ist auch keine „Sinfonia semplice (Einfache Sinfonie)", sondern ist äußerst differenziert und problembeladen angelegt. Das geplante Divertissement wird zur Tragödie als Ausdruck gänzlicher Desillusionierung und des Bewußtseins völliger Nutzlosigkeit jedes Bemühens. Schon der erste Satz zeigt, daß der Komponist jeden Kampf für sinnlos und vergebens ansieht. Seine schneidenden Dissonanzen weisen auf den Schmerz des Komponisten hin, sie werden aber bald in Resignation verwandelt und münden in grotesken Humor. Der Mittelsatz ist mit „Humoreske" überschrieben und wird von einem Kammerensemble (Pikkolo, 2 Klarinetten, 2 Fagotten, Glockenspiel, Triangel, Kleiner Trommel und einer gestopften Posaune) gebracht. Böser Humor und ätzende Satire schrecken vor keiner klanglichen Provokation zurück. Der dritte Satz („Proposta seria" – Ernsthafter Vorschlag) hat strenge Linienführung und bringt in einer Variationsreihe einen gewissen Ausblick auf kommende bessere Zeiten, die allerdings in weiter Ferne liegen. Spielzeit: 35 Minuten.

KLARINETTENKONZERT OP. 57
3 Sätze, entstanden 1928, uraufgeführt am 11. Oktober 1925 in Kopenhagen mit Johan Michaelsen. Zur Klarinette tritt als zweites Soloinstrument eine Kleine Trommel. Der Klarinettenpart ist außerordentlich schwierig und schöpft die Möglichkeiten des Instruments voll aus. Das Werk ist in freie Fugenform gefaßt, in der klassische Elemente mit völlig neuer Konzeption glücklich verschmolzen sind. Der rondoförmige Schlußsatz wirkt volkstümlich musikantisch und klingt kantabel und friedlich aus. Spielzeit: 27 Minuten.

Tips für Plattenfreunde

O Sinfonie Nr. 6 (Stereo-LP/FSM TV 341 32)
O Konzerte für Klarinette und für Flöte mit Orchester (Stereo-LP/ FSM TV 34261)
O Quintett Op. 43 (Stereo-LP/ Deutsche Grammophon 2530 515 IMS, Vesliysk Kammerensemble Esbjerg)

ALEXANDR GLASUNOW (1865–1936)

Zeit und Umwelt

Das Musikleben Rußlands in den beiden letzten Jahrzehnten des 19. Jahrhunderts und im ersten des 20. Jahrhunderts wird von den Brüdern Rubinstein, Tschaikowski, Rimski-Korsakow und Tanejew beherrscht. Die zeitgenössischen Komponisten und Schüler verfolgen die nationale Linie oder lehnen sich an westliche, vorwiegend deutsche Vorbilder an. Ihre Klangwelt ist neuromantisch, die Melodik stark folkloristisch, die Harmonik tonal und trotz einzelner Verwendung modaler Modulationen innerhalb des Dur-Moll-Systems konsonant; Dissonanzen werden aufgelöst. Dies gilt mehr oder minder für Michail Michailowitsch Ippolitow-Iwanow (1859–1935; Rimski-Korsakow-Schüler, 1906–1922 Direktor des Konservatoriums in Moskau, Verfasser von Sinfonien, Sinfonischen Dichtungen, Liedern, Chören und mehreren Opern), Nikolai Tscherepnin (1873–1945; Rimski-Korsakow-Schüler, seit 1921 in Paris, Opernkomponist; sein Sohn Alexander, geboren 1899; Komponist von Opern, Balletten, Instrumentalkonzerten, Kammermusik), Serge Rachmaninow (1873–1943; Tanejew- und Arenski-Schüler, bedeutender Klaviervirtuose, Komponist von 3 Sinfonien, 4 Klavierkonzerten, Klavierstücken, Kammermusik, Liedern, Chören, Kantaten, und von 3 Opern), Reinhold Glière (1879–1956; belgischer Herkunft, Tanejew- und Arenski-Schüler, Komponist von 3 Sinfonien, von mehreren Balletten, Konzerten, 4 Streichquartetten, vielen Liedern und Klavierstücken und 2 Opern), Nikolai Medtner (1880–1951; verfaßte 3 Klavierkonzerte, Klavierstücke, Sonaten für Violine und Klavier, Kammermusik), Nikolai Miaskowski (1881–1950; Rimski-Korsakow-Schüler, verfaßte 27 Sinfonien und 13 Streichquartette), Juri Alexandrowitsch Schaporin (1887–1966; Glière-Schüler, Komponist sinfonischer Werke und von Vokalmusik, einer Oper und einem Oratorium). Auch Glasunow reiht sich hier ein.

Leben

Alexandr Konstantinowitsch Glasunow wird am 29. Juli 1865 als Sohn eines wohlhabenden Verlegers und Buchhändlers in Petersburg geboren. Seinen ersten Musikunterricht erhält er mit 9 Jahren, mit 13 beginnt er zu komponieren, mit 16 schreibt er seine erste Sinfonie, die Liszt 1884 in Weimar mit Erfolg aufführt. Er wird von Balakirew und Tanejew stark gefördert, gilt als große Hoffnung der russischen Musik und ist schon in jungen Jahren berühmt. Im Jahr 1905 wird er Direktor des Petersburger Konservatoriums, 1928 übersiedelt er nach Paris, wo er am 21. März 1936 stirbt. Er ist als Dirigent eigener und fremder Werke viel auf Reisen (Europa, Nordamerika), seine Kompositionen werden viel aufgeführt und sehr geschätzt, doch nach seinem Tod erlahmt das Interesse an seiner Musik plötzlich, so daß sein Name heute beinahe nur mehr durch seine Ballette am Leben ist.

Werke

Außerhalb seiner Heimat werden die 9 Sinfonien (die 9. posthum und unvollendet) sehr selten gespielt. Seine eklektische Manier tritt trotz klangvoller Harmonik und vieler schöner Melodien zu stark hervor. Von seinen Sinfonischen Dichtungen hört man zuweilen „Stenka Rasin", die anderen („Der Wald", „Das Meer", „Der Kreml") sind vergessen wie seine Suiten und Ouvertüren und sonstigen Orchesterstücke. Von den Instrumentalkonzerten wird nur mehr das Violinkonzert a-Moll gespielt, die anderen (auch das sehr schöne Saxophonkonzert) werden nur selten hervorgeholt. Kammermusikensembles nehmen sich manchesmal seiner Streichquartette und des eleganten Saxophonquartettes an. Die Ballette „Raymonda", „Die Jahreszeiten" und „Liebeslisten" erscheinen zuweilen auf den Spielplänen, besonders das erstgenannte.

VIOLINKONZERT A-MOLL OP. 82
2 Sätze, entstanden 1904, uraufgeführt 1905 mit Leopold Auer. Der erste Satz ist ein Moderato, in das ein kantables Andante eingebettet ist. Weite und Brillanz der melodischen Geste sind hinreißend für jeden, wie immer er auch sonst zu Glasunows Musik eingestellt ist. Eine einfallsreiche Kadenz führt zum zweiten Satz, einem schönen Rondo, das alle nur möglichen Orchestereffekte entfaltet und an den Virtuosen hohe Anforderungen stellt. Spielzeit: 21 Minuten.

RAYMONDA BALLETTE IN 3 AKTEN OP. 57
Entstanden 1897 nach einem Libretto von L. Paschkowa, mit dem der Komponist die russische Ballettform Tschaikowskis fortsetzt. Der romantische Inhalt des Stückes berichtet von

Raymonda, der Nichte der Gräfin Sibylle de Doris; sie ist mit dem Ritter Jean de Brien verlobt. Der Ritter befindet sich auf einem Kreuzzug. Auf dem Schloß der Gräfin werden Vorbereitungen zur Geburtstagsfeier Raymondas getroffen. Boten kommen an, welche die Heimkehr des Ritters nach siegreicher Schlacht verkünden. Der maurische Ritter Abderachman kommt in das Schloß, ist von Raymondas Schönheit überwältigt, gesteht ihr seine Liebe und wird zurückgewiesen. Er beschließt, das Mädchen zu entführen. Nachts erscheint Raymonda ihre Schutzherrin, die Weiße Dame, von der sie in den von Nebel verhüllten Park geführt wird. Im Nebel erscheint die Gestalt des Verlobten; das Mädchen nähert sich, um ihn zu umarmen, aber es ist der Maure; Raymonda wird ohnmächtig. Während der Geburtstagsfeier erscheint der Maure mit seinen Mannen, um die Angebetete zu entführen. Es kommt zum Kampf, in dem der inzwischen heimgekehrte Jean de Brien den Mauren besiegt. Es wird eine glänzende Hochzeit gefeiert. Die Tänze, besonders die Walzer, sind den Balletten Tschaikowskis nachgebildet, erreichen aber trotz ihres eigenartigen Reizes den Schwung der Vorbilder nie.

Tips für Plattenfreunde

O Sinfonie Nr. 4 (Stereo-LP/ Deutsche Grammophon 2630 613 IMS)
O Raymonda (3 Stereo-LP/Melodia C 0163-8). Einzige Aufnahme
O Violinkonzert (Stereo-LP/FSM 34 621, Ricci) oder (Stereo-LP/ Ariola Z 78 705 K, Oistrach)

JEAN SIBELIUS (1865–1957)

Zeit und Umwelt

Obwohl Finnlands Loslösung von Schweden im Jahr 1809 keine politische Befreiung bedeutet und die zugesicherte innere Selbständigkeit hinsichtlich der Gesetze, Verwaltungseinrichtungen und Verfassung vom russischen Zaren stark beschränkt wird, setzt doch für das Großfürstentum Finnland eine kulturelle Selbständigkeit ein. Die Baukunst kommt von den französischen und deutschen Vorbildern der vergangenen Jahrhunderte ab und wendet sich dem Klassizismus zu, der für das Bild der finnischen Städte typisch wird. Maler und Bildhauer, die bisher vorwiegend mit den Skandinaviern Schritt gehalten haben, entwickeln betont volkstümliche Stile, ohne die Fühlung mit der gesamteuropäischen Stilentwicklung zu verlieren. Die Literatur, bisher zum großen Teil schwedisch, bedient sich des Finnischen und tritt, ohne klassische-humanistische Tradition, bald mit bedeutenden Leistungen in die Weltliteratur ein. Die von Elias Lönnrot (1802–1884) aus anonymen Balladen und Liedern zusammengestellte „Kalevala" (1849) wird zum Ausgangspunkt vieler dichterischer Werke. Auch die finnische Kunstmusik bildet sich erst im 19. Jahrhundert aus. Die Anregungen kommen in erster Linie aus Deutschland. Der Spohr-Schüler Friedrich Pacius

(1809–1891; Musikdirektor) setzt sich als Dirigent für deutsche Musik ein. Robert Kajanus (1856–1933) studiert in Leipzig, gründet das erste finnische Orchester und verwendet für seine Sinfonischen Dichtungen finnische Volkssagen. Oskar Merikanto (1868–1924) studiert in Deutschland und schreibt die ersten finnischen Opern (zum Beispiel „Pohjan neito") und viele Lieder. Sein Sohn Aare Merikanto (1893–1958; Studium bei Reger) schreibt Sinfonien und eine Oper, Armas Järnefelt (1869–1958; Schüler von Busoni, Becker und Massenet, ab 1905 Hofkapellmeister in Stockholm, Schwager von Sibelius, finnischer Romantiker) schreibt Orchestersuiten („Finnische Rhapsodie"), Orchester- und Klavierlieder, Chöre und Kantaten. Erkki Melartin (1875–1937; Studium in Wien, Berlin, Rom) dringt mit seinen 8 Sinfonien, dem Violinkonzert, den Klavierwerken und Vokalkompositionen vom Impressionismus zum Expressionismus vor (Oper: „Aino", Ballett: „Sininen helmi"). Imari Krohn (1867–1960; Studium in Leipzig, Folkloreforscher) schreibt Lieder, Kantaten, Klavierwerke, Oratorien und Opern und muß zu den führenden Persönlichkeiten der finnischen Musik gezählt werden. Selim Palmgren (1878–1951; Studium in Berlin, ab 1923 Kompositionslehrer in Rochester, dann in Helsinki) schreibt mit häufiger Verwendung finnischer Folklore Klavierkonzerte, Schauspielmusiken, Chöre und Kantaten. Armas Emanuel Launis (geboren 1884; Studium in Berlin, Volksliedforscher) schreibt Instrumental- und Vokalmusik und Opern („Die sieben Brüder", „Kullervo"). Leevi Madetoja (1887–1947; Studium in Paris und Wien) schreibt Sinfonische Dichtungen aus Geschichte und Volksleben Finnlands, Chorwerke, Pantomimen und Opern nach finnischen Sagenstoffen. Vaino Raitio (geboren 1891) schreibt eine Sinfonie, 10 Sinfonische Gedichte, Instrumentalkonzerte, Kammermusik und Lieder im impressionistischen Stil mit fallweiser Verwendung finnischer Folklore. Yrjö Kilpinen (1892–1959; Studium in Wien und Berlin) komponiert nahezu ausschließlich Lieder (ungefähr 700), auch mit deutschen Texten, die an Wolf erinnern. Uuno Klami (1900–1961; Virolahti, Studium in Paris und Wien) komponiert Tondichtungen („Kalevala"-Suite, „Lemminkäinen", „Aurora borealis", „Vipunen"). In diesem musikalischen Klima geboren, ausgebildet und als Schüler, Kollege und Lehrer aufgenommen, anerkannt und geehrt, führt Sibelius die finnische Musik in die Konzertsäle der Welt ein.

Leben

Jean Sibelius (eigentlich Juhani Julius) wird am 8. Dezember 1865 in Hämeenlinna als Sohn eines Arztes geboren. Er erhält früh Musikunterricht und nimmt während seines Jurastudiums in Helsinki Violin- und Theorieunterricht bei Martin Wegelius (1846–1906; Musiklehrer, Gründer des Konservatoriums in Helsinki). Bald widmet er sich ausschließlich der Musik, geht nach Berlin zu Becker und Waldemar Bargiel (1828–1897; gesuchter Musiklehrer und Komponist von Orchester-,

Kammer-, Klavier- und Vokalmusik, Stiefbruder von Clara Schumann), dann nach Wien zu Fuchs und Goldmark. In den Jahren 1888–1889 lernt er in Helsinki Busoni kennen, mit dem ihn eine enge Freundschaft verbindet. („Ohne Dich wäre ich eine Erscheinung aus den Wäldern geblieben", schreibt er einmal an ihn.) Das Interesse der Öffentlichkeit erregt er schon zuvor mit einem Streichquartett und einem Streichtrio. 1893 kehrt er nach Finnland zurück. Er hat bereits seine Sinfonie für Soli, Chor und Orchester „Kullervo" vollendet, zieht sie aber nach einer Aufführung zurück. Dafür wird seine Oper „Das Mädchen im Turm" 1896 aufgeführt. Er wird über die Vermittlung von Kajanus mit einer Lehrtätigkeit am Musikinstitut sowie an der Orchesterschule von Helsinki betraut und erringt sich bald den Ruf als national-finnischer Komponist. 1897 gewährt ihm der Staat ein lebenslanges Stipendium, damit er sich ganz der kompositorischen Tätigkeit widmen kann. Konzertreisen verbreiten seinen Ruf durch Europa (England, Norwegen, Deutschland, Schweden, Rußland), 1904 nimmt er seinen ständigen Aufenthalt in Järvenpää unweit von Helsinki. („Es war für mich notwendig, aus Helsinki fortzugehen. Meine Kunst verlangte eine andere Umgebung. In Helsinki starb jede Melodie in mir", erklärt er.) Nach dem Ersten Weltkrieg schränkt er seine bisher sehr intensive Tätigkeit als Dirigent und Komponist stark ein, 1921 reist er zum letzten Mal nach England, 1924 tritt er zum letzten Mal als Dirigent auf und vollendet seine letzte Sinfonie, 1929 erscheinen keine Kompositionen von seiner Hand mehr. Es wird zwar Mitte der dreißiger Jahre eine 8. Sinfonie angekündigt, aber nie geschrieben. Was er seit jener Zeit bis zu seinem Tod am 20. September 1957 in Järvenpää skizziert, hat er vermutlich vernichtet. Jedenfalls ist kein posthumes Werk bekannt geworden. Er ist aber bis heute wie Grieg für Norwegen und Nielsen für Dänemark der bedeutendste Repräsentant der Musik seiner Heimat geblieben.

Literatur

H. E. Johson; Jean Sibelius. 1959
E. Tanzberger: Jean Sibelius. 1962
Werkverzeichnis

Werke

„Es herrscht die irrige Ansicht, daß meine Themen oft Volksmelodien seien. Aber bis jetzt habe ich nie ein Thema verarbeitet, das nicht meine eigene Erfindung gewesen wäre", erklärt der Komponist selbst. Ebenso wehrt er sich gegen den Vorwurf, die Tradition der Programmusik nach der Art Liszts oder Berlioz' fortzusetzen: „Seit Beethovens Zeit sind alle die sogenannten Sinfonien, mit Ausnahme von Brahms, sinfonische Gedichte gewesen. In manchen Fällen haben uns die Komponisten ein Programm gegeben oder wenigstens angedeutet, woran sie gedacht haben; aus anderen Fällen geht klar hervor, daß sie sich vorgenommen haben, zu schildern oder zu illustrieren, sei es eine Landschaft oder eine Bildreihe. Das ist nicht mein Ideal einer Sinfonie. Meine Sinfonien sind Musik, erdacht und ausgearbeitet als Ausdruck der Musik, ohne irgendwelche literarische Grundlage. Ich bin kein literarischer Musiker, für mich beginnt Musik da, wo das Wort aufhört. Eine Sinfonie soll zuerst und zuletzt Musik sein. Natürlich kommt es vor, daß ein seelisches Bild unfreiwillig bei einem musikalischen Satz, den ich geschrieben habe, haften geblieben ist; aber meine Sinfonien sind bei ihrer Entstehung immer rein musikalisch gewesen." Sibelius knüpft mit seinen Sinfonien an der Tradition der Klassik und Bruckners an und verschmilzt dieses Erbe mit seinem eigenen epischen Stil zu neuen Formen. Er schreibt aber keine Musik nur um der Musik willen, sondern „es sind ja meine Sinfonien Glaubensbekenntnisse". Trotz gehobener Poesie und der deutlichen ethischen Linie wird es aber deutlich, daß aus allen seinen Werken seine Heimat, das Land der tausend Seen und der tiefen Wälder, mitklingt. Die sieben Sinfonien von Sibelius (1. e-Moll, 2. D-Dur, 3. C-Dur, 4. a-Moll, 5. Es-Dur, 6. d-Moll, 7. C-Dur) werden heute noch alle gespielt, wenn auch die zweite und fünfte einen Vorzug genießen. Von den Sinfonischen Dichtungen, die ebenfalls keine Programmusik im landläufigen Sinn, sondern nur die Wiedergabe der Stimmung und des ethischen Gehaltes des behandelten Stoffes sind, erfreuen sich „En saga" op. 9, „Der Schwan von Tuonela" op. 22/2, „Finlandia" op. 26, „Tapiola" op. 112 der größten Beliebtheit. Die „Lemminkäinen-Suite" behandelt Themen aus der Kalevala, dem finnischen Nationalepos. In der Suite „Kuolema" befindet sich „Valse triste", der als sentimentales, aus dem Zusammenhang gerissenes Stück weltberühmt ist. Weitere Suiten mit verschiedener Besetzung werden allenthalben gegeben. Eines der bedeutendsten Erfolgsstücke ist das Violinkonzert op. 47. Die lange ganz vernachlässigte Kullervo-Sinfonie, die in Wahrheit eine Kantate ist, erweckt in neuester Zeit wieder das Interesse der Interpreten und des Publikums.

SINFONIE NR. 1 E-MOLL OP. 39
Für großes Orchester, 4 Sätze, entstanden 1898–99, uraufgeführt am 26. April 1899 in Helsinki unter dem Komponisten. 1900 wird die Sinfonie vom Philharmonischen Orchester Helsinki bei der Pariser Weltausstellung mit großem Erfolg aufgeführt. Eine melancholische Klarinettenmelodie über Paukentremolo gibt die Vorstellung von einer öden, einsamen Landschaft. Dann kommt ein kämpferischer Zug in das Geschehen; den Kontrast hierzu bildet ein lyrisches Seitenthema. Der zweite Satz setzt die Konflikte des ersten fort und intensiviert sie. Das Scherzo ist rustikal und originell. Nach einem Lento wiederholt sich der Scherzobeginn in variierter Form. Das Finale („Quasi una Fantasia") bringt die Klarinettenmelodie des ersten Satzes. Im rondoartigen Allegro sind zwei Themen verarbeitet, die Coda klingt pathetisch und stark dynamisch aus, als wolle sie eine selbstbewußte Kampfentschlossenheit betonen. Spielzeit: 44 Minuten.

SINFONIE NR. 2 D-DUR OP. 43
Für großes Orchester, 4 Sätze, 1902 vollendet, am 3. März 1902 in Helsinki unter dem Komponisten uraufgeführt. Die Stimmung des Werkes ist freudig und licht, es kann nicht verleugnen, daß es in Italien konzipiert wurde, wenngleich es durch und durch finnisch ist. Der erste Satz hat Sonatenform, aber mit drei Themen. Hierbei bringt das erste Thema, von den Holzbläsern intoniert, eine pastorale Stimmung, der durch die anderen zwei Themen lebhafte Züge verliehen werden. Im zweiten Satz verdüstern Paukenwirbel, Streicherpizzikati und Fagottmelodien die Heiterkeit des ersten Satzes. Tiefem Seelenschmerz wird deutlicher Ausdruck verliehen. Das Scherzo des dritten Satzes wirbelt eilig dahin, im Trio erklingt eine kantable Oboenmelodie. Nach der Reprise setzt hymnisch das Finale ein, das mit einem strahlenden Bläserchoral, dem trotz aller Lebensfreude immer noch etwas von der Melancholie finnischer Landschaft anhaftet, endet. Spielzeit: 46 Minuten.

SINFONIE NR. 3 C-DUR OP. 52
Für großes Orchester, 3 Sätze, vollendet 1907, uraufgeführt am 27. September 1907 in Helsinki unter dem Komponisten. Klassische Straffung, formale Korrektheit und Verzicht auf breites Pathos kennzeichnen dieses Werk. Die zwei Themen des ersten Satzes stehen in keinem Widerspruch, sondern ergänzen einander. Daher bringt auch die Durchführung keine Konflikte, nach der gerafften Reprise werden sie hymnisch entfaltet. Der lyrische zweite Satz bringt Variationen eines von den Flöten vorgetragenen volksliedhaften Themas. Anstelle eines Scherzosatzes bietet das Finale eine Gruppe von scherzoähnlichen Motiven, die sich zu einem marschartigen Thema, von vierfach geteilten Bratschen gespielt, verdichten. Spielzeit: 35 Minuten.

Der Japaner Seiji Ozawa ist als Dirigent der jungen japanischen Musik wie aller Werke der westlichen Welt bekannt geworden; zu seinen bevorzugten Komponisten zählt Jean Sibelius.

SINFONIE NR. 4 A-MOLL OP. 63
Für großes Orchester, 4 Sätze, 1911 vollendet und am 3. April dieses Jahres in Helsinki unter dem Komponisten uraufgeführt. Die Grundhaltung der Sinfonie ist tief tragisch. Eigenes Schicksal (eine schwere Erkrankung), die Unterdrückung der Heimat durch Rußland und möglicherweise auch ein Vorgefühl der drei Jahre später ausbrechenden Weltkatastrophe dürften diese Stimmung erzeugt haben. Dazu kommt seine Abneigung gegen die Entwicklung der Musik zur Auflösung aller überkommenen Regeln. („Immerhin kann ich mir nicht anders helfen als durch Arbeit; ich arbeite an meiner neuen Sinfonie", erklärt er,

und: „Ich schrieb die Sinfonie als Protest gegen die gegenwärtigen Kompositionen; nichts, absolut nichts von Circus um sie!") Formstrenge, klare Logik, konzentrierte Gestaltung ohne Aufwand und Prunk sollen Protest und Verzweiflung deutlich werden lassen. Die synkopierte Melodie, die von Kontrabässen, Celli und Fagotten am Beginn des ersten Satzes gespielte Melodie, bewegt sich innerhalb einer übermäßigen Quart und bildet den Ausgangspunkt für die Thematik des ganzen Werkes. Das Solocello führt sodann das Hauptthema des Satzes aus und wird von grellen Bläserakkorden abgelöst, die jede Hoffnung ersticken. Diese Spannung bleibt im zweiten Satz erhalten, ein heiterer Beginn wird von Ausbrüchen des Schmerzes zurückgedrängt. Im dritten Satz zeichnen solistisch auftretende Instrumente ein unruhiges, vergebliches Grübeln. Und im vierten Satz kommt es durch polytonale Passagen zur äußersten Steigerung der Tragik, die schließlich ermattend erlöscht. Die Sinfonie wird in Göteborg ausgepfiffen und in Amerika als ultramodern, dissonant und öde abgelehnt; Toscanini beantwortet die Kritik mit einer sofortigen Wiederaufführung. Spielzeit: 33 Minuten.

SINFONIE NR. 5 ES-DUR, OP. 82
Für großes Orchester, 3 Sätze, entstanden in erster Fassung 1915 und zum fünfzigsten Geburtstag des Komponisten am 8. Dezember 1915 unter seiner Stabführung uraufgeführt (aber nicht, wie zuweilen behauptet wird, von der Regierung bestellt). Diese erste Fassung ist viersätzig, die Umarbeitungen der Jahre 1916 und 1918–19 bringen eine Neuordnung, welche die zwei ersten Sätze zusammenzieht. Sibelius äußert sich dazu: „Ich war unsicher, ob ich die 5. Sinfonie beginnen sollte. Ich habe überhaupt viel darunter zu leiden gehabt, daß ich darauf beharrte, Sinfonien zu schreiben in einer Zeit, als nahezu alle Tonsetzer sich anderen Ausdrucksformen zuwandten." Jedenfalls bestrebt sich diese beliebteste Sinfonie, das Erbe der Klassik unter neuen Bedingungen fortzusetzen, sie ist ein Bekenntnis „kraftvollen, unter Schmerzen erkämpften Optimismus in arger Zeit, ein erhebendes Zeugnis für einen unüberwindlichen Glauben an die ewig erneuernde Kraft des Lebens" (Erkman). Diese lebensbejahende Grundhaltung wird im ersten Satz mit einem langsamen Sonatensatz ausgedrückt, der die Züge eines Scherzos erhält und über einen Orgelpunkt von 90 Takten ein befreiendes Ende erreicht. Den zweiten Satz bildet ein lyrisches Intermezzo, dessen kantables Thema mehrfach variiert wird. Im Finale werden die in den vorangehenden Sätzen angedeuteten Themen voll ausgeführt und zu einem triumphierenden Abschluß gebracht. Spielzeit: 33 Minuten.

SINFONIE NR. 6 D-MOLL OP. 104
Für großes Orchester, 4 Sätze, entstanden 1922/23, uraufgeführt am 19. Februar 1923 in Helsinki unter dem Komponisten. Das Werk steht stilistisch zwischen der elegischen vierten und der pathetischen fünften Sinfonie. Das erste Thema des ersten Satzes ist pastoral und wird von den Holzbläsern gespielt. Dann wird ein in Terzen geführtes Thema verarbeitet, wohl um die Liebe des Komponisten zur Natur, die einen nie enttäuscht, zu bekunden. Anstelle eines langsamen Satzes folgt ein Allegretto moderato mit synkopierten Flöten und Fagotten, phantasievoll und sehr kantabel. Das Scherzo hat Rondoform, der trochäische Rhythmus des ersten Themas durchzieht den ganzen Satz, in dem Holzbläser und Streicher

sich im Spiel abwechseln. Auch das Finale ist ein Rondo, das heiter und gelöst ausklingt. Spielzeit: 28 Minuten.

SINFONIE NR. 7 C-DUR OP. 105

Für großes Orchester, 1 Satz 1924 vollendet und am 24. März dieses Jahres in Stockholm unter dem Komponisten uraufgeführt. Der Komponist notiert zu dieser Sinfonie, die ursprünglich „Fantasia sinfonica" heißen sollte: „Siebente Sinfonie – Lebensfreunde und Lebenskraft mit appassionato-Zutaten. Drei Sätze – der letzte als hellenisches Rondo." Die Sinfonie ist aber einsätzig mit langsamen Abschnitten am Beginn und am Ende geworden; dazwischen liegen ein mäßig rascher Abschnitt und ein Scherzo. Das Hauptthema ist eine Posaunenmelodie, die „Freude und Lebenskraft" verkündet. Die Gesamthaltung des Werkes, das der 6. Sinfonie stark ähnelt, ist lyrisch, aber erfüllt vom unentwegten Glauben an die Schönheit des menschlichen Daseins. Spielzeit: 22 Minuten.

„EN SAGA" OP. 9

Für großes Orchester, Sinfonisches Gedicht, 1892 geschrieben, am 16. Februar 1893 in Helsinki unter dem Komponisten uraufgeführt, 1901 umgearbeitet, der erste große Auslandserfolg des Komponisten. „En Saga" (Eine Sage) ist ein strahlendes Orchesterabenteuer ohne programmatische Unterlagen, ein Rittergedicht voll klingendem Spott, ein funkelndes Feuerwerk, bei dem es Sibelius Spaß gemacht hat, ganz frei und unbekümmert zu malen (Sigurd Frosterus). Das Stück ist als Sonatensatz gearbeitet, von den drei Themen der Exposition werden das zweite und dritte umfangreich ausgeführt. In der Reprise sind die Themen stark verändert. Spielzeit: 23 Minuten.

„DER SCHWAN VON TUONELA" OP. 22/2

Entstanden 1893 als Vorspiel zu einer unvollendeten Oper („Der Bootsbau"), 1895 in den Zyklus der „Lämminkäinen-Legenden" übernommen. Folgender Hinweis wird später aus der Partitur gestrichen: „Tuonela, das Reich des Todes – die Hölle der finnischen Mythologie –, ist von einem breiten Fluß mit schwarzem Wasser und reißendem Lauf umgeben, auf dem der Schwan von Tuonela majestätisch und singend dahinzieht." Das Solo-Englischhorn trägt eindrucksvoll über mystisch kreisende Klangmassen der Streicher den schwermütigen Gesang des Schwanes vor. Spielzeit: 23 Minuten.

„FINLANDIA" OP. 26

Tongedicht für großes Orchester, 1899 entstanden und uraufgeführt, 1900 überarbeitet. „Wir haben 600 Jahre lang für unsere Freiheit gekämpft, und ich durfte der Generation angehören, die sie errungen hat", sagt der Komponist. „Finlandia! Meine Finlandia erzählt davon, sie war unser Kampflied, das zur Siegeshymne wurde." Das Stück gehörte ursprünglich zu einer Reihe „Lebender Bilder" mit gelesenen Texten und Musik, die anläßlich einer Demonstration zugunsten der unterdrückten finnischen Presse veranstaltet wurde. Es wurde von der zaristischen Regierung unterdrückt. Im Tongedicht ist sehr wenig spezifisch finnisch-folkloristisches Material verarbeitet, damit „alle Völker und alle Menschen es auf ihre Lage beziehen können." Spielzeit: 9 Minuten.

„TAPIOLA" OP. 112

Sinfonische Dichtung für großes Orchester, letztes größeres Werk des Komponisten, im Auftrag der New Yorker Symphony Society am 26. Dezember 1926 unter Walter Damrosch in New York uraufgeführt. Tapiola ist die Wohnstätte des Waldgottes Tapio. Das Motto, das Sibelius dem Stück voranstellt, lautet: „Da dehnen sich des Nordlands düstre Wälder, uralt – geheimnisvoll in wilden Träumen; in ihnen wohnt der Wälder großer Gott, Waldgeister weben heimlich in dem Dunkel." Die Tondichtung ist nicht illustrierend, sondern gibt nur das Wesen des finnischen Waldes wieder. Das Kernmotiv bewegt sich innerhalb einer Quarte, von da aus werden alle weiteren Themen entwickelt, die einander stets in derselben Tonart ablösen, bis es am Ende zu einem großartigen Klangausbruch des ganzen Orchesters kommt. Spielzeit: 19 Minuten.

VIOLINKONZERT D-MOLL OP. 47
3 Sätze, vollendet 1903, uraufgeführt am 8. Februar 1904, in seiner endgültigen Fassung 1905 mit dem Geiger Karel Halíř (1859–1909) unter Richard Strauss aufgeführt. Es gehört zu den Standardwerken seiner Gattung. Im ersten Satz trägt der Solist das Thema vor, dann erscheint nach einer glänzenden Kadenz ein lyrisches Seitenthema, endlich bringt das Orchester einen dritten musikalischen Gedanken, der mit den vorangehenden ausdrucksreich verarbeitet ist. Der zweite Satz bringt ein Adagio voll nordischer Melancholie, und im Finale vereinigt sich tänzerischer Rhythmus mit hinreißendem Schwung. Spielzeit: 30 Minuten.

KULLERVO SINFONIE OP. 7
5 Sätze, entstanden und uraufgeführt 1892, vom Komponisten trotz großem Erfolg zurückgezogen und erst wieder 1958 erneut vollständig aufgeführt. Der erste Satz, „Einleitung", hat Sonatenform und erinnert in seinem Aufbau an Bruckner. Der zweite Satz, „Kullervos Jugend", ist Tschaikowski verpflichtet. Im dritten Satz „Kullervo und seine Schwester", dem wichtigsten und längsten Satz des Werkes, setzt ein Chor ein, der mit dem Mezzosopran und dem Bariton (Kullervo) im opernhaften Wechselgesang die Dramatik dieses Teiles der sinfonischen Kantate auf den Kulminationspunkt treibt. Der vierte Satz „Kullervo geht zur Schlacht" ist ein rein instrumentales Scherzo. Im fünften Satz „Kullervos Tod" stellt der Chor mit den Versen der „Kalevala" die Schlacht und den Tod des Helden im Balladenton dar.

Tips für Plattenfreunde

○ Sinfonien 1–7 (5 Stereo-LP/Ariola XK 88624K). Klangschöne Aufnahmen
○ En Saga, Finlandia, Valse triste (Stereo-LP/CBS 61 286, Ormandy)
○ Violinkonzert (Stereo-LP/ Deutsche Grammophon 2530 552, Zukerman)

FERRUCCIO BUSONI (1866–1924)

Zeit und Umwelt

„Die Bühne zeigt vom Leben die Gebärde", heißt es im Prolog zum „Doktor Faust" von Busoni, aber auch seine Umwelt zeigt ihm nicht mehr. Alte Formstrenge, gegenwärtige Formlosigkeit weisen ihm nur die

Oberflächen, die sich wohl verschmelzen lassen, aber wie positive und negative Werte einander aufheben, weil die Tiefen nicht erfaßt werden. Was bleibt, ist wenig ansprechend. Italianität und deutsches Wesen ohne die österreichische Brücke ergänzen einander wohl bei der Interpretation am Instrument, aber nicht bei der Schöpfung neuer Werke, es werden blasse Gebilde daraus, die man mit der Bezeichnung „Neue Klassizität" entschuldigt. Die Transkription gelingt besser. Bach, Beethoven, Brahms, Chopin, Cornelius, Cramer, Goldmark, Liszt, Mozart, Schönberg, Wagner, Weber sind ausgeliefert, in fremde Kleider gesteckt und schonungslos transkribiert oder zum Kern eigener Kompositionen gemacht zu werden. So geht es auch mit den alten Regeln und Grundsätzen. Sie werden modernisiert. Und ebenso mit den neuen revolutionären Ideen. Sie werden propagiert, aber nie angewendet. Es ist eben alles Gebärde. Pfitzner hätte sich nicht ereifern müssen. Dieser „Futurismus" war nie gefährlich.

Leben

Ferruccio Busoni wird am 1. April 1866 in Empoli (Toskana) als Sohn eines italienischen Klarinettisten und einer deutschen Pianistin geboren. Er ist ein Wunderkind und tritt schon mit 8 Jahren in Triest als Pianist auf, mit 12 als Komponist und Dirigent seines „Stabat Mater", und mit 15 bringt er sein Oratorium „Il sabato del villaggio" (Sonnabend auf dem Dorf). Seine Begabung liegt vorwiegend auf pianistischem Gebiet, er studiert in Graz und Leipzig und wird Lehrer am Konservatorium in Helsinki. In der ganzen Welt wird er als neuer Liszt gefeiert, den er verehrt, interpretiert und nachahmt. Er arrangiert, transkribiert, revidiert; kaum ein Werk der Musikgeschichte ist vor seinem Zugriff sicher. Sein Klavierspiel findet überall Bewunderung, seine Kompositionen haben wenig Erfolg. Er bereist als Virtuose die Welt, findet aber nirgends eine geistige Heimat, bis er sich in Berlin ansiedelt und dort an der Akademie der Künste eine Kompositionsklasse übernimmt, die er bis zu seinem Tod am 27. Juli 1924 leitet. Er kann seine letzte Oper „Doktor Faust", die zwar nicht mehr gespielt wird, aber noch in Erinnerung ist, nicht mehr vollenden. Das besorgt sein Schüler Philipp Jarnach (geboren 1892; Komponist für Orchester-, Klavier- und Orgelmusik und Lieder).

Literatur

E. Debusmann: Ferruccio Busoni. 1949

Werke

Von den Orchesterwerken (Suiten, Ouvertüren etc.) ist nichts lebendig geblieben. Das Klavierkonzert und die Indianische Fantasie werden zuweilen aufgeführt. Auch die 2 Streichquartette (C-Dur und d-Moll), die Violinsonaten (C-Dur und e-Moll) und die Elegie für Klarinette und

Klavier werden fallweise gespielt. Von den Klavierwerken ist eigentlich nur mehr das Studienwerk von 1922 bekannt, alles andere ist aus den Konzertsälen verschwunden. Seine Chorwerke (vorwiegend Jugendarbeiten) kennt man nicht mehr. Busoni verlangt „die Meisterung, die Sichtung und Ausbeutung aller Errungenschaften vorausgegangener Experimente, ihre Hineintragung in feste und schöne Formen". Er ist aber selten über die Transkription fremder Ideen hinausgekommen. Das mag der Grund dafür sein, daß sein Werk kaum mehr Beachtung findet. Er propagiert auch Musik mit Drittel- und Sechsteltönen, stellt damit theoretisch eine neue Skala aus 18 Tönen auf, wendet jedoch seine Ideen praktisch nicht an.

„INDIANISCHE FANTASIE" FÜR KLAVIER UND ORCHESTER OP. 44
Entstanden 1914. Dieses virtuose Konzertstück ist eine Mischung von virtuosen und konzertanten Bestandteilen, indianischer Melodien und Kirchenmelodik. Rhapsodische Kadenzen leiten von den marschartigen zu den tänzerischen Abschnitten über. Spielzeit: 30 Minuten.

KONZERT FÜR KLAVIER UND ORCHESTER
5 Sätze, der fünfte Satz mit unsichtbarem Männerchor, entstanden 1906. Das schwierige Kolossalwerk ist nicht konzertant, sondern sinfonisch mit obligatem Klavier. Der 1. Satz nimmt das Thema des Schlußchores präludierend voraus. Der 2. Satz ist heiter, der 3. ernst, der 4. (All' Italia) bringt eine feurige Tarantella als Huldigung für die italienische Heimat, im 5. Satz besingt ein verdeckter Männerchor die Macht Allahs. Spielzeit: 72 Minuten.

Tips für Plattenfreunde

○ Lieder – aus Musik um Goethe (Stereo-LP/DaCamera 190 008)
○ Klavierwerke (Stereo-LP/Camerata LPM 30 054). Einzige Aufnahmen

ERIK SATIE (1866–1925)

Zeit und Umwelt

Einer der führenden neufranzösischen Komponisten ist Florent Schmitt (1870–1958). Er verfaßt Sinfonische Dichtungen, ein Violinkonzert, Klavier-, Kammer- und Vokalmusik, Bühnenmusik und Ballett. Sein Klavierquintett op. 31 und das Ballett „Salomons Tragödie" sind auch im Ausland berühmt geworden. Schmitt steht bereits am Ende des Impressionismus, im Gegensatz zu Paul Dukas (1865–1935), der eine Sinfonie C-Dur, ein lyrisches Märchen „Ariane und Blaubart", die Tanzdichtung „La péri" mit berühmter einleitender Fanfare und das allseitig bekannte und wegen seiner Plastik beliebte Orchesterstück „Der Zauberlehrling" verfaßt. Dukas versucht Wagner und Debussy zu vereinigen. Zwischen Schmitt und Dukas stehen sämtliche Zeitgenossen, die ohne Ausnahme dem Impressionismus verhaftet bleiben, wenn sie nicht älteren Stilrichtungen huldigen. Nur Satie schreitet darüber hinaus, weil er nach Milhaud „jederzeit alles vor allen anderen verkündet, vorbereitet, gefunden hat".

Leben

Erik Satie (eigentlich Alfred Erik Leslie-Satie) wird am 17. Mai 1866 in Honfleur, Calvados, als Sohn eines Musikverlegers und Komponisten geboren. Seine Mutter veröffentlicht unter dem Namen Eugènie Satie-Barnetsche Klavierstücke. Er studiert von 1883 bis 1884 am Konservatorium, bringt sich anfänglich als Pianist in Nachtlokalen auf dem Montmartre durch und fällt bald mit seinen strukturell originellen und exzentrischen Kompositionen auf, die eine deutliche Absage an den herrschenden Impressionismus darstellen. Die Titel seiner Werke sind zuweilen skurril-humoristisch. (Als ihm sein Freund Debussy Formlosigkeit vorwirft, schreibt er „Drei Stücke in Form einer Birne" für Klavier zu vier Händen.) Die Kompositionen selbst zeichnen sich durch Reduktion der Mittel (Melodik, Harmonik und Rhythmik) auf ihre einfachste Form aus und überwinden dadurch Pathos und Gefühl. Er besucht als reifer Mann nochmals die Schola Cantorum und studiert bei Roussel Kontrapunkt und Gregorianik, was ihn befähigt, „Socrate", eines der bedeutendsten Werke des anbrechenden Klassizismus, zu schreiben; hier erscheint die Antike, wie sie war; hart, kalt und karg ohne die „stille Einfalt und Größe" eines Winckelmann. Sein Einfluß auf die jenseits der Romantik Geborenen ist ungeheuer, er überreicht ihnen sozusagen das neue gültige Programm, das die Gruppe der „Six" 1920 ausarbeitet. Die Gruppe besteht aus Georges Auric (geboren 1899; literarischer Wortführer, Komponist von Balletten und Musik zu Filmen wie Moulin Rouge, Lohn der Angst. 1962 Generalintendant beider Pariser Opernhäuser), Louis Durey (geboren 1888; Musikkritiker und Musikschriftsteller, schreibt Kammer- und Klaviermusik, Lieder und Chöre mit einfacher Melodik und die Oper l'Occasion), Germaine Tailleferre (geboren 1892; schreibt Konzerte für Klavier, 1924, für 2 Klaviere, 1934, für Harfe, 1928, für Singstimmen und Orchester, Opern, Ballette und Lieder, geht 1942 nach den USA), Milhaud, Poulenc und Honegger. Das Programm der Sechsergruppe sieht vor: Reinigung der Musik von hypertrophischen Formen, Rückkehr zur Klassik (Haydn, Rameau), Verbannung der Romantik zugunsten eines französischen Klassizismus, Verzicht auf Chromatismus, Wiederkehr der diatonischen Harmonik. Satie selbst gibt den Auftakt mit dem Ballett „Parade" (1917), das er gemeinsam mit seinen Freunden, dem Dichter Jean Cocteau und dem Maler Pablo Picasso, als „kubistisches Manifest" geschaffen hat. Mit diesem, von verschiedenen Lärminstrumenten (darunter Schreibmaschinen, abgestimmte Flaschen, Motoren) begleiteten

Erik Satie (1866–1925)

experimentellen Stück zieht nicht nur ein Zirkus, sondern ein neues Zeitalter der französischen Musik ein. Trotz seiner Berühmtheit und seiner vielen Freunde stirbt Satie am 1. Juli 1925 in ärmlichen Verhältnissen in Paris. Er hat sich in den zwanziger Jahren mit der Absicht getragen, eine Schule zu begründen; es kommt nicht mehr dazu. Doch indirekt sind viele französische und auch ausländische Komponisten in irgendeiner Form seine Schüler. Und die von ihm verwendeten Stilmittel, die zu seiner Zeit Skandale hervorgerufen haben, sind uns so geläufig, daß wir das Neue, das Unerhörte, ja nicht einmal das Satirische, daran spüren. Futurismus, Surrealismus und ähnliche Bewegungen der Kunst finden ihre Wurzel auch in den Werken von Satie. In der Musik ist es vor allem der Maler und Komponist Luigi Russolo (1859–1947); er experimentiert mit elektrischen Geräuschinstrumenten – intonarumori. Seine Kompositionen wie „Stelldichein der Automobile und Flugzeuge", „Erwachen einer Stadt" erregen zumeist starke Skandale. Er konstruiert 1929 das Rurarmonio oder Russolophon, das verschiedene Geräusche in 12 Stufen wiedergibt.

Literatur

P. D. Templier: Erik Satie. 1932

Werke

Klavierstücke und Klavierlieder bilden lange Zeit die Hauptformen der kompositorischen Tätigkeit Saties. Von seinen Klavierwerken sind die 3 Gymnopédies (Nr. 1 und 3 von Debussy instrumentiert), 1888, die Gnossiennes, 1890, die „Danses gothiques", 1893, die „Pièces froides", 1897, die „Pièces en forme de poire", 1903, „Les patins dansent" und die „Pièces momtées" noch lebendig wie die Lieder: „Trois poèmes d'amour", 1914, die „Ludions", 5 Lieder, 1923, und eine Reihe reizender Chansons. Das größte Aufsehen erregte sein Ballett „Parade" durch seine ungewöhnlichen Geräuscheffekte. Auch das Ballett „Relâche" aus 1924 erregte im Théâtre des Champs-Èlysées am 29. 11. 1925 lauten Protest durch das surrealistische Libretto. Den Höhepunkt seines Schaffens erreicht Satie aber mit seinem szenischen Stück „Socrate" für Singstimmen und Orchester. Posthum sind die Kantate „Geneviève de Brabant" und die „Messe des Pauvres".

Tips für Plattenfreunde

○ Klaviermusik (3 Stereo-LP/FSM SVBX Satie). Einzige Gesamtausgabe
○ Socrate (Stereo-LP/FSM 31 024)
○ Parade, Relâche (Stereo-LP/EMI ASD 2369)
○ Geneviève, Messe des Pauvres, Lieder (Stereo-LP/EMI 1C 065 12=804). Vorzügliche Wiedergabe

HANS PFITZNER (1869–1949)

Zeit und Umwelt

Die Romantik scheut das grelle Licht der Gegenwart, sie zieht das Dunkel tiefer Wälder vor, sie lebt in einer Welt erträumter Vergangenheit, sie verklärt Gewesenes, sie vertauscht die Realität der Umwelt gegen Gärten mit Blumen, die es nicht gibt, sie nimmt den vor der Wirklichkeit Flüchtenden auf und tröstet ihn mit bunten Steinen ohne Wert. Im Bereich der Romantik ist jeder König oder Bettler, wie er eben will, man darf sich die Rollen zuteilen und den Daseinsrahmen auswählen nach Belieben. Es wird immer Künstler geben, deren Werke romantisch sind, weil sie selbst Romantiker sind. Das hat mit der Kunstepoche nichts zu tun. Sie sind keine Spätromantiker oder Nachromantiker, weil sie die Technik ihrer Gegenwart verwenden und Gehalt und Ausdrucksform nicht von den Romantikern übernehmen, sondern der Vorstellungswelt, die ihr Gefühl aufbaut, entnehmen. Sie können daher auch keine Programmusik schreiben, denn so romantisch ein Programm, vom literarischen Standpunkt aus gesehen, auch sein mag, es bildet für die Musik eine Realität, die logische Folgerungen hat; romantische Musik wird jedoch vom musikalischen Einfall gestaltet und nicht vom literarischen. Es ist daher falsch, Pfitzner als „Letzten Romantiker" zu preisen oder abzutun, denn das heißt, ihn den Romantikern des 19. Jahrhunderts als Nachzügler anzureihen; er ist aber ein Künstler des 20. Jahrhunderts, der die in seiner Periode zur Verfügung stehenden Ausdrucksmittel heranzieht, wie es ihm notwendig erscheint. Ebenso unrichtig ist es, seiner Musik bestimmte Aussagen und Ziele anzudichten. Anhänger wie Gegner vermögen sich anscheinend schwer vorzustellen, daß eine künstlerische Idee, eine Gedichtzeile, eine musikalische Phrase vom Einfall allein diktiert und somit absichtslos ist. Die Meinung, daß sich jeder Künstler bei der Schöpfung seiner Werke „etwas gedacht" haben muß, ist anscheinend seit dem 19. Jahrhundert unausrottbar, und falls der Künstler behauptet, darüber nichts sagen zu können, weiß man es besser und schreibt ihm vor, was er „sich gedacht" haben muß. Das wäre nur humoristisch, wenn nicht daraus ein völliges Verkennen des Kunstwerkes und seines Schöpfers entstünde und wenn dieses Mißverstehen nicht nur das Publikum, sondern auch die Interpreten fehlleitete. Der Künstler wird als „schwer" verständlich zur Seite geschoben und dem Publikum vorenthalten, leichtere Kost ist eben erfolgsicherer. Es ist in gleicher Weise verkehrt, Pfitzner zu beschuldigen, daß er rückwärts gewendet und fortschrittsfeindlich sei. Einige Schuld daran trägt sein literarischer Kampf gegen Busoni, den er als futuristisch bezeichnet, obschon dieser nur Zukunftswege weist, aber nie selbst beschreitet. Dagegen ist Pfitzner futuristisch im wahren Sinn des Wortes,

Hans Pfitzner (1869–1949)

weil er zeit seines Lebens ein Zukünftiger gewesen ist und wohl noch längere Zeit bleiben wird.

Leben

Hans Pfitzner wird am 5. Mai 1869 in Moskau als Sohn eines Orchestergeigers und einer Pianistin geboren. Er erhält seinen ersten Musikunterricht von seinen Eltern und studiert ab 1886 am Hochschen Konservatorium in Frankfurt am Main Klavier bei James Kwast (1852–1927; Pianist, namhafter Klavierlehrer), Harmonielehre und Kontrapunkt bei Iwan Knorr (1853–1896; Theorielehrer), Komposition bei Hugo Riemann (1849–1919; Klavierlehrer, Musikwissenschafter). Er wird selbst Musiklehrer in Koblenz, hierauf Kapellmeister in Mainz; ab 1897 ist er Lehrer und Kapellmeister in Berlin, 1907 Dirigent in München, von 1908 bis 1918 Opernleiter und Konservatoriumsdirektor in Straßburg, 1920 bis 1929 Leiter einer Kompositionsklasse in Berlin, von 1929 bis 1933 Professor an der Münchener Akademie der Tonkunst. Dann zieht er sich von allen Ämtern zurück und widmet sich allein der Komposition. Er verliert Haus und Besitz durch Bombenwurf und muß nach dem Zweiten Weltkrieg, weil sich niemand in Deutschland um ihn kümmert, im Münchener Altersheim Aufenthalt nehmen. Schließlich nimmt sich Österreich seiner an, bietet ihm einen würdigen Alterssitz und, als er am 22. Mai 1949 in Salzburg stirbt, ein Ehrengrab in Wien nahe den Grabstätten von Beethoven, Schubert, Brahms, Wolf und anderen Meistern der Tonkunst. Wie Klopstock sich beklagt, daß er gerne weniger geehrt und dafür mehr gelesen sein möchte, so leidet Pfitzner unter dem Unverständnis, das man seinem kompositorischen Schaffen entgegenbringt. Er ärgert sich darüber, daß seine Werke wenig gespielt und, falls man sie aufführt, mißdeutet werden. So erhebt man seine Oper „Palestrina", deren Kraft man sich nicht entziehen kann, zum Weihespiel ähnlich dem Parzival und deutet das Chorwerk „Von deutscher Seele" zum Ausdruck deutschen Wesens um. Auch heute noch ist zu wenig Erfahrung in der Wiedergabe seiner Opern und Konzertwerke gesammelt worden, um zum Kern ihres Wesens vorzudringen. Jedoch eines ist bereits zu seinen Lebzeiten festgestanden: Hans Pfitzners Musik ist Romantik im echten Sinn des Wortes und er selbst ein Romantiker; wie anders könnte man einen Mann bezeichnen, der imstande ist, die Tochter seines Lehrers Kwast zu entführen, um sie zu heiraten.

Literatur

J. Bahle: Hans Pfitzner und der geniale Mensch. 1949
H. Rutz: Hans Pfitzner. Musik zwischen den Zeilen. 1949

Werke

Alle Kompositionen Pfitzners sind noch lebendig, sie werden nur selten gespielt. Die Sinfonien Cis-Moll, G-Dur (für kleines Orchester) und

C-Dur, die „Fantasie für Orchester" (1947, letztes Orchesterwerk), die „Ouvertüre zu Käthchen von Heilbronn" mit ihrer überraschenden Harmonik und schönen Instrumentation, das Klavierkonzert Es-Dur, das Violinkonzert h-Moll, die Cellokonzerte G-Dur (einsätzig) und a-Moll stehen fallweise auf Konzertprogrammen. Von der Kammermusik, die mehr Beachtung findet, werden das Sextett, das Quintett, die drei Quartette und das Klaviertrio von Kennern sehr geschätzt. Das Liedschaffen nimmt einen großen Raum in Pfitzners Lebenswerk ein. Von mehr als 50 Opuszahlen betreffen 22 seine Lieder. Die Krone seiner Vokalkompositionen ist die Kantate „Von deutscher Seele", die auch im Ausland (England) gespielt wird. Die Chorfantasie „Das dunkle Reich" für Orchester, Orgel, Soli und gemischten Chor (1930) wird stark vernachlässigt.

SINFONIE CIS-MOLL OP. 36a
4 Sätze, entstanden 1932 aus dem Streichquartett cis-Moll op. 36 (1925), kammermusikalisch gehalten. Ein kurzes unpathetisches Motiv ist für alle Sätze maßgebend. Der erste Satz hat gründlich durchgearbeitete Sonatenform. Das Scherzo schließt sich ohne Pause an und huscht wie gejagte Schemen an uns vorüber. Der dritte Satz ist langsam und kantabel. Eine Überleitung führt zum vierten Satz, der das Themenmaterial der vorangehenden in komplizierter Form polyphonisch verarbeitet. Spielzeit: 36 Minuten.

KLEINE SINFONIE G-DUR OP. 44
4 Sätze, entstanden und uraufgeführt 1939. Mit äußerst sparsamer Besetzung wird ein interessantes Klangbild erzeugt, das an klassische Vorbilder denken läßt, obwohl die Sätze pausenlos ineinander übergehen. Der „gemächliche" erste Satz bringt ein kontrapunktisches Spiel der Streicher, sein zweites Thema gemahnt an Schumann, dann führt ein Fanfarenmotiv zum Scherzo, das den Geist Schumanns noch deutlicher erkennen läßt. Der dritte Satz, von sordinierten Violinen vorgetragen und von Holzbläsern respondiert, ist ein unmittelbarer Einfall des Romantikers Pfitzner. Eine Flötenkadenz leitet zum Finale über, das humorvoll und liebenswürdig wie eine Haydnsinfonie das Werk abschließt. Spielzeit: 19 Minuten.

SINFONIE C-DUR OP. 46
3 Sätze, entstanden 1940. Drei kurze Sätze sind zusammengefaßt. Das Allegro hat Sonatenform, der Mittelsatz bringt eine Romanze mit einer vom Englischhorn vorgetragenen kantablen Melodie. Das Schluß-Presto ist voll Schwung und schließt das Werk mit dem Hauptthema des ersten Satzes triumphierend ab. Spielzeit: 16 Minuten.

KLAVIERKONZERT ES-DUR OP. 31
4 Sätze, entstanden 1922/23, uraufgeführt am 16. März 1923 in Dresden mit Walter Gieseking (1895–1956; Pianist, Klavierlehrer) unter Fritz Busch (1890–1951; Dirigent), dem das Werk gewidmet ist. Das Werk steht auf der Linie Beethoven – Schumann – Brahms. Der erste Satz beginnt „Pomphaft, mit Kraft und Schwung" mit dem Klavier. Das zweite Thema bringt einen „sehr empfindungsvollen, schweren und ernsten Hauptgedanken", den der Solist rhapsodisch verziert. Dann kehrt das erste Thema nach klassischem Muster wieder. Der

zweite Satz schließt eng an, es kommt zu einem anmutigen Dialog zwischen Solisten und Bläser. Der dritte Satz ist ruhig und versonnen. Plötzlich setzt das Finale „ungeschlacht und launig" ein; die Idylle wird zerrissen und die Schlußkadenz in streng fugierter Form vorgesetzt. Spielzeit: 38 Minuten.

VIOLINKONZERT B-MOLL OP. 34

1 Satz, entstanden 1924 und im selben Jahr unter dem Komponisten uraufgeführt mit Alma Moodie (1900–1943; namhafte Geigerin, Geigenlehrerin). Das erste der vier Themen des Werks ist rein konzertant, das zweite eine weitgespannte kantable Melodie, das dritte ist chromatisch, ähnelt dem ersten und wird in 7 Variationen vorgetragen. Eine Kadenz leitet zum langsamen Teil über, in dem die erste Oboe das Wort erhält. Dann schließt sich nach einer Kadenz das Schlußrondo an, in dem das vierte Thema liebenswürdig ohne Sprödigkeit und humorvoll das Werk abschließt. Spielzeit: 30 Minuten.

CELLOKONZERT A-MOLL OP. 32

4 Sätze, entstanden 1943/44, am 23. März 1944 in Solingen unter dem Komponisten uraufgeführt mit Ludwig Hoelscher (geboren 1907, Cellist). Das Hauptthema des ersten Satzes spannt einen weiten melodischen Bogen, ein Jugendthema des Komponisten wird als Zitat eingebaut, eine Doppelkadenz des Solisten und der ersten Klarinetten schließt sich an. Der zweite Satz ist ein Intermezzo, im dritten klingt das Jugendthema erneut an und im Finale ist das Jugendthema nochmals verwoben. Spielzeit: 30 Minuten.

„VON DEUTSCHER SEELE".
EINE ROMANTISCHE KANTATE AUF TEXTE VON JOSEPH VON EICHENDORFF FÜR VIER SOLI, GEMISCHTEN CHOR, ORCHESTER UND ORGEL OP. 28

3 Teile, vollendet 1921, am 27. Januar 1922 in Berlin unter Selmar Meyrowitz uraufgeführt. Zum Werk schreibt der Komponist: „Was diese Entstehung anbelangt, so wollte ich vor allen Dingen nichts damit, nichts anstreben oder sagen oder einer Weltanschauung Ausdruck geben, sondern das Werk ist entstanden wie alles andere, was ich bisher gemacht habe, aus einem Gestaltungstrieb, der im Grund nichts als ein höherer Spieltrieb ist... Wer also an mein neues Werk herantritt mit dem Weltanschauungs- oder Entwicklungsstandpunkt, dem werde ich hier schwer Auskunft geben können, weil ich über diese Dinge nichts weiß..." Der Titel soll alles „Nachdenkliche, Übermütige, Tiefernste, Zarte und Kräftige", das von den vertonten Versen eines deutschen Dichters spricht, kennzeichnen. Teil „Mensch und Natur" handelt von Leben und Tod, Sonnenschein und Sturm, Morgenlicht und Nacht. Nach Spruch 1 und 3 aus „Wandsprüche" folgt das Orchesterstück „Tod als Postillon", dann folgen Spruch 2 und 5 und das Orchesterintermezzo „Abends" – „Nachts". Spruch 4, ein Lied aus „Wanderlieder", Spruch 6 und 7 und „Nachtgruß" vollenden den Teil. Der zweite Teil „Leben und Singen" wird vom Orchester eingeleitet, dann werden aus „Geistliche Gedichte" die Texte „Werktag", „Der Umkehrende" und „Trost", darauf Spruch 2 aus „Sängerleben" gesungen. Der dritte Teil „Liederteil" bringt „Der alte Garten" aus „Romanzen", Spruch 1 aus „Sängerleben", „Die Nonne und der Ritter", „Intermezzo" und Spruch 3 aus „Sän-

gerleben", „Der Friedensbote" aus „Zeitlieder" und als Abschluß „Schifferspruch" aus „Geistliche Gedichte".

Tips für Plattenfreunde

○ Sextett, Quintett, Streichquartette, Sonaten, Klavierstücke (8 Stereo-LP/DaCamera HPK 1974). Einzige Aufnahme mit überschöner Klangwirkung

○ Von deutscher Seele (2 Stereo-LP/ Deutsche Grammophon 139 157/58 SLPM). Überraschende Klangwirkung

HERMANN SUTER (1870–1926)

Zeit und Umwelt

Die Schweiz nimmt am Ende des 19. Jahrhunderts lebhaften Anteil am europäischen Musikleben. Die Vertreter dieses Landes bilden jedoch keine geschlossene Einheit oder Schule, sie nehmen einzeln an den verschiedenen Richtungen und Strömungen der Musik in den Nachbarländern teil. Zum Teil genießen sie auch ihre Ausbildung im Ausland, kehren dann vorübergehend oder für immer in die Heimat zurück, um eine Dirigenten- oder Lehrstelle zu übernehmen, das Niveau des Konzertwesens zu pflegen und zu erhöhen und neue Kräfte auszubilden. Es sind weltbekannte Namen darunter wie Schoeck, Martin und Honegger, Gustave Doret (1866; studiert in Berlin, vollendet in Paris seine Ausbildung, wird als Dirigent und Komponist hoch ausgezeichnet), Walter Courvoisier (1875–1931; schreibt Lieder im impressionistischen Stil, eine Oper und Kammermusik, ist Dirigent, Schüler und Schwiegersohn von Thuille), der als vorzüglicher Bruckner-Dirigent bekannte Volkmar Andreae (1879–1962; als Komponist in der Gefolgschaft von Richard Strauss, schreibt Opern und Orchestermusik), Emile Jacques-Dalcroze, der Verfechter der rhythmisch-musikalischen Erziehung (1865–1950; schreibt Opern, Festspiele, Orchester-, Kammer-, Klavier- und Vokalmusik), Ernest Bloch (1880–1959; führende Kraft in der Erneuerung der jüdischen Musik; seine bekannteste Komposition ist die hebräische Rhapsodie „Schelomo", 1916), Kurt Huber (1893–1943, Berlin; namhafter Volksliedforscher), Rudolf Moser (1892–1960; Dirigent, Lehrer, schreibt Orchesterwerke, Konzerte, Kammermusik, Chöre, Orgelstücke, Bühnenwerke), Wladimir Vogel (geboren 1896; schreibt virtuose Orchesterstücke, später klassizistische Musik, dann Zwölftonmusik, Hauptwerk: Oratorium „Thyll Claes"), Albert Moeschinger (geboren 1897, Konservatoriumslehrer, schreibt Lieder und Kammermusik), Willy Burkhard (1900–1955; Theorielehrer, schreibt eine Oper und großformatige Vokalwerke, die überall bekannt und geschätzt werden, 3 Sinfonien, 2 Streichquartette in nicht streng eingehaltener Zwölftontechnik), Hans Haug (1900–1956; Dirigent, Theorielehrer, schreibt Opern, Operetten, Ballette, Instrumental- und Vokalmusik), Conrad Beck (geboren 1901, schreibt 6 Sinfonien, konzertante Sinfonik, ein Ballett, ein Oratorium „Der Tod zu Basel") und eine der stärksten Persönlichkeiten in dieser schweizer musikalischen Umwelt zu jener Zeit, Hermann Suter.

Leben

Hermann Suter ist am 28. April 1870 in Kaiserstuhl, Kanton Argau, geboren. Er studiert in Basel, Stuttgart und Leipzig und wird Chormeister in Zürich und Basel. Ab 1902 dirigiert er in Basel Sinfoniekonzerte und wirkt dort von 1918 bis 1921 als Konservatoriumsdirektor. Er stirbt in Basel am 22. Juni 1926.

Werke

Die Orchester-, Instrumental- und Kammermusikwerke von Suter sind wenig bekannt geworden. Dafür jedoch kennt man seine Chorwerke, von denen „Le laudi di San Francesco d'Assisi", op. 25, 1925, am beliebtesten geworden ist.

VÍTĚZSLAV NOVÁK (1870–1949)

Zeit und Umwelt

Dvořák, Fibich, Foerster, Josef Suk (1874–1935), Joseph Gustav Mraczek (1878–1944) und Janáček bestimmen das musikalische Klima des tschechisch-slowakischen Raumes. Alle betonen in ihren Werken mehr oder minder deutlich die Eigenständigkeit der Kultur ihres Volkes, dessen Freiheitsraum Schritt für Schritt erweitert wird. Bald soll die politische Selbständigkeit innerhalb des Reiches, dem es angehört, folgen.

Leben

Vítězslav Novák wird am 5. Dezember 1870 in Kamenice bei Lipa geboren, kommt 1889 nach Prag, um Rechtswissenschaft zu studieren und am Konservatorium bei Dvořák Musikunterricht zu nehmen. 1909 wird ihm die Meisterklasse für Komposition am gleichen Konservatorium übertragen, die er bis 1939 führt. Zeitweilig liegt auch die Leitung der Schule in seinen Händen. Danach widmet er sich nur mehr der Komposition und stirbt am 18. Juli 1949 in Skuteč, Slowakei. Er hat am Prager Konservatorium eine Reihe Musiker seines Volkes ausgebildet wie Bohuslav Martinů (1890–1959; Schüler von Suk und Roussel, schreibt 6 Sinfonien, 3 konzertante Sinfonien, Sinfonische Dichtungen,

Ballettsuiten, das sehr bekannte „Mahnmal für Lidice", 1943, und „Die Fresken von Piero della Francesca", 1955, 3 Klavierkonzerte, 2 Violinkonzerte, 7 Streichquartette und andere Kammermusik), Fidelio F. Finke (1891–1968, Dresden; Konservatoriumslehrer, fruchtbarer Komponist auf allen Gebieten – 8 Suiten, Sinfonien, Konzerte, Kammermusik, Vokalmusik), Alois Hába (1893–1973; Komponist im athematischem Stil, bei dem es keine Wiederholung, sondern nur „melisches Vorwärtsdenken" gibt, er bemüht sich um ultrachromatische Tonsysteme – Viertel- und Sechsteltonsysteme – und schreibt eine Oper und ein Quartett im Vierteltonsystem, ein Quartett mit Fünfteltönen und eines mit Sechsteltönen), Eugen Suchoň (geboren 1908; Komponist von Orchester- und Kammermusik, Chören, Liedern und Opern), Ján Cikker (geboren 1911; Kompositionslehrer, Komponist von Orchester- und Kammermusik und erfolgreichen Opern).

Werke

Die Sinfonischen Dichtungen „In der Tatra" op. 26 (1902, 2. Fassung 1907), „Von ewiger Sehnsucht" op. 33 (1904), „Toman und die Waldfee" op. 40 (1907), „Pan" (1912, ursprünglich für Klavier), „De profundis" op. 67 (1941), die „Slowakische Suite" op. 32 (1903) und die „Südböhmische Suite" op. 67 (1937) stehen noch auf den Konzertprogrammen der Heimat des Komponisten. Auch seine Klaviermusik wird fallweise gespielt.

Tips für Plattenfreunde

O „In der Tatra" und „Von ewiger Sehnsucht" (Stereo-LP/Supraphon SV 8364). Einzige erhältliche Aufnahme

FREDERICK CONVERSE (1871–1940)

Zeit und Umwelt

Mit Beginn des 20. Jahrhunderts erscheinen immer mehr Werke von in Amerika geborenen Komponisten auf den Konzertprogrammen. Die Eigenproduktion wird stärker, der Import läßt nach. Es gibt nämlich bereits sehr viele amerikanische Interpreten und eine beträchtliche Anzahl amerikanischer Komponisten, die das Bedürfnis des Publikums, heimische Musik von Niveau zu hören, befriedigen können. Die Konzertveranstalter können bereits unter den Werken einer stattlichen Menge von Talenten ihre Auswahl treffen. Daniel Gregory Mason (1873–1953; Sohn eines Orgelbauers und Enkel eines berühmten Psalmenkomponisten, schreibt Orchester-, Instrumental-, Klavier- und Vokalmusik); John Alden Carpenter (1876–1951; verfaßt bildhafte Orche-

Frederick Converse (1871–1940)

sterwerke und das bekannte Ballett Skyscrapers, 1925); Ernest Henry Schelling (1876; Klaviervirtuose [Wunderkind], der die ganze Welt bereist, komponiert Klavierkonzerte, Sonaten-, Kammer- und Klaviermusik, intimer Freund des polnischen Pianisten, Konservatoriumsleiter und Ministerpräsidenten Ignacy Jan Paderewski; 1860–1941); Louis Campbell-Tipton (1887–1942; schreibt für Klavier und Geige, für Soloklavier und sehr beliebte Konzertlieder, verfaßt Orchester-, Instrumentalmusik, Werke für Chor und Orchester, Kammermusik); Blair Fairchild (1877–1951; fruchtbarer Komponist von Werken der verschiedensten Art, zum Teil mit orientalischem Kolorit); Charles Wakefield Cadman (1881–1946; verarbeitet in seinen Werken Indianerweisen, Oper: Shanewis); John Powell (1882–1957; Pianist, Komponist von vorwiegend klangvoller Klaviermusik, Duos, 1 Violinkonzert); Philipp Greeley Clapp (1888–1968; Pianist, schreibt Sinfonien und andere sehr ansprechende Musik mit verschiedener Besetzung, Dirigent); Leo Sowerby (geboren 1895; komponiert Orchestermusik, Instrumentalkonzerte für Klavier, Violine, Cello, Kammer-, Orgel- und Chormusik). Diese Liste könnte noch verlängert werden, aber die angeführten Namen genügen, um den weiteren Fortschritt der Amerikanisierung des Musiklebens der USA darzustellen, an der Converse einen starken Anteil nimmt.

Leben

Frederick Shepherd Converse ist am 5. Januar 1871 in Newton, Massachusetts, geboren. Er studiert an der Harvard-Universität unter Paine, dann Klavier bei Bärmann und Komposition bei Chadwick. Er geht wie die meisten seiner gleichalterigen Kollegen nach Europa, studiert in München bei Rheinberger und wird Harmonielehrer in Boston. Seit 1907 widmet er sich der Komposition. Er stirbt in Westwood bei Boston am 8. Juni 1940.

Werke

Converse ist einer der eifrigsten Vorkämpfer für den Amerikanismus in der Musik. Seine Kompositionen sind gezielt darauf eingestellt. Sein bekanntestes Orchesterwerk ist „Der 100millionste Fordwagen". Außerdem schreibt er sehr viel gespielte Sinfonische Gedichte („Ormazd" 1912, „Ave atque vale" 1917), Kammermusik, Kantaten, Lieder. Seine Oper „The Pipe of Desire" ist die erste eines amerikanischen Komponisten, die in Covent Garden, New York, gegeben wird.

ALEXANDR SKRJABIN (1872–1915)

Zeit und Umwelt

Wladimir Iwanowitsch Rebikow (1866–1920) ist bis 1900 ein Epigone Tschaikowskis, dann findet er seinen eigenen Stil und eilt allen Zeitgenossen der russischen Schule weit voraus. Ganztonskalen, unaufgelöste Dissonanzen, Quarten- und Quintenketten, bitonale Führung rücken seine Musik auf eine Ebene, auf der Formexperimente außermusikalische psychologische Ziele verfolgen und das künstlerische Erleben zu einem mystischen Vorgang wandeln sollen. Daß gerade in Rußland versucht wird, der Musik irreale Funktionen zuzuweisen, ist geographisch bedingt. Die Vorstellung, daß bestimmte Klanggruppen außerrationale Wirkungen erzeugen, ist ein Bestandteil des Weltbildes vieler Völker des Ostens. Skrjabins „mystischer Akkord" (aus der Obertonreihe gebildete Kombination von verminderten und übermäßigen Quarten) ist solchen vagen philosophischen, ästhetischen und religiösen Vorstellungen weiter Kreise Rußlands entsprungen, die, aus theosophischen und orientalischen Lehren gemischt, weite Kreise des Landes erfaßt haben. Starke Impulse gehen von Mereschkowski, dem Propagator eines neuchristlichen Symbolismus, und dem Nazarener Alexander Andrejewitsch Iwanow aus. Der litauische Maler und Musiker Mikalojus Constantinas Čurlionis (1875–1911; verfaßt mehrere klangvolle Tongedichte, Kammer-, Klavier- und Vokalmusik, darf als Begründer einer eigenständigen litauischen Musik betrachtet werden) wird von dieser Bewegung ebenso erfaßt wie Skrjabin.

Leben

Alexandr Nikolajewitsch Skrjabin wird als Sohn eines russischen Diplomaten und einer Pianistin in Moskau am 6. Januar 1872 geboren und nach etlichen Jahren in einer Kadettenschule am Moskauer Konservatorium von Tanejew, Arenski und Wassili Iljitsch Safonow (1852–1918; namhafter Dirigent und Pianist) ausgebildet, bereist sodann als Konzertpianist die russischen und westeuropäischen Städte, wird 1898 Klavierlehrer am Moskauer Konservatorium. Im Jahr 1904 gibt er diese Stelle auf und widmet sich nur mehr dem Klavierspiel und der Komposition. Er stirbt am 27. April 1915 in Moskau als einer der bedeutendsten Pianisten und interessantesten Komponisten seines Landes.

Literatur

Ch. Ch. v. Gleich: Die sinfonischen Werke von Alexandr Skrjabin. 1963

Werke

Das sinfonische Werk Skrjabins besteht aus fünf Sinfonien, von denen die letzten zwei als Sinfonische Dichtungen angesprochen werden müssen. In ihnen entwickelt er sein eigenes harmonisches System, indem er an die Stelle tonaler Funktionen wechselnde Klangzentren und ihre Transpositionen setzt, um, wie er selbst sagt, die schöpferische Freiheit des menschlichen Geistes zu dokumentieren. Die Sinfonien Nr. 1 E-Dur, op. 26 (1900) und Nr. 2 c-Moll op. 29 (1902) sind auf eine Tonart ausgerichtet, die übrigen drei bereits atonal. Die Sinfonische Dichtung „Rêverie" e-Moll op. 24 (1898) ist noch ein Kind der Tristanchromatik. Das Klavierwerk des Pianisten Skrjabin teilt sich in zwei Phasen. Die 24 Préludes und die meisten Etüden folgen den Spuren Chopins, die Poèmes op. 32, op. 34 (Poème tragique) und op. 36 (Poème satanique) bilden eine Überleitung zu den Sonaten, von denen nur die ersten vier tonal gehalten sind. Diese Stücke werden gern und oft gespielt. Ab der fünften Sonate tritt anstelle des Dur-Moll-Systems eine neue Skala, die aus vier im Abstand einer kleinen Terz übereinanderstehenden großen Terzen besteht. Es gibt keinen Grundton mehr. Sie bilden mit ihren Tontrauben, Trillern und weiten Spannungen für jeden Pianisten ein ernstes Problem, das nicht jeder zu lösen versteht. Die letzten Stücke des Komponisten (5 Préludes) sind ähnlich aufgebaut, nur um vieles weniger extensiv, und nähern sich dem Klavierwerk von Schönberg. Technisch sind sie ebenso schwer zu bewältigen wie die Sonaten.

SINFONIE NR. 3 OP. 43 „LE DIVIN POÈME"
Für großes Orchester, 3 Sätze, entstanden 1902, uraufgeführt 1905 in Paris unter Nikisch. Dem Werk ist ein musikalisches Motto vorangestellt, das Kraft und Selbstbehauptungswillen bekundet und sich durch alle Sätze zieht. Im ersten Satz („Kämpfe") wird der Konflikt zwischen zwei kontrastierenden Themen ausgetragen und siegreich beendet. Im zweiten eng anschließenden Mittelsatz („Genüsse") wird in Liedform in den Freuden einer heiteren Welt geschwelgt; prächtige Klangillustrationen malen Waldesstimmung, Liebesfreude und Glück. Der dritte Satz („Göttliches Spiel") feiert das schöpferische Handeln des Menschen, wodurch er selbst zum Gott wird. Spielzeit: 38 Minuten.

SINFONIE NR. 4 „POÈME DE L'EXTASE" OP. 34
1 Satz, 1907 vollendet, uraufgeführt in New York 1907 unter Modest Altschuler. Unter Ekstase versteht der Komponist Tatendrang und keine tranceähnliche Entrückung. Das Werk stellt „die göttliche Kraft des freien Willens" in seiner Selbstverwirklichung durch die Tat dar. Dieses Ziel wird mit 7 Themen erreicht. Das erste „Thema der Sehnsucht" hat passive Haltung, das zweite „Traum" liegt auf gleicher Ebene. Mit dem „Thema der entstandenen Geschöpfe" klingt ein schönes Violinsolo an die Prometheus-Thematik an. Das „Thema der Unruhe" leitet zum „Thema des Willens" und zum „Thema des Protestes" über; das „Thema der Selbstbehauptung" schließt das Werk ab. Spielzeit: 24 Minuten.

SINFONIE NR. 5. „PROMÉTHÈE. LE POÈME DU FEU" OP. 60
Für großes Orchester mit Orgel, Klavier und vierstimmig gemischtem Chor, 1 Satz, entstanden 1911, uraufgeführt im selben Jahr in Moskau unter Sergej Kussewizki (1874–1951;

Kontrabaßvirtuose, Dirigent). In diesem Werk stellen sich die Akkorde nicht mehr mit Terz-, sondern mit Quartenklängen vor, unerwartete Auflösungen, rascher Harmoniewechsel erzeugen eine intensiv angespannte Klangfolge. Die Partitur verlangt ein Kolossalorchester und sieht auch ein „Farbenklavier" vor. (Die Einbeziehung einer Duftkomponente war geplant). Skrjabin, der bei Tönen Farbassoziationen hat und dies auch bei seinem Publikum voraussetzt, ordnet nach einer Klang-Farben-Tabelle bestimmte Töne gewissen Farben zu. Altschuler führt 1915 das Werk mit einem solchen Klavier auf. Der Erfolg war negativ, weil das Publikum auf die Ton-Farbe-Kombination nicht ansprach. Der Inhalt dieses Werkes spannt sich vom „Urnebel" über die „Entstehung von Individualitäten" bis zum „Triumph des menschlichen Willens", den alle Trompeten als Sinnbild prometheischen Feuers verkünden. Spielzeit: 25 Minuten.

Tips für Plattenfreunde

O Sinfonien 1–3 (3 Stereo-LP/AR XG 80 030)
O Sinfonie Nr. 4 (Stereo-LP/FSM 31 039)
O Sinfonie Nr. 5 (Stereo-LP/Decca SXL 6527)
O Klavierwerk (9 Stereo-LP/FSM SVBX 5461/62/63, Ponti)

RALPH VAUGHAN WILLIAMS (1872–1958)

Zeit und Umwelt

Frederick Delius vermag mit seiner subtilen Musik die an schwere Anthems und volltönenden Oratoriumschöre gewöhnten Engländer nicht zu überzeugen. Der auf angelsächsische Tradition bezogene Elgar wird vorgezogen. Granville Bantock (1868–1946) kann das Publikum mit den satten, exotischen Farben seine programmusikalischen Chor- und Orchesterwerke eine Weile fesseln, wird aber von Gustav Holst (1874–1934) verdrängt, weil dieser die Verbindung von Wort und Ton verdichtet und die Dynamik dramatisiert. John Ireland (1879–1962), einer der bedeutendsten Komponisten der neueren englischen Musik, ist zwar stark Brahms verhaftet, stößt aber doch bis zum Impressionismus vor, Cyril Meir Scott (1879–1970) steht stark unter dem Einfluß des französischen Impressionismus und ist auch für neuere Stilformen aufgeschlossen; Arnold Bax (1883–1953) nennt sich selbst einen „unverblümten Romantiker", seine farbige, plastische Musik bewegt sich zwischen Wagnerzeit und Impressionismus; Eugène Goossens (1893–1962) bleibt zum Großteil im Rahmen der Romantik. William Walton (geboren 1902) ist endlich für alle kontinentalen Einflüsse empfänglich, ohne sich einem Vorbild zu verschreiben; er zieht zuweilen Jazzelemente heran, verläßt aber die Tonalität nie. Diese etwas zähe Entwicklung der Komposition und des Publikumsgeschmackes in Eng-

Ralph Vaughan Williams (1872–1958)

land, dieser zögernde Anschluß an die neuen Stilrichtungen Europas geht sozusagen neben der überragenden Gestalt eines Vaughan Williams vor sich, dessen Führungsanspruch, bis er an Britten übergeht, zwar anerkannt wird, aber wenig Einfluß ausübt. Wie Delius eines Beecham bedurfte, um als Komponist zu überleben, so müssen sich die Dirigenten John Barbirolli (1899–1970) und Adrian Cedric Boult (geboren 1889) bemühen, um die Sinfonien von Ralph Vaughan Williams auf den Konzertplänen zu erhalten.

Leben

Ralph Vaughan Williams wird am 12. Oktober 1872 in Down Ampney, Gloucestershire als Sohn eines Geistlichen geboren. In Cambridge studiert er Komposition bei Charles Wood (1866–1926; Kompositionslehrer, Dirigent, Komponist von Instrumental- und Vokalmusik), Charles Hubert Parry (1848–1918; fruchtbarer Komponist) und Charles Villieus Stanford (1852–1924, Komponist von Opern, Sinfonien, Kammermusik), Orgel bei Alan Gray (1855–1935; Organist, Komponist von Orgel- und Chormusik) und Walter Parratt (1841–1924; Organist, Lehrer, Komponist von Orgel-, Chor- und Schauspielmusik), dann geht er nach Berlin zu Max Bruch. Seine ersten Kompositionen waren Orgelmusik und Hymnen. Er kann sich jedoch lange nicht entschließen, sich an ein größeres Werk zu wagen; seine Mitschüler Williams Yeates Hurlstone (1876–1906; Pianist, Komponist) und Holst werden um vieles höher geschätzt. Auch ein Besuch der Bayreuther Festspiele löst keine Wirkung auf den jungen Musiker aus. Erst als er beginnt, sich intensiver mit englischer Volksmusik zu beschäftigen, findet er seinen Stil. Nun kann er formal bei Ravel anknüpfen und das in den Volksliedern entdeckte Material zu den großartigen Klangbildern seiner Sinfonien verarbeiten. Er setzt sich ungefähr ab 1907 langsam durch, auch seine Chorkompositionen werden freundlich aufgenommen, er bleibt aber mehr in Musikerkreisen geschätzt als beim Publikum, das ihm nur dort zu folgen bereit ist, wo er zur naturalistischen Darstellung seiner Programme greift. Seine Schaffenskraft als Lehrer am Royal College of Music und als Komponist bleibt ihm bis in das hohe Alter erhalten, seine 9. Sinfonie schreibt er im Jahr 1958 als Siebenundachtzigjähriger. Er stirbt in London am 26. August 1958 als einer der originellsten und fähigsten Köpfe der englischen Musik. Sein bedeutendster Schüler ist Arthur Bliss (1891–1977), der dem Zusammenhang von Ton und Farbe nachstrebt. („Eine Farbensinfonie", 1922).

Werke

Seine 9 Sinfonien werden immer wieder, wenn auch selten gespielt. Nr. 1 „A Sea Symphony" mit Sopran, Bariton und Chor (1910), trägt den Charakter einer Kantate. Nr. 2 „A London Symphony" (1913, umgearbeitet 1920) gibt eine Impression der Stadt wieder, ohne deskriptiv zu werden. Nr. 3 „Pastoral Symphony" (1922) schildert Natur und Landschaft. Nr. 4 f-Moll (1935) ist pessimistisch und bedrückend, als würde kommendes Unglück vorausgesagt. Nr. 5 D-Dur (1943) unterscheidet sich grundlegend von den vorangehenden und fixiert den zukünftigen Stil des Komponisten. Nr. 6 e-Moll (1947) ist voll Dramatik. Nr. 7 „Sinfonia antartica" (1952) stellt mit an Naturalismus grenzender Deutlichkeit Szenen und Eindrücke der Scott-Expedition zum Südpol dar und ist ein Meisterwerk der Instrumentation. Nr. 8 d-Moll (1956) hat expressionistische Züge. In Nr. 9 e-Moll (1958) sind mehrere Themen vorangegangener Werke neu verarbeitet. Neben diesen Sinfonien werden nahezu alle Orchesterstücke und Instrumentalkonzerte fallweise aufgeführt. Eigenartig und interessant ist das Konzert f-Moll für Baßtuba und Orchester. Sakrale und profane Chöre und Lieder werden zuweilen gesungen, seine Ballette und Opern sind dagegen nahezu vergessen. „The pilgrim's progress" (Opern-Oratorium) wird zuweilen gegeben. Die wenige Kammermusik wird nur selten gehört.

Tips für Plattenfreunde
O Sinfonien 1–9 (10 Stereo-LP/Ang 2-S-3739, S-36868, S-36532, S-36557, S-36698, S-36469, S-36763, S-36625, S-36742, Boult)
O The Pilgrim's Progress (3 Stereo-LP/3-Ang-3785, Boult)
O Greensleeves, Orchesterfantasie (Stereo-LP/RCA 2648 052 DP)

MAX REGER (1873–1916)

Zeit und Umwelt
Mahler, Pfitzner und Schönberg stehen vor dem gleichen Problem, das sich auch Reger präsentiert; es geht um die Frage, ob die in Wagner oder Brahms kulminierende Romantik fortgesetzt oder überwunden werden soll, und da für alle drei nur die zweitgenannte Alternative diskutabel erscheint, erhebt sich sogleich die zweite Frage nach dem Weg, der eingeschlagen werden kann. Mahler und Pfitzner lösen das Problem, indem sie die Romantik auf ihre Art übersteigern und zu einem persönlichen Stil wandeln, Schönberg zerbricht radikal die überkommene Tonalität, verwendete eine neue Technik und erreichte damit neue Ziele. Reger, der nie daran denkt, die breite Straße entlang zu ziehen, auf der Wagnerianer und Straussianer ihr Heil suchen, neigt zur Nachfolge von Brahms, aber es hat sich ihm bereits die Welt Bachs eröffnet, auf der fußend er jenseits der Romantik und der Neudeutschen seinen eigenen Stil bildet. Damit hat er sich wie die drei Genannten außer alle Reihen gestellt und den Angriffen der durch ihre Mittelmäßigkeit geeinigten Kollegen und der Musiksachverständigen und Kriti-

ker, die genau wissen, wie sie selbst komponiert hätten, wenn sie komponieren könnten, ausgesetzt. Der Zorn der Uniformierten gegen den einzelnen, der sich nicht integrieren will, beschränkt sich zu jener Zeit noch auf verbale Verunglimpfung, aber sie sind bis auf wenige Ausnahmen einmütig. Intrigen kommen selbstverständlich dazu, um den Mann, der nicht sein will, wie er sein soll, und die wenigen, die sich an seine Seite stellen, zu behindern; solange er lebt und seinen künstlerischen Weg geht, begleitet ihn der Haß, und als er dennoch hochkommt, tritt der Neid dazu. Die Welt liebt es eben, das Strahlende zu schwärzen. Die Geschichte aber schreibt seinen Namen mit unauslöschlichen Lettern in die Chronik der Menschheitskultur ein.

Leben

Max (Maximilian) Reger wird am 19. März 1873 in Brand, Oberpfalz, als Sohn eines Lehrers geboren, der ein Jahr später nach Weiden versetzt wird. Den ersten Musikunterricht erhält er von seinen Eltern und von einem jungen Lehrer und bereitet sich selbst zum Lehrerberuf vor. In den Jahren 1886–1889 ist er Organist an der Weidener katholischen Kirche, 1890 geht er nach Sonderhausen als Schüler zu Hugo Riemann und folgt ihm ein Jahr darauf nach Wiesbaden. Nachdem er schon eine Reihe von Orgel- und Kammermusikwerken und Lieder veröffentlicht hat, übersiedelt er 1901 nach München, wo er sich als Pianist – vorwiegend als Begleiter –, Kammermusikspieler und Musiklehrer durchbringt. Er hat sich inzwischen auch mit dem konservativen Riemann entzweit, so daß er von allen Seiten, den Neudeutschen und den „Klassikern", angefeindet und angegriffen wird. August Schmid-Lindner (1870–1959; Pianist, Klavierprofessor an der Münchener Akademie) ist einer der wenigen, die sich für ihn einsetzen, später kommt auch von Philipp Wolfrum (1854–1919; Organist, Dirigent, Musikwissenschafter, Komponist) starke Unterstützung. Seine Orgelkompositionen werden von seinem Freund Karl Straube (1873–1950; hervorragender Organist, Thomaskantor); häufig gespielt, so daß zumindest dieser Sektor des kompositorischen Schaffens des Komponisten Beachtung geschenkt wird. Die orchestrale Struktur dieser Werke gewinnt langsam Zustimmung und Bewunderung. 1907 wird Reger als Universitätsmusikdirektor und Kompositionslehrer am Konservatorium in Leipzig berufen. Mittlerweile hat Reger neben Orgel- und Kammermusik etliche Orchesterwerke verfaßt, die zwar eine sehr geteilte Aufnahme finden, aber doch einen Verleger bewogen, sich des Komponisten anzunehmen. Seine neue Stellung in Leipzig verschafft ihm leichtere Möglichkeiten, seine Kompositionen aufzuführen, der Anerkennung seines Schaffens durch leitende Stellen und Universitäten (er wird von Jena und Berlin zum Ehrendoktor ernannt) folgt auch zögernd die des Konzertpublikums. Ein weiteres Anzeichen dafür, daß er sich durchsetzt, war die Ernennung zum Hofkapellmeister in Meiningen 1911 und zum

Generalmusikdirektor im Jahr 1913. Von 1911 bis 1914 unternimmt er ausgedehnte Konzertreisen durch Europa. Wegen seiner geschwächten Gesundheit muß er 1914 von seinem Posten zurücktreten; er führt nur den Unterricht am Leipziger Konservatorium weiter. 1915 schlägt er seinen Wohnsitz in Jena auf. Auf einer Reise nach Leipzig stirbt er dort am 11. Mai 1916 im frühen Alter von 43 Jahren, während er sich mit großen Zukunftsplänen beschäftigt. Er will seine „Erste Sinfonie" schreiben und ein großes Oratorium; der rastlos Schaffende will noch mehr schaffen. Man hat ihm nachgesagt, daß er komponierte, weil er es konnte, nicht weil er es mußte. Das war falsch und böswillig. In ihm war – man kann sich dieses Gedankens nicht erwehren – noch so viel Musik aufgestaut, daß kaum ein langes Leben ausgereicht hätte, sie niederzuschreiben. Das wußte er auch selbst, aber eines war ihm nicht bewußt: Ebensowenig wie der von ihm verehrte J. S. Bach seine eigene Bedeutung je abzuschätzen in der Lage war, vermochte es Max Reger; er war vielmehr der Meinung, daß er noch viel zu leisten, viel zu schaffen habe, um die Prophezeiung seines Lehrers Riemann: „Wenn Sie wollen, können Sie ein zweiter Bach werden", einigermaßen nahe zu kommen. Daß er bereits auf dem Zenith seines Ruhmes stand, war ihm trotz der Ehrungen und Anerkennungen, die ihm zuteil wurden, nicht klar. Er wäre auch kein zweiter Bach geworden, aber er war trotz seines frühen Heimganges bereits ein ganzer Reger mit der Ausstrahlung, die weit in das 20. Jahrhundert hinein wirkt. Die große Zahl seiner bedeutenden Schüler beweist das. Joseph Haas (1879–1960) ist darunter der angesehenste. Sein kompositorisches Schaffen reicht von der Oper über Oratorien, Messen, Hymnen, Kantaten, Motetten, Chören, Liedern, Kammermusik verschiedener Besetzung bis zum Lied; Fritz Stein (1879–1961) wird Regers Nachfolger als Hofkapellmeister in Meiningen und leistet als Dirigent, Musikwissenschafter und Musikschriftsteller Hervorragendes; Kurt von Wolfurt (1880–1957) ist ein gesuchter Kompositionslehrer und Komponist von Opern, Orchester-, Kammermusik- und Chorwerken und Liedern in einer eigenartigen, aber ansprechenden herben Diktion; Karl Hasse (1883–1960) wirkt als Organist und Dirigent und bildet als Komponist Regers Stil weiter; Hermann Meinhard Poppen (1885–1956) ist Organist, Dirigent und Musikwissenschafter; Hermann Grabner (1886–1969) schreibt Chorwerke, Oratorien, Kantaten, Männerchöre, Motetten, Kammermusik und eine Oper, wirkt als Kompositionslehrer und Dirigent; Heinrich Kaminski (1886–1946) schreibt viel Kammermusik, Chorwerke und Lieder, beachtliche Orchesterwerke, die Oper „Jürg Jenatsch" und das Bühnenwerk „Das Spiel vom König Aphelius" als wertvolle Beiträge zur Musik unserer Zeit; Othmar Schoeck (1886–1957), der als bedeutendster Komponist der Schweiz in der ersten Hälfte des 20. Jahrhunderts gilt, seine wirkungsvollen Bühnenwerke und Lieder, die zu den besten unserer Zeit gehören, seine 3 Violinsonaten und 2 Streichquartette werden viel gespielt;

Hermann Unger (1886–1958) schreibt im Stil Regers Instrumental- und Vokalmusik und 3 Opern; Jaromir Weinberger (1896–1967), der mit seiner Oper „Schwanda der Dudelsackpfeifer" Welterfolg erringt.

Literatur

Th. A. Henseler: Max Reger. 1957
O. Eberhard: Max Reger, Sinnbild einer Epoche. 1957

Werke

Reger entschloß sich verhältnismäßig spät zur sinfonischen Musiksprache, seine Sinfonietta trägt bereits die Opuszahl 90 und stammt aus 1905. Dann folgen Serenade G-Dur op. 95 (1906) für zwei Streichergruppen (eine mit Dämpfer, die andere ohne Dämpfer), die „Hiller-Variationen" der „Sinfonische Prolog zu einer Tragödie", eine Lustspielouvertüre op. 120 (1911), ein „Konzert im alten Stil" op. 123 (1912), eine „Romantische Suite", op. 125 (1912), „Vier Tondichtungen nach A. Böcklin". Das Violinkonzert A-Dur op. 101 (1908) und das Klavierkonzert f-Moll op. 114 (1910) sind eigentlich Sinfonien mit obligatem Soloinstrument. Die Kammermusik, deren Wert weit weniger umstritten war, besteht aus einer Serie von Stücken für Violine solo, Viola solo und Cello solo (seit Bach nicht mehr verwendete Besetzungstypen), aus Duos für zwei Violinen, aus Sonaten für Klavier und Cello, Klavier und Klarinette, aus Trios, aus 5 Streichquartetten (von denen das 4. Es-Dur op. 109 unbestreitbar als schönstes anzusehen ist), 2 Klaviertrios, 2 Klavierquintetten und 1 Klarinettenquintett und 1 Streichsextett F-Dur op. 118 (das mit einem Zwölftonthema beginnt). Die umfangreiche Klaviermusik wird stark vernachlässigt. Davon müssen die „Variationen und Fuge über ein Thema von Beethoven", op. 86 (1904, 1915 gekürzt und instrumentiert) und „Introduktion, Passacaglia und Fuge h-Moll" op. 96 (1906), beides für 2 Klaviere, hervorgehoben werden. Die Orgelwerke begründeten Regers Ruhm. Es liegen 35 Stücke vor, bei denen alle Farbenmixturen und Klanggegensätze voll ausgenützt sind. („Seit Bach ist kaum etwas ähnlich Orgelgerechtes geschrieben worden"). Von den vielen Chorwerken wird heute allgemein „Der 100. Psalm" op. 106 vorgezogen. „Requiem" (mit Altsolo) und „Der Einsiedler" (mit Baritonsolo) werden seltener gesungen. Das umfangreiche Liedschaffen des Komponisten ist in den Hintergrund getreten.

SINFONIETTA A-DUR OP. 90
Für Orchester, 4 Sätze, entstanden 1904–05, uraufgeführt am 8. 10. 1905 in Essen unter Felix Mottl (1859–1911, Dirigent). Der erste Satz hat Serenadencharakter. Das Scherzo ist lustig-polternd, das Larghetto volksliedhaft, der vierte Satz verläuft in ausgelassener Fröhlichkeit. Trotz starker harmonischer Übersättigung äußerst beliebtes Konzertstück. Spielzeit: 42 Minuten.

VARIATIONEN UND FUGE FÜR ORCHESTER ÜBER EIN (LUSTIGES) THEMA VON JOHANN ADAM HILLER OP. 100

11 Variationen, entstanden 1907 und am 15.10. desselben Jahres unter Fritz Steinbach (1855–1916) in Köln uraufgeführt. Das Thema ist Hillers Singspiel „Der Aerndtekranz" aus 1772 entnommen. Für alle 11 Variationen ist ein besonders charakteristisches Motiv erfunden, das mit dem Thema von Hiller zu einem geschlossenen Ganzen verbunden wird. Gegen die Mitte des Stückes entfernen sich die Variationen immer mehr vom Thema und kehren in der 11. zu dessen einfachen Vortrag zurück. Spielzeit: 40 Minuten.

SINFONISCHER PROLOG ZU EINER TRAGÖDIE OP. 108

Für Orchester, 1 Satz, entstanden 1908, uraufgeführt am 9.3.1909 in Köln unter Steinbach. Das mit großem Orchesteraufwand in Sonatenform gefaßte Werk zerfällt in vier Themengruppen. Nach einer spannungsreichen Einleitung setzt der Hauptgedanke energisch ein, ein Seitenthema und eine kontrastierende Episode sorgen für Belebung. Die zweite Themengruppe ist kürzer und kontrastärmer. Ein weit gespannter lyrischer Melodiebogen kann sich gegen das tragische Hauptmotiv nicht durchsetzen. Die dritte Themengruppe ist eine Variation der ersten, und die vierte Themengruppe verarbeitet und verschmilzt die zweite mit kühner Konzeption und deutlicher Ausprägung. Nun werden alle Motive gekoppelt und zu zwei großen Steigerungen geführt, von denen die zweite den Höhepunkt des Werkes darstellen. Dann kommt es zu einer Wiederholung der Themen und zum Ausklang im Pianissimo. Spielzeit: 35 Minuten.

VIER TONDICHTUNGEN NACH ARNOLD BÖCKLIN OP. 128

Für (rchester, 4 Teile, entstanden 1913, im selben Jahr am 12. Oktober in Essen unter dem Komponisten uraufgeführt. Die erste Tondichtung „Der geigende Eremit" hat Liedform. Die Solovioline trägt eine Kantilene vor, die Harmonik hat modalen Charakter, die Stimmung dieses Teiles ist die eines Gebetes. Die zweite Tondichtung „Im Spiel der Wellen" ist dreigeteilt und hat, dem Titel entsprechend, spielerischen Charakter ohne naturmalerisch zu wirken. Die dritte Tondichtung „Die Toteninsel" vermittelt das Gefühl der Trauer und Verlassenheit und der Hoffnung auf Erlösung. Eine Fanfare eröffnet die vierte Tondichtung „Bacchanal", das gesamte Orchester rauscht auf, ein chromatisches Thema erklingt und wird mit dem Fanfarenthema in einem Fugato verbunden, bis es zu einem wahrhaft bacchantischen Abschluß kommt. Spielzeit: 25 Minuten.

VARIATIONEN UND FUGE ÜBER EIN THEMA VON MOZART OP. 132

Für Orchester, 9 Variationen, vollendet 1914, uraufgeführt am 5. Februar 1915 in Berlin unter dem Komponisten. Zu dieser seiner letzten größeren Orchesterkomposition schreibt Reger: „Man kann nicht immer schweren Bordeaux trinken – so ein klarer Mosel ist doch auch sehr schön!" Das Thema stammt aus Mozarts Klaviersonate KV 331. Ähnlich den „Hiller-Variationen" entfernt sich diese Variationenreihe bei der fünften am weitesten vom Thema und endet in der neunten mit einer Schlußfuge. Spielzeit: 35 Minuten.

VIOLINKONZERT A-DUR OP. 101

3 Sätze, am 15. Oktober 1908 in Leipzig mit Henri Marteau (1874–1934)

unter dem Komponisten uraufgeführt. Das Konzert ist stark sinfonisch und weniger konzertant, sonst jedoch Brahms verpflichtet. Im ersten Satz ist sehr vielfältiges thematisch-melodisches Material verarbeitet. Die Kadenz stammt vom Komponisten. Der zweite Satz ist ernst und grüblerisch. Den dritten kommentiert Reger selbst: „... ist eine Photographie von Teufels Großmutter, als selbige würdige Dame noch jung war, auf alle Hofbälle ging, sich da unglaublich satanisch benahm! Das Ding wird gut, froh und frech! Sollen sich alle degenerierten Gehirnfatzken ärgern!" Spielzeit: 55 Minuten.

KLAVIERKONZERT F-MOLL OP. 114
3 Sätze, entstanden 1910, ist eigentlich eine Sinfonie mit obligatem Klavier, weil es zu einem Konzertieren nur im Mittelsatz (Largo) kommt. Es verarbeitet Choralmelodien. Spielzeit: 40 Minuten.

„DER 100. PSALM" OP. 106
Für gemischten Chor, Orgel und Orchester, 4 Sätze, uraufgeführt in Chemnitz am 22. Februar 1910 unter dem Komponisten. Der erste Satz (Maestoso) hebt mit einem Unisono des Chores an, ein lyrisches Seitenthema tritt hinzu, im Wechselspiel werden beide Themen zu einem gewaltigen Satzschluß geführt. Der zweite, langsame Satz entwickelt sich aus pianissimo-Akkorden zu harten erregenden Dissonanzen, die wieder von weichen Klängen abgelöst werden. Der dritte Satz ist partoral, nahezu kultisch-tänzerisch, der vierte steigert die Komposition zu einem grandiosen polyphonen Ausklang. Spielzeit: 30 Minuten.

Tips für Plattenfreunde

○ Kammermusik 1, 2, 3 (30 Stereo-LP/DaCamera MRK 19731/32/33)
○ Klavierwerke 1, 2, (19 Stereo-LP/DaCamera MRK 19734/35)
○ Orgelwerke 1, 2 (22 Stereo-LP/Da Camera MRK 19736/37)
○ Sinfonietta, Konzert im alten Stil (2 Stereo-LP/Ariola XF 86 535 K)
○ Mozartvariationen op. 132 (Stereo-LP/Ariola K 276)
○ Der 100. Psalm (2 Stereo-LP/MPS 168 020). Einzige Aufnahme

ARNOLD SCHÖNBERG (1874–1951)

Zeit und Umwelt

Bruckner und Brahms sind tot, die Partisanen der beiden in Gegensatz geratenen Meister knurren einander noch immer an, aber es wirkt schon weniger überzeugend. Die Epigonen holen sich von beiden Seiten ihre Muster. In Deutschland gäbe es Reger, in Frankreich Debussy und Ravel, aber Wien hält wenig von Importen, es findet die Musik von Tschaikowski stinkend, man freundet sich höchstens zögernd mit Strauss an. Man versteht auch seine Sinfonischen Gedichte, nötigenfalls stehen die literarischen Erklärungen in den Programmzetteln. Mahler bleibt unverstanden, aber er ist ein großer Dirigent, daher wird er auch im

Konzertsaal geduldet. Allzu oft wird er ohnehin nicht aufgeführt. Er erfüllt nämlich die Aufgabe, die von der Gesellschaft der Musik gestellt wird, nicht, obwohl man diese Zweckbestimmung für legitim ansieht. Dereinst dient sie sakralen Vorgängen, dann wird sie zum Schmuck der Paläste. Die Musiker stecken lange im Dienerlivrée, sie haben Genuß für die Ohren zu liefern wie die Köche für den Gaumen. Es gibt Gourmets, und auch die Musik wird geschätzt und gefördert. Als der Adel seine elitäre Stellung einbüßt, werden Konzertsäle und Opernhäuser für den Bürger gebaut, der dafür bezahlt, daß er erbaut, gerührt, jedenfalls unterhalten wird. Die Musik wird für das Publikum gemacht und muß dem Geschmack des Publikums entsprechen. Wenn die Wechselbeziehung zwischen Musik und Publikum auch im Einzelfall viel komplizierter, vielschichtiger und vielgestaltiger sind, so darf sie, im großen gesehen, auf diese einfache Formel reduziert werden. Das zeigt sich immer wieder, wenn ein Künstler mit seinem Werk vor das Publikum tritt, mit dem er dessen Durchschnittsgeschmack zuwiderläuft. Als Schönberg das Dur-Moll-System verläßt, weil er in der Tristan-Chromatik und im Impressionismus nicht mehr die Ausdrucksform seiner Ideen findet, und eine neue Technik für Melodik und Harmonie anwendet, wird er vom Publikum verlacht und abgelehnt. Skandale gibt es schon, als er nur atonale oder polytonale Musik schreibt, aber mit der Dodekaphonik verscherzt er sich jede Gunst der Konzertbesucher. Nun ist er es, der sich abwendet, weil sich gerade durch seine Entwicklung die Musik endlich zur unabhängigen Kunst gewandelt hat, die lebt und sich weiter entwickelt, unbeeinflußt davon, ob sie Verständnis findet oder nicht. Das Publikum darf sich diese Musik anhören, aber von seiner Zustimmung wird ihre Gestaltung nicht mehr abhängig gemacht. Diese Wandlung, diese Befreiung von Zeit und von Umwelt, ist das Neue in der durch Schönberg geschaffenen Musikentwicklung. Das Musikantentum hat sein Ende gefunden. Das Verhältnis zwischen Kunst und Publikum ist zur Beziehung zwischen gleichwertigen Größen geworden; das Publikum kann auf die Musik verzichten, aber diese bleibt von diesem Verzicht unberührt; ob man die Musik, die man zu hören bekommt, akzeptiert oder ablehnt, ist für das Kunstwerk unwichtig geworden. Daß dieses Loslösen vom Zwang des Publikums der Musikentwicklung nur förderlich ist, zeigt sich bereits heute. Denn die Sorge, daß die neue Musik keine Interessenten findet, ist überflüssig. Es sind ihrer wenig, sie kommen auch nur zögernd, aber es sind Menschen, die die echte Funktion der Musik erfaßt haben und ein echtes Kunsterlebnis suchen. Langsam nur setzt sich die Dodekaphonik durch, aber ihre Anhänger mehren sich von Jahr zu Jahr, von denen allerdings ein Teil dann bei ihr stehenbleibt und hinter der Weiterentwicklung dieser Technik zurückgelassen wird. Aber alles in allem genommen hat Schönberg mit seiner Voraussage recht: „Die Zeit ist ein großer Eroberer. Sie wird meinen Werken das Verständnis bringen."

Arnold Schönberg (1874–1951)

Leben

Arnold Schönberg (Schoenberg) wird in Wien am 13. September 1874 geboren. Er beginnt sehr früh, Violine zu spielen und zu versuchen, sich theoretisch zu bilden, weil ihm jede Möglichkeit, Musikunterricht zu nehmen, fehlt. Kein Komponist hat mit so wenig formaler Ausbildung zu komponieren begonnen wie Schönberg, der schon früh seine ersten Stücke schreibt und nur von seinem späteren Schwager Alexander von Zemlinsky (1872–1942; Kapellmeister, Opernkomponist, schreibt außerdem 3 Sinfonien, Kammer-, Klavier- und Vokalmusik) etliche Anleitungen erhält. Trotzdem gibt er seine Stellung bei einer Bank bald auf, um sich allein der Musik zu widmen, und muß sich durch Instrumentation und Arrangements von Operetten- und Schlagermusik durchbringen. Im Jahr 1901 wird ihm die Stelle eines musikalischen Leiters eines Berliner Kabaretts vermittelt, gleichzeitig darf er am Sternschen Konservatorium gegen bescheidenes Entgelt als Lehrer wirken. Da seine Lage in Berlin aussichtslos ist, kehrt er nach Wien zurück und beginnt da seine Lehrtätigkeit mit einigen Schülern, unter denen Alban Berg und Anton von Webern die bedeutendsten sind. Er dirigiert fallweise und versucht, seine eigenen inzwischen entstandenen Kompositionen auf das Konzertpodium zu bringen, erntet damit aber nur feindselige Ablehnung und Gelächter, obgleich er sich vom Zeitgeschmack noch nicht sehr weit entfernt, „Verklärte Nacht", „Pelleas und Melisande" und die ersten Lieder bewegen sich in der Tristannachfolge, sind aber dem Publikum bereits zu schwierig. Auch das 1. Streichquartett fällt in jene Zeit. Im Quartett Nr. 2 lockern sich bereits die tonalen Bindungen. Geistige Beziehungen zu bedeutenden Zeitgenossen wie das Ehepaar Mahler, Kokoschka, Karl Kraus und Peter Altenberg bahnen sich an; als dritter namhafter Schüler meldet sich Egon Wellesz (1885–1974; Spezialist für byzantinische Musik, schreibt Sinfonien, zum Teil seriell, Messen, Kantaten, Konzerte, Kammermusik, Ballette und Opern in zeitnahem Stil). Seinen Schülern entwickelt er als erster die neue Technik, die er für seine Kompositionen künftig anzuwenden beabsichtigt. Die Priorität für diese „Zwölftontechnik" beansprucht allerdings Joseph Matthias Hauer (1883–1959; komponiert seit 1908 mit 12 Tonreihen, schreibt Sinfonien, Konzerte, Streichquartette, Klavierstücke, eine Oper und ein Oratorium), der seine „Tropentechnik" (Auswahl von 44 Grundtypen der unzähligen Möglichkeiten, 12 Töne zu kombinieren) mit philosophischen und mystischen Vorstellungen verbindet. Es ist unklar, ob er oder Schönberg als Begründer der „Zwölftonmusik" angesehen werden muß. Auch der russische Komponist Jef Golyscheff (1895–1970) schreibt ein Streichquartett mit Zwölftonbildungen und spricht von „Zwölfton-Dauerkomplexen". Ausschlaggebend dürfte sein, daß die Zwölftontechniker nicht bei Hauer, sondern bei Schönberg und noch viel mehr bei dessen Schüler Webern anknüpfen, und daß Schönberg die Technik anwandte, um Musik zu machen und kein mathematisches Exempel. Im Jahr 1911, in dem er die 1899 begonnenen „Gurre-Lieder" vollendet und mit großem Erfolg in Wien herausbringt, nimmt Schönberg seine Lehrtätigkeit in Berlin (dieses Mal in besserer Position) wieder auf. Seinen folgenden Kompositionen ist kein weiterer Erfolg beschieden, dafür jedoch seinen Bildern, die bei einer Ausstellung in Wien sehr gefallen. Nach dem Ersten Weltkrieg, den er zum Teil als Soldat mitmacht, kehrt er erneut nach Wien zurück und errichtet dort den „Verein für musikalische Privataufführungen", zu dessen Konzerten nur die Mitglieder Zutritt erhalten. Es werden dabei nicht nur störungslos seine Werke, sondern auch solche anderer Avantgardisten zur Diskussion gestellt. Auf Publikum wird verzichtet. 1925 wird ihm als Nachfolger von Busoni eine Meisterklasse an der Berliner Akademie der Künste angeboten. Diese Stellung behält er bis zu seiner Emigration im Jahr 1933. Er geht nach Paris, wo er der mosaischen Konfession beitritt, dann nach den USA, wo er Staatsbürger wird, seinen Namen in Schoenberg ändert, um ihm den deutschen Klang zu nehmen, bis 1944 als Lehrer an der University of South California tätig ist, und sich dann einem privaten Schülerkreis und der Komposition widmet. Er stirbt in Los Angeles am 13. Juli 1951 als Begründer und Ausgangspunkt einer Musikepoche, für die die Musikgeschichte ein neues Kapitel beginnen muß. Es ist überflüssig, seine Schüler aufzuzählen, denn es gibt nur wenige Komponisten der folgenden Generation, die nicht mehr oder weniger von ihm beeinflußt sind. Schönbergs Zeitgenossen sind es insoweit, als sie ihn als Zerstörer der Musik ablehnen oder sich mit fanatischer Gefolgschaftstreue um ihn scharen. Zu seinem Kummer wird er, mit wenigen Ausnahmen, von keiner Seite verstanden. „Das Verständnis für meine Musik leidet noch immer darunter, daß mich die Musiker nicht als einen normalen, urgewöhnlichen Komponisten ansehen, der seine mehr oder weniger guten und neuen Themen und Melodien in einer nicht allzu unzureichenden musikalischen Sprache darstellt – sondern als einen modernen dissonanten Zwölftonexperimentierer", schreibt er. Er wehrt sich stets dagegen, als „Revolutionär" zu gelten (. . . „denn ich bin keiner"), es kränkt ihn, daß seine Anhänger sich bemühen, sein System zu durchdringen, statt seine Musik wie Musik zu hören, und ihn als unromantischen Intellektuellen bezeichnen, dessen Werk nur intellektuell begriffen werden kann, weil er nach seinen eigenen Worten immer schreibt, „was er in seinem Herzen fühlt". Er sieht auch mit Sorge, daß seine Anhänger und Nachfolger in den Fehler des Dogmatismus verfallen und die Vorwürfe zum Teil verdienen, die ihm selbst gemacht werden, daß sie das Beherrschen der Zwölftontechnik als Ersatz für den fehlenden kompositorischen Einfall nehmen. Anläßlich einer Geburtstagsgratulation in seinen letzten Lebensjahren will man ihm mit der Verständigung eine Freude machen, daß sich bereits eine hohe Anzahl Komponisten der Dodekaphonik verschrieben haben. Er erwidert mit der Frage: „Und machen die Herren auch Musik?"

Kammersinfonien

Literatur
H. H. Stuckenschmidt: Arnold Schönberg. 1957
J. Rufer: Das Werk Arnold Schönbergs. 1959
Gesamtausgabe der Werke unter J. Rufer ab 1964

Werke
Ungefähr die Hälfte der Kompositionen Schönbergs sind nicht dodekaphonisch gehalten. Seine Sinfonische Dichtung „Pelleas und Melisande" op. 5 ist ein Kind des Tristan. Die Kammersymphonie Nr. 1 E-Dur hat wohl Ansätze zur Ganzton- und Quartenstruktur, bleibt aber tonal. Die „Fünf Orchesterstücke" überschreiten bereits alle überkommenen Formen. Auch die Kammersymphonie Nr. 2 bleibt in tonalen Grenzen. Erst die „Variationen für großes Orchester" op. 31 sind ein Zwölftonwerk wie auch das Violinkonzert op. 36. Das Streichsextett „Verklärte Nacht" op. 4 bleibt ebenfalls im tonalen Rahmen. Von den 4 Streichquartetten haben Nr. 1 d-Moll op. 7 (1905) und Nr. 2 fis-Moll op. 10 mit Sopranstimme im 3. und 4. Satz (1908) noch eine Tonart vorgesetzt, Nr. 3 op. 30 (1927) und Nr. 4 op. 37 (1936) sind Zwölftonwerke wie das Bläserquintett op. 26 (1924). Von der Klaviermusik sind „Drei Klavierstücke" op. 11 (1909) wegen ihrer Ungewöhnlichkeit und „Fünf Klavierstücke" op. 23 als reines Zwölftonwerk interessant. Von den Vokalwerken sind die „Gurrelieder" (1911) am bemerkenswertesten. „Pierrot Lunaire" op. 21 sind ein dankbares Werk für Spezialistinnen mit guter Sprechgesangstimme. „Ein Überlebender aus Warschau" op. 46, Kantate für Sprecher, Männerchor, Orchester ist ein realistischer Bericht aus den Ghettokämpfen in Warschau während des Zweiten Weltkrieges. Von den Bühnenstücken wird „Erwartung", ein Spiel von der Angst einer Frau im nächtlichen Wald, oft als Konzertstück gegeben.

1. KAMMERSINFONIE OP. 9
4 Teile, entstanden 1906, uraufgeführt am 8. Februar 1907 in Wien, weicht mit der zwischen dem Scherzo und dem langsamen Satz eingeschobenen großen Durchführung und dem fehlenden neuen thematischen Material im Finale von der üblichen Sinfonieform ab. Das Finale ist eine Art Reprise der früheren Themen in anderer Reihenfolge. Man kann daher die Sinfonie als einen ersten Sinfoniesatz auffassen. Das Werk ist tonal, die Dissonanzen werden aufgelöst, stehen aber an entscheidenden Stellen und gewinnen dadurch eine architektonische Funktion. Die Musik ist schwierig, weil mehrmals verschiedene melodische Gedanken gleichzeitig entwickelt werden. Sie muß strukturell verstanden werden. Sie bietet jedenfalls keinen kulinarischen Genuß. Spielzeit: 22 Minuten.

2. KAMMERSINFONIE ES-MOLL OP. 33
3 Sätze, vollendet 1939, uraufgeführt 1940 in New York. Zwei Drittel der Sinfonie werden bereits 1906 geschrieben, der Rest erst 1939 vollendet, wobei das ursprünglich vorgeschriebene kleine Kammerorchester etwas erweitert wird. Das Werk ist tonal, weil es ursprünglich so angelegt wor-

den ist und der Komponist „von Zeit zu Zeit dem Verlangen nachgab, zu dem früheren Stil zurückzukehren". Spielzeit: 24 Minuten.

FÜNF ORCHESTERSTÜCKE OP. 16

Für großes Orchester, entstanden 1909, am 3. September 1912 in London uraufgeführt. Stück I. „Vorgefühle", ist atonal, völlig unsymmetrisch und reprisenlos, dissonant, mit wilden Ostinati ausgestattet, soll „Vorgefühle der Angst und der Katastrophe" ausdrücken. Stück II. „Vergangenes", ist formal traditionell und in Liedform gehalten. Stück III. „Farben" mit einem unverwechselbaren merkwürdig schillernd klingenden Akkord, der in gleichen Zeitabständen immer wieder kommt, aber stets zwischen zwei verschiedenen Klangspektren wechselt. „Durch diesen sich durch das ganze Stück hinziehenden Farbenwechsel des Akkordes entsteht ein eigentümlicher schimmernder Klang, vergleichbar mit dem immerwechselnden Farbeneindruck einer mäßig bewegten Seeoberfläche" (Webern). Stück IV. „Peripetie" läßt die im ersten Stück vorausgeahnte Katastrophe ausbrechen. Stück V. „Das obligate Rezitativ" bringt einen schmerzlichen, völlig verformten Walzer. „Man könnte vielleicht von einer Prosa in Musik reden", erklärt Webern zu den Stücken. Man darf bei Stück drei mit den etwa 60 Klangverrückungen des Akkordes an die um Jahrzehnte später auftauchende Flächenmusik denken. Spielzeit: 16 Minuten.

VARIATIONEN FÜR ORCHESTER OP. 31

12 Abschnitte, entstanden zwischen 1926 bis 1928, uraufgeführt in Berlin am 2. Dezember 1928 unter Wilhelm Furtwängler. Nach der Introduktion wird im zweiten Abschnitt das Thema

Foto Arnold Schönbergs, dessen Zwölftontechnik der Musik des 20. Jahrhunderts neue Impulse gegeben hat.

entwickelt und von den Celli vorgetragen, sodann neunmal trotz der extremen Ausdrucksform streng nach klassischen Begriffen variiert. Raffinierte Klangfarben werden durch unübliche Instrumente wie Mandoline, Tamburin und Flexaton (gestimmte Metallplatten) gewonnen. In der 1. Variation tragen Holzbläser und Kontrabässe Bestandteile des Themas vor, in der 2. gibt es einen Kanon zwischen Oboe und Sologeige, in der 3. sind 2 Hörner, dann 3 Posaunen führend, in der 4. erklingt ein Walzer; Harfe, Celesta und Mandoline bringen das Thema als Hintergrundmusik, die 5. ist rasch bewegt, die 6. sehr sparsam besetzt, die 7. zerlegt das Thema in einzelne Punkte, die 8. und 9. spalten das Thema auf und verteilen es auf verschiedene Kanonstimmen. Das Finale hat mehrere Unterabschnitte, bezieht sich auf verschiedene Themen der Variationen, bringt aber auch Neubildungen und als Apotheose das b-a-c-h-Motiv als Huldigung für den Meister Johann Sebastian. Spielzeit: 23 Minuten.

VIOLINKONZERT OP. 36
3 Sätze, entstanden zwischen 1934 und 1936, uraufgeführt in Philadelphia am 6. Dezember 1940 mit Louis Krasner unter Leopold Stokowski, Webern gewidmet, von Jascha Heifetz als unspielbar abgelehnt (Schönberg: „Ich freue mich, ein weiteres unspielbares Werk ins Repertoire gebracht zu haben. Ich will, daß dieses Konzert schwierig ist und der kleine Finger länger wird. Ich kann warten.") Der Themenreichtum des Stückes macht es auch für das Publikum schwierig, doch seine kühne Tonsprache ist faszinierend und überbietet alles, was bislang für die Violine komponiert worden ist. Spielzeit: 30 Minuten.

„VERKLÄRTE NACHT" OP. 4
Für Streichorchester, 2 Teile (ursprünglich als Sextett 1899 geschrieben und am 18. März 1902 in Wien uraufgeführt), entstanden 1917. Erstmalige Anwendung der Form der Sinfonischen Dichtung für Kammermusik. Der erste Teil bringt die Klage der Frau, die den Mann betrogen hat, der zweite die Verzeihung des Mannes nach einem Gedicht von Richard Dehmel. Ein ungeheuer dicht verwobener Streicherklang macht die Poesie des Themas zwar nicht schildernd, aber ungeheuer einfühlend deutlich. Spielzeit: 25 Minuten.

„GURRE-LIEDER" FÜR SOLI, CHOR UND ORCHESTER NACH DER DICHTUNG VON JENS PETER JACOBSEN
3 Teile, begonnen 1900, vollendet 1911, uraufgeführt 1913 in Wien (einziger großer Erfolg des Komponisten). Sehr reiche Besetzung (6 Solisten, drei vierstimmige Männerchöre, achtstimmiger gemischter Chor, starkes Orchester). Die Kantate behandelt die Liebe des Dänenkönigs Waldemar zur schönen Tove, der Königin Helvig einen Mörder sendet. Waldemar hadert mit Gott, weil er dies zuließ, und verliert die ewige Ruhe. Er und seine Mannen jagen als wildes Geisterheer um die verfallene Burg Gurre. Erst die Morgensonne des Frühlings vertreibt den Spuk. Das Stück entwickelt eine seltene Klangpracht, die ihm einen dauernden Platz in den Konzertsälen sichert.

„PIERROT LUNAIRE" OP. 21
2 Teile (21 Sätze), Melodrama für Sprechstimme, Klavier, Flöte, Klarinette, Baßklarinette, Violine, Viola, Cello, entstanden und uraufgeführt 1912. Der Text stammt vom belgischen Dichter Albert Giraud (eigentlich Albert Kayenberg), in das Deutsche übersetzt von Otto Erich Hartleben, und besteht aus 21 lyrischen Gedichten visionären Inhaltes. Die Sprechstimme ist an gewisse Tonhöhen und Rhythmen gebunden.

Tips für Plattenfreunde

○ Pelleas und Melisande (Stereo-LP/ Deutsche Grammophon 2711 014, Karajan)
○ Pierrot Lunaire (Stereo-LP/FSM 34 315, Cerha-Escribano)
○ Kammersinfonie Nr. 1 (Stereo-LP/ Teldec 6.35 268 HM)
○ Violinkonzert (Stereo-LP/CBS 73 323)
○ Verklärte Nacht, Variationen für Orchester (Stereo-LP/Deutsche Grammophon 25 30 627, Karajan)
○ Streichquartette (Neue Wiener Schule) (5 Stereo-LP/Deutsche Grammophon 2720 029, LaSalle-Quartett)

CHARLES IVES (1874–1954)

Zeit und Umwelt

Kunst geht nach Brot, Kunst geht nach Beifall. Diese Tatsache wird mit der Feststellung verbrämt, daß die Kunst nur in der Kommunikation mit einem Publikum gedeihen kann, weil sie angeblich verkümmert, wenn sie auf keinen Widerhall stößt. In Wahrheit liegen die Dinge so, daß der Künstler ohne diese Kommunikation in der Regel nicht leben kann, daß er den Auftrag benötigt, entweder speziell oder zumindest von dem Kreis, aus dem sein Publikum kommt. Zwischen dem Straßenmusikanten mit Hut neben sich und dem Stardirigenten ist der Unterschied nicht ungeheuer groß, beide leisten ihr Bestes im Rahmen des Auftrages, und beide erhalten dafür das Honorar und den Beifall. Der Drang, sich mitzuteilen, beherrscht sogar den Künstler, der das Honorar nicht benötigt, so sehr hat sich die Stellung der Künstler als Beauftragte des Publikums eingelebt, so sehr haben sie sich mit den Beschränkungen und Beengungen abgefunden, die ihnen ihr Auftrag vorschreibt. Es sind dennoch innerhalb der gesteckten Grenzen und trotz der Zweckgebundenheit Kunstwerke ohne Zahl entstanden, die zu den Glanzpunkten der menschlichen Kulturgeschichte gehören und die Namen ihrer Schöpfer verewigen, aber die Freiheit der Tonkunst von architektonischen, akustischen und ästhetischen Dogmen, die Busoni propagiert, aber selbst nicht anstrebt, ist damit noch nicht erreicht, weil die Freiheit von den Auftraggebern, dem Publikum, fehlt. Schönberg erkennt, daß die Kunst auf den Beifall verzichten muß und kann. Daher gründet er den Verein für Privataufführungen, zu denen außer den Mitgliedern niemand Zutritt erhält; er sieht ein, daß die Kunst sich erst frei entfalten kann, sobald sie sich vom Diktat des Publikums befreit. Für ihn ist dieser Schritt schwierig, weil die materielle Grundlage zu einem solchen Verhalten nicht leicht zu beschaffen ist. In autoritären Staaten wäre es unmöglich, weil dort die Kunst zur Propagandistin für die Diktatur zurechtgeknüppelt wird und, wenn sie diese Aufgabe nicht erfüllen will, nicht einmal im stillen existieren darf. Unser Mann in Amerika hat es leichter. Die Behörden der USA belassen dem Künstler jede Freiheit innerhalb der allgemeinen Gesetzgebung, sie verzichten auch auf jede Lenkung durch eine Auftrags- und Subventionspolitik, der Künstler ist nur von privaten Auftraggebern und vom Publikum abhängig und kann diesem Zwang entkommen, wenn er kein Geld benötigt und ohne Beifall arbeiten kann. Arnold Schönberg stellt ihn vor: „Es lebt ein großer Mann in diesem Land – ein Komponist. Er hat das Problem gelöst, wie man sein Selbst erhalten und dennoch Künstler sein kann. Mißachtung begegnet er mit Verachtung. Er ist nicht gezwungen, Lob oder Tadel hinzunehmen. Sein Name ist Ives."

Charles Ives (1874–1954)

Leben

Charles Edward Ives wird am 20. Oktober 1874 in Danbury, Connecticut, als Sohn eines Blaskapellendirigenten geboren, erhält früh Klavier- und Orgelunterricht, so daß er bereits mit 14 Jahren eine Organistenstelle betreuen kann. Von 1894–1898 studiert er an der Yale University bei Horatio William Parker (1893–1919; Theorielehrer, sehr fruchtbarer Komponist von Instrumental-, Vokal- und Bühnenmusik) und Harry Rowe Shelley (1858; Organist, Theorielehrer, Komponist von Orchester-, Kammer-, Klavier- und Vokalmusik) Komposition und bei Dudley Buck (1839–1909; Organist, Dirigent, Orgellehrer, Komponist einer Oper und vieler Chöre) Orgelspiel. Er wird Versicherungskaufmann und widmet seine Freizeit der Musik. Da er finanziell völlig unabhängig ist, kümmert er sich nicht darum, ob seine Kompositionen aufgeführt werden, so daß er auch für Amerika lang ein Unbekannter bleibt. Um das Jahr 1921 stellt er wegen Krankheit seine kompositorische Tätigkeit ein, arbeitet aber seit 1927 an der von Henry Dixon Cowell (1897–1965; Musikwissenschafter, Musikschriftsteller, Komponist in modernen Stilgattungen) gegründeten New Music Society mit. Im Jahr 1930 zieht er sich auch von seinen Geschäften zurück und stirbt am 19. Mai 1954 in New York, ohne jemals mit dem zeitgenössischen Musikgeschehen Fühlung genommen zu haben. Dennoch hat er „Anspruch darauf, als Amerikas bedeutendster Komponist zu gelten, nicht bloß wegen der Originalität und Vitalität seiner Musik, sondern weil er auf dem Gebiet der Musik die wertvollsten Züge des Amerikanismus repräsentiert" (Křenek).

Literatur

G. Chase: Die Musik Amerikas. 1958

Werke

Von seinen 5 Sinfonien sind Nr. 1 d-Moll aus 1897, zum ersten Mal aufgeführt im Jahr 1965, und Nr. 2 aus 1901, uraufgeführt 1951, europäischer Musik verpflichtet; Nr. 3 aus 1904 („The Camp Meeting"), 1947 uraufgeführt, wird mit dem Pulitzer-Preis ausgezeichnet. (Eine Reminiszenz an den Organistendienst der Komponisten); Nr. 4 für Chor und großes Orchester aus 1916, uraufgeführt 1965, ist das bedeutendste Werk des Komponisten. Die beliebteste ist aber die Holidays Symphony aus 4 auch gesondert gespielten Teilen. I. George Washington's Birthday (1909), II. Decoration Day (1912), III. The Fourth of July (1913), IV. Thanksgiving and/or Forefathers Day (1904), erste Gesamtaufführung 1953. Sehr oft gespielte Stücke sind: Three Places in New England (1903–1914), Orchestral Set Nr. 1 (1904–1911), Nr. 2 (1912–1915), Unanswered Question (1908) und Central Park in the Dark (1898–1906). Seine beiden Streichquartette (Nr. 1 1896 und Nr. 2 1907–13) haben

Eingang in das Repertoire der Kammerensembles gefunden. Seine Klaviersonaten werden wegen ihrer technischen Schwierigkeit selten gespielt, von den Liedern (nahezu 200 verschiedener Qualität) werden nur mehr einzelne gesungen.

Tips für Plattenfreunde

○ Alle Sinfonien (4 Stereo-LP/CBS 77 424, Bernstein)
○ Kammermusik (3 Stereo-LP/FSM SVBX 546)
○ Klaviermusik (3 Stereo-LP/FSM SVBX 5 482). Einzige Aufnahme

FRANZ SCHMIDT (1874–1939)

Zeit und Umwelt

Johannes Brahms hat seine 5. Sinfonie nicht mehr geschrieben, die 9. Sinfonie von Bruckner bleibt unvollendet. Die Tradition der klassisch-romantischen Sinfonie scheint brüsk unterbrochen zu sein, die Masse der Anhänger dieses gewohnten Stils fühlen sich verwaist. Von Richard Strauss kann keine Fortsetzung erwartet werden. Das haben seine bisherigen Sinfonischen Dichtungen bereits gezeigt. Und daß Schönberg nicht das entstandene Vakuum ausfüllen wird, ist seit dem ersten Ton, den man von ihm hört, klar. Man ist bereits dabei, vom Ende einer glanzvollen Epoche zu sprechen und von der Notwendigkeit, sich mit den großen Sinfonikern des verflossenen Jahrhunderts zu begnügen, sie weiter auszuschöpfen und sich damit abzufinden, daß es niemanden mehr gibt, der die Tradition weiter trägt. Es vergehen aber nur einige Jahre, bis ein Mann aus Preßburg die Lücke ausfüllt, sich in die Reihe der großen Sinfoniker stellt, so daß diese erst mit ihm abschließt. Die Wirkung über seine österreichische Heimat hinaus bleibt allerdings vorerst aus. Der Erste Weltkrieg und die von ihm bewirkte Veränderung des Gesellschaftsbildes, die stürmische Fortentwicklung der Musik zur Atonalität und Polytonalität, die Auflösung der alten Formen durch die Dodekaphonik drängen Schmidt die Rolle des Konservativen auf, die er nie übernommen hat. Seine Musik bedeutet ebenso einen großen Schritt nach vorne wie die der Avantgarde neben ihm. Er bleibt zwar im Rahmen der Tonalität, geht aber bis hart an ihre Grenzen und wirkt für uns und vielleicht noch mehr für die, welche nach uns kommen, moderner und fortschrittlicher als viele Zeitgenossen, die mühsam und verschämt zur Tonalität zurückzukommen versuchen, weil sie erkennen, daß ihre Möglichkeiten noch lange nicht ausgeschöpft sind.

Leben

Franz Schmidt ist am 22. Dezember 1874 in Preßburg geboren, studiert von 1890 bis 1896 am Wiener Konservatorium Cello, Klavier und

Franz Schmidt (1874–1939)

Komposition, wird Cellist im Wiener Hofopernorchester, das damals Gustav Mahler dirigiert. Zusätzlich gibt er am Konservatorium Cellounterricht, tritt als Solopianist und Begleiter auf und betätigt sich als Kammermusikspieler. In jener Zeit legt er der Öffentlichkeit bereits seine beiden ersten Sinfonien vor, die nicht unfreundlich aufgenommen werden, und bringt seine Oper „Notre Dame" heraus, die zum großen Lokalerfolg wird – Intermezzi daraus verbreiten sich über die ganze Welt und vermitteln ein völlig falsches Bild des Komponisten. Er wird 1925 Direktor der Wiener Staatsakademie und bekleidet von 1927–1931 die Würde eines Rektors der Wiener Musikhochschule. Im Jahr 1933 schreibt er seine vierte und letzte Sinfonie und bringt 1938 sein stärkstes Werk, das Oratorium „Das Buch mit den sieben Siegeln", heraus. Am 17. Februar 1939 stirbt er in Perchtoldsdorf bei Wien als einer der großen österreichischen Meister des 20. Jahrhunderts.

Literatur

A. Liess: Franz Schmidt. 1951
C. Nemeth: Franz Schmidt, ein Meister nach Brahms und Bruckner. 1957

Werke

Schmidt ist in erster Linie Sinfoniker und für Österreich und die gesamte Musikgeschichte ebenso wichtig wie Reger in Deutschland. Er teilt mit dem deutschen Komponisten das nur mäßige Interesse der Umwelt und das Desinteresse des Auslandes. Er ähnelt ihm auch darin, daß er wie Reger noch heute zu wenig ausgeschöpft und unrichtig eingeordnet wird. Beide sind für uns noch ebenso Zukünftige wie für ihre Zeitgenossen, und man darf hoffen, daß auch für sie die Zeit kommen wird, in der für ihre verinnerlichte und ganz und gar nicht plakative Musik volles Verständnis aufgebracht wird. Von seinen 4 Sinfonien, Nr. 1 E-Dur (1899), Nr. 2 Es-Dur (1911), Nr. 3 A-Dur (1928), Nr. 4 C-Dur (1934), werden die zweite und die vierte am meisten gespielt. Beliebt sind seine „Variationen über ein Husarenlied" (1931). Von der Kammermusik werden die beiden Klarinettenquintette B-Dur (1932) und A-Dur (1938), das Klavierquintett G-Dur (1926; Klavierpart nur für die linke Hand auf Bestellung des einarmigen Pianisten Paul Wittgenstein) und die beiden Streichquartette A-Dur (1925) und G-Dur (1929) von einzelnen Ensembles gepflegt. Die umfangreiche Orgelmusik bereichert die Orgelkompositionen des 20. Jahrhunderts mit wertvollen Werken, wie Fantasie und Fuge D-Dur (1924) und die viel gespielte Toccata C-Dur (1924). Mit seinem Oratorium „Das Buch mit den sieben Siegeln" setzt er die große Oratoriumtradition des 19. Jahrhunderts mit einem ebenbürtigen Werk fort. Da es wie alle seine Werke typisch österreichisch ist, setzt es sich in der übrigen Welt nur langsam, aber doch stetig durch.

SINFONIE NR. 4 C-DUR

1 Satz, entstanden 1934. Das Werk weist Sonatenform auf und ist symmetrisch aufgebaut. Anstelle eines Finales wird das Eingangsthema wiederholt. Es beginnt mit einem unbegleiteten Trompetensolo und endet in gleicher Art. Nach der Exposition und der Durchführung erklingt ein Trauermarsch, darauf ein kurzes Scherzo; dann beschließt die Trompete die Sinfonie. Im Adagio bringt das Solo-Cello eine schöne Kantilene voll Wehmut; das Trompetensolo am Ende klingt wie ein trauriger Abschied von Schaffen und Leben.

VARIATIONEN ÜBER EIN HUSARENLIED

Entstanden 1931. In diesem Stück klingt die ungarische Heimat des Komponisten (Preßburg war bis 1918 ungarisch) mit. Aus einer langen, langsamen Einleitung löst sich das Liedthema, das anfänglich in deutlich voneinander abgegrenzten Abschnitten durchvariiert wird; dann fließen die Variationen immer mehr sinfonisch ineinander, bis im ungarischen Rhythmus das reizende Stück schließt.

DAS BUCH MIT DEN SIEBEN SIEGELN

Oratorium für 6 Solostimmen, gemischten Chor, Orgel und Orchester, 2 Teile, vollendet 1938, uraufgeführt in Wien am 15. Juni 1938. Der Oratoriumtext ist der Offenbarung des Johannes entnommen. Johannes (Tenor) singt die erklärenden Stellen, dann wird die Weissagung vom Jüngsten Gericht im dramatischen Wechselgesang von Chor und Solisten vorgetragen. Das Werk ist von einer imponierenden Monumentalität mit einem Zug ins Überdimensionale. Zwischen den beiden Teilen ist ein grandioses Orgelsolo eingelegt. Nach der Schilderung des apokalyptischen Ablaufes singen die Engel ein Alleluja in einem ungarischen Himmel zu einer von den Pauken gespielten Baßmelodie. Eine Amen-Fuge, die mancher vielleicht erwartet, fehlt.

Tips für Plattenfreunde

○ Das Buch mit den sieben Siegeln (2 Stereo-LP/EMI SQPR 3 263/64). Einzige Aufnahme
○ Sinfonie Nr. 4 (Stereo-LP/Decca SXL 6544, Zubin Mehta)

MAURICE RAVEL (1875–1937)

Zeit und Umwelt

Mit dem Auftreten von Debussy verlagert sich in Frankreich das Schwergewicht des musikalischen Geschehens eindeutig von der Oper in den Konzertsaal. In der Oper werden weiterhin die „Große Oper" des 19. Jahrhunderts, die Romantik eines Massenet und dessen Epigonen, die Italiener und etliches aus Deutschland gespielt, aber die Komponisten müssen nicht mehr wie früher unbedingt Opern schreiben, um auch im Konzertleben Beachtung zu finden. Im Gegenteil; mit „Pelléas und Mélisande" ist die Sinfonik in die Oper eingedrungen; diese Oper wäre vermutlich nie auf die Bühne gekommen, wenn nicht der Name des

Maurice Ravel (1875–1937)

Sinfonikers Debussy für sie gebürgt hätte. Diese Befreiung der Sinfonik, die mit ihrem impressionistischen Gepräge dem Einfluß Wagners Gleichwertiges entgegenzuhalten imstande ist, ruft eine Reihe von Talenten auf den Plan, die das künstlerische Gedankengut Debussys aufnehmen und nach eigener Individualität verwerten, weiterbilden und in manchen Fällen sogar überwinden. Roger Ducasse zum Beispiel bleibt treuer Anhänger seines Meisters Debussy, André Caplet (1878–1925; schreibt Orchesterwerke, Kammermusik mit verschiedener Besetzung, sakrale und profane Vokalmusik, wendet sich später musikalisch-religiösen Aufgaben zu und bemüht sich um die Wiedererweckung mittelalterlicher Polyphonie, Vorläufer von Messiaen) geht völlig andere Wege. Die Gruppe der „Sechs" (Auric, Durey, Tailleferre, Milhaud, Poulenc, Honegger), der auch Strawinsky eine Zeitlang nahesteht, kehrt sich sogar gegen den Impressionismus, dessen Überwindung jedoch nicht so rasch und glatt vonstatten geht, wie es im Programm vorgesehen ist. Einer der wenigen, die sich bereits zu jener Zeit vom damaligen Impressionismus ablösen, und unbestreitbar zeitlich der erste von ihnen, ist Maurice Ravel, der damit Kollegen überholt, die um 20 Jahre später geboren sind.

Leben

(Joseph) Maurice Ravel wird am 7. März 1875 in Cibourne, Basses-Pyrénées als Sohn eines Französisch-Schweizers und einer Baskin geboren, die nach einigen Jahren nach Paris übersiedeln. 1889 wird er in das Konservatorium von Paris aufgenommen. Bei Bériot nimmt er Klavierunterricht und gewinnt an seinem Mitschüler Ricardo Viñes (1879–1943) einen Freund, der später zur Verbreitung der Werke von Ravel und Debussy viel beiträgt. Er nimmt bei Émile Louis Fortuné Pessard (1843–1917; Konservatoriumslehrer, schreibt eine Anzahl Opern, Orchester- und Kammermusik, Kirchenmusik und Lieder) Unterricht in Harmonielehre, bei André Gédalge (1836–1926; Kontrapunktlehrer am Pariser Konservatorium, schreibt 3 Sinfonien, Orchestersuiten, Kammermusik, 1 Pantomime und 1 Oper ohne nennenswerten Erfolg) und Fauré in Komposition Unterricht. Viermal bewirbt sich Ravel um den Rompreis; seine unorthodoxen Kompositionen finden aber bei den Akademiemitgliedern keinen Gefallen. „Herr Ravel mag uns wohl als rückständig ansehen, aber er darf uns nicht ungestraft für schwachsinnig halten", äußert sich ein maßgebendes Mitglied der Akademie und fordert damit den Unwillen auch jener Kritiker heraus, die sonst kein gutes Haar an Ravel lassen. 1907 kommt es bei der Erstaufführung der „Histoires naturelles" zu einem Skandal. Kritiker und Publikum gewinnt Ravel erst 1908 mit der „Rapsodie espagnole". Ab da besteht das weitere Leben des Komponisten nur aus Aufführungs- und Erscheinungsdaten seiner Werke. Er wird im Ausland (England, Amerika) sogar früher berühmt als in Frankreich, aber bald fällt ihm die

Führungsrolle der Komponisten Frankreichs in jener Epoche vorerst neben Debussy, dann nach dessen Tod unbestritten allein zu. Er stirbt am 28. Dezember 1937 in Paris als neben Debussy bedeutendster und beliebtester Komponist des 20. Jahrhunderts. Sein Einfluß auf die französische Musik, und nicht nur auf diese allein, wirkt weiter bis in die Gegenwart. Er hinterläßt eine große Zahl persönlicher Schüler, darunter Alexis Roland-Manuel (1891–1966; sucht im Sinn des Programmes der „Sechs" Anschluß an die Musik des 18. Jahrhunderts, verfaßt Sinfonische Dichtungen, Konzerte, Kammer- und Klaviermusik, Lieder, Ballette, 1 Oratorium „Jeanne d'Arc" und Opern), Maurice Charles Delage (1879–1961; schreibt Sinfonische Gedichte und andere Orchesterstücke und etliche Lieder), Manuel Rosenthal (geboren 1904; Geiger, Dirigent, schreibt Orchester- und Violinmusik, Opern, Operetten und Ballette), Nikolai Obuchow (1892–1954; Tscherepnin-Schüler, schreibt 1918–1919 „Poèmes Liturgiques" und das mystisch-liturgische Werk „Le Livre de Vie", bei dem er ein elektronisches Instrument „Klingendes Kreuz" verwendet, das nur Schleiftöne von sich gibt; er kennt nur eine Harmonie, die aus den 12 chromatischen Tönen besteht), Jones Durey (geb. 1888; Komponist von Kammer-, Klavier- und Vokalmusik), Tailleferre, Vaugham Williams und Lennox Berkeley (geboren 1903; verfaßt Kammer-, Orchester-, Chor- und Bühnenmusik).

Literatur
Roland-Manuel: Ravel. 1951
H. H. Stuckenschmidt: Maurice Ravel. 1966

Werke
„Mit Claude Debussy verkörpert Maurice Ravel an der Schwelle des 20. Jahrhunderts eine zugleich erlesene und ergreifende Seite unserer Sensibilität. Doch so erlesen er war, er verfiel niemals in Affektiertheit oder Preziosität, und, um uns zu ergreifen, fand er bis zum letzten Tag den natürlichen Ausdruck", schreibt eine Pariser Zeitung nach dem Tod des Komponisten und polemisiert gegen die Ansicht, daß dieser ein Epigone von Debussy sei. Sie weist darauf hin, daß zwischen beiden Komponisten zwar Ähnlichkeiten der Harmonik und Färbung bestehen, aber sonst grundsätzliche Abweichungen voneinander vorliegen. Bei Debussy ist die Form vom rhythmischen, harmonischen und melodischen Material abgeleitet; er will „die Ordnung in der Freiheit suchen". Ravel übernimmt vorgeprägte Formen wie Menuett, Pavane, Habanera, Bolero und ebenso Blues und Foxtrott und ahmt sie nach, kopiert sie aber nicht, sondern entdeckt an diesen Formen neue Eigenarten und bereichert sie durch seine eigenen vielfältigen Einfälle. Besonders entwickelt ist bei Ravel seine Instrumentationskunst. Sein Orchesterklang entsteht nicht durch Verschmelzung einzelner Instrumente, sondern aus der Schichtung von Mischklängen. Er instrumentiert eigene

und fremde Klavierstücke; zu seinen Meisterleistungen zählt die Instrumentation von „Bilder einer Ausstellung" von Mussorgski (1922). Trotz seiner Vorliebe für differenzierte Klangfarben schreibt Ravel wenig Orchesterstücke, und auch von diesen sind ein Teil nur instrumentierte Klavierkompositionen. „Rapsodie espagnole" aus 1907 ist original für Orchester geschrieben, während „Ma mère l'oye", 1912, ursprünglich für Klavier entstanden ist. „La valse", ein choreographisches Poem, war anfänglich als Ballett geplant (1920). „Bolero" ist Ballettmusik. „Daphnis et Chloé" ist ein Ballett und zugleich das umfangreichste Orchesterstück des Komponisten, der stets die kleine Form vorzieht. „Le tombeau de Couperin" (1919) war ursprünglich ein sechsteiliges Tanzstück für Klavier. Von den beiden Klavierkonzerten D-Dur für die linke Hand und G-Dur wird das Zweitgenannte vorgezogen. Auch „Valses nobles et sentimentales" (1911) waren ursprünglich für Klavier komponiert. Von der Kammermusik werden das Streichquartett F-Dur (1903), 4 Sätze, das Klaviertrio a-Moll (1914) und die Violin-Klaviersonate (1927) mit Jazzanklängen oft gespielt. Die Klaviermusik war und ist immer noch eine Herausforderung für viele Pianisten, weil sie, obwohl technisch wie musikalisch sehr problemreich, immer ein begeistertes Publikum findet. „Wasserspiele" (1901), „Spiegelungen" (1905) und die Sonatine (1905) werden wegen ihrer faszinierenden Färbigkeit oft vorgezogen. Von den Liedern ist nur die „Scheherezade" (1903) für Gesang und Orchester bemerkenswert, 3 Teile: „Asien – Die verzauberte Flöte – Der Gleichgültige".

„RAPSODIE ESPAGNOLE" (SPANISCHE RHAPSODIE)
Für großes Orchester, 4 Sätze, entstanden 1907, uraufgeführt im März 1908 in Paris. Zu jener Zeit war Ravel bereits ein bekannter Komponist und die Aufnahme beim Publikum „normal": „Begeisterung auf der Galerie" und „Hochmütige kühle Skepsis unten", wo man mit Indignation den taktlosen Zuruf von Florent Schmitt quittiert: „Spielt es noch einmal für die da unten, die es nicht verstanden haben!" Der 1. Satz „Prolog zur Nacht" ist ein spanisches Nachtstück, nächtliche Stille, Sehnsucht, Wolken, Sternenlicht, ein leichter Wind, der Duft der Nachtblumen sind in Klänge sublimiert (auf keinen Fall dargestellt) und erzeugen über den Umweg des Gefühles ihre Vorstellungen. Die Malageña des 2. Satzes ist ein andalusischer Tanz. Die Habanera des dritten Satzes ist ein orchestriertes Stück für Klavier zu vier Händen. Der vierte Satz bringt ein buntfarbiges Karnevalstreiben, bei dem das Orchester alle Klangmischungen und Ballungen ertönen läßt, die möglich sind. Spielzeit: 15 Minuten.

„MA MÈRE L'OYE" (DIE GÄNSEMUTTER")
Für mittelgroßes Orchester, 7 Sätze, 1908 in Form von 5 Kinderstücken nach der Märchensammlung von Charles Perrault (1697) entnommenen Geschichten, dann als orchestriertes Ballett 1912 uraufgeführt. Satz 1 bringt die Einleitung, Nr. 2 „Tanz des Spinnrades", Nr. 3 die Pavane „Dornröschen", Nr. 4 „Gespräche zwischen der Schönen und dem Ungeheuer", Nr. 5 „Der kleine Däumling", Nr. 6

„Laiderinette, Kaiserin der Pagoden",
Nr. 7 „Der Zaubergarten". Spielzeit:
20 Minuten.

„DAPHNIS ET CHLOÉ", BALLETT
IN EINEM AKT
Für Orchester und Chor, 6 Teile,
entstanden 1912 und im selben Jahr
als Ballett in Paris uraufgeführt. Die
Fabel des Ballettes handelt von der
Liebe des Schäferpaares Daphnis und
Chloé, die von Piraten entführt wird.
Gott Pan rettet sie, und zu seinen
Ehren tanzt das Paar eine Pantomime
von der Nymphe Syrinx, die in ein
Schilfrohr verwandelt wird, um der
Nachstellung des Gottes zu entgehen;
Pan schnitzt sich aus dem Rohr eine
Hirtenflöte, um seine Enttäuschung
mit Musik zu überwinden. Aus der
Ballettmusik formt der Komponist 2
Suiten zu je 3 Teilen (Nocturne, Zwischenspiel, Kriegstanz – Tagesanbruch, Pantomime, Allgemeiner
Tanz), die häufig gespielt werden.
Spielzeit: 11 und 18 Minuten.

LA VALSE, CHOREOGRAPHISCHES POEM FÜR GROSSES ORCHESTER
1 Satz, entstanden und in Paris uraufgeführt 1920, war als Ballett mit einer
Art Apotheose des Wiener Walzers
geplant, wurde aber unter dem Eindruck, den Wien nach dem Ersten
Weltkrieg bot, zur traurigen Reminiszenz schönerer Zeiten und eines der
meistgespielten Konzertstücke des
Komponisten. Spielzeit: 12 Minuten.

BOLÉRO
Für großes Orchester, 1 Satz, entstanden und uraufgeführt in Paris 1928.
„1928 habe ich auf Wunsch von Frau
Ida Rubinstein einen Boléro für Orchester komponiert. Es ist ein Tanz in
sehr gemäßigter Bewegung und stets
gleichförmig sowohl in der Melodie
und der Harmonie wie in seinem
Rhythmus, den die Trommel unaufhörlich markiert. Das einzige Element
der Abwechslung bringt hier das orchestrale Crescendo", schreibt Ravel.
Der große Reiz und psychologische
Effekt liegt, abgesehen vom unaufhörlichen Ostinato, im Hinzutreten der
einzelnen Instrumente, deren Kombinationen und der ständig sich steigernden Verstärkung der Rhythmusgruppe. Es ist für Dirigenten sehr
schwierig, das betont langsame
Grundzeitmaß durchzuhalten, aber
„wenn man das Stück schnell spielt,
so scheint es lang, wenn man es aber
langsam spielt, scheint es kurz" (Furtwängler). Spielzeit: 17 Minuten.

KONZERT FÜR KLAVIER UND
ORCHESTER G-DUR
Für mittelgroßes Orchester, 3 Sätze,
entstanden 1931, am 14. Januar 1932
in Paris uraufgeführt. Es „ist ein Konzert im strengsten Sinn des Wortes
und im Geist der Konzerte von Mozart und Saint-Saëns geschrieben", erklärt der Komponist. Der erste Satz
bringt nach einer knappen Exposition
und einer gedrängten Durchführung
ein breites melodisches Seitenthema,
das Jazzelemente aufweist. Im zweiten, langsamen Satz trägt das Soloinstrument eine ausgedehnte Kantilene
vor, die nach dem Bekenntnis Ravels
„Takt für Takt unter Zuhilfenahme
des Klarinettenquintetts von Mozart
entstanden ist". Das Presto ist knapp,
brillant und von jazzartigen Akzenten
unterbrochen. Spielzeit: 24 Minuten.

KLAVIERKONZERT D-DUR FÜR
DIE LINKE HAND
Für großes Orchester, 1 Satz, bestellt
vom einarmigen Pianisten Paul Wittgenstein (1887–1961; gibt nach Verlust seines rechten Armes im Ersten
Weltkrieg die Konzerttätigkeit nicht
auf), der es bei der Uraufführung am
27. November 1931 in Wien spielt.

Daphnis et chloé, La valse, Boléro, Klavierkonzerte

„Das Konzert für die linke Hand ist von ziemlich abweichendem Charakter; es hat nur einen Satz mit vielen Jazzeffekten, und seine Schreibweise ist etwas komplizierter", erklärt der Komponist. Trotz der Einsätzigkeit wird die Einteilung in drei große Abschnitte deutlich. Die hochgetriebene Leidenschaftlichkeit des Konzertes läßt keine Besinnlichkeit zu. Im Mittelteil kommt es zu intensiven Jazzepisoden verschiedener Instrumentengruppen. Eine große lyrische Kadenz leitet zum in scharfen Rhythmen gehaltenen Schluß. Spielzeit: 20 Minuten.

Tips für Plattenfreunde

○ Boléro (Stereo-LP/Teldec 6 48 096 DT, Ansermet)
○ Daphnis et Chloé-Ballett (Stereo-LP/Deutsche Grammophon 2530 038 IMS)
○ Suite 1 und 2 (Stereo-LP/FSM 34 603, Aufnahme mit Chor)
○ Rapsodie espagnole, La valse (2 Stereo-LP/CBS 77 255, Bernstein)
○ Klavierkonzerte G-Dur und D-Dur (Stereo-LP/FSM 34 589 Q). Vorzügliche Aufnahme
○ Streichquartett F-Dur (Stereo-LP/ Deutsche Grammophon 2733 007)

MANUEL DE FALLA (1876–1946)

Zeit und Umwelt

Eigenständigkeit und Loslösung von den jahrhundertelangen italienischen Einflüssen setzt in Spanien erst mit Felipe Pedrell (1841–1922; Musikschriftsteller, Dirigent, Komponist von Sinfonischen Dichtungen, Kantaten, Kirchen- und Klaviermusik und Opern) ein, dessen kompositorische Leistungen weit hinter seinen propagandistischen Schriften zurücktreten, die ein Aufblühen der spanischen Musik einleiten. Pablo Sarasate (1844–1908; nach Paganini erfolgreichster Violinvirtuose, fruchtbarer Komponist von Virtuosenstücken für die Geige: „Zigeunerweisen", „Spanische Tänze") verwendet vorwiegend spanische Tanzrhythmen und Melodien. Isaac Albéniz (1860–1909; bedeutender Pianist, Komponist von ungefähr 200 Stücken für Klavier und für Gitarre, bevorzugt die kleine Form, seine Opern bleiben erfolglos, seine berühmtesten Klavierzyklen sind „Iberia", „España") muß zu den Begründern des spanischen Musikstils gezählt werden. Enrique Granados y Campina (1867–1916; Klaviervirtuose, schreibt vor allem Klaviermusik, von der „Goyescas" 1911 am bekanntesten sind, außerdem Kammermusik und Lieder, 8 Bühnenwerke) gehört ebenfalls zu den Hauptvertretern des neueren spanischen Nationalstils. Paul (Pablo) Casals (1876–1973; überragender Cellovirtuose) komponiert gelegentlich; sein Oratorium „El Pesebre" (Die Krippe) ist durch seine Schlichtheit sehr eindrucksvoll. Conrado del Campo y Zabaleta (1878–1953) ist stark spanisch-national. Joaquin Turina (1882–1949; Pianist, Dirigent, Musikwissenschafter, Komponist von Sinfonischen Dichtungen, Kammermusik, Klaviermusik, Liedern und beliebten Bühnenwerken) huldigt seiner Vaterstadt mit einer Sinfonía Sevillana. Joan de Manén y Planas (geboren 1893; Violinvirtuose, komponiert Solokonzerte, Kammermusik, Chöre, Bühnenmusik, Sinfonische Dichtungen) schreibt betont spanische Musik wie auch Triay Oscar Esplá (geboren 1886; schreibt Sinfonien, Kammermusik, Suiten, Ballette, Lieder, Opern), der vielfach südspanische (orientalischen Ganztonskalen angenäherte) Skalen verwendet. Federico Mompou (geboren 1893; Pianist, schreibt Klavierwerke und Lieder) verbindet französischen Impressionismus mit spanischer Folklore. Roberto Gerhard (1896–1970; schreibt Sinfonien, Konzerte, Kammer- und Klaviermusik, Vokalwerke, Schauspiel- und Filmmusik, Opern) wendet sich später der Zwölftontechnik zu, gibt jedoch das spanische Kolorit nicht auf. Der Schüler und Nachfolger von Casals Gaspar Cassadó (1897–1966; berühmter Cellovirtuose, schreibt Kammermusik und Stücke für Cello) bringt neben den großen Werken der Celloliteratur womöglich spanische Musik in die Konzertsäle. Rodolfo Halffter (geboren 1900; Dirigent, Kompositionslehrer, Publizist, komponiert Konzert- und Kammermusik, Ballettmusiken) wendet sich später der Zwölftonmusik zu („Stücke für Streichorchester" 1957), sein Bruder Ernesto Halffter (geboren 1905; Dirigent in Portugal, schreibt Ballettmusik, Filmpartituren und eine Oper) zieht serielle Technik sehr selten heran. Cristóbal Halffter (geboren 1930; Kompositionslehrer, komponiert „Sinfonie für 3 Instrumentalgruppen", „Formanten für 2 Klaviere", „Espejos" für 4 Schlagzeuger und Tonband und andere avantgardistische Musik) will „die serielle Technik latinisieren" und verfaßt eine Auferstehungskantate in serieller Technik. Die stärksten Impulse für die Entwicklung und Gestaltung der neuen spanischen Musik gehen aber von Manuel de Falla aus.

Leben

Manuel de Falla y Matheu wird am 23. November 1876 in Cadiz geboren und erhält seine erste pianistische Ausbildung von seiner Mutter. In Madrid wird er Schüler von Pedrell, der ihm die Wege zu einer nationalspanischen Musik weist. Die Frucht dieses Unterrichtes war die Oper „Ein kurzes Leben" (1905), mit der de Falla einen Preis gewinnt. Er geht nach Paris und schließt mit Dukas, Debussy, Schmitt und Ravel Freundschaft. In jener Zeit enstehen seine berühmten Instrumentalwerke „Nächte in spanischen Gärten" und mehrere kleine Kompositionen. Im Jahr 1914 kehrt er nach Madrid zurück und flieht bei Ausbruch des spanischen Bürgerkrieges nach Argentinien. Er stirbt in Alata Gracia am 14. November 1946 als eine der bedeutendsten Gestalten des spanischen Kulturlebens, der der spanischen Musik Weltgeltung verschafft und die Komponisten anderer Völker auf die spanische Folklore hingewiesen hat. Sein Leichnam wird nach Cadiz zurückgebracht und dort in der Domgruft beigesetzt.

Literatur

J. Jaenisch: Manuel de Falla. 1932
K. Pahlen: Manuel de Falla und die Musik in Spanien. 1953

Werke

Neben seiner Oper „Ein kurzes Leben" (erstaufgeführt 1913), dem Spiel „Meister Pedro's Puppenspiel" und der Pantomime „Der Dreispitz" (auch als Konzertsuite gespielt) wird de Falla hauptsächlich durch das Klavierkonzert „Nächte in spanischen Gärten" berühmt. Auch die Ballettmusik „Zauberin Liebe", 1915, wird in einer Konzertfassung oft gespielt. Das Konzert für Cembalo, Flöte, Oboe, Violine und Cello, 1926 geschrieben für die Cembalo-Virtuosin Wanda Landowska (1877–1959; schreibt Cembalomusik), führt das Cembalo der modernen Musik zu. Die „Fantasia baetica" für Klavier 1919 ist für Artur Rubinstein geschrieben, die „Huldigung für Dukas", ursprünglich für Klavier, wird instrumentiert (1935), die „Huldigung an Debussy" ist für Gitarre verfaßt (1938) und gehört zum Repertoire des berühmten spanischen Gitarristen Andres Segovia (geboren 1893).

EL AMOR BRUJO (ZAUBERIN LIEBE)

Ballett für Orchester und Mezzosopran, entstanden 1915. Die Fabel stellt in 13 Abschnitten dar, wie Candelas von ihrem verstorbenen Liebhaber verfolgt wird, indem er jedesmal als Gespenst auftaucht, wenn sie ihren neuen Liebhaber Carmelo küssen will. Da das Mädchen weiß, daß der Verstorbene einem schönen Gesicht nicht widerstehen kann, lädt sie zu ihrem Stelldichein mit Carmelo die schöne Lucia ein. Das Gespenst erscheint, wendet sich aber sofort Lucia zu, so daß Candelas und Carmelo einander endlich küssen dürfen. Die Konzertfassung rafft die Szenen, die Singstimme wird instrumental gebracht. Höhepunkt des Konzertes ist der Feuertanz mit bitonaler Struktur. Spielzeit der Konzertfassung: 20 Minuten.

DER DREISPITZ (EL SOMBRERO DE TRES PICOS)

Ballett, 2 Teile, uraufgeführt am 22. Juli 1919 in London. Die Fabel handelt von einem Corregidor, der als Zeichen seiner Würde einen Dreispitz trägt. Er verliebt sich in die schöne Müllerin, die sich mit ihrem Mann über den hohen Beamten lustig macht, und läßt den Müller aufgrund einer erfundenen Anklage festnehmen. Dem Müller gelingt es, aus der Haft zu entkommen, aber, als er in seine Mühle kommt, findet er die Kleider des Corregidor vor, der sich ausziehen mußte, weil er bei der Verfolgung der Müllerin in den Mühlbach gefallen war. Der Müller zieht die Kleider des Corregidors an, um so seiner Frau, von der er sich betrogen glaubt, den Hof zu machen. Der Corregidor, der mit den Kleidern des Müllers vorlieb nehmen mußte, wird von den Häschern, die den Entflohenen suchen, festgenommen. Das Volk läuft herbei, im Verlauf des allgemeinen Freudentanzes wird der verhaßte Beamte mit einer Decke mehrmals in die Luft geschleudert und wieder aufgefangen. Spielzeit des Balletts: 30 Minuten. Die Suite faßt drei stilisierte Tänze des zweiten Teiles zusammen.

Spielzeit: 15 Minuten. Es gibt auch eine zweite Suite aus Szenen und Tänze des ersten Teiles, die aber seltener gespielt wird.

NOCHES EN LOS JARDINES DE ESPAÑA (NÄCHTE IN SPANISCHEN GÄRTEN)
Sinfonische Impressionen für Klavier und Orchester, 3 Sätze, entstanden 1909–1916, ursprünglich als 3 Nocturnes für Klavier geplant. Die Sätze lauten: I. En el Generalife (Im Generalife), II. Danza lejana (Ferner Tanz), III. En los jardines de la Sierra de Córdoba (In den Gärten der Sierra de Córdoba). Der Generalife bei Granada bietet eine vollkommene Einheit der schlichten Architektur der alten Maurenresidenz mit der kargen Landschaft. Ein spanischer Volksgesang gibt diese Stimmung wieder. Der „Tanz" entwickelt sich aus dem Thema des 1. Satzes und der dritte Satz entführt uns mit lockenden spanischen Rhythmen in die blühenden Gärten bei Cordoba. Spielzeit: 25 Minuten.

Tips für Plattenfreunde

O Der Dreispitz, Ballett (Stereo-LP/ Teldec 6.41 552 AN)
O Suite (Stereo-LP/Deutsche Grammophon 2530 159, Yepes)
O Nächte in spanischen Gärten (Stereo-LP/RCA 26 41 104AW Rubinstein)
O Konzert für Cembalo (Stereo-LP/ FSM 34 58 8)
O Huldigung für Debussy (Stereo-LP/RCS 26 35 039 DX, Bream)

ERNÖ DOHNÁNYI (1877–1960)

Zeit und Umwelt

Auch zu den Zeiten des schlimmsten Absolutismus bleibt der Künstler, wenn er nicht gerade die weltliche und geistliche Macht durch Wort und Tat angreift, unbehelligt, er muß nur den Rücken vor Thron und Altar krumm machen um seiner wirtschaftlichen Existenz willen. Die meisten überstehen sogar die blutige Revolution in Frankreich ohne schwere Nachteile. Die Diktaturen des 20. Jahrhunderts hingegen sind für jeden lebensgefährlich, der nicht bereit ist, seine Fähigkeiten dem herrschenden System zur Verfügung zu stellen, oder aus in seiner Person liegenden Umständen von vornherein als Regimegegner gilt. Sie werden mit Ausübungsverboten belegt, verhaftet, enteignet, getötet, vertrieben, so daß auch für den, der seiner Kunst leben und sich um die politischen Zustände nicht kümmern will, die Umwelt zum wichtigsten Faktor seines Lebens wird. Eine Massenflucht des Geistes setzt ein nach Ländern, in denen die primitivsten Menschenrechte noch geachtet werden. Viele Künstler, die bereits in ihrer Heimat einen Namen haben, versuchen, ihn anderswo neu zu erarbeiten, weil die Machthaber ihres Landes ihn zum Verschwinden bringen wollen. Verhältnismäßig glimpflich kommen reisende Virtuosen davon, die ohnehin in der ganzen Welt

Ernö Dohnányi (1877–1960)

zu Hause sind. Sie verzichten auf die Rückkehr und lassen sich irgendwo in Sicherheit nieder. In vielen Fällen ist ihr Verlust geringer als der, den ihre Heimat erleidet, wo die Lücke zumeist mit Persönlichkeiten gefüllt wird, die unter normalen Umständen nie beachtet worden wären.

Leben

Ernö Dohnányi (Ernst von Dohnányi) wird am 27. Juli 1877 in Preßburg als Sohn eines Gymnasialprofessors geboren, von dem er den ersten Musikunterricht erhält. An der Musikakademie in Budapest, in die er 1894 eintritt, studiert er bei Hans Koessler (1853–1926, Kompositionslehrer, Dirigent, Komponist von heute vergessenen Instrumental- und Vokalwerken und Opern). Bereits in seiner Preßburger Zeit schreibt er ein Sextett, 3 Streichquartette, Klaviersonaten und Lieder, in Budapest wird seine F-Dur-Sinfonie prämiert, 1897 tritt er zum ersten Mal in Berlin als Klaviervirtuose mit großem Erfolg auf. Nach einer Konzertreise durch Österreich-Ungarn und Deutschland geht er 1898 nach England und ein Jahr darauf nach Amerika; 1908 wird er Professor für Klavierspiel an der Berliner Musikhochschule und 1919 Direktor des Konservatoriums in Budapest. Seit dem Zweiten Weltkrieg lebt er in den USA als Virtuose und Komponist und stirbt in New York am 4. Februar 1960. Max Trapp (1887–1971) ist einer seiner bedeutendsten Schüler unter den deutschen Komponisten, dessen 5 Sinfonien, 2 Konzerte für Orchester, Instrumentalkonzerte für Violine, für Klavier und für Cello, Divertimenti und Kammermusik noch immer gespielt werden.

Werke

Dohnányi wurde der „ungarische Brahms" genannt, obgleich seine Kompositionen mehr den Spuren Liszts folgen und dessen ungarisches Kolorit noch stärker vertieft. Seine 3 Sinfonien (F-Dur, d-Moll, E-Dur) werden nur mehr selten gespielt; ihr epigonaler Charakter ist zu deutlich, dafür aber die „Sinfonischen Minuten", deren Melodieführung heute noch bestechend wirkt. Die Klavierkonzerte (e-Moll und b-Moll), die Kinderliedvariationen für Klavier und Orchester und einzelne Klavierwerke (Rhapsodien, Konzertetüden) sind noch lebendig; die Chorwerke, Pantomimen und Opern sind schon nahezu vergessen wie die Kammermusik, die es wert wäre, gepflegt zu werden.

Tips für Plattenfreunde

O Variationen über ein Kinderlied op. 25, Suite für Orchester (Stereo-LP/FSM 34 623). Einzige Aufnahme
O Capriccio, op. 28, 6 f-Moll (Stereo-LP/RCA 2641 039 AF)
O Suite für Orchester, op. 19 fis-Moll (Stereo-LP/FSM 34 623)

OTTORINO RESPIGHI (1879–1936)

Zeit und Umwelt

Die in Italien entstandene Musikform der Oper hat auch in den weiter zurückliegenden Jahrhunderten eine dominierende Stellung eingenommen; im 19. Jahrhundert widmen sich die meisten italienischen Musiker von Rang nahezu ausschließlich der Opernkomposition, so daß das Konzertleben, von wenigen Ausnahmen abgesehen, mit ausländischer Musik oder mit Werken aus dem Barock bestritten werden muß. Die Entwicklung der Musik in anderen Ländern berührt Italien hauptsächlich nur insoweit, wie die Oper davon betroffen ist. Es hat auch nur die Oper eine geschlossene Entwicklung aufzuweisen. Rossini, Gretano Donizetti (1797–1848; äußerst fruchtbarer Opernkomponist), Verdi haben zumindest auf dem Gebiet der Kammer- und Kirchenmusik einige bleibende Werke geschaffen. Nur etliche Virtuosen bilden eine Ausnahme, weil sie hauptsächlich Stücke für ihre Konzerte (Paganini) oder wie Antonio Bazzini (1818–1897, Violinvirtuose, schreibt sinfonische Ouvertüren, Kantaten, 6 Streichquartette und 1 Quintett) durch ihre Konzertreisen mit dem Konzertleben des Auslandes in nähere Beziehung treten. Arrigo Boito (1842–1918) ist als Komponist und Librettist ein reiner Mann der Oper; was er sonst schreibt, ist uninteressant. Der Pianist und Dirigent Giuseppe Martucci (1856–1909) wird durch seine Konzerttätigkeit in ganz Europa der Konzertmusik nähergebracht; er verfaßt 2 Sinfonien, Klavierkonzerte, Kammermusik mit Klavier, Klavierstücke und ein Oratorium. Ruggiero Leoncavallo (1858–1919) verfaßt außer einem Sinfonischen Gedicht und einem Ballett (Das Leben einer Marionette) nur Opern im veristischen Stil. Der weltberühmte Opernkomponist Giacomo Puccini (1858–1924) schreibt als Student ein Sinfonisches Capriccio, außerdem 2 Kantaten, etliche Lieder, etwas Kammermusik und eine klangvolle Messe. Pietro Mascagni (1863–1945) komponiert in seiner Jugend eine Sinfonie (c-Moll) und einige unbedeutende Vokalmusik, später, neben seinen Opern ein Requiem, Kantaten und ein Sinfonisches Gedicht. Auch Francesco Cilea (1866–1950) schreibt einige Orchester- und Kammermusik, die ohne Bedeutung ist, während seine Opern noch immer über die Bühnen gehen. Umberto Giordano (1867–1948) verfaßt außer seinen zum Teil erfolgreichen Opern nichts, was erwähnt werden müßte, Italo Montemezzi (1875–1952) neben seinen melodiösen Opern, von denen „Die Liebe der drei Könige", 1913, am erfolgreichsten ist, das Sinfonische Gedicht „Paolo e Virginia" und eine Elegie für Cello und Klavier, Ermanno Wolf-Ferrari (1876–1948) außer 13 zum Teil im Buffastil gehaltenen Opern einige Instrumental- und Kammermusikwerke von Wert und ein großes Chorwerk „La vita nuova" (nach Dante). Franco Alfano (1876–1954) rückt als Opernkomponist vom Belcanto zugunsten

Ottorino Respighi (1879–1936)

einer realistischen Deklamation ab, komponiert neben ihnen eine beträchtliche Menge Instrumental- und Vokalmusik (Sinfonien, Ballette, Lieder, „Suite romantica" als Hauptwerk) und leitet zu einer neuen Entwicklungsphase der italienischen Musik über, mit der sich das Schwergewicht von den Opernhäusern in die Konzertsäle verlagert, so daß sie im Chor der gesamteuropäischen Musikentwicklung eine vernehmbare Stimme übernimmt. Respighi macht damit den Anfang, indem er den französischen Impressionismus nach Italien überträgt.

Leben

Ottorino Respighi wird am 9. Juli 1879 in Bologna geboren, tritt nach häuslicher Ausbildung in die Musikschule der Stadt ein und studiert bei Guiseppe Martucci (1856–1909; Dirigent, Komponist) Komposition. Als sein Lehrer die Stadt verläßt, geht Respighi zu Rimski-Korsakow nach Petersburg und anschließend zu Bruch nach Berlin. Im Jahr 1913 wird er Kompositionslehrer an der Musikschule Santa Cecilia in Rom, deren Leitung man ihm im Jahr 1924 überträgt. Auch bei ihm nimmt das Opernschaffen einen breiten Raum seiner kompositorischen Tätigkeit ein, daneben entsteht jedoch eine Reihe von sinfonischen Werken, die in der ganzen Welt gespielt werden und auf zeitgenössische wie spätere Komponisten einen großen Einfluß ausüben. Er stirbt in Rom am 18. April 1936. Von seinen Schülern tritt Riccardo Zandonai (1883–1944) zwar mit 11 Opern hervor, schreibt aber sehr geschätzte Sinfonische Gedichte wie „Dolomitengastlichkeit", 1930, „Trientinische Rhapsodie", 1936, usw., außerdem Instrumentalkonzerte, Kammer- und Chormusik. Giuseppe Mulè (1885–1951) läßt sizilianische Volksmusik in seine Sinfonischen Gedichte, Kammermusik und Lieder einfließen; er schreibt ein Oratorium und eine Anzahl Opern im Stil Respighi-Puccini. Adriano Lualdi (1887–1971) wählt gleichfalls die Form des Sinfonischen Gedichtes und schreibt außerdem neben einer Serie guter Opern Kammer-, Orgel- und Vokalmusik. Mario Labroca (1896–1973) nähert sich mit seinen Kammeropern, Kammermusik, Klavierliedern und Bühnenmusiken der Neuklassik (Sehr schönes Stabat Mater). Noch deutlicher schlägt Vittorio Rieti (geboren 1898) die Richtung zur Neuklassik ein, und zwar in seinen 5 Sinfonien wie in den Instrumental-Konzerten, der Kammermusik, den Sonaten und Vokalwerken und auch bei den Opern.

Literatur

E. Ottorino Respighi. 1954

Werke

Respighi hat 10 Opern geschrieben, von denen die eine oder andere zuweilen aufgeführt wird („Die versunkene Glocke" und „Die Flamme" hatten den stärksten Erfolg), die Bearbeitungen von Monteverdis „Orpheus" und „Ariadnes Klage" kommen noch auf die Bühnen. Von den Balletten wird „Der Zauberladen" nach Musik von Rossini (1919) noch sehr gerne gespielt. Die 2 Klavierkonzerte, 2 Violinkonzerte und das Cellokonzert werden seltener gehört, dafür jedoch um so häufiger die Orchesterwerke „Römische Brunnen", „Pinien von Rom", „Römische Feste", „Kirchenfenster", „Brasilianische Impressionen" und die reizende Suite „Die Vögel". Seine Kammermusik wird nahezu nicht mehr gehört.

FONTANE DI ROMA (RÖMISCHE BRUNNEN) SINFONISCHE DICHTUNG
Für großes Orchester, 4 Teile, entstanden 1916, uraufgeführt 1917 in Rom. Mit diesem Stück gibt Respighi Empfindungen und Vorstellungen wieder, die in ihm bei den vier römischen Brunnen aufsteigen. Teil I: La Fontana in Valle Giulia im Morgengrauen, erzeugt die Vision einer Hirtenlandschaft. Teil II: La Fontana del Tritone am Vormittag zaubert Najaden und Tritonen herbei, die inmitten der Wasserstrahlen einen Tanz aufführen. Teil III: La Fontana de Trevi zu Mittag, zeigt Neptun, der auf einem von Seepferdchen gezogenen Wagen mit einem Gefolge von Sirenen und Tritonen vorüberzieht. Teil IV: La Fontana di Villa Medici am Abend, vermittelt die Stimmung des Sonnenunterganges und des Anbruches der Nacht. Spielzeit: 18 Minuten.

PINI DI ROMA (PINIEN VON ROM) SINFONISCHE DICHTUNG
Für großes Orchester, 4 Teile, uraufgeführt 1924 in Rom. Teil I: Die Pinien der Villa Borghese. Zwischen den Bäumen spielen und tanzen Kinder und laufen sodann davon. Teil II: Die Pinien in der Nähe einer Katakombe. Aus der Tiefe dringt ein psalmstierender Gesang, der sich zur Hymne erhebt und verklingt. Teil III: Die Pinien auf dem Gianicolo. Die Bäume wiegen sich in der Vollmondnacht. Aus den Zweigen kommt das Schlagen einer Nachtigall, das von einer Schallplatte wiedergegeben wird. Teil IV: Die Pinien der Via Appia. Morgennebel liegt über der Campagna. Von ferne kündigen Signaltrompeten das Nahen einer Truppe an, die bald mit schwerem Marschtritt und Trompetengeschmetter im Licht der aufgehenden Sonne zum Kapitol marschiert. Spielzeit: 24 Minuten.

FESTE ROMANE (RÖMISCHE FESTE) SINFONISCHE DICHTUNG
Für großes Orchester, 4 Teile, entstanden 1928, uraufgeführt 1929 in New York. Teil I: Circenses. Das Volk erwartet im Circus Maximus die Spiele, die eisernen Tore werden geöffnet, man hört einen Choral und zugleich das Brüllen der wilden Tiere, der Gesang der Märtyrer schwillt an, bis er im Tumult untergeht. Teil II: Frommer Jubel. Betende Pilger ziehen auf der Straße dahin. Endlich erblicken sie vom Monte Mario aus die heilige Stadt Rom. Zum Geläute aller Kirchen erhebt sich eine jubelnde Hymne. Teil III: Oktoberfest in den römischen Kastellen. Jagdsignale, Pferdeschellen, Liebeslieder, von ferne eine römische Serenade. Teil IV: Epiphanie, Feier auf der Piazza Navona, Gassenhauer, Drehorgeln, Ausrufer, buntes Treiben, Gegröle Betrunkener. Spielzeit: 24 Minuten.

VETRATE DI CHIESA (KIRCHENFENSTER) SINFONISCHE DICHTUNG
Für großes Orchester, 4 Teile, uraufgeführt 1927 in Boston. Teil I: Die Flucht nach Ägypten. Eine Karawane

mit dem Jesukind. Teil II: Erzengel Michael mit dem Flammenschwert gegen die revoltierenden Engel. Teil III: Der Morgen der heiligen Clara, die nach der Legende auf wunderbare Weise in eine kleine Kirche entrückt wurde, um am Frühgottesdienst teilzunehmen. Teil IV: Gregor der Große segnet im päpstlichen Ornat eine Volksmenge. Spielzeit: 22 Minuten.

DIE VÖGEL, SUITE
5 Teile, uraufgeführt 1928 in den USA, fußt wie auch andere Werke des Komponisten auf alten Arien und Tänzen, und zwar Nr. 1 (Präludium) auf einer Komposition von Bernardo Pasquini(1637–1710), Nr. 2 (Die Taube) auf einem Werk des Lautenisten und Komponisten Jacques de Gallot (gestorben 1685), Nr. 3 (Die Henne) auf einem Stück für Tasteninstrumente von Jean Philippe Rameau, Nr. 4 (Die Nachtigall) auf einem Werk eines anonymen Komponisten des 17. Jahrhunderts, Nr. 5 (Der Kukkuck) auf einem anderen Stück von Paquini. Die Suite klingt mit einer Coda aus melodischen Fragmenten der verwendeten Themen aus. Spielzeit: 20 Minuten.

Tips für Plattenfreunde

○ Pinien von Rom, Römische Brunnen (Stereo-LP/EMI 1C 061 01 975)
○ Trittico Botticelliano, Die Vögel (Stereo-LP/EMI 1C 065 02 826 Q)
○ Römische Feste (Stereo-LP/Teldec 6 41 665 AS)
○ Nebel, Schneefall, Regen (Stereo-LP/Teldec 6 41 881 AW). Vorzügliche Wiedergabe

BÉLA BARTÓK (1881–1945)

Zeit und Umwelt

„Es ist nicht zu leugnen, daß die enorme geistige Sprengkraft, die im Kern der modernen Kunst steckt, als geistiges Ekrasit verwendet werden kann", sagt ein bekannter Kunsthistoriker, der nachzuweisen versucht, daß es die moderne Kunst eigentlich nicht geben dürfte, sie aber ebensowenig behindern kann wie den Ablauf der Zeit, und will damit den Künstler davor warnen, diese Sprengkraft zur Wirkung kommen zu lassen. Die Diktatoren des 20. Jahrhunderts erkennen das ebenso klar und fühlen, daß der Künstler die Wirkung seines Werkes nicht regulieren kann, weil es, einmal in die Welt gesetzt, als selbständiger Faktor funktioniert. Sie vernichten daher die Werke und verbieten, weitere zu erzeugen, sie verhindern den Künstler mit äußerster Gewalt, solche Werke zu schaffen. In den Epochen des Feudalismus und Absolutismus war es die Wissenschaft, die verfolgt wurde, weil der Antagonismus zwischen dem dogmatischen System, das die angemaßten Rechte der Machthaber sanktionierte, und dem Rationalismus die Throne zum Wanken zu bringen drohte. Heute haben sich die Diktatoren die Wissenschaft dienstbar gemacht, aber die Künstler, die sie gewinnen konnten, sind in Wahrheit keine; die echten Künstler kann man wohl zum Schweigen bringen, kann sie umbringen oder vertreiben, man kann sie zur Unperson machen, aber alle sind nie erreichbar, so daß immer einzelne weiterwirken. Die Längstverstorbenen werden geehrt, weil die Symbolkraft ihres Freiheitskampfes umgedeutet werden kann. Aber die Lebenden, die eine von jedem Zwang befreite Kunst pflegen wollen und damit den Brand des Freiheitswillens auf alle Gebiete des Lebens übertragen, ob sie es nun beabsichtigen oder nicht, sind eine große Gefahr, gegen die alle Machtmittel aufgeboten werden. Es ist daher zum Qualitätskriterium geworden, ob ein Künstler von den Machthabern geduldet wird oder nicht. Das sieht auch Bartók klar, als man in Berlin zögert, ihn zu verbieten, zumal er doch kein Jude und Angehöriger des befreundeten Ungarn ist, und er schreibt an die maßgebende Stelle des Dritten Reiches, daß er es als Diskriminierung empfände, nicht unter die „Entarteten" eingereiht zu werden.

Leben

Béla Bartók wird am 23. März 1881 in Nagyszentmiklos (heute in Rumänien) als Sohn eines sehr musikliebenden Vaters geboren, der allerdings stirbt, ehe er die Ausbildung des Kindes in die Hand nehmen kann, so daß diese Aufgabe der Mutter, die Volksschullehrerin ist, zufällt. Sie wird in verschiedene Gegenden des Landes versetzt; ihr Sohn, der bereits mit 9 Jahren die ersten Kompositionsversuche macht, lernt früh seine Heimat gut kennen. Im Jahr 1893 gelingt es der Mutter, einen Posten in dem damals ungarischen Preßburg zu erhalten, so daß ein systematischer Musikunterricht aufgenommen werden kann. Er bekommt damit auch die Gelegenheit, viel Musik zu hören, insbesonders Wagner und Brahms. Die ersten Werke von Dohnányi bestimmen ihn, mit den Kompositionsversuchen fortzufahren. Im Alter von 18 Jahren steht er vor der Wahl, in Wien oder in Budapest Musik zu studieren, er gibt der Hauptstadt seiner Heimat den Vorzug und tritt in die dortige Musikakademie ein, um bei Koessler Komposition zu lernen. Er gerät unter den Einfluß von Liszt, was für einen ungarischen Musiker unausweichbar ist, aber die stärkste Anregung erhält er durch eine Aufführung des Zarathustra von Strauss. Er schreibt ein patriotisches Tongedicht „Kossuth", das zwar einem Programm folgt, aber dieses nicht einfach illustriert, sondern nachdichtet. Er bedient sich dabei des ungarischen Kolorits, wie es die ungarischen Komponisten vor ihm und auch Liszt gemacht haben, er erkennt aber rasch, daß das in den Städten gepflegte Volkslied verkümmert, deformiert und in vielen Fällen überhaupt nicht ungarisch, sondern rumänisch oder slawisch ist. Er entschließt sich, selbst die Quellen der echten Volksmusik aufzusuchen, und beginnt gemeinsam mit Kodály, die ungarische „Bauernmusik" zu sammeln und aufzuzeichnen. Beide dehnen ihre Volksliedforschung auf ukrainische, rumänische und slowakische, sogar auf arabische Gebiete aus. Bartók verwendet einiges von dem entdeckten Liedgut für eigene

Béla Bartók (1881–1945)

Kompositionen, aber in sublimierter Form wie etwa Falla die spanische Volksmusik. Inzwischen bewegt sich sein kompositorisches Schaffen weit vom Impressionismus und den alten Vorbildern weg. Polytonalität, Polyrhythmik kennzeichnen seine Musik, der allgemeine Ablehnung entgegengebracht wird. Die Gegensätze zwischen seinem Schaffen zur Kritik und dem Publikum verschärfen sich, als er 1907 eine Klavierprofessur in Budapest übertragen erhält. Das geht so weit, daß man die Aufführung seiner Kompositionen verhindert, so daß er, Kodály und etliche andere junge Komponisten beschließen, eine Neue ungarische Musikgesellschaft zu gründen (1911). Der Plan läßt sich aber nicht verwirklichen. 1912 zieht sich Bartók von jeder öffentlichen Tätigkeit zurück, widmet sich nur mehr der Komposition und der Volksliedforschung und begibt sich als Pianist auf Konzertreisen, wobei er immer mehr eigene Werke vorträgt. Seinen Wohnsitz in Budapest behält er bei. Aber 1940, als der Expansionskrieg Deutschlands bereits im vollen Gang ist und bereits die meisten bedeutenden Künstler Mitteleuropas emigrieren, verläßt auch er die Heimat und geht nach den USA. („Es besteht die eminente Gefahr, daß sich auch Ungarn diesem Räuber- und Mördersystem ergibt"). Die Aufführung seiner Werke in nationalsozialistischen Ländern verbietet er. Es fällt ihm schwer, sich in den USA durchzusetzen, weil er zu stark mit seiner Heimat verwurzelt ist, um sich den neuen Verhältnissen anzupassen. Er erhält einige Konzert-, Kompositions- und Forschungsaufträge, aber eine ausgebrochene Krankheit hindert ihn an einer intensiven Arbeit. Am 26. September 1945 stirbt er verlassen und verarmt in New York als eine der bedeutendsten Gestalten der Musik des 20. Jahrhunderts.

Werke

Das Lebenswerk Bartóks gliedert sich in drei Stilphasen. Die neuromantische, impressionistische Phase endet mit der Oper „Ritter Blaubarts Burg" 1911; sie liegt auf der Linie Liszt-Strauss-Debussy. Die folgende expressionistische Phase reicht ungefähr bis zum Jahr 1930 und zeichnet sich durch die Verwendung vielfältiger Stilmittel aus: Kirchentonarten, Pentatonik, Bitonalität, Chromatik, kontrapunktische Imitation stehen neben völliger Atonalität, die Rhythmen sind höchst vital und an östlichen Metren orientiert; die explosiven Klangschichtungen stellen eine Brücke zu Schönberg und Strawinsky dar. In der letzten Phase ziehen wieder eindeutigere Dur-Moll-Beziehungen ein, die Musik wird klassizistisch und verliert ihren aggressiven Charakter, bleibt jedoch unverkennbar auf der Linie des vom Komponisten eingeschlagenen künstlerischen Weges. Die nationale Tondichtung „Kossuth-Sinfonie" aus 1903, die „Rhapsodie für Klavier und Orchester", 1904, die 2 Orchestersuiten 1905 und 1907, das Violinkonzert Nr. 1 gehören der romantischen Phase an wie die „Zwei Porträts" und die „Zwei Bilder", 1910. Es sind klangvolle, farbenprächtige Stücke, die der Komponist später zurückzieht, weil sie seinen künstlerischen Vorstellungen nicht mehr entsprechen. Mit den „Vier Orchesterstücken" setzt der „echte Bartók" ein. Die Oper „Ritter Blaubarts Burg", 1911, ist bereits stark expressionistisch. Die Pantomimen „Der holzgeschnitzte Prinz" und „Der wunderbare Mandarin", die Tanzsuite (1923), die „Musik für Saiteninstrumente, Schlagzeug und Celesta", 1936, vertiefen diesen Stil, während das Divertimento für Streichorchester, 1939, das Konzert für Orchester, 1943, bereits dem Spätstil angehören. Von den 3 Klavierkonzerten sind die ersten zwei hochexpressiv, das dritte (nachgelassene) bewegt sich in ruhigeren Bahnen wie das ebenfalls posthume Bratschenkonzert (1945). Das 2. Violinkonzert (1938) wird als das beste seit Brahms angesehen. Die Kammermusik verteilt sich auf alle Schaffensperioden des Komponisten. Das Klavierquintett (1904) bewegt sich im Bereich von Brahms und ist sehr klangreich. Das Streichquartett Nr. 1 (1908) ist noch konservativ und enthält ungarische Gedanken, Nr. 2 (1917) setzt motorische Rhythmen als Triebkraft ein, das Harmonische tritt in den Hintergrund, Nr. 3 (1927) baut auf die Rhythmik auf, mit einer deutlichen Thematik profiliert sich auch die Polyphonie, Nr. 4 (1928) ist stark konstruktiv, in den Doppelrahmen aus zwei Scherzi und zwei Allegrosätzen ist ein Andante eingebettet, Nr. 5 ist einer genauen Zeitrechnung unterworfen, der Mittelteil (ein Scherzo) ist von zwei langsamen und zwei sehr schnellen Sätzen gerahmt, Nr. 6 (1942) präsentiert motivische Kleinarbeit, im 1. Satz ist das Thema einstimmig, im 2. zweistimmig, im 3. dreistimmig, im 4. vierstimmig. Vom Klavierwerk ist das „Allegro barbaro" mit seinen maschinenartig geschlagenen Oktaven und Akkorden zu seiner Zeit eine Sensation (1911). Die dreisätzige Sonate (1926) ist noch heute ein beliebtes Konzertstück. Der „Mikrokosmos" (1926–1937) ist mit seinen 153 Stücken ein Lehrwerk, enthält aber eine Reihe pianistischer Kostbarkeiten, die daran erinnern, daß Bartók selbst ein hervorragender Pianist war.

ZWEI PORTRÄTS OP. 5
Für großes Orchester, 2 Teile, entstanden 1908, uraufgeführt in Budapest 1909. Beide Teile stellen dieselbe Persönlichkeit dar, idealisiert, dann verzerrt. Teil I besteht aus einer Umarbeitung des Violinkonzertes Nr. 1 (das erst posthum bekannt wird), der II. Teil ist ein rascher, aufgepeitschter Tanz mit grotesken und schrillen Farben. Spielzeit: 13 Minuten.

ZWEI BILDER OP. 10
Für großes Orchester, 2 Teile, entstanden 1910, uraufgeführt 1913 in Budapest. Es werden zwei Landschaften gegeneinander gestellt. Im ersten Teil „In voller Blüte" wird ein zartes, poetisches Klangbild vermittelt, im zweiten „Der Dorftanz" gibt es Freude und Lustbarkeit, die mit steigenden instrumentalem Glanz den Menschen in der Landschaft darstellt. Spielzeit: 16 Minuten.

BILDER AUS UNGARN
Für mittleres Orchester, 5 Sätze, entstanden 1931, uraufgeführt 1934 in Budapest. Die fünf Sätze verarbeiten 5 ältere kleine Klavierstücke: Satz I

Orchesterstücke, Divertimento, Orchesterkonzert 525

„Abend auf dem Lande" entstammt den „10 leichten Klavierstücken" (1908) und ist eine ländliche Idylle; Satz II „Bärentanz" ist denselben Klavierstücken entnommen und bringt fünfmal eine alte Volksweise; eine ostinate Rhythmik, Dissonanzen und Bitonalität verleihen der Komposition das „Bärenhafte", Satz III „Melodie", den „4 Klageliedern" aus 1909 entnommen, bringt eine verhaltene, elegische Melodie in dynamischer und instrumentaler Verstärkung; eine Gegenstimme wird entgegengeführt, dann kommt das Hauptthema zum Höhepunkt, nach dem der Satz leise verklingt, Satz IV „Etwas angeheitert" stammt aus den „3 Burlesken", 1911, und schildert das Selbstbewußtsein eines betrunkenen Bauern, das in Traurigkeit umschlägt, Satz V: „Üröger Hirtentanz" ist der Reihe „Für Kinder" entnommen und bringt eine alte Volksmelodie für Dudelsack („Grillenhochzeit"), der mit Orgelpunkt und Quintklängen nachgeahmt ist. Spielzeit: 10 Minuten.

TANZ-SUITE
Für großes Orchester, 6 Teile, entstanden und uraufgeführt anläßlich des Jubiläums zur Vereinigung der Städte Buda und Pest 1923. Das Stück hat stark nationalen Charakter. Teil 1 bringt ein Fagottthema, von dem eine elegische Melodie („Ritornell") zum energisch stampfenden Teil 2 führt. Die Klarinette wiederholt das Ritornell, auf das Teil 3 mit einem heiteren Thema folgt. Teil 4 ist eine lyrische Episode. Darauf leitet Teil 5 zu einem lebhaften Finale mit einem Zitat aus dem Ritornell, das Ende ist ein reißender Wirbel. Spielzeit: 17 Minuten.

MUSIK FÜR SAITENINSTRUMENTE, SCHLAGZEUG UND CELESTA
Für 2 Streichergruppen, 2 Kleine Trommeln (eine mit Schnarrsaite), 2 normale und 2 kleinere Becken, Tamtam, Große Trommel, Pauken, Xylophon, Celesta, Harfe, Klavier, 4 Sätze, entstanden 1936, uraufgeführt in Basel 1937. Der 1. Satz bringt eine Fächerfuge (ein von einem Ton sich nach oben und unten bis zum entferntesten Ton ausbreitendes Stimmengewebe) mit starker dynamischer Steigerung, die wie ein Schmerzensschrei klingt. Dann wird die Fuge rückläufig und verklingt. Das Hauptthema des 2. Satzes geht auf ungarische Volksmusik zurück. In der Durchführung kehrt das eigentümlich zerrissene Fugenthema wieder. In Satz 3 klingt der klagende Ton des 1. Satzes erneut auf. Drei Themen werden nacheinander vorgeführt und wieder verabschiedet. Der 4. Satz bringt einen Tanz mit kinderliedartigen Seitenthemen. Spielzeit: 25 Minuten.

DIVERTIMENTO FÜR STREICHER
3 Sätze, entstanden 1939, uraufgeführt 1940 in Basel. Der 1. Satz dieses relativ leicht zugänglichen Werkes bringt Tanzrhythmen, drohende Dissonanzen schalten sich ein, und ein warnendes Signalmotiv weist auf den 2. Satz, in dem sich eine schmerzliche Klage über eine schwere, harte Klangvision erhöht, gleich einem bösen Traum. Der 3. Satz verscheucht diese Stimmung mit packenden Tanzbildern. Spielzeit: 25 Minuten.

KONZERT FÜR ORCHESTER
5 Sätze, entstanden 1943, uraufgeführt 1944 in Boston. Der 1. Satz (Introduzione) beginnt mit einem pentatonischen Quartenmotiv, eine Flöte bringt ein elegisches Motiv, dann setzt das Hauptthema mit einem Sonaten-Allegro ein, aus dem ein Posaunenruf hervorsteigt. Nach einer breiten polyphonen Durchführung, die mit einem Blechbläserchor ihren Höhepunkt er-

reicht, und einer gekürzten Reprise schließt der Satz mit der Wiederholung des Posaunenthemas. Im 2. Satz (Spiel der Paare) stellen sich je zwei Bläser in verschiedenen Intervallen gekoppelt im lustigen Spiel vor. Der erste Choral der Posaunen klingt wie Hochzeitsmusik. Der 3. Satz (Elegia) bringt ein Klagelied der Oboe über einem düsteren Quartenmotiv. Das Thema breitet sich variiert über das ganze Orchester aus. Es kommt zu keiner Erlösung. Der Satz beharrt auch an seinem Ende in seiner traurigen Stimmung. Der 4. Satz (Unterbrochenes Zwischenspiel). Hinkende Tanzweisen wagen sich vor, ein Gassenhauer der Klarinette erklingt, aber alles wird hart unterbrochen. Es kann keine Fröhlichkeit aufkommen. Erst im Finale kommt es zu einem großen abschließenden Tanzbild. Das Werk klingt wie ein lebensfrohes Volksfest aus. Spielzeit: 37 Minuten.

KLAVIERKONZERT NR. 1

3 Sätze, entstanden 1926, uraufgeführt 1927 in Frankfurt am Main. In diesem Konzert fällt dem Klavier eine doppelte Funktion zu, es ist Melodie- und Schlaginstrument. Der 1. Satz ist voll Spannung und Bewegung, die Rhythmen sind der Volksmusik abgelauscht. Der langsame 2. Satz wird vom Klavier und den Schlaginstrumenten bestritten, die Bläser setzen erst spät ein, das Klavier dient nahezu nur als Schlaginstrument und trägt nur einmal überraschend eine weiche Melodie vor, die Bläser verstummen, das Schlagzeug beschließt den Satz. Auch im 3. Satz herrschen ostinato wiederholte, gehämmerte Töne vor und zeichnen ein Tanzthema, ein zweites Thema ist volksliedhaft, einzelne Rhythmen sind Volkstänzen entnommen; am Ende kommt es zu einem breiten polyphonen Abschluß. Spielzeit: 23 Minuten.

KLAVIERKONZERT NR. 2

3 Sätze, entstanden 1931, uraufgeführt 1933 in Frankfurt am Main. „Mein zweites Klavierkonzert ist in der klassischen Sonatenform gehalten", schreibt der Komponist. „Erster Satz: Exposition, Durchführung, Reprise; dritter Satz: Rondo, wobei nur die Durchführung dem Rondomuster folgt... Der zweite Satz ist ein in ein Adagio eingebautes Scherzo... Ich möchte noch bemerken, daß das Konzert nicht für Klavier mit Orchesterbegleitung geschrieben ist, sondern für Klavier und Orchester. Ich wollte den Solisten mit dem Orchester völlig gleichstellen." Spielzeit: 25 Minuten.

KLAVIERKONZERT NR. 3

3 Sätze, entstanden 1945, uraufgeführt 1946 in Philadelphia. Das Konzert ist ein Musterbeispiel klassischer Einfachheit und Klarheit. Im 1. Satz bringt das Soloinstrument das Hauptthema, das Seitenthema ist heiter und spielerisch. Es kommt zu keiner Auseinandersetzung, sondern zu einer einheitlichen Steigerung des Materials. Der 2. Satz hat Choral-Charakter. In der Satzmitte dringt ein geheimnisvolles Nocturno ein, der Choral kehrt wieder, führt aber zu keinem Ruhepunkt. Dann braust das Klavier auf und beginnt das Finale, das mit einer schwungvollen Tanzmelodie beginnt und mit ungebrochener Lebensbejahung abschließt. Spielzeit: 23 Minuten.

KONZERT FÜR 2 KLAVIERE UND ORCHESTER

3 Sätze, entstanden 1940, uraufgeführt 1943 in New York. Das Werk ist ein vom Komponisten selbst vorgenommene Bearbeitung seiner Sonate für 2 Klaviere und Schlagzeug aus 1937 (uraufgeführt 1938 in Basel). Der erste Satz ist der längste des Konzertes und entwickelt sich in der Einleitung im

Konzerte, Der wunderbare Mandarin

gewaltigen Crescendo, dann setzt ein rhythmisch markantes Thema ein; ein Zwischenspiel führt zum nächsten Themenkomplex, der in der Reprise neben dem Hauptthema variiert wird; schließlich wird in der Coda das Zwischenspielthema fugiert. Der zweite Satz ist in Liedform angelegt. Im Mittelteil stören Sechzehntelquintolen die Idylle, dann klingt die Kantilene, vom Klavier vorgetragen, aus. Der dritte Satz ist nach Bartók „eine Verbindung von Rondo mit der Sonatenform". Die Schlaginstrumente werden konzertant eingesetzt, der kecke Tanz löst sich am Ende in verklingenden Trommelrhythmen auf. Spielzeit: 24 Minuten.

VIOLINKONZERT NR. 2
3 Sätze, entstanden, uraufgeführt in Amsterdam 1939. Das energische Hauptthema des ersten Satzes steht in scharfem Gegensatz zu den anderen Motiven. In der Kadenz sind vierteltönige Leittonschritte vorgeschrieben. Der zweite Satz bringt ein mildes Gesangsthema, aus dem in 6 freien Variationen starke Kontraste gewonnen werden. Im Schlußsatz ist das Thema des ersten Satzes umgeformt. Er endet im virtuosen Glanz der Blechbläser. Spielzeit: 37 Minuten.

BRATSCHENKONZERT
3 Sätze, posthum, uraufgeführt 1949 in Minneapolis. Der Komponist hat das Werk unvollendet hinterlassen, es wurde vom ungarischen Komponisten Tibor Serly nach Skizzen Bartóks vollendet. Die Anlage des Werkes ist klassisch. Der erste Satz hat Sonatenform. Der Solist setzt in der Durchführung improvisatorisch ein, eine Kadenz folgt, in der Reprise werden Gedanken der folgenden Sätze vorausgenommen. Eine rezitierende Überleitung führt zum Adagio religioso des zweiten Satzes, dessen Stimmung ängstlich und resignierend wirkt. Das Hauptmotiv des ersten Satzes erklingt erneut und leitet zum dritten Satz über, der an folkloristische Tanzmelodik erinnert. Als zweites Thema tritt eine Dudelsackmusik auf, dann setzt das Hauptthema wiederum mit siegender Macht ein und führt den Satz, der an den Solisten beträchtliche Anforderungen stellt, zum Schluß. Spielzeit: 20 Minuten.

DER WUNDERBARE MANDARIN, PANTOMIME OP. 19
6 Teile, entstanden 1925, uraufgeführt 1926 in Köln. Diese Premiere ist einer der lärmendsten Skandale im Leben des Komponisten. Die konservativen Kreise, mit kirchlichen Würdenträgern an der Spitze, richten scharfe Angriffe gegen das „unsittliche" Werk, der Oberbürgermeister (Konrad Adenauer) verbietet die weiteren Aufführungen. Die Handlung des Balletts gibt Bartók wieder wie folgt: „In einer Apachenbehausung zwingen drei Strolche ein schönes junges Mädchen, Männer zu sich heraufzulocken, die sie dann ausrauben wollen. Der erste Gast ist ein armer Junge, der zweite desgleichen, der dritte jedoch ein reicher Chinese. Dieser Fang scheint sich zu lohnen, das Mädchen unterhält den Mandarin durch Tänze, er entbrennt in heftiger Liebe. Dem Mädchen graut es aber vor ihm. Die Strolche überfallen, plündern, würgen ihn mit dem Bettzeug und durchstechen ihn mit einem Säbel, doch vergebens, sie vermögen dem Mann nichts anzutun, der verliebt und sehnsuchtsvoll das Mädchen anblickt. Die weibliche Invention kommt zu Hilfe: das Mädchen erfüllt das Verlangen des Mandarins, der darauf leblos hinstürzt." Der Gestenreichtum der Musik Bartóks entfaltet sich bei diesem Werk in seiner ganzen Fülle. Sie ist aber nie begleitend, sondern erklä-

rend und beurteilend. Das Grundmotiv, das sich durch das ganze Ballett zieht, stellt die Stadt und den sozialen Kreis dar, wo die Szenen ablaufen. Man könnte sagen, daß hier Bartók mit seiner Musik die Gesellschaftskritik des Werkes zum Ausdruck bringt. Der Komponist stellt aus der Musik des Stückes eine 1928 uraufgeführte Suite her.

DER HÖLZERNE PRINZ, PANTOMIME
Entstanden 1916, uraufgeführt in Budapest 1917. Die Handlung spielt in einem Märchenland, in dem es zwei Hügel mit kleinen Schlössern, einen Wald und einen Fluß gibt. Die Prinzessin aus dem einen Schloß spielt und tanzt unter der Aufsicht von Feen im Wald. Der Prinz aus dem zweiten Schloß versucht, das Mädchen zu erreichen, doch die Feen wollen das verhindern, indem sie die Bäume des Waldes beleben, die ihn abhalten, und den Fluß anschwellen lassen, doch der Prinz läßt von seinem Vorhaben nicht ab. Um die Aufmerksamkeit der Prinzessin auf sich zu lenken, verfertigt er eine hölzerne Puppe, die er mit seinen Kleidern und Haaren bekleidet. Die Prinzessin hat nur an dem Prinzen aus Holz Interesse und beachtet den wirklichen Prinzen überhaupt nicht. Nun greifen die Feen zu seinen Gunsten ein, statten den Prinzen wieder mit seinen Kleidern und Haaren aus, so daß die Prinzessin sich wieder ihm zuwendet und mit ihm tanzt. Der Komponist drückt mit seiner Musik den Sinn des Stückes aus, das zeigen will, daß die Menschen alles nur nach dem Äußeren beurteilen, wenn ihnen keine Feenhand die Augen für tiefere Erkenntnisse öffnet. Bartók stellt aus der Musik der Pantomime eine 1931 uraufgeführte Suite her.

Tips für Plattenfreunde

O Klavierkonzerte 1–3, Rhapsodie op. 1 (2 Stereo-LP/Deutsche Grammophon 2726 005, Fricsay, Anda)
O Konzert für 2 Klaviere, Schlagzeug und Orchester, Suite für 2 Klaviere (Stereo-LP/Disco H 11 398)
O Konzert für Orchester, Divertimento für Streichorchester (Stereo-LP/Disco H 11 437, Dorati)
O Violinkonzerte Nr. 1, Violakonzert (Stereo-LP/EMI 1C 063 0333, Menuhin, Dorati)
O Nr. 2 (Stereo-LP/EMI 1C 063 00303, Menuhin, Dorati)
O Quintett (Stereo-LP/Disco H 11 815)
O Streichquartette 1–6 (3 Stereo-LP/ Bärenreiter 1 8 01/03)
O Der hölzerne Prinz, Der wunderbare Mandarin (Stereo-LP/FSM 31 097)
O Cantata profana (Stereo-LP/Disco H 11 510). Aufnahme mit vorzüglicher Qualität

GIAN FRANCESCO MALIPIERO (1882–1973)

Zeit und Umwelt

Während Felice Lattuada (1882–1962) als Komponist von Opern, Orchesterwerken, Kammermusik und Liedern den heiteren Stil des älteren Puccini fortsetzt, reißt Ildebrando Pizzetti (1880–1968) das Steuer herum, wendet sich von der italienischen Kantabilität ab und knüpft bei älteren Musikepochen an; dieser angesehene Komponist schreibt Opern, Bühnenmusiken, bedeutende Orchesterwerke, Konzerte und Kammermusik in der Form der alten Meister, dehnt aber seine Tonsprache auf die Moderne aus. Raffaele Casimiri (1880–1943) kämpft um die Erneuerung der Kirchenmusik und komponiert mit der klassischen Polyphonie in neuer, freier Auffassung. Francesco Pratella (1880–1955) prescht bis zum Futurismus vor und will die Gegebenheiten des modernen Lebens, wie Maschinen und Sport, in Opern, Instrumental- und Vokalwerken verdeutlichen. Gino Marinuzzi (1882–1945) geht in seinen Opern und Sinfonischen Dichtungen zu polytonalen und polyrhythmischen Strukturen über. Alfredo Casella (1883–1947) ist zwar anfänglich von den französischen Impressionisten, von Strauss und Mahler beeinflußt, geht jedoch bald dem 19. Jahrhundert überhaupt aus dem Weg und formt sich in seinen Werken einen neoklassizistischen Stil, der allerdings zuweilen etwas gezwungen wirkt. Giorgio Federico Ghedini (1892–1965) wirkt als Lehrer und Komponist von Opern, Orchesterwerken, Kammermusik klassizistisch in einem fortschrittlichen Sinn. Goffredo Petrassi (geboren 1904) greift auf das Barock zurück, schafft sich eine persönliche Tonsprache und dringt bis zur seriellen Musik vor; seine neubarocken Instrumentalwerke konnten einen bleibenden Erfolg erreichen wie auch das Chorwerk „Noche oscura" (1950). Malipiero steht im Kampf gegen Programmusik und „Puccinismus" an vorderster Front der genannten Komponisten, weil er imstande ist, an die Stelle der angegriffenen Stilformen etwas zu setzen, das nicht nur neu, sondern auch wesentlich ist.

Leben

Gian Francesco Malipiero ist am 18. März 1882 in Venedig geboren, studiert bei Marco Enrico Bossi (1861–1925; Erneuerer des italienischen Orgelkonzerts) in Bologna und in Berlin bei Bruch. Im Jahr 1921 wird er Kompositionslehrer am Konservatorium von Parma, 1932 am Liceo Musicale in Venedig, das er ab 1939 bis 1953 leitet. 1946 übernimmt er die Leitung des Institutes „Antonio Vivaldi", das das Gesamtwerk dieses Komponisten herausgibt. Malipiero gibt auch die Instrumentalwerke von Giovanni Battista Bassani (1657–1717, Komponist von Opern, Oratorien, Kantaten, Messen), Frescobaldi und Stradella heraus. In seinen eigenen Kompositionen streift er den Einfluß der Impressionisten bald ab und bewegt sich auf ein klassizistisches Schönheitsideal zu, das die Meister, deren Werke er herausgibt, zum Vorbild nimmt, aber sich davon dadurch unterscheidet, daß jene eine ihrer Zeit adäquate Musik schrieben, während im 20. Jahrhundert ein etwas blutleerer Ästhetizismus daraus werden muß, wenn auch alle Stilmittel der Gegenwart reichlich angewendet werden. Es werden trotz der oft archaisch anmutenden Grundthematik Werke der Moderne daraus, die zur Entwicklung der Musik in Italien erheblich beitragen und dies auch können, zumal die Diktatur in Italien Künstler, besonders Musiker nahezu unbehelligt arbeiten läßt. Die angeborene Achtung des Volkes für die Kunst und ihre Vertreter kann durch keine Ideologie aufgehoben werden. Malipiero stirbt am 1. August 1973 in Treviso als einer der bedeutendsten Altmeister der zeitgenössischen Musik Italiens.

Sein Neffe und Schüler Riccardo Malipiero (geboren 1924) wendet sich der Zwölftonmusik zu, schreibt Opern, Sinfonien, Solokonzerte, Kammermusik und Lieder (sehr bekannt: „Sechs Gedichte von Dylan Thomas" für Singstimme und 10 Instrumente). Seine bedeutendsten Schüler sind jedoch: Bruno Maderna (1921–1973), der anfänglich nach Bartók und Strawinsky orientiert war, sich dann später über seine Lehrer hinaus elektronischen Projekten zuwendet, nachdem er sich jahrelang mit seriellen Gestaltungsmöglichkeiten beschäftigt hat; (in den sechziger Jahren stößt er von Formungsprozessen, aus der Verbindung von aleatorischen Partien mit auskomponierten zu einem geschlossenen, höchst persönlichen Stil vor, seine Werke erstrecken sich über ein weites Feld von Stilkombinationen und Besetzungen, von der Oper, dem Instrumentalkonzert, der Kammermusik bis zur Vokalmusik, von konservativer Orchestrierung bis zum Einsatz von Elektronik und Tonbändern) und Luigi Nono (geboren 1924, Schwiegersohn Schönbergs), der sich intensiv mit elektroakustischer Klangumwandlung beschäftigt und sein kompositorisches Wirken mit aktiver politischer Tätigkeit zu verbinden sucht („Man muß als Komponist die aktuellen Mittel benützen... zur Verbreitung der Ideen, auf die es im Klassenkampf ankommt") und deshalb auf der künstlerischen Ebene Angriffen ausgesetzt ist. Aufsehen erregten seine Textkompositionen, bei denen er durch Zerlegung von Wörtern in Silben und einzelne Laute einen neuen Chorstil schafft.

Literatur

M. Labroca, Gian Francesco Malipiero (mit Werkverzeichnis), 1957

Werke

Neben einer großen Zahl von Bühnenwerken schreibt Malipiero Sinfonien, die zwar Überschriften tragen, aber dennoch mit Programmusik nichts zu tun haben; die Jahreszeitensinfonie, 1934, Elegische Sinfonie, 1937, Glockensinfonie, 1945, Sinfonie „In memoriam", 1948, Echosinfonie mit zwei Klavieren, 1948, Streichersinfonie, 1949, Liedersinfonie, 1950, Tierkreissinfonie, 1952, Zwölf-Monate-Sinfonie und Sinfonia per antigenida, 1962, Sinfonia atropo, 1967; außerdem 1 Violinkonzert und 10 Klavierkonzerte. Diese und noch eine Reihe von Orchesterwerken wie auch die Kammermusik (8 Streichquartette, 1 Klaviertrio, 1 Klavier-Violin-Duo) werden fallweise, wenn auch selten gespielt. Auch seine Oratorien „Der heilige Franziskus", 1920, „Das Abendmahl",

1927, „Die Passion", 1935, „Die Erde", 1946, „Virgils Äneis", 1944 und „Prinzessin Ulalia", 1925 sind schon nahezu vergessen. Seine Musik hat wenig Eingang in konventionelle Konzerte gefunden und ist andererseits in den Augen der Avantgarde bereits überholt, denn nichts altert so rasch wie das Allerneueste.

SINFONIE NR. 1 „SINFONIE IN VIER SÄTZEN ÜBER DIE VIER JAHRESZEITEN" Entstanden 1933. Der 1. Satz beginnt mit einer pastoralen Melodie, der zweite bringt einen stilisierten Bauerntanz, im 3. kommt es erst am Ende zu einer profilierten Themengestalt, das Finale ist ein Rondo, an dessen Ende sich ein Fugato entwickelt.

SINFONIE NR. 6 „STREICHER-SINFONIE"
4 Sätze, entstanden 1947. In diesem lyrischen Werk tritt das Prinzip des Concerto grosso neu in Erscheinung.

Tips für Plattenfreunde

○ Violinkonzert (Stereo-LP/Bärenreiter 1 6 24). Einzige Aufnahme

IGOR STRAWINSKY (1882–1971)

Zeit und Umwelt

Künstlerbiografien weisen, was die Darstellung des jeweiligen Stiles anlangt, sehr oft eine starke Ähnlichkeit auf. Der Künstler lehnt sich am Beginn seiner Laufbahn an den Stil älterer Vorgänger an, macht sich dann allmählich davon frei und bildet seinen eigenen Stil heraus, bei dem es dann bis zum Ende seiner Schaffenszeit bleibt. Ist das Leben des Künstlers nicht sehr lang, geht diese Entwicklung mit der anderer Zeitgenossen parallel – von etlichen Nachzüglern oder Avantgardisten abgesehen –, aber falls ihm ein langes Leben beschieden ist und er nicht wie Sibelius seine künstlerische Tätigkeit lange vor seinem Tod abbricht, kommt er in das Hintertreffen, weil ihn später Geborene einholen und überholen. Er gerät mit seinem Stil, der einmal fortschrittlich und zeitentsprechend war, in das Feld der Konservativen und Reaktionäre, und sollte seinen Werke nicht so überragend sein, daß sie als Zeugnisse einer verflossenen Kunstepoche lebendig bleiben, verschwinden sie aus dem Blickfeld der Umwelt und werden vergessen. Es tritt der Fall ein, daß ein Künstler seine Werke überlebt, von denen sodann eines anläßlich seines Todes hervorgeholt und zu seinen Ehren gespielt wird, nicht weil man es hören will, sondern als Akt der Pietät, so daß die Totenfeier zur Gedenkfeier für eine Persönlichkeit wird, die künstlerisch bereits seit geraumer Zeit tot ist. Gerade in unserer und der jüngstvergangenen Zeit tritt dieses Phänomen sehr häufig auf, weil die Stilrichtungen rascher wechseln und einander ablösen, so daß sich die Zahl

Foto von Igor Strawinsky, einer der bedeutendsten Musiker-Persönlichkeiten unseres Jahrhunderts.

derer, die ihren Stil „gefunden" haben und sehr bald damit als Denkmale ihrer selbst inmitten der Nachdrängenden das Prädikat der Fortschrittlichkeit abgeben müssen, vergrößert. Sie gleichen den Gelehrten, die einmal durch eine These oder Entdeckung Ruhm und Ruf erworben haben und daran festhalten, obgleich nachfolgende Erkenntnisse schon längst darüber hinaus geschritten sind. Es bleibt ihnen nichts als ihre Konsequenz, sie gleichen den Findlingssteinen in einer völlig veränderten Landschaft. Die weiterschreitende Entwicklung der jeweiligen Wissenschaft oder Kunstgattung fließt an ihnen vorbei, von ihnen eigensinnig nicht zur Kenntnis genommen, Ruhm und Ruf verblassen, und ihre Namen werden erst wieder durch die Nekrologe bekannt. Wenn es nun einen gibt, der ständig mitgeht, ständig neu ist, für alles zugänglich und bereit ist, sich fortdauernd zu wandeln, nie ein Vergangener wird, sondern bis in sein hohes Alter ein Gegenwärtiger bleibt, wird er mit seiner Dynamik wegen seiner „Inkonsequenz" getadelt, man rechnet ihm nach, was er vor Jahren gesagt und geschaffen hat, aber das ficht solche Persönlichkeiten nicht an, denn ihre Konsequenz liegt eben in der ständigen Inkonsequenz, mit der sie ihr Künstlertum ständig erneuern, ständig der Entwicklung anpassen und immer bereit sind, Neues aufzunehmen und Neues zu geben. Wenn auf einen Musiker unserer Zeit dieses Kriterium zutrifft, so ist es Strawinsky, der bei Rimski-Korsakow beginnt und sich im hohen Alter für elektronische und konkrete Musik interessiert, der sich einmal gegen die Dodekaphonik wandte und sie später gebraucht, der Impressionist, Expressionist, Neuklassiker war und was noch immer möglich ist, der in der Schweiz mit 7 Soloinstrumenten ein prächtiges Kunstwerk schafft, weil nicht mehr vorhanden sind, der Amerika, wo es ungeheuer viel Bläserensembles gibt, die beste Musik für Bläser schenkt, die es je erhalten hat, der Russe war, Franzose, dann Amerikaner ist und von den Systematikern irritiert unter die Kosmopoliten eingereiht wird, der mit Vergnügen das vom Dritten Reich an viele Spitzenkünstler verliehene Gütezeichen der „Entartung" entgegennimmt, der lacht, als man ihn als russischen Bolschewiken bezeichnet, obschon Stalin seine Musik in der Sowjetunion verbietet, aber nach dessen Tod eine Einladung in seine alte Heimat annimmt und sehr oft nach Deutschland kommt, als dort die echte „Entartung" ihr Ende genommen hat, der eben als Mensch und als Künstler immer gegenwartsbezogen und immer jung bleibt, so alt er auch wird, und dessen Tod uns überrascht, weil wir vergaßen, daß auch solche Persönlichkeiten einmal von uns gehen müssen.

Leben

Igor Fjodorowitsch Strawinsky wird am 18. Juni 1882 in Oranienbaum bei Petersburg als Sohn eines Bassisten der kaiserlichen Oper geboren und studiert Rechtswissenschaft in Petersburg; gleichzeitig setzt er die im Elternhaus frühzeitig genossene Musikausbildung fort, zuerst im Selbststudium, sodann ab 1902 als Privatschüler bei Rimski-Korsakow. Durch seine 1908 komponierte Orchesterfantasie „Feuerwerk" wird der Ballett-Impresario und Leiter des „Russischen Balletts" Sergei Djagilew (1872–1929; Erneuerer der klassischen Ballettkunst) auf ihn aufmerksam, für den er die Musik zum Ballett „Der Feuervogel" schreibt (1909); die Uraufführung in Paris begründet den internationalen Ruhm des Komponisten, der schon während der Arbeit daran Rußland verläßt und – von zwei Besuchsfahrten abgesehen – nie mehr dorthin zurückkehrt. Er lebt abwechselnd in Frankreich und in der Schweiz und kommt in engen Kontakt mit der geistigen Elite dieser Länder. Den Ersten Weltkrieg überdauert er am Schweizer Ufer des Genfersees; darauf übersiedelt er nach Paris, wo er, unterbrochen von vielen Reisen und monatelanger Abwesenheit, bis zum Ausbruch des Zweiten Weltkrieges bleibt. Im Jahr 1936 wird er französischer Staatsbürger. Mit Ausnahme der Sowjetunion, wo seine Werke verboten werden, tritt er als Pianist und Dirigent eigener Werke in allen europäischen Ländern auf, darunter auch häufig in Deutschland, wo die erste szenische Aufführung des Oedipus Rex in der Berliner Krolloper großes Aufsehen erregt. In Amerika ist Strawinsky zum ersten Mal im Jahr 1925, dann wiederholt, bis er sich im Jahr 1939 in Hollywood endgültig niederläßt, weil er wegen des ausgebrochenen Zweiten Weltkrieges nicht mehr nach Paris zurückkehren kann. Im Jahr 1945 wird er Bürger der USA. Nach dem Krieg reist er mehrmals nach Europa, um Konzerte zu geben und am neu erwachenden

Musikleben teilzunehmen. Er setzt sich dabei besonders mit der II. Wiener Schule (Schönberg, Webern, Berg) und der neuen Avantgarde (Boulez, Stockhausen) auseinander. Seine kompositorische Tätigkeit hält bis 1968 an. Er stirbt in New York am 6. April 1971 als nahezu legendäre Persönlichkeit der Musik des 20. Jahrhunderts, an deren Ausprägung er namhaften Anteil genommen hat, im neunundachtzigsten Jahr seines erfüllten Lebens.

Literatur

Th. Strawinsky: Igor Strawinsky. 1952
H. Lindlas: Igor Strawinsky, Leben und Werk
F. Herzfeld: Igor Strawinsky, 1961

Werke

„Er weiß, daß ein Künstler, der immer in dem gleichen Kostüm auftritt, aufhört, uns zu interessieren. Daher verwandelt er sich, er wechselt seine Haut und erscheint immer wieder als Neuer, unkenntlich für jene, die ein Kunstwerk nur nach seiner Außenseite beurteilen." Dieser Ausspruch von Jean Cocteau, der zu verstehen geben will, daß Strawinskys künstlerische Aussage in ihrem Kern immer dieselbe geblieben ist, trifft insoweit daneben, als der Komponist den „Kostümwechsel" nicht wegen seines Publikums vorgenommen hat, sondern weil das dem Wesen seiner Persönlichkeit entspricht. Gerade Cocteau hätte wissen müssen, daß ein wahrer Künstler nicht will und kann, sondern muß. Das Bemühen, seine musikalischen Genres in ein System zu bringen, ist vergebens, es gibt keinen gemeinsamen Aspekt. Die Zeit der Bindung an die russische Tradition wird bereits mit dem „Feuervogel" aufgehoben, der bis an die Spitze getriebene Expressionismus hat nur mehr thematisch mit der Heimat zu tun. Ungefähr mit dem Ende des Ersten Weltkrieges setzt eine neuklassizistische Epoche ein, in der alte Stilmittel (Mittelalter, Händel, Bach, Klassik, 19. Jh.) verwertet werden. Um 1950 werden Dodekaphonik und Serialismus herangezogen. Diese Einteilung ist aber wenig befriedigend, weil nahezu jedes Werk des Komponisten seinen eigenen Stil bringt und nur gewaltsam mit einem anderen in eine Linie gebracht werden kann. Ein frühes Orchesterwerk ist die Sinfonie Es-Dur op. 1, 1907. Die Sinfonie in C-Dur und die Sinfonie in drei Sätzen (1940, 1945) folgen formell klassischen Mustern. Von den Solokonzerten sind das Konzert für Klavier und Blasorchester, 1924, und das Violinkonzert D-Dur hervorzuheben. Die Kammermusik ist ebenso vielgestaltig wie die verschiedenen Orchesterstücke. Das Concertino für Streichquartett (1920) wird am häufigsten in der Fassung für 12 Instrumente aus 1952 gespielt. Die „Italienische Suite" für Violine und Klavier (1933) und das „Septett für 3 Streicher, 3 Bläser und Klavier" (1939) erscheinen oft auf den Programmen. Strawinsky hat aus einer Anzahl von Bühnenstücken – Opern, Balletten – Konzertsuiten geformt, die zu beliebten Programmnummern geworden sind, wie von: Der Feuervogel (3 Fassungen, 1911, 1919, 1945), Petruschka (1947), Die Geschichte vom Soldaten (1919), Pulcinella (1927). Unter den Chorwerken ist die „Psalmensinfonie", 1930, das bedeutendste. „Threni", 1958 (Lamentationen von Jeremias), für Soli, Chor und Orchester ist wegen der angewendeten Zwölftontechnik interessant. Aus dem nicht sehr umfangreichen Klavierwerk werden die Klaviersonate (1924) und das „Concerto" für 2 Klaviere (1925) am meisten gespielt. „Faun und Schäferin" für Sopran und Kammerorchester (1906) sind ein schönes Frühwerk. Neben den „Kinderliedern" und den „Kindergeschichten" sind die „Katzenwiegenlieder" für Altstimme und 3 Klarinetten und die „3 Japanischen Lieder" für Sopran und Klavier, 1913 (für Sopran und 8 Instrumente, 1954), am meisten bekannt.

DER FEUERVOGEL
Suite, 3. Fassung des Balletts, entstanden 1945. Das für großes Orchester (100 Musiker) geschriebene Ballett wird vom „Russischen Ballett" unter Diaghilew mit der Choreographie von Mihail Fokin in Paris 1910 uraufgeführt; es folgt dem russischen Märchen von Prinz Iwan, der im Zaubergarten des Menschenfressers Kaschtschei den Feuervogel einfängt und gegen Überlassung einer Feder freigibt. Im mondbeschienenen Garten tanzen gefangene Prinzessinnen, Iwan verliebt sich in eine davon und folgt ihr ins Schloß. Kaschtschei will ihn zu Stein verwandeln. Iwan ruft mittels der Feder den Feuervogel herbei und erfährt das Lebensgeheimnis des Menschenfressers, so daß er diesen töten kann und alle Gefangenen und Verzauberten frei werden. Die Prinzessin, der er gefolgt ist, ist eine Zarentochter, die er heiratet. Die Suite hat 7 Teile, von denen der erste (Introduktion) den Zaubergarten und den Vogel darstellt, der zweite (Feuervogel und der Prinz) die Begegnung des Prinzen mit dem Feuervogel, der dritte (Spiel der Prinzessinnen) die verzauberten Prinzessinnen, der vierte (Reigen der Prinzessinnen) die Liebe des Prinzen zur schönsten Prinzessin schildern; im fünften Teil (Höllentanz des Fürsten Kaschtschei) bannt der Zauberer alles in seine Macht, im sechsten (Wiegenlied) siegt die Zaubermacht des Feuervogels und im siebenten (Hymne) klingt das Märchen majestätisch aus. Spielzeit: 28 Minuten.

PETRUSCHKA
Suite aus dem Ballett, das, 1911 in Paris uraufgeführt, ein Puppenspiel auf einem Jahrmarkt darstellt, bei dem die Figuren lebendig werden und ein Stück von Untreue und Eifersucht geben; Petruschka wird im Kampf mit dem Nebenbuhler getötet und schwebt als Geist zum Himmel. Die 1947 entstandene Suite bringt daraus einzelne Szenen, von denen der Russische Tanz und der Tanz der Ammen am meisten hervorstechen. Spielzeit: 35 Minuten.

LE SACRE DU PRINTEMPS (DAS FRÜHLINGSOPFER), „BILDER AUS DEM HEIDNISCHEN RUSSLAND"
Ballett in 2 Teilen, uraufgeführt 1913 in Paris. Teil I. Die Anbetung der Erde. „Die Melodie entwickelt sich in einer horizontalen Linie, die nur die Masse der Instrumente, die intensive Dynamik des Orchesters, aber nicht die melodische Linie selbst steigert

oder abschwächt. Ich habe den panischen Schrecken der Natur vor der Schönheit wiedergeben wollen, eine heilige Furcht vor der Mittagssonne, einen Panschrei, dessen Anschwellen neue musikalische Möglichkeiten erschließt. So muß das ganze Orchester die Geburt dieses Frühlings wiedergeben", erklärt Strawinsky den Beginn des Balletts. Die „Vorboten des Frühlings" folgen, dann kommen „Das Spiel der Entführung, Frühlingsreigen und Kampfspiele der feindlichen Städte". Die nächsten Szenen sind „Auftritt der Weisen, Anbetung der Erde, Tanz der Erde". Teil II. bringt das Opfer. In der Introduktion weisen „die Mädchen in ihrem Reigen auf die Stelle, wo die Auserwählte umringt wird, die dann nicht mehr entrinnen kann". Diesen „Geheimnisvollen Kreisen der Mädchen" folgen „Verherrlichung der Auserwählten, Anrufung der Ahnen, Rituelle Handlung der Ahnen, Opfertanz der Auserwählten". Der Komponist schließt: „Als die Auserwählte erschöpft niedersinkt, ergreifen sie die Ahnen und heben sie zum Himmel empor. Der Zyklus der Kräfte, die wiedergeboren werden, um zu vergehen und sich in der Natur aufzulösen, ist erfüllt und in diesen wesenhaften Rhythmen vollendet." Spielzeit: 33 Minuten.

PULCINELLA, BALLETT IN ACHT BILDERN NACH PERGOLESI
1920 uraufgeführt in Paris. Die Suite daraus besteht aus 9 Sätzen und entsteht 1949 aus der Zusammenstellung folgender Teile: Sinfonia, Serenata, Scherzino, Tarantella, Toccata, Gavotta, Vivo, Minuetto, Finale. Spielzeit: 22 Minuten.

APOLLON MUSAGÈT (APOLLO, DER MUSENFÜHRER), BALLETT
1928 in Washington uraufgeführt, Neufassung 1947, wird auch als Konzertstück gespielt. Thema: Apollo inspiriert jede der Musen zu ihrer besonderen Kunst: „Die Geburt Apollos" wird von der „Variation des Apollo" (Apollo und die Musen) abgelöst. Im nächsten Satz (Pas d'action) erhalten die Musen ein Geschenk des Gottes. Darauf zeigen sie ihre Kunst: Kalliope zierlich, Polyhymnia strahlend, Terpsichore tänzerisch, die nach einem Pas de deux mit Apollo den Ehrenplatz erhält. In der Coda werden alle drei Musen zu den Klängen der Apotheose zum Parnaß geführt. Spielzeit: 30 Minuten.

JEU DE CARTES (KARTENSPIEL)
3 Teile, uraufgeführt in New York 1937, auch als Konzertstück verwendet. Die Hauptkarten eines Pokerspieles sind die handelnden Personen. In jeder Runde wird die Situation durch die Arglist des perfiden Jokers verwickelter, weil er sich in jede beliebige Karte verwandeln kann. In der dritten Runde wird er geschlagen. Spielzeit: 20 Minuten.

CHANT DU ROSSIGNOL (GESANG DER NACHTIGALL), SINFONISCHE DICHTUNG
1917 entstanden aus der Oper „Le Rossignol" (1914), die mit dem Libretto der Andersenmärchen „Die chinesische Nachtigall" folgt, 3 Abschnitte. I. Das Fest im Palast des Kaisers von China, II. Die beiden Nachtigallen, III. Krankheit und Genesung des Kaisers von China. Spielzeit: 20 Minuten.

ORPHEUS, BALLETT
3 Bilder, uraufgeführt 1948 in New York. Teil I: Orpheus' Klage, Tanzweise, Tanz des Todesengels, Zwischenspiel. Teil II: Furientanz, Tanzweise, Zwischenspiel und Tanzweise, Orpheus gewinnt Euridike zurück, Tanz, Tod Euridikes, Zwischenspiel,

Ballettstücke, Sinfonien, Konzerte 537

die Bacchantinnen zereißen Orpheus. Teil III. Apotheose Orpheus'. Spielzeit: 32 Minuten.

AGON, BALLETT
Für 12 Tänzer, 3 Teile, Tanzsuite nach Tänzen, die am Hof Ludwigs XIII. und XIV. getanzt wurden, uraufgeführt 1957 in Los Angeles. Es handelt sich um eine reine Folge von 17 Tänzen ohne Libretto. Spielzeit: 20 Minuten.

LES NOCES (BAUERNHOCHZEIT), RUSSISCHE TANZSZENEN MIT GESANG UND MUSIK
2 Teile, uraufgeführt 1923 in Paris. Teil I. Das Haareflechten, Beim Bräutigam, Der Abschied der Braut. Teil II. Das Hochzeitsmahl. Besetzung: 4 Gesangssolisten, gemischter Chor, 4 Klaviere, reichlich besetztes Schlagzeug auf 6 Spieler verteilt. Spielzeit: 25 Minuten.

PSALMENSINFONIE
Für vierstimmigen gemischten Chor und großes Orchester, 3 Teile, uraufgeführt 1930 in Brüssel. Teil I. Gebet: Exaudi orationem meam, Domine... Teil II. Dank: Exspectans exspectavi Dominum. Teil III. Lob: Allelluja! Laudate Dominum in sanctis eius... Spielzeit: 20 Minuten.

SINFONIE IN C
Für mittelgroßes Orchester, 4 Sätze, uraufgeführt 1940 in Chicago. Der 1. Satz hat Sonatenform, sein erstes Thema wird von der Oboe, das zweite vom Horn vorgetragen. Der 2. Satz bringt ein großes Oboensolo, im 3. bringen Sforzati kräftige Akzente, so daß die Episode mit 3 eng gesetzten Baßinstrumenten, von einem Fagott begleitet, an das Frühlingsopfer erinnert. Das Finale wiederholt die heitere Stimmung des 1. Satzes. Spielzeit: 28 Minuten.

SINFONIE IN DREI SÄTZEN
Für Orchester mit Klavier und Harfe. 3 Sätze, uraufgeführt 1946 in New York. Der 1. Satz kommt einem Klavierkonzert nahe, das an den Solisten große Anforderungen stellt. Der 2. Satz ist ein Harfenkonzert. Erst im Finale ordnen sich die beiden Soloinstrumente in das Orchester ein. „Der Sinfonie liegt kein Programm zugrunde... doch es ist möglich, daß der Eindruck unserer schwierigen Zeit mit ihren heftigen und wechselnden Ereignissen, ihrer Verzweiflung und Hoffnung, ihrer unausgesetzten Peinigung, ihrer Spannung und schließlich ihrer Entspannung und Erleichterung Spuren in dieser Sinfonie zurückgelassen haben", erklärt der Komponist. Spielzeit: 24 Minuten.

CONCERTO FÜR KLAVIER UND BLÄSER
3 Sätze, uraufgeführt 1924 in Paris. Der 1. Satz hat Toccatencharakter, eine virtuose Klavierkadenz mündet mit interessanten Rhythmen in das Largo des 2. Satzes, dessen Hauptthema vom Klavier und vom Orchester wiederholt wird. Im Mittelteil treten zwei kontrastierende Themen auf. Der 3. Satz beginnt mit einer Kadenz, dem ein straffes Fugato folgt, ein Marsch wird intoniert, ein neues Thema fugiert, die Coda schließt mit einer überraschenden Themenballung. Spielzeit: 20 Minuten.

CAPRICCIO FÜR KLAVIER UND ORCHESTER
3 Sätze, uraufgeführt 1929 in Paris, revidiert 1949. Das erste Thema des 1. Satzes wird vom Solisten und dem Orchester fortissimo und langsam vorgetragen, das zweite ist leise und rasch und wird von einem Soloquartett bestritten, das zuweilen wie bei einem Concerto grosso hervortritt. Nach der Reprise konzertiert das Klavier, in

freier Rondoform werden die Themen durchgeführt, und nach einer Wiederholung der Introduktion führt eine Coda zum 2. Satz mit einem bemerkenswerten Klavierpart. Im Finale kommt es zu einem heftigen Dialog zwischen Klavier und Orchester, dann bringt das Klavier das Hauptthema. In der Durchführung erscheinen die gleichen rhythmischen Muster wie im 1. Satz. Spielzeit: 19 Minuten.

KONCERT IN D-DUR FÜR VIOLINE UND ORCHESTER
4 Sätze, uraufgeführt 1931 in Berlin, eines der bedeutenden Violinkonzerte unseres Jahrhunderts. Der 1. Satz (Toccata) wird von der Violine eröffnet, das Orchester fällt mit einer Variante des Hauptthemas ein. Ein Seitenthema weitet den Tonraum nach oben aus. Dann bringt das Orchester eine kantable Linie. Die Reprise variiert den ersten Teil des Satzes. Der 2. Satz (Aria I) beginnt mit einer weitgespannten Kantilene der Geige, er ist kammermusikalisch instrumentiert. Der 3. Satz (Aria II) ist sehr melodiös und sangbar. Der 4. Satz (Capriccio) hat freie Rondoform und steigert die Toccata durch rasches Zeitmaß. Die technischen Ansprüche an den Solisten sind enorm, obwohl der Komponist das Gegenteil behauptet. Das Prinzip des Miteinanderspielens von Soloinstrument und Orchester (anstelle des Gegeneinanderspielens) ist beeindruckend durchgeführt. Spielzeit: 22 Minuten.

MESSE FÜR 5 SOLOSTIMMEN UND ORCHESTER
5 Teile, uraufgeführt 1949 in Mailand, zum liturgischen (tridentinischen) Gebrauch geeignet. I. Kyrie ist mit großer Schlichtheit angelegt. II. Das klangvolle Gloria weist koloraturartige Wendungen auf. III. Das Credo ist gänzlich schmucklos und dadurch sehr eindringlich. IV. Sanctus und Benedictus werden zum Teil in Blockdeklamationen des Chores vorgetragen. V. Agnus ist ebenso schlicht wie das Kyrie. Dennoch ist das Werk alles eher als kalt, denn die Musik steigert sich zuweilen in die Leidenschaft ekstatischer Inspiration. Spielzeit: 17 Minuten.

Tips für Plattenfreunde

O Apollo Musagète (Stereo-LP/ Deutsche Grammophon 2530 065 IMS)
O Der Feuervogel (Stereo-LP/FSM 34 617) Maazel
O Suite (Stereo-LP/CBS 77 245), Strawinsky
O Petruschka, Ballett (Stereo-LP/ CBS 77 245
O Burleske (Stereo-LP/Ariola XH 28584 K)
O Pulcinella, Ballett (Stereo-LP/Teldec 6 41 577 AN)
O Suite (Stereo-LP/Ariola XH 28 584 K)
O Das Frühlingsopfer (Stereo-LP/ Deutsche Grammophon 2530 635)
O Orpheus (Stereo-LP/Ariola XH 28 584 K)
O Konzert für Klavier und Bläser, Capriccio für Klavier und Orchester (Stereo-LP/EMI 1C 063=11 696)
O Violinkonzert (Stereo-LP/Philips AY 835190) Oistrach
O Messe (Stereo-LP/Ariola XD 28 514 K). Vorzügliche Aufnahmen

KAROL SZYMANOWSKI (1882–1937)

Zeit und Umwelt

Die nationale Ausrichtung der Musik Polens ist mit dem Ende des 19. Jh. nahezu zur Selbstverständlichkeit geworden. Und da Nationalismus nicht ohne Feind lebendig bleiben kann, wird dieser, den politischen Verhältnissen entsprechend, vor allem im zaristischen Rußland gesehen, unter dessen Herrschaft der größte Teil des Volkes leben muß. Die Abgrenzung der polnischen Musik gegen die russische wird für sehr wichtig gehalten, wenn auch der eine oder andere Komponist sich seine Ausbildung in Petersburg oder Moskau holt. Unmittelbare Einflüsse russischer Komponisten auf polnische finden sehr selten statt, sie langen in manchen Fällen nur auf dem Umweg über Mitteleuropa in Polen ein. Der Impressionismus findet vollen Eingang und wird mit Einbeziehung des Volksliedes und Volkstanzes bis zur Grenze der Tonalität weiterentwickelt. Die Linie der polnischen Spätromantiker geht auf Wladyslaw Zeleński (1837–1921) zurück. Er wird in Prag und Paris ausgebildet, schreibt Opern, Orchester-, Kammer-, Klavier-, Orgel- und Chorwerke, Messen und Lieder und wirkt in Warschau und Krakau als Konservatoriumsdirektor. Sein Schüler Zygmunt Noskowski (1846–1909) vollendet seine Ausbildung bei Kiel in Berlin, verfaßt Opern, Ballette, Orchester-, Kammer- und Vokalmusik, Lieder und Klavierstücke. Als Konservatoriumslehrer in Warschau bildet er Mieczyslaw Karlowicz (1876–1909; Komponist Sinfonischer Dichtungen), Szymanowski, Grzegorz Fitelberg (1879–1953), der Sinfonien, Sinfonische Dichtungen, Rhapsodien, ein Violinkonzert, Kammermusik und Lieder verfaßt, aus. Ludomir Różycki (1883–1953) wird außer in Warschau auch in Berlin ausgebildet und wirkt als Kapellmeister und Komponist von Opern, Balletten, Orchesterwerken, Kammer- und Klaviermusik und Liederzyklen; Henryk Melcer (1869–1928) studiert in Warschau und in Wien, konzertiert als Pianist in ganz Europa, schreibt eine Oper, Instrumentalstücke und Orchesterlieder und lehrt in Helsinki, Wien, Lemberg und Warschau; Eugeniouz Morawski (1876–1948) muß wegen antirussischer Betätigung seine Heimat verlassen und lebt in Paris, bis er (1930) die Leitung des Warschauer Konservatoriums übernimmt, er verfaßt vorwiegend Programmusik und begründet eine jungpolnische Komponistenschule. Juliusz Zaberski (1854–1885) wird als namhafter Klaviervirtuose, der in Wien und Rom studiert und in ganz Europa konzertiert (Rußland ausgenommen), und als Komponist für sein Instrument nur 31 Jahre alt, stellt sich aber eindeutig in die Reihe der polnischen Romantiker. Feliks Nowowiejski (1877–1946) studiert in Berlin und Regensburg (Kirchenmusik), bleibt bis 1909 in Westeuropa, wird Konservatoriumsleiter in Posen, schreibt Orgelsinfonien, viel gespielte Oratorien, Opern, Ballette, Orchesterstücke und Chöre im Stil von Schumann und Reger. Lucjan

Kamieński (1885–1964) studiert in Breslau und Berlin, lebt bis 1909 in Königsberg, wird sodann Vizedirektor des Konservatoriums in Posen und schreibt eine Oper, Orchester-, Kammer- und Klaviermusik und Lieder mit starker folkloristischer Färbung. Kasimierz Sikorski (1895–1973) studiert in Warschau, Berlin und Paris, schreibt Instrumentalmusik und wendet sich als Komponist und als Kompositionslehrer bereits dem zeitgenössischen polnischen Stil zu. Józef Kofler (1896–1944) bildet sich in Wien aus und wird zu einem der ersten Zwölftontechniker Polens. Tadeusz Szeligowski (1896–1963) hingegen versucht Kirchenmusik im Stil des 15. Jh. zu verfassen. Alexander Tansman (geboren 1897) studiert in Warschau, geht sodann nach Paris, konzertiert in europäischen Staaten und den USA und steht mit seiner Kompositionstechnik ebenfalls an der Grenze zeitgenössischer Musik. Das unbestrittene Haupt jener Musikergeneration bleibt Szymanowski, der mit seinem übersteigerten Impressionismus die Tonalität zwar nie verläßt, aber bis an ihre äußersten Grenzen ausnützt und den Schritt darüber der kommenden Generation überläßt.

Leben

Karol Szymanowski wird am 6. Oktober 1882 in Timoschowka, Gouvernement Kiew, als Sohn eines Landadeligen geboren, dem das halbe Dorf gehört. Er genießt die in seinen Kreisen übliche Musikerziehung und wird, weil er vielversprechende Anlagen zeigt, nach Warschau zur Ausbildung geschickt, wo er Schüler Noskowskis wird. Mit anderen Schülern dieses gesuchten Lehrers gruppiert er eine Vereinigung junger polnischer Komponisten, um die im 19. Jahrhundert begründete Eigenständigkeit der polnischen Musik zu vertiefen und auszubauen. Seine kompositorische Tätigkeit setzt früh ein, seine Erfolge sind anfänglich nicht sehr groß, doch bald wird erkannt, daß hier ein Tonkünstler heranreift, der über die Grenzen Polens hinaus Weltgeltung erreicht. Im Jahr 1926 wird ihm die Leitung des Konservatoriums in Warschau angetragen. Er stößt jedoch mit seinen Reformversuchen auf starken Widerstand und tritt nach drei Jahren zurück; 1930 übernimmt er die Leitung ein zweites Mal und gibt bereits nach 2 Jahren auf. Er verbringt seine letzten Jahre auf Konzertreisen im Ausland und viel in Kurorten, weil der Zustand seiner Gesundheit sich verschlechtert. Am 29. März 1937 stirbt er in Lausanne als einer der bedeutendsten Komponisten Polens, der nach seinen eigenen Worten nicht „für gestern, sondern für heute und morgen zu schaffen" suchte.

Werke

Von den 4 Sinfonien, die Szymanowski schreibt, werden die 1. (f-Moll op. 15, 1907), die anderen Nr. 2 B-Dur op. 19, 1910 (überarbeitet 1936), Nr. 3 op. 27, 1916, und Nr. 4 op. 60, 1932, fallweise gespielt, besonders in der Heimat des Komponisten. Beide Violinkonzerte, Nr. 1 op. 35, 1916,

Sinfonien, Violinkonzert Nr. 1

und Nr. 2 op. 61, 1933, werden von den Virtuosen und dem Publikum noch immer sehr geschätzt. Die Kammer- und die Klaviermusik ist nahezu vergessen, von den Balletten hört man nur noch eine Suite aus „Harnasie", von den Chorwerken das Stabat Mater, das von einer eindrucksvollen Schönheit ist.

SINFONIE NR. 3 OP. 27, „DAS LIED VON DER NACHT"
Für großes Orchester, Tenorsolo und gemischten Chor, 1 Satz, entstanden 1914–1916, uraufgeführt 1922 in Boston. Der Text stammt vom persischen Dichter des 13. Jh. Dschelál el edin Rumi, der die Nacht als Zeit der Meditation preist. Der Aussage entsprechend hat die Sinfonie stark orientalisches Kolorit. Auf die langsam von der Violine in hoher Lage vorgetragene Einleitung folgt als Mittelteil ein ekstatischer Tanz. Die vielschichtige Konzeption mit gleichzeitig erklingenden verschiedenen Tonflächen und Metren sprengen nahezu den Rahmen der Tonalität, ergeben jedoch ein farbenprächtiges, leuchtkräftiges Tonbild, das sich zu hymnischen Ausmaßen ausweitet. Spielzeit: 23 Minuten.

SINFONIE NR. 4 op. 60, „SYMPHONIE CONCERTANTE"
Für großes Orchester und Solo-Klavier, 3 Sätze, entstanden 1932 und im selben Jahr in Posen uraufgeführt. Der 1. Satz dieses verkappten Klavierkonzertes verrät Anklänge an die Musik der Tatrabewohner, der 2. bringt eine weitgespannte Kantilene, die die volkstümliche Konzeption verstärkt, der 3. hat Rondoform mit Mazurkawendungen. Spielzeit: 25 Minuten.

VIOLINKONZERT NR. 1 OP. 35
1 Satz, entstanden 1916, uraufgeführt in Warschau 1922. Die Behandlung der Violine in diesem Werk wird als „Violinimpressionismus" bezeichnet, weil die Inspiration, die vom Gedicht „Mainacht" (Tadeusz Miciński) ausgeht, vorwiegend vom Soloinstrument zum Ausdruck gebracht wird. In sehr hohen Lagen beginnt die Violine ihr poetisches Lied, dem das Orchester ergriffen zu lauschen scheint. Einschmeichelnd klingen die Doppelgriffe im Mittelteil. Von komplizierten Doppeltrillern in Terzen steigert sich die Melodie zu einer strahlenden Coda, an der das Orchester farbenschönen Anteil nimmt. Spielzeit: 23 Minuten.

Tips für Plattenfreunde

O Sinfonie Nr. 2 (Stereo-LP/Bärenreiter 1 4 08)
O Harnasie (Stereo-LP/Disco M 1 317)
O Violinkonzert Nr. 1 (Stereo-LP/ Ariola Z 79 843 K, Oistrach), Nr. 2 (Stereo-LP/Bärenreiter 1 4 06, Treger)
O Klaviersonaten Nr. 1 und 2 (Stereo-LP/Thorofon MTH 175)
O Lieder op. 2, 5, 7, 32 (Stereo-LP/ Disco M 0 980)
O Lieder op. 13, 24, 48 (Stereo-LP/ Disco M 0 618)

ZOLTÁN KODÁLY (1882–1967)

Zeit und Umwelt

Nur fünf Jahre nach Erkel geboren, eröffnet Mikaly Mosonyi (1815–1870) mit seinen Sinfonischen Gedichten die romantische, Liszthörige Epoche der ungarischen Musik. Sein Schüler Edmund von Mihalowitsch (1842–1922) ist das Haupt der Wagnerianer in Ungarn. Ede Poldini (1869–1957) komponiert vorwiegend für das Klavier (von seinen Opern abgesehen) und bleibt im romantischen Fahrwasser. Theodor Szántó (1877–1934) studiert bei Busoni und bereichert die Textur seiner Werke mit Anleihen von der Japanischen Musik. Alexander Jemnitz (1890–1963) ist ein Nachfolger Regers und verwendet eine eigene Skala, ohne bis zur Atonalität vorzustoßen. Árpád Szendy (1863–1922) bestrebt sich Liszt fortzusetzen. László Lajtha (1892–1963) begibt sich auf die Linie, die Kodály einhält. Leo Weiner (1885–1960) schreibt klangvolle, tonale Kammermusik. Und Ferenc Farkas (geboren 1905) schreibt folkloristisch fundierte Bühnen- und Konzertmusik und bildet mit seinem Werk die Brücke zur modernen ungarischen Musik, die Kodály bereits zu dessen Lebzeiten überholt.

Leben

Zoltán Kodály ist am 16. Dezember 1882 in Kecskemét geboren und tritt 1900 in das Budapester Konservatorium ein, wo er unter Koessler studiert. Anfänglich von Brahms und Debussy beeinflußt, wendet er sich schon 1905 dem ernsten Studium der echten ungarischen Volksmusik zu. Teilweise in gemeinsamer Arbeit mit Bartók sammelt und kommentiert er durch viele Jahre Volkslieder seiner Heimat und der Nachbarländer. Mit 25 Jahren ist er Kompositionsprofessor in Budapest. Inzwischen ist er auch schon als Komponist bekannt geworden. Da er die Tonalität und die überkommenen Formen nie verläßt, sondern in den gegebenen Grenzen eine neue äußerst vitale Musik schafft, die interessant instrumentiert, klangvoll und doch expressiv konzipiert ist, wird sie sofort begeistert aufgenommen.
Er bleibt, von ausgedehnten Konzertreisen abgesehen, ständig in Budapest. Er hat bei seinem Volk einen so hohen Bekanntheits- und Beliebtheitsgrad erreicht, daß seine Persönlichkeit von den verschiedenen Phasen der Diktatur nicht angetastet wird. Er stirbt am 6. März 1967 in Budapest als Großer Alter Mann der ungarischen Musik. Zu seinen namhaftesten Schülern zählen: Franz Szabó (geboren 1902), der mit seinem Oratorium „Grimmig erhob das Meer sich" 1955 einen durchschlagenden Erfolg erringt. Pál Kadosa (1903–1949) der Chorzyklen und Instrumentalmusik schreibt; er schließt sich mit anderen ungarischen Komponisten zu einer Gruppe zusammen, die sich zur Musica Nova bekennen. Matyas Seiber (1905–1960), führendes Mitglied der engli-

schen Zwölftongruppe. Sándor Veress (geboren 1907), der zeitgenössische Musik mit weltweitem Erfolg komponiert.

Literatur

L. Eösze: Zoltán Kodály. 1964

Werke

Alle seine Kompositionen sind noch ebenso lebendig wie zu den Lebzeiten Kodálys. Die „Marosszéker Tänze" (1930, Klavierfassung 1927), die „Tänze aus Galánta" (1931), das „Konzert für Orchester (1939), die Sinfonische Dichtung „Ein Sommerabend" (1906 und neugefaßt 1930) und die Sinfonie (1964) werden überall oft gespielt und gerne gehört, von der Kammermusik erwecken die beiden Streichquartette (1908, 1917) das meiste Interesse, von der Klaviermusik die „Kindertänze" (pentatonisch für schwarze Tasten). Ständige Programmpunkte der Konzerte sind „Psalmus Hungaricus" (1923) nach dem 55. Psalm und ungarischen Texten des 16. Jh. für Tenor, gemischten Chor und Orchester. Dieses bekannteste Werk des Komponisten drückt das Suchen nach inneren Frieden in einer Welt der Verzweiflung aus. Das „Budvári Tedeum" (1936) für vier Solostimmen, gemischten Chor und Orchester wurde für das Jubiläum der Vereinigung von Buda und Pest geschrieben und seitdem sehr oft aufgeführt. Die „Missa brevis" (1942) für Solostimmen, gemischten Chor, Orchester oder Orgel ist ein interessanter Beitrag zur modernen Kirchenmusik.

HÁRY-JÁNOS-SUITE

Für großes Orchester, 6 Sätze, aus dem Singspiel gleichen Namens (1926), entstanden 1927 und im gleichen Jahr in New York uraufgeführt. Der ausgediente Soldat Háry hat eine entfernte Ähnlichkeit mit Don Quijote oder Münchhausen. Im 1. Satz (Das Märchen beginnt) wird Háry in einer Dorfschenke gezeigt, wie er seine Lügengeschichten zum besten gibt. Satz 2 (Das Wiener Glockenspiel) verlegt den Schauplatz der Erzählung in die Wiener Hofburg. Im 3. Satz (Lied) wird ein Duett zwischen Háry und seiner Geliebten mit einer altungarischen Volksliedmelodie dargestellt. Der 4. Satz (Schlacht und Niederlage Napoleons) schildert den Vorgang, wie Háry ihn sich vorstellt. Der 5. Satz (Intermezzo) ist eine Zwischenaktmusik aus dem Singspiel. Mit dem 6. Satz (Einzug des kaiserlichen Hofes) geht die Suite klangreich zu Ende. Spielzeit: 23 Minuten.

Tips für Plattenfreunde

O Háry-János-Suite (Stereo-LP/CBS 78 219)
O Sinfonie Nr. 1 – Ballettmusik (Stereo-LP/Disco M 1 245, Kotály)
O Psalmus Hungaricus (Stereo-LP/ Disco H 11 392)
O Serenade für 2 Violinen und Cello – Sonate für Cello und Klavier – Sonatina für Cello und Klavier – Sonate für Cello solo (3 Stereo-LP/ SVBX 560)
O Streichquartette Nr. 1–2 (Stereo-LP/Disco H 11 322, Tatrai-Quartett)
O Te Deum-Missa brevis (Stereo-LP/ Disco 11 397)

ANTON WEBERN (1883–1945)

Zeit und Umwelt

Der schon etwas fahle Glanz des letzten Jahrzehnts der Donaumonarchie, deren soziale Oberschichten ahnungslos und genußfreudig die Feste feiern, wie sie fallen, harte Auseinandersetzungen der Nationen, die nur auf deren weitere Verschärfung schließen lassen, soziale Kämpfe der stets anschwellenden Massen, die im Schatten jenes Glanzes zu leben gezwungen sind, dazu eine relativ weitgreifende individuelle Freiheit jedes Menschen, nach seinen Möglichkeiten und Wünschen zu leben oder zu streben, das ist die Zeit, in der Webern studiert und als Dirigent wirkt. Dann kommen Krieg und Zusammenbruch, kommen die Zeiten, in denen die einen die alten Zustände wieder aufleben lassen, die anderen das Rad der Entwicklung weitertreiben wollen. Das mündet schließlich in eine Diktatur, die nur eine gewisse Gattung Künstler fördert und einen Dirigenten der Wiener Arbeiter-Sinfoniekonzerte und Chorleiter des Arbeit-Singvereines keine Verdienstmöglichkeit beläßt. Und etliche Jahre später, als diese Zwangsherrschaft durch eine noch drückendere abgelöst wird, tritt das Berufsverbot dazu. Man wartet hart auf die Freiheit, die für Webern in der Form einmarschierender Russen anbricht, vor denen er nach dem Westen flüchtet, und in der Gestalt eines amerikanischen Besatzungssoldaten, der ihn niederschießt. Die Umwelt besteht aus dem Freundeskreis um Schönberg, aus den Orchestern und Chören, die er leitet, aus dem „Verein für musikalische Privataufführungen", der allein seine Kompositionen zur Kenntnis nimmt, und aus einem Publikum, das nur an die damals übliche Konzerthausmusik gewöhnt ist und aus der völligen Isolierung vom Beginn der Diktaturen bis zu seinem Tod. Aber damit ist sie nicht zu Ende, denn nach seinem Tod beginnt er erst zu leben, als Komponist, als Lehrmeister der seriellen Musik, als Wegweiser der Zukunftsmusik. Er wird entdeckt, gelobt, bewundert oder abgelehnt und im besten Fall entschuldigt. Die Avantgardisten machen ihn zu ihren Ahnherrn und Ratgeber, sie glauben, alle ihre Neuerungen durch Webern legitimieren zu können und mißbrauchen ihn als Alibizeugen. Stockhausen sagt: „... ein Mißverständnis ist entstanden. Wenn Weberns Werke analysiert werden, so sagen die aufgezeigten Dinge nichts darüber aus wie man's heute macht'... In dem Augenblick, in dem man dem Grund der Webernschen Musik nahe kommt, erreicht man auch den Grad der Einsicht in ihre Einmaligkeit und Abgeschlossenheit und ihre Empfindlichkeit gegen jede Reproduktion. Man muß etwas ganz anderes Eigenes machen und Courage besitzen, wenn man nach seiner Musik noch eine Note schreiben will." Webern ist nach seinem Tod groß und bekannt, doch trotzdem von der Umwelt, die ihn erst jetzt zur Kenntnis nimmt, nur selten verstanden worden, so daß diese, ob sie nun aus Gegnern oder

Anton Webern (1883–1945) 545

Bewunderern, aus Epigonen oder Analytikern besteht, ihm noch immer feindlich gegenübersteht. Es wird noch Zeit kosten, bis ihm der Platz in der Musikgeschichte eingeräumt wird, der ihm zukommt, und man in ihm kein Kompositionsprinzip sieht sondern einen Künstler, der „seine Zeit durch Unvergängliches in die folgende hinübergerettet hat."

Leben

Anton Webern (das Adelsprädikat lehnt er ab) wird am 3. Dezember 1883 in Wien als Sohn eines Bergbauingenieurs geboren. Er studiert an der Wiener Universität Musikwissenschaft bei Guido Adler (1855–1941; namhafter Musikologe und Musikschriftsteller), dann privat bei Schönberg. Seine Dirigententätigkeit beginnt er in Wien, er wird Theaterkapellmeister in Danzig im Jahre 1911, und in Stettin 1913. Im Jahr 1922 übernimmt er die Leitung der Wiener Arbeiter-Sinfoniekonzerte und des Chores des Arbeiter-Singvereines, 1926 wird er ständiger Berater für Neue Musik beim Österreichischen Rundfunk. Er wird mehrmals als Gastdirigent nach London eingeladen, dann verliert er (1933) nahezu alle Verdienstmöglichkeiten und wird 1938 als „entartet" mit dem Berufsverbot belegt. Er stirbt in Mittersill, Salzburg, am 15. September 1945 als ein der breiten Öffentlichkeit völlig unbekannter, dafür von seinem Lehrer Schönberg, einem kleinen Kreis Gleichgesinnter hochgeschätzter Komponist, der die Dodekaphonik Schönbergs zur seriellen Technik weiterentwickelt hat. Zu seinen bedeutendsten Schülern (die zugleich auch Schüler Schönbergs waren) zählen Hanns Eisler (1898–1962), der sich zum radikalen Neutöner entwickelt und seinem Schaffen bald eine deutliche politische Note gibt, und René Leibowitz (1913–1972), der 1926 nach Paris geht und mit Zwölftontechnik Orchester- und Kammermusik und Opern verfaßt, und Karl Amadeus Hartmann. Wirkung und Ausstrahlung seiner Musikerpersönlichkeit, die erst nach seinem Tod im Bewußtsein der musikalischen Welt zu der Größe und Tragweite wächst, die wir ihm beimessen, erfaßt und erreicht jedoch alle Komponisten der letzten 30 Jahre, ob er nun falsch oder richtig verstanden, bekämpft oder bewundert, imitiert oder weiterentwikkelt wird.

Literatur

W. Reich: Anton Webern, Weg und Gestalt, Selbstzeugnisse und Worte der Freunde. 1961

Werke

In einem Vortrag sagt Webern: „Das oberste Prinzip der Darstellung eines musikalischen Gedankens ist Faßlichkeit." Es geht ihm also um Genauigkeit der musikalischen Aussage und die radikale Ausmerzung alles Entbehrlichen und Beiläufigen. Daher sind seine 31 Werke, die man insgesamt innerhalb drei Stunden abspielen könnte, in die knappste

Form gefaßt. „Er blieb unerschütterlich dabei, seine Diamanten zu schleifen, von deren Minen er eine so vollkommene Kenntnis hatte" (Strawinsky). Sein längstes Werk dauert 10,5 Minuten, sein kürzestes 19 Sekunden. In seiner ersten Stilperiode (bis 1909) streift er die Tonalität ab, dann dringt er zu einer höchstmöglichen Verdichtung vor, ohne jemals aphoristisch zu werden (bis 1914), anschließend beschäftigt er sich nur mit Vokalwerken (bis 1926), dann wird die Dodekaphonik auf Tondauer, Tonstärke und Klangfarbe ausgedehnt und zuweilen jedem Instrument nur ein einziger Ton zugeteilt, während ein anderes mit anderer Klangfarbe mit ebenfalls auch nur einem Ton folgt, so daß die Melodie zu einer Folge von verschiedenen Farbpunkten wird. Sein Ziel aber bleibt das gleiche wie bei Schönberg: die lückenlose Einheit des kompositorischen Werkes. Die Orchesterwerke: Passacaglia op. 1, Sechs Stücke für große Orchester op. 6, Fünf Stücke für Orchester op. 10, Sinfonie für kleines Orchester op. 21, Variationen für Orchester op. 30 und die Fassung für Streichorchester (1929) der Fünf Sätze für Streichquartett op. 5 (1909). Weitere Kammermusik sind Sechs Bagatellen für Streichquartett op. 9, Quartett für Violine, Klarinette, Tenorsaxophon und Klavier op. 22. Streichquartett op. 28, Streichtrio op. 20, Vier Stücke für Violine und Klavier op. 7, Drei kleine Stücke für Cello und Klavier op. 11 und Variationen für Klavier op. 27 (Zwölftonvariationenwerk in Reihentechnik). Die Vokalwerke (Lieder, Kantaten) sind von verschiedenen Instrumentengruppierungen begleitet.

PASSACAGLIA OP. 1
Für Orchester, entstanden und uraufgeführt 1908 in Wien unter dem Komponisten. Eine achttönige Linie wird 24mal variiert und teilweise wie eine Reihe behandelt, indem nicht das Thema, sondern die Tonhöhenklasse festgehalten wird. Gegenthemen werden herangeführt und dem Hauptthema vorgezogen, das sich nach der 20. Variation überhaupt auflöst. Nach einem Fortissimoausbruch sind überhaupt nur mehr die Gegenthemen gegenwärtig. Spielzeit: 11 Minuten.

SECHS STÜCKE OP. 6
Erste Fassung für großes Orchester 1909, uraufgeführt unter Schönberg am 31. März 1913 in Wien, revidierte Fassung für mittelgroßes Orchester 1928, Schönberg gewidmet. „Sie stellen kurze Liedformen dar, meist im dreiteiligen Sinn. Ein thematischer Zusammenhang besteht nicht", erklärt der Komponist. Die einzelnen Stücke sind lyrisch. Das erste Stück erwartet ein Unheil, das im zweiten zur Gewißheit wird, das dritte leitet zum vierten, einem Trauermarsch, über; die Stücke fünf und sechs kennzeichnen die Ergebung in das Unvermeidliche. Spielzeit: 10 Minuten.

FÜNF STÜCKE OP. 10
Für Flöte, Oboe, 2 Klarinetten, Horn, Trompete, Posaune, Schlagwerk, Xylophon, Harmonium, Celesta, Harfe, Mandoline, Gitarre, Streichquartett, entstanden 1911–1913, uraufgeführt am 23. Juni 1926 in Zürich unter dem Komponisten. Es sind zarte Sätze von nur wenigen Takten, die nach Anweisung des Komponisten „kaum hörbar" sein dürfen und zu Ende sind, kaum daß sie begonnen haben. „Ei-

nen Roman durch eine einzige Geste, ein Glück durch ein einziges Aufatmen auszudrücken, solche Konzertration findet sich nur, wo Wehleidigkeit in entsprechendem Maße fehlt" (Webern). Die Titel (die nicht in der Partitur stehen) lauten: I. Urbild, II. Verwandlung, III. Rückkehr, IV. Erinnerung, V. Seele. Spielzeit: 4 Minuten.

SINFONIE OP. 21
Für Klarinette, Baßklarinette, 2 Hörner, Harfe, Streichquartett, 2 Sätze, entstanden 1928, uraufgeführt am 18. Dezember 1929 unter A. Smallens in New York. Der 1. Satz hat Sonatenform, in der zwei zweistimmige Gegenbewegungskanons verschachtelt sind; die Symmetrie des Reihenmaterials ist horizontal und vertikal ausgewogen. Der 2. Satz besteht aus einem Thema mit 7 Variationen und Coda und stellt einen vierstimmigen Doppelkanon in Gegenbewegung, vertikal und horizontal gebaut, dar. Spielzeit: 10 Minuten.

VARIATIONEN OP. 30
Für kleines Orchester, entstanden 1940, uraufgeführt unter Scherchen 1943 in Winterthur. Webern sagt darüber: „Das Thema der Variationen reicht bis zum ersten Doppelstrich; es ist periodisch gedacht, hat aber einleitenden Charakter. Es folgen sechs Variationen, die erste das Hauptthema der Ouvertüre in voller Entfaltung bringend, die zweite die Überleitung, die dritte den Seitensatz, die vierte die Reprise des Hauptthemas, die fünfte Einleitung und Überleitung wiederholend, zur Coda, der sechsten Variation, führend." Das gesamte Tonmaterial ist in den ersten beiden Takten gegeben. Spielzeit: 10 Minuten.

Tips für Plattenfreunde

○ Passacaglia, Sätze für Streichquartett op. 5, Stücke für Orchester op. 6, Sinfonie op. 21 – in Neue Wiener Schule (4 Stereo-LP/ Deutsche Grammophon 2711 014, Berliner Philharmoniker, Karajan)

ALBAN BERG (1885–1935)

Zeit und Umwelt

Die in den letzten zwanzig Jahren vor dem I. Weltkrieg immer häufiger und deutlicher auftretenden Vorboten der kommenden Katastrophe, wenn sie auch nur von wenigen richtig gewertet werden, der Krieg selbst mit dem bitteren Ende, die Versuche, aus den Trümmern der zerschlagenen wirtschaftlichen, politischen und gesellschaftlichen Ordnung ein neues Leben aufzubauen, und die aus der Verschiedenheit dieser Bestrebungen entstehenden Konflikte, die zu einem diktatorisch regierten Staat führen, das ist die Zeit, die Berg ebenso erleben muß wie jeder, der das erste Drittel des 20. Jahrhunderts in Wien verbringt. Seine Umwelt besteht aus dem Schönbergkreis, dem er zuerst als Schüler, dann als Lehrer und Komponist angehört, eine Stadt, in der ihn niemand kennt und von seinem Schaffen keine Kenntnis nimmt, auch dann nicht, als er im Ausland bereits einen Namen hat und sein

„Wozzeck" an der Berliner Staatsoper herauskommt, denn in Wien wird seine Musik, falls sie jemand hört, als regellos, chaotisch und atonal denunziert. Und in Deutschland, wo gerade durch seine Oper sein Name in der musikalischen Welt immer bekannter wird, ändert sich die Umwelt für ihn wie für alle anderen Kulturträger. Auch er wird von der in der Geschichte der Menschheitskultur einmaligen Groteske betroffen, daß der Ausschluß aus der Akademie der Künste und die Verfemung zum Beweis für den hohen Wert seiner Leistungen wird. Er faßt es noch als Kränkung auf. „... auch, daß inzwischen wieder was Neues von mir da ist: das Violinkonzert, von dem Du ja gehört haben wirst... Aber trotzdem gehts mir nicht gut", schreibt er an Schönberg „Pekuniär nicht... Gesundheitlich nicht... Schließlich geht es mir auch moralisch nicht gut, was Dich von einem, der plötzlich entdecken mußte, daß er in seinem Vaterland nicht bodenständig ist... nicht wundernehmen wird." Daß es eine Ehrung ist, erfaßt er nicht mehr, weil er nicht erlebt, daß das geistig ausgehungerte Europa die zerrissenen Fäden sofort wieder aneinanderzuknüpfen sucht, sobald der Alpdruck von der Welt genommen ist. Für Alban Berg wie für alle Kunstschaffenden, ob sie noch leben oder schon tot sind, kommt eine neue Zeit und eine neue Umwelt. Er wird nicht mehr übersehen, man könnte sich das auch gar nicht erlauben, denn man benötigt jede kulturelle Leistung, um sich aus dem Kulturabgrund herauszuarbeiten, in den man gestürzt ist.

Leben

Alban Berg ist am 9. Februar 1885 in Wien als Sohn eines Exportkaufmannes geboren und für die Beamtenlaufbahn bestimmt, die er aufgibt, als er 1904 Schüler und bald auch Freund Schönbergs wird. Er schließt diese Unterrichtszeit 1910 mit seinem Streichquartett op. 3 ab. Neben seiner Freundschaft mit anderen Schülern Schönbergs (Webern, Eisler) zählen während jener Zeit Zemlinsky, Gustav Mahler, der Architekt Adolf Loos und die Autoren Karl Kraus und Peter Altenberg zu seinem Bekanntenkreis. Seinen Lebensunterhalt bestreitet er durch Anfertigung von Klavierauszügen und Privatunterricht, die kompositorische Tätigkeit ist vorläufig unergiebig. Den Krieg verbringt er als Soldat in Ungarn. Im Jahr 1924 zieht er durch eine Aufführung von Wozzeck-Bruchstücken und 1925 durch eine vollständige Aufführung der Oper in Berlin unter Erich Kleiber (1890–1956; bedeutender Dirigent) die Aufmerksamkeit auf sich. Die Oper wird sodann von vielen Opernhäusern Europas mit Erfolg aufgeführt. Selbst lebt Berg sehr zurückgezogen in Wien ohne feste Anstellung und widmet sich der Komposition und dem Musikunterricht, bis er am 14. Dezember 1935 in sehr beengten wirtschaftlichen Verhältnissen, von der Öffentlichkeit unbeachtet, stirbt. Seine überragende Bedeutung für die Musik unseres Jahrhunderts, die das Ausland bereits im letzten Jahrzehnt seines Lebens erkennt, wird nach dem Zweiten Weltkrieg weltweit und auch in seiner Heimat gewürdigt.

Literatur
K. Vogelsang: Alban Berg, Leben und Werk. 1959
W. Reich: Alban Berg. 1963

Werke

„In vielen musikalischen Kreisen, die der Wiener Schule im allgemeinen und besonders ihrem theoretischen Denken widerstrebend gegenüberstehen, hat man Berg als das einzige Genie betrachtet, das genügend ‚Musiker' ist, um ‚Musik' zu schreiben", schreibt Boulez. Das scheinbar Traditionelle in Bergs Partituren ist jedoch, wie eine genaue Werkanalyse ergibt, nur ein jeweiliger Kontrapunkt zu den musikalischen Bildern des Entsetzens, auf dessen Darstellung der Komponist nie verzichtet, wie nahezu bei allen seinen Opusnummern feststellbar ist. Das Gesamtwerk Bergs ist nicht umfangreich, weil er sehr langsam und sorgfältig arbeitet, dennoch erreicht er, in absoluten Zahlen berechnet, bis heute von den drei Hauptvertretern der II. Wiener Schule (Schönberg, Webern, Berg) die größte Aufführungszahl, weil er der Schule einer „überströmenden Wärme des Fühlens Ausdruck verleihen konnte" (Adorno). Neben seinen beiden Opern Wozzeck und Lulu (unvollendet), von denen er aus Bruchstücken je ein Konzertstück herstellt, sind die „3 Orchesterstücke" op. 6, das Kammerkonzert für Violine und Klavier mit 13 Bläsern, die „Lyrische Suite" für Streichquartett (1925/1926), aus denen 3 Sätze für Streichorchester gebildet werden (1928), die Konzertarie „Der Wein" für Sopran und Orchester (1929) und besonders das Violinkonzert (1935) ständig auf den Spielplänen Europas und Amerikas, weil ihm der von seinem Schüler Willi Reich (geboren 1898) verliehene Titel „Klassiker der Modernen Musik" in voller Bedeutung des Wortes zukommt. Nicht weniger häufig werden die „4 Stücke für Klarinette und Klavier", die „4 Lieder" op. 2, die „2 Lieder" nach Texten von Storm, das Streichquartett op. 3 und zuweilen auch die Klaviersonate op. 1 gespielt.

KAMMERKONZERT FÜR KLAVIER UND VIOLINE MIT 13 BLÄSERN

3 Sätze, entstanden zwischen 1923 und 1925, uraufgeführt in Berlin 1927 unter Hermann Scherchen, Arnold Schönberg zum 50. Geburtstag gewidmet. „In einem musikalischen Motto, das dem ersten Satz vorangestellt ist, sind die Buchstaben Deines, Anton Weberns und meines Namens, soweit dies in Notenschrift möglich ist, in drei Themen festgehalten", schreibt Berg an Schönberg. Satz I „Thema scherzoso con Variazioni" bringt ein dreißigtaktisches Thema, das mit Variation 1 die Grundgestalten des Themas vergegenständlicht; Variation 2-4 sind Krebs, Umkehrungen und Krebsumkehrung, Variation 5 beinhaltet die Reprise. Satz II, „Adagio" setzt den dreiteiligen Vordersatz in gleicher Ausdehnung fort. Satz III. „Rondo ritmico con Introduzione" bringt eine Kadenz der Solisten, dann werden die Sätze I und II übereinander und nacheinander kombiniert." Spielzeit: 39 Minuten.

DREI ORCHESTERSTÜCKE OP. 6
Für sehr großes Orchester, entstanden 1914, überarbeitet 1929, zyklische Uraufführung 1930 in Oldenburg unter Johannes Schüler. Stück I, Präludium, steigert sich von Geräuschanfängen zur gewaltigen Ballung und fällt dann symmetrisch zurück. Stück II, Reigen, gruppiert symmetrisch verschiedene Walzerfragmente. Stück III, Marsch ist außerordentlich kompliziert, weil sich die einzelnen Abfangselemente ständig ruhelos, oft hektisch oszillierend transformieren. Spielzeit: 20 Minuten.

LYRISCHE SUITE
Für Streichorchester, 3 Sätze, ursprünglich als sechssätziges Streichquartett Zemlinsky gewidmet (1925/1926), dann aus den Sätzen 2, 3 und 4 1928 für Streichorchester bearbeitet. Der 1. Satz verbindet Rondomit Sonatenform. Ihm ist eine Allintervallreihe (bei der nicht nur die 12 Töne der Skala, sondern auch die 11 Intervalle je einmal vorkommen) zugrunde gelegt. Satz 2 hat intensiveren und aggressiveren Charakter mit heftigen Ausbrüchen im Mittelteil. Satz 3 zitiert ein Thema des Widmungsträgers. Spielzeit: 15 Minuten.

VIOLINKONZERT
2 Teile, entstanden 1935, uraufgeführt am 19. 4. 1936 in Barcelona mit Louis Krasner unter Scherchen, gewidmet „Dem Andenken eines Engels". Anstoß zu diesem Werk gibt der Tod der achtzehnjährigen Manon Gropius, der Tochter Alma Mahlers. Teil I ist wieder zweigeteilt. Das einleitende Quintenmotiv und die ansteigende Terzenkette der Zwölftonreihe sind vor den ersten Abschnitt des Teiles bestimmend, im zweiten klingt eine Kärntner Volksweise in Ländlermelodik an. Teil II ist hochdramatisch und schließt mit einem Bach-Choral. Spielzeit: 26 Minuten.

Tips für Plattenfreunde
○ Kammerkonzert für Klavier, Violine und 13 Bläser, Violinkonzert (Stereo-LP/Ariola XD 28 511 K, Stereo)
○ Lyrische Suite, Streichquartett op. 3 (Stereo-LP/Teldec 6.41 301 AS)

EDGAR VARÈSE (1885–1965)

Zeit und Umwelt
Während z. B. Joseph Deems Taylor (1885–1966) Sinfonische Gedichte, klangvolle Kantaten für Stimmen und Orchester, interessante Kammermusik und Liederzyklen im Stil der Spätromantik verfaßt, Opern aufführen läßt und dafür etliche sicherlich wohlverdiente Preise erhält, sind die gleichaltrigen Carlos Salzedo (1885–1961) und Varèse dabei, die International Composers' Guild zu gründen und die modernste Musik in Amerika zu fördern. Es handelt sich dabei nicht um den „Modernismus" eines Wallingford Riegger (1885–1961), der sich avantgardistisch gibt und bis zur Zwölftontechnik vorstößt, sondern um den echten Bruitismus, der den Ton durch das Geräusch ersetzt, um diesem neue Klänge

abzulauschen, und die konventionalen Tonquellen in Geräuscherzeuger umdeutet, um mit diesem neuen Material zu einem bisher unbekannten Melos zu gelangen.

Leben

Edgar Varèse ist in Paris am 22. Dezember 1885 geboren, genießt den ersten Unterricht bei Roussel und d'Indy und später bei Widor, geht nach Dirigententätigkeit in Paris, Berlin und Prag 1915 nach den USA. Dort wird er zum unbedingten Vorkämpfer für die Musica Nova. Elektronische Tonerzeugung und Musique concrète bezieht er bereits in seine Kompositionen ein. Mit der von ihm gepflegten und propagierten Technik und der Bevorzugung des Schlagzeuges übt er einen starken Einfluß auf die nach ihm kommende Komponistengeneration ein. Hermann Heiß (1897–1966), der Leiter des Darmstädter Studio für Elektronische Musik, ist einer davon. Edgar Varèse stirbt in New York am 6. November 1965.

Werke

Die vielgestaltigen Kompositionen von Varèse werden naturgemäß nur selten gespielt, es finden sich aber immer mehr Interessenten dafür, zumal sie ihre schockierende Wirkung schon seit einiger Zeit verloren haben. Am häufigsten kann man „Hyperprism", 1923, „Octandre", 1924, „Intégrales", 1925, „Arcana", 1927, „Jonisation", 1931 und „Déserts", 1952 und 1961 zu Gehör bekommen. Die Werke sind schwer zugänglich, weil sie einen emotionslosen Mitvollzug erfordern, der ständig auf der Linie der Komposition bleibt und auch nicht reflektiv zurückbleiben darf.

HYPERPRISM
Für Bläser und Schlagzeug (Peitsche, Amboß und Sirene), entstanden 1922/23, uraufgeführt unter dem Komponisten 1923 in New York. „Gemessen am damaligen Entwicklungsstand erscheint Hyperprism als der gewaltige Schritt nach vorn dank seines Verzichts auf jegliche Thematik und dank seines Reliefs variabler Tempi" (Boulez). Themen und Periodenbildung sind durch geschlossene Klangkomplexe ersetzt. Spielzeit: 5 Minuten.

OCTANDRE
Für Bläser und Kontrabaß, 3 Sätze, entstanden 1924 und im gleichen Jahr in New York uraufgeführt. Der Titel (für 8 Männer) heißt Oktett. Der 1. Satz (Assez lent) ist langsam und getragen, der 2. (Très vif et nerveux) rasch und unruhig und geht in die Fugenexposition des 3. Satzes (Grave, Animé et jubilatoire) über, deren Themeneinsätze rituell und steif wirken. Spielzeit: 7 Minuten.

INTÉGRALES
Für Bläser und Schlagzeug, entstanden 1923/25, uraufgeführt in New York unter Stokowski, geschrieben in „räumlicher Musik", worunter der Komponist einen fortwährenden Veränderungsprozeß versteht, der mehrere Dimensionen einer Klanggestalt

erfaßt und diese unterschiedlich rasch gegeneinander verschiebt. Spielzeit: 12 Minuten.

ARCANA
Für sehr großes Orchester (119 Musiker, davon 12 Schlagzeuger), entstanden 1925–27, uraufgeführt 1927 in Philadelphia unter Stokowski. Trotz der Titelwahl („Geheimnisse") liegt keine Progammusik vor, sondern die durch ein Riesenorchester durchgeführte Gestaltung eines sehr sparsamen thematischen Vorwurfes von 11 Tönen. Spielzeit: 17 Minuten.

JONISATION
Für 37 Schlaginstrumente, entstanden 1929–31, uraufgeführt 1933 in New York unter Nicolas Slonimsky. Obwohl nur Schlagzeug verwendet ist, sind traditionelle Formkategorien beachtet, denn es gibt zwei Themenbezirke mit Wiederholungen, Überleitungs- und Durchführungsepisoden und eine Coda mit Instrumenten in fixierten Tonhöhen. Der Titel hat keine programmatische Bedeutung sondern soll nur die außerordentliche Energieentfaltung des Stückes bezeichnen. Spielzeit: 6 Minuten.

DÉSERTS
Für Bläser, Klavier, 47 Schlaginstrumente und Tonband, entstanden 1950–52, darauf 4 Fassungen mit Tonband bis 1961, uraufgeführt mit erster Fassung 1954 in Paris unter Scherchen. Es handelt sich um vier Instrumentalsätze mit drei Einschaltungen präparierter Klangpartien, von denen die erste und die dritte auf industriellen Geräuschen basieren, die zweite ein Schlagwerkensemble heranzieht. Spielzeit: 25 Minuten.

Tips für Plattenfreunde
○ Density 21,5 für Flöte solo, Hyperprism, Intégrales, Jonisation, Octandre, Offrandes (Stereo-LP/FSM 31 028, Cerha)

HEITOR VILLA-LOBOS (1887–1959)

Zeit und Umwelt

Lateinamerika, Mexiko inbegriffen, ist Schauplatz der Begegnung von drei Musikkulturkreisen. Die Musik der eingeborenen Indianer kommt mit der Volksmusik der iberischen Einwanderer in Berührung, und diesen beiden völlig heterogenen Elementen wird die Musik der afrikanischen Negersklaven zugeführt. Dazu tritt die Kunstmusik aus Europa für kirchliche und profane Zwecke. Die ersten Komponisten des Kontinentes stammen aus Europa oder werden dort ausgebildet. Das Bestreben, aus dem vorhandenen Material eine eigene Musik zu schaffen, tritt erst ein, als die Wirren und Kämpfe nach der Beendigung der Kolonialzeit abgeflaut sind und man sich darauf besinnt, der politischen Unabhängigkeit eine kulturelle folgen zu lassen. Diese allmähliche Abwendung von der Rückbeziehung auf europäische Kunsttraditionen vollzieht sich ungefähr in der ersten Hälfte des 20. Jahrhunderts und mündet in eine völlige Ablösung von europäischen Vorbildern und Amalgamisierung der autochtonen Musikformen zu einer originären lateinamerikanischen Musik. Melesio Morales (1838–1908) ist einer der ersten, dessen Namen außerhalb seiner Heimat bekannt wird. Julián Carillo (1875–1965) überspringt bereits die europäischen Entwicklungsphasen, verwendet folkloristische oder selbstgebaute nicht temperierte (ekmelische) Instrumente und experimentiert mit Mikrointervallen (Viertel- bis Sechzehnteltöne). Manuel Maria Ponce (1882–1948) studiert in Europa, schreibt Sinfonische Dichtungen, Konzerte, Kammer- und Klaviermusik und Lieder in einem folkloristisch-neuklassizistischen Stil, der noch volle Abhängigkeit von europäischer Musik verrät. Carlos Chávez Ramírez (geboren 1899) bildet sich als Autodidakt auf Studienreisen durch Europa und den USA, rückt aber schon stark von europäischen Stilelementen ab und schreibt 7 Sinfonien (darunter am bekanntesten: Sinfonía India und Sinfonía Proletaria, eine interessante Toccata für mexikanisches Schlagzeug-Orchester, mehrere Orchesterwerke mit feinen melismatischen Einfärbungen und heterophonen Ausweichungen, ein Klavier- und ein Violinkonzert, Ballette und eine Oper), dessen ehemaliger Assistent Silvestre Revueltas (1899–1940) geht in der Hinwendung zur heimatlichen Folklore und zur Musica nova unserer Zeit noch über ihn hinaus. Der Spanier Rodolfo Halffter, der nach Mexiko emigriert, bringt die Dodekaphonik in seine neue Heimat. Alberto Williams (1862–1952), Franck-Schüler in Paris, schreibt bis zu seiner Heimkehr (1889) unter dem Einfluß der französischen und deutschen Romantik, dann wendet er sich lateinamerikanischer Folklore zu („El Rancho abandonado" für Klavier ist ein Musterbeispiel dieses Stiles), ab 1910 verbindet er nationales Genre mit extrem modernen

John Williams tritt als Interpret zeitgenössischer Gitarrekomponisten (Ponce, Castellnuovo-Tedesco, Dodgson, Previn, Rodrigo) auf und nimmt sich besonders des Werkes von Villa-Lobos an.

Techniken. Die Brüder José María Castro (geboren 1892), Juan José Castro (geboren 1895) und Washington Castro (geboren 1909) bemühen sich mit Erfolg als Dirigenten und Komponisten um die Formung eines typisch lateinamerikanischen Musikstiles. Juan Carlos Paz (geboren 1897) verficht als erster die Dodekaphonik in Argentinien und setzt sich vorwiegend für radikal moderne Werke ein, Alberto Ginastera (geboren 1916) wird der Hauptvertreter der jungargentinischen Komponistenschule und verbindet folkloristische Elemente mit neuklassizistischen und zwölftontechnischen (seine Cantata para la America, 1962, nach Maja-, Inka- und Aztekentexten, ist sehr bekannt geworden). In Brasilien gibt Villa-Lobos den Auftakt zur Bildung einer eigenständigen Musik.
Seinem Beispiel folgt unter anderen Francisco Mignone (geboren 1897), er schreibt ein afro-brasilianisches Ballett („Chico-Rei") mit starkem folkloristischen Einschlag, „Fantasias Brasileiras" für Klavier und Orchester (1937), „Quadros Amazónicos" (1949) und viele andere volksverbundene Musik in modernen Techniken. Mozart Camargo Guarnieri (geboren 1907) schreibt brasilianisch gefärbt, strebt aber einen internationalen Stil an; von seinen Sinfonien, Tongedichten, Instrumentalkonzerten, Kammer-, Klavier- und Chorwerken sind die Cellokonzerte am meisten bekannt geworden. Mauricio Kagel (geboren 1931) ist zwar Brasilianer, hebt sich jedoch von der Musik seiner Heimat völlig ab, übersiedelt 1957 nach Europa, tritt an allen Plätzen der Avantgarde als Komponist und Dirigent auf und schreibt mit allen zeitgenössischen Techniken, vorwiegend für Elektronische Musik und für Musique concrète. Villa-Lobos nimmt nicht nur in der Musik seines Heimatlandes sondern in der von ganz Lateinamerika eine führende Rolle ein, nach der sich viele Komponisten ausrichten. Seine Werke sind es, die Europa und die USA darauf aufmerksam machen, daß in den lateinamerikanischen Ländern ein umfangreiches Reservoir an Musik nur darauf wartet, gehoben zu werden, und bereits fähige Köpfe an der Arbeit sind, das Material zu bearbeiten und zu verarbeiten.

Leben

Heitor Villa-Lobos ist am 5. März 1887 in Rio de Janeiro geboren, hält sich in den zwanziger Jahren einige Zeit in Paris auf und kehrt 1926 in seine Heimat zurück, wo er als fruchtbarer Komponist, als Dirigent eigener und fremder Werke und Musikpädagoge und anerkannter Führer des brasilianischen Musiklebens der Musik von ganz Lateinamerika starke Impulse verleiht. 1942 gründet er das brasilianische Nationalkonservatorium. Er stirbt in Rio de Janeiro am 17. November 1959.

Literatur

V. Maritz: Biographie von H. Villa-Lobos. 1948 (mit Werkverzeichnis)

Werke

Stoffe und wesentliche Bestandteile seiner Musik entnimmt Villa-Lobos der heimatlichen Folklore. Seine 12 Sinfonien werden in Europa selten gespielt, die Sinfonischen Dichtungen jedoch wegen der Farbenpracht, die darin zum Klingen kommt, um vieles mehr geschätzt. Eine zentrale Stellung nehmen die neun „Bachianas Brasileiras", eine Huldigung des Brasilianers für J. S. Bach, ein. Das beliebteste Stück daraus ist Nr. 5 für Sopran und 8 Celli, äußerst interessant Nr. 6, ein kontrapunktisches Duo mit Flöte und Fagott. Da der Komponist Cellist und Gitarrist ist, werden diese Instrumente sehr bevorzugt, und zwar in den schönen Cellokonzerten und den vielen Solostellen der Streichquartette einerseits, andererseits in dem prächtigen Konzert für Gitarre und Orchester und den Solowerken für dieses Instrument (12 Etüden, 5 Präludien). Seine Oratorien, Ballette und Opern werden in Südamerika sehr geschätzt.

Tips für Plattenfreunde

○ Bachianas Brasileiras Nr. 2, 5, 6, 9 (Stereo-LP/EMI 1C 065 = 12574Q, Orchestre de Paris)
○ Carnaval das Crianças (Karneval des Kindes), A fiandeira (Die Spinnerin), A Lenda do Caboclo (Die Geschichte eines Landarbeiters) (Stereo-LP/Deutsche Grammophon 2530 634 IMS)
○ Gitarrenkonzert (Stereo-LP/Deutsche Grammophon 2530 718), Yepes
○ Etüden für Gitarre 1–12, Präludien für Gitarre 1–5 (Stereo-LP/ Deutsche Grammophon 2530 140, Yepes)

FRANK MARTIN (1890–1974)

Zeit und Umwelt

Émile Jaques-Dalcroze (1865–1950), Schweizer, Schüler von Bruckner und Delibes, gründet 1911 in Dresden-Hellerau eine „Bildungsanstalt für Musik und Rhythmus"; die Bedeutung seines kompositorischen Werkes (Orchester-, Kammer-, Klavier- und Vokalmusik, Opern) tritt weit hinter seinen Bemühungen um eine rhythmisch-musikalische Erziehung zurück. Von diesen pädagogischen Zielen gelangt man zu künstlerischen Ausdrucksformen, die eine künstlerische Musik verlangen. Für das in Genf errichtete Institut wird Martin eingeladen, Rhythmiktheorie und Improvisation zu lehren, und damit in einen Kreis aufgenommen, in dem den rhythmischen Systemen nationaler Musikkulturen und ihren soziologischen und psychologischen (zum Teil wohl auch transzendenten) Hintergründen starke Aufmerksamkeit zugewendet wird.

Frank Martin (1890–1974)

Leben

Frank Martin ist am 15. September 1890 in Genf geboren, wird von dem Massenet-Schüler Joseph Lauber (1864–1952) ausgebildet. Nach seiner Tätigkeit am Jaques-Dalcroze-Institut wird ihm eine Lehrtätigkeit am Technicum moderne und am Konservatorium in Genf (Musiktheorie und Kammermusik) übertragen. Im Jahr 1946 geht er nach Amsterdam und lebt als freier Komponist, 1950 übernimmt er eine Kompositionsklasse an der Musikhochschule in Köln, emeritiert 1955 und übersiedelt nach Naarden, Niederlande, wo er am 21. November 1974 stirbt.

Literatur

R. Klein: Frank Martin, Sein Leben und Werk. 1961
B. Billeter: Frank Martin, Ein Außenseiter der neuen Musik. 1970

Werke

Frank Martin ist anfänglich stark von den Franzosen seiner Zeit beeinflußt, um 1930 beginnt aber bereits seine Auseinandersetzung mit der Technik Schönbergs. „Jede Regel trachtet nur nach einer Bereicherung des Stiles", sagt er dazu. „So kann ich sagen, daß ich von Schönberg beeinflußt wurde und mich gleichzeitig mit meinem ganzen musikalischen Empfinden ihm entgegengestellt habe." Bei freier Nutzung der Zwölftontechnik behält er die tonale Ordnung bei und bereichert sie durch konzentrierte Rhythmik, klare formale Aussage und Farbigkeit. Von seinen zahlreichen Orchesterwerken werden alle in Konzerten gespielt, wenn auch nicht sehr oft, am meisten die „Rhythmes" (1926), die Sinfonie (1937), die „Petite Symphonie concertante" (1945), das Sinfonische Gedicht „Inter Arma Caritas" (1963) und „Les Quatre Eléments" (1964). Das Violinkonzert (1911), die Klavierkonzerte (1934 und 1969), das Cembalokonzert (1952) und das Konzert für 7 Blasinstrumente, Pauken, Schlagzeug und Streichorchester (1949) werden am häufigsten gehört. Von der Kammermusik werden das Klaviertrio, das Streichtrio und die Kirchensonate für Viola d'amour und Orgel bevorzugt. Von den Chorwerken erweckte „Der Zaubertrank" das stärkste Aufsehen; seine sechs Monologe aus „Jedermann" und „Der Cornet" (Rilke) sind zu festen Bestandteilen der Konzertprogramme geworden.

PETITE SYMPHONIE CONCERTANTE

Für Harfe, Cembalo, Klavier, 2 Streichorchester, 2 Teile, entstanden 1945, uraufgeführt 1946 in Zürich unter Paul Sacher. Harfe und Tasteninstrumente sind solistisch eingesetzt. Die Einleitung des ersten Teiles bringt zunächst ein zwölftöniges Thema, das aber nicht nach den Regeln der Reihentechnik behandelt, sondern die Stelle eines zweiten Themas übernimmt und dem ersten vom Cembalo vorgetragenen entgegengestellt wird. Die drei Soloinstrumente begleiten einander und spielen den Streichern gegenüber die Rolle eines Concertino in einem Concerto grosso. Der zweite Teil des Werkes hat nur ein Thema, das die Soloinstrumente vortragen und am Ende zu einer fröhlichen Marschmelodie entwickeln, mit der das Werk virtuos abschließt. Spielzeit 22 Minuten.

Tips für Plattenfreunde
○ Cembalo-, Klavier- (Nr. 2) und Violinkonzert (Stereo-LP/FSM 31 065)
○ Sonata da Chiesa (Stereo-LP/FSM 33 501)
○ Klaviertrio, Streichtrio (Stereo-LP/ Bellaphon EA 21 638)

SERGEI PROKOFIEW (1891–1953)

Zeit und Umwelt

Der Ausbruch des Ersten Weltkrieges überrascht viele russische Dirigenten und Interpreten in Westeuropa oder Amerika. Da es sich zumeist um neutrale oder mit Rußland befreundete Länder handelt, können die Künstler ohne Schwierigkeit bleiben und weiterhin auftreten. Sie bleiben aber in der Mehrzahl, als die Revolution ausbricht, zuerst, weil die Bürgerkriegskämpfe alle kulturellen Möglichkeiten stark verringern, dann aber auch wegen der neuen Beziehungen, die sie inzwischen anknüpfen konnten, und der wirtschaftlichen und gesellschaftlichen Zustände der Heimat, die sie wenig verlockend finden. Sie werden zu Emigranten, erwerben eine neue Staatsbürgerschaft und eine neue Heimat. Nachdem sich die Verhältnisse in dem neuen Rußland konsolidiert haben, macht sich diese umfangreiche Abwanderung stark bemerkbar, man versucht die Prominentesten zurückzugewinnen. Das gelingt bei Gorki und bei Prokofiew. Gorki muß sich mit dem stalinistischen Kurs, der alle Schriftsteller streng auf die Parteilinie zwingt, abfinden. Ihm bleibt keine andere Wahl mehr, wenn er schreiben und am Leben bleiben will. Und auch Prokofiew unterwirft sich. Man hat ihm goldene Brücken gebaut für den Fall seiner Heimkehr, aber nach Tisch liest man es anders. Er wird wie Chatschaturian und Schostakowitsch ermahnt, „westlicher Dekadenz" abzuschwören und realistische (sprich: primitive) Musik zu schreiben. Er beugt sich und wird, als es ihm noch zu wenig gelingt, auf die vorgeschriebene Linie einzuschwenken, gemaßregelt. Chatschaturian weicht auf die armenische Folklore aus, Schostakowitsch verfügt über so viel künstlerische und intellektuelle Kraft, auch innerhalb der gesetzten engen Grenzen Hochwertiges zu schaffen, ohne dem Publikum entgegenzukommen. Doch Prokofiew wird immer farbloser, immer weniger sagend, er verliert nach und nach vollends seine künstlerische Linie, weil seine anfänglich reiche und vitale Substanz so weit verwässert wird, daß sie kaum mehr erkennbar bleibt. Es handelt sich weniger um die Trauer- oder Jubiläumsoratorien, um die Kantaten

mit Sprechchören, Volksgesang, Folklore und Blechmusik. Das liefert
jeder Komponist auf Bestellung, mehr oder weniger klingend. Daran
einen künstlerischen Maßstab zu legen, fällt ohnehin niemandem ein. Es
geht um die Musik für Oper und Konzertsaal, wo kleinbürgerliche
Geschmacksdimensionen gepflegt werden müssen, weil die Persönlichkeiten, auf die es ankommt, selbst nur Musik zu hören wünschen, die sie
verstehen, und genau spüren, wie alles, was darüber liegt, einem
Freiheitsraum zustrebt, der für sie unkontrollierbar und daher ihrer
diktatorischen Macht entzogen ist. Die Kunst, die der Parteilinie
entspricht, wird geknebelt und muß gefesselt sein, um keinen Freiheits-
gedanken zu nähren. Die Architekten müssen gigantische Alpträume
hinstellen, die Autoren jeden kritischen Gedanken unterdrücken, die
Maler naturalistischen Kitsch mit romantischem Zuckerguß oder hoh-
lem Pathos auf die Leinwand pinseln. Kunst vegetiert nur im Verborge-
nen, entweder tatsächlich versteckt oder so geschickt verpackt, daß sie
gefährlichen Augen nicht auffällt. Auch in der Musik muß alles klar und
gut bleiben und Gemüt und Ohr schmeicheln. Die bösen Dissonanzen
müssen ehebaldigst aufgelöst werden, damit das Stück mit Glockenklang
und Blechgeschmetter herzerhebend endet. Dabei bleibt mancher Musiker auf der Strecke, physisch, wenn er nicht gehorcht, oder künstlerisch,
wenn er sich anzupassen bemüht. Ohne Vorbehalte linientreu wird Boris
Wladimirowitsch Assafjew (1884–1949), dessen aufwendige konventionellen Ballette bereits vergessen sind, ebenso Witold Malischewski
(1873–1939), der als Spätromantiker und Folklorist sich mühelos einord-
net. Der Lette Janis Mediņš (1890–1966) bleibt in Lettland, solange es
einen lettischen Staat gibt, dann setzt er sich ab. Sein Vetter Jazeps
Mediņš (1877–1947) ebenfalls Impressionist, bleibt, weil er bereits
schwer krank ist. Boris Ljatoschinski (1895–1968) schreibt neben Opern,
Sinfonien, Kammer- und Klaviermusik eine Stalinkantate. Lew Konstantinowitsch Knipper (geboren 1898) ist ursprünglich Avantgardist
und wird unter dem Durck der Umstände Popularist, er schreibt
programmatische Chor- und Orchestermusik. Auch Alexandr Mossolow
(1900–1973) bekennt sich zum Naturalismus (Ballett: „Eisengießerei")
und zur Allgemeinverständlichkeit (Suite für Volksorchester: „Parti-
san"). Wissarion Jakowlewitsch Schebalin (1902–1963) wartet mit einer
massigen „Leninfantasie" auf. Der Armenier Aram Iljitsch Chatschatur-
jan (1903–1978), dessen drei Solokonzerte für Violine, Cello und Klavier
international bekannt werden, setzt armenische Musikfolklore für seine
Sinfonien und Ballette ein, schreibt viel „Staatsmusik" wie eine Trauer-
ode auf Lenin, eine Festouvertüre zum dreißigjährigen Revolutionsjubi-
läum für großes Orchester und 30 Trompeten und das Ballett „Sparta-
kus", wird aber trotzdem mehrfach gemaßregelt. Dinitri Borissowitsch
Kabalewski (geboren 1904) vertritt ohne Einschränkung den verlangten
sozialistischen Realismus (Requiem für Lenin, Kantate: Große Heimat).
Nikolai Pawlowitsch Iwanow-Radkewitsch (1904–1962) trägt sibirische

Sergei Prokofiew (1891–1953)

Folklore zur offiziellen Kulturpolitik bei. Gabriel Nikolajewitsch Popow (1904–1972) ist ein vielversprechender Schüler von Wladimir Wassiljewitsch Schtscherbatschew (1889–1952; schreibt stark deskriptive Musik) und Maximilian Ossejewitsch Steinberg (1883–1946; Schüler und Schwiegersohn von Rimski-Korsakow, schreibt zur Eröffnung der Bahnlinie Turkestan-Sibirien die Sinfonie „Turksib"), er versucht, absolute Musik mit komplizierter Struktur zu schreiben, muß aber bereits nach seinem Opus 2 (Septett) solche Pläne fallen lassen. Iwan Iwanowitsch Dserschinski (geboren 1909) ist ein betonter Vertreter der offiziellen Linie, wie auch Boris Mokrusow (geboren 1909), der eine „Pionier--Suite", eine „Stalinkantate" und eine „Antifaschistische Sinfonie" und ähnliches mehr schreibt. Der Strawinski-Freund Igor Markewitsch (geboren 1912) ist als Kind mit seinen Eltern emigriert, erwirbt als Dirigent und Komponist (Sinfonietta, 1928; Concerto grosso, 1929, Ballette) internationalen Ruf, geht als Kompositionsprofessor und Dirigent nach Moskau und tritt als Komponist nicht mehr hervor. Jewgenj Golubew (geboren 1910) verwendet seine unbestrittene Begabung, um neben ausgezeichneten Klaviersonaten mit Volksmelodien des hohen Nordens ein großes Oratorium „Die Rückkehr der Sonne" und mit ukrainischer Volksmusik eine „Ukrainische Rhapsodie" für Klavier zu schreiben. Tichon Nikolajewitsch Chrennikow (geboren 1913) ist Musikberater der Sowjetarmee und Generalsekretär des Sowjetischen Komponistenverbandes und bewegt sich mit seinen Kompositionen (Chor- und Opernwerke aus dem Arbeiter- und Bauernmilieu, Sinfonien, Konzerte) streng auf der von ihm selbst überwachten Linie. Der Ukrainer Georgji Ilareonowetsch Maiboroda (geboren 1913) hält mit seinen Opern und Sinfonischen Gedichten die gleiche folkloristisch gefärbte naturalistische Richtung ein. Die Armenier Alexander Grigorjewitsch Arutjunjan (geboren 1920) und Arno Arutjunowitsch Babadschanjan (geboren 1921) verbinden Melodien ihres Volkes mit traditioneller Struktur und verlangen weder von den Ausführenden noch vom Publikum irgendwelche Anstrengung. In dieser Umwelt gefangen muß aus dem Komponisten der „Skytischen Suite" und der „Liebe zu den drei Orangen" ein in der Sowjetunion viel gespielter und hoch geschätzter Musiker werden.

Leben

Sergei Sergejewitsch Prokofiew wird am 23. April 1891 in Sonzowka, Jekaterinoslaw, geboren, nimmt bei Glière Privatunterricht und wird am Konservatorium in Petersburg von Joseph Wihtol (1863–1948; Begründer des eigenständigen lettischen Musiklebens), Rimski-Korsakow, Ljadow, Tscherepnin und Anna Nikolajewna Jessipowa (1850–1914, Pianistin) in Komposition und Klavierspiel ausgebildet. Im Jahr 1910 erhält er den Rubinstein-Preis für sein Klavierkonzert Nr. 1, 1914 verläßt er das Konservatorium und einige Jahre darauf Rußland; er lebt in Japan, Amerika, Frankreich und Bayern und wirkt in aller Welt als Pianist und

Komponist. Nach mehreren Konzertreisen durch die Sowjetunion läßt er sich 1932 dort wieder endgültig nieder und nimmt am Musikleben seiner Heimat – mehrmals wegen Linienuntreue gemaßregelt – Anteil. Am 5. März 1953 stirbt er bei Moskau.

Literatur

F. Streller: Sergei Prokofiew. 1960

Werke

7 Sinfonien, von denen die erste op. 25 (Klassische Sinfonie) allgemein am höchsten geschätzt wird. Suiten nach seinen Opern und Balletten; davon muß die „Skytische Suite" (1914) vor allen anderen genannt werden. „Peter und der Wolf" (1936), für kleines Orchester und Sprecher. Von den 5 Klavierkonzerten (das 4. für die linke Hand) wird das 3. am meisten gespielt. Seine beiden Violinkonzerte (1917 und 1935) sind (besonders das 1.) ein fester Bestandteil der Violinliteratur. Das sogenannte Cellokonzert Nr. 2 ist eine Neufassung des Konzertes Nr. 1 und stellt eine Bereicherung des Repertoires für Cellisten dar. Von der Kammermusik werden das Quintett für Oboe, Klarinette, Violine, Viola und Kontrabaß und die Violinsonaten am meisten geschätzt und von der Klaviermusik die 11 klassizistischen Sonaten und vor allem die „Sarkas-

Der russische Meistergeiger David Oistrach hielt die Violin-Konzerte seines Landsmannes Sergej Prokofiew ständig auf seinem Programm.

men" op. 17 (1912), die polytonal gehalten sind und den Komponisten als große Hoffnung der Avantgarde abstempelten. Von seinen Balletten werden neben dem „Aschenbrödel" (auch als Orchester und Klaviersuiten) „Romeo und Julia" (1935, daraus auch Orchestersuiten) auf allen Bühnen getanzt. „Die steinerne Blume", das „Stahlballett" und der „Verlorene Sohn" sind nur mehr in Rußland selbst lebendig. Von den vielen zum Großteil politischen Chorwerken hat der liebenswürdige „Winterferientag" (1949, Ausflug einer Kindergruppe) nichts von seinem Reiz eingebüßt.

SINFONIE NR. 1 D-DUR „KLASSISCHE" OP. 25

Für kleines Orchester, 4 Sätze, entstanden 1917, uraufgeführt am 21. April 1918 in Petersburg unter dem Komponisten. Der erste freudig bewegte Satz hat Sonatenform. Die Durchführung der beiden Themen fällt durch originelle harmonische Wendungen auf. Im zweiten Satz bringen die Violinen im Rhythmus einer Polonaise ein Ständchen, der dritte eine Gavotte, der vierte hat wiederum Sonatenform und steigert noch die Fröhlichkeit der ersten. Spielzeit: 14 Minuten.

SINFONIE NR. 2 D-MOLL OP. 40

2 Sätze, entstanden 1925 und im gleichen Jahr unter Kussewizki in Paris uraufgeführt. Der 1. Satz bringt ein völlig zerklüftetes Thema, dem ein zweites tragisch-choralhaftes gegenübergestellt ist. Harmonische und kontrapunktische Ballungen verstärken die dramatische Entwicklung, die mit einem Fanfarenruf endet. Der 2. Satz bringt ein Thema mit sechs Variationen, teilweise aggressiv, dann wieder stark verinnerlicht und am Ende durch einen vielschichtigen Akkord verfremdet. Diese Sinfonie weckt anscheinend berechtigte Hoffnung auf eine Entwicklung des Komponisten zu einem großen Mann der zeitgenössischen Musik. Spielzeit: 34 Minuten.

SINFONIE NR. 3 C-MOLL OP. 44

4 Sätze, entstanden 1928, uraufgeführt im Mai 1929 in Paris. Der erste Satz beginnt mit einem unruhigen, von düsteren Akkorden unterbauten Thema, dem zwei weitere entgegengeführt werden. Weitere Motive treten hinzu und werden mit dem bereits vorhandenen Material ekstatisch verarbeitet. Der zweite Satz ist von einer Kantilene beherrscht, drohende Kurzmotive verweisen auf die tragische Grundhaltung des Werkes. Das Scherzo ist außerordentlich bewegt, im Trio erklingen Walzerfragmente. Das Finale ist hektisch erregt und führt zu einem faszinierenden Abschluß. Spielzeit: 33 Minuten.

SINFONIE NR. 4 C-DUR OP. 47 (112)

4 Sätze, entstanden und uraufgeführt in Boston 1930, 1947 umgearbeitet, in dieser Fassung uraufgeführt als op. 112 am 7. September 1947. Der erste Satz beginnt mit einer heroisch-lyrischen Geste und besteht aus einer Reihe plastischer kontrastreicher Bilder. Der zweite und dritte Satz sind dem Ballett „Der verlorene Sohn" entnommen und kennzeichnen in der Zweitbearbeitung das Bestreben des Komponisten, „schlichte und einfache" Melodik zu liefern. Das Finale ist brillant instrumentiert. „Die endgültige Heimkehr in die sowjetische

Heimat zeichnet sich in der Musik der Sinfonie deutlich ab", sagt ein Kommentator. Der sozialistische Realismus bahnt sich an und kommt in den folgenden Sinfonien (Nr. 5, 6, 7), auf Kosten des Niveaus, immer stärker zum Ausdruck. Spielzeit: 37 Minuten.

„PETER UND DER WOLF" OP. 67
Märchenspiel aus 1936. Der Erzähler stellt die Instrumente und deren Bedeutung vor: Der Vogel – Flöte, die Ente – Oboe, die Katze – Klarinette, der Großvater – Fagott, der Wolf – Hörner, Peter – Violinen. Dargestellt ist Peters Liebe zu den Tieren, die Sorge des Großvaters und die fruchtlose Jagd der Katze nach dem Vogel, der böse Wolf, der die Ente verschlingt, und das Einfangen des Wolfes mit Hilfe des Vogels, um den Missetäter in den Zoo zu bringen. Spielzeit: 35 Minuten.

KLAVIERKONZERT NR. 1 DES-DUR OP. 10
1 Satz, entstanden 1912 als Abschlußarbeit des pianistischen Studiums des Komponisten. Das Orchester beginnt lautstark in der Manier von Liszt, der Solist hat erst nach der Kulmination der Entwicklung das Wort. Es folgt ein Andante mit virtuos gehaltener Melodik. Es schließt mit dem Anfangsthema, was die Einheitlichkeit des Werkes unterstreicht. Spielzeit: 14 Minuten.

KLAVIERKONZERT NR. 2 G-MOLL OP. 16
4 Sätze, entstanden 1913 und in diesem Jahr in Pawlowsk uraufgeführt. Im ersten Satz trägt das Klavier ein schönes Hauptthema vor, ein grotesk-virtuoses zweites Thema wird herangeführt, eine gewaltige Kadenz folgt und eine kurze Reprise schließt den Satz ab. Der zweite Satz ist ein Perpetuum mobile mit immer neuen Einfällen, der dritte ist russisch gefärbt, der vierte lehnt sich thematisch an den ersten und beendet das Konzert, das technisch zu den schwierigsten unseres Jahrhunderts zählt. Spielzeit: 31 Minuten.

KLAVIERKONZERT NR. 3 C-DUR OP. 26
3 Sätze, entstanden 1921 und am 16. Dezember desselben Jahres in Chikago uraufgeführt. Dieses populärste und wirkungssicherste Konzert stellt sich mit den Konzerten von Bartók in eine Reihe. Der erste Satz bringt eine volksliedhafte Melodie, dann erklingt das Hauptthema mit rasanten Läufen der Streicher, zu dem ein burleskes Seitenthema tritt. Der zweite Satz gehört zu den schönsten und stimmungsvollsten Einfällen des

Für den Klaviervirtuosen Maurizio Pollini bedeuten die fünf Klavierkonzerte eine Herausforderung, die technisch wie musikalisch glänzend bewältigt wird.

Komponisten überhaupt. Das Finale entwickelt sich aus tiefen Tönen zu einem brillanten Scherzo, dann leitet eine lyrische Episode zu einer begeisternden Stretta über. Spielzeit: 26 Minuten.

KLAVIERKONZERT NR. 4 B-DUR OP. 53

4 Sätze, entstanden 1931 (für die linke Hand allein für den einarmigen Pianisten Wittgenstein, der es aber nie spielt), uraufgeführt 1956 in Berlin. Der erste Satz beginnt mit einem etüdenartigen Thema, das auch das zweite Thema bald überflutet. Der zweite Satz bringt eine lyrische Kantilene, ein zweites kantables Thema wird vom Solisten vorgetragen, und beide musikalischen Gedanken vereinen sich zu einem Hymnus. Der dritte Satz ist der Sonatenhauptsatz des Werkes, in dem markante Themen und eine lyrische Episode entwickelt werden. Das Finale hat den Charakter eines Epiloges und klingt pianissimo in hoher Lage aus. Spielzeit: 24 Minuten.

KLAVIERKONZERT NR. 5 G-DUR OP. 55

5 Sätze, entstanden 1932, im selben Jahr in Berlin uraufgeführt. Der erste Satz ist tänzerisch, seine Dissonanzen werden immer sauber aufgelöst. Der zweite hat Marschform und erinnert an „Peter und der Wolf". Der dritte bringt mit dem Thema des ersten eine Toccata. Der vierte wird von einem schlichten melodischen Gedanken beherrscht, und der fünfte ist ein Scherzo, vielfältig gegliedert und stark variiert. Spielzeit: 21 Minuten.

VIOLINKONZERT NR. 1 D-DUR OP. 19

3 Sätze, entstanden 1917, uraufgeführt 1923 in Paris. Der erste Satz beginnt mit einer lyrischen Kantilene der Violine, der ein groteskes Thema entgegengeführt wird. Der zweite ist ein Scherzo von höchster Virtuosität, das dem Solisten eminentes Können abverlangt. Das Finale verbindet Virtuosität mit Sanglichkeit und weist den Komponisten auf einen Weg, den er selbst allerdings nur eine Teilstrecke seines Lebens geht. Spielzeit: 21 Minuten.

SKYTHISCHE SUITE OP. 20

Für großes Orchester, 4 Teile, entstanden 1915, uraufgeführt 1916 in Petersburg. Die Suite folgt der Handlung des für Diaghilew bestimmte Ballett „Ala und Lolly", das abgelehnt wird, weil es „zu wenig russisch" ist. Musikalisch gehört es zu den bedeutendsten Leistungen des Komponisten. „Es drängte mich, etwas Größeres zu schaffen. Strawinskys Sacre du printemps hatte ich schon im Konzert gehört, aber nicht verstanden. Es war leicht möglich, daß ich etwas Ähnliches auf meine Art suchte", sagte er und behielt recht. Die vier Teile der Suite sind: I. Die Anrufung der Skythischen Götter Weles und Ala mit einem ekstatischem Huldigungstanz, in dem grelle Klangfarben und obstinate Motorik ein grandioses Tonbild vermitteln. II. Tschuschbog und der Tanz der Geister, in dem 8 Hörner das Motiv des Gottes des Bösen vortragen. III. Die Nacht, ist impressionistisch gehalten. IV. Lollys Kampf und Sonnenaufgang mit faszinierend gesteigerter Klangwirkung. In diesem Werk erreicht Prokofiew sein höchstes Maß an kompositorischer Freizügigkeit, bei der die Grenzen der Tonalität sehr häufig erreicht werden, so daß man ein Überschreiten erwarten zu dürfen glaubt. Spielzeit: 20 Minuten.

QUINTETT FÜR OBOE, KLARINETTE, VIOLINE, VIOLA UND KONTRABASS OP. 39

6 Sätze, entstanden 1924 als Ballett „Das Trapez". Der erste Satz enthält

zwei Variationen zu einem Thema, das anfangs und zum Ende vorgetragen wird. Der zweite Satz bringt eine groteske Geste mit freitonaler Chromatik. Der dritte Satz ist tänzerisch wegen der wechselnden Metren sehr schwierig, aber zugleich äußerst amüsant und vital. Die Sätze vier und fünf mit ihrer rhythmischen Exzentrik geben Musikern und Tänzern Gelegenheit, ihr Können zu beweisen. Der letzte Satz beginnt mit pathetischer Grazie, dann bricht barbarische Wildheit aus, die in einem tumultuosen Fortissimo endet.

Tips für Plattenfreunde

○ Sinfonien 1–7 (6 Stereo-LP/Ariola XK 80 640 K, Roschdestwenski)
○ Klavierkonzerte 1–5 (3 Stereo-LP/ Teldec 6.35 294 FK)
○ Violinkonzerte 1–2 (Stereo-LP/ FSM 31 081 Q, Ricci)
○ Peter und der Wolf (Stereo-LP/ Deutsche Grammophon 2530 587, Böhm)
○ Quintett (Stereo-LP/Ariola Z 80 042 K)
○ Romeo und Julia, Ballett (2 Stereo-LP/Teldec 6.35 094 GF, Maazel)

ARTHUR HONEGGER (1892–1955)

Zeit und Umwelt

Da Frankreich in beiden Weltkriegen auf der Siegerseite steht, können fremde Eingriffe und Störungen wieder abgeschüttelt werden, so daß die Kontinuität der kulturellen Weiterentwicklung nur zeitweilig etwas gehemmt und beengt ist und sich bald wieder erholt. Die Künstler, die emigrieren mußten, kehren wieder zurück und nehmen mit den im Land Gebliebenen, an Eindrücken bereichert, die Arbeit wieder auf und können sogar mithelfen, das kulturelle Leben, das in Mitteleuropa vernichtet war, neu aufzubauen. Die Auseinandersetzungen zwischen den französischen Impressionisten, deren Einfluß in der ganzen Welt noch lange weiterwirkt, und den Neoklassikern auf einer und Expressionisten auf der zweiten Seite geht weiter und wird bereits von der Avantgarde überholt, die überhaupt keine nationale Sonderstellung anerkennt, sondern sich mit den Gleichgesinnten aller Länder auf internationaler Ebene findet. Der Schweizer Honegger, den die politischen Ereignisse überhaupt nicht berühren, sieht sich von einer bunten Ansammlung von Stilrichtungen und Techniken umgeben: Massenet, Ravel, Satie und alle, die zwischen und nach ihnen sich einen individuellen Stil bilden, die II. Wiener Schule, die Russen, die vielfach als Emigranten am französischen Musikgeschehen teilnehmen, die Spanier, die ihre eigene Note gefunden haben, Nordamerika, das noch im vergangenen Jahrhundert von Europa musikalisch ernährt wurde und beginnt, seine eigene Musik nach Europa zu senden, und Lateinamerika, wo in allen Ländern junge Talente erscheinen und den Europäer mit neuer Melodik und Rhythmik überraschen. Dazu kommen noch Strawinsky und Bartók, an denen kein zeitgenössischer Komponist vorbeigehen kann. In Honeggers „Werken lassen sich so ziemlich für alle Stilmittel der ‚Neuen Musik' Beispiele auffinden; um so erstaunlicher ist die elementare Schlagkraft seiner die knappste Formel suchende Musik" (Willi Schuh).

Leben

Arthur Honegger wird am 10. März 1892 in Le Havre von Schweizer Eltern geboren, studiert zwei Jahre am Konservatorium in Zürich, dann geht er an das Pariser Konservatorium zu Gédalge, Widor und d'Indy und bleibt als freier Komponist in Frankreich, ohne seine Schweizer Staatsbürgerschaft aufzugeben. Er schließt sich der Gruppe der „Sechs" an, ohne seine Eigenart zu verleugnen, und pflegt mit vielen französischen namhaften Musikern seiner Zeit enge Verbindung. Den hervorragenden Organisten Marcel Dupré (geboren 1886), der interessante Orgel- und Klavierwerke schreibt, kennt er aus dem Unterricht bei Widor, mit dem maßgebenden Dirigenten Désiré-Emile Inghelbrecht (1880–1965), der sich mit seinen Balletten und Sinfonischen Dichtungen einen Namen gemacht hat, verbindet ihn der gemeinsame Freund Jules Massenet (1842–1912, Komponist von 23 Opern, Orchesterwerken, Kammermusik, Oratorien, Kantaten, Liedern), Claude Delvincourt (1888–1954), der sich ebenso wie Honegger bei seinen Orchester- und Vokalwerken keiner der bestehenden Richtungen anschließt, ist sein Studienkollege wie Jacques Ibert (1890–1962), der von 1937 bis 1955 in Rom lebt und Operndirektor wird (und mit seinen Sinfonischen Dichtungen Orchesterfantasien und Instrumentalkonzerten, besonders mit seinem Flötenkonzert, 1934, internationale Erfolge erreicht) und Marcel Delannoy (1898–1962), der sowohl mit seinen Opern wie mit seiner Orchester- und Vokalmusik sehr bekannt wird. International bekannt wird Honegger durch sein szenisches Oratorium „König David" (1921). Großes Aufsehen erregen seine Symphonischen Sätze „Pacific 231" (1923) und „Rugby" (1928), die Eindrücke aus Technik und Sport verarbeiten. Dem völlig entgegengesetzt schreibt er eine Symphonie „Liturgique" (1946), die als Requiem ohne Worte bezeichnet wird, und das Szenische Oratorium „Johanna auf dem Scheiterhaufen" (1938) mit dem Libretto von Claudel. „Sein Genie fühlt sich zu einer Musik hingezogen, die dem Handwerkertum der Kathedralen und Fabriken nahe stand. In seinem Schaffen wechselt die Welt der Maschinen ab mit einer der Altarwände, Strebepfeiler und Kirchenfenster." (Cocteau.) Arthur Honegger stirbt am 27. November 1955 in Paris.

Literatur

W. Tappelot: Arthur Honegger. 1955
W. Reich: Arthur Honegger, Schriften, Fotos, Dokumente. 1957
A. Honegger: Je suis Compositeur 1952 – Beschwörungen. 1955

Werke

Honegger schreibt 5 Sinfonien: Nr. 1 (1930), Nr. 2 (1941), Nr. 3 „Liturgische Sinfonie" (1946), Nr. 4 „Deliciae Basilienses" (1946), Nr. 5 „di tre re" (1950), die alle zum Programm der Konzertsäle gehören. Die Sinfonischen Sätze „Pacific 231" (1923) und „Rugby" (1928), die Instrumentalkonzerte werden fallweise gespielt, vor allem das Englischhornkonzert. Seine Chorwerke „1001 Nacht", Kantate für Soli, Chor und Orchester, „Totentanz-Oratorium und „Weihnachtskantate" werden selten gehört. Die drei Streichquartette (1917, 1935, 1937) und das Streichdixtett sind heute noch lebendige Musik. Die Oratorien „Judith", ein biblisches Drama (1925), „Antigone" nach Sophokles (1927), „König David" (1928) und „Johanna auf dem Scheiterhaufen" werden szenisch und in Konzertsälen aufgeführt und haben bis heute nichts von ihrer Durchschlagskraft verloren.

SINFONIE NR. 2 FÜR STREICHER UND TROMPETE AD LIBITUM
3 Sätze, entstanden 1941, uraufgeführt 1942 in Zürich unter Paul Sacher. Das Datum macht die düstere Stimmung des Werkes verständlich: Frankreich ist besetzt. Die dunklen Streichklänge, das klagende Bratschenmotiv werden von einem kämpferischen Thema angegriffen. Es kommt zu einer harten Auseinandersetzung, doch der Konflikt bleibt ungelöst. Der zweite Satz gleicht einer traurigen Chaconne. Die Geigen steigern das tragische Pathos. Im Finale wird eine tänzerische Volksmelodie von den 1. Violinen herangeführt, die die 2. Violinen bitonal begleiten. Auf dem Höhepunkt der Entwicklung ertönt ein Choral, der optimistisch ausklingt. Spielzeit: 25 Minuten.

SINFONIE NR. 3 „SYMPHONIE LITURGIQUE"
3 Sätze, entstanden 1946 und im selben Jahr in Zürich unter Charles Munch uraufgeführt. Jedem Satz sind Textworte der katholischen Totenmesse vorangestellt. Satz 1: Dies irae, ringende Kräfte und schmerzliche Trauer bringen starke Klangballungen und Konflikte. Satz 2: De profundis clamavi, Bittgesang in weichen Klangfarben. Satz 3: Dona nobis pacem, ein Marschmotiv zeichnet die Schrecken des Krieges, bis das Bild des ersehnten Friedens aufsteigt. „Meine Symphonie ist ein Drama, das drei Personen – wirklich oder symbolisch – spielen: das Unglück, das Glück und der Mensch. Es ist ein ewiges Problem. Ich versuchte, es zu erneuern..." sagt der Komponist. Spielzeit: 30 Minuten.

SINFONIE NR. 4 „DELICIAE BASILIENSES"
Für kleines Orchester, 3 Sätze, 1947 entstanden und unter Paul Sacher in Basel uraufgeführt. Bei diesen „Basler Freuden" spürt man die Vorbilder Haydn und Mozart. Der 1. Satz spiegelt die Mißlichkeiten der Nachkriegszeiten wieder. Im 2. Satz wird ein Baseler Volkslied intoniert. Im 3. erklingt eine andere Baseler Volksweise. Der Satz ist kunstvoll mit Verwendung von Elementen des Rondo, des Passacaglia und der Fuge gearbeitet. Spielzeit: 32 Minuten.

SINFONIE NR. 5 „DI TRE RE"
3 Sätze, entstanden 1950, uraufgeführt 1951 in Boston unter Kussewitzky. Die Bezeichnung rührt von den drei

Paukenschlägen in D (Re) her, mit denen jeder Satz abschließt. Der erste Satz bringt einen choralartigen Gesang des ganzen Orchesters, dessen Thema weiterklingt und mit einem unruhigen zweiten Thema verarbeitet wird. Der zweite Satz ist ein zweimal durch einen langsamen Teil unterbrochenes Scherzo, so daß fünf Teile entstehen, in denen die Stimmung ständig wechselt. Im Finale werden starke Konflikte ausgetragen; wilde Klangausbrüche und Kontraste wirken nachgerade chaotisch, aber am Ende siegt die Ordnung und die Kraft des ordnenden Menschen. Spielzeit: 28 Minuten.

PACIFIC 231 MOUVEMENT SYMPHONIQUE
1 Satz, entstanden 1923, uraufgeführt in Paris 1924 unter Kussewizki. „Das Werk geht von sachlichen Beobachtungen aus – das ruhige Atemschöpfen der Maschine im Stillstehen, die Anstrengung beim Anziehen, das allmähliche Anwachsen der Schnelligkeit – bis sie einen lyrischen Hochstand erreicht und mit der Pathetik eines Zuges von dreihundert Tonnen, der mit 120 km pro Stunde durch die tiefe Nacht stürmt. Der Gegenstand meiner Komposition war eine Lokomotive vom Typ „Pacific, Marke 231 für Gütereilzüge", erklärt der Komponist. „Musikalisch habe ich einen großen figurierten Choral komponiert, der sich in der Form an J. S. Bach anlehnt." Spielzeit: 8 Minuten.

Tips für Plattenfreunde

○ Sinfonien 1–5, Pacific 231, Pastorale d'été, Chant de Joie (3 Stereo-LP/Ariola XH 87 604 K)
○ Johanna auf dem Scheiterhaufen (2 Stereo-LP/Ariola XF 27 067 R). Einzige Aufnahmen

DARIUS MILHAUD (1892–1974)

Zeit und Umwelt

Wer wie Milhaud den Ersten Weltkrieg als Attaché weit vom Schuß in Brasilien und den Zweiten als Lehrer am Mills College in Oakland verbringen kann, hat unter der Zeit, die vielen Millionen Europäern Tod, Unterdrückung, Beschränkung, Unfreiheit jeder Art bringt, wenig zu leiden. Seine Umwelt besteht, ehe er nach Südamerika geht, aus Lehrern und Mitschülern des Pariser Konservatoriums, in Rio de Janeiro aus der vor kurzem zum selbständigen Dasein erwachten südamerikanischen Musik, sodann aus den vielen expressionistischen und avantgardistischen Musikern seiner Heimat, und als er als Jude vor den Deutschen flüchten muß, aus dem Musikleben der USA, und schließlich, nach neuerlicher Heimkehr, aus Welterfolgen als Komponist und Dirigent.

Leben

Darius Milhaud wird am 4. September 1892 in Aix-en-Provence in einer angesehenen jüdischen Familie geboren und nimmt 1909 am Pariser

Konservatorium sein Musikstudium bei Gédalge, Dukas, Widor und Xavier Henry Napoléon Leroux (1863–1919; fruchtbarer Opernkomponist, schreibt außer einigen Orchesterstücken viele Lieder und Kirchenmusik, Konservatoriumslehrer) auf. Er kommt mit dem Dichter und Diplomaten Paul Claudel in Kontakt, der ihn als Gesandtschaftsattaché nach Rio de Janeiro mitnimmt (1917–1919). Nach Paris zurückgekehrt, gründet er mit Honegger die „Gruppe der Sechs", an der unter der Führung des Dichters Jean Cocteau Strawinski, Poulenc, Auric und andere teilnehmen. Charles Koechlin (1867–1950; Musiklehrer, Musikschriftsteller, schreibt Kammer-, Chor- und Bühnenmusik) ist, obwohl um ein gutes Stück älter, mit Eifer dabei, die jungen Künstler zu beraten und zu unterstützen. Roger Désormière (1898–1964; Ballettdirigent, Komponist von Bühnenmusik), Henri Sauguet (geboren 1901), dessen Sinfonik, Kammermusik, Ballette (La Chatte erlebte über 100 Aufführungen) und Opern, die wohl unakademisch, aber doch stark traditionalistisch sind, sehr beliebt werden, und der spätere Kirchenmusiker Maxim Jacob (geboren 1906) schließen sich an. Im Jahr 1940 muß Milhaud als Jude vor den einrückenden Deutschen flüchten und wird neben Dirigententätigkeit und Komposition Lehrer am Mills College in Kalifornien. 1945 kann er wieder zurückkehren und lebt ab nun abwechselnd in Amerika und in Frankreich. Ein schlimmes Leiden behindert seine Bewegungsfähigkeit immer mehr, doch Milhaud trotzt dem widrigen Schicksal, er komponiert bis in sein hohes Alter. Er stirbt am 22. Juni 1974 in Genf. Wer seine Musik kennt, zählt ihn zu den Spitzenkräften des europäischen Musikgeschehens dieses Jahrhunderts, und wer gesehen hat, wie er sich noch wenige Jahre vor seinem Tod mit dem Rollstuhl auf den Platz des Dirigenten heben läßt, zum Taktstock greift und sich gleichsam in die Musik verwandelt, die er dirigiert, kann nur mit äußerster Hochachtung und Bewunderung an ihn denken.

Literatur

C. Rostand: Gespräche mit Darius Milhaud. 1955

Werke

Milhaud komponiert mit der selbstverständlichen Leichtigkeit, mit der andere atmen. Er arbeitet nicht nur mit einem „Überangebot von Ideen" (J. Häusler), er beherrscht alles Handwerkliche mit erstaunlicher Virtuosität. Es gibt kaum eine Musikgattung, für die er nicht geschrieben hätte, Miniaturformen gelingen ihm ebenso mühelos wie Monumentalwerke. Seine Werkzahlen übersteigen die Vierhundertmarke, und es ist schwer, darunter eine Auswahl zu treffen, wenn es auch Kompositionen gibt, die im Vergleich zu vielen anderen als schwächer klassifiziert werden, obwohl sie im Werkverzeichnis manch anderer Komponisten zu den Glanzpunkten gerechnet werden müßten. Seine „Sechs kleinen Sinfonien", Nr. 1 „Le Printemps", Nr. 2 „Pastorale", Nr. 3 „Sérénade", Nr. 4

Sinfonie „1848", Der Ochse auf dem Dach, Die Erschaffung der Welt 569

„Für zehn Streicher", Nr. 5 „Für zehn Bläser", Nr. 6 „Für Vokalquartett, Oboe und Cello", Spielzeit durchschnittlich 5 Minuten, überraschen zuerst durch ihre kurze Dauer, werden aber dennoch oft gespielt. Die 13 Sinfonien haben größere Besetzung und Länge: Nr. 1, 1939, Nr. 2, 1944, Nr. 3, Tedeum mit Chor, 1946, Nr. 4, „1848, zur Befreiung des Vaterlandes", 1947, Nr. 5, 1953, Nr. 6, 1955, Nr. 7, 1955, Nr. 8 „La Rhodanienne", 1957, Nr. 9, 1959, Nr. 10, 1960, Nr. 11, 1960, Nr. 12 „Rurale", 1961, Nr. 13, Chorsinfonie „Pacem in terris", 1963, zählen zu unserer Gegenwartsmusik wie die vielen Konzerte mit Orchester und Soloinstrument (1 oder 2 Klaviere, Cembalo, Harfe, Violine und Flöte, Viola, Cello, Oboe, Klarinette, Schlagzeug, Marimba, Vibraphon). Unter den Kompositionen für verschiedene Instrumente stechen hervor: Saudades do Brasil (Erinnerung an Brasilien) mit starkem Anklang an brasilianische Volksmusik. „Die vier Jahreszeiten" (Frühling für Violine und kleines Orchester, Sommer für Viola und kleines Orchester, Herbst für 2 Klaviere und 8 Instrumente, Winter für Posaune und Streicher). Die Kammermusik ist mit einer Reihe Suiten und Sonaten, einem Septett und 18 Streichquartetten vertreten, von denen die Nummer 14 und 15 so gesetzt sind, daß sie gleichzeitig als Oktett gespielt werden können. Von seinen zahlreichen Bühnenkompositionen, die von kurzen Szenen bis zur abendfüllenden Oper reichen, sind die Ballette „Der Ochse auf dem Dach", 1919, und „Die Erschaffung der Welt" (1923) am öftesten auf den Programmen.

SINFONIE NR. 4 „1848"
4 Sätze, entstanden 1947 im Auftrag der französischen Regierung zur Jahrhundertfeier der Revolution von 1848. Der 1. Satz („Der Aufstand") setzt mit Schlagzeugsoli ein, dem ein Marsch im Fortissimo folgt. Der 2. Satz („Den Toten der Republik") bringt einen Trauergesang der Celli. Der 3. Satz („Die friedlichen Freuden der wiedererreichten Freiheit") ist ein Scherzo. Das Finale („Gedenken 1948") nimmt die Themen des 1. Satzes wieder auf und ist auf die Gegenwart bezogen. Spielzeit: 25 Minuten.

LE BOEUF SUR LE TOIT (DER OCHSE AUF DEM DACH), CINÉMA-FANTASIE
1 Satz, 1919 entstanden, als Ballett uraufgeführt 1920. Den Titel nahm der Komponist von einem populären brasilianischen Lied. Die Ballettszene spielt in einer amerikanischen Bar, wo Gäste surrealistische-akrobatische Tänze aufführen. Spielzeit: 19 Minuten.

LA CRÉATION DU MONDE (DIE ERSCHAFFUNG DER WELT), BALLETTMUSIK
5 Teile, uraufgeführt 1923 in Paris. Die Handlung dieses Ballettes, das als erstes sinfonisches Werk Jazzelemente verwendet, fußt auf afrikanischen Volksmythen. Satz I: Chaos der Schöpfung, magische Handlungen der Götter. Satz II: Erweckung von Pflanzen und Tieren. Satz III: Tiertänze, Erweckung der Menschen. Satz IV: Orgiastischer Tanz der beiden Menschen. Satz V: Beruhigung, Entspannung.

Tips für Plattenfreunde
○ Le Carneval d'Aix, Schlagzeugkonzert; Violakonzert Nr. 1 (Stereo-LP/FSM 31 013)

○ Klavierkonzert Nr. 2, La Muse ménagère; Suite cisalpine (Stereo-LP/FSM 34 496). Vorzügliche Aufnahmen

CARL ORFF (geboren 1895)

Zeit und Umwelt

Wenn man die Liste der Komponisten, die im Dritten Reich (abgesehen von den aus rassischen Gründen Eliminierten) als „entartet" bezeichnet und dementsprechend behandelt werden, betrachtet, wundert man sich, den Namen Carl Orff nicht darunter zu entdecken, denn er geht über alles, was den Avantgardisten vorgeworfen wird, weit hinaus. Er begnügt sich nicht damit, Melodik und Harmonik frei und ohne traditionelle Bindung zu gestalten, sondern verzichtet auf diese Strukturelemente gänzlich und stellt sich außerhalb jeder Regel und überkommenen Form, so daß er in weit höherem Maß „destruktiv" ist als die „Entarteten". Daß er dennoch seine „Carmina Burana" in mehreren deutschen Städten und in Wien herausbringen kann, dürfte im beschränkten Fassungsvermögen der maßgebenden Stellen zu suchen sein, die die Derbheit vieler Passagen als „Urwüchsigkeit", die am Kitsch hart vorbei gleitenden Sentimentalitäten als gefühlvolle Romantik und seine Rhythmik als Befreiung von einer überzivilisierten Kultur mißverstehen und nicht entdecken, daß eine solche Musik sich jeder Klassifikation, jeder Registrierung, jeder Reglementierung und jeder Rekrutierung entzieht. Kein Komponist unserer Zeit hat mehr individuelle Freiheit für sich in Anspruch genommen als Carl Orff. Aber es haben auch die strengsten Zensoren des Absolutismus manches sehr verfängliche Druckwerk passieren lassen, weil es ihren Intelligenz- und Bildungsgrad überforderte.

Leben

Carl Orff ist am 10. Juli 1895 in München geboren, studiert bei Zilcher und Kaminski bis 1914. Nach dem Ersten Weltkrieg arbeitet er als Korrepetitor und Kapellmeister in München, Mannheim und Darmstadt und wendet sich sodann der Musikerziehung zu, für die er neue Wege sucht. Er will das Musikverständnis aus dem Spiel auf Schlaginstrumenten entwickeln. Im Jahr 1950 wird er Leiter einer Kompositionsklasse an der Musikhochschule in München und bleibt in dieser Stellung bis 1960. Seine Werke erfahren nach 1945 eine ungeheure Verbreitung, nachdem er bereits 1937 in Frankfurt a. M. durch die Erstaufführung der

Carl Orff (geboren 1895)

Carmina Burana einen durchschlagenden Erfolg erreicht hat. Seine Musikerpersönlichkeit beeinflußt viele jüngere deutsche Komponisten stark, wie seine engeren Landsleute Werner Egk (ursprünglich Werner Josef Mayer, geboren 1904), 1936–1940 Dirigent an der Berliner Staatsoper, 1941–1945 Leiter der Komponistenfachschaft in der Reichsmusikkammer, Komponist vieler Opern und Ballette, zum Teil mit Anlehnung an bajuwarische Folklore, die er im Gegensatz zu seinem Lehrer Orff zum Selbstzweck macht. Karl Marx (geboren 1897), der bei Orff und Sigmund Hausegger studiert und vorwiegend als Vokalkomponist arbeitet (Chorkantaten, Chorlieder und Lieder mit verschiedener Instrumentenbegleitung in einem linear-polyphonen Stil) und Fritz Büchtger (geboren 1903), Gründer eines Studios für zeitgenössische Musik in München, Komponist von Vokalwerken (Kantaten, Oratorien, Orchestergesänge, Kammerliederzyklen). Jedoch weder die genannten noch andere können die Einmaligkeit dem Klang Orffscher Tonsprache, die einer Urmusik in völlig unbegrenztem Raum gleicht, auch nur einigermaßen nahe kommen.

Literatur

A. Liese: Carl Orff. 1955

Werke

Orff schreibt für die Bühne, er ist Dramatiker des Wortes und des Klanges. Nichttheatralische Kompositionen hat er außer jenen, die aus der Zeit vor seinen Carmina Burana stammen und von ihm ohne Ausnahme zurückgezogen werden, nicht verfaßt, abgesehen von einigen wenig gesungenen Chorwerken. Etliche Bühnenwerke werden konzertant aufgeführt, wie die Trilogie „Trionfi", die aus „Carmina Burana" (weltliche Gesänge aus der Benediktbeuren Handschrift in mittelhochdeutscher, mittelfranzösischer und mittellateinischer Sprache für drei Gesangssolisten, zwei Chöre und großes Orchester mit zahlreichem Schlagzeug, 1937), „Catulli Carmina" (nach Liebesgedichten von Catullus für zwei Gesangssolisten, Chor, vier Klaviere und Schlagzeug, 1942) und „Trionfo di Afrodite" (Lieder von Catullus, Euripides und Sappho für Soli, Doppelchor und großes Orchester, 1953) bestehen.

Tips für Plattenfreunde

○ Trionfi (Stereo-LP/Ariola XG 80 299 K). Einzige Gesamtaufnahme von: Carmina Burana – Cartulli Carmina – Trionfo di Afrodite
○ Die Weihnachtsgeschichte (Stereo-LP/AGK 30 703, Stefanskontorei Hamburg)
○ Musica poetica Nr. 4 Lieder, Balladen, Tänze (Stereo-LP/MXT Eco 506)
○ Schulwerk I und II (2 Stereo-LP/1 C 147 = 01 386/87 M)

PAUL HINDEMITH (1895–1963)

Zeit und Umwelt

Es ist eine häufige Erscheinung, daß politische oder religiöse Ideologien gerade die am schärfsten bekämpfen, die, anscheinend zumindestens, nur um Fingerbreite von ihnen abweichen, während bei Andersgearteten über weite Entfernungen hinweg eine Duldung leichter fällt, wie wenn das Nichtverstehen eine unerläßliche Voraussetzung dazu wäre. Sekten, deren Verschiedenheit für den unbefangenen Beobachter kaum feststellbar sind, verfolgen einander am heftigsten und politische Systeme sehen ihren ärgsten Feind in Persönlichkeiten, die sich nicht völlig auf ihrer Linie befinden. Orff ist für die Kulturverwalter des Dritten Reiches viel zu weit entfernt, um ihn als Gegner einzustufen, Hindemith hingegen, der zwar die auf einen Grundton bezogene Tonalität aufgibt, aber nur, um sie weiter zu entwickeln, ohne ihre Grenzen zu überschreiten, der sich von der Tradition nicht abwendet, sondern sie in neue Formen gießt, der gerade zu jener Zeit seine etwas avantgardistische Haltung aufgibt, in der das gesamte Kulturleben unter Kontrolle genommen wird, wird verboten. Es fruchtet nichts, daß sich Furtwängler für ihn einsetzt. Die Bekenntnisoper „Mathis der Maler" wird verboten und damit auch alles andere, was er geschrieben hat, er ist ein „Entarteter", der emigrieren muß und seiner Heimat den Rücken kehrt, Amerikaner wird, nie mehr zurückkehrt, außer als Gast. Das ist die Zeit, in der Hindemith lebt. Und seine Umwelt besteht, bis er in das Exil geht, aus der dünnen Kulturschichte der Zwischenkriegszeit, aus den vorwärts drängenden Avantgardisten, aus den impressionistischen Komponisten, aus den Wagnerianern und vor allem aus Debussy, Bartók und dem Phänomen Strawinsky. In seiner ersten Schaffenszeit wird er als Gegner der Romantik heftig angefeindet, obgleich er nur den unechten Romantizismus bekämpft, und von der Avantgarde als ihr Mann begrüßt. „Ich habe den Übergang aus konservativer Schulung in die neue Freiheit vielleicht gründlicher erlebt als irgendein anderer", sagt er selbst dazu. „Das Neue muß durchschritten werden, sollte seine Erforschung gelingen; daß diese weder harmlos noch ungefährlich war, weiß jeder, der an der Eroberung beteiligt war. Weder wurden die Erkenntnisse auf geradem Weg errungen, noch ging es ohne Störung an. Heute scheint es mir, als sei das Gebiet übersichtlich geworden, als sei die geheime Sprache der Töne erlauscht, doch nicht von den Starrsinnigen, die durch einfaches Verharren in der ihnen gewohnten Unordnung Kraft vortäuschen, auch nicht von dem Tugendbold, der sich gar nicht erst in Versuchung begeben hat." In seiner mittleren Schaffenszeit besteht seine Umwelt aus der Anerkennung aller sachverständigen Kreise. Dann gerät er erneut in das Feuer der Kritik der jüngeren Komponistengeneration, weil er ihren Fortschritt nicht mitmacht, weil er sich von Zwölfton- und

Paul Hindemith (1895–1963)

Reihentechnik, Atonalität und Elektronik fern hält, weil er das Überlieferte nicht zertrümmert, sondern Gregorianik, niederländische Polyphonie, den Geist des Concerto grosso, Bachs Kontrapunktik, den klassischen Sonatenbau, die gefühlvolle Romantik, Regers verdichtete Konzeption und Bruckners Gewaltigkeit nicht abtut, sondern integriert, weil er „inmitten Vorstoß, Experiment und Kampf ausgleicht und zwischen unbeirrter Anbetung alles Vergangenen und kritikloser Vergötzung alles Aktuellen hindurchsteuert".

Leben

Paul Hindemith wird am 16. November 1895 in Hanau bei Frankfurt a. M. geboren und tritt als Vierzehnjähriger in das Frankfurter Konservatorium ein, um bei Arthur Mendelssohn und Sekles Komposition und bei Adolf Rebner Violine zu studieren. Im Jahr 1915 wird er Konzertmeister des Opernhauses in Frankfurt und Bratscher im Amar-Quartett (gegründet von Licco Amar, 1891–1959; Violinvirtuose). Als Komponist gelingt ihm der Durchbruch mit seinem Streichquartett Nr. 3 auf dem Musikfest in Donaueschingen (1922). Von 1927 bis 1935 ist er als Kompositionslehrer an der Hochschule für Musik in Berlin tätig, dann muß er emigrieren, weil seine Werke mit dem Aufführungsverbot belegt werden. Er geht nach Ankara, um am Aufbau des türkischen Musiklebens mitzuwirken, und 1940 in die USA, wo er zuerst in Boston und sodann an der Yale-Universität in New Haven unterrichtet. 1951 kehrt er, obwohl inzwischen amerikanischer Staatsbürger geworden, nach Europa zurück und läßt sich in der Schweiz nieder, wo er in Zürich bis 1957 eine Lehrtätigkeit in Musiktheorie, Komposition und Musikpädagogik ausübt. Seine häufige Dirigiertätigkeit erstreckt sich über die ganze Welt. Er stirbt in Frankfurt a. M. am 28. Dezember 1963 als vorläufig letzter deutscher Komponist von Universalität und Weltgeltung.

Literatur

H. Strobel: Paul Hindemith. 1948

Werke

Das kompositorische Werk von Hindemith umfaßt nahezu alle Musikgattungen. Seine Jugendwerke sind von Brahms, Reger, Wolf und Mahler inspiriert. Innerhalb der verschiedenen Richtungen des dritten Jahrzehnts der zwanziger Jahre hält er eine unbeirrte Linie der Mitte ein, die weder mit den Klangexzessen der Wagnerianer noch mit dem dürren Experimentalismus der Neutöner Gemeinschaft hält. Er muß auf die polyphonen Traditionen der deutschen Kunstmusik zurückgreifen, denn eine Integration von Volksmusik, die den Künstlern östlicher und amerikanischer Länder in voller Lebenskraft zur Verfügung steht, ist in

Deutschland wegen ihrer unergiebigen Sterilität nur beschränkt möglich. Tonalität und Polyphonie gewinnen jedoch bei Hindemith eine neues Gesicht. Aus dem Grundton ist ein Zentralton geworden, und im polyphonen Satz sind alle Stimmen kompromißlos eigen- und gleichwertig. Wenn auch Einzelnes, besonders das Bühnenwerk, selten gespielt wird, so ist doch jede Zeile, die Hindemith schreibt, heute noch lebende Musik und wird es voraussichtlich noch lange bleiben. Die Aufführungsziffern des Gesamtwerkes ist enorm, weil der Interessentenkreis sich breit ausfächert; die Anhänger beinahe jeder Musikrichtung finden etwas in „ihrem" Hindemith. Von den Freunden der alten Polyphonie bis zu den radikalen Neuerern werden alle von der unbedingten Unmittelbarkeit dieser Musik angesprochen. Aus seiner Musik für Opern und Ballette formt Hindemith viel aufgeführte Sinfonien und Suiten: Tanzsuite nach „Das Nusch-Nuschi", 1921, Suite nach „Der Dämon", 1922, Ouvertüre mit Konzertschluß zu „Neues vom Tage", 1930, Sinfonie „Mathis der Maler" nach der gleichnamigen Oper, 1934, Suite aus dem Ballett „Nobilissima visione" 1938, Sinfonie „Die Harmonie der Welt" nach der gleichnamigen Oper. Außerdem stehen häufig auf den Programmen: „Konzertmusik für Streichorchester und Bläser, 1930 (Bostoner Sinfonie), „Philharmonisches Konzert", 1932 (zur Fünfzigjahrfeier der Berliner Philharmoniker), „Sinfonie in Es", 1938, „Sinfonische Metamorphosen über Themen von Carl Maria von Weber", 1943, „Sinfonietta in E", 1949, „Sinfonie in B" für Blasorchester, 1951. Von seinen zahlreichen Instrumentalkonzerten mit Klavier, Violine, Viola, Cello, Klarinette, Horn, Orgel werden das Violinkonzert aus 1939 und „Der Schwanendreher" für Viola und kleines Orchester und das Klavierkonzert, 1945, am meisten aufgeführt. Die Kammermusik ist es, die den Komponisten anfänglich berühmt und „berüchtigt" gemacht hat. Seine 6 Streichquartette, die 2 Quartette für Klarinette, Klavier, Violine und Cello, die 2 Streichtrios, das Oktett aus 1958, die Kammermusik mit verschiedener Besetzung werden alle immer wieder gegeben. Von der Klaviermusik verdienen „Ludus tonalis", 1924 („Wohltemperiertes Klavier 3. Band", kontrapunktische, tonale und klaviertechnische Übungen) und die Sonate für 2 Klaviere, 1942, die stärkste Beachtung. Von den Liedwerken sind „Das Marienleben" (nach Rilke), von den Chorwerken „Ein Requiem denen, die wir lieben", 1946, nach Withmann und die „Messe für gemischten Chor a capella (1963, letztes Werk, uraufgeführt unter dem Komponisten in Wien) am bemerkenswertesten.

KONZERT FÜR ORCHESTER
4 Sätze, entstanden 1925. Im 1. Satz steht den Tutti ein Concertino aus Violine, Oboe und Fagott entgegen. Die Soloteile sind stark herausgehoben. Im 2. Satz entwickelt sich das ganze Orchester zu einer motorisch drängenden Bewegung wie bei einem Perpetuum mobile; ein plötzlicher Schlag der Pauken und Trommeln setzt der Hast ein Ende. Im 3. Satz setzt ein ironischer Marsch für Holz-

bläser ein. Der 4. Satz bringt eine virtuose kunstvoll kontrapunktische Arbeit, die in einem wilden Klangwirbel endet. Spielzeit: 17 Minuten.

KONZERTMUSIK FÜR STREICHORCHESTER UND BLECHBLÄSER OP. 50
(Bostoner Sinfonie) 2 Teile, uraufgeführt am 4. April 1931 in Boston. Im 1. Teil trägt das Blech eine groß angelegte Melodie mit Elan vor, die sodann von den Streichern übernommen wird. Der 2. Teil besteht aus einem langen Fugato, dessen stürmischer Ablauf vorwiegend von den Streichern getragen ist. Spielzeit: 18 Minuten.

PHILHARMONISCHES KONZERT (VARIATIONEN FÜR ORCHESTER)
Thema mit sieben Variationen, entstanden für das Berliner Philharmonische Orchester zur Feier seines fünfzigjährigen Bestehens, uraufgeführt unter Furtwängler am 14. April 1932 in Berlin. Das vom Komponisten selbst stammende Thema wird von der Oboe vorgetragen und von den Streichern übernommen. Die 1. Variation wird vom gesamten Klangkörper gebracht, die 2. von Oboen und Englischhorn melismatisch verziert, die 3. vom gesamten Blech geblasen. In der 4. wird die Stimmung lyrisch-pastoral, in der 5. schmücken die Streicher das Thema chromatisch aus und in der 6. liegt ein Concertino aus Violine, Viola und Cello mit dem Orchester im Wettstreit in einem geradezu wilden Tempo, in der 7. wird ein robuster Marsch intoniert, dann wird das Thema noch einmal vorgetragen und in Engführung majestätisch beendet. Spielzeit: 20 Minuten.

SINFONIE „MATIS DER MALER"
3 Sätze, am 12. März 1934 unter Furtwängler in Berlin uraufgeführt. Die

Foto aus 1954 des letzten großen deutschen Komponisten Paul Hindemith.

Titel der drei Sätze beziehen sich auf drei Bildtafeln des Isenheimer Altares von Matthias Grünewald. Der erste lautet „Engelkonzert" und bringt die mittelalterliche Volksmelodie „Es sungen drei Engel". Dann kommt es zum eigentlichen Sinfoniesatz mit einem ersten energischen Thema der Streicher, die als zweites eine lyrische Weise spielen und von Flöten mit einem dritten stark bewegten Thema abgelöst werden. Die Darstellung ist stark bildhaft im Gegensatz zum 2. Satz „Grablegung", in dem mit stark expressiven Mitteln das Gefühl in den Vordergrund gestellt wird. Es hat den Anschein, als gelte die Trauer nicht nur der dargestellten Szene allein, sondern auch der Zeit, in der die Sinfonie entstanden ist, und den Menschen, die darunter zu leiden haben. Der 3. Satz: „Versuchung des heiligen Antonius", beginnt mit einem rhapsodischen Rubato. Deutlich hört man das Kreischen der Versucher und das Gelächter der bösen Geister, doch am

Ende wird das gregorianische „Lauda Sion Salvatorem" angestimmt und darauf vom Blechchor das „Alleluja". Das alte Prinzip des „Durch Nacht zum Licht" ist hier eingehalten. Spielzeit: 26 Minuten.

SINFONIE IN ES
4 Sätze, entstanden 1940, uraufgeführt 1941 in Minneapolis. Eine Fanfare leitet den 1. Satz ein, daraus entwickelt sich das erste Thema, dessen Zweite Version und das sangliche Seitenthema der Violinen. Dieses Material wird zu einem mächtigen Satz ausgebaut, der pathetisch ausklingt. Im 2. Satz werden drei Themen verarbeitet, der 3. Satz ist ein Scherzo mit einem Oboensolo als Trio. Das Finale klingt an den 1. Satz an und erhält eine gewaltige Steigerung und ein „mit höchster Kraft" gespieltes Ende. Spielzeit: 36 Minuten.

SINFONISCHE METAMORPHOSEN ÜBER THEMEN VON CARL MARIA VON WEBER
4 Sätze für großes Orchester mit umfangreichem Schlagwerk, entstanden 1943, uraufgeführt in New York 1944. Die Themen stammen aus Webers Bühnenmusik zu „Turandot" (Gozzi-Schiller) und seinen Stücken für Klavier zu vier Händen. Es handelt sich um keine Variationen, sondern um freie Verwendung der Themen zu einer heiteren, eingängigen Musik. Im 1. Satz spielen sich die einzelnen Klanggruppen das Thema zu. Im 2. Satz malen allerlei Schlaginstrumente die „Turandot-Stimmung", zu der Hindemith eigenes, äußerst interessantes Themenmaterial beisteuert. Im 3. Satz übernehmen die Klarinetten das Thema und reichen es den Streichern zu. Im Finale führt ein parodistischer Marsch das liebenswürdige Werk zum Schluß. Spielzeit: 18 Minuten.

SINFONIE „DIE HARMONIE DER WELT"
3 Sätze, entstanden 1951, uraufgeführt unter Paul Sacher in Basel am 25. Januar 1952. Die Sätze tragen die Titel: „Musica Instrumentalis", „Musica Humana", „Musica Mundana". Der Komponist sagt dazu: „Die drei Sätze sind konzertmäßig verarbeitete Musikstücke aus der Oper. Diese handelt vom Leben und Wirken Johannes Keplers, den ihn fördernden oder hindernden Zeitereignissen und dem Suchen nach der Harmonie, die unzweifelhaft das Universum regiert ... Die Musica Instrumentalis enthält Musik aus den Opernszenen, in denen widrige äußere Umstände das Handeln des Helden erschweren ... In der Musica Humana ist die Musik Szenen entnommen, in denen die seelischen Beziehungen der Handelnden das Thema sind. Der dritte Satz, Musica Mundana, versucht, die postulierte Harmonie der Welt in einer musikalischen Form zu symbolisieren." Spielzeit: 32 Minuten.

„DER SCHWANENDREHER", KONZERT FÜR BRATSCHE UND KLEINES ORCHESTER
3 Sätze, entstanden 1935 und am 14. November desselben Jahres in Amsterdam uraufgeführt. Der 1. Satz verarbeitet das alte Lied „Zwischen Berg und tiefem Tal", der 2. die Weise „Nun laube, Lindlein, laube!", und das Finale bringt Variationen über das Lied „Seid ihr nicht der Schwanendreher", die dem Solisten virtuose Aufgaben stellen. Spielzeit: 25 Minuten.

VIOLINKONZERT
3 Sätze, entstanden 1939, uraufgeführt in Amsterdam am 14. März 1940. Im 1. Satz trägt der Solist einen weitgespannten, kantablen Melodiebogen vor, im 2. wird das Gesangsthema der

Klavierkonzert, Requiem, Messe

Violine von Holzbläsern eingeleitet, und im lebhaften Finale führen tänzerische, kapriziöse Rhythmen das äußerst virtuos angelegte Konzert zu Ende. Spielzeit: 24 Minuten.

KLAVIERKONZERT
3 Sätze, entstanden 1945, uraufgeführt am 17. Februar 1947 in Ohio. Im 1. Satz bringen die Klarinetten das erste Thema, beim zweiten tritt die Baßklarinette hinzu, das dritte spielen gestopfte Trompeten. Im unmittelbar anschließenden 2. Satz erzeugen ausdrucksvolle Melodielinien einen farbenprächtigen Orchesterklang. Der 3. Satz geht von einem mittelalterlichen Tanzlied aus, das in der Form einer Canzona, eines schnellen Marsches und eines langsamen Walzers vorgetragen wird. Spielzeit: 30 Minuten.

REQUIEM „FÜR DIE, DIE WIR LIEBEN"
Für Mezzosopran und Bariton, Chor und Orchester, Vorspiel und 11 Teile, entstanden 1946, nach der Dichtung von Walt Whitman, die zum Tod des amerikanischen Präsidenten Abraham Lincoln geschrieben ist und vom Komponisten zur Trauerkantate um die Toten des eben beendeten Zweiten Weltkrieges umgedeutet wird. Natureindrücke werden als Symbole der Todestrauer gedeutet: die Fliederblüte im Garten, die singende Drossel, die im Westen untergehende Sonne, die ganze Landschaft und der Sternenhimmel. Durch die Ährenfelder und trauernden Städte fährt ein Trauerzug mit dem toten Präsidenten, begleitet von Gesang, Glockenklang und Orgelton. Amerika ersteht vor dem geistigen Auge mit Ebenen und Strömen, Fabriken und Schiffen, Wäldern und Seen, und im „Hymnus für den Tod" die Vision der im Krieg gefallenen Soldaten („Ich sah Tausende von Toten einer Schlacht, Und das weiße Gebein von Jünglingen sah ich ... Doch sie waren nicht so, wie ich dacht'! Voller Ruhe schienen sie mir – sie litten nicht, Wer lebt, bleibt zurück und leidet!). Der bizarre Kriegsmarsch, der die Vision begleitet, wird zum dritten Mal gespielt, ein fernes Signal, und in milder Trauer „schwinden die Bilder, schwindet die Nacht".

MESSE FÜR GEMISCHTEN CHOR A CAPPELLA
6 Teile, entstanden 1963, am 12. November 1963 unter dem Komponisten in Wien uraufgeführt, der damit zum letzten Mal öffentlich auftritt. Alle 6 Sätze sind tonal gebunden mit den traditionellen Stilmitteln, Polyphonie, Imitation, Cantus firmus und Faux Bourdon verfaßt, aber trotz der Formstrenge dennoch persönlich und mit spontaner Ausdruckswirkung. Das Kyrie ist dreiteilig und stark lyrisch. Das Gloria teilt den Text in getrennte Episoden und ist teilweise im Chorsatz fünf- bis siebenstimmig; das Amen ist ein Cantus-firmus-Satz über eine gregorianische Intonation. Das Credo beginnt mit einem kraftvollen Thema; das Incarnatus und Crucifixus ist mit zarter Klangmystik gezeichnet. Das Sanctus hat die Form einer Passacaglia, das Benedictus ist nach Art eines Faux Bourdon gesetzt und schließt mit einer interessanten Hosiannafuge. Das Agnus knüpft an das Kyrie an, wodurch die zyklische Form des Werkes angedeutet wird.

Tips für Plattenfreunde
O Mathis der Maler, Nobilissima Visione, Philharmonisches Konzert, Sinfonische Metamorphosen (2 Stereo-LP/Teldec 6.48 019 DP)
O Kammermusik (9 Stereo-LP/Da-Camera 92 714/22)

JOHANN NEPOMUK DAVID (1895–1977)

Zeit und Umwelt

Manchen Menschen gelingt es, während der bewegtesten Zeiten in die toten Winkel der Schußfelder zu geraten, wo sie ungeachtet und unbeachtet ihr Leben störungsfrei führen. Johann Nepomuk David interessiert sich nicht für die Vorgänge, die in der ersten Hälfte unseres Jahrhunderts die Welt erschüttern, und zu seinem Glück interessiert man sich kaum für ihn. Er ist als Organist und reiner Kirchenmusiker abgestempelt, man hält ihn für harmlos und ungefährlich, und die geringfügige Bedeutung, die man seiner Person und seinem Werk beimißt, rettet ihm seine Arbeitsmöglichkeit.

Leben

Johann Nepomuk David wird am 30. November 1895 in Eferding, Oberösterreich, als Sohn eines Gemeindesekretärs geboren, tritt 1906 in das Stift St. Florian ein, kommt dann nach Kremsmünster und wird schließlich Volksschullehrer. Zwischen 1920 und 1923 studiert er bei Joseph Marx (1882–1964, Theorielehrer, schreibt 3 Streichquartette, programmatische Sinfonik, Lieder im impressionistischen Stil), wird von Karl Straube (1873–1950, bedeutender Organist und Orgellehrer, Thomaskantor) und Albert Schweitzer (1875–1965, berühmter Organist) stark gefördert, wirkt als Organist und Chorleiter in Wels, Leipzig, Salzburg und Stuttgart und gewinnt durch seine Orgel- und Chorwerke bald einen beträchtlichen Bekanntheitsgrad. Er stirbt am 21. Dezember 1977 in Stuttgart. Sein Sohn Thomas Christian David (geboren 1925) ist Kompositionslehrer und schreibt Orchester- und Kammermusikwerke.

Literatur

H. H. Stuckenschmidt, Johann Nepomuk David, 1965

Werke

Johann Nepomuk David geht von den traditionellen Formen der Musik aus und arbeitet im Rahmen der Tonalität mit überkommenen Mitteln. In seinen späteren Werken verwendet er einen freitonalen Stil ohne Funktionsharmonik, aber mit bestimmten Tonalitätszentren, um den Hörer leichter anzusprechen. Seine 8 Sinfonien werden kaum gespielt, obgleich sie es unbedingt wert wären. Das gleiche gilt für sein Concertino für Violine und Streichorchester. Sein Choralwerk in 14 Heften ist im ständigen kirchlichen Gebrauch, ebenso werden seine Chorkompositionen, Messen, Motetten viel gesungen. Das Oratorium „Ezzolied", 1960, wird kaum mehr aufgeführt.

Tips für Plattenfreunde

O Chaconne a-Moll – (Stereo-LP/Pelca PSR 40 521)
O Partita für Orgel, 1945 (Heft 9 des Choralwerkes), Choralvorspiel, 1933, Evangelienmotetten, 1958 (Stereo-LP/Österreichische Phonothek 10024)

HOWARD HANSON (geboren 1896)

Zeit und Umwelt

Percy Goetschius (1853–1943), in Stuttgart ausgebildet, Organist und Komponist in New York, Peter Christian Lutkin (1858–1931), der in Berlin, Wien und Paris Unterricht nimmt und vorwiegend sakrale Musik schreibt, und Arne Oldberg (1874–1962), der sich in Wien und München ausbildet, sind die musikalische Umwelt von Hanson, bis er den Rompreis der American Academie erhält und seine Ausbildung in der italienischen Hauptstadt vollendet. Die politischen Ereignisse in Europa berühren ihn nicht. Amerika nimmt zwar an beiden Weltkriegen teil, aber sein kulturelles Leben wird dadurch nicht gestört. Seine Umwelt sind ein für jede Art von Musik ungeheuer aufnahmebereites Publikum und die vielen musikwissenschaftlichen Institute, deren Mitgliedschaft ihm verliehen wird.

Leben

Howard Harold Hanson wird am 28. Oktober 1896 in Wahoo, Nebraska, von schwedischen Eltern geboren, studiert in seiner Heimatstadt, in New York und Evanstone, Illinois. Er wird Theorie- und Kompositionslehrer in San José, Kalifornien und 1919 Konservatoriumsdirektor. Im Jahr 1921 erhält er den Rompreis. Als er 1924 nach den USA zurückkehrt, wird er von Walter Johannes Damrosch (1862–1950, bedeutender Dirigent, schreibt Opern und Lieder) aufgefordert, sein Sinfonisches Gedicht „Norden und Westen" in New York zu dirigieren. Dann wird ihm die Direktorstelle der Eastman-Musikschule in Rochester, New York, angeboten. Von da an wird jede seiner Kompositionen mit Begeisterung aufgenommen, für seine Lehr- und Kompositionstätigkeit verleihen ihm zwei Universitäten das Ehrendoktorat, und eine Reihe von musikwissenschaftlichen Institutionen geben ihm leitende Positionen, seine Dirigententätigkeit erstreckt sich über ganz Amerika und europäische Städte (Berlin, Leipzig, Stuttgart), Schweden nimmt ihn in die Akademie für Musik auf. Und seine Vaterstadt ehrt ihn durch einen Wegweiser: „Wahoo, Geburtsort von Howard Hanson".

Werke

5 Sinfonien, von denen die 2. (Romantische) und die 4. am meisten und kaum weniger oft die 5. (Sinfonia sacra) gespielt werden. Von seinen Chorwerken ist „Lament for Beowulf" (Klage um Beowulf) am beliebtesten. Keines seiner Werke (Sinfonische Gedichte, Konzerte, Kammer- und Klaviermusik) verleugnet die nordische Abstammung des Komponisten, was ihnen einen besonderen Reiz verleiht.

Tips für Plattenfreunde

O Sinfonie Nr. 2, Lament for Beowulf (Stereo-LP/Mercury MG 50192)

HARALD SAEVERUD (geboren 1897)

Zeit und Umwelt

Während Johann Halvorsen (geboren 1864) als Geiger, Dirigent und Komponist völlig unter dem Einfluß von Grieg steht, Eyvind Alnaes (1872–1932) in seine Klavierstücke, Lieder und Balladen und mit seiner bekannten c-Moll-Sinfonie (1898) „typisch norwegische" Musik schreibt, David Monrad Johansen (geboren 1888) sich mit seinen Chorwerken und Klavierstücken von der Struktur Griegs (dessen Biograf er ist) sehr wenig entfernt, der Isländer Jón Leifs (geboren 1899) die Folklore seiner Insel zur Grundlage seiner Komposition macht und nur Fartein Valen (1887–1952) bei seinen 5 Sinfonien, den Werken für Kammerorchester und dem Violinkonzert doch schon eine gelockerte Zwölftontechnik anwendet, entfernt sich Saeverud radikal von der Stilrichtung, die von Grieg eröffnet worden und für die norwegische Musik bestimmend gewesen ist.

Leben

Harald Saeverud ist am 17. April 1897 in Bergen geboren, studiert von 1916 bis 1921 an der Musikakademie seiner Geburtsstadt, dann bis 1922 an der Musikhochschule in Berlin und später noch (1933) Dirigieren bei Clemens Krauß (1893–1954). Er wird Dirigent in Bergen und gehört zu den aktivsten Komponisten Norwegens in unserer Zeit.

Werke

8 Sinfonien, darunter Sinfonia dolorosa (1942), die am meisten gespielt wird, und die Minnesota Symphony (1958), die in den USA sehr bekannt ist, sind Saeveruds Hauptwerke. In zweiter Linie stehen das Klavierkonzert und das Violinkonzert, die Orchesterstücke. Am bekanntesten geworden ist seine neue Bühnenmusik zu Ibsens Peer Gynt (1947).

Seine zahlreichen Klavierstücke werden in skandinavischen Ländern viel gegeben.

Tips für Plattenfreunde

○ Zwei Suiten aus der Musik zu Henrik Ibsen's Peer Gynt für Orchester (Stereo-LP/Philips 6507 006)
○ Klaviermusik (Stereo-LP/Disco B 0 073). Einzige Aufnahme

ROY HARRIS (geboren 1898)

Zeit und Umwelt

Die in der Nähe der Jahrhundertwende in den USA geborenen Komponisten werden vollends zu amerikanischen Musikern, wenn auch der eine oder andere etliche Zeit in Wien, Rom, Paris oder Deutschland studiert. Diese Amerikanisierung hat keine Einheitlichkeit zur Folge. Die einzelnen Komponisten entnehmen der Tradition an Stil und Technik, was gerade ihrem Temperament, ihrer Stimmung und dem Zweck ihres Werkes entspricht; Neues steht neben Altem, Kirchentonart neben Atonalität. Die Stilmittel der Avantgarde finden leicht Eingang, aus welchem Jahrzehnt sie auch stammen. Es ist daher auch müßig, amerikanische Komponisten parallel den europäischen katalogisieren zu wollen, es ist auch fruchtlos, neue Kategorien zu suchen, denn es könnten die einzelnen Tonkünstler nur aufgrund von Äußerlichkeiten in Gruppen zusammengefaßt werden. In Wahrheit stellt jeder dieser Komponisten eine Individualität dar; zwischen ihnen besteht wenig Verbindung, auch wenn Lehrer-Schüler-Beziehungen vorliegen. Die amerikanische Musiklandschaft unseres Jahrhunderts gleicht einem wild wachsenden Naturpark, in dem jede Pflanzengattung nur einmal anzutreffen ist. Man kann nur hoffen, daß sich dieser Zustand nicht so bald ändert. Charles Griffes (1884–1920) verbindet russische Schule mit indianischer Folklore, seine Programmusik ist stark impressionistisch zu nennen, wenn man diesen Begriff weit genug versteht. Vor ihm wendet sich der Musiker und Maler Carl Ruggles (1876–1971) mystischen Themen zu, die er mit einer eigenwilligen, vielleicht etwas trockenen Tonsprache behandelt. Walter Piston (geboren 1894) wird als Neoklassizist bezeichnet; seine komplizierte Harmonik übt auf die jüngere Komponistengeneration des Landes großen Einfluß aus. William Grant Still (geboren 1895) ist ein Schüler von Varèse, ohne dessen Stil fortzuführen; sein Oratorium „And they lynched him on a tree" (Und sie hängten ihn an einen Baum), 1940, und die Afrika-Sinfonie, 1930, sind stark folkloristisch gefärbt. Leo Sowerby (1895–1968) schreibt etwas oberflächliche Klaviermusik und zieht Jazzelemente heran. Roger Huntingdon Sessions (geboren 1896) setzt sich mit der europäischen Musik auseinander, lehnt den Impressionismus ab und schreibt eine mehr auf Form als auf Klang bedachte düstere Musik. Quincy Porter (1897–1966) huldigt typisch amerikanischer Neuromantik. Virgil Thomson (geboren 1896) studiert in Paris (bei Nadja Boulanger) und entnimmt für seine Sinfonien, Konzerte und Bühnenstücke viel der französischen Neoklassizistik. Randall Thomson (geboren 1899) komponiert seine Sinfonien, Konzerte (darunter ein Jazzpoem für Klavier und Orchester), Chor- und Kammermusik in völlig verschiedenen Stilgattungen. Georg Antheil (1900–1959) wendet sich anfänglich der Geräuschmusik und dem Bruitismus zu, gerät sodann unter den Einfluß von Schostkowitsch und Chatschaturian und schreibt vor allem Ballette („Ballet mécanique", „Airplan sonata" für Klavier) und die Oper „Transatlantic". Marc Blitzstein (1905–1964) studiert bei Nadja Boulanger und Schönberg und strebt mit zeitgenössischen Mitteln zu einer sicheren Allverständlichkeit (sein Pilotenoratorium „Airborne", 1946, erregt einiges Aufsehen). Und inmitten dieser völlig voneinander verschiedenen Komponisten, zu denen noch Varèse und Hanson zu rechnen sind, tritt Harris auf, ebenso individualistisch und unregistrierbar wie die anderen, mit einer nur ihm eigenen Tonsprache.

Leben

Roy Harris wird am 12. Februar 1898 in Lincoln County, Oklahoma, geboren. Er studiert an der kalifornischen Universität und privat bei Arthur Farwell (geboren 1872; Lehrer, Komponist, Folkloreforscher) und Nadja Boulanger in Paris, hält sich etliche Jahre als Organist und Dirigent in England auf und kehrt 1931 nach den USA zurück, wo er Kompositions- und Theorielehrer in Princetown, New Jersey, wird, dann in Colorado, in Cogan, Utah, in Nashville, Tennessee, und schließlich in Pittsburgh; 1958 wird er Professor in Puerto Rico und Los Angeles.

Werke

„Was Harris schreibt, ist in der Regel eine Musik von wirklichem Schwung und Geist, von Kraft und innerer Tiefe", urteilt Copland. „Sie ist amerikanisch im Rhythmus, besonders in ihren bewegten Sätzen, von einer nervösen, unsteten Art, die uns allen zu eigen ist." Er schreibt 12 Sinfonien, darunter Nr. 4 „Folksong Symphony mit Chor", Nr. 6 „Gettysburg Address Symphony", Nr. 9, „Polytonality", Nr. 10 „The Abraham Lincoln Symphony" mit Chor, Blechbläsern und 2 Klavieren. Nr. 12 „Père Marquette" mit Tenorsolo, eine große Zahl Orchesterstücke mit verschiedener Besetzung, Instrumentalkonzerte für Klavier, Akkordeon, Viola, Violine und andere Instrumente, drei Streichquartette und andere Kammermusik, die sich durch rhythmische Vielfalt und Lebendigkeit auszeichnet. Sehr bekannt geworden ist das Quintett für Klavier und Streicher aus 1936. Seine ganze Musik verbindet volkstümliche

Züge mit aparten modernen Gestaltungselementen und gewinnt dadurch eine eigentümliche amerikanische und auch persönliche Note. „Ich würde seine Musik auch in einer Wüste sofort identifizieren können", sagt Bernstein dazu.

SINFONIE NR. 7
3 Abschnitte, entstanden 1951, uraufgeführt 1952 in Chicago unter Rafael Kubelik. Es liegt keine Sinfonie im klassischen Sinn vor, es gibt keinen Themendualismus und keine Durchführung, die Themen werden rhapsodisch aneinandergereiht, rhythmische Akzente herrschen vor. Das erste Thema trägt die 1. Violinengruppe über einem tiefen Klanggrund des Klavieres vor, die Holzbläser übernehmen sie, dann dominieren die Streicher, die durch ständigen Wechsel von Dur zu Moll und umgekehrt eine starke Spannung erreichen. Im folgenden Teil bilden die Bläser den Klanghintergrund, die Klanggruppen verknüpfen sich, die Pauken markieren eine dynamische Steigerung und führen mittels eines Solos zum nächsten Abschnitt, in dem die Oboe die Führung übernimmt. Die Streicher bringen ein neues Thema, das gemeinsam mit dem ersten das Werk abschließt. Spielzeit 19 Minuten.

Tips für Plattenfreunde
○ Sinfonie Nr. 3 (Stereo-LP/CBS 61 681, Bernstein
○ Klavierquintett und Klavier-Violinsonate (1942) (Mono-LP/Contemporary Composers Serie M6012). Unter der Aufsicht des Komponisten. Einzige Aufnahmen

GEORGE GERSHWIN (1898–1937)

Zeit und Umwelt

Amerika in der Zwischenkriegszeit mit Prohibition und Bootlegers, Wirtschaftskrise und Streiks, Gangs und Korruption, aber auch Besinnung auf sein eigenes Wesen und Absage an fremde Einflüsse ist die Zeit des Abkömmlings russisch-jüdischer Einwanderer. Brooklyn in der Jugend, dann die New Yorker Vergnügungsindustrie mit Jazz, Songs, Musicals, fragwürdige Gestalten des Nachtlebens und an den Rand der Gesellschaft geschwemmte Genies, bilden seine Umwelt, in der er neben seiner Arbeit Bachs Wohltemperiertes Klavier studiert. Amerika, New York umgeben ihn und werden durch seine Musik ausgedrückt und deutlich gemacht.

Leben

George Gershwin ist am 26. September 1898 in Brooklyn geboren und erhält mit zehn Jahren seine ersten Musikunterricht. Mit 16 Jahren schreibt er die ersten Schlager, 1924 komponiert er, angeregt vom „King of the Jazz" Paul Whiteman (1890–1967, einer der bekanntesten

Bandleader seiner Zeit) die „Rhapsodie in Blue", die von Ferde Grofé (1892–1972) instrumentiert, zum Welterfolg wird. Damrosch bestellt darauf ein Klavierkonzert, dessen Wirkung ebenso durchschlagend ist. Auf seiner Parisreise erhält er Kontakt zu Strawinsky, Poulenc, Milhaud und Ravel, den er um Kompositionsunterricht bittet. „Warum wollen Sie ein Ravel zweiten Ranges werden, da Sie doch ein Gershwin ersten Ranges sind?" erwidert der Franzose. Gershwin muß sich damit begnügen, in Amerika bei Joseph Schillinger (1895–1943) Theorieunterricht zu nehmen. Er beschäftigt sich zugleich mit Vorstudien zu seiner Oper „Porgy und Bess", die 1935 entsteht. 1934 lernt er Schönberg kennen. Er stirbt am 11. Juli 1937 in Beverly Hills, Kalifornien, als der erste Komponist, der dem Jazz die Tore zu den Konzertsälen geöffnet hat.

Literatur

D. Ewen, George Gershwin, 1955
Ch. Longolius, George Gershwin, 1959

Werke

Obschon Gershwin selbst nie Jazz schreibt, entnimmt er ihm für seine eigene Tonsprache wichtige Elemente und verbindet sie mit zeitgenössischer Sinfonik zu einer Musik von seltener Ausdrucksfähigkeit, die von keinem seiner Nachahmer erreicht worden ist. Sie wirkt improvisatorisch, jedoch bei näherem Zusehen erkennt man die Genauigkeit der Werksarbeit, die einem beim Hören entgeht, weil man von den aparten Klangkombinationen, den erregenden Rhythmen völlig gefangengenommen wird. Es sind nur wenige Werke, die Gershwin auf dem Gebiet seines „Sinfonischen Jazz" hinterläßt, sie genügen aber, um seinen Weltruhm zu begründen und bis heute zu erhalten. „Rhapsody in Blue" für Klavier und Orchester, 1924; „Concerto in F für Klavier und Orchester", 1925; die Tondichtung für Orchester „An American in Paris", 1928; „Second Rhapsody für Klavier und Orchester", 1931; „Cuban" Ouvertüre für Orchester und kubanische Schlaginstrumente, 1932; Variationen über „I got rhythm" für Klavier und Orchester, 1934, und die Oper „Porgy and Bess". Die „Zweite Rhapsodie" wird seltener gespielt. In „I got rhythm" verarbeitet er eigene Schlagermelodien.

RHAPSODY IN BLUE
Für Soloklavier, mittelgroßes Orchester, 2 Altsaxophone, ein Tenorsaxophon, Banjo, entstanden 1924. „Der Jazz hat dem Land Amerika einen bleibenden Wert beigesteuert, in dem Sinn nämlich, daß er uns selbst Ausdruck verliehen hat", sagt der Komponist. Die Uraufführung am 12. 2. 1924 in der New Yorker Aeolian-Hall mit Gershwin am Klavier unter Paul Whiteman bringt ein glänzenden Erfolg. Schon das großartige Klarinetten-Glissando, das das Stück eröffnet, fesselt das Publikum, dann folgt das nervös drängende Klavierthema, das immer wiederkehrt. Das zweite Thema wird vom Orchester angestimmt und farbig gesteigert, das Klavier bringt ein drittes, bis im Mit-

telteil die Blue-Stimmung alles beherrscht und mit mehrmaligem raschem Tempowechsel die Rhapsodie in gewaltigem Ablauf zu einem turbulenten Abschluß kommt. Spielzeit 15 Minuten.

CONCERTO IN F
Für Soloklavier und mittleres Orchester, 3 Sätze, entstanden 1925 und am 3. Dezember desselben Jahres vom Sinfonieorchester New York unter Damrosch mit dem Komponisten in der Carnegie Hall uraufgeführt. Häufiger Stimmungswechsel, verschiedene rasch aufeinander folgende Tempi profilieren den Satz und verleihen ihm eine improvisatorische Struktur, die für alle Werke des Komponisten typisch ist. Der zweite Satz beginnt mit einem Hornruf, der in eine träumerische, von Klarinetten und gedämpften Trompeten begleitete Melodie übergeht. Das musikalische Geschehen wird jedoch vom Klavier bestimmt, dessen Kadenz von den Streichern choral verbreitert wird. Der dritte Satz ist ein Rondo mit Gedanken der vorangehenden Sätze. Nach dem langsamen Abschluß tritt das grollende Paukenmotiv wieder auf, das das Konzert eingeleitet hat. Spielzeit 35 Minuten.

EIN AMERIKANER IN PARIS
Tondichtung für mittleres Orchester, 3 Saxophone und Autohupen, 3 Abschnitte, entstanden 1928, unter Damrosch in der Carnegie Hall New York uraufgeführt. „Es ist meine Absicht, die Eindrücke eines amerikanischen Reisenden wiederzugeben, der durch Paris schlendert, der den Straßenlärm hört und die französische Atmosphäre in sich aufnimmt", erklärt der Komponist. Das Ragtime-Thema zeigt den gemütlich über die Boulevards schlendernden Amerikaner, die Posaunen bringen eine drastische Tanzmelodie, Taxis hupen energisch, das Englischhorn bläst ein besinnliches Solo. Im Mittelteil bläst die Trompete eine Bluesmelodie, die von einem Charleston abgelöst wird (Erinnerungen an die amerikanische Heimat). Im dritten Teil erklingt der Blues noch einmal, das „Schlender-Thema" mit den Taxi-Hupen kommt wieder, dann wird das Werk mit ständigem Tempowechsel klangprächtig zu Ende geführt. Spielzeit 17 Minuten.

Tips für Plattenfreunde
O Rhapsody in Blue, Amerikaner in Paris – (Stereo-LP/CBS 72 080, Bernstein)
O Klavierkonzert (Stereo-LP/CBS 78 214, Ormandy)
O Variationen über I got rhythm (Stereo-LP/Philips 5600 118, Pennario). Vorzügliche Wiedergabe

FRANCIS POULENC (1899–1963)

Zeit und Umwelt
Der moderne Klassizismus in Frankreich wird vom Konservatoriumslehrer Philipp Gaubert (1879–1941) durch Unterricht und Komposition vertreten. Henry Dutilleux (geboren 1916) setzt diese Linie fort. Georges Édouard Dandelot (geboren 1895), Musikprofessor, bekennt sich noch

zu einer fortentwickelten Romantik. Jean Rivier (geboren 1896) ist reiner Klassizist und gründet mit seinem Gesinnungsfreund Henry Barraud (geboren 1900) die Gruppe „Triton" zur Pflege dieses Stiles. Mit den von Honegger, Milhaud und Satie verfochtenen Stilrichtungen, mit den Konservativen und mit den Strawinsky-Hörigen kommt es in den zwanziger und dreißiger Jahren zur Stilpalette der französischen Musik, bei der allerdings die einzelnen Komponisten in keinen engen Kontakt zueinander stehen und nicht selten die Front wechseln, aber eine gewisse Strukturähnlichkeit aller besteht trotz aller Verschiedenheit, denn die Kennmarke „Französischer Komponist" kann keiner verleugnen, wie eben das ganze Volk als Ergebnis einer nie unterbrochenen Tradition beinahe eines Jahrtausends innerhalb ungefähr ständig gleicher Grenzen eine starke Gleichheit des Wesens herausgebildet hat. Und wenn Poulenc auf der Suche nach einem neuen Stil ist, so hört er nie auf, französischer Musiker zu sein.

Leben

Francis Poulenc ist am 7. Januar 1899 in Paris geboren. Er studiert gegen den Willen seiner Eltern bei Ricardo Viñes Klavier und bei Koechlin Komposition, den Großteil seiner musikalischen Ausbildung verschafft er sich jedoch durch Selbstunterricht. Er gehört der Gruppe der „Sechs" an, geht jedoch seine eigenen Wege, die weniger „klassisch" als expressionistisch sind. Satie steht ihm näher als Honegger und Milhaud, und noch mehr ist er Strawinsky verbunden. Solange er von seiner kompositorischen Tätigkeit noch nicht leben kann, arbeitet er als Klavierbegleiter und Konzertpianist, später darf er diese Tätigkeit sehr einschränken, denn alles, was er schreibt, wird gern aufgeführt. Eine Lehr- oder Dirigentenstelle bekleidet er nie. Am 30. Januar 1963 stirbt er in Paris als einer der geistreichsten und interessantesten Komponisten seiner Epoche.

Werke

„In Poulenc wohnen zwei Seelen, die eines Mönches und die eines Lausbuben", schreibt der bekannte Kritiker und Musikschriftsteller Claude Rostand (1912–1970). Es ist auch erstaunlich, welcher Gegensatz zwischen seinen sakralen Werken, wie die Messe in C und das Stabat Mater, und den witzigen, charmanten Instrumentalwerken, den Liedern und den Bühnenmusiken besteht. Von den Werken für Orchester sind am bekanntesten die Ballettsuiten „Les Biches", 1940, und „Les animaux modèles", 1942. Die Sinfonietta, 1947, die „Suite française", 1935, das „Concert chanpêtre für Cembalo und Orchester", 1929, bereichert die moderne Cembalo-Literatur), die Konzerte für 2 Klaviere und Orchester, 1932, für Orgel, Pauken und Streicher, 1938, und für Klavier und Orchester, 1949, können in allen Konzertsälen der Welt gehört werden. Sein Kammermusikschaffen ist schmäler. Seine Sonaten mit verschiedener Besetzung sind stark mit Jazzelementen angereichert. Die kirchlichen Werke haben auch in die Konzertsäle Eingang gefunden, die Bühnenwerke werden auf der ganzen Welt gespielt.

„AUBADE" (MORGENSTÄNDCHEN) CONCERTO CHORÉOGRAPHIQUE

Klavier und 18 Instrumente. Der Eröffnungssatz „Toccata" begrüßt Diana, die Göttin der Jagd, mit schmetternden Signalen. In „Die Gespielinnen der Diana" tragen die Klarinetten ein wiegendes Duo vor. Das folgende Rondeau „Diana und ihre Gespielinnen" wird vom Klavier intoniert. Dann folgt der Auftritt der Diana; mit ironischer Rhythmik wird „Die Toilette der Diana" begleitet. Darauf kommt es zu den „Variationen über Diana" bis zu einem Allegro feroce, „Die Verzweiflung der Diana", für die der Komponist nicht wenig Spott übrig hat. Der letzte Satz, „Abschied und Trennung", wiederholt die Themen der vorangehenden Sätze, Spielzeit: 21 Minuten.

KONZERT D-MOLL FÜR 2 KLAVIERE UND ORCHESTER

3 Sätze, uraufgeführt in Venedig am 5. September 1932. Mit einem kräftigen Akkordschlag beginnt der erste Satz, die Klaviere fallen mit rasanten Passagen, hämmernden Akkorden und chromatischen Läufen ein; Kastagnetten markieren die Tanzrhythmen. Im zweiten Satz gibt es eine Reminiszenz Klavierkonzert in d-Moll von Mozart. Das turbulente Finale erinnert formal an die Musik der Klassik, die von Poulenc locker und witzig gehandhabt wird. Spielzeit 19 Minuten.

Tips für Plattenfreunde

○ Konzert für 2 Klaviere und Orchester (Stereo-LP/Colosseum 0 530)
○ Concert champêtre (Stereo-LP/Ariola XA 28 48 066 DX)

KURT WEILL (1900–1950)

Zeit und Umwelt

Verlorener Krieg, Wirtschaftskrise, Massenarbeitslosigkeit und Massenelend, politischer Radikalismus, Demagogen mit verlogenen Parolen, die den Revanchegedanken anheizen, und am Ende die Erfindung, daß an allem die Juden schuld seien. Weill ist einer von den „Volksschädlingen". Er verläßt Deutschland, läßt aber die Erinnerung an die fulminanten Erfolge seiner Stücke „Mahagonny" und „Die Dreigroschenoper" mit ihrer aufrüttelnden scharfen und doch irgendwie tieftraurigen Zeitsatire zurück, deren Songs während des Dritten Reiches, wo und wann man es sich erlauben darf, gesungen und gespielt werden, bis es wieder erlaubt ist, sie auf den Bühnen zu spielen und zu singen. Nur er selbst kehrt nicht mehr heim. Dieses im Jahre 1929 für K geschriebene Ballett errinnert mit seiner überlegenen Ironie an Strawinsky, 7 Sätze.

Leben

Kurt Weill wird am 2. März 1900 in Dessau als Sohn eines jüdischen Kantors geboren. Er studiert ab 1918 in Berlin bei Engelbert Humperdinck (1854–1921, Opernkomponist) und anschließend bei Busoni. Neben seinen stark expressionistischen Kompositionen bemüht er sich um eine Erneuerung der Oper, die er zur Gesellschaftskritik aktivieren will, und findet sich zu diesem Zweck mit dem Autor Bertolt Brecht in enger Arbeitsgemeinschaft zusammen. Seine großen Erfolge mit „Mahagonny" und „Die Dreigroschenoper" sind nicht nur seiner Musik, sondern auch dem von Brecht gelieferten Text und der kongenialen Zusammenarbeit dieser beiden Künstler zuzuschreiben. Während Paul Dessau (geboren 1894) Brechttexte vertont und dadurch nicht selten umdeutet, oder illustrative Musik zu Schauspielen des Dichters schreibt, entstehen aus dem Zusammenwirken von Weill und Brecht Werke aus einem Guß, bei denen Musik und Wort einander unbedingt verlangen und untrennbar sind. Im Jahr 1933 flieht Weill vor den veränderten politischen Zuständen nach Louveciennes bei Paris und übersiedelt 1935 nach New York, 1943 wird er amerikanischer Staatsbürger. Am 3. April 1950 stirbt er in New York als Begründer eines neuen Operntyps, den man Chansonoper nennen könnte.

Werke

Weill ist allgemein nur als Komponist seiner Opern nach Texten von Brecht oder Kaiser bekannt, seine sonstigen Kompositionen sind nahezu verschollen, nur den beiden Sinfonien Nr. 1 in einem Satz, 1921, mit dem Programm „Arbeiter, Bauern, Soldaten – Der Aufbruch eines Volkes zu Gott", und Nr. 2, 3 Sätze, 1933, wendet sich jüngster Zeit ein stärkeres Interesse zu.

Tips für Plattenfreunde
○ Sinfonien 1–2 (Stereo-LP/Philips 6500 642). Einzige Aufnahme

ERNST KŘENEK (geboren 1900)

Zeit und Umwelt

Die vielen geistigen Kapazitäten, Gelehrte und Künstler, die geächtet und zur Emigration gezwungen wurden, finden in freien Ländern einen neuen Wirkungskreis und nehmen dort am Kulturleben namhaften Anteil; den gewaltigen Kulturaufschwung auf allen Gebieten, der in den USA zu beobachten ist, verdankt das Land zu einem beträchtlichen Teil dem Zustrom zahlreicher Spitzenkräfte aus Europa. Diese Emigranten erwerben zumeist auch die Staatsbürgerschaft ihrer neuen Heimat und

Ernst Křenek (geboren 1900)

bleiben dort auch, als eine Rückkehr wieder möglich wäre, denn abgesehen davon, daß ihnen in der alten Heimat eine ähnliche Position nicht zur Verfügung steht und in manchen Fällen auch das Mißtrauen gegen ihre ehemaligen Landsleute bis zu einem gewissen Grad erhalten geblieben ist, dauert die Ächtung ihres Namens und ihrer Leistungen in der Form an, daß man sich an sie kaum mehr erinnert und ihre älteren und neueren Leistungen wenig zur Kenntnis nimmt. Sie sind seinerzeit ausgeschieden worden und bleiben es in nicht wenigen Fällen, als hätten sie der Heimat freiwillig den Rücken gekehrt. Egon Wellesz (1885–1974, vielseitiger Komponist, Musikologe) ist ein typischer Fall dieser Art, Ernst Křenek ein zweiter.

Leben

Ernst Křenek ist am 23. August 1900 in Wien geboren und nimmt bereits als Sechzehnjähriger bei Schreker, dem er später nach Berlin folgt, Unterricht. Nach kurzer Tätigkeit an den Theatern von Kassel und Wiesbaden kehrt er nach Wien zurück, wo er mit kurzen Unterbrechungen bis zu seiner Emigration im Jahr 1938 bleibt. Seine schon sehr früh einsetzende Kompositionstätigkeit ist vor allem der Bühne gewidmet, mit seiner Jazz-Oper „Jonny spielt auf" erringt er einen weltweiten Erfolg, wozu auch die entrüsteten Kritiken und die Kontroversen darüber viel beitragen. Die „seriösen" Kreise können sich lang über den Schock nicht beruhigen; in den USA kommt noch dazu, daß Jonny Neger ist. (In New York muß er sich in einen dunkelhäutigen Weißen verwandeln.) In den USA, wo ihm 1945 die Staatsbürgerschaft verliehen wird, hält er an verschiedenen Universitäten und Musikhochschulen Gastkurse (Chicago, New Mexico, Los Angeles), ab 1955 reist er mehrmals nach Europa, um zu dirigieren oder Vorträge zu halten, ab 1966 lebt er in Palm Springs. Seinen Namen verändert er anläßlich der Einbürgerung in Krenek.

Literatur

Lothar Knessel: Ernst Křenek. 1967

Werke

Křeneks kompositorisches Schaffen durchwandert sehr rasch verschiedene stark entgegengesetzte Stilrichtungen. Von Schrekers Stil wendet er sich bald ab. In Berlin findet er Kontakt zu Busoni, Scherchen, Eduard Erdmann (1896–1958, bedeutender Pianist, schreibt 4 Sinfonien im zeitgenössischen Stil) und Artur Schnabel (1882–1951, Pianist, als Komponist radikal avantgardistisch und atonal) und wendet sich atonalen Konzeptionen zu. Dann schreibt er neoklassizistisch, darauf neuromantisch und macht schließlich eine Wende zur Dodekaphonik, die er bisher strikt abgelehnt hat. „Als ich wahrnahm, daß andere Komponisten, sobald sie ein gesetztes Alter erreicht hatten, zu verkünden pflegen, daß sie in der Musikgeschichte das letzte Wort gehabt hatten und daß alles, was nach ihnen versucht wurde, blanker Unsinn war, beschloß ich, daß mir das im Alter nicht passieren sollte, und habe daher kein Bedenken getragen, neue Ideen, die in der Luft lagen, aufzugreifen und mich mit ihnen auseinanderzusetzen", schreibt Křenek. Sein häufiger Stilwechsel mag neben mehreren anderen Gründen schuld daran sein, daß keines seiner Werke eine fortdauernde Resonanz eines Hauptwerkes erreichen kann. Křenek ist in erster Linie Opernkomponist, aber auch die Anzahl seiner übrigen Werke ist beträchtlich. Von seinen 5 Sinfonien wird Nr. 2 am häufigsten (aber dennoch selten) gespielt. Die „Brasilianische Sinfonietta", 1952, „Kette, Kreis und Spiegel", 1948, „Eine Frage der Zeit", 1960, werden zumindest zur Kenntnis genommen, von den anderen Orchesterstücken hört man ebensowenig wie von den Instrumentalkonzerten. Von der Kammermusik finden Streichquartett Nr. 1, 1921, von Bartók beeinflußt, Nr. 3, das mit einer rücksichtslos dissonanten Sprache schockiert, und Nr. 7, 1951, am meisten Beachtung. Die „Lamentatio Jeremiae Prophetae", 1942, wird als das am meisten bemerkenswerte Werk des Komponisten angesehen, aber nicht öfter aufgeführt als alles andere. Ernst Křenek ist von der Haltung seinen Werken gegenüber wenig beeindruckt, weil er nach seinen eigenen Worten das Urteil darüber dem „Wahrspruch der Zeit" überläßt, der sicherlich einmal ergehen und ihm die Gerechtigkeit angedeihen lassen wird, die ihm heute noch versagt bleibt.

SINFONIE NR. 2 OP. 12
Für sehr großes Orchester, 3 Sätze, entstanden 1922, uraufgeführt 1923 in Kassel, ist ein noch unter der Betreuung Schreckers stehendes Frühwerk, seinem damaligen Schwiegervater Gustav Mahler gewidmet. Er sagt darüber selbst: „Vom rein musikalischen Standpunkt ließe sich feststellen, daß der die ganze Symphonie durchdringende Ausdruck schmerzlicher Spannung auf den stilistischen Dualismus zurückzuführen ist, auf Grund dessen die atonale Landschaft der Musik von Relikten des tonalen Idioms zerrissen wird." Der 1. Satz hat Sonatenform, der 2. ist ein Scherzo und der 3. eine dreiteilige Reprise. Die Nähe Mahlers wird besonders durch das 53 Takte während Unisono der Violinen deutlich. Spielzeit 50 Minuten.

KETTE, KREIS UND SPIEGEL.
SINFONISCHE ZEICHNUNG
Für mittelgroßes Orchester, entstanden 1956/57, uraufgeführt 1957 in Basel, Paul Sacher gewidmet. In diesem Zwölftonwerk bilden sich Ketten, wenn Schlußtöne der Reihen mit den Anfangstönen nachfolgender Reihen ident sind, Kreise entstehen durch die zyklisch sich erneuernden Permutationen, und die Spiegelgestalt erscheint durch die dreimalige Wiederkehr des Anfangsthemas. Spielzeit 15 Minuten.

QUAESTIO TEMPORIS
(EINE FRAGE DER ZEIT)
Für kleines Orchester mit Klavier und Gitarre, entstanden 1948/49, uraufgeführt 1960 in New York. Dieses mathematisch genau durchgeführte Werk zeigt Křenek als Meister der

seriellen Technik. Alles ist durch genaue Abmessung von Beginn und Dauer der Klangelemente geregelt und beruht auf den Maßeinheiten, die sich aus den Intervallen der Tonreihe und ihrer abgeleiteten Reihenformen ergeben. Zuweilen wird das Gefüge wegen der vielfältigen Übereinanderschichtung und der Geschwindigkeit des Ablaufes derart dicht, daß anstelle der genauen Messung eine statistische Streuung tritt. „In dieser Musik fragt die absolute Zeit, wie sie sich teilen muß, damit sie besteht. Die historische Zeit stellt der Musik die Frage, wie sie beurteilen könne, was da vorgeht. Die Musik antwortet, daß es eine Frage der Zeit sei, bis man das, was sich hier mitteilen mag, versteht", erklärt Křenek nicht sehr aufschlußreich und Verständnis fordernd. Spielzeit 17 Minuten.

LAMENTATIO JEREMIAE PROPHETAE OP. 93 FÜR GEMISCHTEN CHOR A CAPPELLA
3 Teile, entstanden 1941/42, vollständig uraufgeführt 1958 in Kassel. Die „Klagelieder des Propheten Jeremias" beziehen sich nicht nur auf das zerstörte Jerusalem und die Unterdrückung der Juden, sondern auch auf die Gegenwart, in der das Werk entsteht. Der in lateinischer Sprache gehaltene Text gibt die Tenebrae-Zeremonien für die Kartage der katholischen Kirche in je drei Unterabschnitten wieder. Spielzeit 70 Minuten.

Tips für Plattenfreunde

○ Lamentatio Jeremiae Prophetae – (2 Stereo-LP/Bärenreiter 1 3 03/04). Einzige Aufnahme.

AARON COPLAND (geboren 1900)

Zeit und Umwelt

Die mit den dreißiger Jahren beginnende Isolierung des amerikanischen Musikgeschehens von Europa, dazu ein starkes Aufleben nationalistischer Tendenzen als Reaktion der politischen Entwicklung jenseits des Atlantiks und nicht zuletzt die Aufforderung der aus Europa eingewanderten Kulturschaffenden, sich an der Stelle des alten Kontinents in den Dienst der Menschheitskultur, des Humanismus und Fortschrittes zu stellen, bewegt eine Generation von Komponisten, einen typisch amerikanischen Stil zu entwickeln, der zwar in der Wahl der Stilmittel je nach der einzelnen Musikerpersönlichkeit große Verschiedenheiten aufweist, aber eine einheitliche optimistische, den „American way of life" betonende Aussage deutlich werden läßt. Elliot Carter (geboren 1908) hält in seinen Konzertwerken, Balletten und Opern noch eine neoklassizistische Linie ein. Samuel Barber (geboren 1910) kommt bereits in seinem „Capricorn Concerto", den „Essays für Orchester", dem Violinkonzert, den Opern und Balletten zu einer, wenn auch klassizistisch geglätteten, „amerikanischen" Musik. William Howard Schuman (geboren 1910) ist zwar auch dem Neoklassizismus verhaftet, schlägt aber in seinen 8 Sinfonien, dem Klavier- und dem Violinkonzert und besonders in seiner Baseballoper „Der mächtige Casey", stark nationale Töne an. Alan Hovhanes (geboren 1911) schreibt, seiner Abstammung entsprechend, armenisch intonierte Orchestermusik, fügt sich aber dennoch der amerikanischen Tendenz ein. Norman Dello Jojo (geboren 1913) zeigt mit seiner Sinfonischen Dichtung „The triumph of St. Joan" (1951) und der Konzert- und Kammermusik, wie man mit den von Hindemith erlernten Stilmitteln typische amerikanische Musik machen kann. Cecil Effinger (geboren 1914) erfüllt das aus England mitgebrachte Verlangen der Amerikaner nach klangvollen Kantaten und Oratorien („St. Luke Christmas Story", „The Glorious Day Is Here" – Osterkantate, „Das unsichtbare Feuer", Oratorium, das mehrere hundert Aufführungen erreicht). Der in Mailand ausgebildete naturalisierte Italiener Gian Carlo Menotti (geboren 1911) verfaßt für seine Bühnenwerke so gute Libretti, daß man seine rein eklektische Musik als sympathische Collagen anhört; bei den Kompositionen für den Konzertsaal (Klavier- und Violinkonzert, Sinfonische Dichtung „Apokalypse") wird eine gewisse Substanzlosigkeit deutlich. Vincent Persicchetti (geboren 1915) verfaßt echte amerikanische Musik (Sinfonien, Serenaden, Kammer- und Klaviermusik und ein Magnificat für Chor und Orgel) wie auch der aus Österreich stammende David Diamond (geboren 1915) der bei Session und in Paris bei Nadja Boulanger studiert (Sinfonien, Konzerte, Kammermusik, Chöre, Lieder). Der Tscheche Karel Husa (geboren 1921) studiert gleichfalls bei Nadja Boulanger, wandert nach Amerika aus und kombiniert Neoklassik mit dem amerikanischen Trend (Konzert- und Kammermusik, Konzerte). Andrew Imbrie (geboren 1921) erhält den Rompreis und erringt mit seinen Streichquartetten und einem Violinkonzert, die Neoklassizismus mit „Amerikanismus" verschmelzen, allseitige Anerkennung. Harold Shapero (geboren 1920, studiert in Amerika bei Křenek und Piston und später bei Hindemith, dann bringt Bernstein dessen Classical Symphonie (neoklassizistisch) heraus; nach einiger Kammermusik verfaßt er die Chaconne „Auf dem Grünen Berg" nach Monteverdi für 13 Jazzmusiker. Peter Mennin (geboren 1923) wird 1962 Direktor der Juilliard School of Music in New York schreibt 6 Sinfonien und andere Orchester- und Kammermusik in einem stark melodiösen, nahezu romantischen Stil. Gunther Schuller endlich (geboren 1925) wendet sich der experimentellen Musik zu; seine „Sieben Studien zu Themen zu Paul Klee" zeigen schon durch die Thematik, welche Richtung der Komponist eingeschlagen hat. Seine Kammermusiken und die Oboenthrenodie auf den Tod von Mitropoulos (1960) sind zarte Klangmalereien. Schon Otto Luening (geboren 1900) hat, obgleich älter als die Genannten, Versuche mit elektronisch denaturierter Musik unternommen und z. B. „Sinfonische Variationen für Tonband und Orchester" und entsprechende Ballette verfaßt. Schließlich Aaron Copland, von dem Walter Damrosch bemerkt: „Wenn ein junger Mann von

Aaron Copland (geboren 1900)

23 Jahren eine Sinfonie wie diese (Sinfonie mit Orgel und Orchester) schreiben kann, ist er innerhalb fünf Jahren fähig, einen Mord zu begehen!" Copland begeht aber keinen Mord und verspricht „zu versuchen, die älteren Konzertabonnentinnen nicht mehr mit seiner Musik zu schockieren". Er hält diese Zusage entlang des amerikanischen Trends, so daß er zum Haupt und Großen Alten Mann der amerikanischen Musik des 20. Jahrhunderts wird.

Leben

Aaron Copland ist am 14. November 1900 in Brooklyn, New York geboren und studiert zunächst bei Rubin Goldmark, sodann von 1921–1924 in Paris bei Nadja Boulanger, veranstaltet gemeinsam mit Roger Sessions in New York durch mehrere Jahre Konzerte zeitgenössischer Musik, wird Lehrer an der New School for Social Research in New York und sodann bis 1952 an der Harvard Universität. Am Beginn seiner kompositorischen Tätigkeit verwendet er eine motorisch vehemente Klangsprache, zieht Jazzelemente heran, gelangt darauf zu einer Strawinsky angenäherten Ausdrucksform, verarbeitet amerikanische Volksmusik und mündet schließlich bei dem durch Isolation und politische und gesellschaftliche Gegebenheiten bedingten amerikanischen Stil, dem er allerdings durch seine eigene starke Persönlichkeit eine besondere unnachahmliche Prägung verleiht.

Werke

Außer der Sinfonie für Orgel und Orchester, die Copland 1928 ohne Orgel neu faßt und als 1. Sinfonie herausbringt, schreibt er noch zwei (1933, 1946). In seiner „Music for the Theatre" für Kammerorchester wählt er den Jazz als Grundlage. Im Stück „El Salón México", 1936, und „Zwei mexikanische Stücke", 1959, zieht er lateinamerikanische Themen heran, für die der Komponist überhaupt eine starke Neigung zeigt. (Der Kubaner Harald Gramatges, geboren 1918, der ein Ballett „Ikarus" und „Botschaft an die Zukunft" für Bläser schreibt, ist sein Schüler und Freund). Die Ballettmusiken „Billy the Kid", „Rodeo", „Appalachian Spring", die Suiten aus den Filmmusiken „Red Ponny" und „Our Town" sind zu oft gespielten Konzertnummern geworden. Das Klavierkonzert und mehrere andere Konzerte sind Prototypen amerikanischer Musik der Mitte unseres Jahrhunderts. Von der Kammermusik wird das Sextett für Streichquartett, Klarinette und Klavier am häufigsten gespielt. In einem seiner letzten Werke „Connotations for Orchestre", 1961, setzt sich Copland mit der Dodekaphonik auseinander.

Tips für Plattenfreunde

O Sinfonie für Orgel und Orchester (Stereo-LP/CBS 72643) Bernstein
O Sinfonie Nr. 3 (Stereo-LP/CBS 61 681) Bernstein
O Danzón Cubano (Stereo-LP/CBS 61 059) Bernstein

HANS-ERICH APOSTEL (1901–1972)

Zeit und Umwelt

Obwohl Schönberg ausgewandert, Berg gestorben und Webern zum Verstummen gebracht worden ist, bleibt der Geist der II. Wiener Schule lebendig, und zwar nicht nur bei denen, die das Land verlassen, sondern auch bei einzelnen, die noch zu unaufdringlich und zu unauffällig wirken, um ebenfalls vertrieben zu werden.

Leben

Hans-Erich Apostel ist am 22. Januar 1901 in Karlsruhe geboren und kommt nach einer Kapellmeistertätigkeit in seiner Heimatstadt 1921 nach Wien, wo er sich zu den Schülern Schönbergs und Bergs einreiht. Er beginnt bald mit eigener Lehrtätigkeit, tritt 1933 mit seiner ersten größeren Komposition hervor, für die er noch keine Dodekaphonik verwendet, schweigt während der Zugehörigkeit Österreichs zum Dritten Reich, wird 1946 Präsident der österreichischen Sektion der Internationalen Gesellschaft für Neue Musik (IGNM). Der strengeren Zwölftontechnik bedient er sich erst ab 1950, hält aber eine Beziehung der traditionellen Tonalität immer aufrecht. Er stirbt in Wien am 30. November 1972.

Werke

Apostel selbst nennt sich gelegentlich einen „konservativen Radikalisten". Er wendet freie Atonalität und Dodekaphonik nach Belieben an, es bleibt aber immer Musik, was er schreibt. Sein Requiem für gemischten Chor und Orchester nach Rilkes Stundenbuch, 1933, das I. Streichquartett zum 50. Geburtstag seines Freundes Alban Berg, 1935, gehören noch nicht der strengen Dodekaphonik an. Von den Haydn-Variationen für Orchester (Teil 1, 1949) ist besonders Teil 2 (Paralipomena dodekaphonica, 1964) streng durchgeführt; ebenso die Fischerhaus-Serenade, 12 Minuten in 12 Nummern für 12 Musici, 1972. Das Klavierkonzert, 1958. „Ein Modell ist zu bewahren, ohne seine Dynamik zu verraten: das ist die Aufgabe, die der Schüler Schönbergs und Bergs sich stellte" (H. Kaufmann). Er entfernt sich aber nie so weit von den Thesen seiner Lehrer wie Hanns Jelinek (1901–1969), der zwar als Akademieprofessor Zwölftonmusik lehrt, aber selbst als ehemaliger Kaffeehauspianist leichtflüssige Spielmusik schreibt: 6 Sinfonien, Kammermusik, Lieder, Klavierwerke, aber auch „Das Zwölftonwerk, 1. Folge für Klavier, 2. Folge für verschiedene Instrumente."

Tips für Plattenfreunde

○ Klavierstück Op. 8 – (Stereo-LP/Österreichische Phonothek 10003) einzige Aufnahme

BORIS BLACHER (1903–1975)

Zeit und Umwelt

Im Jahr 1922, in dem Blacher nach Berlin kommt, beginnt die Krise auf dem Arbeitsmarkt, und damit verschieben sich die politischen Kämpfe von den Auseinandersetzungen über Bestand und Form des neuen Staates auf die gesellschaftlich-wirtschaftliche Ebene. Während die Radikalisierung des Volkes fortschreitet, bildet sich eine dünne Kulturschichte, die jedoch von den breiten Massen kaum zur Kenntnis genommen wird. Die Leistungen dieser Schichte sind enorm, aber ohne Tiefenwirkung. Daher ist ein gewisses Zurückziehen der Künstler jeder Gattung auf sich selbst und auf kleine niveaugleiche Kreise feststellbar, das der Entfaltung und Entwicklung nur förderlich sein kann, weil sich der Freiheitsraum des Künstlers, der sich von keinem Publikum abhängig macht, ungeheuer erweitert. Die Lage des Künstlers in Mitteleuropa wird erst dann unhaltbar, als die Vernichtungswalze über alle Geistigkeit rollt und nur wenige getarnt und nach innen emigriert überdauern können. Den Lebensunterhalt allerdings muß der Künstler aus anderen Quellen beziehen, entweder aus einer Lehrtätigkeit oder aus kunsthandwerklicher Tätigkeit, indem der Maler Massenprodukte für das allgemeine Kitschbedürfnis erzeugt und der Musiker Schlager schreibt, billige Arrangements anfertigt oder in Kaffehäusern und Varietés spielt. Unserem Zeitalter kommt zugute, was sich in jener Abgeschiedenheit angebahnt, vorbereitet, entwickelt und zuweilen auch schon vollendet hat.

Leben

Boris Blacher wird als Sohn baltischer Eltern am 6. Januar 1903 in Newschwang, China, geboren. Sein Vater, Direktor einer russischen Asienbank, muß wegen des Krieges und der Revolution mehrmals den Aufenthalt wechseln (Hankau, Irkutsk, Charbin). Als Neunzehnjähriger kommt Blacher nach Berlin und studiert zuerst Mathematik und Architektur. 1924 beginnt er sein Musikstudium an der Berliner Hochschule bei Friedrich Ernst Koch (1862–1927; gesuchter Musikpädagoge, Komponist von Orchester-, Kammermusik- und Chorwerken, Opern) und Arnold Schering (1877–1941; Musikpädagoge, bedeutender Musikwissenschafter und Schriftsteller). 1938–1939 ist er selbst Kompositionslehrer in Dresden, 1948 wird er Professor an der Musikhochschule in Berlin-Charlottenburg, deren Leitung ihm 1955 übertragen wird. Er stirbt am 10. Januar 1975 in Berlin als eine der bedeutendsten Persönlichkeiten der Gegenwartsmusik, die wie viele erst seit 1945 in ihrer wahren Gestalt hervortreten können. Schon 1946 begründet er mit dem Musikologen und Musikschriftsteller Josef Rufer (geboren 1893) und Paul Höffer (1895–1949; Musiklehrer, vielseitiger Komponist: Bühnenwerke, Oratorien, Chöre, Sinfonien, Kammermusik, Gebrauchsmusik für Jugendmusizieren, unter anderem das Kinderspiel „Das schwarze Schaf") in Zehlendorf-Berlin das Internationale Musikinstitut, aus dem die wiedererrichtete Musikhochschule Charlottenburg hervorgeht. Unter seinen Schülern sind Gottfried von Einem (geboren 1918), der als maßgeblicher Mitgestalter der Salzburger Festspiele und wegen seiner Bühnenwerke (Opern: Dantons Tod, Der Prozeß, Der Zerrissene, Besuch der alten Dame; eindrucksvolle Ballette) und seiner Instrumentalwerke (Klavierkonzert op. 20, Philadelphia-Symphonie op. 28) zu den bedeutendsten österreichischen Komponisten der Gegenwart zu zählen ist, und Giselher Klebe (geboren 1925), Musikhochschullehrer, Opernkomponist, Zwölftonmusiker (abstraktes Ballett „Estatico", 1957, „Römische Elegien", 1956). Auch Francis Burt (geboren 1926), dessen „Jamben für Orchester", 1956, Kantate „The Skull", 1959, und Ballett „Golem", 1962, herausgebracht werden, Claude Ballif (geboren 1924), der in Paris als freier Komponist lebt und sein „Concert pour orchestre à 4 (für 4 Orchester)" in Hamburg herausbringt, Aribert Reiman (geboren 1936), der mit seinem Ballett „Stoffreste", 1958, den „Monumenta für Bläser und Pauken", 1960, und den „Celan-Liedern" für Bariton, 1960, starken Erfolg hat, der Schweizer Avantgardist Klaus Huber (geboren 1924), Konservatoriumslehrer in Basel, dessen Werke (wie Oratio Mechtildis, 1958, Noctes Intelegibilis Lucis, 1961, Litania Instrumentalis, 1964) auf Festen für Neue Musik aufgeführt werden, Heimo Erbse (geboren 1924), dessen Orchesterwerke („Dialog für Klavier und Orchester", 1957, „Tango-Variationen", 1958, „Pavimento", Musik für großes Orchester, 1962, Klavierkonzert, 1965), Ballette und Opern einen geistvollen Stil zeigen, und der Koreaner Isang Yung gehören zu diesem Kreis.

Literatur

H. H. Stuckenschmidt: Boris Blacher. 1962

Werke

„Ich glaube nicht, daß wir auf dem Wege der Harmonik, zumindest auf dem Wege der Dissonanz heute weiterkommen. Daher habe ich das Harmonische mit Absicht konventioneller gehalten, um einmal andere Wege zu erproben. Die Zahl 2 wird seit langem als Basis der musikalischen Gestaltung angesehen. Tendenz der letzten 50 Jahre Musikentwicklung war es, diese Symmetrie mit vielen Taktwechseln zu durchbrechen. Ich habe im Grund nur das Zufällige, das andere längst gemacht haben, in ein System gebracht: aus den Rhythmus die Form zu gewinnen. Ausgehend von der Erkenntnis, daß der Taktwechsel den Formverlauf intensiviert, ist die Idee entstanden, den metrischen Verlauf derart zu gestalten, daß jedem Takt eine andere metrische Struktur zu unterliegen hat", sagt Blacher. Sein Interesse gilt in erster Linie dem

Konzerte

Ballett, dessen Metrik er nach mathematischen Gesichtspunkten aufbauen will, und zwar ausgehend von den Reihen oder der Kombinatorik, so daß der metrische Verlauf kein Produkt der Willkür oder des Zufalles sein kann. Mit der „Concertanten Musik" op. 10, bei der bulgarische Rhythmen verwendet sind, hat der Komponist seinen ersten Erfolg (1937). Mathematisch aufgebaute metrische Reihen werden von den Machthabern nicht als moderne Musik erkannt. Auch die „Symphonie für großes Orchester" op. 12 (1938) und das Oratorium „Der Großinquisitor" op. 21 (1942) fallen ebensowenig auf wie seine ersten Kammeropern, weil sie klanglich sehr konventionell sind; auch wendet er seine variablen Metren erst bei den späteren Werken strenger an, wie im Klavierkonzert Nr. 2 op. 42 (1952; Nr. 1 op. 27, 1947). Die Konzerte für Violine, 1948, für Bratsche, 1954, für Cello, 1964, für hohe Trompete, 1970, für Klarinette, 1971/72, das Konzert für 12 Cellisten, 1972/73, werden von Orchestern, die moderne Musik pflegen, häufig gespielt. Auch das eindrucksvolle Requiem für 2 Soli, Chor und Orchester ist beliebt. Von den Bühnenwerken wird wohl die grimmige Persiflage „Abstrakte Oper Nr. 1" (1953) allen anderen vorgezogen.

CONCERTANTE MUSIK OP. 10
Für mittelgroßes Orchester, 3 Teile, uraufgeführt 1937 in Berlin unter Schurich. Abschnitt 1 ist durch den dreifachen Wechsel der drei Sologruppen (Holz, Streicher, Blech) und dem Tutti charakterisiert und wird von der südamerikanischen Volksmusik entnommenen Synkopen scharf rhythmisiert. Die Kantilene des Mittelteiles bildet dazu einen wirkungsvollen Kontrast. Der Schluß bringt das Thema des ersten Abschnittes im Original und der Umkehr und dann die Umkehrgestalt der Kantilene. Spielzeit: 12 Minuten.

ORCHESTERVARIATIONEN ÜBER EIN THEMA VON NICCOLÒ PAGANINI OP. 26
Für großes Orchester, Thema und 16 Variationen der Caprice Nr. 24 a-Moll. Wenige Variationen bringen das bekannte Thema vollständig, sondern benützen nur wesentliche Elemente davon, zuweilen auch mehrere. Spielzeit: 16 Minuten.

KLAVIERKONZERT OP. 28
3 Sätze, entstanden 1947. Der virtuose Klaviersatz ist kein Selbstzweck, sondern wächst aus dem thematischen Material, das bereits in der langsamen Orchestereinleitung vorliegt. Das Presto ist ein freier Sonatensatz mit Spiegelreprise. Der zweite Satz hat dreiteilige Liedform, das Finale Rondoform.

CELLOKONZERT FÜR KLEINES ORCHESTER
4 Sätze, uraufgeführt 1965 im Westdeutschen Rundfunk, Köln. Die serielle Form des Konzertes fußt auf den Grundsätzen der Umkehrung, des Krebses und der variablen Dehnung und Straffung des Materials. Diese komplizierte Durchführung ist aber nirgends merkbar. Der Solopart ist sehr schwierig. Spielzeit: 22 Minuten.

Tips für Plattenfreunde

○ Abstrakte Oper Nr. 1 (Stereo-LP/ Wergo 60 017)
○ Trio für Klavier, Violine und Cello (Stereo-LP/DaCamera 92112)

LUIGI DALLAPICCOLA (1904–1975)

Zeit und Umwelt

Der Erste Weltkrieg, währenddessen seine Familie aus Istrien wegen politischer Unverläßlichkeit zwangsweise nach Graz übersiedelt wird, der Faschismus, der Gelehrte und Künstler, die nicht mitmachen, zwar nicht tötet oder außer Landes treibt, aber doch auf die Seite schiebt, der Zweite Weltkrieg mit allen seinen Schrecken, den 40 Millionen Toten, den vielen, vielen grausamen Einzelschicksalen und die Zeit darauf, in der die im Krieg geschlagenen Wunden nicht heilen wollen, sind seine Zeit. Die Umwelt sind die neuen Komponisten, die sich von den Opern Verdis und Puccinis abwenden und mehr oder minder ihrem Senior Malipiero folgen.

Neben den Schülern jenes Altmeisters der italienischen Modernen und den Gleichgesinnten greift noch Renzo Rossellini (geboren 1908) bei seinen Bühnenwerken, Sinfonischen Dichtungen, Oratorien und Konzerten auf ältere Formen zurück. Domenico Bartoluccio (geboren 1917) hat zwar als Leiter der Päpstlichen Kapelle bei seinen Messen, Oratorien und Motetten durch die für die Kirchenmusik geltenden Vorschriften gebundene Hände, versucht aber doch in seinem „neopalestrinensischen Stil" zeitgenössische Wendungen einfließen zu lassen. Mario Peragallo (geboren 1910) schreibt mit Zwölftontechnik und verbindet sie mit einem schonungslosen Verismo (Instrumentalkonzerte, Kammermusik, Chorwerke). Auch Antonio Bibalo (geboren 1922) ist Zwölftontechniker, schreibt Instrumentalkonzerte, Klavierstücke und bringt 1965 die reizende Oper „Das Lächeln am Fuße der Leiter" in Hamburg heraus. Dallapiccola ist einer von ihnen und dennoch etwas abseitig, denn bei keinem hinterläßt anscheinend gerade die Zeit des letzten Krieges so viel Melancholie, Resignation und Pessimismus, wie in seinem Schaffen zum Ausdruck kommt.

Leben

Luigi Dallapiccola wird am 3. Februar 1904 in Pisino, Istrien (damals noch Österreich), als Sohn eines Schulleiters, der während des Ersten Weltkrieges mit Familie in Graz interniert wird, geboren. Er beendet sein Studium am Konservatorium in Florenz im Jahr 1931 und wird drei Jahre darauf zum Lehrer an jenes Institut bestellt. Er hält jedoch seine Ausbildung nicht für abgeschlossen, sondern vervollständigt sie durch Studienaufenthalte in Deutschland, Österreich, Frankreich, Belgien, England, in der Schweiz und der Tschechoslowakei und in den USA. Konzertreisen als Pianist und Dirigent führen ihn mehrmals nach Amerika (Tanglewood, New York, Berkeley, Buenos Aires). Er stirbt in Florenz am 19. Februar 1975 als führender Kopf der italienischen Zwölftongemeinde.

Werke

Dallapiccola, der in seiner ersten Schaffensperiode von älteren Strukturen beeinflußt ist und vom Musikgut seiner istrianischen Heimat ausgeht, unter den Eindruck von Casella und Busoni gerät, kommt verhältnismäßig spät zur Zwölftonmusik. „Meine Entwicklung ging sehr langsam voran. 1936 begann ich mich ernsthaft für das Zwölftonsystem zu interessieren, also gerade in den Jahren, in denen es eigentlich ‚gestorben' war, nicht nur in Italien, sondern in der ganzen Welt. So ging ich allein meinen Weg", bekennt er. Da für ihn das Textliche, das Wort dominierend ist, baut er die Dodekaphonik zur ausdrucksstarken Sanglichkeit aus. Mit der „Partita für Orchester" (1933) wird er international bekannt. Das „Kleine Konzert für Muriel Couvreux" (1941) für Klavier und Kammerorchester, die „Kanonische Sonatine" (1943) über Paganini-Capricen, die „Tartiniana" I (1951) und II (1956) für Violine und Kammerorchester bearbeiten Melodien von Tartini, „Dialoghi" (1960) ist ein Cellokonzert. Ungleich umfangreicher ist sein Schaffen auf dem Gebiet der Kantaten und Orchestergesänge. „Sechs Chöre" auf Texte von Michelangelo, „Drei Laudi" für Sopran und 13 Instrumente, „Gesänge der Gefangenschaft" für Chor und Instrumente, „Gesänge der Befreiung" für Chor und Orchester, „Requiescant" für Chor, Kinderchor und Orchester und „Commiato" für Sopran und 15 Instrumentalisten (1972) sind Beispiele für die Vielfalt der Ausdrucksmittel des Komponisten, der stets sein Bestreben auf die Melodie ausrichtet. „Für mich persönlich war das Gebiet, das mich bisher am Zwölftonsystem am meisten anzog, das melodische", schreibt er. „Man weiß, wie verschieden die Vorstellung von Melodie in den Jahrhunderten war: Ein Beweis dafür ist die Tatsache, daß jedem musikalischen Neuerer von seinen Zeitgenossen als erstes der Mangel an Melodie vorgeworfen wurde."

KLEINES KONZERT FÜR MURIEL COUVREUX FÜR KLAVIER UND KAMMERORCHESTER
2 Sätze, entstanden 1939/41, der siebenjährigen Tochter von Madame Lucienne Couvreux gewidmet. Satz I bringt ein Pastorale von zarter Poesie, dem folgt ein Girotondo im strahlenden Allegro und eine Reprise, die den Werkanfang in Gegenbewegung vorführt. In Satz II beginnt das Klavier mit einer Kadenz und leitet zu einem schönen Notturno über, dem ein brillantes Finale folgt. Spielzeit: 20 Minuten.

TARTINIANA I
Für Violine und kleines Orchester, 4 Teile, entstanden 1951. Die Vorlagen sind vier Sonatensätze von Tartini: das Larghetto, das Allegro assai und das Andante affettuoso aus einer g-Moll-Sonate und das Presto assai einer G-Dur-Sonate. Der Komponist formt aus der diatonischen Struktur ein Stück in seiner eigenen Tonsprache. Der 3. Satz ist unter dem Eindruck des Todes von Serge Kussewitzki (1874–1951; namhafter Dirigent und Verbreiter russischer Musik) besonders expressiv. Im Finale tragen

die Bratschen und dann die Holzbläser den bekannten Teufelstriller vor. Spielzeit: 16 Minuten.

TARTINIANA II
Für Violine und kleines Orchester, 5 Sätze, entstanden 1955, eine Paraphrase der Sonate Nr. 9 von Tartini (aus der Sammlung der 27 handschriftlich überlieferten, in Padua aufbewahrten Sonaten für Violine und Generalbaß). Im 1. Satz dominiert die Violine, im 2. bringt das Orchester eine kanonische zwölftönige Imitation, im 3. ein Intermezzo, der 4. im Presto ein Zusammenspiel wiederkehrender, symmetrischer Figuren. Das Finale schließt das Stück glanzvoll ab. Spielzeit: 12 Minuten.

GESÄNGE DER GEFANGENSCHAFT
Für gemischten Chor und Instrumentenensemble, 3 Teile, uraufgeführt in Rom 1941. Teil I: Gebet der Maria Stuart, Teil II: Anrufung des Boethius, Teil III: Abschied des Girolamo Savonarola. Die vertonten drei Texte wurden im Bewußtsein des bevorstehenden gewaltsamen Todes geschrieben und bieten dem Komponisten eine Möglichkeit, gegen Faschismus und Krieg zu protestieren. Die Chorpartien sind homophon in freier Linienführung. Das auf Schlaginstrumente ausgerichtete Orchester setzt vorwiegend rhythmische Akzente, ohne sich dem vokal-instrumentalen Klang zu nähern. Die mittelalterliche Dies-irae-Melodie dient zur Verklammerung der drei Sätze. Spielzeit: 25 Minuten.

GESÄNGE DER BEFREIUNG
Für gemischten Chor und großes Orchester, 3 Teile, uraufgeführt 1955 in Köln unter Hermann Scherchen. Teil I: Sebastian Castello, Brief an einen Freund, 1555. Teil II: Exodus, 15, 3–5. Teil III: Augustinus, Bekenntnisse X, 27. In Teil I kontrastieren die Stimmen mit der scharfen Skandierung der homophonen Abschnitte. Das Orchester gewinnt jedoch nirgends sinfonische Eigenständigkeit, sondern projeziert auch in Vor-, Zwischen- und Nachspielen die chorischen Vorgänge, unterstreicht und vervielfältigt sie. Spielzeit: 30 Minuten.

Tips für Plattenfreunde
○ Gesänge der Gefangenschaft, Zwei Chöre nach Michelangelo (Stereo-LP/Teldec 6.41 010 AS). Einzige Aufnahme

KARL AMADEUS HARTMANN (1905–1963)

Zeit und Umwelt
„In diesem Jahr erkannte ich, daß es notwendig sei, ein Bekenntnis abzulegen, nicht aus Verzweiflung und Angst vor jener Macht, sondern als Gegenaktion. Ich sagte mir, daß die Freiheit siegt, auch dann, wenn wir vernichtet werden." Dieser Ausspruch Hartmanns kennzeichnet ihn und die Zeit, in der er lebt. Er wird unter die „Entarteten" eingereiht; dem Aufführungsverbot kommt er zuvor, indem er selbst ein Spielverbot für seine Werke für das Territorium des Dritten Reiches erläßt. Die

Umwelt besteht aus dem totalitären Staat, der mit entsetzlicher Grausamkeit Krieg führt gegen alle, die ihn ablehnen, der sich Europa untertan machen will und dann selbst verschwindet, sie besteht auch aus einer kleinen Anzahl Gleichgesinnter, dem ebenfalls verfemten Webern, den vielen, die emigrieren müssen, und den wenigen, die als Fünfte Kolonne des Geistes bleiben können, und schließlich, als der Druck von Europa gewichen ist, aus der wiedererwachenden Freiheit der Kulturschaffenden, dem ungeheueren Nachholbedarf verlorener Jahre und besonders allen Freunden zeitgenössischer Musik.

Leben

Karl Amadeus Hartmann wird am 2. August 1905 in München als Sohn eines Malers geboren und nimmt sein Studium an der Münchener Akademie für Tonkunst als Schüler des bedeutenden Dirigenten und eifrigen Förderers der Neuen Musik Hermann Scherchen (1891–1966) auf. Als er seine ersten Kompositionen herausbringen will, kommt es zum Ausbruch der Diktatur in Deutschland, so daß sie nur im Ausland aufgeführt werden. Die in jener Zeit verfaßten Werke können erst nach dem Krieg dem Publikum vorgestellt werden. Während des Krieges nimmt er mit Webern Verbindung auf und wird näher mit dodekaphonischer und serieller Technik bekannt. Er setzt sich in der von ihm 1945 gegründeten Organisation „Musica Viva" und als Leiter der Deutschen Sektion der Internationalen Gesellschaft für Neue Musik (ab 1953) für alle Arten zeitgenössischer Musik ein. Seine Werke werden rasch bekannt und sehr geschätzt, alles, was er schreibt, wird aufgeführt; er wird mit Kompositionsaufträgen überhäuft. Er stirbt am 5. Dezember 1963 in München als eine der wichtigsten und bedeutendsten Persönlichkeiten der Gegenwartsmusik.

Werke

Die Originalität der Tonsprache Hartmanns ergibt sich aus der Verbindung einer starken Farbigkeit mit strengem logischem Aufbau und die hohe Gedanklichkeit. Nichts ist Selbstzweck, alles ergibt sich daraus, was ausgedrückt werden soll. „Während der Arbeit bewegte mich auch sehr stark der Gedanke an die Wirkung des fertigen Werkes. Das Ganze soll immer ein Stück absoluten Lebens darstellen. Ich will keine leidenschaftslose Gehirnarbeit, sondern ein durchlebtes Kunstwerk mit seiner Aussage", erklärt er und setzt fort: „Wem meine Grundstimmung depressiv erscheint, den frage ich, wie ein Mensch meiner Generation seine Epoche anders reflektieren kann als mit einer gewissen Bedenklichkeit. Ein Künstler darf nicht in den Alltag hinein leben, ohne gesprochen zu haben. Wenn meine Musik in letzter Zeit Bekenntnismusik genannt wurde, so sehe ich darin nur eine Bestätigung meiner Absicht." Bekenntnisse sind ohne Zweifel seine 8 Sinfonien, das Violinkonzert, das Klavierkonzert, das Bratschenkonzert und die Gesangszene nach Giraudoux. Dazu kommen noch: „Burleske Musik für Bläser, Schlagzeug und Klavier", 1930, „Kleines Konzert für Streichquartett und Schlagzeug", 1932, das „Concertino für Trompete und Bläser", 1933, das „Kammerkonzert für Klarinette, Streichquartett und Streichorchester", 1935, und das „Triptychon für Orchester": I. Sinfonische Ouvertüre, 1942, II. Sinfonische Hymnen, 1943, III. Vita nova, 1943 (verschollen). Die Kammermusik ist vornehmlich durch zwei Streichquartette vertreten (1936, 1952).

SINFONIE NR. 1, VERSUCH EINES REQUIEMS
Für Altstimme und großes Orchester, 5 Sätze, entstanden 1937, uraufgeführt 1948 in Frankfurt unter Winfried Zillig. Der Untertitel wird erst 1940, als der in diesem Werk vorausgeahnte Krieg ausgebrochen war, beigefügt, um auszudrücken, daß die Sinfonie nicht ausreicht, die Trauer über die Zeitverhältnisse voll deutlich zu machen. Satzfolge: I. Introduktion: Elend („Ich sitze und schaue auf alle Plagen der Welt und auf alle Bedrängnis und Schmach, ich sehe die Mühsal der Schlacht, Pestilenz, Tyrannei, sehe Märtyrer und Gefangene, ich beobachte die Geringschätzung und Erniedrigung, die die Armen von den Hochmütigen zu erleiden haben; auf alle Gemeinheit und Qual ohne Ende schaue ich sitzend hin, sehe und höre", Walt Whitmann). II. Frühling („Als jüngst der Flieder blühte vor dem Tor..."). III. Thema mit 4 Variationen. IV. Tränen („Tränen in der Nacht, in der Einsamkeit..."). V. Epilog. Spielzeit: 30 Minuten.

SINFONIE NR. 2 „ADAGIO"
1 Satz, vollendet 1946, uraufgeführt 1950 in Donaueschingen unter Hans Rosbaud. Der Satz beginnt tragisch verhalten, steigert sich zu einer gewaltigen Klangeruption und sinkt wiederum zum Adagio des Beginnes zurück. Die erste Themengruppe wird durch impressionistische Klangflächen abgeschlossen, die zweite ist rhapsodisch und pentatonisch angelegt. Spielzeit: 16 Minuten.

SINFONIE NR. 3
Für Ochester mit stark besetzten Bläsern, 3 Sätze, vollendet 1949, uraufgeführt 1950 in München. Die „in der geistigen Landschaft Alban Bergs wurzelnde" Sinfonie beginnt den ersten Satz mit einem Kontrabaßsolo. Tiefe Harfenklänge und Trauermarschrhythmen der Pauken sind der Hintergrund. Das Streichquintett führt das Thema weiter bis zum Streichertutti. Der 2. Satz ist eine „virtuose Fuge", sie bedient sich aller kontrapunktischen Künste" (Hartmann). Das Finale „bildet den ekstatisch-hymnischen Höhepunkt" (Hartmann). Spielzeit: 32 Minuten.

SINFONIE NR. 4 FÜR STREICHORCHESTER
3 Sätze, vollendet 1947 (2 Jahre vor der dritten Sinfonie), uraufgeführt in München 1948. Im 1. Satz: Lento assai – con passione steigert sich den Ausdruck vornehmlich durch die erste Violine in hoher Lage, im 2.: Allegro molto, risoluto, bringt der Komponist zum ersten Mal ein konstruktives Spiel mit Tönen, der 3.: Adagio appassionato wiederholt die leidenschaftliche Stimmung des ersten Satzes.

SINFONIE NR. 5 „SYMPHONIE CONCERTANTE"
Für mittleres Orchester, 3 Sätze, entstanden 1950, uraufgeführt 1951 in

Stuttgart. Die Sinfonie leitet eine neue Schaffensperiode des Komponisten ein, heitere Spielfreudigkeit beherrscht das Werk. Bläser (ohne Hörner) sind bevorzugt, durch Verzicht auf Violinen, Bratschen, Pauken und Schlagzeug wird eine hohe klangliche Transparenz erreicht. Der 1. Satz ist eine Toccata mit kontrapunktischer Stimmführung; einige grimmige Einwürfe erinnern an frühere Sinfonien. Der 2. Satz trägt die Überschrift „Melodie" und „Hommage à Strawinsky". Die Melodie erinnert an den Beginn von „Sacre". Ein Mittelteil ist „Scherzo" benannt und wird von Trompete und Posaunen über Tuba-Baßschritten vorgetragen. Das Finale ist ein keckes Rondo, in dem die Bläser, rhythmisch prägnant, witzig musizieren. Eine stürmische Stretta beendet den Satz. Spielzeit: 20 Minuten.

SINFONIE NR. 6
Für großes Orchester mit vierhändig gespieltem Klavier und Mandoline, 2 Sätze, vollendet 1953, uraufgeführt 1953 in München unter Eugen Jochum. Der 1. Satz ist ein ergreifender langer Adagio-Satz, der sich über Klangausbrüche und Temposteigerungen zu einem Fortissimo mit schmerzlichen Trompetenrufen entwickelt und dann in einem tragischen Höhepunkt polytonal kulminiert, um sodann wieder bis zum Pianissimo abzusinken. Im 2. Satz beginnt nach kurzer Einleitung eine Toccata variata mit drei variierten Fugen. Spielzeit: 26 Minuten.

SINFONIE NR. 7
Für großes Orchester mit reichlichem Schlagzeug und vierhändig gespieltem Klavier, 2 Teile, entstanden 1958, uraufgeführt 1959 in Hamburg. Der von Fagotten und Posaunen vorgetragenen Introduktion des 1. Teiles folgt ein Ricercare; Fugentechnik ist mit Variation verschmolzen. Der 2. Teil beginnt mit einem Adagio mesto e tranquillo, dessen Melodiebogen sehr weitgespannt sind. Der Teil endet mit einem Perpetuum mobile, das nach einer Kadenz in eine Stretta mündet. Spielzeit: 32 Minuten.

SINFONIE NR. 8
Für großes Orchester, 2 Teile, vollendet 1962, uraufgeführt 1963 in Köln. „Der langsame Satz, der mein ganzes Lebensgefühl widerspiegelt, ist der persönlichste" (Hartmann). Der Satz trägt den Titel „Cantilène: Lento assai, con passione" und beginnt mit einem Solo des Konzertmeisters. Weitere Linien werden herangeführt und zu einem Klangschleier verflochten. Blechbläser und Schlagzeug werfen harte Schläge ein, so daß Trauer und Protest sich die Waage halten. Im 2. Teil: „Dithyrambe" ist nach Hartmann „ein Jubelgesang, der mit wilder stürmischer Begeisterung endet". Spielzeit: 25 Minuten.

CONCERTO FUNEBRE FÜR SOLO-VIOLINE UND STREICHORCHESTER
4 Sätze, 1939 entstanden, 1940 in St. Gallen uraufgeführt. Die Introduktion ist ein Choral, im 2. erklingen Klagegesänge und Trauermarschintonationen, im 3. Satz kommt es zu schrillen Ausbrüchen von Schmerz und Zorn über die brutale Wirklichkeit des Krieges. Den 4. Satz, „Choral" mit dem Untertitel „Langsamer Marsch", eröffnet die Solovioline mit dunklen Klageweisen, dann klingt der Hussitenchoral an. Spielzeit: 22 Minuten.

KONZERT FÜR KLAVIER, BLÄSER UND SCHLAGZEUG
3 Sätze, 1953 entstanden und in Donaueschingen uraufgeführt. „Als Ganzes ist das Konzert eine Auseinander-

setzung mit Boris Blachers variabler Metrik, die in allen drei Sätzen zur Anwendung kommt", erklärt der Komponist. Die Trompete eröffnet den 1. Satz (Andante et Rondeau varié) pianissimo. Das Hauptthema tragen die 3 Klarinetten vor, von Klavier und Schlagzeug begleitet, vier Variationen schließen sich an. Der 2. Satz (Mélodie) ist dreiteilig, die Taktanordnung variabel, im Mittelteil erklingt ein deklamatorisches Klaviersolo. Das Finale (Rondeau varié) bringt eine laufend wiederholte Taktreihe. Das Thema liegt im Klavierbaß, es wird in 3 Couplets variiert und mit einer Coda abgeschlossen. Spielzeit: 16 Minuten.

KONZERT FÜR BRATSCHE MIT KLAVIER, BEGLEITET VON BLÄSERN UND SCHLAGZEUG
3 Sätze, entstanden 1955, uraufgeführt 1956, William Primrose (geboren 1903; bedeutender Violinist und Bratschist) gewidmet. Der 1. Satz ist ein Rondo, der 2. eine stark melodische Kantilene und das Finale ein Rondo varié, das schwungvoll und nahezu triumphal endet. Spielzeit: 25 Minuten.

GESANGSSZENE FÜR BARITON UND ORCHESTER ZU WORTEN AUS „SODOM UND GOMORRHA"
Von Jean Giraudoux, 1 Satz, entstanden 1963, uraufgeführt in Frankfurt 1964. Die lyrische Bilderreihe des Dichters ist von dramatischen Klangballungen illustriert. Es wird die Lebenssicherheit des Menschen geschildert und die Wende: Tod und Untergang. Das langsame Flötensolo erklingt, von 3 Tamtams begleitet, und eröffnet den Epilog: „In jedes Vogellied hat ein grauenhafter Ton sich eingeschlichen, ein einziger nur, doch der tiefste Ton aller Oktaven – der des Todes." Die letzten Zeilen werden gesprochen: „Es ist ein Ende der Welt! Das Traurigste von allen!" Wenn die Welt untergeht, verstummt alle Musik!

Tips für Plattenfreunde
○ 1. Sinfonie und Gesangsszene (Stereo-LP/Wergo 60061)
○ Sinfonie Nr. 4 und Nr. 8 (Stereo-LP/Deutsche Grammophon 139 359 SLPM, Stereo). Einzige Aufnahmen

ANDRÉ JOLIVET (1905–1974)

Zeit und Umwelt

In den dreißiger Jahren schließen sich Olivier Messiaen, Yves Baudrier (geboren 1906), der Orchester-, Klavier- und Vokalwerke schreibt, Jean-Yves Daniel-Lesur (geboren 1908), der mit Suiten, einem Klavierkonzert, einer Fantasie für 2 Klaviere und Garcia-Lorca-Oden und Heine-Liedern hervortritt, zur Gruppe „La jeune France" (Das junge Frankreich) zusammen, die sich der Avantgarde verschreibt. Die ungefähr gleichaltrigen Pierre Capdeville (1906–1969), dessen Orchesterwerke viel aufgeführt werden, Tony Louis Alexandre Aubin (geboren 1907), Dukas-Schüler, der mit zumeist tonaler Orchester-, Kammer-, Klavier- und Vokalmusik sehr erfolgreich ist, Jean Martinon (geboren 1910),

Dirigent in Paris, Tel Aviv, Düsseldorf und Chicago, von dem gleichfalls in Konzerten und Rundfunksendungen Sinfonien, Konzerte und Kammermusik nicht selten aufgeführt werden, Jacques Chailley (geboren 1910), Dirigent, Musikschriftsteller, der mit seinem Ballett „Die Dame und das Einhorn" (1953) bekannt geworden ist, halten zwar enge Verbindung zur Gruppe, schließen sich aber nicht an. Auch der Vorkämpfer der französischen Avantgarde Pierre-Octave Ferraud (1900–1963), dessen Orchester-, Kammermusik-, Klavier- und Vokalwerke, Opern und Ballette Aufsehen erregen, und Henri Tomasi (1901–1971), Dirigent und Komponist von Balletten und Instrumentalwerken, bewahren sich ihre Selbständigkeit, und noch entschiedener Jean René Français (geboren 1912), den das Ausland für typisch für das französische Tonschaffen unseres Jahrhunderts hält, weil man seine charmante, kecke, unbeschwerte und etwas ironische Art allein kennt und neben seinen reizenden Orchester- und Klavierstücken von der sakralen Musik (Oratorium: Die Apokalypse Johannis mit zwei Orchestern) wenig weiß. Man hält sich lieber an das Katzenballett „Die Damen der Nacht" oder „Die Frau im Mond". Jolivet selbst bleibt nicht bei der Stange. Er will im vorgerückten Alter Musik schreiben, „die jeder spielen oder summen kann, indem er glaubt, er habe sie selbst gemacht".

Leben

André Jolivet ist am 8. August 1905 in Paris geboren. Er nimmt vorerst privaten Musikunterricht und ist bereits ab 1927 in Paris als Musiklehrer tätig. Gleichzeitig nimmt er bei Paul Le Flem (geboren 1881; Chorleiter, Komponist von Orchester-, Klavier- und Vokalwerken) und anläßlich dessen Europaaufenthaltes bei Varèse Unterricht. Für die Zeit von 1945 bis 1959 ist ihm die musikalische Leitung der Comédie Française übertragen, 1960 wird er künstlerischer Berater im französischen Kultusministerium und 1966 Kompositionslehrer am Pariser Konservatorium. Er stirbt am 20. Dezember 1974 in Paris als eine der interessantesten Persönlichkeiten der zeitgenössischen französischen Musik, der Schönbergs Technik und die Klangtechnik eines Varèse verschmilzt und die Reihentechnik auf alle Bestandteile der Musik, Melos, Harmonik, Klang und insbesondere auf den Rhythmus ausdehnt.

Werke

Varèse betrachtet die traditionellen Instrumente nur als vorläufigen Ersatz für zukünftige Klangerzeugungsmöglichkeiten, die anscheinend vor seinem „inneren Ohr" bereits Wirklichkeit geworden sind, ehe die Technik seine Wünsche erfüllen kann. Sein Schüler Jolivet ist mehr gegenwartsbezogen. Er begnügt sich mit den Ondes Martinot und dem beschwörend hartnäckigen Wiederholen kurzer Formeln und deren raffinierten Variationen, womit er nach Messiaen eine eigentümliche physiologische und psychische, vielleicht sogar therapeutische Wirkung erzeugt. Die Orchesterwerke „Fünf rituelle Tänze" (1939), „Tanzsinfonie" (1940), „Drei Zwischenspiele von der Wahrheit der hl. Johanna" (1956), „Transozeanische Suite" (1956) machen das ebenso deutlich wie die Konzerte für Orchester mit Ondes Martinot, Klavier, Harfe, Fagott, Trompete, Trompete und Klavier und Cello. Von der Klaviermusik ist Sechs Klavierstücke „Mana" hervorzuheben. Von der Vokalmusik haben „Messe für den Tag des Friedens" für Gesang, Orgel und Tamburin und das Oratorium „La vérité de Jeanne" einen hohen Bekanntheitsgrad erreicht.

Tips für Plattenfreunde

○ Suite en Concert für Flöte und Schlagzeug (Stereo-LP/Thorophon MTH 149)
○ Cellokonzert Nr. 2, Fünf rituelle Tänze (Stereo-LP/Erato ST 1025), Rostropowitsch, einzige Aufnahmen

DMITRI SCHOSTAKOWITSCH (1906–1975)

Zeit und Umwelt

Bei der Aufführung der Oper „Die Lady Macbeth von Mzensk" sitzt Stalin in unmittelbarer Nähe der Blechbläser, deren dissonante Klangkaskaden seine Ohren quälen. Dazu mißfällt ihm das Libretto. Die Frau läßt den Ehemann und den Schwiegervater durch den Liebhaber umbringen, tötet sodann diesen und sich selbst. Das beleidigt die sittlichen Gefühle des Diktators, die Oper wird abgesetzt und der Komponist wegen seines „westlichen Konstruktivismus und abstrakten Rationalismus" gemaßregelt und ermahnt, sich eines massenwirksamen sozialistischen Realismus zu befleißigen." Er ist bei den Probearbeiten für seine 4. Sinfonie, bricht sie ab und schweigt durch zwei Jahre. Dann legt er eine weitere Sinfonie vor mit dem Untertitel: „Ein Sowjet-Künstler antwortet auf eine gerechte Kritik." Bald darauf erfließt ein neuerlicher Tadel der völlig verständnislosen maßgebenden Stellen, weil die weiteren Kompositionen „zu übermäßig kompliziert" und daher zu wenig eingängig sind, und nach einem weiteren Jahr wird Schoschtakowitsch für die Leningrader Sinfonie der „Erste Stalinpreis" verliehen. Nach der 9. Sinfonie fällt die offizielle Kritik abermals über ihn und zugleich über Prokofjew und Chatschaturian her. Er schreibt das Oratorium „Das Land der Wälder" und wird daraufhin rehabilitiert. Nun erhält er selbst Einfluß auf das sowjetische Musikleben, muß sich jedoch an die Forderungen, die der Staat an die Kunst stellt, halten und wird dafür mit Ehren und Ernennungen überhäuft, darf sogar in das

Ausland reisen und dort alle Ehrungen entgegennehmen. Seine Tonsprache bleibt bis zu seinem Tod in den Grenzen, die ihm gesetzt worden sind. Das ist seine Zeit. Die Umwelt besteht aus der Revolution, dem Bürgerkrieg, den wirtschaftlichen Schwierigkeiten des jungen Staates und dem blutigen Abwehrkampf gegen den tief in das Land eindringenden Feind, den Sieg und die Festigung der Staatsmacht, die Freundschaft der Instrumentalsolisten und Dirigenten und die zunehmende Erkenntnis der Staatslenkung, daß er und sein Werk zu repräsentativen Kulturfaktoren geworden sind. Die Umwelt macht ihn zum Denkmal seiner Selbst. Kleine Entgleisungen werden nur mehr hinter vorgehaltener Hand besprochen und bemängelt, unangenehme Vorfälle in der Vergangenheit vergessen. Die Frage, welche Entwicklung dieser geniale Musiker unter anderen kulturpolitischen Gegebenheiten genommen hätte, kann nicht beantwortet werden, aber eines ist sicher: Er schreibt während seiner gesamten Schaffenszeit in jeder Umwelt innerhalb allen beengenden Grenzen echte und wahre Kunst, gleitet nie in das um ihn herum häufig produzierte hohle Pathos ab, so daß jedes seiner Werke, unter welchen Umständen es auch entstehen mag, das Merkmal der Unvergänglichkeit in sich trägt.

Leben

Dmitri Dmitrijewitsch Schostakowitsch wird am 25. September 1906 im damaligen Petersburg als Sohn eines musikliebenden Ingenieurs und einer Amateur-Pianistin geboren. Frühzeitig entwickelt er bedeutende pianistische Fähigkeiten und wird bereits 1919 über Veranlassung von Glasunow in das Konservatorium aufgenommen, wo er neben der Ausbildung im Klavierspiel bei Maximilian Ossejewitsch Steinberg Kompositionsunterricht erhält. Seine ersten Kompositionsversuche fallen in jene Zeit, doch die Diplomarbeit, mit der er sein Studium abschließt (1925), wird am 12. Mai 1926 in Leningrad als Sinfonie Nr. 1 uraufgeführt und begründet bereits seinen internationalen Ruf. Bruno Walter (1876–1962; bedeutender Dirigent) bringt sie bald darauf in Berlin heraus. Zwei weitere Sinfonien und mehrere Ballette folgen. Ab dem Jahr 1937 lehrt er am Leningrader Konservatorium Komposition und geht 1948 in gleicher Eigenschaft an das Konservatorium in Moskau. Obgleich er wegen seiner „formalistischen und wenig volksnahen" Kompositionen mehrfach gemaßregelt wird, steigt er zu den höchsten Ehren seines Staates auf. Der „Stalinpreis", „Leninpreis", „Leninorden", die Titel „Volkskünstler der UdSSR" und „Held der Arbeit" werden ihm verliehen, dazu der „Weltfriedenspreis" und von der DDR der „Stern der Völkerfreundschaft" in Gold. Seine Kompositionen finden inzwischen in alle Konzertsäle der Welt Eingang und treffen beinahe überall auf begeisterte Aufnahme. Die Universitäten Oxford und Evanstone (bei Chicago) verleihen ihm das Ehrendoktorat, Finnland den „Sibeliuspreis", England die Goldmedaille der Philharmonischen Gesellschaft, Dänemark den Sonning-Musikpreis, Frankreich den Orden der Akademie der Künste und Literatur, Schweden die Mitgliedschaft der Akademie, Rom die Ehrenmitgliedschaft der Academia di St. Cecilia und die DDR die Mitgliedschaft der Akademie der Künste. Er stirbt in Moskau am 20. Dezember 1974 als einer der Großen der russischen Musik, der an der Gestaltung des Musikgeschehens unseres Jahrhunderts maßgebend mitgewirkt hat. Die Lücke, die sein Tod in das sowjetische Musikleben reißt, ist gewaltig. Neben den bereits bei Prokofiew Genannten leben und wirken noch die Komponisten Iwan Iwanowitsch Dscherschinski (geboren 1909), der als führender Musikpolitiker Orchester-, Chor- und Klaviermusik und vor allem Opern betont im Sinn der Parteilinie komponiert, der Pianist Andrej Jakowljewitsch Eschpai (geboren 1925), der in seine 4 Sinfonien und den Sinfonischen Tänzen die Volksmusik der Wolgagegend verwendet, der Armenier Eduard Michailowitsch Mirsojan (geboren 1921), in dessen Sinfonik die Musik seines Volkes verarbeitet ist, der Este Arvo Augustowitsch Pärt (geboren 1935), von dem aufgrund seiner Sinfonie aus 1963 erwartet wird, daß er die sinfonische Tradition des Landes fortsetzt, der Aserbaidschaner Kara Abulfas-ogly Karajew (geboren 1918) vervollständigt seine Ausbildung bei Schostakowitsch, der mit seinen farbenfrohen, folkloristischen Balletten und Opern, aber ebenso mit seinen Sinfonien und Sinfonischen Gedichten und Suiten über die Grenzen seines Landes bekannt geworden ist, die Georgier Wano Iljitsch Muradeli (geboren 1908), der als musikpolitischer Funktionär sich streng an die Parteivorschriften hält, und Otar Wassiljewitsch Taktakischwili (geboren 1924), der die grusinische Folklore in seinen Sinfonien, Sinfonischen Dichtungen, Konzerten verwertet. Und weitere noch jüngere rücken bereits nach, die sich zwar noch wenig profilieren, aber bereits gewährleisten, daß die Stimme Rußlands im Konzert der Weltmusik vernehmbar bleibt wie bisher.

Literatur

H. Brockhaus: Dimitri Schostakowitsch

Werke

Schostakowitsch wollte das Erbe Beethovens, Tschaikowskis und auch Mussorgskis antreten und konnte dieses Vorhaben zumindest teilweise verwirklichen, stärker sind bei ihm jedoch die Patenschaft Mahlers und dessen anschauliche Theatralik und Gefühlsausdruck. Echte Musik spiegelt nach seiner Ansicht immer die Gefühle, Stimmungen, Leidenschaften, Gedanken und Ideen wider, seine Sehnsucht nach Frieden und Freiheit und den Kampf um diese Güter. Von den 15 Sinfonien steht jede auf den Konzertprogrammen. Die kleineren Stücke für Orchester und die Ballettsuiten („Das goldene Zeitalter", „Der Bolzen", „Der helle Bach") werden besonders von kleineren Orchestern gespielt. Die beiden

Klavierkonzerte, die zwei Violinkonzerte und die Cellokonzerte Nr. 1 und Nr. 2 werden von Virtuosen der jeweiligen Instrumente sehr häufig gespielt. Die Kammermusikensembles nehmen das Klavierquintett op. 57 aus 1940, das Klaviertrio op. 67 aus 1944 und die 15 Streichquartette immer wieder in ihre Programme auf. Die beiden Klaviersonaten op. 12 und op. 64 sowie die 24 Préludes und die 24 Präludien und Fugen halten das Niveau, das die russische Klaviermusik mit den Werken von Prokofiew erreicht hat. Die Chormusik des Komponisten, die bestimmten Anlässen diente, erhebt sich weit über die Gebrauchsmusik seiner Zeitgenossen, sie ist trotz ihrer „Volksnähe" künstlerisch durchgearbeitet und klangschön.

SINFONIE NR. 1 OP. 10
Für mittleres Orchester, 4 Sätze, entstanden 1925 zum Abschluß des Studiums am Leningrader Konservatorium und am 26. Mai 1926 in Leningrad uraufgeführt (als „höchstmöglicher Ausdruck des Talentes" bezeichnet). Der 1. Satz ist kammermusikalisch, das marschähnliche Hauptthema trägt die Klarinette vor. Eine Walzermelodie der Flöte bildet das kontrastierende Thema, das mit dem ersten in der Durchführung verarbeitet wird. Der 2. Satz ist ein wildes Scherzo mit reizvollen Einwürfen des Klaviers. Im 3. Satz intonieren Holzbläser und Streicher Trauermarschmotive, um dem expressiven Melos der Kantilene Gehalt und Tiefe zu verleihen. Das Finale schließt unmittelbar an, weit ausholend nach einer düsteren Einleitung und nach mehreren energischen Episoden in eine rasche Stretta mündend. „Es ist offensichtlich, daß die verschiedenen Gehaltkomponenten des Werkes auf Erlebnisse des jungen Komponisten hinweisen. Dazu gehören sowohl die Widerspiegelung einer als heiter und sorgenfrei empfundenen Jugend wie der schmerzliche Widerhall, den der Tod des Vaters im Jahr 1922 in seinem Empfinden nachwirken ließ" (H. A. Brockhaus). Spielzeit: 30 Minuten.

SINFONIE NR. 2 OP. 14 „WIDMUNG AN DEN OKTOBER"
1 Satz, entstanden 1927 und am 6. November desselben Jahres in Leningrad uraufgeführt. Hart und dissonant stellt sich das Klangbild dieses Werkes zur Zehnjahrfeier der Oktoberrevolution dar. Es mündet in ein Chorfinale mit Sprechchor, Marsch- und Signalintonationen, die das historische Ereignis plastisch verdeutlichen. Trotz der penetranten politischen Programmatik sehr interessant. Spielzeit: 16 Minuten.

SINFONIE NR. 3 OP. 20, „1. MAI"
1 Satz, entstanden 1929, uraufgeführt am 21. Januar 1930 in Leningrad. Das Werk bringt keine thematische Entwicklung, sondern eine Serie von Episoden wie ein Divertimento, die durch einen für viele Stücke von seiner Hand typischen Rhythmus zusammengehalten werden. Der Gedanke an einen Maiaufmarsch wird heraufbeschworen, die Dynamik der Reden und Demonstrationsrufe ist in das Musikalische übertragen, ohne programmatisch dargestellt zu werden. Erst das Chorfinale wird deklamatorisch mit emphatisch aufwärts strebenden Glissandoschleifern und Repetitionsmotiven der Bläser. Mit einer instrumentalen Stretta klingt die Sinfonie aus. Spielzeit: 30 Minuten.

SINFONIE NR. 4 OP. 43 FÜR GROSSES ORCHESTER

3 Sätze, entstanden 1936, uraufgeführt 1961 in Moskau. Diese stark Mahler verpflichtete Sinfonie wird vom Komponisten zurückgezogen; er wird während der Probearbeit wegen seiner Oper gemaßregelt und muß damit rechnen, auch mit der sinfonischen Arbeit Anstoß zu erregen. Tatsächlich ist die Vierte seine revolutionärste Sinfonie. Der lange 1. Satz hat rhapsodische Form und ist mit Themen und Motiven angefüllt, die nur einmal erklingen, eine Durchführung oder Entwicklung von Themen aus einem anderen liegt nicht vor. Der Satz ist aber wegen seiner orchestralen Effekten und kühnen melodischen Linien faszinierend. Der 2. Satz ist kürzer und mehr geordnet; Mahlers Einfluß macht sich stark bemerkbar. Im 3. Satz beginnt ein Trauermarsch, der von einem vielfarbigen, oft improvisatorisch wirkenden, glänzend instrumentierten und rhythmisch interessanten Mittelteil abgelöst wird. Dann kehrt der Marsch wieder, wird aber in das Hymnische und Sieghafte umgedeutet. Spielzeit: 60 Minuten.

SINFONIE NR. 5 OP. 47

Für normales Orchester, 4 Sätze, vollendet 1937 und im selben Jahr in Leningrad uraufgeführt. Diese den Feierlichkeiten zum 20. Jahrestag der Oktoberrevolution gewidmete Sinfonie ist ein Zeichen des Komponisten, daß er sich der Parteivorschrift unterwirft, sie ist auch die Darstellung des „Werdens des Menschen, seiner Selbstvollendung, seiner Gefühle und Zweifel" und dennoch ein grandioses Werk. Bereits im 1. Satz erscheint ein energisches Thema, das die gesamte sinfonische Entwicklung bestimmt. Das kantable Seitenthema bringt eine leicht wehmütige Stimmung in die Musik, die quälende Gedanken, lyrische Erinnerungen, Entschlossenheit und doch Ergebung in die Mißhelligkeiten des Lebens andeutet. Im 2. Satz wird mit drei Themen ein sprühendes Scherzo vorgetragen, das nahezu übermütig wirkt. Der 3. Satz hat tragischen Charakter und klingt wie eine traurige Klage eines einsamen Menschen, der sich ohne Hilfe mit den Gegebenheiten auseinandersetzen muß. Das Finale ist aggressiv drohend und nahezu befehlend und schließt mit einem sieghaften Bläserhymnus. Eine genaue Analyse und Deutung gerade dieser Sinfonie wird vermutlich erst möglich sein, wenn man Näheres über ihr Zustandekommen erfährt. Man muß gewärtigen, daß sich sodann ein völlig verändertes Bild ergibt. Spielzeit: 50 Minuten.

SINFONIE NR, 6 OP. 54

Für normales Orchester, 3 Sätze, vollendet und in Leningrad uraufgeführt im Jahr 1939. Der 1. Satz bringt mit einem einzigen Thema ein Largo voll Ruhe und Besonnenheit, als blicke der Komponist mit Ergebung auf durchgestandene Leiden zurück. Der 2. Satz ist ein zauberhaftes Scherzo, und im 3. scheinen auch die letzten tragischen Erinnerungen verschwunden zu sein. Spielzeit: 33 Minuten.

SINFONIE NR. 7 OP. 60 „LENINGRADER SINFONIE"

Für großes Orchester, 4 Sätze, 1941 entstanden, 1942 in Kuibischew uraufgeführt. Das Werk wird zum größten Teil während der Belagerung von Leningrad verfaßt. „Ich wollte ein Werk über unsere Tage, unser Leben, unsere Menschen schaffen. Unserem Kampf gegen den Faschismus, unserem künftigen Sieg über die Feinde, meiner Heimatstadt Leningrad widme ich meine siebente Sinfonie", schreibt Schostakowitsch. Der 1. Satz (Der Krieg) erinnert an den Sommer des

Sinfonien

Jahres 1914: „Das Land atmete im friedlichen Überfluß. Im Sprühen des Lebens, der Lieder und der Arbeit. An jenen frühen Morgen warfen die Feinde Bomben auf sowjetische Häfen und Städte" (Pawel Antokolski). Ein russisches Lied klingt auf, dann ertönt ferner Trommelwirbel, der Angriff rollt heran, ein russisches Thema nimmt den Kampf dagegen auf und schlägt den Feind zurück. Ein Adagio des Fagottes betrauert die Opfer des Krieges. Satz Nr. 2 (Erinnerungen) ist von rührend elegischer Stimmung. Der 3. Satz (Heimatliche Weiten) spricht von der wiedererwachenden Lebenskraft des russischen Volkes. Der 4. Satz (Der Sieg) kündigt den künftigen Triumph des gerechten Abwehrkampfes an: „Der Sieg des Lichtes über das Dunkel ist gewiß." Spielzeit: 70 Minuten.

SINFONIE NR. 8 OP. 65
Für mittleres Orchester, 5 Sätze, entstanden 1943. Das tragische Werk ist eine poetische Darstellung der Leiden eines Volkes durch den Krieg. Der 1. Satz bringt nach einer kurzen Einleitung ein trauriges Thema der Violinen, dem ein zweites elegisches beigegeben wird. Das Leid der gesamten Menschheit durch Krieg und Brutalität wird deutlich. Auf dem Kulminationspunkt erhebt sich ein Ausbruch des Protestes gegen das Böse. Im 2. Satz karikiert ein Rondo in Marschform die Bilder des Bösen. Im 3. Satz wird die Zeichnung der Unmenschlichkeit stärker, ein grauenvolles Schlachtenbild löst eine offenbar bewußt banale Melodik ab. Am Ende des Satzes erhebt sich ein düsterer Orkan. Der 4. Satz hat die Form einer Passacaglia und ist voll tiefer Nachdenklichkeit. Im 5. Satz bringt ein heller Morgen die nachtseitigen Bilder und Stimmungen zum Verschwinden. Spielzeit: 65 Minuten.

SINFONIE NR. 9 OP. 70
Für kleineres Orchester, 5 Sätze, entstanden und uraufgeführt 1945. Der 1. Satz hat Sonatenform, klassische Klarheit kennzeichnen ihn. Der 2. Satz ähnelt einer Romanze und ist lyrisch. Der 3. Satz bringt ein spielerisches, sorgloses Scherzo. Im 4. Satz wird eine tragische Episode vorgetragen, die jedoch im 5. von einem geistreichen tänzerischen Ausklang abgelöst wird. Spielzeit: 25 Minuten.

SINFONIE NR. 10 OP. 93
Für mittleres Orchester, 4 Sätze, entstanden 1953 und im selben Jahr am 17. Dezember in Leningrad uraufgeführt. Als „Sinfonie für den Weltfrieden" geschrieben. Nachdenklich beginnt der 1. Satz, das Hauptthema hat deutlich russischen Charakter. Im 2. Satz herrscht stürmische Bewegung, der Nachklang des überstandenen Krieges wird von hohem Holzbläserklang und Wirbeln der Kleinen Trommel gekennzeichnet. Der 3. Satz ist ausdrucksvoll und voll Spannung. Die Beschaulichkeit wird mehrmals von scharfen Klängen unterbrochen, wie eine Mahnung, daß der Friede gehütet werden muß. Der 4. Satz schildert ein friedliches Land im sicheren Schutz friedliebender Menschen. Spielzeit: 51 Minuten.

SINFONIE NR. 11 OP. 103 „DAS JAHR 1905"
Für großes Orchester, 4 Sätze, entstanden 1957, musikalisch-dramatische Darstellung des „Blutigen Sonntages" im Januar 1905. Im 1. Satz („Der Platz vor dem Palast: Adagio") werden der Schauplatz des tragischen Vorfalles und die Leiden der Inhaftierten plastisch dargestellt. Der 2. Satz („Der neunte Januar: Allegro") schildert die demütigen Bitten und Klagen des Volkes, das sich an den Zaren wendet, es werden drän-

gende Forderungen daraus, bis die Erschießungen beginnen. Im 3. Satz („Ewiges Gedenken: Adagio") bringen die Bratschen den Trauermarsch „Unsterbliche Opfer", das Orchester drückt die Trauer über den Massenmord zum Ausdruck, aber auch die Entschlossenheit, die Forderungen des Volkes durchzusetzen. Der 4. Satz („Sturmläuten: Allegro non troppo") stellt das Auflodern der Revolution, die noch viele Opfer kosten wird, dar. Spielzeit: 63 Minuten.

SINFONIE NR. 12 OP. 112 „DAS JAHR 1917"
Für mittleres Orchester, 4 Sätze, entstanden und in Leningrad uraufgeführt 1961, Lenin gewidmet. Sie schildert das Jahr der Oktoberrevolution. Der 1. Satz („Das revolutionäre Petrograd") ist eine mächtige, farbenreiche Klangballung mit ungebändigten Rhythmen. Nach einer kurzen Einleitung tragen tiefe Streicher das Thema vor, das sich durch das gesamte Werk zieht. In drei sich steigernden Phasen wird der Kampf dargestellt, der am Ende des Satzes noch nicht entschieden ist. Ohne Pause schließt sich der 2. Satz („Razliv") an, der dem Wirken der im Exil lebenden Russen gewidmet ist; eine ostinate Figur zeichnet die Hartnäckigkeit der Revolutionäre und ein lyrisches Hornthema ihre Zuversicht. Der 3. Satz („Aurora") setzt die Bilder des ersten fort. Der Kampf geht weiter, der Sieg zeichnet sich bereits ab, der sodann im 4. Satz („Morgenröte der Menschheit") zur Gewißheit wird. Spielzeit: 40 Minuten.

SINFONIE NR. 13 OP. 113
Für großes Orchester, Baßsolo und Baßchor, 5 Sätze, entstanden 1962, uraufgeführt am 19. März 1973 in Berlin. Das Werk wird (wie die 9. und 10. Sinfonie) wegen mangelnder Linientreue abgelehnt; auch die verwendeten Texte des Lyrikers Jewtuschenko (der ebenfalls suspekt ist) werden verworfen. Der 1. Satz trägt die Überschrift „Babi Jar" (Felsenschlucht bei Kiew, in der viele Tausende Juden liquidiert wurden). Die Musik wird zum „Echo tonlos mächtigen Schreis, der über abertausend Tote rinnt". Solist und Chor erheben mit deklamatorischem Melos Protest gegen die Gewalttat. Für den 2. Satz zieht der Komponist Verse des Gedichtes „Humor" heran („Bin zur Stell', schwang's Tanzbein famos"). Im 3. Satz („Im Magazin") wird der ungebrochene Mut der Frauen geschildert, die sich im Krieg durch Hunger und Entbehrungen nicht von ihrer Siegeshoffnung abbringen ließen. Der 4. Satz („Ängste") erinnert noch einmal an die Geschehnisse von Babi Jar, die unvergeßlich bleiben. Das Finale („Kariere") stellt Lebensläufe bedeutender Männer dar, deren Wirken für die Menschheit von großer Bedeutung ist. Der Ausklang zeigt, daß sie die wahren Sieger über ihre Peiniger sind. Spielzeit: 59 Minuten.

SINFONIE NR. 14 OP. 135
Für Kastagnetten, Schlagholz, 2 Tomtoms, Peitsche, Glocken, Vibraphon, Xylophon, Celesta, Streicher, Sopran- und Baßsolo, 4 Teile, entstanden 1969 und im selben Jahr in Leningrad uraufgeführt. Verwendet werden Verse von Federico Garcia Lorca, Guillaume Apollinaire, Rainer Maria Rilke und Wilhelm Küchelbecker (russischer Dekabristen-Dichter). In Gedichten wird derer gedacht, die vom Leben allzu früh Abschied nehmen mußten (1. De profundis, 2. Malagueña, 3. Loreley, 4. Der Selbstmörder, 5. Auf Wache, 6. Madame, so hören Sie doch!, 7. In der Santé, 8. Antwort der Saporoger Kosaken an

Sinfonien, Konzerte

den Sultan von Konstantinopel, 9. O Delwig, Delwig!, 10. Der Tod des Dichters, 11. Der Tod ist groß.) Die Reihe ist eine Auseinandersetzung mit dem Todesproblem in dem Sinn: „An den Tod muß man denken, um sein Leben besser zu nutzen. Wir sind nicht unsterblich, aber gerade deshalb muß man sich bemühen, soviel wie möglich für die Menschen zu tun." Spielzeit: 46 Minuten.

SINFONIE NR. 15 OP. 141
Für mittleres Orchester, 4 Sätze, entstanden 1971, uraufgeführt in Moskau am 9. Januar 1972 unter Maxim Schostakowitsch (geboren 1938), Sohn des Komponisten. Der 1. Satz beginnt scherzoartig und bringt ein Zitat aus der Ouvertüre zum „Tell" von Rossini; chromatisch abgestufte Zwölftonreihen sind eingeschmolzen. Der 2. Satz drückt mit seinem Adagio ein unheilvolles Ereignis aus, der Trauermarsch in der Coda gilt den Opfern des Großen Vaterländischen Krieges und leitet sodann zum 3. Satz über, einem lebendigen Scherzo in tänzerischer Haltung. Das Schicksalsmotiv aus „Walküre" („Weißt du, wie das wird?") leitet das Finale ein, das grüblerisch und ernst die Frage nach der Zukunft aufwirft. Auch die verspielte Coda mit einer zweimal aufschwebenden zwölftönigen Doppelreihe gibt keine Antwort. Spielzeit: 41 Minuten.

KLAVIERKONZERT NR. 1
C-MOLL OP. 35
Für Soloklavier, Solotrompete, Streicher, 4 Sätze, entstanden und in Leningrad uraufgeführt 1933. Der 1. Satz hat Sonatenform und drückt dramatische Momente wie fröhliche aus. Der 2. Satz bringt einen elegischen Walzer, der sich von inniger Zartheit zu einem pathetischen Höhepunkt entwickelt und mit einem Trompetensolo abschließt. Der 3. Satz ist improvisatorisch und stellt ein Intermezzo dar, das zu einem humorvollen Finale überleitet. Spielzeit: 21 Minuten.

KLAVIERKONZERT NR. 2 F-DUR
OP. 102
Für Soloklavier und kleines Orchester, 3 Sätze, entstanden 1957 und im selben Jahr in Moskau uraufgeführt. Der 1. Satz der für den zu jener Zeit am Konservatorium studierenden Sohn Maxim geschriebenen Sinfonie wird von einem fröhlichen Marschtempo beherrscht, der 2. Satz ist ernst und besinnlich und der 3. Satz virtuos tänzerisch und voll jugendlichen Drohsinn. Spielzeit: 20 Minuten.

VIOLINKONZERT NR. 1 A-MOLL
OP. 99
4 Sätze, vollendet 1955 und im selben Jahr mit dem Widmungsträger David Oistrach uraufgeführt. Der 1. Satz, das „Notturno", verläuft im breiten melodischen Fluß ohne Gegenbewegung. Der 2. Satz, das „Scherzo", ist stark dynamisch und kompliziert angelegt, der 3. Satz, die „Passacaglia" ist ein klangreicher Ausdruck von Schönheit und Gefühlstiefe und das Finale, die „Burleske", malt Festlichkeit und Fröhlichkeit zum Spiel von Wandermusikanten. Spielzeit: 36 Minuten.

VIOLINKONZERT NR. 2
CIS-MOLL OP. 129
3 Sätze, entstanden 1967, David Oistrach gewidmet. Der 1. Satz bringt ein expressives Thema der Sologeige. Dann lichtet sich die Stimmung auf und geht in ein virtuoses Allegretto über. Zum Schluß der Durchführung trägt der Solist eine Kadenz vor, und in der Reprise bringt das Solo-Horn das Hauptthema erneut. Das Adagio der Solovioline im 2. Satz ist

ein leidenschaftlicher Gesang, der vom Horn beschaulich abgeschlossen wird. Der 3. Satz bringt einen brillanten Dialog zwischen Solisten und Orchesterinstrumenten, der nach einer großen Kadenz mit allen Instrumenten heiter ausklingt. Spielzeit: 29 Minuten.

CELLOKONZERT NR. 1
ES-DUR OP. 107
3 Sätze, 1959 entstanden und vom Widmungsträger Mstislaw Rostropowitsch im selben Jahr in Leningrad uraufgeführt. Der erste Satz ist sonatenförmig angelegt. Das Kopfmotiv wird zum Thema des ganzen Satzes, in dem es nur wenige Kontraste gibt. Die Stimmung des 2. Satzes ist lyrisch mit dem Rhythmus einer Sarabande und schließt mit einer großen Kadenz ab; das Finale ist ein Rondo, vital, fröhlich und stark virtuos. Das Hauptthema des 1. Satzes beendet das Werk. Spielzeit: 30 Minuten.

CELLOKONZERT NR. 2 OP. 126
3 Sätze, 1966 entstanden und im selben Jahr vom Widmungsträger Mstislaw Rostropowitsch in Moskau uraufgeführt. Der 1. Satz nimmt nahezu die Hälfte des Werkes ein. Das vom Solisten vorgetragene Largo ist expressiv gehalten und mündet in das Scherzo des 2. Satzes. Eine anspruchsvolle Kadenz führt zum Finale, das von Fanfaren der Hörner und Trommelwirbeln eingeleitet wird. Darauf kommen ausdrucksstarke Teile, die zu einem Höhepunkt der Klangausbrüche führen. Mit Reminiszenzen an den 1. Satz endet das kraftvolle Werk. Spielzeit: 34 Minuten.

QINTETT FÜR 2 VIOLINEN, VIOLA, CELLO UND KLAVIER
G-MOLL OP. 57
5 Sätze, 1940 in Moskau uraufgeführt. Nach einem streng geführten Präludium und einer folgenden Fuge erklingt ein kurzes Scherzo als Mittelstück. Ein Intermezzo und ein Finale schließen sich an. Das Klavier trägt in allen Sätzen den Substanzkern. Spielzeit: 33 Minuten.

STREICHQUARTETT NR. 1
C-DUR OP. 49
4 Sätze, uraufgeführt 1938 in Leningrad. Der 1. Satz ist eine kantable homophone Sonatine. Im 2. Satz wird ein Bratschenthema variiert. Der 3. Satz bringt ein flüchtiges Scherzo und wird von einem optimistischen, sanftmütigen Finale gefolgt. Spielzeit: 14 Minuten.

STREICHQUARTETT NR. 2
A-DUR OP. 68
4 Sätze, uraufgeführt in Leningrad 1944, gewidmet Wissarion Schebalin. Der 1. Satz ist eine Ouvertüre mit betont slawischer Thementendenz, die für das ganze Quartett bestimmend ist. Der 2. Satz ist durch die Aufschrift: „Rezitativ und Romanze" gekennzeichnet, der 3. „Valse" bringt Tanzrhythmen und der 4. „Thema mit Variationen" ist eine Apotheose auf Adagiovariationen und vollends volksrussich gehalten. Spielzeit: 36 Minuten.

STREICHQUARTETT NR. 3 in
F-DUR OP. 73
5 Sätze, uraufgeführt 1946 in Moskau, gewidmet den Mitgliedern des Moskauer Beethoven-Quartettes. In diesem Werk sind Neoklassik und Volkstümlichkeit kombiniert. Der 1. Satz bietet anstelle der Durchführung des Themas eine Doppelfuge. Der 2. Satz ist ein sehr bewegtes dreiteiliges Rondino. Im 3. Satz werden preußische Stechschritt-Märsche parodiert, der 4. bringt ein „Heldenrequiem", während der 5. alle Themen zusammenfaßt. Spielzeit: 33 Minuten.

Konzerte, Quintett, Quartette

STREICHQUARTETT NR. 4
D-DUR OP. 83
4 Sätze, uraufgeführt 1953 in Moskau. Der erste Satz erweitert das Hauptthema wie ein Orgelpunkt-Rondo. Das Andantino des 2. Satzes bringt eine elegische Violinromanze, die bis zu den höchsten Lagen aufsteigt, der 3. ist eine Groteske mit Anklängen an Fanfaren und Schnarrtrommeln. Der Finalsatz nähert sich ostjüdischer Volksmusik. Spielzeit: 25 Minuten.

STREICHQUARTETT NR. 5
B-DUR OP. 92
3 Sätze, uraufgeführt 1953 in Moskau, den Mitgliedern des Beethoven-Quartettes in Moskau gewidmet. Der 1. Satz verarbeitet zwei Hauptthemen, ein drittes, im Walzertempo, wird hinzugeführt und nimmt den Chromatismus des 2. Satzes voraus. Das Finale setzt die Erweiterung des Quartettvolumens fort und schließt mit einer grandiosen Apotheose. Spielzeit: 30 Minuten.

STREICHQUARTETT NR. 6
G-DUR OP. 101
4 Sätze, uraufgeführt 1956 in Moskau. Im 1. Satz duettieren obere und untere Stimmen in traulicher Stimmung. Im 2. Satz erklingen Tanzweisen und der 3. bringt eine Chaconne. Der 4. Satz rafft die Themen und Motive der vorangehenden in neuer Polyphonie zusammen. Spielzeit: 25 Minuten.

STREICHQUARTETT NR. 7
FIS-MOLL OP. 108
3 Sätze, uraufgeführt 1960 in Leningrad, gewidmet dem Andenken von Nina Veruschka Schostakowitsch, der ersten Frau des Komponisten. Die 1. Violine intoniert den 1. Satz, der absteigend, von Episoden unterbrochen, dem Thema des Stückes entspricht. Der 2. Satz verstärkt und vertieft den Trauergesang, der 3. drückt mit einer rasenden Fuge höchste Angst aus, die am Ende verflliegt. Spielzeit: 12 Minuten.

STREICHQUARTETT NR. 8
C-MOLL OP. 110
5 Sätze, uraufgeführt 1960 in Leningrad, gewidmet dem Andenken der Opfer des Faschismus und des Krieges. Das Largo des 1. Satzes beginnt mit der persönlichen Klangdevise des Komponisten (D-S-C-H: Anfangsbuchstaben seines Namens) und greift auf Thementeile der 10., 1. und 5. Sinfonie zurück. Der 2. Satz schließt sich rasch an, bringt einen unvollständigen Sonatensatz mit einem jüdischen Thema. Der 3. Satz ist ein grotesker Rundtanz, der 4. ein breiter Trauermarsch und der 5. voll schmerzlicher Erinnerungen, die in einer ostkirchentonalen Kadenz verklingen. Das Quartett wird, von Rudolf Braschai instrumentiert, auch als Kammersinfonie für Streicher (op. 110 bis) gespielt. Spielzeit: 21 Minuten.

STREICHQUARTETT NR. 9
ES-DUR OP. 117
5 Sätze, uraufgeführt 1964 in Moskau, gewidmet Irina Schostakowitsch, der zweiten Frau des Komponisten. Der 1. Satz beginnt mit einem Sonatinensatz, still und etwas melancholisch. Die Sätze 2, 3 und 4 bilden eine Einheit (Adagio-Allegretto-Adagio) über die sich ein großer Bogen spannt. Im 5. Satz sind alle Themen verdichtet wiederholt. Spielzeit: 30 Minuten.

STREICHQUARTETT NR. 10
AS-DUR OP. 118
5 Sätze, uraufgeführt 1964 in Moskau, gewidmet Moissej Wainberg. Das Andante des 1. Satzes hat Sonatinenform. Es folgt ein Allegretto furioso als 2. und ein als 3. orchestral vehementes Scherzo-Rondo. Der 4. Satz bringt eine freie Passacaglia, während das Finale, als umfangreichster Satz

vermischte Rondo-Sonatenform aufweist. Die Coda ist ungeheuer heiter. Spielzeit: 24 Minuten.

STREICHQUARTETT NR. 11
F-MOLL OP. 122
7 Sätze, 1966 in Leningrad uraufgeführt, gewidmet dem Andenken des Sekundgeigers des Beethoven-Quartettes Wassilij Schirinskij. Die suitenförmig ablaufenden Sätze sind der Totenehrung gewidmet. Der Introduktion folgen Scherzo, Rezitativ, Etüde, Humoreske, Elegie und Conclusion. Die Ecksätze sind tonal, der 2. und 6. Satz hat nur ein tonikales Gefälle und die drei Mittelsätze sind atonal. Spielzeit: 16 Minuten.

STREICHQUARTETT NR. 12
DES-DUR OP. 133
2 Sätze, uraufgeführt in Moskau 1968, gewidmet Dmitri Michailowitsch Zyganow. „Der erste Satz porträtiert die Welt hoher Ideale. Der 2. Satz steht in scharfem Kontrast dazu. Sein erster (wie dritter) Teil stellt ein beunruhigendes ‚Scherzo' dar, eine Agonie, die unfähig ist, die Widersprüchlichkeit des Lebens zu lösen". Das Werk ist reihentechnisch gearbeitet.

STREICHQUARTETT NR. 13
B-MOLL OP. 138
3 Sätze, uraufgeführt 1970 in Leningrad, gewidmet an Wadim Borisowski. Der 1. Satz beginnt zwölftönig wie die folgenden zwei. Schwere Trauer ist die Grundstimmung des Werkes. Die angeschnittenene Technik wird nicht weiter verfolgt, kehrt aber an den Satzenden wieder.

STREICHQUARTETT NR. 14
FIS-DUR OP. 142
3 Sätze, uraufgeführt 1973 in Moskau, gewidmet Sergei Schurinski. Alle drei Sätze sind in getragenen Tempi gehalten und weisen einen meditativen, kontemplativen Charakter auf. Massierungen von Klängen werden vermieden, die Musik ist aufgehellt, die Emotionen sind gebändigt, alles ist von der Weisheit des Alters vorgebracht.

STREICHQUARTETT NR. 15
ES-MOLL OP. 144
6 Sätze, uraufgeführt 1974 in Leningrad. Das Werk ist ein großes Adagio, das in sechs Teile zerfällt. Der 1. Satz („Elegie") beginnt leise mit der zweiten Geige, das zweite Hauptthema bringt die erste Geige. Der 2. Satz („Serenade") hat den Charakter eines unheimlichen Scherzo. Dodekaphonik dringt als Mittel der Ausdrucksteigerung ein. Der 3. Satz („Intermezzo") ist auf Solistik eingestellt, eine weite Kadenz führt auf die „Nocturne" des 4. Satzes zu. Der 5. Satz ist ein „Trauermarsch" und der 6. faßt als „Epilog" alle Themen zusammen und endet mit dem Motiv des Trauermarsches.

KLAVIERTRIO E-MOLL OP. 67
3 Sätze, entstanden 1944, Iwan Iwanowitsch Sollertinski gewidmet. Der 1. Satz beginnt mit Solfeggien des gedämpften Cello. Diese Stimmung wird von Geige und Klavier übernommen. Der 2. Satz ist ein äußerst kurzes Scherzo, das endet, kaum daß es begonnen wird. Der 3. Satz ist eine elegische Chaconne. Das Ende ist ein ruhiges Ergeben in das unvermeidliche Geschehen. Spielzeit: 25 Minuten.

Tips für Plattenfreunde

○ Sinfonien 1–15 (13 Stereo-LP/ Ariola XP 87 623 K), authentische Aufnahmen
○ Klavierkonzerte 1–2 Concertino, Klavierkonzert 1–2 (2 Stereo-LP/ Ariola XD 27 235 K), Schostakowitsch

○ Violinkonzerte 1–2 aus: Die großen russischen Violinkonzerte (3 Stereo-LP/Ariola XG 89 511 K), Oistrach
○ Cellokonzert Nr. 1 (Stereo-LP/Ariola M 78 045 K) und Nr. 2 (Stereo-LP/Deutsche Grammophon 2530 653), beide Roschdestwenski
○ Quintett (Stereo-LP/Ariola XK 89 424 K), Borodin Quartett
○ Streichquartette 1–15 (8 Stereo-LP/Ariola XK 89 424 K), Borodin- und Beethovenquartett
○ Trio e-Moll (Stereo-LP/DaCamera 26 41 396)
○ Préludes (Stereo-LP/RCA 2641 395 AS)

HENK BADINGS (geboren 1907)

Zeit und Umwelt

Alphons Diepenbrock (1862–1921) gilt um die Jahrhundertwende als Hauptmeister niederländischen Tonschaffens. Johan Wagenaar (1862–1941) schließt sich mit seinen Sinfonischen Dichtungen und Kantaten Strauss und auch Mahler an. Jan Brandts-Buys (1868–1933) bleibt mit seinen Opern und Orchesterwerken der Romantik treu. Cornelis Dopper (1870–1939) versucht, noch im 20. Jahrhundert eine typisch niederländische Schule zu begründen. Hendrik Franciscus Andriessen (geboren 1892) huldigt als Organist und Kirchenkomponist konservativeren Stilrichtungen. Wagenaars Schüler Willem Pijper (1894–1947), Pianist und Konservatoriumslehrer, steht unter dem Einfluß von Debussy, d'Indy und Hindemith, bildet jedoch bei seinen Sinfonien, Konzerten und Kammermusiken einen eigenen Stil heraus, der allerdings zeitgenössische Stilelemente nur sehr zögernd aufnimmt; sein Schüler Willem Landré (geboren 1905) übernimmt die Zwölftontechnik und führt sie in seinen späteren Sinfonien und in seinem Chorwerk „Piae memoriae pro patris mortuorum", teilweise konsequent durch; sein zweiter Schüler Kees van Baaren (geboren 1906) schwenkt zur Avantgarde ein und schreibt als erster Niederländer mit Reihentechnik (Klavierkonzert 1964, Musika per Orchestra, 1966); und sein dritter Hans Henkemans (geboren 1913) steht mit seinen verschiedenen Instrumentalkonzerten in derselben Front, die Jan Koestier (geboren 1911) mit seiner 3. Sinfonie („Terra inundata", 1954) bereits überschritten hat. Badings der ebenfalls aus der Schule des Altmeisters Pijpers kommt, befreit sich bald von aller französischer und niederländischen Tradition und schreitet allen voraus zur Musica Nova unseres Jahrhunderts.

Leben

Henk Badings ist am 17. Januar 1907 in Bandung, Java geboren, wirkt vorerst als Lehrer für Paläontologie in Delft, wird Kompositionsschüler von Willem Pijper und dann Leiter des Konservatoriums in Den Haag. Im Jahr 1963 wird ihm eine Kompositionsklasse an der Stuttgarter Musikhochschule übertragen.

Werke

Badings, der anfänglich selbst der Nachromantik verhaftet war, kommt rasch zu moderner polyphoner Stimmigkeit und zu elektronischen Experimenten. Seine „Psalmensinfonie", 1953, die „Missa brevis", 1946, die Oratorien und Kantaten, die 6 Sinfonien, die Kammermusik und vor allem das „Elektronische Ballett" (1957) machen ihn zum führenden Vertreter der Musica Nova in den Niederlanden, dessen Werke zum Teil schon ihren festen Platz in den Konzertprogrammen besetzt haben.

Tips für Plattenfreunde
○ Violinsonaten 1 und 3 – (Stereo-LP/Marhel 30 012)
○ Klaviersonaten 2, 3 und 6 – (Stereo-LP/Marhel 30 019)

JORITSUNE MATSUDAIRA (geboren 1907)

Zeit und Umwelt

Wie alle orientalische Musik ist auch die altjapanische, die auf die altchinesische mit ihrer kosmischen Musiktheorie und ihrer pentatonischen Reihe zurückgeht, einstimmig; akkordische Harmonik ist ihr unbekannt. Erst in der zweiten Hälfte des 19. Jh. kommt zu einer Berührung mit dem europäischen Musikschaffen, aber nur in seltenen Fällen zu einer Verschmelzung beider Stilgattungen wie in anderen östlichen Ländern, sondern zu einem Nebeneinander des nationalen Stiles und den von Japanern geschaffenen Werken mit westlichen Stilrichtungen. Joschiro Irino (geboren 1921) wird zwar bei Saburo Moroi (geboren 1903) anfänglich ausgebildet, übernimmt jedoch die Zwölftontechnik für Lehre und Komposition. Jasuschi Akatugawa (geboren 1925) hält die Ergebnisse seiner Forschungen auf dem Gebiet asiatischer Volksmusik und seine kompositorische Tätigkeit peinlich auseinander; er leitet die japanische Sektion der Internationalen Gesellschaft für Neue Musik. Auch Toschiro Majazumi (geboren 1929) schreibt serielle Musik auf europäische Art („Microcosmos" für 7 Spieler, 1957; „Metamusik" für Klavier und Saxophon, 1964; „Nirvana" Sinfonie für Männerchor und Orchester, 1965). Toru Taksemitsu (geboren 1930) schreibt zwar keine elektronische Musik, gilt aber als Bahnbrecher der Musique concrète in Japan (Vocalismus A I für Tonband, 1956, Wassermusik für Tonband, 1953). Er vermeidet wie die anderen altjapanischen Anleihen, doch seine undynamischen, kontemplativen Strukturen verschaffen ihm dennoch den Ruf eines „japanischen" Komponisten. Makoto Moroi (geboren 1930) schreibt ebenfalls avantgardistische dodekaphonische und elektronische Musik („Alpha und Beta" für Klavier; „Développements raréfiants" für Frauenstimme und Instrumente; „Métamorphose" für Tonband und Sprechstimme), ohne irgendwann die Musik seiner Heimat zu berücksichtigen; Hiroyuki Iwaki (geboren 1932) zieht sogar deutsche Klassik und Romantik heran und nimmt Bartók zum Vorbild; Kazuo Fukushima (geboren 1930) macht zumindest auf dem instrumentalen Sektor den Versuch einer Integration japanischer Musik mit der in Europa erlernten, und schreibt „Hi-Kyo, Mondspiegel" für Bambusflöte, Streicher und Schlagwerk, 1963. Matsudaira gehört zu den wenigen, die ernstlich daran gehen, Gagaku-, Kabuki- und No-Musik in seine serielle Kompositionen zu verarbeiten, findet jedoch bisher wenig Nachfolger.

Leben

Joritsune Matsudaira ist am 5. Mai 1907 in Tokio geboren, studiert in Paris bei Tscherepnin, leitete von 1956 bis 1960 in Tokio die japanische Sektion der Internationalen Gesellschaft für Neue Musik.

Werke

„Variationen" über ein Etenaku-Thema für Klavier und Orchester, „Figures sonores", „U-Mai", „Sa-Nai" für Orchester, Bugaki für Kammerorchester und Schlagzeug, „Danse sacrée et finale" (1964). In diesen Werken ist altjapanisches Musikgut verarbeitet und das entsprechende Instrument verwendet.

Tips für Plattenfreunde

○ Rhythmes For Gazzeloni für Flöte und Schlagzeug – (Stereo-LP/ Wergo 80 029)

WOLFGANG FORTNER (geboren 1907)

Zeit und Umwelt

„Weil mir das amtlich verordnete Pathos in tiefster Seele zuwider war, flüchtete ich mich in eine gewisse klassizistische Eleganz", sagt Fortner über seine Zeit von 1933 bis 1945. „Das Kriegsende löste das übermächtige Gefühl einer Wiedergeburt aus", setzt er über seine Zeit nach der Befreiung der Kunst fort und kennzeichnet damit selbst die Zeit, in der er und wir alle leben und gelebt haben. Seine Umwelt bildeten vor 1933 Universität und Konservatorium als Hochburgen der Wissenschaft und der Musik, dann das von ihm gegründete Heidelberger Kammerorchester, das er geschickt über Widrigkeiten beengender Vorschriften lavieren muß, und dann Musik und Musiker aus aller Welt, die sich frei entfalten dürfen.

Leben

Wolfgang Fortner wird in Leipzig am 12. Oktober 1907 geboren, studiert an der Universität der Stadt Germanistik, Philosophie und Psychologie, am Konservatorium bei Grabner Komposition, bei Straube Orgelspiel, bei Theodor Kroyer (1873–1945, Musikologe) Musikgeschichte. Im Jahr 1931 geht er nach Heidelberg als Lehrer am Kirchenmusikalischen Institut, 1947 gründet er in jener Stadt die Musica-viva-Konzerte, in den Jahren 1954 bis 1957 wirkt er als Kompositionsprofessor an der Musikakademie von Detmold, kommt anschließend in gleicher Eigenschaft an die Musikhochschule in Freiburg und übernimmt 1964 nach Hartmann die Leitung der Musica-viva-Konzerte in München. Fortners Einfluß auf die Gegenwartsmusik ist sehr stark. Aus seiner Schule gehen bedeutende Persönlichkeiten unseres Musiklebens hervor, wie Harald Genzmer (geboren 1909), ab 1957 Akademieprofessor in München, vielseitiger Komponist, der Klavierwerke zweihändig und vierhändig (auch für 2 Klaviere), verschieden besetzt. Kammermusik, Orchesterwerke („Bremer Sinfonie", 1943, „Sinfonischer Prolog", 1959, Konzerte für Flöte, Klavier, Klavier und Flöte, Trautonium, Mixturtrautonium, Cello, Oboe, Harfe und Streichorchester), Chorwerke („Südamerikanische Gesänge" für gemischten Chor, „Messe", „Jiménez-Kantate", Chorzyklus „Irische Harfe", 1965) und das Ballett „Der Zauberspiegel", oder Heinz Werner Zimmermann (geboren 1930) seit 1963 Leiter der Evangelischen Kirchenmusikschule Berlin-Spandau, schreibt Kirchenmusik, teilweise unter Jazz-Einfluß („Psalmenkonzert", für Bariton, fünfstimmigen Chor, Knabenchor, 3 Trompeten, Vibraphon und Kontrabaß, 1957, „Geistliches Konzert" für Bariton und Jazzband, 1960, „Missa profana" für Soli, Chor, Orchester und Jazz-Combo, 1968), oder Rudolf Kelterborn (geboren 1931), Dirigent, Lehrer und Komponist („Metamorphosen, Orchestervariationen" für Blockflöte und Kammerorchester, 1961, „Nachtstück" für Streicher, Bläser und Klavier, 1963, das Opernoratorium „Die Errettung Thebens", 1963, „Phantasmen" für großes Orchester, 1967, „Sinfonie II" Musik für Klavier und 7 Bläser, beide 1970), die zu Mitarbeitern und Freunden werden.

Werke

Fortner ist seit 1957 Präsident der deutschen Sektion der Internationalen Gesellschaft für Neue Musik und setzte sich dynamisch dafür ein, daß unsere zeitgenössische Musik an das Publikum gebracht wird. Daß nur kleine Kreise damit erfaßt werden können, liegt in der Natur der Sache. Der Absetzungsprozeß vom breiten Publikum hat sich bereits vollzogen, ein weltweites Echo kann er weder für seine eigene Musik noch für die seiner Kollegen erwarten, was für die Entwicklung der Musik nur günstig sein kann, weil dadurch Konzessionen vermieden werden. Von Fortners Orchestermusik liegen die Sinfonie aus 1947, die Konzerte für Orgel, Bratsche, Violine, Cello, „Mouvements" für Klavier und Orchester, die „Aulodie" für Oboe und Orchester und die Phantasie über die Tonfolge B-A-C-H" für 2 Klaviere, 9 Soloinstrumente und großes Orchester, das „Triplum" für Orchester und 3 Klaviere und die „Marginalien" für Orchester, 1969, vor. Von der Kammermusik müssen die 3 Streichquartette, und die Serenade für Flöte, Oboe und Fagott hervorgehoben werden. Aus der Fülle der Chormusik ragen die „Die Pfingstgeschichte" nach Lukas und „Die Schöpfung" hervor.

PHANTASIE ÜBER DIE TONFOLGE B-A-C-H

Für 2 Klaviere und großes Orchester, 3 Teile, entstanden 1950 (zum Bachjahr). „Nicht nur die zwei Klaviere, sondern auch die solistischen Vertreter aller Instrumentengruppen der Orchester sind an der Verarbeitung der Themen beteiligt. Im Gegensatz zu anderen b-a-c-h-Kompositionen sind hier die Töne b, a, c, h lediglich der Teil einer Zwölftonreihe, aus der das ganze Stück gebildet wird. So ist das b-a-c-h-Motiv ständig irgendwie anwesend, erscheint aber nie als thematischer Selbstzweck", erklärt der Komponist. Im 1. Teil wird das Reihenmaterial auf verschiedene Instrumente verteilt. Ein schwungvolles Allegro folgt dem einleitenden Largo. Teil 2 ist ein Scherzo, die Soloinstrumente konzertieren mit den Klavieren. Trompete, Posaune und Horn leiten rezitativ zum 3. Teil über, in dem streng polyphonische Abschnitte mit akkordischen abwechseln. In der Coda verklingen die Töne b,a,c,h. Spielzeit 20 Minuten.

„MOUVEMENTS" FÜR KLAVIER UND ORCHESTER

5 Abschnitte, entstanden 1953, uraufgeführt 1954 durch den Südwestfunk. Nach dem expressionistisch färbigen „Prélude", wird die Reihe vorgestellt. „Etude I" verarbeitet sie mit grandioser Virtuosität. Im Kontrast dazu bringt das Interlude ein Spiel melodischer Linien. „Etude II" greift die Stimmung des 2. Satzes im Tempo eines Boogie-Woogie wieder auf, während der Epiloge auf den 1. Satz Bezug nimmt. Spielzeit 25 Minuten.

IMPROMPTUS

Für großes Orchester, 2 Teile, uraufgeführt 1957 in Donaueschingen. Trotz des Titels ist das Werk sehr streng an formale Reihenprinzipien gebunden. Teil 1 trägt die Überschrift „Prélude". Aus einem rhythmisch starren akkordischen Satz steigen melodische Linien, die einem Höhepunkt zustreben, der Epilog löst die Starrheit der Struktur aus. Teil 2, Thème varié, bringt ein Andante-Thema, das in 7 Variationen abgewandelt wird. Spielzeit 12 Minuten.

TRIPLUM

Für kleines Orchester mit 3 obligaten Klavieren, 3 Sätze, uraufgeführt 1966 in Basel. Bläser, Schlagzeug (inklusive Klavier) und Streicher bilden eine dreifache instrumentale Schichtung. Die Sätze, Gioco (Spiel), Intermesso und Quattro Variazioni (Vier Variationen: Tranquillo, Espressivo, Grazioso, Scherzando) haben konzertanten Charakter, die Klaviere haben aber nicht den Charakter von Soloinstrumenten. Spielzeit 25 Minuten

IMMAGINI
Für Streicher und Sopranstimme, 5 Teile, uraufgeführt 1967 in Agram. Den Spielern ist über weite Strecken rhythmische Freiheit belassen. Teil 1, „Fantasia" fixiert Haltetöne, die zuweilen durchbrochen werden. Teil 2 „Monodia" bringt verschiedene Gestaltungsarten des Unisono. Nach dem kurzen „Interludio" folgt eine „Quasi marcia", deren Rhythmus durch Klopfen der Celli mit den Bogen erzeugt wird. Im Teil 5 „Canto" fällt der Sopran mit den Versen eines kroatischen Lyrikers ein. Spielzeit 15 Minuten.

DIE PFINGSTGESCHICHTE NACH LUKAS
Für Tenorsolo, sechsstimmigen Chor, elf Instrumentalisten und Orgel, 3 Abschnitte, entstanden 1963, uraufgeführt 1964 in Düsseldorf. Der Tenor singt die Worte des Petrus, der Chor bringt die Einwürfe des Volkes. Beim Chor sind die Textwörter syllabisch auf verschiedene Stimmen verteilt. Im 1. Abschnitt trägt der Solist nach einer Orgelfantasie den Text vor, dann fällt der Chor dreimal in gesteigerter Tonstärke ein. Ähnlich wird das Erscheinen der feurigen Zungen geschildert. Nach einem weiteren Orgelinterludium („Contrapunctus") fährt der Erzähler fort. Das Erstaunen des Volkes, das in Spott übergeht, drückt der Chor mit einem Walzer-Intermezzo aus („Sie sind voll süßen Weines"). Die Rede des Petrus, der sich zu Christus bekennt, wird von einer „Conclusio" der Orgel abgeschlossen. Im 3. Abschnitt fragt das Volk:„Was sollen wir tun", und wird zu Buße und Taufe aufgefordert. Der Pfingstchoral: „Komm Heil'ger Geist, Herre Gott", von Frauen- und Männerstimmen doppelchörig kontrastiert, schließt, vom Cantus firmus „Veni Creator spiritus" im Orgelpedal und Glockenklängen begleitet, das Werk ab. Spielzeit 40 Minuten.

Tips für Plattenfreunde

○ Triplum, Pfingstgeschichte nach Lukas – (Stereo-LP/Wergo 60 033, Chor und Orchester des Westdeutschen Rundfunks, Köln).

OLIVIER MESSIAEN (geboren 1908)

Zeit und Umwelt

Frankreich kann des gewonnenen Krieges nicht froh werden. Währungsabwertung, Wirtschaftskrise, Lohnkämpfe, politische Auseinandersetzungen und die ungewisse Zukunft treibt manchen, der nicht unmittelbar betroffen ist, zu einer Verinnerlichung, zu einem Abwenden von der Realität und zur Suche nach transzendenten Werten. Krieg und Kriegsgefangenschaft verstärken den Hang, lieber dem Gesang der Vögel zu lauschen als den Stimmen der Menschen, vertiefen die Gewißheit, daß Geborgenheit und Glück nur in außerirdischen Regionen herrschen. Ein Künstler bedarf des Gebetes nicht. Wenn er als religiöser Mensch strukturiert ist oder durch äußeren Einfluß zu einem solchen wird, gibt er seiner Kunst die Jenseitsrichtung, die ihn dem Diesseitigen entrückt, und er nimmt seine Eingebung als Offenbarung und Bestätigung seiner Haltung. Immer schon wurde den Vögeln eine Himmelsnähe zugeschrieben und ihr Singen als Botschaft von oben gedeutet. Und den von keinem Rationalismus gehemmten Riten und Kommunikationsmethoden, mit dem Asiaten ihre Beziehung zu irrationalen Welten herzustellen meinen, wird ähnliche Wertung zuteil. Für den Wert eines Kunstwerkes ist die Widmung irrelevant. Doch eine derartige gegenseitige Durchdringung von Religiosität und Künstlertum, wie es die Werke von Messiaen präsentieren, hebt sie über jede sakrale Musik, die doch immer nur Bestandteil einer sakralen Handlung sein kann, in eine Sphäre, in der Musik zur Religion und diese zur Musik wird. Die Umwelt hat Messiaen viel mit Spott überschüttet; die Identifizierung von Religion und Musik ist für nicht wenige – angebliche Musikkenner oder angebliche Religiöse – unerfaßbar; sie entzieht sich auch den Versuchen, sie zu analysieren, weil sie ein Phänomen eigener und vermutlich unwiederholbarer Art ist, vergleichbar vielleicht nur den Anfängen unserer Musik, als die Steine und Säulen der Dome zu klingen begannen und uns Tonfolgen hinterließen, von deren Monumentalität wir heute noch ergriffen sind, vergleichbar vielleicht deshalb, weil Messiaen an die Stelle der Bauten die gesamte Natur setzt und mit allen erreichbaren Klangkombinationen und Rhythmen eine ähnliche Wirkung erzeugt.

Leben

Olivier Eugène Prosper Charles Messiaen wird am 10. Dezember 1908 in Avignon als Sohn eines Anglisten und bekannten Shakespeare-Übersetzers und der provençalischen Schriftstellerin Cécile Sauvage geboren. Mit 11 Jahren tritt er in das Pariser Konservatorium ein und studiert unter anderem unter Dupré und Dukas. Im Jahr 1931 wird er Organist und kurz vor Ausbruch des II. Weltkrieges Lehrer an der Pariser Schola Cantorum. Er rückt ein und gerät in deutsche Gefangenschaft. 1942 wird er Professor für Rhythmik und Instrumentation am Pariser Konservatorium und 1950 auch Gastprofessor in Deutschland. Zu seinen bedeutendsten Schülern zählen Jean-Louis Martinet (geboren 1912), der alle Richtungen vom Impressionismus bis zur Dodekaphonik vertritt und Sinfonische Dichtungen, Chor- und Orchesterwerke, Streichquartette und Lieder schreibt; Serge Nigg (geboren 1924), der avantgardistische Satzkunst mit östlichen folkloristischen Elementen zu verquicken sucht und Sinfonische Dichtungen und Kantaten verfaßt; Marius Constant (geboren 1925), der sich vorwiegend mit Musique concrète befaßt (in Balletten und Opern) und der Deutsche Peter Ronnefeld (1935–1965), ein eifriger Verfechter der Modernen, der zeitkritische Bühnenmusik komponiert.

Literatur
C. Rostand, Olivier Messiaen, 1957, mit Werkverzeichnis.

Werke
Von den Orchesterwerken ist die Turangalila-Sinfonie allen voranzustellen (1948), darauf „Sept Haikaï" (japanische Skizzen, 1963), „Er expecto resurrectionem mortuorum" für Bläser und Schlagzeug (1964) und „Transfigurationen", 14 Sätze über biblische Texte für zehnstimmigen Chor und großes Orchester (1969). Dazu kommen: „Erwachen der Vögel", Klavierkonzert mit dem Ruf von 30 europäischen Vögeln; „Exotische Vögel" mit außereuropäischen Vogelstimmen. Aus der Kammermusik des Komponisten ist das „Quartett auf das Ende der Zeit" (1940) für Violine, Klarinette, Cello, Klavier, das Stilmittel von der Gregorianik bis zum Bruitismus verwendet, ein religiöses Bekenntniswerk, das in der Kriegsgefangenschaft geschrieben wird, hervorzuheben, von den Vokalwerken „Harawi", 12 Klavierlieder von Liebe und Tod aus dem Persischen, von den Orgelwerken: „Die Geburt des Herrn", 8 Sätze und die „Pfingstmesse", 5 Sätze, bei der griechische und Hindurhythmen verwendet sind.

TURANGALÎLA-SYMPHONIE
Für Soloklavier, Ondes Martinot und großes Orchester, 10 Teile, entstanden 1948, uraufgeführt 1949 in Boston. 1. Teil „Introduktion" bringt das „Statuenthema" und das „Blumenthema". Dann folgt nach einer Klavierkadenz die Übereinanderschichtung zweier rhythmischer Ostinati, ein Gamelan und eine vierte Episode aus Blechbläser- und Klavierakkorden. 2. Teil „Liebeslied I" hat Refrainform mit zwei Couplets und einer Durchführung. 3. Teil „Turangalîla I." bringt vier kompliziert verarbeitete Themen, die die geistige Liebe zeichnen. 4. Teil „Liebeslied II" schildert in 9 Abschnitten die sinnliche Liebe. 5. Teil „Freude des Blutes der Sterne" ist ein ekstatischer Freudentanz, 6. Teil „Der Garten des Liebesschlafes" bringt eine weitschwingende Paraphrase über das „Liebesthema". 7. Teil „Turangalîla II" mit zwei Orchestersätzen. 8. Teil „Entwicklung der Liebe" stellt eine Liebe dar, die ständig bis in das Unendliche wächst. 9. Teil „Turangalîla III" beinhaltet einen rhythmischen Modus aus 17 Werten auf 5 Schlaginstrumenten verteilt, der mit Streicherakkorden koloriert ist. 10. Teil „Finale" bringt eine Fanfare und dann das „Liebesthema". Spielzeit 75 Minuten.

RÉVEIL DES OISEAUX (ERWACHEN DER VÖGEL)
Für Klavier und Orchester, 4 Teile, uraufgeführt 1953 in Donaueschingen. Eine Wiedergabe von originalen Vogelstimmen, intervallisch vergrößert. Es beginnt um „Mitternacht" mit dem Solo der Nachtigall, dann folgen, von den Instrumenten meisterhaft nachgeahmt, etliche Nachtvögel bis zur Dämmerung, bei der schon viele nacheinander erwachen und ihr Morgenlied anstimmen. Bei Sonnenaufgang wird die Zahl der Sänger noch größer. Erst Mittags tritt eine große Stille ein, zwei Buchfinken, der Buntspecht und ein ferner Kuckucksruf beenden das Konzert. Spielzeit 22 Minuten.

OISEAUX EXOTIQUES (EXOTISCHE VÖGEL)
Für Soloklavier und kleines Orchester ohne Streiche, 13 Abschnitte, uraufgeführt 1956 in Paris. Das Werk stellt ohne bestimmten Zeitablauf die Stimmen außereuropäischer Vogelwelt dar. Das Naturportrait ist durch eine Schlagzeuggruppe nach dem Vorbild des Gamelan zweischichtig, neben der realistischen Darstellung wird ein zweites idealistisches Bild erzeugt. Spielzeit 14 Minuten.

SEPT HAIKAÏ. ESQUISSES JAPONAISES (JAPANISCHE SKIZZEN)
Für Soloklavier, Xylophon und Marimba solo, 2 Klarinetten, 1 Trompete und kleines Orchester, 7 Sätze, uraufgeführt 1962 in Paris. Nach der ruhigen statischen „Introduktion" folgt eine Landschaftsschilderung „Der Park von Nara und die Steinlaternen, dann kommen „Yamanaka" im Vogelstimmenstil, eine Nachzeichnung der höfischen Gagaku-Musik des 7. Jahrhunderts, „Die Vögel von Karuizawa" und am Ende eine ruhig ausklingende Coda. Spielzeit 20 Minuten.

COULEURS DE LA CITÉ CÉLESTE (FARBEN DER HIMMLISCHEN STADT)
Für Soloklavier, 3 Klarinetten, 3 Stabspiele, 10 Blechbläser und Metallschlaginstrumente, 1 Satz, uraufgeführt 1964 in Donaueschingen. Zu Jenseits verheißende Textstellen der Apokalypse stellt der Komponist zehn Farbmischungen aus Tonfarben und Tonhöhen wie Topas-Gelb, Smaragd-Grün, Amethyst-Violett, Sardonyx-Rot usw., überlagert sie mit seinen gewohnten Kompositionselementen (griechische und indische Rhythmen, Vogelstimmen, gregorianische Gesänge) und erzeugt damit eine Vision jenseitiger Herrlichkeit. Spielzeit 15 Minuten.

ET EXSPECTO RESURRECTIONEM MORTUORUM
Für 18 Holz- und 18 Blechbläser, Metallschlaginstrumente ohne Streicher, 5 Teile, uraufgeführt 1965 in Paris. Das Werk ist dem Andenken der Toten beider Weltkriege gewidmet und fußt auf Bibelworte, die auf das Thema „Auferstehung" bezogen sind. Das melodische Geschehen dominiert entweder in der Form einstimmiger, stark instrumentierter Linien oder über dichten Bläserchoräle mit einem von Gongs und Tamtams geschaffenen Klanggrund. Spielzeit 15 Minuten.

QUARTETT FÜR DAS ENDE DER ZEIT
Für Klavier, Klarinette, Violine, Cello, 8 Sätze: „Kristalline Liturgie-Vokalise für den Engel, der das Ende der Welt ankündigt – Abgrund der Vögel – Intermezzo – Lobgesang auf die Ewigkeit – Tanz der Wut – Wirrwarr von Regenbogen für den Engel, der das Ende der Zeit ankündigt – Lobgesang auf die Unsterblichkeit Jesu".

MÉDITATIONS SUR LE MYSTÈRE DE LA SAINTE TRINITÉ
(Meditationen über das Geheimnis der heiligen Dreieinigkeit), entstanden 1971. Dieses größte Orgelwerk des Komponisten ist wie seine anderen Kompositionen für dieses Instrument völlig von jeder Tradition verschieden. In neun Teilen (Meditationen) bezeichnet er mittels eines musikalischen, auf Grund der deutschen Tonbenennung zusammengestellten Alphabets die jeweilige theologische Aussage. Spielzeit 80 Minuten.

Tips für Plattenfreunde

○ Le réveil des oiseaux, Oiseaux exotiques (Stereo-LP/Ariola XD 28 587 K)

ALFRED UHL (geboren 1909)

Zeit und Umwelt

Die Begründer der II. Wiener Schule sind zwar ausgewandert oder gestorben, aber die Schule bleibt, auch in Wien selbst, lebendig, wenn auch mehrere Anhänger das Land verlassen müssen und nicht mehr heimkehren. Nicht alle österreichischen Musiker dieses Jahrhunderts setzen sich mit dekaphonischer und serieller Technik auseinander, sie entwickeln die Romantik von Bruckner und Brahms weiter wie Schmidt oder Alexander von Zemlinsky (1872–1942, Komponist veristischer Opern) oder Franz Schreker (1878–1934, Komponist hochromantischer Opern).
Zu ihnen müssen auch Hans Gál (geboren 1890), der Sinfonien, Chor-Orchesterwerke, Kammer-, Klavier- und Vokalmusik schreibt, und 1937 nach England geht, um dort zu bleiben, der Neuromantiker Egon Kornauth (1891–1959), dessen Sinfonien, Orchestersuiten, Konzerte, Kammermusik und Lieder schon der Vergessenheit anheimfallen, Erich Wolfgang Korngold (1897–1957), dessen Opern zum Teil große Erfolge erreichen, während seine Sinfonien und Konzerte wenig Beachtung finden, und Arnim Kaufmann (geboren 1902), der mit seiner Sinfonik und Kammermusik sowohl in Österreich und seiner neuen amerikanischen Heimat einige Aufmerksamkeit erregt, gerechnet werden.
Aber bereits Alexander Spitzmüller-Harmersbach (1894–1962) wird Berg-Schüler, geht allerdings früh als Professor nach Paris, bleibt aber der Heimat verbunden, wo man allerdings seine avantgardistische Sinfonik, Kammermusik und Bühnenmusik kaum kennt. Apostel wird Zwölftontechniker, Theodor Berger jedoch (geboren 1905) entwickelt eine eigene, durchaus moderne Tonsprache und gewinnt mit seiner „Legende vom Prinzen Eugen" und der „Jahreszeiten-Symphonie" einen weiten Anhängerkreis. Marcel Rubin (geboren 1905) geht eigene, recht glückliche Wege und schafft mit seiner Orchester- und Kammermusik, vor allem mit seinem Violinkonzert wertvolle Beiträge zur österreichischen Musik. Auch Robert Schollum (geboren 1913), Organist, Pianist, Musikerzieher, schreibt durchwegs interessante Sinfonien, Konzert- und Kammermusik. Friedrich Wildgans (1913–1965, Sohn des Dichters Anton Wildgans), Klarinettist, Professor der Wiener Akademie, geht von volkstümlichen Werken aus, kommt über Hindemith- und Strawinsky-Nachfolge zur Zwölftonmusik und wird zum eifrigen Verfechter der Neuen Musik. Karl Schiske (1916–1969) wird Zwölftonmusiker, neben seinen 5 Sinfonien, 2 Konzerten für Streichorchester, dem Klavier- und dem Violinkonzert, den Orgelvariationen und einer Messe macht ihn besonders sein prächtiges Oratorium „Vom Tode" (1948) bekannt. Helmut Eder (geboren 1916), Orff- und David-Schüler, wendet sich der Dodekaphonik und der elektronischen Musik zu, seine 3

Sinfonien, Konzerte (für Violine, für Oboe, für 2 Klaviere) und besonders sein Konzert für 12 Streicher werden nicht selten gespielt, allerdings mehr im Ausland als in seiner Heimat. Gerhard Wimberger (geboren 1923) wird mit einem Streicherdivertimento und einem Klavierkonzert bekannt, am meisten jedoch durch seine Opern, Ballette und die „Heiratspostkantate". Er ist Webern verpflichtet, steht unter dem Einfluß von Strawinsky, weicht aber jeder Orthodoxie aus. Und in dieser nur angedeuteten musikalischen Atmosphäre bemüht sich Alfred Uhl um einen zeitgemäßen Stil, verläßt aber die Tonalität nicht.

Leben

Alfred Uhl wird am 5. Juni 1909 in Wien geboren, studiert bei Franz Schmidt, verbringt längere Zeit im Ausland (Zürich, Paris, Berlin, Amsterdam, Istambul) und wird 1943 Akademieprofessor in Wien.

Werke

Seine ersten Kompositionen: „Konzertante Sinfonie für Klarinette und Orchester", 1944, „4 Orchesterpiecen", „Sonata graciosa" für Orchester machen Alfred Uhl sehr rasch bekannt. Das wohl zu wenig gewürdigte Oratorium „Gilgamesch", 1956, und die liebenswürdige Kantate „Wer einsam ist, der hat es gut" (nach Busch, Morgenstern und Ringelnatz), 1961, sichern ihm einen festen Platz in der Musikgeschichte.

ROLF LIEBERMANN (geboren 1910)

Zeit und Umwelt

Die Schweiz liegt auf der Schnittlinie von drei Kulturkreisen, und diese Dreiheit findet – zwar nicht davon verursacht – ihre Entsprechung in den drei Richtungen der Schweizer Musiker, der Zwölftontechnik, der Polytonalität und der konservativen Kantabilität, wovon jede ihre Vertreter hat. Paul Müller (geboren 1896) schreibt anfänglich neuromantisch, später genau linear und versucht Tradition mit Gegenwartselementen zu kombinieren („Der Sonnengesang des hl. Franziskus für Soli, Frauenchor und 6 Instrumente" und „Streichersinfonien"). Robert Obousier (1900–1957) schreibt polyphon und dennoch feingliedrig (Chorwerk: „Trilogia sacra", eine Sinfonie, ein Klavier- und ein Violinkonzert), Robert Blum vertritt besonders bei seiner Kirchen- und Kammermusik einen neolinearen Stil („Lobgesang aus der Offenbarung Johannis" für 12 Singstimmen und Orchester, „Passionskonzert" für Orgel und Orchester, 6 Sinfonien). André-François Marescotti (geboren 1902) bringt ab der fünfziger Jahre serielle Kompositionen (Konzerte, Klavierstücke). Edward Stämpfli (geboren 1908) wendet sich der Dodekaphonik zu (Konzerte, Ballette). Heinrich Sutermeister (geboren 1910) ist stark von der neuen französischen Musik beeinflußt (zahlreiche sehr wirkungsvolle Bühnenwerke, 3 Klavierkonzerte, Cellokonzert, Schillerkantate, 1964, „Sonnenhymne des Echnaton", 1967). Der Neuen Musik verhaftet ist Robert Suter (geboren 1919), er verfaßt Bühnenwerke, Orchester- und Kammermusik (Serenata für Bläser und Streicher, 1964). Liebermann schafft eine Synthese aller Richtungen und gelangt zu einem neuen Stil, der allerdings mit seiner Persönlichkeit so stark erfüllt ist, daß er kaum Allgemeingültigkeit erreichen kann.

Leben

Rolf Liebermann ist am 14. September 1910 in Zürich geboren. Er studiert Rechtswissenschaft an der Universität Zürich und zugleich bei Scherchen Dirigieren und bei Vogel Komposition. Bis 1937 arbeitet er als 2. Kapellmeister in Wien, dann lebt er in der Schweiz als Komponist und Kritiker. Im Jahr 1959 wird er Intendant der Hamburgischen Staatsoper und übernimmt 1972 die Intendanz der Pariser Oper.

Werke

Das „Furioso für Orchester", 1947, (zwölftonig) wird viel gespielt. Die Sinfonie 1949 (mit unorthodoxer Verwendung der Zwölftonreihe), das „Geigy Festival Concerto für Basler Trommel und Orchester, (starkes Lokalkolorit) und das „Concerto for Jazzband and Symphony Orchestra" kommen auch zuweilen auf Konzertprogramme. Das Hauptgewicht der kompositorischen Tätigkeit Liebermanns liegt auf dem Gebiet der Oper.

CONCERTO FOR JAZZBAND AND SYMPHONY ORCHESTRA 8 Teile, uraufgeführt 1954 in Donaueschingen. Liebermann bemerkt dazu, es soll ein Versuch sein, einen Teil der heute effektiv gebräuchlichen Tänze in die Kunstmusik einzubeziehen. „Dabei ergab sich folgendes Problem: Die beiden musikalischen Ebenen sind im Lauf der historischen Entwicklung so weit auseinandergestrebt, daß ihre Realisation nur noch Spezialisten möglich ist." Er gibt der Big Band die Funktion eines frühklassischen Concertino. Das Sinfonieorchester begleitet und hat nur in den Zwischenspielen die Führung. Nach der Introduktion des Orchesters kommt als erster Tanz ein Jump, dann übernimmt das Orchester das Scherzo I. Anschließend spielt die Band einen Blues, dem Scherzo II folgt ein Boogie-Woogie. Das Orchester spielt darauf ein Interludium und – mit der Band eng verschmolzen – einen Mambo. Spielzeit 17 Minuten.

Tips für Plattenfreunde

○ Les Echanges, Sinfonie für 165 Büromaschinen (Stereo-LP/Thorofon MTH 124)
○ Furioso für Orchester (Stereo-LP/ Deutsche Grammophon 136 304 IMS). Einzige Aufnahmen

JOSEF TAL (geboren 1910)

Zeit und Umwelt

Daß eine beträchtliche Reihe erstrangiger Komponisten, Interpreten und Musikologen Juden sind oder waren, ist eine bekannte Tatsache. Ebenso weiß jeder, welche Umstände sie aus Europa vertrieben. Die meisten flüchten nach dem Westen und bereichern die Orchester, Opernhäuser und Musikhochschulen mit wertvollen Kräften. Etliche davon landen in Israel und helfen, den jungen Staat aufzubauen und zu verteidigen. Israel geht rasch daran, ein Musikleben einzurichten, eingewanderte Dirigenten, Instrumentalisten und Sänger bilden Orchester, Chöre und Opernensembles. Die Musik, die gespielt wird, stammt aber von der alten Heimat, wo allerdings einzelne Komponisten sich um eine typisch jüdische Musik bemühen, indem sie Sakralgesänge und ostjüdische Liedmelodien ihren Werken zugrundelegen (wie Ernest Bloch). Solche Tendenzen werden von Musikern, die sich in Israel ansiedeln, bald im verstärkten Ausmaß verfolgt, so daß auf den israelischen Konzertprogrammen neben den Namen der europäischen und amerikanischen Musik einheimische Komponisten erscheinen. Einer der frühesten davon ist Paul Ben-Haim (geboren 1897), der in München studiert, in Augsburg als Kapellmeister wirkt, aber bereits 1933 in das heutige Israel kommt und dort als Dirigent, Lehrer, Komponist und Folklore-Forscher arbeitet. Seine Sinfonie „The Sweet Psalmist Israel", 1956, und „Metamorphosen" werden auch in Europa und den USA aufgeführt. Ödön Partos (geboren 1907), Hubay- und Kodály-Schüler, kommt 1938 nach Tel Aviv, leitet ab 1951 dort die Musikakademie und schreibt unter anderem ein Violin- und ein Violakonzert, Orchester- und Kammermusik und Lieder, die auch in Europa in die Konzertsäle Eingang finden. Herbert Brün (geboren 1918) übersiedelt 1936 nach Israel und studiert dort bei Stephan Wolpe (geboren 1902, Kompositionslehrer in Jerusalem, geht 1938 in die USA, wo er mit zahlreichen Kompositionen, alle mit aufgelockerter Zwölftontechnik, hervortritt); nach zeitweiliger Tätigkeit in den USA wirkt er als Musikpädagoge und Pianist in Israel und führt dort an der Entwicklung der elektronischen Musik mit. Seine „Dedication"-Ouvertüre und sein 2. Streichquartett sind auch in Europa bekannt. Roman Haubenstock-Ramati (geboren 1919) geht nach seiner Lehrtätigkeit in Polen 1950 nach Israel, wirkt dort als Musikologe und Organisator. Seit 1957 lebt er als avantgardistischer Komponist in Europa (Wien, Paris); seine Kompositionen (wie „Sequences für Violine und Orchester", 1958, „Jeux" für 6 Schlagzeuger, 1962, „Vermutungen über ein dunkles Haus", 1964, „Interpolation" für Flöte und Tonband, 1964, „Liaisons" für Vibra- und Marimbaphon, 1964) scheinen bei allen Veranstaltungen Neuer Musik auf. Einer der ersten in Israel selbst geborenen Komponisten ist

Mordechai Sheinkman (geboren 1926), der in Tel Aviv, New York, Berlin und Detmold studiert und an den deutschen Experimentierplätzen für avantgardistische Musik mit Kammermusik, Liedern und einem Klavierkonzert Aufmerksamkeit erregt. Josef Tal ist einer von ihnen. Israels Kampf um Unabhängigkeit und Freiheit, sein wirtschaftlicher, gesellschaftlicher und kultureller Aufbau und das sich immer mehr vertiefende und verbreiternde Musikleben sind für ihn selbstgewählte Zeit und Umwelt.

Leben

Josef Tal ist am 19. September 1910 in Pinne bei Posen geboren und studiert in Berlin bei Trapp und Heinz Tiessen (1887–1971, Direktor des Berliner städtischen Konservatoriums, Chordirigent, komponiert modern bis zur Grenze zur Atonalität, 2 Sinfonien, Kammermusik, Chor- und Bühnenwerke, verarbeitet in seinen Stücken zahlreiche Amselrufe), geht 1934 als Musikpädagoge nach Israel und wird 1948 Direktor des israelischen Konservatoriums und Leiter des elektronischen Studios in Tel Aviv.

Werke

Am bekanntesten wird Tals Opernoratorium „Saul in En-Dor", 1956, und das choreographische Poem „Exodus", 1947. Darüber hinaus schreibt Tal sinfonische Werke, Kantaten und Sonaten und elektronische Musik.

WITOLD LUTOSLAWSKI (geboren 1913)

Zeit und Umwelt

In einem Land, in dem der weltberühmte Klaviervirtuose und Komponist Paderewski höchste politische Stellen einnimmt, kann die Musikpflege nicht zu kurz kommen. Die polnische Musik darf sich frei entfalten, und dazu kommt es bald wieder, als die fremde Besatzung vertrieben ist. Im Gegensatz zu anderen volksdemokratischen Diktaturen erleiden in Polen die Musikschaffenden schon längst keine Beschränkung mehr. Da dies auch bei Ungarn festgestellt werden darf, liegt die Annahme nahe, daß die während langer Strecken der Geschichte bestehende politische und kulturelle enge Beziehung der beiden Länder zum italienischen Raum die unbedingte Achtung vor Kulturschaffen und Kulturschaffenden dort stärker ausprägte als bei den Nachbarn. Die Folge dieser Freiheit ist, daß Polen wie Ungarn im Rahmen der Gegenwartsmusik eine bedeutende Rolle spielen. Schon Tadeusz Jarecki (1889–1955), der der Nachromantik verhaftet war, unternimmt Vorstöße

Witold Lutoslawski (geboren 1913)

in harmonisches Neuland, besonders in seinen farbenfrohen „Orchesterskizzen", aber auch in den Sinfonien und Streichquartetten. Karol Rathaus (1895–1954), der wie der Vorgenannte vor Ausbruch des Krieges auswandert, geht bereits um etliche Schritte zur Gegenwartsmusik weiter; seine Kammer-, Klavier- und Bühnenmusik überschreitet bereits die Grenzen strenger Tonalität. Peter Perkowski (geboren 1902) ist einer der Begründer der Vereinigung junger polnischer Musiker und komponiert progressive Musik (Orchester-, Instrumental-, Kammermusik- und Vokalwerke). Artur Malawski (1904–1957) gilt als der bedeutendste in Polen lebende Komponist der ersten Jahrhunderthälfte; er schreibt 2 Sinfonien, Sinfonische Etüden, Kammermusik und die Pantomime „Wierchy". Zygmunt Myclelski (geboren 1907) studiert bei Szymanowski und in Paris (Dukas, Boulanger), schreibt moderne Konzert-, Kammer- und Klaviermusik und das beliebte „Porträt einer Muse" für Chor und 15 Instrumente (1947). Roman Palester (geboren 1907), wendet sich der Neoklassik zu und schreibt Sinfonien, Ballette und ein noch immer lebendiges „Requiem". Andrzej Panufnik (geboren 1914) studiert in Warschau und bei Weingartner, leitete die Warschauer Philharmonie und geht 1957 als Dirigent nach Birmingham; seine Kompositionen grenzen zuweilen an Unterhaltungsmusik, bei seinem „Epitaph for the Victims of Katyn", 1967, schlägt er ernstere Töne an. Grazyna Bacewicz (1913–1969) gehört zu den führenden Vertretern der neuen polnischen Musik. Sie kommt vom Neoklassizismus zur Zwölftontechnik und ist besonders durch ihre „Musik für Streicher, Trompeten und Schlagzeug", 1958, und „Musica sinfonica in tre movimenti", 1965, international bekannt geworden. Kasimierz Serocki (geboren 1922) gehört der jungen polnischen Schule an, die enge Kontakte mit dem Westen hält. Seine „Sinfonischen Fresken", 1964, und das Melodrama „Niobe" sind stark beachtet. Jan Krenz (geboren 1916), Chefdirigent in Kattowitz, schließt sich der Gruppe polnischer Avantgardisten an („Gruppe 49") und schreibt interessante Orchester-, Chor- und Kammermusik mit einem starken Hang zum Bruitismus. Derselben Gruppe gehört der international sehr bekannte Tadeusz Baird an (geboren 1928), der folkloristische Elemente mit seriellen Strukturen verbindet („Vier Essays für Orchester", 1958, „Variationen ohne Thema", 1962, „Vier Dialoge für Oboe und Kammerorchester", 1924, und 3 Sinfonien sind am meisten bekanntgeworden). Mikolaj Górecki (geboren 1933) wird für eines der stärksten Talente der polnischen Gegenwartsmusik gehalten; auch er sucht nach einer Synthese von folkloristischer mit serieller Musik, seine Sinfonie für Streicher und Schlagwerk, 1959, und der Orchesterzyklus „Genesis" reihen ihn den bedeutendsten Vertretern der Neuen Musik zu. In diesem äußerst rührigen, experimentierfreudigen und erfolgreichen Musikleben wirkt Lutoslawski, der zwar keine bahnbrechenden Neuerungen einführt, doch den Prinzipien der Tonalität, der Dodekaphonie und der Aleatorik nacheinander eine persönliche Eigenart abgewinnt, die stark beeindruckt. Seine Musik ist von modischen Tendenzen völlig frei, aber dennoch für jede Neuorientierung offen. Er behält sich die Freiheit der Wahl der kompositorischen Mittel vor.

Leben

Witold Lutoslawski ist am 25. Januar 1913 in Warschau geboren, studiert dort bei Maliczewski Komposition und gleichzeitig an der Universität Mathematik und bleibt als freischaffender Komponist in der polnischen Hauptstadt. Außer einigen Gastdozenturen in Schweden und den USA übt er keine Lehrtätigkeit aus. Dirigentenverpflichtungen (besonders eigener Werke) führen ihn sehr oft in das Ausland. Bei internationalen Veranstaltungen der Internationalen Gesellschaft für Neue Musik vertritt er regelmäßig seine polnische Heimat.

Werke

Die in der ganzen Welt aufgeführten Werke von Lutoslawski reichen von tonalen, der Folklore verhafteten Strukturen bis zur Aleatorik über Bartók-Nachfolge und Reihentechnik. Er akzeptiert weder Prinzipien noch Dogmen und läßt sich von keiner Idee, fremden oder eigenen, beherrschen und wahrt seine Freiheit, all das zu realisieren, was ihm seine Phantasie eingibt. Die 1. Sinfonie, die „Kleine Suite" und das „Orchesterkonzert" gehören seiner tonalen Phase an. Mit der „Trauermusik für Streichorchester", 1958, setzt er sich mit der Zwölftontechnik auseinander. In den „Drei Postludien für Orchester", 1963, dringt er zur Aleatorik vor, die sich in der vom Komponisten gewählten Form am deutlichsten in der 2. Sinfonie, 1967, zeigt. („Ich interessiere mich nicht für eine Musik, die völlig durch den Zufall determiniert ist. Ich will, daß mein Werk ein Gegenstand ist, den ich selbst geschaffen habe und daß es die Realisation dessen wird, was ich anderen zu sagen habe.") „Livre pour Orchestre", 1968, das Cellokonzert, 1970, und das „Präludium für 13 Solostreicher", 1972, legen den Spätstil des Komponisten fest. Von der Kammermusik ist das Streichquartett aus 1964 bemerkenswert, bei dem die Spieler nicht synchron zu spielen haben. („Jeder führt seinen Part so aus, als ob er allein wäre.") Die Verfremdung des Streicherklanges (der gerade in der neuen polnischen Musik eine große Rolle spielt) durch gegenlaufende Glissandi, ungewohnte Stricharten, Schlag- und Klopfeffekte erzeugen eine neue Farbskala. Von seinem Vokalschaffen müssen „Trois poèmes d'Henri Michaux" für Chor und Instrumente, 1963, und „Paroles tissées" für Singstimme und Orchester, 1965, hervorgehoben werden.

JEUX VÉNITIENS (VENEZIANISCHE SPIELE)

Für kleines Orchester, 4 Sätze, uraufgeführt 1961 in Venedig. Zu diesem aleatorischen Werk sagt der Komponist: „Aleatorik ist Bereicherung, keinesfalls eine Minderung schöpferischer Verantwortlichkeit." In Satz I sind die Instrumentengruppen angewiesen, innerhalb bestimmter Räume zu spielen. Satz II ist traditionell angelegt und bringt ein funkelndes Ablösespiel der einzelnen Instrumente. In Satz III wird ein freies Flötensolo einem kontrolliertem Begleitsystem zugeordnet. Satz IV ist wiederum wie Satz II strukturiert. Spielzeit 13 Minuten.

SINFONIE NR. 2
Für großes Orchester, 2 Teile, uraufgeführt 1967 in Krakau. In Teil I („Hésitant") für Bläser, Schlagzeug und Tasteninstrumente sind viele aleatorisch auszuspielende Klangfelder aneinandergereiht. Das durch den Titel angedeutete „Zögern" drückt sich durch häufiges Abbrechen und eine gewisse Ziellosigkeit der kleinintervalligen Tonreihen aus. Teil II („Direct") zieht auch die Streicher heran. Ein plötzlicher Ausbruch großer Klangentfaltung währt zehn Minuten, dann verkünden schwere Schläge des Orchesters den Umbruch, und die Klangentfaltung zerfällt diffus. Spielzeit 28 Minuten.

TRAUERMUSIK FÜR STREICHORCHESTER „ZUM GEDENKEN AN BÉLA BARTÓK"
4 Teile, uraufgeführt 1958 in Warschau. Das Werk vereinigt Zwölftontechnik mit Bartókschen Strukturen. In Teil I („Prolog") entwickelt sich eine Fächerfuge aus einem Zwölftonthema. Dem passacagliaartigen Abschnitt II („Metamorphosen") liegt erneut eine Zwölftonreihe zugrunde. Teil III („Apogäum") bildet den Höhepunkt des Werkes in Form eines zwölftönigen Akkordes, der rhythmisch stark gegliedert, aber sehr spröde ist. Teil IV („Epilog") greift auf Teil I zurück und drückt durch klangliche und dynamische Reduzierung Trauer, Einsamkeit und Verzweiflung aus. Spielzeit 14 Minuten.

Tips für Plattenfreunde

○ Sinfonien 1–2 (Stereo-LP/Wergo 60 044)
○ Streichquartett (Stereo-LP/ Deutsche Grammophon 2530 735, LaSalle-Quartett)
○ Trois Poèmes d'Henri Michaux für Chor und Orchester (Stereo-LP/ Wergo 60 019)

BENJAMIN BRITTEN (1913–1976)

Zeit und Umwelt

Um die Mitte unseres Jahrhunderts ist zwar Elgar schon verstorben, aber seine Kopisten beherrschen die englische Musiklandschaft, so daß Walton und Vaughan Williams sich schwer durchsetzen. Die Musikentwicklung Europas und Amerikas wird auf der britischen Insel nur am Rand miterlebt; erhebende Anthems und mächtig dröhnende Oratoriumchöre mit schmetternder Begleitung stehen noch immer im Mittelpunkt des Publikumsinteresses. Alan Bush (geboren 1900) wird abgelehnt, nicht nur weil er sich „das bewußte Ziel setzt, durch die Musik zur Sache des Sozialismus beizutragen." Seine Werke („Nottingham-Symphonie", „Byron-Symphonie", „Defender of Peace") werden in der DDR aufgeführt. Edmund Rubbra (geboren 1901), der bei Scott studiert, findet mit seinen 7 Sinfonien, den Konzerten, den Kammermusik- und Vokalwerken wegen seiner Klangfülle etwas Anklang. Auch Constant Lambert (1905–1951) hat mit seinen Balletten und Konzerten, besonders aber mit dem Jazzoratorium „Rio Grande" einige Erfolge. Der Hindemith-Schüler Walter Leigh (1905–1942) wird unbegreiflicherweise sehr bald vergessen, obschon er trotz seines kurzen Lebens neben Bühnenmusik gute Kammermusik komponiert. Arnold Cooke (geboren 1906) ist ebenfalls Hindemith verpflichtet; seine Kammersonaten und Liederzyklen stehen zuweilen auf den Spielplänen. Der ehemalige Jazzmusiker Benjamin Frankel (geboren 1906) tritt plötzlich als Konzert- und Kammermusikkomponist hervor (3 Sinfonien, Violinkonzert, Streichquartette) und erobert einen kleinen Publikumskreis. Humphrey Searl (geboren 1915) schreibt serielle und elektronische Musik und darf daher ohnehin nicht mit einer Breitenwirkung rechnen („Der Flußlauf" für Sprecher und Orchester nach Joyce; „Der Schatten Kains" für Sprecher und Orchester; Ballette und 2 Sinfonien). Peter Racine Fricker (geboren 1920) bedient sich nur gelegentlich der Reihentechnik, hält aber von der Musica Nova Abstand (Violinkonzert, Concertante für 3 Klaviere, Streicher und Pauken, 2 Sinfonien und Oratorium „Vision of judgement", 1957). Der Messiaen-Schüler Alexander Goehr (geboren 1932) schreibt vor allem Kammermusik, die auf dem Kontinent zuweilen aufgeführt wird.

Neben den Genannten gewinnt Michael Tippett (geboren 1905) mit seinem Oratorium „Kind unserer Zeit" (1946, Grynspan-Tragödie) die Gunst des breiten Publikums; auch seine 2 Sinfonien, das Konzert für doppeltes Streichquartett, das Klavierkonzert, die Streichquartette und besonders seine Opern sprechen wegen ihres nahezu mystischen Klanges mit vielen harmonischen und rhythmischen Neuerungen stark an. Er dürfte der in England meistgenannte Komponist sein neben Britten, der allerdings weniger Interesse als schockierte Aufmerksamkeit auf sich zieht.

Leben

Benjamin Britten wird am 22. November 1913 in Lowestoft geboren. Schon im Alter von 12 Jahren nimmt er bei Ireland und Frank Bridge (1879–1941, Dirigent, Komponist von Kammermusik und Sinfonischen Dichtungen) Kompositionsunterricht. Seine ersten Erfolge erringt er auf den Festen für Neue Musik in Florenz, Barcelona und London. Da er Kriegsgegner ist, geht er 1939 nach Amerika; als sodann die USA auch in den Krieg gezogen wird, kehrt er (1942) nach England zurück und lebt als freier Komponist in Aldeburgh (Suffolk) am Meer, das in seinen Werken eine große Rolle spielt. Die Universität Hull verleiht ihm 1962 das Ehrendoktorat. Er stirbt als vielleicht bedeutendster englischer Komponist seit Purcell am 4. Dezember 1976 in Aldeburgh.

Literatur

W. White, Benjamin Britten, 1948

Werke

Britten ist vor allem Opernkomponist. Auch seine übrige Musik hat stark theatralen Charakter, weil er alle verfügbaren klanglichen und rhythmischen Mittel einsetzt, um eine starke Bildhaftigkeit zu erreichen, ohne jemals programmatisch zu werden. Angeregt von Mahler, Strawinsky, Schönberg, dem Impressionismus, den englischen Meistern und der heimischen Folklore gelangt er zu einer ureigenen, durchaus modernen Tonsprache, die auch fallweise die Reihentechnik integriert und den Bruitismus nicht ablehnt. Er verläßt jedoch die Tonalität, die allerdings sehr extensiv gestaltet ist, nahezu nie, läßt sich in keine Experimente ein, sondern verwandelt alle erreichbaren Klangkörper, um zu sagen, was er aussagen will. Neben seinen Werken für Bühne und Funk schreibt er schon als Kompositionsschüler die „Simple Symphony" op. 4 (1934). Die „Sinfonia da Requiem" für Orchester (1940), die „Frühlingssinfonie" für 3 Soli, Chöre und Orchester op. 44 (1949), das Violinkonzert d-Moll (1950), die Serenade für Tenor, Horn und Streichorchester op. 31 (1943), die „Nocturne" für Tenor, 7 Soloinstrumente und Streichorchester op. 60 (1958) und vor allem das „War Requiem" op. 66 (1961) sind die meistgespielten Orchesterwerke des Komponisten. Die beiden Streichquartette verdienen ebenfalls größte Aufmerksamkeit. Von der Klaviermusik ist die „Schottische Ballade" für zwei Klaviere und Orchester op. 26, die schottische Tänze und Volkslieder verarbeitet, spielenswert.

SIMPLE SYMPHONY OP. 4

Für Streichorchester, 4 Sätze, entstanden 1934. Der 1. Satz „Boisterous Bourrée" (Wilde Bourrée) benützt die alte Tanzform für ein fröhliches pastorales Bild. Der 2. Satz „Playful pizzicato" bringt einen Tanz mit ruhigem Mittelteil. Der 3. Satz „Sentimental Saraband" ist lyrisch und empfindsam. Der 4. Satz „Frolicsome finale" schließt das Werk übermütig ab. Spielzeit 16 Minuten.

SERENADE OP. 31 FÜR TENOR, HORN UND STREICHORCHESTER

6 Teile, uraufgeführt 1943 in London, geschrieben für den Tenor Peter Pears und den Hornisten Dennis Brain nach Gedichten aus 5 Jahrhunderten mit den Themen: I. Sonnenuntergang, Alter (Pastorale), II. Schatten-, Echospiel (Nocturne), III. Blumenwelken, Tod (Elegie), IV. Jüngstes Gericht (Grabgesang), V. Dämmerung, Hymne an Diana (Hymne), VI. Schlummer, Erlösung (Sonett). Ein Prolog und ein Epilog rahmen den Liederzyklus ein. Spielzeit 24 Minuten.

WAR REQUIEM (KRIEGSREQUIEM) OP. 66

Für Sopran-, Tenor- und Baritonsolo, gemischten Chor, Knabenchor, großes Orchester und Kammerorchester, 6 Abschnitte auf der vollständigen lateinischen Liturgie der Totenmesse und neun den Widersinn des Krieges

Foto des im 20. Jahrhundert führenden englischen Komponisten.

anklagende Gedichte des 1918 gefallenen 25jährigen englischen Lyrikers Wilfred Owen, entstanden 1961, uraufgeführt am 30. Mai und 1. Juni 1962 anläßlich der Einweihung der wiederaufgebauten Kathedrale in Coventry. I. Requiem aeternam und Kyrie. II. Dies irae, Recordare, Lacrimosa. III. Domine Jesu. IV. Sanctus, Benedictus. V. Agnus Dei. VI. Libera. Die neun Gedichte sind jeweils dazwischengeschoben. Spielzeit 85 Minuten.

Tips für Plattenfreunde

○ Simple Symphony (Stereo-LP/Teldec 6 42 234 AJ)
○ War Requiem (2 Stereo-LP/Decca SXL 20075). Einzige Aufnahme

ISANG YUN (geboren 1917)

Zeit und Umwelt

Die Japaner annektieren Korea im Jahr 1910, im Jahr 1941 führen sie Krieg gegen England und die USA, 1945 besetzen Russen und Amerikaner Korea und teilen es in das volksdemokratische Nordkorea und Südkorea, wo eine Militärregierung herrscht. Nach dem ergebnislosen Krieg der beiden Hälften bleiben die Beziehungen gespannt. Intellektuelle, die im Ausland leben, sind den südkoreanischen Diktatoren verdächtig, sie werden aus Deutschland mit Gewalt nach Hause befördert und wegen Spionage zugunsten Nordkoreas verurteilt. Isang Yun ist einer von ihnen. Nach langen Interventionen gelingt es, ihn nach Deutschland zurückzuholen. So sieht unser Jahrhundert für viele Ostasiaten aus. Die Umwelt besteht für Yun aus der besetzten koreanischen Heimat, aus den japanischen Städten Osaka und Tokio, aus Deutschland, wo die Zustände bereits überwunden sind, unter denen er in seiner Heimat leben müßte.

Leben

Isang Yun wird am 17. September 1917 in Tongyong (heute Chungmu) in Südkorea als Kind einer Gelehrten- und Schriftstellerfamilie geboren.

Im Jahr 1939 nimmt er in Osaka und Tokio das Musikstudium auf und wird für die Zeit von 1946 bis 1956 in der nunmehr von den Japanern befreiten Heimat an der Universität Seoul Musiklehrer. Darauf übersiedelt er nach Europa und studiert in Paris unter Aubin, in Berlin unter Blacher, Rufer und Schwarz-Schilling. Als freischaffender Komponist lebt er in verschiedenen deutschen Städten, bis er 1967 nach Korea verschleppt und zwei Jahre im Kerker festgehalten wird. Seit 1970 ist er in Berlin, Hamburg und Hannover als Kompositionslehrer tätig und unterrichtet auch in Aspen, Colorado, USA.

Werke

Yun verschmilzt serielle Technik mit ostasiatischen Klangstrukturen. Er schreibt „Garak" für Flöte und Klavier, 1963, „Fluktuationen" für Orchester, 1964, „Réak" für großes Orchester, 1966. „Tuyaux sonores" für Orgel, 1967, „Riul" für Klarinette und Klavier, „An der Schwelle", Sonette für Bariton, Frauenchor, Orgel und andere Instrumente, 1975, Cellokonzert, 1976. Alle diese Musik wird nur vor kleineren interessierten Kreisen gespielt, spricht aber auch asiatische Hörer an.

RÉAK

Für großes Orchester, 1 Satz, uraufgeführt 1966 in Donaueschingen. Der Titel des Werkes bedeutet: „Festlich" und ist eine Kategorie der altkoreanischen Hofmusik. Die Komposition will dem historischen Klangtypus mit den verschiedensten Farbmischungen und Artikulationen nahe kommen; eine dynamisch bewegte Melodik fehlt, dafür bieten sich ungeheuer viele differenzierte Farben und Spannungen an, die durch langes Hinauszögern erhöht werden, Ende und Beginn werden durch Sforzati der Trommeln und der Peitschen markiert. Spielzeit 13 Minuten.

Tips für Plattenfreunde

○ Gasa für Violine und Klavier; Loyang für Kammerensemble, Réak für Orchester, Shao Yang Yin für Cembalo (Stereo-LP/Wergo 60 034)

BERND ALOIS ZIMMERMANN (1918–1970)

Zeit und Umwelt

Wenn auch Dodekaphonie, Serialismus, Punktualismus, Aleatorik im Verlauf der Zeit immer mehr Vertreter gewinnen, so bleibt das breite Publikum davon unerreichbar. Polytonalität, Polyrhythmik, verfremdete Töne, Cluster, elektronische Klänge, Musique concrète werden als musikfremd abgelehnt, verlacht und sogar verfolgt. Die Musikentwicklung hat sich weit vom Konzertbesucher entfernt, der irgendwo in der Romantik stehengeblieben ist und keine Beziehung zur Gegenwartsmusik finden kann. Dieser Zustand ist der Entfaltung der Musik nicht abträglich, wohl aber für den Komponisten, der von seiner Tätigkeit leben will oder muß. Daher ist die Zahl der Tonschöpfer, die dem Verständnis und der Hörbereitschaft der Masse entgegenkommen oder eine Aufgabe darin sehen, Vergangenes zu konservieren und zu reproduzieren, nicht klein. Ihre Erfolge können zwar nicht überwältigend sein, weil sie die Konkurrenz der Schöpfungen der Meister gegen sich haben, die sie kopieren, erobern aber doch weitaus leichter die Gunst des Konzertpublikums als die Neutöner und dürfen dazu das Lob weiter Kreise in Anspruch nehmen, die Hüter der echten, unverdorbenen Musik zu sein. Der Grabner-Schüler Wilhelm Maler (geboren 1902) bleibt in linearer Stimmigkeit (Concerto grosso, 1928, Oratorium: „Der ewige Strom", 1934, Klaviersuite, 1942, Instrumentalkonzerte); ebenso sein Schüler Helmut Degen (geboren 1911), der sich in den gleichen Grenzen hält (Osteroratorium a cappella, 1949, szenisches Oratorium „Suto", 1952, 3 Sinfonien, Instrumentalkonzerte, Kammer- und Klaviermusik). Franz Xaver Lehner (geboren 1904), Chormeister und Organist (neben Bühnenwerken Orchester- und Kammermusik, Sinfonie, 1964), Richard Mohaupt (1904–1957, lebt 1939 bis 1955 in New York), Bühnenmusiker, schreibt daneben konservative Konzerte und Kantaten („Das goldene Babylon", 1955). Kurt Driesch (geboren 1904) rückt bis zum Expressionismus vor und zieht manchesmal zögernd serielle Techniken heran (Sinfonien, Cassation, „Drei Reihen" für Orchester). Erwin Dressel (geboren 1906), schreibt sehr eingängig und bemüht sich um gute Werke für „mittlere Musik" (zahlreiche Orchesterwerke, Kammermusik, Vokalkompositionen). Will Eisenmann (geboren 1906) studiert bei Dukas und lebt in der Schweiz, sein Stil ist dem Impressionismus nahe („Die Weise von Liebe und Tod" für Orchester, Sprechstimme und Sprechchor, 1936, „Die Klage Hiobs" für Solobariton, gemischten Chor und Orchester, 1950, Orchester-, Kammer-, Klaviermusik). Hugo Distler (1908–1942), Organist Chorleiter, Erneuerer der evangelischen Kirchenmusik, Chor- und Orgelkomponist (Motetten, Chöre, Orgelmusik, Cembalokonzert, 1936). Heinz Friedrich Hartig (1907–1969) schreibt Klaviervariationen in variablen Metren und Orchestervariationen über einen siebentönigen Klang (Oratorien, Ballette, Chansons, Violinkonzert, 1967). Der Schreker-Schüler Kurt Fiebig (geboren 1908), Kantor und Organist, schreibt geistliche Vokalmusik (Oratorien, Passionen). Hans Vogt (geboren 1911), Kapellmeister, verläßt mit seinen Opern, Klavierkonzerten und Kammermusiken den Boden der Tonalität nicht. Hans Poser (1917–1970), hält sich bei seinen Chorkompositionen von jedem Wagnis fern. In diese durch einige Beispiele gekennzeichnete musikalische Atmosphäre, kommt Bernd Alois Zimmermann mit seiner pluralistischen Kompositionstechnik, die den Zeitablauf negiert und so zu komplexen Satzschichtungen gelangt. Daß sich dadurch die Kluft zwischen der Neuen Musik und den Konzertbesuchern noch mehr erweitert, ist nur natürlich, aber es ist damit ein großer Schritt zur Wandlung von Publikum zu Anhängerschaft getan. Die Musik hat sich bereits wie andere Kunstgattungen von der Masse abgesetzt und befreit. Nun folgt der kleine Kreis, der die Entwicklung mitzuvollziehen gewillt und imstand ist, mit sektiererischem Fanatismus ihrem erwählten Meister, der nahezu priesterliche Funktionen annimmt und seine Musik weniger spielen als zelebrieren läßt, zu folgen.

Leben

Bernd Alois Zimmermann wird am 20. März 1918 in Bliesheim, Landkreis Euskirchen, geboren. Nach zweijährigem Studium der Germanistik und Philosophie nimmt er an den Konservatorien bei Jarnach und Heinrich Lemacher (1891–1966, Lehrer, Musikschriftsteller, Komponist von Vokalwerken) Kompositionsunterricht, der von Fortner und Leibowitz ergänzt wird. Er wird freier Mitarbeiter des Westdeutschen Rundfunks, 1950 Theorielehrer und Musikdirektor an der Kölner Universität, 1957 Kompositionslehrer am Konservatorium jener Stadt. Er stirbt in Großkönigsdorf bei Köln am 10. August 1970.

Werke

Bei zweimaligen Aufenthalten in Rom beeindruckt ihn die Zeitlosigkeit der Stadt, in der Antike, Mittelalter und Neuzeit gleichzeitig zu bestehen scheinen. Dieses Gefüge von Geschichte und Gegenwart wird zu einer Grundvorstellung bei Zimmermanns kompositorischer Arbeit. „Vergangenheit, Gegenwart und Zukunft sind lediglich in ihrer Erscheinung als kosmische Zeit an den Vorgang der Sukzessio gebunden. In unserer geistigen Wirklichkeit existiert diese Sukzession jedoch nicht, was eine realere Wirklichkeit besitzt als die uns wohlvertraute Uhr, die ja im Grunde nichts anderes anzeigt, als daß es keine Gegenwart gibt. Die Zeit biegt sich zu einer Kugelgestalt zusammen." Die „Sinfonie in einem Satz", 1953, das „Konzert für Streichorchester", 1948, die Violin-, (1950), das Cello-, (1953), Oboen-, (1953) und Trompetenkonzerte (1954), seine Sonaten und Kantaten werden bei Konzerten Neuer Musik gespielt, die Ballette zuweilen aufgeführt.

CANTO DI SPERANZA, KANTATE FÜR VIOLONCELLO UND KLEINES ORCHESTER
Aufgeführt in endgültiger Fassung 1958 im Südwestdeutschen Rundfunk Baden-Baden. „Das Stück ist eher ein Werk der Stille; es will nicht überreden, hinreißen, sondern behutsam die kleine Flamme der Hoffnung nähren, die einzig Licht zu spenden vermag dem, der sich ihr anvertraut", begründet der Komponist den Titel („Gesang der Hoffnung") des Werkes, bei dem solistisches Konzertieren mit den Prinzipien des seriellen Komponierens vereinbart sind und die kantablen Linien des Soloinstrumentes so hoch gehalten sind, „wie es bis dahin noch nicht geschehen ist". Spielzeit 20 Minuten.

DIALOGE. KONZERT FÜR 2 KLAVIERE UND GROSSES ORCHESTER. HOMMAGE À CLAUDE DEBUSSY

Für großes Orchester, 7 Teile, uraufgeführt in letzter Fassung 1968 durch den Süddeutschen Rundfunk in Mannheim. Durch gleichzeitige Zitate aus Bachs Choralvorspiel „Wachet auf", Messiaens „Aléluias sereins", Beethovens „Hammerklaviersonate", Debussys „Feux d'artifice" und weiteren soll ein pluralistischer Klang und „ein weitverzweigtes Gebilde von musikalischen Zeit- und Erlebnisschichten erzeugt werden." Spielzeit 17 Minuten.

REQUIEM FÜR EINEN JUNGEN DICHTER. LIGUAL NACH WORTEN VERSCHIEDENER DICHTER, BERICHTEN UND REPORTAGEN

Für 2 Sprecher, Sopran- und Baritonsolo, sehr großes Orchester, Jazzcombo, Orgel und elektronische Klänge, 4 Teile, uraufgeführt 1969 im Westdeutschen Rundfunk in Düsseldorf. Das Requiem gilt nicht einem bestimmten Dichter, sondern es bleibt den Hörern überlassen, eine Dichtergestalt unseres Jahrhunderts zu bevorzugen. Ehe das in „Prolog", „Requiem I", „Requiem II", und „Dona nobis pacem" achtsprachige aus den verschiedensten Texten bestehende Lingual beginnt, laufen dunkle, schwere Klänge vom Podium über eine Lautsprecherkette um den Saal und landen bei den Kontrabässen, die sie wieder weiterleiten. Spielzeit: 65 Minuten.

PHOTOPTOSIS, PRÉLUDE

Für sehr großes Orchester, 3 Teile, 1969 in Gelsenkirchen. Der Titel („Lichteinfall") bezeichnet den kompositorischen Versuch, Helligkeitsgrade musikalisch auszudrücken. Teil I ist von Klangflächen der Streicher grundiert und von Figurenwerk überflutet, das sich zu Klangblöcken ballt. In Teil II werden Zitatstrukturen gebracht (von Bach bis Skrjabin). Teil III bringt ein gigantisches Crescendo mit exzessiver Klangentfaltung. Spielzeit: 13 Minuten.

STILLE UND UMKEHR

Orchesterskizzen mit Solostreicher, Akkordeon und Singende Säge, entstanden 1970, uraufgeführt 1971 in Nürnberg. In diesem Auftragswerk zum 500. Geburtstag Dürers klingt ein Ton vom Anfang bis zum Ende, sehr leise und nahezu ausdruckslos. Er wird von den anderen Instrumenten umgefärbt und begleitet. Spielzeit: 10 Minuten.

Tips für Plattenfreunde

O Violinkonzert (Stereo-LP/FSM 31 061)
O Cellokonzert, Photoptosis, Tratto II (Stereo-LP/Wergo 60 062)

LEONARD BERNSTEIN (geboren 1918)

Zeit und Umwelt

Der Krieg beginnt mit dem tückischen Überfall auf Pearl Harbour und endet mit dem Abwurf von zwei Atombomben. Amerika siegt. Aber dem Amerikaner ist die Erinnerung geblieben, daß das bestens ausgeklügelte Sicherheitssystem Lücken hat, daß die stärkste wirtschaftliche und politische Macht verwundbar ist, das Bewußtsein, daß es nur einer Handvoll Schwerverbrecher bedarf, um die negativen Instinkte breiter Volksmassen zu wecken und einen Weltkrieg anzuzetteln, der fünfzig Millionen Menschen auslöscht, Sachwerte und Kunstwerke ungeheuren Ausmaßes vernichtet, und die Einsicht, daß jede noch so gefährliche Waffe in die Hand des Gegners kommen kann. Die Problematik des menschlichen Daseins hat nichts derartig grell beleuchtet wie der gewonnene Krieg. Die latente Lebensangst mindert die Kommunikationsmöglichkeiten herab, die Menschen überspielen sie mit Oberflächlichkeit und nützen die sich anbietenden Kontakte, um der Umgebung und sich selbst Mut und Sicherheitsbewußtsein vorzutäuschen. Die dunklen Seiten der Existenz werden verhängt und abgeleugnet. Viele verfallen auf den Ausweg, Halt und Rettung im transzendenten Bereich zu suchen, wobei, und das ist das Neue daran, die konfessionelle Differenzierung in den Hintergrund tritt. Die innere Leere, die durch die Verdrängung der Existenzangst und die verlorene Möglichkeit der gegenseitigen Verständigung entsteht, die Ziellosigkeit des modernen Menschen, dem die Brüchigkeit überkommener Idole drastisch vor Augen geführt wurde, wird durch die Flucht zu den alten Formeln kompensiert, die jedoch als solche durchschaut und daher nur verwendet werden, die jenseitige Hinwendung, die Hoffnung auf Erhörung und das Vertrauen darauf, daß das Dasein sinnvoll ist, auszudrücken. Für die und für sich selbst schreibt Bernstein seine Ballette, seine jüdischen Psalmsinfonien und seine christliche Messe.

Leben

Leonard Bernstein wird am 25. August 1918 in Lawrence, Massachusetts, geboren und studiert an der Harvard-Universität bei Piston und in Philadelphia bei Fritz Reiner (1888–1963, namhafter Dirigent) und bei Virgil Thompson und wird hierauf Assistent bei Sergei Kussewitzki. Im Jahr 1943 ist er bereits Hilfsdirigent der New Yorker Philharmonic neben Dimitri Mitropoulos (1896–1960, bedeutender Dirigent, Komponist) und debütiert, als er noch im selben Jahr für den plötzlich erkrankten Bruno Walter einspringt, so glänzend, daß seine Karriere steil ansteigt: Leiter des New York City Symphony Orchestra und der Konzerte in Tanglewood, Professor für Musik an der Brandeis Universität, Mass., und schließlich Leiter der New Yorker Philharmoniker, mit denen er Konzertreisen in den USA, Mittel- und Südamerika, Europa einschließlich der UdSSR, nach Israel und Japan unternimmt; er tritt häufig als Gastdirigent der meisten namhaften Orchester der Welt und als erster Amerikaner in europäischen Opernhäusern (Mailand, Rom) auf. Von seiner Dirigentenstelle der New Yorker Philharmoniker tritt er 1969 zurück, um sich der Komposition zu widmen, verbleibt aber ihr Ehrendirigent.

Werke

Bernstein wird wie nicht wenige andere als typisch amerikanischer Musiker bezeichnet, aber auf ihn trifft diese Klassifikation auf jeden Fall uneingeschränkt zu. Seine Themen sind rein amerikanisch und seine Musik ebenso, wenn auch seine 3 Sinfonien und die Chichester-Psalmen allgemein menschliche Probleme berühren. Seine Ballette „Fancy Free", „In the town", „Facsimile", „Serenade for seven" und „Dybbuk" atmen trotz tänzerischer Rhythmen den gleichen Geist. Seine erfolgreichen Musicals „On the town", „Candide", „The Lark", „Trouble in Tahiti" und besonders der Welterfolg auf Bühne und Leinwand „Westside Story" beschäftigen sich mit den Ängsten und Zwängen unseres Lebens. Als vorläufige Krönung seines Schaffens muß seine im Auftrag der Witwe Kennedys für das Kennedy Center in Washington geschriebene und am 8. September 1971 dort uraufgeführte „Mass" angesehen werden, ein Multimedienwerk mit kolossalem Aufwand an Solisten, Chören, Instrumentalisten und Tänzern, eine Synthese von Ballett und Oratorium auf der Basis der römisch-katholischen Messe mit zusätzlichen Texten.

SINFONIE NR. 1 „JEREMIAH SYMPHONY"

Für Mezzosopran und Orchester, 3 Sätze, entstanden 1942, uraufgeführt am 28. Januar 1944 in Pittsburgh. Das Hauptthema des 1. Satzes („Prophezeiung"), den ein Hornruf einleitet, ist dem liturgischen „Amidah" (Festtagmorgengebet) und dessen Variation entnommen. Der 2. Satz („Profanierung") stellt die korrupte Priesterschaft dar, die den Propheten verhöhnt. Die Motive des 3. Satzes („Lamentation") sind von festtäglichen Tempelgesängen abgeleitet. Die Klagen des Propheten werden vom Mezzosopran in hebräischer Sprache vorgetragen.

SINFONIE NR. 2 „AGE OF ANXIETY" (ZEITALTER DER ANGST)

Für Klavier und Orchester, 6 Sätze, entstanden 1947, uraufgeführt am 20. März 1949 in New York. Die Sinfonie basiert auf dem gleichnamigen Gedicht von Auden und ist in einem gewissen gehobenen Sinn Programmusik. Im „Prolog" sitzen ein Mädchen und drei Männer in einer Bar und trinken, um ihren Konflikten zu entrinnen. „Die sieben Zeitalter"

Leonard Bernstein und Pierre Boulez vertreten als namhafte Komponisten, Dirigenten und Interpreten die Musik der Alten und der Neuen Welt.

bringen sieben Variationen des Themas Mensch, die sehr frei gehalten sind. In den „Sieben Schauplätzen" werden durch eine siebenfache Variation sieben verschiedene Situationen des Menschen dargestellt. „Der Grabgesang" findet die vier in einem Wagen, der zur Wohnung des Mädchens fährt. In den „Masken" ist die Gruppe in der Wohnung angelangt, um eine Party abzuhalten. Die Trauer wegen des toten, auf der Fahrt beklagten „Großen Vaters" ist verflogen, aber es kann keine Fröhlichkeit aufkommen. „Der Epilog" zeigt, daß die Leere in den Menschen nur besiegt werden kann, wenn man an den „Großen Vater" glaubt.

SINFONIE NR. 3 „KADDISCH"
Für Sprecher, Mezzosopran, 2 Chöre und Orchester, 3 Sätze, uraufgeführt am 10. Dezember 1963 in Tel Aviv, gewidmet John F. Kennedy. Das jüdische Totengebet wird von der Sängerin vorgetragen und von den Chören respondiert. Das große, schlagwerkreiche Orchester illustriert die Gebetstexte.

„CHICHESTER PSALMS"
Für Chor und Orchester, 6 Teile, uraufgeführt am 7. Mai 1965 in Chichester. Der Chor trägt nacheinander die Psalmen 108, Vers 2 – 100 – 23 – 2, Verse 1–4 – 131 – 133, Vers 1 vor. Die Komposition war für eine Aufführung in der Kathedrale von Chichester, Sussex, bestellt.

Tips für Plattenfreunde
○ Dybbuk (Stereo-LP/CBS 76 486)
○ Trouble in Tahiti (Stereo-LP/CBS 32507)
○ Sinfonie Nr. 1 (Stereo-LP/CBS 72300) Nr. 2 (Stereo-LP/CBS 72503) Nr. 3 (Stereo-LP/CBS 72265)
○ Chichester Psalms (Stereo-LP/CBS 72374). Authentische Aufnahmen

LUKAS FOSS (geboren 1922)

Zeit und Umwelt

Als Foss mit seinen Eltern auf der Flucht aus Deutschland und Frankreich nach den USA kommt, steht Milton Byron Babbitt (geboren 1916), der die Versuche von Otto Luening (geboren 1900, Komponist von Opern und Instrumentalwerken) mit elektronisch verfremdeter Musik weiterentwickelt, bereits davor, eine führende Persönlichkeit der amerikanischen Avantgarde zu werden. Parallel zu den avantgardistischen Versuchen schaffen Komponisten wie Morton Gould (geboren 1913) Werke, die Folklore und Jazzelemente heranziehen und damit das breite Publikum gewinnen, oder wie Bernstein, die ihre ernste Aussage mit einer zwar sinfonisch sorgfältig durchgearbeiteten, aber in gefälliger Form gekleideter Musik bringen. Für Foss besteht also die Wahl, den einsamen Weg der Neuen Musik zu gehen und zu versuchen, eine zwar kleine, aber elitäre Anhängerschaft zu gewinnen, oder der Masse zumindest scheinbar entgegenzukommen. Er wählt den schwierigeren Weg.

Leben

Lukas Foss ist am 12. August 1922 in Berlin geboren, muß 1933 Deutschland verlassen und studiert bis 1937 in Paris, dann setzt er sein Studium in Philadelphia fort. An der Yale University nimmt er bei Hindemith, in Kalifornien bei Schönberg Unterricht, wird 1944 Pianist der Bostoner Symphonie, geht 1950 nach Rom und wird 1955 als Professor für Komposition und Dirigent des Orchesters an die Universität von Los Angeles berufen. Im Jahr 1963 wird er zum Dirigenten des Philharmonischen Orchesters in Buffalo bestellt, wo er als Komponist, Lehrer, Pianist und unermüdlicher Verfechter der neuesten Neuen Musik lebt.

Werke

Die erste Komposition in dem von Foss nach mehreren Stationen, wie Neoklassik und Reihentechnik, gebildeten persönlichen Stil ist „Echoi für Klarinette, Cello, Schlagzeug und Klavier", 1963. „Elytrés" für Kammerorchester gibt so viele Kombinationsmöglichkeiten, daß kaum eine Aufführung einer anderen gleicht. Bei „Fragmente des Archilogos" ist die Aleatorik nicht weitergetrieben. „Non-Improvisation", 1967, bringt eine Klangmauer, die ab und zu ein bekanntes Stück tonaler Musik durchschimmern läßt und dann versiegt. Vom Podium kommen Tonwellen, die weder Komposition noch Improvisation sind, sondern nur Chaos. „Paradigm", 1968, beschäftigt 5 Musiker, die Instrumente spielen, sprechen, flüstern und schreien. „Men at Play" ist für 4–6 Spieler und Tonband geschrieben, 1970.

Tips für Plattenfreunde

O Echoi, Archilochos, Non-Improvisation (Stereo-LP/Wergo 60 040). Einzige Aufnahme

GYÖRGY LIGETI (geboren 1923)

Zeit und Umwelt

Siebenbürgen ist bis zum Ende des I. Weltkrieges ungarisch, dann rumänisch, während des II. Weltkrieges neuerlich zum Teil ungarisch und dann wieder bei Rumänien, das zur Volksdemokratie wird. Auch in Ungarn zieht nach dem Krieg die Diktatur ein. Dann kommt es zum vergeblichen Aufstand im Jahr 1956, der vielen die Möglichkeit schenkt, nach dem Westen zu fliehen. Ligeti wird von ungarischen Eltern in Rumänien geboren, lebt als Rumäne in Budapest, geht nach Österreich, wird Österreicher und übersiedelt nach Hamburg. Es ist nicht leicht, ihn zu registrieren. Aber die Zeit war eben so. Seine Umwelt sind der Krieg,

György Ligeti (geboren 1923) 645

der Einmarsch der Deutschen, dann der Russen, Volksdemokratie, Revolte, Flucht, dann Stockhausen und Koenig im elektronischen Studio des Westdeutschen Rundfunkes Köln, die Schüler in Wien, Berlin und Hamburg und die Veranstaltungen für Neue Musik in verschiedenen Städten Europas.

Leben

György Ligeti wird am 28. Mai 1923 in Tîrnăveni (Dicsöszentmárton) geboren, studiert in Klausenburg (Cluj), dann in Budapest bei Veress und Farkas, wirkt von 1950 bis 1956 als Kompositionslehrer in Budapest, ergreift die Gelegenheit des Ungarnaufstandes, um das Land zu verlassen, begibt sich nach Köln, wo er 1957–1958 als freier Mitarbeiter des elektronischen Studios beim Westdeutschen Rundfunk wirkt. Ab 1959 unterrichtet er in Wien, 1969 bis 1970 in Berlin und ab 1973 in Hamburg, von Gastdozenturen unterbrochen.

Werke

Zur Neuen Musik stößt Ligeti, der bereits in Klausenburg zu komponieren beginnt und in Budapest tonale Musik schreibt, erst nach seiner Flucht nach Köln. Herbert Eimert (geboren 1897, Musikologe und Komponist von elektronischen Werken, wie „Epitaph", 1963), Gottfried Michael Koenig (geboren 1926, Komponist von Elektronenmusik, wie „Jeremias", 1963) und Stockhausen führen Ligeti in das Reich der westlichen Avantgarde ein. Er legt jedoch die elektronische Basis nur durch wenige Jahre seinen Kompositionen zugrunde, geht dann dazu über, sich ausschließlich traditioneller Tonquellen zu bedienen und damit die sogenannten „Klangflächen" zu bilden, Klangräume, die durch mikroskopische Unterteilung in viele Stimmen, die zusammengefaßt konturlos und als Summe der einzelnen Strukturen ein Ganzes darstellen, das, ständig in sich verschoben und verändert, wie eine irisierende Farbfläche erscheint, in der die einzelnen Töne einem stetigen Wechsel unterworfen sind. Diese „Mikropolyphonie" hat Vorbilder bei Schönberg, Wagner und den französischen Impressionisten und ist nur noch feiner und dichter gearbeitet und vor allem als Gesamtes statischer. Der Aleatorik ist dabei wenig Spielraum gelassen, weil beinahe in allen Fällen auch die winzigsten Phrasen der einzelnen Instrumente oder Stimmen in den Partituren genau festgelegt sind. Solche Klanggewebe sind auch viel zu empfindlich, um etwas daran dem Zufall oder der Willkür der Ausführenden zu überlassen. „Artikulation", 1958, ist noch elektronisch, „Apparitions für Orchester", 1959, und „Atmosphères" für großes Orchester ohne Schlagzeug, 1961, sind bereits mikropolyphonisch, „Volumina", 1962, überträgt das System auf die Orgel, das Requiem, 1965, und „Lux aeterna" auf Singstimmen. Im „Lontano", 1967, tritt die Klangfarbe gegen die Dynamik zurück. Der Aufbau der Klangflächen ist grundsätzlich in jedem Werk verschieden und bringt jedesmal ein neues, faszinierendes Experiment. „Wenn etwas Neues experimentiert wurde und man ein Ergebnis hat, dann lohnt es sich nicht, dasselbe Experiment wieder zu machen", sagt Ligeti. Tatsächlich bringen die weiteren Werke: Streichquartett Nr. 2, 1968, Kammerkonzert für 13 Instrumentalisten, 1970, „Doppelkonzert für Flöte, Oboe und Orchester", 1972, „Clocks and Clouds" für Frauenchor und Orchester, 1973, „San Francisco Polyphony" für Orchester, 1974, stets neue Erlebnisse und Aspekte.

ATMOSPHÈRES
Für sehr großes Orchester, 1 Satz, uraufgeführt 1961 in Donaueschingen. Ein kompakter Block benachbarter Halbtöne kommt allmählich in Bewegung und breitet sich nach oben und unten aus. Die Klangfläche verändert ständig die Farbe, die Intensität und auch die völlig unregelmäßige Begrenzung; grelle, hohe Töne kontrastieren tiefe Kontrabaßregister, dann verdämmert und zerfließt das gesamte Klangbild. Spielzeit: 9 Minuten.

AVENTURES & NOUVELLES AVENTURES
Für 3 Sänger und 7 Instrumentalisten, uraufgeführt 1963 und 1966 in Hamburg. Untertitel: „Abenteuer der Form und des Ausdrucks, imaginäre Handlungen, labyrinthische Verquikkung von verfremdeten Gefühlen und Trieben, von Spott, Verhöhnung, Idyll, Nostalgie, Trauer, Angst, Liebe, Humor, Exaltation, Leidenschaft, von Traum und Wachsein, Logik und Absurdität." Das Stück selbst ist nicht verständlicher wie das gegebene Programm, wenn man es wörtlich nimmt, aber es soll nur die Vielzahl der simultanen imaginären Handlungsabläufe kennzeichnen. Spielzeit: 13 Minuten.

REQUIEM
Für Sopran- und Mezzosopransolo, 2 gemischte Chöre, großes Orchester, 4 Abschnitte, uraufgeführt 1966 in Stockholm. Die Abschnitte I (Introitus), II (Kyrie), IV (Lacrimosa) bringen Klangflächen, III (De Die Judicii Sequentia) zerklüftete Klangkomplexe mit melodischem Duktus. Spielzeit: 27 Minuten.

KONZERT FÜR CELLO UND ORCHESTER
Für Solocello und Kammerorchester, 2 Sätze, uraufgeführt 1967 in Berlin. „Einsatz unhörbar, wie aus dem Nichts kommend", heißt es am Beginn der Cellostimme. Der Solist tritt nur fallweise aus den Klangflächen hervor. In Satz II kommt es zu heftigen Kontrastausbrüchen, dann schließt das Instrument mit einer „Flüsterkadenz" ab. Spielzeit: 16 Minuten.

LONTANO
Für sehr großes Orchester, 1 Satz, uraufgeführt 1967 in Donaueschingen. Das Werk ist von Atmosphères sehr verschieden, weil dabei die Klangfarben eine untergeordnete Rolle spielen. Wesentlich sind nur mehr die innere Struktur des Gewebes, die Formgliederung und die Dynamik. Spielzeit: 11 Minuten.

Tips für Plattenfreunde

○ Atmosphères, Aventures, Nouvelles Aventures (Stereo-LP/Wergo 60 022)
○ Requiem für Soli, Chor und Orchester, Lontano für großes Orchester, (Stereo-LP/Wergo 60 045)
○ Volumina für Orgel (Stereo-LP/ DaCamera 93 237)

PIERRE BOULEZ (geboren 1925)

Zeit und Umwelt

Pierre Schaeffer (geboren 1910) arbeitet seit 1943 an der Entwicklung der elektronischen Musik und gründet die „Grouppe des recherches de musique concrète", die für ihre elektronisch manipulierten Kompositionen von konkreten Geräuschen als Grundmaterial ausgeht. Leibowitz führt Schönberg und Webern auf und unterrichtet Dodekaphonik und Reihentechnik. Messiaen und andere Avantgardisten entfalten eine rege Tätigkeit. Im benachbarten Deutschland werden regelmäßig Festspiele Neuer Musik abgehalten, bei denen alles zusammenkommt, was sich dafür interessiert. In Italien und besonders in den USA melden sich immer mehr Vertreter der neuen Stilrichtungen und Techniken. In diese Welt und Umgebung gelangt Boulez als junger Mann, fühlt sich bereits als Zwanzigjähriger darin heimisch und wird bald zum Haupt der Musikavantgarde in Frankreich.

Leben

Pierre Boulez wird am 25. März 1925 in Montbrison, Loire, als Sohn eines Ingenieurs geboren und zeigt selbst mathematische Begabung. Musikunterricht nimmt er vorderhand nur als Amateur, aber als er mit achtzehn Jahren nach Paris kommt, tritt er in das Konservatorium ein und wird Schüler von Messiaen, und zwei Jahre darauf von Leibowitz, um Dodekaphonik und serielle Technik zu erlernen. Über Empfehlung Honeggers erhält er die Stellung eines Musikdirektors am Théâtre Marigny. Inzwischen tritt er als Komponist hervor, 1951 wird er bereits in Donaueschingen aufgeführt, 1952 in Darmstadt. Im Jahr 1953 gründet er das experimentelle Konzertforum „Domaine Musical", gibt 1960 bis 1963 an der Baseler Musikschule Unterricht und kommt 1969 als ständiger Mitarbeiter des Südwestfunks nach Baden-Baden. Das Erscheinen der Schallplattengesamtaufnahme von Pelléas et Mélisande begründet seinen Ruf als Dirigent. Er wird 1971 Chefdirigent des Londoner BBC-Sinfonieorchesters und der New Yorker Philharmoniker. In letzter Zeit übersiedelt er wiederum nach Paris, um die Leitung eines Forschungsinstitutes für Musik zu übernehmen, an dem Globokar, Berio und Xenakis mitarbeiten. Von seinen zahlreichen Schülern sind Klaus Huber (geboren 1924), der Oratorien, Kantaten, Orchester-, Kammer- und Orgelmusik schreibt und mit seinen „Tenebrae" 1970 den Beethovenpreis der Stadt Bonn erhält, Peter Schat (geboren 1935), der vorwiegend Kammermusik (Entelechie I und II) schreibt, und Heinz Holliger (geboren 1939), berühmter Oboist, dessen „Elis, drei Nachtstücke für Orchester", 1963, „Der magische Tänzer" für Sänger, Sprecher, Tänzer, Chor und mehrere Orchester, 1946, und „Pneuma" für Bläser, 1970, bekannt geworden sind, zu den bedeutendsten zu zählen.

Werke

Boulez beschäftigt sich im Verlauf seiner Entwicklung mit allen Strömungen der Gegenwartsmusik, wie Zwölftontechnik, Aleatorik, Elektronik, Musique concrète, strebt eine stiltechnische Synthese an und fordert „einen wechselnden Zeitbegriff auf Grund von Strukturen, die einander durchdringen, einen Ablauf, für den der geschlossene Kreis nicht die einzige zu erstrebende Lösung bildet". Mit „Polyphonie X" für 17 Soloinstrumente macht er 1951 auf sich aufmerksam. „Le marteau sans maître", 1955, „Pli selon pli", 1962, „Figures-Doubles-Prismes", 1968, für Orchester, „Domaines pour clarinette et quelques instruments", 1968, und „Rituel in memoriam Bruno Maderna" für Orchester, 1975, hat sich der Ruhm des Komponisten als eines der bedeutendsten Vertreter der Musica Modernissima gefestigt.

LE MARTEAU SANS MAÎTRE
Für Altstimme und 6 Instrumente, 9 Teile, uraufgeführt 1955 in Baden-Baden. Von den 9 Teilen sind 4 Vokal und bringen surrealistische Gedichte von René Chars, die 5 Instrumentalsätze haben kommentierende Funktion. Strawinsky bezeichnet das Stück als „das bis jetzt einzige wirklich bedeutende Werk dieser neuen Zeit". Spielzeit: 35 Minuten.

PLI SELON PLI – PORTRAIT DE MALLARMÉ
Für Sopransolo und großes Orchester, 6 Sätze, uraufgeführt 1962 in Amsterdam. Die einzelnen Sätze zeichnen mit Stellen aus Gedichten von Mallarmé dessen Porträt. Spielzeit: 65 Minuten.

DOMAINES
Für Solo-Klarinette und 21 Instrumente in 6 Gruppen, 2 Teile, uraufgeführt 1969 in Donaueschingen. Das Stück ist antiphonisch, der Solist schreitet von einer Instrumentengruppe zur nächsten und spielt jeder ein eigenes Solo zu, die Gruppen antworten. Im 2. Teil rufen die Instrumentalisten den Solisten zu sich. Spielzeit: 30 Minuten.

Tips für Plattenfreunde
○ Le marteau sans maître, Pli selon Pli (Stereo-LP/CBS 78 238)
○ Sonatine für Flöte und Klavier (Stereo-LP/Wergo 60 052)

MIKIS THEODORAKIS (geboren 1925)

Zeit und Umwelt

Im Jahr 1967 reißt eine Militärjunta die politische Macht in Griechenland an sich. Vorausgegangen waren ein erbitterter Bürgerkrieg, die Wiedereinsetzung eines Königs, Verschwörungen, Terrorakte und ungeordnete wirtschaftliche Zustände. Der Militärputsch beseitigt alle Freiheit, Tausende verlieren ihre Arbeit, werden eingekerkert und getötet. Erst nach sieben Jahren befreit sich das Volk von der Gewaltherrschaft und baut sich ein neues staatliches Leben in Freiheit und wirtschaftlicher Gesundung auf.

Leben

Mikis Theodorakis wird am 29. Juli 1925 auf der Insel Chios geboren und studiert ab 1943 während der Wirren des Bürgerkriegs und der Besetzung durch die Deutschen am Konservatorium in Athen. Er nimmt seit 1940 aktiv am Widerstandskampf teil, wird 1947 auf die Insel Ikaria verbannt und kommt 1949 ins Konzentrationslager Makronissos. Nach seiner Entlassung geht er 1953 nach Paris, um dort unter Olivier Messiaen und Eugen Bigot seine musikalische Ausbildung abzuschließen. 1961 kehrt er nach Griechenland zurück, nimmt an den politischen Auseinandersetzungen lebhaften Anteil und stellt seine kompositorische Tätigkeit in den Dienst seines Engagements. Er gründet 1963 die „Demokratische Jugend Lambrakis" und ist seit 1964 Parlamentsabgeordneter der EDA. Der Militärputsch vom 21. April 1967 bringt ihn erneut in den Kerker; nach mehreren Inhaftierungen und Verbannungen wird er unter dem Druck der europäischen Öffentlichkeit und nach der Intervention des französischen Schriftstellers und Politikers Jean-Jacques Servan-Schreiber im April 1970 freigelassen. Er geht ins Exil nach Paris, wo er zahlreiche Kompositionen schafft und zur Symbolfigur des demokratischen Widerstands, zum idealistischen Freiheitskämpfer gegen die Diktatur wird. Nach dem Sturz der Militärjunta kehrt er in die befreite Heimat zurück und feiert am 13. August 1975 im Karaiskakis-Stadion von Piräus mit der Aufführung des „Canto General" ein triumphales Comeback, nachdem seine Lieder während der Zeit der Diktatur in Griechenland verboten waren.

Werke

Besondere Bedeutung und Popularität hat Theodorakis durch seine über 500 Lieder und die Musik zu 32 Filmen. Schon früh wurde er international ausgezeichnet: Auf dem Moskauer Festival 1957 erhielt seine „Erste Suite für Klavier und Orchester" die Goldmedaille, 1959 bekam er den amerikanischen Copley-Preis, 1963 die Sibelius-Medaille, im Dezember 1967 und erneut im August 1970 verlieh ihm der russische Komsomol den Jugend-Musik-Preis. Der Reichtum der Folklore seiner griechischen Heimat ist für Theodorakis ein nahezu unerschöpflicher Quell: „Meine musikalische Entwicklung wäre ohne die Lieder meiner Mutter, die byzantinischen Gesänge in unserer Kirche und das ganze Volksgut meiner Heimat nicht denkbar." Theodorakis sieht sein Werk als eine Art Kulturrevolution und erklärt: „Es geht nicht nur um ein politisches Engagement der Kunst, es geht vielmehr darum, daß die Kunst als Ganzes den Massen zur Verfügung steht. Je mehr diese Massen künftig ein hohes Niveau der Entfaltung und der Kultur erreichen werden, um so mehr werden sie eine Musik wünschen und auch tatsächlich suchen, die ihnen ganz gehört." Theodorakis hat die von den Massen gesuchte Musik gefunden, denn der Erfolg gibt ihm recht – das Hauptthema seiner Filmmusik zu „Alexis Sorbas" wurde ein weltweiter Millionenerfolg. Berühmt wurden auch seine Filmmusiken zu „Der Schatten der Katze", „Elektra", „Phaedra", „Z". Seine Lieder und Liederzyklen wie etwa „Le soleil et le temps", „In a state of siege" oder „Songs from Zatouna" gehören zum Besten seines Schaffens; gerne verwendet er Texte von Giorgos Seferis, Yannis Ritsos, Federico García Lorca, Pablo Neruda und Brendan Behan. Orchesterwerke wie etwa „Oedipus Tyranus", Kammermusik, Ballette („Die Liebenden von Teruel", „Antigone" u. a.), Kantaten („Mauthausen", „March of the spirit" u. a.), Oratorien wie „Axion esti" und andere Kompositionen werden jedoch eher in den Hintergrund verdrängt – denn Theodorakis' beständiges politisches Engagement stempelt ihn für viele als Komponisten bloß impulsiv-kämpferischer Lieder ab.

Tips für Plattenfreunde

○ 12 Volkslieder (Stereo-LP/EMI 1 C 062=28877)
○ Theodorakis chante Theodorakis (Stereo-LP/Polydor 2393038)
○ Canto General (Stereo-LP/RCA 26.28134)
○ Original Film Sound Track „Alexis Sorbas" (Stereo-LP/Fontana 6499 689)
○ Original Film Sound Track „Z" (Stereo-LP/CBS 70057)

LUCIANO BERIO (geboren 1925)

Zeit und Umwelt

Die großen Meister der italienischen Modernen leben und wirken noch, während neue Kräfte der Gegenwartsmusik auf den Plan treten: Der Alfano-Schüler Antonio Veretti (geboren 1900) kommt vom Neoklassizismus zur Dodekaphonik (Klavierkonzert, 1949, Ballett: „Die sieben Sünden", 1954, Oratorium („Der verlorene Sohn", 1943); der Respighi-Schüler Ennio Porrino (1910–1959) bleibt beim Klassizismus stehen (Opern, Ballette, Orchester-, Kammer-, Klaviermusik, Oratorium: „Der Prozeß Christi", 1952); Roman Vlad (geboren 1919), der seit 1938 in Italien lebt, sich zu einer evolutiven Avantgarde bekennt und Orchester-, Kammermusik- und Chorwerke schreibt (Ricercare elettronico, 1961); Vieri Tosatti (geboren 1920) wendet alle Stilelemente an, schreibt Opern und Instrumentalwerke („Wahnsinnskonzert", 1946, das mit einer Explosion endet); Camillo Togni (geboren 1922) ist Zwölftonkomponist, schreibt Kammermusik, Lieder und Chöre („Tote ohne Begräbnis",

1951, für Sopran und Klavier); Franco Evangelisti (geboren 1926) bedient sich serieller, aleatorischer und postserieller Techniken („Quintette à la mémoire d'Anton Webern", 1950, „Mobile" für zwei Klaviere, 1958, „Aleatorico" für Streichquartett, 1963); Sylvano Bussotti (geboren 1931), Maler und Musiker, Regisseur, nähert sich einem Neodadaismus der Linie Cage, Kagel, Stockhausen („Torso" für Stimmen und Orchester, 1960, „The Rara Requiem" für 7 Stimmen und 15 Instrumente auf mehrsprachige Texte, 1969, „Bergkristall", Ballett, 1973). Im Kreis dieser Kräfte nimmt Luciano Berio eine führende Stellung ein und erringt bald Ruf und Geltung weit über die Grenzen seiner Heimat.

Leben

Luciano Berio wird am 24. Oktober 1925 in Oneglia geboren. Er studiert bei Ghedini und Dallapiccola und gründet 1953 bei Radiotelevisione Italiana das Studio di Fonologia. Ab 1960 nimmt er die Lehrtätigkeit in den USA auf und unterrichtet seit 1965 an der Juilliard School of Music in New York, wo er ein Ensemble für Neue Musik gründet. Zu seinen bekanntesten Schülern gehört Vinko Globokar (geboren 1934), Posaunenvirtuose, Lehrer an der Universität in Buffalo und Komponist („Discours III" für 5 Oboen, 1969, „Discours IV" für 3 Klarinetten).

Werke

Der Beitrag von Berio zur avantgardistischen Musik besteht aus seriellen und elektronischen Werken. Er ist in jeder Hinsicht antidogmatisch, nach seiner Meinung ist die künstlerische Freiheit auf alle Fälle zu wahren, selbst wenn dies auf Kosten der Klarheit der Formulierung geht. Wichtig ist dabei der künstlerische Impuls, der sich den Menschen mitteilt, weil Musik der Verständigung unter den Menschen zu dienen hat. Mit „Due pezzi sacri für 2 Soprane, Klavier, 2 Harfen, Pauke und 12 Glocken", 1949, „Allez-hop!" Mimische Erzählung, 1952, „Allelujah I" für Orchester, 1956, „Allelujah II" für 5 Instrumentalgruppen, 1958, „Tema. Omaggio a Joyce", elektronisch, 1958, „Sinfonia" für 8 Singstimmen und Orchester, 1969, haben den Komponisten in aller Welt bekannt gemacht. Aus der Fülle seiner Werke ist noch „Chemins IV su Sequenza VII" für Oboe und Streicher, 1975, herauszugreifen.

ALLELUJAH II
Für 5 räumlich getrennte Instrumentalgruppen, uraufgeführt 1958 in Rom. Die Gruppen werden auf verschiedene Weise um das Publikum herum gestellt, so daß das Klangmaterial als eine ständige „Jubilatio allelujatica" verstanden werden kann. Spielzeit: 17 Minuten.

EPIFANIE
Für sehr großes Orchester und Frauenstimme, uraufgeführt 1965 in Donaueschingen. In 3 „Heften" ist die kompositorische Hauptschicht in Form von genau notierten Orchesterstücken vorgegeben, die aber vom Dirigenten ausgetauscht werden können. Zusätzlich vokale Abschnitte er-

geben weitere mobile Faktoren. Textzitate erhalten durch das gleichzeitig gespielte Orchester eine jeweils verschiedene Beleuchtung. Als weitere Reihungsmöglichkeit können „einige dieser Texte nach Wahl des Interpreten an verschiedenen Stellen mit instrumentalen Entwicklungen synchronisiert werden". Spielzeit: 40 Minuten.

CHEMINS I SU SEQUENZA II
Für Solo-Harfe und großes Orchester, uraufgeführt 1965 in Donaueschingen. Zu den 1958 entstandenen Solostücken für verschiedene Instrumente und Singstimme verfaßt Berio Erweiterungen („Chemins – Wege"), die kommentierende und alterierende Zwecke verfolgen. In Chemins I spielt die Solo-Harfe die Einleitung, die in einiger Entfernung aufgestellten Or-

John Cage, bedeutender Vertreter der experimentellen Musik Amerikas.

Leopold Stokowski setzte sich als neben Toscanini zugkräftigster Dirigent Amerikas eindringlich für Neue Musik und Experimente jeder Art ein.

chesterharfen respondieren, dann kommen allmählich die anderen Instrumente hinzu; alles drängt zu einem Höhepunkt, dann kommt es zu einem kontrastreichen Abschluß des Soloinstrumentes. Spielzeit: 12 Minuten.

SINFONIA
Für 8 Solostimmen und großes Orchester mit elektronischer Orgel, 5 Sätze, uraufgeführt 1969 in Donaueschingen, von der Kritik als „eines der gehaltvollsten, ergiebigsten Orchesterwerke der jüngsten Zeit" bezeichnet. Das Werk kann als eines der wenigen der zeitgenössischen Musik ein breites Publikum ansprechen. Musik und Sprachklang sind peinlich genau ausgewogen, die Stimmen sind dem Orchester voll integriert und treten selten als gesonderte Klänge hervor. Als Texte sind in den Sätzen I und V Stellen aus Abhandlungen

über brasilianische Mythen von Lévi-Strauss, in Satz III aus dem Roman von Beckett, in Satz II und IV einzelne Wörter oder sehr kurze Phrasen verwendet. In Satz II wird der 3. Satz der 2. Sinfonie von Mahler mit Anspielungen auf Musik von Bach bis Stockhausen zitiert. Spielzeit: 32 Minuten.

Tips für Plattenfreunde
○ Chemins II und III, Epifanie, Folk Songs (Stereo-LP/RCA 2635 048 DX)
○ Différences, Due Pezzi für Violine und Klavier (Stereo-LP/Ph 6500 631)
○ Variationen für Klavier, Visage für Tonband (Stereo-LP/FSM 31 027)

HANS WERNER HENZE (geboren 1926)

Zeit und Umwelt

Winfried Zillig (1905–1963), Schüler von Hermann Zilcher (1881–1948; schreibt 4 Sinfonien, Konzerte, Kammer-, Volksmusik) und Schönberg, der Dodekaphonik unorthodox verbunden, als Dirigent und Organisator kräftiger Förderer der Neuen Musik jeder Gattung (Konzerte, Serenaden, Oratorium: Die Windsbraut), Armon Schibler (geboren 1920), der über einen „neuromantischen Expressionismus" zur Zwölftonmusik schreitet und sich einen Stil bildet, den er als „Zwölftonalität" bezeichnet, weil er die Tonalität trotz Reihentechnik nicht aufgibt (Konzert für Schlagzeug, 1961, Metamorphoses ebrietatis, 1966), Jacques Wildberger (geboren 1922), der ebenfalls der Tonalität verhaftet bleibt (Kantaten, Chöre, „Intensio-Centrum-Remissio" für kleines Orchester, 1958, „Épitaphe pour Évariste Galois" mit Sprechchor, 1964), Hans Otte (geboren 1926), der sich der Avantgarde anschließt (bei seinem „Interplay", 1963, sind auch die Pausen einer Struktur unterworfen), Wilhelm Killmayer (geboren 1927), der den Grundsätzen der Avantgarde nur bedingt folgt und lieber Jazz-Elemente heranzieht („Kammermusik für Jazzinstrumente", 1958, Lieder, Bühnenwerke), sind nur einige auf der Liste der Gegenwartskomponisten, denen es auf ihren verschiedenen stilistischen Entwicklungswegen zwar nicht glückt, in die erste Reihe vorzustoßen, die aber doch sozusagen den Boden bilden, aus dem die Meister wachsen und die anderen zurücklassen; sie ließe sich stark verlängern, soll aber nur zeigen, daß einem heranreifenden Künstler nicht nur von den großen Persönlichkeiten, sondern seitens der vielen ehrlich Bemühten Anregungen zufließen und in dem einen oder anderen kulminieren. Zahlreiche Ideen, viele Neueinfälle und zuweilen auch eine tatsächlich glückliche Strukturveränderung, die für sich genommen wenig Bedeutung und Auswirkung haben, konzentrieren sich in der Hand der wirklich Begabten und wachsen zu neuen Ausdrucksformen. Bruchstücke wissenschaftlicher und künstlerischer Gedanken sind immer schon von anderen vorher gedacht worden, aber sie gingen verloren, wenn sie nicht in der Persönlichkeit koordiniert, geformt und mit Leben erfüllt

Hans Werner Henze, Foto, aufgenommen von Hertha Schulde-Müller, Wien.

würden. Henze ist einer von denen, der ohne die vielen anderen nicht zu dem werden hätte können, der er ist. Trotzdem ist alles bei ihm ureigen, weil es in seiner Persönlichkeit verschmolzen und neu strukturiert wird.

Leben

Hans Werner Henze wird am 1. Juli 1926 in Gütersloh geboren, studiert in Braunschweig und wird nach dem Krieg Korrepetitor in Bielefeld. Anschließend nimmt er bei Fortner und Leibowitz Unterricht, wirkt 1948 bis 1952 als Ballettdirigent in Konstanz und Wiesbaden, läßt sich sodann in Italien nieder. Er ist als Dirigent eigener Werke viel unterwegs und übernimmt 1961 eine Kompositionsklasse am Mozarteum in Salzburg. Im Jahr 1971 verleiht ihm die Universität Edinburgh das Ehrendoktorat.

Werke

Henze läßt sich nicht kategorisieren, weil sein Assimilationsgeschick außerordentlich ist. In seiner Musik sind alle denkbaren Stilarten der Gegenwart und der Vergangenheit spürbar. Dazu kommt seine Wandelbarkeit. Aber was er schreibt, ist stets seine eigene Handschrift, und was er aussagt, ist seine Sprache. Die Freiheit der Kunst zieht den unbedingten Freiheitswillen der Künstler nach sich, der sich keinem

Diktat unterwirft, nicht einmal einem eigenen. Man hat ihm daher Strukturlosigkeit vorgeworfen, aber er macht Musik nicht für die Musikologen. Man muß daher sein Bestreben, stets frisch zu erscheinen und auf den Ausdruck mehr zu achten als auf irgendwelche Regeln, als legitim anerkennen. Das Kammerkonzert für Klavier, Flöte und Streicher, 1946, ist seine erste bedeutendere Komposition. Seine 1. Sinfonie – es folgen fünf weitere – schreibt er 1947. Die „Ode an den Westwind", 1953, ist ein Cellokonzert. „In memoriam ‚Die weiße Rose' für Kammerorchester", 1965, ist zum Standardwerk mancher Konzertsäle geworden, die 2 Violin- und die 2 Klavierkonzerte werden zuweilen gegeben. Die beiden Kantaten „Das Floß der Medusa" und „El Cimarron" erleben wenig Aufführungen. „Tristan", „Préludes für Klavier, Orchester und elektronische Klänge", 1973, haben sich rasch durchgesetzt.

SINFONIE NR. 2

Für großes Orchester, 2 Sätze, uraufgeführt 1950 in Wiesbaden. Das Werk orientiert sich formal an der Sinfonik der Fühklassik, es sind jedoch der 2. und 3. Teil in einem Satz zusammengefaßt. Der 1. Satz beginnt mit tiefen Harfentönen, die Holzbläser entwickeln ein kurzes Motiv, die Streicher fallen kräftig ein. Im Mittelteil dieser starken Kontraste erklingen Kantilenen, der Schluß bringt Fortissimoausbrüche des Orchesters. Der 2. Satz beginnt rhapsodisch. Das Einleitungsthema wird 14mal variiert. Der Mittelteil ist lyrisch, in der Reprise wird die Einleitung im Krebs gegeben. Dann folgen Klangflächen, über denen ein Arioso in ein Streicherfortissimo mündet und dann alle Instrumente das Werk zu einem Höhepunkt führen. Spielzeit: 23 Minuten.

SINFONIE NR. 3

Für großes Orchester, 3 Sätze, uraufgeführt 1951 in Donaueschingen. Satz 1 trägt die Überschrift „Anrufung Apolls" und bringt nach der Einleitung eine Passacaglia. Satz 2 „Dithyrambe" übernimmt die Stimmung des ersten und führt zu einem Hymnus, wonach ein ruhiger Epilog erklingt. Satz 3 „Beschwörungstanz" ist lebhaft bewegt. Vor der Stretta umspielen Glockeninstrumente einen Kanon der Celli und Geigen. Spielzeit: 25 Minuten.

SINFONIE NR. 4

Für großes Orchester, 1 Satz, uraufgeführt 1963 in Berlin. Sie entsteht aus dem Finale des 2. Aktes der Oper König Hirsch, die um diese Szene gekürzt wurde, und schildert farbenreich die Erkenntnis des Königs, daß sein Platz bei den Menschen ist. Spielzeit: 28 Minuten.

SINFONIE NR. 5

Für großes Orchester, 3 Sätze, uraufgeführt 1963 in New York unter dem Widmungsträger Bernstein. Sie ist „von der Menschenwelt und von der Landschaft Roms beeinflußt, ja vielleicht sogar von der im Verhältnis zu neapolitanischen Sprache härteren Sprache des Römischen" (Henze). Der 1. Satz hat Sonatenform. Nach einem harten ersten Thema bringen die Violinen eine kantable Phrase. Die Durchführung ist weit ausgeholt mit vielen Klangschattierungen. Die Reprise mit dem Rückgriff auf das Kopfthema ist gerafft. Der 2. Satz besteht „aus nichts als einer Disposition von vier verschiedenen dreistimmigen Akkorden, die in immer anderer Klanggestalt auftauchen und lang gezogen zwischen Arioso und Rezitativ schwankenden einstimmigen Melodiebögen ein immer anderes Licht geben". (Henze.) Im 3. Satz sind Rondo- und Variationsform verbunden. Bratschen und Celli tragen das Thema vor, das 32mal variiert wird. Spielzeit: 15 Minuten.

SINFONIE NR. 6 FÜR ZWEI KAMMERORCHESTER
3 Teile, uraufgeführt 1969 in Habana. „Dieses Stück handelt von allen Ländern der Dritten Welt und von unserem gestörten Verhältnis zu ihnen." (Henze.) Eingebaut sind: ein Lied der vietnamesischen Befreiungsfront, eines von Theodorakis, kubanische Nationalhymnen. „Bei einmaligem Hören wird man das kaum erkennen können, vielleicht wird es aber in der Unruhe, in der nervösen Spannung, dem Zustand unaufgelöster Widersprüche, der dem Ganzen anhaftet, spürbar." (Henze.) Spielzeit: 40 Minuten.

KLAVIERKONZERT NR. 2
3 Teile, uraufgeführt 1968 in Bielefeld. Im 1. Teil wird japanische Gagaku-Musik in einer kontrapunktischen Struktur gegeben, der 2. Teil ist scherzoartig angelegt und das Finale bringt einen Trauermarsch, auf den alle vorangehende Musik hinzielt. Spielzeit: 45 Minuten.

Tips für Plattenfreunde
○ El Cimarrón (2 Stereo-LP/ Deutsche Grammophon 2707 050 IMS)
○ Klavierkonzert Nr. 2 (Stereo-LP/ FSM 31 061)
○ Ode an den Westwind (Stereo-LP/ Deutsche Grammophon 139 382 IMS)
○ Tristan (Stereo-LP/Deutsche Grammophon 25 30 834)

KARLHEINZ STOCKHAUSEN (geboren 1928)

Zeit und Umwelt

Eine Umwelt der Reglementierung des Daseins bis in das Einzelnste, des physischen und psychischen Zwanges ohne Vernunft und Gnade, des bedingungslosen Einordnens in die Masse ohne Möglichkeit einer individuellen Lebensäußerung und, nach dem Verschwinden dieses Druckes, die Zwänge des Mangels auf allen Gebieten, muß auf einen künstlerischen und daher freiheitsbedürftigen Geist so beengend wirken, daß er zum Feind jeder Vorschrift, jeder Regel auch auf dem Gebiet der Kunst wird. Dazu tritt die sich bereits früher in freien Ländern anbahnende Befreiung der Kunst von jeder Bevormundung und Tradition und die Möglichkeit, durch die Klangbereiche der Elektronik, durch die Ergebnisse der Experimente auf dem Gebiet der konkreten Musik und der Geräuschmusik sich auch von den überkommenen Instrumenten und deren Klängen loszusagen. Daß Stockhausen unter diesen Aspekten zu einem der radikalsten Programmatiker der Neuen Musik wird, dürfte eine Folge der Intensität sein, mit der seine Kindheit und Jugend von den angedeuteten Zwängen seiner Zeit und seiner Umwelt beeindruckt wurde.

Leben

Karlheinz Stockhausen wird am 22. August 1928 in Mödrath nahe Köln als Sohn eines Lehrers geboren. Von 1935 bis 1942 besucht er die Grund- und Oberschule in Burscheid. In jene Zeit fällt der Tod seiner Mutter. Von 1942 bis 1944 ist er Schüler einer Lehrerbildungsanstalt in Xanten. In München-Gladbach schließt er sein Mittelschulstudium ab. Im Jahr 1945 wird sein Vater ein Opfer des Krieges. Das anschließende Studium an der Musikhochschule ist vorerst auf die Ausbildung zum Musiklehrer gerichtet; er legt 1951 das Staatsexamen für das künstlerische Lehramt an höheren Schulen ab. Neben seiner pianistischen Ausbildung nimmt er in Köln Kompositionsunterricht bei Hermann Schröder (geboren 1904; Kompositionslehrer, schreibt eine Sinfonie d-Moll und eine Missa Coloniensis) und Martin und tritt mit Eimert in Verbindung, der beim Nordwestdeutschen Rundfunk in Köln ein Studio für elektronische Musik gegründet hat und die ersten Kompositionen Stockhausens im Radio und bei Sommerkursen für Zeitgenössische Musik aufführt. Im Jahr 1951 geht er nach Paris, um sich bei Messiaen und Milhaud weiterzubilden. Nach Köln 1953 zurückgekehrt, tritt er in Eimerts Institut ein und wird 1963 dessen Leiter. Studien über Akustik, Phonetik und Kommunikation an der Universität Bonn haben seine Kompositionstechnik weiterentwickelt und seiner angestrebten Synthese von Klang, Sprache und Umwelt näher gebracht. Konzerte und Vortragsreisen führen ihn jedes Jahr in alle Kontinente der Erde, wo er ständig neue Anhänger seiner Ideen gewinnt und selbst mit neuen Erkenntnissen und Gedankengängen vertraut wird, denn er schreitet von Komposition zu Komposition einer Musik zu, die nicht für den Menschen erklingt, sondern der Mensch mit seiner Umwelt, seine Vergangenheit, Gegenwart und Zukunft zugleich ist. Bei der Weltausstellung in Osaka, 1970, leitet er in einem für ihn gebauten Kugelauditorium des deutschen Pavillons durch 183 Tage mit 20 Solisten aus fünf Ländern täglich mehrere Stunden lang die Aufführung eigener Werke. Im Jahr 1971 wird er an die Musikhochschule in Köln als Professor für Komposition berufen. Die freie Akademie der Künste in Hamburg nimmt ihn als Mitglied auf.

Werke

„Stockhausen ist heute so arriviert, daß die Uraufführungen seiner Stücke oder auch deren bloße Wiederholungen für die treuen Avantgardeanhänger zum gesellschaftlichen Ereignis werden. Auf Matten ruhend oder auf den blanken Boden hingestreckt, lauschen sie mit geschlossenen Augen dem, was da aus riesenhaften Lautsprechern tönt oder von

Instrumentalisten in der Nähe oder Ferne produziert wird. Punktscheinwerfer stellen die Interpreten in gleißend helles Licht. Die übrige Szenerie liegt im Halbdunkel. So oder ähnlich sind heute Stockhausen-Konzerte zumeist arrangiert, und seine Momentformen lösen Publikumsreaktionen aus, die spiritistischen Séancen nicht unähnlich sind." (Hans Vogt.) Stockhausen baut die Reihentechnik aus, indem er sie nicht nur auf einzelne Töne, sondern auch auf Gruppen und Kollektive ausdehnt und auch die Wahrnehmungsqualitäten und nicht nur die Quantitäten seriell ordnet. Von seinen Werken müßte jedes angeführt werden, da keines dem anderen gleicht. Das „Kreuzspiel für Oboe, Baßklarinette, Klavier und Schlagzeug", 1951, und das „Das Spiel für Orchester" 1952, begründen seinen Ruf als Vertreter der modernsten Musik. Die „Elektronischen Studien I–II", 1954, die „Mixtur für 5 Orchestergruppen, Ringmodulatoren und Lautsprecher", 1964, die „Hymnen", elektronische und konkrete Musik mit Solisten, 1967, „Mantra" für 2 Klaviere, 1970, „Herbstmusik", 1974, „Musik im Bauch" für Schlagzeug und eine Puppe, 1975, zeigen ungefähr sämtliche Facetten dieses vielseitigen, ständig suchenden und sich entwickelnden Komponisten.

GRUPPEN
Für 3 räumlich getrennte Orchester, uraufgeführt 1958 in Köln mit den Dirigenten Maderna, Boulez, Stockhausen. Die 3 Orchester rufen sich zu, beantworten sich, das eine gibt des anderen Echo, eine Zeitlang hört man Musik nur von links, von vorne oder von rechts; der Klang wandert von einem Orchester zum anderen. Spielzeit: 25 Minuten.

KONTAKTE
Für elektronische Klänge, Klavier, Schlagzeug, uraufgeführt 1960 in Köln. Klänge und Geräusche der Klangtypen werden durch vier im Publikum verteilten Lautsprechern vermittelt. Spielzeit: 35 Minuten.

MOMENTE
Für Sopran-Solo, 4 Chorgruppen und 13 Instrumentalisten, uraufgeführt 1965 in Donaueschingen. Es handelt sich um kein festgelegtes Werk mit bestimmtem Anfang, Formablauf und Ende, sondern um die „Aufhebung des Dualismus zwischen Vokalmusik und Instrumentalmusik, zwischen Ton und Stille, zwischen Klang und Geräusch". Spielzeit: variabel.

TRANS
Für Holz- und Blechbläser, Streicher, Tonbandzuspielung, Lichtregie, uraufgeführt 1971 in Donaueschingen. In unregelmäßigen Abständen setzt sich das über Tonband zugespielte verstärkte Klappern eines Webstuhles in das breit gefächerte Schallband der Streichergruppe. Rhapsodisches Linienspiel der Bläser tritt hinzu, zeitweilig intervenieren Schlagzeug, Cello, Violine und Trompete. Durch die herangezogene optische Komponente verläßt das Werk das Gebiet der Musik und wird zum Theater, wenn es auch eine theatralische Selbstdarstellung der Musik sein soll. Spielzeit: 26 Minuten.

Tips für Plattenfreunde
○ Kreuzspiel, Kontrapunkte, Kurzwellen (Stereo-LP/Deutsche Grammophon 2530 443 IMS)
○ Trans (Stereo-LP/Deutsche Grammophon 2530 726)
○ Ensemble, Klavierstück X (Stereo-LP/Wergo 60 010)
○ Spiral, Pole, Wach (2 Stereo-LP/ EMI 10 165 0231 3/14). Repräsentative Aufnahmen der verschiedenen Techniken des Komponisten

DIETER SCHNEBEL (geboren 1930)

Zeit und Umwelt

Es hat den Anschein, daß um die sechziger Jahre alle Randbezirke der Musik aufgesucht und bis zu den äußersten Grenzen weitergebildet, in nicht wenigen Fällen vielleicht zu weit entwickelt wurden und in Gebieten des Theatralischen, Tänzerischen oder Graphischen gelandet sind, es scheint, daß bei manchen Werken die Musik sich selbst aufgibt und zur philosophischen, religiösen oder politischen Aussage wird und die künstlerische Freiheit nicht mehr der Eigenexistenz dient, sondern der Eigenvernichtung. Diese Entwicklung ist folgerichtig. Die Ehrlichkeit des einzelnen Komponisten vorausgesetzt, ist es in jedem Fall erklärbar, wie er zu seinen Ergebnissen gekommen ist; man muß auch dem Publikum, die diese Werke nachvollzieht, die gleiche Ehrlichkeit zubilligen, wenngleich es zuweilen schwer fällt. Wir können nicht sagen, in welche Richtung und gegen welche Dimension die Entwicklung weitergeht, das war zu keiner Zeit der Geschichte der Künste möglich, weil man sich immer am Ende stehend glaubt, aber eines dürfen wir annehmen, nämlich, daß es weitergehen wird und auch muß. Kunst ist unzerstörbar, weil sie nur scheinbar eine Verhaltungsform der Menschen ist, ihr Entstehen und ihr Werden ist ein transzendentes Geschehen, das sich unserer Analyse entzieht wie vieles, das um und in uns, das mit uns vor sich geht. Abgesehen davon werden aber von zeitgenössischen Avantgardisten Auswege gesucht; ob diese entwicklungsfähig sind, können wir nicht beurteilen, weil es uns nicht gegeben ist, in die Zukunft zu blicken. In historischer Sicht verlieren die meisten zeitgenössischen Werturteile ihre Gültigkeit. Werner Heider (geboren 1930) adoptiert einen heiteren, witzigen Stil und benützt alle Mittel (vor allem Jazz), um musikalische Musik zu machen („–da sein–", Musik für 20 Bläser, 1966, „Kunst-Stoff" für Elektroklarinette, präpariertes Klavier und Tonband, 1971, „Katalog für eine Stimme", 1975); Friedrich Voss (geboren 1930) hat viel Erfolg, weil er sich zwar zur Tonsprache unserer Zeit bekennt, aber dem Aventgardismus nicht bis zu den letzten Konsequenzen folgt („Die Nachtigall und die Rose", Ballette, 1961, Violinkonzert, 1962,

„Pan exzentrisch" für Flöte und Orchester, 1962, 3 Sinfonien, Chorzyklen); Dieter Schönbach (geboren 1931), Bialas- und Fortner-Schüler, Avantgardist, der zum Orchestervollklang neigt („Hoquetus für Bläseroktett", 1964, „Canzon da sonar", 1966); Norbert Linke (geboren 1933) verfolgt mit seinem umfangreichen Schaffen nur teilweise avantgardistische Ziele („Konkretionen II" für Streichquartett, Klavierkonzert, 1970, „Plural" für Blockflöten-Quintett, Tanzmusikgruppe und Orchester, 1973); Helmut Lachenmann (geboren 1935), David- und Nono-Schüler, schreibt vorwiegend experimentelle Musik („Interieur I für einen Schlagzeugsolisten", 1966, „Klangschatten – mein Saitenspiel für 48 Streicher und 3 Flügel", 1972); Hans Zender (geboren 1936) ist ein Vertreter der Musica Viva, verwendet sämtliche erreichbare Stilmittel ähnlich wie Henze, doch bei weitem unbefangener („Canto I–IV für Stimmen und Instrumente", 1965–1970, „Zeitströme für großes Orchester", 1974, „Muji no kyo" für 3 oder mehr Instrumente, Stimmen ad libitum, 1975). Der Theologe Schnebel stellt den musikalischen Zusammenhang als ästhetische Qualität mehr und mehr in Frage, Er sagt: „Manche Musik entsteht ja erst im Augenblick der Aufführung. Das Machen direkt zu verfolgen, zuzusehen, wie da am Klavier oder im Klavier herumgefummelt wird und wie die Vokalisten das Maul verdrehen, darin liegt eine Attraktion, die nicht zu unterschätzen ist."

Leben

Dieter Schnebel wird am 14. März 1930 in Lar, Baden, geboren und studiert in Freiburg Musik und in Tübingen Theologie und Musikwissenschaft. Er wird Pfarrer, dann Religionslehrer und lebt heute als Komponist und Musikologe in München.

Werke

Schnebel bekennt sich zur äußersten Avantgarde: „In Bild und Text gebannte Musik müßte, präzise vorgeschrieben, doch eine solche sein, die sich rein akustisch nicht darstellen läßt, die gar nicht erst via aurea zu Bewußtsein kommt, sondern sich gleich im Kopf bildet. Für derartige monadische Vergnügungen könnte man Stücke schreiben oder anregen, deren Elemente akustisches Hören übersteigen. Hier fände sich Unmögliches notiert: Töne für Hunde jenseits der Tonschwelle, überdimensionale Besetzungen oder mikroskopisch kleine, oder die Komposition bestünde aus Pausen und dynamischen Zeichen." (Schnebel.) Die „Glossolalie" (pathologisches Zungenreden) ist für Schnebel eines seiner Hauptanliegen. Aus der Aufspaltung und Schichtung menschlichen Sprechens will er, wie manche andere Komponisten gleich ihm, neuen Ausdruck gewinnen, wie bei: „für Stimmen für (... missa est)", Deutsche Messe, 1956–1968, bestehend aus „dt 31", bei der lutherdeutsche, hebräische, französische, englische, russische, lateinische und griechische Wortfetzen gesprochen, ohne daß der Text erkennbar ist, aus „AMN

(Amen)", zusammengesetzt aus Wimmern, Schreien und Schluchzen und sakrale Bruchstücke und sinnlose Fragmente traditioneller Gebete, und „:!" (weil unaussprechbar, auch „madrasha II" genannt), bei dem der Komponist zur Verwirklichung des Gotteslobs die Sprache unausreichend findet und daher die Stimmen emanzipiert, auch die der Tiere. Neben diesem Hauptwerk sind „Reactions für einen Instrumentalisten und Publikum" und „Visible Music für einen Dirigenten und einen Instrumentalisten" interessant, beide 1961. „Maulwerke" (Mundstücke I und II, Atemzüge) für 3 Interpreten folgt ebenso den theoretischen Erkenntnissen des Komponisten wie „Ki-No, Nachtmusik für Projektoren und Hörer", 1973.

Tips für Plattenfreunde

○ Atemzüge, Choralvorspiele (Stereo-LP/Wergo 60 075).
○ Deuteronomium 31,6 für 15 Solostimmen (Stereo-LP/Wergo 60 026).
○ Madenska II (Stereo-LP/Wergo 60 070).
○ Stücke für Streichorchester (Stereo-LP/Wergo 60 053)

KRZYSZTOF PENDERECKI (geboren 1933)

Zeit und Umwelt

Lutoslawski, Bacewicz, Serocki und Baird haben die Aufmerksamkeit der Anhänger der Neuen Musik stark auf sich gezogen. Als vorläufige Vollendung der polnischen Avantgarde kommt noch Penderecki dazu, der an Popularität die Genannten weit überflügelt und durch seinen persönlichen Ruf das Ansehen aller Vertreter der Gegenwartsmusik hebt. Wie hoch sein Bekanntheitsgrad angestiegen ist, läßt sich an der Unsachlichkeit der Anwürfe abmessen, denen er ausgesetzt ist; wenn ein kleiner Kritiker ihn mit dem Ausdruck „Modekomponist" bespritzt, so ist das ein deutlicher Ausdruck giftigen Neides der Bedeutungslosigkeit auf eine Weltberühmtheit. Spätere Untersuchungen werden die Ursachen bloßlegen, warum sich ein allgemeines Interesse einem der jüngsten Gegenwartskomponisten zuwendet, die sonst zum größten Teil nur innerhalb kleiner Anhängerkreise geschätzt werden, vielleicht wird festgestellt werden, daß der Sakralgehalt einzelner Werke dieses Polen von den anderen so viel verdeutlicht, daß gefühlsmäßig erfaßt wird, in welcher Breite die Musik ihre eigenen Grenzen gegen das Feld des Religiösen überschreitet. Daß es sich dabei nicht um Musik zum sakralen Gebrauch handelt, wird klar, wenn man sich die Unmöglichkeit vorstellt, wie sich ein Werk von Penderecki im Rahmen eines sakralen Vorganges ausnehmen würde, es geht um die Tatsache, daß diese Musik selbst als sakraler Vorgang geschaffen ist. Reine Klänge fließen aus den

Tonquellen, weitere strömen ihnen nach, holen sie ein, sie brechen einander, verformen, zerreißen, zersägen, verschleifen, zerreiben einander und kommen als wimmernde, heulende, schreiende Klang- und Geräuschfetzen zurück; sie stoßen sich an den Mauern und Säulen der Dome wund, von denen vor Zeiten der geformte Stein seine Andacht in sonoren Tönen wiedergab; sie werden zurückgeworfen als sinnloses, nutzloses Geschrei und Gestöhn; sie steigen nach oben um Erbarmen, das niemandem geschenkt wird. Die ausweglose Not, die hilflose Lebensangst der Menschen ist in diesem schneidenden, knurrenden, krachenden, quetschenden Ton-Geräusch-Gemisch enthalten; daher kommen sie zu dieser Musik, um ihr eigenes Leid, ihre eigene Angst, ihre eigene Hoffnungslosigkeit zu erleben. Gustav Mahler hat dem Leid der Welt Ausdruck verliehen wie dem eigenen, indem er die Angstschreie und Hilferufe in Idyllen bettete, weil der Zeitgeschmack dies erforderte. Für uns wären diese romantischen Beigaben nur höhnische Grimassen. Der nackte Ausbruch des Entsetzens über alles, das die Menschheit erdulden muß und mußte, des Wissens um die Sinnlosigkeit alles Hilfeflehens ist unserer Zeit angemessen. Dies Klänge und Geräusche sprechen von den beklommenen Herzen in den Nächten und den Tränen der Tage für uns alle, was viele von uns in Worten auszudrücken nicht wagen würden.

Leben

Krzysztof Penderecki wird am 23. November 1933 in Debica geboren. Er studiert an der Musikhochschule von Krakau unter Malawski Komposition und wird 1958 Lehrer an dieser Anstalt. Das Jahr 1959 bringt ihm drei Kompositionspreise des polnischen Komponistenverbandes beim Warschauer Herbst, 1960 die erste Uraufführung bei den Donaueschinger Musiktagen. Ein weltweites Echo erweckt die Uraufführung seiner Lukas-Passion 1966 im Dom zu Münster, er erhält im gleichen Jahr einen Lehrauftrag an der Folkswang-Hochschule in Essen. 1968 geht er nach Berlin; ein Jahr darauf wird seine Oper „Die Teufel von Loudun" in Hamburg gegeben. Die Krakauer Musikhochschule ernennt ihn 1972 zu ihrem Direktor, von 1973 bis 1974 wirkt er als Gastdozent an der Yale University, New Haven, USA.

Werke

Penderecki steht wie viele seiner Zeitgenossen unter dem Einfluß von Weberns Serialismus, die Anregungen, die ihm von Boulez zukommen, sind jedoch stärker. Einem orthodoxen Serialismus unterliegt er auch in seinen Anfängen nicht, wie sein Frühwerk „Emanationen für zwei Streichorchester", 1959, bei dem ein Orchester um einen Halbton höher gestimmt ist als das andere, zeigt. „Anaklasis" (Strahlenbrechung) für Streicher und Schlagzeug, 1960, und „Threnos für die Opfer von Hiroshima" für 52 Solostreicher, 1961, bringen Flächentöne mit ständig wechselnder Oszillation und einzelne unbegleitete Töne, die ständig um Mikrointervalle verschoben werden. Außergewöhnliche Handhabung des Bogens, dichte Tontrauben, mit den Instrumenten erzeugte vielgestaltige Geräusche erzeugen ein beständiges Schwirren, Strömen und Gleiten. Das „Stabat Mater" für 3 sechzehnstimmige A-cappella-Chöre, 1962, überträgt diese Kompositionstechnik auf Singstimmen. Die „Passion", 1966, in die das „Stabat Mater" eingebaut ist, entfaltet den Stil des Komponisten in vollem Umfang. Das „Dies irae", Oratorium, 1967, und die „Grablegung", 1970, entwickeln alle Möglichkeiten der Klangerzeugung, Klangbrechung und Ballung. Das Cello-Konzert, 1972, die „Sinfonie I", 1973, und das „Magnificat" für Soli, Chor und Orchester, 1974, beweisen, daß der Komponist nicht bei seinen Erfolgen stehen bleibt, sondern sich stetig weiterentwickelt und nur die Aussage sich immer gleich darbietet, so wie er immer das gleiche sagen will, sich jedoch jedesmal einer veränderten Sprache bedient. „Paradise Lost", 1976, bezeugt diese neuerlich, denn der Verzicht auf früher häufig angewendete Klangtechniken bedeutet kein Abgehen von der einmal bezogenen Stellung. Penderecki wird uns während seines zukünftigen hoffentlich noch lange währenden Schaffens manche technische Neuerung und Überraschung bescheren, ein Abgehen von seiner Ideologie und seinem Auftrag, Sprecher und Verkünder der leidenden Menschheit zu sein, nie.

ANAKLASIS (STRAHLENBRECHUNG)
Für 42 Streicher, Celesta, Harfe, Klavier, Schlagzeug, uraufgeführt 1960 in Donaueschingen. Die Grundhaltung des Werkes ist ein völliges Abkommen von traditionellen Satzprinzipien und Instrumentation. Extrem gelegene Vierteltöne, Bogenschlagen, Steg- oder Griffbrettspiel, breite Streuung innerhalb Register, Zeitablauf und Farbe, höchste Lagen, Handschlagen auf die Saiten ergeben neue Klang- und Geräuscheffekte, die konsequent weiterentwickelt werden und jene Faszination erzeugen, die von allen Werken des Komponisten ausgeht. Spielzeit: 9 Minuten.

THRENOS. DEN OPFERN VON HIROSHIMA
Für 52 Streichinstrumente, uraufgeführt 1961 in Warschau. An den extremen Ausdruck der Streicher knüpft sich eine ungelöste Spannung. Zehnmal setzen alle Streicher in der höchstmöglichen Lage an, dann wird der gesamte Tonraum erfaßt, Cluster verändern ihre Breite, berühren einander und bilden, ineinanderfließend und erlöschend, neue. Ein Klangblock aus 42 Vierteltönen stürzt herein und verklingt. Spielzeit: 9 Minuten.

PASSIO ET MORS DOMINI NOSTRI JESU CHRISTI SECUNDUM LUCAM (LEIDEN UND TOD UNSERES HERRN JESUS CHRISTUS NACH LUKAS)
2 Teile für 3 Soli, Sprecher, Knabenchor, 3 gemischte Chöre, sehr großes Orchester, uraufgeführt 1966 in Münster. Teile der Kapitel 22 und 23 des Lukasevangeliums sind mit Hymnen, Psalmen und anderen liturgischen Texten zu einem dramatischen Oratorium zusammengefaßt. Die Musik bedient sich aller Ausdrucksmittel, die

dem Komponisten zur Verfügung stehen, so daß das Werk über die Christuspassion zu einer Passion der Menschen wird. Spielzeit: 80 Minuten.

DIES IRAE. ORATORIUM ZUM GEDENKEN AN DIE ERMORDETEN IN AUSCHWITZ

Auf Texten der Bibel, von Aischylos, Louis Aragón, Paul Valéry, Wladyslaw Broniewski und Tadeusz Różewicz, 3 Teile. Die Texte sind lateinisch (mit Ausnahme der griechischen Originalzitate), um eine überzeitliche Dimensionierung zu erreichen. Obwohl die Texte der 3 Teile: Lamentatio, Apocalypsis, Apotheosis das Geschehen bestimmen, kommt ihnen auch eine klangliche Bedeutung zu. Das Klangmaterial ist mit Vierteltönen, forcierten Anschwellungen, abrupten Pausen, kantig-scharfen Farbkontrasten, um einige Töne kreisenden Melismen, Sirenengeheul und Kettenrasseln zu einem überwältigend provozierenden Klangbild geweitet. Spielzeit: 22 Minuten.

UTRENJA (GRABLEGUNG)

Für 5 Solisten, Knabenchor, 2 gemischte Chöre und sehr großes Orchester, 2 Teile, uraufgeführt 1970 in Köln (Teil I) und 1971 in Münster (Teil II). Die Textsprache ist teils altslawisch, teils lateinisch, die Musik übernimmt Klangtypen der osteuropäischen Sakralmusik (mehrstimmiger akkordischer Sprechgesang, besonders tiefer Baß, polnische Holzklappern und Holzglockengeläute). Teil I (Grablegung), 5 Sätze, bringt in den Ecksätzen Hymnen, in den Mittelstücken die Auferstehungserwartung, Teil II (Auferstehung) die Auferstehungsverkündigung slawisch und lateinisch. Das Werk ist nicht zum liturgischen Gebrauch bestimmt und setzt die Ideologie der Passio nach Lukas fort. Spielzeit: 52 und 30 Minuten.

Tips für Plattenfreunde

○ Dies irae (Stereo-LP/Philips LY 839701)
○ Lukas-Passion (2 Stereo-LP/Philips AY 802771/72)
○ Threnos (Stereo-LP/EMI 1C 065=02 484 Q)
○ Utrenja (Stereo-LP/RCA 26 41 105 AW)
○ Psalmen Davids (Stereo-LP/Disco M 0 260)

REGISTER

Hier sind nur Musikstücke mit spezieller Benennung aufgenommen.
Halbfette Ziffern weisen auf Kapitelüberschriften.

Abaco, Evaristo Felice dall' 105
Abaco, Giuseppe Clemens dall' 106
Abbado, Claudio 231
Abel, Carl Friedrich 202, 203
Abschiedssinfonie 190
Acis und Galatea 124
Adam, Adolphe **296**, 389
Adam de la Halle **10**
Adam de St. Victor 8
Adler, Guido 545
Adlgasser, Cajetan 206
Age of Anxiety 643
Agon 537
Agricola, Friedrich 130
Ahle, Johann Georg 129
Aiblinger, Johann Kaspar 358
Aichinger, Gregor 39
Akademische Festouvertüre 377
Akutagawa Jasuchi 618
Alain, Marie-Claire 54
Albéniz, Isaac 513
Albert Eugen d' 334
Albinoni, Tommaso 93
Albrecht, Eugen Maria 399
Albrechtsberger, Johann Georg 229, 269, 270, 358
Alday, Paul 216
Alexander Balus 125
Alexanderfest 125
Alfano, Francesco 518
Allegri, Gregorio 221
Alleluiah II 651
Alnaes, Eywind 580
Also sprach Zarathustra 459
Altnikol, Johann Christoph 130
Altrhapsodie 382
Altschuler, Modest 489
Amar Licco 573
Ambrosius, Aurelius Augustinus 7
Amerikaner in Paris, Ein 585
Anaklasis 663
Andreae, Volkmar 484
Andriessen, Hendrik 617
Anerio, Felice 9, 34
Anfossi, Pasquale 178
Animuccia, Giovanni 33, 74
Ansorge, Conrad 334
Antar 409
Antheil, Georg 582
Apollon Musagèt 536
Apostel, Hans Erich **594**, 626
Appassionata 267 b
Arcadelt, Jakob 25, **29**
Arcana 552
Arenski, Anton 421, 488
Ariosti, Attilio **98**
Arrau, Claudio 329
Arrigoni, Carlo 119
Arutjunian, Alexander 559
Aspelmayr, Franz 221
Assafjew, Boris 558

Athalia, 124
Atmosphères 646
Aubade 587
Auber, Daniel 409
Aubert, Louis 424
Aubin, Tony Louis 604, 637
Auer, Leopold 433
Auferstehungssinfonie 444
Aufforderung zum Tanz 279
Auric, Georges 478
Aus der Neuen Welt 415
Aventures & Nouvelles Aventures 646

Baaren, Kees van 617
Babadschanian, Arno 559
Babbitt, Milton Byron 643
Bacewicz, Grażyna 611, 631
Bach, Bernhard 129
Bach, Carl Friedrich Emanuel 112, 130, 156, **164**, 165, 187, 189, 202, 203, 245, 324
Bach, Gottfried Bernhard 130
Bach, Johann Ambrosius 128
Bach, Johann Christian 130, **202**, 221, 222, 227, 236
Bach, Johann Christoph 91, 128
Bach, Johann Christoph Friedrich 130
Bach, Johann Elias 130
Bach, Johann Ernst 129, 130
Bach, Johann Michael 129
Bach, Johann Sebastian 51, 58, 65, 67, 70, 72, 76, 84, 85, 90, 91, 101, 103, 108, 112, **126**, 161, 162, 165, 203, 248, 307, 325, 358, 359, 455, 476, 555
Bach, Samuel Anton 130
Bach, Veit 126
Bach, Wilhelm Friedemann 130, 153, **161**, 202, 203
Bach, Wilhelm Friedrich Ernst 130
Badings, Henk **617**
Baillot, Pierre Marie 241, 316
Baird, Tadeusz 631, 661
Balakirew, Mili 384, **390**, 395, 421
Ballif, Claude 596
Bantock, Granville 490
Bär, Der 191
Barbapiccola, Nicola 139
Barber, Samuel 591
Bargiel, Waldemar 469
Bärmann, Heinrich 277
Barraud, Henry 586
Bartók, Béla **521**, 530, 619
Bartolucci, Domenico 598
Basili, Francesco 343
Bassani, Giovanni 529
Baudrier, Yves 604
Bauernhochzeit 537
Bax, Arnold 490
Bazzini, Antonio 518

Beck, Conrad 485
Beck, Franz 171
Becker, Albert 469
Beecham, Thomas 449
Beethoven, Ludwig van 166, 185, 188, 212, 213, 226, 238, 241, **242**, 270, 284, 286, 287, 290, 301, 308, 332, 476, 608
Bel, Firmin le 32
Bellini, Vicenzo 305, 316, 390
Belsazar 125
Benda, František 108, **156**, 164, 165, 177
Benda, Friedrich Ludwig 177
Benda, Georg Anton 108, **176**
Ben-Haim, Paul 629
Bennet, Sterndale 325
Bennoist, François 349, 389, 393
Benvenuti, G. 88
Berg, Alban 499, **547**, 548, 594
Berger, Friedrich Wilhelm 276
Berger, Ludwig 307
Berger, Theodor 626
Bergsinfonie 336
Berio, Luciano 647, **650**
Bériot, Charles 509
Berkeley, Lennox 510
Berlioz, Hector 237, 280, **298**, 308, 316, 332, 359, 427, 454, 455, 456
Berman, Lazar 338
Bernhard, Christoph 79
Bernstein, Leonard **640**, 643
Bibalo, Antonio 598
Biber, Heinrich **86**
Bigot de Mirignes, Marie 307
Bigot, Eugen 649
Bilder aus Ungarn 524
Bilder einer Ausstellung 397
Binchois, Gilles **18**
Bizet, Georges 322, **392**
Blacher, Boris **595**, 637
Blagrobe, Henry Gamble 272
Blech, Leo 456
Bliss, Arthur 491
Blitzstein, Marc 582
Blow, John 95
Bloch, Ernest 484
Blum, Robert 627
Boccherini, Luigi **208**, 227
Böcklin-Tondichtungen 496
Böhm, Georg 91, 128
Böhm, Joseph 368
Böhm, Karl 251
Boieldieu, François 297
Boito, Arrigo 518
Boléro 512
Bonno, Giuseppe 213
Bononcini, Antonio 119, 150
Bononcini, Giovanni Battista 119
Bononcini, Giovanni Maria 119
Bordes, Charles 428

Borodin, Alexander **384,** 391, 395, 397
Bortnjanski, Dmitri 305
Bossi, Marco Enrico 529
Boulanger, Nadja 424, 582, 592, 593
Boulez, Pierre 642, **647**
Boyce, William **159**
Brade, William 463
Brahms, Johannes 310, 325, 368, **369,** 429, 439, 476, 490, 497
Brandts-Buys, Jan 617
Bridge, Frank 634
Bridetower, George 266
Britten, Benjamin 443, **633**
Brixi, Franz Xaver 157
Brixi, Victorin 157
Brod, Henry 316
Bronsart, Hans 338
Bruch, Max 372, 491, 519, 529
Bruck, Arnold von 24
Bruckner, Anton 288, **356,** 368, 441, 497
Brüggen, Frans 113
Bruhns, Nikolaus 128
Brüll, Ignaz 372
Brün, Herbert 629
Büchtger, Fritz 571
Buck, Dudley 505
Bull, John **55**
Bull, Ole Bornemann 418
Bülow, Hans von 334, 371
Burckhard, Willy 484
Burt, Francis 596
Bush, Allan 633
Busnois, Antoine 19
Busoni, Ferruccio 334, 469, 470, **476,** 480, 504, 589
Bussotti, Sylvano 651
Buxtehude, Dietrich 55, 65, **83,** 91, 117
Byrd, William **41,** 48, 49
Byrd, Thomas 42

Cabezón, Antonio de **27**
Caccini, Giulio 44
Cadman, Charles Wakefield 487
Caecilien-Messe 347
Caecilien-Ode 125
Cage, John 651, 652
Caldara, Antonio 358
Cammerloher, Placidus 276
Campo y Zabaleta, Conrado del 513
Campra, André 111
Cannabich, Christian **181,** 222
Cannabich, Martin Friedrich 182
Canteloub, Marie Joseph 428
Canto di speranza 648
Capdeville, Pierre 604
Caplet, André 509
Capriccio italien 404
Capriccio espagnol 422
Capricornus, Samuel 75
Carboz, Michel 21
Carissimi, Giacomo **73,** 82, 92, 96
Carpenter, John Alden 486
Carter, Elliot 591
Cartier, Jean Baptiste 216
Casali, Giovanni Battista 207

Casals, Pablo 417, 513
Casella, Alfredo 529
Casimiri, Raffael 529
Cassadó, Gaspar 514
Castrom, José Maria 554
Castro, Juan José 554
Castro, Washington 554
Cavalieri, Emilio de **44**
Cavalli, Francesco 81
Cernohorsky, Bohuslav 146, 167
Chabrier, Emmanuel **409**
Chadwick, George 487
Chailley, Jacques 605
Champinion de Chambonnières, Jacques de 76
Charpentier, Marc-Antoine 74, **82**
Chatschaturian, Aram 557, 558, 606
Chausson, Ernst 300, 409
Cherubini, Luigi **237,** 299, 316, 333, 358
Chichester Psalms 643
Chopin, Frédéric 227, 258, 161, 270, **316,** 325, 332, 476, 489
Chrennikow, Tichon 559
Christus 339
Christus am Ölberge 268
Cikker, Ján 486
Cilea, Francesco 518
Čiurlianis, Mikalojus Constantinas 488
Clapp, Philipp 487
Clement, Franz 259
Clementi, Muzio 270
Cliburn, Van 404
Coasta Giacomo 274
Cocchi, Giaacchino 203
Coquard, Arthur 353
Constant, Marius 623
Converse, Frederick 486
Cooke, Henry 95
Cooke, Arnold 634
Copland, Aaron 369, 582, **591**
Coppélia 390
Corelli, Arcangelo **88,** 91, 94, 104, 118, 145, 147
Coriolan-Ouvertüre 257
Cornelius, Peter 439, 476
Couperin **100,** 115
Couppey, Félix de 389
Courboisier, Walter 484
Cowell, Henry Dixon 505
Cramer, Wilhelm 185
Cramer, Johann Baptist 186, 216, 270, 476
Cui, César 384, 391, 395
Czerny, Carl 270, 332

Dallapiccola, Luigi 63, **598**
Damrosch, Walter 584, 592
Danse macabre 388
Dandelot, Edouard 585
Daniel-Lesur, Jean-Yves 604
Danzi, Franz 276
Daphnis et Cloé 512
Dargomischski, Alexandr 390, 395, 397
David, Félicien-César 321
David, Ferdinand 272, 308, 311, 328

David, Johann Nepomuk **578,** 626
David, Thomas Christian 578
Debora 124
Debussy, Claude 350, 435, **450,** 458, 497, 510, 617
Degen, Helmut 638
Dehn, Siegfried Wilhelm 305
Delage, Maurice Charles 510
Delannoy, Marcel 565
Delibes, Léo 322, **389**
Deliciae Basilienses 566
Delius, Frederick **448,** 490
Dello Jojo, Norman 592
Delvincourt, Claude 565
Déserts 552
Désormière, Roger 568
Despres, Josquin 19, **20,** 25, 30
Dessau, Paul 588
Dessow 375
Deutsches Requiem, Ein 382
Diabelli, Anton 358
Dialoge 640
Diamond, David 592
Diémes, Louis 427
Diepenbrock, Alphons 617
Dies irae 664
Diestler, Hugo 638
Dietsch, Pierre 424
Di tre re 566
Dittersdorf, Karl Ditter von 184
Dohnányi, Ernö 516, 522
Doles, Friedrich 130, 180, 223
Domaines 648
Don Juan 458
Don Quixote 460
Donati, Baldassare 57
Donizetti, Gaetano 385, 518
Dorati, Antal 193
Dorn, Heinrich 324
Dornröschen 496
Dopper, Cornelis 617
Dowland, John **53,** 463
Dragonetti, Domenico 186
Dragoni, Andrea 34
Dreispitz, Der 515
Dressel, Erwin 638
Driesch, Kurt 638
Dserschinski, Iwan 559, 608
Dubois, Français 424
Dubowy, Matthew 105
Ducasse, Roger 509
Dufay, Guillaume **17**
Dukas, Paul 568, 623
Du Mont, Henry 339
Duni, Egidio Romualdo **155,** 160
Duni Francesco 155
Dunstable, John **15**
Duparc, Eugène 350, 409
Dupré, Marcel 565, 623
Durante, Francesco 97, 160, 178
Durey, Louis 478, 510
Dušek, František Xaver **180,** 224
Dutilleux, Henry 585
Dvořák, Antonín 288, **410,** 430, 455, 495

Eberlin, Johann Ernst 220
Ebert, Ludwig 329
Eccard, Johannes 39
Eck, Franz 271

Register 667

Eck, Friedrich 271
Eckardt, Johann Gottfried 175, 220
Eder, Helmut 626
Eeden, Gilles van der 244
Effinger, Cecil 592
Egk, Werner 571
Eimert, Herbert 638
Einem, Gottfried 596
Eisenmann, Will 638
Eisler, Hanns 545, 548
Egmont-Ouvertüren 257
Elgar, Edward **434**
Elisabeth, die Legende von der hl. 339
Elsner, Joseph Xaver 315, 320
Enescu, George 425
Englische Sinfonie 414
Enigma-Variationen 435
Enna, August 463
Epifanie 651
Epstein, Richard 441
Erbse, Heimo 596
Erdmann, Eduard 589
Erinnerung an Florenz 406
Erkel, Ferenc **331**, 542
Eroika 251
Erschaffung der Welt, Die 569
Erwachen der Vögel 624
Eschenbach, Wolfram von 14
Eschpai, Andrej 608
Esplá, Triay Oscar 514
Esther 124
Et in exspecto resurrectionem mortuorum 625
Evangelisti, Franco 651
Exotische Vögel 625
Eybler, Leopold 204, 236, 358

Fairchild, Blair 487
Falla, Manuel de **513**
Farben der himmlischen Stadt 625
Farkas, Ferenc 542, 645
Farwell, Arthur 582
Fasch, Johann Friedrich 129, **142**, 165
Fauré, Gabriel 386, 409, **424**, 509
Faust, Szenen aus Goethes 331
Faust-Sinfonie 338
Fausts Verdammung 303
Feo, Francesco 149, 160, 168
Ferraud, Pierre-Octave 605
Festklänge 336
Feuervogel, Der 535
Feuerwerks-Musik 124
Fibich, Zdeněk **426**, 485
Fiebig, Kurt 638
Field, John 305, 317
Filz, Anton 182, 222
Finlandia 474
Finke, Fidelio 486
Fiorillo, Ignazio 169
Fischer-Dieskau, Dietrich 296
Fitelberg, Grzegorz 539
Flem, Paul le 428, 430, 605
Foerstel, Joseph Bohuslav **436**, 485
Fomin, Jewstignei 305
Forellenquintett 291
Förster, Emanuel Aloys 246
Förster, Joseph 411
Fortner, Wolfgang **619**, 654

Foss, Lukas **643**
Franchomme, August 316
Françaix, Jean René 605
Francesca da Rimini 404
Franck, César **350**, 409, 427
Frankel, Benjamin 634
Frescobaldi, Girolamo **62**, 72, 76, 79, 529
Fricker, Peter Racine 634
Friedmann, Ignaz 334
Friedrich der Große 157, **163**
Frohberger, Jakob 64, 65, **75**, 79
Frühlingsopfer 535
Frühlingssinfonie 325
Frühlingssonate 265
Fuchs, Johann 372
Fuchs, Nepomuk 372
Fuchs, Robert 441, 470
Für die, die wir lieben 577
Fukushima, Kazuo 624
Furtwängler, Wilhelm 362, 502
Fux, Johann Joseph **101**, 149, 169, 205, 358

Gabrieli, Andrea **28**, 50, 56, 358
Gabrieli, Giovanni 29, 39, **50**, 56, 68
Gade, Niels Wilhelm 325, 419, 463
Gaibara, Ercole 88
Gál, Hans 626
Galilei, Vincenzo 44
Galuppi, Baldassare **154**
Gänsbacher, Johann 276, 277
Gänsemutter, Die 511
Garnier, François Joseph 321
Gaßmann, Florian Leopold 213
Gasparini, Francesco 140, 141, 149
Gastoldi, Giacomo 57
Gaubert, Philipp 585
Gaultier, Denis 76
Gédalge, André 509, 568
Geistertrio 264
Geminiani, Francesco 89, **104**, 144
Genzmer, Harald 620
Gerber, Nikolaus 130
Gerhard, Roberto 503
Gershwin, George 369, **583**
Gesang der Nachtigall 536
Gesänge der Befreiung 600
Gesänge der Gefangenschaft 600
Geschöpfe des Prometheus, Die 256
Gesualdo, Don Carlo 47, **51**
Ghedini, Giogio 529, 651
Giardini, Felice 186
Gibbons, Orlando **65**
Gigout, Eugène 386
Gillels, Emil 379
Ginastera, Alberto 554
Giordano, Umberto 518
Giovanni da Cascia 13
Giselle 297
Giulini, Carlo Maria 61
Glareanus, Henricus 429
Glasunow, Alexandr 384, 421, **466**, 607
Glière, Reinhold 466, 467
Glinka, Michael **304**, 390, 397
Globokar, Vinko 647, 681

Gluck, Christoph Willibald 150, 151, **167**, 179, 183, 184, 213, 248, 387
Gneco, Francesco 274
Goehr, Alexander 634
Goetz, Hermann 372
Goldberg, Johann Theophil 130
Goldmark, Karl **368**, 470
Goldmark, Rubin 369, 476, 593
Golubew, Jewgenj 559
Golyschew, Jef 499
Goosens, Eugène 490
Górecki, Mikolaj 621
Gortschins, Percy 579
Gould, Morton 648
Gounod, Charles 322, **346**, 359
Grabner, Hermann 494, **620**
Grädener, Hermann Theodor 372
Granados, Enrique 513
Grande Messe de morts 302
Gramatges, Harald 593
Graun, Carl Heinrich **153**, 156, 157, 162, 164, 165
Graun, Johann Gottlieb 146, **153**, 156, 157, 162, 164, 165
Graupner, Christoph 129, 143
Gray, Allan 491
Greco, Gaetano 140, 144, 160
Green, Maurice 159
Gregor I. 7
Gregorianik 7
Grétry, André 207
Grétry, Lucile 208
Gretschaninow, Alexandr 422
Grieg, Edvard **418**, 449, 470, 580
Griffes, Charles 581
Grofé, Ferde 584
Grovlez, Gabriel 425
Gruppen 658
Guarnieri, Mozart Camargo 554
Guilment, Alexandre 418
Guiraud, Ernest 393, 450
Gyrowetz, Adalbert 315
Gurre-Lieder 503

Haas, Joseph 494
Hába, Alois 486
Habeneck, François 352
Haffner-Sinfonie 229
Hahn, Der 192
Halévy, Jacques 347, 409
Halffter, Cristóbal 514
Halffter, Ernesto 514
Halffter, Rodolfo 514
Halvorsen, Johann 581
Hamlet 337
Hammerschmidt, Andreas 84
Händel, Friedrich 70, 74, 84, 85, 89, 90, 92, 104, 112, **116**, 140, 142, 159, 162, 167, 221, 258
Hanson, Howard 579
Harfenquartett 262
Harmonie der Welt, Die 576
Harold in Italien 301
Harrer, J. G. 130
Harris, Roy 581
Hartig, Heinz Friedrich 638
Hartmann, Johann Peter 463
Hartmann, Karl Amadeus 545, **600**, 620

Háry-János-Suite 543
Haßler, Hans Leo 29, 47, **56,** 77
Hasse, Johann Adolf 97, 119, 149, **151,** 162, 170, 218
Hasse, Karl 494
Haubenstock-Ramati, Roman 638
Hauer, Matthias 499
Haug, Hans 484
Hauptmann, Moritz 272, 308, 418
Hausegger, Sigmund 571
Haydn, Joseph 74, 150, 166, 169, 170, **183,** 205, 209, 212, 213, 223, 226, 227, 245, 247, 248, 254, 270, 287, 295, 324, 358, 478
Haydn, Michael 172, **204,** 276
Haydn-Variationen 377, 386
Heider, Werner 659
Heilig-Messe 201
Heiß, Hermann 551
Heldenleben, Ein 460
Heldenklage 337
Heller, Stephan 325
Hellmesberger, Joseph 367, 438
Henkemans, Hans 617
Henneberg, Johann 205
Hensel, Fany Cécil 309
Henselt, Adolf 325
Henze, Hans Werner **653,** 660
Herbeck, Johann 359
Herda, E. 138
Hermannus Contractus 8
Herz, Henry 318
Herzogenberg, Heinrich 372
Hiller, Johann Adam **179,** 316, 325, 329
Hiller-Variationen 496
Hindemith, Paul 52, **572,** 592, 617, 644
Höffer, Paul 595
Hohe Messe 137
Hofhaimer, Paul 22, **24,** 26
Holliger, Heinz 647
Holst, Gustav 490, 491
Holz, Karl 261
Holzbauer, Ignaz 182, 222, 358
Homilius, Gottfried 130, 179
Honauer, Leonzi 220
Honegger, Arthur 478, 484, **564,** 586, 647
Hovhanes, Alan 592
Hubay, Jenö **436,** 630
Huber, Klaus 596, 647
Huber, Kurt 484
Humfrey, Pelham 95
Hummel, Nepomuk Johann 205, 224, **269,** 276, 307
Humperdinck, Engelbert 231
Hungaria 337
Hunnenschlacht 337
Hurlestone, William Yeates 491
Husa, Karel 592
Hyntzsch, Michael 117
Hyntzsch, Johann Georg 117
Hyperprism 551

Iacopo da Bologna 13
Ibéria 452
Ideale, Die 337
Imbrie, Andrew 592
Immagini 622

Impromptus 295
Indianische Fantasie 477
Indy, Vicenzo d' 63, 350, 409, **427,** 551, 617
Ingegnieri, Marco Antonio 59
Inghelbrecht, Désiré-Emil 565
Int'grales 551
Ippolitow-Iwanow, Michail 422, 466
Ireland, John 490
Irino, Joschiro 618
Isaac, Heinrich **21,** 25, 26
Israel in Ägypten 125
Italienische Sinfonie 311
Ives, Charles 558
Iwaki, Hiroyuki 619
Iwanow-Radkewitsch, Nikolai 558

Jacchini, Giuseppe 93
Jacob, Maxim 568
Jacques-Dalcroze, Emile 484, 555
Jadassohn, Salomon 426
Jagd, Die 191
Jahr 1905, Das 611
Jahr 1917, Das 602
Jahreszeiten, Die 200
Janáček, Leoš **430,** 485
Janequin, Clément 25
Jansa, Leopold 368
Jarecki, Tadeusz 642
Jarnach, Philipp 476, 639
Järnefeld, Armas 469
Jelinek, Hanns 594
Jemnitz, Alexander 592
Jensen, Adolf 439
Jephta (Carissimi) 75
Jephta (Händel) 125
Jeremiah Symphony 642
Jessipowa, Anna 559
Joachim, Joseph 370, 376, 378, 379
Johannes-Passion (Schütz) 71
Johannes-Passion (Bach) ·137
Johansen, David 580
Jolivet, André **604**
Jommelli, Nicolò **168,** 182
Jonisation 552
Joseph 125
Josephlegende 462
Josua 125
Judas Makkabäus 125
Jupiter-Sinfonie 230

Kabaleski, Dmitri 558
Kaddisch 642
Kadosa, Pál 542
Kagel, Mauricio 554, 651
Kaiserquartett 199
Kajanus, Robert 469, 470
Kalcher, Nepomuk 276
Kalkbrenner, Friedrich 318
Kamieński, Lucjan 540
Kaminski, Heinrich 494
Karajan, Herbert von 345
Karajew, Kara 608
Karlowicz, Mieczyslaw 539
Kartenspiel 536
Kaschkon Nikolai 399
Kaufmann, Arnim 626
Keiser, Reinhard **106,** 112, 116, 117, 151, 154

Kelterborn, Rudolf 620
Kerle, Jacobus de 37
Kerll, Johann Kaspar von 74, **79,** 91
Kette, Kreis und Spiegel 590
Killmayer, Wilhelm 653
Kilpinen, Yrjö 469
Kindermann, Johann Erasmus 84
Kindheit Christi, Die 303
Kirchner, Theodor 325
Kirnberger, Johann Philipp 139, 157, 165
Kjerulp, Halfdan 419
Klami, Uuno 460
Klassische Sinfonie 561
Klebe, Giselher 596
Kleiber, Erich 548
Klindworth, Karl 399
Klose, Friedrich 360
Knipper, Lew 558
Knorr, Iwan 480
Koch, Friedrich 595
Kodály, Zoltán **542,** 630
Koechlin, Charles 568, 586
Koenig, Michael 645
Koessler, Hans 517, 522, 542
Koestier, Jean 617
Kofler, Józef 540
Kompel, August 272
Komzák, Karel 411
Königin, Die 192
König Stephan-Ouvertüre 257
Kontakte 658
Kornauth, Egon 626
Korngold, Wolfgang 626
Koželuh, Leopold 181
Krebs, Johann Ludwig 130
Krebs, Johann Tobias 130
Křenek, Ernst 63, **588,** 592
Krenn, Franz 441
Krentzen, Friedrich Ludwig 463
Krenz, Jan 631
Kreutzer, Rodolphe 241, 261
Kreutzersonate 166
Krieger, Adam 86
Křižovský, Pavel 430
Krönungsmesse 236
Krusner, Louis 503
Kroyer, Theodor 620
Kuhnau, Johann 111, 129, 142
Kullerwosinfonie 475
Kuntsch, J. G. 324
Kusser, Johann Siegmund 107
Kussewizki, Sergei 489, 599, 641
Kwast, James 480

Labey, Marcel 428
Labroca, Mario 519
Lachenmann, Helmut 660
Lachische Tänze 431
Lahoussage, Pierre 146
Lajtha, László 542
Laló, Edouard **352,** 409
Lambert, Constant 634
Lamentatio Jeremiae 591
Lamoureux, Charles 410
Landini, Francesco **13**
Landré, Willem 617
Lange-Müller, Erasmus 463
Laparra, Raoul 425

Register

La Rue, Pierre de 37
Lasso, Ferdinand di 38
Lasso, Orlando di 20, 26, **37**, 47, 48, 50
Lasso, Rudolf di 38
Lauber, Joseph 556
Launis, Armas Emanuel 469
Lavignac, Alexandre 427, 559
Lebewohl, Das 267
Leborne, Aimé 349
Lechner, Leonhard 39, **47**, 57
Legrenzi, Giovanni **78**, 96, 99, 108, 146
Lehner, Franz Xaver 638
Leibowitz, René 545, 647, 654
Leigh, Walter 634
Lemacher, Heinrich 648
Leningrader Sinfonie 609
Leo, Leonardo 149, 168, 170, 178
Léonard, Hubert 408
Leoncavallo, Ruggiero 518
Leoninus 11
Leonoren-Ouvertüren 256
Lerchenquartett 198
Le Sueur, Jean François 299, 347
Levi, Hermann 360
Liapunow, Sergei 433
Liban, Felipe 217
Liebermann, Rolf 627
Lied von der Nacht 541
Lieder ohne Worte 313
Ligeti, György **644**
Linke, Norbert 660
Linzer Sinfonie 228
Liszt, Franz 267, 270, 288, 316, **332**, 354, 359, 454, 456, 476, 522
Ljadow, Anatoli 421, 559
Ljatoschinski, Boris 558
Lobgesang 310
Locatelli, Pietro **147**
Locke, Matthew 95
Loewe, Karl 282
Louillet, Jean Baptiste 109
Logroscino, Nicola 97, 178
Lomakin, Gabriel 391
Lontano 646
Lortzing, Albert 342
Lotti, Antonio 79, **99**, 141, 154, 155, 358
Löwe, Ferdinand 360, 366
Lualdi, Giuseppe 519
Lucchesi, Andrea 245
Ludmilla, Die heilige 417
Luening, Otto 592, 643
Lukas-Passion 71
Lully, Jean-Baptiste **80**, 82, 111, 114, 115
Lunati, Ambrogio 104
Lutkin, Peter 579
Lutoslawski, Witold **630**, 661
Luzzaschi, Luzzasco 64

Machaut, Guillaume de **11**
Madetoja, Leevi 469
Maderna, Bruno 530
Mahler, Gustav 248, 368, 435, 437, **440**, 492, 497, 548, 608, 617, 662
Mahler, Fritz 441
Magnificat 136
1. Mai 609

Maiboroda, Georgji 559
Majazumi, Toschiro 618
Makrusow, Igor 559
Malapert, Rubino 32
Malawski, Artur 631, 662
Maler, Wilhelm 638
Maliczewski, Withold 631
Malipiero, Gian Francesco 61, 62, 63, **528**
Malipiero, Riccardo 530
Mancini, Gianbattista 149, 168
Mandarin, Der wunderbare 527
Manén, Juan de 514
Manfred 404
Manfredi, Filippo 209
Marazolli, Marco 88
Marcello, Alessandro 142
Marcello, Benedetto **141**
Marenzio, Luca **46**, 53, 57
Marescotti, André-François 627
Marini, Biagio 78
Marinuzzi, Gino 519
Markewitsch, Igor 559
Marmontel, Antoine 393, 427, 450
Marpurg, Friedrich 162
Marschner, Heinrich 324
Marteau, Henri 496
Marteau sans maître, Le 648
Martin, Frank 484, **555**
Martinet, Jean-Louis 623
Martini, Gianbattista 169, 202, 221, 280
Martinů, Bohuslav 485
Martin y Soler, Vicente **214**
Martinon, Jean 604
Martucci, Giuseppe 518, 519
Marx, Karl 571
Marx, Joseph 578
Marxsen, Eduard 370
Mascagni, Pietro 518
Mason, Daniel Gregory 486
Massenet, Jules 450, 469, 508, 565
Matsudaira, Joritsume **618**
Mattai, Stanislav 280
Matteis, Domenico de 169
Matheson, Johann 101, 112, 117
Matthäus-Passion (Schütz) 71
Matthäus-Passion (Bach) 138
Maurische Trauermusik 234
Mazzeppa 336
Mediņš, Janis 558
Mediņš, Jazeps 558
Meditationen 625
Medtner, Nikolai 466
Méhul, Etienne 277
Melartin, Erkki 469
Mendelssohn, Arnold 309
Mendelssohn-Bartholdy, Felix **217**, 242, 245, 247, 248, 258, 269, 287, 302, 308, 324, 256, 248, 476
Mengelberg, Willem 442
Mennis, Peter 592
Menotti, Carlo 592
Menuhin, Yehudi 378
Mer, La 452
Merikanto, Aare 467
Merikanto, Oskar 467
Merula, Tarquinio 78
Merulo, Claudio 29, 50
Messager, André 386, 450

Messias 124
Messiaen, Olivier **662**, 647, 649
Mestrino, Niccolò 241
Metamorphosen 462
Meyerbeer, Giacomo 217
Michael, Rogier 77
Michael, Tobias 77
Mignone, Francisco 554
Mihalowitsch, Edmund 542
Milhaud, Darius 478, **567**, 586
Militärsinfonie 196
Mirsojan, Eduard 608
Missa asumpta est 36
Missa da Requiem 344
Missa Papae Marcelli 36
Missa Solemnis 268
Mittagshexe, Die 415
Mitropoulos, Dimitri 592, 641
Mjaskowski, Nikolai 467
Moeschninger, Albert 484
Mohaupt, Richard 638
Molter, Johann Melchior **148**
Momenti 658
Moments musicaux 295
Mompou, Federico 514
Mondscheinsonate 267
Moniuszko, Stanislaw 347
Monn, Georg Matthias 170
Monte, Philipp de 37
Montemezzi, Italo 418
Monteverdi, Giulio Cesare 59
Morawski, Eugeniouz 539
Mori, Nicolas 217
Morlacchi, Francesco 277
Morley, Thomas 42, 48
Moroi, Makoto 624
Moroi, Saburo 618
Moscheles, Ignaz 314, 315, 418, 426
Moser, Rudolf 484
Mosonyi, Mikaly 542
Mossolow, Alexandr 558
Mottl, Felix 360
Mouton, Jean 25, 26
Mozart, Franz Xaver Wolfgang 224
Mozart, Karl Thomas 224
Mozart, Konstanze 224
Mozart, Leopold **172**, 175, 182, 206, 219, 220, 221
Mozart, Maria Anna 172, 220
Mozart, Wolfang Amadeus 39, 151, 166, 170, 172, 181, 182, 185, 189, 203, 205, 212, 213, **217**, 242, 245, 247, 248, 269, 287, 302, 308, 324, 356, 358
Mraczek, Joseph Gustav 455
M'ša Glagolskaja 432
Muck, Carl 456
Muffat, Georg 102
Muffat, Gottlieb 65, 102
Mulè, Giuseppe 518
Müller, Paul 627
Müller, Wenzel 277
Müllerin, Die schöne 295
Münchinger, Karl 127
Muradeli, Weno 608
Müthel, Johann Gottfried 130
Musikalische Schlittenfahrt 174
Mussorgski, Modest 261, 364, 391, **395**, 421, 608
Myclelski, Zygmunt 631

Nächte in spanischen Gärten 415
Nachtmusik, Eine kleine 233
Namensfeier, Ouvertüre zur 257
Nanino, Giovanni Maria 34
Nardini, Pietro 146, **175**, 221
Natur, Leben und Liebe 410
Natursinfonie 444
Neefe, Christian Gottlob 244
Neßler, Viktor 372
Neukomm, Sigismund 206
Niedermayer, Abraham 386, 424
Nielsen, Carl 463, 470
Nielsen, Hans 463
Nigg, Serge 623
Nikisch, Arthur 360, 365, 441, 489
Nono, Luigi 530
Nordraak, Richard 419
Noskowski, Zygmunt 539
Notker, Balbulus 8
Novák, Vitězslav **485**
Nowowiejski, Feliks 539

Obousier, Robert 627
Obrecht, Jakob **23**
Obuchow, Nikolai 510
Ochse auf dem Dach, Der 569
Ockeghem, Johannes **19**
Octandre 551
Oistrach, David 560
Oldberg, Arne 579
Orff, Carl 62, **570**, 626
Orgelsinfonie 380
Orpheus 336
Osborne, George Alexander 316
Otte, Hans 653
Ozawa, Seiji 370

Pachelbel, Johann 80, **90**
Pachelbel, Wilhelm 91, 128
Pacific 231, 567
Pacius, Friedrich 469
Paderewski, Jan Ignacy 487
Paër, Ferdinando 333, 347
Paganini, Nicolò 39, 86, 216, 272, **273**, 334
Pagano, Nicola 140
Paine, John 487
Paisiello, Giovanni 160, 221
Palester, Roman 631
Palestrina, Angelo 33
Palestrina, Giovanni 8, 20, 26, **31**, 43, 74, 358
Palestrina, Rodolfo 33
Palmgren, Selim 469
Palotta, Matteo 169
Panufnik, Andrzej 631
Paradies und die Peri, Das 330
Pariser Sinfonie 228
Parker, Horatio 505
Parrat, Walter 491
Parry, Charles 491
Pärt, Arvo 608
Partos, Ödön 629
Pasquini, Bernardo 88, 96, 118
Passio secundum Luccam 663
Pastorale, Sinfonia 253
Pathétique, Sinfonie 404
Pathétique, Sonate 266
Paukenmesse 201

Paukenschlag, Sinfonie mit dem 194
Paukenwirbel, Sinfonie mit dem 196
Paz, Juan Carlos 554
Pedersen, Mogens 463
Pedrell, Felipe 513
Peer-Gynt-Suiten 420
Penderecki, Krzystof **661**
Pepusch, Johann 118, 159
Peragallo, Mario 598
Pergolesi, Giovanni Battista 156, **160**
Peri, Jacopo 44
Perkowski, Peter 631
Perlmann, Itzhak 260
Perotinus, Magnus 11
Persicchetti, Vincent 592
Perti, Giacomo 94
Pescetti, Battista 155
Peter und der Wolf 562
Petit Cocclicus 37
Petrassi, Goffredo 529
Petruschka 535
Pfingstgeschichte, Die 622
Pfitzner, Hans **480**, 492
Photoptosis 640
Piccini, Nicolò **178**, 221, 222, 357
Pijper, Willem 617
Pisendel, Johann Georg 153
Piston, Walter 581, 592
Pitsch, Karel 411
Pixis, Friedrich 216, 316
Pixis, Peter 216
Pleyel, Ignaz 185
Pli selon Pli 648
Poème, Le divin 489
Poème, de l'extase 489
Pohlenz, Christian 308
Poißl, Johann 277
Poldini, Ede 542
Pollini, Maurizio 562
Pollitzer, Adolph 435
Popow, Gabriel 559
Porpora, Nicola 118, 151, 184
Porrini, Ennio 651
Porter, Qincy 582
Poser, Hans 638
Possard, Emile Louis 509
Pott, August 272
Poulenc, Francis 478, **585**
Powel, John 487
Praetorius, Hieronymus 54
Praetorius, Jakobus 54
Prager Sinfonie 229
Pratella, Francesco 529
Prélude à L'après-midi d'un Faune 452
Préludes, Les 336
Preyer, Gottfried 368
Primrose, William 604
Printz, Wolfgang 77, 111
Prinz, Der hölzerne 528
Prokofiew, Sergei **557**, 606
Prométhée 489
Prometheus 336
Provenzale, Francesco 97
Psalm, Der 100. 497
Psalmensinfonie 537
Puccini, Giacomo 356, 518

Pugnani, Gaetano 216
Pulcinella 536
Puppo, Giuseppe 209
Purcell, Daniel 96
Purcell, Edward 95
Purcell, Henry 66, **94**

Quaestio temporis 590
Quantz, Johann Joachim 108, **149**, 156, 157, 164, 165
Quartett für das Ende der Zeit 625
Quattro pezzi sacri 345

Rachmaninow, Serge 466
Raitio, Vaino 469
Rameau, Claude 115
Rameau, Jean 114
Rameau, Jean-Philippe **114**, 148, 170, 387, 478
Rasumowsky-Quartette 261
Rathaus, Karol 631
Ravel, Maurice 397, 424, 491, 497, **508**
Raymonda 467
Réak 637
Rebikow, Wladimir 488
Rebner, Adolf 537
Reformations-Sinfonie 311
Reger, Max **492**, 497
Regnart, Jakob 48
Reicha, Anton 206, 299, 333, 349
Reichardt, Johann Friedrich 157, 162
Reimann, Arbert 596
Reiner, Fritz 641
Reinken, Jan Adams 54, 128
Reisenauer, Alfred 334
Reiterquartett 199
Rémenyi, Eduard 370
Requiem 236
Requiem für einen jungen Dichter 640
Respighi, Ottorino 421, **518**
Reuenthal, Neithart 14
Reutter, Georg 184
Rhapsody in Blue 584
Rheinberger, Joseph 372, 487
Rheinische Sinfonie 418, 430
Richter, Franz Xaver **158**
Richter, Hans 334, 363, 365, 367, 375
Richter, Swjatoslaw 135
Riemann, Hugo 481, 492
Ries, Ferdinand 245
Ries, Franz Anton 236
Ries, Hubert 272
Rieti, Vittorio 519
Rietz, Edward 307
Rietz, Julius 308
Rimsky-Korsakow, Nikolai 261, 384, 391, 395, **420**, 466, 467, 518, 532, 559
Rinuccini, Ottavio 44
Ritter, Alexander **383**
Ritter, Peter 277
Rivier, Jean 586
Rochlitz, Johann 162
Rode, Pierre 217, 271
Roger-Ducasse, Jean-Jules 425
Roland-Manuel, Alexis 510

Register

Romano da Siena 34
Romantische Sinfonie 363
Romeo und Julia 301
Ronnefeld, Peter 633
Rore, Cyprian de 27, **30**
Rosamunde 291
Rosenmüller, Johann **77**
Rosenthal, Manuel 510
Rose Pilgerfahrt, Der 330
Rossi, Luigi 74, 92
Rossini, Gioacchino **280**, 290, 518
Rössler, Franz Anton 236
Rostand, Claude 586
Rostropowitsch, Mstislaw 210
Roussel, Albert 428, 478, 485, 551
Rózycki, Ludomir 539
Rubbra, Edmund 633
Rubin, Marcel 626
Rubinstein, Anton 397, 399, 466
Rubinstein, Artur 319, 320
Rubinstein, Nikolai 397, 402, 493, 434, 466
Rufer, Josef 595, 637
Ruggles, Carl 591
Ruinen von Athen, Die 257
Rungenhagen, Karl Friedrich 348
Russalo, Luigi 479
Russische Ostern 423

Sacher, Paul 576, 590
Sacchetti, Liberio 422
Sacchini, Antonio 178
Sadko 423
Saeverud, Harald **580**
Safonow, Wassili 488
Saga, En 475
Saint-Saëns, Camille **386**, 424
Salieri, Antonio **212**, 219, 224, 246, 269, 270, 285, 332
Salomo 125
Salomon, Peter 185
Salomon-Sinfonie 197
Samazeuilh, Gaston 428
Sammartini, Giovanni Battista **150**, 167, 221
Sammartini, Giuseppe 150
Samson 125
Sarasate, Pablo 352, 513
Sarti, Giuseppe 238
Satie, Erik 451, **477**, 586
Sauer, Emil 334
Saul 125
Sauguet, Henri 568
Scandelli, Antonio 38
Scarlatti, Alessandro 39, 88, 93, **96**, 104, 108, 118, 144, 149, 151, 170
Scarlatti, Domenico 97, 115, **139**
Schaeffer, Pierre 647
Schalk, Franz 359, 364, 447, 456
Schalk, Josef 360
Schat, Peter 647
Schebalin, Wissarion 558
Scheherezade 423
Scheibe, Johann 77
Scheidemann, Heinrich 54
Scheidler, Dorette 271
Scheidt, Gottfried 73
Scheidt, Samuel 54, 56, **72**
Schein, Hermann 68, **71**
Schelle, Johann 106

Schelling, Ernst Henry 486
Schenk, Johann 245
Scherchen, Hermann 589, 600, 601
Schering, Arnold 595
Schibler, Armin 653
Schicksalssinfonie 252
Schillings, Joseph 584
Schiske, Karl 637
Schmid-Lindner, August 493
Schmidt, Franz **506**, 626, 627
Schmitt, Florent 425, 477
Schnabel, Artur 589
Schnabel, Ignaz 276
Schnebel, Dieter **659**
Schneider, Friedrich 259
Schobert, Johann **174**, 220
Schoeck, Othmar 484, 494
Schollum, Robert 626
Schönbach, Dieter 660
Schönberg, Arnold 248, 442, 476, 492, **497**, 504, 523, 545, 548, 594, 653
Schöpfung, Die 199
Schostakowitsch, Dmitri 557, **606**
Schottische Sinfonie 310
Schreker, Franz 589, 626
Schröder, Hermann 657
Schtscherbatschew, Wladimir 559
Schubart, Daniel 176
Schubert, Ferdinand 285
Schubert, Franz 189, 249, **283**, 308, 310, 317, 332, 358
Schuller, Günther 592
Schuman, William Howard 591
Schumann, Robert 258, 262, 270, 291, 293, 308, 310, 316, **324**, 347, 369, 397, 439
Schuppanzigh, Ignaz 246, 261
Schütz, Heinrich 41, **67**, 72, 77, 84, 403
Schwanendreher, Der 576
Schwanensee 406
Schwan von Tuonela, Der 474
Schwarz-Schilling, Reinhard 637
Scott, Cyrill 490, 633
Searl, Humphrey 635
Sechter, Simon 359
Seele, Von deutscher 483
Segovia, Andres 428
Seiber, Matyas 542
Seidl, Anton 441
Sekles, Bernhard 573
Semet, Théophil 409
Senfl, Ludwig 22, 24, **25**, 429
Sept Haikai 625
Serocki, Kasimierz 631, 661
Sessions, Roger 581, 592
Séverac, Marie Déodat de 428
Seyfried, Ignaz 268
Shapero, Harold 592
Sheinkman, Mordechai 630
Shelley, Harry Rowe 505
Sibelius, Jean **468**
Sikorski, Kasimierz 560
Siloti, Alexander 334
Sinfonia Domestica 460
Sinfonia Expansiva 464
Sinfonia Semplice 465
IX. Sinfonie 254

Sinfonie „1848" 569
Sinfonie der Tausend 446
Sinfonie mit dem Kranich 402
Sinfonietta 432
Sinfonischer Prolog 496
Skrjabin, Alexander **488**
Škroup, František 354
Skytische Suite 563
Slawische Tänze 416
Smetana, Bedřich **353**, 430, 437
Sommernachtstraum, Musik zu 311
Sowerby, Leo 487, 581
Spanische Rhapsodie 511
Spinnrad, Das goldene 416
Spitzmüller-Harmesbach, Alexander 626
Spohr, Louis **271**, 468
Stabile, Annibale 34
Stadler, Maximilian 236
Stamaty, Camille 386
Stamitz, Anton Ignaz 171, 182, 248
Stamitz, Carl **211**
Stamitz, Johann 158, **170**, 182, 211, 222
Stämpfli, Edward 627
Stanford, Charles 491
Starzer, Joseph 170
Steffan, Anton Joseph 288
Steffani, Agostino **92**, 118
Stein, Fritz 494
Steinbach, Fritz 496
Steinberg, Maximilian 559
Stennhammar, Wilhelm 464
Steppenskizze aus Mittelasien 385
Stern, Isaac 312
Still, William Grant 581
Stille und Heimkehr 640
Stockhausen, Franz 371
Stockhausen, Julius 371
Stockhausen, Karlheinz 645, 651, **656**
Stokowski, Leopold 503, 652
Stoltzer, Tomas 24
Stradal, August 334
Stradella, Alessandro 92, 96, 529
Straube, Karl 493, 578, 620
Strauss, Franz Joseph 455
Strauss, Richard 368, **454**, 497, 617
Strawinsky, Igor 421, 509, 523, 530, **531**
Suchoň, Eugen 486
Suk, Josef 485
Suriano, Francesco 9, 34
Süßmayer, Franz Xaver 205, 223, 227, 236
Suter, Hermann **484**
Suter, Robert 628
Sutermeister, Heinrich 628
Svendsen, Johann **408**
Sweelinck, Jan Pieterzoon **54**, 56, 69, 72
Sylvia 390
Symphonie fantastique 301
Symphonie funèbre et triomphale 302
Symphonie liturgique 566
Somphynie sur un chant montagnard français 429

Register

Szántó, Theodor 542
Szeligowski, Tadeusz 560
Szendy, Árpád 542
Szymanowski, Karol **539**

Tailleferre 478, 511
Taksemitsu, Toru 618
Taktakischwili, Otar 608
Tal, Josef **629**
Tallis, Thomas 41, 42, 49
Tanejew, Sergei 401, **433**, 466, 488
Tansman Alexander 540
Tapiola 474
Taras Bulba 432
Tartini, Giuseppe 143, **145**, 149, 153, 156, 175, 176, 599, 600
Tartiniana 599, 600
Tasso 336
Taubert, Wilhelm 325
Taussig, Karl 334
Taverner, John 41
Telemann, Georg Philipp **110**, 128, 129, 142, 165, 166
Tessarini, Carlo 171
Thalberg, Sigismund 334
Theodora 125
Theodorakis, Mikis **648**
Thibaut, Anton 307
Thomas, Theodore 455
Thomelin, Jacques 100
Thomson, Randall 582
Thomson, Virgil 582, 641
Threnos 663
Tiessen, Heinz 630
Till Eulenspiegels lustige Streiche 459
Tippet, Michael 634
Titan, Der 443
Tod und das Mädchen, Der 292
Tod und Verklärung 459
Toeschi, Carlo Giuseppe 222
Togni, Camillo 650
Tomasi, Henri 605
Tomasini, Luigi 189
Tosatti, Vieri 650
Traetta, Tommasi 178
Tragische Ouvertüre 377
Tragische Sinofnie 445
Trans 658
Trapp, Max 517, 630
Tripelkonzert 250
Triplum 621
Tschaikowski, Pjotr 395, **397**, 433, 434, 466, 497, 608
Tscherepnin, Alexander 466
Tscherepnin, Nikolai 466, 559, 619
Tuma, Franz 102
Tunder, Franz 83, 84
Turangalîla-Symphonie 624
Türk, Daniel 282
Turina, Joaquin 514

Uhl, Alfred **626**
Uhr, Die 196
Ulibischew, Alexander 391
Umlauf, Ignaz 254

Unauslöschliche, Das 465
Unger, Hermann 495
Unvollendete, Die 290
Utrenja 664

Vacher, Pierre Jean 217
Valse, La 512
Valen, Fartein 580
Valesi, Johann 276
Vallotti, Francesco 146
Vandini, Antonio 146
Vannucci, Domenico 209
Varèse, Edgar **550**
Vaugham Williams, Ralph **490**, 510
Vecchi, Orazio 57
Veracini Francesco 104, **143**, 146
Verdi, Giuseppe 237, 302, 322, **343**, 356
Veress, Sándor 543, 645
Veretti, Antonio 650
Verklärte Nacht 503
Versuch eines Requiems 602
Via Crucis 339
Victoria, Tomás **43**
Vierne, Louis 350
Vieuxtemps, Henri 408, 436
Villa-Lobos, Heitor **553**
Vinci, Leonardo **144**
Viñes, Ricardo 509, 586
Viotti, Giovanni 89, **215**, 241
Vitali, Giovanni Battista 91
Vitali, Tomaso 91
Vivaldi, Antonio 93, **107**, 146, 156, 157, 161
Vivaldi, Giovanni Battista 108
Vlad, Roman 650
Vogel, Wladimir 484
Vogelweide, Walther von der 14
Vogelquartett 198
Vogler, Georg 224, 276
Vogt, Hans 638
Voigtländer, Gabriel 463
Voss, Friedrich 659

Wagenaar, Johann 617
Wagenseil, Georg 102, **169**, 181, 184
Wagner, Richard 237, 254, 263, 302, 306, 311, 325, 334, **340**, 350, 356, 450, 455, 456, 476, 477
Wagner, Sigfried 342
Waldtaube, Die 416
Waldsteinsonate 267
Walter, Bruno 442, 443, 446, 607, 641
Walter, Johann 68
Walter, Johann Gottfried 129
Walton, William 495
Wandererfantasie 293
War Requiem 635
Wassermann, Der 415
Wassermusik 124
Weber, Carl Maria von 173, 206, 223, **275**, 307, 308, 324, 358, 476
Weber, Franz Anton 276

Weber, Gottfried 277
Webern, Anton 499, **544**, 594, 601, 627
Weckmann, Matthias 84, 112
Wegelius, Martin 469
Weigl, Joseph 213
Weihe des Hauses, Zur 257
Weihnachtsoratorium 136
Weill, Kurt 587
Weinberger, Jaromir 495
Weingartner, Felix 280
Weinlig, Theodor 341
Wellesz, Egon 499, 589
Wellingtons Sieg 255
Werner, Gregor 185
Werner, Leo 542
Wesley, Charles 159
Wesley, Samuel 159
Widmung an den 6. Oktober 609
Widor, Charles 350, 551, 568
Wieck, Clara 320, 324, 329, 371, 372
Wiege bis zum Grabe, Von der 337
Wildberger, Jacques 653
Wildgans, Friedrich 626
Willaert, Adrian 26, 30
Williams, John 553
Wimmberger, Gerhard 627
Winter, Peter 254
Winterreise 296
Winterträume 402
Witt, Friedrich 248
Woelfl, Joseph 206, 307
Wolf, Ernst Wilhelm 157
Wolf, Hugo 310, **437**
Wolf, Karl Hermann 157
Wolf, Wilhelm 157
Wolf-Ferrari, Ermanno 518
Wolfurt, Kurt 494
Wolfrum, Philipp 493
Wolkenstein, Oswald von **14**
Wolpe, Stephan 629
Wood, Charles 491

Xenakis, Yannis 647

Yun, Isang 594, 537

Zachow, Friedrich 117
Zandonai, Riccardo 519
Zarberski, Juliusz 540
Zauberin Liebe 515
Zelenka, Jan Dismas 102, 149
Zeleński, Wladislaw 540
Zelter, Karl 307
Zemlinsky, Alexander 499, 548
Zender, Hans 660
Zilcher, Hermann 653
Zillig, Winfried 653
Zimmermann, Bernd Alois **637**
Zimmermann, Heinz Werner 620
Zimmermann, Pierre 349, 393
Zumsteg, Johann 288
Zwei Bilder 524
Zwei Porträts 524